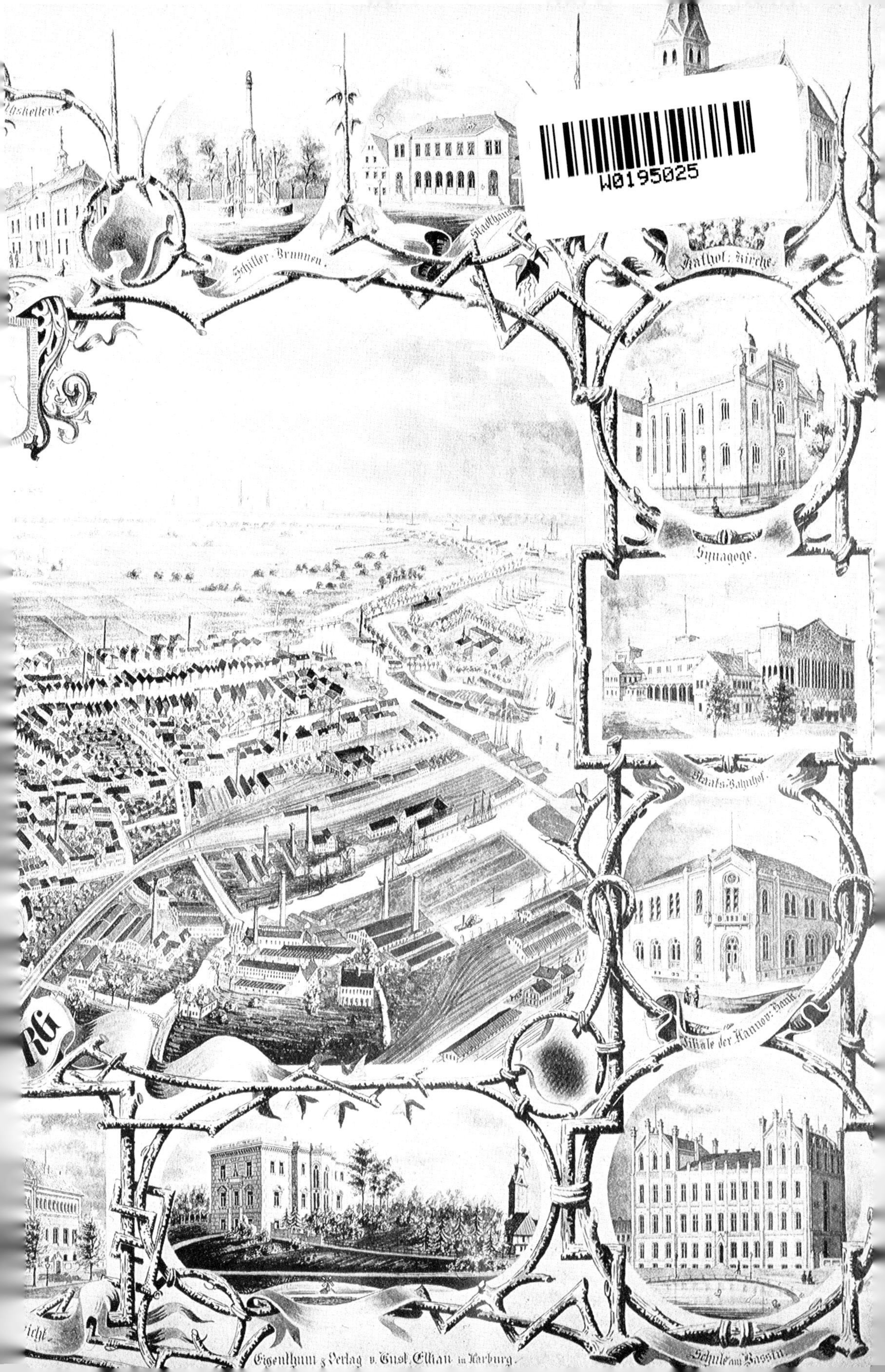
Schiller-Brunnen
Stadthaus
Kathol: Kirche
Synagoge
Staats-Bahnhof
Filiale der Hannov: Bank
Schule am Bassin
Eigenthum & Verlag v. Gust. Elkan in Harburg.

Harburg

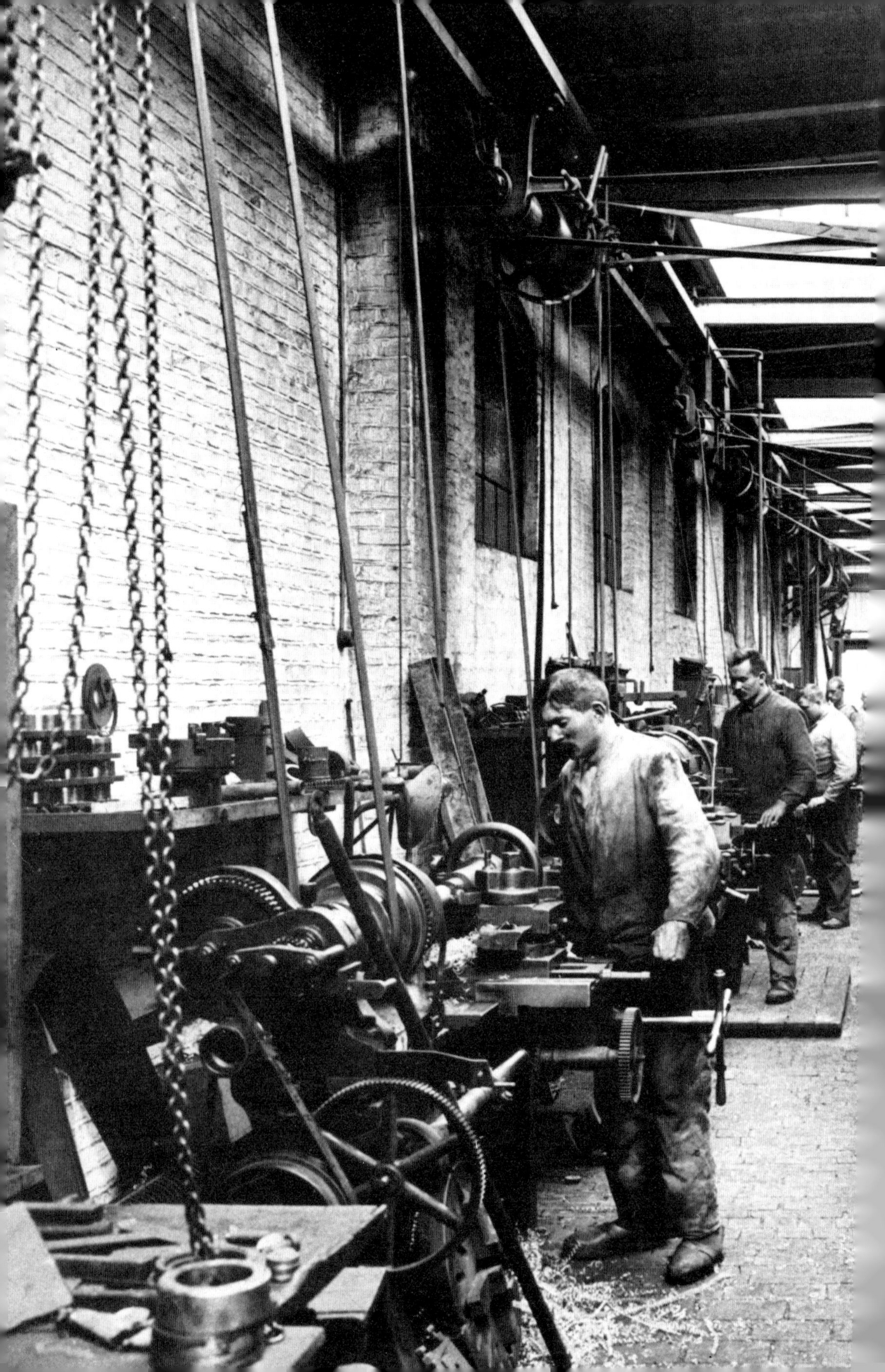

Veröffentlichung des Helms-Museums Nr. 52
Veröffentlichungen des Vereins für
Hamburgische Geschichte Band XXXIII

Umschlagabbildung:
«Harburg von der Höhe in Willstorf gesehen».
Lithographie von Wilhelm Heuer, 1863/64
(Helms-Museum/Repro Tams).

Vorsatz vorne:
Harburg aus der Vogelschau, 1877.
Zeichnung Wagner, Lithographie im Verlag G. Elkan, Harburg
(als Photo im Helms-Museum/Repro Tams).

Abbildung Seite 2 und 3:
Handwerkliche Abteilungen in Harburger Industriebetrieben,
hier Schlosserei der «Phoenix» vor 1914
(Original im Staatsarchiv Hamburg, Repro Helms-Museum).

Vorsatz hinten:
Hafen und Industrie um das Gebäude mit dem Rest der mittelalterlichen Harburg in Bildmitte
(Helms-Museum/B. Morawietz; freigegeben durch Luftamt Hamburg
Nr. 30/88).

Harburg

Von der Burg zur Industriestadt

Beiträge zur Geschichte
Harburgs
1288–1938

Herausgegeben von
Jürgen Ellermeyer
Klaus Richter
Dirk Stegmann

CHRISTIANS

Für finanzielle Beiträge zu diesem Buch ist zu danken:
Bezirksversammlung/Bezirksamt Harburg
Helms-Museum Hamburg-Harburg
Verein für Hamburgische Geschichte
Kreissparkasse Harburg
Wirtschaftsverein Harburg-Wilhelmsburg

Der *Wirtschaftsverein* Harburg-Wilhelmsburg wurde am 2.11.1947 gegründet, um den Wiederaufbau der Wirtschaft in Hamburgs Süden zu organisieren. Er wirkt heute mit seinen 150 Mitgliedern als Sprachrohr der in Produktion und Dienstleistungen tätigen Betriebe. Zu seinen auch öffentlichkeitswirksamen Aktivitäten zählen monatliche Vortragsveranstaltungen über bedeutungsvolle Themen zur wirtschaftlichen Entwicklung der Region. Durch die Förderung dieses Buches unterstreicht der Wirtschaftsverein seine Verbundenheit mit Harburg und seiner Geschichte.

Die *Kreissparkasse* Harburg ist seit rund 75 Jahren mit der Entwicklung Harburgs und seines Umlandes verknüpft. 1914 für den westlichen Teil des heutigen Wirkungsbereiches gegründet, erfuhr sie nach der Neuordnung der Landkreise Harburg und Winsen dann in den Jahren 1933/34 im Zusammenschluß mit den älteren Sparkassen von Tostedt (1858), Winsen (1862), Hittfeld (1866) und Altenwerder (1910) eine erhebliche Aufgabenerweiterung. Durch eigene Veranstaltungen und wiederholte Unterstützung des Helms-Museums belebt die Kreissparkasse Harburg die Kulturarbeit im Raume Harburg.

1989 ist es 150 Jahre her, daß Hamburger Bürger, gefördert von der Patriotischen Gesellschaft, den *Verein für Hamburgische Geschichte* gründeten. Vor allem neue Forschungen über die Vergangenheit Hamburgs wollten sie durch den Druck dauernd benutzbar machen. Inzwischen kann der Verein eine stattliche Reihe eigener Veröffentlichungen vorweisen; so seine seit 1841 regelmäßig erscheinende «Zeitschrift» und zahlreiche wissenschaftliche Einzelschriften. Auch die Beteiligung an Gemeinschaftsveröffentlichungen, wie diesem Band, sieht der Verein als wichtige Aufgabe an.

Das *Helms-Museum* schufen sich Harburger mit dem vor 90 Jahren ins Leben gerufenen Museumsverein, vorangebracht durch den Unternehmer und Senator August Helms. Aus kleinen Anfängen in einem Schulraum wuchs die Sammlung so sehr, daß an die Stelle des hier nebenher tätigen Lehrers ein hauptamtlicher Leiter trat, ein eigenes Gebäude bezogen (1902) und die private in öffentliche Trägerschaft umgewandelt wurde (1936/37). Partner in der Gesellschaft zur Förderung des Helms-Museums ist bis heute der Landkreis Harburg; für die Stadt Harburg-Wilhelmsburg rückte die Stadt Hamburg nach. Aus dem Heimatmuseum wurde 1972 das Hamburgische Museum für Vor- und Frühgeschichte. Der Geschichte Harburgs wendet das Museum nun wieder verstärkte Aufmerksamkeit zu.

Harburg gehört seit 50 Jahren zu Hamburg und ist jetzt einer der sieben Hamburger Bezirke. Er ist durch zwei Elbarme von der Hamburger Innenstadt getrennt, aber durch den Bau der S-Bahn und Autobahnen sowie durch die Technische Universität näher an Hamburg herangewachsen. Lebendige örtliche Traditionen und ein starkes Gefühl der Eigenständigkeit sind jedoch erhalten geblieben. Entsprechend erwarten die Bürger Harburgs vom örtlichen Rathaus, in dem die *Bezirksverwaltung und die Bezirksversammlung* residieren, daß ihre Interessen gegenüber «Hamburg» wahrgenommen und möglichst viele Dinge hier für Harburg abschließend entschieden werden.

INHALT

Vorwort

Am 6. Mai 1988 ist es 700 Jahre her, daß die Ansiedlung vor der ‹Horeburg› die Rechte einer «gefreiten» Gemeinde als Vorstufe zum Stadtrecht erhielt. Am 1. April 1988 sind 50 Jahre vergangen, seit die selbständige Stadt Harburg-Wilhelmsburg mit den Landgemeinden der näheren Umgebung endgültig Teil der größeren Einheitsgemeinde Hamburg wurde. Also ein Anlaß für Jubel und Trauer zugleich? Jedenfalls markieren diese Daten Beginn und Ende relativ eigenständiger Harburger Entwicklung, die von der Burg zur Industriestadt führte. Sie haben drei wissenschaftliche Einrichtungen der Region bewogen, von unterschiedlichen Ansätzen aus wichtige Seiten Harburger Geschichte erstmals oder neu bearbeiten zu lassen.

Für die Arbeitsgruppe ‹Geschichte und Kultur Nordostniedersachsens im 19. und 20. Jh.› an der Hochschule Lüneburg war das Jahr 1938 Ausgangspunkt eines Forschungsprojekts zur sozialen, wirtschaftlichen und politischen Entwicklung Harburgs seit der Industrialisierung mit dem Schwerpunkt auf den Jahren seit dem Ende des Kaiserreichs. Schon frühzeitig gelang es, hierfür neben den engeren Mitgliedern der Arbeitsgruppe eine Reihe von weiteren Autoren zu gewinnen, die mit allgemein wichtigen Fragen und Methoden an den lohnenden ‹Einzelfall Harburg› herangingen. Dies Vorhaben verband sich mit Interessen und Möglichkeiten der Abteilung Stadtgeschichte im Helms-Museum, die auch der älteren Geschichte des erst mit der Industrialisierung gewaltig gewachsenen Harburg gelten. Ergebnis dieser größtenteils aus bisher unausgewerteten Quellen erarbeiteten Einsichten sind die letzten 19 Beiträge des Bandes.

Der Verein für Hamburgische Geschichte und das Helms-Museum Harburg mit seiner hier überwiegend archäologischen Orientierung wandten sich dann, vom Staatsarchiv Hamburg auf die Bedeutung des Datums 1288 hingewiesen, der spätmittelalterlichen und frühneuzeitlichen Entwicklung der Stadt zu. Sie waren bestrebt, neue Forschungsergebnisse zu einzelnen Zügen der jahrhundertelangen Geschichte als ‹Landstadt› in den ersten 8 Beiträgen dieses Bandes vorzustellen. Von drei Mitarbeitern des Helms-Museums speziell kommen stadtarchäologische Untersuchungen, die zeigen, daß damit auch für gegenwartsnahe und schriftenreiche, also im engeren Sinne historische Zeiträume zusätzliche Erkenntnisse gewonnen werden können.

Dr. Dietrich Kausche, ehemals Archivdirektor am Staatsarchiv Hamburg und durch vierzigjährige intensive Studien zur Geschichte des Harburger Raumes bester Kenner der Materie, war sofort bereit, sein umfassendes Wissen auch dem geplanten Sammelband zugute kommen zu lassen. Zwei Beiträge widmete er dem gemeinsamen Werk. Es sollten seine letzten sein. Am 22. Januar 1988 verstarb er im 74. Lebensjahr. Seine vielen wissenschaftlichen Veröffentlichungen werden auch in Zukunft unentbehrlich sein für jeden, der sich mit der Geschichte Harburgs befaßt – davon zeugt das Verzeichnis benutzter Literatur am Schluß dieses Bandes.

Wohl zu würdigen wissen die Herausgeber, daß um lange vernachlässigte Themen verdiente Lokalforscher, die weitgehend auf sich selbst gestellt sind, ihre Arbeit eingebracht haben. Schließlich gingen aus der gerade 10 Jahre jungen Technischen Universität Hamburg-Harburg zwei Beiträge zur städtebaulichen und landesplanerischen Entwicklung hervor – erfreuliches Zeichen der Verwurzelung dieser neuen akademischen Einrichtung in ihrem problembelasteten Umfeld.

Auf den ersten Blick verwundern mag es, daß das Schwergewicht des Bandes auf den nur 100 Jahren etwa zwischen 1840 und 1940 liegt. Aber es ist dies die Zeit größter wirtschaftlicher und sozialer Veränderungen. Außerdem spiegelt sich in dieser Umkehrung herkömmlicher Seitenverteilung von Stadtgeschichten zugunsten der neueren Zeit, daß über sie sowohl in Einzelarbeiten als auch in Zusammenfassungen bislang weniger bekannt geworden ist, als es dem Interesse an der jüngeren Geschichte mit ihrem engeren Bezug zur heutigen Lebenswelt entsprochen hätte. Diesem Mangel soll mit dem Vorliegenden abgeholfen werden. Die spätmittelalterliche und frühneuzeitliche Entwicklung Harburgs ist bereits weitgehend erforscht, in erster Linie durch Dietrich Kausche. Vor allem zur Geschichte der mittelalterlichen Burg und Stadt gibt die schriftliche Überlieferung kaum zusätzliche Aufschlüsse. Neue Erkenntnisse sind hier hauptsächlich von der Archäologie zu erwarten.

Harburg hat Geschichte – und nicht nur Schattenseiten. Soviel zeigt diese Veröffentlichung. Bis Harburg seine Geschichte als Gesamtdarstellung erhält, muß weitergearbeitet werden. Das gilt vor allem für die Themenkomplexe Kirche und Schule, Militär, Handwerk und Kleinhandel, für eine eher alltags- als institutionenbezogene Geschichte der Arbeit, für die politische und gewerkschaftliche Entwicklung der Industriearbeiterschaft der Kaiserzeit sowie für die bürgerlichen Parteien und Interessenverbände im 19. und 20 Jh., schließlich für die Stadt-Land-Beziehungen, die selbst für den heutigen Stadtteil noch von besonderer Bedeutung sind. Diese Wissenslücken künftig zu füllen, liegt auch im Interesse einer Stadtgeschichte, der wieder die Möglichkeiten des Museums eröffnet werden sollen. Der vorliegende Sammelband kann als Anstoß dazu verstanden werden, indem er die Geschichte Harburgs seit etwa 1288, und insbesondere seit dem Beginn der Industrialisierung, in ihrem sozialen, politischen und wirtschaftlichen Zusammenhang deutlicher macht, als es vor diesem Gemeinschaftsunternehmen möglich war. Dabei ist der Blick zu weiten sowohl zum historischen Vergleich, etwa mit anderen Städten des Königreichs Hannover und dann Preußens, als auch zu Fragen und Lösungsversuchen der Gegenwart.

Die Form des Sammelbandes soll möglichst vielen und verschiedenartig interessierten Lesern etwas bieten. Wenn dabei an gestandene Harburger, an weltoffene Hamburger, an geschichtlich allgemein Interessierte und an strenge Wissenschaftler zugleich gedacht werden muß, dann sind in manchen Punkten Abstriche zu machen, damit das Wichtigste gesichert bleibt: wissenschaftliche Begründung und doch Allgemeinverständlichkeit der Aussagen. Die dazu nötigen Kompromisse haben auch den Herausgebern manches Lehrreiche gebracht. Sie danken den Autoren und allen Förderern dieses für Harburg neuartigen Unternehmens. Zu den Förderern zählen nicht nur die gesondert aufgeführten Einrichtungen, die es möglich machten, daß Kultur auch etwas kosten darf. Wir danken schließlich dem Christians-Verlag für Wagnis und Freude der Zusammenarbeit.

Jürgen Ellermeyer Klaus Richter Dirk Stegmann

Harburg und das Jahr 1288

Dietrich Kausche

Harburg – so könnte man etwas zugespitzt sagen – verdankt zwar nicht seine Gründung, wohl aber die Voraussetzungen für seine Entwicklung zur Stadt einer politischen Heirat. 1287 vermittelte König Rudolf von Habsburg eine eheliche Verbindung seiner damals zwölfjährigen Enkelin Mechthild, einer Tochter der gleichnamigen Tochter Rudolfs und Ludwigs II., Herzogs von Oberbayern und Pfalzgrafen bei Rhein, mit Herzog Otto II. von Braunschweig und Lüneburg. In sehr jungen Jahren hatte dieser 1277 das Erbe seines Vaters Johann angetreten[1]. Der Ehebund sollte nach dem Willen des Königs dazu beitragen, noch vorhandene Zwistigkeiten zwischen dem mit seiner Tochter Agnes verheirateten Herzog Albrecht II. von Sachsen und dem Welfenhause endgültig beizulegen, und steht somit in engem Zusammenhang mit der Landfriedenspolitik Rudolfs. Diese erreichte ihren Höhepunkt mit dem Würzburger Reichslandfrieden vom 15. Mai 1287, der allerdings ohne größeren Einfluß auf den Norden Deutschlands geblieben ist[2]. Ebenfalls in Würzburg hatte bereits am 29. März desselben Jahres der päpstliche Legat Bischof Johann von Tusculum einem königlichen Wunsche entsprechend einen Dispens vom Ehehindernis zu naher Verwandtschaft für Otto und Mechthild beurkundet; hatten sie doch mit Heinrich dem Löwen einen gemeinsamen Ururgroßvater[3].

Bald darauf, am 19. April, wurde zu Burglengenfeld in der Oberpfalz zwischen Ludwig II. und den von Otto II. am 28. Februar dazu bevollmächtigten Abgesandten unter Führung seines Oheims, des Bischofs Konrad von Verden, ein vorläufiger Ehekontrakt abgeschlossen[4]. Danach versprach Ludwig in Gegenwart einer Reihe von Bürgen, seine Tochter Mechthild dem Welfenherzog bis zum kommenden Osterfest (1288 März 28) zur Ehe zu geben. Die Abgesandten verpflichteten sich ihrerseits namens ihres Auftraggebers zu finanziellen Leistungen in Höhe von 4000 Mark Silbers Kölner Gewichts in Burg und Stadt (civitas) Lüneburg oder, falls die dortigen Einkünfte nicht ausreichen würden, noch an anderer Stelle.

Nachdem inzwischen seine Ehe mit der bayerischen Prinzessin geschlossen war, beurkundete Herzog Otto am 24. April 1288 zu Ingolstadt die endgültigen Abmachungen über Mitgift und Morgengabe (donatio propter nuptias) seiner Frau[5]. Einer bis zum 1. Mai 1290 in zwei gleichen Jahresraten zu zahlenden Mitgift des Brautvaters in Höhe von 6000 Mark reinen Silbers Kölner Gewichts, für die sich zahlreiche bayerische Adlige mit dem Versprechen des Einlagers in Neumarkt für den Fall der Nichteinhaltung der Zahlungsbedingungen verbürgten, stehen umfangreiche Bestimmungen über die Sicherung der Mitgift und einer Morgengabe Ottos in gleicher Höhe gegenüber. Sie werden von den für ihre Erfüllung bürgenden welfischen Treuhändern durch die Verpflichtung zum Einlager in Hannover bekräftigt. An ihrer Spitze steht ein naher Verwandter Ottos, der Sohn des Grafen Gerhard I. von

Holstein gleichen Namens. Er war ein Bruder Liutgards, der zu der Zeit noch lebenden Mutter des jungen Herzogs.

Kernpunkt des Vertrags ist die Erklärung Ottos, daß er Burg, Stadt (civitatem) und Vogtei Lüneburg sowie Burg und Vogtei Harburg mit allem, was dazugehört, soweit es sich um Lehen des Reichs, der Bremer und der Verdener Kirche handelt, dem König sowie dem Erzbischof von Bremen und dem Bischof von Verden auflassen will mit der gleichzeitigen Bitte, sie ihm zusammen mit seiner jungen Frau von neuem zu Lehen zu geben. Es folgen sehr eingehende und interessante Einzelanordnungen für alle denkbaren Erbfälle, die wir hier aber übergehen können. Erwähnenswert ist allein, daß bei der wiederholten Nennung von Burgen, Stadt und Vogteien auch der Burgmannen auf den beiden Burgen und der Lüneburger Bürger gedacht wird (castellani, cives sive burgenses eorundem castrorum et civitatis)[6]. Schließlich verspricht der Herzog, dafür sorgen zu wollen, daß der Erzbischof von Bremen, sein Oheim Bischof Konrad von Verden, seine Vettern Heinrich von Braunschweig-Grubenhagen und Albrecht von Braunschweig-Göttingen, ferner Herzog Albrecht II. von Sachsen, die Grafen Gerhard I. und sein Sohn Gerhard II. von Holstein sowie die Grafen von Wölpe und Dannenberg schriftlich erklären, die vorstehenden vertraglichen Vereinbarungen im Interesse der Herzogin Mechthild und etwaiger Erben gegen jedermann schützen und verteidigen zu wollen. Dasselbe versprechen der Herzogin Rat und Bürgerschaft der Stadt Lüneburg in einem Huldigungsrevers vom 7. August desselben Jahres[7]. Die Bestätigung des Ehevertrags und die Mitbelehnung Mechthilds mit den Reichslehen durch den König erfolgte durch ein in Ulm ausgefertigtes Diplom vom 28. Oktober 1288[8].

Wir wenden uns nun der Urkunde zu, die den Anlaß zu dieser Studie gegeben hat. Am 6. Mai 1288 verlieh König Rudolf in Konstanz wegen der Verdienste und auf Bitten Herzog Ottos, wie es heißt, und auf Grund seiner königlichen Vollmacht dem Orte (oppidum) Harburg die Rechte der Freiheit (libertamus atque ... eadem libertatis iura concedimus), deren sich andere befreite Orte (opida libertata) erfreuen und erfreut haben. Es handelt sich dabei um die Herauslösung des gefreiten Ortes aus dem Landrecht durch Bildung eines eigenen Rechts- und Gerichtsbezirks[9]. Otto, seiner Frau und ihren Erben sollten – entsprechend den [geringen] Mitteln der Bürger in Harburg (civium ipsius opidi in Horburch) – dort dieselben Rechte, Dienste und herkömmlichen Ehrenbezeigungen wie in der Stadt Lüneburg vorbehalten bleiben.

Die Frage, ob vor allem dem Herzog an einer Erhebung Harburgs zur Stadt gelegen war oder ob nicht in erster Linie der König im Interesse seiner Enkelin an eine Förderung der ihr mitübertragenen Vogtei Harburg durch Schaffung eines städtischen Zentrums gedacht hat, läßt sich an Hand der Urkunde nicht beantworten. Sie entspricht mit ihrem relativ kurzen Formular in allem den von der Kanzlei Rudolfs damals ausgefertigten Diplomen zur Verleihung solcher Freiheiten[10]. So weicht die Urkunde, die der König am 5. August 1288 auf Wunsch Ulrichs von Hanau für dessen Ort Windecken ausstellte[11], nur geringfügig von der für Harburg ab. Statt des allgemeinen Hinweises auf andere befreite Orte wird bei Windecken auf die Rechte der Stadt Frankfurt verwiesen, und es werden hier am Schluß zusätzlich noch weitere Rechte gewährt anstelle des Rechtsvorbehalts in der Urkunde für Harburg. Ganz ähnlich gestaltet ist auch bereits das Marktprivileg des Königs für das schweizerische Pruntrut vom 20. April 1283[12]. Immerhin ist es auffällig, daß Herzog Otto damals nicht selber der Siedlung bei der Harburg städtische Rechte nach dem Vorbilde Lüneburgs verliehen hat wie ein Jahr später den Bewohnern seiner Stadt (in civitate nostra) Dahlenburg, wo sie als «ius burginandi» bezeichnet wurden[13]. Er war dazu, wie schon das Dahlenburger Beispiel zeigt, durchaus berechtigt. Auch hätte er nach dem erst kürzlich am 18. Februar 1288 getroffenen Freundschaftsabkommen mit der in den letzten hundert Jahren zu wirtschaftlicher Blüte gelangten holsteinischen Stadt Hamburg jenseits der Elbe davon ausgehen können, daß ihm von dieser Seite keine Hindernisse in den Weg gelegt wurden[14].

Es erhebt sich nun die weitere Frage, ob mit dem in der Urkunde vom 6. Mai 1288 als oppidum bezeichneten Harburg schon eine Stadt gemeint war, vergleichbar der an derselben Stelle genannten civitas Luneburg oder der civitas Dahlenburg der herzoglichen Urkunde von 1289. Daß ein genau zu definierender terminologischer Unterschied zwischen den beiden lateinischen Ausdrücken civitas und oppidum zu jener Zeit nicht bestand, hat Gengler schon vor hundert Jahren – vornehmlich für den Süden Deutschlands – festgestellt. Andere sind ihm darin gefolgt[15]. Durch zwei jüngere Spezialuntersuchungen auf breiterer Quellenbasis für Westfalen und den Großraum Hannover wurden Genglers Erkenntnisse im Großen und Ganzen erneut bestätigt[16]. Der verschiedentlich geäußerte Gedanke, oppidum würde im Gegensatz zu civitas in erster Linie für jüngere oder kleinere Städte verwandt, findet keine ausreichende Stütze in den Quellen[17]. Von einer ummauerten Siedlung, die ebenfalls des öfteren mit dem Begriff oppidum in Verbindung gebracht wird[18], kann in Harburg zu der Zeit gewiß nicht die Rede sein, will man nicht etwa oppidum auf die Burg selbst beziehen. Auf jeden Fall unzulässig – als ein Vorgriff auf spätere Verhältnisse – ist Erich Keysers Übersetzung von oppidum mit Flecken[19].

Zwei bekannte Göttinger Gelehrte, der mit der niedersächsischen Geschichte wohl vertraute Historiker Karl Brandi und der Rechtshistoriker Herbert Meyer, der sich zuvor mit der Geschichte der Städte unter Heinrich dem Löwen eingehend beschäftigt hatte, haben 1936 dem Harburger Magistrat auf Grund der Urkunde vom 6. Mai 1288 die Auskunft erteilt, daß Harburg damals fraglos eine Stadt im Rechtssinne gewesen sei[20]. Bei diesem gewissermaßen aus dem Stegreif erstellten Gutachten wurde jedoch Verschiedenes nicht beachtet. Einmal war der Ausdruck oppidum in der Königsurkunde, wie schon oben angedeutet, ein formelhafter, in gleichartigen Diplomen Rudolfs stets wiederkehrender Bestandteil. Zum anderen begegnen wir in den Urkunden, die das Heiratsgut Mechthilds betreffen, immer wieder Burg, Stadt und Vogtei Lüneburg neben Burg und Vogtei Harburg, worauf Keyser bereits hingewiesen hat. Seine Schlußfolgerung, daß die im Mai 1288 auf Grund des königlichen Diploms entstandene gefreite Stadt (oppidum) der Morgengabe der Herzogin bewußt nicht zugeteilt worden sei, erscheint mir freilich ziemlich abwegig[21]. Harburg fehlt überdies 1293 beim Verkauf der Münze in Lüneburg durch Herzog Otto und Mechthild bei der Aufzählung der elf Städte (civitatum et oppidorum) des Landes, während an achter Stelle Dahlenburg erscheint und an letzter Stelle Hittfeld, das in späterer Zeit den Charakter einer städtischen Siedlung nicht mehr besitzt; Harburg wird dagegen nur als «Land» erwähnt[22]. Das schließt bei Harburg die Vorstellung einer zu der Zeit schon vorhandenen «Stadt im Rechtssinne» mit an Sicherheit grenzender Wahrscheinlichkeit aus. Dem widerspricht auch nicht der Umstand, daß in der Urkunde vom 6. Mai 1288 von «cives» gesprochen wird. Neuere Untersuchungen haben gezeigt, daß mit cives keineswegs nur Stadtbürger, sondern auch Bewohner nichtstädtischer Siedlungen bezeichnet werden konnten[23].

Es kann andererseits jedoch kaum zweifelhaft sein, daß es 1288 schon eine bewohnte Siedlung an dem künstlich aufgeschütteten Damm gab, der von der auf einer Talsandinsel inmitten morastigen Geländes gelegenen Harburg («Burg im Sumpf») zur Geest führte[24]. Derartige Dammsiedlungen mit eigener Freiheit hat es vor vielen Burgen gegeben[25]. Über Zahl und berufliche Zusammensetzung der Bewohner (cives) läßt sich dagegen gar nichts sagen. Man kann höchstens mutmaßen, daß sie in der Mehrzahl Handwerker waren, die zum Teil vielleicht auch schon einen bescheidenen Handel getrieben haben mögen[26]. Denkbar erscheint ferner, daß einige der Harburger Burgmannen Grundstücke am Damm besessen haben[27]. Von einer solchen Familie könnten etwa die de Horborch abstammen, die um dieselbe Zeit als Ratsherren in Hamburg nachweisbar sind und die sich gewiß nach ihrem Herkunftsort, der Siedlung Harburg, genannt haben[28].

Das königliche Privileg vom 6. Mai 1288 brachte für die Siedler am Damm zunächst keine sichtbare Änderung ihres Lebens. Es schuf aber, wie anfangs gesagt, die rechtlichen Voraussetzungen für eine Weiterentwicklung des Gemeinwesens, sobald die äußeren Umstände, insbesondere die wirtschaftlichen Verhältnisse es zuließen. Somit sagt es zwar unmittelbar nichts über den Zeitpunkt der Stadtgründung aus, nach dem zu fragen schon Herbert Meyer 1936 ein vergebliches Bemühen genannt hat[29]; doch bleibt es auf jeden Fall das älteste schriftliche Zeugnis vom Vorhandensein bürgerlichen Lebens im Schatten der herzoglichen Welfenburg an der Süderelbe. Erst neun Jahre später verlieh Herzog Otto den Bewohnern Harburgs Stadtrechte nach dem Vorbilde Lüneburgs und begründete damit die «Rechtsstadt»[30], nachdem er 1296 die Kultivierung der Marschen im Osten der Burg in Angriff genommen und rechtlich abgesichert hatte[31].

Mit der Eindeichung und Besiedlung der benachbarten Marschen wurden die nötigen Vorbedingungen dafür geschaffen, daß die Dammsiedlung sich zum wirtschaftlichen Mittelpunkt der Vogtei Harburg anstelle Hittfelds entwickeln konnte[32]. Außerdem entstanden bei der Begradigung vorher ungezügelter Wasserläufe auf beiden Seiten des Dammes ausreichende Viehweiden für die Bürger[33]. Ackerland stand ihnen dagegen nicht zur Verfügung. Es wäre daher unhistorisch, vom frühen Harburg als einer Ackerbürgerstadt zu sprechen. Erst viel später begannen einzelne Bürger, ihre Wiesen jenseits der Süderelbe, ihr «Hauland», in Ackerland umzuwandeln und nach und nach Bauernland in den benachbarten Marschkolonien Neuland und Lauenbruch zu erwerben[34].

So können wir also zusammenfassend feststellen, daß es 1288 an dem Damm, der den Zugang zu der von Niederungen umgebenen Harburg bildete, eine kleine Ansiedlung, einen Ort (oppidum) gab, der den Namen der Burg übernommen hatte. Diesem Ort verlieh König Rudolf von Habsburg damals die mit der Schaffung eines gesonderten Rechtsbezirks verbundenen Freiheiten, aber kein Stadtrecht nach dem Vorbild einer anderen Stadt. Das geschah vielmehr erst mit der schon erwähnten Urkunde Herzog Ottos aus dem Jahre 1297. Ihr vollständiger Text ist zwar nicht überliefert, doch können wir ihren Inhalt aus dem herzoglichen Stadtprivileg für Harburg von 1457 erschließen.

Anmerkungen

1 Die Eltern Ottos, Johann und Liutgard (von Holstein), heirateten am 28.7.1265. Herzog Johann starb am 13.12.1277.
2 Angermeier, S. 75ff. – Mohrmann, S. 57, 70, 74f. mit Anm. 253 u. 282.
3 Regesta Imperii VI, 1 Nr. 2087. Vgl. Scheidt, Orig. Guelficae III, Praefatio, S. 67.
4 Scheidt, Orig. Guelficae III, Praefatio, S. 68f., 71.
5 Ebd., S. 72–74.
6 Zu den Harburger Burgmannen vgl. Kausche, Untersuchungen, S. 139. – Kausche, Scerebart, insbes. S. 32.
7 Sudendorf I 111.
8 Scheidt, Orig. Guelficae III, Praefatio, S. 74. – Reg. Imp. VI, 1 Nr. 2198.

9 Sudendorf I 110. – Reg. Imp. VI, 1 Nr. 2172. Zum folgenden vgl. Kausche, Untersuchungen, S. 110–114 mit der dort angegebenen Literatur u. Stoob, S. 7ff.

10 Vgl. Martin, S. 122ff.

11 Hess. UB II, 1 Nr. 476. – Reg. Imp. VI, 1 Nr. 2183.

12 Spieß, S. 117f., vgl. S. 77, 116. – Etwas anderer Art sind zwei Diplome Rudolfs von Habsburg für Graf Eberhard von Katzenelnbogen zugunsten von Braubach von 1288 Juni 2 und 1289 Sept. 25 (Nassauisches UB I Nr. 1083; Demandt Nr. 305, 313; Reg. Imp. VI, 1 Nr. 2176, 2248). Der König hatte Braubach bereits 1276 Dez. 1 die Freiheiten verliehen, wie sie andere Städte (civitates) des Reichs besaßen (Nassauisches UB I Nr. 911; Reg. Imp. VI, 1 Nr. 630). Das knappe Formular von 1276 weicht von dem erweiterten von 1288 ab.

13 Scheidt, Nachrichten, S. 44f. (1289 Mai 29/Juni 4). Vgl. Martin, S. 125.

14 HUB I 834. Vgl. dazu den Vertrag der Welfenherzöge mit Hamburg von 1258 Aug. 13 mit ähnlichem Inhalt (HUB I 625).

15 Gengler, S. 349f., 353f. – Planitz, S. 232f. – Ebel, S. 21.

16 Haase, S. 35f., 73, 101. – Höing, S. 96ff. mit Anm. 5 (dort weitere Literatur), S. 114, zu oppidum insbes. S. 101. Vgl. dazu Niedersächs. Jb. 58, 1986, S. 321f. (Rez. H. Schwarzwälder).

17 Vgl. Gengler, S. 353.

18 Spieß, S. 77 mit Anm. 1 – Planitz, S. 131. – ZSRG Germ. 78, 1961, S. 379 (Rez. Carl Haase).

19 Keyser, S. 56f.

20 Abgedruckt in HAN Nr. 100f. vom 29. u. 30.1.1936.

21 Keyser, S. 55f., 57.

22 Sudendorf I 122 (1293 Jan. 6).

23 Vgl. Höing, S. 99 mit Anm. 20 und der dort zitierten Literatur.

24 Kausche, Untersuchungen, S. 112, 126ff. – Richter/Laux, S. (2) u. (4).

25 Merker, S. 52ff., 68. Vgl. dazu ZHG 48, 1962, S. 164f. (Rez. D. Kausche).

26 Kausche, Untersuchungen, S. 156. – Kausche, Harburg, S. 376. – Siehe neuerdings auch Plümer, S. 177f.

27 Merker, S. 30f. – Kausche, Scerebart, S. 27f., 31f.

28 HUB I 847, 850, 857 (1289/91). – v. Lehe, Nr. 248, 725, 1255 (1290/99). Vgl. Reincke, S. 190.

29 HAN (wie Anm. 20). Nach Ennen, S. 94 ist «die Stadtwerdung einerseits ein gestreckter Prozeß», bei dem andererseits «Momente der Planung bzw. Gründung nicht fehlen».

30 Kausche, Untersuchungen, S. 108ff., 113. – Kausche, Harburg, S. 375. – Keyser, S. 58. Auch Brandi und Meyer gehen in ihren Gutachten (siehe Anm. 20) davon aus, daß Herzog Otto der Dammsiedlung vor oder nach 1288 ein Stadtrechtsprivileg erteilt hat. – Vgl. Blaschke, S. 359.

31 Kausche, Lewenwerder, insbes. S. 122–124 (1296).

32 Kausche, Untersuchungen, S. 112 mit Anm. 28. Vgl. auch Meyer, insbes. S. 71.

33 Vgl. auch Kausche, Untersuchungen, S. 131f.

34 Kausche, Hauland, S. 168. – Kausche, Erbregister, S. 141f., 147ff. Zum Charakter gefreiter Burgsiedlungen und anderer «Minderstädte» vgl. Jecht, S. 58f., 78f. und Stoob, S. 7ff., 23ff.

Von der Burg zur Mietskaserne: Das Harburger Schloß

Klaus Richter

Kaum jemand, der heute vor dem großen viergeschossigen Mietshaus Bauhofstraße 8 steht, wird vermuten, daß sich hinter diesem unscheinbaren Gemäuer die Reste des aufgehenden Mauerwerks des ältesten Profangebäudes Hamburgs neben dem Neuwerker Turm verbergen (Abb. 13). Grundriß, Keller und Außenwände bis zur Höhe des dritten Geschosses stammen vom turmartigen Kernbau einer spätmittelalterlichen Burg um 1400. Seine Wandlung von der Burg zur Mietskaserne nachzuvollziehen und das Harburger Schloß wieder in das Bewußtsein der historisch interessierten Öffentlichkeit zu rücken, ist das Ziel dieses Beitrags.

Ins Licht der Geschichte tritt die «Horeburg» zuerst durch beiläufige Nennung einer 1133–37 abgefaßten Urkunde. Archäologische Untersuchungen auf dem ehemaligen Burggelände, die ihre Gründung datieren könnten, haben noch nicht stattgefunden – sieht man von einigen Testlöchern ab. Von den wenigen mittelalterlichen Scherben lassen sich die ältesten frühestens um 1000, spätestens 1100 datieren. Angelegt wurde die Burg in der Elbniederung auf einer von unpassierbaren Sümpfen und zahlreichen Wasserläufen umgebenen kleinen trockenen Talsandinsel, die nur an einer Stelle vom Geest-Hinterland über einen schmalen Damm mit mehreren Brücken erreicht werden konnte: die heutige Harburger Schloßstraße. Anscheinend war die älteste Anlage entweder ein Ringwall oder ein Turmhügel von etwa 66 m Außendurchmesser, mit hölzerner Palisade an seiner Vorderfront und vorgelagertem kreisförmigen Wassergraben[1].

Wie aus ihrer topographischen Lage und dem daraus abgeleiteten Namen Horeburg = Sumpfburg deutlich wird, übte die Befestigung eine Funktion in der umgebenden Elbniederung aus. Bemerkenswerterweise ist in der Urkunde von 1133–37 die Rede von zukünftigen Zehnteinnahmen des Neusiedellandes an der Elbe bei der Horeburg, was eine verfälschte jüngere Textfassung präzisiert mit: «Zehnten des Neusiedellandes auf den Elbinseln von der Horeburg bis Ochsenwerder»[2]. Dies könnte als Hinweis dafür aufgefaßt werden, daß die Horeburg um 1130 vielleicht den Stader Grafen als Stützpunkt einer geplanten zukünftigen Marschenkolonisation im Süderelberaum gedient hat[3].

In der Folgezeit fanden mehr als ein Jahrhundert lang, von 1144 bis 1257, politisch-militärische Auseinandersetzungen um die Grafschaft Stade, zu der unser Raum zählte, zwischen den Bremer Erzbischöfen und den Welfenherzögen statt. Zeitweise griffen hierin auch die Grafen von Holstein und der Dänenkönig ein. Die Horeburg war je nach Lage nordöstlicher militärischer Eckpfeiler des Erzstifts Bremen, nordwestlicher Stützpunkt des welfischen Herzogtums oder Brückenkopf der nordelbischen Mächte. Wer sie besaß, versuchte sie zu halten und auszubauen, während der jeweilige Gegner darauf aus war, sie zu erobern, zu zerstören oder zumindest ihre Schleifung politisch durchzusetzen[4].

Archäologisch spiegelt sich dies in mindestens zwei Brandschichten an der Palisade wieder. Über das damalige Aussehen der Burg läßt sich noch nichts sagen. Es darf angenommen werden, daß im Zentrum der Anlage ein steinerner Turmbau stand, wie dies bei zeitgenössischen Burgen üblich war. Auf ihn deutet vielleicht die bei Bohrungen 3 m unter heutiger Oberfläche auf einer Länge von 10 m an der Südostecke des Hauses Bauhofstraße 8 ermittelte dicke Mörtelschicht hin[5].

1231 erfahren wir zuerst von der Existenz einer Burgkapelle, als der Bremer Erzbischof Gerhard «in capella Horenburc» eine Schenkung vollzieht. Da überliefert ist, daß 1164 der Bremer Erzbischof Hartwig auf der Horeborg weilte und 1168 Bremer Domherren dorthin sich begaben, darf angenommen werden, daß schon damals die Burg eine für den Aufenthalt hoher Geistlicher erforderliche Kapelle besaß. 1307 legt Herzog Otto von Braunschweig-Lüneburg fest, daß die Kapelle in seiner Burg Harburg als Tochterkapelle der Mutterkirche in Wilstorf angegliedert ist und der Wilstorfer Pfarrer für sie einen Priester einsetzen kann, der an der Tafel des herzoglichen Burgvogts speisen soll[6].

Nachdem die Harburg 1257 endgültig in den Besitz der Welfenherzöge gelangt war, diente sie in der Folgezeit einerseits militärisch als nordwestliche Grenzfestung des Herzogtums Braunschweig-Lüneburg gegenüber dem Erzstift Bremen und der Grafschaft Holstein, andererseits zivil als Verwaltungsmittelpunkt für die Vogtei Harburg: den Raum zwischen Elbe, Seeve und Stuvenwald, inklusive das Kirchspiel Tostedt. Ein herzoglicher Vogt residierte auf der Burg und war für die Hebung landesherrlicher Einkünfte und Abhaltung des Gerichts zuständig. Ihm zur Seite stand eine Anzahl ritterlicher Burgmannen, denen vom Herzog für ihre Dienste sogenannte Burglehen als Lehngüter in der Nähe der Burg übertragen worden waren[7].

Vor der Burg, zu beiden Seiten des geestwärts führenden Dammes, hatte sich im ausgehenden 13. Jh. eine kleine Ansiedlung entwickelt, die 1288 durch König Rudolf von Habsburg aus der allgemeinen Gerichts- und Vogteiverwaltung herausgelöst wurde und 1297 vom Landesherrn Herzog Otto II. das Lüneburger Stadtrecht verliehen erhielt: die Keimzelle der Stadt Harburg, deren 700. »Gründungstag« mit diesem Band gedacht wird[8].

Wie bei norddeutschen Burgen damals üblich, bestand die Harburg im wesentlichen aus einem großen turmartigen Ziegelgebäude, das im Zentrum einer kreisförmigen Wall- und Grabenanlage sich erhob. Dieses als «stenwerk» bezeichnete Bauwerk wurde 1396 von den mit Lüneburg verbündeten Hamburgern bei heftigen Kämpfen zwischen Lüneburg und den Lüneburger Herzögen zerstört. Vielleicht sind seine Grundmauern im Mietshaus Bauhofstraße 8 noch erhalten[9].

Den Herzögen gelang die Unterwerfung Lüneburgs nicht. Vielmehr zwang sie ihre finanzielle Lage, bei Friedensschluß 1397 für ein Darlehen, das ihnen unter anderen die Städte Lüneburg und Hamburg gewährten, Burg, Stadt und Vogtei Harburg zunächst an Hamburg, 1403 an Lüneburg zu verpfänden. Diese Pfandherrschaft Lüneburgs dauerte bis 1517, als die Herzöge endlich in der Lage waren, das Pfand wieder auszulösen[10].

Weil vertraglich vorgesehen war, daß die von Hamburg und Lüneburg mit herzoglicher Genehmigung auf der Harburg getätigten Bauausgaben bei Einlösung des Pfandes durch die Herzöge erstattet werden mußten, lag im Interesse beider Städte eine sorgfältige Verbuchung dieser Gelder. Dadurch erfahren wir zum erstenmal Genaueres über einzelne Baulichkeiten und daran durchgeführte Arbeiten.

Bereits 1398 hat Hamburg 12.000 Ziegelsteine und 42.500 Dachziegel dort verbaut. Offensichtlich wurde damals das zwei Jahre zuvor zerstörte Steinwerk wiederhergestellt. Es steckt mit seinem Kern in Keller und Außenwänden des gegenwärtigen Mietshauses Bauhofstraße 8[11].

Es war das dominierende Gebäude der Burg, als «großes Steinwerk», «großes Haus» oder später «hohes Haus» bezeichnet (Abb. 1), und besaß einen Keller, an dessen das Gewölbe tragenden Pfeilern 1470 Reparaturen stattfanden. Reste von ihnen sind noch heute im Keller des Mietshauses Bauhofstraße 8 sichtbar. Darüber lag im Erdgeschoß eine noch im 18. Jh. erhaltene Gewölbehalle (Abb. 5). Oberhalb der Halle folgten drei weitere Geschosse. Darüber erhob sich ursprünglich ein hohes Ziegeldach, das stark reparaturanfällig war und deswegen 1563 durch ein kupfernes Flachdach ersetzt wurde. 1440–42 führte man umfangreiche Bauarbeiten am «großen Steinwerk» aus[12].

Neben dem großen gab es noch ein «kleines Steinwerk» oder «kleines Haus», das vielleicht 1440–42 zuerst errichtet wurde und offensichtlich in unmittelbarer Nachbarschaft der späteren Burgmauer lag[13].

Als Nebengebäude werden erwähnt das Backhaus mit Backofen, das 1472 durch einen Neubau ersetzt wurde, und das damit zusammenhängende Brauhaus. Ferner gab es einen transportablen hölzernen Turm, den sogenannten Bergfried, der 1446 von Lüneburg nach Harburg geschafft worden war. Die Stationierung von Feuerwaffen auf der Burg – schon 1417 werden Geschützsteine (bussenstene) erwähnt – erforderte den Bau eines Büchsenhauses mit Pulverkammer[14].

Die älteste Abbildung von 1577 läßt noch gut erkennen, daß die Burganlage des 15. Jh. aus der Oberburg mit dem «großen Steinwerk» im Zentrum und einem kreisförmigen Wall und Graben bestand sowie aus der ringförmig davor gelagerten Vorburg mit einem zweiten Graben (Abb. 1). Infolgedessen gab es zwei hölzerne Brücken und zwei Torhäuser: die «oberste Brücke» und das «oberste Torhaus» an der Oberburg sowie die «vorderste Brücke» und das «vorderste Torhaus» an der Vorburg. Das «oberste Torhaus» wurde 1475/76 neu errichtet, nachdem in den beiden Jahren zuvor die Oberburg zum erstenmal eine steinerne Burgmauer erhalten hatte. Das «vorderste Torhaus» wurde 1487–90 neu gebaut. In Verbindung mit beiden Torhäusern standen zwei Zollhäuser[14].

Das vorderste Zollhaus wurde 1489 neu errichtet und mit einer im Lüneburger Glockenhof gegossenen Glocke ausgestattet. Bereits 1443 hatte der Lüneburger Gießer Cord Vribusch eine Glocke für Harburg geliefert. 1900 gab es noch zwei spätmittelalterliche Glocken auf dem Schloß: 1. Die damals vernichtete große Glocke, deren lateinische Inschrift auf kirchliche Bestimmung hinweist: *«Ich, Stimme des Lebens, rufe euch. Betet an, kommt! Herr Wilhelm Daneman hat mich herstellen lassen.»* 2. Die heute im Helms-Museum verwahrte kleine Glocke ohne Inschrift, die mit der Vribusch-Glocke identifiziert wird[15].

Zur Wasserversorgung diente ein Brunnen mit Einfassung in der «Oberburg». Zusätzlich wurde 1498 eine Wasserleitung vom Burggraben zur Burg angelegt[14].

Das als Nahrungsreserve für die Burgmannschaft erforderliche Vieh war in Stallungen auf dem Vorwerk untergebracht, das unmittelbar vor dem äußeren Burggraben am Damm zur Stadt hin lag. 1511 wurde ein neuer gepflasterter Weg zwischen der obersten Brücke der Burg und dem Vorwerk angelegt und 1512/13 dort ein neuer großer Fachwerkstall errichtet[14].

Zwei Inventare von 1522 und 1526 geben uns eine Vorstellung davon, wie die Burg damals ausgestattet war[16]:

Ausreichende Bewaffnung stellte natürlich die wichtigste Voraussetzung dar, damit der Verteidigungsauftrag im Ernstfall erfüllt werden konnte. Es gab zwei «quarterslangen» = grobe Geschütze. Diese Zahl war bereits im 15. Jh. Norm für die Ausrüstung mit schwerer Artillerie, die von Lüneburg nach Harburg geschickt worden war. An Hakenbüchsen (leichten Feuerwaffen) waren vorhanden: 22 kupferne und 20 eiserne, zu deren Munition ein kleines Faß und eine Kiste voll Bleikugeln dienten. Pulver für Geschütze und Büchsen wurde in 7 großen und 14 kleinen Fässern verwahrt. Wie im Spätmittelalter üblich, stellte die Armbrust eine wichtige Waffe dar. 13 Armbrüste waren vorhanden, drei Kisten mit Pfeilen enthielten die erforderliche Munition.

Anhand der Waffenbestände läßt sich schätzen, daß auf der Harburg maximal 50 bis 60 Männer Kriegsdienst versehen konnten. In Krisenzeiten schickte Lüneburg zusätzlich einige Söldner. Dies galt vor allem bei Spannungen mit Hamburg, das in der Moorburg einen Militärposten unmittelbar vor Harburgs Haustür unterhielt[17].

Damals wie heute war Militär durstig und hungrig. Ein ausreichender Biervorrat mußte stets vorhanden sein. 1522/26 lagerten 15 Fässer verschiedener Sorten im Bierkeller. Außerdem stand im Backhaus Braugerät, unter anderem eine Braupfanne. Hauptsächlich wurde aber dort Brot gebacken, zu dessen Herstellung zwei Backtröge dienten. In der Speisekammer befanden sich ein Kumpf und ein Bottich zum Pökeln von Fleisch, im «Sommerhaus» zwei Kisten für Trockenfleisch. Im Vorwerk fand eine intensive Milch-, Butter- und Käsezubereitung statt, wie das entsprechende Gerät beweist. Zur Fischerei in den umliegenden Gewässern dienten Kähne und Ewer. In der Burgküche wurden die Speisen zubereitet[16].

Während der städtischen Pfandherrschaft residierte auf der Burg ein von den Städten, ab 1417 von Lüneburg allein eingesetzter Vogt oder Amtmann, später auch als Hauptmann bezeichnet. Er besaß die militärische und zivile Gewalt über Burg, Stadt und Vogtei Harburg. Zunächst nahmen dies Amt Ritter wahr, denen die Städte ihren Pfandbesitz jeweils für einen Zeitraum von etwa drei Jahren weiterverpfändet hatten. Zwischen 1417 und 1445 fungierten als Amtleute direkt vom Lüneburger Rat eingesetzte Ratsherren. In der Folgezeit bis 1471 kehrte Lüneburg vorzugsweise wieder zum älteren Verfahren der Weiterverpfändung an Adlige zurück. Ab 1474 bis zum Ende der Pfandherrschaft war Harburg von Lüneburg an einzelne Lüneburger Ratsmitglieder weiterverpfändet[18].

Eine neue Phase in der Geschichte der Burg bildet der Zeitraum 1527–1642. Damals diente sie einer abgeteilten Nebenlinie des braunschweig-lüneburgischen Herzogshauses als Residenz. Aus der Burg wurde ein Schloß, das Harburger Schloß[19].

Als Herzog Otto I. 1527 sein Abfindungsgebiet, das Amt Harburg, übernehmen und auf der Burg residieren sollte, reichte diese in keiner Weise für eine standesgemäße Lebensführung aus. Sein Bruder Ernst, regierender Herzog in Celle, gewährte ihm deshalb für erste dringende Verbesserungen 1200 Gulden, ferner 300 Gulden für die Anschaffung von Silbergeschirr – Statussymbol des hohen Adels. Weiterhin erhielt er Betten: 2 für seine Gemahlin und sich, 6 für Edelleute und Diener, 10 für das übrige Hauspersonal. Daraus gewinnen wir einen Hinweis auf die Größe des damaligen Harburger Hofes: 18 Personen[20].

Wichtig im Abfindungsvertrag war ein Passus, der besagte, das Abfindungsgebiet dürfe erst dann an die regierende Linie in Celle zurückfallen, wenn den Erben Ottos I. alles Geld, das dieser zu Bauzwecken verwendet hatte, zurückerstattet worden wäre, und diese Regelung wurde im Erbvertrag von 1560 auf dessen Nachfolger übertragen. Bauausgaben stellten also eine Art von Lebensversicherung für die Nachkommen dar. Damit erklärt sich das Interesse der Harburger Herzöge an umfangreichen Baumaßnahmen. Ferner spielte ihr Bedürfnis eine Rolle, den Verwandten wenigstens in bescheidenem Rahmen nachzueifern.

Zuerst ließ Otto I. 1527/28 das alte Hauptgebäude der Burg zu Wohn- und Repräsentationszwecken als Kern einer herrschaftlichen Schloßanlage ausbauen[21]: Es handelte sich um das «hohe Haus», dessen Außenmauern im Mietshaus Bauhofstraße 8 stecken (Abb. 1). Vor allem aus Winsen, Scharnebeck, Hamburg, Buxtehude und Stade wurden geliefert: 84.050 Ziegel, 3340 Formziegel, 21.900 glasierte Bodenfliesen, 11.360 Dachziegel. Kalk bezog man vor allem aus Lüneburg.

Ein achteckiger Treppenturm mit Wendeltreppe wurde an der Ostseite des Hauses errichtet. Ihn krönte eine kupferne Haube mit vergoldeter Blume und Knopf; letztere hatte ein Grapengießer in Celle hergestellt. Vier Erker an der Fassade wurden ebenfalls mit Kupfer gedeckt, das man insgesamt aus Hamburg bezog. Auf dem Saal wurden Fenster durchgebrochen. Die Celler Steinmetzen Jost und Cord verarbeiteten Bückeburger Sandstein für 13 Fenstergewände und 4 Schornsteine.

Die Wohnqualität verbesserte man durch Kachelöfen in allen Gemächern, ferner durch zwei Abtritte («heimliche Gemach») und eine Badestube mit kupferner Wanne, die durch Bleirohre ihr Wasser erhielt. Zimmermeister Carsten Hasse aus Celle verlegte Tannendielen zu Fußböden. Mit der dekorativen Ausmalung von Räumen in Rot, Weiß, Blau, Grün, Gelb und Gold waren der Maler Jacob und seine Knechte 230 Tage beschäftigt. Für das Gewölbe und die Hofstube fertigte der Schmied aus Harburg Gitter an. Abschließend wurden die Fenster verglast mit großen und kleinen vierkantigen und runden Scheiben, die man sämtlich aus Hamburg bezog. Aus Braunschweig lieferte ein Glaser 111 Matern, aus Celle 24 Wappenfenster.

Um 1532 ließ Herzog Otto eine Holzröhrenleitung vom Walkmühlenteich durch Harburg hindurch unter dem Steinweg entlang (heute Schloßmühlendamm/Harburger Schloßstraße) über die Schloßbrücke auf das Schloß legen, um die Wasserversorgung zu verbessern. Die erforderlichen Eichenstämme wurden in Hamburg zu Röhren ausgebohrt. Auf dem Schloß mündete die Anlage in einem Rohrbrunnen[21].

Die Verteidigungsfähigkeit war bereits mit Übersiedlung des Herzogs durch drei zusätzliche schwere Geschütze erhöht worden, so daß es insgesamt 5 Kanonen (3 halbe + 2 Quarterschlangen) auf dem Schloß gab, die 1533 neu beschlagen wurden. Alsbald begann man dann mit durchgreifenden Verbesserungen an den Verteidigungsanlagen[21].

Zunächst wurden 1535/36 umfangreiche Ausschachtungs- und Rammarbeiten zur Vertiefung des inneren Grabens und Aufschüttung eines dahinterliegenden hohen Walles an Stelle der veralteten Burgmauer durchgeführt. So konnte man das Schloß gegen die gesteigerte Feuerkraft der Artillerie im 16. Jh. besser schützen. Zu diesen Erdarbeiten mußten auch bis zu 75 Marschenbewohner aus Harburgs Umgebung Hand- und Spanndienste leisten.

Gleichzeitig wurde ein neues inneres Torhaus als Fachwerkbau mit Zugbrücke durch den Zimmermeister Hinrik und den Maurermeister Hans aus Hamburg errichtet. Harburger Bürger mußten Spanndienste leisten. In Verbindung mit dem Torhaus entstand ein neues Zollhaus. An der linken Seite schützte ein mächtiger, runder, steinerner Zwinger die Zugbrücke – ähnlich dem noch heute vorhandenen vor dem Buxtehuder Marschtor, der aus derselben Zeit stammt (Abb. 1). Diese Baulichkeiten besaßen einen gewissen Wohnkomfort, wie Glasfenster, vier von einem Hamburger Kachelmacher hergestellte Öfen und dekorative mehrfarbige Ausmalung durch den Maler Jeronimus aus Celle.

Anschließend erbaute man 1539–43 an der Innenseite des Walles eine neue Mauer, ebenfalls unter Leitung des Hamburger Maurermeisters Hans. Insgesamt wurden hierfür über 370.000 Ziegel benötigt, die zumeist in der gleichzeitig eingerichteten ersten Harburger Ziegelei, dem Ziegelhaus (etwa heutige Kreuzung Unterelbische Bahn / Blohmstraße) gebrannt wurden[21].

Nachdem Otto II., einziger überlebender Sohn des ersten Harburger Herzogs, im Erbvertrag von 1560 den erblichen Besitz für sich und seine Nachkommen sowohl für das Amt Harburg als auch für das Amt Moisburg durchgesetzt hatte, bedeutete dies eine klare Statusverbesserung. Anders als sein Vater, konnte Otto II. in gewissen Grenzen als eigenständiger Herrscher auftreten. Entsprechend diesem neuen Rang, ließ er sein Schloß nach und nach zu einer Miniresidenz ausbauen.

1562 wurde der Zwinger erneuert, wobei man ihn mit aus Hamburg bezogenen Schieferplatten neu deckte. Gleichzeitig erhielt das «hohe Haus» 12 große und 4 kleine Fenster mit Sandsteingewänden vom Steinmetz Hermann Keitmar aus Obernkirchen in der Grafschaft Schaumburg. Ein Kupferdecker aus Stettin versah es mit einem kupfernen Flachdach. Wahrscheinlich entstand ebenfalls 1562/63 der Kranz dreieckiger und bogenförmiger Renaissance-Zwerchgiebel, wie er uns in zeitgenössischen Abbildungen des Hauptgebäudes entgegentritt (Abb. 1, 3, 4)[22].

Sein bedeutendstes Bauvorhaben ließ Otto II. zwischen 1577 und 1587 verwirklichen. Damals wurde unter Leitung des aus Freiberg in Sachsen stammenden und später als Ratsmaurermeister in Lüneburg wirkenden Steinmetzmeisters Martin Köhler ein rechtwinklig im Nordosten an das alte Hauptgebäude anschließender Flügelbau errichtet[23].

Es handelte sich um den dreigeschossigen «langen Flügel», der im Südwesten vom umgebauten Hauptgebäude-Treppenturm und im Südosten von einem neu errichteten achteckigen hohen Treppenturm mit steinerner Haube flankiert wurde (Abb. 2). Das Gebäude besaß außer einem großen vier kleine Giebel, davon drei an seiner Hauptfassade nach Süden, zum Schloßhof hin. Deren Renaissancebekrönungen hatte Meister Martin Köhler ebenso wie sämtliche Simse, Tür- und Fenstergewände aus Pirnaer Sandstein gefertigt.

Der Ostteil des neuen Gebäudes wurde insgesamt von der Schloßkapelle eingenommen. Wie erwähnt, besaß die Harburg schon im Mittelalter eine Kapelle; sie wird auch in Inventaren 1522/26 genannt. Ab 1577 wurde eine neue, wesentlich aufwendigere Schloßkapelle nach Vorbildern der Residenzen herzoglicher Verwandter errichtet: 1547 war in Gifhorn ein Kapellenbau fertiggestellt, 1560–76 in Celle die Kapelle völlig neu ausgestattet worden.

Unter der Harburger Schloßkapelle lag ein gewölbter Gruftraum. In ihm erfolgten allerdings später keine Beisetzungen, da Otto II. und die meisten seiner Angehörigen in der damaligen Harburger Stadtkirche ihre letzte Ruhe fanden[24]. War sie somit auch keine fürstliche Grablege, so wurde die Kapelle doch nach und nach gemäß dem Vorbild herrschaftlicher Sakralbauten mit Monumenten zur Verherrlichung der herzoglichen Familie ausgestattet. In halbrunden Nischen an der Wand hinter dem Altar standen fünf lebensgroße, angeblich in Italien aus weißem Marmor hergestellte Statuen von Otto II., dessen beiden Frauen und zweier seiner Kinder. Sein Sohn Herzog Wilhelm ließ 1607 angeblich ebenfalls in Italien ein Epitaph aus weißem Marmor für seine beiden verstorbenen Brüder herstellen, das an der Kapellennordwand stand. Wie ihre Vorbilder in Celle und Gifhorn, besaß auch die Harburger Schloßkapelle gemauerte Emporen für den Hofstaat, deren Pfeiler, Bögen und Kreuzgewölberippen Martin Köhler aus Pirnaer Sandstein hergestellt hatte. Ebenfalls von dessen Hand stammte die steinerne Kanzel. Die Orgel, vom Herzog in Hamburg bestellt, stand dicht dabei seitlich vom Altar (Abb. 5)[25].

An die Kapelle nach Westen schlossen sich im Erdgeschoß an: eine große kreuzgewölbte und mit Steinmetzarbeit ausgestattete Hofstube, die ebenfalls gewölbte Schloßküche, das Schlachthaus und die Silberkammer, in der das zahlreiche Tafelsilber verwahrt wurde (Abb. 5)[23]. In den darüberliegenden beiden Geschossen befanden sich vor allem Räumlichkeiten für das Hofgesinde, während die herzogliche Familie weiter im alten viergeschossigen Hauptgebäude wohnen blieb. Der «lange Flügel» mitsamt Kapelle brannte 1813 ab.

1591/92 setzte Otto II. sein Bauprogramm mit der Errichtung eines neuen Torhauses an Stelle des erst 1535/36 erbauten fort[26]. Dieses sogenannte «lange Gewölbe» war ein repräsentatives Gebäude mit drei ornamental gestalteten Renaissancegiebeln (Abb. 3, 4). Die Tordurchfahrt im Erdgeschoß bildete ein langes Tonnengewölbe, auch als Schwibbogen bezeichnet. Zu beiden Seiten rechts und links lagen Stuben und Kammern für Hofbedienstete und Wachpersonal sowie Treppenaufgänge zum Obergeschoß. In dessen Gemächern wohnten der Hofmeister und Junker[27]. Bei Kampfhandlungen 1757 wurde das Torhaus zerstört.

1597/98 errichtete man das Kornhaus in der Südostecke des Schloßhofes neben dem Back- und Brauhaus[26]. Es besaß einen großen Kornboden, an seiner Seite stand ein kleiner Treppenturm mit Kupferhaube (Abb. 3, 4)[27].

In der Regierungszeit des letzten Herzogs Wilhelm entstand ein neues Gebäude, das sich im rechten Winkel südöstlich an den Treppenturm des «langen Flügels» anschloß und bis zum Kornhaus erstreckte. 1620/21 war dieses sogenannte «neue Haus» fertiggestellt[28]. Zwei kleine Renaissancegiebel schmückten seine Hauptfassade nach Westen zum Schloßhof, ein weiterer großer seine südliche Giebelseite (Abb. 3, 4). In den drei Geschossen befanden sich an beiden Seiten je eine Stube und Kammer und in der Mitte ein Vorsaal. Das Gebäude bot Schlafgelegenheiten für 12 Personen[27]. 1688 wurde es abgebrochen.

Alle diese geschilderten Baumaßnahmen der Harburger Herzöge im 16. und 17. Jh. führten zum Ergebnis, daß aus der spätmittelalterlichen Burg mit einem großen Hauptgebäude (Abb. 1) eine dreiflüglige Renaissance-Schloßanlage entstanden war (Abb. 3, 4), geeignet, dem Wohn- und Repräsentationsbedürfnis einer fürstlichen Nebenlinie Genüge zu tun. Im Vergleich zur Anfangszeit unter Otto I., bot das Harburger Schloß unter dessen Enkeln Raum für einen wesentlich größeren Hofstaat mit Dienerschaft. Aus Inventaren von 1604 und 1641 geht hervor, daß insgesamt 75 Betten in verschiedenen Gebäuden und Räumlichkeiten untergebracht waren[27].

In den drei oberen Geschossen des viergeschossigen «hohen Hauses» (heute Bauhofstraße 8) befanden sich die Wohn- und Schlafgemächer für die herzogliche Familie. 17 Betten standen dort den Familienangehörigen sowie deren Kammerjunkern, Edelknaben, Lakaien und Kammermägden zur Verfügung. Dieser Personenkreis genoß auch das Privileg eines – an den Zeitumständen gemessenen – gesteigerten hygienischen Komforts: Sie konnten sich der 15 auf dem Schloß vorhandenen zinnernen «Pißtöpfe» bedienen. Die Räumlichkeiten, in denen sie wohnten, waren im Vergleich zum übrigen Schloß relativ luxuriös ausgestattet mit gewirkten flämischen Wolltapeten und vergoldeten Ledertapeten[27].

Auch was die Verpflegung anging, wurde auf Standesunterschiede gesehen: 1604 lagerten im alten und neuen Bierkeller 2 Fässer «Herrenbier», 4 Fässer «Junkernbier», 4 Fässer «Gesindebier» und 1 Faß Bitterbier. Die im Weinkeller aufbewahrten Vorräte an Rheinwein, französischem Rot- und Weißwein sowie Bitterwein dürften im wesentlichen für die Herrschaft bestimmt gewesen sein[27].

Über dieser höfischen Seite darf nicht vergessen werden, daß Schlösser damals auch militärische Anlagen waren. In Anbetracht der drohenden Zeitläufe zu Beginn des Dreißigjährigen Krieges ließen die Herzöge ihren Sitz vor 1620 durch Batterien am Wall verstärken (Abb. 3). Das Inventar von 1604 führt insgesamt 34 Geschütze unterschiedlichen Kalibers und unterschiedlicher Gefechtsbereitschaft im Zeughaus auf. In Rüstkammer, Büchsenhaus und Torhaus lagen: 87 Hakenbüchsen, 14 Büchsen und 34 Musketen. Maximal etwa 200 Verteidiger hätten also im Ernstfall das Schloß mit den dort verwahrten Waffen verteidigen können.

Mit dem Tode Herzog Wilhelms 1642 starb die Harburger Nebenlinie aus, so daß ihr Herrschaftsgebiet mitsamt dem Harburger Schloß an die Celler Hauptlinie zurückfiel. In Hinblick auf die unruhigen Zeiten in der Endphase des Dreißigjährigen Krieges sowie die Tatsache, daß Schweden im benachbarten Bremen-Verden und Dänemark in Holstein militärisch präsent waren, ließen die Celler Herzöge zwischen 1644 und 1660 um das alte Schloß eine moderne große Festung nach niederländischem Muster errichten. Unter Leitung des hamburgischen Ingenieuroffiziers Georg Friedrich von dem Berge entstand ein gleichseitiges Fünfeck mit fünf in den Hauptgraben vorspringenden Bastionen, einem Außenwall mit zehn Batterien und einem schiffbaren, durch zwei Schleusen mit der Elbe verbundenen Außengraben (Abb. 4)[29].

Entsprechend der Funktion der neuen Festungsanlage erhielten die ehemaligen Schloßgebäude in deren Zentrum eine andere Nutzung. Die Schloßkapelle wurde ab 1656 Garnisonkirche mit eigener Gemeinde. Im Ostflügel, dem «neuen Haus», wohnte der Festungskommandant, weswegen es «Kommandantenhaus» hieß. Das danebenliegende Kornhaus bewohnte der Zeugwärter für die Festungsartillerie. Das Obergeschoß des Torhauses über dem «langen Gewölbe» diente dem Oberhauptmann, dem höchsten Vertreter der Celler Regierung in den Ämtern Harburg und Moisburg, zur Wohnung. Der Herzog selbst residierte, wenn er sich besuchsweise in Harburg aufhielt, im alten Hauptgebäude, dem «hohen Haus» (heute Bauhofstraße 8)[30].

Bereits kurze Zeit später erfolgte eine weitere Nutzungsänderung. 1688 beschloß Georg Wilhelm, der letzte Celler Herzog, für seine gelegentlichen Aufenthalte in der Festung Harburg ein neues Gebäude errichten zu lassen, das sogenannte «Ablagerhaus». Dies entsprach der Baufreude dieses Landesfürsten, der 1665–75 seine Celler Residenz durch italienische Architekten hatte umbauen lassen und 1695–98, ebenfalls durch Italiener, ein neues Stadtschloß in Lüneburg erbauen ließ.

Nachdem das Kommandantenhaus mitsamt dem nördlich angrenzenden Treppenturm des «langen Flügels» vollständig abgerissen worden war, wurde an seiner Stelle der Neubau 1689–91 aufgeführt. Die Maurerarbeiten erfolgten unter Leitung des aus Celle abgeordneten italienischen Hofmaurermeisters Johan Sale (Jean Salle)[30a]. Mit der Anfertigung von Gewänden, Stürzen und Sohlbänken für Türen und Fenster sowie Kamine, ferner auch Gesimsen für den Giebel aus Pirnaer und Obernkirchener Sandstein, war der Steinmetz Kupferjan aus Nienburg an der Weser beauftragt. Der holländische Zimmermeister Hony Jacobs leitete die Zimmer- und Tischlerarbeiten. Die Gesamtleitung hatte der Architekt de Münter in Celle, doch schaltete sich der Herzog persönlich in die Planungen ein[31].

Es entstand ein dreigeschossiger Putzbau mit Walmdach auf kräftig profiliertem hölzernen Gesims. Die Fassade zum Schloßhof wurde durch ein Mittelrisalit mit Dreiecksgiebel gegliedert (Abb. 8). Die Räume im Erdgeschoß hatten flache Gewölbe, die darüberliegenden Geschosse Balkendecken mit Stuck. In jedem Geschoß gab es 10 Räume, als «Säle, Kammern und Kabinette» bezeichnet, ferner 2 Abtritte (Abb. 9). Dies ist das Gebäude gewesen, das bis 1972 – wenn auch nach außen stark verändert – noch stand und in der Öffentlichkeit zum Schluß schlechthin als «Harburger Schloß» galt[32].

Da durch den Abbruch des hohen Treppenturmes am «langen Flügel» der einzige Uhrturm auf der Festung beseitigt worden war, mußte 1690 auf dem alten Hauptgebäude ein Dachreiter für Uhr und Glocke aufgesetzt werden. Er bestand aus mit Blei verkleidetem Holz und wurde vom Harburger Maler Hans Kayser mit Ölfarbe in Weiß, Braunrot, Silber und Umbra angestrichen. Seine zwei Zifferblätter waren ebenso wie die Uhrzeiger vergoldet[31].

Im alten Hauptgebäude wohnte fortan der Oberhauptmann, seit 1717 Landdrost, der damals als eine Art Mittelinstanz über die vier Ämter Moisburg, Harburg, Wilhelmsburg und

Winsen gebot. Das ehemalige Logis des Oberhauptmanns, das Torhaus, bewohnte jetzt hingegen der Festungskommandant. Seit 1727 diente das Ablagerhaus als Landdrostenwohnung. Der höchste Verwaltungsbeamte des Amtes Harburg, als Drost, Landrat bzw. Amtmann bezeichnet, amtierte fortan im alten Hauptgebäude und wohnte im «langen Flügel»[33].

Als während des Siebenjährigen Krieges 1757 die damals nur noch schwache Festung Harburg von den Franzosen zunächst kampflos besetzt und anschließend von hannoverschen Truppen nach heftiger vierwöchiger Belagerung wiedererobert werden konnte, erlitten die Schloßgebäude durch Artilleriebeschuß schwere Schäden. Dies galt besonders für das Torhaus, das danebenliegende alte Hauptgebäude und den «langen Flügel». Das Torhaus mußte man anschließend ganz abreißen. Das alte Hauptgebäude, das auch durch Brand gelitten hatte, war erst 1764 wiederhergestellt; der «lange Flügel« ein Jahr später[34].

Damals erhielten diese bereits vorher in ihren Dachzonen stark veränderten Baulichkeiten das schmucklose Aussehen, wie es uns die Risse des Oberlandbaumeisters v. Bonn aus der Zeit um 1775 zeigen (Abb. 6, 7).

Obwohl die Festung Harburg 1784 durch den Abzug ihrer Artillerie praktisch entfestigt worden war, blieben ihre Wälle, Bastionen und Gräben erhalten und konnten deshalb während der Franzosenzeit 1813/14 von den Besatzungstruppen erneut fortifikatorisch genutzt werden. Damals lag dort eine starke französische Garnison. Durch Fahrlässigkeit der darin untergebrachten Soldaten brannte der «lange Flügel» 1813 mitsamt der Schloßkirche bis auf die Grundmauern ab[35]. Einige Mauerreste der Kirche und ehemaligen herzoglichen Hofstube standen noch bis zum letzten Krieg. Keller und Gruft unter der Kirche wurden erst 1972 abgerissen.

1817–20 fanden am alten Hauptgebäude (heute Bauhofstraße 8), das offensichtlich beim Brand mit gelitten hatte, tief in die Substanz eingreifende Umbauten statt. Die gesamte Geschoß- und Innenaufteilung wurde völlig anders gestaltet, das dritte Geschoß abgebrochen und ein neues Walmdach mit Dachreiter aufgesetzt. Fortan beherbergte das Gebäude neben der Amtsverwaltung auch das Amtsgefängnis, dessen Zellen in einer mit Zwischendecke versehenen Abteilung in der Südhälfte des Erdgeschosses lagen. Zwischen 1852 und 1872 war auch das neugeschaffene Amtsgericht darin untergebracht (Abb. 10)[36].

Mit der Entwicklung Harburgs zur Hafenstadt und dem Bau des damaligen Seehafens (heute Binnenhafen) 1845–48 begann die vorerst letzte Phase in der Geschichte des Schloßgeländes: Es wurde zuerst Teil einer Hafen- und wenig später einer Industrielandschaft. Im nordwestlichen und südöstlichen Grabenbereich entstanden zwei Hafenbecken.

Nach der Einverleibung des Königreichs Hannover und damit Harburgs durch Preußen 1866 verlor die als «Zitadelle» bezeichnete ehemalige Festung vollends ihren militärischen Wert. Dagegen wurde ihr Gelände wegen seines Wasseranschlusses bei der mächtig aufblühenden Harburger Industrie zunehmend begehrt. Die im Kleinschiffbau spezialisierte Schifffswerft Reinhold Holtz siedelte sich hier an, indem sie 1884 ein großes Areal vom Reichsmilitärfiskus zunächst pachtete und 1890 kaufte. 1900 erwarb Holtz dann auch den bis 1897 als Verwaltungssitz des Landkreises Harburg genutzten inneren Schloßbezirk vom preußischen Domänenfiskus. Dazu gehörten das ehemalige Ablagerhaus, zuletzt Wohnhaus des Landrats, samt dem östlich benachbarten großen Stallgebäude, und das ehemalige Hauptgebäude, zuletzt Landratsamt. Entsprechend ihrer neuen Nutzung, wurden beide Häuser unverzüglich ganz erheblich umgebaut[37].

Das ehemalige Ablagerhaus diente der Werftbesitzerfamilie bis zum letzten Krieg als Wohnhaus, außerdem erhielt es Anbauten für Kontorzwecke. Entsprechend gestaltete man sein Äußeres und setzte ihm ein neues Schiefer-Mansardendach auf (Abb. 11, 12). Es verwundert nicht, daß deswegen eine spätere Generation in ihm das eigentliche «Harburger Schloß» sah und in den 60er Jahren alles unternahm, um den Abbruch des nach Aufgabe der Werft mittlerweile von der Deutschen Wohnungsbaugesellschaft verwalteten Gebäudes zu verhindern. Es half alles nichts: 1972 wurde es abgerissen[38].

Das ehemalige spätmittelalterliche Hauptgebäude wurde von der Werft zu Wohnzwecken für Betriebsangehörige umgebaut. Seine Außenwände reduzierte man von innen her durchweg um 1 m ihrer Wandstärke. Durch Herabsetzung der Geschoßhöhe entstanden in dem ursprünglich zweigeschossigen Altbau drei Geschosse mit entsprechend veränderten Fenstern. Ein viertes Geschoß, Dachboden und flaches Teerpappendach wurden völlig neu auf den alten Kern aufgesetzt (Abb. 11, 13)[39].

In diesem Zustand ist es im wesentlichen noch heute als Mietshaus Bauhofstraße 8 erhalten und dient 16 Mietparteien als relativ billige, wenngleich nicht übermäßig luxuriöse Wohnung.

Auch wenn seine ehemalige Bedeutung als Kernbau der spätmittelalterlichen Burg und Hauptgebäude des frühneuzeitlichen Schlosses in keiner Weise mehr ins Auge springt, handelt es sich bei ihm doch um das einzige Bauwerk in Hamburg und Umgebung, an dem sich die Geschichte einer mindestens 850 Jahre alten bedeutenden norddeutschen Burg bis zur Gegenwart verfolgen läßt. Von der herzoglichen Residenz des 16./17. Jh. über eine wichtige hannoversche Grenzfestung des 17./18. Jh. führte seine Bestimmung zum zentralen Verwaltungssitz im vorigen Jahrhundert. Im Industriezeitalter folgte der radikale Bruch: das Gebäude wurde Mietskaserne. So gesehen, stellt es am vorläufigen Ende seiner wechselvollen Geschichte auch ein Zeugnis der Industrialisierung dar.

Es muß auch in Zukunft erhalten bleiben. Nachdem in den vergangenen Jahren sowohl öffentliche als auch bezirkspolitische Meinung in Harburg diese Forderung mehrfach entschieden bekräftigt haben, bleibt zu hoffen, daß es dem Denkmalschutzamt gelingt, das Haus Bauhofstraße 8 wegen seiner historischen Bedeutung unter Denkmalschutz zu stellen, im Rahmen eines langfristigen Entwicklungskonzepts für Zitadelleninsel, Kanalplatz und Harburger Schloßstraße.

Anmerkungen

1 Kausche, Regesten, Nr. 2. – Drescher, Mittelalterliche Funde, S. 125–139.
2 Kausche wie Anm. 1. – Hofmeister, Besiedlung, I S. 193 Anm. 56 möchte den Vorgang auf Dreckharburg beziehen. Dagegen spricht die Erwähnung Ochsenwerders.
3 Zur Marschenkolonisation der Stader Grafen: Hofmeister, Besiedlung, I S. 192–193, II S. 205–206.
4 Keyser, Entstehung, S. 53–55. – Kausche, Regesten, Nr. 3, 10, 11, 14, 16, 19, 22, 25, 34, 47.
5 Drescher, Mittelalterliche Funde, S. 128–132. – Bohrungen: Geologisch-Paläontologisches Institut und Geologisches Landesamt Hbg 1975.
6 Kausche, Regesten, Nr. 9, 12, 22 («Horenburc» ist eindeutig Harburg; Horneburg wurde erst 1255 errichtet), 87.
7 Kausche, Ritter Scerebart, S. 27–34.
8 Kausche, Harburg und das Jahr 1288, in diesem Band.
9 Kausche, Regesten, Nr. 410, 415. – Testgrabung Verf. und Baudokumentation Denkmalschutzamt Hbg 1981/82.

10 Kausche, Harburg unter der Pfandherrschaft.
11 Kausche, Regesten, Nr. 436, 479. – StA Hbg, Senat Cl. VII Lit. Cc Nr. 4 Vol. 7b1, S. 52, 54.
12 Kausche, Regesten, Nr. 522, 568, 616, 663, 771, 790, 871, 970, 1026, 1108, 1125.
13 Ebd., Nr. 616, 822, 871, 970, 1033, 1125.
14 Ebd., S. 420 Hinweise auf entspr. Nr. unter «Harburg-Topographie».
15 Ebd., Nr. 627, 983. – Niemeyer, Das alte Fürstenschloß. Leider ließ sich der Stifter Wilhelm Daneman bisher nicht identifizieren.
16 Kausche, Regesten, Nr. 1125 (1522). – HStA Hann., Hann. 74 Harburg, Nr. 2854 (1526).
17 Kausche, Harburg unter der Pfandherrschaft, S. 66, 75–76.
18 Ebd., S. 53–79.
19 Matthes, Die welfische Nebenlinie. – Kausche, Harburg und der süderelbische Raum, S. 393–424.
20 Matthes, S. 88.
21 HStA Hann., Celle Br. 71, Nr. 516 (Auszüge StA Hbg, Harburg 97, A 27).
22 HStA Hann., Celle Br. 71, Nr. 517–518 (Auszüge wie Anm. 21). – StA Bückeburg, Schaumburg Des. L 1 IV Df Nr. 201 Fasc. 8 (Kopie StA Hbg, Harburg 61, A Mil. 2). – Merian, Topographie, S. 102 (dort irrtümlich auf Otto I. 1527 bezogen).
23 HStA Hann., Celle Br. 71, Nr. 518–519 (Auszüge wie Anm. 21, auszugsweise Kopien: StA Hbg, Harburg 61, A Mil. 2 und 3). – Kausche, Das Renaissanceschloß. Leider wird dort der 1577–87 errichtete Nordflügel mit dem 1689–91 erbauten Ostflügel verwechselt, vgl. Anm. 32.
24 Drescher, Die Fürstengruft.
25 Ludewig, Geschichte der vormaligen Schloß-Kirche. Die dortige, in der nachfolgenden Literatur vielfach übernommene Behauptung, Otto I. hätte die Kapelle 1540 begründet, ist unzutreffend.
26 HStA Hann., Celle Br. 71, Nr. 517 (Auszüge wie Anm. 21).
27 HStA Hann., Hann. 74 Harburg, Nr. 2854 (1604), 2855 (1641). – Kausche, Harburger Erbregister, S. 30–32. – Lucht, Stadt und Festung, S. 11–14.
28 Siehe Anm. 26. – Ludewig, Geschichte Harburg, I S. 91.
29 Kausche, Harburg und der süderelbische Raum, S. 426–430. – Kausche, Die Hansestädte. – Kausche, Harburger Erbregister, S. 28–30. – Lucht, Stadt und Festung, S. 6–11. – Eger, Geschichte der Festung.
30 Kausche und Lucht, wie Anm. 27.
30[a] Tardito-Amerio, Italienische Architekten, S. 185.
31 HStA Hann., Hann. 74 Harburg, Nr. 2784. – Zu Hans Kayser vgl.: Thieme, in diesem Band, S. 55 u. 57 und Laux, in diesem Band, S. 73.
32 Kausche, Das Renaissanceschloß, verwechselt es in Unkenntnis der Akte Anm. 31 mit dem 1577–87 errichteten Nordflügel, vgl. Anm. 23.
33 HStA Hann., Hann. 74 Harburg, Nr. 2785 und 2786. – Legenden zu Plänen und Rissen v. Bonns (Fotos Helms-Museum und Kopien StA Hbg, Harburg 90, IXa21).
34 Ludewig, Geschichte Harburg, I S. 219–224. – Kausche, Harburg und der süderelbische Raum, S. 455 (zeitgenössischer Stich). – Legenden wie Anm. 33. – HStA Hann., Hann. 88 F, Nr. 665.
35 Ludewig, Geschichte Harburg, I S. 279–281.
36 Ebd., I S. 308, 311; II S. 4. – Vergleich der Pläne und Risse wie Anm. 33 mit Plänen vor Umbau 1900 (StA Hbg, Harburg 90, IXa50).
37 Truels, Geschriebene Harburgensien, S. 112–113, 117–119. – Aldag, Die Korrespondenz. – Niemeyer, Das alte Fürstenschloß.
38 Kausche, Das Renaissanceschloß, S. 4–8. – StA Hbg, Baupolizei, K 6337 (Bauhofstr. 8/8a).
39 StA Hbg, Handschriftensammlung 803; Harburg 90, IXa50.

Für kritische Hinweise zu einigen kunstgeschichtlichen Details danke ich Herrn Prof. Dr. Ralf Busch, Helms-Museum Hbg.-Harburg.

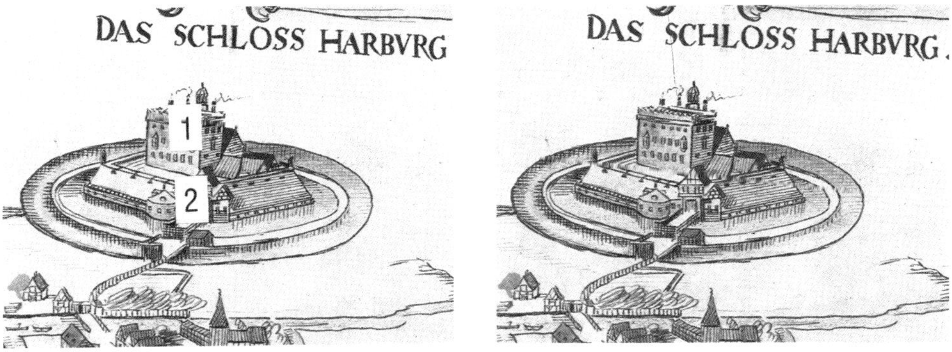

Abb. 1 Harburger Schloß 1577.
1 = «hohes Haus»: Hauptgebäude um 1400. 1527/28 und 1562/63 umgebaut.
Heute Mietshaus Bauhofstraße 8.
2 = Torhaus mit Zwinger 1535/36.

Abb. 2 Harburger Schloß 1588.
1 = «hohes Haus»: Hauptgebäude um 1400. 1527/28 und 1562/63 umgebaut.
Heute Mietshaus Bauhofstraße 8.
2 = Torhaus mit Zwinger 1535/36.
3 = «langer Flügel» 1577–87.

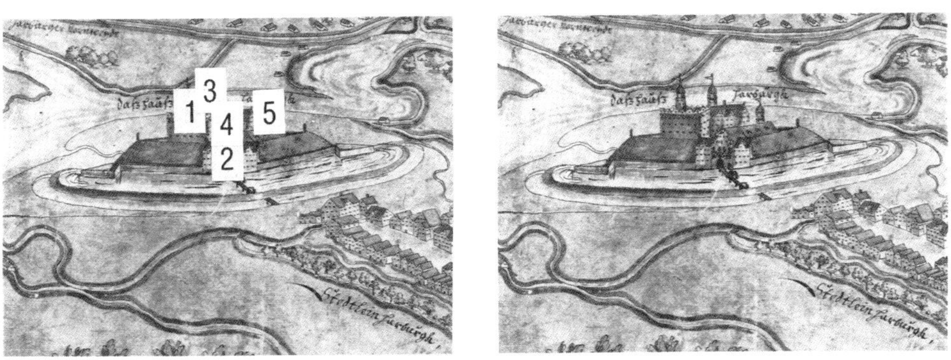

Abb. 3 Harburger Schloß um 1620.
1 = «hohes Haus»: Hauptgebäude um 1400. 1527/28 und 1562/63 umgebaut.
Heute Mietshaus Bauhofstraße 8.
2 = «langes Gewölbe»: neues Torhaus 1591/92.
3 = «langer Flügel» 1577–87.
4 = «neues Haus» 1620/21.
5 = Kornhaus 1597/98.

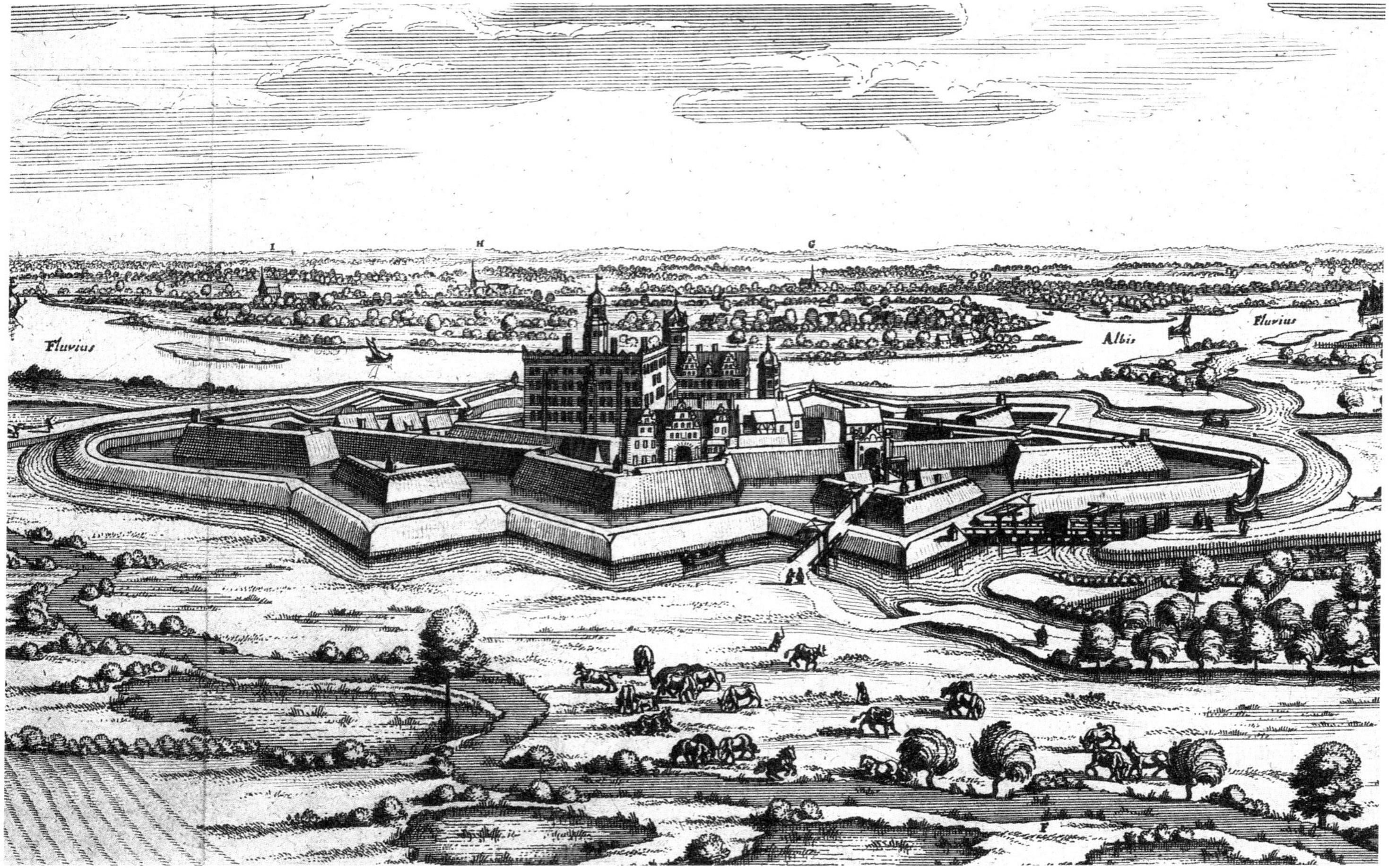

Abb. 4 Harburger Schloß 1654.
Um den alten Kern (vgl. Abb. 3) erstrecken sich die neuen, ab 1644 errichteten Festungsanlagen.

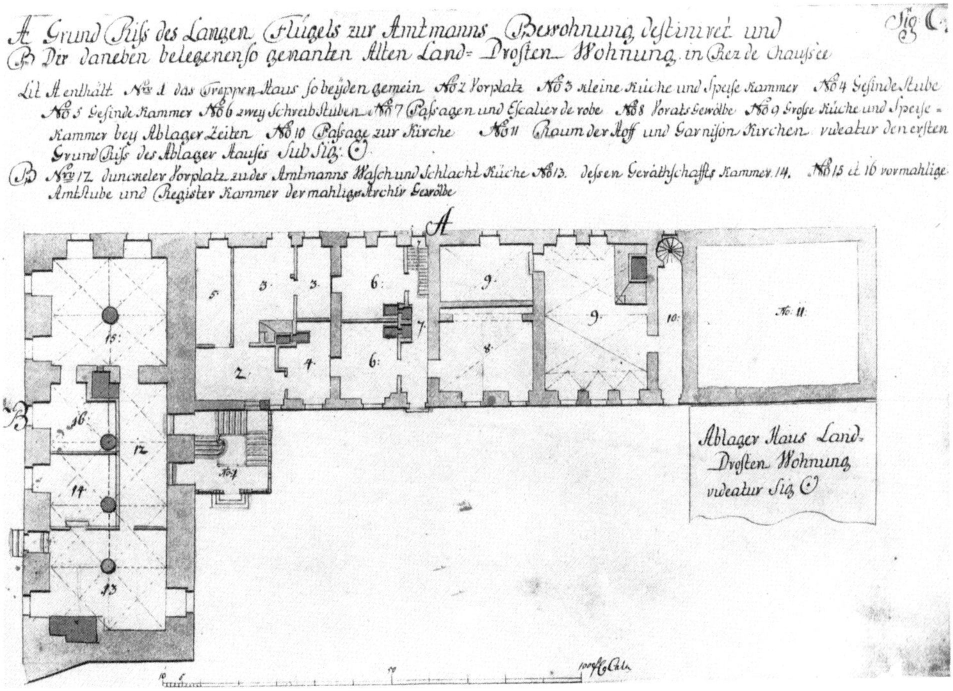
A Grund Riß des Langen Flügels zur Amtmanns Bewohnung destinirt und
B Der daneben belegenen so genanten Alten Land-Drosten Wohnung, in Rez de Chaussée
Sig. C.
Lit A enthält No 1 das Treppen Haus so beyden gemein No 2 Vorplatz No 3 kleine Küche und Speise Kammer No 4 Gesinde Stube
No 5 Gesinde Kammer No 6 zwey Schreib Stuben No 7 Passagen und Escalier de robe No 8 Vorats Gewölbe No 9 Grosse Küche und Speise-
Kammer bey Ablager Zeiten No 10 Passage zur Kirche No 11 Raum der Hoff und Garnison Kirchen videatur den ersten
Grund Riß des Ablager Hauses sub Sig: C
B No 12 dunckeler Vorplatz zu des Amtmanns Wasch und Schlacht Küche No 13. dessen Geräthschaffts Kammer 14. No 15 et 16 vormahlige
Amtstube und Register Kammer der mahlige Archiv Gewölbe
Ablager Haus Land-
Drosten Wohnung
videatur Sig. C

Abb. 5

Abb. 6

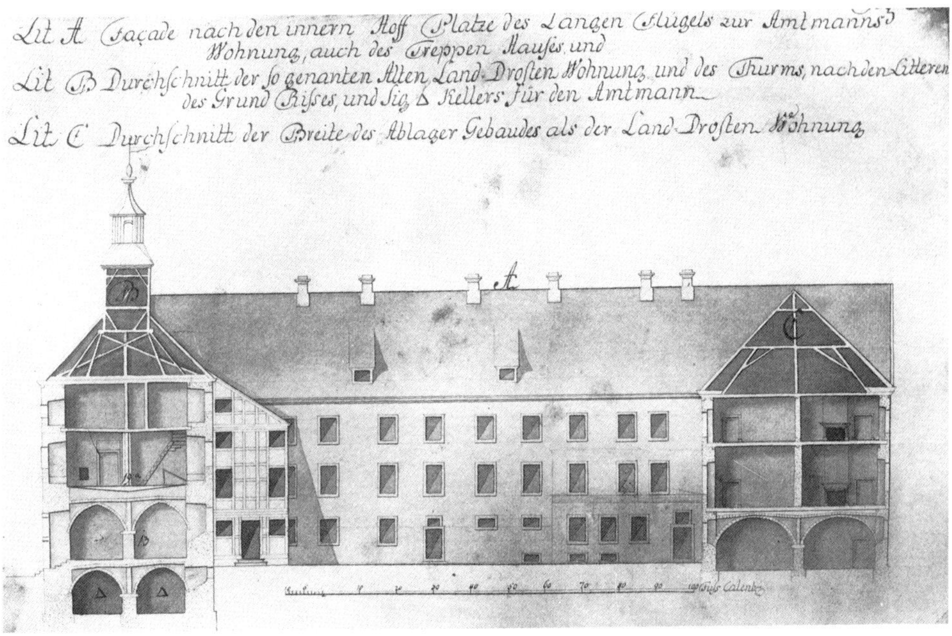
Lit. A Façade nach den innern Hoff Platze des Langen Flügels zur Amtmanns
Wohnung, auch des Treppen Hauses, und
Lit B Durchschnitt der so genanten Alten Land-Drosten Wohnung, und des Thurms, nach den Litteren
des Grund Risses, und Sig. Δ Kellers für den Amtmann
Lit C Durchschnitt der Breite des Ablager Gebaudes als der Land-Drosten Wohnung

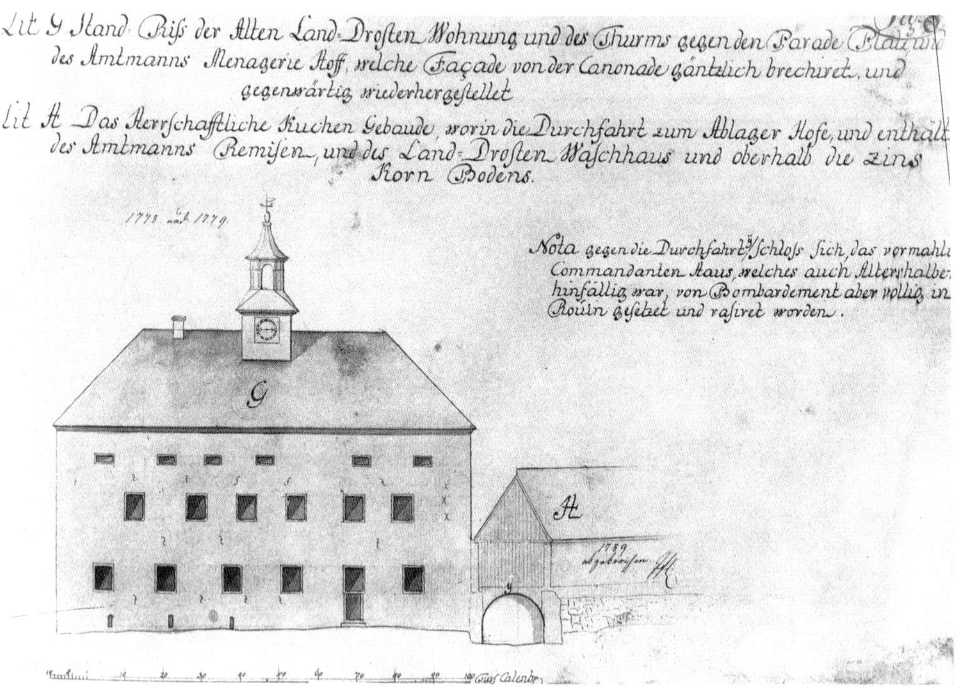
Lit. G Stand Riss der Alten Land-Drosten Wohnung und des Thurms gegen den Parade
des Amtmanns Menagerie Hoff, welche Façade von der Canonade gäntzlich brechiret, und
gegenwärtig wiederhergestellet
Lit. H Das Herrschafftliche Kuchen Gebaude, worin die Durchfahrt zum Ablager Hofe, und enthält
des Amtmanns Remisen, und des Land-Drosten Waschhaus und oberhalb die Zins
Korn Bodens.
Nota gegen die Durchfahrt Schloss sich, das vormahl
Commandanten Haus, welches auch Altershalber
hinfällig war, von Bombardement aber völlig in
Rouin gesetzet und rasiret worden.
G
H
1789
Fuss Calenb.

Abb. 7

Abb. 8

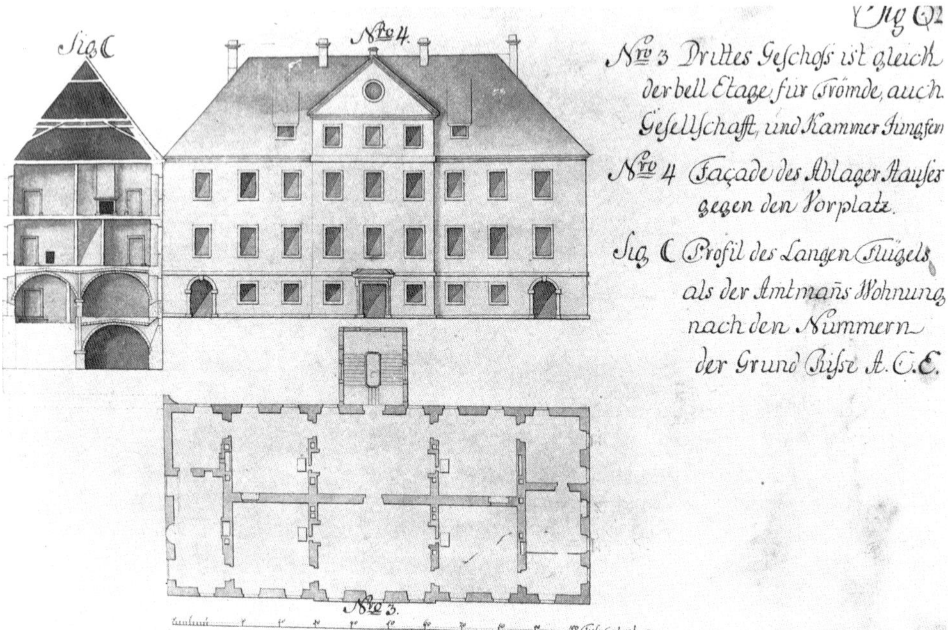
Nro 3 Drittes Geschoss ist gleich
der bell Etage, für Frömde, auch
Gesellschaft, und Kammer Jungfern
Nro 4 Façade des Ablager Hauses
gegen den Vorplatz.
Sig. C Profil des Langen Flügels
als der Amtmañs Wohnung
nach den Nummern
der Grund Risse A. C. E.
Sig. C
Nro 4.
Nro 3.
Fuß Calenb.

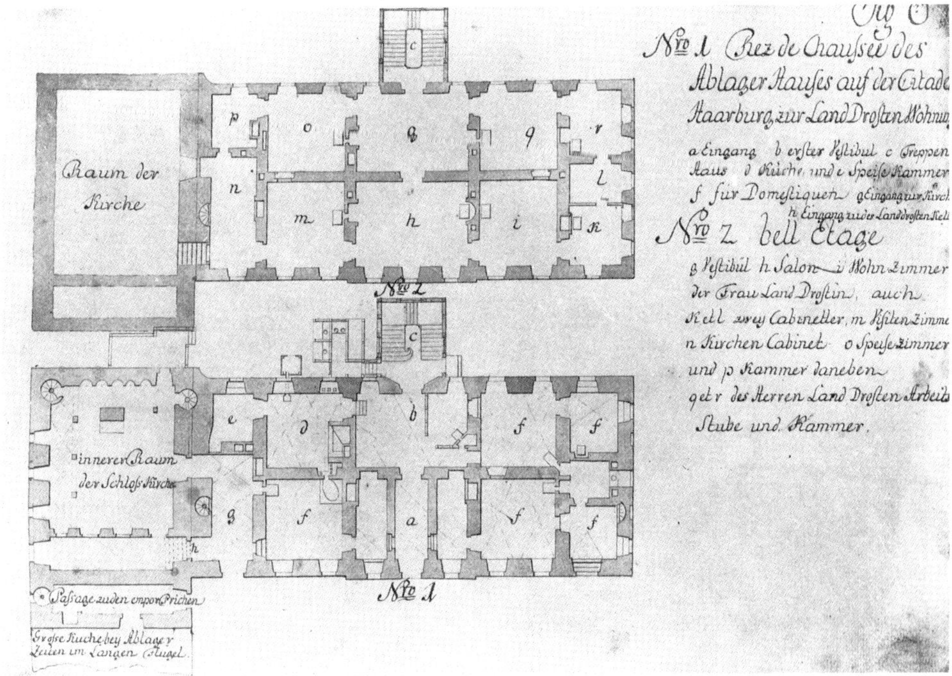

Abb. 9

Abb. 5 Harburger Schloß um 1775.
Erdgeschoß-Grundrisse des Hauptgebäudes mit Gewölbehalle und des «langen Flügels». Dünne Trennwände im 18. Jh. eingebaut. Ursprüngliche Raumnutzung Erdgeschoß «langer Flügel»: 2, 3, 3, 4, 5 Silberkammer; 6, 6, 7 Schlachthaus; 8, 9 Küche; 9 Hofstube; 10 Gang in die Hofstube mit Wendeltreppe zur Kapellenempore; 11 Kapelle.

Abb. 6 Harburger Schloß um 1775.
Riß des «langen Flügels», Südfassade, mit Querschnitten durch Hauptgebäude im Westen und Ablagerhaus im Osten.

Abb. 7 Harburger Schloß um 1775.
Riß des Hauptgebäudes, Westfassade. Zustand nach Beseitigung der Beschießungsschäden von 1757.
Heute Mietshaus Bauhofstraße 8.

Abb. 8 Harburger Schloß um 1775.
Riß des 1689–91 errichteten Ablagerhauses, Westfassade, und Grundriß von dessen oberem Geschoß.

Abb. 9 Harburger Schloß um 1775.
Grundrisse Erdgeschoß und mittleres Geschoß des 1689–91 errichteten Ablagerhauses.

Abb. 10 Harburger Schloß Ende 19. Jh.
Im Vordergrund ehemaliges Hauptgebäude. Zustand nach Umbau 1817–20. Zuletzt Landratsamt. Heute Mietshaus Bauhofstraße 8. Im Hintergrund ehemaliges Ablagerhaus. Zuletzt Landratswohnung.

Abb. 11 Ehemaliges Harburger Schloß 1972.
Zustand nach Umbau 1900. Rechts im Vordergrund ehemaliges Ablagerhaus, zuletzt Mietshaus Bauhofstraße 8 a, zu Beginn des Abbruchs. Links im Hintergrund ehemaliges Hauptgebäude, heute Mietshaus Bauhofstraße 8.

Abb. 12 Ehemaliges Harburger Schloß 1972.
Zustand nach Umbau 1900. Ehemaliges Ablagerhaus, errichtet 1689–91, vielfach umgebaut.
Ansicht von SW zu Beginn des Abbruchs.

Abb. 13 Ehemaliges Harburger Schloß 1987.
Zustand nach Umbau 1900. Ehemaliges Hauptgebäude, heute Mietshaus Bauhofstraße 8.
Ansicht von SW.

Geld in Harburg

Konrad Schneider

Mit der Herausbildung von zentralen Orten in unserem Raum entwickelte sich während des hohen und späten Mittelalters auch eine zunehmende Geldwirtschaft, von der mannigfache Spuren in Gestalt von schriftlichen Belegen und Münzfunden überliefert sind.

Wir wollen unsere Betrachtungen mit der kursorischen Erwähnung der ältesten frühmittelalterlichen Funde beginnen, die alle aus dem Harburger Umland stammen, das wir im Auge behalten müssen. Aus einem Gräberfeld bei Maschen stammt eine friesische, *Sceatta* genannte, kleine Silbermünze des 8. Jh., die gelocht ist und zum Ende ihrer Umlaufszeit und damit dem Zeitpunkt ihrer Vergrabung Schmuckzwecken gedient hat. Ähnliches ist über einen in Meaux geprägten und in einem Gräberfeld bei Ketzendorf gefundenen Denar Kaiser Ludwigs des Frommen (814–843) zu sagen, der drei Löcher aufweist. Ohne Spuren einer Verwendung zu Schmuckzwecken ist ein bei Ramelsloh gefundener Denar Ludwigs des Frommen auf uns gekommen, der keine Angabe einer Münzstätte trägt – wie die Masse der Münzen dieses Kaisers[1].

Schriftliche Belege mit differenzierten Aussagen über Geld finden wir erst im 13. Jh. in Gestalt der parallelen Nennung von Mark und Pfund, sowohl mit dem Zusatz Pfennige als auch ohne, und daneben Mark Silber. Die Mark zerfiel in 16 Schillinge (solidi) zu je 12 Pfennig, das Pfund in 20 Schilling. Geprägt wurden hiervon lediglich Pfennige und gelegentlich auch halbe (Obolen).

Die Ausstrahlung Hamburgs, das im 13. Jh. immer größeren Einfluß auf die dortige holstein-schaumburgische Münzstätte gewann und diese schließlich 1325 gänzlich erwarb, war groß, doch finden sich auch den Hamburgern gleichwertige Lübecker Pfennige seit Beginn des 14. Jh. in urkundlichen Nennungen aus dem Hamburger Raum. Hamburg und Lübeck schlossen 1255 eine fruchtbare Währungsunion, die bis weit ins 19. Jh. hinein Bestand hatte. Doch auch Lüneburger Geld hatte in Nordostniedersachsen erhebliche Bedeutung (Tafel 1, Abb. 1), nachdem Herzog Otto II. von Braunschweig-Lüneburg im Jahre 1293 die landesherrliche Münze samt allem Zubehör den Ständen des Landes verkauft hatte, unter denen auch das Land Harburg, nicht aber der fünf Jahre zuvor gefreite Ort Harburg unter den Städten aufgeführt ist[2].

Aus dem späten Mittelalter bis einschließlich dem 16. Jh. sind aus dem heutigen Kreis Harburg einige aufschlußreiche Schatzfunde bekannt, auf die hier aber nur hingewiesen werden kann: Gödenstorf (1907 und 1939 entdeckt) mit mehreren tausend norddeutschen Hohlpfennigen aus dem Ende des 13. Jh., Wistedt bei Tostedt mit über 600 norddeutschen Hohlpfennigen, Asendorf, wo neben einigen Goldmünzen wiederum massenhaft Hohlpfennige gefunden wurden, Luhdorf bei Winsen mit 133 überwiegend aus dem Ostseeraum stammenden Witten aus der Zeit von 1365 bis 1379 und schließlich der Schatz vom Grodenhinzhof bei

Tostedt aus dem frühen 16. Jh. mit Witten und Blafferten (Zweipfennigstücken, vgl. Tafel 1, Abb. 6) aus dem Bereich des Wendischen Münzvereins und dessen Nachbargebieten[3]. Hier nun ist der zeitlichen Entwicklung vorgegriffen worden, und es muß der Blick wieder nach Harburg gerichtet werden.

Hier kennen wir zunächst einen Schatzfund aus der heutigen Harburger Innenstadt, von dem jedoch nur zehn Lüneburger Hohlpfennige im Helms-Museum verwahrt werden. Bei Ausschachtungsarbeiten auf dem Grundstück Mühlenstraße 28, heute Schloßmühlendamm[3], wurden 1909 ein nicht mehr vorhandener Kugeltopf und eine unbekannte Anzahl Münzen gefunden, die jedoch zerstreut wurden, nachdem sie einige Zeit im Schaufenster der alteingesessenen Lühmann'schen Druckerei – so jedenfalls ein Zeitgenosse – zum Verkauf angeboten worden waren. Das Harburger Museum hat damals sechs Lüneburger Hohlpfennige erworben, die inzwischen verlorengegangen sind, ebenso das Gefäß. Erst 1941 konnte das Helms-Museum die genannten zehn Hohlpfennige erwerben. Der Schatz ist allem Anschein nach nach 1370 vergraben worden. Sein Inhalt ist wohl vergleichbar mit dem bereits genannten, 643 norddeutsche Hohlpfennige und etwas Münzbruch umfassenden, 1920 gefundenen Schatz von Wistedt. Dieser enthält immerhin 141 Lüneburger Pfennige, deren Gewicht sich von dem der ebenfalls reichlich vorhandenen Hamburger, Lübecker und Mecklenburger Hohlpfennige nur wenig unterscheidet[4].

Über die Vergrabungsursache von Schätzen ist seit langem kontrovers diskutiert worden, wobei der eine Standpunkt Kriege und andere Unruhefaktoren annimmt, und der andere von einem grundsätzlichen Vergraben von Schätzen ausgeht. Im Falle der Schätze von Harburg und Wistedt könnte der Angriff auf Harburg während des Lüneburger Erbfolgestreites im Jahre 1371 eine mögliche Vergrabungsursache sein.

Hohlpfennige des 14. Jh. wurden ebenfalls an der Nordseite der mittelalterlichen Sinstorfer Kirche gefunden: zunächst 1963 ein Lüneburger und zwei Salzwedeler, die ebenfalls zu den in Norddeutschland geläufigen Sorten zählen. Ein weiterer Lüneburger wurde 1978 an der Ostseite entdeckt (Tafel 1, Abb. 2–3)[5].

Im Falle von Münzfunden aus Kirchen oder deren Umgebung handelt es sich meist um Einzelfunde, hier wie auch anderswo um Münzen, die von ihren Besitzern verloren worden sind. Kirchenfunde sind deshalb so aufschlußreich, weil sie oftmals kleines und kleinstes sowie schlechtestes Geld enthalten und damit wertvolle Bausteine für die Rekonstruktion des alltäglichen Geldumlaufes sind. Voraussetzung für entsprechende Ergebnisse bei Kirchengrabungen ist ein sorgfältiges Sieben des Erdreiches unter den hölzernen Kirchenfußböden.

Bei Grabungen in der 1397 begründeten Kreuzkirche in Wilhelmsburg-Kirchdorf wurden 26 Münzen aus der Zeit vom späten 14. Jh. bis 1906 gefunden, jeweils zur Hälfte mittelalterliche und neuzeitliche.

Mit Verschlechterung der Pfennige, die bis ins 13. Jh. im Reich einziges Nominal waren, stieg der Bedarf an größeren Münzsorten, die auch eine zunehmende Geldwirtschaft benötigte. Nun wurden Mehrfachstücke des Pfennigs ausgeprägt, zumeist die seit der Karolingerzeit als Rechnungseinheit verwandten Schillinge zu 12 Pfennig. In unserem Raum geschah dies erst im 15. Jh., nachdem seit etwa 1365 Vierpfennigstücke, sogenannte *Witten* geprägt worden waren, die zunächst das wichtigste Nominal der nordostdeutschen Hansestädte wurden, aber auch in Skandinavien und anderswo Nachahmung fanden (Tafel 1, Abb. 4). Die vier Hansestädte Hamburg, Lübeck, Lüneburg und Wismar fanden sich in jener Zeit zum *Wendischen Münzverein* zusammen, der bis 1569 Bestand hatte und einer der wichtigen deutschen Münzvereine vor der Reichsmünzreform des 16. Jh. war. Einen ersten Rezeß schlossen die wendischen Städte noch ohne Lüneburg, das 1381 beitrat, im Jahre 1379. Somit bestand jetzt auch rechtlich eine Währungseinheit zwischen der Stadt Lüneburg und ihren nördlichen Nachbarn (Tafel 1, Abb. 5). Sie hatte sich schon seit Jahrzehnten abgezeichnet, wie beispielsweise der Wistedter Schatz andeutet, aber auch schriftliche Belege seit der Jahrhundertmitte, denen noch aus der Zeit der herzoglichen Münzstätte Lüneburg Nennungen hamburgischer Pfennige in Lüneburger Urkunden vorausgegangen waren, zeigen dies.

Aus der Kirchdorfer Kirche stammen einige Münzen des von diesem Münzverein geschaffenen soliden Währungssystems, das auch von Nichtmitgliedern übernommen wurde: aus Hamburg ein Witten nach dem Rezeß von 1379 sowie zwei Hohlpfennige aus der ersten Hälfte des 15. Jh., ein lübischer Dreiling (3 Pfennig), drei Lüneburger Hohlpfennige sowie je ein dänischer Hohlpfennig und Witten aus dem 15. Jh., ein hohler Blaffert aus Wismar des 15./16. Jh. und schließlich drei mecklenburgische Hohlpfennige des späten 14. Jh.[6].

Gegen Ende des 14. Jh. finden sich auch erste erwartungsgemäße Belege über den Umlauf von Goldmünzen im Harburger Raum. Es waren goldene Gulden, die sich jetzt überall im Reich ausbreiteten, zunächst viele rheinische, dann aber auch zunehmend einheimische, nachdem Lübeck bereits 1340 das dazu erforderliche königliche Privileg erhalten hatte (Tafel 1, Abb. 7). Lüneburg und Hamburg folgten 1434 bzw. 1435 und 1475. Aus dem 15. Jh. stammen zahlreiche archivische Belege für rheinische und andere Gulden. 1490 werden in stadtlüneburgischen Rechnungen unter anderen zwei *Postulatsgulden* für Arbeiten am Wallgraben in Harburg aufgeführt – Harburg befand sich von 1403 bis 1517 in lüneburgischer Pfandschaft. Sechs Jahre später erhielt die Stadt Lüneburg eine Schatzzahlung in Gestalt von rheinischen und Postulatsgulden. Postulatsgulden nannte man ursprünglich die Gulden des zwar gewählten und daher postulierten, aber noch nicht vom Papst bestätigten Utrechter Bischofs Rudolf von Diepholz (1426–1455), die wie andere Gulden aus den Niederlanden unterwertig waren und in benachbarte Gebiete strömten (Tafel 1, Abb. 8). Ihr Name übertrug sich auch auf andere schlechte Gulden. Die Hamburger Burspraken als amtliche Verlautbarungen nennen sie häufig und andere Valvationen ebenfalls[7]. Von dem großen Schatzfund von Asendorf, der Anfang des 15. Jh. in einem Tonkrug verborgen wurde, sind neben 4750 Silbermünzen aus dem Bereich des Wendischen Münzvereins vier Lübecker und ein kurmainzischer Goldgulden des Erzbischofs Johann II. von Nassau (1397–1419), der zwischen 1414 und 1417 in der Münzstätte Bingen geprägt wurde, überliefert, so daß Fund- und Urkundenbelege über die Verwendung von Goldgeld ungefähr gleichzeitig einsetzen.

Aus den schriftlichen Belegen zu Harburg und Umgebung stammen ansonsten nur wenige differenzierte Nennungen von Geld. Silbergeld ist meist in Mark oder Pfund genannt, auch nach wie vor als Mark Pfennige, Mark Lüneburger Pfennige, Hamburger Währung. Eine Urkunde aus dem Jahr 1505 über die Verpfändung eines Stückes Land nennt die Summe von *teyn mark also to Harborch ghenge unnd geve ys*. Dies als *Harburger Währung* zu regestieren, wie bei Dietrich Kausche, ist von der Technik des Anfertigens von Regesten sicherlich korrekt, könnte aber den falschen Schluß zulassen, als ob in Harburg eine eigene Währung bestanden und der Magistrat gar eine eigene Währungsaufsicht ausgeübt habe[8]. Dies nun ist bei einer so kleinen Stadt im Umlaufsgebiet der Währung des Wendischen Münzvereins nicht anzunehmen.

Der Harburger Raum war von der Grenze dieser Währung nicht allzu weit entfernt, denn diese lief durch das Erzstift Bremen, dessen östlicher Teil auf das hamburgisch-lübische Währungssystem ausgerichtet war, während der Westen von bremischen bestimmt wurde. Daher ist der Fund eines Viergrotestückes von Erzbischof Johann III. Rode (1497–1511) mit der Jahreszahl 1499 in einem damals noch völlig unbesiedelten Teil des heutigen Stadtteils Neugraben, dem Heidberg, nichts Ungewöhnliches, zumal bremisches Geld auch in Hamburg anzutreffen war und gelegentlich dort verboten wurde[9].

Das 16. Jh. ist arm an Befunden und gehört auch allgemein zu den besonders fundarmen Perioden. Die Entwicklung des Münzwesens im Reich ist durch die Auswirkungen der Reichsmünzreform, die unter anderem zehn Reichskreise schuf und diesen auch die Aufsicht über das Münzwesen übertrug, gekennzeichnet. Hierzu sollten die Kreise eigene Kreismünzwardeine bestellen, die neben den Münzen der eigenen Kreisstände auch das umlaufende Geld untersuchen sollten. Ferner waren zwei jährliche Münzprobationstage abzuhalten, auf denen die Proben ausgewertet und neben allgemein währungspolitischen Fragen auch die Anstellung von Münzbeamten und die Erlaubnis zur Münzprägung beraten werden sollten. Das Fürstentum Lüneburg gehörte ebenso wie der nordelbische Raum zum Niedersächsischen Reichskreis, der sich 1568 eine Münzordnung gab, die in Anlehnung an die Reichsmünzordnungen verfaßt worden war und die Bestimmungen des Wendischen Münzvereins ablöste. Kernstück der neuen Währungsverhältnisse war der silberne Reichstaler, der in unserem Raum zunächst 32 Schilling oder 24 Guten Groschen entsprach.

Gegen Jahrhundertende verschlechterten sich die monetären Verhältnisse durch steigende Silberpreise, die Abwanderung vollwertiger Reichssorten ins Ausland und die Praktiken gewissenloser Münzherren, die verstärkt durch die Prägung minderwertigen Kleingeldes Profite zu erlangen suchten, nachdem die gesetzlichen Bestimmungen verlustlose Prägung von Kleingeld nicht mehr zuließen. Eine Flut von Mandaten von Kaiser, Reichskreisen und Reichsständen, denen an gutem Geld gelegen war, fruchtete ebensowenig wie die Appelle der Reichs-, Kreis- und Probationstage. Die Anzahl der Münzstätten und Prägewilligen nahm zu. Auch ohne formell gewährtes Münzrecht wurden Münzstätten in Betrieb genommen, gerne auch im Umkreis größerer Handelsplätze, weil dort das Geldwechselgeschäft und der Edelmetallhandel blühten und man mit Hilfe von bestimmten Waagen aus Bargeldmengen übergewichtige Stücke herauswägen oder «-kippen» konnte.

Die Zeit der *Kipper* und *Wipper*, wie man all diejenigen nannte, die illegale Währungsgeschäfte betrieben, war gekommen und trieb in Hamburg den Kurs des Talers gegenüber dem des Kleingeldes auf 54½ Schilling. Anderswo war es noch viel schlimmer. Hamburg konnte die metallene Inflation durch die Gründung seiner auf vollwertige Reichstaler fundierten Giro- und Depositenbank im Jahre 1619 halbwegs in den Griff bekommen. Doch war dieser große Silberbestand für unseriöse Landesherren, ihr Münzpersonal und ihre Lieferanten sowie alle Währungsspekulanten eine große Verlockung, so daß sie immer wieder versuchten, über Strohmänner gute Taler aus der Bank abzuheben, um sie in minderwertiges Kleingeld umprägen zu können. Ihren Höhepunkt erreichte die Geldkrise zwischen 1619 und 1622/23, dann kehrten die Reichsstände durch die Wiedereinführung der Reichsmünzordnung zu halbwegs normalen Verhältnissen zurück. Hamburg war in jenen Jahren von einem Kreis von *Heckenmünzen* genannten Münzstätten umgeben. Dieser Begriff bezeichnete ursprünglich illegale Münzbetriebe, dehnte sich aber dann auf solche aus, in denen minderwertiges Geld geprägt wurde.

Herzog Wilhelm von Braunschweig-Lüneburg zu Harburg (1603–1642), der unter drükkenden Schulden litt, sah in der Einrichtung einer Münzstätte eine Möglichkeit neuer Geldquellen. In seinen Steuerkassen wollte er jedoch nur gutes Geld sehen und erließ entsprechende Verordnungen[10]. Die Harburger Herzöge waren in ihrem die Ämter Harburg und Moisburg umfassenden Herrschaftsbereich dem jeweiligen Chef der Hauptlinie in Celle nachgeordnet. Im Mai 1616 präsentierte Herzog Wilhelm auf dem Kreisprobationstag in Lüneburg den einer regelrechten Münzmeisterfamilie angehörenden Simon Timpe als Münzmeister. Seit 1611 hatte er deswegen mit Herzog Christian zu Celle, dem Chef des Hauses, Schwierigkeiten gehabt, merkwürdigerweise aber nicht mit der Stadt Lüneburg, war doch die Einrichtung einer Münze in Harburg ein massiver Verstoß gegen den Vertrag von 1293. Später richtete Herzog Christian selbst auch einige Heckenmünzen ein, eine davon in Winsen an der Luhe. Der Probationstag verwies Wilhelm an den niedersächsischen Kreistag und forderte ihn auf, die bereits begonnene Münztätigkeit einzustellen, was er nicht tat.

Die Münzstätte befand sich an der Einmündung der Lämmertwiete in die Neue Straße, wo heute das Justizhaus (Neue Straße 59) steht. Sie begann ihre Tätigkeit mit der Ausprägung von Doppelschillingen (Tafel 2, Abb. 10), einem in Norddeutschland in jener Zeit gerne geprägten und ständig verschlechterten Nominal; 1618 folgten einer ähnlichen Abwertung unterworfene Gute Groschen (1/24 Taler) (Tafel 2, Abb. 11). Begleitet wurde diese Münzprägung, deren Zweck allein die Füllung der herzoglichen Schatulle war, von Talern, ja sogar prächtigen Schautalern, und Talerteilstücken, die zunächst eher eine Alibifunktion erfüllten und den Anschein erwecken sollten, daß sich der Münzbetrieb nach der Reichsmünzordnung richte. Dem alternden Münzmeister Timpe, der vor seiner Harburger Zeit bereits eine Reihe von Münzstätten geleitet hatte, und der 1621 starb, wurde 1618 sein Sohn Thomas adjungiert, der 1619 in den Vertrag seines Vaters eintrat. Dieses vertragliche Verhältnis war jedoch nichts weiter als eine reichsgesetzliche Verpachtung der Münzstätte, in der mit Wissen des Herzogs auch noch das Feingewicht der kleineren Sorten verringert wurde. Im Jahre 1621 begann die Harburger Münze mit der Prägung eines weiteren kipperzeitlichen Nominals, des sogenannten *Schreckenbergers* zu vier Groschen. Die Münzbezeichnung leitet sich ursprünglich von den hochwertigen sächsischen Groschenmünzen gleichen Namens aus der Zeit um 1500 her.

Lieferanten der Münzstätten und Vertreiber ihrer Erzeugnisse waren vielfach Juden; hier stammten einige aus Altona, wo sich eine sehr produktive holstein-pinnebergische Heckenmünze befand. Im Dezember 1621 verpachtete Herzog Wilhelm seine Münze an ein dreiköpfiges jüdisches Konsortium, von dem zwei Mitglieder aus Altona stammten, und mit dem er bald Schwierigkeiten hatte.

Trotz der von Herzog Wilhelm geduldeten Verschlechterung der Harburger Doppelschillinge wurden diese bei auswärtigen Probationen als nicht besonders schlecht angesehen. Als Hamburg 1619 die besseren und vollwertigen Doppelschillinge zusammen mit Bremen und Lübeck gegenstempelte, fielen auch viele Harburger unter diese Kategorie, und auch 1618 und 1621 vorgenommene Probationen brachten für die Harburger Gepräge recht gute Ergebnisse (Tafel 2, Abb. 10). Nicht nur in den drei Hansestädten, sondern auch anderswo in Norddeutschland, wo Doppelschillinge kontermarkiert wurden, wie in mecklenburgischen und pommerschen Städten, gehörten die Harburger immerhin noch zu den besseren.

Herzog Wilhelm begann im Sommer 1621 mit einer Ausweitung seiner Kippermünzunternehmungen und ließ die Papiermühle in Moisburg zu einer Münzstätte umbauen, um sie an ein jüdisches Konsortium zu verpachten. Mit diesem machte er ähnlich schlechte Erfahrungen wie mit demjenigen, das ihm in der Harburger Münze schnellen Gewinn bringen sollte. Die Prägetätigkeit der Moisburger Münze war kümmerlich und brachte ihm zusammen mit seinen Harburger Geschäften eine Klage des Reichsfiskals in Speyer vor dem Reichskammergericht ein, als dieser wegen Verstößen gegen die Reichsmünzgesetze Wilhelms Münzrecht als verwirkt ansah, doch wurde das Verfahren nicht weiterbetrieben.

Die nachkipperzeitliche Tätigkeit der Harburger und Moisburger Münzstätten ist durch eine Reihe von Talern (Tafel 2, Abb. 9) und deren Teilstücken, begleitet von wenig Kleingeld, bei häufigem Wechsel der Münzmeister, die dabei wohl nur geringen Verdienst fanden, gekennzeichnet. Die Münzstätte Moisburg wurde 1629 geschlossen, die Harburger zwei Jahre später. Nach der Landesteilung von 1635 erhielt Herzog Wilhelm einen Anteil von 2/7 an der Ausbeute des dem Welfenhaus gemeinsam gehörenden Kommunionharzes, woraus in der Zellerfelder Münze Münzen mit Porträt bzw. Titel Wilhelms geschlagen wurden, die letzten auf seinen Tod 1642. Die recht reiche Prägung von Talern und deren Teilstücken in Harburg und Moisburg ist eine charakteristische nachkipperzeitliche Erscheinung, denn das massenhaft umgelaufene schlechte Geld mußte eingeschmolzen, geschieden und in Sorten nach der Reichsmünzordnung umgeprägt werden. Dadurch bekamen die deutschen Münzstätten bis in die dreißiger und vierziger Jahre des 17. Jh. die Möglichkeit, Talermünzen in größeren Mengen zu prägen, bevor sich neuerliche Schwierigkeiten abzeichneten.

Anzumerken ist noch, daß Münzen Herzog Wilhelms bislang nicht im Harburger Raum in Schatzfunden geborgen worden sind, sondern als Hauptfundgebiet das östliche Mitteleuropa angesehen werden muß. Der entfernteste Fundort ist das Wrack der 1629 vor der australischen Küste gesunkenen «Batavia»[11].

Die Überwindung der Kipper- und Wipperzeit brachte einen ersten Ansatz einer Spaltung des traditionell nördlich und südlich der Elbe einheitlichen Währungsgebietes. Während Hamburg nach dem gescheiterten Versuch einer Reduktion des Reichstalers auf 40 Schilling bei einer Bewertung mit 48 Schilling stehenblieb, reduzierten ihn die Welfenherzöge nach den Bestimmungen der Reichsmünzordnung auf 32 Schilling bzw. 24 Gute Groschen. Zunächst war jedoch von einer Spaltung nichts zu spüren; die Harburger Stadtrechnungen lauteten nach wie vor auf die traditionellen Rechnungsgrößen Mark, Schilling und Pfennig.

Vom Falkenberg bei Neugraben ist ein kleiner nachkipperzeitlicher Schatzfund bekannt, der in der Vorburg der vom 9. bis 13. Jh. bestandenen, damals nicht mehr genutzten Burg in einem Lederbeutel gefunden wurde und der Überlieferung nach aus 18 hamburgischen, lüneburgischen und bremischen Silbermünzen bestand. Sie waren laut Meldung in den Harburger Anzeigen und Nachrichten vom 18. Februar 1905 stark korrodiert, so daß bei der Bergung zwei Stücke zerbrachen. Die Zeitungsmeldung nennt die Jahreszahlen 1624 und 1636 als Datierung für die ältesten und jüngsten Fundmünzen, während eine spätere Bearbeitung der Burg auf dem Falkenberg von 16 Münzen der genannten Städte aus den Jahren von 1623 bis 1637 spricht, leider in beiden Fällen ohne Bezeichnung der Nominale. Korrosion und Bruch lassen zumindest teilweise auf Kleinmünzen mit geringem Silbergehalt schließen, denn ein höherer Feingehalt hätte den chemischen Belastungen des Erdreiches besser widerstanden[12].

Werfen wir noch einen Blick auf das nachkipperzeitliche Material aus der Kreuzkirche in Kirchdorf, so finden wir überwiegend nordelbische Gepräge: einen Hamburger Sechsling von 1646, drei holstein-gottorfische Sechslinge von 1682, 1711 und 1712, einen Wismarer Dreiling aus der Zeit von 1661 bis 1670, einen mecklenburg-schwerinischen Dreiling aus der Regierungszeit von Herzog Friedrich Wilhelm (1692–1713), einen Stralsunder Witten von 1694 und einen dänischen Skilling (= 1 Sechsling in Hamburger Währung) von 1652 und daneben nur ein kleines welfisches Nominal in Gestalt eines Pfennigs von Braunschweig-Wolfenbüttel aus dem Jahre 1706[13].

Im 17. Jh. begann das Welfenhaus, das gegenüber seinen Mediatstädten zunehmend erstarkte, in allen seinen Linien eine rege Münzpolitik, so auch die Linie Lüneburg-Celle. Von einem alleinigen Recht der Stadt Lüneburg und ihren Mitständen zur Versorgung des Fürstentums mit Zahlungsmitteln kann keine Rede mehr sein. Diese Entwicklung ist zugleich eine Erscheinung des wirtschaftlichen Niederganges der Stadt und des allmählichen Erlöschens ihrer Münztätigkeit, die mit einer letzten Großsilbermünze im Jahre 1702 weitgehend zum Erliegen kam. Während des 18. Jh. folgten nur noch kleine Kupfermünzen für den innerstädtischen Bedarf.

Im weiteren Verlauf des 17. Jh. nahmen die allgemeinen Währungsprobleme wieder zu. Im vierten und fünften Jahrzehnt stiegen die Silberpreise wiederum stärker an und führten zu einem allmählichen Abweichen von der Reichsmünzordnung und auch zu regionalen Sonderentwicklungen im Bereich des groben Umlaufsgeldes. Für den nord- und mitteldeutschen Raum war die 1667 zwischen Kursachsen und Kurbrandenburg abgeschlossene Konvention von Zinna von nachhaltiger Bedeutung, besonders als sich 1668 auch das Welfenhaus und damit der in währungspolitischen Dingen bewanderte und energische Herzog Georg Wilhelm von Lüneburg-Celle (1665–1705) anschloß. Inhalt der Konvention war die Schaffung von neuem groben Umlaufsgeld außerhalb der Reichsmünzordnung, zunächst in einem 10½-Taler-Fuß, den man nach dem Ort des Vertragsschlusses *zinnaischen* Fuß nannte. Dieser neue Fuß löste eine neue, auch *zweite Kipperzeit* genannte Geldkrise aus, die zu einer Reduzierung des Münzfußes für grobe Sorten bis auf 12 Taler führte. Nach diesen beiden Füßen wurden nahezu keine Taler, sondern Zweidritteltaler und deren Unterteilungen geprägt.

1690 schlossen die Vertragspartner von Zinna den Vertrag von Leipzig, dessen vollwertige Zweidritteltaler auch *Neuzweidrittel* (N ⅔) genannt wurden und im norddeutschen Geldumlauf bis zur Mitte des 19. Jh. eine wichtige Rolle gespielt haben. Hamburg und Lübeck sowie Holstein und Mecklenburg haben den Leipziger Fuß nicht angenommen und von nun an eine eigene monetäre Entwicklung eingeschlagen, auch wenn vollwertige Zweidrittelstücke nördlich der Elbe anerkanntes Zahlungsmittel waren. Allmählich bildete sich hier eine Währungsgrenze heraus, wobei Harburg weiterhin an den gewohnten Rechnungsgrößen festhielt. Das Geld nach dem Leipziger Fuß wurde gesetzliche Landeswährung, in der die Abgaben an die öffentlichen Kassen zu entrichten waren. Kurhannover, an das Harburg nach dem Tode von Herzog Georg Wilhelm 1705 fiel, verwandte ebenfalls den Leipziger Fuß, so daß hier keine Veränderungen eintraten.

Den Forderungen der Landesregierung stand jedoch während der ersten beiden Drittel des 18. Jh. ein tatsächlicher Geldumlauf gegenüber, der sich unter anderem aus allerhand fremden und vielfach geringwertigen Geldsorten zusammensetzte. Die besten auswärtigen Nominale waren hier französische Gold- und Silbermünzen, wie der 1972 auf dem Schwarzenberg in Harburg gefundene Louis d'or aus der Münzstätte Rennes von 1704. Nennungen von solchem *Franzgeld* finden sich bis gegen 1750 auch in den nach Hannover eingesandten Berichten des Amtes Harburg über den örtlichen Geldumlauf, die auch Mitteilungen über den unerwünschten Abfluß guter Zweidrittel nach Hamburg und den Umlauf von minderwertigen Zwölfteln aus dem Hochstift Münster und der Grafschaft Lippe sowie das Vorkommen von meist weniger gutem fremdem Kleingeld, mit dem die alltäglichen Geldgeschäfte betrieben wurden, enthielten. Eine besondere Bedeutung kam dem Zweigutegroschenstück (1/12 Taler) zu. Bei den noch kleineren Sorten fielen besonders solche aus Ostfriesland und Waldeck auf, die von den jeweiligen Regenten aus Gründen der Währungsspekulation in den Verkehr gebracht worden waren. Die Stadt Bremen verfolgte mit ihrer überaus umfangreichen Grotenprägung keine bessere Währungspolitik. Eine besondere Plage waren die vielen Sechspfennigstücke aus Kursachsen und Kurbrandenburg, die von der Annahme bei den kurhannoverschen Staatskassen ausgeschlossen waren. Schlechtestes wie dieses Geld fand sich oftmals in den Kollekten, wie denen der Harburger Armenkasse, und mußte unter Verlust eingewechselt werden.

Die Rechnungen der Armenkasse belegen auch das Einwechseln von Hamburger Geld in hannoversches und damit den Umstand, daß das Kleingeld aus Hamburg, das in einem anderen, und zwar schwereren Fuß ausgebracht war als das des Leipzigers, in Harburg kein anerkanntes Zahlungsmittel mehr war.

Auch in den dreißiger und vierziger Jahren war der Geldumlauf in Harburg vom Kleingeld vom Zwölfteltaler abwärts gekennzeichnet, wobei Kurhannover sich mit der Herstellung kleinerer Sorten zurückhielt. Während dieser Zeit wurden hier Kredite oft in Zwölfteltalern und alten Guten Groschen ausgezahlt, allerdings nur in vollwertigen. Städtische Obligationen lauteten meist auf Zweidritteltaler, gelegentlich mit dem Zusatz, daß sie vollgültig sein oder dem Leipziger Fuß entsprechen müßten.

Die erste Hälfte des 18. Jh. barg wiederum den Keim zu einer Geldkrise in sich, die um die Jahrhundertmitte ausbrach und durch die kriegsbedingte Geldverschlechterung und -vermehrung des Siebenjährigen Krieges ihren Höhepunkt erreichte. Nicht nur Preußen verschlechterte sein Geld, sondern auch andere Reichsstände, so in Norddeutschland Mecklenburg, Anhalt-Bernburg (Tafel 3, Abb. 12), Schwedisch-Pommern und Braunschweig-Wolfenbüttel. Das schlechte Kriegsgeld erscheint in den Harburger Rechnungen und Akten auch als *Neugeld*. Kurhannover hat, obwohl es wegen seiner Personalunion mit Großbritannien von Anfang an in den Krieg verwickelt war, kein minderwertiges Kriegsgeld geprägt (Tafel 3, Abb. 13).

Harburg spielte wegen seiner Nachbarschaft zu Hamburg, das in sämtlichen Geldkrisen der frühen Neuzeit ein wichtiges Zentrum des spekulativen Geldhandels war, für Kriegsgeldtransporte durch das Kurfürstentum eine gewisse Rolle. Wurden doch britische Subsidien in Hamburg in Kriegsgeld umgewechselt und zu den in Hessen und im Oberwesergebiet operierenden hannoverschen Truppen transportiert. Obwohl die Ein- und gelegentlich sogar die Durchfuhr bestimmter Sorten ausdrücklich verboten war, wurden die schlechten Kriegssechstel und -drittel von Hamburg mit dem Ewer nach Harburg und von hier aus auf dem Landwege weiterbefördert. Einige Harburger Geschäftsleute waren hieran ebenfalls beteiligt. Eine wichtige Person war der jüdische Wechsler Simon Berens, der einerseits dem Magistrat durch die Beschaffung der Kontribution für die im Herbst und Winter 1757 Harburg besetzt haltenden Franzosen behilflich und durch das Einwechseln vorschriftsmäßiger Sorten zur Entrichtung von landesherrlichen Abgaben unentbehrlich war, sich andererseits aber auch am unerlaubten Geschäft mit Kriegsgeld beteiligte.

In einer schwierigen Lage waren Festbesoldete wie Beamte, Lehrer und Geistliche, die solches Kriegsgeld zum vollen Nennwert als Gehaltszahlung erhielten, obwohl es bis um die Hälfte weniger wert war. So zum Beispiel die ohnehin schon schlecht bezahlten Lehrer der Harburger Lateinschule, die sich deshalb begreiflicherweise heftig beschwerten. Um solchen Schwierigkeiten zu begegnen, reduzierte Kurhannover 1759 das minderwertige Neugeld entsprechend seinem tatsächlichen Wert und engte darüber hinaus den Kreis der für Abgabenzahlungen zulässigen Sorten stark ein. Klagen über das schlechte Geld waren allenthalben zu vernehmen, auch bei der Kämmerei, die sich über die Versuche der Harburger, für Abgabenzahlungen nur schlechtestes Geld zu verwenden, beschwerte. Erst mit Ende des Krieges besserten sich die Verhältnisse, und in seinem Vorwort zur Stadtrechnung für 1762/63 konnte Kämmerer Röhrs befriedigt berichten, Einnahme und Ausgabe von Neugeld hätten gänzlich aufgehört. Trotzdem ging es noch immer nicht ohne minderwertiges Kleingeld, wie die bereits erwähnten Sechspfennigstücke, wegen ihren kupfrigen Aussehens rote Sechser (auch rote *Seufzer*) genannt.

Nach Kriegsende blieb Kurhannover beim Leipziger Fuß, obwohl seit 1750 weitere von der Reichsmünzordnung unterschiedliche Münzfüße geschaffen worden waren. In Preußen war es ein Vierzehntalerfuß und in Süddeutschland ein ursprünglich durch eine habsburgisch-bayerische Konvention entstandener Zehntaler- oder Zwanzigguldenfuß – in Norddeutschland als 13⅓-Taler-Fuß den örtlichen Verhältnissen angepaßt und allgemein als Konventionsfuß bezeichnet. Der Konventionsfuß breitete sich schnell nach Mittel- und Norddeutschland aus, so ins Hochstift Hildesheim und ins Herzogtum Braunschweig. Hannover mit seinem schweren Zwölftalerfuß hatte nach wie vor mit dem schlechten Kleingeld seiner Nachbarn zu kämpfen.

In Harburg konnte in den 60er und 70er Jahren eine Besserung der Zusammensetzung des umlaufenden Geldes festgestellt werden. Als die Regierung in Hannover im Sommer 1784 eine statistische Untersuchung des Geldumlaufes besonders in den Grenzgebieten anordnete, ergab sich für Harburg und Umgebung ein sehr positives Bild: Das hannoversche Kassengeld hatte die fremden Sorten verdrängen können.

Die Elbe bildete nunmehr eine feste Währungsgrenze gegenüber dem noch schwereren 11⅓-Taler-Fuß, nach dem sich Holstein, Hamburg, Lübeck, Lauenburg und Mecklenburg-Schwerin richteten. Die spätmittelalterliche Einheit des Währungsgebietes nördlich und südlich der Elbe war endgültig dahin. Verkäufer von Waren in Hamburg wechselten ihr dort erlöstes Geld – meist dänisches und Hamburger Kurant – in Kassenmünze nach dem Leipziger Fuß ein. Ländliche Orte mit engen wirtschaftlichen Bindungen an Hamburg wie Altenwerder und Kirchdorf liefern allerdings auch Belege für das Vorhandensein von dänischem und hamburgischem Geld am Ort: so das Nachlaßinventar einer 1788 in Altenwerder verstorbenen Witwe, das solche Sorten neben Kassenmünze aufführt, und in der Kreuzkirche in Kirchdorf gefundene mecklenburg-schwerinische Kleinmünzen (ein Schilling von 1773 und ein Sechsling von 1785).

Der Konventionsfuß breitete sich gegen Ende des 18. Jh. weiter aus. Seine Sorten erfaßten auch Kurhannover, das ihn 1802 offiziell einführte, wobei er langsam den Leipziger Fuß ablösen sollte (Tafel 3, Abb. 14). In Harburg ist der Umlauf von Konventionsgeld im letzten Jahrzehnt des 18. Jh. belegt: Wer für den Staat arbeitete, wurde mit Konventionsgeld bezahlt, auch wenn es deswegen zu Klagen kam[14].

Die politischen Verhältnisse zögerten diese Entwicklung hinaus. Während der gesamten Übergangszeit behielt die Harburger Kämmerei die gewohnte Rechnungsweise nach Mark, Schilling und Pfennig bei; erst 1823 stellte sie diese auf Taler, Gute Groschen und die entsprechenden Pfennige um. Ein preußischer Versuch, während der Zeit der Annexion im Jahre 1806 preußisches Geld in Hannover einzuführen, wurde von der allgemeinen politisch-militärischen Entwicklung überrollt.

Aus dem frühen 19. Jh., vermutlich aus der sogenannten Franzosenzeit, stammt ein im Frühjahr 1909 entdeckter Schatzfund vom Grundstück Mühlenstraße 28, (heute Schloßmühlendamm 2), das sich schon einmal als fundträchtig erwiesen hatte. Unter dem aus dicken Steinen bestehenden Kellerfußboden wurden in einem verrotteten Beutel rund 200 Silbermünzen, meist Groschen, und auch einige Talerteilstücke aus der Zeit vom 17. Jh. bis ins frühe 19. Jh. entdeckt und sollten dem Museum übergeben werden – so die Harburger Anzeigen und Nachrichten vom 1. Mai 1909. Diese erwähnen auch den Ende des 18. Jh. vergrabenen, aus rund 3000 Silberstücken bestehenden und ebenfalls 1909 gefundenen Schatz vom Moorburger Elbaußendeich. Die Groschen waren vermutlich hannoverscher Herkunft, doch können es auch preußische gewesen sein, von denen in jener Zeit erhebliche Mengen umliefen[15].

Endlich, 1817, vollzog Hannover die Einführung des Konventionsfußes (Tafel 3,

Abb. 15). Es prägte aber weiterhin Zweidritteltaler nach dem Leipziger Fuß (Tafel 3, Abb. 14), weil diese in ganz Norddeutschland und den Ostseeländern beliebte Zahlungsmittel waren, an die sich die meisten Harburger Gewerbetreibenden so gewöhnt hatten, daß sie 1824 noch immer nach ihnen rechneten, während sich die Einwohner des Amtes schon auf das Konventionsgeld eingestellt hatten. Erhebungen über den Kleingeldumlauf ergaben, daß nur noch geringe Mengen alter hannoverscher Landesscheidemünzen kursierten. Als Hannover den Konventionsfuß einführte, hatte dieser in Süddeutschland schon weitgehend an Bedeutung verloren. In Nord- und weiten Teilen Mitteldeutschlands begann sich der preußische Vierzehntalerfuß durchzusetzen, dem sich auch Hannover nicht entziehen konnte und ihn 1834 einführte (Tafel 3, Abb. 16).

Eine abermalige Untersuchung des Geldumlaufes in Harburg ergab, daß hier noch zahlreiche fremde Silbermünzen anzutreffen waren, darunter auch die in polnischem System geprägten Drittel- und Sechsteltaler des Großherzogtums Warschau, die trotz erheblich geringeren Wertes als Konventionsgeld eingeschleppt worden waren. Daneben kursierte noch viel anderes schlechtes Geld, das Harburger Spediteure in Hamburg und Altona als Bezahlung erhielten. Ein erheblicher Teil des umlaufenden Geldes hatte durch Abnutzung und spekulatives Herausklauben der über dem Durchschnittsgewicht liegenden Stücke noch zusätzlich an Metallwert verloren. Erst 1842 konnte die Stadtkämmerei melden, daß das schlechte Geld aus dem Umlauf verschwunden war. Das schlechte Geld kam zumeist aus Hamburg, das eine Reglementierung seines Geldumlaufes nicht kannte, und wo die verschiedenen umlaufenden Sorten einfach nach ihrem Metallwert bewertet wurden.

Die im Lauf des 18. Jh. immer fester gewordene Währungsgrenze nach Norden blieb bestehen. Schillinge des schweren Fußes kamen kaum über die Elbe, am ehesten noch ins Amt Wilhelmsburg, von wo aus Hamburg unter anderem mit Milch beliefert wurde. Eine einschneidende Maßnahme besonders für die Bewohner der Elbmarschen und des Stomspaltungsgebietes war die 1848 erfolgte Demonetisierung der Neuzweidrittel in Hamburg, Mecklenburg-Schwerin und Hannover, denn diese waren wichtiges und beliebtes Zahlungsmittel im täglichen Verkehr mit Hamburg.

Die anfänglichen Bedenken gegen die Außerkurssetzung des so lange verwandten Nominals wurden bald zerstreut, denn an seine Stelle traten die schnell akzeptierten Taler nach dem preußischen System. Gelegentlicher Kleingeldmangel, der bei einer abermaligen Erhebung 1863 aus Harburg gemeldet wurde, führte zu Klagen über schlechtes Geld. Als Hannover 1854 dem Zollverein beitrat, schloß es sich auch dem Wiener Münzverein an, dessen *Vereinstaler* sich vom Taler des Vierzehntalerfußes so geringfügig unterschied, daß beide Talernominale anstandslos nebeneinander kursierten.

Die Mitte des 19. Jh. bescherte der Bevölkerung Hannovers auch Papiergeld. Die Reichsgründung 1871 und die damit verbundene Einführung einer einheitlichen Reichswährung im Goldstandard löste die Probleme des Geldumlaufes endgültig; die alten Landesscheide- und Kleinkurantmünzen wurden eingezogen[16].

Unruhe rief erst wieder die kriegsbedingte Scheidemünzenknappheit ab 1915 hervor, die in Hamburg wie überall im Deutschen Reich zur Ausgabe von Notgeld führte. Neben wirklichem Geldersatz entstanden auch sogenannte *Serienscheine* mit vielerlei Motiven für Sammlerzwecke – auch im Harburger Raum, wie beispielsweise in Altenwerder und Preußisch Finkenwerder. Dieser Mißbrauch der Notgeldausgabe führte im Sommer 1922 zu einem Notgeldverbot durch den Reichsfinanzminister, das jedoch im Vorfeld der Hochinflation und des ständig steigenden Bedarfs an Zahlungsmitteln, den die Reichsdruckerei nicht dekken konnte, wiederaufgehoben wurde. In Harburg gab zunächst der Magistrat Notgeld aus, dann aber auch der Arbeitgeberverein, die Kreissparkasse, die Handelskammer und eine Reihe von Firmen. Nach Einführung der Rentenmark Ende 1923 wurde das Notgeld eingezogen[17].

Anmerkungen

1 Hatz, Fund eines Sceattas. – Ahrens, Frühgeschichtliche Körpergräber. – Völckers, Fund eines karolingischen Denars.

2 Kausche, Regesten, z. B. Nr. 24–25, 28, 50, 69, 71, 81, 220, 221. – Vertrag von 1293: Sudendorf I 122. Vgl. auch: Kausche, Harburg und das Jahr 1288, in diesem Band.

3 Drescher, Münzfunde. – Siehe auch: Fundkatalog Mittelalter/Neuzeit der Numismatischen Kommission der Länder in der Bundesrepublik Deutschland im Museum für Hamburgerische Geschichte.

4 Drescher, Mittelalterliche Funde, S. 122, 125 u. Tafel 111. – Meier, Der Hohlpfennigfund.

5 Drescher, Die mittelalterlichen Funde von den Kirchenplätzen, S. 115 f. – Der Fund des vierten Hohlpfennigs wurde von Herrn Dr. Klaus Richter mitgeteilt.

6 Jesse, Der Wendische Münzverein, S. 72, 88. – Hatz, Die Fundmünzen.

7 Kausche, Regesten, Nr. 988, 1021. – Zum Goldmünzenumlauf in Norddeutschland vgl. Hatz, Der Goldmünzenfund. – Bolland, Hamburgische Burspraken.

8 Kausche, Regesten, Nr. 1069. – StA Hbg, Harburg 1, III 13.

9 Numismatisches Nachrichtenblatt 8, 1959, S. 1969. – Verbleib: Helms-Museum. – Jungk, Die bremischen Münzen, Nr. 108–114. – Bolland, Burspraken, passim.

10 StA Hbg, Harburg 4, XVI D 1 b 12, Bd. I.

11 Bahrfeldt, Beiträge, finanziell vom Harburger Magistrat unterstützt: StA Hbg, Harburg 4, XII B 2 a. – Zum Münzgebäude: Richter, Die Lämmertwiete, S. 71 f. – Zur allgemeinen Entwicklung vgl. Bahrfeldt, Niedersächsisches Münzarchiv. – Zur Verbreitung der Harburger Taler: Drescher, Münzen. – Battenberg, Die Münzstätte.

12 Frohböse, Die Burg, S. 6.

13 Hatz, Die Fundmünzen.

14 Schneider, Untersuchungen zum Geldumlauf. – Schneider, Städtische und staatliche Münzpolizei.

15 Siehe auch Pressemeldungen in den Altonaer Nachrichten, Morgenausgabe vom 4. Mai 1909, im Hamburgischen Correspondenten, Abendausgabe vom 3. Mai 1909, in den Hamburger Nachrichten, Abendausgabe vom 3. Mai 1909 u. a. m. – Zum Moorburger Fund: Bll. f. Münzfreunde 1909, Sp. 4185.

16 Schneider, Hamburgs Münz- und Geldgeschichte, S. 57–64.

17 Schneider, Harburger Notgeld.

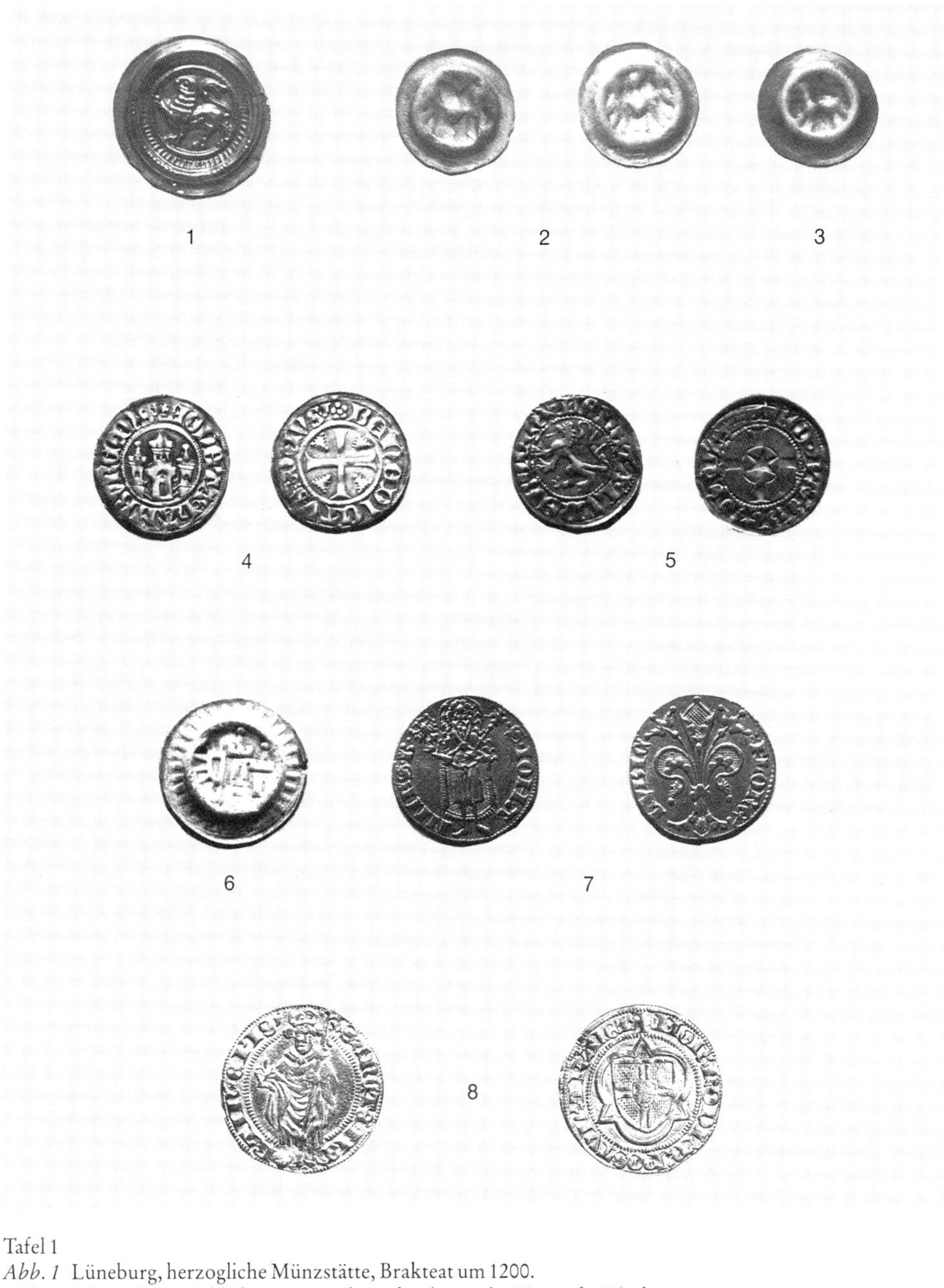

Tafel 1
Abb. 1 Lüneburg, herzogliche Münzstätte, Brakteat um 1200.
Abb. 2 Salzwedel, 2 Hohlpfennige, 14. Jh., gefunden an der Sinstorfer Kirche.
Abb. 3 Stadt Lüneburg, Hohlpfennig, 14. Jh., gefunden an der Sinstorfer Kirche.
Abb. 4 Hamburg, Witten um 1365, geprägt vor Gründung des Wendischen Münzvereins.
Abb. 5 Stadt Lüneburg, Witten nach Beitritt der Stadt zum Wendischen Münzverein 1381.
Abb. 6 Hamburg, Blaffert (2 Pfennig), 15. Jh.
Abb. 7 Lübeck, Gulden, 14. Jh.
Abb. 8 Hochstift Utrecht, Rudolf von Diepholz (1426–1455), Postulatsgulden.

9

10

11

Tafel 2
Abb. 9 Braunschweig-Lüneburg-Harburg, Wilhelm (1603–1642), Reichstaler 1624, Münzstätte Moisburg.
Abb. 10 Ders., Doppelschilling 1620, Münzstätte Harburg, mit Hamburger Gegenstempel (M 2:1).
Abb. 11 Ders., Kippergroschen 1619, Münzstätte Harburg.

Tafel 3
Abb. 12 Anhalt-Bernburg, Viktor Friedrich (1721–1765), Dritteltaler 1758, Kriegsgeld.
Abb. 13 Kurhannover, Georg II. (1727–1760), Reichstaler 1760.
Abb. 14 Königreich Hannover, Georg III. (1760–1820), Zweidritteltaler 1814 nach dem Leipziger Fuß (Neu 2/3).
Abb. 15 Königreich Hannover, Georg IV. (1820–1830), Halber Konventionstaler 1828.
Abb. 16 Königreich Hannover, Ernst August (1837–1851), Taler 1842 nach dem Vierzehntalerfuß.

Archäologische Untersuchungen in Harburgs Altstadt

Wulf Thieme

Historische Forschungen in einer alten Stadt können durch die Einbeziehung der Archäologie zu noch umfassenderen Ergebnissen gelangen. Ebenso gelingt es den Archäologen nur mit der Unterstützung von Historikern, ihre vielfältigen Funde und Befunde im innerstädtischen Bereich zum Leben zu erwecken und mit Personen zu verbinden. Man sollte meinen, daß im späten Mittelalter und in der frühen Neuzeit den Historikern durch Urkunden, Einwohnerlisten, Steuerverzeichnisse, Karten ausreichende schriftliche Unterlagen für ihre vielseitigen Forschungsarbeiten zur Verfügung ständen. Doch erlangen viele Probleme, wie auch der Bericht über die Stadt Harburg zeigen wird, erst durch die Ausgrabungstätigkeit und die archäologische Auswertung von Befunden und Funden eine Klärung, so daß erst dann ein umfassendes Geschichtsbild entstehen kann.

Nachdem in den Jahren gleich nach dem Ende des Zweiten Weltkrieges in einigen Städten die Möglichkeiten genutzt worden sind, die Urzellen ihrer Ortschaften archäologisch zu erforschen – hier sind in Norddeutschland die Ausgrabungen in Hamburg und Hannover hervorzuheben[1] – ergab sich eine zweite Gelegenheit, als die Stadtzentren modernisiert und durch neue Verkehrssysteme erschlossen wurden. In Hamburgs Innenstadt konnten damals weitere archäologische Dokumente gesichert werden. Auf Grund der Harburger Entwicklung bot die erste Aufbauphase den Harburger Archäologen wenig Einsatzmöglichkeiten in der Altstadt. Immerhin konnte eine Rettungsgrabung in der zerbombten Dreifaltigkeitskirche erfolgen. So kam es erst in der zweiten Phase zum Anfang der 60er Jahre zu mehreren Ausgrabungen, vornehmlich an der Harburger Schloßstraße, über die H. Drescher ausführlich gearbeitet hat[2].

In Harburg setzten in den 70er Jahren größere städtebauliche Veränderungen ein. Sie erfaßten weitgehend nur die «Neustadt» und deren Erweiterungen des 18. und 19. Jhs. Die spätmittelalterliche Altstadt Harburgs im Bereich der Harburger Schloßstraße blieb bisher von diesen Umwälzungen verschont. Der Wandel südlich der Eisenbahnlinie Harburg–Stade und der Buxtehuder Straße, in dem heute als «Altstadt» empfundenen Stadtteil, vollzog sich in mehreren Schritten. Östlich des Schloßmühlendamms kam das Sanierungsprogramm S 3 zur Ausführung. Der Bau des Innenstadtrings brachte die erhebliche Verbreiterung des Schloßmühlendamms. Es kam zur Schließung des Eisenbahnübergangs zwischen Schloßmühlendamm und Harburger Schloßstraße, der durch eine Autobrücke und einen Fußgängertunnel ersetzt wurde. In dem Bereich Neue Straße/Schloßmühlendamm bzw. Buxtehuder Straße/Hermann-Maul-Straße wurden die Baulücken an der Lämmertwiete weitgehend geschlossen sowie baufällige Häuser ersetzt. Außerdem entstand die Kleine Gasse mit zusätzlichen Bauplätzen.

Diese umfangreiche Bautätigkeit ließ selbstverständlich die Archäologen nicht ruhen; denn aus mehreren Städten Norddeutschlands sind inzwischen umfangreiche Ausgrabungstätigkeiten bekannt; in einigen Stadtkernen laufen die Programme noch. In Lüneburg waren vorrangig Schwindgruben untersucht worden, in Lübeck und Braunschweig wurden ganze Grundstücke und Straßenviertel vollständig durchforscht, dasselbe geschah in Schleswig. In Harburgs Nachbarschaft sind auch die Ausgrabungen in der Altstadt von Stade zu erwähnen[3].

Der Ausbau des Ortes Harburg läßt sich in mehrere zeitliche Phasen gliedern, zugleich zeichnen sie sich in aufeinanderfolgenden Besiedlungsräumen ab. Darüber haben D. Kausche, E. Keyser und K. Richter mehrfach berichtet[4]. Das neue archäologische Arbeitsgebiet südlich der Buxtehuder Straße entstand in den Ausbauphasen der kleinen Stadt Harburg während des 16. und 17. Jahrhunderts.

Nach den Kriegsschäden lichtete sich 1967 mit dem Abbruch des Hauses Lämmertwiete 12 der Bestand der Häuser in der Lämmertwiete erneut. 1979 begann dann die Wiederbebauung mehrerer Grundstücke, dabei wurden auch die rückwärtigen Bereiche der Grundstücke Schloßmühlendamm 23 und 25 eingeschlossen. In den Parzellen Lämmertwiete 1, 2 und 4 sowie Schloßmühlendamm 23 und 25 gelang es, die Bauarbeiten archäologisch zu begleiten. Im Rahmen des Bauprogramms mußte eine Grunderneuerung des Hauses Lämmertwiete 9 erfolgen, so daß auch dies Grundstück zu untersuchen war. Außerdem konnte beim Tunnelbau Ecke Neue Straße/Buxtehuder Straße in der Baugrube mitgearbeitet werden. Außerhalb dieses Häuserviertels standen Baustellen für Geschäftshäuser am Schloßmühlendamm für stadtarchäologische Aktivitäten zur Verfügung. Es erfolgte nämlich die Bebauung zwischen dem Küchgarten und der ehemaligen Gasse Am Werder sowie am Anfang der Hermann-Maul-Straße (Abb. 1).

Große Erwartungen, besonders der Historiker, wurden auf die Ausgrabungsfortschritte entlang der Lämmertwiete und der neuen Kleinen Gasse gesetzt. Da K. Richter vom Hamburger Staatsarchiv die Besitz- und Mietsverhältnisse in diesem Bereich bis in das frühe 17. Jh. zurückverfolgen konnte, bestanden Hoffnungen, im Untergrund ähnliche Abfolgen, z. B. in den Füllungen von Kloaken, wiederzufinden. Ziel der Ausgrabungen in Harburg auf den genannten Baustellen mußte zunächst einmal sein, Beiträge zur mittelalterlichen und frühneuzeitlichen Stadttopographie zu erhalten, Baubefunde aufzuspüren und zu dokumentieren, viele mehrschichtige Bereiche oder Abfallgruben zu untersuchen, die ein möglichst vielseitiges Material für ein chronologisches Gerüst enthielten. Die sozialen und wirtschaftlichen Fragen würden dann aus diesem Material heraus zu beantworten sein.

Archäologische Aktivitäten in Innenstädten erfolgen gewöhnlich als Reaktion auf Bauabsichten. Baustellen stehen unter erheblichem Zeitdruck, der sich auf die archäologische Betätigung auswirken muß. Selbstverständlich sind Grabungserlaubnis und Ausmaß der Ausgrabungen vom Wohlwollen der Bauherren, Architekten und Baufirmen abhängig. Hilfen und Entgegenkommen wurden den Archäologen des Helms-Museums dankenswerterweise in Harburg reichlich zuteil. Die eigentlichen Auswirkungen der Ausgrabungstätigkeiten bekommen aber die Poliere und Baggerführer zu spüren. Archäologen vor unverschalten hohen Grubenwänden, Fundstücke dem Bagger noch von der Schaufel zerrend und an abrutschenden Schutthalden noch schnell etwas festhaltend, haben manchen Polier und Baggerführer erschreckt und von ihnen eine ungewohnte Risikobereitschaft abverlangt. Und trotzdem haben sie alle mitgemacht, wofür ihnen herzlich gedankt wird. Mancher Fund und Befund wäre sonst unwiederbringlich zerstört oder abtransportiert worden. Bei dem Dank dürfen die freiwilligen Helfer, besonders G. Scholderer, M. Zielinski und K. Richter, nicht vergessen werden, die ohne Rücksicht auf Schmutz und Wetter in den Erdmassen nach Tonscherben, Glas und Knochen gesucht haben, die vor den Abbauwänden tüchtig die Schaufel geschwungen haben, ohne sich wohl manchmal der Gefahren einer Baustelle bewußt gewesen zu sein. Nur mit der kenntnisreichen raschen Hilfe aus dem Hamburger Staatsarchiv (K. Richter) und der Unterstützung durch das Bauamt Harburg konnten manche Bemühungen erfolgreich eingeleitet und abgeschlossen werden.

Die ältere Neustadt oder jüngere Altstadt Harburgs, der Bereich südlich des Karnapps bzw. der Buxtehuder Straße bis an den Sand, entstand auf einer Terrasse am Südrand des Elbeurstromtales, die sich an der Einmündung des weiten Seevetales verbreitert hatte. Die Terrasse erreicht hier eine Breite von 200 bis 350 m. Sie erhebt sich nur langsam aus dem Randmoor, über das der Damm, die heutige Harburger Schloßstraße, geführt worden ist. So steigt der anschließende Schloßmühlendamm von der Buxtehuder Straße mit + 4,3 m NN bis zum Sand auf + 5,6 m NN an. Noch deutlicher erfolgt der Anstieg der Neuen Straße zwischen denselben Straßen von + 4,0 m NN auf + 8,0 m NN.

Infolge der Bebauung zwischen der Lämmertwiete und der Hermann-Maul-Straße ergab sich ein einmaliger Suchschnitt durch das Gelände (Abb. 2 u. 3). Zwischen der Nordseite der Lämmertwiete und der Hermann-Maul-Straße zeigt das Bodenprofil, wenn man von jüngeren tiefen Eingriffen absieht, einen recht gleichmäßigen Aufbau; er ließ sich am besten im Grundstück hinter der vormaligen Ratsapotheke beobachten. Über den glazialen Sanden ist eine 0,35–0,4 m starke Schicht aus graubraunen, geblichenen Sanden ausgebreitet, die nur leicht nach Süden ansteigt. Ihre Sohle liegt bei ungefähr + 2,3 m NN. Sie wurde auch in den Grundstücken Lämmertwiete 4 und 1 angetroffen. Die graubraunen Sande, in denen vereinzelt spätmittelalterliche blaugraue Tonscherben zu entdecken sind, werden von einer dünnen Lage aus torfigem Boden mit Ziegelbruch überdeckt. Es folgt eine kräftige Aufhöhung mit sterilem gelbem Sand von 0,6 m Stärke; auch dieser Befund ist in den Grundstücken Lämmertwiete 1 und 4 zu erkennen. Die Herkunft sowohl der graubraunen Erde als auch des gelben Sandes ist unbekannt. Doch wird man davon ausgehen können, daß wenigstens die graubraune Schicht Ausgangsniveau für die Bebauung am Schloßmühlendamm gewesen ist. In die Sandschicht sind größere Gruben unterschiedlichen Alters eingesenkt. Dieser gleichmäßige Aufbau des Geländes im rückwärtigen Teil des Grundstücks Schloßmühlendamm 25 wird nach Süden durch eine große Grube unterbrochen. Nach weiteren 1,5 m nach Süden setzen die Füllschichten eines tiefen Grabens ein. Dieser Graben wurde erstmals in der benachbarten Baugrube, Schloßmühlendamm 23, erfaßt.

Im September 1979 begann der Kelleraushub auf dem hinteren Teil des Grundstücks Dörnte. Es blieb wenig Zeit für sorgfältige Ausgrabungen und Beobachtungen (Abb. 4). An der Nordwand der Baugrube zeichneten sich ungewöhnlich tief hinabreichende Schichtungen mit keramischen Resten ab. Ein Versatz im Profil ließ einen Graben erkennen. Mehrere dicke Pfosten in der Wand gaben weitere Hinweise. Als für den Keller des Nachbargebäudes auf dem Grundstück Schloßmühlendamm 25 die Erde abgebaggert wurde, boten sich weitere Beobachtungsmöglichkeiten. Danach besitzt der Graben nach Norden eine recht lange Böschung im anstehenden Sand, die hangende graubraune Erdschicht ist steil abgegraben.

Am Rande der Grabensohle verläuft eine Pfostenreihe, ungefähr parallel zur Wand des Anbaus Dörnte. Die 15–20 cm starken, unten zugespitzten Eichenpfähle wiesen Abstände zwischen 1,2 m bis 2,2 m auf. Zweimal hatte man Pfosten nachgerammt. Alle Pfähle waren in der Höhe + 1,9 bis 2,1 m NN abgefault, sie verschwanden damit unter jüngerem Einfüllmaterial, das in den Graben geschüttet war. Zwischen den Pfählen hatte man Bohlen waagerecht befestigt. Hangwärts waren die Pfosten durch Queranker gesichert, sie standen mit einer zweiten Pfostenreihe in ungefähr 2 m Abstand in Verbindung. Diese hintere Reihe ließ sich nicht so vollständig wie die Frontreihe verfolgen. In einem kurzfristigen Westprofil war der Pfosten der zweiten Reihe eingeknickt und mit den dahinter aufgeschichteten Kleisoden durch den Druck der Erdmassen aus den erheblich aufgehöhten Gärten grabenwärts verschoben. Die erste Pfostenreihe hatte im unteren Teil standgehalten. Doch muß der obere Teil abgestürzt sein, wodurch die rückwärtige Rutschung ausgelöst wurde (Abb. 6). Von einem aufgehenden Bau entlang des Grabens fanden sich keine Hinweise oder Spuren. Doch spricht vieles wenigstens für eine Palisade.

Die Grabensohle maß knapp 3 m in der Breite, sie lag bei + 0,92 m NN bis + 1,00 m NN, d.h. 3,50 bis 3,58 m unter der heutigen Oberfläche. Umgelagerte Sande in 0,2 m Stärke belegen Wasserbewegungen, die durch Kontakte zur Elbe hervorgerufen wurden. Flußsedimente mit eingelagerten Zweig- und Krautresten bildeten die erste Füllung des Grabens (Abb. 7). Die ersten Abfälle sind in unterschiedlicher Höhe an den verschiedenen Stellen in einer torfigen Lage, die in dichter Schichtung Halme enthielt, angetroffen worden. Es handelt sich bei der tieferen Stelle um Scherben von zwei viereckigen Glasflaschen, an der höheren Stelle mischen sich Glasscherben von feingerippten Flaschen und einem Destillierhelm[5]. Sie sind zum Ende der Nutzung oder bald nach der Aufgabe des Grabens hineingeworfen worden. Bei diesen Glasscherben lagen Bruchstücke von Steerttöpfen mit braunoliver bzw. dunkeloliver Glasur sowie große Fragmente eines Steerttopfes mit Außenbemalung: Gruppen waagerechter Linien in gelblichem Weiß begleiten die Hauptzone mit hängenden ineinandergeschachtelten Halbbögen und Wedeln (Abb. 8).

Darüber erfolgten wechselnde Einfüllungen aus Bauschutt, humosen Sanden, Gemisch aus humusreicher Erde und Küchenabfällen, die einen hohen keramischen Anteil bieten. Manche Einfüllung nimmt einen breiten Raum ein, andere wirken wie Wagenladungen. Nur bedingt sind aus den Einfüllblöcken größere durchgehende Schichtungen und damit zeitlich gestaffelte Verfüllphasen abzulesen. Eine Trennlinie schneidet ungefähr bei + 2,60 m NN. Kurz vor der Kleinen Gasse bestand dagegen ein Bereich, in dem nach einer gestörten Schicht mit häuslichem Müll zwei mächtige fundleere Sandschichten folgten. Hier kam es zu kleinteiligen Verfüllungen erst ab + 3,00 m NN.

Die Ausmaße des Grabens, die stadtwärtige Befestigung sowie das Alter des Einfüllmaterials verdeutlichen, daß hier endlich der Stadtgraben zu dem 1605/06 abgebrochenen Stadttor am Schloßmühlendamm gefaßt war. 1985 bot sich auf der anderen Seite des Schloßmühlendamms die Gelegenheit, den östlichen Abschnitt des Stadtgrabens auf dem Grundstück Nr. 30 zu bestätigen, als der Neubau Labenzke errichtet wurde.

Wieder konnten die Pfostenreihen entlang der Nordseite des Grabens festgestellt werden (Abb. 9). Manche der vierkantigen Pfosten besaßen noch über 1,20 m Länge. Gruppierungen von Pfosten unterschiedlich guter Erhaltung bezeugen, daß wichtige Pfosten erneuert werden mußten. Der Grabeninhalt bot ähnliche Verhältnisse wie im westlichen Grabenabschnitt. Am Grunde befand sich eine moorige Schicht, die eine Zweiglage einschloß. Darin lag weiterhin eine große angerußte Rand-Schulter-Scherbe eines weitmündigen Kugeltopfes grauer Irdenware. Erst nach 0,40 m setzten Schichten ein, die eindeutig bewußte Einfüllungen verrieten. Größere Partien wiesen einen torfigen Charakter auf, sie enthielten immer wieder Holz, aber keine Tonscherben oder Ziegel. Einfüllungen mit Kulturschutt beschränken sich im tieferen Bereich auf wenige Meter Erstreckung. Erst jüngere Einfüllpartien überzogen die ganze Profillänge. Als besonders inhaltsreich erwies sich ein Schichtpaket, in dem alles, Gefäßscherben, Tonpfeifen, Glas, Münzen und Knochen, von Rost zu einem festen

Riesenbrocken verbunden war. In einem Querprofil zeichnete sich die Grabensohle mit 1,9 m Breite ab, einen halben Meter nördlich der Sohle stand der erste Pfosten. Dies Profil ließ aber auch erkennen, daß die Elbe nicht fern war. Überschwemmungsschichten und Sturmflutmarken zeichneten sich ab. Dadurch werden die Aufhöhungsschichten hier und an der Kleinen Gasse verständlich, sie waren einfach notwendig. Die Kugeltopfscherbe des 14. Jhs. kann, aber muß nicht, in der Entstehungszeit in den Graben gelangt sein. Alle anderen Funde im Ostabschnitt des Stadtgrabens stammen wieder aus der Zeit nach der Aufgabe der Anlage.

Der Stadtgraben wurde für 1614 schon als verfallen bezeichnet[6]. Auch erfolgte spätestens um die Mitte des 17. Jhs. eine Bebauung am Schloßmühlendamm im Bereich des Stadtgrabens, so daß der Graben teilweise schon bald nach der Auflassung aufgefüllt war, in anderen Teilen noch bis in das 18. Jh. offen lag und als Müllplatz diente.

Noch 1956 mußte D. Kausche feststellen, daß sich das 1605/6 abgebrochene Tor nicht lokalisieren ließ[7]; von einem Stadtgraben war bei ihm nicht die Rede. Immerhin vermutete er dann 1967 die Lage des Tores ungefähr im Bereich der Einmündung der Gasse Am Platz in den Schloßmühlendamm[8]. Der Steinbau war durch ein neueres steinernes Tor am Ende der Mühlenstraße, heute Schloßmühlendamm, vor dem Sand ersetzt worden, weil man die Straße über das alte Stadttor hinaus fortgeführt und wenigstens einseitig bebaut hatte[9]. Das Stadttor bis 1605 ist auf der Karte von Frese (1577) sehr auffällig als breiter Ziegelbau mit gotischem Treppengiebel abgebildet – der Stadtgraben ist durch ein Gebüsch angedeutet –, wie die ganze Situation bis zum Sand dort abzulesen ist (Abb. 18); nur ließ sich der Standort nicht festlegen. Keine Hilfe bedeutet die Karte von ca. 1620, auf der überhaupt kein Hinweis mehr auf eine alte Stadtbefestigung zu erkennen ist.

Andererseits zeigen der älteste Wasserleitungsplan Harburgs von 1691 und teilweise auch der Plan von ca. 1704/5 Details, die noch auf einer Katasterkarte von 1875 wiederzufinden sind[10], die eine Festlegung des Stadttores und des Stadtgrabens sowie des zuführenden Fleetes anhand eines Versprungs der Hausseite Ecke Schloßmühlendamm/Hermann-Maul-Straße sowie von Durchlässen und schmalen ausgesparten Flurstücken ermöglichen.

Der Stadtgraben führte vom Tor, das heute unter dem Bürgersteig und der westlichen Fahrbahn des Schloßmühlendamms in Fundamentresten noch vorhanden sein müßte, nach Westen über die heutige Kleine Gasse hinaus bis zu einem Nord-Süd-verlaufenden Wall, den Frese abbildet. Dieser befand sich im Bereich der Neuen Straße; es muß dazu aber auch ein Graben bis zum Kaufhauskanal bestanden haben, um die Wasserzufuhr zu besorgen. Westlich des Schloßmühlendamms wurde somit bis 1605 ein größeres Gebiet abgegrenzt und im gewissen Rahmen geschützt, das nach Ausweis der historischen und der bisherigen archäologischen Erkenntnisse nur teilweise bebaut gewesen ist. Doch ist dieses Gelände im Bereich Kleine Gasse/Lämmertwiete schon wesentlich früher aufgehöht worden, bevor die schriftlich nachweisbare Bebauung einsetzte. Es wurde wahrscheinlich als Gartenland genutzt. Zu beachten ist, daß um 1550, als der herzogliche Lustgarten angelegt wurde, der Stadtgraben schon vorhanden gewesen sein muß. Somit bestanden ein herzoglicher Garten mit Wohnhaus an der Lämmertwiete und seit 1562/64 ein Gartenhaus, besser als herzogliches Lusthaus bekannt, südlich des Stadtgrabens[11]. Östlich des Schloßmühlendamms strebte der Stadtgraben auf einen Seitengraben der Seeve zu, der am Einfluß seine Richtung von Ost-West nach Norden veränderte[12]. Somit war auch dieser Grabenabschnitt mit Wasser versorgt, stand aber unter Gezeiteneinfluß, sofern nicht an der Seeve ein Wehr existiert hatte. Über das Gelände nördlich des Stadtgrabens liegen keine Angaben vor, südlich breitete sich der Küchgarten aus.

Der Stadtgraben des 16. Jhs. ist nicht der einzige Grabenzug, der in den letzten Jahren südlich der Buxtehuder Straße erfaßt wurde. Erwähnung fand schon das Fleet. Es wurde als begradigter Wasserlauf zuerst an der Westseite eines Spundkastens erkannt, der in der Fahrbahn der Buxtehuder Straße beim Tunnelbau abgesenkt war (Abb. 5, Fundplatz 125). Dicke Holzpfosten in einer Reihe markierten den Verlauf, waagerecht angebrachte, 7 cm starke Bretter dienten als Verschalung. Dieser seitliche Verbau setzte sich nach Süden in der großen Baugrube für den Tunnelzugang, der bis + 1,50 m NN abgetieft war, fort. Beide Seiten des Grabens waren sorgfältig verschalt. Da nur der nördliche Teil der Baustelle tief ausgebaggert wurde, ließ sich der weitere Grabenverlauf bis zur Lämmertwiete nicht feststellen. Doch ist aus einer Karte von 1860 bekannt, daß das Fleet die Lämmertwiete westlich des Hauses 12 berührte; ebenso ist auf den Wasserleitungsplänen von 1691 und ca. 1704/05 eine Baulücke westlich der Häuser Lämmertwiete 12 und 9 vorhanden, ohne daß dort ein Graben eingezeichnet ist[13].

Wichtig wäre es, diesen Graben auf der Karte von Frese (1577) zu identifizieren (Abb. 18). Der Kaufhauskanal ist in dem breiten Wasserarm zu erkennen. Er reichte bis zur Lämmertwiete, sofern die ersten Häuser westlich quer zum Südende der langen Straße diese Gasse anzeigen. In südlicher Verlängerung erstreckt sich der schon erwähnte Wall. Wegen des zu verlangenden Zuflusses zum Stadtgraben müßte ein Wasserlauf neben dem Wall geflossen sein (auf der Westseite?). Auf der Karte von ca. 1620 sucht man vergeblich nach einem entsprechenden Graben – vorausgesetzt, daß man hier eine gewisse Genauigkeit der Darstellung erwartet. Auf Merians Stadtansicht von 1654 ist das Fleet mit dem schmalen Gewässer in Verbindung zu bringen, das hinter dem Kaufhaus und der erste Häuserzeile der Neuen Straße versteckt fließt, unter einer Brücke die Lämmertwiete quert und bis an den Zaun des Geländes der Dreifaltigkeitskirche reicht (Abb. 19).

Bald darauf muß dieser letzte Abschnitt zugeschüttet worden sein. In der Baugrube des Tunnels zeichnete sich streckenweise eine breitere Rinne ab, in der die Fleetverschalung verlief. Die Rinne war seitlich mit Kulturschutt des 18. Jhs. verfüllt worden. Störungen des 19. und 20. Jhs. machten weitere Beobachtungen zunichte.

Sind bisher Gräben angesprochen worden, die in irgendeiner Weise kartographisch nachzuweisen waren, so konnten im Gebiet südlich des Stadtgrabens Gräben und Wasserrinnen festgestellt werden, für die ältere Nachrichten fehlen. In dem ehemaligen herzoglichen Küchgarten sorgten mehrere kleine Gräben in Ost-West-Richtung für eine ausreichende Be- und Entwässerung. Zusätzlich zeichnete sich auf dem Baugrundstück Peper Ecke Küchgarten/Schloßmühlendamm (Fundplatz 111, vgl. Abb. 1) ein Graben in West-Ost-Richtung ab, dessen Sohle bis 2,7 m unter das heutige Straßenniveau reichte (+ 1,58 m NN). Es handelte sich um einen 5 m breiten Graben, dessen Sohle immerhin 2 m betrug. Der steileren südlichen Böschung stand eine abgeflachte nördliche Böschung gegenüber. Die Einfüllung ergab zuunterst eine Reisiglage, darauf waren torfige bis sandige Schichten abgelagert, die zum größeren Teil von Süden in den Graben gerutscht waren. Sie enthielten nur wenige Funde (Abb. 10). Eine bunt bemalte Tellerscherbe des frühen 17. Jhs. konnte aus der unteren torfigen Schicht geborgen werden. Der Graben durchschnitt eine graue Schicht, die Scherben der blaugrauen Tonware aus dem 14. Jh. enthielt, und reichte tief in den anstehenden Sand hinein. Auf keiner Karte ist die Existenz dieses Grabens vermerkt, auch nicht auf der Plankarte für eine Küchgartenbebauung von 1658[14]. Die Ausmaße des Grabens sprechen weniger für ein Entwässerungsbauwerk als für eine landwärtige Verstärkung des beschriebenen Stadtgrabens des 16. Jhs. Wegen der soliden Bebauung der Westseite des Schloßmühlendamms bleibt der weitere Grabenverlauf vorerst ungeklärt.

Im Laufe der bisherigen Betrachtungen sind mehrere Darstellungen Harburgs genannt und als Hilfsmittel herangezogen worden. Vornehmlich die 1577 von Daniel Frese erstellte Karte Harburgs und des Süderelberaums in Schrägansicht wurde bisher von den Historikern als hervorragende Wiedergabe des Harburger Stadtbildes betrachtet und allen Überlegungen zugrunde gelegt. Weniger Berühmtheit hat bisher eine Karte der Elbniederung bei Harburg, von unbekannter Hand ungefähr 1620 gezeichnet, erlangt[15]. Auch sie zeigt die wachsende Stadt in Schrägansicht. Bei beiden Karten bestanden Schwierigkeiten des Nachweises, als der Stadtgraben, Zu- und Abflüsse und der zweite Graben diskutiert wurden. Selbstverständlich stellt die Frese-Karte eine erhebliche kartographische Verbesserung gegenüber Melchior Lorichs Elbkarte von 1568 dar. Doch muß man bei diesen drei Karten den Anlaß ihrer Entstehung berücksichtigen. Dann sind bestimmte topographische Mängel, Irrtümer oder Fehler verständlich. Diese Karten dienten als Unterlagen für eine Folge von Prozessen vor dem Reichskammergericht zwischen der Stadt Hamburg und den Herzögen von Braunschweig-Lüneburg. Eine wesentliche Aufgabe für Frese und den unbekannten Maler war es, den Stadtcharakter und die Bedeutung des Ortes Harburg hervorzuheben. Deswegen ist das Schloß sehr detailliert und groß gezeichnet, die Kirche und das Stadttor sowie auf der jüngsten Karte das Rathaus sind deutlich abgebildet. Die Verteidigungsanlagen und sicherlich auch andere Objekte mußten dem Prozeßziel untergeordnet werden. Das bedeutet, daß die Karte von Frese etwas kritischer betrachtet werden muß, die Karte von ca. 1620 aber vom alten Rathaus an in Richtung Geest leider nur bedingt für Fragen der Stadtentwicklung als Zeugnis dienen darf.

Reiches Fundgut für ein chronologisches Gerüst und als Quelle für die Lebensweise der Harburger des 16.–18. Jhs. erhofften sich die Archäologen in Kloaken zu bergen, ermutigt durch diesbezügliche Erfolge von Kollegen in anderen mittelalterlich-frühneuzeitlichen Städten. Da auf mehreren Grundstücken die Gärten und Hinterhöfe in die Bautätigkeit und damit in die archäologischen Untersuchungen einbezogen wurden, bestanden berechtigte Erwartungen. Das Ergebnis entsprach nicht allen Wünschen, so daß jetzt schon gefragt werden kann, wo die Harburger ihren häuslichen und gewerblichen Müll gelagert haben. Teilweise gelangte er nach 1605 in den Stadtgraben, teilweise wurde er im Garten vergraben. Dafür legte man gewöhnlich nur einfache Gruben an, verschiedentlich wurden die Gruben auch mit Holzeinbauten versteift.

Auf dem Grundstück Schloßmühlendamm 23 konnten vier Abfallgruben erfaßt werden. Grube I, die über 1 m Durchmesser aufwies und 2 m tief unter die heutige Oberfläche reichte, besaß keine Auskleidung. Sie barg zahlreiche Bruchstücke von schwarzglasierten Ofenkacheln, die im 17. Jh. gebräuchlich waren. Diese zeigen Rankenornamente, Motivkacheln fehlen. Auch in den benachbarten Gruben sowie auf anderen Grundstücken wurden häufig schwarzglasierte Ofenkacheln gefunden. So befanden sich in Grube II mehrere derartige Ofenteile mit Löwenzierat (Abb. 11), daneben lag aber auch das Bruchstück einer weißen Fayenceofenkachel mit blauem Flechtbandmuster. Weiterhin kommen in Grube I eine Anzahl Delfter Wandkacheln vor. Steinzeugflaschen (Abb. 12) gehören zum üblichen Abfall, ebenso natürlich Schüsseln und Teller mit bunter Bemalung sowie Steerttöpfe. Bei diesen überwiegen braune, grüne bis dunkelolive Glasuren der Innenseiten. Zwei Scherben mit leuchtendgrüner Außenglasur und brauner Innenglasur gehören zu einem kumpfartigen Gefäß mit Steert, das in Grube III geborgen wurde. Die beiden Gruben müssen folglich wenigstens zeitweilig gemeinsam benutzt worden sein. Zum Grubeninhalt gehörte auch ein bearbeiteter Kalkstein, der als Eckstein gedient hatte und die Teilinschrift BRAV trägt; möglicherweise ein Hinweis auf einen Brauer?

Die Untersuchung der Grube II, die gleichfalls zylindrisch und unbefestigt bei 1 m Durchmesser angelegt war, gab als besondere Überraschung mehrere weitgehend erhaltene Steerttöpfe, deren Inhalt auf einen Maler verwies. F. Laux und K. Richter identifizieren den ehemaligen Besitzer als den Maler Hans Kayser, der auf dem Grundstück bis 1704 gewohnt hatte[16].

Die Grube III entsprach in Form und Maßen den Gruben I und II. Ihr Inhalt bot ebenfalls einen Querschnitt durch den Geschirrschrank des Hauses mit Porzellan, Fayencen, Steinzeug, Steingut, buntbemalten Tellern und Steerttöpfen. Die Grube ist im 18. Jh. benutzt worden.

Grube IV wich von den anderen ab, sie war viereckig und mit Holzbrettern senkrecht ausgekleidet. Bei einer Seitenlänge von ungefähr 1,70 m reichte sie 2,8 m hinab. Auch diese Grube ergab Abfall aus dem Haus; insbesondere Geschirrbruch. Dazwischen fanden sich bauchige dunkelgrüne Weinflaschen, Scherben eines facettierten Bierkruges aus farblosem Glas und Trinkgläser. Der trinkfreudige Besitzer, wahrscheinlich der Ratsherr Jürgen Heinrich Lünssen, besaß Sinn für feines Glas und Geschirr. Das zeigt sich in dem Flügelglas des 17. Jhs. aus der Grube (Abb. 13). Flügelgläser sind wohl zunächst in Venedig entwickelt und hergestellt worden, fanden aber bald Nachahmung in mehreren mitteleuropäischen Glaswerkstätten[17].

Zwei Gruben mit Holzauszimmerung wurden im Bereich des Stadtgrabens östlich des Schloßmühlendamms angeschnitten. Die eine Kiste maß 1,3 m in der Breite und noch 0,7 m in der Höhe. Der Boden war mit einer Tonlage abgedichtet, wie auch an der östlichen Seite außen eine dicke Lehmpackung gegengestrichen war. Der Grubeninhalt setzte sich nur aus Bauschutt zusammen. Dagegen war die sehr ähnliche zweite mit Holz ausgesteifte Grube, die etwas kleinere Ausmaße besaß, mit zerkleinerter Eichenrinde gefüllt. Eine Kalklage deckte den Grubeninhalt ab; hier hatte ein Lohgerber gearbeitet. Das Alter der beiden Gruben ließ sich ohne entsprechende Funde bisher nicht klären (Abb. 14).

Gleichfalls durch Zimmermannsarbeit war eine Abfallgrube auf dem Grundstück Lämmertwiete 4 versteift worden. Die Holzkiste hatte die Maße 1,40 x 1,10 × 0,65. Die Wandung war aus 12–15 cm breiten Brettern, die waagerecht befestigt wurden, gearbeitet. Doch der Inhalt wies nicht wie bei den beiden gerade erwähnten Gruben auf bestimmte Berufe hin, sondern ließ abermals Gefäßbruch aus dem Haushalt sowie Ziegelsteine hervorkommen. Die Scherben wichen von den üblichen Funden durch einen hohen Steingutanteil ab, dies erklärt sich durch das geringere Alter. Die Grube wurde erst im 19. Jh. gefüllt.

Nicht mit Bretterwänden war eine Abfallgrube am südlichen Rande der Baugrube Lämmertwiete 1 versehen worden. Statt dessen hatte man den Boden und soweit erkennbar am erhaltenen unteren Teil die Wandung fast 10 cm dick mit grauem Ton ausgestrichen. Leider enthielt die Grube nur Sand, aber keinen Hausmüll. Dieser war außerhalb in einer Auffüllschicht ausgebreitet. Dazwischen befanden sich in einer Scherbenkonzentration zahlreiche Bruchstücke eines grünglasierten Kachelofens im Renaissancestil, weitere derartige Kacheln lagen in der Umgebung. Diese Öfen waren in der 2. Hälfte des 16. Jhs. und im frühen 17. Jh. in Norddeutschland üblich[18]. Die zerbrochenen Kacheln zeigten Büsten von Fürsten, Reiter und auf zwei Exemplaren das Wappen der Herzöge von Braunschweig-Lüneburg (Abb. 15). Dadurch scheint die Herkunft des Ofens aus dem herzoglichen Wohnhaus an der Lämmertwiete (alte Nr. 1) wahrscheinlich zu sein.

Sowohl grünglasierte als auch schwarzglasierte Kacheln lagen zwischen Bauschutt in einer großen gezimmerten Kiste in einer Grube, die im Garten der ehemaligen Ratsapotheke bis + 1,876 m NN eingetieft worden war. Dagegen konnten auf dem untersuchten

Grundstücksteil keine älteren Abfallgruben mit Apothekeninventar entdeckt werden. Nur ein gemauerter Schacht wurde bemerkt, der Glasgefäße der verschiedenen Verwendungszwecke in Labor und Laden aus dem 19. Jh. aufgenommen hatte. Apothekengefäße des 17. und 18. Jhs. lagen weitgehend in Auffüllschichten verteilt[19].

Da Speisereste in fast allen Abfallgruben fehlten, bzw. bei dem raschen Ausbaggern der Baugruben, von den Profilen abgesehen, die Aufhöhungsschichten in den Gärten und die Einfüllungen im Stadtgraben nicht systematisch auf tierische und pflanzliche Reste durchgesehen werden konnten, bot eine unbefestigte Grube im hinteren Garten des Apothekengrundstücks Schloßmühlendamm 25 einen kleinen Einblick. Sie enthielt außer keramischen und gläsernen Scherben im unteren Bereich Kirsch-, Pflaumen- und Schlehenkerne, Samen von Weintrauben und Walnußschalen (Abb. 16), außerdem Vogelknochen. Es handelt sich um einheimisches Kultur- und Wildobst, das auch aus anderen frühneuzeitlichen Grubeninhalten bekannt ist. Die Walnüsse und sogar die Weintrauben können auch Harburger Erzeugnisse sein, man sollte hier zunächst aber an Einkäufe denken[20]. Aus den verschiedenen Grabungsstellen der Harburger Altstadt sind im wesentlichen Knochen der großen Haustiere festgestellt und geborgen worden. Außerdem fielen verschiedentlich Pakete von Austernschalen, z.B. auf den Grundstücken Schloßmühlendamm 23 und 25 auf, während Miesmuscheln selten vorkamen.

Am Rande der Baugrube in der Lämmertwiete Nr. 9 konnte eine unbefestigte Abfallgrube untersucht werden. Nur der untere Teil der Grube enthielt häuslichen Abfall. Die 0,4 m starke Lage war nach oben durch ein waagerechtes schwarzes humoses Band mit Holzkohleeinmischung abgeschlossen, entweder hatte man einen Deckel oder einen Fußboden eingebaut. Im Abfall fanden sich diverse Scherben von Trinkgläsern, z.B. quergerippte Füße von Römern, von Steinzeugflaschen für Mineralwasser aus Selters, von einem Steinzeugkrug aus Duingen, von Fayencengeschirr, darunter ein Salbentopf Arnstädter Art, von einer chinesischen Porzellanschale, natürlich von Steerttöpfen, deren Griffe drei Endwülste aufweisen, und Tellern, von Tonpfeifen mit recht kleinem Kopf sowie von Ofenkacheln[21]. Im Inhalt dieser Grube zeigt sich an wenigen genannten Gegenständen der Zusammenfluß von Gegenständen aus verschiedenen Teilen Deutschlands und benachbarten Ländern in Harburg. Die Grube war in einen Auftragsboden eingetieft, in dem wenig unterhalb der Grubensohle eine Randscherbe grauer Irdenware des 14. Jhs. entdeckt wurde. Damit bestehen hier gleiche Verhältnisse wie in der Kleinen Gasse. Das ist insofern interessant, als die westliche Südseite der Lämmertwiete erst nach 1650, teilweise erst um 1680 vollständig aufgesiedelt worden sein soll[22]. Auch aus dem Grubeninhalt ergeben sich Anzeichen auf eine frühere Nutzung, weil darin Material, das älter als 1680 zu datieren ist, vorliegt.

Die bisher in Harburgs Altstadt gefundenen Gruben lassen sich in zwei Gruppen einteilen: in Gruben mit Kasteneinbauten bzw. Bretterverschalung und in unbefestigte Gruben von meistens zylindrischer Form. Es bleibt die Frage unbeantwortet, wohin die Harburger ihren häuslichen und gewerblichen Abfall und ihre Fäkalien im 16. bis 18. Jh. gebracht haben; die bisher entdeckten Gruben haben dafür nicht ausreichenden Platz geboten.

Wohl der Wasserversorgung diente eine Anlage, die 1979 beim Umbau der Straße «Am Werder» freigelegt wurde. Am Grunde einer weiten Grube war ein hölzerner Schacht erhalten, auf dem die Reste eines Mauerziegelaufbaus saßen. Der Schacht bestand aus einem Bottich aus Eichenholz von 1,1 m Durchmesser und 0,38 m Höhe. Er war mit gespaltenen Weidenruten von 3–4 cm Stärke umwunden. Das Innere des Holzbottichs, Wände und Boden, hatte man mit Kalk ausgestrichen. Außen besaß der Schacht eine Ummantelung aus Ton, darauf saß der Mauersteinaufbau. Von den Ziegeln, die 19,5 x 8,7 x 4,7 cm maßen, waren noch zwei bis vier Lagen vorhanden. Die Oberkante befand sich 1 m unter heutiger Oberfläche. Am Grunde des Bottichs lag eine 0,10–0,15 m starke Torfschicht, darüber häufte sich Sand auf. Datierende Funde konnten nicht festgestellt werden. Anhand von Keramikresten in den durchstoßenen Schichten ist der Schacht im 18. Jh. bis in den Torf abgesenkt worden. Er muß als Wassersammelbecken gedient haben. Derartige zweiteilige Schächte sind als Brunnen andernorts bekannt[23].

Trinkwasser war schon in der frühen Neuzeit kostbar. Es wurde seit dem 17. Jh. nachweislich in Harburgs Altstadt durch Wasserleitungen zu bestimmten Pumpstellen und Wohnhäusern geleitet. R. Busch vermutet sogar, daß die ersten Wasserleitungen im Orte Harburg schon nach 1527 verlegt worden sind, als im Schloß das Netz ausgebaut wurde[24]. Über die Ausdehnung des Leitungsnetzes und seinen Aufbau unterrichtet der älteste erhaltene Plan von 1691[25], den der Maler Hans Kayser gezeichnet hatte – Hans Kayser war schon als Bewohner des Grundstücks Schloßmühlendamm 23 und wahrscheinlicher Besitzer der Farbtöpfe aus der Abfallgrube II vorgestellt worden –.

In dem hier behandelten Stadtteil zogen die Leitungen durch den Schloßmühlendamm, die Lämmertwiete und die Neue Straße. Beim Straßenbau sind Stücke der Wasserleitung sowohl im Schloßmühlendamm vor der Ratsapotheke und im nördlichen Teil der Neuen Straße in 1,2 m Tiefe erfaßt worden. Es handelt sich um Eichenstämme, die außen nur wenig bearbeitet sind. Ihre Länge beträgt ca. 1 m, ihr Durchmesser ca. 0,3 m. Mit einer urtümlichen Maschine ist der Stamm genau durchbohrt worden[26]. Blei- oder Eisenröhren mit beidseitigem Kragen wurden als Verbindungsstücke an die Holzröhren genagelt. Das Trinkwasser hat man aus Quellen am Schwarzenberg und aus offenen Gewässern, Göhlbach und Walkmühlenteich (Fischteich), entnommen, in sogenannten Hölern, ausgemauerten Gruben, gesammelt und geklärt und dann in die Holzleitungen abgegeben[27]. Wasserleitungsfunde sind aus verschiedenen Straßen Harburgs bekannt. 1941 wurden zwei Leitungen in einer großen Baugrube auf dem Sand angeschnitten (Abb. 17). Bei den Ausgrabungen auf dem Grundstück Hermann-Maul-Straße 2 (Ecke Schloßmühlendamm) konnten mehrere Wasserleitungen in zwei verschiedenen Tiefen festgestellt werden. Sie waren schon verrottet, nur die eisernen Verbindungsstücke waren noch vorhanden. Außer den Röhren aus Baumstämmen gab es in Harburg auch aus Brettern gezimmerte Röhren. Diese kamen beispielsweise in der Baugrube für den Fußgängertunnel Ecke Neue Straße/Lämmertwiete zum Vorschein. Leider lassen sich die Wasserleitungen nur selten datieren. Somit wird es schwierig sein, die von H. Kayser aufgezeichneten Wasserleitungen im Original überall zu belegen.

Viele Fragen haben sich vor den Ausgrabungen und während der Untersuchungen ergeben. Viele neue Fragen stellten sich bei Durchsicht der Grabungsunterlagen und der Fundstücke. Manche konnten inzwischen gelöst werden und lassen sich sicherlich durch weitere Detailarbeiten, wie sie R. Articus und F. Laux jetzt vorlegen, beantworten. Doch sind das Wachstum und der Ausbau des Städtchens Harburg im 16.–18. Jh. südlich der Buxtehuder Straße noch in vielen Bereichen unbekannt. Weitere Ausgrabungen sind zur Klärung notwendig. Grundstücke dafür sind bekannt. Wünschenswert ist es deshalb, daß die Bauherren, Architekten, Baufirmen, freiwilligen Helfer und das Bauamt den Archäologen des Helms-Museums auch weiterhin gewogen bleiben und so großzügig wie bisher die Ausgrabungen ermöglichen und unterstützen. In der Erforschung von Harburgs Geschichte können dann bald weitere Fortschritte verzeichnet werden.

Anmerkungen

1 Schindler, Ausgrabungen in Alt Hamburg. – Plath, Die frühe Entwicklung der Stadt Hannover.
2 Drescher, Mittelalterliche Funde aus der Harburger Altstadt.
3 Bohmbach/Lüdecke/Mettjes, Auf den Spuren des alten Stade. – Erdmann, Falk, Fehring, Neugebauer, Stephan, mehrfach in: Lübecker Schriften zur Archäologie und Kulturgeschichte. – Laux, Holzgeschirr und Holzgerät aus Lüneburger Schwindgruben. – Rötting, Stadtarchäologie in Braunschweig. – Vogel, Die archäologischen Ausgrabungen im Stadtkern von Schleswig.
4 Kausche, Untersuchungen zur älteren Rechtsgeschichte und Topographie Harburgs. – Kausche, Harburg und der süderelbische Raum. – Keyser, Die Entstehung der Stadt Harburg. – Richter, Lämmertwiete. – Richter/Laux, Von der Burg zur Industriestadt.
5 Vergleichbare Stücke fanden sich in Lübeck, Schüsselbuden 16/Fischstraße 1–3, Schicht 13 (Falk, Archäologische Funde und Befunde des späten Mittelalters und der frühen Neuzeit aus Lübeck, Abb. 26, 11.12).
6 Richter, Lämmertwiete, S. 69. – StAHbg, Harburg 1, III 4.
7 Kausche, Untersuchungen, S. 133.
8 Kausche, Harburg und der süderelbische Raum, S. 416.
9 Kausche, Untersuchungen, S. 134.
10 Richter, Lämmertwiete, Abb. 3–5.
11 «Vor dem damaligen Stadttor» nach Richter, Lämmertwiete, S. 69.
12 Karte «Projektierte Küchgarten-Bebauung 1658» (Kopie StAHbg, Harburg 90, IVb 5m).
13 Richter, Lämmertwiete, Abb. 2–5.
14 Vgl. Anm. 12.
15 Daniel Frese, «Harburg und der Süderelberaum 1577». In: Hamburg im Kartenbild der Vergangenheit. Hbg. 1978. – «Karte der Elbniederung bei Harburg um 1620». In: Hamburg im Kartenbild der Vergangenheit. Hbg. 1986.
16 Detaillierte Angaben zu diesem Fund bei Laux, Zu einigen Problemen frühneuzeitlicher Keramik, in diesem Band.
17 Ein zweites Flügelglas stammt vom Harburger Schloß. – Laux, Alte Töpfe aus der Altstadt von Harburg. – Tait, Venezianisches Glas, S. 120.
18 Thieme, Ausgrabungen auf einem Bauernhof in Stelle, S. 81f.
19 Siehe dazu auch Articus, Keramikimport des 17. Jahrhunderts, in diesem Band.
20 Kroll, Mittelalterlich/frühneuzeitliches Steinobst aus Lübeck. – Lynch/Paap, Untersuchungen an botanischen Funden aus der Lübecker Innenstadt. – Willerding, Paläoethnobotanische Befunde über Ernährung und Umwelt im Mittelalter Braunschweigs. – Willerding, Ernährung, Gartenbau und Landwirtschaft im Bereich der Stadt.
21 Siehe dazu auch Articus (vgl. Anm. 19) und Laux (vgl. Anm. 16), in diesem Band.
22 Richter, Lämmertwiete, S. 73, 76.
23 Plath, Mittelalterliche Brunnen in Hannover.
24 Busch, Die Wasserversorung des Mittelalters und der frühen Neuzeit, S. 303.
25 Wasserleitungsplan von Harburg aus dem Jahre 1691 (StaHbg, Harburg 90, IVb 2mf). Ungefähr von 1704/05 gibt es eine leicht veränderte Fassung, auf der die Häuser und die Dreifaltigkeitskirche in Seitenansicht zu sehen sind (StAHbg, Harburg 90, IVb 1gf). – Richter, Lämmertwiete, S. 75, Abb. 4.
26 Lüdecke, Vom Brunnenwasser zum «Kunstwasser», S. 98, Abb. 74–75.
27 F. Lübbers, Die Garnison trank aus dem Schloßgraben. Harburger Anzeigen und Nachrichten ca. 1935. – W. Lohmann, Harburger Häuser erzählen. Harburger Anzeigen und Nachrichten, 22.2.1941.

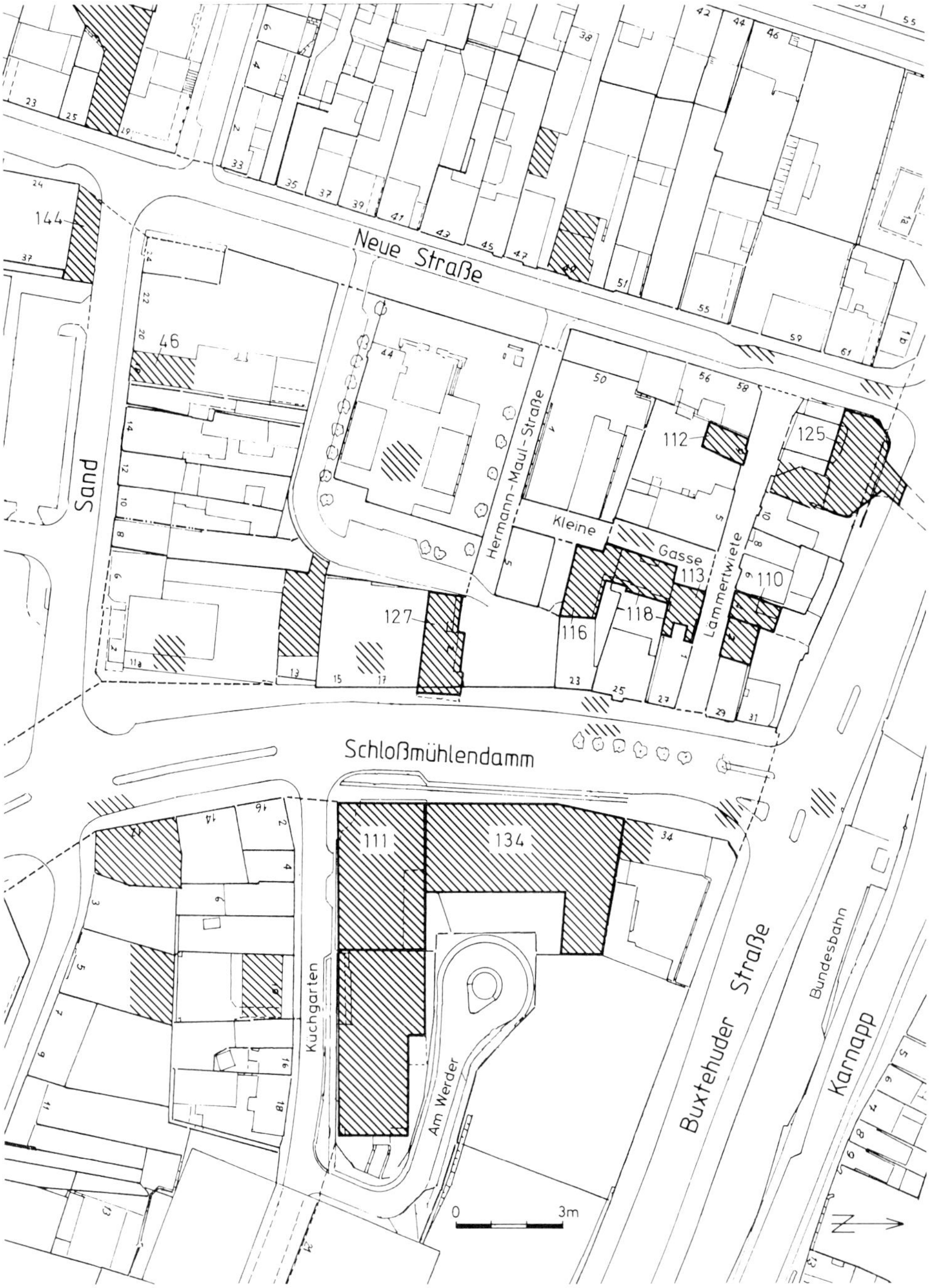

Abb. 1 Plätze archäologischer Aktivitäten in Harburgs «Altstadt».

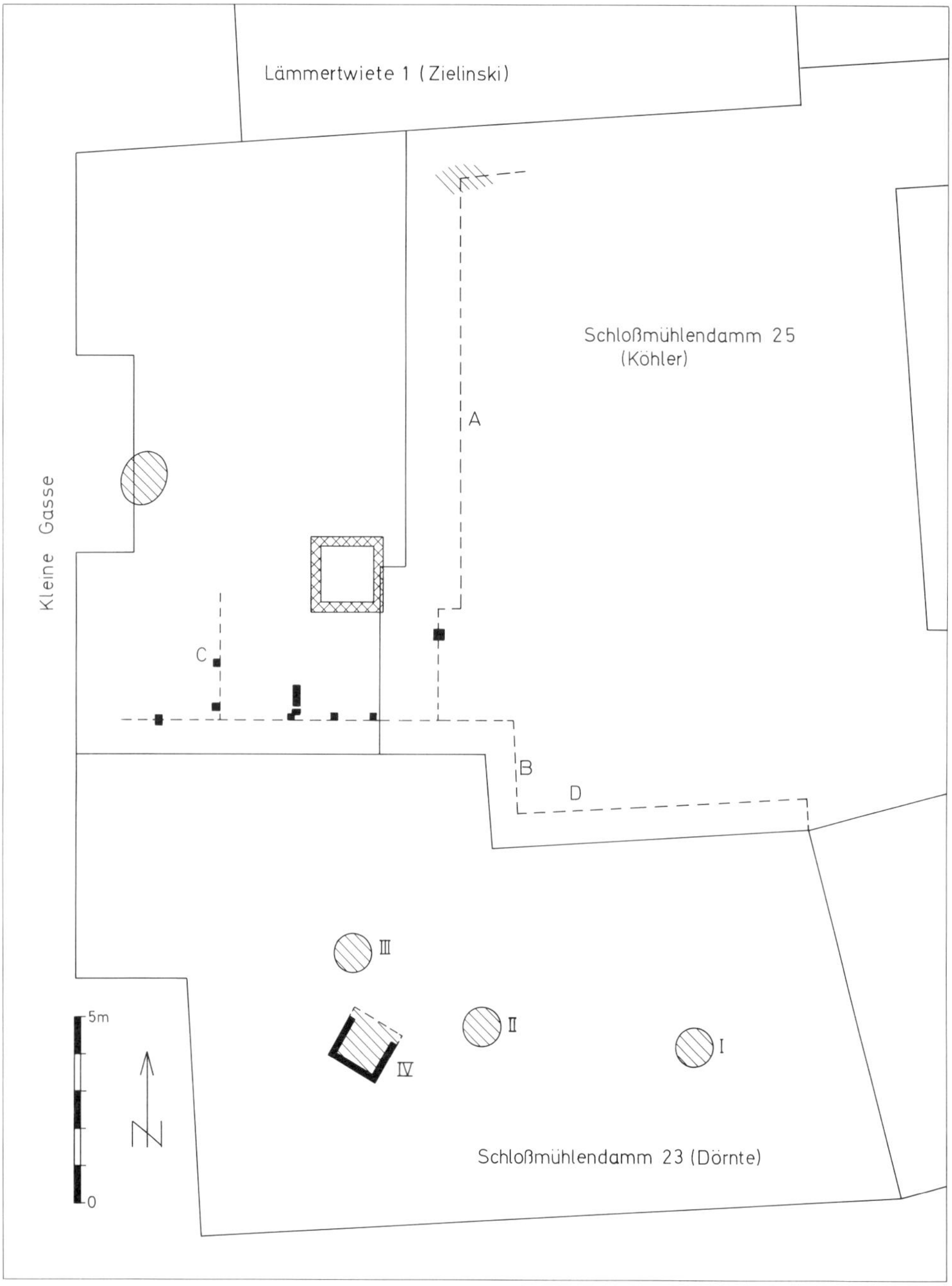

Abb. 2 Zwischen Lämmertwiete und Hermann- Maul-Straße, wichtige Befunde: Gruben I–IV, Profile A–D, Pfosten der Stadtgrabenbefestigung.

Abb. 4 Bauherr und freiwillige Helfer in der Baustelle Dörnte.

Abb. 5 Verschalung des Fleets an der Buxtehuder Straße.

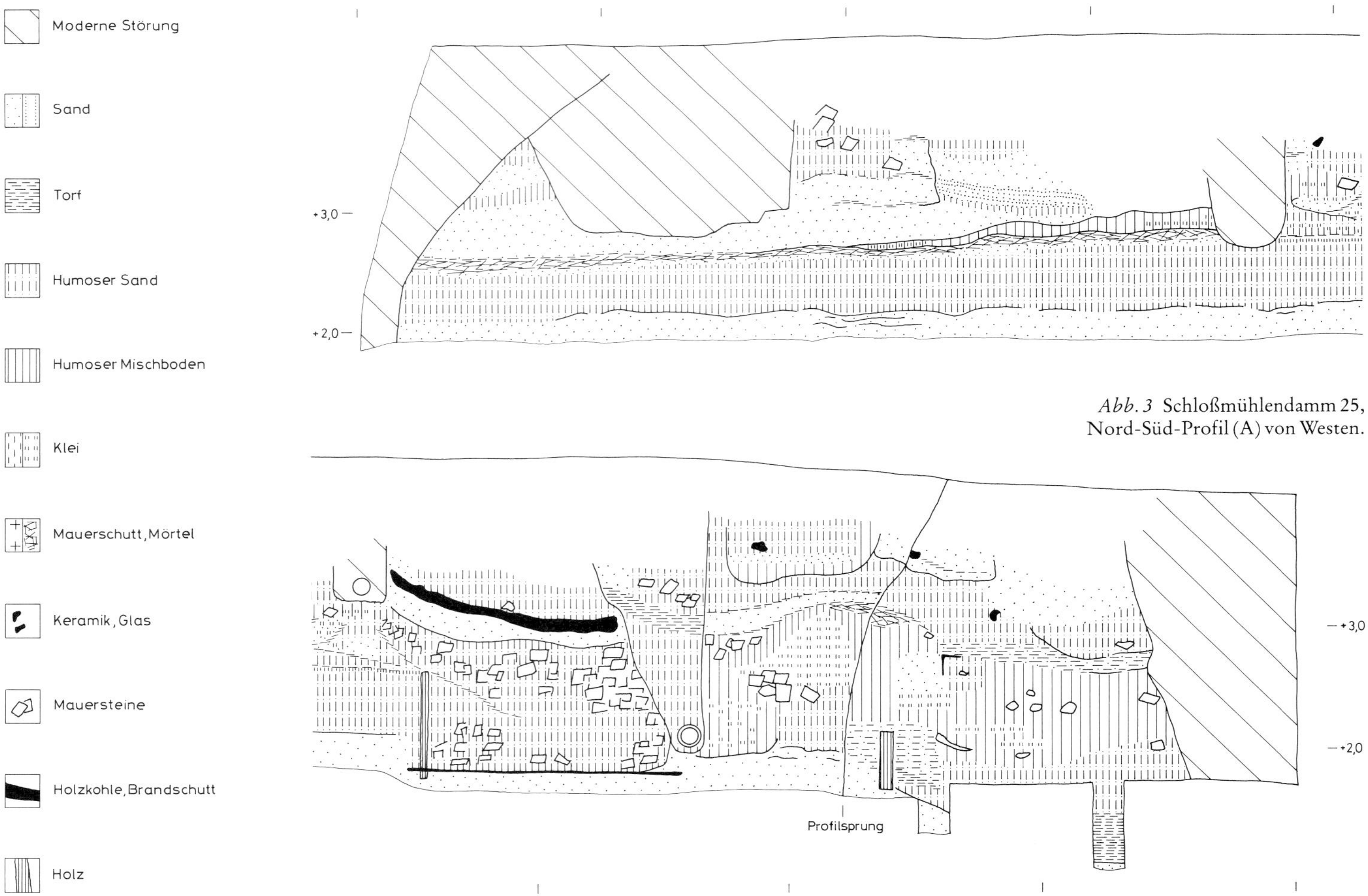

Abb. 3 Schloßmühlendamm 25, Nord-Süd-Profil (A) von Westen.

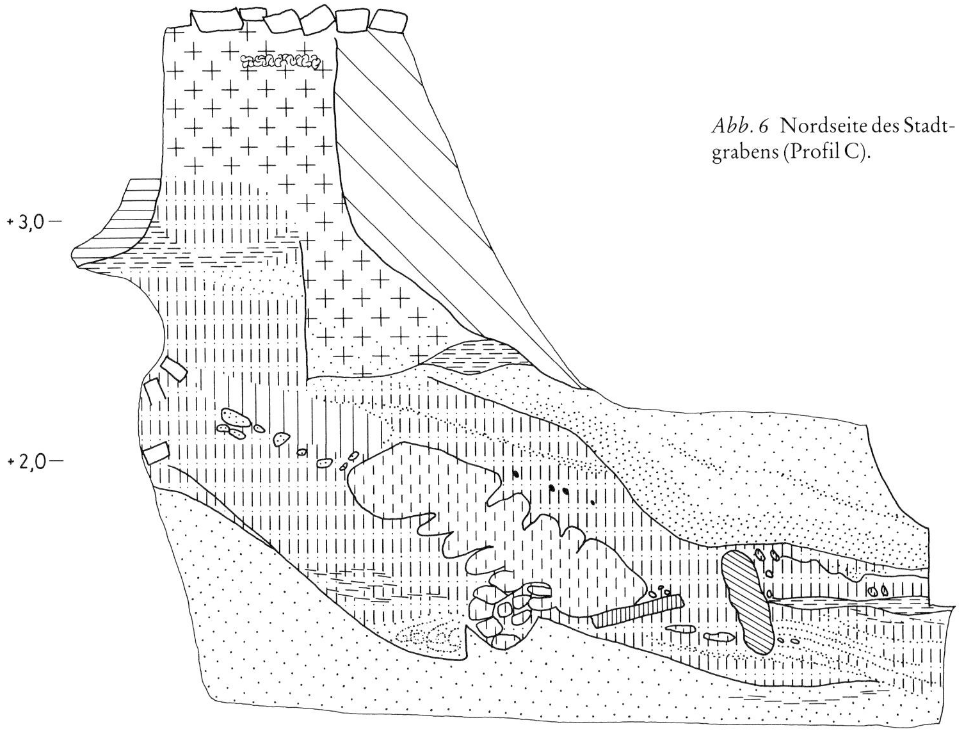

Abb. 6 Nordseite des Stadtgrabens (Profil C).

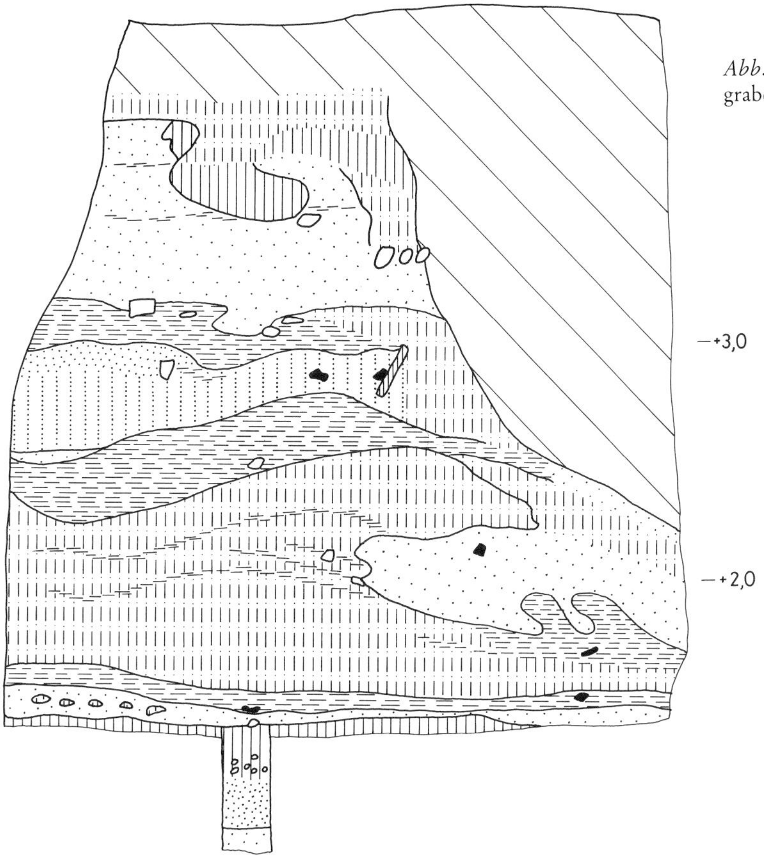

Abb. 7 Füllung des Stadtgrabens (Profil D).

Abb. 8 Tongefäß aus dem Stadtgraben.

Abb. 9 Ostabschnitt des Stadtgrabens, Pfostensetzungen.

Abb. 10 Graben in der Baustelle Peper.

Abb. 11 Aufsätze zu einem schwarzen Kachelofen.

Abb. 12 Wasserflaschen aus Steinzeug.

Abb. 13 Fundplatz 116, Grube IV, Flügelglas.

Abb. 14 Fundplatz 134, Lohgerbergrube.

Abb. 15 Grüne Ofenkachel mit Herzogswappen.

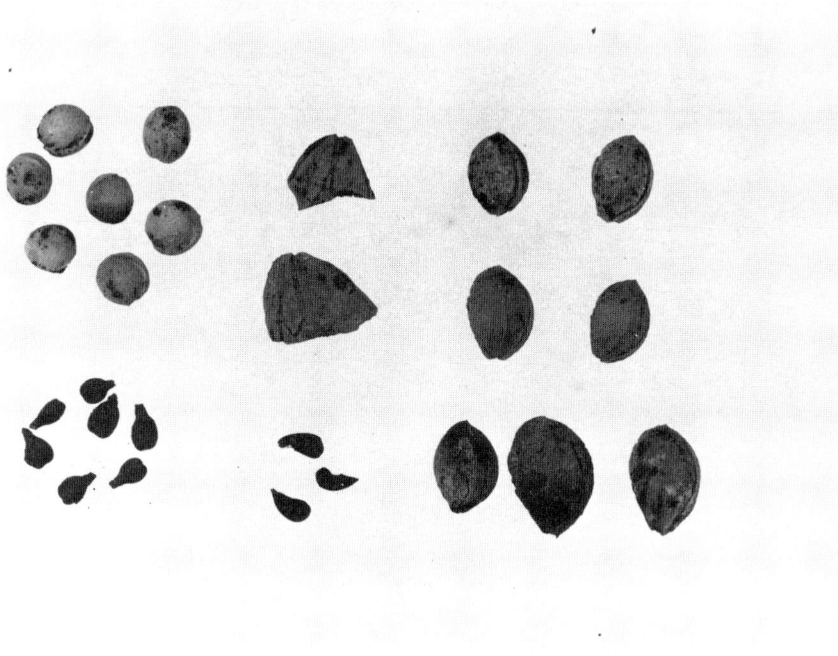

Abb. 16 Obststeine und -kerne aus einer Abfallgrube.

Abb. 17 Baustelle auf dem Sand, rechts in der Grubenwand angeschnittene Wasserleitungen.

Abb. 18 Harburg 1577 (Ausschnitt aus der Karte von Daniel Frese).

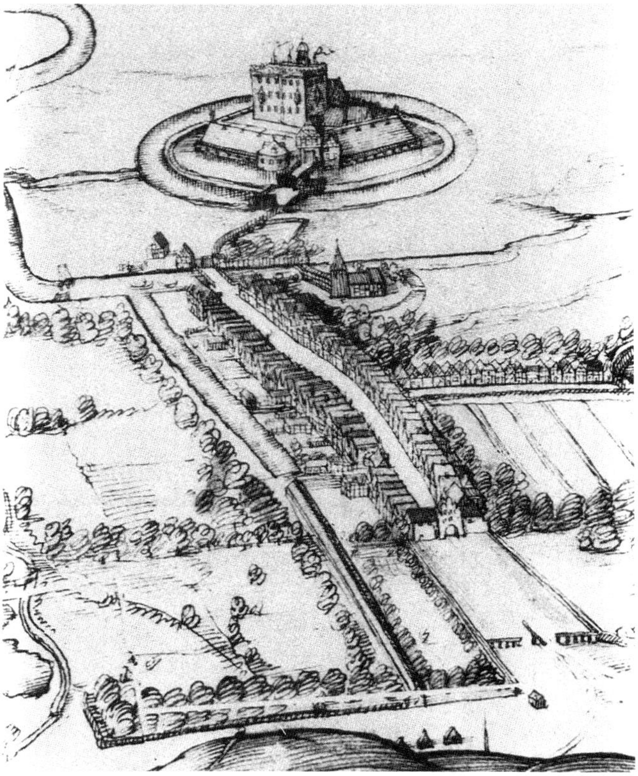

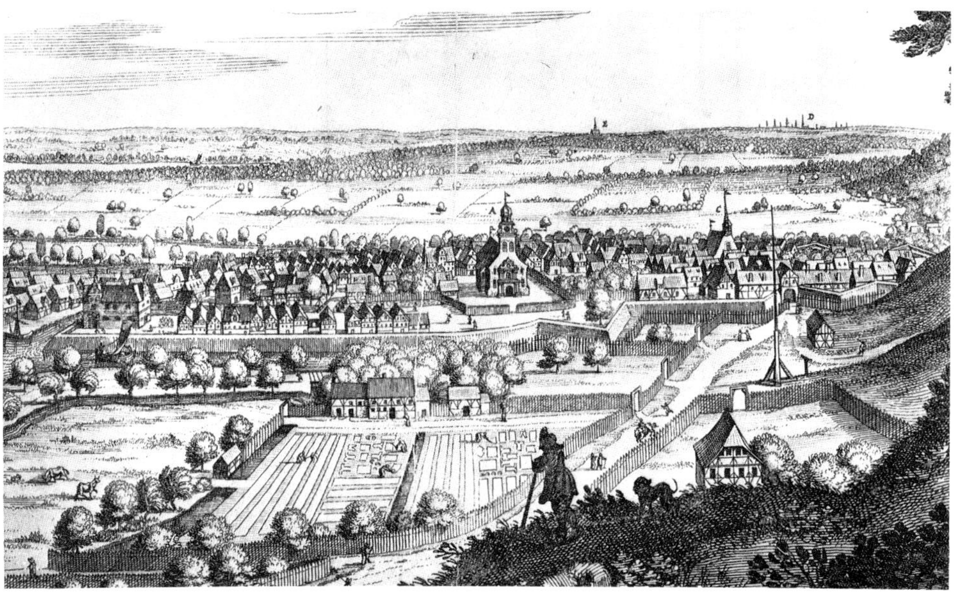

Abb. 19 Harburg 1654 (Ausschnitt aus dem Stich von Caspar Merian).

Zu einigen Problemen frühneuzeitlicher Keramik aus Harburgs Altstadt

Friedrich Laux

Für Harburg ist es schwierig, absolute Daten für die Zeitstellung spätmittelalterlicher/frühneuzeitlicher Keramikkomplexe zu erhalten, da entsprechende Fundkomplexe nur selten mit bestimmten, überlieferten Ereignissen und Personen zu verbinden sind. Es ist daher unvermeidlich, die einzelnen Ausbauphasen der Stadt im Auge zu behalten, um wenigstens auf diese Weise ungefähre Anhaltspunkte für eine Datierung von keramischen Fundstücken zu erlangen. Bei diesem Sachverhalt kann es nicht ausbleiben, immer wieder auf die bislang nur andeutungsweise publizierte Lüneburger Schwindgrubenchronologie[1] zurückzugreifen, die auf stratigraphischen Befunden innerhalb der Schwindgruben einerseits und auf der Mengenstatistik der darin geborgenen keramischen Funde andererseits beruht. Es handelt sich hierbei um eine brauchbare Grundlage für die Datierung der Keramik zwischen 1500 und 1750[2]. Die speziellen Verhältnisse in der Harburger «Altstadt» zwischen Karnapp und Sand sollen an einigen Beispielen erläutert werden, wobei einschränkend bemerkt werden muß, daß es sich hierbei ausschließlich um Notbergungen und Fundaufsammlungen handelt (Abb. 1,1) und nicht etwa um zeitaufwendige, planmäßige Untersuchungen.

Bei Ausschachtungsarbeiten auf den Grundstücken Schloßmühlendamm 29/Lämmertwiete 2–4 (Fundplatz 110) wurden unmittelbar an der Grundstücksgrenze zum benachbarten Grundstück Lämmertwiete 6 (heute «Wein-Krüger»), zum Teil unter das Fundament dieses Gebäudes reichend, gelb- und rottonige Scherben von Grapen, Pfannen, Tellern, Schüsseln usw. gefunden. Von einigen Gefäßen sind nur wenige Scherben vorhanden, von anderen dagegen lassen sich die Form und das Aussehen weitgehend ergänzen. Steinzeug und Fayencen fehlen in dieser Scherbenkollektion.

Das ehemals zusammengehörende Grundstück Schloßmühlendamm 29/Lämmertwiete 2–4 wurde als Langstreifengrundstück vom Schloßmühlendamm her angelegt und von dort her auch als Eckgrundstück bebaut[3]. Die Bebauung setzte, wenn man die Karte von Daniel Frese[4] zugrunde legt, vor 1577 ein, und zwar mit dem Bau eines giebelseitigen Hauses zum Schloßmühlendamm hin. Der hintere Bereich des Grundstückes, dessen wechselnde Besitzer und Geschichte bekannt sind, blieb bis zum Jahre 1716 unbebaut. Dagegen wurde bereits um 1600 unmittelbar an der hinteren Grundstücksgrenze das Haus Lämmertwiete 6 erbaut, dessen Bewohner bereits 1604 in einer Steuerliste begegnen. Die Möglichkeit, hinter dem unbebauten rückwärtigen Teil des langen Grundstückes Schloßmühlendamm 29 eine Grube anzulegen, bestand somit zwischen 1570 und 1600.

Betrachtet man den Befund aus archäologischer Sicht, so gelingt es, die keramischen Funde zeitlich einzuengen. Zunächst fällt das völlige Fehlen von Steinzeug auf, Gefäße, die im

Haushalt eines wohlhabenden Kaufmannes und Ratsherren des 16. und beginnenden 17. Jh. mit Sicherheit zu erwarten gewesen wären. Für das Fehlen von Siegburger Steinzeug gibt es nur eine plausible Erklärung, nämlich, daß der Grubeninhalt aus der Zeit nach 1590 stammt[5]. Nach diesen mehr allgemeinen Überlegungen sollen nun die geborgenen Fundstücke genauer betrachtet werden. Dabei zeigt es sich, daß die Griffe der rottonigen Grapentöpfe und Pfannen in der Variationsbreite der Formen B und C (Abb. 2,1–6; 3,3) – wobei die ersteren überwiegen – der Typologie der Lüneburger Grapentöpfe (nach Laux)[6] bleiben. Die Grapenfüße sind gerade bzw. schräg nach außen gestellt. Die wenigen gelbtonigen Gefäße haben Griffformen vom Typ B und Sonderform I (verzierte Grapen). Damit ergibt sich unter Zugrundelegung der Lüneburger Chronologie ein Datum zwischen 1590 und 1620 für das Beschicken der Grube am hinteren Ende des Grundstückes.

Dieser zeitliche Ansatz wird durch die Scherben der Teller und der Schüsselfragmente mit hellen oder rottonigen Scherben unterstrichen. Größere Mengen von Scherben haben sich lediglich von zwei Tellern und einer Schüssel erhalten. Ein gelbtoniger Teller mit gelblicher Bleiglasur (Engobe) zeigt in rehbrauner Schlickermalerei das beliebte Krähenfuß-Motiv der sogenannten «Weser-Keramik»[7] (Abb. 4,1), deren Produktionsstätten wohl eher im Thüringischen als an der mittleren Weser gesucht werden müssen[8]. Teller mit diesem Dekor sind in den Jahrzehnten um 1600 gebräuchlich, aber auch noch im ersten Drittel des 17. Jh. möglich. Ein zweiter Teller, rottonig, ist mit einer schmutzig-olivgrünen Glasur überzogen, die durch gelblichweiße Punkte aufgelockert wird (Abb. 3,1). Eine genaue Lokalisation dieser Ware ist derzeit nicht möglich. Von Interesse sind noch einige Scherben einer Schüssel, die im Spiegel (Tellerfond) die Darstellung eines Hirsches, wohl mit einer Blume im Maul, zeigt (Abb. 4,2). Das Gefäß ist braun glasiert und mit helltonigem Schlicker bemalt. Ein ähnliches Motiv, springender Hirsch mit Blume im Maul, ist von einer mit Jahreszahl (1590) bezeichneten Schüssel aus der Altstadt von Stade bekannt[9], die mehr oder weniger mit dem Harburger Fundstück verglichen werden kann.

Zu den Funden gehört noch ein dreibeiniger Zweihenkeltopf (Abb. 3,2), wie er auch in Lüneburg, nur in Zusammenfunden der 2. Hälfte des 16. und der 1. Hälfte des 17. Jh., auftaucht. Auch die übrigen hier geborgenen Scherben gehören – von einigen Streuscherben des 19. und 20. Jh. abgesehen – in das ausgehende 16. und beginnende 17. Jh. Der beschriebene und vorgestellte Keramikkomplex gibt einen Einblick in das Küchen- und Eßgeschirr eines Harburger bürgerlichen Haushaltes zwischen 1590 und 1600.

Im Spätherbst 1979 fanden auf dem Grundstück Schloßmühlendamm 23/Kleine Gasse (Fundplatz 116) umfangreiche Erdbewegungen statt, um für die Erweiterung des «Kinderhauses Dörnte» die notwendigen Laden- und Kellerräume zu schaffen. Ein Teil des Grundstückes liegt im Bereich des verfüllten Stadtgrabens, dessen Einfüllmassen – neben Sand, Erde, Bauschutt, Stallmist, Küchenabfällen usw. auch Scherben von Keramik und Gläsern sowie Knochen – vor dem vorrückenden Bagger nur flüchtig untersucht werden konnten. Die Mehrzahl der geborgenen Fundstücke stammt aus der zweiten Hälfte des 17. und aus dem beginnenden 18. Jh.

Dies wird insbesondere durch die Griffe der dreibeinigen Grapentöpfe, die den Lüneburger Formen D und hauptsächlich E zugerechnet werden können, sowie durch die bemalte Keramik deutlich. Besonders hervorzuheben ist ein Prunkgrapen mit eingeschnittenen Ornamenten auf der Schulter und zwei dem Rand aufgesetzten profilierten Handhaben. Eine Datierung dieses innen und außen dunkelbraun glasierten Gefäßes ist durch die Grifform E gegeben (Abb. 4,3). Der zeitliche Schwerpunkt der aufgezählten Grapentöpfe liegt eindeutig in den drei Jahrzehnten vor 1700, wobei durchaus auch ältere und jüngere Stücke vertreten sind. Auffällig selten bleiben bemalte Grapentöpfe, wie sie für die Zeit um 1700 und danach kennzeichnend sind.

So bildet das gelbtonige Geschirr, Teller, Schüsseln, Schalen und Grapentöpfe eine eigene Gruppe, die wohl aus dem Mittelgebirgsraum importiert worden ist. Mit zu den ältesten Gefäßresten gehören ein verzierter gelbglasierter Teller und eine Schüssel mit brauner Malerei, über die grüne Punkte und Striche gesetzt sind. Neben Spiralen (Abb. 5,1), Ranken und anderen pflanzlichen Motiven erscheinen auch Hirschfiguren. Jünger als diese, noch um 1650 zu datierenden Scherben[10], sind solche mit einem Blumenwirbel-Motiv im Spiegel (Tellerfond) und auf dem Rand (Fahne). Die ebenfalls gelbglasierten Teller und Schalen zeigen dieses verwirbelte Muster in braunen und grünen Farbtönen. Selten, und nur in wenigen Scherben vertreten, ist die gelbtonige Ware mit weißlicher Engobe und roten Flämmchenmustern oder mit blauen Blumen- und Rankenmustern (Halbfayence) (Abb. 6,1). Letztere stammen aus einer Töpferei in Hannoversch-Münden, die dort zu Beginn des 18. Jh. arbeitete und als unmittelbarer Vorgänger der Mündener Fayencen angesehen wird, deren Herstellung kurz vor 1736 aufgenommen wurde[11].

Eine weitere Gruppe von Tellern und Schalen bilden rottonige Gefäße mit brauner Glasur und gelblicher Schlickermalerei, wobei die Spiegel bzw. der Rand neben pflanzlichen Motiven (Ranken und Trauben) (Abb. 4,5) hauptsächlich von konzentrischen Kreisen, Spiralen und Wellenlinien (Abb. 4,4) eingefaßt wird. Diese Keramikgruppe wird durch ein datiertes Gefäß vom Fundplatz 46 (Druckhaus Lühmann; Sand) in die Zeit um 1690 (Abb. 9,5) datiert. Neben dieser, vielleicht in Harburg gefertigten Ware, gibt es weitere braun glasierte Teller, Schüsseln und Grapen, bei denen zusätzlich dunkelbraun-schwarze Punkte und kommaartige Linien die pflanzlichen Muster unterstreichen. Die Ornamente sind dabei in der Gefäßwandung vorgeritzt. Andere Formen von Tellern und Schüsseln bleiben dagegen Einzelstükke. Von besonderem Interesse ist hier ein rottoniger Teller mit einem hellgelben Distelmotiv auf braunglasiertem Untergrund. Einzelne grüne schlierenartig ausgelaufene Punkte überdecken das Muster. Der breite Rand wird von einem mit dem Rollrädchen hergestellten Kerbmuster begleitet, wie es bei einer Reihe von Tellern der Zeit um 1700 gebräuchlich ist[12] (Abb. 7,1). Zu einer ähnlichen Warengruppe gehört ein rottoniger Teller mit gelblicher Grundglasur, stellenweise eingekniffenem Rand, grünen, den Rand und Fond begleitenden konzentrischen Kreisen, rostroter Malerei im Inneren (Pflanze, Ranke und Spiralen) und Kerbstich-Muster auf dem Rand (Abb. 6,2). Entsprechende Teller stammen aus den Töpfereien in Preetz und datieren dort in das beginnende 18. Jh.[13].

Neben diesen verzierten Tellern, Schüsseln und Schalen sind auch einfarbig glasierte Stükke vorhanden. Unter den Fayencen finden sich sowohl solche aus den Delfter Fabriken als auch die jüngere Massenproduktion aus Makkum (Abb. 7,2)[14]. Wenige Scherben von Westerwälder Humpen mit Kobalt- und Manganmalerei[15] sind vertreten, die Mehrzahl der Gefäße aus Steinzeug wird dagegen von Duinger Ware gestellt[16]. Bemerkenswert sind noch die Funde von Jütepott-Scherben[17], die hier wohl dem beginnenden 18. Jh. angehören werden, und von Scherben eines Tee-Köppchens aus chinesischem Porzellan mit blauer Malerei oder mit braunem Überzug. Das rückwärtige Gelände der Grundstücke wurde offensichtlich erst im ausgehenden 17. Jh. aufgefüllt, um neuen Raum für Hinterhäuser zu schaffen[18].

Nur wenige Funde konnten auf der Sohle des Grabens, der an das 1605/06[19] abgerissene, noch bei Daniel Frese 1577 abgebildete Tor anschließt, beobachtet werden. Sie sind älter als die Mitte des 17. Jh., so der Spiegel (Tellerfond) eines Tellers mit dem Krähenfußmotiv und ein verzierter Grapentopf mit Volutenmuster (Abb. 4,6), wie es häufiger auf gelb- und rottonigen Tellern und Schüsseln der 1. Hälfte des 17. Jh. vertreten ist[20]. Außer diesen sicher beobachteten Fundstücken gehören in diese frühe Phase einige Scherben von Gläsern, Grapengriffe der Form B und die Fahne (Tellerrand) eines Tellers mit senkrechten Zickzacklinien, wie sie in der sogenannten «Weserkeramik» üblich sind.

Bei der Fundbergung auf dem rückwärtigen Teil des Grundstückes Schloßmühlendamm 23/Kleine Gasse (Fundplatz 116) wurden, in die Auffüllschichten eingetieft, z. T. von ihnen bedeckt, vier Gruben angetroffen, die mit Hausmüll verfüllt waren. Drei der Gruben hatten einen rundlichen bzw. ovalen Durchmesser, die vierte war viereckig und mit Brettern verschalt.

Eine dieser Gruben[21] fiel durch ihren Inhalt aus dem üblichen Rahmen. Außer den auch anderen Ortes vorhandenen Scherben von Grapentöpfen, bemalten Tellern, Schüsseln, Steinzeug, Fayencen und Glas wurde hier eine größere Anzahl kleinerer und mittelgroßer Grapentöpfe gefunden, die, zumeist vollständig erhalten, mit einer schwach verwitterten, kalkigen Masse gefüllt waren. Es handelt sich hierbei wohl um die eingetrockneten Überreste von Farbe[22], die, da sie nicht mehr verwendet werden konnte, mitsamt den Töpfen fortgeworfen bzw. vergraben worden ist. Die genannten Grapentöpfe, zehn an der Zahl (Abb. 1,1; 7,3–8), weisen nach außen gerichtete Füße auf und besitzen Griffe, die in die Variationsbreite der Form D der Lüneburger Grapengriffe fallen. Diese Grapentöpfe haben von Anfang an als Farbtöpfe gedient, denn keiner von ihnen weist auf der Außenseite Spuren von Schwärzung auf, wie sie entsteht, wenn ein Topf dem offenen Herdfeuer ausgesetzt war.

Diese Beobachtung ließ es geraten erscheinen, sich mit den Bewohnern des Hauses und Grundstückes Schloßmühlendamm 23/Kleine Gasse (Fundplatz 116) zu beschäftigen. Einer von ihnen war Hans Kayser[23], ein Maler und angesehener Bürger, der für den Magistrat der Stadt Harburg erstmals den Plan einer Wasserleitung erstellt hatte[24]. Hans Kayser, Sohn des im gleichen Hause um 1660 nachgewiesenen Ratsmannes Jürgen Kayser, starb 1704. Um 1680 scheint er in den Besitz des väterlichen Hauses und des zugehörigen Grundstückes gelangt zu sein. Bei den aufgefundenen Grapentöpfen handelt es sich vermutlich um Überbleibsel aus seiner Werkstatt. Die Töpfe fallen in den Zeitraum seiner Tätigkeit als Maler, zwischen 1682 und 1704, wobei man wohl eher an die Anfangsjahre seiner Berufstätigkeit denken sollte. Damit erhielte man für die Grifform D ein Spätdatum[25].

1979 wurde das alte, aus dem Jahre 1683[26] stammende Fachwerkhaus Lämmertwiete 9 (Fundplatz 112) zum größten Teil abgebrochen. Dabei wurde im Südostteil des Grundstückes nahe der rezenten Hauswand des benachbarten Grundstückes Lämmertwiete 7 eine mit Hausmüll verfüllte Grube (Grube I) angeschnitten. Sie war von einer humosen, mit Holzkohlepartikeln durchsetzten Schicht, die an einen Brand denken läßt, abgeschlossen. Darüber lag eine meterdicke Schicht von Bauschutt. In dieser Abfallgrube fanden sich Scherben von innen braun glasierten Grapen mit Griffen der Lüneburger Form E und geraden, z. T. auch schwach nach außen gerichteten Beinen, Scherben von braunen Grapentöpfen mit hellgelber Malerei (Abb. 8,1–2), Scherben eines gelbtonigen, außen grün glasierten Grapens (Abb. 8,4), ein helltoniger Grapen mit gelber Innenglasur holländischer Herkunft (Abb. 8,6)[27], Scherben von braun glasierten Schüsseln, Scherben eines Tellers mit braun-grünem Wirbelmuster, unverzierte niederländische Fayencen aus Makkum (Abb. 8,5), ferner Scherben von Delfter Fayence-Tellern und Vasen mit chinesischen Motiven, Arnstädter Fayencen, eines blau bemalten Köppchens aus bläulich getönter Delfter Fayence (Abb. 8,7) sowie eines Henkelkruges, Steinzeuggefäße aus Duingen (Abb. 8,3), früheste Selterswasserflaschen und eine braune

Kachel. Der Fundkomplex kann erst nach 1683 abgelegt und muß bereits zu Beginn des 18. Jahrhunderts zugeschüttet worden sein. Die Funde gewähren einen Einblick in den Formenbestand des letzten Jahrzehnts vor 1700.

Gelegentlich finden sich auch Gefäße, die durch ihre aufgemalten Jahreszahlen einen Hinweis auf ihre Zeitstellung geben. So wurde bei Ausschachtungsarbeiten für den Anbau des Verlagshauses «Lühmann-Druck, Harburger Anzeigen und Nachrichten» auf dem Grundstück Sand 18 (Fundplatz 46) im April 1969 eine rottonige, dunkelbraun glasierte Schüssel mit zwei Henkeln geborgen. Die Innenbemalung ist in gelblich-weißem Schlicker mit dem Malhorn ausgeführt. Im Spiegel (Gefäßfond) ist eine aufrechtstehende Traube wiedergegeben und seitlich davon, durch den Stiel der Traube getrennt, die Jahreszahl «1690». Über der randlichen Zier aus konzentrischen Kreisen, die vom Spiegel bis zur Gefäßmündung übereinander angeordnet sind, sind einige kurze schwarze Striche gesetzt. Die datierte Schüssel (Abb. 9,5) stammt aus den Auffüllschichten vom rückwärtigen Teil des Grundstückes und muß leider als Streufund angesehen werden[28].

Ebenfalls im April 1969 wurden einige Scherben auf dem Grundstück Sand 18 (Fundplatz 46) aufgesammelt und dem Museum eingeliefert. Es handelt sich dabei überwiegend um dreibeinige Grapentöpfe, darunter einen mit einem Griff der Form E der Lüneburger Grapentöpfe (Abb. 9,4), Scherben von Tellern mit konzentrischen, den Rand begleitenden Linien auf der Fahne (Tellerrand) (Abb. 9,3) und pflanzlichen Motiven im Spiegel (Abb. 9,1), eine Scherbe später Makkumer Fayence, mehrere Scherben von Jütepötten, Duinger Steinzeug, Flaschenglas, das Bruchstück einer Delfter Fliese sowie von Kacheln der Renaissance und des Klassizismus. Alle diese Lesefunde datieren, von den Kacheln abgesehen, in die beiden Jahrzehnte um 1700, sind also etwa gleich alt wie die datierte Schüssel oder nur unwesentlich jünger.

Sehr viel anders beschaffen ist eine weitere Kollektion, die von anderer Stelle des Grundstücks (Fundplatz 46) im Mai 1969 eingeliefert wurde. Ein Teil der Scherben ist offensichtlich zweimal gebrannt und kann möglicherweise als Teil von Fehlbränden einer Töpferei angesprochen werden[29]. Bei diesen doppelt gebrannten Scherben, die in jedem Fall als zusammengehöriger Komplex angesprochen werden müssen, überwiegen wiederum Scherben von Grapentöpfen, deren Griffe zumeist in die Variationsbreite der Lüneburger Grapengriffe Form D gehören. Die Beinstellung weist nach außen, bei den Glasurfarben überwiegen bräunliche Töne (Abb. 10,1). Außer den Grapenscherben liegen auch solche von rottonigen Tellern vor. Der Rand wird von Liniengruppen begleitet und im Spiegel finden sich überwiegend pflanzliche Motive (Abb. 9,2). Scherben von rottonigen, cremeweiß glasierten Schüsseln, der Henkel eines Essenträgers und der Griff einer Feuerstülpe (Abb. 10,3) vervollständigen die Aufzählung. Auch dieser Komplex wird in die letzten Jahrzehnte vor 1700 gehören.

Bei den übrigen im Mai 1969 eingelieferten Fundstücken handelt es sich wiederum um Sammelscherben. Überwiegend handelt es sich um Scherben von dreibeinigen Grapen, die auf Grund der Ausgestaltung ihrer Beine in den Zeitraum von 1680–1750 datiert werden müssen. Dem widersprechen nicht die mit eingelieferten Scherben von Schüsseln, Steinzeug und Delfter bzw. anderer holländischer Fayencen.

Diese wenigen und hier auch nur in aller Kürze vorgestellten Fundkomplexe aus der Harburger Innenstadt laden zu einem Vergleich mit der keramischen Abfolge aus den Lüneburger

Schwindgruben ein[30]. Nicht nur bei der importierten gelb- und rottonigen buntbemalten Ware, sondern auch bei den in den Haushalten verwendeten Geschirren, insbesondere bei den dreibeinigen Grapentöpfen und Pfannen mit Griff, läßt sich eine übereinstimmende Abfolge erkennen. Dies verwundert nicht, denn die Harburger Töpfer gehörten bis 1744 zum Lüneburger Töpferamt, und erst danach zum Hamburger Töpferamt. Die üblichen Gebrauchsgeschirre, einfache rottonige, nur innen glasierte Grapen, wurden wohl von ihnen hergestellt.

Eine weitere über weite Räume gleichartige Veränderung bringen die Vorformen des geschlossenen Herdes, der in der Herdplatte nun gesonderte viereckige und runde Vertiefungen, sogenannte Kochlöcher, aufweist. Diese werden über einen gemeinsamen Feuerraum unterhalb der Herdplatte, die häufiger einen kupfernen Aufsatz aufweist, geheizt[31]. Die neue Herdtechnik führt etwa um die Mitte des 18. Jh. zu bestimmten Veränderungen in den Formen der dreibeinigen Grapentöpfe aus Ton. Die Beine werden jetzt stärker nach innen gekrümmt, um so den in der Regel nun geraden Boden näher an die Wärmequelle, die Herdplatte, zu bringen. Viele Grapen besitzen auch eine Ausgußtülle[31]. Die Benutzung des offenen Herdfeuers geht daneben weiter, was die Schmauchung und die Rußspuren auf zahlreichen dieser jüngeren Grapentöpfe belegen.

In Lüneburg selten und daher vielleicht als Harburger Fabrikation anzusehen sind Teller, Schüsseln und kleine Grapen mit dunkelbrauner Glasur und gelblichweißer Malerei, z. T. mit kurzen «kommaförmigen» schwarzen Schrägstrichen darüber, wie sie um die datierte Schüssel von 1690 (Abb. 9,5) gruppiert werden können[32].

Die keramischen Funde aus der Harburger Altstadt erlauben auch einige Aussagen zum Handel mit Tonware. Importiert wurden während des 17. Jh. und zu Anfang des 18. Jh. sämtliche Gefäße aus Steinzeug. Im Fundmaterial des ausgehenden 16. und beginnenden 17. Jh. fehlen Fundstücke aus den Töpfereizentren in Siegburg, Köln und Raeren. Aus dem Westerwald stammen dagegen grau glasierte Humpen und Krüge mit blauer und manganfarbener Bemalung, die sicherlich für den Biergenuß bestimmt waren. Der größte Teil des gefundenen Steinzeuges stammt jedoch aus dem Südhannoverschen, wohl hauptsächlich aus dem Töpferort Duingen (Abb. 8,3). Es handelt sich hierbei um zylindrische Humpen (Abb. 1,2), Kannen, Salben- und große Vorratsgefäße[33].

Eingeführt wurden auch holländische Fayencen, die z. T. aus Delft selbst stammen oder nach Delfter Art bemalt worden sind (Abb. 8,7). Eine Reihe von Tellern und flachen Schüsseln ist noch im chinesischen Stil bzw. mit chinesischen Rand- und niederländischen Mittelmotiven bemalt (Abb. 1,2), andere zeigen die typischen Landschaften, Tiermotive und Heiligenlegenden. Aus der Zeit der beginnenden Massenfabrikation von Makkum sind ebenfalls Fundstücke vorhanden (Abb. 7,2). Neben Tellern und flachen Schalen bleiben andere Formen der Delfter Fayencen, wie Vasen, Fliesen usw. selten. Bemerkenswert sind einige Teetassen aus chinesischem Porzellan, da sie einen Hinweis auch auf den Verbrauch und Genuß von Tee, der ebenfalls aus Holland importiert wurde, geben[34]. Es konnte dabei nicht ausbleiben, daß einzelne holländische Grapentöpfe, wohl ursprünglich als Verpackungsmaterial für einen nicht mehr bekannten Inhalt, nach Harburg gelangt sind (Abb. 8,6). Ebenfalls aus Holland sind die zahlreichen, nur in Bruchstücken überlieferten Tonpfeifen eingeführt worden. In der Hauptsache kommt hierfür der Ort Gouda in Betracht[35].

Die niederländische Fayence wird, wenigstens teilweise, von Schmucktellern und Schüsseln abgelöst, die aus Hannoversch-Münden und Oberode, beide Orte sind im südlichen Hannover gelegen, stammen. Der weißliche Überzug (Engobe) und die blaue Bemalung

(Blumenmotive) ahmten die Farbwirkung der niederländischen Fayencen nach (Abb. 6,1). Diese Ware ist zusammen mit ebenfalls weiß engobierten Tellern, Schüsseln und Grapen mit roten Flämmchen-Muster die Weser abwärts über Bremen nach Harburg gelangt. Der Landweg scheidet aus, da beide Warengruppen in Lüneburg nicht vertreten sind.

Nach Thüringen weisen nicht nur die Apothekengefäße aus Arnstädter Fayence[36], sondern wohl auch die Mehrzahl der gelbtonigen Keramik, zumeist Teller und Schüsseln sowie Grapen und Henkelschalen mit Motiven der sogenannten «Weser-Keramik» (Abb. 4,1), mit den zeitlich folgenden Spiral- (Abb. 5,1) und Hirschmotiven sowie den noch jüngeren Blumenwirbeln in Braun und Braun/Grün. Diese Keramikgruppen sind sämtlich auch in Lüneburg vertreten.

Auf eine Herkunft aus dem Raum nördlich der Elbe weisen nicht nur die Scherben von Jütepötten[37], sondern auch einzelne Prunkteller, wie jener mit Kerbstichdekor auf der Fahne (Abb. 6,2), der wohl in Preetz hergestellt worden ist[38].

Für eine ganze Anzahl von verzierten Tellern und Töpfen können noch keine Aussagen zur Herkunft gemacht werden, obwohl vermutet werden darf, daß auch sie nach Harburg eingeführt wurden. Auch die Herkunft der Gläser und Flaschen ist derzeit noch nicht zu ermitteln. In Frage kommen hier Produktionszentren am Niederrhein, in Südhannover und in Mecklenburg[39].

Eine Sichtung der gesamten, in den letzten Jahren in der Innenstadt von Harburg geborgenen keramischen Reste wird wohl noch manchen überraschenden Fund zu Tage fördern.

Anmerkungen

1 Laux, Schwindgrube im Glockenhaus. – Laux, Der Lüneburger Schweinetopf. – Laux, Holzgeschirr und Holzgerät aus Lüneburger Schwindgruben.
2 Eine ausführliche Vorlage der Lüneburger Funde und Befunde ist geplant.
3 Diese und die folgenden Angaben zu den Grundstücken in der Lämmertwiete beziehen sich auf: Richter, Die Lämmertwiete, S. 65 ff., bes. 68 ff.
4 Wegewitz, Harburger Heimat, S. 328, Abb. 137. – Richter, Lämmertwiete, Abb. 1.
5 Zu erwarten wäre überwiegend Siegburger, seltener Raerener Steinzeug. Die Siegburger Töpferwerkstätten hören nach kriegerischen Ereignissen um 1590 auf, Norddeutschland zu beliefern. (Vgl. Reineking – von Bock, Steinzeug, S. 35).
6 Laux, Lüneburger Schweinetopf, S. 125, Abb. 3. – Laux, Holzgeschirr, S. 87, Abb. 2.
7 Stephan, Werrakeramik und Weserware, S. 69 ff., bes. 75 ff. Abb.
8 Es ist mehr als auffällig und sicher nicht auf eine Forschungslücke zurückzuführen, daß in der reichen Patrizier-Stadt Lüneburg verschiedene aus dem Werra-Weser-Raum stammende Keramikgruppen vollständig ausfallen, so die Werra-Keramik selbst, die weiß engobierte, rot geflammte Ware und die weiß engobierte, blaubemalte Ware aus Hannoversch-Münden. Da diese Warengattungen nur auf dem gleichen Weg in die Stadt Lüneburg gelangen konnten, wie die zahlreich vertretene sogenannte »Weser-Keramik«, hält Verfasser eine östlichere Herkunft, vielleicht aus Thüringen, für wahrscheinlicher. Dies schließt nicht aus, daß es einzelne Werkstätten im Weserbereich gegeben hat, die diese Ware nachgeahmt haben.
9 Meyer, Bemalte Irdenware in Stade, S. 143 ff., Abb. 54.
10 Dies ergibt sich aus den Stratigraphien innerhalb der Schwindgruben der Stadt Lüneburg.
11 Stephan, Ausgrabungen im Töpferviertel von Hannoversch-Münden, S. 329 ff., Abb. 5.
12 Meyer, Bemalte Irdenware, S. 153 ff., Abb. 50–51.
13 Kruse, Töpferware aus Preetz, S. 25 ff., Abb. 25 u. 38.

14 Tietzel, Fayence I. – Tichelaar, Fayencen aus Makkum. – Pichelkastner/Hölzl, Bruckmann's Fayence-Lexikon (Majolika, Fayence, Steingut).
15 Reineking-von Bock, Steinzeug, S. 44 ff.
16 Busch, Duingen. Ein niedersächsischer Töpferort. – Löbert, Das verzierte Steinzeug aus Duingen. – Löbert, Duinger Steinzeug.
17 Articus, Jydepötte – Suurpötte – Taterntöpfe. – Articus, Jydepötte in Norddeutschland.
18 Zwischen 1677 und 1725 ist die Zahl der Harburger Haushalte von 492 auf 1130 um 130 % gestiegen, die der Einwohner von etwas über 1800 auf 3963 = 120 % (Richter, Harburgs Bevölkerung, S. 114; Richter, Harburg in der Volkszählung, S. 29–30, vor allem Anm. 8). Die Besiedlung Harburgs fand während dieser Zeit hauptsächlich innerhalb der bestehenden Grenzen statt, das heißt, die noch freien Flächen und Grundstücke wurden aufgesiedelt (Richter/Laux, Von der Burg zur Industriestadt, «Harburg um 1700»; Richter, Harburg in der Volkszählung, S. 30).
19 Richter, Lämmertwiete, S. 68.
20 Stratigraphische Beobachtungen in den Schwindgruben von Lüneburg. Vgl. auch die Teller in: Niedersächsischer Minister für Wissenschaft und Kunst, Denkmalschutz, S. 82, Abb. (linke Seite).
21 Die Grube trägt die Fundstellenbezeichnung II, Koordinaten: S 2,8 m/W 10,00 m.
22 Die geborgenen Inhalte sind bislang noch nicht analysiert worden.
23 Die Hinweise auf den Maler Hans Kayser werden Herrn Dr. Klaus Richter, Staatsarchiv Hamburg, verdankt. – Laux, Alte Töpfe aus der Altstadt von Harburg. – Zu Hans Kayser vgl.: Richter, Harburger Schloß, in diesem Band, S. 23.
24 Einen Teil dieses Planes bildet Richter, Lämmertwiete, S. 74, Abb. 3 ab. Eine Umzeichnung des vollständigen Planes findet sich bei Lübbers, Harburg, S. 77, Abb. 6.
25 Vgl. Laux, Lüneburger Schweinetopf, S. 125, Abb. 3; Laux, Holzgeschirr, S. 87, Abb. 2.
26 Richter, Lämmertwiete, S. 76 f.
27 van Regteren Altena, Opgravingen in Amsterdam, S. 226 ff. – Elzinga, 16de – en 17de – eenvose putvondsten, S. 8 (Abb.).
28 Das Gefäß befindet sich im Besitz der Familie Schröter, der für das Entgegenkommen gedankt wird, die Schüssel hier abbilden zu können.
29 Von Herrn Dr. Klaus Richter, Staatsarchiv Hamburg, vorgenommene Recherchen erbrachten keinen Hinweis auf einen Töpfer, der auf diesem Grundstück seinem Gewerbe nachgegangen ist.
30 Vgl. Anm. 1.
31 Benker, In alten Küchen, S. 12 ff.
32 Es scheint so, daß in jeder Region sich gerade in der Herstellung und Zierweise von Tellern und Schüsseln bestimmte lokale Eigenarten herausarbeiten lassen. Muster und Motive werden allerdings auch durch wandernde Gesellen z. T. zu weit entfernten Orten mitgebracht.
33 Mit Ausnahme der Salbgefäße handelt es sich weitgehend um Scherben, die sich zeichnerisch zu entsprechenden Gefäßformen ergänzen lassen.
34 Kaufmann/Küster/Westermann, Tee.
35 Articus, Vom Tobaktrinken.
36 Vgl. hierzu: Articus, Keramikimport des 17. Jahrhunderts, in diesem Band.
37 Vgl. Anm. 17.
38 Vgl. Anm. 13.
39 Dolz, Gläser. – Denecke, Glashütten im Leineberg und Fulda-Werra-Bergland. – Busch, Mittelalterlich-neuzeitliches Glas aus Grünenplan.

Abb. 1

1. Fundsituation auf dem Grundstück Schloßmühlendamm 23/Kleine Gasse (Fundplatz 116): Farbtöpfe des Malers Hans Kayser. (Photo, Helms-Museum)
2. Stilleben des Hamburger Malers Johann Georg Hainz, der von 1666 bis 1700 in Hamburg wirkte. Dargestellt ist ein Teller der Delfter Fayence im chinesisch/niederländischen Stil und ein Bierhumpen aus den Werkstätten von Duingen. (Photo Kunsthalle Hamburg/Kleinhempel)

Abb. 2 Fundstücke aus der Grube vom hinteren Ende der Grundstücke Schloßmühlendamm 29/Lämmertwiete 2–4 (Fundplatz 110). M 1:4 (Zeichnungen: G. Schulz)

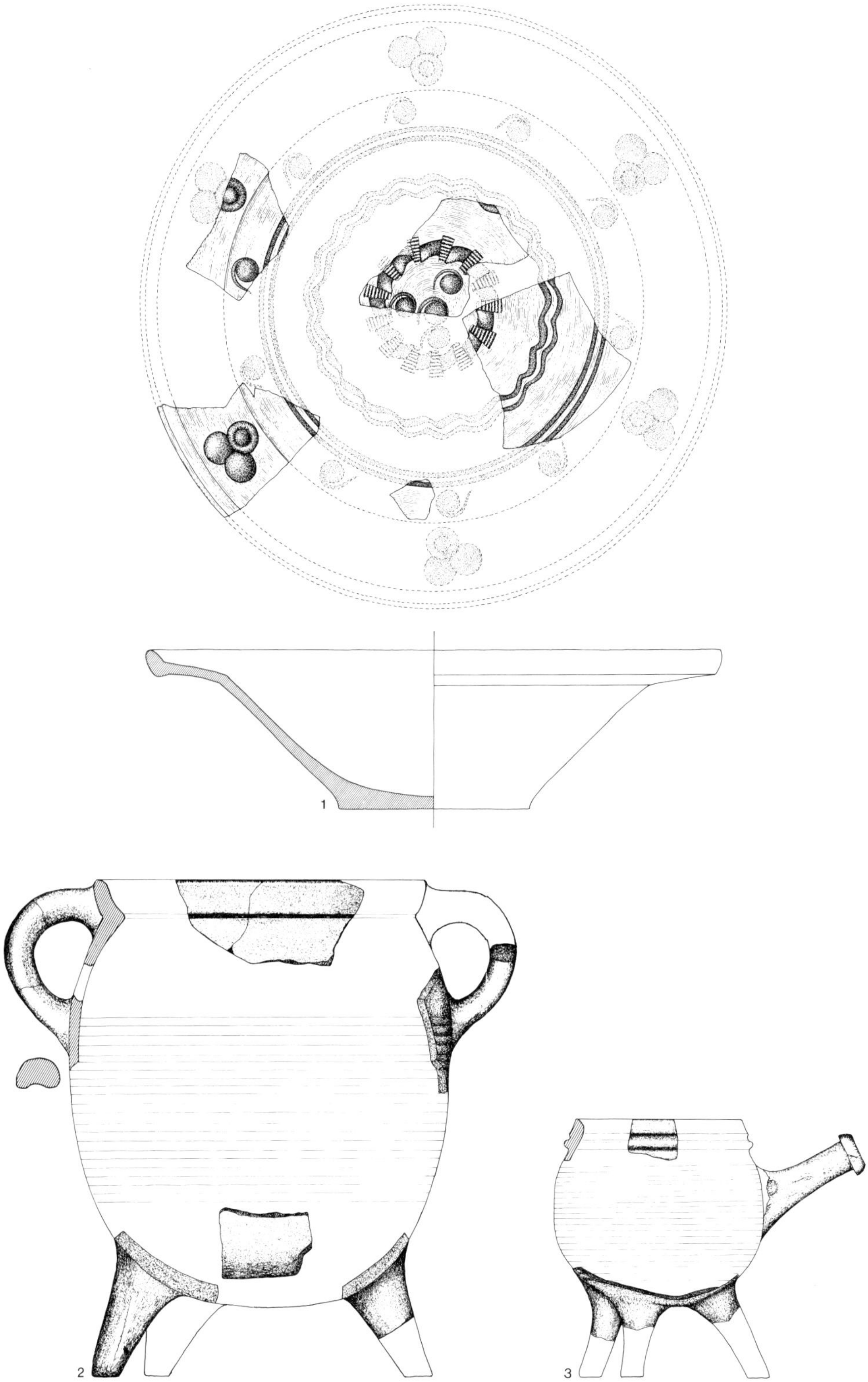

Abb. 3 Fundstücke aus der Grube vom hinteren Ende der Grundstücke Schloßmühlendamm 29/Lämmertwiete 2–4 (Fundplatz 110). M 1 : 4 (Zeichnungen: U. Balla u. G. Schulz)

Abb. 4 1–2 Fundstücke aus der Grube vom hinteren Ende der Grundstücke Schloßmühlendamm 29/Lämmertwiete 2–4 (Fundplatz 110)

3–6 Fundstücke vom Grundstück Schloßmühlendamm 23/Kleine Gasse (Fundplatz 116). M 1 : 4 (Zeichnungen: U. Balla, E. Sanchez u. G. Schulz)

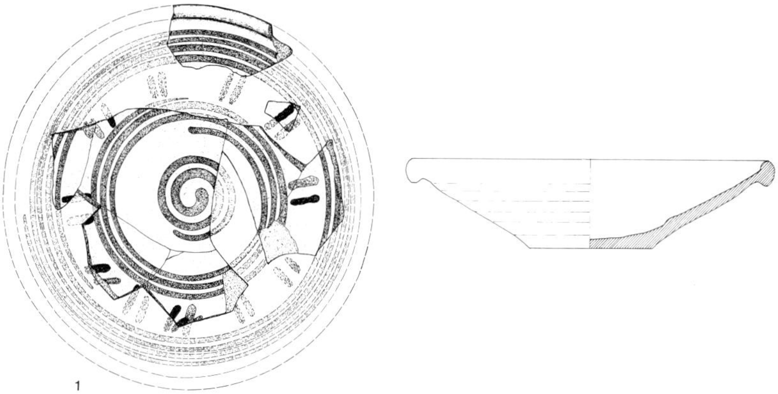

1

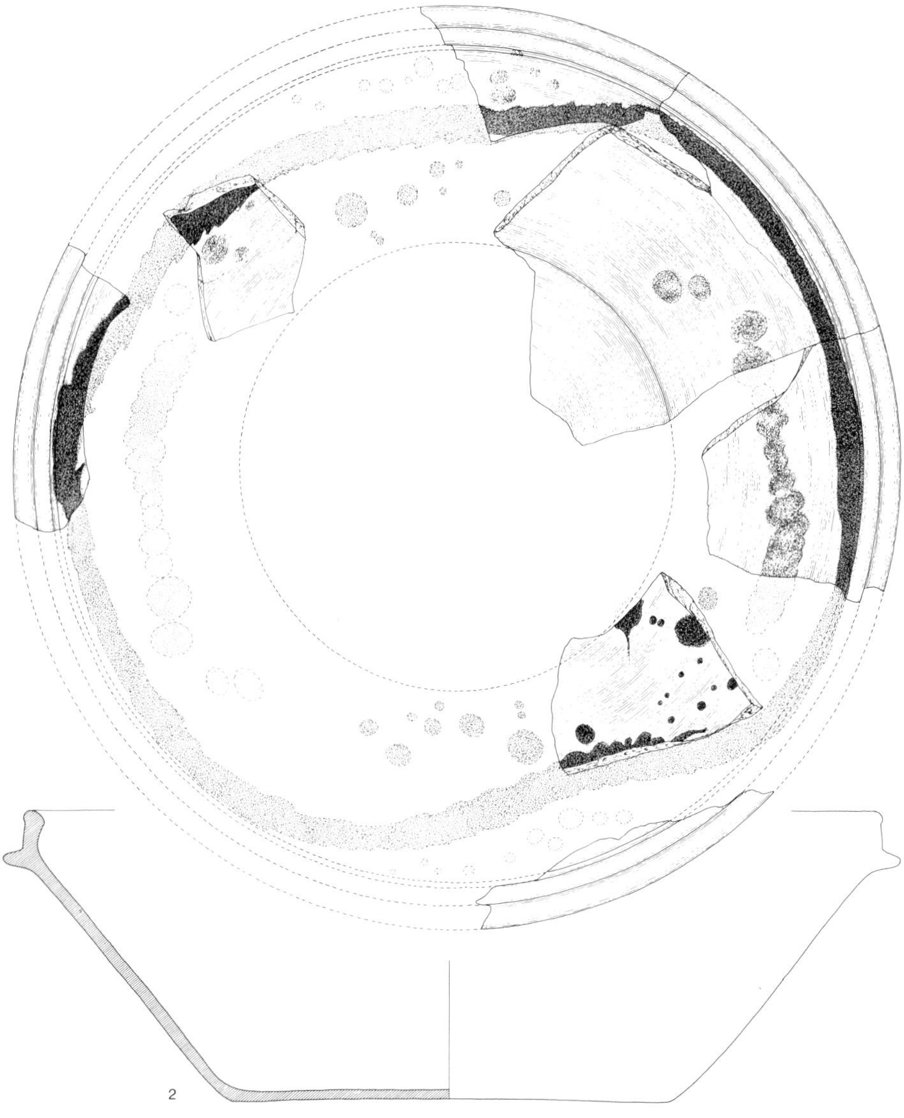

2

Abb. 5 Fundstücke vom Grundstück Schloßmühlendamm 23/Kleine Gasse (Fundplatz 116). M 1 :4 (Zeichnungen: U. Balla, G. Schulz)

Abb. 6 Fundstücke vom Grundstück Schloßmühlendamm 23/ Kleine Gasse (Fundplatz 116). (Photo: Torlop)

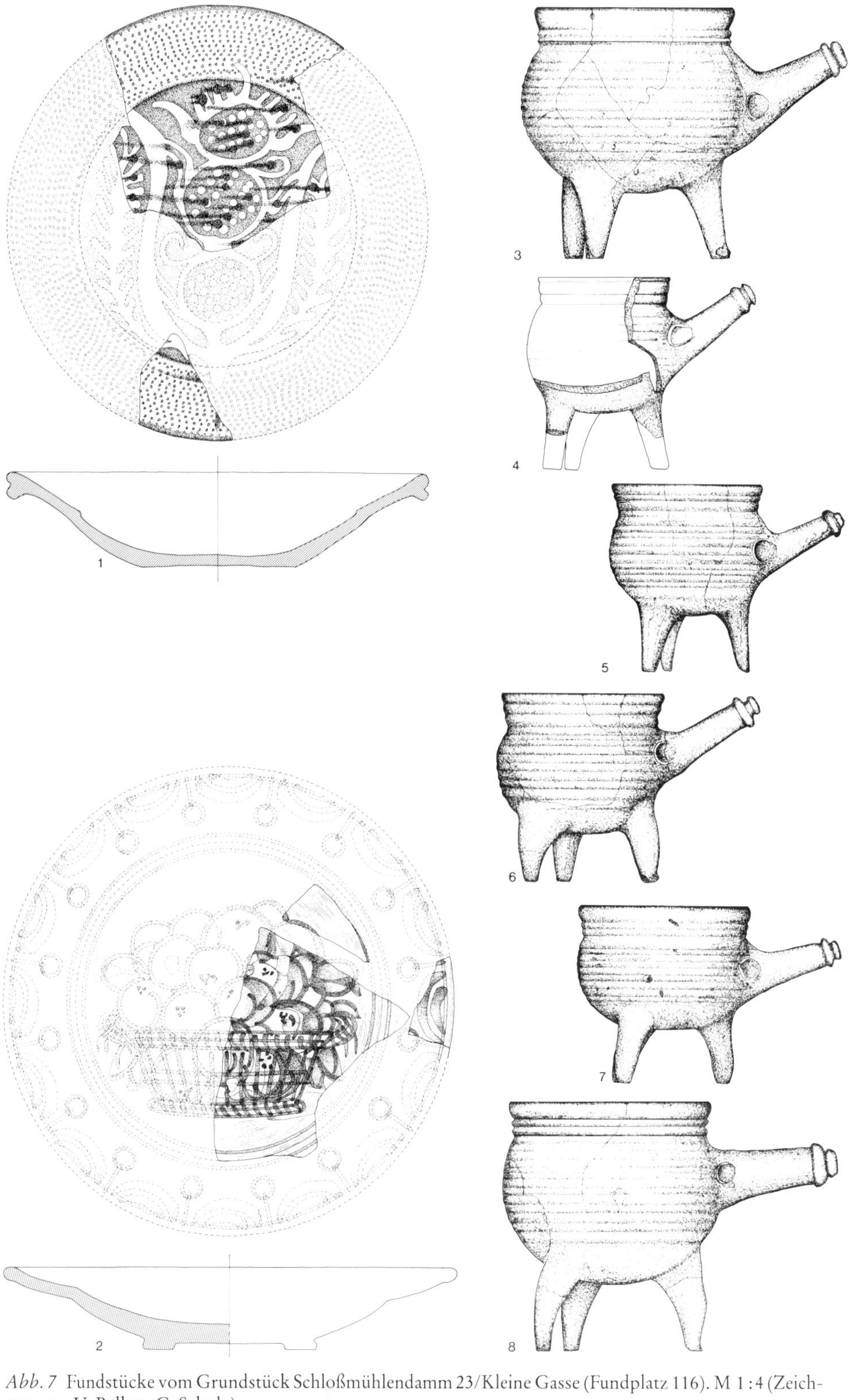

Abb. 7 Fundstücke vom Grundstück Schloßmühlendamm 23/Kleine Gasse (Fundplatz 116). M 1:4 (Zeichnungen: U. Balla u. G. Schulz)

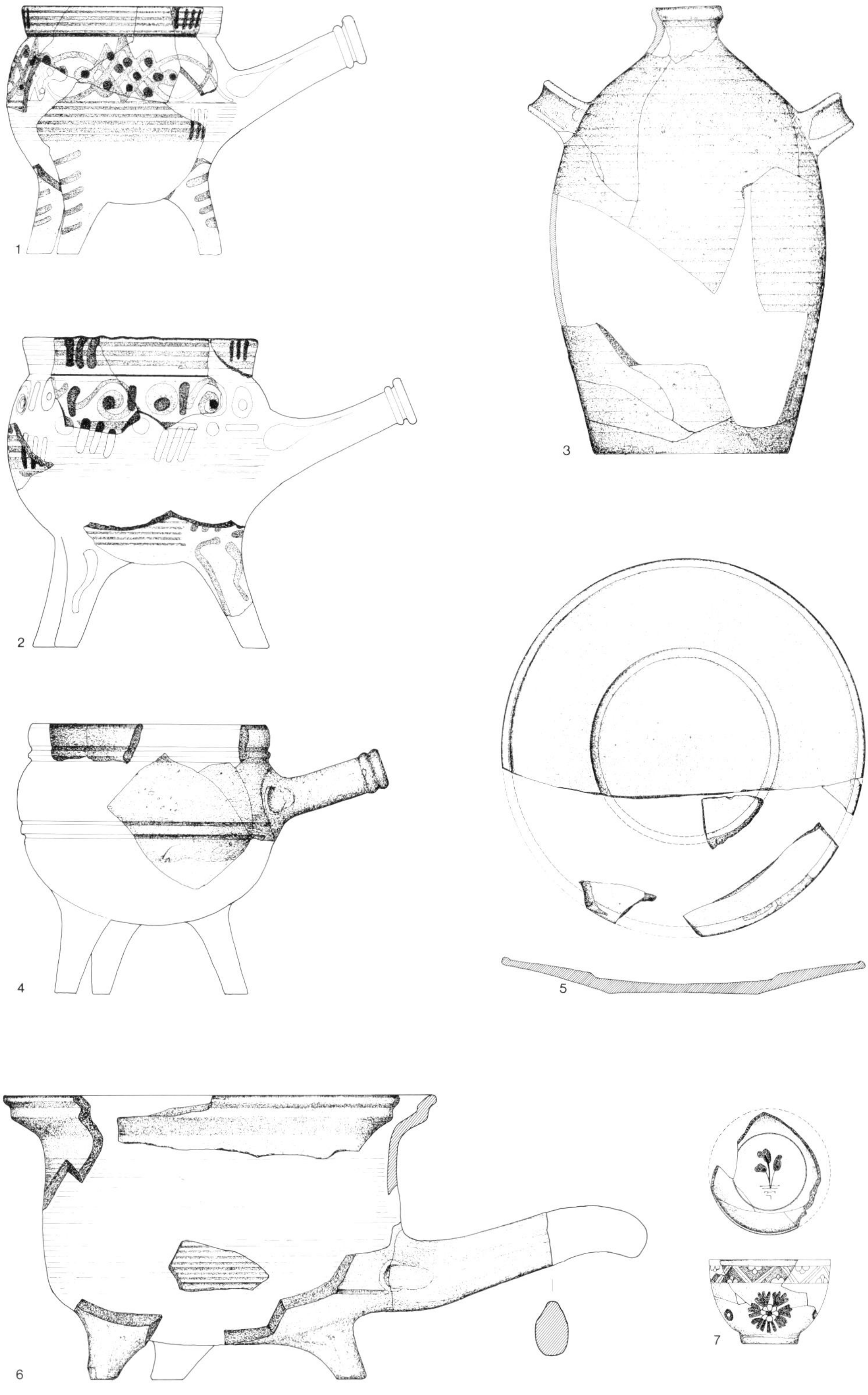

Abb. 8 Fundstücke vom Grundstück Lämmertwiete 9 (Fundplatz 112). M 1:4 (Zeichnungen: G. Schulz)

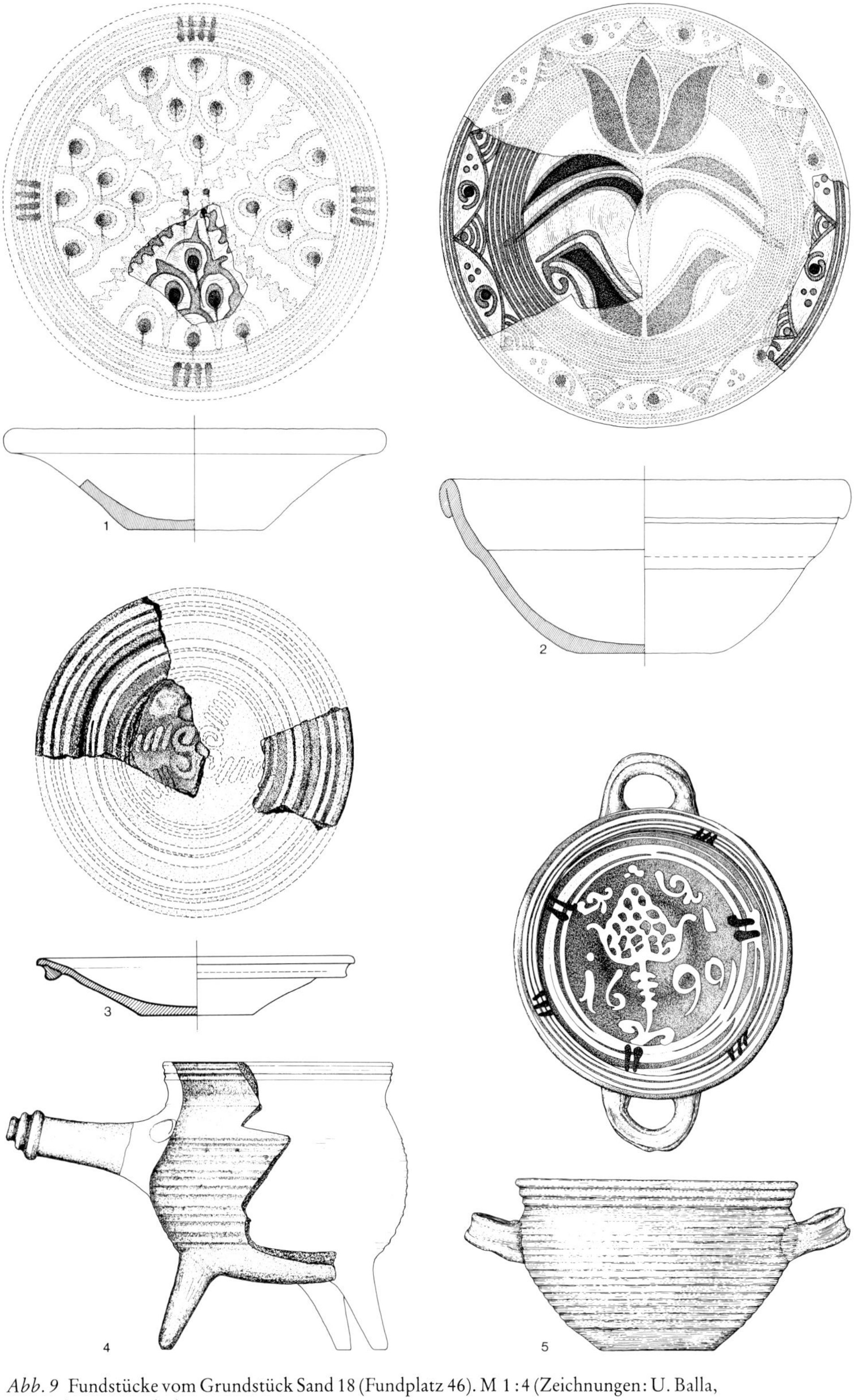

Abb. 9 Fundstücke vom Grundstück Sand 18 (Fundplatz 46). M 1 : 4 (Zeichnungen: U. Balla, E. Sanchez u. G. Schulz)

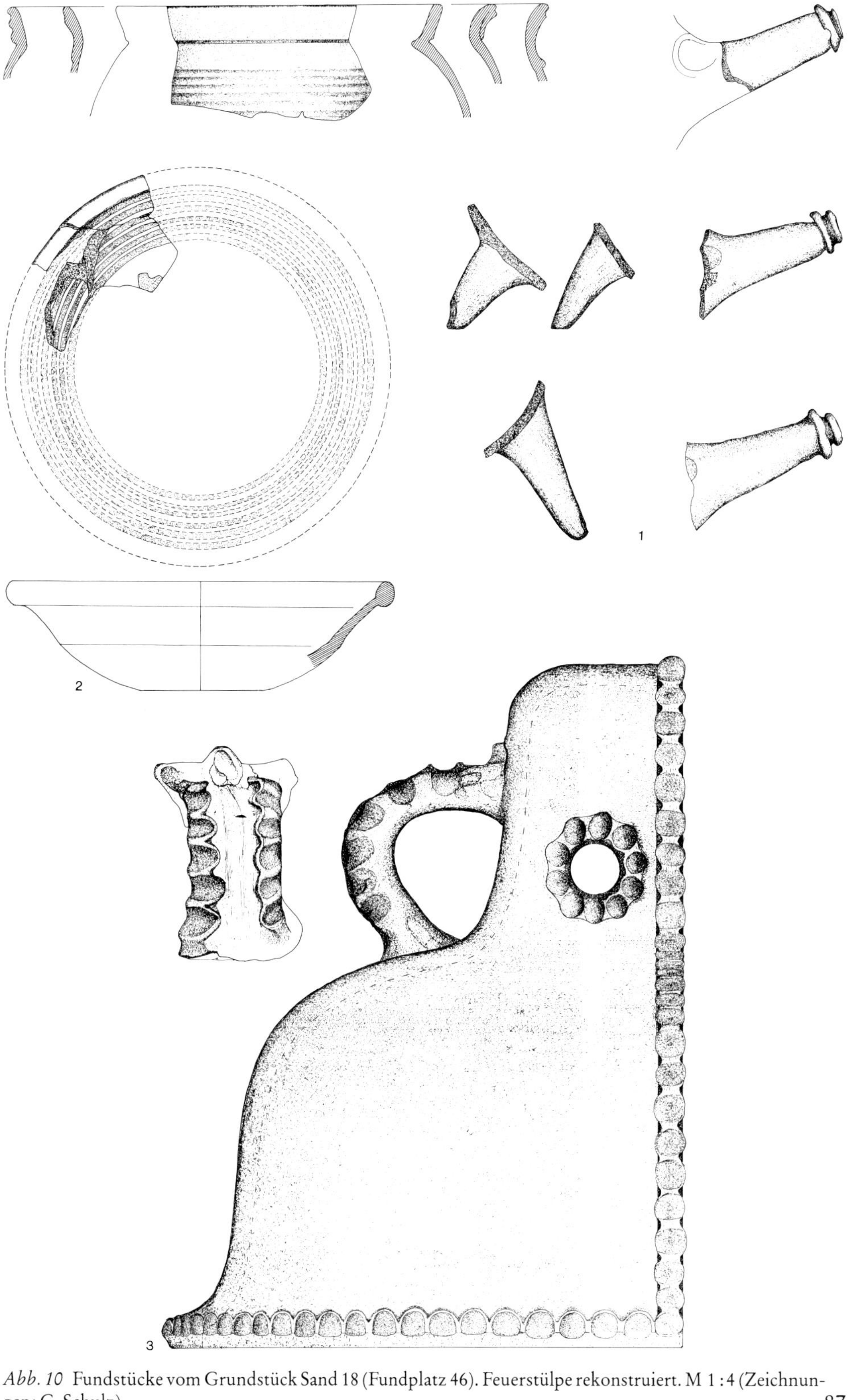

Abb. 10 Fundstücke vom Grundstück Sand 18 (Fundplatz 46). Feuerstülpe rekonstruiert. M 1 : 4 (Zeichnungen: G. Schulz)

Keramikimport des 17. Jahrhunderts in Harburg. Zur Herkunft einiger blau bemalter Apothekengefäße

Rüdiger Articus

Bei der Erforschung der Geschichte des Mittelalters und der frühen Neuzeit gewinnen immer mehr auch archäologische Funde und deren Ausdeutung aus diesen Zeiträumen an Bedeutung. Als Ergänzung zu den durch schriftliche Quellen erschlossenen Lebensbereichen können sie unser Bild von der Vergangenheit bereichern. Häufig genug bilden die archäologischen Funde und Befunde aber auch die einzige Grundlage für Aussagen zu Wirtschafts- und Lebensformen. Auch in Harburg ist durch sporadische Untersuchungen ein Einblick in die tieferen Schichten Harburger Stadtgeschichte möglich gewesen, worüber Wulf Thieme in diesem Band berichtet. Auch wenn diese Untersuchungen noch weit von dem entfernt sind, was man mit dem neuen Wort «Stadtkernarchäologie» bezeichnet, so ließen sich doch in einigen Bereichen der Harburger Altstadt durch Baustellenbeobachtungen und kleinere Grabungen neue Erkenntnisse zu Harburgs älterer Geschichte gewinnen. Daß dabei selbst kleinste Bruchstücke von Keramikgefäßen ihre Bedeutung haben können, darüber soll im folgenden berichtet werden.

Bei den verschiedenen Bodenaufschlüssen im Bereich der Lämmertwiete und der Kleinen Gasse kamen zahlreiche Keramikscherben von Steertpötten, Mineralwasserkrügen, Jydepötten, Nachttöpfen, Tellern usw. aus Auffüllschichten und Abfallgruben an das Tageslicht, wovon Friedrich Laux einige Komplexe in diesem Band vorstellt. In den z. T. kiloschweren Kartons, die die Regale des Helms-Museums füllen, befinden sich unter den Scherben von Gefäßen einheimischer Herkunft auch solche, die eine fremde Herkunft verraten. Zu einem großen Teil sind es Reste von weißen Fayencetellern mit blauer Bemalung. Zu Recht hat man als ihre Herkunft die Niederlande bestimmt. Man spricht dann von Delfter Fayencen, wobei man sicher nicht nur in diesem Ort in den Niederlanden diese Art Keramik nach ursprünglich chinesischen Vorbildern produziert hat.

Bei genauerem Hinsehen fanden sich zwischen den Keramikscherben dieser Art auch solche, die in der Art der Bemalung, in der Beschaffenheit des gebrannten Tones und in der Glasur Unterschiede aufweisen. Diese weißen oder weißgelben Scherben sind mit einer Zinn-Blei-Glasur überzogen, sie sind also als Fayence zu bezeichnen. Soweit noch zu erkennen ist, sind die Gefäße, zu denen diese Scherben gehören, mit einer Bemalung in Kobaltblau verziert gewesen. Die mit einem Pinsel aufgetragene Verzierung besteht aus umlaufenden horizontalen Linien, Spiralen, Blüten und Rankenwerk und unterscheidet sich wesentlich von der anderer Keramik (Taf. 1). Die so verzierten Gefäße gehören, wie im weiteren zu lesen sein wird, zu einer erst seit kurzem besser erforschten Gruppe von frühen deutschen Fayencen aus dem 17. Jh. n. Chr.

Der größte Teil der Scherben stammt von den Fundplätzen 116 und 118 im Bereich zwischen Schloßmühlendamm und Kleiner Gasse aus den hinteren Bereichen der Grundstücke Schloßmühlendamm 23 (Fdpl. 116) und 25 (Fdpl. 118). An insgesamt sieben Stellen konnten hier Bruchstücke der blau bemalten Gefäße geborgen werden (Abb. 1 Nr. 3–9). Weitere Scherben dieser Art wurden bei dem Fundplatz 125 (Abb. 1 Nr. 1) im Nordwesten der Lämmertwiete, an dem Fundplatz 112 (Abb. 1 Nr. 2) und bei dem Fundplatz 134 auf der östlichen Seite des Schloßmühlendamms (Abb. 1 Nr. 10) entdeckt. Trotz der manchmal geringen Größe der Scherben ließen sich anhand von vergleichbaren Funden und erhaltenen Gefäßen in Museen und Sammlungen und dank der zeichnerischen Rekonstruktion durch die Graphiker des Museums[1] bei fast allen Gefäßen deren ursprüngliche Form und auch annähernd die Größe ermitteln. Bei den Fundpunkten 1 und 2 konnten die Bruchstücke zu kleinen Salbentöpfchen rekonstruiert werden (Taf. 1 Nr. 3, 5, 6, 11), die als Abgabegefäße einer Apotheke gedient haben mögen. Die Verzierung der Gefäße besteht, soweit noch erkennbar, aus umlaufenden Linien, deren Zwischenraum durch ein Spiralmuster oder eine fächerartige Verzierung gefüllt ist. Bei dem Gefäß vom Fundpunkt 2 ist als weiteres Verzierungselement der Rest einer Blüte oder einer Frucht, möglicherweise eines Apfels, erkennbar. Dies Gefäß kommt aus einer Abfallgrube, die von Friedrich Laux näher behandelt wird.

Auch bei den Scherben von den Fundpunkten 3 bis 10 handelt es sich weitgehend um Überreste von Apothekengeschirr. Von den Fundpunkten 4, 5 und 10 liegen wiederum die Reste kleiner Abgabegefäße für Salbe o. ä. vor (Taf. 1 Nr. 1, 2, 4). Sie tragen eine ähnliche Verzierung wie die zuerst genannten Töpfchen. Scherben ähnlich geformter, aber bei weitem größerer Gefäße kamen bei den Fundpunkten 3, 6 und 7 an das Tageslicht (Taf. 1 Nr. 14, 15). Ihrer Größe wegen kommen sie als Abgabegefäße nicht in Betracht. Sie können nur als Standgefäße in einer Apotheke gedient haben. Die Verzierung dieser großen Apothekentöpfe weicht insofern von den bisherigen ab, als zu den umlaufenden Linien und Spiralen türkenbundartige (Lilien-)Blüten und pflanzenfächerartige Muster hinzukommen. Bei dem größten Gefäß ist auch die Gefäßschulter mit vertikalen Linien geschmückt. Das Gefäß von Fundplatz 7 wie auch ein kleines Salbengefäß vom Fundpunkt 1 (Taf. 1 Nr. 6) ist dadurch bemerkenswert, daß die ursprünglich kobaltblaue Verzierung mitsamt der Glasur fast verschwunden und nur noch in Umrissen erkennbar ist. Immerhin reichen diese geringen Spuren aus, um die vom Töpfer mit dem Pinsel aufgetragene Bemalung wenigstens in der Zeichnung wieder sichtbar werden zu lassen. Der Grund für die unterschiedlichen Erhaltungsbedingungen der Bemalung und der Glasur der Gefäße ist in den auch auf kleinem Raum unterschiedlichen Bodenverhältnissen zu suchen, wobei es dann passieren kann, daß Bodensäuren die genannten Schäden verursachen. Eine Scherbe vom Oberteil desselben Apothekentopfes vom Fundpunkt 6 weist diese Schäden nicht auf (Taf. 1 Nr. 15).

Bei den Fundpunkten 3, 4, 5 und 9 wurden Reste von anders geformten Gefäßen entdeckt, die aber zweifellos ebenfalls ihren ehemaligen Standort in einer Apotheke hatten. Es handelt sich um die Fußteile von einhenkligen Röhrenkannen mit einer Ausgußtülle, die seinerzeit meist als Sirupkannen in den Apotheken ihre Verwendung gefunden haben (Taf. 1 Nr. 19, 20). Auch bei Fundpunkt 10 östlich des Schloßmühlendammes wurden Teile vom Fuß einer solchen Apothekenkanne entdeckt (Taf. 1 Nr. 17). Auch hier bestehen die Verzierungen aus Spiralen, vertikalen Linien und türkenbundartigen Blüten in kobaltblauer Bemalung. Bei der einen Kanne ist auffällig, daß deren Reste über drei Fundpunkte verteilt waren (3, 4 und 5). Das spricht dafür, daß schon in alter Zeit das Gefäß zerstört worden ist und möglicherweise bei Gartenarbeiten die einzelnen Teile umgelagert worden sind. Neben einigen kleineren Gefäßscherben von den Fundpunkten 8 und 9 (Taf. 1 Nr. 9, 10), die nicht mehr einem bestimmten Gefäßtyp zuzuordnen sind, und weiteren Streuscherben von dem Fundplatz 116 (Taf. 1 Nr. 7, 8) sind noch zwei weitere Gefäßformen aus den Scherben rekonstruierbar. Zum einen handelt es sich um zwei Scherben, die ehemals zu einer zweihenkligen Dose mit einem Deckel (Taf. 1 Nr. 16) gehört haben (Fundpunkt 9). Von den Fundpunkten 8 und 9 im Bereich des Fundplatzes 116 liegen zum anderen Scherben vor, die ganz offensichtlich zu Tellern gehört haben, deren Form sich allerdings unserer Kenntnis entzieht (Taf. 1 Nr. 12, 13). Sie wie die Dose tragen die schon bekannten Verzierungen. Damit sind die im Bereich Lämmertwiete, Kleine Gasse und Schloßmühlendamm entdeckten Fayencegefäße mit den beschriebenen Mustern kurz vorgestellt. Den Leser mag wundern, wieso sich aus den minimalen Resten dieser Keramikgefäße ganze Töpfe rekonstruieren lassen. Wie ein Blick in die einschlägige Literatur belegt[2], ist der Formenbestand einerseits auf relativ wenige Gefäßtypen beschränkt und sind auf der anderen Seite die einzelnen Scherben so charakteristisch, daß die gezeigten Rekonstruktionen ganz sicher den alten Zustand präsentieren.

Bevor wir uns der Zeitstellung und der Herkunft dieser importierten Fayencegefäße widmen, sei der Frage nachgegangen, warum in dem untersuchten Bereich diese Art von Fayencegefäßen relativ konzentriert vorkommt. Dem älteren Harburger ist natürlich schon längst bewußt, daß sich hier früher, bis zum 31. Juli 1981, am Schloßmühlendamm 25 die Harburger Ratsapotheke befunden hat, in deren näherer Umgebung die Funde von Apothekengefäßen nicht überraschen. Eine Untersuchung der Grundstücks- und der Besitzverhältnisse dieser Apotheke läßt die Bezüge noch deutlicher werden[3]. Es sei noch vorausgeschickt, daß Fayencegefäße derselben Art in Harburg bislang an anderer Stelle noch nicht entdeckt worden sind. Eine Durchsicht sämtlicher, auch schon früherer archäologischer Funde aus dem Harburger Altstadtbereich blieb bislang ergebnislos. Auf der anderen Seite sind im Bereich der Ratsapotheke auch zahlreiche andere Apothekengefäße aus jüngerer und jüngster Zeit in Scherben geborgen worden, deren Besprechung aber einer späteren Bearbeitung vorbehalten sein soll.

Dank der Vorarbeiten anderer sind wir in der Lage, die Geschichte der ersten Harburger Apotheke, seit 1709 Ratsapotheke, bis in die Anfänge zurückzuverfolgen, und den Bezug der beschriebenen Apothekentöpfe dazu herzustellen[4]. Am 23. Juni 1642 richtete der alte Hof-Apotheker Christoph Senff aus Celle, der dort vierzehn Jahre tätig gewesen war[5], ein Gesuch an Herzog Friedrich zu Braunschweig und Lüneburg, ihm gleichsam als Alterssitz die Errichtung einer «geringen Apotheken» in Harburg zu gestatten. Schon am 28. Juni 1642 erfolgten die schnelle Antwort und die Genehmigung zur Errichtung einer ersten Apotheke. Apotheker Senff hatte bereits bei dem Gesuch als künftige Apotheke das Lusthaus im herzoglichen Garten (Abb. 1, A) vorgeschlagen, das nördlich der Reitbahn, dem späteren Platz der Dreifaltigkeitskirche, lag und auch heute noch liegt. Am 27. August 1642 bewilligte der Herzog die Hergabe seines Lusthauses an den Hof-Apotheker Senff aus Celle. Allerdings konnte sich Senff nicht lange des Besitzes seiner privilegierten Apotheke und der Befreiung von einigen bürgerlichen Lasten erfreuen; denn schon ein Jahr nach Erhalt der angeführten «Begnadigung», wie das Privileg vom 28. Juni 1642 auch genannt wurde, starb Christoph Senff. Sein Nachfolger, der ehemalige Celler Apothekergeselle Matthias Röhr, war dann am Ende der vierziger Jahre wegen der Stadterweiterung und des Baues der Dreifaltigkeitskirche gezwungen, ein anderes «gering bürgerlich hauß» zu beziehen. So bestand die erste Harburger Apotheke nur acht Jahre in dem herzoglichen Lusthaus. Von 1650 bis 1981 war sie dann nicht weit davon im heutigen Hausgrundstück Schloßmühlendamm 25 ansässig. Der Besitz dieser bis in das 19. Jh. einzigen Harburger Apotheke wurde im Laufe des 17. Jhs. erweitert. So gehörten das Haus mit Grundstück Lämmertwiete Alte Nr. 1 (Abb. 1, D) von 1682 bis

1758 und das Haus mit dem heutigen Grundstück Lämmertwiete Nr. 9 (Abb. 1, C) von 1683 bis 1753 den jeweiligen Besitzern der Apotheke. In den dahinterliegenden Gärten entledigte man sich dann im Rahmen der seinerzeit üblichen Müllentsorgung auch der alten Apothekengefäße. Dazu konnte einerseits der um die Mitte des 17. Jhs. wohl noch offen liegende alte Stadtgraben direkt neben der Apotheke dienen. Nach dessen Zuschüttung wurde der Abfall in einzelne in das Hof- und Gartengelände eingetiefte Gruben geschüttet. Es ist sicher kein Zufall, daß im Gartengelände dicht bei der Apotheke Apothekenstandgefäße und Teller aus der Küche des Herrn Apotheker und seiner Familie gefunden wurden, während etwas weiter davon (Fundpunkt 1 und 2) nur Abgabegefäße an das Tageslicht kamen.

Das Haus Lämmertwiete Nr. 9 (Fundpunkt 2) gehörte lange Zeit zur Apotheke. Ob es tatsächlich erst 1683 vom Apotheker Schlemm erbaut worden ist, wie die Türinschrift besagt, ist noch sehr fraglich. Das Haus und damit auch die zum Haus gehörende Abfallgrube können durchaus älter sein und auch schon vor 1683 zur Apotheke gehört haben. Die Tür ist möglicherweise erst später von einem anderen Haus, Schloßmühlendamm 25 (?), hierher verlegt worden. Das Datum von der Tür als Fixpunkt für die Datierung der Abfallgrube nach 1683 zu verwenden, wie es Friedrich Laux in seinem Beitrag getan hat, scheint fragwürdig. Denn das kleine Abgabegefäß aus der Grube scheint älter zu sein und ist seinerzeit sicherlich nicht lange aufbewahrt worden. Eine Datierung in die Zeit zwischen 1650 und 1660 ist, wie später gezeigt wird, für dieses Gefäß anzunehmen. Das Gebäude ist von dem Apotheker wohl nie selbst bewohnt worden, was für unsere Fragestellung wichtig ist. Er hat es an Ärzte und andere angesehene Personen vermietet, so daß das in die Abfallgrube hinter dem Haus geratene Salbentöpfchen nur mittelbar mit der Apotheke in Zusammenhang steht.

Auch das Salbentöpfchen von der gegenüberliegenden Straßenseite ist als Abgabegefäß in die dort liegende Amtsdienerwohnung gekommen. Dies zeigt, daß es nicht unbedingt die Ärmsten der Armen waren, die vom Apotheker ihre Medizin in den blauweißen Fayencetöpfchen geliefert bekamen.

Auch aus Celle liegt ein ähnlicher Befund vor, worüber Ralf Busch im Heimatkalender für die Lüneburger Heide 1962 auf den Seiten 118–119 unter dem Titel «Bodenfunde und Hausgeschichte» berichtet hat. In Celle war ein solches Fayence-Salbentöpfchen auf dem Grundstück einer im 16. und 17. Jh. dort ansässigen, einflußreichen Familie, die auch einen Celler Bürgermeister gestellt hat, gefunden worden. Die Tatsache, daß dort von 1731 bis 1751 der Celler Stadtphysicus wohnte, muß aber nicht unbedingt Rückschlüsse auf das Alter des Salbentöpfchens zulassen.

Die einzigen Gefäße, die nicht in unmittelbarer Nähe der Harburger Apotheke oder in Bezug zu einem Haus gefunden wurden, sind die Röhrenkanne und das Salbentöpfchen bei dem Fundplatz 134 (Fundpunkt 10). Sie sind vermutlich mit anderem Schutt bei der Verfüllung des dort verlaufenden alten Stadtgrabens dorthin geraten. Das Gründungsdatum der Apotheke, 1642, liefert uns Anhaltspunkte dafür, daß die blau bemalten Apothekengefäße nicht vor diesem Zeitpunkt in die Erde gelangt sein können und wohl auch nicht eher hergestellt und nach Harburg gekommen sind. So mögen die Harburger Funde auch zu einer besseren Beurteilung dieser Fayencen beitragen.

Es spricht aus chronologischen Gründen nichts dagegen, daß ein Teil der Apothekengefäße schon 1650 beim Umzug der Apotheke in das Haus Schloßmühlendamm 25 den Weg in die Müllgrube fand. Dann zeigen die Scherbenfunde auch, daß der Stadtgraben um 1650 an einigen Stellen noch offen dagelegen haben muß, denn sonst wären wohl kaum defekte Apothekengefäße dort hineingeraten. Ähnliche Bezüge zu Apotheken weisen teilweise auch die Funde aus der Lüneburger Altstadt auf (Taf. 2 u. 3 Nr. 1–6).

Als für die Harburger Stadtgeschichte bedeutungsvoll erscheint, daß durch diese Scherbenfunde das älteste Inventar der ersten Harburger Apotheke zumindest in Ausschnitten wiedergefunden worden ist. Denn aus der Harburger Apotheke ist im Gegensatz zu vielen anderen Apotheken nichts auf andere Weise erhalten geblieben. Schon im vergangenen Jahrhundert muß das ältere Apothekeninventar beim Neubau der Ratsapotheke im Jahr 1856 verkauft worden oder in den Müll gewandert sein. In den darauffolgenden Jahrzehnten sorgten auch die Auflagen der Medizinalbehörden dafür, daß die Apothekeninventare dem jeweils neuesten Stand angepaßt wurden. Die wenigen erhaltenen Teile und auch die neue Apothekeneinrichtung samt Inventar von 1856 haben beim Verkauf der Apotheke 1981 leider nicht den Weg in das Museum gefunden. Um so mehr wird dadurch die Wichtigkeit archäologischer Forschung in Harburgs Altstadt unterstrichen.

Wenn das Helms-Museum dann doch eine kleine, aber nicht uninteressante pharmaziegeschichtliche Sammlung besitzt, so ist dies den Bemühungen von Prof. Dr. Willi Wegewitz, dem ehemaligen Leiter des Helms-Museums, und von Apotheker Richard Aßmus aus Harburg zu verdanken, die aus norddeutschen Apotheken einige Einrichtungen, Inventare und Bücher zusammengetragen haben.

Die hier behandelten blauweißen Fayencen können zu den schon angeführten pharmaziegeschichtlich-harburgischen Aufschlüssen führen, sie geben aber auch Einblick in die Handelsbeziehungen Harburgs im 17. Jahrhundert und ergänzen entscheidend die diesbezüglich spärlichen schriftlichen Quellen dieses Jahrhunderts. Die Herkunft der blau bemalten Fayencen war lange Zeit unbekannt. Auch war die Anzahl der meist durch den Kunsthandel in die Museen gelangten Stücke gering, so daß eine Beurteilung schwierig war. Inzwischen ist der Bestand in den Museen durch Erwerbungen und Ausgrabungen derartig angestiegen, daß wir heute sichere Aussagen zur Herkunft der Fayencen machen können. Bemerkenswert ist dabei, daß die anfangs durch Kunstgeschichtler angestellten Betrachtungen und Schlüsse in unseren Tagen durch die Arbeit der Archäologen und Historiker eine wesentliche Korrektur erfahren haben. Der erste, der sich mit den hier interessierenden Fayencen beschäftigt hat, war Walter Stengel. In seinen 1911 veröffentlichten «Studien zur Geschichte der Deutschen Renaissance-Fayencen»[6] hat er ausgehend von einigen vierkantigen Schraubflaschen, Apothekenkannen und Töpfen, ähnlich den Harburgern, versucht, die Herkunft dieser Gefäße zu bestimmen. Aufgrund von Ähnlichkeiten der Schraubflaschen mit Steinzeugflaschen aus Creussen und der Tatsache, daß manche der Stücke im Nürnberger Antiquitätenhandel erworben worden waren, vermutete er Nürnberg oder zumindest Franken oder Thüringen als Heimat dieser Keramikgruppe, womit er, wie wir heute wissen, nicht ganz falsch lag. Da einige wenige dieser Fayencen mit dem Monogramm L S und mit Jahreszahlen (1618, 1621 und 1629) versehen sind, konnte die Arbeit des angenommenen Monogrammisten L S wenigstens zeitlich eingeordnet werden. Stengel schrieb dem mit L S signierenden Töpfer noch einige später datierte (1660 und 1666) Keramiken zu. Dem hielten skandinavische Forscher entgegen, daß die Zeitspanne zu groß sei, als daß ein Töpfer allein diese Gefäße habe herstellen können, weshalb die späteren Fayencen eher einer fabrikmäßigen Herstellung entstammen müßten. Wegen der Herkunft von einigen Apothekentöpfchen aus Hamburg oder der näheren Umgebung und zweier fälschlich Lübeck zugeschriebenen Apothekentöpfen vermutete man für die sechziger Jahre des 17. Jhs. eine solche «Fabrik» in Hamburg. Wegen der Spiralmuster schrieb man sie dem «Meister der blauen Spirale» zu[7] oder man sprach sogar von der «Hamburger Spiralfabrik».

1923 änderte sich das Bild durch die Forschungen Richard Stettiners wiederum[8]. Er untersuchte die schon von Stengel erkannte Ähnlichkeit von einigen datierten und mit L S signierten Vierkantflaschen aus der Dresdner Hofapotheke (Taf. 4 Nr. 4) mit Creussener Steinzeugflaschen. Bei seinen Untersuchungen stieß er in Creussen auch auf einen Töpfer namens Lorenz Speckner (1598 bis 1669) und damit schien das Monogramm L S aufgelöst, und für Jahrzehnte wurden nun alle Fayencen mit der blauen Bemalung diesem fränkischen Töpfer oder seiner Werkstatt zugeschrieben. Erst in den fünfziger Jahren ergab sich durch archivalische Nachforschungen, daß es in Creussen neben Speckner zur selben Zeit auch einen Töpfer Leonhard Schmidt gegeben hat, der 1612 Bürger in Creussen wurde und 1665 gestorben ist, und damit auch als Hersteller der mit L S bezeichneten Stücke in Frage kam[9]. Die Annahme, daß die Krugmacherfamilie Schmidt in Creussen neben Lorenz Speckner nur eine bescheidene Rolle gespielt habe, wurde durch die archivalischen Forschungen widerlegt. Außerdem fiel auf, daß die Töpferfamilie Speckner häufiger die Initialen LSP (Lorenz Speckner) und

HLSP (Hans Lorenz Speckner, der Sohn des vorherigen), und Leonhard Schmidt die Initialen LS benutzten. Sieben mit «LSP» bezeichnete Model für Creussener Steinzeuggefäße im Museum für Kunst und Gewerbe in Hamburg zeugen davon. Damit schien nun Leonhard Schmidt als Verfertiger der bewußten Töpfe festzustehen. Zumal man anfangs übersehen hatte, daß Speckner, als er die 1618 datierten und mit L S signierten Gefäße getöpfert haben soll, erst zwanzig Jahre alt war und noch nicht das Creussener Bürgerrecht besaß. Im Gegensatz zu Schmidt war er zu dem Zeitpunkt noch kein Meister und hätte die Gefäße gar nicht signieren dürfen[10]. Obwohl dies allein Lorenz Speckner schon als Produzent ausschließt, wird gelegentlich auch heute noch dieser als der «Meister der blauen Spirale» angesehen. Wie bei den Töpfern selbst, die immer sehr in ihren eigenen Traditionen verhaftet waren, scheint man sich auch in der Keramikforschung ungern von einmal herausgefundenen Dingen lösen zu wollen und zu können.

Standen nun Leonhard Schmidt und damit weiterhin eine Werkstätte in Creussen als Produzenten der blauweißen Fayencen fest, so änderte sich das Bild in unseren Tagen wiederum. Es wurde festgestellt, daß in Creussen bei Ausgrabungen im Bereich der Specknerschen Werkstatt und auch an anderen Stellen keinerlei derartige Fayencen an das Tageslicht gekommen sind, was sicher der Fall gewesen wäre, hätte man sie in Creussen produziert[11]. Auch findet sich in Creussener Sammlungen nur eine einzige dieser Fayencen[12], die mit Sicherheit aufgrund der älteren Zuschreibung dorthin gelangt ist. Es ist auch auffällig, daß auf den in Creussen in großem Umfang hergestellten Steinzeugkrügen in keinem Falle die von den Fayencen her bekannten Spiral- und Blumenmuster vorkommen, was der Fall wäre, hätte man in Creussen die Fayencen produziert. Die von Richard Stettiner 1923 angeführten Vergleiche zwischen Steinzeugflaschen und Fayencen halten einer Überprüfung nicht stand. Zu sehr darauf fixiert, Creussen als Heimat dieser Keramikgruppe lokalisieren zu können, hat er den für einen größeren Raum geltenden Zeitgeschmack und Stil auf diesen einen Ort festlegen wollen. Somit scheinen Leonhard Schmidt oder eine andere Werkstätte in Creussen immer mehr als Produzenten auszuscheiden. Auch ein Blick auf die Verbreitungskarte der betreffenden Fayencen zeigt, daß um Creussen herum diese nicht vorkommen (Abb. 2).

Die Beurteilung der durch datierte Gefäße zwischen 1611 und 1688 zeitlich eingegrenzten Gruppe der blau bemalten Fayencen erfuhr in den siebziger Jahren eine überraschende Wendung. In mehrjähriger Arbeit hatte Ulrich Lappe aus Weimar eine Abfallgrube innerhalb des Geländes der Schloßruine Neideck in Arnstadt/Thüringen untersucht und dabei eine große Anzahl der uns interessierenden Fayencen ausgegraben, durch die sich neue Gesichtspunkte ergaben[13]. Seitdem spricht man in der Keramikforschung, wie vom Ausgräber vorgeschlagen, von Arnstädter Fayence.

Die große Anzahl der in Arnstadt geborgenen Gefäße, ungefähr 50 ganze und ca. 30 Gefäße in Fragmenten, veranlaßten den Ausgräber, sich intensiv mit dieser Art von Fayencen zu beschäftigen. Entgegen der häufig aufgrund der Überlieferungsbedingungen geäußerten Ansicht, daß die Fayencehersteller nur Apothekengefäße produziert hätten, zeigen die Funde aus Arnstadt, daß neben den Apothekengefäßen auch «Steertpötte», Dosen, Teller, Schüsseln, Spielzeug usw. in größeren Mengen hergestellt worden sind. Diese große Variationsbreite ließ den Ausgräber nicht zu Unrecht vermuten, daß die Fayencen in Arnstadt entstanden sind. Wenn man lange Zeit immer nur Apothekengefäße gekannt hat, so lag das einfach daran, daß die Apotheken der einzige Ort waren, wo diese Gefäße z. T. jahrhundertelang in Gebrauch waren. Hier konnten die ersten Sammler von Keramik und Fayencen diese finden und aufkaufen. Für die lange Benutzungszeit von Apothekengefäßen aus Arnstädter Fayence spricht ein Befund aus Husum, Kr. Nordfriesland[14]. Hier fanden sich in einer im letzten Viertel des 19. Jhs. angelegten Abfallgrube der 1656 gegründeten Schwan-Apotheke auch zwei dieser Fayencetöpfe. Bei einer Erneuerung des Apothekeninventars war ganz eindeutig fast das gesamte Inventar an Kruken, Gläsern, Laborgeräten und Standgefäßen auf einmal vergraben worden.

Die Häufigkeit von Arnstädter Fayencen in Apotheken, und wie das Harburger Beispiel auch wieder zeigt, als Bodenfund in deren näherer Umgebung, gibt doch Hinweise dafür, daß Apothekengefäße ein spezieller Exportartikel der Arnstädter Töpfer gewesen sind. Einen weiteren Hinweis auf den Gebrauch der spiralverzierten Ware in den Apotheken liefern zwei Gemälde in den Kirchen Werder und Plötzin, beide Kreis Potsdam, die Christus als Apotheker darstellen (Taf. 5 Nr. 9). Vor Christus stehen auf der Theke vier spiralverzierte Gefäße, die den Arnstädter Fayencen sehr ähnlich sind. Die Entstehung der beiden Bilder wird von den Kunstgeschichtlern in die Zeit um 1620/30 gesetzt, was mit den Daten für die Fayencen zusammengeht. Normales Geschirr aus Arnstädter Fayence ist außerhalb des Arnstädter Umlandes seltener, auch wenn es in letzter Zeit mitunter in Bodenfunden neben den als Apothekengefäß hergestellten Fayencen auftritt. Die «Apothekenware» überwiegt meistens im Fundinventar. Man kann sich durchaus vorstellen, daß Teller, Becher und Schüsseln als «Beipack» mitgeliefert worden sind. Warum gerade Arnstädter Fayencen in den Apotheken so beliebt waren, entzieht sich bislang unserer Kenntnis. Vielleicht waren es deren Glasuren, die möglicherweise säurebeständiger waren als andere. Oder die Preise lagen unter denen der ausländischen Ware. Auch geschmackliche Fragen mögen eine Rolle gespielt haben.

Die Fayencen müssen auf jeden Fall einen solch guten Ruf gehabt haben, daß selbst weit entfernt wirkende Apotheker, wie die in Harburg, ihre Bestellungen nach Arnstadt schickten. Denn daß es nicht umherziehende Händler waren, die die Fayencen anboten, sondern daß auf Bestellung produziert wurde, dafür liegen einige konkrete Hinweise vor. So finden sich auf einigen Fayencen die Initialen der Besteller. Auf einer Röhrenkanne aus der Löwen-Apotheke in Nykøbing (Falster) sind neben der Jahreszahl 1668 auch die Buchstaben CHM aufgemalt (Taf. 5 Nr. 6). Das sind die Initialen des dortigen Apothekers Christopher Hartmann, der von 1660 bis 1683 der Apothekeninhaber war und für seine 1666 verlegte, neu erbaute Apotheke das passende Geschirr in Arnstadt bestellt hatte[15]. Eine Kanne aus der Meldorfer Apotheke, die sich jetzt im Dithmarscher Landesmuseum befindet, trägt die Initialen L S, die in diesem Falle nicht das Monogramm des Herstellers, sondern das des Auftraggebers, des 1646 verstorbenen Meldorfer Apothekers Leonhardt Schritzmeyer sind[16] (Taf. 4 Nr. 5). Eine ganz ähnliche, sicher auch zeitgleiche Kanne mit Zinndeckel und Tülle und den Initialen GR befindet sich im Museum für Kunst und Gewerbe in Hamburg[17]. Bei ihr ist allerdings eine Zuweisung zu einem bestimmten Auftraggeber noch nicht möglich gewesen, da sie aus dem Münchener Kunsthandel stammt. Die bislang älteste, sicher datierte Arnstädter Fayence, ein Apothekentopf mit der Jahreszahl 1611, trägt die Buchstaben HS als Initialen (Taf. 4 Nr. 2). Ob diese allerdings auf den Hersteller, den Arnstädter Töpfer Heinrich Sternickel, hinweisen, wie U. Lappe anfangs glaubte, mag füglich bezweifelt werden und ist von Lappe selbst inzwischen auch in Frage gestellt worden[18]. Es dürfte sich auch hier wieder um einen uns noch unbekannten Besteller handeln. Da dies Gefäß zusammen mit einem zweiten des gleichen Typs (Taf. 4 Nr. 3) 1842 von einem Stendaler Apotheker dem Johann-Friedrich-Danneil-Museum in Salzwedel geschenkt worden ist, wird man wohl in Stendal oder Umgebung den Auftraggeber zu suchen haben. Auf den Fayencescherben aus Harburg war leider kein solcher konkreter Hinweis zu entdecken. Vereinzelt werden in Inventarverzeichnissen von Apotheken Hinweise auf Arnstädter Fayencen gegeben. So werden 1640 für die Braunschweiger Ratsapotheke 10 Schock «Blawe Arnstädter Töpfe», das sind 600 Stück, aufgeführt[19]. Ob es diejenigen sind, von denen dann tatsächlich bei der Braunschweiger Apotheke Reste gefunden wurden, muß fraglich bleiben, da die ausgegrabenen Fayencen jünger zu sein scheinen. Man muß auch damit rechnen, daß von Zeit zu Zeit aus Arnstadt neue Gefäße nachbestellt wurden. Immerhin zeigt die oben genannte Zahl, daß wohl die ganze Apotheke mit Arnstädter Fayencen ausgerüstet war. Wieviel «blawe Töpfe» mögen wohl nach Harburg geliefert worden sein?

Einen Hinweis darauf, daß der Herstellungsort der blau bemalten Fayencen Arnstadt gewesen sein könnte, hat die Keramikforschung eigentlich schon lange gehabt. Schon Walter Stengel hat in seinem Aufsatz aus dem Jahre 1911 eine Fayence in Form eines Huhnes abgebildet (Taf. 4 Nr. 7), die bezeichnenderweise im Arnstädter Museum ihren Aufbewahrungsort hat. Und hätte man sich seinerzeit dann ein wenig in die lokalgeschichtliche Literatur eingearbeitet, dann hätte man festgestellt, daß in Arnstadt «aus weißem Thon allerlei Geschirre bereitet, mit blauer Farbe gar lieblich gezieret» wurden, wie schon Andreas Toppius in seiner 1658 in Erfurt erschienenen «Beschreibung der Städte und Flecken der Grafschaft Schwarzburg» bemerkt[20]. Auch ein Inventarverzeichnis des Bestandes der Schloßapotheke Burg Neideck vom Oktober 1583 nennt unter anderem «52 blaue tönerne Apotheker-Büchsen», von denen auch der Herausgeber des Inventarverzeichnisses schon 1912 und 1934 glaubte, daß sie «wohl Werke der Arnstädter Blautöpfer» gewesen sind[21]. Ob diese allerdings schon mit unseren späteren Fayencen zu tun haben, bedarf noch der Untersuchung. Natürlich hat erst die Entdekkung der Fayencen in der Schloßkloake die richtige Interpretation für diese frühen schriftlichen Nachrichten ermöglicht. Es zeigt sich, wie wichtig Lokalforschung bei der Keramikforschung ist. U. Lappe hat weitere Nachforschungen dazu angestellt und die Voraussetzungen für die Arnstädter Töpferei, die Produktion und überregionale Verbreitung der Fayencen untersucht. 30 Werkstätten und 13 Glasur-, Töpfer- oder Blautöpfermaler waren demnach mit der Herstellung der «blawen Döpfe» beschäftigt. So werden die relativ große Anzahl und die weite Verbreitung der Blautöpfererzeugnisse verständlich. Auch die zu beobachtenden Unterschiede in Bemalung und Glasur der bekannten Gefäße können neben chronologischen Gründen in der großen Anzahl der Töpfer ihre Ursachen haben. Denn es ist kaum vorstellbar, daß die über 30 Blautöpfer und Blaumaler alle in gleicher Qualität und Art gearbeitet haben. Es ist durchaus möglich, daß die einzelnen Arnstädter Töpfer sich auch unterschiedlicher Techniken bei der Malerei und der Glasur bedient haben. Die richtige Zuweisung der Fayencen nach Arnstadt, die trotz der von U. Lappe vorgetragenen Überlegungen von einigen Keramikforschern noch angezweifelt wurde, konnte durch den Fund eines Halbfabrikats im Bereich der Brennöfen einer Arnstädter Werkstatt und durch eine erst kürzlich entdeckte Werkstattbruchgrube in Arnstadt ihre Bestätigung finden[22]. Nur durch derartige Werkstattabfälle kann die Zuordnung keramischer Erzeugnisse zu einem bestimmten Ort als gesichert gelten. Diese «Vor Ort-Forschung» hat uns in Süddeutschland einige weitere Werkstätten geliefert, in denen der Arnstädter Fayence ähnliche Keramik mit verwandten Mustern gefertigt wurde. Besonders die Werkstattbruchfunde in Dießen am Ammersee[23] kommen unseren Fayencen am nächsten, doch weisen sie in der Technologie Unterschiede auf, und auch das Dekor zeigt keine genauen

Übereinstimmungen. Man wird kaum eines der hier behandelten Gefäße diesem Ort zuweisen können. Die Tatsache, daß auch am Ammersee und anderen Orten blauweiße Fayencen hergestellt worden sind, zeigt eindeutig, wie beliebt diese Art Keramik war und daß wir auch bei der Keramik mit großräumigen Modeerscheinungen rechnen müssen. Ob allerdings in Braunschweig die hier interessierenden Fayencen, wie Ralf Busch aufgrund eines Fehlbrandes glaubt[24], produziert worden sind, muß stark angezweifelt werden, da, wie schon oben angeführt, im Geschäftsbuch der Braunschweiger Ratsapotheke von 1640 ausdrücklich «Blawe Arnstäter Töpfe» genannt werden. Auch die Aussage, daß Fehlbrände keine Objekte des Fernhandels gewesen seien, trifft nicht zu. Als Beispiel sei hier das Inventar der Husumer Schwan-Apotheke genannt, das Fehlbrände von Apothekentöpfen aus Steinzeug enthält, die nicht in Schleswig-Holstein hergestellt worden sind, sondern wohl aus Duingen nach Husum verhandelt worden sind[25]. Einem Hinweis in Bezug auf blaue Töpfe sollte man in Zukunft noch einmal nachgehen. Für das Jahr 1578 werden im Inventar der Apotheke am Obstmarkt in Nürnberg «blaue Bambergische Krueg» genannt[26]. Da Creussen nicht weit von Bamberg entfernt liegt, wäre es doch ganz interessant zu wissen, was es mit diesen Bambergischen Krügen auf sich hat.

Die nach den Bodenfunden und nach der nachgewiesenen Apothekenherkunft erstellte Karte gibt den räumlichen Rahmen für die Verbreitung der Arnstädter Fayencen. Zu den von U. Lappe und vom Verfasser[27] zusammengestellten Listen kommen als Neufunde Hamburg-Bergedorf (Taf. 3 Nr. 15, 16) und Minden hinzu[28]. Die eindeutige Zuweisung zu einem bestimmten Ort ist nicht immer ganz gesichert, da die Herkunft gelegentlich nur durch die Aufschrift oder Bemalung des Gefäßes selbst gefolgert werden kann. Daß dies zu Irrtümern führen kann, hat A. Falk für zwei ehemals im Märkischen Museum in Berlin und jetzt im Lübecker Sankt Annen-Museum aufbewahrte Gefäße nachgewiesen[29]. So ist z. B. in einem Katalog (M. Hasse, Bilder und Hausgerät. Lübeck 1969, 146f.) zu lesen: «Die Gefäße stammen aus der Lübecker Ratsapotheke.» Dafür fehlen jegliche Anhaltspunkte. Durch die Erwerbung im Jahre 1914 für das Sankt-Annen-Museum ist in der Literatur leider auch der z. T. falsche Aufbewahrungsort angegeben, bzw. es wird von insgesamt vier aus der Lübecker Ratsapotheke stammenden Gefäßen gesprochen. «Märkisches Museum, Berlin (zwei Apothekentöpfe gleicher Herkunft im St.-Annen-Museum, Lübeck)»[30].

Da die Gefäße auch häufig aus dem Kunsthandel stammen, so kann der Ankaufsort nur mit Vorsicht als Herkunftsort angesehen werden (z. B. bei der Fayence aus Glückstadt, die sich im Museum für Hamburgische Geschichte befindet, oder derjenigen aus dem Museum Clausthal-Zellerfeld, die heute ihren Standort im Museum für Kunst und Gewerbe in Hamburg hat). Weitere Fayencen mit meist unbekannter Herkunft befinden sich in Museen und Sammlungen in Oslo, Kopenhagen, London, Hamburg, Bayreuth, Berlin, München, Nürnberg, Heidelberg, Creussen, Waldenbuch und Basel. Trotz dieser Einschränkungen zeigt die Karte (Abb. 2) anschaulich, daß ein bedeutender Fernhandel mit den Arnstädter Fayencen betrieben worden ist. Sie macht auch deutlich, daß, abgesehen von der Verbreitung um Arnstadt herum, der Export weitestgehend nach Westen und Norden ging. Im südlich daran anschließenden Raum kommen Arnstädter Fayencen nicht vor. Die Gründe sind sicher darin zu suchen, daß hier, wie schon erwähnt, andere Werkstätten, wie die in Dießen am Ammersee, Regensburg oder Winterthur[31] Gefäße mit Spiraldekor in verschiedenen Techniken produzierten und damit der Markt abgedeckt war. Die Karte macht auch deutlich, wie die Arnstädter Frachtfuhrleute, mit denen nach U. Lappe Arnstadt einen besonders erwähnenswerten Erwerbszweig besaß, den alten Handelswegen folgend die Töpferware zu den Apotheken am Bestimmungsort brachten. Wenn in den Durchfahrtsorten sicher auch manches Stück verkauft wurde, ist das nur verständlich. Daß die beliebten blau bemalten «Döpfe» ihren Weg nicht in die Häuser der Armen, sondern in die wohlhabenden Haushaltungen fanden, dafür liegen neben dem Harburger weitere Beispiele vor. So wurden im Schloß Fürstenberg an der Weser[32] Arnstädter Fayencen gefunden wie auch im Garten des seinerzeitigen Bürgermeisters der Stadt Bergedorf (Taf. 3 Nr. 15, 16)[33]. In welchen Mengen die blaue Töpferware aus Arnstadt verhandelt wurde, ist schon anhand der für die Braunschweiger Apotheke genannten Zahlen deutlich geworden. Ein weiteres zeitgenössisches Dokument belegt Richtung des Exports und Anzahl der exportierten Arnstädter Fayencen. In einem Brief aus dem Jahre 1623 eines Danziger Handelsmannes an den Bürgermeister und den Rat der Stadt Arnstadt[34] geht hervor, daß dieser Zwischenhändler insgesamt 854 bestellte und schon im voraus bezahlte Gefäße «blauer Arbeitswahre» aus Arnstadt nach Schweden nicht fristgerecht liefern konnte, da zwei Arnstädter Töpfer ihren Verpflichtungen nicht nachkommen konnten. Aus diesem Brief geht auch hervor, daß der Vertrieb in weiter entfernte Länder nicht von den Arnstädter Fuhrleuten allein bewerkstelligt wurde.

Ist schon durch die mit Jahreszahlen versehenen Gefäße (1611 bis 1688) ein zeitlicher Rahmen für den Herstellungszeitraum der Arnstädter Fayencen gegeben, so ist es doch wünschenswert, auch die unbezeichneten Fayencen zeitlich einordnen zu können. Bei einem solchen Versuch können sowohl die mit Jahreszahlen bezeichneten Gefäße selbst zusammen mit ihren Verzierungen als auch die Gründungsdaten der mit Arnstädter Fayencen belieferten Apotheken eine Hilfestellung geben. Daß bei den letzteren Daten Vorsicht geboten sein muß und wir nur einen «terminus post quem» erhalten, bedarf keiner weiteren Erörterung. Auch gibt es

Fälle wie z. B. bei der erst 1745 gegründeten Apotheke Speersort 93 in Hamburg[35], aus deren Bereich beim Neubau des Pressehauses im Jahre 1937[36] eine zweihenklige Dose und ein Salbentöpfchen aus Arnstädter Fayence an das Tageslicht kamen (Taf. 3 Nr. 7, 8). In dieser Apotheke hat man offensichtlich älteres Inventar aus einer anderen Apotheke übernommen und noch lange benutzt. Trotz dieser Einschränkungen scheint es möglich, ein grobes chronologisches Gerüst für die Einordnung der Fayencen mit den Spiral- und Blumenmustern zu entwerfen. Dabei ist es auch unerheblich, ob nun alle herangezogenen Fayencen tatsächlich aus Arnstadt selbst oder einem möglichen anderen Ort stammen. Durch neue Funde und lokalhistorische und pharmaziegeschichtliche Untersuchungen kann dieses Gerüst in Zukunft sicher noch einige Korrekturen erfahren. Auch weitere Untersuchungen in Arnstadt selbst werden unser Bild von der «blauen Wahre» vervollständigen. Besonders die Anfänge derartig verzierter Keramik liegen noch völlig im Dunkeln. Der Hinweis im Inventarverzeichnis der Schloßapotheke Neideck aus dem Jahre 1583 auf 52 blaue tönerne Apotheker-Büchsen zeigt ja schon, daß diese Fayencen eine längere Geschichte haben. Und Richard Stettiner hat 1923 auch schon auf Vorbilder und mögliche Vorläufer hingewiesen. Vielleicht ist der bei ihm abgebildete Fayencentopf[37] aus dem Jahre 1609 sogar in Arnstadt getöpfert worden (Taf. 4 Nr. 1). Das erste sicher zu unserer Gruppe und Arnstadt zuzuweisende Gefäß ist der mit 1611 bezeichnete Apothekentopf aus dem Museum in Salzwedel (Taf. 4 Nr. 2), der zusammen mit dem zweiten, sicher zeitgleichen Topf von dort eine Reihe von Mustern zeigt, die zugleich Verbindungsglieder zu anderen Gefäßen bilden. So sind auf diesen beiden Töpfen im Schulter- und Bodenbereich umlaufende, aus horizontal stehenden Blüten gebildete Friese zu sehen, die ihre Entsprechung auf zwei Gefäßen aus Lüneburg (Taf. 2 Nr. 1, 2), einem Apothekentopf im Kunstindustriemuseum in Kopenhagen (Taf. 4 Nr. 8) und einem einhenkligen Apothekenkrug mit Röhrenausguß im Bayerischen Nationalmuseum in München haben (Taf. 4 Nr. 6). Dieser mit L S signierte Krug zeigt durch andere Muster, wie z. B. durch mit Knollen gefüllte Blüten, Verwandtschaft zu anderen mit L S signierten Fayencen, den mit der Jahreszahl 1618 bezeichneten Schraubflaschen aus der Hofapotheke des sächsischen Kurfürsten (Taf. 4 Nr. 4). Damit scheint der Zusammenhang mit dem Salzwedeler Gefäß und damit auch mit Arnstadt gesichert. Warum U. Lappe eine Trennung der mit L S signierten Fayencen und den unbezeichneten Arnstädter Fayencen vornimmt[38], ist wohl darin begründet, daß er die Signatur L S nicht mit den namentlich bekannten Arnstädter Töpfern in Zusammenhang bringen kann. Merkwürdigerweise zählt er dann aber ein L S bezeichnetes Tauben-Gefäß im Victoria and Albert Museum in London (Taf. 4 Nr. 10) wiederum zu seinen Arnstädter Fayencen, wohin es zweifellos auch gehört und in dem schon genannten Huhn im Arnstädter Museum (Taf. 4 Nr. 7) seine Entsprechung hat. Durch diese beiden Gefäße und deren charakteristische Verzierung lassen sich Verbindungen zu Bodenfunden aus Bremen und zu der Röhrenkanne des 1646 verstorbenen Meldorfer Apothekers Schritzmeyer (Taf. 4 Nr. 5) herstellen. D. h. wir erhalten für die Zeit von 1611 bis ca. 1640 Angaben für ganz bestimmte Muster, die später dann nicht mehr oder nur in veränderter Form vorkommen. Andererseits tauchen bei den später datierten Gefäßen Verzierungen auf, die bei den ersten noch nicht vorhanden sind. Es sind aber auch Muster zu sehen, die durchlaufend vorhanden sind. Bei den frühesten Fayencen fehlen z. B. weitestgehend voll ausgemalte Blüten (Taf. 5 Nr. 2). Bei den frühen Blütendarstellungen sind diese mit parallel verlaufenden Strichen und den schon beschriebenen Knollen gefüllt (Taf. 4 Nr. 6). Im Ganzen gesehen zeichnen sich die frühen Fayencen durch eine feine zeichnerische Gestaltung aus, wie es auch schon anderen Bearbeitern aufgefallen ist. Im Laufe der vierziger und fünfziger Jahre des 17. Jhs. wird die Bemalung kräftiger, verliert aber nichts an ihrer Ausdruckskraft. Es lassen sich aus dieser Zeit Gefäße zu verschiedenen Gruppen zusammenstellen, wobei noch offenbleiben muß, inwieweit sich dadurch die Handschrift eines Töpfers bzw. Malers oder ein zeitlicher Abstand ausdrücken. Zu der Gruppe mit einem zentralen Wirbelmuster gehören eine Flasche aus der Apotheke in Teistungen, Kr. Worbis, jetzt im Städtischen Museum Göttingen (Taf. 5 Nr. 1), eine von mehreren Röhrenkannen aus der Eisenacher Ratsapotheke (Taf. 1 Nr. 18), die durch ihre Verzierungen auch Verwandtschaft zu der Harburger Kanne von Fundpunkt 10 zeigt, ein Teller aus Braunschweig (Packhof)[39] und ein Apothekentopf aus Hamburg oder der Umgebung von Hamburg (jetzt im Nordiska Museet Stockholm) (Taf. 3 Nr. 9).

Auch eine weitere Kanne aus der Eisenacher Ratsapotheke[40], der eine Apothekentopf aus Lüneburg (Taf. 2 Nr. 5), die zweihenkligen Deckeldosen (Taf. 3 Nr. 8) aus Hamburg (Apotheke Speersort 93), Lüneburg (Taf. 2 Nr. 4) und Harburg (Taf. 1 Nr. 16) gehören aufgrund anderer Verzierungen zu dieser Gruppe. Durch das Gründungsdatum der Harburger Apotheke 1642 und den Hinweis, daß die Eisenacher Röhrenkannen für den Apotheker Peter Herda, der seit 1640 Verwalter und später Besitzer der dortigen Hofapotheke am Markt gewesen ist, angefertigt worden sind[41], erhalten wir ein ungefähres Herstellungsdatum für die Fayencen mit den beschriebenen Mustern. Es ist nur natürlich, daß sich dabei immer Überschneidungen mit älteren wie auch jüngeren Gefäßen ergeben und manche Fayence auch nicht näher einzuordnen ist. Auch die mit punktierten Knollen gefüllten Blüten auf einer weiteren Kanne aus Eisenach[42], einem Apothekentopf im Nordiska Museet in Stockholm[43] (Taf. 3 Nr. 10) und Tellern von der Burg Gleichen, die nur bis 1650 bewohnt war[44], ergeben sich

Verbindungen zu dieser Gruppe von Gefäßen und zugleich Anhaltspunkte zur Datierung. Bei den letztgenannten Gefäßen treten jetzt auch türkenbundartige Verzierungen mit voll ausgemalten Blüten häufiger auf. In die Mitte des 17. Jhs. muß der Steertpott aus Lüneburg, der eine gute Parallele in Arnstadt hat, aufgrund seiner Verzierungen gesetzt werden (Taf. 2 Nr. 10). Der röhrenförmige Griff ist bei der Produktion gleichermaßen als Tülle für die Röhrenkannen als auch für solche Stielgrapen verwendet worden. Eine Datierung des Lüneburger Grapens nach der von F. Laux für Lüneburg vorgeschlagenen Einteilung der Grifformen solcher Grapen kann nicht für die Arnstädter Fayence gelten[45], da deren Grifform sonst in Lüneburg nicht vorkommt. Bei den Funden von der Burg Gleichen ist eine vorher selten zu beobachtende Verzierung aus sich netzartig kreuzenden Linien zu bemerken, die bei Gefäßen aus den sechziger Jahren bis hin zu dem letzten sicher datierten Topf aus dem Jahr 1688 vorkommt (Taf. 5 Nr. 8). Die türkenbundartigen Blüten sind gleichfalls auf einer durch den Schraubdeckel auf oder vor das Jahr 1656 (PHILIBUS DÖBNER 1656) datierten Schraubflasche in den Kunstsammlungen der Veste Coburg vorhanden (Taf. 5 Nr. 2). Dieser Verzierung entspricht u. a. auch die eines Topfes aus der 1656 gegründeten Schwan-Apotheke in Husum[46]. Bei einem auf das Jahr 1660 datierten Apothekenkopf im Lübecker St.-Annen-Museum findet sich zum erstenmal ein Blattkranz (Taf. 5 Nr. 4), der auf mehreren später datierten Gefäßen als Umrahmung für die Aufschrift dient. Die Rückseite dieses wie auch eines zweiten, zeitgleichen Gefäßes von dort (Taf. 5 Nr. 5) zeigt neben den schon gewohnten Mustern einen mit dicken Pinselstrichen und einem Schwamm aufgetragenen Dekor. Damit beginnt eine sicher bis 1688 und wohl darüber hinaus andauernde Stilphase, in der die Verzierungen immer flächendeckender und auch gröber werden. Mit einem Schwamm sind auch die Verzierungen der Röhrenkannen aus Lüneburg (Taf. 3 Nr. 5), Braunschweig[47] und wohl auch die Muster eines auf das Jahr 1663 datierten Apothekentopfes aus der Apotheke in Teistungen, Kr. Worbis, aufgetragen worden (Taf. 5 Nr. 3). Ebenso finden wir diese z. T. verschwommenen Muster auf zwei Kannen aus der Apotheke in Nykøbing, von denen die eine durch die Jahreszahl 1668 datiert ist (Taf. 5 Nr. 6). Auch aus Arnstadt selbst liegen einige dieser recht grob und großflächig geschmückten Fayencen vor[48].

Diese im Grunde schon lange bekannte und hier ein wenig untermauerte Einteilung der Arnstädter Fayencen nach dem Dekor läßt sich zu einem kleinen Teil auch in den Gefäßformen beobachten. So kann der Apothekentopf aus dem Jahre 1611 aus dem Museum Salzwedel (Taf. 4 Nr. 2) in seiner bauchigen, nicht sehr scharf in einzelne Zonen unterteilten Form als typisch für die Apothekentöpfe aus dem ersten Viertel des 17. Jhs. gelten. Zu ihm gesellen sich das zweite Gefäß aus dem Museum Salzwedel (Taf. 4 Nr. 3), ein Topf aus Gifhorn[49], und zwei weitere, in Form und Verzierung ähnliche Töpfe im Museum für Kunst und Gewerbe in Hamburg. Weiterhin schließen sich hier die zwei größeren Töpfe aus Lüneburg an (Taf. 2 Nr. 1, 2). Eine Sonderform bilden zwei zylindrische Töpfe ohne ausgeprägten Fuß im Kunstindustrimuseum Kopenhagen (Taf. 4 Nr. 8) und im Germanischen Nationalmuseum in Nürnberg (Taf. 4 Nr. 9) und die fünf zylindrischen Töpfe im Nordiska Museet Stockholm (Taf. 3 Nr. 9–13), aus Hamburg oder der näheren Umgebung. Ihnen steht ein weiterer Topf im Germanischen Nationalmuseum mit zylindrischem Körper und schwach ausgebildetem Fuß nahe[50]. Sie alle gehören dem ersten oder zweiten Viertel des 17. Jh. an. Die Apothekentöpfe der zweiten Hälfte des 17. Jhs. zeigen eine scharfe Gliederung mit ausgeprägter Schulter und scharf abgesetztem, stark einziehendem Unterteil. Auch das letzte sicher datierte Gefäß von 1688 zeigt diese strenge Gliederung (Taf. 5 Nr. 8). An den Röhrenkannen ist eine Unterscheidung in der Form aufgrund der geringen Anzahl noch nicht möglich, doch mögen weitere Funde und andere Untersuchungsmethoden durchaus zu tiefergehenden Unterscheidungen führen, die diese Gruppe der frühen deutschen Fayencen und damit auch die Funde aus Harburgs Altstadt noch besser zu beurteilen helfen.

Mit dem beginnenden 18. Jh. kommt die Blautöpferei in Arnstadt allmählich zum Erliegen. Offensichtlich waren die Gruben für den weiß brennenden Ton erschöpft. Ein Zeichen dafür ist, daß nun in Arnstadt Gefäße vorkommen, die aus einem rot brennenden Ton hergestellt worden sind und unter einer grünstichig weißlichen Glasur eine weiße Engobe tragen[50]. Auch in Harburg, Fundplatz 118, Fundpunkt 4, fand sich ein Bodenstück einer derartigen Fayence. Dieses Stück, sollte es denn wirklich aus Arnstadt stammen, was noch an weiteren Funden überprüft werden müßte, wäre ein Hinweis auf einen bis in das 18. Jh. weiterreichenden Keramikhandel von Arnstadt nach Harburg.

Nachtrag: Während der Drucklegung wurden dem Helms-Museum die Funde aus der Glashütte am Wellenspring im Hils zur Bearbeitung zur Verfügung gestellt, wofür Herrn Herbert Six aus Grünenplan herzlich gedankt sei. Die Funde, ein in dieser Form einzigartiges Krüglein (Höhe 6,8 cm) und ein Deckel (Dm 12,8) für eine zweihenklige Dose (wie Taf. 1 Nr. 16),zeigen in ihrer Verzierung große Ähnlichkeiten mit dem einen Apothekentopf aus dem Museum Salzwedel (Taf. 4 Nr. 2) und den tierförmigen Fayencen (Taf. 4 Nr. 7, 10). Die Glashütte am Wellenspring ist nur von 1602 bis 1611 in Betrieb gewesen (n. Auskünften durch H. Six und n. Otto Bloss, Die älteren Glashütten in Südniedersachsen. Hildesheim 1977, S. 139). Die hier gefundenen Keramiken gehören somit zu den ältesten sicher datierten Arnstädter Fayencen.

Anmerkungen

1 Frau Ursula Balla und Herrn Günther Schulz sei für die z. T. schwierigen Zeichnungen und Umzeichnungen der Fayencen herzlich gedankt. Die Veröffentlichung der Funde aus Lüneburg erfolgte mit freundlicher Genehmigung von Herrn Dr. Eckhard Michael, Museum für das Fürstentum Lüneburg, (Taf. 2 Nr. 1–5, 7–10; 3 Nr. 1–6) und von Herrn Heinrich Karl Kühne, Adendorf, (Taf. 2 Nr. 6). Die Vorlagen für die Photographien auf den Tafeln 1 und 3 bis 5 wurden den in Anm. 2 genannten Schriften und der darin zitierten Literatur entnommen.

2 Articus, Plöner Apothekengeschichte, S. 10–12, 71–73 Anm. 39. – Lappe, Abfallgrube, S. 267–273; Taf. 40, 2. – Lappe, Ruine, S. 144–158, hier S. 140–142, 157–158; Taf. XXII–XXIV. – Lappe, Arnstädter Fayencen (erst 1987 erschienen. Nach 1984 erschienene Literatur nicht berücksichtigt). – Vom Jäger zum Städter, S. 102–106. In den genannten Arbeiten finden sich weitere Hinweise und Nachweise zu Fayencen in Bodenfunden und in der Literatur. Die vor kurzem erschienene Arbeit von Hans Georg Stephan «Die bemalte Irdenware der Renaissance in Mitteleuropa» (München 1987) mit einem Kapitel über Arnstädter Fayencen (S. 164–167) trägt nicht zur besseren Beurteilung dieser Fayencen bei.

3 Richter, Lämmertwiete, S. 65–111, hier besonders S. 81 Abb. 6.

4 Aßmus, Zur Geschichte des Harburger Apothekenwesens. – Wilhelm Lohmann, Dreihundert Jahre Rats-Apotheke. HAN vom 28. Juli 1942. – Lübbers, Ratsapotheke, S. 18–30. – Rabe, Rats-Apotheke. – Richter, Lämmertwiete, S. 69–70, 76, 78, 80. – Schwarzkopf, Ratsapotheke.

5 In der Schrift Drews/Guenter, Herrschaftliche Apotheke, wird Apotheker Senff nicht genannt.

6 Walter Stengel, Studien zur Geschichte der Deutschen Renaissance-Fayencen. Mitteilungen aus dem Germanischen Nationalmuseum. Nürnberg 1911, S. 70–105, hier S. 73–81.

7 Emil Hannover, Det Danske Kunstindustrimuseums Virksomhed. København 1916. Abb. 405–407. – Thor B. Kielland, «Fajanser med den blaa spiral». Nordiska Museet Fataburen 1918, H. 3, 1918, S. 122–126. – Emil Hannover, Det Danske Kunstindustrimuseums Virksomhed 1920–21. 1922, S. 76–78. – Bernhard Rackham (Hrsg.), A handbook for collectors. I Europe and the Near East earthenware and stoneware. Translated from the Danish of Emil Hannover. London 1925, S. 343–345, 557 Anm. 71, 569.

8 Richard Stettiner, Der Fayencemeister L. S. und seine Werkstätte. Der Cicerone XV, H. 2, 1923, S. 47–62.

9 Karl Sitzmann, Beiträge zur Töpferkunst in Oberfranken. Bayerischer Heimatschutz Bd. 26, 1920, S. 50–64, hier S. 60–61.

10 Joachim Kröll, Creussener Steinzeug. Bibliothek für Kunst- und Antiquitätenfreunde Bd. LIV. Braunschweig 1980, S. 25–36. Joachim Kröll, Creussener Fayence. Bayerische Bll. für Volkskunde 7, H. 3, 1980, S. 146–152.

11 Kröll, Creussener Steinzeug (wie Anm. 10), S. 29–30.

12 Rudolf Schmitz/Verena Jantz, Pharmazeutischer Reiseführer Süddeutschland. Darmstadt 1973, S. 14.

13 Lappe (wie Anm. 2).

14 Rüdiger Articus, Geschichte der alten Husumer Apotheken. Husum 1981, S. 29. – Rüdiger Articus, 325 Jahre Schwan-Apotheke in Husum. Die Heimat 88, 1981, S. 305–312, hier S. 307 Abb. 2.

15 Dannesboe Andersen, Gammelt Dansk Apoteksinventar. København 1944, S. 206f. – Emil Dam/Aage Schaeffer, De Danske Apotekers Historie. Bd. I. København 1925, S. 485f.

16 E.(rnst) Jendreyczyk, Die Apotheke zu Meldorf. Meldorf 1907, S. 2.

17 MKG Hamburg Inv.-Nr. 1932.251 (Vorbesitzer S. Lämmle, München). Eine dritte Tüllenkanne tauchte in den fünfziger Jahren im Berliner Kunsthandel auf. – Walter Stengel, Verschollene Fayence – Eulen? In: Festschrift für E. Meyer zum 60. Geburtstag – Studien zu Werken in den Sammlungen des Museums für Kunst und Gewerbe Hamburg. Hamburg 1957, S. 181 f.

18 Lappe, Arnstädter Fayencen, S. 33 Anm. 201.

19 Dietrich Arends/Wolfgang Schneider, Braunschweiger Apothekenregister 1506–1673. Braunschweig 1960, S. 59.

20 Zitiert nach Thilo Irmisch, Beiträge zur Schwarzburgischen Heimatkunde Bd. II. Sondershausen 1905–06, S. 21 Anm. *.

21 Bernhard Grosse, Ein Inventar des Gräflichen Schlosses Neideck in Arnstadt vom Jahre 1583. Alt-Arnstadt, H. 4, 1912, S. 54. – Paul Thalmann/Bernhard Grosse, Geschichte der Apotheke unter der Galerie in Arnstadt. Alt-Arnstadt, H. 10, 1934, S. 15, 89 Anm. 12.

22 Lappe, Arnstädter Fayencen, S. 19. – Mündlicher Hinweis durch Dr. Werner Endres, Regensburg.

23 Wolfgang Lösche, «Plab und Weiss Geschirr». Die Werkstattbruchgrube eines Diessener Hafners. München 1985.

24 Ralf Busch, Blau bemalte Fayence-Scherben aus Stelle 32 der Packhofgrabung in Braunschweig. In: Hartmut Rötting (Hrsg.), Stadtarchäologie in Braunschweig. Forschungen der Denkmalpflege in Niedersachsen, Bd. 3. Hameln 1985, S. 265–270; Taf. 13 a.
25 Articus (wie Anm. 14).
26 Zitiert nach Ursula Kranzfelder, Zur Geschichte der Apothekenabgabe- und Standgefäße aus keramischen Materialien unter besonderer Berücksichtigung der Verhältnisse in Süddeutschland vom 18. bis zum beginnenden 20. Jh. Dissertationsdruck München 1982, S. 213 Anm. 2. Ein Hinweis auf Verwendung blau bemalter Töpfe im süddeutschen Raum findet sich auch auf einem Bild im Mendelschen Brüderbuch von 1663. S. Titelbild zu Benker, In alten Küchen.
27 Lappe, Arnstädter Fayencen, S. 23. – Articus, Plöner Apothekengeschichte, S. 11 Abb. 4, S. 71–73, Anm. 39.
28 Hamburg-Bergedorf. Fundstelle: Kupferhof (Ecke Bergedorfer Straße/Vierlandenstraße). Flurstück Nr. 721. 2 Fragmente von Arnstädter Fayence bei einer Baustellenbeobachtung im September 1984 geborgen. Privatbesitz. – Minden, Hohe Straße. Museum Minden Inv.-Nr. Mi/MA 53-E. Unterteil eines Apothekengefäßes aus Arnstädter Fayence aus einer Grabung. Höhe: noch 4 cm. Durchmesser max.: 5 cm. Fuß-Durchmesser: 3,5 cm. Scherbendicke: 0,3 cm. Beide Hinweise verdanke ich Joachim Schween aus Hamburg-Bergedorf, der auch die Veröffentlichung der Bergedorfer Funde gestattete.
29 Alfred Falk, Arnstädter Fayencen und Stettiner Gut – Bodenfunde aus der Lübecker Innenstadt. Lübecker Schriften zur Archäologie und Kulturgeschichte Bd. 6. Bonn 1982, S. 231–238, hier S. 233–234.
30 Wolfgang-Hagen Hein/Dirk Arnold Wittop Koning, Bildkatalog zur Geschichte der Pharmazie. Stuttgart 1969, S. 56 Nr. 25.
31 Zitiert nach Kranzfelder (wie Anm. 26), S. 213 Anm. 9 u. 10.
32 Hans-Georg Stephan, Archäologische Funde zur Kulturgeschichte von Schloß Fürstenberg an der Weser. Nachrichten aus Niedersachsens Urgeschichte Bd. 51. Hildesheim 1982, S. 189–220, hier S. 198.
33 Wie Anm. 28.
34 Lappe, Ruine Neideck, S. 141. – Lappe, Arnstädter Fayencen, S. 24–25.
35 Caesar Albrecht Jungclaussen, Geschichte der Hamburgischen Apotheken 1818–1912. Hamburg 1913, S. 367 Nr. 40.
36 Volkmar Kellermann, Die Bodenfunde beim Bau des Pressehauses. MHG 11, 1939, S. 192–196. – Volkmar Kellermann, Die Hamburger Veste. Germanenerbe 4, 1939, S. 313–318.
37 Stettiner (wie Anm. 8), S. 57 Abb. 11. Als ein Vorläufer kann auch ein Apothekentopf mit blauer Bemalung aus dem Jahre 1583 im Germanischen Nationalmuseum Nürnberg angesehen werden, der durch seine Verzierung Verwandtschaft mit einem Apothekentopf aus Lüneburg (Taf. 2 Nr. 2) verrät. – Günther Schiedlausky, Frühe fränkische Fayencen. Euro-Ceramik 10, 1960, S. 234–237, Abb. 1 u. 2.
38 Lappe, Arnstädter Fayencen, S. 20.
39 Busch (wie Anm. 24), S. 266 Taf. 1, 1.
40 Walter Heinrici, Die Sammlung Heinrici-Halle. Zur Geschichte der Deutschen Apotheke (Beilage der «Deutsche Apotheker-Zeitung») Nr. 8, Juni 1935, S. 25–32, hier S. 29.
41 Wolfgang Fetzer, Pharmazie. Historisches aus Museen und Sammlungen der DDR. Leipzig 1983, S. 190 Nr. 73.
42 Ebd., S. 54 Abb. 73.
43 Kielland (wie Anm. 7), S. 124 Abb. 3.
44 Ulrich Lappe, Die spätmittelalterliche bis frühneuzeitliche Besiedlung der Burg Gleichen. Alt-Thüringen 19, 1983, S. 164–187, Taf. XXVII.
45 Friedrich Laux, Der Lüneburger Schweinetopf. Ein Gefäß der bürgerlichen Küche des 17. Jhs. In: Rosemarie Pohl-Weber (Hrsg.), Aus dem Alltag der mittelalterlichen Stadt. Hefte des Focke-Museums Nr. 62. Bremen 1982, S. 123–132, hier S. 125 Abb. 3. – Friedrich Laux, Holzgeschirr und Holzgerät aus Lüneburger Schwindgruben. Zs. für Archäologie des Mittelalters 10, 1982, S. 85–100, hier S. 87 Abb. 2.
46 Articus, Plöner Apothekengeschichte, S. 12 Abb. 5, 1.
47 Wolfgang-Hagen Hein/Dirk Arnold Wittop Koning, Deutsche Apotheken-Fayencen. Frankfurt a. M. 1977, S. 45.
48 Lappe, Arnstädter Fayencen, S. 52 Abb. 13; S. 64 Abb. 32.
49 Otto Heinz Werner, Schloß Gifhorn: Bodenfunde 1978–83. Gifhorn 1983, S. 22 Abb. 32.
50 Adalbert Klein, Deutsche Fayencen. Bibliothek für Kunst- und Antiquitätenfreunde Bd. XX. Braunschweig 1975, S. 12 Abb. 19.
51 Lappe, Arnstädter Fayencen, S. 25.

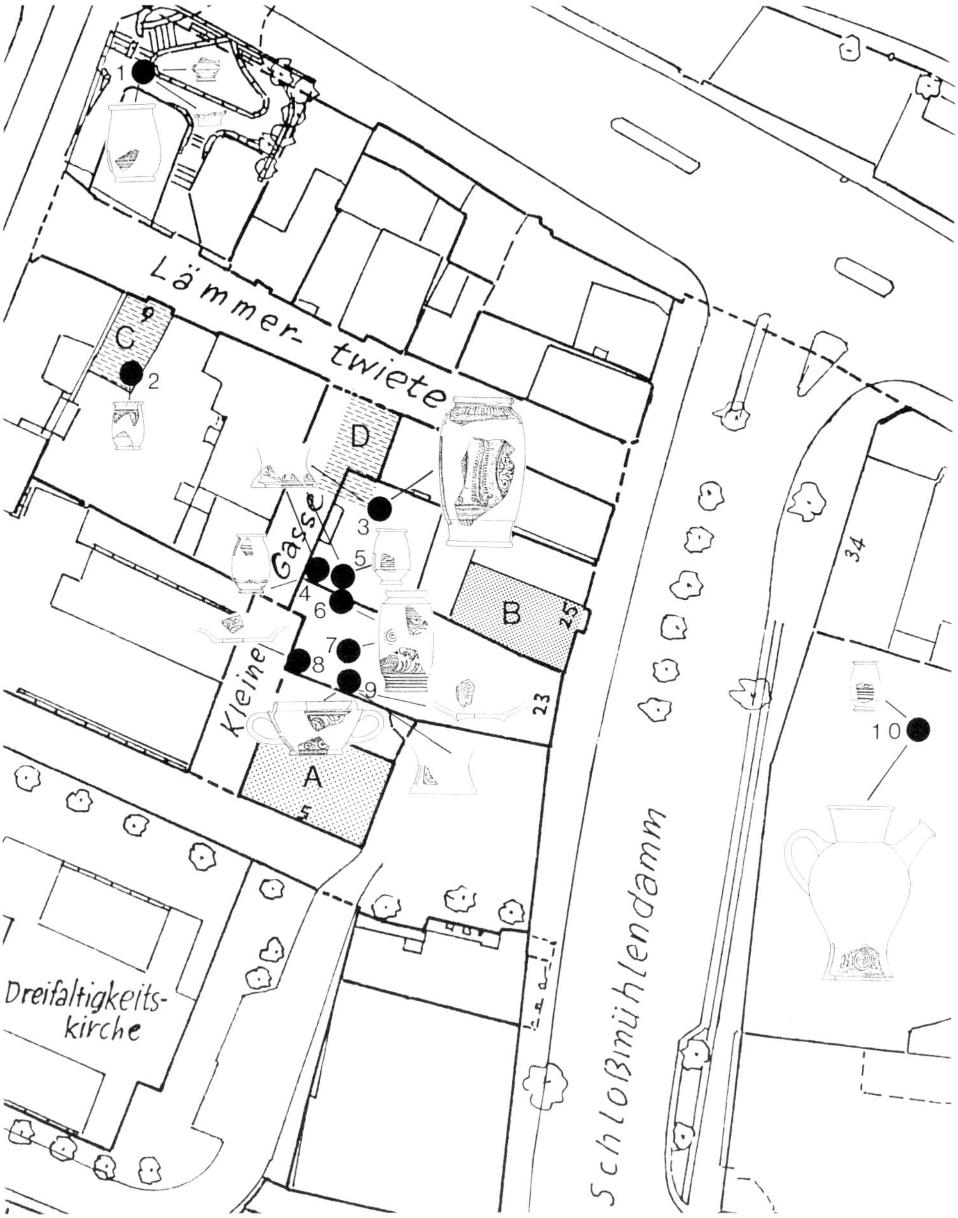

Abb. 1 Die Harburger Altstadt im Bereich der Ratsapotheke mit den Fundstellen blau bemalter Fayencen aus Arnstadt (Thüringen).

Abb. 2 Herstellungsorte, Bodenfunde und nachgewiesene Herkunft Arnstädter Fayencen sowie andere Produktionsorte von Gefäßen mit Spiraldekor im süddeutschen, schweizerischen Raum (Nachweis s. Anm. 2 und 28).

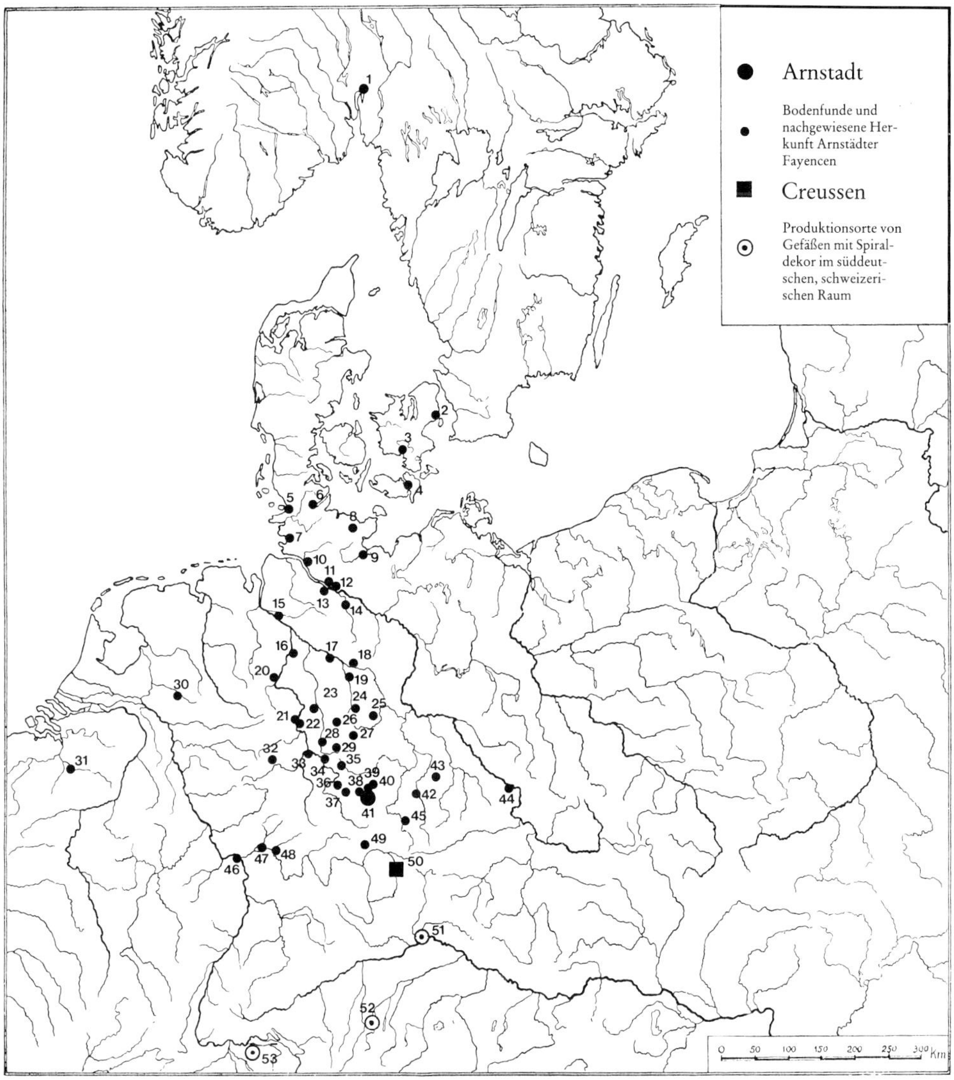

1. Oslo, Norwegen
2. Kopenhagen, Dänemark
3. Naestved, Dänemark
4. Nykøbing F., Dänemark
5. Husum, Kr. Nordfriesland
6. Schleswig, Kr. Schleswig-Flensburg
7. Meldorf, Kr. Dithmarschen
8. Plön, Kr. Plön
9. Lübeck
10. Glückstadt, Kr. Steinburg
11. Hamburg
12. Hamburg-Bergedorf
13. Hamburg-Harburg
14. Lüneburg, Kr. Lüneburg
15. Bremen
16. Nienburg, Kr. Nienburg
17. Celle, Kr. Celle
18. Gifhorn, Kr. Gifhorn
19. Braunschweig
20. Minden, Kr. Minden
21. Höxter, Kr. Höxter
22. Schloß Fürstenberg, Kr. Holzminden
23. Glashütte am Wellenspring im Hils, Kr. Holzminden
24. Osterwiek, Kr. Halberstadt
25. Halberstadt, Kr. Halberstadt
26. Clausthal-Zellerfeld, Kr. Zellerfeld
27. Wieda, Kr. Blankenburg
28. Göttingen, Kr. Göttingen
29. Teistungen, Kr. Worbis
30. Vreden, Kr. Ahaus
31. Mechelen, Belgien
32. Korbach, Kr. Waldeck
33. Münden, Kr. Göttingen
34. Bad Sooden-Allendorf, Kr. Witzenhausen
35. Mühlhausen, Kr. Mühlhausen
36. Eisenach, Kr. Eisenach
37. Waltershausen, Kr. Gotha
38. Burg Gleichen, Kr. Arnstadt
39. Erfurt, Kr. Erfurt
40. Niedertrebra, Kr. Apolda
41. Arnstadt, Kr. Arnstadt
42. Gera, Kr. Gera
43. Roda, Kr. Grimma
44. Dresden
45. Saalburg, Kr. Schleiz
46. Mainz
47. Frankfurt a. M.
48. Hanau
49. Coburg
50. Creussen, Kr. Pegnitz
51. Regensburg
52. Diessen, Kr. Landsberg a. Lech
53. Winterthur, Schweiz

Taf. 1 Hamburg-Harburg: *1* Fdpkt. 10 (Fdpl. 134); *2* Fdpkt. 5 (Fdpl. 118); *3* Fdpkt. 2 (Fdpl. 112); *4* Fdpkt. 4 (Fdpl. 118); *5* Fdpkt. 1 (Fdpl. 125); *6* Fdpkt. 1 (Fdpl. 125); *7–8* Sammelscherben (Fdpl. 116); *9* Fdpkt. 8 (Fdpl. 116); *10* Fdpkt. 9 (Fdpl. 116); *11* Fdpkt. 1 (Fdpl. 125); *12* Fdpkt. 9 (Fdpl. 116); *13* Fdpkt. 8 (Fdpl. 116); *14* Fdpkt. 3 (Fdpl. 118); *15* Fdpkt. 6 u. 7 (Fdpl. 116); *16* Fdpkt. 9 (Fdpl. 116); *17* Fdpkt. 10 (Fdpl. 134); *19* Fdpkt. 3, 4 u. 5 (Fdpl. 118); *20* Fdpkt. 9 (Fdpl. 116) – Helms-Museum, Hamburg. – *18* Eisenach (Ratsapotheke) – Germanisches National-Museum, Nürnberg. – *M 1 : 4*

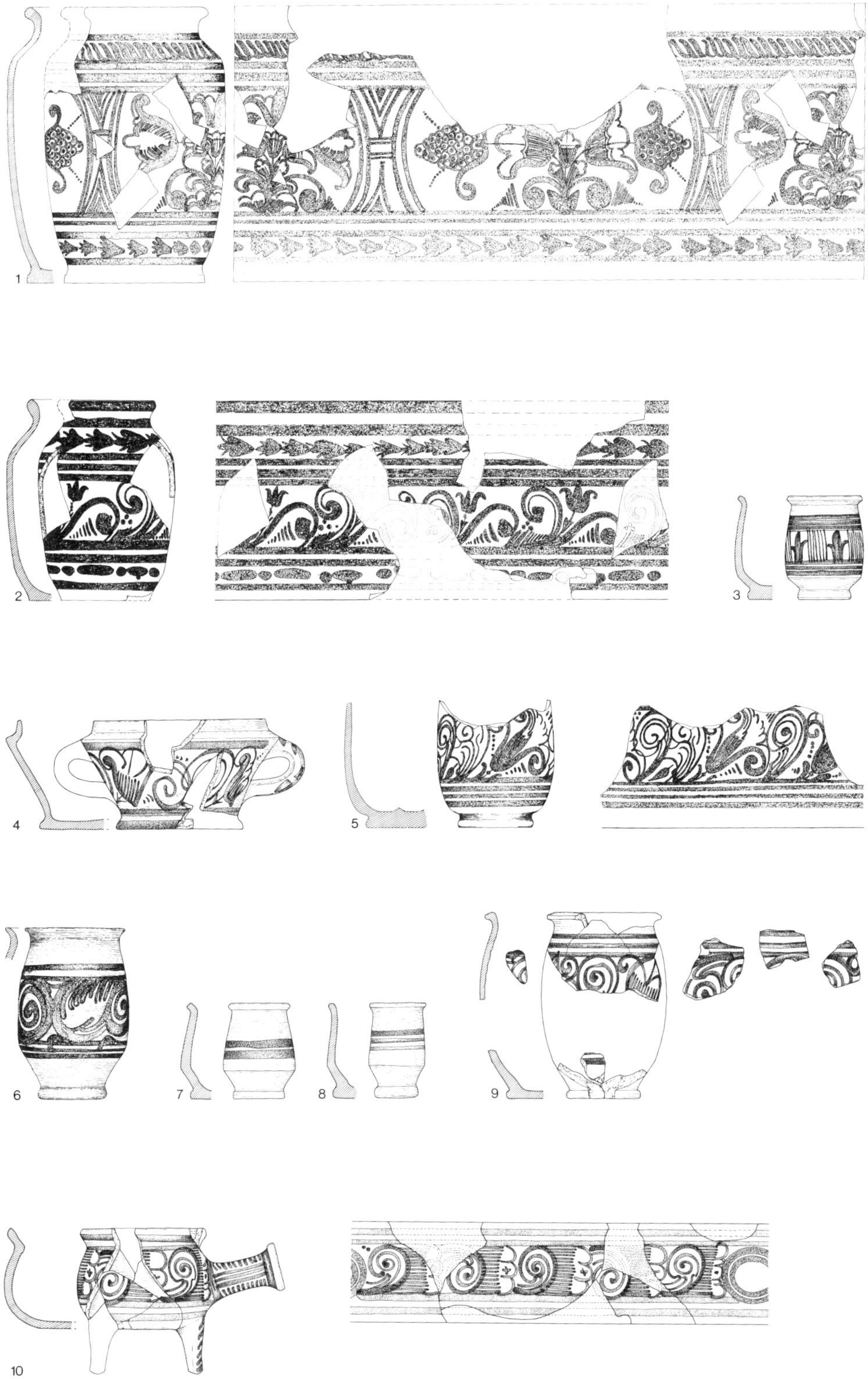

Taf. 2 Lüneburg: *1* Glockenhof, Schwindgrube 1; *2* Altfund, ohne nähere Angaben; *3* Große Bäckerstr. 22, Schwindgrube Brunsmeyer; *4* Altfund ohne nähere Angaben; *5* Kreissparkasse, Schwindgrube 2; *7* Altfund ohne nähere Angaben; *8–9* Grapengießerstr. 8, Schwindgrube Hedemann; *10* Glockenhof, Schwindgrube 6 – Museum für das Fürstentum Lüneburg, Lüneburg. – *6* Waagestraße, Schwindgrube – Privatbesitz. – *M 1 : 4*

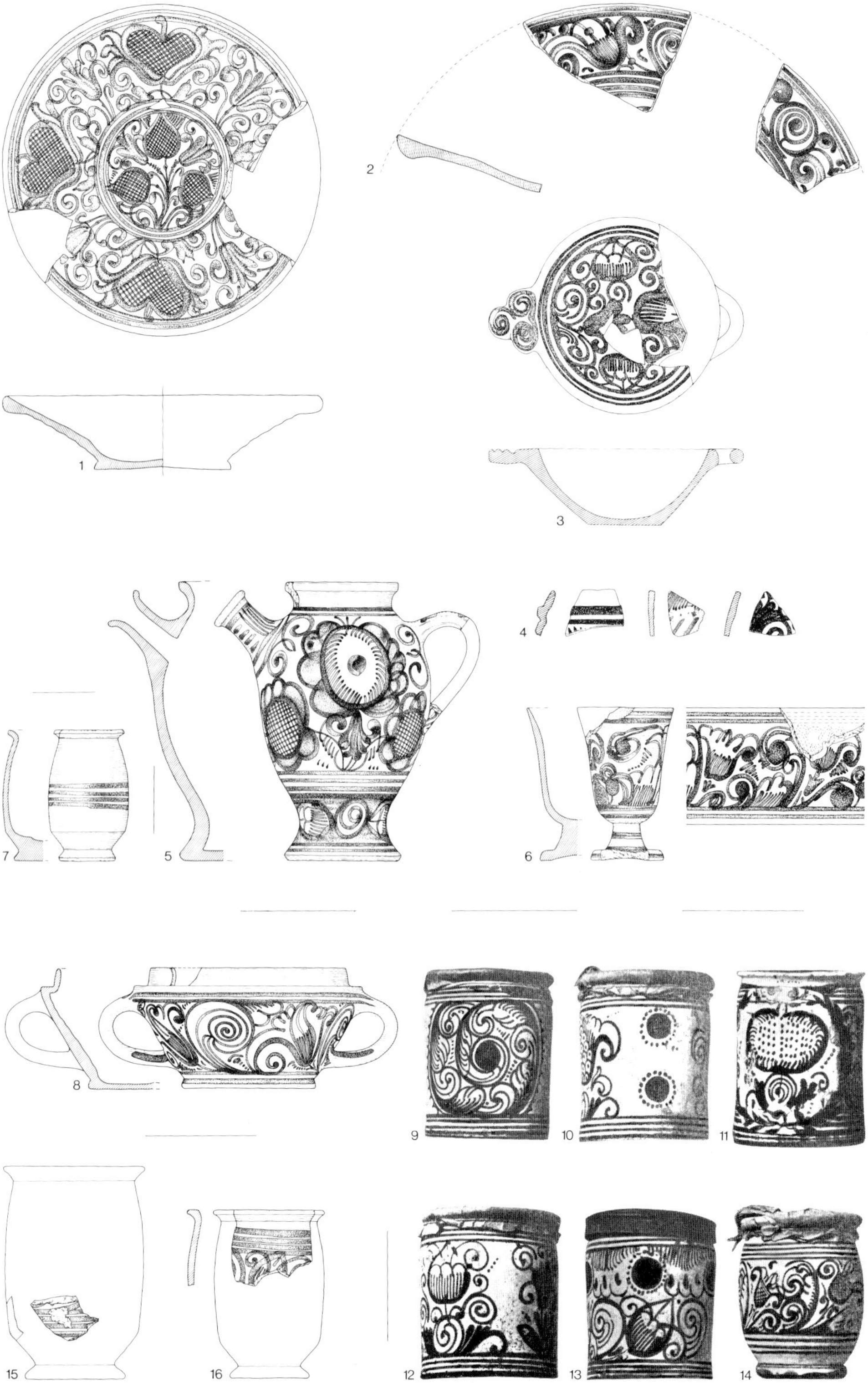

Taf. 3 Lüneburg: *1* Koltmannstr. 23, Schwindgrube; *2* Große Bäckerstr. 22, Schwindgrube Brunsmeyer; *3* Altfund, ohne nähere Angaben; *4* Kalandstraße (Wellenkamp'sche Villa), Verfüllung des Stadtgrabens; *5* Altfund ohne nähere Angaben; *6* Grapengießerstraße/Ecke Kuhstraße, Schwindgrube Dieckmann – Museum für das Fürstentum Lüneburg, Lüneburg. –
Hamburg: *7–8* Speersort 93 (Pressehaus) – Helms-Museum, Hamburg. – *9–14* Hamburg oder Umgebung – Nordiska Museet, Stockholm. – *15–16* Hamburg-Bergedorf (Kupferhof) – Privatbesitz. – *M 1 : 4*

Taf. 4 *1* Ehem. Schloßmuseum, Berlin. – *2–3* Stendal oder Umgebung (?) – J.-Fr.-Danneil-Museum, Salzwedel. – *4* Dresden (Hofapotheke) – Germanisches National-Museum, Nürnberg. – *5* Meldorf (Apotheke) – Dithmarscher Landesmuseum, Meldorf. – *6* Bayerisches Nationalmuseum, München. – *7* Arnstadt – Museen der Stadt Arnstadt. – *8* Kunstindustrimuseum København. – *9* Germanisches National-Museum, Nürnberg. – *10* Victoria and Albert Museum, London. – *1–9 M ca. 1 : 4. 10 o. M.*

Taf. 5 *1* Teistungen – Städtisches Museum Göttingen. – *2* Coburg – Kunstsammlungen der Veste Coburg. – *3* Teistungen – Städtisches Museum Göttingen. – *4-5* St. Annen-Museum, Lübeck. – *6* Nykøbing F. (Löwen-Apotheke) – Nationalmuseum København. – *7* Museum Schloß Wilhelmsburg Schmalkalden. – *8* Heiliggeistkirche in Werder an der Havel. – *1–8 M ca. 1 : 4.9 o. M.*

Pläne zur Erweiterung Harburgs um 1700

Dietrich Kausche

Schon zwei Jahre, nachdem die Herrschaft Harburg 1642 nach dem Tode Herzog Wilhelms wieder an die Celler Linie des Welfenhauses gefallen war, begann der Ausbau Harburgs zu einer modernen Festung, der sich über längere Zeit hinzog. Seit 1646 wurden die Arbeiten maßgeblich beeinflußt durch Herzog Christian Ludwig, der 1648 die Regierung in Celle übernahm, unterstützt von seinem in Hannover residierenden Bruder und späteren Nachfolger in Celle, Georg Wilhelm. Beiden schwebte dabei eine gleichzeitige Erweiterung des Städtchens Harburg und seine Entwicklung zu einem Handelsplatz vor[1]. Ein entsprechender Aufruf Christian Ludwigs, der Siedlungswilligen günstige Aufnahmebedingungen in einer räumlich zu vergrößernden Stadt zusicherte, wurde am 7. März 1655 an die Städte Bremen, Lüneburg, Stade, Buxtehude, Glückstadt und Itzehoe versandt, wo er von den Kanzeln verlesen werden sollte[2]. Irgendwelche Auswirkungen hat er nicht gehabt.

Zunächst galt es, für diejenigen Bürgerhäuser und öffentlichen Gebäude, die im ältesten Teil der Stadt nach 1650 den Festungsanlagen weichen mußten, möglichst schnell Ersatzgrundstücke zu beschaffen. Außer einigen noch unbebauten Plätzen in der Altstadt und den im fürstlichen Besitz befindlichen Flächen zu beiden Seiten der Mühlenstraße, dem Lustgarten und dem Küchengarten, die zur Bebauung freigegeben wurden, stand dafür die parallel zur Mühlenstraße anstelle der früheren Stadtbefestigung angelegte «Neue Straße» zur Verfügung. Den Ausbau dieser wegen ihrer Nachbarschaft zu der auf dem Gelände des Lustgartens erbauten neuen Kirche zuerst als Neue Kirchstraße bezeichneten Straße übernahm der Landesherr. Als Zuweg zum neuen Kaufhaus, das man 1650 an einem durch Erweiterung eines Kanals künstlich geschaffenen Hafenbecken errichtet hatte, wurde sie 1656 nach ihrer Fertigstellung sogar gepflastert[3].

Das war für die nächsten 200 Jahre die letzte Stadterweiterung, die zur Durchführung der durch den Festungsbau notwendig gewordenen Umsiedlungsaktion nach einem festen Plan erfolgte. Eine Verlängerung des Kleinen Schippsees, für die ebenso wie für die um dieselbe Zeit durchgeführte Aufsiedlung des Küchengartens eine Planskizze des Festungsbau-Ingenieurs Georg Friedrich von dem Berge vorliegt, blieb bloßes Projekt[4]. Dasselbe gilt für alle weiteren, zum Teil sehr großzügigen, mitunter aber auch utopischen städtebaulichen Planungen in Harburg, über die im folgenden zu sprechen sein wird. Sie stehen sämtlich im Zusammenhang mit immer wieder von neuem aufgegriffenen und immer wieder aus denselben Ursachen gescheiterten Versuchen, in Harburg einen bedeutenden Hafen und Handelsplatz zu etablieren. Diese müssen daher in die Darstellung der Erweiterungspläne miteinbezogen werden, während die tatsächlichen wirtschaftlichen Verhältnisse hier grundsätzlich außer Betracht bleiben oder, wo es notwendig erscheint, lediglich am Rande erwähnt werden.

Nach dem Mißerfolg des herzoglichen Aufrufs von 1655, der begreiflicherweise kein Echo fand zu einer Zeit, als die Bauarbeiten an der Festung und für die umgesiedelten Bürger noch in vollem Gange waren, erschienen nach deren Abschluß die Umstände für einen neuen Anlauf günstiger. Er stand in unmittelbarem Zusammenhang mit der Übereinkunft zwischen der Celler und der kurbrandenburgischen Regierung in Cölln an der Spree vom 26. November 1661. In ihr wurden den brandenburgischen Kaufleuten verschiedene Vergünstigungen in Aussicht gestellt. Genannt wird nicht nur der geplante Bau von ausreichenden Kornspeichern (Punkt 4), sondern es ist auch in Punkt 9 von einer «anzulegen vorhabenden newen Stadt zur Harburg» die Rede. Eine Denkschrift des Oberfaktors Johann Duve in Hannover vom 20. Januar 1662 befaßt sich allein mit der «Stabilirung der Kornhandlung» in Harburg und erwähnt dementsprechend nur die am Wasser anzulegenden Kornhäuser (Ziff. 3)[5].

Ausführlicher auf die Notwendigkeit, im Interesse einer Förderung der Wirtschaft Harburgs einen neuen, von der Altstadt abgesonderten Stadtteil nur für Handelsleute mit neuem Kaufhaus, Pack- und Kornhäusern und schiffbaren Kanälen großzügig zu planen, geht ein vom Harburger Kanzler Heinrich Bessel verfaßter Vorschlag vom 8. Februar 1662 ein, den dieser und der Oberhauptmann Dietrich von der Recke drei Tage später persönlich in Celle vorlegten. Eine weitere Ausdehnung der Altstadt sollte dadurch nicht beeinträchtigt werden. Bessel empfahl, mit dem Bau des neuen Kaufhauses, der Vermessung der Gassen und Hausstätten sowie dem Ausheben der Wassergräben möglichst bald zu beginnen, damit Durchreisende sehen könnten, daß etwas geschieht. Zehn Handelsleute hätten sich auch bereits gemeldet[6].

Zu ihnen gehörten die Brüder Rütger und Hans Hinüber aus Hildesheim. Auf ihren Antrag erhielten sie unter dem 23. Juni 1663 vom Herzog die Genehmigung, gegenüber der Festung auf der Koppelweide im Osten der Stadt, wo die Neustadt entstehen sollte, zwei Häuser zu erbauen. Die Bauplätze sollten ihnen gemäß dem von dem derzeitigen dänischen Oberst und Generalquartiermeister Henrik Ruse (Rüse) entworfenen Bebauungsplan in der Nähe des großen Schiffskanals angewiesen werden[7]. Es wird allerdings nicht gesagt, ob dieser Riß jetzt oder schon früher, als Ruse 1656/57 mit dem Bau der Festung Harburg befaßt war, entstanden ist[8]. Bei einer den Akten der Celler Regierung entnommenen, undatierten Planskizze auf einem Papierblatt ohne geraden Rand und ohne nähere Bezeichnung handelt es sich vermutlich um den Originalentwurf Ruses. Darauf ist eine befestigte Stadt mit mehreren, durch Kanäle getrennten Wohnbezirken dargestellt. Sie sollte, wie aus dem Verlauf des zur Festung führenden Grabens auf der linken Seite des Blattes zu erkennen ist, im Osten des südlichen Teils der auf dem Blatt unberücksichtigt gelassenen Altstadt, wohl schon auf Neuländer Gebiet, erbaut werden. Vorgesehen waren im Norden ein Block für Rat- und Kaufhäuser, ein Block für Kirche und Gottesacker sowie je ein Pastorenhaus zu beiden Seiten davon und noch ein gesonderter kleiner Bezirk für die Schule. Weiter südlich schließen sich zwei breitere und zwei schmalere Streifen mit insgesamt 181 Häusern an. Die Größe der Grundstücke ist mit jeweils 36 Schuh Breite (ca. 10 m) und 96 Schuh Länge (Tiefe, ca. 27,5 m) veranschlagt; hinzu kommen in den breiteren Streifen Hausgärten von 48 bzw. 96 Schuh Länge. Die Schreibweise huiser, straete und canael deutet darauf hin, daß der Zeichner holländischer Herkunft war, was ja auf Ruse zutrifft[9].

Schwierigkeiten ergaben sich für die Brüder Hinüber ebenso wie für andere, die im Sommer 1664 mit dem Bau beginnen wollten, beim Ankauf des benötigten Geländes, das der Harburger Bürgerschaft gehörte, die am Zuzug kapitalkräftiger Kaufleute anscheinend wenig interessiert war. Obwohl sie Barzahlung angeboten hatten, kam es zu keiner Einigung mit dem Rat der Stadt. Sie baten daher die Regierung in Celle, den Oberhauptmann einzuschalten. Wie sich hierbei herausstellte, verfügte dieser zu der Zeit noch nicht einmal über den Riß der geplanten Neustadt. Er wurde ihm am 30. Juni 1664 übersandt mit der Aufforderung, ihn an die Hauptkarte der Festung anzuschließen und kopieren zu lassen. Das ist offenbar sofort geschehen. Bei der Rücksendung des Risses nach Celle am 11. Juli bemerkte der Oberhauptmann, es sei nicht klar, wie nahe die ersten Häuser der Festung und dem Schiffskanal zu setzen seien; er hielt es daher für zweckmäßig, daß einige der Geheimen Räte nach Harburg kämen, um die Gassen abzustecken und anzuordnen, wo die ersten Häuser gebaut werden sollten[10].

Geschehen ist dann aber wiederum nichts weiter, und die Bauwilligen haben sich zurückgezogen. Es mag dabei mitgespielt haben, daß im März 1665 mit dem Tode Christian Ludwigs ein Regierungswechsel in Celle stattfand und daß etwa zur gleichen Zeit in Harburg ein neuer Oberhauptmann sein Amt antrat. So verwundert es auch nicht, wenn Bessel 1667 im Erbregister des Amtes Harburg am Anfang des Abschnitts über die Stadt Harburg noch einmal darauf hinweist, was nach seiner Meinung erforderlich sei, um die wirtschaftlichen Verhältnisse in Harburg zu bessern. Auch er beendete noch im selben Jahre als letzter Harburger Kanzler seine dortige Tätigkeit. Wie wir 1672 erfahren, hielten sich aber Gerüchte, die die Bewohner der Neuen Straße beunruhigten, das Kaufhaus sollte an den Karnapp verlegt werden. Eher – so hieß es – würden sie sich, falls das jetzige Kaufhaus der Festung hinderlich sei, mit einer Verkleinerung am derzeitigen Platze einverstanden erklären[11].

Wieder vergingen ein paar Jahre, bis die Neubaupläne von neuem aufgegriffen wurden. Wir besitzen einen Bericht, den Martin Elers im Januar 1681 Herzog Georg Wilhelm über sein Projekt und seine damit verbundenen Verhandlungen erstattete, dem ein Planungsriß beigefügt war. Der Bericht läßt, da in ihm von des Herzogs Brüdern die Rede ist, den Schluß zu, daß die Pläne auf die Zeit vor dem Tode Johann Friedrichs in Hannover zurückgehen, der am 28. Dezember 1679 starb. Von Elers stammen vermutlich auch ein Antrag an Herzog Ernst August in Hannover und dazugehörige Aktenvermerke der Celler Räte, sämtlich undatiert, aber wohl aus dem Jahre 1680; denn am 9. November 1680 verpflichtete sich Ernst August auf Bitten seines Bruders Georg Wilhelm, sich an den von diesem zunächst vorzuschießenden Kosten für eine neue Stadt unfern Harburgs an der Elbe unter gewissen Bedingungen zu beteiligen. Die Pläne müßten zuvor im Detail von ihm gebilligt sein; auch müßten die anzulegenden Kanäle ganz allein dem Handel dienen, und es dürfte keine Festung daraus gemacht werden.

Bei diesem Vorschlag ging es um eine ziemlich großräumige, unschwer zu erweiternde und zugleich der Landbevölkerung Schutz bietende Anlage in der Elbmarsch mit breiten Kanälen nach Holländerart. Sie sollte sich an die Schlösser Harburg und Winsen beiderseits anlehnen und befestigt werden; auch sollten ihr erneut etwa 50 nahe dem Schloß Harburg gelegene Altstadthäuser geopfert und ihre Bewohner in die neue Stadt umgesiedelt werden. In einer Anlage erläuterte Elers die ihr zu gewährenden besonderen Privilegien. Ein anderer, von den Geheimen Räten favorisierter Plan hielt dagegen eine Elbinsel für den geeigneten Standort der neuen Stadt. Elers verwies in seinem Bericht vom Januar 1681 ausdrücklich auf das 1680 von König Karl XI. von Schweden gegründete Karlskrona, dem man durch geeignete Maßnahmen die bauwilligen Leute abfangen müßte. «Wenn man Vögel fangen will, muß man Käfige haben» war sein Motto zur Begründung der Verlagerung der Kosten für die vorbereitenden Arbeiten vom privaten Ansiedler, dem man sie bisher im wesentlichen stets aufzubürden geneigt gewesen war, auf die herzoglichen Kassen. Und daran, d. h. insbesondere an der dafür erforderlichen Kreditaufnahme durch Georg Wilhelm, ist auch in diesem Falle das schon bis ins einzelne sorgfältig geplante und auch hinsichtlich der gemeinsamen Finanzierung durch die beiden Herzöge gut durchdachte Projekt letzten Endes gescheitert. Das zeigt schon das vorsichtig formulierte Einverständnis der Geheimen Räte in Hannover vom 10. September 1681 zu den «unlängst» übersandten Vorschlägen der Celler Kollegen. Der von Baasch mit diesen Plänen in Zusammenhang gebrachte du Chiron in Hamburg war dagegen wohl nur indirekt daran beteiligt, indem er am 1. November 1681 einen Oberstleutnant für den Bau des neuen Hafens empfahl[12].

An dem Unvermögen, weitsichtige Pläne dann auch wirklich auszuführen, konnte ein bald darauf, am 7. Januar 1686, in holländischer Sprache publiziertes neues Edikt Georg Wilhelms auch nichts ändern. Unmittelbarer Anlaß dafür war wie bei dem bekannteren Edikt von Potsdam des Großen Kurfürsten von Brandenburg (1685 Nov. 8) auch hier die Aufhebung des Ediktes von Nantes durch den französischen König am 18. Oktober 1685. Es richtete sich daher in erster Linie an Glaubensflüchtlinge, die sich in seinem Herzogtum, namentlich in Harburg niederlassen wollten. Unerwähnt bleibt darin jedoch eine hier zu bauende neue Stadt. Die den Ansiedlern versprochenen, außerordentlich weitgehenden Freiheiten und wirtschaftlichen Vorteile hatten aber auch jetzt nicht den gewünschten Erfolg. Es blieb vielmehr alles beim alten[13].

Neue Impulse für die Entwicklung zu einer Hafenstadt brachte die nach dem Tode des Celler Herzogs Georg Wilhelm am 28. August 1705 erfolgte Angliederung des Fürstentums Lüneburg an das Kurfürstentum Hannover. Hier regierte, nachdem Ernst August schon 1698 gestorben war, dessen Sohn Georg Ludwig. An ihn und seine Regierung sandte Friedrich Erich Gruber aus Lüchow am 8. Mai 1706 verschiedene Vorschläge zur Verbesserung der wirtschaftlichen Zustände in Harburg, die wir aber nicht im einzelnen kennen. Im Laufe des Jahres 1706 wandten sich außerdem sowohl der Rat der Stadt Harburg, der die geltenden Rechts- und Verfassungsverhältnisse in der Stadt zu allererst für die bisherigen Mißerfolge verantwortlich machte, wie die kurfürstlichen Beamten in Harburg mehrfach an ihren neuen Landesherren. Diese nahmen dabei in ihrem ausführlichen Bericht an die Geheimen Räte in Hannover vom 28. Dezember 1706 ausdrücklich Bezug auf das herzogliche Edikt von 1686. Es wird zwar von der Anweisung geeigneter Bauplätze für Ansiedler gesprochen, nicht jedoch von der Anlage einer neuen Stadt bei Harburg. Neben vielem anderen erscheint hier die Befürwortung der Schaffung von Werftanlagen am Reiherstieg, bei Lauenbruch und bei der Neuländer Fähre bemerkenswert[14].

Das kurfürstliche Privileg für die Stadt Harburg vom 26. Februar 1707 entsprach mit seiner Änderung der Stadtverfassung weitgehend den Vorstellungen des Magistrats. Es fand aber gerade im Hinblick auf die Pläne zur Förderung von Handel und Wandel in Harburg nicht die Zustimmung des Oberhauptmanns Georg Friedrich v. Spörcken und des Amtmanns Joachim Grupen. Auf ihr Betreiben mußten gewisse, dem Magistrat im neuen Stadtreglement eingeräumte Rechte dann auch wieder zurückgenommen werden. Fürchteten sie doch nicht zu Unrecht, daß durch die Neuregelung nicht nur ihre Autorität überhaupt, sondern gerade auch ihr Einfluß auf die weitere Entwicklung der Stadt geschmälert werden könnten, die sie durch den Magistrat als gefährdet ansahen[15].

Wirtschaftliche Fragen hatte man im Privileg vom 26. Februar 1707 zunächst ausgespart und einer späteren «Erklärung» vorbehalten. Sie wurde durch Entwürfe und Gegenentwürfe der Beteiligten sorgfältig vorbereitet, in denen die gegensätzlichen Standpunkte des Magistrats und der kurfürstlichen Beamten in Harburg immer wieder deutlich zum Ausdruck kommen. Während Bürgermeister und Rat der Stadt eine zusätzliche Vermehrung ihrer Befugnisse anstrebten, um Harburg dadurch attraktiver für fremde Kaufleute zu machen, forderten die Beamten eher eine Einschränkung der dem «aus geringen Leuten, teils Handwerkern» bestehenden und von auswärtigen Kaufleuten nicht genügend geachteten Rat neuerdings verliehenen Rechte. Sie wiesen auf die geringe Erfahrung der Ratsmitglieder auf dem Gebiet des Handels hin, in der sie das Haupthindernis für die von der Regierung in Hannover verfolgten Ziele sahen. Im Grunde ging es hier weniger um die Sache, die von beiden Seiten mit gar nicht so unterschiedlichen Argumenten angestrebt wurde, als um die Frage, wer über die zu treffenden Maßnahmen maßgeblich zu bestimmen haben sollte. Einig war man sich vor allem in dem Wunsch, auch ausländische Ansiedler heranzuziehen und diesen besondere Vorrechte einzuräumen. Deshalb sollten die Privilegien für Neuanbauer in deutscher, holländischer und englischer Sprache in Einzeldrucken und Zeitungen bekannt gemacht werden. Uneinigkeit herrschte dagegen schon darüber, wer die Plätze für Bauwillige anweisen sollte[16].

Eine am 9. Mai 1707 an die Regierung gerichtete Anfrage des Magistrats, ob er oder ein von der Regierung noch zu bestimmender Ingenieur dafür zuständig sei, veranlaßte diese zunächst dazu, durch ein Reskript an das Amt vom 8. August eine Kartierung der Stadt wegen deren geplanter Vergrößerung anzuordnen, die in Zusammenarbeit mit Bürgermeister und Rat durch einen tüchtigen Ingenieur vorgenommen werden sollte. Die Beamten berichteten daraufhin am 20. August, in Harburg gebe es niemand, der in der Lage sei, einen solchen Abriß anzufertigen; man habe aber im Nachlaß des Hauptmanns Köcher einen «ganz accuraten Abriß von dieser Stadt und Umgegend» gefunden, den man kopieren könne. Die Geheimen Räte entschlossen sich jedoch, einen Ingenieur-Offizier mit der Herstellung der Karte zu beauftragen. Die Angelegenheit verzögerte sich dann aber deshalb, weil zwei nacheinander dafür vorgesehene Offiziere, der Oberstleutnant Wellien und danach der im März 1708 verstorbene Hauptmann Bühne, ausfielen und daher also erst ein neuer Mann gesucht werden mußte[17].

Inzwischen gingen die Verhandlungen über die Zusammensetzung des Harburger Magistrats und die beabsichtigte «Declaration der Privilegien und Freiheiten für die sich in Harburg niederlassenden Commercierenden» weiter. Bemerkenswert sind dabei die von der Regierung am 6. Februar 1708 in einem Reskript an die Harburger Beamten geäußerten kritischen Bemerkungen zu manchen Vorschlägen, insbesondere die Bedenken gegen eine Ausdehnung der Privilegien auch auf Mennoniten und Juden; ebensowenig könnten die Hamelner Hugenotten-Privilegien auf die ganz anders gearteten Harburger Verhältnisse Anwendung finden. Auf der anderen Seite läßt sich immer wieder die Furcht von Oberhauptmann und Amtmann erkennen, weiter an Ansehen einzubüßen. Unter dem 26. Februar 1708, also auf den Tag genau ein Jahr nach dem vorhergehenden Privileg, wurde die Deklaration publiziert, und zwar in deutscher und französischer Sprache. Am 13. März erfolgte ihre Übersendung an die kurfürstlichen Beamten und den Magistrat in Harburg, dem zugleich damit eine besondere Verfügung des Kurfürsten zugestellt wurde[18].

Noch fehlte es aber an dem Bebauungsplan, ohne den, wie der Magistrat am 14. März 1708 in seiner Mitteilung von Bühnes Tod feststellte, ein eingehender Bericht über die zur Ansiedlung geeigneten Plätze nicht möglich sei; er müsse sich daher zunächst mit einigen grundsätzlichen Gedanken begnügen. Daraufhin erging am 2. April seitens der Geheimen Räte der Befehl an den Ingenieur-Leutnant Michels oder Michaelis, wie er in den Akten auch genannt wird, einen solchen Plan zu entwerfen. Gemeinsam mit den Beamten und dem Magistrat solle er überlegen, wo die Anbauer anzusetzen und wo gegebenenfalls die von der Stadt gewünschten Mühlen anzulegen seien, das im Riß vermerken und diesen dann in duplo der Regierung vorlegen. Obwohl also Interessenten vorhanden waren, wie aus den Akten ersichtlich ist, mußte sich die Ansiedlung vorerst auf Einzelfälle beschränken, solange der Plan nicht vorlag. Darauf wies die Regierung, deren Sekretär Backmeister sich im Juni an Ort und Stelle über die Fortschritte der Arbeiten unterrichtet hatte, in einem Bescheid an den Magistrat vom 13. Juli 1708 hin. Aber noch Anfang 1709 beklagte sich v. Spörcken, dem durch das zur Ergänzung der Deklaration von 1708 erlassene kurfürstliche Mandat vom 9. Februar 1709 die Auswahl der Neubürger und die Zuweisung von Bauplätzen gemeinsam mit Deputierten des Magistrats übertragen war, daß ihm die Planunterlagen fehlten, so daß er nichts unternehmen könnte. Michels erhielt am 8. Februar Anweisung, er solle, falls er die Pläne dem Magistrat übergeben habe, dem Oberhauptmann ein Doppel zustellen[19].

Wir besitzen Abschriften der – leider undatierten – Erläuterungen des Ingenieurs zu drei von ihm gezeichneten Plänen, diese selbst jedoch nicht. «Abriß Nro 1 zeiget die Situation der Stadt und Vestung Haarburg», «die Regulirung der Häuser und Straßen sind auß der Carte Nro 2 zu erkennen», «Abriß Nro 3 stellet vor den Reyersteig-Canal». Während also der Riß I den derzeitigen Zustand festgehalten hat, handelte es sich bei Riß II um den gewünschten Bebauungsplan. Michels unterscheidet darauf durch unterschiedliche Farbgebung und eine punktierte Linie die schon bebauten und auf Riß I dargestellten Flächen von denen, die für eine zukünftige Bebauung bestimmt sind. Für weniger geeignet hält er wegen des Baugrundes und seiner notwendigen, sehr kostspieligen Erhöhung die im Osten der Stadt gelegene morastige Schweineweide. Statt dessen spricht er sich für eine unmittelbare Erweiterung der Altstadt nach allen Seiten aus, insbesondere aber zur Geest hin am Ost- und Westufer des Walkmühlenteichs; auf dieser Seite war eine zusätzliche Kirche vorgesehen. Wenn auch die Farben und die Kennbuchstaben nicht übereinstimmen, gewinnt man doch den Eindruck, daß die in der Kartensammlung des Hauptstaatsarchivs Hannover erhaltene «Situations Carte von der Festung und Stadt Harborg» ohne Angabe eines Urhebers oder Datums eine möglicherweise spätere, von einem anderen angefertigte Kopie des Michelsschen Risses sein könnte (Abb. 1). Abschließend sei dazu bemerkt, daß es auch zur Ausführung der hier projektierten Stadtteile und Straßenzüge nie gekommen ist. Seit 1710 schweigen die Akten zu dem Thema. Schnath erwähnt in diesem Zusammenhang allerdings noch eine Denkschrift von 1713/14, in der einem Hafen am Köhlbrand der Vorzug gegeben wird[20].

Die zuerst durch Spilcker vertretene und von Baasch und Püster übernommene These, schon 1708 hätten Engländer in Harburg eine Manufactur-Compagnie begründet, wird bereits von Schnath mit Recht stark angezweifelt, weil sie keine Stütze in den Akten findet. Sie beruht denn auch offensichtlich auf einem Fehlschluß, indem die im Reskript König Georgs I. für die Interessenten an einer in Harburg zu etablierenden Commercien-Compagnie vom 20. November 1716 zitierten allgemeinen Privilegien vom 26.2.1708 und 28.1.1709 irrtümlich als solche für die Engländer angesehen wurden. Der König erneuerte und dehnte sie 1716 vielmehr nur speziell für die Engländer zeitlich und sachlich noch weiter aus. Es besteht hier also ein unmittelbarer Zusammenhang mit dem Erwerb der englischen Krone durch den Kurfürsten von Hannover im August 1714. Die ersten Engländer trafen im Herbst 1717 in Harburg ein. In den Genuß der erweiterten Privilegien kamen allein diejenigen, die der englischen Handlungs-Compagnie oder Kaufmannschaft angehörten. Das war um so wichtiger, als es gleichzeitig Meinungsverschiedenheiten zwischen den Geheimen Räten in Hannover und der Deutschen Kanzlei in London darüber gab, ob oder inwieweit auch neubauwillige Bewohner Harburgs die Vorteile des Patents von 1708 genießen könnten[21].

Aus dieser Zeit stammt eine großformatige, freilich etwas phantastische Projektkarte für Harburg von J(acob) Ovens (Abb. 2). Sowohl auf einem Schiff auf der Elbe vor der Festung wie auf einem Wachtturm an der Hafeneinfahrt weht die englische Flagge mit dem seit der Regierungszeit der Königin Anna gebräuchlichen gevierten Wappen mit den französischen

Lilien in den Feldern 2 und 3. Der Plan zeigt im Gegensatz zu dem von Michels nur eine geringe Erweiterungsmöglichkeit für die Altstadt in südlicher Richtung, dazu aber im Osten der Festung zwischen Elbe und Seeve vier durch Kanäle getrennte neue Stadtteile auf Marsch- und Moorland, vor dessen Bebauung – allein der Kosten wegen – Michels mit Recht gewarnt hatte. Drei davon sind auf Inseln unterschiedlicher Größe jeweils um eine auf einem freien Platz stehende Kirche gruppiert und durch Zugbrücken untereinander sowie mit dem Elbdeich und den Werdergärten verbunden; ein vierter Streifen auf Neuländer Gebiet erstreckt sich, unterteilt durch zwei schmalere Wasserläufe, von Nord nach Süd. Außerdem ist der Deich von der Ostbastion hinter der Großen Schleuse in Richtung Neuland auf beiden Seiten mit Häuserreihen versehen, die durch eine neue Kanalschleuse unterbrochen sind. Alle Häuser stehen mit dem Giebel zur Straße gewandt. Bezeichnet werden übrigens die große Kirche auf der mittleren und größten Insel als Reformierte Kirche, die beiden anderen, auf der nördlichen und südlichen Insel gelegenen kleineren Kirchen als Lutherische und Katholische. Auf der Hauptinsel befinden sich ferner das Kaufhaus mit Kran an der Nordwestecke sowie die Börse an einem zweiten Platz, der mit einem Neptunbrunnen geschmückt ist. Das Ganze konnte wohl kaum als Vorlage für einen wirklichen Ausbau Harburgs dienen. Ovens ging es offenbar mehr um eine Idealstadt im Sinne damaliger Theorien, ohne daß er dabei auf die örtlichen Gegebenheiten die notwendige Rücksicht nahm[22].

Sehr viel realistischer packte der kgl. Baumeister Alblas die Sache an, der am 3. Januar 1721 von der Kammer in Hannover den Auftrag erhielt, Anschlag und Riß für den Bau der zur Beförderung des Handels der englischen Compagnie nötigen Schleuse und Hafenanlagen, dieses Mal im Westen der Festung, vorzulegen und die Bauaufsicht dabei zu übernehmen. Einen dafür geeigneten Ort hatten die Engländer selber ausgesucht. Sie trugen, wie wir später hören, auch die dadurch entstehenden Kosten. Von einer neuen Stadt ist hier nicht mehr die Rede. Doch sind in dem noch vorhandenen, sorgfältig gezeichneten, beschrifteten und in zwei Legenden beschriebenen «Plan von der Stadt und Festung Harburg sambt der Situation» nicht nur die gewünschten neuen Anlagen (X, Y, Z) durch Überzeichnung eingetragen, sondern es ist auch – entsprechend der ursprünglichen Anordnung vom 27. September 1720 – mit einer punktierten roten Linie am Fuße des Schwarzenbergs die Stelle angegeben, wo die Häuser für die Engländer entstehen sollten (Abb. 3)[23]. Außer der ersten, deutschen Legende in einer gerollten Kartusche rechts oben, wo mit den Großbuchstaben A bis W die vorhandenen Bauwerke und anderen wichtigen Örtlichkeiten sowie mit X, Y, Z die geplanten Anlagen für die Engländer kenntlich gemacht sind, gibt es noch eine zweite Legende links unten in viereckiger Einfassung, die vielleicht später zugefügt worden ist. In französischer Sprache finden sich hier einige für Handel und Schiffahrt wichtige, mit vier Kleinbuchstaben bezeichnete Hinweise. Genannt werden das Kaufhaus (Magazin du Roy), Le Quai, der zu verbreiternde Zugang zu der projektierten neuen Schleuse am Herrendeich und bei den der Festung vorgelagerten Weide-Inseln in der Elbe Pfähle zum Festbinden der Schiffe. Ziffern geben in englischen Fuß die Tiefe des Wassers der Süderelbe bei Ebbe an. Auch der Maßstab bezieht sich nicht nur auf Ruten, sondern auch auf englische Fuß.

Ob der Plan, den wir besitzen, von Alblas selber stammt oder etwa von dem damaligen Fähnrich der Artillerie Christian Gustav Hermanns, dessen weniger sorgfältig beschrifteter, ebenfalls undatierter Plan von Stadt und Festung Harburg zumindest als Vorlage gedient haben dürfte, muß freilich offen bleiben[24]. Ein solcher oder ähnlicher «Abriß von der Stadt Haarburg und Festung nebst umliegender Gegend» befand sich zu der Zeit auch im Archiv der Stadt, wie das von Syndicus Christoph Schüsler ca. 1723/24 angelegte Inventar zeigt. Wegen seiner Größe, die auch im Archivverzeichnis seines Sohnes Georg Christian Andreas

Schüsler (ca. 1746) besonders hervorgehoben wird, war der Plan auf dem Boden des Archivschranks gelagert[25]. Er ist jedoch nicht erhalten geblieben.

Die Ansiedlung der Engländer schien anfangs gewisse Fortschritte zu machen. Aber schon am 26. März 1720 schrieb der Landdrost v. Spörcken nach Hannover, daß bisher alle Projekte, in Harburg ein englisches Commercium einzurichten, gescheitert seien und daß er auch jetzt fürchten müßte, es würde auch dieses Mal nicht anders werden. Unter den Hindernissen, die er aufführte, sind vor allem folgende beachtenswert. Zum Schiffbau, so schrieb er, fehlten geeignete Bauplätze, auch Lagerplätze für Baumaterialien, so daß deshalb auch alle Schiffe am Reiherstieg erbaut würden. Lübbers erwähnt außerdem zum 16. Juli 1720 die Gründung einer englischen Gesellschaft, der Societas opificum Harburgensis. Es sind dann im Laufe des Jahres noch einige englische Handwerker und Manufacturiers mit ihren Familien eingetroffen, von denen man sich, obwohl es insgesamt nur 27 Personen waren, eine Belebung der Wirtschaft durch Schaffung neuer Betriebe erhoffte. Seitens der Regierung wollte man ihnen möglichst entgegenkommen, und auch der erwähnte Auftrag an Alblas zur Anfertigung eines Abrisses steht damit in Zusammenhang[26].

Die Geschichte der englischen Handlungs-Compagnie in Harburg mit Sitz in London, für die wesentliches Material in britischen Archiven zu suchen sein würde, ist noch nicht im einzelnen untersucht. Es steht lediglich fest, daß sie ein unrühmliches Ende genommen hat, und zwar offenbar durch eigenes Verschulden, wie der König in einem Reskript an die Justizkanzlei in Celle vom 1. Juni 1724 ausdrücklich betonte. Immerhin hatte sie über eine beachtliche Organisation, auch über eine eigene Lotterie mit englischen und deutschen Trustees verfügt, zu denen der Hofmarschall Christian Ulrich v. Hardenberg, der Harburger Landdrost v. Spörcken und der Moisburger Amtmann Ernst Andreas v. Cronhelm gehörten. Die Mitglieder der Compagnie waren untereinander zerstritten, und ihre noch vorhandenen Effekten wurden in Harburg mit Arrest belegt. Darunter befanden sich außer Holz und Ziegelsteinen für die beabsichtigten Bauten nach Angaben von Benjamin Jowles, Directeur und Thresorier der Compagnie, auch eine Presse und andere Instrumente, um Karten herzustellen, im Werte von 16 Guineen. Unter den noch nicht befriedigten Forderungen an die Compagnie wird eine solche des Ingenieurs für die Anfertigung eines Plans zur Herstellung der Schleuse sowie von Plänen von der Stadt Harburg und der Schleuse genannt[27].

Damit enden die Versuche, Handel und Gewerbe Harburgs planmäßig zu fördern und dazu neue Stadtteile «auf der grünen Wiese» zu schaffen. Neben den bereits des öfteren genannten Schwierigkeiten spielt eine nicht geringe Rolle, daß das Kurfürstentum Hannover seit 1715 in Stade eine Hafenstadt an der Niederelbe besaß, die günstiger lag als Harburg. Zusätzlich bringen Röhrbein und Püster, wenn auch mit unterschiedlicher Begründung, das Erlahmen der in Hannover bislang durchaus lebendigen frühmerkantilistischen Tendenzen mit der Übersiedlung des Landesherrn nach England in Verbindung. Im Falle Harburgs waren es aber weniger die Geheimen Räte in Hannover, die «zähen und hinhaltenden Widerstand» leisteten, wie Püster meint, als die Harburger Beamten, der Magistrat und die Bevölkerung, die verschiedene Ziele verfolgten, freilich auch den besten Überblick über die örtlichen, wenig günstigen Gegebenheiten besaßen[28].

Der Versuch Johann Heinrich Sprögels, eines in Germantown (Pennsylvania) ansässig gewordenen, anscheinend nicht sehr seriösen deutschen Auswanderers, 1726 einen direkten Schiffsverkehr von Harburg nach Amerika einzurichten, blieb ebenso erfolglos wie ein 1728 vorgelegtes, ziemlich kühnes, in seinen Konsequenzen nicht genügend durchdachtes Projekt, durch Verlegung des Elbstroms den gesamten Schiffsverkehr nach Harburg zu ziehen und dort zusätzliche Manufakturen anzulegen, oder spätere Versuche, Gesellschaften für den

Heringshandel (1732), den Handel nach Ostindien (1736) und nach China (1740) ins Leben zu rufen. Aber auch ein gegen Ende des Jahrhunderts im Zusammenhang mit der Gründung des Kommerzkollegiums (1786) feststellbarer bescheidener Aufschwung der Harburger Wirtschaft war – ebenso wie die zuvorgenannten Unternehmungen – nicht mehr mit Plänen für eine systematische Erweiterung der Stadt verbunden[29].

Anmerkungen

1 Kausche, Harburg, S. 426–428. – Kausche, Hansestädte, S. 190f., 214f. – Kausche, Marienkirche, S. 44–46, 55f. – HStA Hann., Hann. 74 Harburg, Nr. 1377 (1649 V 11, VI 26).

2 HStA Hann., Celle Br. 60, Nr. 84 u. Hann. 74 Harburg, Nr. 477 (1655 III 7).

3 Holtz/Homann, S. 65. – HStA Hann., Hann. 74 Harburg, Nr. 777 (1656 II 25, IV 11, VI 30).

4 HStA Hann., Karten 32g Harburg 21 pm, 22 pk, 25 pm. Zu G. F. v. d. Berge s. Kausche, Hansestädte, S. 190 mit Anm. 7.

5 Baasch, Kampf, S. 97–99, 168–177. – Kausche, Niederlande, S. 78–80. – Zu Duve vgl. Röhrig.

6 HStA Hann., Hann. 74 Harburg, Nr. 1377 (1662 II 8). – Baasch, Kampf, S. 99 Anm. 1. – Spilcker, S. 120. Vgl. auch Baasch, Pläne, S. 227.

7 HStA Hann., Hann. 74 Harburg, Nr. 777 (1663 VI 23). – Zu den Brüdern Hinüber vgl. Hinüber.

8 Ruse, geb. 1624 in der niederländischen Provinz Drenthe, gest. 1679, war hugenottischer Abstammung. 1652 stand er als Ingenieur-Kapitän in Amsterdam im Dienste der Generalstaaten und veröffentlichte 1654 ein Werk über Festungsbau. Später war er u. a. in Harburg tätig (1656/57). 1661 wurde ihm als Generalquartiermeister die Oberaufsicht über alle dänischen Festungen übertragen (Freundl. Mitteilung des Landesarchivs Schleswig vom 7. 4. 1987 und Dansk Biografisk Lexikon, 1900, S. 464ff.) – Zur Beteiligung von Landmessern bei der Stadtplanung allgemein vgl. Eimer, S. 410ff.

9 HStA Hann., Karten 32g Harburg 23 pm (früher Celle Br. 60, Nr. 84). – Schuh (p) = Fuß = 28,8 cm.

10 HStA Hann., Hann. 74 Harburg, Nr. 777 (1664 IV 9, VI 28); Celle Br. 60, Nr. 84 (1664 VI 28, VII 11).

11 Kausche, Erbregister, S. 114. – HStA Hann., Hann. 74 Harburg, Nr. 777 (1672 VIII 10). – Lübbers, S. 53. – Zu Bessel vgl. Kausche, Erbregister, S. 11 Anm. 3.

12 HStA Hann., Celle Br. 60, Nr. 221 (1681 I 8), Nr. 88 (o. D., 1680 XI 9, 1681 IX 1, XI 1); Celle Or. 9, Schrk. VIII Caps. 27 Nr. 13 (1680 XI 9). – Vgl. Baasch, Kampf, S. 99, 178–180, ferner zu den Planungen für Karlskrona Eimer, S. 483ff.

13 HStA Hann., Hann. 93, Abt. 46 Nr. 60 u. Hann. 74 Harburg, Nr. 1377 (1686 I 7, dabei Vorschläge von Johann Osthoff). – Zu den Gründen für die ständigen Mißerfolge s. a. Kausche, Sprögel, S. 308, ferner StA Hbg, Harburg 4, II B 2 Bd. 1 (1686 VI 29, IX 10) u. HStA Hann., Hann. 74 Harburg, Nr. 865 (1688 V 31 u. o. D.), Nr. 784 (1694 VI 23, VIII 10).

14 StA Hbg, Harburg 4, II B 2 Bd. 1 (1706 IV 8, 17); 4, XVI D 1 a 13 (1706 XI 27, 1707 I 11). – HStA Hann., Celle Br. 60, Nr. 99 (o. D.); Hann. 93, Abt. 46 Nr. 60 (1706 XII 28, 1708 VIII 3). – Vgl. Kausche, Niederlande, S. 92.

15 StA Hbg, Harburg 1, I 18 (1707 II 26); 4, II A 2 (1707 IV 20). – HStA Hann., Celle Br. 60, Nr. 99 (1707 II 26, o. D.), Nr. 100 (1707 IV 20, V 2,5); Hann. 93, Abt. 46 Nr. 59 (1707 II 26, VI 1); Hann. 74 Harburg, Nr. 777 (1707 IV 8). – Vgl. Kausche, Magistrat, S. 95f. – Schnath III, S. 265, 302.

16 HStA Hann., Hann. 93, Abt. 46 Nr. 60 (1707 V 25, VI 11, 29, VII 7); Hann. 74 Harburg, Nr. 1377 (1707 V 5); Celle Br. 60, Nr. 91 (1707 o. T.). – StA Hbg, Harburg 4, II A 2 (1707 V 5, 6); 4, IV A 1–1 (1707 V 9, 21, VI 30). – Vgl. Kausche, Sprögel, S. 308.

17 StA Hbg, Harburg 4, IV A 1–1 (1707 V 9); 4, VI C 1–1 b (1707 VIII 8, X 18, 1708 III 3, 14). – HStA Hann., Hann. 93, Abt. 46 Nr. 61 (1707 VIII 8, 20, 1708 III 14).

18 HStA Hann., Hann. 93, Abt. 46 Nr. 60 (1707 VIII 8, 1708 II 6, 10, 15), Nr. 62 (1708 II 26, III 2, 13); Celle Br. 60, Nr. 100 (1707 VIII 8, 20), Nr. 99 (1708 III 13, 16, 23). – StA Hbg, Harburg 4, II A 2 (1708 III 13); 4, II B 2 Bd. 1 (1708 IV 23); 4, XVI D 1 a 13 (1708 III 13, IV 4). – Text der Deklaration gedruckt: CCL, Cap. IV S. 528 (Nr. 143). Vgl. Schnath III, S. 303 mit Anm. 174 u. II, S. 426ff. (betr. Hameln).

19 StA Hbg, Harburg 4, VI C 1–1 b (1708 III 14, IV 2, o. D.); 1, I 19 (1709 II 9). – HStA Hann., Hann. 93, Abt. 46 Nr. 60 (1708 X 17, XI 7), Nr. 61 (1708 III 14, IV 2, VII 13, o. D., 1709 II 8), Nr. 62 (1709 I 28); Hann. 74 Harburg, Nr. 777 (1708 XI 10, 17, 23, XII 17), Nr. 1377 (1709 II 9). – Michels (Michaelis) ist vermutlich identisch mit Georg David Michaelsen, von dem u. a. ein Plan der Ortslage und Feldmark Neugraben (1710) stammt (HStA Hann., Karten 32 g Neugraben 1 pg). Er ist 1716 als Ingenieur-Kapitän nachweisbar und starb 1768 als Major in Ratzeburg (Freundl. Mitteilung des HStA Hann. vom 16. 4. 1987).

20 StA Hbg, Harburg 4, VI C 1–1 b (undat. Explicatio); 1, I 21 (1710 IV 8); 4, IV A 1–1 (1710 III 26). – HStA Hann., Karten 32 g Harburg 18 m (Abb. 1); Celle Br. 60, Nr. 99 (1710 III 25, 26). – Vgl. Schnath III, S. 303 f., 306.

21 Spilcker, S. 126 ff. – Baasch, Kampf, S. 114. – Püster, S. 122 ff. – Schnath III, S. 304. – StA Hbg, Harburg 4, XVI D 1 a 14 (1717/1719). – HStA Hann., Hann. 74 Harburg, Nr. 1421 (1716 XI 20, 1718 II 18, 28), Nr. 1420 (1718 V, VII 30); Celle Br. 60, Nr. 113 (1718/1719).

22 HStA Hann., Karten 32 g Harburg 20 gg (Abb. 2). – Jacob Ovens, der zahlreiche Pläne gezeichnet hat, war u. a. für den Grafen v. Bernstorff in Gartow und für die englischen Kaufleute in Harburg tätig. 1719/20 leitete er als Oberdeichinspektor den Deichbau in Wischhafen; 1722 wegen Unterschlagungen abgesetzt, wurde er 1726 zu lebenslänglichem Zuchthaus verurteilt (W. H. Jobelmann in Stader Archiv 7, 1880, S. 81 f., 101 ff.).

23 HStA Hann., Hann. 74 Harburg, Nr. 1421 (1720 IX 27, 1721 I 3), Nr. 1422 (1724 o. T.); Karten 32 g Harburg 17 m (Abb. 3). – Von Alblas stammt eine 1716 datierte Zeichnung der Schleuse am nördlichen Ravelin der Festung Harburg (ebd., Karten 33 g Harburg 2 pk).

24 StA Hbg, Harburg 90, IV c 41 g. – Hermanns, 1726 Leutnant, 1757 als Oberst (mit Charakter als Generalmajor) pensioniert, starb 1770 in Hannover (Freundl. Mitteilung von Dr. Jörg Walter † vom Mai 1977.)

25 StA Hbg, Harburg 2, V 1 u. 2. Es heißt hier (1746), daß der Abriß «ziemlich accurat zu sein scheint».

26 HStA Hann., Hann. 74 Harburg, Nr. 1421 (1719/1721). – StA Hbg, Harburg 4, XVI D 1 a Nr. 14 (1720). – Lübbers, S. 65 mit Anm. 138. – Püster, S. 123 ff.

27 HStA Hann., Hann. 93, Abt. 46 Nr. 63 (1721 IX 6 u. a.); Hann. 74 Harburg, Nr. 1421 (1423 VII 14), Nr. 1422 (1723/1724). – Püster, S. 124 ff.

28 Röhrbein, S. 60 f. – Püster, S. 121. Vgl. Schnath III, S. 283.

29 Kausche, Sprögel. – Baasch, Kampf, S. 105, 118 f., 181–188. – Püster, S. 134 f. – Baasch, Pläne, S. 228, 231 f. – Gabrielsson. – Kausche, Harburg, S. 452 f.

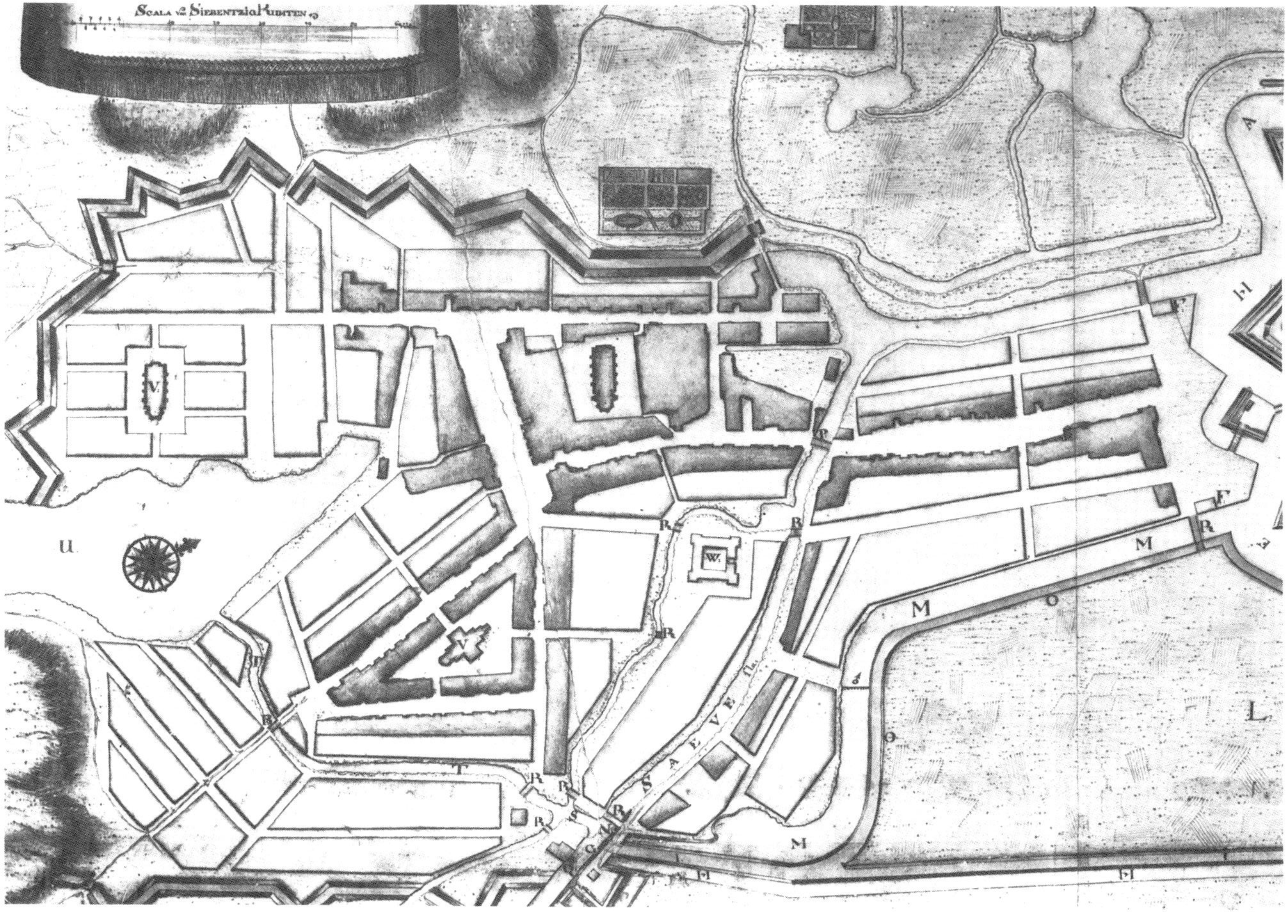

Abb. 1 Geplante Erweiterung Harburgs um 1709 mit bestehendem Stadtgebiet rechts oben und Mitte.

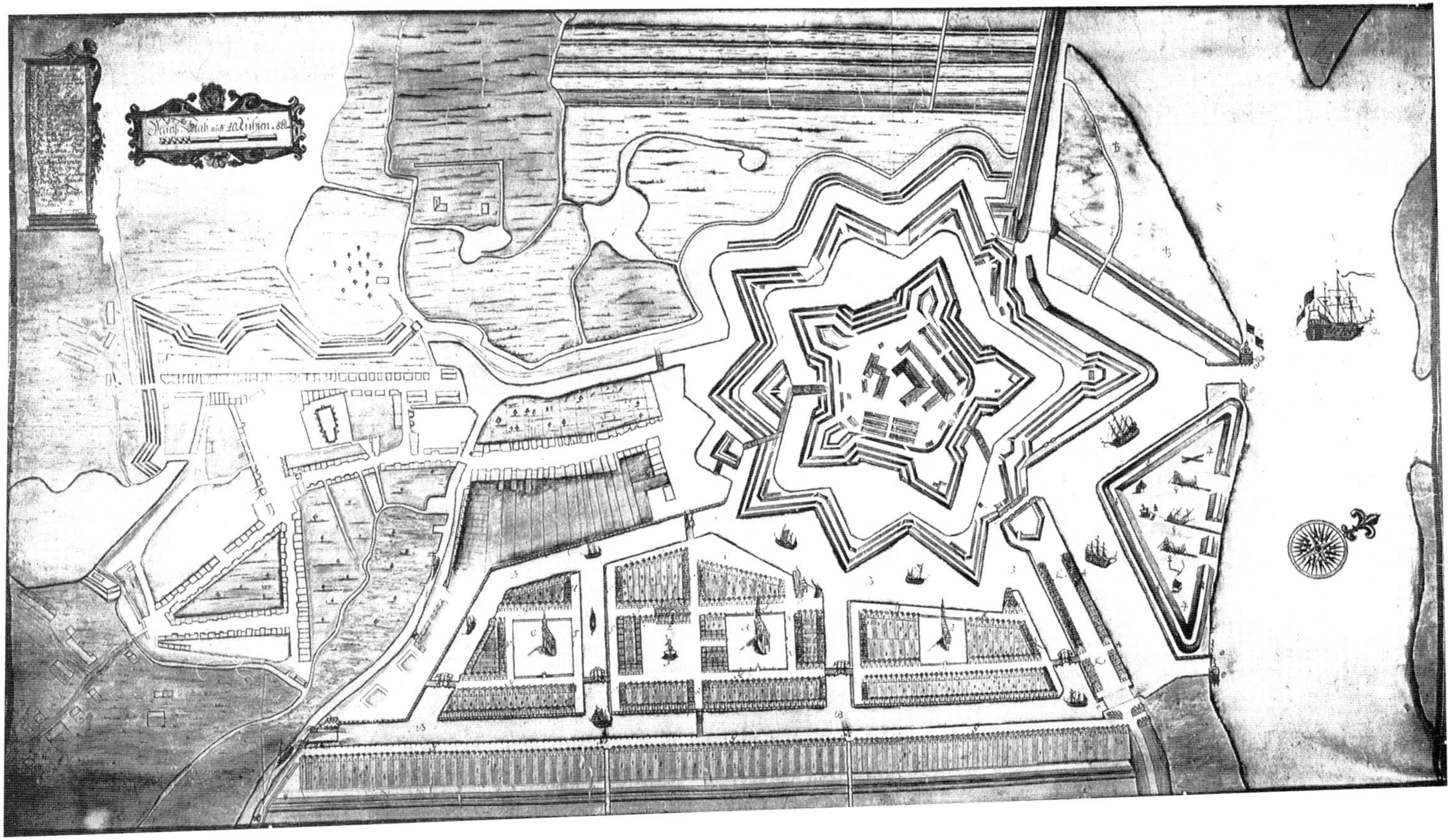

Abb. 2 Geplante Erweiterung Harburgs um 1717 mit der Festung und bestehendem Stadtgebiet links.

A = Reformierte Kirche	D = Waage und Kran
B = Lutherische Kirche	E = Börse
C = Katholische Kirche	F = Marktplatz

Abb. 3 Geplante Hafenanlage Harburgs 1721 (rechts unten) mit Festung, Stadt und Umgebung.

Zwischen Mittelalter und neuer Zeit: Die Harburger Zuckersiederei als Beispiel merkantilistischer Wirtschaftsplanung

Martina Werth-Mühl

«Die Bestandteile des Zuckers sind Wasser, Erde, Säure und ein feines öhlichtes oder brennbares Wesen. ... In Feuer schmilzt er, blähet sich stark auf und wird endlich zerstöhrt. Er wird nur von der Natur erzeugt, von der Kunst nur ausgeschieden, und von den überflüssigen öhlichten und schleimichten Theilen gereinigt.

Unser Zucker war bei den Griechen und Römern nicht bekant, sondern stat dessen bedienten sie sich zur Würzung ihrer Speisen und zur Arzney, des Honigs. Hernach lernte man ein süsses Salz kennen, welches sich von selbst aus einer rohrartigen Pflanze, die viele für unser heutiges Zuckerrohr halten, erzeugte. ... Lange ward es nur zur Versüßung der Arzneyen, und zu eingemachten Speisen verwendet.... Gewiß ist es wohl, daß das Zuckerrohr aus Asien zuerst nach Cypern, dann nach Sizilien, wo es, wenigstens schon ums Jahr 1148, stark gebauet ward, dann auch früh nach Madeira und den Canarischen Inseln, und entweder von da oder von Angola auf der Afrikanischen Küste, durch die Portugiesen zuerst nach Brasilien, gebracht worden ist.... Die Kunst, den Zucker einzusieden, soll erst in der Mitte des fünfzehnten Jahrhunderts entdeckt seyn. Die Kunst, ihn zu raffinieren, ist noch viel später von einem Venetianer erfunden, der sich dadurch einen Reichtum von 10000 Kronen erworben haben soll. Noch gegen Ende des vorigen Jahrhunderts war der Zucker in Deutschland so theuer, daß sich die meisten mit Moscovade, oder mit Syrup, oder nach alter Weise, noch mit Honig behalfen. Der Verbrauch ist erstaunlich gestiegen, seit dem Kaffee, Thee und Chocolate allgemeine Bedürfnisse der Europäer geworden sind»[1] – zumindest der Europäer der höheren Stände, in deren Kreisen sich der Göttinger Technologie-Professor Johann Beckmann, Verfasser des zitierten Werkes und Bruder des Oberdeichgrafen von Harburg, bewegte[2].

Ein Tagelöhner mußte dagegen noch um 1800 rund 20 Stunden arbeiten, um ein Pfund Rohzucker verdient zu haben[3]; ihm und wohl dem Großteil der Bevölkerung versüßten nur der Honig das Leben oder auch Maschobade und Sirup als Vor- bzw. Nebenprodukte der Fertigung weißen raffinierten Zuckers. Dieser gehörte wie Porzellan, Seide und auch Wachs zu den Luxusgütern, deren Herstellung die barocke Genußsucht des Adels und des aufsteigenden Bürgertums zu befriedigen suchte.

Das Geld aber sollte, merkantilistischen Wirtschaftsprinzipien gemäß, in die eigene Staatskasse gelangen oder zumindest im eigenen Lande in Umlauf bleiben, mithin soviel wie möglich im Lande selbst hergestellt werden. Rohrzucker war nun nicht wie die Grundstoffe textiler Massenbedarfsgüter ein «Landesprodukt». Dennoch aber stellte das Zuckersieden einen bevorzugten Fertigungszweig dar, weil sich der hohe Preis des Endprodukts nicht nur aus Wert oder Seltenheit des Rohmaterials erklärte, sondern auch aus dem zeitintensiven

Veredelungsvorgang: Erst nach mehr als einem halben Jahr waren die Zuckerhüte oder «Brode» getrocknet und damit verkaufsfertig[4] – und dies konnte, um das Geld im Lande «zu halten», ohne großen Aufwand auch im Fürstentum Lüneburg geschehen, dessen ehemals territoriale auch dann noch Wirtschafts- und Zollgrenzen blieben, als es politisch längst zum Kurfürstentum Hannover (ab 1705) und mit diesem zusammen zum britischen Königreich gehörte (ab 1714). Ohne Aufwand bedeutet in diesem Fall – anders als bei Textilmanufakturen – auch: ohne großen Arbeitskräftebedarf, denn den konnten der nur dünn besiedelte und landwirtschaftlich orientierte Norden oder das Städtchen Harburg keinesfalls befriedigen, das noch nicht einmal nach den «Peuplierungsversuchen»[5] mehr als 503 Häuser mit 1130 Haushalten und knapp 4000 Einwohnern hatte[6]. Nimmt man die Lage Harburgs an der Elbe und nahe Hamburg hinzu, die die Transportkosten des Rohzuckers vom Handels- zum Fabrikationsort gering hielt, so wundert es nicht, die Anlegung von Zuckersiedereien als geradezu klassischen Vorschlag für eine «Etablierung des Commercii allhie» zu finden.

«Es ist leicht zu erachten, daß in Ihro Königl. [Großbritannischen] *Majestät Teutschen Provinzen eine ungemeine Quantität Zucker jährlich consumiret wird und dafür vielle große Summen Geldes aus dem Lande gehen, solches Geld könnte aber alles im Lande bleiben, wenn in Haarburg eine eigene Zuckersiederey angeleget würde, wo vielle Leute jährlich gutte Nahrung, auch großen Verdienst haben könnten, und man in Hamburg spüren kann, denn allda bey die 50 Zuckersiedereyen und die Leute welche selbige nahrung anfangen, sich sehr wohl davon befinden und in wenig Jahren zu großen Mitteln gelangen. In unserem lieben Haarburg hat man ja so gute gelegenheit dazu, als in Hamburg der braun «Maschobade», wovon der Zucker gesotten werden muß, wird theils aus portugall, theils von London geholt und Kostet das pfundt dessen in Einkauff nur 3 oder höchstens 3½ stüber; es kann aber, wenn der Zucker gesotten ist, ein pfundt 16 bis 24 stüber gelten. Ist also leicht zu erachten, daß für die ohnentbehrliche waare jährlich eine große Summa geldeß aus dem Lande gehen müße, welches aber darinnen bleiben könte, wenn wir eine eigene Zuckersiederey in Haarburg anlegeten»*[7].

Ergebnislos, wie dieser um 1720 mit allzu euphorischem Blick auf Harburg gerichtete Vorschlag Johann Friedrich Osthoffs[8], war auch schon im Jahr 1662 das Bemühen eines Johann Balke um Anlegung einer Zuckersiederei verlaufen; seinem diesbezüglichen Antrag an die Regierung wurde nicht stattgegeben[9]. Gründe hierfür sind nicht bekannt, doch mögen sie in dem Ausbau Harburgs zur Festungsstadt und der gerade erst abgeschlossenen Errichtung der «Neustadt» liegen, die ein planmäßiges Vorgehen in wirtschaftlicher Hinsicht z.B. dadurch verhinderten, daß die Regierung in Celle sich mit Rücksicht auf evtl. weitere Festungsbauten nicht entschließen konnte, Bauplätze für Lagerhäuser o.ä. anzuweisen[10]. Feindseligkeiten zwischen Rat und Bürgerschaft und beider gegen steuerbegünstigte Neuansiedler lenkten auch die städtische Politik in ähnliche Bahnen – von der allseits beklagten Unfähigkeit des Rates in Wirtschaftsfragen einmal abgesehen. Erst gegen Ende des Jahrhunderts kamen aus dessen Reihen wieder Vorschläge, wie die Lage der Stadt zu bessern sei[11].

Nach dem Aussterben der Celler Linie des Welfenhauses und dem Wechsel der Landesherrschaft mündeten sie schließlich ein in zwei Privilegien des hannoverschen Kurfürsten Georg Ludwig: 1707 erhielt die Stadt neben anderen Rechten die uneingeschränkte niedere Gerichtsbarkeit; ein Jahr später erfolgte die «Declaration derer Rechte und Freiheiten, welche die zur Haarburg sich niederlassenden Commercierenden zu genießen haben sollen» (26.2.1708)[12]. Bei den Eingaben aus dem Umfeld des Rates ertönt kurz vor Erteilung dieser Privilegien wieder der Wunsch nach Anlage einer Zuckerbäckerei, *«die ihre Ware nicht allhier im Lande... sondern auch auf die Leipziger, Braunschweiger und Frankfurter Messe verkauf-*

fen» könnte[13]. Auch dieser – die erreichbare Größenordnung leicht überschätzende – Vorschlag blieb bloßes Lippenbekenntnis, es erfolgten keine nachweisbaren Bemühungen, ihn in die Tat umzusetzen. Daß dies jedoch vor allem an einer gewissen Gleichgültigkeit und nicht nur Unerfahrenheit des Rates im Umgang mit Wirtschaftsplanung gelegen hat, beweist ein Vorgang knapp zehn Jahre später.

Als Mitglied der sog. «Englischen Handelskompanie»[14] war ein Unternehmer namens Thomas Bourges nach Harburg gekommen, der als erster nicht nur Pläne schmiedete, sondern den städtischen Gremien auch sehr konkrete Vorschläge zur Ansiedlung von Manufakturen zu unterbreiten wußte. So wollte er u.a. eine Zuckerbäckerei etablieren, notfalls auf eigene Kosten, stellte es den Bürgern jedoch frei, nach Belieben Gelder «einzukassieren» und entsprechenden Gewinn oder Schaden zu tragen. Hatte noch am 5.11.1717 bei der Vorstellung seines Vorschlages im Rat niemand Einwände gegen seinen Wunsch, für zwanzig Jahre oder eine andere Zeit das Produktions- und Handelsmonopol in und bei Harburg zu erlangen, so zeigte sich bei der Anhörung der Bürger am 8.11. deren «Krämerseele» im wahrsten Sinne des Wortes: Man äußerte besorgt die Furcht, womöglich bei ihm kaufen zu müssen und lehnte seine Forderung vehement ab (vgl. dazu unten S. 135). Interesse an einer finanziellen Beteiligung war selbstredend auch nicht vorhanden – es darf auch bei der Vermögensstruktur der Harburger Bevölkerung bezweifelt werden, ob entsprechendes Kapital überhaupt da war[15].

Bourges jedenfalls scheint dieses Desinteresse zunächst nicht zu schrecken; sein Kompagnon Heilmann und er nehmen eine Wohnung am Sand und beginnen die Suche nach einem geeigneten Platz zur Anlegung der Zuckerbäckerei. Den «dienlichsten» finden sie schließlich an der östlichen Seite des Karnapp, *«indem hieselbst forne und hinten* [Seeve- und späterer Westl. Bahnhofskanal] *das benötigte Wasser vorhanden, auch die Communication mit der Elbe zu halten stehet»*. Im Mai 1718 bringen sie diesen Platz[16] und eine genaue Vermessung[11] der in Frage kommenden Grundstücke vor dem Rat in Vorstellung (Abb. 1). Auch haben sie schon mit den Besitzern Holtermann, Witwe Külpers und Eddelbüttel verhandelt, denen die Fläche von ca. 1000 m^2 mit z.T. jedoch baufälligen Häusern gehört. Auf die gegenüberliegende Schweineweide oder Koppel, die wegen der Wasserbeschaffenheit ursprünglich zur Anlegung einer Leinenbleiche gedacht, von Rat und Bürgerschaft jedoch mit Hinweis auf eine Einschränkung ihrer Weidemöglichkeiten verweigert worden war, wollen Bourges und Heilmann zugunsten ihres neuen Projektes sogar verzichten[16]. – Tatsächlich gelangte weder das eine noch das andere zur Durchführung, weil die städtischen Gremien, obwohl sie sich nicht offen gegen ihn aussprachen, die Bemühungen Bourges' durch kleinliche bürokratische Spitzfindigkeiten im Stich ließen, die letztlich sogar in einem «Schauprozeß» endeten.

Auch die Aufforderung des hannoverschen Landesherrn, seit 1714 als Georg I. auf dem englischen Königsthron, die Harburger und Lüneburger Landesbeamten möchten die Engländer, die im Begriff seien, eine Zuckersiederei einzurichten, gegen die Mißgunst von Rat und Bürgerschaft in Schutz nehmen (20.3.1719)[17], bleibt wirkungslos: Bourges, womöglich gerade infolge der englisch-hannoverschen Personalunion mit gewissen Hoffnungen ins Land gekommen, verläßt Harburg wieder: eine Zuckersiederei wird weder von ihm noch einem anderen Mitglied der Englischen Handelskompanie errichtet.

Daß sich trotz der attraktiven Ansiedlungsbedingungen auch noch nach fünfzehn Jahren keine nennenswerte Zahl von Gewerbetreibenden in Harburg niedergelassen hatte, lag allerdings nicht nur am unentschlossenen oder ablehnenden Verhalten der beteiligten Behörden. Lange Zeit war man davon ausgegangen, aus Harburg eher eine mit Hamburg konkurrierende Hafen- und Handels- und eben keine Gewerbestadt zu machen. Noch nach Erteilung des Privilegs schreiben die Geheimen Räte, der adlige «Regierungsbeirat», am 24.12.1708 an Bürgermeister und Rat, Harburg sei auf den Handel zu Wasser angelegt, und werde also *«auf diejenigen, welche Manufakturen... anlegen wollen, vorerst nicht so woll zu reflektiren sein»*[11]. Die Wachstumseuphorie gipfelte in dem Vorhaben, im Osten des «alten» Harburg eine neue, reine Kaufmannstadt anzulegen[18]. Erst als sich dies einerseits als zu phantastisch erwies und andererseits mit dem Erwerb der Herzogtümer Bremen und Verden 1715 Stade als zweiter günstiger gelegener «Seehafen» an Kurhannover fiel, gab man die hochfliegenden Pläne auf und besann sich wohl oder übel auf das in und für Harburg Machbare – ohne daß jedoch von einer wohlüberlegten Wirtschaftspolitik die Rede sein könnte.

So sollte auch der wiederholte Ruf nach einer Zuckersiederei in Harburg letztlich nicht ungehört verhallen. Ihre Anlegung erfolgte Anfang der 1730er Jahre auf Anordnung[19] der sonst nicht gerade für ihre Innovationsfreudigkeit bekannten Geheimen Räte, die während der Abwesenheit des Kurfürsten als englischen Königs die Regierungsgeschäfte im Land Hannover wahrnahmen. Mag sein, daß das oben zitierte Memorandum Johann Friedrich Osthoffs den Anstoß gab; von allen dergleichen Vorschlägen liegt es dem tatsächlichen Bau der Zuckersiederei zeitlich am nächsten. Ob allerdings die Initiative der Geheimen Räte oder ein entsprechender Antrag von Interessenten den ersten Schritt darstellte, geht aus den Akten nicht hervor: Die Überlieferung setzt erst ein am 6.12.1732 mit einem Bericht von amtsharburgischen Beamten – an die Stadt hatte man sich also wohlweislich nicht mehr gewandt – an die königliche Regierung[20]. Es geht darin um die Sicherheit für einen Vorschuß in Höhe von 2000 Talern, den die beiden «Entrepreneurs» Hans-Jürgen Schultze und Peter Öhlkers für Baugeld und Inventarbeschaffung beantragt hatten. Die laufenden Kosten – für Rohzucker etwa und Steinkohlenankauf –, so geben sie zu Protokoll, seien sie selbst in der Lage zu bezahlen. Dennoch sind sie nicht wohlhabende Unternehmer oder Handelsleute, denn sie können als Sicherheit außer dem noch zu bauenden Fabrikgebäude nur drei Bürgen aufbieten, deren obgleich «gutes» Vermögen der beantragten Kredithöhe nicht entspricht. Es handelt sich dabei um drei Hausleute aus der südöstlichen Umgebung Harburgs, von denen einer, Hans Öhlkers aus Neugraben, den gleichen Namen wie einer der Unternehmer trägt und damit vielleicht auf die Kreise hinweist, aus denen diese stammen. Anzunehmen ist, daß die beiden Antragsteller ihr Gewerbe – wenn überhaupt – in Hamburg gelernt haben, nachgeforscht und aktenkundig wird jedoch nichts über Herkunft und Lebenslauf.

Obwohl die Zuckersieder damit kaum der Vorstellung des «Kapitalisten» entsprechen, die man eigentlich hatte nach Harburg locken wollen, gibt sich die Regierung mit der angebotenen Kaution zufrieden. Ihr liegt sogar so viel an der Errichtung des Betriebes, daß sie am 7.1.1733 weitere Unterstützung zusagt, nachdem die Stadt Harburg erklärt hat, sie könne den Kredit nicht, wie üblich, über ihre Kämmereikasse auszahlen, weil das Bargeld fehle. Daß solch bevorzugte Behandlung von vielen «mit neidischen Augen angesehen» wird (Bürgermeister und Rat am 30.5.1733), darf angesichts der bisher gezeigten Feindseligkeiten gegenüber Neuansiedlern nicht wundern, und so treten schon beim Grundstückskauf erste Schwierigkeiten auf. Johann Hinrich Heinß weigert sich trotz früherer Verhandlungsbereitschaft, sein Gartengrundstück an der «Langen Linie» zu verkaufen, obwohl man ihm inzwischen das Doppelte seines eigenen Kaufpreises, nämlich 100 Taler dafür bietet. Zu solcher Weigerung sei er «aufgemachet», vermutet der Geheime Rat von Hardenberg und fordert Bürgermeister und Rat am 12.4.1733 auf, Heinß «amore publici» zum endgültigen Verkauf zu bewegen. Ob ihnen dieses gelang oder dem Preis von 120 Talern, mit denen sich Heinß seinen «Dienst am Gemeinwohl» schließlich bezahlen ließ, mag dahingestellt bleiben.

Der faktische Handlungsspielraum des Rates jedenfalls war, selbst besten Willen vorausgesetzt, nach wie vor äußerst gering. Als der erwähnte Kredit nicht durch die Kämmereikasse, sondern von der Königlichen Kammer über den Amtmann Steurwald ausgezahlt wird, mußte die Stadt aus Armut auf die Ausübung ihr rechtlich zustehender Kontrollfunktionen verzichten, dennoch aber ihre gesamte Habe, das persönliche Eigentum der Ratsmitglieder ausgenommen, am 3.8.1733 der Königlichen Kammer als Sicherheit verschreiben. Als es schließlich Schwierigkeiten gab, mit deren Größenordnung Bürgermeister und Rat nicht fertig wurden, und die Einlösung der Sicherheit und damit ein Bankrott drohte, entzog man der städtischen Jurisdiktion gar das Zuckersiederei-Gebäude mitsamt den darin wohnenden und arbeitenden Menschen und unterstellte diese zunächst dem Amt (1734), dann der Königlichen Kanzlei (1736). Nur der Grund und Boden, aus dem die Kämmereikasse einen Grundzins von einer Mark im Jahr zog, blieb «magistratssässig». Erst 1838 wurde diese Regelung aufgehoben.

Die ungenügende Kapitaldecke, mit der das Vorhaben von seiten der Regierung ausgestattet war, wird sich schon bald nach dem ersten Kontakt mit dem Hamburger Zimmermeister Samuel Meyer herausgestellt haben, der schon einmal seine Erfahrung beim Bau von «Großobjekten», den Baracken auf dem Festungsgelände, unter Beweis gestellt hatte. Sofort wandten sich Bürgermeister und Rat an die Geheimen Räte wegen einer Aufstockung der Kreditsumme aus der landesherrlichen Licent-Kasse, in die die Verbrauchssteuer floß, erhielten aber am 8.8.1733 die für die Wirtschaftspolitik der Geheimen Räte typische Antwort, es könne nicht mehr «hergegeben» werden, der Zimmermeister sei notfalls hinzuhalten und der Bau danach auszurichten. Dieser sei im übrigen eilig voranzutreiben, da das Geld nur drei Jahre zinsfrei bleibe.

Ohne diese Antwort abzuwarten, schließen Schultze und Öhlkers am 5.8.1733 einen Vertrag mit Samuel Meyer über den Bau eines (Fachwerk-)Hauses von 81 Fuß Länge, 45 Fuß Breite und 47½ Fuß Höhe ab Fundament (ca. 23,50 x 13 x 13,75 m; Grundfläche ca. 305,50 m^2) (Abb. 3). Es scheint, als habe man sich gegenüber den Bourges-Plänen bescheiden wollen. Dennoch wurde nur für Meyer und seine «Sub-Unternehmer» ein Lohn von 2250 Talern vereinbart, der die finanziellen Vorgaben der Regierung schon weit überstieg, notwendiges Inventar und den Grundstückspreis noch nicht einmal gerechnet.

Als auch die Zuckersieder einen Antrag an die Geheimen Räte stellen, weitere 4000 Mark Vorschuß zu bewilligen, wird in der abschlägigen Antwort Mißtrauen in die Solidität des Unternehmens spürbar (23.8.1733). Betriebswirtschaftliche Fragestellungen etwa nach Mindestgröße und Mindestausstattung eines Betriebes, der rentabel sein soll, und entsprechendes Handeln lagen der kameralistischen Buchführung des Merkantilismus fern, daher begnügte man sich auch in diesem Fall mit einer Mahnung an den Rat, die seine Haftungspflicht beinhaltete. Die Geheimen Räte schreckten in ihrer einerseits kurzsichtigen Weigerung, angemessen zu investieren, andererseits trügerischen Furcht, bisher Investiertes zu verlieren, auch vor Unterstellungen nicht zurück: Sie gingen davon aus, daß die Zusage der Zuckersieder, ihr Eigenkapital von angeblich «3200 marck baar» einzusetzen, auch für Gerätschaften gegolten habe und lehnten weitere «ohnablässige» Unterstützungsgesuche am 24.11.1733 kategorisch und endgültig ab. Tatsächlich scheint die Kostenregelung so klar nicht gewesen zu sein: Erwähnt wird nur, daß Schultze und Öhlkers den laufenden Betrieb selbst bezahlen wollen, nicht aber Bau oder Inventar. Falls nicht eine gegenteilige Vereinbarung in den Akten fehlt, ist vorstellbar, daß die Geheimen Räte Kosten, deren Notwendigkeit sie nicht einsehen konnten oder wollten, auf diese Weise abzuwälzen versuchten – ganz abgesehen davon, daß der absolutistische Staat ganz andere Ausgabenprioritäten hatte als den Wirtschaftsbereich.

Das notwendige Geld wäre wohl vorhanden gewesen, doch bezahlte man für wirtschaftsfremde Zwecke wie Leichenbegängnisse, Karneval usw., die der Selbstdarstellung des Herrschertums und der Repräsentation der Staatsmacht dienten, nicht zu vergessen auch das Militär, ein Vielfaches dessen, was man dem so oft beschworenen «Gemeinwohl» zugestand[21]. So wurde noch 1803 im Kurfürstentum Hannover für Fabriken nicht mehr ausgegeben als für das Jahresgrundgehalt eines Ministers; die bis 1796 insgesamt gewährten Darlehen beliefen sich auf das 26fache oder den Kaufpreis eines Rittergutes[22].

Auch Schultze und Öhlkers gingen entsprechend der Wirtschaftsmentalität ihrer Zeit ähnlich unbedarft an ihr Vorhaben heran. Als im Frühjahr des folgenden Jahres, 1734, überraschend weitere 400 Taler durch einen Kredit der «Kleinen Kirche» (Totenkirche am Sand in Harburg) und aus Manufakturkasse, einer gemeinschaftlichen Einrichtung von Landesherrschaft und Ständen[23], vorgestreckt wurden, stellte Schultze eine «Specificatio anzuschaffender Gerätschaften» zusammen, die recht flüchtig und nicht wohlüberlegt anmutet (*«... und viele andere Kleinigkeit, so ich nicht weiß, was kosten wird»*).

Dennoch liegt hier einer der seltenen Fälle vor, in denen sich außer bürokratischen Vorgängen auch Hinweise auf technische Gerätschaften in den Akten finden[24]. So setzt Schultze mit 30 Mark ein «form baack» an, wobei es sich um den in einen Backsteinherd einzumauernden Kupferkessel handeln muß, in dem der «Moscovade» mit Kalkwasser und Ochsenblut aufgeschäumt und so von den gröbsten Verunreinigungen befreit wurde. «Die Klerkessel» veranschlagt er mit 50 Mark, eine kupferne Wanne, in die der erste Sud durch ein gewalktes Wolltuch filtriert wurde. Die «Rösten unter die Pfannen» und die «Rösten in die Kacheln», Hilfsvorrichtungen aus Kupfer, die u.a. den übergelaufenen Zucker auffingen, sollten 100 bzw. 70 Mark kosten; «Schnüre und hupels» schließlich 50 Mark. «Schnüre», mit denen an den Seiten durchlöcherte kupferne Gefäße durchzogen wurden, dienten der Herstellung von Candis-Zucker; «hupels» sind hölzerne Bänder, mit denen die tönernen kegelförmigen Zukkerformen der besseren Haltbarkeit halber geküpert wurden, in die man den fertigen Sud zum Abtropfen (Sirup) und Gerinnen (Zuckerhüte) füllte. Sirup *«vorzüglich von geringen Leuten sehr vorteilhaft gebraucht»*, kostete im Verkauf schließlich nur ⅕ des Preises feinen Zuckers. – Der Gebrauch des Begriffs «hupel» aus dem englischen «hoop» (= Reifen) deutet darauf hin, daß das technologische Wissen, das in diesem Fall Anwendung fand, ursprünglich aus England, und nicht, wie in anderen Gegenden, aus Holland gekommen war[25]. Hergestellt wurden die Geräte dann von einem Hamburger Kupferschmied.

Zwar erhält Schultze am 29. April 1734 für die veranschlagten 300 Mark die entsprechenden 100 Taler, doch kann auch dieser Betrag das Unternehmen nicht mehr sanieren. Sein Kompagnon Öhlkers, seiner Angabe nach «nur nebenher bei dem Werk zu gebrauchen», tritt zu diesem Zeitpunkt schon nicht mehr in Erscheinung. Ob er von vornherein nur zweiter Mann war oder sich mit Schultze, wie es scheint, wegen der Auszahlung der Subventionsgelder entzweit hat, ist unklar. Im Sommer desselben Jahres verschwindet auch Schultze spurlos. Zwar hatten beide sich mit der Aussicht auf die Gelder aus der Manufakturkasse um die Aufnahme eines dritten, finanzkräftigen Kompagnons – genannt wird ein gewisser Peters – bemüht und waren hierzu auch unter Strafandrohung und moralischen Appellen vom Amtmann Steurwald angehalten worden, doch scheint die Sozietät letztlich nicht zustande gekommen zu sein. Auch finanzieller Druck auf die Bürgen schaffte die «angeblichen entrepreneurs» nicht wieder herbei. Die Vorwürfe der Regierung bestanden darin, daß Schultze und Öhlkers niemals die angegebenen «mehr denn 3000 Mark Hamb. Geld baar in Vorrath» hatten, um sich damit an der Einrichtung der Zuckersiederei zu beteiligten. Inwieweit dies ihre erklärte Absicht war, ist oben schon bezweifelt worden; auch hätte die im Verhältnis zum Gesamtaufwand geringe Summe das Scheitern des Projektes nicht mehr verhindern können. Daß sie Gelder veruntreut, also einen persönlichen Vorteil aus der Affäre gezogen hätten, wird ihnen jedoch nicht unterstellt. Es bleibt also nur festzuhalten, daß sie den wiederholt von der hannoverschen Regierung geäußerten Willen, die Ansiedlung von Manufakturen in Harburg zu forcieren, bei weitem überschätzt hatten. Als sie bei bereits erfolgter Strafandrohung um ihr eigenes Geld – falls vorhanden – fürchten mußten, das die Geheimen Räte unter recht willkürlicher Auslegung der Absprachen von ihnen einforderten, verließen sie die Stadt.

Ganz gleich, ob sie nun gutwillige, aber unvermögende Männer waren, die in ihrem Vertrauen in die Unterstützungsbereitschaft der Geheimen Räte schließlich getäuscht wurden oder tatsächlich «Windbeutel und Projektemacher»[26] – schuld am Mißlingen des Unternehmens ist die inkonsequente öffentliche und private Wirtschaftsplanung. Am 5.3.1734 muß der Amtmann Steurwald feststellen, *«daß keine sonderliche Hoffnung zur Réussité des Werkes übrig sei, maßen dazu ein besonderer Verlag gehöre»*. Das fehlende vielseitige Angebot eines geordneten Handelsmarktes, das Harburg für Kaufleute überhaupt erst attraktiv gemacht hätte, blieb ein dauerndes Problem der Harburger Manufakturen, selbst wenn ihre Produkte im einzelnen durchaus konkurrenzfähig waren[27]. Die Maßnahmen merkantilistischer Wirtschaftspolitik gestalteten sich auch hier auf die Dauer zu vereinzelt oder zufällig, und selbst wo es gelang, den volkswirtschaftlichen Wirkungs- und Bewegungszusammenhang zu erkennen, war man oft nicht in der Lage, angemessen zu handeln. So blieb es zunächst bei dieser Feststellung, während sich die konkreten Überlegungen einzig auf die vermeintliche Sicherung des bereits verloren geglaubten Zuschusses richteten. In der unrealistischen Hoffnung, einen Privatmann für die Übernahme der Restfinanzierung zu finden, war man sogar bereit, nochmals eine kleine Summe zu investieren.

Die Baukosten jedoch waren nicht das einzige Hemmnis: Schon am 17.12.1733 legte der Bauverwalter Schöllermann, der als Amtsbeauftragter die Bauarbeiten überwachte, Beschwerde gegen Samuel Meyer ein, der das Fundament unsachgemäß in unzureichender Tiefe gelegt habe. War noch im Bauvertrag festgelegt worden, den Wohnteil vor Wintereinbruch bezugsfertig herzustellen, so konnten die Arbeiten nun erst im Frühjahr mit der erneuten Fundamentierung des Gebäudes fortgesetzt werden. Ursache für den Zwischenfall war jedoch offensichtlich nicht nur die Nachlässigkeit des Zimmermeisters, sondern das in Wirtschaftsfragen so oft hinderliche Kompetenzgerangel zwischen Amt und Stadt[28], nachdem letztere sich vertraglich zwar die Oberaufsicht über den Bau gesichert, trotz fehlender Sachkenntnis den Bauverwalter angeblich aber nicht hinzugezogen hatte. Auf ein Reskript der Regierung vom 17.12.1733 hin mußte sie Schöllermann schließlich sämtliche Unterlagen ausliefern und verlor jedes selbständige Entscheidungsrecht – zum Nutzen der Stabilität des Gebäudes, das, einmal fertiggestellt, länger als ein Jahrhundert Bestand hatte.

Der Platz, auf dem es stand, befindet sich im südlichen Bereich der heutigen Blohmstraße *«zwischen dem Seevekanal und des Bürgers Eppen Garten an der sog. Langen Linie»*[4]. Gemeint ist der zum sog. Kaufhausbassin erweiterte Teil des Seeve-Kanals, der über den heute noch in Teilen erhaltenen Kaufhauskanal Verbindung zum äußeren Festungsgraben und damit zur Elbe hatte. An der östlichen Seite dieses Bassins lag, in direkter Verlängerung der Neuen Straße, das Mitte des 17. Jhs. neu erbaute Kaufhaus; an der Nordwest-Seite entstand nun die Zuckersiederei. Daß man nicht mehr an die einstigen Pläne Bourges' anknüpfte, ist eine direkte Folge der gescheiterten Anlage einer Kaufmannsstadt im Osten der Festung, in deren unmittelbarer Nähe die Zuckersiederei am Karnapp dann gelegen hätte. Nachdem inzwischen der gesamte Harburger Warenumschlag im Kaufhaus stattfand, hätte man gar keinen günstigeren Platz als vis-à-vis finden können. Nur deshalb war man wahrscheinlich auch bereit, den überhöhten Kaufpreis zu zahlen.

Anstelle der von Bourges aufgeworfenen Probleme einer Marschenbebauung hatte man in der Nähe des Schwarzenberges jetzt mit den sandigen Ausläufern der Geest zu kämpfen – und die fehlende Verankerung der Fundamentpfähle in der darunter liegenden «schwarzen Erde» war es, die Schöllermann zum Einschreiten bewogen hatte. Kaum war jedoch die von ihm vorgeschlagene «Remedur» vorgenommen, machten sich lange vor dem «Rat» der Geheimen Räte, den Zimmermeister hinzuhalten, Verzögerungen aus Geldmangel bemerkbar. Am 1.5.1734 klagt der Bauverwalter über den schleppenden Fortgang des Baus, der darin und in der (unter diesen Umständen verständlichen) mangelnden Aufsicht Meyers begründet liege. Es ist vermutlich ein weiterer Akt der Animosität zwischen Amt und Stadt, daß man Bürgermeister und Rat, die selbst kaum finanziellen Spielraum hatten, der Vernachlässigung ihrer Rechte und Pflichten zieh. Als sie Schöllermann im Gegenzug weiterhin Akteneinsicht verwehrten, dann im Sommer des Jahres die Zuckersieder verschwanden und die von Meyer nicht zu leistende Bezahlung des Hamburger Kupferschmiedes anstand, wurde am 17.8.1734 die «Commission wegen der Zuckersiederey» dem Landdrosten von Schütze allein aufgetragen und, *«damit alles von demselben umso besser resolviert»*, bestimmt, daß bis auf weiteres die am Bau beteiligten Leute *«in personalibus und allem, was auf die Fabrik einigen Rapport hat, privative unter dem Amte stehen»*. Steurwald selbst hatte sich mit dem Hinweis auf Arbeitsüberlastung von der Aufsicht befreien lassen[29]. Klagen der Stadt gegen diesen ungewöhnlichen Eingriff sind nicht bekannt; wahrscheinlich war man viel zu sehr mit dem Bau des gleichzeitig vollendeten neuen Rathauses an der Schloßstraße beschäftigt und hatte, angesichts der massiven Übergriffe von Amt und Land, das Interesse an der Zuckersiederei längst verloren.

Nachdem ein durch unvorsichtiges Arbeiten der Maurer verursachter Brand im November 1734 die Fertigstellung des Gebäudes ein letztes Mal verzögert hat, befindet sich am 3.1.1735 die Endabrechnung Samuel Meyers endlich bei den Geheimen Räten in Hannover. Neben den üblichen Arbeiten von Harburger Zimmerern, Maurern, Tischler, Kleinschmieden, Nagelschmieden, Grobschmied, Glaser, Maler und Töpfer beziehen sich die Änderungen auf verstärkte Fundamentierung von zwei Küchenschornsteinen, die auf einen im Verlauf der Baumaßnahmen aufgefüllten Graben zu stehen kommen (Abb. 2), die Auslegung der Küche mit Dielen statt Steinen aus demselben Grund, die, wenn der Sand sacke, *«dannenhero sehr pucklicht davon werden»*. Auch Zuckerbacke, Diele des Werkhauses und Füllkammer werden mit Dielen ausgelegt, vermutlich, weil der Boden dann ebener und für die Arbeitsvorgänge in einer Zuckersiederei, bei denen es Erschütterungen zu vermeiden galt, besser geeignet war.

Sind die Angaben Meyers vollständig, so ist die Innenausstattung der Harburger Zuckersiederei eher als bescheiden zu bezeichnen. Standen normalerweise in einer Siederei *«einige große kupferne Kessel, welche mit ihrem untern Theile in einen von Backsteinen aufgeführten Herd eingemauert sind»*[30], so erwähnt Meyer nur eine einzige Siedepfanne – wie auch schon Schultze – mit dem dazugehörigen Rauchfang; auch nur einen Behälter für die Herstellung von Candiszucker. Darrstuben waren anscheinend zwei vorhanden. In der für den Zuckersieder vorgesehenen Wohnung waren Wohnstube, Küche und Kammer mit Stroh und Lehm ausgeführt, diese mit Latten übernagelt, und wieder mit Lehm und Kalk überstrichen; die Gefache aller übrigen Wände mit kleinen Steinen ausgemauert.

Obwohl der Geheime Rat von Hardenberg «die Sache» am 17.1.1735 zufrieden als «in vollem motu» bezeichnet, scheint ein nennenswerter Betrieb vorerst nicht aufgenommen worden zu sein. Weil man mit den «bisherigen Interessenten» nicht weiterkomme, ergeht am 27.8.1735 von seiten der Geheimen Räte der ‹fröhliche› Wunsch an Bürgermeister und Rat, man möge einen *«wohlhabenden Harburger ausfindig machen»*. Daß dies genauso unmöglich[15] wie andererseits bitter notwendig war, zeigt ein Blick auf die Endabrechnung Samuel Meyers, die die ursprünglich festgelegte Bausumme als auf ungefähr das Dreifache angestiegen ausweist. Die Summierung der darin angeführte Material- und Lohnkosten beläuft sich auf ca. 19280 Mark, Geld, das Meyer den beteiligten Handwerkern nach dem Ausbleiben der Subventionszahlungen nicht zu geben imstande war. Zwar wurde ihm von den Geheimen Räten am 14.3.1735 eine gewisse, unerhebliche Summe für Zusatzleistungen zugestanden, davon jedoch gleich für Baumängel und zuviel geleistete Vorschüsse aus der städtischen Kämmereikasse so viel einbehalten, daß er dieser letztlich noch Geld schuldete. Es scheint, als habe der «Bauskandal» Meyer, der mit seinem und dem Vermögen seiner Ehefrau für die Bezahlung der Handwerker hatte bürgen müssen, an den Rand des Ruins gebracht. Hilfegesuche an die Regierung erbrachten nichts als den lakonischen Hinweis auf seine Haftungspflicht. Erst als man einsah, daß er beim besten Willen nicht zahlen konnte, wurde befohlen, von ihm und seiner Frau «abzulassen».

Das Argument der Geheimen Räte, der Bau solle «nicht beständig administriert» und daher ein unabhängiger Betreiber gesucht werden, kann nur als bewußte Verschleierung des finanziellen Desasters betrachtet werden. Naturgemäß war kein vernünftig kalkulierender Geschäftsmann bereit, soviel Geld in eine Unternehmung ohne sichere Absatzchancen zu investieren – und wie gering die im Ort selbst waren, zeigt eine Anfrage, die die Geheimen Räte am 4.8.1736 nicht an die Harburger Krämer richteten, sondern die Apotheke, wo der teure Zucker hauptsächlich zu medizinischen Zwecken verkauft wurde. Dieses plötzliche Interesse konnte nur mit inzwischen doch zustande gekommenen Vertragsverhandlungen zusammenhängen, deren Ergebnis nur vier Tage später, am 8.8., zur Mitteilung an Bürgermeister und Rat führte, die Zuckersiederei sei *«nunmehr einigen entrepreneurs unter gewissen Begnadigungen überlassen»*, die ihren Namen jedoch aus *«gewißen Considerationen»* vorerst verschwiegen und nur mündlich genannt wissen wollen – so das schon am 26.7.1736 in Herrenhausen im Namen Georgs II. ausgestellte Privileg, das folgende Bestimmungen enthielt[31]:

1. Die Zuckersiederei wird samt Inventar «auf 3 Jahr umsonst eingethan» danach aber, falls sie das Werk fortsetzen, sind 2500 Taler zu bezahlen. – 2. Jährlich zu zahlen sind nur der auf dem Grundstück haftende Zins von 8 Guten Groschen und der Konsumtionslicent (eine Warenverbrauchssteuer, die die alte Kopfsteuer z.T. ersetzte); von allen übrigen dinglichen und persönlichen Lasten sind die Betreiber frei. – 3. Zucker, der zu Wasser an- oder abgeliefert wird, bleibt zollfrei; auch darf ein eigenes Schiff die Verbindung mit Hamburg halten. – 4. Bier darf im Haus gebraut werden. – 5. Der Warenumschlag muß weder über das Kaufhaus noch die städtische Waage erfolgen. – 6. Die Zuckersiederei-Gebäude und darin beschäftigten Leute werden in erster Instanz der Justizkanzlei in Celle unterstellt, die Zuckersiederei-Sachen gehören vor das Amt Harburg. ... 8. Neue Zuckersiedereien dürfen, außer von den Interessenten selbst, 30 Jahre lang weder in Stadt noch Amt Harburg angelegt werden. – 9. Die Harburger Schlächter müssen alles anfallende Blut gegen übliche Bezahlung an die Zuckersiederei abgeben.

Warum die Interessenten ungenannt bleiben wollen, kann nur vermutet werden. Immerhin hatten sowohl die Stadtkasse durch entgangene Steuern, Kaufhausgebühren und Zolleinnahmen wie auch Schiffer, Bierbrauer und Schlachter – vorausgesetzt, die Fabrik würde florieren – empfindliche finanzielle Einbußen hinzunehmen. Auch das endgültige Ende der gerichtlichen Zuständigkeit der Stadt, zu deren Jurisdiktionsbereich die Zuckersiederei eigentlich gehörte, durfte nicht gerade auf Begeisterung stoßen, war doch gerade dieses Problem ein ständiger Streitpunkt zwischen Stadt und Amt. Vielleicht wollte man vollendete Tatsachen schaffen, um endlosen Verschleppungstaktiken vorzubeugen. Vorstellbar ist aber auch, daß Gegenaktivitäten einer mißgünstigen Konkurrenz zunächst verhindert werden sollten, was bei einer Herkunft der Zuckersieder aus Hamburg um so wahrscheinlicher wird – und die Nennung dieses Ortes als Bezugspunkt für den Handel deutet darauf hin. Die Tatsache jedenfalls, daß man sich das Produktionsmonopol auf dreißig Jahre und alle noch zusätzlich anzulegenden Zuckersiedereien sicherte, weist auf Unternehmer hin, die gewohnt waren, im größeren Stil zu planen. Dennoch – oder vielleicht gerade deshalb – haben die Interessenten das Zuckersieden nicht oder zumindest nicht in dem Maße aufgenommen, wie zu erwarten stand und machten schließlich wohl von ihrem Rücktrittsrecht Gebrauch.

Schon am 27.10.1736, also nur drei Monate nach dem vielversprechenden Privileg, treten neue Umstände ein: Das Zuckersiederei-Gebäude wird samt Inventar, Vorrat an Zucker, Sirup und Steinkohlen, Gartenplatz sowie «Recht und Gerechtigkeiten» von den Geheimen Räten veräußert[32]. Käufer ist ein später im Harburger Wirtschaftsleben des 18. Jhs. nicht unbekannter Mann: Johann Friedrich Boysen[33]. Boysen, 1708[34] als Sohn des Pächters und nachmaligen Besitzers der herrschaftlichen Wachsbleiche, Georg Boysen, geboren, hatte die Errichtung des Gebäudes als Nachbar «hautnah» miterlebt und nutzte jetzt anscheinend die Gunst der Stunde, den Betrieb für die geringe Summe von 1058 Talern 7 Mgr. 2½ Pfg. zu erwerben. Hatte schon die im Privileg avisierte Verkaufssumme von 2500 Talern angesichts der tatsächlichen Investitionskosten ein Zugeständnis der Geheimen Räte bedeuten müssen, so scheint man nach so vielen Rückschlägen hochgespannte Erwartungen und die Hoffnung auf Erstattung der entstandenen Kosten gänzlich aufgegeben und die Zuckersiederei lediglich um Befreiung von der damit verbundenen Bürde abgestoßen zu haben. Anders kann Boysens Verhandlungserfolg nicht gedeutet werden, zumal immer noch die unbezahlten Handwerkerrechnungen anstanden, die erst am 16.4.1741 mit Hilfe eines letztmaligen Zuschusses von 225 Talern «secundum proportionem arithmeticam» mehr schlecht als recht abgegolten wurden[20].

Es hat nicht den Anschein, als sei Boysen schon Mitglied der unbekannten Unternehmersozietät gewesen und etwa mit den von ihm eingebrachten Mitteln «übrig» geblieben. Gerade die auf den Hamburger Markt zielenden Vorrechte, ein eigenes Schiff, Kaufhaus-Unabhängigkeit, haben er bzw. seine Nachfolger niemals wahrgenommen: Sie haben ihre Ware durch das Kaufhaus und Harburger Schiffer spediert, wie denn überhaupt der «Debit», der Absatz, sich später fast ausschließlich auf den Raum Kurhannover und nordeuropäische Gebiete konzentrierte. Auch hätte sich ein eigenes Schiff bei den oben beschriebenen eingeschränkten technischen Möglichkeiten nur dann wirklich gelohnt, wenn weitere Betriebe, wie im Privileg vorbehalten, angeschlossen worden wären. Zum Vergleich: Die Harburger Zuckersiederei hatte nie mehr als neun Beschäftigte, Hamburger bis zu 40[36]. Dies scheint eher die Grössenordnung zu sein, die der Sozietät auf lange Sicht vorschwebte. Die Bestimmungen über die Gerichtszugehörigkeit konnten Boysen als Erbe der auch nicht magistratssässigen Wachsbleiche nur recht sein, boten sie ihm doch einen größeren Handlungsspielraum als das von Eifersüchteleien geprägte städtische Rechts- und Wirtschaftsleben. Auch vermied er so, daß die gewissermaßen auch durch seinen niedrigen Kaufpreis geprellten Handwerker und Gewerbetreibenden ihre zünftischen Interessen im Rat noch stärker geltend machten als es sowieso schon der Fall war.

Keine zehn Jahre später hatte Boysen die Zuckersiederei jedoch schon wieder verkauft. In den ersten Jahren sei seine Fabrik *«in sehr gutem Stande gewesen»*, berichtet am 17.4.1745 der Amtsschreiber den Geheimen Räten, dann aber in *«mehrer Abnahme gerathen»*, als Boysen die (wohl erfolgversprechendere) *«ansehnliche Wachsbleiche»* seines Vaters übernahm und das Interesse an der Zuckersiederei verlor[29]. Hatte er diese zu Lebzeiten seines Vaters noch selbst betrieben und bewohnt, so scheint er sich mit der Einstellung des Meisterknechtes Hans Carsten Koch[4] 1742 – wahrscheinlich kurz nach dem Tode seines Vaters – gänzlich zurückgezogen und diesem und seinem Buchhalter Conrad Christian Meier, vorher «adjungierter Postmeister», die Geschäfte überlassen zu haben. Viel mehr als ein kleines, wenn auch solides lokales Gewerbe, das seinen Betreiber ernährte, kann die Zuckersiederei jedoch nicht geworden sein, da auch Boysen erst jahrelang nach einem Käufer suchen mußte. Er fand ihn schließlich in dem Hamburger Johann Heinrich Winkelmann, vordem dort «Materialiste», dem die Handlung angeblich zu «weitläufig» geworden war – auch dieser also kein ambitionierter Unternehmer, sondern Umsteiger mit begrenzten Mitteln und der Hoffnung auf ein geruhsames Leben, der als ehemaliger Kunde auf die Ursache für den mangelnden Zuckervorrat aufmerksam geworden war. Zwei Jahre hatte er die Zuckersiederei schon betrieben, und *«einen guten vorrath an gebackenem Zucker wieder angeschaffet»*, als er sich am 21.7.1744 nach längeren Verhandlungen endlich mit Boysen auf einen Kaufpreis von 12000 Mark für das Gebäude und 18000 Mark für das Warenlager einigte, für das er 12000 Mark sofort bezahlte; den Rest gedachte er über einen Kredit der Kaufleute Boué & Söhne, einer bekannten hugenottischen Hamburger Familie, zu finanzieren. Daß Boysen erst den mit großen Zugeständnissen errichteten Betrieb vernachlässigte und dann beim Verkauf einen Gewinn von ungefähr 300% machte, scheint in Harburg einiges Aufsehen und – in Anbetracht der Handwerker, die auf ihre Forderungen endgültig hatten verzichten müssen – Unmut hervorgerufen zu haben: Noch mehr als zwanzig Jahre später klagten Bürgermeister und Rat, daß der *«nachherige Verfall nicht vom Mangel des Debits, sondern von der bei angestorbenen Reichthümern vorgezogenen Bequemlichkeit weyl. Rat Boysens und dem daher vorgenommenen Verkauf an einen hamburgischen Banqueroutier herrühre...»*[37].

Hatte das Amt noch am 14.2.1745 auf Winkelmann bedenkenlos die Boysenschen Privilegien übertragen, weil er *«mit gutem credit* [Ruf] *von Hamburg abgezogen»* sei[29], so gerät er tatsächlich nach einigen Jahren in Schwierigkeiten. Der ehemalige Buchhalter Boysens, Meier, inzwischen Amedomsfabrikant, weiß am 9.11.1751 zu berichten, *«daß eine Besichtigung wird vermieden werden, denn alles ein bloßes Blendwerk und diesen ganzen Sommer nichts sonderliches geschehen, auch wenig oder nichts vorhanden sein soll»*. Eine genauere Nachfrage ergibt, daß zu Beginn des Jahres 7 Oxhöft Rohzucker, also Melasse oder Moscovade, die schon im Ursprungsland vorgesiedet wird, aus Hamburg angeschafft, vorher aber 100 davon verbraucht sein sollen; genauso verhält es sich mit 6 z.T. sogar noch vorhandenen zu 20 Last Steinkohlen. Eine genaue Zählung der Vorräte durch Amtmann Brauns im Auftrag des Geheimen Rates von Münchhausen bestätigt Ende November Meiers Verdacht: Es sind weder Rohzucker noch Brode in Formen vorhanden, die auf einen kürzlich erfolgten Siedevorgang hindeuten würden, auch keine verkaufsfertige Sorte feinen Zuckers, in Trockenstube und Vorratskammer lediglich «ordinaire raffinade»[38] (1217 Brode à 6, 77 à 3 Pfund; 1 Pfund = 486 g) sowie auf den Böden 20000 Pfund Sirup, Bastern (514 Stück) und Lumpen (580 Stück), d.h. Kochzuckersorten, die als Nebenprodukte beim Siedevorgang anfielen und als «schlechte Sorten» verkauft wurden. Bisher, so sagt der Meisterknecht aus, seien bei zwei Siederunden nur 3100 Brode herausgekommen, doch müsse und könne sich die Zahl auf täglich 200 Brode belaufen. Der Wert des Lagers belaufe sich nur noch auf 5220 Taler, sei vorher aber bis zu 30000 Mark hoch gewesen, rechnet Brauns den Geheimen Räten vor.

Ob Winkelmann in besseren Zeiten diese Summe aber tatsächlich umsetzte, oder möglicherweise durch Überproduktion sein Lager nur füllte und nicht genug absetzen konnte, muß dahingestellt bleiben. Es deutet einiges auf letztere Vermutung hin, obwohl diesmal nicht nur der schon einmal erwähnte schwierige Absatzmarkt «Harburg», sondern andere Ereignisse die Ursache waren. Als Grund für den Verfall der Fabrik gibt Winkelmann am 11.2.1752 an, der Rohzucker sei plötzlich teurer und von 1744–49 nur gegen Bargeld zu kaufen gewesen, danach aber um 60 % gefallen, der Wert des Warenlagers also daher schlechter geworden. Er habe, obwohl in Hamburg über hundert Zuckersiedereien zugrunde gegangen seien, die Harburger Fabrik mit allem ihm zur Verfügung stehenden Geld «konserviert» und seine Leute in beständiger Arbeit gehalten[4].

Was der Geheime Rat von Münchhausen am 23.2. als schlechtes Argument und Zeitschinderei abqualifiziert, ist, von der ökonomischen Wechselwirkung her betrachtet, in der Tat der Grund, warum Winkelmann 1752 – unverschuldet – am Ende seiner Möglichkeiten angelangt war: Die Wirtschaftsweise Boysens hatte bewirkt, daß *«die sonst gut angewachsenen Kunden sich zum Schaden der Zuckersiederey und dem jetzigen Besitzer verloren»*[29]. Um überhaupt wieder einen Kundenstamm zu bekommen und vor allem auch zu halten, mußte Winkelmann zunächst das drei Jahre lang vernachlässigte Sortiment wieder auffüllen – eine Tätigkeit, die in Anbetracht der langwierigen Produktionsverfahren eine ähnliche Zeit in Anspruch nehmen mußte. Er war also darauf angewiesen, auch dann noch unvermindert Rohzucker zu kaufen und zu verarbeiten (daher die Vollbeschäftigung), als in der fraglichen Zeit nach 1744 die Teuerung eintrat und mußte vermutlich sein gesamtes Bargeld für den Ankauf verwenden, der normalerweise über Kredite und Wechsel vonstatten ging. Einnahmen konnten diese Ausgaben in den ersten Jahren wegen der hohen Verkaufspreise und des fehlenden Angebots sicher nicht wettmachen, und als dann 1749 der Zuckerpreis um 60 % fiel, konnte Winkelmann entweder nur mit entsprechendem Verlust oder gar nicht verkaufen, wenn er dem Einkaufspreis angemessene, aber höhere Preise als andere forderte, die ökonomischer hatten wirtschaften können. Dies führte letztlich dazu, daß die Lagerbestände nicht abgebaut wurden, also weder Geld noch Sicherheiten zum Kauf neuen Rohzuckers zur Verfügung standen. Verzögert nur durch anfänglich vorhandenes Startkapital mußte auch das Winkelmannsche Unternehmen wie die kleinen in Krisenzeiten unbeweglichen Hamburger Zuckersiedereien «zugrunde» gehen.

Die teuren Zuckersorten verkaufte Winkelmann schließlich in so kleinen Mengen, daß er sie gar nicht mehr selbst herstellte, sondern für den Detailverkauf aus Hamburg kommen ließ, schlechtere Zucker aus eigener Produktion und Sirup nur noch an die Harburger Krämer, größere Mengen aber ausschließlich seinem Bruder, der in Hannover ebenfalls eine Zuckersiederei betrieb[39], später auch eine Essigfabrik, und den Zucker wahrscheinlich als «Naturalzins» für Geld akzeptierte, das er ihm geliehen hatte. Indirekt rettete diese Tatsache schließlich das vorläufige Fortbestehen der Fabrik: Als eine weitere Kredithoffnung von seiten der Verwandten seiner Frau platzte, *«da diese Frau wegen seiner übelen Begegnung sich bereits seit einigen Wochen von ihm separiert hat»* (Brauns am 24.11.1751), verfügten die Geheimen Räte in patriarchalisch-absolutistischer Manier, man solle die Zuckersiederei wegen der Mißwirtschaft zum Nachteil des Gemeinwesens dem Commercien-Commissar Boysen «unverzüglich zurückgeben».

Die Hilflosigkeit, die sich hier offenbart, zeigt, wie sehr das Denken der Zeit noch in den mittelalterlichen Herrschaftsstrukturen verhaftet war, die jedoch der Eigengesetzlichkeit von Problemen solcher Art nicht mehr gerecht zu werden vermochten, denn schließlich hatte Winkelmann Haus und Grundstück rechtmäßig erworben und war selbstverständlich nicht bereit, diese abzugeben (Brauns am 2.2.1752). Hatte er sich als «aufgeklärter Hamburger» doch schon im November 1751 über die Visitationszeremonie des Amtmanns mokiert, da alles bezahlt sei, er also *«den Betrieb nach seiner Willkür einrichten könne»*, sie in der Hoffnung auf finanzielle Unterstützung dann jedoch geduldet. Daß man Winkelmann quasi nicht enteignen könne, sahen am 5.2.1752 auch die Geheimen Räte ein und versuchten nun einerseits, ihm das Privileg zum Zuckersieden zu entziehen, andererseits, ihn durch seine Gläubiger, die Kaufleute Boué, *«endgültig vertreiben»* zu lassen. Da sein Bruder in Hannover jedoch eine privilegierte Schuldverschreibung vorwies und nicht bereit war, das Konkursverfahren zu eröffnen, kam man auf diesem Wege nicht weiter. – Blieb also nur der Instanzenweg, das Privileg als ein persönliches Recht, das eigentlich nur Boysen zustehe, nachzuweisen, und nicht als ein dingliches, d.h. am Gebäude haftendes. Um zu verhindern, daß Winkelmann vor Gericht ging, wollte man das Privileg einem anderen Zuckersieder anbieten, so daß er gegenüber der Konkurrenz von selbst aufgebe (von Münchhausen am 5.2.1752). Wie wenig diese Vorgehensweise die Realität berücksichtigte, macht das lakonische Argument des Amtmanns Brauns deutlich, daß *«wegen der hohen Kosten und fehlenden bequemen Platzes eine zweite Zuckersiederei so schnell nicht errichtet werden würde»* (21.2.1752)[29].

Boysen, der erst nach der Verordnung vom 11.1.1752 von den ihm zugedachten Segnungen erfährt, richtet am 16.1. nur eine knappe Notiz an Brauns, in der er sich bereit erklärt, seinen Namen zur Verfügung zu stellen, falls man die *«antecedentia gegen W. sekretiere»*. Schon am nächsten Tag weiß Brauns' Informant Meier zu berichten, daß Boysen am Vortag Winkelmann freundschaftlich von der drohenden Räumung erzählt habe, und er *«nolens volens wieder annehmen müsse, womit ihm gar nicht gedienet»*. Boysen konnte also anscheinend aus Rücksicht auf seine Stellung im Wirtschaftsleben Kurhannovers nicht ablehnen und hatte daher vor, das Unternehmen unter seinem Namen, aber ohne Aufwand von Winkelmann weiterbetreiben zu lassen. Daher wollte er die Klagepunkte gegen diesen nicht an die Öffentlichkeit gelangen lassen.

Auch der Amedomsfabrikant Meier war gleichzeitig «die Zuckersiederey zu kaufen gesinnet»[40], und interessierte sich für die dortigen Vorgänge. Er war schon nach 1736 als Buchhalter maßgeblich am Aufbau der Zuckersiederei beteiligt gewesen und konnte Boysen womöglich nur nicht den immensen Kaufpreis zahlen, auf den sich Winkelmann schließlich einließ. Es scheint, als habe er den Betrieb zum Zeitpunkt des Verkaufs auch verlassen, jedoch weiterhin Kontakt zu dem Meisterknecht Koch gehalten, den Winkelmann übernommen hatte. Aus dieser Quelle gelangten seine Informationen dann an Brauns.

Nach der «Submittierung Winkelmanns gegen Boysen»[40], die Meiers Kaufabsichten zunichte machte, erklärte sich am 12.3.1753 die Landesregierung wieder bereit, Winkelmann *«soviel wie möglich die Hand zu bieten»*[4]. Anlaß ist ein erneuter Bericht Brauns an den Landdrost von Schulenburg, der ihn mit einer erneuten Besichtigung der Zuckersiederei am 28.1.1753 zufrieden zeigt. Danach ist nicht nur mehr als dreimal soviel Rohzucker vorhanden als zwei Jahre zuvor und noch einmal doppelt soviel in Hamburg geordert, sondern es sind ausgewogene Mengen von Ware aus jeder Fertigungsstufe vorhanden, die auf kontinuierliche Arbeit schließen lassen. 93 000 Pfund Zucker habe Winkelmann wiederum an seinen

Bruder in Hannover geliefert; der Wert des Warenlagers belaufe sich auf mehr als das Doppelte als vorher. Achtmal im Jahr werde mit vier Beschäftigten gesotten, gegenüber zweimal vorher. Woher diese plötzliche Blüte kommt, auch ob und inwieweit Boysen daran beteiligt war, geht aus den Akten nicht hervor.

Schon am 20.11.1754 fordert jedenfalls der Advokat Hiob Hansing in einer Denkschrift über die Manufakturen in Harburg, mit der er sich bei der Landesregierung als 3. Bürgermeister in Harburg «bewarb», man möge die Anlegung einer neuen Zuckersiederei finanziell unterstützen. *«Zu bedauern ist es, daß die vorhandene fürtreffliche Anlage nicht gehörig benutzt wird. Die wunderliche Haushaltung des Besitzers muß notwendig deren gänzlichen Untergang und ein Falliment nach sich ziehen»*[41]. Hansing, ab 1755 3. Bürgermeister, und von 1756–1785 Bügermeister und Syndicus, war ein hochgebildeter und verständiger Mann, der die städtische Wirtschaftspolitik als einer der ersten konsequent betrieben und maßgeblich bestimmt hat. Durch seine Initiative wurden die Geheimen Räte wahrscheinlich erstmals wieder auf Bürgermeister und Rat aufmerksam, die sie nach deren angeblichem Versagen bei der Errichtung der Zuckersiederei in keiner Weise mehr beteiligt hatten. So wundert es nicht, daß sie einen erneuten Zustandsbericht am 21.2.1756 nicht dem Amt, sondern der Stadt auftrugen[37]. Am 1.7. vernahm man dort den Zuckersiederknecht Johann Jürgen Ude, der nach seiner Kündigung der Stadtgerichtsbarkeit unterstand, vorher aber 5½ Jahre bei Winkelmann gearbeitet hatte und Hansings Beobachtung bestätigte.

Unter welchen Umständen und wann genau Winkelmann schließlich sein Gewerbe aufgeben mußte, wird nicht bekannt. Einen gut Teil dazu beigetragen hat sicher auch ein Ereignis, das sich im Dezember 1757, zu Beginn des Siebenjährigen Krieges in Harburg abspielte: die Beschießung der Festung durch Truppen des Herzogs von Braunschweig, die die Franzosen von hier zu vertreiben suchten. Eine zeitgenössische Darstellung zeigt, wie sehr die Stadt dabei in Mitleidenschaft gezogen wurde, wobei gerade das Zuckersiederei-Gebäude mitten in einer der Schußlinien der vom Schwarzenberg auf das Schloß gerichteten Kanonen lag (Abb. 3). Denkbar ist auch, daß mit der bereits 1755 einsetzenden Truppenwerbung und dem Kriegsausbruch 1756 wieder Versorgungs- oder Absatzschwierigkeiten eintraten, die auch Winkelmanns Bruder in Hannover in Bedrängnis brachten. Auffällig ist jedenfalls, daß dieser ausgerechnet 1759 die Calenberg-Grubenhagensche Landschaft um Unterstützung bittet[42]. Wenn er, was die Aussage Udes nahelegt, als einziger Abnehmer des Harburger Betriebes ausfiel, konnte dessen Fortbestand nicht mehr von langer Dauer sein.

Natürlich lag es für die Zeitgenossen, die nur die Person und nicht das schwerfällige Wirtschaftssystem sahen, nahe, Winkelmann einen «banqueroutier» zu nennen. Tatsächlich war er wohl eher ein Opfer seiner eigenen Fehlkalkulation, die in gewisser Weise den Kaufmann und nicht den Warenproduzenten verrät, und wirtschaftlicher Unwägbarkeiten, die sich von einer ungenügenden Finanzierung nicht auffangen ließen. Es darf daher bezweifelt werden, ob der hochgelobte Boysen die Krisenzeiten gänzlich ohne Schwierigkeiten überstanden hätte. Daß man Winkelmann in Harburg nicht mochte, hängt sicher auch mit seinem für Harburger Verhältnisse ungewöhnlichen, für Hamburger Kaufleute aber sicher üblichen Lebensstil zusammen. So gerät er 1749 mit dem Mitglied einer ehemals sehr einflußreichen, jetzt aber verarmten Harburger Schifferfamilie, Thomas Vahlenkampff (IV)[43], aneinander, nachdem er zwischen der Zuckersiederei und dessen Haus hatte Linden pflanzen lassen. Vahlenkampff unterstellte ihm, er wolle die Grenze erweitern, so daß Winkelmann in einer schriftlichen Erklärung vor dem Rat versicherte, dies geschehe *«bloß zu seinem Vergnügen und zur Freude»*[37]. Anläßlich eines Umzugs Winkelmanns werden auch Geld, «Pretiosa», goldene Handknöpfe, Tapeten und ähnliche Luxusgegenstände genannt und nicht zuletzt eine Bibliothek[29]. – Ein solcher großbürgerlicher «Schöngeist» mußte Neid und Argwohn des relativ ungebildeten Harburger Kleinbürgertums hervorrufen, dem es an Verständnis für ökonomische Zusammenhänge fehlte, die über den eigenen zünftischen Erfahrungshorizont hinausgingen[44].

Hatten bis jetzt die Geschicke der Zuckersiederei unter keinem guten Stern gestanden, so schuf der Übergang in die Hände des alten und neuen Besitzers Boysen nun die günstigen Bedingungen, die sie schließlich doch noch zu einem florierenden Unternehmen werden ließen. Boysen, inzwischen Königlicher Commercien-Commissar und «hochfürstlich hessischer Rat»[37], war ein erfahrener Unternehmer, der zu bis nach Übersee reichenden Handelsbeziehungen[45] auch über Einfluß und das notwendige Kapital verfügte, unabhängig von der inkonsequenten Wirtschaftspolitik der Geheimen Räte zu agieren. Er betrieb nicht nur die Wachsbleiche als ein Unternehmen von überregionaler Bedeutung, sondern schloß sie mit weiteren in der Nachbarschaft gelegenen Gewerbebetrieben zu einem Firmenkomplex zusammen, indem er 1760 sowohl die herrschaftliche Leinenbleiche pachtete, um die darauf befindliche Kattundruckerei zu «retablieren»[46], als auch Gebäude und Instrumentalien des durch *«rückfällige Vermögensumstände» «etwas zurückgekommenen Zuckerbäckers»* Winkelmann käuflich erwarb, für die er angesichts des schlechten Zustandes und vermutlich einer wieder günstigen Verhandlungsposition nur 4000 Rtlr. in ⅔ Stücken aufwendete[47]. Darüber hinaus jedoch brachte er aufgrund seiner Beziehungen den dringend notwendigen Fabrikfonds zusammen, der sich auf 33966 Mark 24 Mariengroschen in Gold belief.
Als Hauptanteilseigner hatte er den Oberappellationsgerichtssekretär Brandes aus Celle mit 18800 Mark gewonnen. Dieser war *«notorisch ein sehr reicher Mann»*[48] und verfügte außer seinem eigenen auch über das Vermögen seiner Frau, die aus der bekannten Kaufmannsfamilie Bierwirth in Celle stammte. Boysen selbst steuerte 8866 Mark 24 Mgr. bei, und gemeinschaftlich lieh man sich noch ein Kapital von insgesamt 6300 Mark vom Oberappellationsgerichtspräsidenten von Wallmoden und dem Kaufmann Ludwig Kücken in Celle. Beide hatten anscheinend ein solches Vertrauen in das Gelingen des Unternehmens unter der neuen Leitung, daß sie darauf verzichteten, die Hypothek öffentlich eintragen zu lassen und sich mit der Ausstellung von Privatobligationen begnügten.

Das Ansehen Boysens und das Versprechen, das ganze Fürstentum Lüneburg mit Zucker versorgen zu wollen, verschafften ihm zunächst noch einen weiteren Vorzug. Am 1.12.1761 wurde für zunächst sechs Jahre durch ein Privileg Georgs III. eine Einfuhrabgabe, der Impost, von 4 Pfg. auf jedes Pfund von auswärts eingeführten Zucker verhängt[49]. So nimmt es nicht wunder, daß der Kaufhausschreiber Steding für die Monate Januar bis März 1762, nur zwei Jahre, nachdem Winkelmann keine Abnehmer gefunden hatte, allein 127 laufende Empfängernummern auflistet, wobei je zwischen 8 und 3505 Pfd. abgenommen werden, im Schnitt 190 Pfd.; größtenteils also von kommerziellen Kleinabnehmern, auch vermögenden Privatpersonen. Einzig der Kaufmann Rudolph Meyer aus Lüneburg ließ sich regelmäßig große Mengen zuschicken, insgesamt 6346 Pfd. Weitere Absatzorte waren Winsen, Walsrode, Soltau, Ahlden, Uelzen, Isernhagen, Langenhagen, Hannover und Celle. Nach Harburg selbst ging in einem Vierteljahr nicht mehr als die Witwe Mittag in Celle mit der o. g. Höchstsumme auf einmal abnahm.

Freiwillig allerdings war der Schutzzoll, der auswärtige Konkurrenz ausschalten sollte, nicht akzeptiert worden. Der Versuch, der Bestimmung insofern auszuweichen, als man anstelle des raffinierten Zuckers einfach den impostfreien braunen Rohzucker verwendete, wurde 1766 unterbunden und auch dieser mit einem Impost belegt. Ein Jahr später, als die

Verlängerung der Verordnung von 1761 anstand, machten die Städte Harburg und Lüneburg gemeinsam Front gegen das Vorhaben der Lüneburgischen Landschaft. Kern der Vorwürfe war die Behauptung, Boysen sei nicht imstande, das Fürstentum Lüneburg wie versprochen zu versorgen, wobei Lüneburg, dessen Handelsgefüge durch die plötzliche Verwiesenheit auf Harburg wahrscheinlich empfindlich gestört war, am 25.7.1767 mit der phantastischen Summe von 50 000 Personen operierte – das wäre 1766 jeder sechste Einwohner des Fürstentums Lüneburg gewesen[50] – die täglich 3 Loth (à 15 g) Zucker konsumierten, mithin mehr als 1 000 000 Pfd. im Jahr benötigten – das Vierfache der Kapazität der Harburger Zuckersiederei.

Wie willkürlich diese Angabe gewählt ist, zeigen die Zahlen, mit denen das Harburger Krameramt in derselben Angelegenheit argumentiert, aber dennoch eine benötigte vierfache Mindestmenge ansetzt: 15 000 Personen mit täglich 2 Loth Zuckerverbrauch. Es ergibt dies im übrigen die Menge, die man tatsächlich in Harburg herzustellen imstande war und die anscheinend auf Dauer auch reichte. Die Kramer beklagten sich, daß Boysen noch nicht einmal alle verlangten Sorten ohne Lieferfristen anbieten könne – welche Sorten sie verlangt hatten und was sie in Harburg tatsächlich umsetzten, verschwiegen sie auf Anfrage jedoch wohlweislich. Natürlich konnte eine unerwartete Mehrabnahme die Lagerbestände der Fabrik erheblich lichten, denn die Möglichkeiten waren aufgrund der technischen Ausstattung begrenzt, die schon aus Platzmangel nicht wesentlich erweitert worden sein kann. Indirekt bestätigt dies auch der Rat, der die Kramer unterstützt und anmerkt, Boysen produziere jetzt kaum mehr als 1736. Zufällig fällt die o.g. Menge von 3505 Pfd., die im März 1762 an die Witwe Mittag in Celle geliefert wurde, zeitlich sogar genau mit der ersten Beschwerde der Kramer zusammen, Boysen wolle oder könne ihnen wegen angeblich mangelnden Vorrates keinen Zucker aushändigen. Sofort wurden dann solche Gelegenheiten im Eigeninteresse genutzt, um gegen den wohlhabenden Fabrikanten Klage zu führen, dessen Detailhandel den Kramern ein Dorn im Auge war. Darin nämlich waren sie nicht mehr konkurrenzfähig, weil der Zuckersieder weder das Bürgerrecht – verbunden mit zahlreichen Abgabepflichten – hatte und laut Privileg auch von verschiedenen anderen Leistungen befreit war, die sie selbst tragen und also jeweils auf ihre Verkaufspreise aufschlagen mußten[51].

Ihr Versuch, diesen Kleinverkauf für Mengen unter 20 Pfd. zu unterbinden, scheiterte erst 1789 endgültig, als die Betreiber der Zuckersiederei sich in Hannover mit der Meinung durchsetzen konnten, den Detailverkauf zu Werbungszwecken und der Versorgung mit dem alltäglich benötigten Kleingeld fortsetzen zu müssen. Auch die Herauslösung aus der städtischen Gerichtsbarkeit 1736 lohnte sich nun insofern, als man die Zuckersiederei, «auf dem platten Lande liegend», mit Unternehmen in Hamburg und Altona verglich und im Zeichen der immer häufiger artikulierten Forderung nach Gewerbefreiheit, das freie Entscheidungsrecht des Käufers beschwor, das den Verdienst der Kramer so oder so schmälere.

Was die «eingesessenen Kaufleute» darüber hinaus gegen Manufakturen in Harburg einnahm, war nicht so sehr, daß diese im Fall eines Schutzzolls oder Monopols die Preise womöglich bestimmen könnten, ohne qualitätsmäßig konkurrenzfähig sein zu müssen, sondern die Tatsache, daß jene selbst von ihren Kunden keine überhöhten Preise mehr fordern konnten, weil *«die Preise bekannter werden, als es in Ansehung derer weit entfernten auswärtigen Fabriquen geschehen mag»*[52].

Die grundsätzliche Problematik der merkantilistischen Schutzzollgesetzgebung bringen die Eingaben jedoch ebenso auf den Punkt: Wurde ein Unternehmen erfolgreich betrieben und aus eigener Kraft und Qualität konkurrenzfähig, war kein Schutzzoll notwendig, der andere Gewerbe unnötig belastete. Ein Unternehmen, das nach der anfangs oft durchaus sinnvollen Protektion nicht rentabel war oder schlechte Qualitäten herstellte, konnte langfristig auch kein Impost stabilisieren oder gegen die Konkurrenz abschirmen, weil es zum einen genügend Möglichkeiten gab, z. B. qualitativ bessere Ware oder billigere an den offiziellen Zollstellen vorbei ins Land zu schmuggeln, zum anderen gerade bei Luxusartikeln wie Zukker ein Impost von ½ Mgr. (= 4 Pfg.) auf den Verkaufspreis z. B. der besten Raffinade von 11 Mgr. je Pfd. (Hannover 1765)[53] den Kaufentschluß der in Frage kommenden vermögenden Käuferschichten zugunsten besserer Ware kaum beeinträchtigen konnte. Es ist daher anzunehmen, und insofern der Argumentation des Rates rechtzugeben, daß ein entsprechender Markt für Harburger Zucker auch ohne das Zwangsmittel Impost vorhanden gewesen wäre, nachdem ein *«bemittelter, kluger und haushalterischer Negotiant»*[54] wie Boysen die Vertriebsorganisation übernommen hatte.

Wie schwer es aber dennoch war, den *«Handel nach der als einen Handlungs-Ort noch gar zu wenig bekannten Stadt zu ziehen»*[55], mag ein Versuch Brandes' erhellen, der sich von Celle aus für die Harburger Zuckersiederei einsetzte. Als durch gestiegene Rohzuckerpreise infolge des amerikanischen Unabhängigkeitskrieges erhöhte Investitionen notwendig – und dank des Kapitalfonds auch möglich – waren, wollte man diese anschließend durch vermehrten Absatz wieder ausgleichen. Da inzwischen die ebenfalls privilegierte Winkelmannsche Zuckerfabrik in Hannover eingegangen war, die vorher das ehemalige Fürstentum Calenberg-Grubenhagen, den Süden Kurhannovers, versorgt hatte, lag der Versuch nahe, sich als nunmehr einzige Zuckerfabrik in Kurhannover auch diesen Markt zu erschließen. Obwohl die Harburger Firma inzwischen durchaus konkurrenzfähig war, konnte kein Händler, der seinen Gesamtbedarf ansonsten in Hamburg oder Bremen deckte und die Transportkosten dorthin sowieso zu zahlen hatte, zum Umweg über Harburg bewogen werden, obwohl er dort sogar angeblich noch besseren Zucker zum selben Preis hätte kaufen können. Ziel mußte es also sein, den Zucker in Harburg wesentlich billiger anzubieten, damit sich allein hierfür die Fahrt lohnte. Brandes' Anträge, 1761 zunächst auf Verminderung des Licents, der Verbrauchssteuer, für ins Fürstentum Calenberg-Grubenhagen eingeführten Harburger Zukker; 1786 – taktisch geschickt – auf Erhöhung der Abgaben auf nicht-harburgischen Zucker, die den öffentlichen Kassen sogar noch Mehreinnahmen beschert hätte, wurden beide Male von der zuständigen Landschaft abgelehnt. Als Grund nannte man ihm ein für die damalige Epoche der Klein- und sogar innerhalb eines Landes wie Kurhannover Kleinststaaterei kennzeichnendes Argument: Solange auch die lüneburgischen Landstände sich trotz entsprechender Verhandlungen nicht bereit erklärten, calenberg-grubenhagensche Fabriken durch Aufhebung von Abgaben zu fördern, könne dies auch im umgekehrten Fall nicht erfolgen[56]. Bedenkt man den in einer solchen Auffassung zutage tretenden wirtschaftlichen Bewegungsspielraum, wird überhaupt erst ermeßbar, was der Beitritt des Königreichs Hannover zum Deutschen Zollverein 1854 schließlich für die Harburger Wirtschaft und die Investitionsbereitschaft von Unternehmern z. B. aus Hamburg, das noch nicht Mitglied des Zollvereins war, bedeutete.

Die Harburger Krämer waren jedoch nicht die einzigen, die gegen die Geschäftspraktiken der Zuckersiederei agitierten. Um die Rohstoffversorgung für einheimische Produzenten zu sichern, war es üblich, Ausfuhrverbote zu verhängen, so in diesem Fall für Ochsenblut, das bei den Harburger Knochenhauern anfiel. Die natürliche Folge, daß der Rohstoffpreis dadurch gedrückt und nicht benötigtes Blut sogar noch weiterverkauft wurde, brachte sie um so mehr gegen die Fabrikanten auf, als die Stadt mit Angehörigen ihres Gewerbes überversorgt[57], jeder auf möglichst großen Verdienst also angewiesen war und in Hamburg die vielen konkurrierenden Zuckersiedereien Höchstpreise boten. Die Knochenhauer konnten sich jedoch mit ihren auf dem zünftischen, aber unwirtschaftlichen Prinzip der «Nahrung-für-alle» beruhenden Einwänden auch 1821 noch nicht durchsetzen[58]. Ähnlich erging es den Harburger Bierbrauern, die durch das Vorrecht der Zuckersiederei, Bier selbst zu brauen, merkliche Einbußen zu verzeichnen hatten; waren doch die Zuckersieder für ihren Alkoholkonsum berüchtigt. Sie konnten noch nicht einmal verhindern, daß schließlich nicht mehr selbst gebraut, sondern das Bier sogar aus Brokdorf in Holstein eingeführt wurde.

Zwar war Boysen wegen des geringen Bedarfs nicht auf den Verkauf in Harburg angewiesen, doch gab es genug «Zündstoff» im Land Lüneburg, seine Fabrik zunächst zu boykottieren, als der Impost, der dem schon gut florierenden Unternehmen (und natürlich auch dem «Steuer-Aerarium») nicht einsehbare zusätzliche Einkünfte auf Kosten der Steuerzahler brachte, am 28.12.1767 auf unbestimmte Zeit verlängert wurde[49]. Statt regulär (angeblich) 400000–500000 Pfd. wurden daher im Jahr 1768 nur 350000 Pfd. umgesetzt, doch war es gegenüber dem Jahr 1762 und trotz der vielfältigen Zollschranken bis jetzt schon gelungen, das Absatzgebiet auf die außerhalb des eigenen Landes gelegenen Handelsstädte Hildesheim und Braunschweig, auch Elze an der bis hierher schiffbaren Leine zu erweitern, sowie Delligsen bei Gandersheim, wo durch die Verhüttung von Eisenerz eine gewisse Kaufkraft vorhanden war. Entferntester Absatzort zu dieser Zeit war Mühlhausen. Denkbar nicht nur, daß hier einer der traditionellen Handelswege über die Weser die Verbindung nach Thüringen herstellte, sondern auch die Beziehungen Boysens zum Kurfürsten von Hessen-Kassel, dessen Hof er exklusiv mit Kerzen aus seiner Wachsbleiche belieferte[59]. Der Hamburger und nördlich davon liegende Markt war durch die dortigen Zuckersiedereien gesättigt. Schließlich blieb den Kaufleuten im Land Lüneburg nichts anderes übrig, als die marktbeherrschende Stellung *«unserer jetzt so blühenden und bei In- und Ausländern in bestem Rufe stehenden Fabrik»* zu akzeptieren.

Zwar wird immer wieder darauf hingewiesen, daß die Zuckerindustrie aufgrund der Zahl ihrer Beschäftigten nicht den Nutzen für die Stadt habe wie beispielsweise die Textilmanufakturen, dennoch aber steigerte sie indirekt nicht nur das städtische Bruttosozialprodukt, indem Harburger Handwerker dort «ein Ansehnliches verdienen», so z.B. der Seiler mit dem «Bindegarn», ein Kupferschmied, Maurer, ein Grob- und ein Kleinschmied und ein Tischler. Der Böttcher, der die empfindlichen Tonformen, die man wahrscheinlich aus Hamburg kommen ließ, mit «Hupels» versah, hatte gewiß genug zu tun: Bis 1780 waren so viele Scherben in das Kaufhausbassin geworfen worden, daß das Abflußsiel inzwischen verstopft und das Becken selbst verschlammt war. Auch der Fahrweg zur Zuckersiederei lag zu diesem Zeitpunkt schon voll von Scherben und mußte neu eingeebnet werden[37]. Der Lieferant des weißen Einschlagpapiers verdiente im Jahr z.B. 150 Rtlr., die Schiffer durch den Transport von Rohzucker und Steinkohlen aus Hamburg rund 500 Mark. Da auch die Kämmereikasse 27 Mark Wegegeld zur Unterhaltung der Harburger Straßen erhielt, ist überliefert, daß z.B. 1788 im Kaufhaus durchschnittlich 216 Frachtwagen mit je 6 Schiffspfund, d.h. je 1920 hannoverschen Pfund (= 18 Zentner), Zucker beladen worden sind. Zur gleichen Zeit betrug das Quantum «unverbrüheten» Zuckers 371937 Pfd. netto, tara 416248 Pfund[60].

Die Zahl der Beschäftigten, die für die Textilmanufakturen immer mit mehreren hundert angegeben wird, ist für Harburg nur vorstellbar im Sinne von verlagsmäßig organisierter Heimarbeit. Die Zuckersiederei dagegen hatte an Ort und Stelle neun Beschäftigte, einen Meister, zwei Bodenknechte, einen Pfannenknecht, einen «halbschlag» (Gesellen), zwei Lehrlinge und einen Mann, der die fertigen Zuckerhüte verpackte. – Daß man in Harburg weißes Papier dafür verwendete, gibt wieder Aufschluß über die gute Qualität des hergestellten Zuckers. Schlechte, d.h. unreine und nicht ganz weiße Zucker wurden mit Vorliebe in blaues Papier verpackt, das durch den Kontrast die Farbe des Zuckers aufhellte und durch das Ausfärben des Farbstoffes Indigo der äußeren Schicht einen leicht bläulichen, also «sauberen» Schimmer gab[61]. Für reinweißen Zucker war dies eher nachteilig. – Tagelöhner wurden wegen der fehlenden notwendigen Ausbildung nicht beschäftigt.

Der neunte Angestellte war der Buchhalter August David Mähle. Ihm oblag seit 1761 auch die Geschäftsführung, da Boysen, wie er schon Winkelmann angedeutet hatte, auch in diesem Fall seinen Namen, sein Geld und seine Beziehungen zur Verfügung stellte, sich um den eigentlichen Betrieb aber nicht kümmerte, da ihn die Wachsbleiche nach wie vor auslastete. Der Kapitalfonds war im Laufe der Zeit zwar auf 26400 Mark gesunken, weil sowohl Boysen als auch Brandes wieder Geld herausgezogen hatten, doch betrieb Mähle die Fabrik so erfolgreich, daß den Anteilseignern auch in schlechten Jahren eine Mindestdividende von 4%, in guten von 4½% gezahlt und der Rest wieder investiert wurde. Er ließ sich schließlich sogar mit einem «gut gehabten Gehalt» von 6000 Mark bco. als Socius der Firma «Boysen, Mähle & Co.» aufnehmen.

Nach dem Tod Boysens hatte dessen Witwe das Geschäft zunächst fortgesetzt, zog sich wegen zunehmenden Alters aber schließlich zurück und ließ sich ihren Anteil auszahlen, nachdem ihr Sohn, in einem «Comptoir»[60] in Hamburg beschäftigt und nicht gewillt, die Unternehmen seines Vaters fortzuführen, sein Erbteil verlangt hatte; auch Brandes hegte den Wunsch, aus Altersgründen zurückzutreten. Unter der Vermittlung der seit 1708 geplanten, nun endlich zustande gekommenen Harburger und kurhannoverschen Kommerzkollegien[62], öffentlichen Handelsbeiräten, konnte Mähle 1789 die Zuckersiederei mit Hilfe eines Kredites der Rentkammer, der sich auf 5000 Rtlr. zu 3% Zinsen belief, nach und nach übernehmen. 1790 beantragte er – wohl auf Anraten von Brandes, der auch für den Kredit vorher gebürgt hatte – nochmals einen Kredit bei der Königl. Kammer, den diese zu 3% vergab, um damit die seinerzeit getätigten Anleihen bei v. Wallmoden und Kücken, die zu 4% verzinst waren, abzulösen[48].

Dann jedoch verliert sich die Spur in den benutzten Akten. Dies kann, genau wie die im Vergleich zu den schwierigen Anfängen der Zuckersiederei recht dünne Überlieferung zu Boysens Zeiten, nur bedeuten, daß es keinen Anlaß mehr für die Bürokratie gab, in dieser Angelegenheit tätig zu werden. Festzuhalten bleiben zuletzt ein Jahresumsatz von mehr als 50000 Rtlr., eine Produktionsmenge von 360000 Pfd. Sirup und Zucker, der inzwischen großenteils nach Sachsen verkauft wurde, und ein Gebäudewert zwischen 6600 Rtlr., mit dem es bei der Brandkasse versichert war, und 10000 Rtlr., mit denen Mähle es wegen *«daran geschehener Verbesserungen und completten Zustande»* ansetzte.

Einen kurzfristigen Aufschwung nahm die Fabrik noch einmal im Winter 1794–1795, *«denn jener Zeitpunkt, wo nach der Eroberung Hollands* [durch die französischen Revolutionstruppen] *sich aller Handel nach der Elbe zog, war für die Zuckerfabriken bei weitem der brillanteste ...»*[63]. Ob Mähle zu diesem Zeitpunkt überhaupt noch Eigentümer der Fabrik war, und ob sein «wohlunterrichteter Sohn», der schon 1790 als Nachfolger im Gespräch ist, dies jemals wurde, bleibt unklar.

Als die Franzosen schließlich ab 1803 auch Harburg besetzen und unter Mißachtung der vorher verfügten Einquartierungsfreiheit in den Räumen der Zuckersiederei Truppen unterbringen, die eine kontrollierte Fortführung des Betriebes unmöglich machen, ist Georg Ludwig Heidenreich schon ihr Betreiber. Bald darauf fliehen zwei seiner Arbeiter nach Hamburg, um der Landwehrverpflichtung in Harburg zu entgehen. Neue Fachkräfte sind nicht zu bekommen, weil sich viele wegen der allgemeinen Krise der Zuckersiedereien durch die

Kontinentalsperre von 1806 «in entferntere Gegenden» begeben haben. – Darüber hinaus führt Napoleon neue Zoll- und Münzsysteme ein, die das Rohmaterial im Verhältnis zum Fabrikat unverhältnismäßig hoch besteuern, d.h. es kann nicht mit einem dem Aufwand entsprechenden Gewinn gearbeitet werden. Schließlich läßt Heidenreich die Fabrik «eingehen». Nach dem Abzug der Franzosen im Frühjahr 1814, dem 1813 noch ein schwerer Deichbruch vorausgegangen war, der das Fabrikgebäude verwüstet und zunächst unbewohnbar gemacht hatte, beziffert Heidenreich seinen Schaden auf 50000 Mark bco. Er beantragt 1814/15 daher erhebliche Verbrauchssteuern auf von auswärts eingeführten Zucker. Ob ihm das zugestanden und die Fertigung überhaupt wiederaufgenommen wurde, ist zweifelhaft: Die hannoverschen Behörden waren mit der Restauration der Verwaltung und den neuen Bedingungen, vor die sie die Schaffung des Königreichs Hannover auf dem Wiener Kongreß 1815 stellte, vollauf beschäftigt, so daß ein geordnetes Wirtschaftsleben nur langsam in Gang kam. Rosig war Heidenreichs Finanzlage jedoch nicht, denn die Töchter Mähles mußten ein Restkapital ihres Vaters von 4500 Rtlr., das noch in der Fabrik steckte, 1824 schließlich einklagen und bekamen es 1837 erst gerichtlich zugestanden[64].

Im Februar 1830 veräußert Heidenreich die Fabrik an den Spediteur Anton Heinrich Heyn, der den Kauf mit Hilfe einer Hypothek des Lüneburger Apothekers Dempwolff und seiner Geschwister in Höhe von 8000 Rtlr. tätigen konnte[64]. – Es scheint also, als habe Heidenreich doch noch einiges investiert. Heyn, der in Lüneburg noch eine Zuckersiederei besitzt, gibt nach anfänglichem Zögern den Betrieb in Harburg endgültig auf, baut auf dem Hofplatz einen Pferdestall und betreibt fortan eine Ausspannwirtschaft für Frachtfahrer und sein Speditionsgewerbe, das fünftgrößte der Stadt, darin. Das noch verwertbare Inventar schafft er in sein Unternehmen nach Lüneburg.

Am 10.3.1838 kauft die Stadt Harburg das gesamte Anwesen für 18000 Rtlr., um es zur Vergrößerung der Kaufhausanlagen zu benutzen und beantragt die *«Aufhebung der Canzleisässigkeit des Heyn'schen Bürgerwesens Nr. 278, der vormaligen Zuckerfabrik»*, die am 31.10.1838 durch König Ernst August von Hannover mit der Aufhebung des Reskripts vom 8.8.1736 erfolgt. 1840 bezieht die neugegründete, erste städtische Harburger Gewerbeschule[66] einige Räume des Gebäudes.

Der gesamte Kaufhauskomplex verliert mit dem Bau der hannoverschen Eisenbahn 1847 und der Elbbrücken nach Hamburg 1872 an Bedeutung und wird 1880 größtenteils abgebrochen, um der Unterelbe-Eisenbahn Richtung Stade Platz zu machen. 1936 verschwindet dann die letzte bauliche Erinnerung nicht nur an das Kaufhaus, das vierhundert Jahre lang Mittelpunkt des städtischen Wirtschaftslebens gewesen war, sondern auch an die Zuckersiederei.

Die hier dargestellte Manufaktur, deren Geschichte sich in Wunsch und Wirklichkeit von 1662 bis 1830 rekonstruieren läßt, ist typisch für das Harburger Gewerbe des 18. Jhs., das sich im Wechselspiel mittelalterlicher Traditionen mit Ansätzen rationalistischer Wirtschaftsauffassung zu behaupten versuchte.

Anmerkungen

Aus Gründen der Platzersparnis mußten die in den Anmerkungen kursiv gesetzten Akten bei Mehrfachzitierung mit jeweils identischen Hinweis-Nummern versehen werden.

1 Beckmann, S. 378f.
2 Vgl. dazu Beckert.
3 Bäuerliches Wohnen, Arbeitsblatt Osnabrücker Hof 1, Nr. 13.
4 HStA Hann., *Hann. 74 Harburg, Nr. 1881.*
5 Püster, S. 66ff., 121ff.
6 Richter, Volkszählung, S. 14.
7 «Vorschläge wegen des hiesigen Commercii», Konzept o.D., o.Vf.: StAHbg, Harburg 4, XVI D 1a 13; Druck: Benecke, S. 39f. – Die Datierung ergibt sich aus der Bemerkung, die [1708] verfügten Freijahre seien bald verflossen.
8 Name des Verfassers ergibt sich aus dem Originalbrief, in HStA Hann., Hann. 74 Harburg, Nr. 1377.
9 Baasch, Kampf, S. 100.
10 Kausche, Harburg und der süderelbische Raum, S. 436.
11 StAHbg, *Harburg 4, XVI D 1a 13.*
12 Druck: Benecke, S. 38f., ders. in HAN 2.1.1903; Schnath III, S. 265, 302f.
13 «Vorschläge wegen Besserung und Aufnahme der Stadt Harburg», Konzept o.D., o.Vf.: StAHbg, Harburg 4, XVI D 1a 13: Randnotiz von 2. Hand; Druck (ohne Randnotizen): Benecke, S. 35.
14 Püster, S. 125ff.
15 Richter, Volkszählung, S. 34.
16 StAHbg, *Harburg 4, XVI D 1a 14.*
17 StAHbg, Harburg, Dep. HM 32 [provisorische Signatur].
18 Vgl. dazu Kausche, Pläne, in diesem Band.
19 Privileg Georgs II v. 1736: StAHbg, Harburg 4, XVI D 12.
20 StAHbg, *Harburg 4, XVI D 2f 4a.*
21 Schnath III, S. 306.
22 Oberschelp I, S. 155.
23 Röhrbein, S. 55.
24 Troitzsch, S. 15.
25 Beckmann, S. 386. – Nach Wiemer, S. 555, waren in Hamburg die Niederländer in der Zuckersiederei bestimmend; inwieweit dies auch ihre Fachsprache beeinflußte, wäre noch zu untersuchen.
26 Patje, S. 13ff.
27 Bödecker, S. 13.
28 Vgl. dazu Kausche, Pläne, in diesem Band.
29 HStA Hann., *Hann. 74 Harburg, Nr. 1878.*
30 Beckmann, S. 382.
31 StAHbg, *Harburg 4, XVI D 12.*
32 HStA Hann., *Hann. 74 Harburg, Nr. 881.*
33 Gabrielsson, S. 39.
34 StAHbg, *Harburg 4, XVI D 2f 7.*
35 Wiemer, S. 555.
36 Vgl. Abb. v. Christopher Suhr, Hamburg-Archiv 3, Nr. 02033.
37 StAHbg, *Harburg 4, XVI D 2b 18.*
38 Zu den Zuckersorten vgl. Beckmann, S. 394.
39 Beckmann, S. 389. – HStA Hann., Cal. Dep. 7 B, Nr. 1911, 1915.
40 Denkschrift des Harburger Auditeurs Hansing über die Fabriken in Harburg (20.11.1754); Konzept: StAHbg, Harburg 4, XVI D 2f 3; Druck nach kriegszerstörtem Original: Baasch, Kampf, S. 189f.
41 Hansing (wie Anm. 40), S. 193.
42 HStA Hann., Cal. Dep. 7 B, Nr. 1907, 1908.
43 Kausche, Vahlenkampffs, S. 190.
44 Kausche, Magistrat, S. 128; Kausche, Vahlenkampffs, S. 193.
45 HStA Hann., Hann. 93, 35 Nr. 15.
46 Gabrielsson, S. 39.

47 HStA Hann., Hann. 70, Nr. 1861; Hann. 74 Harburg, Nr. 1500. – StAHbg, Harburg 4, XVI D 2b 18.
48 HStA Hann., *Hann. 74 Harburg, Nr. 1500.*
49 HStA Hann., *Hann. 74 Harburg, Nr. 1165.*
50 Oberschelp I, S. 8.
51 StAHbg, Harburg 4, XVI D 4–2; XVI D 2b 18.
52 StAHbg, Harburg 4, XVI D 2f 3.
53 Oberschelp II, S. 15.
54 Hansing (wie Anm. 40), S. 197.
55 Hansing am 29. 8. 1785: StAHbg, Harburg 4, XVI D 2f 3.
56 HStA Hann., Cal. Dep. 7 B, Nr. 1930.
57 StAHbg, Harburg 4, XVI D 4–2.
58 StAHbg, Harburg 4, XVI D 2b 18; XVI D 2f 5.
59 HStA Hann., *Hann. 93, 35 Nr. 15.*
60 StAHbg, *Harburg 4, XVI D 2f 4c.*
61 Beckmann, S. 395.
62 Püster, S. 85 ff. – StAHbg, Harburg 4, XVI D 2f 3; XVI D 4–2.
63 StAHbg, Harburg 4, XVI D 2f 5.
64 HStA Hann., Hann. 70, Nr. 4061.
65 StAHbg, Harburg 4, XVI D 12. – HStA Hann., Hann. 74 Harburg, Nr. 881.
66 HAN 23. 4. 1982.
67 Michaelis-Lucht, Nr. 10.

1 Taler = 3 Mark = = 36 Mgr. à 8 Pfennig
= 24 Ggr. à 12 Pfennig
1 hannoversches Pfund = 32 Loth = 468 g
1 Last = 40 Zentner

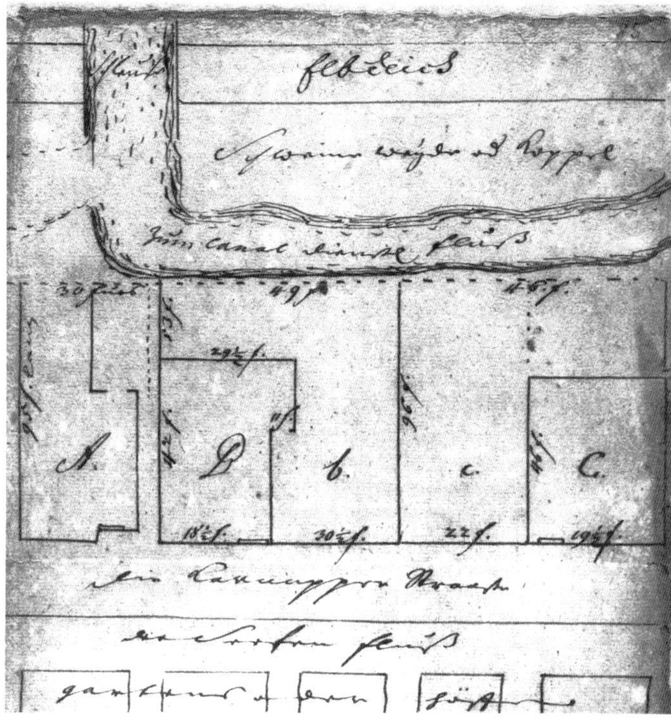

Abb. 1 Das für die Anlegung der Zuckersiederei 1718 vorgesehene Gelände am östlichen Karnapp, südlich davon der Seevekanal (Großbuchstaben bezeichnen jeweils die Häuser, Kleinbuchstaben die Gartenplätze).

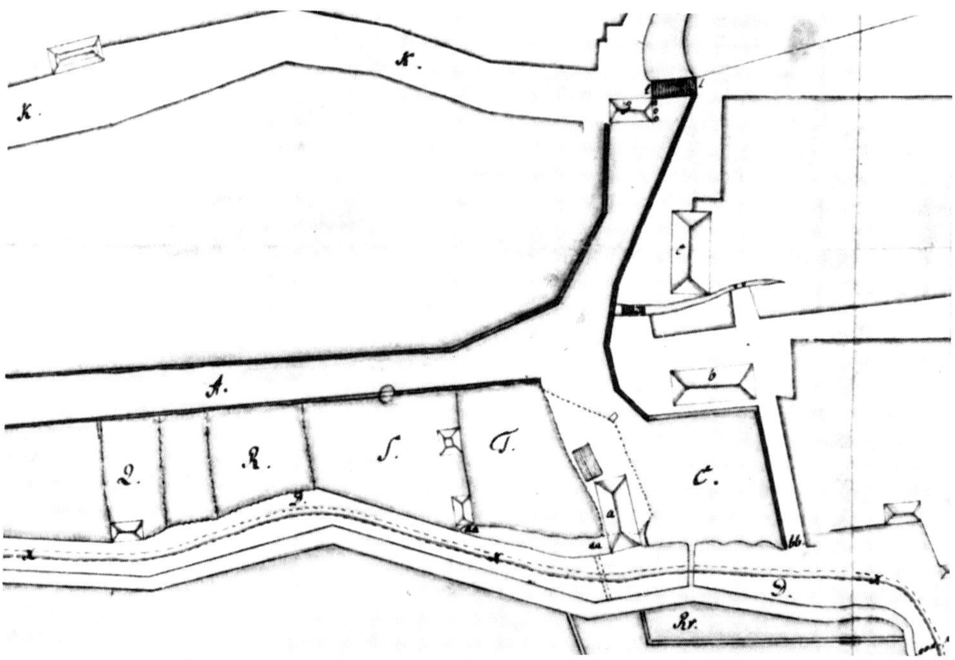

Abb. 2 Lage der Zuckersiederei (a) ab 1733 am «Rummelhafen» (c) (Kaufhausbassin) schräg gegenüber dem 1648 errichteten ersten Flügel des Kaufhauses (b); nach rechts abzweigend die Neue Straße.

Abb. 3 Zuckersiederei (Nr. 12), Kaufhaus (Nr. 8) und Nordende der Neuen Straße um 1760 (Ausschnitt aus: Franz Nicolaus Rolffsen, Belagerung der Festung Harburg 1757).

Abb. 4 F.C.A. Lill zeichnete um 1845 den Kaufhauskomplex, zu dem das Gebäude der nicht mehr in Betrieb befindlichen Zuckersiederei (im Hintergrund) gehörte.

Harburgs erwerbstätige Bevölkerung zu Beginn der Industrialisierung

Klaus Richter

In seinem Standardwerk zur Industrialisierung Harburgs hat Bödecker seinerzeit versucht, einen Einblick in berufliche Gliederung, Einkommensverteilung und Veränderung der sozial-psychologischen Eigenheiten der Harburger Bevölkerung unter dem Einfluß der Industrialisierung zu geben, stellte dabei allerdings fest: *«Ein Verfolgen des zahlenmäßigen Anteils der Berufstätigen und ihrer Angehörigen an der Gesamtbevölkerung Harburgs war jedoch mangels statistischer Unterlagen für einen längeren Zeitraum nicht durchzuführen»*[1].

Im folgenden soll versucht werden, diese Lücke wenigstens teilweise zu schließen mit Hilfe damals von Bödecker nicht ausgewerteter Akten des Harburger Magistrats[2]. Das Material gestattet einen mehr oder weniger guten Überblick über die wichtigsten Berufsgruppen im Harburger Wirtschaftsleben und ihren zahlenmäßigen Anteil an der jeweiligen Gesamtbevölkerung der Stadt zwischen 1848 und 1861. Bedauerlicherweise sind die einzelnen Listen nicht immer aufeinander abgestimmt, manche Berufe finden nur gelegentlich Erwähnung, auch fehlen Berichte für bestimmte Jahre[3]. Trotzdem geben diese Quellen hinreichend Aufschluß darüber, wie sich die berufliche Zusammensetzung von Harburgs Bevölkerung an der Schwelle des Industriezeitalters verändert.

Tabelle 1: Einwohner und Berufsgruppen

	1848	*1852*	*1853*	*1855*	*1856*	*1858*	*1861*
Einwohner	5255	6530	≈7000	7899	≈8850	10744	11971
Fabrikarbeiter	94	114	136		750		1500
Handwerker	277	312		332		407	386
Einzelhändler	≈100	112				119	128
% der Einwohner							
Fabrikarbeiter	1,8	1,7	≈2		≈8,5		12,5
Handwerker	5,3	4,8		4,2		3,8	3,2
Einzelhändler	≈1,9	1,7				1,1	1,1

Aus der Zusammenstellung wird deutlich, wie die traditionellen Berufsgruppen Harburgs, Handwerker und Einzelhändler, zwar nach absoluten Zahlen im allgemeinen zunehmen, ihre Zunahme aber bei weitem nicht dem rapiden Wachstum der Bevölkerung entspricht.

Infolgedessen nimmt der relative Anteil dieser Berufsgruppen laufend ab. Demgegenüber entwickeln sich die Fabrikarbeiter aus ganz bescheidenen Anfängen heraus binnen kurzem zur dominierenden Gruppe. Zwar muß berücksichtigt werden, daß in den einzelnen Handwerksbetrieben ein großes Heer von Gesellen und Lehrlingen beschäftigt war: 772 (= 7,2 % aller Einwohner) 1858, bzw. 670 (= 5,6 % aller Einwohner) 1861. So gesehen, ist der Gesamtanteil aller im Handwerk Tätigen an der Bevölkerung wesentlich höher als aus den Zahlen der Handwerksmeister allein herauszulesen wäre. Es bleibt aber Tatsache, daß ab 1856 Harburgs Bevölkerung sowohl quantitativ als auch qualitativ durch die Fabrikarbeiterschaft geprägt wird.

Tabelle 2: Fabrikarbeiter nach zeitlichem Auftreten

	1848	*1850*	*1852*	*1853*	*1856*	*1861*
Essig, Branntwein, Bier	25	25	27	21	18	28
Tabakwaren	24	19	18	19	65	97
Getreide + Graupen (Mühlen)	10	7	7	8	8	21
Zichorien (= Kaffeersatz)	2	1	1	1		1
Brennöl (Mühlen)	16	24	30	31	29	28
Talglichter + Seife	3	3	3	2	7	
Maschinen	14	10	10	13	14	46
Nägel		2	2	2		
Kattundruck		2	3	3	6	4
Gummiwaren		2	3	3	319	795
Porzellanmalerei			10	13	8	
Lederlackierung				20	20	40
Eisenguß					30	24
chemische Produkte					11	11
Möbel					21	19
Lohgerberei					12	1
Bürsten + Pinsel					4	
Schiffe (Werft)					65	47
Steinkohlenöl + Gas					85	132
Rübenzucker					28	63
Wagen						62
Zündwaren						19
Schirme						10
Stöcke						28
Strohwaren						5
Mineralwasser						12
Korkwaren						7
	94	95	114	136	750	1500

Tabelle 3: Fabrikarbeiter nach Branchen

	1848	*1850*	*1852*	*1853*	*1856*	*1861*
Nahrungs- und Genußmittel						
Getreide + Graupen	10	7	7	8	8	21
Essig, Branntwein, Bier	25	25	27	21	18	28
Mineralwasser						12
Rübenzucker					28	63
Zichorien (=Kaffeersatz)	2	1	1	1		1
Tabakwaren	24	19	18	19	65	97
	61	52	53	49	119	222
Bekleidung						
Kattundruck		2	3	3	6	4
Lederlackierung				20	20	40
Lohgerberei					12	1
Schirme						10
Stöcke						28
		2	3	23	38	83
Hausrat + Hausbedarf						
Möbel					21	19
Strohwaren						5
Korkwaren						7
Bürsten + Pinsel					4	
Porzellanmalerei			10	13	8	
Brennöl	16	24	30	31	29	28
Talglichter + Seife	3	3	3	2	7	
Zündwaren						19
	19	27	43	46	69	78
Metallwaren						
Maschinen	14	10	10	13	14	46
Eisenguß					30	24
Nägel		2	2	2		
	14	12	12	15	44	70

	1848	1850	1852	1853	1856	1861
Wagen- und Schiffbau						
Wagen						62
Schiffe					65	47
					65	109
chemische Produkte						
chemische Produkte					11	11
Steinkohlenöl + Gas					85	132
					96	143
Gummiwaren		2	3	3	319	795
Zusammenfassung						
Nahrungs- und Genußmittel	61	52	53	49	119	222
Bekleidung		2	3	23	38	83
Hausrat + Hausbedarf	19	27	43	46	69	78
Metallwaren	14	12	12	15	44	70
Wagen- und Schiffbau					65	109
chemische Produkte					96	143
Gummiwaren		2	3	3	319	795
	94	95	114	136	750	1500

Während der Anfangsphase finden die wenigen Harburger Fabrikarbeiter fast ausschließlich in Kleinbetrieben der lokalen Nahrungs- und Genußmittelbranche Beschäftigung, die bereits um 1840 vorhanden waren und kennzeichnend sind für die vorindustrielle Entwicklung der Stadt[4]. Daß die Zahl der dort Tätigen während der Industrialisierungsphase ab 1856 stark wächst, hängt mit der Zunahme derartiger Betriebe und ihrer Beschäftigten bei steigender Bevölkerung und größerem Konsum zusammen. Auch scheinen sich gerade in Harburg damals veränderte Konsumgewohnheiten entwickelt zu haben, was den Gebrauch von Genußmitteln, beispielsweise Tabakwaren, angeht. So berichtet der bekannte Stadtchronist Pastor Ludewig mit pastoraler Entrüstung 1850: *«Während allgemein über schlechte Geschäfte geklagt wurde, konnten die Tabaks- und Zigarrenhändler wohl zufrieden sein... Der Verbrauch an Tabak nahm überhaupt von Tag zu Tag zu. Fast jeder Mensch hatte seinen Glimmstengel im Munde, sogar die größeren Schuljungen und die Buben rauchten jetzt ihre Zigarren»*[5].

Ab Mitte der 50er Jahre nimmt die Zahl der Beschäftigten in verschiedenen neuen Industriebranchen rapide zu. Im wesentlichen sind es aber drei Betriebe aus zwei Branchen, denen die Mehrzahl aller Harburger Fabrikarbeiter ihre Arbeitskraft zur Verfügung stellt: die 1855 von Noblée errichtete und mit einer Gasanstalt verbundene Hydrocarbüre (Steinkohlenöl)-Fabrik, die 1856 unter führender Beteiligung «Stockmeyers» gegründete Harburger Gummi-Kamm-Compagnie und die ebenfalls 1856 von den Brüdern Cohen angelegte Harburger

Gummifabrik. 1856 arbeiten in diesen drei Betrieben: Gas- und Hydrocarbürefabrik 80–90 Arbeiter, Stock- und Gummikammfabrik 49 Arbeiter, Gummifabrik 130–140 Arbeiter und 130–140 Arbeiterinnen. Die damalige Gesamtzahl aller Fabrikarbeiter beträgt 750. 1862 sind beschäftigt: 110 in der Nobléeschen Gasanstalt, 220 in der Gummikammfabrik und 680 in der Gummifabrik. Insgesamt gibt es damals 1 629 Fabrikarbeiter in der Stadt[6]. Vor allem die Gummibranche und hier in erster Linie die Fabrik der Brüder Cohen (heute «Phoenix») sind es, die schon 1856 fast die Hälfte und 1861 mehr als die Hälfte aller Harburger Fabrikarbeiter beschäftigen.

Überwiegend in dieser Branche findet Frauenarbeit statt. Fast alle Fabrikarbeiterinnen gehören zur Gummifabrik der Brüder Cohen, die ihre Arbeitskräfte überall im Königreich Hannover anwarben[7].

Tabelle 4: Frauenarbeit in Fabriken nach zeitlichem Auftreten

	1849	*1850*	*1852*	*1853*	*1856*	*1861*
Zichorien	1		1	1		
Branntwein		4	4			2
Brennöl			1	2	2	2
Gummiwaren			1	1	135	224
Porzellanmalerei			8	9	5	
Tabakwaren					1	
Seife					4	
Zündwaren						16
Strohwaren						4
Rübenzucker						5
Mineralwasser						7
Korkwaren						4
	1	4	15	13	147	264

Für Kinderarbeit von Jugendlichen unter 15 Jahren liegen Zahlen nur bis 1856 vor. In erster Linie werden Kinder von den Tabakwarenfabriken beschäftigt. 1849 sind es 2, 1850: 4, 1852: 2, 1853: 2 und 1856: 10. Insgesamt ist die Zahl der in Fabriken tätigen Jugendlichen unter 15 Jahren recht gering. Sie beträgt 1849: 2, 1850: 6, 1852: 6, 1853: 7 und 1856: 14 Personen.

Wenn von Fabrikarbeitern in Harburg während der Frühphase der Industrialisierung die Rede ist, muß stets berücksichtigt werden, daß nur ein Teil von ihnen ständig in Fabriken beschäftigt war. Die Häuslingslisten unterscheiden zwischen *«Handarbeiter, welche sich teils bei Privatleuten, teils bei öffentlichen Bauten oder sonst als Holzsäger, Holz-, Torf- oder Steinträger oder auf sonstige verschiedene Art und Weise zu ernähren suchen»* und *«ausschließliche Fabrikarbeiter, denen sich auch eine große Zahl der ersteren Personen temporär zugesellt»*. Je nach Konjunktur, griff die Industrie auf im Tagelohn tätige Handarbeiter zurück, um sie in Zeiten schlechter Absatzlage wieder zu entlassen. Der Stamm ausschließlicher Fabrikarbeiter war demgegenüber anfangs relativ klein.

Tabelle 5: Handarbeiter, gelegentliche und ausschließliche Fabrikarbeiter

	1850	*1851*	*1852*	*1853*	*1855*
Handarbeiter insgesamt	207	229	222	238	311
ausschließliche Handarbeiter	120	175	172	168	?
gelegentliche Fabrikarbeiter	87	54	50	70	?
ausschließliche Fabrikarbeiter	8	60	64	66	158
Fabrikarbeiter insgesamt	95	114	114	136	?

Seit 1847 besaß Harburg direkten Eisenbahnanschluß an die bedeutende Nord-Süd-Strecke nach Hannover, deren Endbahnhof die Stadt bis zur Einweihung der Elbbrücke 1872 zunächst bleiben sollte. Rasch bildete sich eine Gruppe von Bahnhofsarbeitern, die als Arbeitsleute am Bahnhof, in den dortigen Güterschuppen, auf den Kränen an beiden Bahnhofskanälen, in den Bahnhofs-Maschinenwerkstätten, in der Bahnhofs-Koksbrennerei, als Eisenbahn-Wagenputzer tätig waren. Die Bahnhofs-Betriebsinspektion warb derartige Arbeiter überwiegend außerhalb Harburgs an. Der Harburger Magistrat gestattete ihnen lediglich ein- bis zweijährigen Aufenthalt in der Stadt. Er begründete dies damit, daß die auswärtigen Bahnhofsarbeiter, *«durch gutes Tagelohn dazu verleitet, sehr bald die Neigung zur Verheiratung zu erkennen geben, wodurch eine unverhältnismäßige Vermehrung des hiesigen Proletariats zu befürchten war»*[8]. 1850 gibt es in Harburg 51 Bahnhofsarbeiter, 1852 sind es 52, 1853: 53 und 1855: 120.

Im Zuge der Industrialisierung Harburgs entwickelte sich eine neue Berufsgruppe, die Führungsaufgaben in den neu errichteten Fabriken wahrnahm. In der zeitgenössischen Gewerbestatistik werden ihre Mitglieder als «Aufsichtspersonal bzw. Direktionspersonal in Fabriken» bezeichnet, zahlenmäßig lassen sie sich zuerst 1861 erfassen:

Tabelle 6: Direktionspersonal in Fabriken 1861 (Anzahl der Betriebe in Klammern)

Kattundruckerei	1
Maschinenfabriken (4)	9
Wagenfabrik	3
Kalkbrennerei	1
Koks- und Gasbereitungsanstalten (2)	7
chemische Fabriken (2)	6
Zündwarenfabriken (2)	2
Ölmühlen (2)	3
Lederfabrik	2
Schirmfabrik	2
Möbelfabriken (2)	3
Stockfabrik	2
Gummiwarenfabriken (5)	39
Strohwarenmanufakturen (2)	2
Getreide- und Graupenmühlen (2)	2
Zichorienfabriken (3)	3
Tabak- und Zigarrenfabriken (15)	16
Rübenzuckerfabriken (2)	7

Essigfabriken (2)	2
Bierbrauereien (2)	2
Branntweinbrennereien (13)	17
Mineralwasserfabrik	2
	133

Traditionell produzierte das Harburger Handwerk primär für den Bedarf der Stadt und ihres nächsten Umlandes. Es diente fast ausschließlich der Versorgung von Harburgs Bevölkerung. Unter dem hier interessierenden Blickwinkel auf ebendiese Bevölkerung bietet es sich an, die Handwerksbranchen danach zu gliedern, welche Grundbedürfnisse der Menschen von ihnen jeweils befriedigt wurden. Nahrung, Bekleidung, Hausrat + Hausbedarf und das Haus selbst sind derartige elementare Bedürfnisse. Weniger eindeutig lassen sich die Produzenten von Metallwaren hier zuordnen, stellen sie doch Gegenstände gleichermaßen für den häuslichen Bedarf, für den Bau des Hauses und für die Produktion her. Dagegen liegt es für eine Stadt wie Harburg nahe, wo Fuhrleute und Schiffer als Angehörige des Transportgewerbes eine wichtige Rolle spielen, die dafür arbeitenden Handwerker zu einer Gruppe zusammenzufassen.

Die größte und differenzierteste Handwerkergruppe widmet sich der Belieferung einer ständig wachsenden Bevölkerung mit textilen und ledernen Bekleidungsstücken. Seit den ausgehenden 50er Jahren ist sie allerdings der Konkurrenz industrieller Massenware in zunehmendem Maße ausgesetzt, bleibt jedoch noch immer führend. An zweiter Stelle stehen die Hausrat und Gegenstände des häuslichen Bedarfs herstellenden Handwerker. Auch an ihren um 1860 leicht rückläufigen Zahlen läßt sich erkennen, daß damals immer stärker fabrikmäßig hergestellte Produkte gekauft wurden. Die dritte bedeutende Branche stellt das Nahrungsmittelgewerbe dar. Ihm droht zu dieser Zeit noch keine Konkurrenz aus der Industrie.

Tabelle 7: Handwerker nach Branchen

	1848	*1852*	*1855*	*1858*	*1861*
Nahrung					
Bäcker + Konditoren	13	17	14	21	25
Gesellen + Lehrlinge				58	56
Schlachter	9	12	10	14	18
Gesellen + Lehrlinge				23	25
Gärtner	12	12	11	4	5
	34	41	35	39/81	48/81

	1848	1852	1855	1858	1861
Bekleidung					
Weber	14	18	20	16	8
Gesellen + Lehrlinge				4	4
Färber + Bleicher	4	6	5	4	4
Gesellen + Lehrlinge				7	7
Schneider + Schneiderinnen	25	28	31	70	56
Gesellen + Lehrlinge				50	38
Putzmacher + Putzmacherinnen	3	?	9	14	10
Gesellen + Lehrlinge				14	18
Posamentiere			1	1	1
Handschuhmacher		1	1	2	2
Gesellen + Lehrlinge				1	1
Hutmacher	3	3	3	1	2
Knopfmacher				2	1
Schirmmacher				1	1
Kürschner	2	3	4	2	2
Gesellen + Lehrlinge				5	3
Gerber	6	6	9	7	7
Gesellen + Lehrlinge				17	22
Schuh- und Pantoffelmacher	45	52	53	62	59
Gesellen + Lehrlinge				72	68
	102	117	136	182/170	153/161

Hausrat + Hausbedarf					
Tischler	22	21	23	24	23
Gesellen + Lehrlinge				65	45
Drechsler	9	9	8	8	6
Gesellen + Lehrlinge				6	15
Böttcher	4	5	6	6	7
Gesellen + Lehrlinge				11	14
Korbmacher	2	3	2	5	6
Gesellen + Lehrlinge				10	12
Bürstenbinder		3	3	4	4
Gesellen + Lehrlinge				7	6
Lichtzieher + Seifensieder		3	3	1	–
Gesellen + Lehrlinge				1	1
Siebmacher	1	1	1	1	1
Töpfer	4	4	6	7	8
Gesellen + Lehrlinge				9	4
	42	49	52	56/109	55/97

	1848	*1852*	*1855*	*1858*	*1861*
Metallwaren					
Gelb- und Rotgießer				2	1
Gesellen + Lehrlinge				5	4
Zinngießer	1	1	1	1	1
Gesellen + Lehrlinge				5	4
Kupferschmiede	2	3	3	3	2
Gesellen + Lehrlinge				4	3
Schmiede	17	13	12	14	11
Gesellen + Lehrlinge				34	29
Schlosser, Messer- und Nagelschmiede	14	16	13	15	15
Gesellen + Lehrlinge				49	31
Klempner	7	6	7	6	7
Gesellen + Lehrlinge				11	10
	41	39	36	41/108	37/81
Bau					
Maurer	4	4	4	7	8
Maurergesellen		42	45		
Gesellen + Lehrlinge				107	81
Zimmerleute	5	6	7	6	6
Zimmergesellen		36	37		
Gesellen + Lehrlinge				82	62
Maler	7	9	13	15	15
Gesellen + Lehrlinge				17	12
Tapezierer				1	2
Gesellen + Lehrlinge					2
Glaser	6	5	5	5	5
Gesellen + Lehrlinge				3	3
Steinhauer + Pflasterer				2	4
Gesellen + Lehrlinge				11	8
Bildhauer				1	1
Brunnenbauer					1
Dachdecker					1
Schornsteinfeger	1	1	1	1	1
Gesellen + Lehrlinge				2	1
	23	25	30	38/222	44/169

	1848	*1852*	*1855*	*1858*	*1861*
Transport					
Rade- und Stellmacher	8	9	8	7	7
Gesellen + Lehrlinge				11	10
Sattler + Riemer	9	8	10	9	8
Gesellen + Lehrlinge				15	12
Seiler	4	3	4	4	4
Gesellen + Lehrlinge				8	6
Segelmacher				2	2
Gesellen + Lehrlinge				6	3
	21	20	22	22/40	21/31
Sonstige					
Goldschmiede + Juweliere	5	5	5	5	4
Gesellen + Lehrlinge				3	2
Kammacher		1	1	1	1
Barbiere + Friseure	5	7	7	8	7
Gesellen + Lehrlinge				11	14
Uhrmacher	4	3	3	5	4
Gesellen + Lehrlinge				10	12
Instrumentenmacher				2	1
Gesellen + Lehrlinge				7	5
Mühlenbauer				1	3
Buchdrucker		1	2	3	2
Gesellen + Lehrlinge				5	9
Buchbinder		4	3	4	6
Gesellen + Lehrlinge				6	8
	14	21	21	29/42	28/50
Zusammenfassung					
Nahrung	34	41	35	39/81	48/81
Bekleidung	102	117	136	182/170	153/161
Hausrat + Hausbedarf	42	49	52	56/109	55/97
Metallwaren	41	39	36	41/108	37/81
Bau	23	25	30	38/222	44/169
Transport	21	20	22	22/40	21/31
Sonstige	14	21	21	29/42	28/50
	277	312	332	407/772	386/670

Von der beginnenden Industrialisierung profitiert unter allen Handwerkszweigen am meisten das Bauhandwerk. Zwischen 1848 und 1861 verdoppelt sich fast die Zahl seiner Meister. Ferner findet immer stärkere Differenzierung und Spezialisierung in diesem Handwerkszweig statt. Harburg ist zu jener Zeit eine einzige große Baustelle: 48 Fabriken werden 1848–1861 gegründet; 333 neue Wohnhäuser entstehen, um das Heer der von auswärts zuziehenden Fabrikarbeiter aufzunehmen.

Bemerkenswerterweise setzte die verstärkte Bautätigkeit keineswegs erst mit dem Zustrom größerer Arbeitermassen in den 50er Jahren ein, sondern begann spekulativ in Erwartung eines Wirtschaftsbooms schon 10 Jahre früher. Nachdem 1843 Harburgs Funktion als Endbahnhof der von Hannover kommenden Eisenbahn entschieden war, gab *«eine große Baulust bereits jetzt sich zu erkennen»*[9]. Zwei Jahre später wird berichtet: *«Infolge der hiesigen Eisenbahn- und Hafenanlagen hat die Baulust sehr zugenommen und wird dadurch der bisherige Mangel an Wohnungen bald abgeholfen sein»*[10]. 1853, als erstmals Arbeiter in größerer Zahl von auswärts nach Harburg ziehen, heißt es: *«An Wohnungen mangelt es nicht. Sind diese nicht in genügender Zahl vorhanden, steigen sie im Preise, so finden sich hier... sehr leicht Bauunternehmer, welche der Verlegenheit der von außen hereinziehenden Arbeiter bald ein Ende machen»*[11].

Fast die Hälfte aller dieser Bauunternehmer waren Maurer und Zimmerer bzw. Maurer- und Zimmergesellen. Keine andere Berufsgruppe widmet sich als Bauherren auch nur annähernd so intensiv der Errichtung so vieler neuer Wohnhäuser.

Tabelle 8: Bauhandwerker als Bauherren neuer Wohnhäuser

	Neue Häuser	*Maurer*	*= gesellen*	*Zimmerer*	*= gesellen*
1848	6		2		1
1849	9	2			
1850	22	5	1	3	1
1851	12	1	2		4
1852	6		1	1	2
1853	5			1	1
1854	10	2	2		1
1855	29		9		4
1856	56	1	10	1	10
1857	56	3	13	1	13
1858	58	2	13	2	12
1859	34	?	?	?	?
1860	23	3	4		3
1861	17	3			4
1862	23	4	2		3
1863	40	4	9	1	8
1864	30	3	7	1	6
1865	37	1	6	2	11
1866	28		6	2	5
	501	≈34	≈87	≈15	≈89

Alle diese Häuser werden jedoch nur von einer kleinen Gruppe am Hausbau beteiligter Bauhandwerker errichtet. Deren Maurer, Zimmerer und Gesellen bauen fast alle mehr als zwei Häuser. Von den Maurermeistern errichten in diesem Zeitraum: Ernst 2, G. N. und J. H. Meyer 14, Dierk 4, Heiland 7, Jacoby 3 Häuser. Von den Zimmermeistern: Harms 2, Ziepolle 4, Rohr 3, Rogge 3 Häuser. Von den Maurergesellen: Ebeling 3, Hölscher 4, Bornkamp 3, Dierk 11, Heiland 9, J. + F. Meyer 6, Berkefeld 3, Nagel 7, Zehrer 7, Ernst 2, Hatop 4, Johannsen 11, Kieselbach 3, Schulze 3 Häuser. Von den Zimmergesellen: Harms 11, Armack 3, Pankow 6, Brummerhof 4, Steckelberg 9, Hagen 9, Weber 3, Sievers 7, Krabbenschmidt 3, Buhr 6, Nölting 2, Wagner 2, Fromhagen 3, Sötebier 2, Ollmann 4, Kohlrausch 2, Habermann 3 Häuser.

Wie Max Truels in seiner Studie zur 2. Bergstraße (heute Schorchtstr.) zeigen konnte[12], erwarben sie Grundstücke – teilweise durch unablöslichen Grundzins von der Stadt – und bebauten sie, wobei sie als Bauschaffende die Kosten niedrig halten konnten. Mit aufgenommenen Hypotheken finanzierten sie das nächste Haus. Die Häuser wurden von ihnen vermietet oder auch verkauft. Manche entwickelten sich dabei zu echten Bauunternehmern. Sie zogen Profit aus der stetig zunehmenden Wohnungsnachfrage durch die nach Harburg strömenden Fabrikarbeiter.

1848 wurden in der Stadt 619 Wohngebäude gezählt; 1861 sind es 952. Zwei neue Stadterweiterungsgebiete entstanden: nordwestlich im Bereich 1. und 2. Bergstraße (heute Schwarzenbergstr./Schorchtstr.)[13], südöstlich im Geviert Moorstraße – Wilstorfer Straße – Am Wall – Bokelmannstraße und Bahnlinie nach Hannover (heute Sanierungsgebiet 2)[14].

In ihnen wohnten vor allem Fabrikarbeiter, die aus den ländlichen Gebieten des Königreichs Hannover und darüber hinaus nach Harburg gezogen waren. Bürgerliche Zeitgenossen vertraten die Auffassung, es existiere genügend Wohnraum in der Stadt für alle Wohnungssuchenden[15]. Versteht man darunter, daß alle irgendwie ein Dach über dem Kopf hatten, so mag dies zutreffen. Man wird dabei aber eher von «hausen» als von «wohnen» sprechen können angesichts der unzureichenden Wohnverhältnisse. Vor allem die vielen zugezogenen ledigen Arbeiter und Arbeiterinnen ohne eigenen Hausstand lebten in drangvoller Enge als Einlogierer[16]. Dazu kam noch, daß sie sich vielfach auswärts verpflegen mußten (die Speiseanstalt der Gummifabrik der Brüder Cohen war die einzige am Ort), wofür die Harburger Gastwirte überhöhte Preise verlangten[17].

Der Einzelhandel wird in Harburg damals im wesentlichen durch zwei Gruppen von Kaufleuten betrieben: zum einen den zunftmäßig organisierten Krämern, zum anderen den ihr Gewerbe frei ausübenden Hökern oder Hokenhändlern. Die Krämer sind für den Detailhandel mit Artikeln der Manufaktur-, Kolonial- und Materialwaren zuständig, den Hökern obliegt die Versorgung der Bevölkerung mit «Gegenständen der freien bürgerlichen Nahrung». Ferner gibt es noch eine Gruppe spezialisierter Händler für: Vieh, Korn, Mehl, Milch, Wein, Tabakwaren, Holz, Steine und Kalk, Putzwaren, Garn, Federn, Tapeten, Töpfe.

Tabelle 9: Einzelhandelskaufleute

	1850	*1852*	*1858*	*1861*	
Krämer	30	30	47	52	
Gehilfen			54	64	
Höker	46	46	38		
Sonstige	27	36	34		
Gehilfen			11		
	103	112	119/65	128/75	Gesamt

Abhängig von der Quellenlage, konnten in der vorliegenden Untersuchung nur bestimmte Berufsgruppen näher angesprochen werden, allerdings mit den Fabrikarbeitern und Handwerkern auch die beiden wichtigsten. Eine vollständige Übersicht über die berufliche Gliederung Harburgs läßt sich für das Endjahr 1861 unseres Untersuchungszeitraumes geben[18]:

Tabelle 10: Berufliche Gliederung der Harburger Bevölkerung 1861

Berufsgruppen	*Berufsausübende*	*deren Angehörige*	*insgesamt*
Industrie + Gewerbe	3251 = 27,16 %	3507 = 29,29 %	6758 = 56,45 %
Verkehr + Gastronomie	739 = 6,17 %	1250 = 10,44 %	1989 = 16,61 %
Handel	387 = 3,23 %	490 = 4,09 %	877 = 7,32 %
häusliche Dienstleistung	738 = 6,16 %	34 = 0,28 %	772 = 6,44 %
öffentliche Verwaltung	148 = 1,23 %	376 = 3,14 %	524 = 4,37 %
Erziehung + Unterricht	46 = 0,38 %	80 = 0,66 %	126 = 1,04 %
Ackerbau	62 = 0,52 %	31 = 0,26 %	93 = 0,78 %
Gesundheitspflege	43 = 0,36 %	42 = 0,36 %	85 = 0,72 %
Rechtspflege	21 = 0,18 %	56 = 0,47 %	77 = 0,65 %
Armee	15 = 0,13 %	21 = 0,18 %	36 = 0,31 %
Kirche	6 = 0,05 %	8 = 0,07 %	14 = 0,12 %
Künste + Wissenschaften	2 = 0,02 %	10 = 0,09 %	12 = 0,11 %
ohne Beruf	396 = 3,31 %	212 = 1,77 %	608 = 5,08 %
			11971 = 100 %

Anmerkungen

1 Bödecker, Die Industrialisierung, S. 225.

2 Geschäftsberichte des Magistrats Harburg an die Landdrostei Lüneburg: StA Hbg, Harburg 4, I A 2/2a (1848: V Handel, Gewerbe und Fabriken, VI Anbau neuer Wohnhäuser); I A 2/2b Bd. 2 (1849–54: V 40 Anbau neuer Wohnhäuser, VI 41 Häuslinge); I A 2/2b Bd. 3–4 (1849–53: VI 50–53 Gewerbe); I A 2/2c Bd. 2–3 (1855–61: VI Gewerbe); I A 2/2c Bd. 5 (1855–66: X 55 Anbau neuer Wohnhäuser). – Gewerbestatistik 1861: StA Hbg, Harburg 4, I B 3/1. – Volks- und Häuserzählung 1848, 1852, 1855, 1858, 1861: StA Hbg, Harburg 4, I B 2/3–7.

3 Folgende Zusammenstellungen liegen vor: Häuslinge («Inquilinen») 1850–53; Fabrikarbeiter 1848–53, 1856, 1861; zünftige Handwerker 1848–53, 1855, 1857–61; unzünftige Handwerker 1848–53, 1855; Handel 1848–52; sonstige Gewerbe 1850–53, 1855; Gewerbe allgemein (vorgedrucktes Formular) 1856–60; Gewerbestatistik 1861; Neue Wohnhäuser 1848–58, 1860–66. Die Zahlen wurden insgesamt ausgewertet, für vorliegende Arbeit aber eine chronologische Auswahl in der Regel auf die Jahre festgelegt, zu denen durch Volks- und Häuserzählungen die Einwohnerzahlen bekannt sind.

4 Bödecker, Die Industrialisierung, S. 56, 97, 99.
5 Ludewig, Geschichte Harburg, II, S. 352.
6 Kausche, Aus der Frühzeit, S. 54.
7 Ebd., S. 35–36, 41, 46, 54–56.
8 StA Hbg, Harburg 4, I A 2/2b Bd. 1 (II 18 Domizilangelegenheiten, 1850).
9 StA Hbg, Harburg 4, I A 2/1 (10a Anbauer, 9. 5. 1843).
10 Ebd. (18. 5. 1845).
11 StA Hbg, Harburg 4, I A 2/2b Bd. 1 (II 18 Domizilangelegenheiten, 1853).
12 Truels, Aus der Volkszählung, S. 200–201.
13 Ebd., S. 199–203.
14 Truels, Um den «Schütt».
15 Vgl. Anm. 11. – Bödecker, Die Industrialisierung, S. 285.
16 Truels, Um den «Schütt», S. 15–16. – Truels, Aus der Volkszählung, S. 202–203.
17 Kausche, Aus der Frühzeit, S. 42.
18 StA Hbg, Harburg 4, I B 2/7 (Zusammenfassung der Volks- und Häuserzählung 1861).

Die Industrialisierung Harburgs im 19. Jahrhundert

Jürgen Ellermeyer

Ein Zugang. Um 1850 scheint sich Harburg ‹dank Hannover› von Hamburg in gewisser Weise zu lösen. Um 1900 wird es von ‹Preußen›, sinnfällig in der Straßenbrücke, mit Hamburg fester verbunden. Dazwischen ist Harburg groß geworden: von gerade über 5000 Seelen auf fast 50000 Bewohner angewachsen, von einem hannoverschen Landstädtchen mit Endstation und ‹Seeblick› zum Industrievorort Hamburgs gewandelt. In Rückblicken wird das überwiegend als fast ununterbrochenes «Aufblühen» beschrieben, gleichsam organisches Wachstum aus einigen kräftigen Wurzeln, mit leuchtenden Farben und nur wenig Verwelken, manchem allerdings ein Unkraut.

Wenn tatsächlich aus der Stadt im alten Rechtssinn auch eine solche nach Bevölkerung, Wirtschaft und Lebensvielfalt wurde, so kann dieser zwar immer breitere, aber im zunehmenden Gedränge auch wieder beengte Weg einmal anders begangen werden: als ein Weg nämlich, der nur manchmal und wenigen weit überschaubar zu Füßen lag, also auch als ein gelegentlich erneut ungewisser und fast stets mühseliger Weg zu einem Ziel, das nicht allen Menschen überhaupt als Ziel erscheinen mochte. So gilt es, die Perspektive von Zeitgenossen, Sorgen und Hoffnungen, die unsere Nachtragsweisheit belächeln, aber nicht aus der Welt schaffen kann, zu beachten – und nicht nur die Rennstrecke der Gewinner. Das soll versucht werden durch zunächst etwas breitere Darstellung der Bedingungen, Horizonte und Vorgänge der 1840er und 50er Jahre, dann durch leicht systematisierte Mitteilung von Einzelaspekten des halben Jahrhunderts industrieller Wandlung Harburgs bis etwa 1900.

Ein Gesamtüberblick auch nur des Wirtschaftslebens kann das nicht sein. Es mag aber anregen, mit dem, was für Harburg als Industrialisierung in regionaler und deutscher Bedeutsamkeit schon wiederholt beschrieben worden ist[1], sich mit einem von gegenwärtigen Lebensverhältnissen geschärften Blick fragend und erinnernd zu beschäftigen.

Perspektiven statt Grundlagen

Falsche Prognose von 1850

Die Ausläufer des 1848er Versuchs einer deutschen Revolution waren in Harburg, wenigstens in der Sicht des Chronisten Pastor Ludewig, gewissermaßen auf dem Sand zur Ruhe gekommen[2]. Züge der alten Wirtschaft und Gesellschaft sollten noch einmal bewahrt werden: Die Hannoversche Gewerbeordnung vom Juni 1848 begünstigte das Zunftwesen[3], wie es etwa in Preußen schon nicht mehr zu halten gewesen war. So erging in Harburg im April

1850 ein Polizeiverbot gegen ‹Unbefugte›: Handwerksarbeiten hatten nur hiesige zünftige Meister auszuführen. Den *«von einer größern Freiheit des Gewerbebetriebes hin und wieder besorgten Nachtheilen»* widmete die Landdrostei in Lüneburg – als Mittelinstanz zwischen Harburgern und der Königlichen Regierung in Hannover – ein allgemeines Druckschreiben zur Sicherung ordnungsgemäßer Betriebsanmeldung. In diesem Zusammenhang dürfte ein «Verzeichnis der Gewerbetreibenden in der Stadt Harburg am 1. November 1850 (und ferner)» entstanden sein[4].

Das handgeschriebene Buch gestattet schon mit seiner Aufteilung einen vergleichenden Blick auf damalige Erwartungen zu Harburgs wirtschaftlicher Entwicklung und auf deren tatsächlichen Verlauf. Der Schreiber sah für jedes von 88 aufgeführten Gewerben in der Regel zwei Seiten vor; zahlreicher für jetzt und die Folgejahre erschienen ihm die Bäcker, Schneider, Tischler, Leineweber, Höker und Kleinhändler sowie Fuhrleute, Karrenschieber und Kofferträger, Lohnkutscher und die Zollbeamten (je vier Seiten bereitgehalten) – alles keine Boten einer neuen Wirtschaftsepoche.

Die höchsten Zahlen erwartete er bei den Schustern, Maurer- und Zimmergesellen, Gastwirten, Kaufleuten, Spediteuren, Schiffern, Eisenbahn-«Officianten» und Eisenbahnarbeitern (je sechs Seiten). Der größte Raum auf dem Papier gehörte den «Arbeitern» – und der erwies sich (mit 12 Seiten) als zu knapp! Diese Unterschätzung traf zwar weniger die «Fabrikarbeiter», sondern eher solche Arbeiter als Tagelöhner, die sich noch einige Jahre von jenen gelegentlich als «Arbeitsmänner» absetzen ließen und bei den verschiedensten Betrieben häufig eine «bürgerliche Nahrung» erlangten, wie sie etwa auch im vorindustriellen Hamburg üblich war – aber Kräfte der neuen Zeit finden sich damit über die Erwartungen des Gewerbe-Protokollanten von 1850 hinaus immerhin angedeutet.

Ein reges Wirtschaftsleben im Harburg der 1850er Jahre spricht schon daraus, daß die Namen der Höker und Kleinhändler, Kaufleute, Gastwirte und Schiffer den vorgesehenen Raum fast ausfüllen. Dagegen zeigt sich in der herkömmlichen Produktion mit relativ vielen Gewerbetreibenden nicht der erwartete Zuwachs; lediglich Schneiderinnen und Näherinnen machen als überhaupt neuauftauchende Frauengruppen auf sich aufmerksam. Nahm die Zahl der Produzenten für Grundbedürfnisse weniger zu als es der Schreiber vorhersah und die tatsächliche Bevölkerungsvermehrung nahelegte, dann bleiben Fragen und Vermutungen: Waren für den Nahrungsbereich (Bäcker) eher neuartige Leistungssteigerung des Gewerbes oder Einschränkung der Verbraucher, vielleicht gerade der Zuzügler, wirksam? Bei der Kleidung: eher Einfuhr, Selbstversorgung oder bescheidene Ansprüche? Bei Bau und Einrichtung: eher vorsichtiges Abwarten der Baugewerbe oder Zusammenrücken der weniger Bemittelten? Die zwar von manchen Sorgen, aber vor allem von vielen Hoffnungen begleitete Verkehrsentwicklung brachte zu Lande weder in der traditionellen Form (Lohnkutscher, Fuhrleute, Spediteure) noch in der neuen der Eisenbahn die Zahl der Beschäftigten, die man diesem Wirtschaftssektor 1850 zugetraut hatte.

Umgekehrt scheint man mit der Gruppe, die Harburg grundlegend verwandeln sollte, als allgemein interessierend gar nicht gerechnet zu haben: mit den Fabrikanten! Nachträglich gibt man ihnen eine Rubrik auf den freigebliebenen Seiten für Eisenbahnarbeiter. Rasch füllt sie sich mit den Namen von etwa 70 Personen, die das Bürgerrecht von 1815 bis 1861, davon etwa 50 Personen erst ab 1850, erworben haben. Kleinunternehmer finden sich darunter, deren Betrieb den modernen Fabrik-Begriff gar nicht verdiente, aber auch die Begründer teils heute noch existierender großer Firmen. In dieses Sammelbecken, das nun verspätet angemessene Aufmerksamkeit bekam, wurden auch die Fabrikanten übertragen, deren ältere, aber mit einer Ausnahme nicht zukunftsweisende Betriebszweige man schon gesondert ins Auge gefaßt hatte (Zichorien, Essig, Guttapercha, Tabak und Zigarren).

Die Fabrikanten-Liste wird eröffnet mit Carl August Sprengel, wohl jenem Kaufmann aus Celle, für den der Maurermeister Ernst im März 1851 von der Stadt ein zunächst gewünschtes Fabrikgrundstück an der Lüneburger Chaussee nicht erlangen kann. Der Magistrat war jedoch *«geneigt..., einen anderen geeigneten Platz abzustehen»*[5]. Aber der Schokoladen-Fabrikant (und Inhaber einer Korkschneiderei) ist schon 1853 «weggezogen nach Hannover»: Die Harburger Industrialisierung bekommt keine Schokoladenseite und später von Hamburg zwar manches, aber kaum Bonbons; die läßt ein Hamburger um 1861 in Harburg nur gelegentlich durch einige herübergeschickte Arbeiter fertigen[6].

Die Fabrikarbeiter- (für Anfangsverhältnisse:) Massen aber, die im Betrachtungszeitraum 1850–61 von weniger als 100 auf etwa 1500 anschwellen[7], werden in das Gewerbeverzeichnis mit seinen nur zwei Seiten für diesen Zweig gar nicht mehr aufgenommen: sie haben den Horizont des ‹Buchhalters› gesprengt.

Rückblick: Kaum Chancen für frühe Industrialisierung

Harburgs Industrialisierung erscheint nachträglich wie selbstverständlich. Warum hatte man dann um die Mitte des 19. Jhs. noch die Perspektive der Entwicklung eher eines großen Seehafens als einer Fabrikstadt?

Ältere Zukunftsvisionen und konkretere Planungen für Harburg besonders zu Beginn des 18. Jhs. hatten vor allem Schiffahrt und Handel gegolten[8]. Selbst wenn es größere Produktionsbetriebe, die Manufakturen, zeitweilig zu einiger Regsamkeit brachten: sie hatten es prinzipiell immer schwer und waren in der ersten Hälfte des 19. Jhs. im regionalen Vergleich kaum noch bedeutend[9]. Zwar konnte man auch in dieser Landstadt schon wegen der Nähe zum weltweit informierten Hamburg genügend Anregendes über die fast ein Menschenalter früher einsetzende Industrialisierung Westeuropas, vor allem Englands, erfahren. Aber Industrieansiedlung erwies sich dort als besonders vorteilhaft, wo möglichst mehrere folgender fünf Ansatzpunkte gegeben waren: 1. eine starke vorindustrielle gewerbliche Produktion, 2. Nähe zu Rohstoffen, 3. eine günstige Verkehrslage, 4. Nähe zu Nachfragern und 5. fördernde Wirtschaftspolitik von Obrigkeiten. Mochte Verkehrsgunst für Harburg sprechen und – wie geschehen – relativ zügig zunächst noch zu verbessern sein, so waren im deutschen Bereich aber als Standortvorteile Gewerbereichtum und Rohstoffgewinnung vor Ort anfangs ausschlaggebend[10].

Zu den Einzelbedingungen einer frühen Harburger Industrialisierung zeigten sich eher Minuspunkte. In der Stadt selbst gab es weder beachtliches Kapital noch gleichsam nach Fortschritt hungernde viele Arbeitskräfte und offenbar auch kaum oder keine Unternehmer, die den Zugang zu neuartigen Produktionszweigen durch eigene Auslandserfahrung hätten öffnen können. Wollte man überhaupt große Fabriken, so war man in Harburg auf Initiative und Kapazitäten von außen angewiesen.

Bei den Nachbarn und Konkurrenten in Hamburg waren zwar sowohl anlagebereites Geld als auch Weltbeziehungen, aber in dieser Phase erst wenige vorrangig an Industrie statt Handel Interessierte[11].

Seitens des Königreichs Hannover, für das Harburg immerhin «der» Seehafen war – soweit man sich nicht an dem übermächtigen und leistungsfähigeren Hamburg orientierte, lagen die Bedingungen für einen Industriestandort bis in die 1850er Jahre überwiegend ungünstig[12]: In

Hannover gab es, besonders solange die Personalunion mit England währte (bis 1837) und ein dadurch geförderter Import englischer Produkte die Interessen beherrschte, eher eine andauernde Agrarwirtschaftsperspektive denn eine Industrieförderung. Hannoversche Gewerbe lebten weitgehend von der Verarbeitung landeseigener Rohstoffe und ihre Konzentration in Städten war gegen die weitverbreitete Form ländlichen Nebengewerbes erst zu erkämpfen. Gegenüber diesem Hindernis großgewerblicher Entwicklung war selbst der Vorenthalt von Gewerbefreiheit durch nachnapoleonische Rückkehr zum einengenden Zunftwesen (1815) von zweitrangiger Bedeutung, aber zusätzlich erschwerend. Zudem führte die hannoversche Variante des Abbaues feudaler Wirtschaftsstrukturen durch ‹Bauernbefreiung› und Bodenreformen zunächst nur zu geringer ländlicher Überschußbevölkerung, da die freie Teilbarkeit des Bodens nicht gewährt wurde. Für Industrie gab es also Arbeitskräfte noch nicht massenhaft und billig verfügbar. Kapitalbildender und dann auch für andere Zwecke mittelgebender Großhandel konnte sich, selbst wenn er nicht den Hannoveranern zugeschriebener «konservativer Gesinnungsart» war, nicht frei entfalten, da Hannover über zwei Jahrzehnte dem seit 1834 wirkenden Deutschen Zollverein fernblieb.

Aber ohne Interesse der Königlichen Regierung war in Harburg nichts Großes in Gang zu bringen. Selbst einzelne Ansiedlungsprojekte bedeutender Betriebe wurden nicht vor Ort, sondern auf höherer Ebene entschieden; Harburg war auch insofern nicht frei, sondern anders etwa als die Hansestädte Hamburg und Bremen doch nur Landstadt. Und bei Lockmitteln für Industrie wie Steuervergünstigungen, Geländeerschließung und modernere Verkehrseinrichtungen war man auf Entgegenkommen oder Finanzhilfe seitens der Regierung angewiesen. So konzentrierten sich die Anstrengungen zur Hebung der Harburger Wirtschaft bis etwa zur Mitte des 19. Jhs. auf die Entwicklung von Verkehrsmöglichkeiten, die eher in den Bau- und Betriebsmitteln andernorts erreichte Industrialisierung zur Voraussetzung – vor allem den Einsatz von Dampfmaschinen – als eine Industrialisierung Harburgs selbst im Blick hatten.

Hafenstadt und Endstation: Seeschiffahrts- und Eisenbahnprojekte

Auf der Grundlage einer insgesamt in der ersten Hälfte des 19. Jhs. vorherrschenden Steigerung des Harburg berührenden Durchgangshandels, der zu Erweiterungen des für den Warenumschlag wichtigen Kaufhauskomplexes und zu Einnahmesteigerungen für die Stadtkasse führte, wurden wiederholt Projekte zur Hebung des Wirtschaftsverkehrs vorgetragen. Ihre Verwirklichung zog sich nicht nur wegen Finanzierungsfragen über Jahrzehnte hin, sondern auch deshalb, weil sie die Einkunftsmöglichkeiten traditionell begünstigter Gewerbe zu schmälern drohten. Es war also in Harburg selbst so leicht kein einheitlicher Wille der Interessenten herzustellen, der auch gegenüber Konkurrenten im weiteren Königreich Hannover vonnöten gewesen wäre. Ein Blick auf die Hafengeschichte:

Seehafen

Dem frühen Gesuch (1818) von Magistrat und Bürgerschaft an die Regierung um einen leistungsfähigen Seehafen war kein Erfolg beschieden, weil der Staat alle Kosten tragen sollte. Immerhin wurde die unter den Franzosen verschlechterte Schleusensituation für den bestehenden Hafen um die Zitadelleninsel wieder verbessert[13]. Der Vorschlag des hannoverschen Elbschiffahrts-Kommissionärs von 1819, Harburg zum großen Freihafen auszubauen, der erst Durchgangs- und dann auch Eigenhandel anziehen könne, blieb ebenfalls vergeblich[14]. 1832 gab es erneute Vorstöße: einmal beschlossen Magistrat und Bürgerrepräsentanten Geländeerwerb für eine eventuelle Erweiterung des vorhandenen schleusengesicherten, also Binnenhafens, zum anderen unterzeichneten Magistrat und 202 Bürger eine Petition an das Kabinetts-Ministerium in Hannover für einen, wenngleich bescheidenen Außenhafen. Einerseits sei dabei für die Schiffahrtsentwicklung die Nähe zu Hamburg günstig, andererseits müsse doch der Köhlbrand vertieft werden[15]. Im nächsten Jahr führte andauernder Wunsch nach einem Seehafen zu einer Versammlung «sachkundiger Bürger» auf dem Königlichen Amt und einer entsprechenden Deputation an die Regierung im Jahre 1834[16]. Zugleich wurden eine kleine und eine große Lösung vorgezeichnet.

Die kleine Lösung bezweckte nur die Ausweitung des außerhalb der Schleuse liegenden Holzhafens zu einem allgemeiner zu nutzenden Liegeplatz, die große zielte auf Aufgabe bzw. Umwandlung von Zitadelle und Schloß durch Kanalbau- und Schleusenarbeiten[17], die neben dem alten, für Post-Ewer zu belassenden einen neuen Binnenhafen für kleinere Seeschiffe erreichen sollten[18].

Mit dem Amtsantritt und persönlichen Einsatz von Bürgermeister August Bahr (1835) gewinnen die Hafenpläne an Gewicht, u. a. weil sie mit Eisenbahnfragen verbunden werden. Die Regierung setzt einen Ausschuß für Seehafen-Vorschläge ein, der über seine wöchentlichen Sitzungen in Harburg an die General-Direction des Wasserbaues in Hannover berichten soll[19]. Von dieser Behörde erhält 1836 Johann Heinrich Blohm, der Harburg schon von seiner vorläufigen Anstellung bei dem damaligen Oberdeichgrafen und späteren Wasserbau-Direktor kannte, die Sonderaufgabe, Voruntersuchungen anzustellen für eine *«Erleichterung der Communication zwischen Hamburg und Harburg»*[20]. Bahr äußert sich aus der Sicht des Ortsinteresses 1840 in einem Gutachten «Ueber die Handels-, Schiffahrts-, Fracht- und Gewerbeverhältnisse der Stadt Harburg» und betont die mit Harburg zugleich dem Königreich dienenden Interessen[21]. Seine Gewerbebeschreibung würdigt u. a. *«zwei bedeutende Oelfabriken und Oelraffinerien»*, bietet aber keine besondere Industrieperspektive. Im selben Jahr empfiehlt die Regierungskommission zur Frage des Nutzens eines Seehafens am linken Elbufer, die zwar Harburg, aber doch nur das kleine Hafenprojekt bevorzugt hatte[22], weitblickend den Beitritt zum Deutschen Zollverein[23]. In Blohms 1841 veröffentlichtem «Versuch einer näheren Erörterung der Mittel, durch welche der Handelsverkehr in den Elbgegenden des Fürstentums Lüneburg erhalten und gehoben werden kann» wird wieder Harburg das Wort geredet, und zwar als einem Handelshafen, der *«ohne mancherlei Gewerbe und Fabriken eine unvollkommene Einrichtung»* sein würde[24]. Aber diese Bedingung gilt ihm allgemein, und so entwickelt er aus der Beobachtung, man habe hier *«in der neuesten Zeit verschiedene Fabrikanlagen errichtet»*, keinen besonderen Ansatz, der etwa schon die Perspektive ‹Handel vor Industrie› umgekehrt hätte.

Reist Bahr für den Seehafen 1841 nach Hannover[25], so gibt es auch handgreifliche Verbesserungen für die Harburger Schiffahrt: Beseitigung von Sandbänken im Köhlbrand bis 1841[26] und seine Betonnung zusammen mit der Süderelbe 1843[27]. Widerstände gegen den Harburger Hafenbau machten sich zwar 1844 noch bemerkbar, sei es, daß in Hamburg eine kleine private Protestschrift erschien oder im politisch eigenen Hause *«an anderen Orten der Unterelbe... Neid»* wirkte und die hannoverschen Landstände zunächst auf die Harburger Wünsche nicht eingehen wollten[28]. Aber der Seehafen-Ausschuß bestimmte Harburg als günstigsten Standort, auch die Stände entschieden sich für sogar das große Hafenprojekt und die Regierung bewilligte 485000 Taler für den Bau[29], der schrittweise von 1845 bis 1849 Harburgs Wirtschaftssituation entscheidend veränderte.

Das technische Ergebnis, das noch vor Ende der Bauzeit politisch dadurch gehoben wurde, daß die Regierung den alten, 1844 von Bahr wiederholten Freihafen-Wunsch[30] zum Jahre

1848 erfüllte[31], ist durch den Hinweis auf einen Verkehrs- und einen Überwinterungshafen hinter einer neuen Schleuse in seiner Wichtigkeit nur angedeutet. Den Zeitgenossen war es so außergewöhnlich, daß der erste bessere Stadtplan Harburgs im 19. Jahrhundert mit dem Stand von etwa Ende 1851 im Druck Verbreitung fand unter dem Titel «Der Hafen zu Harburg mit seiner nächsten Umgebung»[32]. Auch das 1859, also schon nach großer Industrieansiedlung, für den König Georg V. gefertigte Modell[33] signalisierte mit der gleichen Beschriftung: die Stadt als Umgebung des Hafens! Kein Wunder, daß man den Wasserbau-Inspektor Blohm 1849 zum ersten Ehrenbürger Harburgs ernannte.

Eisenbahn

Besonderen Wert gewann der neue Hafen durch seine Verbindung mit dem revolutionären Verkehrsmittel der Zeit, der Eisenbahn. Erst später als das Hafenprojekt vorgetragen, von Harburgern nicht nur gewünscht, sondern auch bekämpft, war die Verbindung mit Hannover doch früher als der Hafen am 1. Mai 1847 für regelmäßige Fahrt eröffnet worden.

Als 1835 die erste deutsche Eisenbahn in Betrieb ging, diskutierte man öffentlich auch über eine Hannover–Hamburg-Strecke, teils bereits auf der Grundlage des durch Besuche gewonnenen Einblicks in Zusammenhänge zwischen Eisenbahnbau und Industrialisierung in England. Trassenführung und nördlicher Endpunkt – südlich oder nördlich der Elbe? – waren umstritten[34]. Stemmten sich Harburger Fuhrleute, Gastwirte und Spediteure 1835 gegen den schnellen, vielleicht gar an ihnen vorbeiführenden stählernen Strang, den sie gleichsam um ihren Hals gelegt sahen, so begrüßte ihn Bürgermeister Bahr mit anderen Harburgern auch mit Blick auf das Seehafenprojekt[35]. Selbst Teile der erst 1881 vollendeten Unterelbebahn, nämlich die Strecke Harburg–Stade, kamen im Zusammenhang mit Seehafenwünschen 1839/40 in Erwägung[36].

1840 schärfte man in Gutachten und privaten Druckschriften die beide Verkehrsmittel zusammenfassende Sicht; der König von Hannover genehmigte endgültig die nach Norden zu führende Eisenbahn. Hielt Blohm 1841 die Entwicklung der Wasserwege noch grundsätzlich für wichtiger als jegliche Landverbindung, so setzte sich Bahr, jetzt mit Spediteuren, auch speziell für den Eisenbahnzielpunkt Harburg ein, der in weiterreichenden Planungen 1844 bereits zum Knotenpunkt ausersehen wurde[37].

Hier erhoffte man sich zwar mehr vom Hafen- als vom Eisenbahnbau[38], aber gerade zu letzterem hält Pastor Ludewig, mit bemerkenswertem Einfühlen in die mißlichen Lebensbedingungen der Bahnarbeiter, zum Beginn der Arbeiten 1845 fest: *«eine neue Aera ging für Harburg hervor, die sich an allen Ecken und Orten zunächst durch Wühlen kund gab»*[39]. Als der Brauereibesitzer Wilhelm Hastedt im April 1847 den Grundstein zum ersten vierstöckigen Haus in Harburg legte, bezeichnete er die bevorstehende Eröffnung der Schienenfahrt gar als den wichtigsten Punkt seit der Entstehung der Stadt[40].

Übertrieben oder nicht: Immerhin hatte Harburg in der Region nun etwas Besonderes vorzuweisen mit seinem Eisenbahnhafen am Treffpunkt von See- und Flußschiffahrt, neuerdings auch verbesserten Landstraßen und hamburgischen und hannoverschen Wirtschaftsinteressen. Seine historisch lange währende, zugleich attraktive wie lähmende, zentrale Randlage war zu neuer Zentralität verdichtet worden. Industrialisierung wirkte daran aus der Ferne mit, aber vor Ort stand sie noch nicht im Mittelpunkt der Absichten. Wir verstehen nun, daß der Gewerbe-Protokollant von 1850 wenig auf Fabriken, wohl aber auf Züge und Schiffe sah.

Vom Freihafen zum Deutschen Zollverein

Optimismus war Anfang der 1850er Jahre in Harburg vonnöten. Denn für die Verkehrsverbesserungen hatte sich die Stadt *«durch die vielen Baulichkeiten... auf Speculation»* 1848 in etwa 100000 Taler Schulden versetzt, obwohl sie vorsorglich seit 1844 die Bürger zu höherer Steuer heranzog[41]. Manchen Betrachters Skepsis von 1847, man habe sich sowohl mit dem Hafen als auch mit dem Eisenbahnbau übernommen[42], bestätigte die Tatsache, daß zwar Wohnhäuser wie kaum je zuvor errichtet wurden, aber die von der Stadt angebotenen Bauplätze an den neuen Verkehrsanlagen zunächst keine Käufer fanden[43].

Der Freihafen erleichterte die Schiffahrt, aber er belastete auch die Harburger, von denen nicht alle mit der Ausdehnung auf die Stadt und das Dorf Lauenbruch einverstanden waren, mit einer weiteren Steuer[44]. Und den «Unternehmungsgeist auswärtiger Capitalisten» sah der Magistrat in seinem Wirtschaftsbericht an die Landdrostei Ende 1849 durch den «precaire(n) Zustand» des Freihafens, nämlich durch die Ungewißheit seiner Dauer, zurückgehalten. Hinzu kam die Sorge von Unternehmern, durch eine etwaige Eisenbahnverbindung Lüneburg–Lauenburg–Hamburg werde *«die sonst günstige Lage Harburgs am linken Elbeufer in die Luft geschleudert und lahmgelegt»*[45].

Hoch her ging es andererseits mit der «Animosität» der Hamburger, wenn die *«nicht mal geborene Harburger auf ihre Schiffe in Dienst nehmen wollten»*[46], weil die Schiffahrt der kleinen Konkurrenzstadt immerhin das Ausmaß eines Dornes im Auge erreicht hatte. Mehr noch als der Freihafen-Status hat zu diesem Aufschwung wohl beigetragen, daß die hannoversche Regierung 1850 direkt nach Harburg gehende Schiffe vom Zoll bei Stade befreite, während er die meisten für Hamburg bestimmten Waren bis 1861 belastete. So wurde «The Hanoverian Port of Harburg» – eine werbende Schrift von 1850 – auch im Ausland bekannt, wuchs die Werft Renck 1850 in den Seeschiffbau hinein, der 1851 mit Hermann Kraus ein Unternehmen aus Altona herbeizog[47], während im selben Jahr mit einem Renck'schen Schiff Passagierfahrt nach New York eröffnet wurde[48]. Die Ewerschiffer, die seit 1818 unter der Dampfboot-Konkurrenz zwischen Harburg und Hamburg hatten leiden und in der Schiffergilde 1844 die letzten ihrer jahrhundertealten Vorrechte aufgeben müssen, aber im Verkehr zwischen den Häfen ein gutes Auskommen behielten[49], verwandten sich 1851 für das Fortbestehen einer kleineren Werft mit dem Argument, Renck und Kraus seien mit Seeschiffen voll beschäftigt[50].

War in Harburg 1849 erst ein beeidigter Schiffsmakler tätig geworden (E. F. Heins), so legte man schon 1851 die Bestimmungen für (höchstens) sechs fest. Die Zahl der jährlich einlaufenden Seeschiffe nahm von 1850 zu 1852 von 152 auf 691 zu und pendelte 1855–61 zwischen 1100 und 1200[51]. Bei solchem Betrieb erstaunt es nicht, daß, selbst als der Anschluß Hannovers an den Deutschen Zollverein unmittelbar bevorstand und die Ungewißheit rechtlicher Ausgestaltung für Harburg Kaufleuten scharfe Bedenken verursachte, sich 1853 Magistrat und Bürgervorsteher für einen neuen hafenbezogenen Stadterweiterungsplan aussprachen[52].

Trotz der langen Vorverhandlungen trat der Anschluß an den Zollverein «unerwartet und unangemeldet» ein[53]. Man kann mit dem Zeitgenossen Günther nach dem Verlust des Freihafens, dessen Einrichtung Harburg für einige Zeit zu einem zwar konkurrierenden und immer noch kleinen, aber doch Weggefährten Hamburgs gemacht hatte, jahrelange Umstellungsschwierigkeiten von Schiffahrt und Handel sehen. Man muß aber nicht schon 1853/54 die allgemeinen Aussichten des Harburger Handels für so gemindert, durch die für alle Schiffe geltende Aufhebung des Stader Zolls 1861 so weiter verschlechtert und mit der Eisenbahnüberbrückung der Elbe 1872 gänzlich getroffen halten, daß nach der *«Krise im ortstypischen Wirtschaftsleben»*[54] der Mitte des 19. Jhs. folgend auf längere Zeit nur noch die Betrachtung der Industrialisierung lohne, bis die Hafenfrage gegen Ende des 19. Jhs. – nun eine stark industriebezogene – neue Dimension bekam und die Anlage der großen Seehafenbecken brachte. In den fünfzig Jahren dazwischen hat es, ohne daß dieser Strang jetzt im einzelnen auszuziehen wäre, weder an einem beachtenswerten Handel noch an Versuchen gefehlt, ihn aus seiner Senke auf gegenüber früher doch hohem Niveau wieder zu heben. Dabei war die ungenügende Tiefe des Köhlbrand-Fahrwassers über Günthers Beobachtungszeitpunkt 1878 hinaus das Haupthindernis, beengende Harburger Hafenverhältnisse kamen hinzu.

Gleichwohl: Die politische Entscheidung Hannovers für den Deutschen Zollverein begünstigte in Harburg etwa anzulegende Fabriken so sehr, daß die ersten dieser Zäsur folgenden Jahre noch etwas genauer zu betrachten sind, bis eine eher systematische Sicht die Industrialisierung und ihre Folgen zu einem gewissen Abschluß in den neunziger Jahren zusammenfaßt.

Die neuen Fabriken

Bevor die für Harburg bekannt gewordenen Gummifirmen ihre Betriebe gleichsam auf die grüne Wiese klotzen, einige unscheinbare, aber typische Zeichen der neuen Ära der Erwerbstätigkeit: Dampfkraft in bemerkenswerter Weise nutzt als erster Hans Joachim Heins, der sich neben den von ihm gepachteten herrschaftlichen Getreidemühlen mit Erwerb und Umwandlung einer Graupenmühle zur Ölmühle 1833 eine zukunftsweisende Anlage schafft, in der Wasser (und Pferde) 1838 durch eine hamburgische Dampfmaschine von 12 PS und die Keil- durch eine hydraulische Presse teilweise abgelöst werden. In der gleichen Branche folgt ihm darin 1850 mit einem englischen Fabrikat von 6 PS der Spediteur und Commissionär J. D. C. Westerich, dessen Windölmühle auf dem Krummholzberg auf den vorindustriellen Stadtansichten Harburgs hervortritt[55].

L. H. Messerschmidts Hufschmiede entwickelt sich zur ersten Maschinenfabrik und Eisengießerei (1847/48). Aus ihrer Produktion erscheint ein Dampfkessel bei einem Branntweinbrenner in der noch sehr kurzen «Statistisch-technischen Tabelle» 1854 in Harburg betriebener Dampfkessel und -maschinen[56], und hier soll auch die erste, zu Anfang 1858 bemerkbare, Harburger Dampfmaschine gefertigt worden sein.

In den Nachrichtenverkehr neuer Art wird Harburg 1848 durch den privat betriebenen elektro-magnetischen Telegraphen von Hamburg nach Cuxhaven einbezogen, der 1850 über Bremerhaven Anschluß nach Bremen findet[57].

Techniker haben Anlaß genug zur Vereinsgründung; ihr Fotoalbum zum 25jährigen Stiftungsfest 1875 zeigt, daß auch mancher zu anderem Berufene dazugehören wollte[58].

Kaufmännische Orientierung an zunächst nur kleinstädtischer Geselligkeit, die in Harburg wohl bis in die Gegenwart wirkt, und technische Nutzung der im 19. Jh. vorangetriebenen Wissenschaft der Chemie bilden die Pole, zwischen denen sich seit 1853 – um nicht von Alkohol und damit der gleichzeitig gegründeten Brauerei Ullrich & Anschütz, der späteren Harburger Aktienbrauerei, zu sprechen – die Mineralwasserfabrik Steinike und Weinlig entwickelt[59]. Von Fabrik kann bei ihr über Jahre eigentlich keine Rede sein, aber die später erreichte Bedeutung selbst für Übersee-Export läßt sich nicht aus der Beschäftigtenzahl ablesen. Ist an der Geschichte dieses Unternehmens, an der Flexibilität in der Entwicklung neuer Produktionszweige und an Verlagerungen im Zuge der Stadtentwicklung (Schloßstraße, Bahnhof, Seehafen), sowie fortdauerndem Wirken ihrer Gründerfamilien, ihrer verwandtschaftlichen Verflechtung und beruflichen Orientierung in der ortsansässigen Oberschicht und Firmenwelt so manches sehr harburgisch, so eines doch nicht: daß ihr Begründer in Harburg geboren wurde.

Denn die meisten der Fabrikherren, die ‹Harburg groß machten›, kamen von draußen. Daß die Kleinstadt sie endlich anzog, hatte außer dem einen oder anderen der schon genannten Gründe der Standortwahl für Industriebetriebe im Bereich geographischer Lage und Verkehrseinrichtungen vor allem den, daß in der mit Rohstoffmärkten, Kapitalzusammenballung und weltweiten Geschäftsverbindungen attraktiven Hamburger Region nur hier in Harburg freier Zugang zu einem nun sehr großen Markt im Binnenland geboten wurde. Die Frage billiger und vorgebildeter Arbeitskräfte und etwaiger Steuervergünstigungen[60] sowie die des billigen Bodens konnten demgegenüber zweitrangig sein[61]. Schließlich war der Harburger Magistrat nach den großen Verkehrsbauten der 1840er Jahre nicht für wohlfeile Grundstücksverkäufe oder Pacht bekannt[62].

So mußte das erste größere Unternehmen aus Hamburg, H. C. Meyer jr., für einen Geländekauf «unter der Hand», also nicht öffentlich meistbietend, worauf der Magistrat sonst gern bestand, über seinen zu niedrig gebotenen Preis mit sich reden lassen[63] – und dann verlegte es zunächst einen kleinen Teil seiner Stockfabrikation 1854 hierher an den neuen Hafen. Ende des gleichen Jahres bemühte sich German Koeber aus Heilbronn – mit einschlägiger Erfahrung in England – beim Magistrat für seine «Eisenhütte» und fertigte 1856 den ersten Guß in der Fabrik, die am alten Standort heute unter der Fa. Krupp fortwirkt.

Nach diesem Start will es dem Magistrat zu Ende 1855 *«scheinen, daß Harburg als Fabrikort noch eine größere Zukunft hat wie als Handelsort»*[64]. Dies Urteil ist um so bemerkenswerter, als es einmal für den Handel noch neue Initiativen gab: den Baubeginn für die Zollfreie Niederlage 1854, die Anregung zur Bildung einer Handelskammer 1855, weil der Handelsverein von 1847 offenbar nicht genügte, und die Ankündigung einer mit drei eisernen Schiffen regelmäßigen Verbindung nach Hull durch die Harburg-Englische-Dampfschifffahrts-Gesellschaft 1855. Bemerkenswert zum anderen, weil der Magistrat bei seiner Hochschätzung der industriellen Entwicklungsmöglichkeiten zwar die Stockfabrik und die Eisengießerei mit Hammerwerk mit ihren noch wenigen Beschäftigten sowie die Gasanstalt und Steinöl-(«Hydrocarbür»-)Fabrik[65] des aus Hamburg herübergezogenen Henri Noblée (1855) im Blick hatte, aber offenbar noch nicht die ohne handwerkliche Vorläufer gänzlich neue Branche, die das Jahr 1856 zu einem besonderen in der Industrieansiedlung werden lassen sollte.

1856 – das ‹Explosionsjahr der Industrie›

Die von der Firma H. C. Meyer jr. neben der Stockfabrik nach nordamerikanischer Technologie mit ins Werk gesetzte Harburger Gummi-Kamm-Compagnie (heute New York – Hamburger Gummiwaren) war 1856 die erste deutsche Hartkautschukfabrik[66]. Weichgummi benutzten die Brüder Albert und Louis Cohen, Juden aus Hamburg, die sich mit in Frankreich gewonnener Erfahrung ohne hanseatischen Umweg gleich in Harburg etablierten, zur sofort massenhaften Produktion von Gummischuhen[67]. *«Noch in der Anlage begriffen»* beschäftigte das Werk 1856 schon je 130–40 Männer und Frauen, also allein etwa die doppelte Anzahl der 1853 insgesamt in Harburger «Fabriken und fabrikähnlichen Etablissements» Arbeitenden. Daß aus dem Stand heraus ein Großbetrieb mit hohem Kapitalbedarf geschaffen wurde, mag erklären, warum die heutige «Phoenix» im Unterschied zu einigen anderen Harburger Traditionsfirmen praktisch nicht als Familienbetrieb zu entwickeln war. Schon das erste Jahrzehnt dieser Firma – von Dietrich Kausche im Rahmen der Branchen- und Stadtgeschichte mustergültig untersucht mit endlich angemessener Würdigung der Aufbauleistung der bald fortgegangenen Brüder Cohen – brachte wenn nicht grundsätzliche Gefährdung des Werks, so doch mehrfache Veränderung der Eigentumsanteile.

Gegenüber dem Industrieschub des Jahres 1856 verschlug es kaum, daß der Magistratsbericht über die Fabriken einige traditionelle Betriebe als «eingegangen» vermelden mußte: je eine Branntweinbrennerei, Bierbrauerei, Talglichter-, Nagel- und Zichorienfabrik[68].

Zudem legte Eduard Friedrich Heins, ein Sohn des Mühlenbesitzers, auch noch den Grundstein zu der später unter «Harburg-Staßfurt» bekannten ältesten im engeren Sinne Chemischen Fabrik (am Lohmühlenteich): zwar nur mit neun Arbeitern, aber schon 35000 Talern Betriebskapital. Zum Vergleich: Die Schiffswerft Renck, das von der Beschäftigungszahl (60 bis 70 Arbeiter) her größte aller traditionellen Unternehmen, das 1856 neben Reparaturen immerhin zwei See- und zwei Flußschiffe lieferte, verfügte nur über 10000 Taler Betriebskapital «& Credit»[69]. Das nötige Geld hat Heins, hierin und auch sonst eine Ausnahme von Harburger Regeln, durch handels- und schiffahrtsbezogene Aktivitäten am Ort selbst gewonnen, u. a. durch Import englischer Steinkohle, die mit dem Aufbau der Großindustrien immer wichtiger wurde.

Tatsächlich war die Harburger Schiffahrt auch im ‹Explosionsjahr der Industrie› noch verstärkt worden: Am Jahresbeginn hatte ein 12köpfiges Gründungsunternehmen – einer der beiden Harburger wieder E. F. Heins – zur Aktienzeichnung für die Norddeutsche Fluß-Dampfschiffahrts-Gesellschaft aufgerufen: *«Zum Sitze der Gesellschaft ist aus Gründen der Zweckmäßigkeit Harburg bestimmt»*[70]. Zu Ende des Jahres stand dies Unternehmen schon im Rufe, neben Krauses Werft einen Platz zu einer eigenen derartigen Anlage erworben zu haben[71].

Bei all dieser ‹Blüte› stiegen in Harburg Selbstbewußtsein und Hoffnungen. Die «Harburger Anzeigen» druckten zwei Artikel aus der Hamburger Zeitung «Die Reform», deren erster vor Hamburger Tatenlosigkewit warnte angesichts des *«sich immer höher hebende(n) Handelsstand(es)»* in Harburg, während der zweite die Frage *«Was haben wir von Harburg zu fürchten?»* mit «Nichts!» beantwortete. Er machte einerseits Harburger Handel und Spedition lächerlich und begrüßte andererseits das Übersiedeln der Fabriken in «eine unserer Vorstädte», weil dann «hier die Luft reiner» werde. Die Ansicht, die Harburger Fabriken seien *«meist nur von Hamburgern angelegt; man schickt von hier die besten Werkmeister hinüber, läßt einige rohere Arbeiten von Harburgern verrichten, und zieht den Überschuß nach Hamburg herüber»*[72], erweist sich, Harburg zum Wohl, längerfristig als Halbwahrheit.

1857 – das ‹Jahr der Pläne und Ansichten›

Keine so spektakulären Fabrikgründungen wie das Vorjahr bringt 1857 für Harburg, aber – in der Bedeutung für die weitere Industrieentwicklung nicht zu unterschätzen – eine Filiale der 1856 gegründeten Hannoverschen Bank. Damit konnte man sich künftig andere als die zunächst übermächtigen Hamburger Finanzierungsmöglichkeiten erschließen. Doch etliche Harburger waren an weiteren Fabriken gar nicht interessiert. Sie freuten sich, daß ein neues, englisches Projekt wegen der hohen Bodenpreise an ihnen vorüberging. Einen *«heillosen Respect vor Fabrik-Etablissements»* hatten sie nämlich, *«nachdem die Hydrocarbüre-Fabrik ihre belästigenden Dünste über einen großen Theil der Stadt verbreitet»*[73]. Die angesprochene Gasfabrik von Noblée & Co. war sowohl gegen Umwelt-Bedenken als auch gegen konkurrierende Vorstellungen, man solle die städtische Beleuchtung einer Aktiengesellschaft übertragen, in der der Magistrat durch Beteiligung Einfluß nehmen könne, errichtet und jetzt zum Vertragspartner der Stadt geworden.

Natürlich fanden sich Grundeigner mit Interesse an weiterem Industriezuzug. So werden per Annonce angeboten *«Mehrere große und kleine Bauplätze an frequenter Lage, welche sich zu Fabrik-Anlagen sehr gut eignen»*[74]. An größeren Unternehmen entstehen 1857 aber nur zwei: die Schwefelsäurefabrik von Hasperg & Schäfer, die 1858 ihren Betrieb aufnimmt und bald den englischen Fabrikanten John Gunter, dessen Name in der Geschichte der weitere Produktionszweige erschließenden Chemischen Fabrik allmählich nach vorne rückt (Hasperg, Gunter & Co.; als Gunter, Schröder & Co. noch nach dem Zweiten Weltkrieg). In der Lauenbrucher Feldmark etablierten sich Heinson & Co., Schiffstauwerk und Kammgarnspinnerei.

Wiederum Schiffahrt und Handel dienen 1857 andere, sehr beachtliche Anstrengungen:

Zur Abhilfe von Verkehrsmängeln erscheint Anfang des Jahres eine von der Kaufmannschaft erbetene Königliche Kommission[75]. In der Zeitungsöffentlichkeit wurden Hamburgs Wirtschaft begünstigende Projekte dahingehend erörtert, wieweit sie Harburg schaden oder nutzen könnten. Wenn man in Hamburg eine Eisenbahn nach Cuxhaven wolle – zur Umgehung von Schiffahrtshindernissen vor Blankenese und Schulau –, dann solle sich die Hannoversche Regierung dafür die Verbesserung des Köhlbrand-Fahrwassers ausbedingen. Da die Elbüberbrückung und zusätzliche Eisenbahnen entweder als unvermeidbar (Hamburg–Bremen) oder gar erwünscht (Harburg–Geestemünde) galten, habe man Heil oder Ergänzung im Ausbau der Schiffahrtswege zu suchen[76].

Bloße Vertiefung des Köhlbrands, wie sie, spätestens seit 1714 sichtbar, wiederholt angestrebt wurde, scheint weitergehender Vorstellung weder ‹gegen Hamburg›, das über die Einmündung in die Elbe verfügt, jetzt schnell genug durchsetzbar noch als unproblematische Lösung. So wird seit 1857 über Jahrzehnte der alte, schon 1662 vorgetragene Plan der Ausbaggerung der Süderelbe zur Umgehung des Köhlbrandes[77] in der kühnen Variante immer wieder angesprochen, man solle einen direkten Kanal von Harburg nach Brunshausen bei Stade graben. *«Die Anlage des Canals bedingt unser Sein oder Nichtsein»!* Denn *«Handel und Schiffahrt sind für unsere Stadt segensbringender, als die Fabriken mit ihren thurmhohen Schornsteinen»*[78].

Den zugleich überzogenen und dabei bornierten Wunsch «Sieg den Masten!» mußte man nicht teilen, um doch für Harburg große Projekte zu entwerfen. So läßt der Harburger Handelsverein eine Karte drucken, in der zwar nicht die weitgreifende Lösung bis Brunshausen, aber doch ein Kanal bis vor die Estemündung bei Cranz geführt erscheint[79].

Konnte das Handel und Industrie gleichermaßen dienen, dann gilt das auch für ein zweites Projekt in diesem Jahr der Pläne und Ansichten. Mit über Harburg hinausreichenden Absichten zeichnet man vor[80]

- Eisenbahnüberbrückung nach Hamburg
- einen neuen Bahnhof östlich des östlichen Bahnhofskanals
- von diesem im Schwung südlich der Stadt – sie also nicht so zerschneidend, wie es 1881 doch geschah – nach Westen führend eine Eisenbahn Richtung Unterelbe und Bremen (!)
- eine neue größere Hafenschleuse an der Neulander Seite

- Erweiterung der gerade fertiggestellten Zollfreien Niederlage auf das Dreifache
- zwei neue Hafenkanäle westlich des Schloßhafens (für Seeschiffe?)
- großflächige Hafen- und Bauplatzerweiterung östlich des geplanten Bahnhofs (für Flußschiffe).

Man erinnere sich, daß diese mehrere Wünsche vereinende Planung am Ende eines Jahrzehnts erfolgte, das schon mit Eisenbahnanschluß 1847 und Seehafen-Eröffnung 1849 enorme Veränderungen für Harburg gebracht hatte.

Aber Pläne sind eine Sache und... der Magistrat stand womöglich nicht voll hinter ihnen. Eine weitere Neuerung dieses Jahres nämlich, die regelmäßigen «Handelsconferenzen» im Rathaus, wurden auf Antrag der Kaufmannschaft durch Beschluß der Königlichen Regierung eingerichtet[81]. Monatlich sollten sie unter Vorsitz des (Ober-)Amtmannes, zunächst Compe, stattfinden *«zwischen den hiesigen Behörden und der Kaufmannschaft behuf Entwickelung des Handels und Verkehrs und Beseitigung von Hindernissen»*. Die Sitzungsprotokolle vom Dezember 1857 bis Juni 1864[82] lassen einen Rückgang dieser Aktivität ab 1859 und keinen ausdrücklichen Grund ihres Endes erkennen. In diesem Gremium wird das vom Handelsverein 1857 mehrfach behandelte Thema «Unterelbe-Kanal»[83] an drei Terminen des Jahres 1858 kontrovers diskutiert[84]. Baurat Blohm kündigt Anstrengungen der Regierung für eine Köhlbrand-Vertiefung an und argumentiert gegen den Kanal, da dieser 10 Jahre Bauzeit benötige und statt früher veranschlagter 2,5 Millionen Reichstaler nun 5 Millionen kosten würde.

Die Kaufleute geben durch den Kanal erreichbare Einsparungen zu bedenken, weisen auf die neben Hamburg neuen Konkurrenten Bremen und Stettin hin und sehen die Kanalkosten durch Kanalgebühren und *«indirect durch den gesteigerten Verkehr auf der Landeseisenbahn»* für gedeckt an. Zunehmenden Mangel an Interesse der Obrigkeit zeigt Compe, als er im Oktober 1858 für die Abschaffung der Regelmäßigkeit der Konferenzen plädiert, auf der die Kaufleute beharren wollen. Der Kaufmann und Spediteur Anton Günther, Mitglied der Handelskonferenz, spricht in seinem Geschäftsbericht über 1858 noch einmal für den Kanal, der noch nicht in nähere Erwägung gezogen sei. Dabei hält er sogar eine Beteiligung Hamburgs für möglich[85]. Im Dezember 1859 kommen die Kaufleute nur noch auf die Wichtigkeit der Vertiefung des Köhlbrandes zurück; an deren Ausbleiben sei in diesem Jahr die Harburg-Englische Dampfschiffahrts-Gesellschaft zugrunde gegangen. Daß der Magistrat den Kanal-Wunsch in seinem Wirtschaftsbericht für 1860 – erstmals in dieser Form – an die Landdrostei weitergibt, hat nichts mehr genützt.

So ist ‹Harburgs eigener Weg› auf nasse Weise nicht gebahnt worden. Festzuhalten bleibt aber, daß er Harburgern auch bei weiterer Ausdehnung der Industrie weder in der speziellen Form des Kanals[86] noch in allgemeinerer der Handelsförderung aus dem Sinn geriet.

Stadt im Wandel

Der andere Weg, der der Industrialisierung, war 1853 freigelegt und 1856 unversehens breit geworden. Dann ging es gemächlicher. Eine aus Hamburg angekündigte Maschinenfabrik kam nicht; andere Fabrikbauten sollen unterblieben sein, weil dazu vorgesehene Grundstükke von «Eisenbahnlinien durchschnitten» wären[87]. Die gelegentlich auf 1858 angesetzte Gründung der später bedeutenden Schmirgelfabrik Schlesinger & Co. hat entweder zunächst keine einschlägigen Spuren hinterlassen, oder doch erst 1863/64 stattgefunden. H. Eddelbüttels Maschinenfabrik ist länger nach der Gründung 1858/59 eher nur eine mechanische Werkstatt gewesen. Zwar hat die 1859 am Dampfschiffsplatz bei Lauenbruch etablierte Palmkernölfabrik des Hamburger Importeurs und Reeders G. L. Gaiser für Harburg den Anstoß zur später in Europa bedeutsamsten Verarbeitung überseeischer Saaten gegeben, beschäftigt aber 1862 erst 12 Arbeiter[88]. So war die Fabriktätigkeit, obgleich Harburgs Industrie von der Hamburg-Altonaer «Geld-Crisis» 1857 im Zusammenhang einer länderweiten Handelskrise kaum betroffen wurde[89], dem Handel nicht weiter vorausgeeilt. Für beide begnügt sich der Magistrat zum Ende 1860 damit, daß *«wir doch glücklicher Weise einen regelrechten Rückgang nicht zu beklagen»* haben[90].

Von diesem Sockel materiell-gewerblicher Betriebsamkeit, den man anfangs der 1850er Jahre trotz aller vorangegangenen Anstrengungen kaum für möglich hatte halten können, lohnt der Blick auf einige Seiten der Entwicklung der Stadt ins Große und Schwierige.

Bei anhaltender Abhängigkeit von übergeordneten Entscheidungen hat Harburgs ‹Stadtwerdung› im 19. Jh. sicher vom Aufbau der kommunalen Selbstverwaltung[91] profitiert, teilweise Lokalborniertheit und gelegentliches Desinteresse an wichtigen Fragen unbenommen. Die Hannoversche Städteordnung von 1851, in begrenzter Aufnahme bürgerlicher Wünsche aus der 1848er Bewegung, hatte den Rahmen für das Harburger Ortsstatut vom November 1852 gesetzt. Dies brachte, nachdem infolge des Gerichtsverfassungsgesetzes von 1850 die Justiz von der Verwaltung getrennt worden war, u. a. eine neue Magistratsverfassung. Sie gab den Bürgervorstehern beachtlichen Einfluß in der Magistratswahl, beließ Bürgermeister und Syndikus (die Studierten) sowie den Kämmerer lebenslang im Amt, aber begrenzte die Wahlperiode der drei Senatoren, von denen einer ein Handel- oder Gewerbetreibender sein mußte, auf sechs Jahre[92]. Die 1858 vorgenommene Revision der Städteordnung führte allerdings zu dem Rückschritt, daß das Gewicht der Bürgervorsteher[93] gemindert wurde, die Magistratsmitglieder unbedingt lebenslänglich im Amt weilen sollten und die Eingriffsmöglichkeiten des Landesherrn verstärkt wurden[94].

Bewahrt blieb die Neuerung von 1852, daß fortan jeder Einwohner die Möglichkeit hatte, das Bürgerrecht zu erwerben[95]. Magistrat und Bürgervorsteher konnten jedoch – durch Regulierung der Aufnahmegebühren allgemein und durch den Zulassungsentscheid für Bürger- und minder wertvolles Einwohnerrecht im Einzelfall – eingrenzend wirken. Tatsächlich hemmten sie damit manchen Niederlassungswunsch, sei es zum Schutz angeblich bereits «überbesetzter» Berufsgruppen oder zum Fernhalten unwillkommenen Zuflusses potentieller Armuts- oder Unruhe-«Elemente». Solch restriktive Haltung hatte deutsche Städte-Tradition seit dem Spätmittelalter und mochte nicht Wunder nehmen angesichts der ungewohnten Bevölkerungsvermehrung gerade dieses Zeitraums.

Unmittelbar nach den Verkehrsbauten der 40er Jahre war die Bewohnerzahl Harburgs noch kaum gestiegen, aber von 1851 zu 1852 um 21 %, also ein gewaltiger Schub primär durch Handel und Verkehr; von 1855 zu 1858, mit größerer Industrie, jährlich durchschnittlich um 12 %. Damit wurden erstmals über 10000 Bewohner gezählt (1861: 11971)[96].

Die Zahl der Häuser wuchs im gleichen Zeitraum nicht im gleichen Maße, nämlich – schon Anfang der 1830er Jahre über 500 ausmachend – von 1848 = 619 über 1852 = 725, 1855 = 774 zu 1858 = 878 und 1861 = 952[97]. Die Häuserbelegung (s. Tabelle 1) – nach gelegentlicher Entspannung in den 1840er Jahren, obwohl schon damals Mietsteigerungen vermerkt wurden – intensivierte sich deshalb von 1848 durchschnittlich 8,5 Bewohnern je Haus über 1852 = 9,0, 1855 = 10,2, 1858 = 12,2, 1861 = 12,6: am stärksten also während Harburgs erster großer Industrieansiedlung, der entweder Bauherren noch nicht trauten bzw. nachkommen[98] oder in der Mieter Kosten für Neubaubezug noch nicht erübrigen konnten. Mochten sich viele Hauseigner darüber freuen, so klagten einige in der Nähe großer Fabriken wegen Umweltbelästigung über, vielleicht nur relative, Wertminderung ihrer Objekte[99].

Den Mangel an billigen Mietwohnungen konnten Magistrat und Bürgervorsteher nicht leugnen; aber dem Vorschlag des Syndikus Schorcht, dem an der 2. Bergstraße – die also heute seinen Namen zu Recht trägt – mit billigem städtischen Bauland abzuhelfen, wollte man nur zögerlich folgen und das Bauen prinzipiell Privatleuten überlassen. Deren Darlehenswünsche konnten abschlägig beschieden werden; immerhin aber errichtete man ‹selbst› ein «Hülfshaus für Wohnungsbedürftige» und hielt sich in der Abgeschiedenheit der Plenarsitzung von Magistrat und Bürgervorstehern für *«im Allgemeinen nicht abgeneigt»*, auf die Herstellung von Arbeiterwohnungen *«hier einzugehen»*[100]. Das war auch nötig, waren es doch gerade die Arbeiter, in zunehmendem Maße mit Angehörigen, die Harburg Bevölkerungswachstum brachten (s. Tabelle 2).

Hatte sich die Zahl der Fabrikarbeiter vom Anfang der 1850er Jahre zu 1861 auf ca. 1500 mehr als verzehnfacht, so ist auch an die *«zeitweilig im Hafen, an den Bahnhöfen, auf öffentlichen und privaten Niederlagen verwandten Arbeitskräfte»* zu denken, in der Hochzeit des Seehandels 1857–61 vielleicht 1200 bis 1500 Menschen[101]. Sie alle unterzubringen, war nicht mehr durch Zusammendrängen oder Errichtung größerer an Stelle kleiner Häuser möglich, sondern erforderte Neubaugebiete.

Stadterweiterungen, 1854 zu Wirtschaftszwecken noch nicht für finanzierbar erklärt[102], wurden u. a. in Richtung zwischen Eißendorfer und Bremer Straße im Südwesten Harburgs vorbereitet und südöstlich jenseits der Lüneburger und Wilstorfer Straße weitergetrieben. Die Planung für den erstgenannten *«Stadtteil»*, der *«eine Zierde unserer Stadt»* zu werden versprach, litt 1857 unter der Ungewißheit der Trassenführung für die Bremer Eisenbahn. Das zweite Gebiet, teilweise schon in den 1840er Jahren durch den vielseitigen Kaufmann Bokelmann mit Kleinwohnungen bebaut[103], bedurfte dringend eines Bauplanes und bot in der Regel bescheidenere Wohnqualität.

Die sozialräumliche Differenzierung, wenn nicht allgemeinere Polarisierung, zwischen arm und reich fand zusätzlichen Ausdruck: Für die Buxtehuder Chaussee hoffte man fabrikfern auf weitere ausgesprochen schöne Bebauung[104]; von Arbeiterlebensbedingungen grenzte sich der erfolgreiche Unternehmer E. F. Heins mit großem Park und ‹Schloß› am Graupenmühlenteich ab[105]. Vermögende strebten auf Aktienbasis den Bau eines Hauses für den Union-Club an, wobei mit dem Versammlungslokal ein Börsenverein neue Wirtschaftsmöglichkeiten erschließen sollte[106].

Auf der anderen Seite schuf Armut solche Probleme, daß freiwillige Beiträge zur Armenkasse nicht ausreichten und 1860 das Armensteuerstatut von 1856 mit der Abgabepflicht in Kraft gesetzt werden mußte. Vermutete der Magistrat bzw. Bürgermeister August Grumbrecht, der gerade dem verstorbenen A. Bahr im Amt gefolgt war, zu Ende 1855 noch, daß die kommenden großen Fabriken *«glücklicherweise... dem Proletariate, weil sie nur mit kräftigen Leuten gegen sehr guten Tagelohn arbeiten können, wenig Vorschub leisten»*, so urteilte er zu Ende 1857, es sei *«leider... die Bevölkerung, welche uns die... (Gummischuh-) Fabrik zugeführt, nicht gerade die beste, da sie auch schwächere Männer und viele Frauenzimmer verwenden kann»*[107].

Einerseits klagten jetzt Gewerbetreibende, es seien selbst für hohen Tagelohn Arbeiter nicht zu erhalten, andererseits schien es möglich, sie 1857 auch zu Hunderten, etwa zum Hafenbau nach Geestemünde[108], wieder fortzulocken: ein Hinweis auch auf zunächst unbeständige Anstellungsverhältnisse. Gegen Arbeiterzuzug namentlich zu solchen Fabriken, die keine Einrichtungen sozialer Absicherung – Kranken-, Witwenkassen usw. – boten, machen die Bürgervorsteher Bedenken geltend[109]. Die Polizeidirektion sieht Anlaß zu der Bestimmung, Handwerksgesellen und Arbeiter hätten sich bzw. seien binnen 48 Stunden nach Arbeitsaufnahme zu melden. Man moniert übermäßigen Branntweingenuß, dem nur die Firma H. C. Meyer jr. durch striktes Verbot innerhalb der Fabrikräume hoffentlich richtungsweisend entgegentrete[110]. In der Zeitung ruft man die Polizei, sie möge Arbeiter und Arbeiterinnen in ihren Pausen – an ja sehr langen Arbeitstagen – *«auf ihre Fabrikhöfe beschränkt»* halten, *«wohin sie gehören»*, damit sie nicht als «Menschenknäuel» Spaziergänger nach Rönneburg erschreckten[111]. Soziale Kontrolle in Verbindung mit patriarchalischer Fürsorge zielte auch auf den 1857 nach mehreren Anläufen gegründeten Arbeiterbildungsverein, aus dem der Tischlergeselle Theodor York, der 1859 bei der Schillerfeier dieses Vereins einen ersten öffentlichen politischen Auftritt hatte, fortschreitend Aktivitäten einer selbstorganisierten Arbeiterbewegung entwickelte[112].

All das geschieht in einer Stadt, die in den 1850er Jahren allgemein an privaten und öffentlichen Einrichtungen gewinnt. Während der Diskussion um Reparatur oder Neubau der Dreifaltigkeitskirche erhebt sich der Wunsch nach einer eigenen Kirche für die *«so schnell sich vergrößernde Vorstadt»*. 1858 beschließt die israelitische Gemeinde den Bau einer Synagoge (1863 geweiht), etabliert sich eine Freimaurerloge und eröffnen Katholiken ihren Gottesdienst in einem Betsaal im neuen westlichen Stadtteil (1865 die Marienkirche). Im selben Jahr wird das Marienstift an der Bremer Straße zum städtischen Krankenhaus gewandelt. Mit der Bürgerschule von 1857 neben der Dreifaltigkeitskirche hatte man dem Nachwuchs neue Chancen gegeben; bei den Jüngsten mußte neben den «Spielschulen wohlhabender Eltern» zu Initiativen für arme Eltern erst noch aufgerufen werden[113].

Was Pastor Ludewig früher als «Aufklärung» angesprochen hatte, erfolgte ab 1858 als Gasbeleuchtung sämtlicher Straßen. Zwar zeigte die damit beschäftigte Gasanstalt Noblée & Co. nicht die befürchtete Brandgefahr, aber ein Brand in der Korlanschen Spiegelfabrik 1856 mochte die gleich anschließende Vorberatung zu einem Feuerlösch- und Rettungscorps dringlich erscheinen lassen. Nachdem die 1848er Bürgerwehr 1857 allgemein im Königreich Hannover aufgelöst worden war und in Harburg vielleicht aus Verärgerung darüber den ihr belassenen Brandeinsatz nicht mehr zufriedenstellend leistete, kam es, allerdings erst 1860, zur Gründung eines entsprechenden Vereins.

Ein Stadtbaumeister, der *«nicht zugleich im Staatsdienste»* mehr beansprucht war – Hackländer ab 1856 als erster, hatte für Harburg genug zu tun. Wegen der vielseitigen Expansion sollte er auch bald einen neuen Stadtplan vorlegen. Das Bedürfnis nach besserem Überblick äußerte sich noch auf verschiedene Weise: Der Regulierung von Straßennamen und der Einführung von Straßennummern für die Häuser ab 1856 als *«feste(r) Grundlage für die Wahllisten und für die Abgabenbeschreibung»*[114] folgte die Häuser-Aufnahme der Eigentümer und Bewohner. Harburger Anschriften, in der ersten Hälfte des Jahrhunderts nur im Anhang des Hamburger Adreßbuches, wurden von nun ab selbständig vor Ort veröffentlicht. Ein 1861 in Chemnitz erschienenes «Großes Adreßbuch des Handels-, Fabrik- und Gewerbestandes von Nord-Deutschland» konnte Harburger in weiteren Räumen bekannt machen. Neben die «Harburger Anzeigen», die seit der Erstausgabe 1844 an Umfang gewachsen waren und inzwischen zweimal wöchentlich erschienen, trat ab 1859 die «Elbzeitung, Harburger Nachrichten». Für das Wirtschaftsgeschehen in der Stadt wirkten Handelskreise auf die Führung einer regelmäßigen Statistik hin.

Angesichts des Harburger Wachstums hatten es inzwischen Auswärtige für lohnend befunden, das Bild der gleichsam neuen Stadt im Panorama und mit einzelnen Sehenswürdigkeiten zu zeichnen und als Steindrucke über Harburger Buchhandlungen verbreiten zu lassen. So erschien *«von dem rühmlichst bekannten Berliner Landschaftsmaler A. Borchel»* seine «Erinnerung an Harburg»[115]. Der Zeichenlehrer F. G. Müller aus Verden, in ganz Norddeutschland tätig und den Harburgern zunächst als Porträtist empfohlen, widmete Harburg in seinem schnellen Wandel gleich drei Stadtansichten: 1857, um 1860 und 1866. Zunehmend umdrängen die Fabrikschornsteine den traditionellen Blickfang der Kirche. Dabei scheint Kritik an den mit der Industrialisierung verbundenen Gefahren und Belästigungen, die man in Eingaben und in der Zeitung wohl äußerte, nicht den Stift geführt zu haben. Harburg war ‹ansehnlich› geworden – aus früherer Beschaulichkeit jedoch auch hineingerissen in öffentliche Auseinandersetzungen. Sie konzentrierten sich im ‹Jahr der Pläne und Ansichten› 1857 bei der Wahl zur Hannoverschen Ständeversamlung auf ungewöhnlich scharfe Abgrenzungsversuche, wer nämlich mehr zu erreichen vermöchte für das weitere «Aufblühen» Harburgs[116].

Im Zug der Zeit: Einzelaspekte der Industrialisierung bis 1900

Konjunkturen und Branchen

Ein Historiker mit den Maßstäben seiner besonderen Zeit, der Wirtschaftsprobleme während des Ersten Weltkrieges und danach, der während der Untersuchung schon aus Beobachterposition Einfluß nimmt und später verstärkt – als Handelsschriftleiter am «Hamburgischen Correspondenten», für die Industrie- und Handelskammer Harburg-Wilhelmsburg, in der Harburger Pflanzenölindustrie und der Harburger Wirtschaftspolitik im ‹Dritten Reich› –, kann kräftig zusammenfassen. So sah Otto Bödecker vor allem drei große Expansionsphasen im 19. Jh.:

1. die *«Frühzeit stärkster Industrieansiedlung»* zwischen Hannovers Zollanschluß und der deutschen «Gründerkrise» 1873/74,

2. eine «Aufschwungperiode» ab 1879/80, in der Harburgs Industrie «gewaltige Fortschritte» macht und

3., wieder im deutschen Rahmen, seit 1895 eine «überaus starke Entwicklung», in der *«einzelne lokale Industriezweige erhebliche internationale Bedeutung gewannen»*[117].

Danach scheint wie 1857/58 die Harburger Industrie auch 1873/74 von den allgemeinen Krisenmomenten nur wenig betroffen zu sein. Wohl wegen inzwischen weiträumiger Verflechtung und zunehmender Konkurrenz bleibt dann selbst in Harburg in der zweiten Hälfte der 1880er Jahre, 1893/94 und 1901 ein *«gewisser Rückschlag ... in der Entwicklung»* nicht aus[118].

Aus der Teilsicht jeweils direkt Betroffener unmittelbar während und nach den Vorgängen ergaben sich deutlich mehr Negativposten. Wenn man diese nicht als absichtsvolle Schwarzmalerei oder als Kehrseite überzogener Erwartungen abtut, nähert man sich Lebensverhältnissen, in denen bei immer wieder begrenztem Horizont natürlich selbst Fehleinschätzungen zu Bedingungen weiteren Handelns wurden. Sie sind aus Firmen-Jubiläumsschriften, aber auch aus politischen Protokollen, denen der Plenarsitzungen von Magistrat und Bürgervorstehern, nur andeutungsweise zu entnehmen, fragmentarisch aus der Presse, eher schon aus Denkschriften mit weiterreichenden Betrachtungen und Forderungen, am deutlichsten wohl im Anschluß an die Protokolle der Handelskonferenzen 1857–64 aus den Jahresberichten der 1866 eingerichteten Handelskammer. Von den damit möglichen Differenzierungen gegenüber der allgemeinen Entwicklung seien für die Wechsellagen Harburger Industrie nur zusammengerafft:

Noch zu Ende 1867 sieht man Harburg vor allem als «Seehandelsstadt», die zwar seit 1861 unter den Köhlbrandverhältnissen sehr gelitten habe, aber Hoffnungen auf Preußen, zu dem man seit 1866 gehört, haben dürfe. An den Mängeln der Wasserstraße kranke ebenso die «nicht unerhebliche» Industrie; in ihrer Entwicklung sei ein «vollständiger Stillstand» eingetreten[119]. 1868/69 böten wenig Besserung, aber Zuversicht u. a. wegen Maßnahmen nach dem 1. Köhlbrandvertrag und Rückkehr des *«Vertrauen(s) in den politischen Verhältnissen»*. Ende 1870 haben sich die Hoffnungen kaum erfüllt, richten sich aber auf die Macht und Welthandelsmöglichkeiten des nach dem Deutsch-Französischen Krieg «geeinten Deutschlands».

Der folgende Gründungsboom mit zugehöriger Krise, also der Aufbau von Überkapazitäten mit anschließender Überproduktion bzw. die Gefahren einer übersteigerten Fremdfinanzierung[120] haben Harburg tatsächlich weniger als sonst Deutschland berührt. Aber was man einerseits als *«zweiten Aufschwung des Selbstbewußtseins der Fabrikarbeiter»* sehen kann[121], zeigt sich fortan auf Firmen- und Handelskammerseite als empfindliche Beobachtung von Lohnhöhe und Arbeitseinstellungen. Die Jahr-für-Jahr-Perspektive der Handelskammer vermerkt in der zweiten Hälfte der 70er Jahre, wie glimpflich besonders die Großbetriebe davongekommen sind, doch der Rückblick der Hafen-Denkschrift von 1889 behauptet «schwere Rückschläge»[122], die aus Außenhandels- bzw. zollpolitischen Gründen wohl vor allem die Eisenindustrie betreffen. Auch die Handelskammer stellt trotz günstiger Lage in einzelnen Industriezweigen noch für 1881 «anhaltende Unlust» fest und berichtet von u. a. auf Lohnherabsetzungen zurückzuführender Auswanderung.

Also erst 1882 beginnt eine Besserung, die sich nicht fortsetzt; bei gehaltenem Umsatz sinken die Preise und 1885 sollen sich fast alle Harburger Branchen in rückgängiger Konjunktur befunden haben. Vollbeschäftigung charakterisiert zwar die Arbeitsmarktlage 1886, aber doch nur «geringer Nutzen» die der Fabrikeigner – soweit sie eine Auskunft für angebracht halten. Andererseits erweisen sich Harburger Sorgen vor Hamburgs Zollanschluß 1888 als übertrieben, vielmehr habe sich das Geschäftsergebnis gerade jetzt günstiger als in den Vorjahren gestaltet. Nach 1890 wird die Lage für verschiedene Branchen zunächst wieder recht unterschiedlich zusammengefaßt, als mißlich u. a. für baubezogene Gewerbe und die Jute; 1893/94 entsprechen der allgemein schlechten Lage, schließlich hätten *«die meisten Fabriken nur mit geringem Nutzen oder gar Verlust gearbeitet und... durchgängig auch die Zahl der Arbeiter... vermindern müssen»*[123].

Ab 1895 liegt die Harburger Industrie im deutschen Aufwärtstrend; Schwierigkeiten haben durchgängig die Mühlen, zeitweilig die Palmkernölproduktion, 1899 gar erstmals deutlich die Gummifabrikation. Aber gerade sie kommt, trotz großen Streiks, als fast einzige Branche ungeschoren davon im allgemeinen Rückschlag um 1901.

Probleme sind hier im Überflug von vier Jahrzehnten lediglich angetippt. Sie müßten stets nicht nur als solche der Ertragslage für «Capitalisten», sondern auch als die der zunehmend zahlreicheren Arbeiter und Angestellten, ihrer Familien, leichthin behandelter berufstätiger Frauen und der mit der Industrialisierung der Stadt verbundenen Gewerbe gesehen werden. Selbst gelinde Geschäftsrückgänge für Handel und Industrie scheinen empfindlich auf allgemeine Verdienstmöglichkeiten, damit auf Konsumentennachfrage und die Lage mittelständischer Betriebe gedrückt zu haben[124].

Wurden große Konkurse von der Handelskammer noch nicht vermerkt, so gab es doch Arbeitsplatzverluste auch durch Firmenabzug: Ende der 1880er eine mechanische Weberei nach Charlottenburg und die Gummi-Kamm zeitweilig bzw. teilweise nach Hamburg, wohin die Deutsch-Amerikanische Petroleum-Gesellschaft Ende der 90er ganz zieht und die

Holtz-Werft 1891 zu verlagern droht[125], wenn sie nicht bald eine Konzession bekomme für große Schiffe und ein Reparatur-Dock.

Man trifft die Firmen in Opposition zu manchen kommunal und staatlich gestalteten Rahmenbedingungen in Verwaltungsorganisation und Verkehr (Zoll, Eisenbahnfrachttarife usw.) und bei allgemein dichterer Verflechtung in größerer Abhängigkeit von überregionalen Wirtschaftstrends. Weitgehende Ertragserwartungen konnten bei großen Betrieben in der Gründungsphase enttäuscht werden, so 1883 bei Thörls Baumwollsaatölfabrik und der Jute, 1884 bei der Holtz-Werft, weil sich Geschäftslagen auch kurzfristig deutlich veränderten. Deshalb sind für die Lebensumstände vieler Menschen neben den langfristigen Konjunkturen ebenso die einzelnen prekären Situationen zu berücksichtigen. Das gilt auch dann, als sich in gelegentlichen Schüben und sonst eher unauffälligen Neugründungen aus einer kleinen Zahl von Fabriken ein Spektrum von Branchen entwickelt hatte.

Neben der Vermehrung der Firmen an sich spezialisierenden Fertigungszweigen ist die Ausweitung (und Gewichtsverlagerung von Teilen) der Produktionspaletten besonders einiger Großbetriebe zu beobachten. Nur ein Beispiel:

Stand bei der späteren «Phoenix» zunächst und auf längere Zeit die Gummischuhfabrikation trotz zahlreicher anderer Artikel so sehr im Mittelpunkt, daß sie in Harburg bis in die 1860er Jahre schlicht als «Gummischuhfabrik» galt[126], so faßt der Bericht für das Geschäftsjahr 1878/79 die Fertigung wie folgt zusammen:

«Schuhe und Stiefel	*ca. 257 000*	*Paar*
Kleidungsstücke	*ca. 11 014*	*Stück,*
Kleiderschonerschnur	*ca. 3 000*	*Kilo,*
Gummirte Stoffe	*ca. 85 000*	*Meter,*
Ledertuch-Artikel	*ca. 12 000*	*Stück,*
Diverse und chirurgische Artikel	*ca. 15 000*	*Kilo,*
Artikel für technische Zwecke	*ca. 230 000*	*Kilo,*
Bälle und Figuren	*ca. 337 000*	*Dtzd.,*
Stiefelsohlen	*ca. 60 000*	*Paar,*
Guttapercha-Artikel	*ca. 7 000*	*Kilo».*[127]

Auf dem mehrfach ausgeweiteten Gelände bezeichnete man schließlich die einzelnen Werkshallen als eigene Fabriken (Schuhfabrik, Schlauchfabrik usw.).

Auch die als Gummi-Kamm Compagnie bekannt gewordenen Hartgummiwerke wurden für einen weiten Bereich einerseits alltäglich sichtbarer Gebrauchsgegenstände und andererseits eher verborgen wirksamer technischer Artikel tätig. Die Guttapercha- (ein Kautschukrohstoff) und Gummiwarenfabrik von H. Rost & Co., 1848 in Hamburg gegründet, verlegte man 1865 wohl u. a. deshalb nach Harburg, weil sie von hier leichter ihre Guttapercha-Gurte für Rübenzuckerfabriken vertreiben konnte, die im braunschweigisch-hannoverschen Raume zu dieser Zeit «aus dem Boden schossen»[128]. Im Gummibereich produzierte sie ebenfalls technische, außerdem chirurgische Artikel. Trotz so denkbarer Überschneidungen mit der Produktion der erstgenannten – wie Harburger Volksmund es wollte – «Großen» und «Kleinen Gummi», kam es zu keiner scharfen Konkurrenz innerhalb der lokalen Gummibranche. Die Weichgummifabrik mußte vielmehr auf auswärtige Rivalen achten, vor allem auf die Continentale Cautchouc und Guttapercha-Compagnie in Hannover (1873 gegründet), die aber angesichts des 1872 erfolgten Verbundes «Vereinigte Gummiwaaren-Fabriken

Harburg–Wien» in der jetzt zunehmend gebotenen Form einer kapitalkräftigen Aktiengesellschaft zunächst keine Bedrohung zu sein schien. Die Hartgummifabrik sah sich seit 1871 der New York–Hamburger Gummi-Waaren Compagnie gegenüber, einer Abspaltung aus ihrer eigenen Führungsetage, von der sie 1930 «geschluckt» werden sollte.

Die zweite Hauptbranche[129] der Harburger Industrie im 19. Jh. ist anders zu charakterisieren. Die Pflanzenölgewinnung entwickelte sich aus jahrhundertealter Tradition mit vielen kleinen Betrieben dank des Übergangs zur Dampfmaschine und der hydraulischen Presse sowie des massenhaften Bezuges ausländischer bzw. überseeischer statt einheimischer Saaten in Harburg zu Großbetrieben[130]. Sie orientierten sich in ihrer Standortwahl wie die Gummifabriken vor allem an den Transportkosten[131], und abweichend von diesen weniger an der Verfügbarkeit von Arbeitskräften. Seitdem die Schutzzollpolitik seit 1879 den deutschen Ölmühlen half, konnte sich diese Branche in den 1880ern in Harburg vor die Bedeutung der Kautschuk-Industrie schieben[132]. Sie hielt dann nicht nur eine deutsche, sondern vor Marseille sogar europäische Spitzenstellung in der Verarbeitungsmenge[133].

Allerdings: Waren etwa 1883 die vier Harburger Fabriken *«sämmtlich voll beschäftigt und hatten schlanken Absatz»*, so sollen sie doch nur *«sehr kleinen Nutzen»* erwirtschaftet haben[134]. Diese Klagen halten sich variiert bis in die Mitte der 1890er Jahre und wiederholen sich 1897/98. Ursache war nicht nur große Konkurrenz in Europa, sondern schon in Harburg selbst. Denn hier waren, anders als beim Kautschuk, auch mit kleineren stets noch bedeutende Betriebe hinzugekommen: Die Ölfabrik Heins & Asbeck (1863) folgte der von Gaiser initiierten Verarbeitung von Palmkernen und Kokosnüssen und errichtete dafür 1870 einen zweiten Betrieb an einem Hafenkanal. Statt mechanischer betrieb die Palmkernölfabrik Noblée & Co., ab 1878 Noblée & Thörl, die chemische Gewinnung mit Benzin[135]. Koch, zuvor «Dirigent» der Gasfabrik, begründete 1878/79 eine weitere Palmkernölfabrik; Senator Thörl errichtete 1883 für zwei seiner Söhne die erste Baumwollsaatölfabrik Deutschlands, die alsbald auf andere Rohstoffe umgestellt werden mußte.

Ihr späterer Eigner, Friedrich Thörl (jr.), der lange in Harburg führende Unternehmer dieser Branche, übernahm 1894 die von ihm 1891 mitgegründete Palmkernölfabrik Robert Francke und 1899 Gaisers Pionierwerk. Im Jahr des großen Brandes seiner Fabrik in der Schloßstraße (1900) setzte er noch einen Betrieb auf der Zitadelle in Gang; eine Expansion, die seine Harburger Konkurrenten, zu denen im weiteren Sinne seit 1896 auch die Harburger Leinöl- und Firnisfabrik GmbH (später HOBUM) des aus dem Holzgeschäft herübergewechselten Max Brinckman, von Klaue und dem ehemaligen Apotheker Arnold Mergell gehörte[136], zu neuerlicher, aus der Sicht der Handelskammer übertriebener Kapazitätserweiterung veranlaßte[137].

Überproduktionsmerkmale waren schon vorher nicht ausgeblieben. Sie wurden teils hervorgerufen, im 20. Jh. gemildert durch Produktionswandel bei Rohstoffen und Zwecken nach 1888: Palmkernöle verloren an Bedeutung für technische Zwecke, andererseits nahm die Margarineindustrie immer mehr Palmöle ab[138]. Daß die neueren Firmen der Gaiser'schen Ölfabrik durch das chemische Extraktionsverfahren anstelle eines mechanischen überlegen waren, kann symbolisch für die Weiterentwicklung der Industrie genommen werden.

Faßt man den Begriff der Chemischen Fabrik von der Produktionsart her nicht zu eng und schließt mittlere und kleinere Betriebe mit ein, dann war inzwischen auch für diesen Industriezweig einiges in Harburg entstanden, wenngleich eine weit niedrigere Zahl von Arbeitsplätzen als bei Gummi und Öl. Vier Fabriken hatten ihre Anfänge schon in den 1850er Jahren; in den 60ern mit älteren, über Hamburg laufenden Handelsbeziehungen (Guano) vorangetrieben und vom bald enormen Bedarf an künstlichen Düngemitteln und, weniger, von dem der Pulverfabrikation emporgezogen, entfaltete sich die chemische Industrie in Harburg.

Um und nach 1880 geriet sie in Wandel[139], da Überproduktion von Superphosphat hier wie andernorts die Preise schwanken ließ; die gleiche Entwicklung für Kalisalpeter konnte durch zunehmenden Export aufgefangen werden. Empfindlichkeiten der Marktlage bei anhaltender Standortgunst scheinen für die Veränderungen in Produktionspalette, Betriebsform und Eigentumsverhältnissen ausschlaggebend gewesen zu sein: Aus E. F. Heins' kleinen Anfängen entwickelte sich über Thörl & Heidtmann seit 1872 die Chemische Fabrik Harburg-Staßfurt AG, die bis zum Jubiläum 1897 durchschnittlich 11,6% Dividende und maximal etwa 100 Beschäftigte erreicht, ihre Höhepunkte mit den 70er Jahren aber hinter sich hatte[140]. Der aus der Kaufmannschaft intensiver in den 70ern herübergewechselte C. Zimmermann, Chemische Düngerfabrik, zog sich zum Jahrhundertende wieder auf Versicherungsagentur zurück und überließ seinen Betrieb 1899 der Merck'schen Guano- und Phosphatwerke AG, deren Hamburger Stammhaus an seinen Unternehmungen schon seit Jahrzehnten «interessiert» gewesen war[141].

Die 1888 als der eigentliche Harburger Großbetrieb gegründete Norddeutsche Chemische Fabrik setzte sich an die Stelle der Alaun- und Sodafabrik von Beste & Co. (1861/62). Vom Nachbarn am Karnapp (hier später Seevestraße) Gunter, Schröder und Co., zunächst «die Schwefelsäurefabrik», war schon zu 1857 die Rede; aus familiärem und Geschäftszusammenhang mit ihr mag die 1895 Salpeterproduktion aufnehmende Harburger chemische Fabrik P. W. Gunter & Co. (Blohmstraße) gekommen sein[142] und für einige Kleinbetriebe stehen, die sogar nach dem Mittelbetrieb einer 1884 gegründeten Harburger Salpeter-Fabrik Francke & Eger, später E. Eger, wenigstens kurzfristig für lohnend gehalten wurden. Am Ort ohne Konkurrenz und dauerhaft etablierte sich das Harburger Kohlensäure-Werk Dr. Steinike & Co. (1893/95) unter Mitwirkung der Mineralwasserfabrikanten von Steinike & Weinlig.

In Wirtschaftsbereich «Holz, Rohr» fassen die Berichte der Handelskammer eigentlich nur zwei, aber wichtige Harburger Betriebe. Im jüngeren vollzog Max Brinckman im zweiten Jahrzehnt seiner Tätigkeit als Holzhändler, mit der er einen für die Stadt vorindustriell bedeutsamen Wirtschaftsstrang wieder aufgenommen hatte, schließlich 1887 den Übergang zu einer großgewerblichen Firma: Dampfsäge- und Hobelwerk, Holzbearbeitungs- und Kistenfabrik, Holz- und Steinkohlenhandlung[143]. Sie brachte ihm genügend Profit, bei Fortbestehen dieses Unternehmens, knapp zehn Jahre später die im 20. Jh. zur HOBUM verwandelte Ölfabrik mitzubegründen.

Einen gleichsam umgekehrten Weg hatte inzwischen die alte Firma H. C. Meyer jr. genommen. Zu dem schon als «Stockfabrik» zu einfach bezeichneten Werk war Anfang der 70er Jahre eine expandierende Rohrwäscherei und Bleiche aus Hamburg herübergezogen worden – und vor allem die Rohrbearbeitung, die Rohmaterial für verschiedene Industrien auf der Grundlage weltweiter Handelsbeziehung und eigener Ankaufsvertretung in Ostasien lieferte, brachte solche Erträge, daß der in Familienfolge (die bis heute andauert) stehende Inhaber Ende der 70er Jahre den ‹Nebenbetrieb›, die Hartgummi-Fabrikation, den dortigen Geschäftspartnern überlassen konnte. Zu deren Gunsten gab er 1886 auch seine Fabrikation in Hamburg auf und baute den Betrieb in Harburg so weiter aus, daß in ihm zeitweilig an die 600 Menschen zu beschäftigen waren[144].

Da hier kein Gesamtbild der Harburger Industrie im 19. Jh. zu liefern ist, sei nur vermerkt, daß an anderen eher traditionellen Branchen vor allem im Nahrungsmittelbereich bis zum Jahrhundertende zwar nicht nach Beschäftigtenzahl, wohl aber im Warenausstoß, der teils nach Hamburg und weiter exportiert wurde, bedeutende Betriebe der Dampfmüllerei, der Brauerei und der Fischverarbeitung ausgebaut wurden[145]. Hatten die älteren Mühlen nicht einmal den lokalen Bedarf gedeckt[146], so produzierte der 1883 als Aktiengesellschaft neubegründete Harburger Mühlenbetrieb derart ins Große, daß in dieser Branche ähnlich Öl und Chemie noch im 19. Jh. Überangebotsprobleme entstanden[147].

War anderwärts die Textilindustrie der Motor der Industrialisierung überhaupt, so kam sie in Harburg wesentlich erst als deren Folge zum Zuge. Noch zu Ende 1878 hieß es von der Handelskammer: *«Über diese im hiesigen Bezirke nur unbedeutende Industrie haben wir bemerkenswerthes nicht zu berichten»*. Zwar gab es von der alten «Wollen-Manufaktur» her eine Wollgarnspinnerei A. Görg mit Bleiche und Färberei, die auch von Heidschnuckenwolle lebte, als mechanische Baumwollweberei mit Zeugdruckerei seit den 70ern (Beschäftigungsspitze 1885 mit 92 Arbeitern), die identisch sein kann mit der Zeugdruckerei bzw. Tuchfabrik ca. 1875–86 unter dem Namen Bass, Hudson & Sons, und wohl (erst) 1886 nach Charlottenburg verzog[148]. Inzwischen war aber seit 1883 ein «großartiger Betrieb» ganz anderer Dimension errichtet worden: die Jutespinnerei und Weberei Hamburg-Harburg[149], deren Einrichtungen mit bis zum Ende des Jahrhunderts fast 500 Webstühlen sich «aufs Beste» bewährten. Sie geriet jedoch trotz des hohen Abnahmebedarfs von Packstoffen durch die verschiedenen Harburger Industrien in überraschend ungünstige Marktlagen[150], weil sie mit ihrer Kapazität auf weiterreichenden Absatz angelegt war und dort auf verbreitete Parallelgründungen traf. Gleichwohl lebte bald von ihr auf mehr oder weniger befriedigende Weise die höchste Beschäftigtenzahl einer Harburger Fabrik überhaupt, in der Mehrheit Frauen. Was man für ihre Wohn- und anderen Lebensbedürfnisse vorsah, prägte den stadtnahen Rand von Wilstorf baulich noch stärker als indirekt die Gummiwerke Harburg-Wien das »Phoenix-Viertel».

Ist «die Jute» in *«teilweise engem Zusammenhang mit dem Vorhandensein und der Entwicklung aller»* Harburger Großindustrien entstanden und gewachsen, so sollen sich Maschinenindustrie, Schiffbau und Baugewerbe geradezu als Hilfsgewerbe der lokalen Großindustrien entfaltet haben[151].

Genauerem Hinsehen aber erschließen sich Eigenbedeutung und wenigstens zeitweilige Vielseitigkeit vor allem der Metallindustrie[152]. In diesem Gewerbezweig sind fünf der sieben Betriebe um 1900 schon bis 1862 entstanden, davon drei aus lokalem Handwerk (Messerschmidt 1847/48, Eddelbüttel 1859, Bergmann 1860) sowie Koeber mit englischen Erfahrungen und zunächst auch englischem Import[153]. Behne & Hertz (1862) vollzogen 1895 den Übergang in eine Aktiengesellschaft: Harburger Eisenwerk, die dann 1910 mit Eddelbüttel und dem Großbetrieb Koeber zur Harburger Eisen- und Bronzewerke AG verschmolz. Die jüngste Gründung, Christiansen & Meyer (1880) existierte bis nach dem Zweiten Weltkrieg als Familienbetrieb.

Die Produktion dieser Branche war selbst bei niedrigen Beschäftigtenzahlen in den ersten Jahrzehnten schon bedeutend und vielseitig: neben Gußwaren für Bauzwecke, vor allem Brücken, stationären und Schiffsdampfmaschinen sowie Kesseln lieferte sie pharmazeutisch-medizinische Maschinen (Messerschmidt), Alltags-Gußwaren wie Gitter und Möbel, Pressen für die Öl- und Walzwerke für die Kautschukindustrie, bronzene Seeschiffsschrauben und ganze Fabriken (Koeber), Kessel zur Seifenfabrikation und Kühlschiffe für Brauereien

(Bergmann), vereinzelt Binnenschiffe (Michot & Bergmann 1864/65), eisernes Kochgeschirr, Emaillewaren (Behne & Hertz), Apparate und Formen für die Öl- und Gummiindustrie (Christiansen & Meyer), ferner Landmaschinen(teile) und gelegentlich Bugsierdampfschiffe[154].

Die Exporte gingen sowohl nach Hamburg[155], wo besonders die Kesselschmieden auch von den Schlußarbeiten für den Zollanschluß profitierten[156], als gar nach Amerika und Afrika (Behne & Hertz, Koeber). So überstand man die Strukturkrise der deutschen Eisenindustrie 1874–78[157] und in Harburg bis in die 90er Jahre gelegentlich noch schwierige Jahre nicht nur durch stärkere Hinwendung auf die lokale Gummi- und Ölindustrie seit den 1880ern, sondern konnte sich auch später vielseitige Perspektiven öffnen. Die mehrfach zu beobachtende Verbindung mit dem Schiffbau praktizierte R. Holtz (1876 in Oevelgönne bei Altona, seit 1884 in Harburg) innerhalb des eigenen Betriebes: Schiffswerft, Maschinenfabrik und Kesselschmiede. Der Bau von Maschinenteilen und Apparaten vermochte dabei über werksinterne Zwecke hinauszureichen[158].

Harburger Schiffbau im 19. Jh. ist nicht zur Großindustrie geworden. Dabei hatte er bereits in handwerklichen Betrieben in und bei der Stadt vor den großen Verkehrsbauten zur Jahrhundertmitte selbst seegehende Schiffe geliefert[159]. Kannte Bürgermeister Bahr 1840 *«mehrere Schiffbauereien, welche sich jetzt zum Theil nur mit der Erbauung von Flußschiffen beschäftigen»*, so meldet er ein gutes Jahr später *«auch Seeschiffe auf ihren Werften»*[160]. Insofern war «das erste» Harburger Seeschiff 1850[161] wohl nur als Transatlantikfahrer eine Neuigkeit. Weitergehende Hoffnungen aber, die neben Kraus' Werft ab 1851 Gelände für weitere Anlagen reservieren ließen, erfüllten sich kaum: Kraus selbst vollzog zwar 1868 den Übergang zu den *«jetzt beliebten eisernen Seeschiffen»*[162], gab jedoch vor 1878 seinen Werftbetrieb zugunsten der Ausbreitung der Pflanzenölindustrie auf und ging nach Kiel[163]. Die Rencks, seit den 1830ern in wenigstens drei Generationen des 19. Jhs. im Harburger Schiffbau wiederholt expansiv tätig, verharrten, trotz eisernen Dampfschiffsbaus etwa 1861/62[164], lange im Holzschiffbau und bekamen alle Erscheinungen seines Niedergangs und der allgemeinen Frachtentwicklung – Verluste wie bei Bauten auf Spekulation so bei Aufträgen, Durch‹hungern› mit Reparaturen – und auch im nötigen Bestreben, einen «Stamm guter Arbeiter» zu halten[165], höhere Lohnforderungen nach dem Zusammenschluß norddeutscher Schiffszimmerer[166] zu spüren. Gleichwohl hat es außer für Abbruchwerften (u. a. Neugebauer aus den 1890ern) auf Jahrzehnte Arbeit für einen weiteren Betrieb, H. Harms Schiffbauerei, zunehmend im Reparaturbereich, gegeben.

Spezialisierung u. a. auf Bedürfnisse der Kautschukindustrie bot neue Chancen. Deshalb konnte sich Holtz mit seinen für Südamerika und Afrika bestimmten, zum Transport zerlegbaren Dampfbooten, mit denen er in Deutschland führend wurde, nicht nur auf der Zitadelleninsel niederlassen, auf die schon Renck jr. (ab 1862 selbständig) hinübergezogen war, sondern 1900 gar die Schloßgebäude kaufen und verwandeln. Harburgs herrschaftlicher Siedlungsanlaß war zum Industriestützpunkt geworden.

Umbau und Ausbau – noch nicht so sehr Abriß (s. Schloß) – setzten Zeichen der Zeit. Außer auf eher kleingewerblichen Wohnungsbau[167] ist deshalb trotz periodisch wiederkehrender Schwierigkeiten – auch des «Baukrachs» in Harburg 1893/94 mit Folgen bis in den Holzhandel – abschließend hinzuweisen auf die handwerklichen Rahmen bald sprengende Tätigkeit der großen, zunehmend von Behörden und Industrie über Harburg hinaus beschäftigten Baufirmen (H. C. Hagemann, 1869; A. Prien, 1873/1902).

Man gedenke ohne Geringschätzung, doch lapidar, kleinerer Branchen wie der auf einige

Betriebe verteilten Lederfabrikation und hebe unter teils kurzlebigen Spezialbetrieben die heute vergessene Glashütte hervor, die in der Zeit ihres Bestehens von etwa 1864 bis 1899 um die 50 Millionen Flaschen vom Karnapp, Harburgs ältester Nebenstraße, hinausgesandt haben dürfte[168]. So rundet sich das Bild einer Harburger Industrie, die bei aller Schwerpunktbildung in Praxis und Bewußtsein, trotz Abhängigkeit der ‹Kleinen› von den ‹Großen› und prekärer Bindung an ungestörte Welthandelsmöglichkeiten in Rohstoffen und Produkten schon zu Ende des 19. Jhs. mehr entwickelt hat als nur eine leicht zu gefährdende «Monokultur»[169].

Kapital und Arbeit

«Ein Hamburger Kaufmann, der im Besitz vorzüglicher Connexionen hier und auf überseeischen Plätzen ist, wünscht sich bei einem Harburger Fabrik-Geschäft mit einem vorläufigen Capital von ca. 5000 Mark zu betheiligen ...». Dies öffentliche Angebot[170] blieb Ausnahme, aber es bezeichnet den verdeckten und mächtigen Fluß Hamburger Anlagekapitals in Harburger Unternehmen. Bürgermeister Grumbrecht sucht ihn zu erhalten, als um 1867 Befürworter des Hamburger Zollanschlusses die Quelle zu verstopfen drohten[171].

Neben Einzelunternehmen waren aus Hamburg u. a. die Norddeutsche Bank (seit 1856) und die Commerz- und Privat-Bank (seit 1870) südlich der Elbe aktiv. Zu der Harburger Filiale (1857) der Hannoverschen Bank, die seit ihrem Anschluß an den Konzern der Deutschen Bank 1898 noch an Möglichkeiten gewann, pflegte vor allem Friedrich Thörl intensive Beziehungen für seine Unternehmen[172]. So *«wuchs in Harburg selbst mit der Industrie eine starke Bankmacht heran»*[173].

Großfirmen brachten es einerseits zu beträchtlicher Eigenkapitalbildung; andererseits wurden mit dem Übergang zu oder durch die Einvernahme in Aktiengesellschaften größeren Kapitalpolsters die Ausbauchancen oder auch die Abhängigkeit von Fremdbestimmung vermehrt. Dies geschah für Harburger Fabriken – nach frühen Schritten in der Schiffahrt und einem ergebnislosen Wunsch für die Gasversorgung 1857 – im Zuge allgemeiner Erleichterungen für diese Betriebsform Anfang der 70er Jahre (Harburg-Wien, Harburg-Staßfurt), verstärkte sich im folgenden Jahrzehnt, um schließlich auch den Bereich Freizeit und Kultur zu erfassen (Schützenpark 1882, Stadttheater 1894).

Die öffentliche Kasse profitierte, in den noch relativ kleinen Dimensionen, von Überschüssen aus der Startphase der Industrie, die die Verluste an handelsbezogenen, bis zur Jahrhundertmitte dominierenden Kaufhauseinnahmen mehr als ausglichen. Im Vergleich der Stadthaushalte von 1855/56 mit 1864/65 zeigt sich eine Einnahmesteigerung von mehr als 100% vor allem dank ertragreicher städtischer Abgaben und höherer Zinseinkünfte; nach Defiziten noch in der Mitte der 50er Jahre ist nun der Überschuß «bedeutend». Aber man muß jetzt schon besonders für Schul- und Straßenbau *«die großen Ansprüche der Zukunft im Auge behalten»*[174], und die wachsen bald über die Ortsmittel hinaus.

War aus Mittelstandsinteressen mit Grumbrechts Initiative der Vorschuß-Verein von 1861 (später Hamburger Bank von 1861) hervorgegangen, so sollte die Spar- und Leihkasse der Stadt Harburg (1837) auch Arbeitern, die es sich leisten konnten, etwas bieten. Aber die Sparkasse wurde bis 1888 wegen ihrer Verknüpfung mit der Stadtkasse, der Kämmerei, *«fast ausschließlich durch den schnell wachsenden Finanzbedarf der Industriegemeinde bestimmt»*, was auch hieß: geringere Zinsen für Kleinsparer. In den 90er Jahren flossen Ersparnisse aus der Arbeiterschaft verstärkt über Sparklubs der Sparkasse zu, die gleichzeitig an höheren Einlagen des gewerblichen Mittelstandes gewann[175].

Arbeit und Kapital zeigen sich für kritische Gesellschaftsanalyse grundsätzlich im Gegenüber von Lohnabhängigen und Unternehmern. Milde äußerliche Betrachtung läßt solch Zweiseitiges bereits bei einzelnen Unternehmern oder Leitungspaaren entdecken.

Kaufleute sind in Harburg gelegentlich zu Fabrikanten geworden; auch einige Handwerker wählten und schafften – ohne daß das Handwerk von der Industrie zerstört worden wäre – diesen Übergang. Am erfolgreichsten scheinen aber eher diejenigen geworden zu sein, die in einer Person als Techniker oder mit naturwissenschaftlichem Studium besondere kaufmännische Fähigkeiten entwickelten oder die sich in Arbeitsteilung zwischen kaufmännischem und technischem Betriebsleiter zusammenfanden.

Zwar verdienen mit dem Wesentlichen ihrer Berufsleistung vergessene Persönlichkeiten der frühen Harburger Industrialisierung neues Interesse: E. F. Heins (1815–97) – der Müllerssohn mit vielfältigen kaufmännischen Aktivitäten, schließlich einer kleinen Fabrik, mit Glück und so starkem Hang zum feineren Leben, daß er sich als Mittvierziger aus seinem Harburger ‹Schloß› in gehobenes Landleben an der Oberweser zurückzieht[176]; der Darmstädter K. F. L. Noellner (1808–77) – Harburgern wegen seines Grabsteines wiederholt in Erinnerung gebracht[177], promovierter Chemiker nach Studium bei Liebig, mit weitreichenden Geistesbeziehungen, als Fabrikant in Billwerder bei Hamburg des Gewinns verlustig gegangen, in Harburg kurzzeitig Mitinhaber der ersten chemischen Fabrik und dann gelegentlich als Experte hervortretend und im Harburger gesellschaftlichen Leben[178].

Jedoch für die Industrie und Harburgs Entwicklung wichtiger werden Leute vom Schlage Carl Marets und dann Friedrich Thörl: der Berliner Maret (1829–1904) als Ingenieur ‹Aufsteiger› vom Betriebsleiter der Gebrüder Cohen zum zeitweiligen Alleinvorstand der ‹Harburg-Wien›, als Senator und Kommerzienrat politisch geehrt, aber aus dem Rückblick der mit ihm groß gewordenen Firma nicht für einen hinlänglich «echten Unternehmer» befunden[179]; Friedrich Thörl dagegen bekommt dieses Prädikat regelmäßig zugesprochen[180]. 1857 in Harburg geboren als Sohn eines Kleinstadt- und später auch Harburger Senators, der hier seit 1854 über kaufmännisches Zwischenspiel als Industrieller vom Ausbau der Heins'schen chemischen zur eigenen Ölfabrik fortschritt, wurde der Junior als der aktivste dreier Brüder mit dem Studium von Chemie und Technik sowie amerikanischer Erfahrung in mehrfacher Betriebsgründung und Neuorganisation zum dominierenden Unternehmer Harburgs bis weit ins 20. Jh. Er soll in der Ölbranche die *«geringe Arbeitsintensität und das patriarchalische Verhältnis»* älterer Harburger Firmen mit «hochkapitalistische(m) Geist» überwunden haben[181].

Gleichwohl wird mit der Rubrik «Aus der Thörl-Familie» in der Hauszeitschrift noch nach dem Zweiten Weltkrieg, als ‹Thörl› schon lange kein Familienbetrieb mehr war, die Betriebsfamilie alten Stils angesprochen. Solche ‹geschlossenen Belegschaften› mit Generationenfolge sowohl auf Eigner- als auch auf Beschäftigtenseite sind für Harburger Arbeitsverhältnisse lange Zeit in der Praxis mehr oder weniger, allemal aber in Vorstellungen typisch. Zur Bindung an die Betriebe haben deren teilweise sehr beachtlichen Wohlfahrtseinrichtungen insbesondere vor der Sozialgesetzgebung unter Bismarck beigetragen[182]. Langfristig ist das wichtiger geworden als die traditionelle Gewöhnung zunächst überwiegender Arbeiterschaft aus ländlichem Patriarchat[183], zumal wenn sich innerhalb sehr großer Werke Karriereaussichten boten[184].

Das Familienbild zeigte aber spätestens 1901 einen Fleck, als bei der Gummiwarenfabrik Harburg-Wien Männer und Väter streikender Frauen entlassen wurden[185]: Familienhaftung? Bis zu diesem Zeitpunkt war das gemütliche Beieinander von Kapital und Arbeit – wie mancher Fabrikant aus der Villa auf dem Werksgelände oder in Fabriknähe – verzogen, hatte sich das Bürgertum stärker abgeschlossen von einer zahlenmäßig, im Selbstbewußtsein und in Forderungen stärker gewordenen Arbeiterschaft.

Revolutionäre Stimmung allerdings konnte bis dahin in Harburg vielleicht noch weniger als sonst im Deutschen Reich aufkommen. Allgemein hatten die Kapitalseite und das ihrer Entwicklungsstufe zugehörige politische System weder hinlänglich Unfähigkeit noch Ohnmacht gezeigt – trotz des Schlages ins Wasser mit dem Sozialistengesetz[186]. Soziale Unterschiede mochten im industrialisierten Harburg des Jahrhundertendes deutlich größer geworden sein und Aufstiegschancen zur wirtschaftlichen Selbständigkeit gemindert. Aber eine scharfe Polarisierung mit machtvoller Einheit der Abhängigen war nicht erreicht. Hing schon die Aufnahme ins Einwohnerrecht bei Fabrikarbeitern vom längeren Bestehen ihres Arbeitsverhältnisses ab[187] und mußten sie, wie 1873 bemerkt, in den meisten größeren Betrieben von vornherein die Zulässigkeit jederzeitiger Entlassung anerkennen[188], dann war zunächst wenig Spielraum für das Kampfmittel Arbeitseinstellung.

Mit der Gründung erster Gewerkschaften seit 1868/69 konnte man zwar mit mehr Aussichten die «Erlangung günstigerer Arbeitsbedingungen» betreiben, aber dann ist 1874 und in den Folgejahren für die Handelskammer das Verhalten der Arbeiter *«in Folge der ungünstigeren Geschäftsverhältnisse ein weniger provocirendes und rücksichtsloses gewesen»*. Tatsächlich haben Arbeiter in schwierigeren 70er und bis in 80er Jahre gelegentlich Kurzarbeit und Lohnherabsetzungen hinnehmen müssen und offenbar nur individuell mit Arbeitseinstellungen und mit Ab- und Auswanderung[189] reagiert.

In den 80er Jahren gab es neue Arbeitsplätze und seit Mitte der 90er einen weiterführenden Aufschwung. Die Löhne, in Harburg wohl vergleichsweise hoch, stiegen – wenngleich kaum oder nicht für die Frauen[190]. Da konnten Unbilden früherer Jahre mit Konsumeinschränkungen, die der Handelskammer als Kaufkraftschwund immerhin Sorgen gemacht hatten, einerseits erträglicher gefunden und andererseits die allgemeine Verbesserung der Situation zum Anlaß genommen werden, im Einzelfall Angemessenes oder Günstigeres zu fordern.

Die Unterstützungsprobleme beim vielleicht ersten größeren Streik in Harburg (März 1890: Deutsch-Amerikanische Petroleum-Gesellschaft) brachten die Mitgliederzahl des jüngst gegründeten Lokalvereins der nichtgewerblichen Arbeiter herunter[191]; später aber gewann – nachdem 1894 Streiks für höhere Löhne bei der ‹Harburg-Wien› zu gütlicher Einigung geführt hatten – mit dem für die Belegschaft günstigen Ausgang des Streiks in der Palmkernölfabriken AG vormals Heins & Asbeck (April/Mai 1895) der Fabrikarbeiterverband an Zulauf[192]. Das geschah auch im nächsten Jahr, wenngleich das Ergebnis der schon miteinander verbundenen Streiks in den Ölfabriken Gaiser & Co. und Thörl in bürgerlicher und sozialdemokratischer Presse unterschiedlich beurteilt wurde[193]. Einerseits hatten Streikbrecher aus Hamburg wieder entlassen, andererseits die Harburger Arbeiter sich an deren Entschädigung beteiligen müssen.

Wenn die Kampfbereitschaft der Arbeiter mit stärkerem Organisationsgrad gewachsen war, so zeigte sie sich doch eher nur in besseren Konjunkturen und war dann durch nun besser gepolsterte Fabrikherren wiederum leichter zu besänftigen. Entsprechend hart war der Dämpfer auf den Generalstreik bei der ‹Harburg-Wien›, der 1901 in einen Konjunktureinbruch fiel und genügend willige Arbeitskräfte fand. Die Handelskammer bemerkte erstmals die «Machtfrage der Arbeiter». Als Antwort auf verstärkte Aktivität der Gewerkschaften hatte sich aber schon 1890/91 – wie auch sonst in Deutschland[194] – ein Verein der Arbeitgeber gebildet, hier unter Führung des Jute-Direktors Rickel.

Diese Interessenvertretung eröffnete 1902 einen «Arbeitsnachweis» (öffentliche Arbeitsvermittlung erst 1919); er soll zwar von den Sozialisten als Maßregelungsbüro kritisiert worden sein[195], aber daß die vom Regierungspräsidium in Lüneburg seit 1894 befürwortete Einrichtung eines städtischen Arbeitsnachweises vom Magistrat immer wieder hinausgeschoben werden konnte[196], wird auch am Mangel von Druck aus der lokalen Arbeiterschaft gelegen haben. Trotz zunehmender Entfremdungs- und Abgrenzungstendenzen hat eben die ‹Belegschaft› zu Ende des 19. Jhs. in Harburg für viele noch vor der ‹Gewerkschaft› rangiert. Von der Machtfrage zu schweigen, scheinen selbst in der Geldfrage Mißverhältnisse zwischen Löhnen und Profiten, angedeutet in Dividenden der Aktiengesellschaften[197], nicht so scharf und kontinuierlich thematisiert worden zu sein, daß darüber heute Genaueres zutage läge. Die «Harburger Anzeigen und Nachrichten» konnten 1896 bei zunehmenden Streikmeldungen mit einiger Zuversicht *«wünschen..., daß das gute Einvernehmen zwischen Fabrik-Leitung und Arbeitern auch in Zukunft ein derartiges sein möge»*, wenigstens bei der Firma H. C. Meyer jr. die jährliche Feier des Gründungsdatums in Gemeinsamkeit zu erlauben, etwa als Theater-Abend[198].

Industrie und Stadt

Wie sich Harburg in den vier Jahrzehnten nach seinen verheißungsvollen 50ern in zweimaliger Verdoppelung der Bevölkerungszahl zur halben Großstadt um 1900 (49150 Einwohner) entwickelt hat, gehört mit einzelnen Seiten gesondert dargestellt[199]. So wäre der Komplexität eines sozialen Systems nahezukommen, das sowohl im Innern als auch nach außen durch eine neue Vielfalt einmal von mehrseitigen Abhängigkeiten und zum anderen durch Abgrenzungen sowie schließlich durch das überdeckende Werturteil charakterisiert werden kann: Harburg – das ist die Industrie.

Für die groben Linien einer Skizze hier nur wenige Punkte:

Obrigkeiten und Wirtschaft. Bei der Untersuchung der Vorgänge um das Ansiedlungsgesuch der Holtz-Werft ist zur Frage, was mit der für militärische und Verwaltungszwecke verzichtbar gewordenen Zitadellen-Insel geschehen solle, die Vermutung geäußert worden, es hätten sich die lokale Obrigkeit eher für industrielle Nutzung, Harburg übergeordnete Behörden dagegen «konservativ» für Hafenerweiterung in diesem Gebiet ausgesprochen. Mit dem Aufbau der Werft 1884 habe sich dann die Weichenstellung zugunsten der Industrie gezeigt[200]. Tatsächlich gab es 1883 einen Plan, die Zitadellen-Insel durch neue Hafenbecken so buchstäblich einschneidend zu verändern, daß nichts mehr vom Schloß geblieben wäre[201].

Aber dies Hafenprojekt wurde im Zusammenhang mit Industrieentwicklung gesehen[202], und der Verbund beider Wirtschaftsbereiche scheint jetzt für Harburg im Unterschied zu Planung und Vorgehen bis nach der Mitte des Jahrhunderts kennzeichnend zu sein. Industrieausdehnung war trotz einiger Schwierigkeiten nahezu ein Selbstgänger geworden. Ihr konnte weitere Hafenentwicklung nur nutzen, nicht mehr das Wasser abgraben. Es sind der Industrie deshalb sowohl die praktischen Schritte des Schleusenneubaus (1876–81) und der Anlage neuer Hafenkanäle und Kais (1889–93) zugute gekommen, als auch langfristig die Wirkungen der hafenbezogenen Denkschriften von 1883, 1889 und 1895 wie der 2. Köhlbrandvertrag 1896.

Stimmt etwas an der behaupteten Unterscheidung, in Harburg sei man industriefreundlich gewesen und höheren Orts eher konservativ, so vielleicht in Fragen des Umweltschutzes, wo sich der Magistrat z. B. der chemischen Industrie gegenüber lascher verhielt als die Landesbehörden[208]. Eine konservative Einstellung wäre da moderner gewesen.

Industrialisierung des Raumes. Sind die meisten großen Industriebetriebe – die spätere

‹Phoenix› gehört bis zum späten Gleisanschluß zu der Minderheit – auf die neuen Verkehrsanlagen orientiert worden, so ergab das eine Industriekonzentration nördlich der Buxtehuder und nordöstlich der Lüneburger/Wilstorfer Straße. Die Schloßstraße wurde als die älteste Wohnzeile Harburgs zunächst gleichsam umzingelt, dann mit Industriebauten durchsetzt und schließlich durch die Unterelbe-Eisenbahn von 1881 abgeschnürt, so daß ein Gewerbegebiet entstanden ist, das für Wohnnutzung kaum zurückzugewinnen sein dürfte.

Betriebe am westlichen und südlichen Rande der alten Stadt wurden bald von deren Zuwachs an Wohnbauten umschlossen und konnten zur Umweltbelästigung werden, so die Eisengießerei und Maschinenfabrik Messerschmidt mit Lärm und Rauch[204]. Einige Verkehrsbauten behinderten die Industrie, aber Industrie erschwerte auch den Verkehr, etwa den jahrzehntelang wichtigen Fußweg zwischen der Stadt und dem 1872 errichteten Bahnhof für die Hamburg-Bremer Linie[205]. Sollten einige Straßenzüge und Gebiete von Fabriken und Arbeiterwohnungen freigehalten werden, so führte das zu Ballungen an anderen. Da waren Entspannungsräume für zusammengedrängte, hart arbeitende Bevölkerung zunehmend wichtig: der Schwarzenberg, Ausflugsgaststätten und Sportanlagen.

Der städtischen Durchdringung des Umlandes entsprachen rück- und vorblickend politische Schritte: Waren 1849 wegen Bahnhofs und Hafens der Gerichtsbarkeits- und Verwaltungsbezirk der Stadt erweitert[206] und später wegen Industriebauten einzelne Flurstücke zur Stadt gezogen worden, so hob man Harburg 1885, also in seiner zweiten großen Industrieschubphase, im Rahmen einer größeren Verwaltungsreform als Stadtkreis aus dem Landkreis heraus; 1888 schließlich erfolgten die ersten Eingemeindungen. Wilstorf und Teile von Neuland, Heimfeld sowie der Schloß- und Hafenbezirk kamen mit erst einmal wenigen Bewohnern, doch viel Boden zur Stadt: teils schon mit Industrie – selbst Heimfeld mit einer Dachpappenfabrik[207], vor allem aber mit Raum für wachsende Industriebevölkerung.

Industrie und Alltag. Umweltschutz – damals so nicht formuliert, aber schon in den 1850ern besonders gegen die Gasanstalt gefordert – schien sich zunächst darauf konzentrieren zu dürfen, die Schornsteine hoch genug ziehen zu lassen. Von der Veröffentlichung von Industriebauplänen konnte abgesehen werden, wenn keine Belästigung der Nachbarn zu erwarten war – eine Ermessensfrage. Gewässerverschmutzung wurde an verschiedenen Stellen entweder ruchbar[208] oder nach Fischsterben auch sichtbar[209]. Vorgehen gegen Fabriken erwies sich als schwierig. Die Hafenwasserverschmutzung – also kein neues Harburger Problem – ließ sich auch Privatpersonen zur Last legen: Hineinwerfen von Tierkadavern. Indirekt industriebezogen war das schon ältere Problem des Verkehrs mit Explosivstoffen durch die Stadt[210], das 1879 durch die Pulverschiffsexplosion beim Dampfschiffsanleger, auch durch die zugehörige Moritat, hörbar ward. Ob gegen Arbeiter und Nachbarn ‹gerichtete› Schwefeldämpfe zu nötigen Maßnahmen führten, bleibt ungewiß. Nach Magistratsansicht ließ sich eben in einer Industriestadt manche Beeinträchtigung früherer Lebensverhältnisse «absolut nicht vermeiden»[211].

Arbeiterwohnverhältnisse wurden nach einigem, wenngleich verhaltenem, städtischen Interesse in den 1850er Jahren im wesentlichen privatwirtschaftlich gestaltet. Selbst wenn der Harburger teils schon genossenschaftliche Wohnungsbau die meisten Bedürfnisse so oder so befriedigen konnte und die Probleme in größeren Zentren schwerer wogen: gegen Ende des Jahrhunderts wird auch in dieser Stadt die Wohnungsfrage als Teil der «Sozialen Frage» akut.

Hatte man 1897 ca. 80 Obdachlose notdürftig in Schulhäusern untergebracht, so kamen weiterreichende Anstöße erst von außen: Das Regierungspräsidium Lüneburg sah nach Besichtigung von Arbeiterwohnungen *«zu erheblichen sanitären und moralischen Bedenken Veranlassung»*[212]. Der Magistrat handelte zögerlich; Vermieter von durch Schließung bedrohten Kellerwohnungen und licht- und luftlosen Räumen wollten *«nicht begreifen…, daß der Vortheil, den sie… in Folge der industriellen Entwickelung der letzten Jahre gehabt haben, kein dauernder bleiben soll»*[213]. Mit der einschlägigen Polizeiverordnung des Regierungspräsidenten zum 1. Oktober 1899 gegen unangemessene Mietswohnungen und Schlafstellen[214] war es deshalb nicht getan. Der Harburger Credit-, Consum- und Bauverein aber wollte lieber weiter Erwerbshäuser als Mietshäuser bauen – aus Angst vor Anwachsen der *«Geschäftslast»* durch den *«Verkehr mit vielen kleinen Leuten»* und vor *«nicht selten(en) Miethsausfällen»*[215]. So blieb, aus verharmlosender Sicht, die in dieser Schärfe erst von der Industrialisierung gestellte Wohnungsfrage wenigstens teilweise offen.

Harburg als Attraktion. Hoffnung auf bessere Erwerbsmöglichkeiten mochte 1898 etwa 3% der Harburger Bevölkerung sich als Kellerbewohner begnügen lassen. Aber Harburg hatte über die Stadtansichten von 1857–66 hinaus Schauseiten bekommen. Deshalb wechselten hier Fürsten und andere Hochmögende nicht mehr nur das Verkehrsmittel oder fuhren glatt durch, sondern sie kamen zu Besuch: zunächst noch der Stadt an sich wegen, dann zur Industrie-Besichtigung und schließlich zu öffentlichen Einrichtungen und neuesten Verkehrsbauten.

Die Vergangenheit der schnell gewandelten Stadt wollte der 1898 gegründete Museumsverein zur Ausstellung bringen, aber auch – voll Stolz? – Industrieerzeugnisse der Gegenwart. Für Tagungen von Berufsgruppen und Ausstellungen verschiedener Gewerbe war Harburg interessant geworden und im bescheidenen Rahmen auch lohnend geblieben nach der Enttäuschung mit der «Harburger Gewerbe-Industrie & Handels-Ausstellung» von 1892, hatte die doch an Besuchermangel vielleicht nur wegen der Angst und der Abschirmungsmaßnahmen vor der Hamburger Cholera gelitten[216].

Sonst sah man die Bewohner Hamburgs und Altonas hier gern und zahlreich. Als Wintertouristen waren sie auf der «Eisbahn» nachweisbar seit dem 17. Jh., seit 1818 auch mit dem Dampfschiff und von 1872 an mit der Eisenbahn gekommen. Nicht nur das bekannt schöne Hügelland hat der 1898 gegründete «Verein zur Förderung des Fremdenverkehrs für Harburg und Umgegend» in den Blick bringen wollen, sondern auch die neue mit Industrie und Menschen gehobene Stadt «Harburg an der Elbe».

Harburg bei Hamburg. Bei ‹ewiger› Hafenkonkurrenz und ständig unterlegenem Harburg war man nicht stehengeblieben. Hatte Hamburger Kapital die Harburger Industrie wesentlich in Gang gebracht und sich in Hamburg damit noch zurückgehalten, so kann man mit Rücksicht auf den späteren Zusammenhang zugespitzt sagen: Hamburg hat sich in Harburg industrialisiert.

Dabei waren um 1900 die Verbindungen schon alltäglicher geworden. Zu den Schiffswegen über Köhlbrand oder Reiherstieg war nach der Eisenbahn endlich 1899 anstelle der Fähre nach Wilhelmsburg die Straßenbrücke gesetzt worden. Mit der Straßenbahn von 1902 könnte man Harburg endgültig als «Vorort» angeschlossen sehen. Nicht nur die Geschäftsverflechtungen waren eng, sondern es gab auch schon Hunderte von wechselseitigen Pendelarbeitern[217].

Aber was man nach Hamburg lieferte, seien es natürliche oder produzierte Nahrungsmittel oder ausgesprochene Industrieartikel, das konnte noch als «Ausfuhr» gelten[218]. *«Warum sollen wir denn alle Hoffnungen aufgeben, einmal Hamburger zu werden?»*[219] meinte für etliche und nicht nur bornierte Harburger über die Jahrhundertwende hinaus nicht die Perspektive des Anschlusses, sondern die des Nacheiferns.

Tabelle 1: Zahl der Bewohner und Häuser Harburgs/Häuserbelegung

	Bewohner	(Quelle)	Häuser	(Quelle)	Bewohner je Haus
1812	3600	6			
1821	3690	6			
1823	3829	2	494	2,4	7,7
1827	4031	6			
1833	4595	1,5,6	516	1,2	8,9
1836	4571	1,5	526	1	8,7
1839	4831	1,3,5,6	534	1,3	9,0
1842	5055	1,3,5	555	1,3	9,1
1845	5110	1,3,5,6	565	1,3	9,0
1848	5255	3,10	619	3	8,5
1851	5396	6, (8?)			
1852	6530	3,5,9	725	3,9	9,0
1853	ca. 7000	11			
1855	7899	3,5,6,9	774	3,9	10,2
1856	ca. 8850	11			
1858	10744	2,3,5,6,7,9	878	2,3,4,7,9	12,2
1861	11971	2,3,5,6,9	952	2,3,4	12,6
1864	13179	2,3,5,6,7,9	1054	2,3,4,7	12,5
1867	14168	1,2,3,6	1093	2,3	13,0
1871	16500	3,6,8	1143	2,3,4	14,4
1875	17131/17702	3,6/2,7	1240 (1227)	3,4 (2,7)	13,8/14,4
1880	19071	3,6,8	1332 (1347)	3,4,9 (7)	14,3
1885	22341	6,8,9	1437 (1383)	3,4 (7)	15,5
1888	26232	9			
1889	< 30000	3			
1890	35081	6	2055	4,7	17,1
1895	42579	6	2389	7	17,8
1900	49150	6,7,9	2635	7	18,7
1905	55679	6,7	2859	7	19,5

Quellen:
1 Liste in StA Hbg, Harburg 4, I B 1/4.
2 Günther, S. 67.
3 Denicke/Osterhoff, Denkschrift, S. 4.
4 Hafen Harburg 1895, S. 7.
5 Niemeyer, zum jeweiligen Jahr (nach HAN).
6 Bödecker, S. 195.
7 Bödecker, S. 288 f.
8 Wegewitz, Heimat, S. 370/372.
9 (Schmitz), zum jeweiligen Jahr (nach HAN).
10 Scheel, S. 57.
11 Richter, Erwerbstätige Bevölkerung, in diesem Band.

Allzu unsichere Daten wurden nicht aufgenommen; kleinere Abweichungen kommen vor (schon bei Bödekker allein). Für Häuser steht gelegentlich «Gebäude», «Wohnstätte», «Wohnung», ohne daß in der Regel Verschiedenes gemeint sei.

Tabelle 2: Menschen und Maschinen

Jahr	Bewohner	davon Arbeiter	Fabriken u. «größere gewerbliche Etablissements»	Dampfmaschinen Zahl	Dampfmaschinen PS	Einige Firmen: H. C. Meyer jr. Arbeiter/PS	‹Phoenix› Arbeiter/PS	Jute Arbeiter/PS
1850	ca. 5300	95	23					
1853	ca. 7000	136	25					
1856	ca. 8850	750	40					
1861	11971	1500		31	730	28/6	574/512	
1862		1629	47			an 20	600	
1864	13179	1793/1983	54/60					
1867	14168					um 30/8	7–800/600	
1869	ca. 15000	1975	63	38	969	/4	an 700/424	
1872	ca. 16700	2587	71	43		116	810	
1876	ca. 17800	3092	82	47				
1877						170	630/530	
1879							576/600	
1884	ca. 22000					230	um 1000	um 625
1889	ca. 30000	5045	58		3711	600/100	746/450	1338/1455
1898						um 430(?)	1432	1450
1901	ca. 50000	8534 (sofern mehr als je 20 Beschäftigte)				*1900:* 453	um 1650	1405

Diverse Quellen, die nicht einzeln anzuführen, darunter drei wichtige Listen: 1861 Gewerbestatistik für Zollverein; 1869 Carl, Statistische Übersicht; 1889 Denicke/Osterhoff, Denkschrift. Außerdem: Geschäftsberichte des Magistrats an Landdrostei (bzw. Richter in diesem Band), Adreßbuch für 1862, Jahresberichte der Handelskammer. – Präzise Verläßlichkeit ist weniger zu bieten, wohl aber ein Hinweis auf Größenordnungen.

Anmerkungen

1 Zur Öl- und Kautschukwarenindustrie: Molch. – Umfassend: Bödecker. – Für kürzere Zeiträume: Krieg. – Kausche, Gummiindustrie. – Gotthardt, Arbeiterbildungsverein (von größerem Wert, als im folgenden erkennbar).
2 Ludewig, Geschichte Harburg, II, S. 279ff., 318ff.
3 Bödecker, S. 23. – Linde, S. 434ff.
4 StA Hbg, Harburg 4, XVI D 1c 5; Anschreiben der Landdrostei in den vorderen Buchdeckel eingeklebt.
5 Plenarsitzung von Magistrat und Bürgervorstehern: StA Hbg, Harburg 4, II F 1 Bd. IV (6. März 1851).
6 Gewerbestatistik 1861: StA Hbg, Harburg 4, I B 3/1 (Liste der Bemerkungen zur Fabrikentabelle).
7 Richter, Erwerbstätige Bevölkerung, in diesem Band. – Vgl. Gotthardt, Arbeiterbildungsverein, S. 29, mit noch niedrigerer Anfangszahl.
8 Püster, S. 152ff. – Kausche, Pläne zur Erweiterung, in diesem Band.
9 Gabrielsson, Kattundruckerei. – Werth-Mühl, Zuckersiederei, in diesem Band.
10 Henning, S. 121f., 125.
11 Ahrens, Franzosenzeit, S. 451.
12 Zum folgenden Bödecker, S. 19ff. und Linde, der als zusätzliches Hindernis den Mangel an Freizügigkeit besitzloser Landbevölkerung herausstellt (S. 434).
13 Hafen Harburg 1895, S. 5.
14 Denicke/Osterhoff, Denkschrift, S. 2. – Olep, S. 11.
15 Denicke/Osterhoff, Denkschrift, S. 2. – Hafen Harburg 1895, S. 5.
16 Ludewig, Geschichte Harburg, II, S. 74.
17 Denicke/Osterhoff, Denkschrift, S. 5.
18 Gutachten von Baurat Mosengel v. 14. Juni 1833 (Abschrift in: StA Hbg, Harburg 4, XVI F 2c 3 Beih. 2).
19 Hafen Harburg 1895, S. 5.
20 Truels, Geschriebene Harburgensien, S. 41.
21 StA Hbg, Harburg 4, XVI F 2c 3 Beih. 1.
22 Denicke/Osterhoff, Denkschrift, S. 3.
23 Bödecker, S. 21.
24 Blohm, Handelsverkehr, S. 100.
25 Ludewig, Geschichte Harburg, II, S. 155f.
26 Ebd., S. 168.
27 Hafen Harburg 1895, S. 6.
28 Ludewig, Geschichte Harburg, II, S. 205.
29 Denicke/Osterhoff, Denkschrift, S. 3. – Hafen Harburg 1895, S. 5.
30 Bödecker, S. 36.
31 Truels, Geschriebene Harburgensien, S. 53ff.
32 Siehe Abb. 1; die neue Datierung, statt bisher «um 1850», wegen Kraus' Werft (1851).
33 Teil-Abb. bei Truels, Geschriebene Harburgensien, S. 40; das Modell selbst im Helms-Museum.
34 Diverse, teils anonyme Druckschriften im Staatsarchiv Hamburg und Helms-Museum. – Lüder. – Staisch.
35 Ludewig, Geschichte Harburg, II, S. 82f.
36 Heinz-Joachim Schulze, Stader Jb. 1981, S. 160 (Rezension von Erich Staisch, Hauptbahnhof Hamburg. Geschichte der Eisenbahn in Norddeutschland, Hbg 1981).
37 Hafen Harburg 1895, S. 5.
38 Ludewig, Geschichte Harburg, II, S. 204.
39 Ebd., S. 219.
40 Holtz, Grundsteinurkunde, S. 90.
41 Ludewig, Geschichte Harburg, II, S. 196, 276.
42 Ebd., S. 267f.
43 Wirtschaftsbericht des Magistrats für 1849: StA Hbg, Harburg 4, I A 2/2b Bd. III (VI 52 Handel).
44 Ludewig, Geschichte Harburg, II, S. 332.
45 Wie Anm. 43.
46 Ludewig, Geschichte Harburg, II, S. 346.
47 StA Hbg, Harburg 55, A 15. Kraus kam anstelle eines Buxtehuder Schiffbauers Hastedt, der «in Harburg vermuthlich der Verführung ausgesetzt», mit einem «wüsten Leben» vor Betriebsbeginn ausschied.
48 Ludewig, Geschichte Harburg, II, S. 365, 369f.

49 Günther, S. 15.
50 StA Hbg, Harburg 55, A 18.
51 Schiffahrtsstatistiken bei Bödecker, S. 34, 46f., 130; vgl. Hafen Harburg 1895, S. 13.
52 StA Hbg, Harburg 4, II F 1 Bd. IV (14. April 1853).
53 Günther, S. 7.
54 Bödecker, S. 29.
55 Die beiden Mühlen in Harburg gehörten schon zu den größeren im Königreich Hannover (Molch, S. 8f.). Firmen- wie auch andere Details werden im folgenden in der Regel nicht einzeln belegt.
56 StA Hbg, Harburg 4, XVI D 2f 19.
57 Ludewig, Geschichte Harburg, II, S. 314, 354.
58 Stadtgeschichtliche Sammlung im Helms-Museum. Aus diesem Album auch Abb. 8 u. 10–14.
59 Segebrecht, Steinike & Weinlig. – 100 Jahre Bavaria Braustätte in Harburg.
60 Über Steuernachlässe wird Material im Niedersächsischen Hauptstaatsarchiv Hannover, das generell für diesen Aufsatz noch nicht herangezogen wurde, Auskunft geben.
61 Molch. – Giffei.
62 Ludewig, Geschichte Harburg, II, S. 327f.
63 StA Hbg, Harburg 4, II F 1 Bd. IV (27. Juni 1854).
64 Wirtschaftsbericht über 1855: StA Hbg, Harburg 4, I A 2/2c Bd. II (VI 36 Handel).
65 1855–1955 Noblée & Thörl.
66 Kautschukwerke Traun & Söhne 1856–1906.
67 Kausche, Gummiindustrie.
68 StA Hbg, Harburg 4, I A 2/2c Bd. II (VI 35 Fabriken).
69 Ebd. (Tabellen).
70 HAN 2. Febr. 1856.
71 HAN 15. Nov. 1856; Unternehmenssitz Dezember 1858 nach Hamburg verlegt (Szymanski, S. 274f.).
72 HAN 27. Sept. 1856.
73 HAN 6. Juni 1857; s. a. 26. Aug. 1857.
74 HAN 22. Aug. 1857.
75 HAN 3. u. 24. Jan. 1857. – Günther, S. 27.
76 HAN 7. Febr., 8. April, 27. Juni 1857.
77 Denicke/Osterhoff, Denkschrift, S. 2. – Hafen Harburg 1895, S. 4. – Bödecker, S. 15, sieht den Plan der Ausbaggerung der Süderelbe erstmals 1728.
78 HAN 14. März, 15. u. 25. April 1857. – Laut Günthers Geschäftsbericht über 1857 (Der Rückgang, S. 28) war die Kanal-Frage «schon sehr häufig und mit Recht aufgeworfen».
79 Stadtgeschichtliche Sammlung im Helms-Museum. S. Abb. 6.
80 Ebd., als Kopie (Anlage Blatt No. 2 zum Bericht von Oberbaurath Plener und Baurath Funk vom 8. März 1857). S. Abb. 5.
81 Günther, S. 27.
82 StA Hbg, Harburg 4, XVI D 1a 16 (Abschriften).
83 HAN 27. u. 30. Mai, 1. Juli, 2. Sept. 1857 (Einladungen mit Ankündigung der Tagesordnung).
84 StA Hbg, Harburg 4, XVI D 1a 16 (11. Jan., 8. Febr., 14. Juni 1858).
85 Günther, S. 35f. – Zu Günther s. Die Geschichte der Firma.
86 Günther (S. 83) spricht sich noch 1878 für den Kanal als «Radikalmittel» aus, das man zwar «vor Jahren in Hannover ernstlich erwogen», aber leider wegen Köhlbrand-Hoffnungen nicht angewandt habe. – Zur Harburgisch-Englischen Dampfschiffahrtsgesellschaft: Szymanski, S. 313ff.
87 Wirtschaftsbericht des Magistrats über 1857: StA Hbg, Harburg 4, I A 2/2c Bd. II (VI 36 Handel).
88 Schlesinger: Geschäftsanzeige im Harburger Adreßbuch für 1865; vgl. Krieg, S. 125. – Eddelbüttel: 1861 nur 4 Arbeiter und 1 PS (Gewerbestatistik: StA Hbg, Harburg 4, I B 3/1). – Gaiser: Fabriken-Liste im Harburger Adreßbuch für 1862; Bödecker, S. 192; Hieke, Gaiser.
89 Bödecker, S. 57. Vgl. aber Günther, S. 32.
90 StA Hbg, Harburg 4, I A 2/2c Bd. II (VI 36 Handel).
91 Die «Geburtsurkunde» der kommunalen Selbstverwaltung sieht Nürnberger (S. 12) allerdings erst in der Provinzialständischen Verwaltung vom August 1867. Zur Städteordnung von 1851 s. ebd., S. 5.
92 Kausche, Magistrat, S. 113.
93 Spannungen in der «geschäftlichen Verbindung» zwischen Magistrat und Bürgervorstehern: StA Hbg, Harburg 4, II F 1 Bd. IV (7. u. 18. April 1854).
94 Nürnberger, S. 5.
95 Kausche, Gummiindustrie, S. 7 Anm. 3.

96 Mit der (ersten) Verdoppelung der Bevölkerungszahl von 1821 zu 1855 lag Harburg in der Zuwachsrate vor allen Städten des Königreichs, Hannover eingeschlossen (Tabelle in HAN 18. April 1857).
97 Einschränkung des Präzisionsanspruchs s. bei der Tabelle 1.
98 Klage über lange Wartezeiten auf Handwerker wegen vieler Neubauten: HAN 5. Dez. 1857.
99 HAN 28. Febr. 1857.
100 StA Hbg, Harburg 4, II F 2 Bd. I (4. u. 20. April 1855; 19. Jan., 19. April, 7. Juni 1856). – Ebd., Bd. II (7. März 1857; 4. Dez. 1858). – StA Hbg, Harburg 4, VIII B 13. – StA Hbg, Harburg 4, VI C 1/16. – HAN 11. März 1857 (S. 88 des Jahrgangs).
101 Günther, S. 73 f.
102 StA Hbg, Harburg 4, II F 1 Bd. IV (9. Juni 1854).
103 Holtz/Homann, S. 60.
104 HAN 11. u. 25. Juli, 5. Sept. 1857.
105 1862 erwarb Albert Cohen dies Anwesen (Kausche, Gummiindustrie, S. 90 f.); zu seinem späteren Schicksal s. Machule, Städtebau, in diesem Band, S. 272 ff. – Holtz/Lachmund, S. 89.
106 Ganzjährige Diskussion über Kosten und Nutzen des hinsichtlich der Börse nicht verwirklichten Projekts: HAN 1857. – Günther, S. 11 f., 26 f.
107 StA Hbg, Harburg 4, I A 2/2c Bd. II (VI 36 Handel).
108 HAN 27. Juni, 5. Aug. 1857.
109 StA Hbg, Harburg 4, II F 2 Bd. II (5. Sept. 1857).
110 HAN 21. Jan., 25. Nov. 1857.
111 HAN 18. u. 25. April 1857.
112 Scheel, Arbeiterbewegung. – Gotthardt, Arbeiterbildungsverein.
113 Mit dem großen Neubau hoffte man für längere Zeit ausgesorgt zu haben (Dettmer, S. 34 f.). Zu Harburgs Schulwesen in der Industrialisierung steht Forschung aus. Spielschulen: HAN 30. Sept., 3. Okt. 1857.
114 HAN 25. Febr. 1857.
115 HAN 7. Okt. 1857.
116 HAN 10., 14., 17. u. 21. Jan. 1857 (Darstellungen und Gegendarstellungen von Meinungsgruppen).
117 Bödecker, S. 57 ff.
118 Ebd., S. 59.
119 Handelskammer, für 1867, S. 12.
120 Henning, S. 209 ff.
121 Gotthardt, Kämpfe, in diesem Band S. 212.
122 Denicke/Osterhoff, Denkschrift, S. 11 f.
123 Handelskammer, für 1894, S. 1.
124 Handelskammer, für die 1870er Jahre: allgemeine Klagen und speziell der Brauereien.
125 Handelskammer, für 1891, S. 16.
126 Kausche, Gummiindustrie, mit ausführlicher Beschreibung der frühen Produktionspalette (S. 70–84).
127 Handelskammer, für 1879, S. 13.
128 Bertau, 125 Jahre Balatroswerke, S. 11. – Vgl. Rost & Co. 100 Jahre in Hamburg-Harburg.
129 Vgl. die Branchenzusammenfassungen bei Bödecker. – Kurznachrichten über einzelne Firmen auch bei Eger, Harburg während des Krieges.
130 Benecke, Ölmüllerei. – Philipps, Thörl.
131 An Transportkosten waren für Pflanzenöl eher die Rohstoffe zu veranschlagen, für Gummi eher die vielen chemischen Zusatzstoffe. Beide Branchen profitierten in Harburg bei dem enormen Kraftstoffbedarf von der kostengünstigen Überschneidung der Lieferungsbereiche englischer und westfälischer Kohle (Molch: Öl, S. 43, Gummi, S. 124 ff. u. S. 132).
132 Bödecker, S. 59, 77 ff.
133 Handelskammer, für 1883 und 1884, S. 13 bzw. 16.
134 Handelskammer, für 1883, S. 13.
135 75 Jahre Thörl. – Hieke, Gaiser. – 1855–1955 Noblée & Thörl. – Handelskammer, für 1868, S. 56, für 1873, S. 16.
136 (Schmidt-Reitz), Harburger Oelwerke Brinckman & Mergell.
137 Handelskammer, für 1901, S. 1.
138 Bödecker, S. 86 f.
139 Bödecker, S. 95.
140 Handelskammer. – Die «Harburg-Staßfurt» hervorgehoben bei Giffei.
141 Bödecker, S. 95. – Harburger Adreßbücher. – Wegen zusätzlicher Anlage für Superphosphate: StA Hbg, Harburg 56, B Ab 3.

142 Handelskammer, für 1895, S. 22. – Harburger Adreßbücher.
143 Harburger Adreßbuch für 1888.
144 Handelskammer. – H. C. Meyer jr. 1818–1918. – Rednak, Geschichte. – Rednak, Sozialpolitik.
145 Bödecker, S. 96ff.
146 Handelskammer, für 1869, S. 68.
147 Handelskammer, u. a. für 1883, 1886, 1899 (S. 16; 19; 13).
148 Handelskammer, für 1867, S. 92, für 1885, S. 15. – Fabriklisten der Harburger Adreßbücher. – Abzug schon 1885 laut Bödecker, S. 143.
149 Bödecker, S. 143ff.
150 Handelskammer, für 1883, S. 16: zu den Chancen der «großartigen» Anlage noch nichts Negatives bemerkt. Vgl. die folgenden Berichte.
151 Bödecker, S. 57, 134ff.
152 Hierin geht Krieg schon über Bödecker hinaus.
153 Zu den Firmenanfängen s. o., S. 165, 166. – Handelskammer. – Adreßbücher. – Koeber: Werbeblatt s. Abb. 18; 1855–1955. Harburger Eisen- u. Bronzewerke.
154 Handelskammer, für 1868, S. 60; 1869, S. 54f.; 1879, S. 9. – Bödecker, S. 135. – Szymanski (freundlicher Hinweis von Wilhelm Stammer), S. 30, 234f., 282 (u. ö.). – Eger, S. 167. – Krieg, S. 127. – Fabrikenlisten der Adreßbücher.
155 Denkschrift über die Lage der Stadt Harburg in Rücksicht auf den demnächstigen Zollanschluß Hamburgs (Magistrat, Bürgervorsteher, Handelskammer): StA Hbg, Harburg 4, IV F 1b 30.
156 Handelskammer, für 1888, S. 22.
157 Krieg, S. 128, mit Handelskammer und Bödecker.
158 Bödecker, S. 140. – Truels, Geschriebene Harburgensien, S. 112f.
159 Benecke, dann Beckedorf in Lauenbruch (zweite Hälfte des 18. Jhs. bis 1851); freundlicher Hinweis von Wilhelm Stammer. Die Wenthes/Wendts in Neuland (seit 18. Jh.?) bauten wohl nur Flußschiffe.
160 Gutachten Bahr 1840 (wie Anm. 21). – Bahr im Hannoverschen Magazin v. 9. Febr. 1842, laut Wagner, Landstädtchen, S. 89.
161 Truels, Geschriebene Harburgensien, S. 37f.
162 Handelskammer, für 1868, S. 61.
163 Adreßbücher. – Stadtplan von 1878. – Kraus in Kiel: Bewerbungsschreiben von Holtz an Magistrat: StA Hbg, Harburg 4, IV B 3b 54 (Nov. 1882).
164 Renck hatte schon 1844, vor dem Hafenausbau, «in der Regel 14 Arbeiter in Lohn und Kost» (StA Hbg, Harburg 4, IV C 1a 14). – Eiserner Raddampfer «Lorenz»: Szymanski, S. 231. – Adreßbücher.
165 Handelskammer, für 1877, S. 12; s. schon für 1867, S. 80.
166 Handelskammer, für 1875, S. 16.
167 Richter, Erwerbstätige Bevölkerung, und Machule, Städtebau, beide in diesem Band. – Michaelis, Hagemann GmbH. – Querschnitt 100 J. Prien.
168 Schnell wechselnde Eigner: Fleck, Geise & Co., Röhl, Röhl & Holste, Röhl & Co., Heerma. – Arbeiterwohnungen bei der Fabrik: Adreßbücher, Handelskammer und Häuserliste von 1857 (StA Hbg, Harburg 64, V A 26).
169 Vgl. die etwas andere Einschätzung durch Stegmann, Industrielle Entwicklung, in diesem Band; für sie mögen neue Momente seines Beobachtungszeitraums wichtig sein.
170 HAN 9. Febr. 1856.
171 Bödecker, S. 52f. Da die oft bemühte Behauptung, es seien «vielleicht drei Vierteile der Industriellen Etablissements« Harburgs von 1867 «von Hamburgern und mit hamburgischem Kapital begründet», von dieser Interessentengruppe stammt, ist sie mit Vorsicht zu nehmen.
172 Bödecker, S. 150ff.
173 Molch, S. 69.
174 StA Hbg, Harburg 4, I B 1/4.
175 Bödecker, S. 155ff.
176 Siehe oben Andeutungen von Heins' Aktivität Ende der 1840er bis Anfang der 1860er Jahre. – Briefliche Erinnerungen einer Nichte: Archiv der Stadtgeschichtlichen Sammlung im Helms-Museum.
177 Thormann, S. 172ff. (mit älterer Literatur).
178 Noellners Geselligkeit: im Techniker-Verein und im Union-Club. Giffei (S. 46, 48) hebt Verdienste als Chemiker in der Kalisalpeterindustrie hervor. Noellner als Gutachter in der Harburger Gasbeleuchtungsfrage: StA Hbg, Harburg 4, II F 2 Bd. II (21. Febr. 1857, 4. Dez. 1858).
179 Samhaber/Friedrich, hier Friedrich, S. 69.
180 Molch, S. 71ff. – Bödecker, S. 242ff. – Eger, S. 168.

181 Molch, S. 72f.
182 Die Sozialeinrichtungen der Fa. H. C. Meyer jr. würden «von socialdemokratischer Seite mit besonderer Ungunst angesehen», behauptet die Handelskammer, für 1876, S. 11.
183 Bödecker, S. 252.
184 «Man ‹avancierte› bei Thörl und war dann Vorgesetzter...» (Molch, S. 74).
185 40 Jahre Verband, S. 4. – Vgl. Handelskammer, für 1901, S. 2.
186 Vom Sozialistengesetz oder seiner Praktizierung distanziert sich die Harburger Handelskammer vorsichtig, indem sie als eines der Hindernisse wirtschaftlichen Wohlergehens «die die inneren Gegensätze nicht heilende Nothwendigkeit energischen gesetzlichen Einschreitens» anführt (für 1878, S. 1).
187 HAN Bekanntmachung 18. Juli 1857.
188 Handelskammer, für 1873, S. 10.
189 Handelskammer, für 1881, S. 1.
190 Bödecker, S. 235ff., mit Molch. Untersuchung mit Blick auf die Preisentwicklung steht noch aus.
191 40 Jahre Verband, S. 1.
192 Für Bödecker (S. 253) ist dies der «erste größere Streik in Harburg»; die Handelskammer erwähnt ihn nicht, nur Verluste bei der Firma. – Vgl. 40 Jahre Verband, S. 2.
193 HAN 11. Mai 1896. – 40 Jahre Verband, S. 2. – Bödecker, S. 254.
194 Kessler, S. 21, 38. – Für den Hamburger Raum: Saul, Arbeitgeberpolitik.
195 Bödecker, S. 262.
196 StA Hbg, Harburg 4, XVI D 5b 1.
197 Dividenden werden von der Handelskammer, die überhaupt über Mangel an Auskunftsbereitschaft der Firmen klagt, nur gelegentlich überliefert.
198 HAN 6. Juni 1896.
199 Als Darstellungswünsche an die Forschung bleiben u. a. die Geschichte der Arbeit in Harburger Betrieben, der Schulentwicklung und der Stadt-Umland-Beziehungen.
200 Aldag.
201 StA Hbg, Harburg 90, IV a64 mf; s. Abb. 23.
202 Handelskammer, für 1883, S. 6.
203 StA Hbg, Harburg 13, D 42.
204 StA Hbg, Harburg 4, XVI D 2f 16 (1858–71).
205 StA Hbg, Harburg 4, VI D 4b 26. S. Abb. 28.
206 Ludewig, Geschichte Harburg, II, S. 340.
207 Rudolf Kayser am (Alten) Postweg.
208 Grabenverunreinigung durch Oelfabrik Heins & Asbeck am Graupenmühlenteich: StA Hbg, Harburg 4, XIII B 1/15 (1876–93).
209 Fischsterben in den Moorwettern östlich des Binnenhafens durch Abwässer der chemischen Fabriken: StA Hbg, Harburg 13, D 42 (1894–1925; andere Fälle einschließend).
210 StA Hbg, Harburg 4, XIII G 1/13 (1879–80), mit einer gedruckten Petition. – Brandsorgen, durch Unglücke in Harburger Betrieben immer wieder bestärkt, erschwerten die Einrichtung eines Binnenhafenteiles zum Petroleumhafen (Klein, Renck & Hessenmüller, S. 32ff.).
211 Wie Anm. 209 (Mai 1894).
212 StA Hbg, Harburg 4, VI C 1/47 (5. Febr. 1898).
213 Ebd. (Hamburger Zeitungsartikel zu Harburger Wohnungsverhältnissen, 8. Jan. 1898). – Vgl. Petition der Harburger Bürgervereine (HAN 10. Mai 1899).
214 HAN 5. Dez. 1898.
215 Bericht über eine Verhandlung am 21. Jan. 1899: StA Hbg, Harburg 4, VI C 1/47 (S. 15).
216 Katalog der Ausstellung 1892. – Besonders zum Mißerfolg der Verlosung wegen Besuchermangels: StA Hbg, Harburg 4, XVI G 3. – Schwarzkopf, Erste große Ausstellung.
217 Müller, Elbbrücke. – Pendler: Handelskammer, für 1892, S. 1, anläßlich der Cholera.
218 Handelskammer, immer wieder.
219 So polemisch gegen Harburger Selbstüberschätzung formuliert von einem Befürworter früher Überbrükkung der Elbe (Zur Eisenbahn von Hannover und Braunschweig nach Hamburg, S. 22).

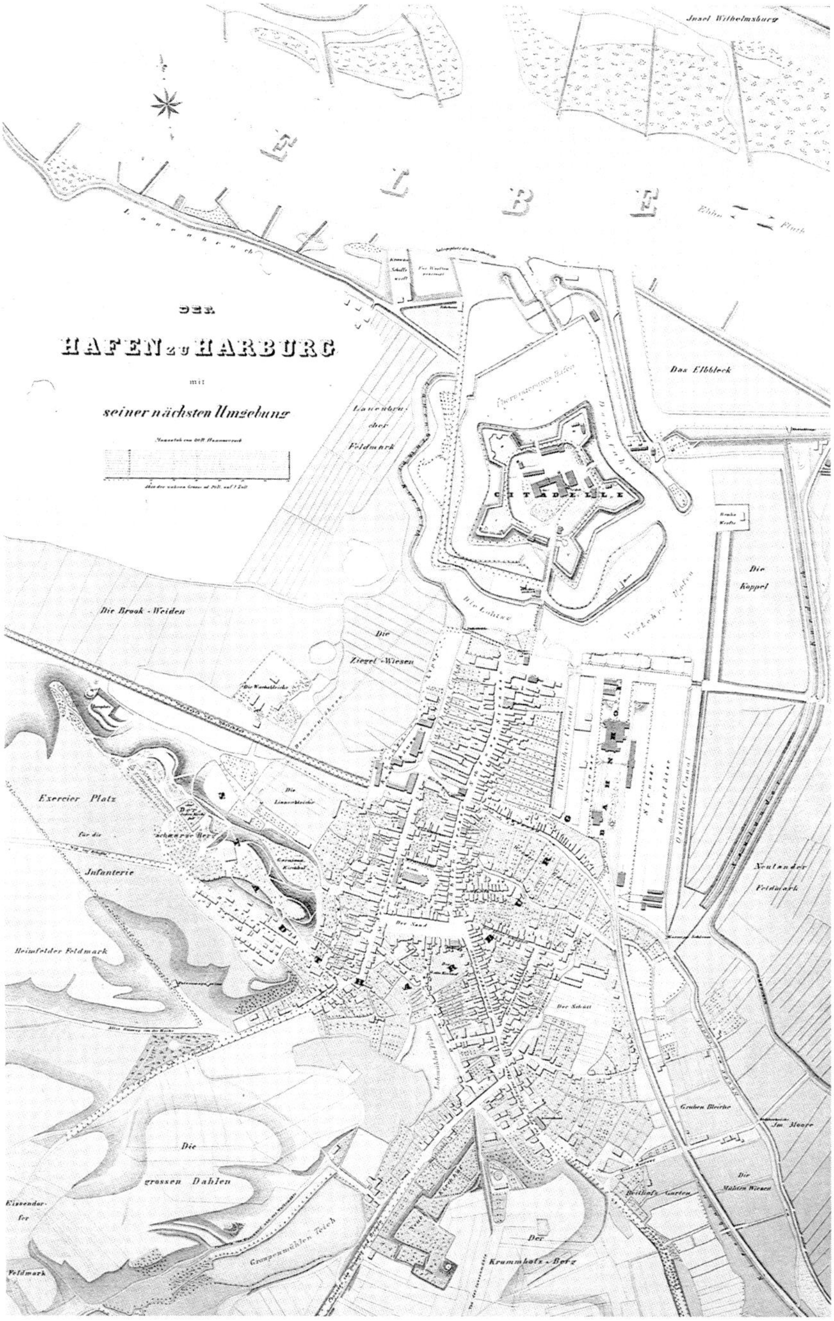

Abb. 1 Harburg 1851/52: Die Stadt als «Umgebung» des Hafens, der mit der Eisenbahn nach Hannover die wirtschaftlichen Hoffnungen trug. Schiffahrtsbezogene Betriebe wurden vermerkt; noch fehlt die neue Industrie.

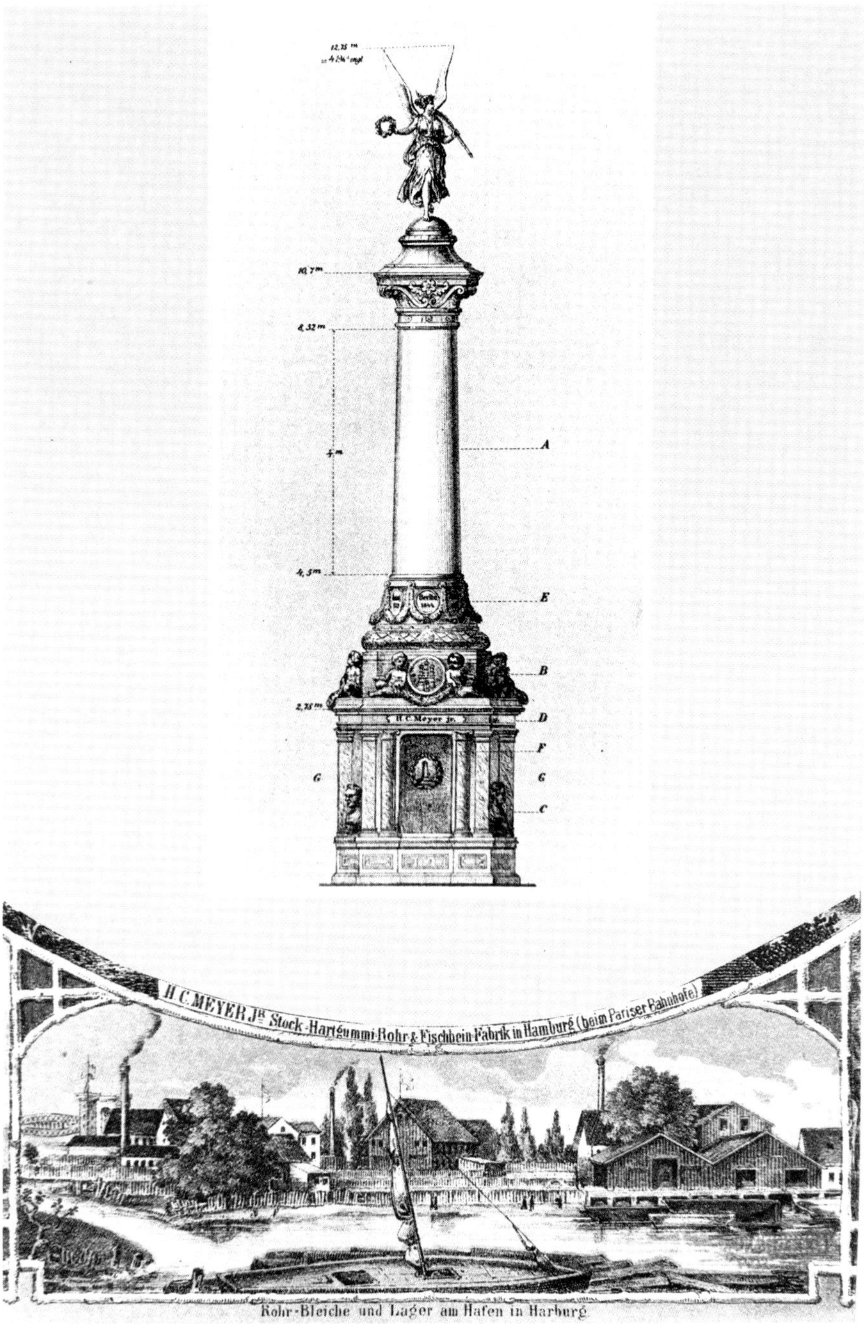

Abb. 2 Ein «Monumentaler Aufbau aus Fabrikaten der Firma H. C. Meyer jr. Hamburg und der Harburger Gummi-Kamm Co. Harburg» auf der Wiener Welt-Ausstellung 1873 zeigte ungeahnte Verwendbarkeit von Hartgummi. In den Schränken des Sockels auch Stöcke, Rohr- und Fischbein-Fabrikate (Collage aus zwei Abb. des Austellungskataloges).

Abb. 3 Industrie-Promenade: Spaziergänger vor den neuartigen Großbetrieben, der Gasanstalt und der Gummischuh-Fabrik an der Wilstorfer Straße, fühlten sich gelegentlich durch Arbeiter gestört (Zeichnung von F. G. Müller für seine Panorama-Lithographie 1857).

Abb. 4 Anhaltende Beschaulichkeit: Borchels «Erinnerung an Harburg» von 1857 überliefert weniger das Bild der jungen Fabriken, als das des alten Harburg mit neuen Verkehrsanlagen.

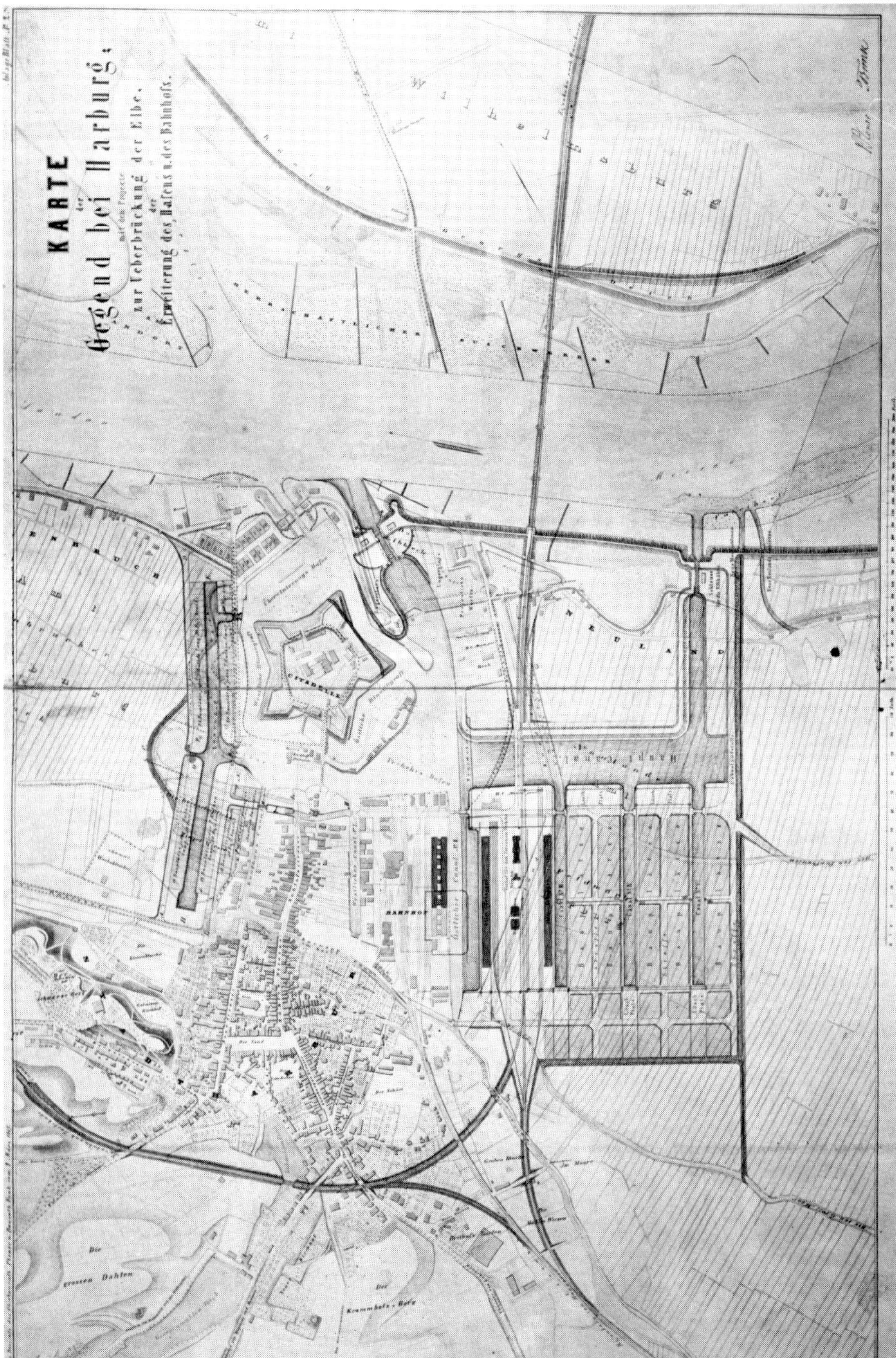

Abb. 5 Ohne sonderlichen Blick auf Industrie und doch der Zeit voraus: Großprojekt 1857 für weiteren Ausbau von Hafen und Eisenbahn.

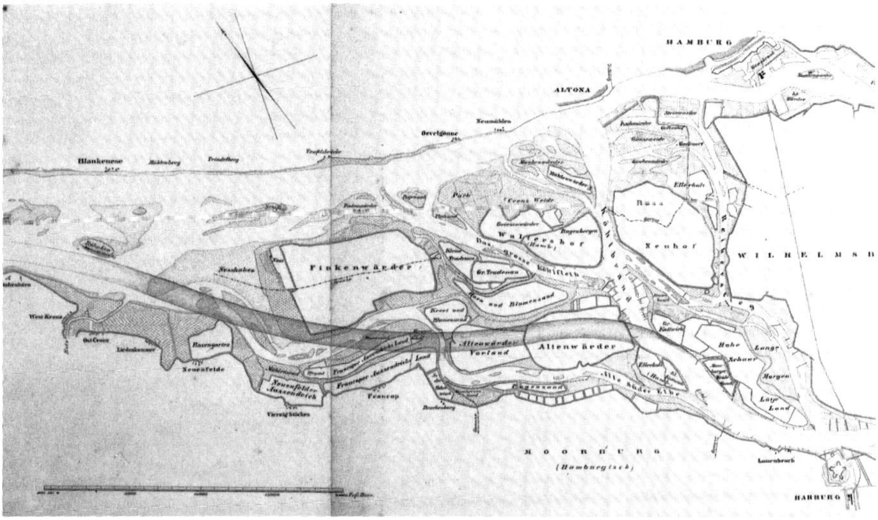

Abb. 6 Der 1857 im Plan geforderte «Unterelbe-Kanal» sollte Harburgs Seehandel aus der Abhängigkeit von Hamburg befreien.

Abb. 7 Geschlossene Belegschaft: Die Chemische Fabrik am Lohmühlenteich, auch von einem Heins rührend, konnte ihren Standort etwa 75 Jahre behaupten.

Einige Personen, mit denen Harburg groß wurde

Abb. 8 August Bahr, Bürgermeister für Bahn und Hafen

Abb. 9 Mühleninspektor H. J. Heins, die erste Dampfmaschine

Abb. 10 Heinrich Blohm, Wasserbau für Harburg an Elbe und See

Abb. 11 C. H. Kraus, Einstieg in den Eisenschiffbau

Abb. 12 German Koeber, Eisenhammer aus Süddeutschland

Abb. 13 Carl Maret, ein Leben für Weichgummi

Abb. 14 Carl Noellner, Chemiker mit Pech und Einsichten

Abb. 15 Friedrich Thörl (sen.), über Chemie ins Pflanzenöl

Abb. 16 Ferdinand Rickel, für Jute und Arbeitgeber-Verein

Abb. 17 Ölmüllerei zog wegen überseeischer Saaten an den Hafen: Heins & Asbeck, vom Graupenmühlenteich ausgegangen.

Abb. 18 Koebers Hütte (heute Krupp): nicht aus Hamburg, aber mit England verbunden (Werbeblatt, in Harburg gedruckt, um 1860).

Abb. 19 Später gegründet, früher aufgegeben: Christiansen & Meyer, mit Arbeitern und «Feuerbüchse», 1887.

Abb. 20 Schiffswerft G. Renck jr.: mit großen hölzernen Seeschiffen bald in Schwierigkeiten.

Abb. 21 Mit kleinen metallenen Binnenwasserdampfern vor allem in Übersee erfolgreich: Holtz- (später: Schloß-) Werft.

Dampfboot- und Maschinenfabrik von R. Holtz in Harburg. Zerlegbares stählernes Fahrzeug.

Die einzelnen Bootsteile sind nach Gewicht und Größe den Verhältnissen des Transportdampfers angepaßt und andererseits so gewahlt, daß die Zusammensetzung der Teile auch in solchen Gegenden erfolgen kann, wo man alle technischen Hilfsmittel entbehrt. Meist ist auch erforderlich, die einzelnen Teile zu schwimmfähigen Pontons auszubilden, um den Zusammenbau auf dem Wasser vornehmen zu können.

Abb. 22 Der Neubau der (östl.) Schleuse (hier 1878) sollte die Harburger Seeschiffahrt wieder heben.

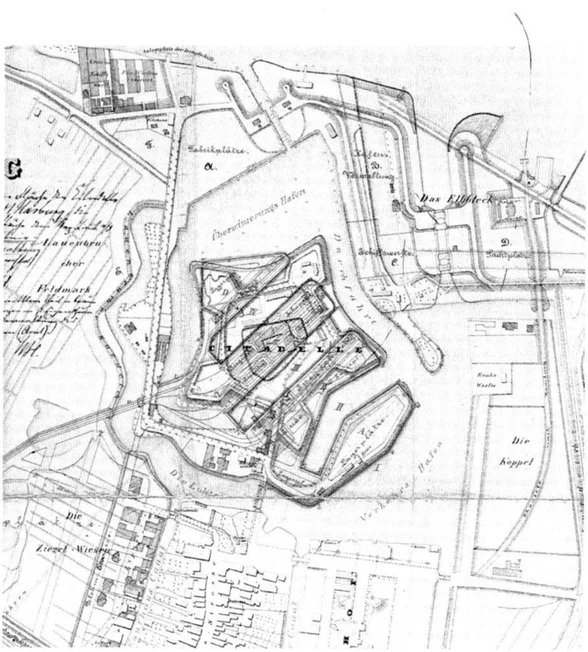

Abb. 23 Vor 100 Jahren auch bedroht: das Harburger Schloß inmitten eines Hafenerweiterungsplanes von 1883.

Abb. 24 Mineralöl-Lager-Brand in den Lauenbrucher Wiesen 1895: Harburgs erster Petroleumhafen war von kurzer Dauer.

Abb. 25 Der Großbrand von 1900, von der Pflanzenöl-Fabrik auf andere Betriebe übergreifend, bremste kaum die Ausweitung der Industrie.

Abb. 26 Das «Heins'sche Schloß» als «Villa Hastedt»: in der zweiten Hälfte des 19. Jahrhunderts Wohn-Symbol von Unternehmergewinn.

Abb. 27 Arbeit und Wohnen zusammengedrängt: Handwerker- und ‹Kleine Leute›-Milieu in der Neuen Straße, vor 1891.

Abb. 28 Gefahren durch Verkehr und Industrie: zwischen Stadt und provisorischem «Venloer» Bahnhof (1872–97) – vom Techniker-Verein gesehen.

Abb. 29 Zum Ende des Jahrhunderts: ein zweiter Brückenschlag nach Hamburg (Eisenbahn 1872; hier Straßenbrücke von 1899).

Pyrrhussiege und glänzende Niederlagen: Die Kämpfe zwischen Liberalen und Sozialisten in den ersten Reichstagswahlen 1867 bis 1878 in Harburg

Christian Gotthardt

Die Arbeiterstadt Harburg war in der deutschen Arbeiterbewegung dafür bekannt, daß sozialistische Kandidaten bemerkenswerte Wahlergebnisse erzielten. Anders aber als in Hamburg, Leipzig, Dresden oder den Hochburgen des Ruhrgebietes gelang es den Harburger Sozialisten bis in das 20. Jahrhundert hinein nicht, den bürgerlichen Kandidaten das Reichstagsmandat zu entreißen. Auch die kommunalen Vertretungsorgane blieben der Arbeiterbewegung verschlossen. Politisches Leben in Harburg – dies schien in der zweiten Hälfte des 19. Jahrhunderts eine Angelegenheit des liberalen Bürgertums zu bleiben.

Aber können wir das Verfehlen von Mandaten ohne weiteres mit politischer Einflußlosigkeit gleichsetzen? Und wenn nicht, woran sonst ließe sich die Wirkung der Harburger Sozialisten messen? Die Beantwortung dieser Fragen ist nicht nur für die politische Geschichte Harburgs von Bedeutung. In der Mehrzahl der deutschen Städte lagen die Verhältnisse ähnlich: Die Sozialisten erreichten zumeist weniger Stimmen als ihre Gegner, gewannen nur sehr wenige Mitglieder im Verhältnis zum Umfang der Arbeiterklasse insgesamt. Und doch stellte sich diese Bewegung für ihre Gegner so bedrohlich dar, daß jene 1878 mit dem totalen Verbot meinten reagieren zu müssen. Ein Kanonenschuß auf Spatzen? Im folgenden soll am Harburger Beispiel untersucht werden, ob und in welcher Weise die Arbeiterbewegung das politische System des Reichs in Gefahr brachte. Neben den Wahlergebnissen sollen auch die Stärke der Parteien und ihrer Umfeldorganisationen, das Klima und die Dynamik der Wahlkämpfe in den Blick genommen werden, damit der Umfang dessen, was nach dem Sprachgebrauch der Obrigkeit «reichsfreundliches» und «reichsfeindliches» Lager hieß, möglichst klar zutage tritt.

Tempo und Ausmaß der Industrialisierung in Harburg sorgten schnell für eine Zuspitzung der sozialen und politischen Verhältnisse[1]. Von den großen politischen Gruppierungen des Kaiserreichs erscheinen in Harburg nur der Liberalismus und der Sozialismus als bedeutend, während Radikaldemokraten, Konservative und der politische Katholizismus Randerscheinungen blieben.

Die Sammlung des Harburger Bürgertums auf dem Boden des Liberalismus war eng mit der Person August Grumbrechts verbunden[2]. Schon bald nach seiner Wahl zum Bürgermeister im Jahre 1855[3] hatte seine neben der Verwaltungstätigkeit geleistete politische Kärrnerarbeit Erfolge aufzuweisen. Indem er 1859 einige Unternehmer als Unterzeichner des Nationalvereinsaufrufes für ein vereinigtes, von aller Fürstengewalt befreites Deutschland gewonnen hatte, besaß Harburg eine Art liberalen Zirkel[4]. Diesen Kreis festigte Grumbrecht weltanschaulich und organisatorisch, als er ihn in den Folgejahren immer wieder an politischen Konflikten beteiligte, etwa an seinem Protest gegen die drohende Bevormundung des Bürgermeisteramtes durch das hannoversche Innenministerium im Jahre 1862[5]. 1863 konnte Grumbrecht eine Ortsgruppe der liberalen Deutschen Fortschrittspartei gründen[6]. Damit schuf sich das ehedem wohlhäbige Harburger Provinzbürgertum nicht nur eine schlagkräftige Interessenvertretung, es trat nun auch in Verbindung mit liberalen Kräften jenseits der Stadtgrenzen, insbesondere mit den Freunden Grumbrechts und Führern des hannoverschen Liberalismus, Rudolf v. Bennigsen und Johannes Miquel.

Zu den Plänen dieser Politiker gehörte es, neben dem wirtschaftlich starken, an Zahl aber schwachen Kern der Liberalen, dem städtischen Bürgertum, noch weitere Kreise der Bevölkerung, u.a. Handwerker und Arbeiter zu gewinnen und organisatorisch an den Kern zu binden. So bemühte sich Grumbrecht stets, die Harburger Fabrikanten, Meister und Kaufleute von der Notwendigkeit einer praktischen Sozialpolitik zu überzeugen. Mit Spenden, tätiger Mithilfe seiner Parteifreunde und publizistischer Unterstützung durch die «Harburger Anzeigen und Nachrichten« gründete er bis 1863 mehrere sog. Selbsthilfe-Vereine, mit denen die Fabrikarbeiter und Handwerksgesellen ihre materielle Not beheben und sich die Tauglichkeit liberaler Politik vor Augen führen sollten. Es war dies der 1861 als Sparkasse und preiswerte Kreditanstalt geschaffene Vorschußverein, der 1863 gegründete Harburger Allgemeine Arbeiterverein, ein politisch-kultureller Treffpunkt mit angeschlossener Krankenkasse, schließlich, ebenfalls 1863 ins Leben gerufen, der Consum-Verein als Verbrauchergenossenschaft[7]. Mit dem bereits 1857 gegründeten Arbeiterbildungsverein, einer der Fortbildung und Geselligkeit verpflichteten Organisation[8], war nun ein dichtes und vielgestaltiges Netz zur Gewinnung klein- und unterbürgerlicher Schichten gewoben.

Jedoch zeigte sich bald, daß der Erfolg hinter den Erwartungen zurückblieb. Denn konnten die kleinbürgerlichen Interessenten, v.a. die Handwerker, noch einigen Nutzen aus Fortbildung und genossenschaftlicher Organisation ziehen, so gingen diese Vereine an den Bedürfnissen der Fabrikarbeiter vorbei. Weder ließ ihnen die Not etwas zum Sparen, noch boten ihnen die Fabriken Chancen, durch Fortbildung bessere Stellungen und höhere Löhne zu erlangen. Schlechtbezahlte, unregelmäßige, ungelernte Arbeit in Großbetrieben mit technisierter Massenfertigung – aus diesen in Harburg vorherrschenden Bedingungen der Arbeitskraftverwertung wiesen die Grumbrechtschen Schöpfungen keinen Ausweg. Da, aus der Sicht der Arbeiter, die falsche Zielsetzung der Vereine sich mit ärgerlicher politischer Bevormundung paarte, blieben sie fern oder machten Opposition[9]. Aus dem Potential der von den Liberalen enttäuschten Arbeiter rekrutierte sich dann die selbständige, sozialistische Arbeiterbewegung Harburgs. Ebenfalls 1863 als Ortsverein des lassalleanischen Allgemeinen Deutschen Arbeitervereins konstituiert, erhielt diese Strömung bald Zulauf, am meisten aus Kreisen der Gummiarbeiter[10]. Ihr Organisator, der stadtbekannte, von den Arbeitern als zwingender Redner geschätzte Theodor York[11], beabsichtigte darüber hinaus, wie 1867 dann verwirklicht, durch Gründung eines Bürgervereins nicht mehr nur in Arbeiterkreisen, sondern auch im bürgerlichen Milieu den Einfluß des Liberalismus zurückzudrängen[12].

So hatte sich bis 1867 in Harburg ein brisantes Konfliktfeld herausgebildet. Hier ein straff organisierter Liberalismus, der im Kampf mit der «Feudalpartei» um seiner politischen Schwungkraft willen der Unterstützung der Bevölkerung bedurfte[13], dort eine ausgerechnet aus der Abkehr vom Liberalismus entstandene, immer weitere Kreise ziehende Arbeiterbewegung; beide Lager zudem von bekannten und politisch überaus talentierten Persönlichkeiten geleitet[14]. Es herrschten mithin Bedingungen, die geeignet waren, der ersten allgemeinen, gleichen und direkten Wahl in Harburg ein außerordentliches Gepräge zu geben.

Worum ging es in diesen Wahlen? Im Jahre 1866 hatte Preußen im Krieg gegen Österreich und dessen Verbündete die Reste der alten föderativen Bundesstaatsorganisation zerschlagen, das welfische Königshaus Hannovers verjagt und sich das Territorium als «Provinz Hannover» einverleibt. Vorläufiges Ergebnis dieser «Revolution von oben» war der Norddeutsche Bund, der die nord- und mitteldeutschen Regionen mit einem gemeinsamen Parlament und vereinheitlichender Gesetzgebung fester untereinander verbinden sollte: eine Vorstufe des Zusammenschlusses mit den süddeutschen Staaten zum Deutschen Reich, wie es sich 1871 dann tatsächlich bildete.

Jenes Parlament, der Reichstag des Norddeutschen Bundes, sollte nach allgemeinem, gleichem und direktem Wahlrecht zustande kommen – ursprünglich eine liberale Forderung, von den Sozialisten aufgegriffen und vehement gefordert, vom konservativen preußischen Ministerpräsidenten Bismarck nun überraschend ins Spiel gebracht. Die Liberalen waren darüber nicht begeistert. Im alten Klassenwahlrecht, das dem materiellen Besitz politische Privilegien verlieh, war es dem prosperierenden Bürgertum mittlerweile recht behaglich geworden. So stellte es z. B. im preußischen Abgeordnetenhaus durchaus die Mehrheit. Könnte ein demokratisches Wahlrecht nicht diese liberale Bastion gefährden, einen Erdrutsch bewirken, wenn es etwa dem adligen Großgrundbesitz gelänge, sich der Gefolgschaft der Bauern zu bemächtigen? Schon früh hatte Grumbrecht hierauf hingewiesen. Noch vor dem 1866er Krieg, in einer Art liberaler Grundsatzerklärung, der die «Harburger Anzeigen und Nachrichten» bereitwillig ihre Spalten öffneten, hatte er ausgeführt, daß das *«allgemeine Wahlrecht nach der Bildungsstufe, auf welcher sich sehr viele und namentlich die meisten ländlichen Arbeiter, also die ganz überwiegende Mehrzahl, jetzt noch befinden, zur Zeit weder dem freiheitlichen, noch dem wirtschaftlichen Fortschritte förderlich»* sei. Das Wahlrecht sei *«das Endziel, nicht aber der Anfangspunkt aller sozialen Bestrebungen»*[15] und liege *«in weiter Ferne»*[16].

In Arbeiterkreisen spürte man die Absicht und war verstimmt. Zorn über die Haltung der Liberalen, zudem die Hoffnung, die Mehrheit, die die Arbeiterklasse in der Nation bilde, könne sich nun endlich auch politisch ausdrücken, verdrängten bei den Sozialisten ein realistisches Abwägen der Gefahren eines Wahlrechts, das man immerhin aus den Händen eines erzkonservativen Junkers empfangen hatte. York, Wahlkreiskandidat seiner Partei, sah mit seinen Freunden dem Wahltag, der auf den 12. 2. 1867 gelegt war, voller Zuversicht entgegen[17].

Anders die Liberalen. Grumbrechts Befürchtung, bei demokratischen Wahlen an der Demagogie anderer Parteien zu scheitern, spornte die Liberalen ihrerseits zu heftiger propagandistischer Bearbeitung der Harburger Bevölkerung an. Träger dieser Kampagne war ein aus Parteifreunden des kandidierenden Grumbrecht zusammengesetztes Gremium mit dem gewollt offiziösen Titel «Kreis-Wahl-Comité». Es bediente sich im Wahlkampf vieler Mittel. Als publizistisches Standbein nutzte es die HAN, deren redaktioneller Teil wie auch die Leserbriefspalte den Liberalen stets zur Verfügung stand, während das von den Sozialisten gebildete «Arbeiter-Wahl-Comité» immer seltener und schließlich nur noch durch bezahlte Annoncen zu Worte kam[18]. Ferner wurden die Verbindungen zu den Vereinen und Selbsthilfeorganisationen genutzt, um in ihnen für die Person Grumbrechts zu werben. Da noch einige der Mitglieder Arbeiter waren und spontan eher York zuneigten, bevorzugte das Kreis-Wahl-Comité vorsichtiges und geradezu unterirdisches Vorgehen. Jedoch blieben die Vorabsprachen mit Vorstandsmitgliedern, die anberaumten geschlossenen Sitzungen etc. ohne durchschlagende Wirkung[19]. Bei der Landagitation wurden unlautere Methoden, Demagogie und Täuschung nicht ausgespart. York vertrete *«schwach verhüllten, gefährlichen Communismus»*, wolle eine *«rothe Republik»*, den *«Umsturz der Grundlagen der menschlichen Gesellschaft»*, er habe zu allem Überfluß auch die Bauern als *«Ochsen»* bezeichnet[20], wolle schließlich *«auf Kosten des Staates für die Fabrikarbeiter Fabriken gebaut»* sehen. Besonders fragwürdig ging es in Meckelfeld zu: Dort wurde vom Wahlvorsteher eine Versammlung der Sozialisten gesprengt[21], und derselbe rief in Mißbrauch seines Amtes öffentlich zur Wahl Grumbrechts auf[22].

Die Sozialisten begegneten diesen Angriffen, indem sie sich auf drei Wahlkampfthemen konzentrierten. Zunächst bemühten sie sich um Offenlegung ihres Programms: Sie legten dar, wie *«in unseren den arbeitenden Klassen so ungünstigen socialen Einrichtungen diejenigen Reformen durchzuführen»* seien, die, weit mehr als die von den Liberalen als sozialpolitische Rezepte gehandelten Forderungen nach Gewerbefreiheit, Freizügigkeit und Koalitionsrecht[23], Fortschritt gewährleisten könnten: *«Anbahnung der Lösung der socialen Frage durch freie Arbeiter-Assoziationen mit Staatshilfe auf den Prinzipien Ferdinand Lassalles»*[24]. Ferner bestanden die Sozialisten auf der Forderung nach einem Arbeiterkandidaten. Gegen das Argument der Liberalen, in den Reichstag müsse gewählt werden, wer die *«Staatswissenschaft in ihrem ganzen Umfang studiert»* habe[25], wurden Appelle gesetzt, *«den arbeitenden Klassen die eigene Vertretung»* zu verschaffen und nicht *«durch die verschwommene Phrase von der allgemeinen Vertretung aller Interessen»* sich einen Interessenvertreter des Bürgertums aufdrängen[26], *«den Bock zum Gärtner»* werden zu lassen[27]. Schließlich kämpften die Sozialisten um einen legalen Verlauf der Wahl. Ereignisse wie jenes in Meckelfeld ließen die Befürchtung entstehen, auch beim Wahlakt und der Auszählung der Stimmen müsse mit Unregelmäßigkeiten gerechnet werden. Sie riefen daher immer wieder auf, das Wahlrecht zu nutzen, die Erfassung aller Wahlberechtigten in den Wählerlisten ständig zu kontrollieren, sie veröffentlichten sogar in Annoncen die entsprechenden Paragraphen des Wahlgesetzes[28]. Tatsächlich haben wohl eine große Anzahl Harburger die Regularien dieser ersten Wahl erst von den Sozialisten erfahren.

Der Wahlkampf brachte für York und seine Freunde große Erfolge. Auf mehreren Volksversammlungen nahmen jeweils 1000 bis 1500 Zuhörer ihre Forderungen begeistert auf[29], es wurden neue Anhänger geworben, alte wieder enger an die politische Tagesarbeit angebunden[30]. Der Sozialismus in Harburg erhielt solch Zulauf und Aufschwung, daß die meisten mit seinem Wahlsieg rechneten.

So wurde dann das Wahlergebnis für die einen zum unerwarteten Sieg, für die anderen zur jähen Enttäuschung: Grumbrecht erhielt 8640 Stimmen, York 3460, der Jurist Ayrer, ein in Harburg gänzlich unbekannter Mann, dem welfische, preußenfeindliche Tendenzen zugeschrieben wurden, 1271 Stimmen. Allerdings, und dies erklärt die anders lautenden Prognosen vor der Wahl, gewann York im engeren Bezirk der Stadt Harburg, in dem sich stets der Hauptteil des politischen Lebens ereignete, 1287 Stimmen, während Grumbrecht hier mit 1282 Stimmen unterlag[31].

Die Sozialisten bestritten sogleich die Gültigkeit des Ergebnisses, denn, wie vorhergesehen, hatte sich die Partei Grumbrechts einer Reihe offenkundiger Wahlmanipulationen bedient. York schrieb dazu in einer Korrespondenz für sein Parteiblatt: *«Die uns entgegenstehenden Hindernisse waren einmal, daß hier zu Beisitzern fast ausschließlich solche Personen ausgewählt waren, die als Fabrikherren, Aufseher etc. wohl in dem letzten Augenblick einen nicht geringen Einfluß auf die von ihnen abhängigen Wähler ausübten, – das andere Mal der Umstand, daß das hiesige Militär, 120–130 Stimmen, gegen uns stimmen mußte. Ich sage mußte, denn Offiziere haben auf öffentlichen Plätzen den Wählern aus dem Militär, die für uns stimmen wollten, die Stimmzettel abgenommen, zerrissen und andere für Grumbrecht eingehändigt.»* Ferner seien 6 % der Wähler, meist Arbeiter, nicht in den Wählerlisten verzeichnet gewesen. Am schlimmsten das Treiben in den Landgemeinden: hier seien den sozialistisch gesinnten Wählern ihre Stimmzettel unter Druck abgenommen, eingetauscht oder gar für sechs Pfennige das Stück abgekauft worden[32]. Tatsächlich erlaubte der Brauch, den Wählern von den Parteien eigene, zumeist unterschiedlich gefärbte und somit erkennbare Stimmzettel aushändigen zu lassen, die jene dann in die Urne warfen, nur zu leicht Manipulationen der genannten Art. Ob sie wahlentscheidend geworden waren, mußten die Sozialisten schließlich der Spekulation überlassen. Daneben erkannten sie durchaus politische Gründe ihres Scheiterns. Zwar hatten sie die städtische Arbeiterklasse bereits vollständig gewonnen, aber das Eindringen in die Dörfer der Umgegend, die einen entscheidenden Anteil am Gesamtergebnis des 17. hannoverschen Wahlkreises stellten, in dem Harburg lag, war ihnen nur ungenügend gelungen. Weder verloren die Bauern ihr Mißtrauen, noch konnten die Landarbeiter restlos überzeugt werden[33].

Zunächst bewirkte das Ergebnis bei den Liberalen Erleichterung und Hoffnung auf die Wiederkehr des «sozialen Friedens»[34], bei den Sozialisten aber große Resignation. Die Arbeiter zogen sich, sei es aus Enttäuschung, sei es wegen weiterer Einschüchterungen durch die Fabrikanten, etwa Entlassungen[35], wieder von der großen Politik zurück. So behaupteten die Sozialisten im Juli 1867, als nach dem konstituierenden nun der gesetzgebende Norddeutsche Reichstag gewählt wurde, bei insgesamt geringerer Wahlbeteiligung den im Februar erreichten Stimmenanteil nur knapp[36].

Immerhin hatten auch die Liberalen aus diesem Wahlkampf einige bittere Lehren ziehen müssen. Die «natürwüchsige» soziale Basis des Liberalismus war schmal, die Arbeiter als Wählerpotential restlos verloren und in das Lager der Sozialisten übergegangen; die Bauern und Landarbeiter aber aus der politischen Indifferenz herauszureißen und zu liberalen Wählern zu machen, erforderte beständigen agitatorischen Einsatz. Das goldene Zeitalter des wie selbstverständlich akzeptierten Honoratiorenzirkels war vorbei – die politische Konkurrenz der Sozialisten zwang zur Umstrukturierung der liberalen Partei: Methoden der Bündnispolitik und Öffentlichkeitsarbeit, eine flexiblere Taktik im Umgang mit Stimmungen und Bedürfnissen der Wähler fanden nun Eingang in das politische Alltagsgeschäft. So hatte das allgemeine, gleiche und direkte Wahlrecht die politische Landschaft innerhalb kurzer Zeit modernisiert und künftige Wahlkämpfe neuen Bedingungen unterworfen.

Auch die Arbeiterbewegung lernte hinzu. Nicht allein Agitation reichte hin – die Anhänger mußten ferner organisiert werden, sollten sie der Partei erhalten bleiben. In dieser Hinsicht kam der Aufschwung der gewerkschaftlichen Kämpfe in den Jahren 1868 und 1869 den Sozialisten entgegen. Indem von Parteimitgliedern mehrere Gewerkschaftsgruppen gegründet wurden, für Holzarbeiter, Hand- und Fabrikarbeiter, Metallarbeiter, Schneider, wuchs die Zahl der an der Arbeiterbewegung Beteiligten im allgemeinen und die der Parteigänger im besonderen bedeutend an[37]. Die Verankerung der Sozialisten in der Harburger Arbeiterklasse wurde tiefer und widerstandsfähiger, da ihre Politik nicht mehr nur in Volksversammlungen theoretisch erörtert, sondern in den Betrieben in Form gewerkschaftlicher Interessenvertretung praktisch vermittelt werden konnte.

Diese neue Qualität konnte sich allerdings im Wahlergebnis des Jahres 1871 noch nicht niederschlagen, denn die Ereignisse im Gefolge des französischen Angriffs auf Deutschland 1870 wirkten sich in zweifacher Weise nachteilig für die Sozialisten aus. Zum einen standen viele der Partei- und Gewerkschaftsmitglieder sowie viele potentielle Wähler auf den Schlachtfeldern in Frankreich[38], zum anderen waren die Verbleibenden, seit sich führende Männer der Partei gegen die Fortsetzung des Krieges nach dem Sieg bei Sedan, gegen den Übergang vom Verteidigungskrieg zum Eroberungskrieg ausgesprochen hatten, politischen Verfolgungen seitens der preußischen Militärbehörden ausgesetzt. Theodor York etwa, der im September für einen gerechten Frieden mit Frankreich plädiert hatte, wanderte vorübergehend in das Verließ des Harburger Schlosses, dem damaligen Stadtgefängnis[39]. So lag die Arbeiterbewegung aus tagespolitischen Gründen am Boden. Ein Übriges tat die infolge der Kriegsereignisse gewandelte öffentliche Stimmung, die von Frontnachrichten, Stammtischstrategie oder Trauer um Gefallene zu sehr gefangen war, als daß Interesse an sozialpolitischer Agitation hätte aufkommen können[40].

Die Liberalen hingegen wußten diese Stunde zu nutzen. Die Freude über die erfolgreiche Abwehr des französischen Angriffs trachteten sie in Siegestaumel zu verwandeln und für ihre Ziele einzuspannen. Anfangs war der liberale Wahlkampf lustlos verlaufen, noch ganz in den Bahnen von 1867. So hörte man etwa in der Landagitation die aus der letzten Wahl bekannten Formeln, *«daß wir Landleute nie einen Lassalleaner wählen... wer das Eigentum angreift, wer den ehrlich erworbenen Besitz von Land und Gut dem Besitzer nicht gönnt und durch Teilung wegnehmen will, der ist und bleibt unser aller größter Feind»*[41]. Die agitatorischen Möglichkeiten der dann entstehenden Kriegssituation wurden jedoch schnell erkannt. Eindeutig war der Kommentar der HAN zu der nach Sedan geäußerten Friedensbereitschaft der Sozialisten und zur Verhaftung Yorks: *«Durch das rasche und energische Einschreiten der Behörden wird dem tollen Spuk wohl ein Ende bereitet sein, und die vernünftigen Elemente unter den Arbeitern werden einsehen, daß die Herausgabe des Elsaß und Lothringens von der stolz emporstrebenden deutschen Nation... im Interesse unserer Ehre und Sicherstellung gefordert wird«*[42]. Nun kehrte sich der bisher den Menschenrechten, dem Freihandel und der Friedfertigkeit verpflichtete Grundton des Liberalismus ins Rabiate, Militaristische; es wurden nun jene mystischen Formeln geprägt, die der deutschen politischen Kultur mehr als einmal zum Verhängnis werden sollten. Man begann, *«vaterlandsfeindliche Gesinnungen»* zu wittern, befand sogar Trauer um den gefallenen Sohn als *«deutscher Frauen unwürdig»*[43]. Und dieser neue Stil fand Anklang, die Woge nationaler Überhebung trug den Liberalen bedeutende Sympathien zu.

Da half es nicht mehr viel, daß York wieder und wieder darauf hinwies, Solidarität und Eigenständigkeit der Arbeiter würden *«diese ganze servile Verherrlichung des Massenmordes»* unmöglich machen, und daß er den heimkehrenden Soldaten zurief: *«Das Vaterland habt ihr verteidigt, obwohl ihr Parias in diesem Vaterlande seid... dafür, daß ihr dem Vaterland zwei neue Provinzen beigefügt, bekommt ihr freilich nichts»*[44]. Auf solche Äußerungen reagierten die Liberalen mit der Anschuldigung, die Sozialisten seien nicht *«deutsch-national»* und wollten *«das Vaterland um die Früchte seines Sieges bringen»*[45]. In der Hauptsache sei es den Liberalen zu verdanken, *«daß Deutschland im letzten Jahre... dem räuberischen Überfall unseres Erbfeindes mit starker Hand begegnete und unser Land vor der Überschwemmung mit afrikanischen Horden* [gemeint die Turkos: Angehörige der unter Algeriern rekrutierten franz. Schützenregimenter] *bewahren konnte»*[46]. Schließlich machten die Liberalen im Kampf gegen Sozialisten und Welfen die Stellung zum Krieg und seinen Ergebnissen zur Hauptfrage der Wahl[47]. Sich dem wachsenden Nationalismus, Chauvinismus und Expansionismus hingebend, dieses Klima zugleich schürend, wurden sie im März 1871 zum Sieg getragen.

Grumbrecht erhielt den Löwenanteil seiner Stimmen erneut in den Landgemeinden, aber auch in der Stadt sicherten sich die Liberalen mit 969 Stimmen einen deutlichen Vorsprung vor den 507 welfischen Stimmen und den auf 538 Stimmen herabgedrückten Sozialisten[48]. Letztere waren diesmal durch das Ergebnis nicht überrascht. Schon früh hatten sie gemerkt, daß *«der Krieg und die Fabrikation der öffentlichen Meinung»*[49] sie in eine Lage versetzen würden, in der es geboten sei, *«vor dem anbrausenden Sturme einige Segel zu reffen»*[50]. Trotz tagespolitischer Rückschläge sahen sie die historische Initiative allmählich in ihre Hände übergehen und waren sich ihrer Zukunft sicher. Und wirklich: Die Liberalen fochten schon um den Rückzug und nahmen dabei Anleihen auf niedere Instinkte, die ihren politischen Kredit auf Dauer ruinieren mußten.

Wichtiger als die überdies unter Ausnahmezustand abgehaltenen Wahlen des Jahres 1871 nahmen die Sozialisten die inzwischen innerhalb der Arbeiterbewegung herangereiften organisatorischen und politischen Fragen. Im Sommer 1869 hatte sich Theodor York von seiner Partei, dem ADAV, getrennt und zusammen u.a. mit Bebel und Liebknecht die weniger Lassalle, eher Marx zugewandte Sozialdemokratische Arbeiterpartei (SDAP) gegründet[51]. In Harburg waren jetzt zwei Arbeiterparteien vertreten, und auch der Aufschwung der Gewerkschaftsbewegung fand in zwei Lagern statt[52]. Diese Konkurrenz wurde trotz aller ideologischen Unterschiede von beiden Seiten als unsinnig empfunden; sie führte zwar nicht zu einem Mitgliederschwund, im Gegenteil, aber sie raubte doch viel Kraft für den Streit unter Sozialisten, die besser für den Kampf gegen den gemeinsamen Gegner hätte eingesetzt werden können[53]. Erst 1875 einigten sich die beiden Parteien auf dem Gothaer Parteitag, wenn es auch schon vorher gelegentlich zur Überwindung der Konkurrenz und zu Zusammenarbeit kam.

Andere Entwicklungen wirkten sich günstiger auf die Arbeiterbewegung aus. In die Jahre von 1869 bis 1875 fiel der endgültige Niedergang aller liberalen Arbeitervereine, so daß als einzige bedeutende Arbeiterorganisationen die der Sozialisten übrigblieben[54]. Zudem erlebte Harburg im Gefolge des aus den Beutemilliarden des Deutsch-Französischen Krieges finanzierten Gründungsbooms einen zweiten Aufschwung des Selbstbewußtseins der Fabrikarbeiter, der zu Gewerkschaftsneugründungen, Streiks, Lohnerhöhungen und steigenden Mitgliederzahlen der Arbeiterparteien führte[55]. Insgesamt stieg der Organisationsgrad der Harburger Arbeiterklasse noch einmal beträchtlich, und es vereinheitlichte sich die allgemeine Stimmung unter den Arbeitern in einer für die Sozialisten günstigen Tendenz. Die dichte Verschränkung von proletarischer Subkultur, Gewerkschaftsbewegung und sozialistischer Partei, jene für die Geschichte des Kaiserreichs prägende Grundkonstellation, war nun erreicht.

Die Liberalen hatten sich nach der gewonnenen Wahl von 1871 in Verkennung der Lage beruhigt gezeigt; darum fuhr ihnen das gleich nach dem Kriege um sich greifende *«Strike-Fieber»* gewaltig in die Knochen[56]. Als Schuldige hatten sie bald die *«sozialistischen Rädelsführer»* ins Auge gefaßt, *«die Strikes sehr häufig aus Liebe zu Gewalttätigkeit, aus Eigennutz und aus Haß gegen die arbeitgebenden Klassen herbeizuführen suchen»*. Dieser Analyse entsprechend und angesichts der Tatsache, daß alle Bemühungen gescheitert waren, die Arbeiter auf die liberale Seite zu ziehen, forderten die Liberalen jetzt im Einklang mit den Konservativen die polizeiliche Unterdrückung sowohl der sozialistischen Parteien als auch der Gewerkschaften: *«Auch die liberale Parthei erkennt in ihrer Majorität, daß in der Gesetzgebung der abstracten Theorie zu große Zugeständnisse gemacht sind, daß wenn die Freiheit nicht über der Freiheit verloren werden soll, die Freiheit gezügelt und daß in allmähligerem Tempo zum Besseren fortgeschritten werden muß... Solange man die gegenwärtige Agitation durch Wort und Schrift ungestört andauern läßt, wird das Übel von Tage zu Tage sich steigern. Das Übel wurzelt... in den verrückten Freiheits- und Gleichheits-Phantomen, in den tollen Lehren, die ihnen eine wilde Demagogie täglich vorpredigt»*[57].

Den Liberalen erschien die Reichstagswahl des Jahres 1874 nun bedrohlicher als alle vorhergehenden, zumal ihnen neben den alten Konkurrenten Partikularismus und Sozialismus im Reichsgebiet mit dem politischen Katholizismus ein weiterer Gegner erwachsen war. Aufgrund der Erosion des liberalen Lagers und der bürgerlichen Stimmenzersplitterung wurde der sozialistische Wahlappell an die *«Kleinbürger, Bauern und Arbeiter des Harburger Wahlkreises»* zu einer aktuten Gefahr[58]. Der liberale Wahlkampf wurde daher früh begonnen, denn *«eine einzige in der Urne fehlende Stimme unserer Parteigenossen kann durch ihre Abwesenheit... einem Römling, einem Welfling oder einem Communisten in den Sattel helfen»*[59]. In diesem harten Kampf um die Stimmen bedienten sich die Liberalen sämtlicher bewährter Losungen. Die Wahl eines *«Schwarzen», «Partikularisten»* oder *«Rothen»* habe eine Schwächung des Reiches zur Folge und würde einen Rachefeldzug des *«Erbfeindes»* provozieren[60]. In Harburg seien insbesondere die Sozialisten, die letztlich den *«Communismus»* wollten, die Hauptgefahr[61]. Ihre Ziele gründeten sich in Faulheit und Arbeitsscheu[62], die Folgen ihrer Agitation schließlich seien Streiks, Teuerung und Arbeitslosigkeit, Morde an Unschuldigen, blinde Zerstörung und Brandstiftung[63]. Auch die Organisation des Wahlkampfes läßt darauf schließen, daß vor allem die Sozialisten die Angstgegner waren. Früher führte in der Hauptsache der Kern der Liberalen den Wahlkampf, die alten Parteimänner aus der Zeit des Nationalvereins: Grumbrecht, Weusthoff, Hastedt, Kroos und Thörl[64]. Jetzt sollte jeder Sympathisant die Agitation auf dem *«Privatwege»* so intensiv als möglich betreiben[65] und versuchen, wo auch immer sozialistische Redner *«von den Gemeinden fernzuhalten oder denselben entschieden zu widersprechen»*[66].

Als die Wahlergebnisse bekanntgegeben wurden, hieß es ein weiteres Mal: Sieg der Liberalen. Doch Verdacht kam auf. War nicht der Sieg des Sozialisten Carl Finn nach dem diesmaligen Wahlkampf von restlos jedem erwartet worden? In der Tat deutete vieles darauf hin, daß die Liberalen in ihrer Bedrängnis nicht nur die schon übliche Wahlmanipulation geübt, sondern sogar zum Strohhalm der direkten Wahlfälschung gegriffen hatten.

Erst drei Tage nach der Wahl präsentierten die HAN dem erstaunten Publikum ein merkwürdiges, überdies vorläufiges Ergebnis: Grumbrecht habe in Harburg-Stadt 1300, im gesamten Wahlkreis 4275 Stimmen; der Welfe Dr. Bärens erreiche in Harburg-Stadt 359, im gesamten Wahlkreis 672 Stimmen; der Sozialist Finn schließlich erhalte in Harburg-Stadt 29, im gesamten Wahlkreis 172 Stimmen. Darüber hinaus wären da in Harburg-Stadt noch «etwa» 1000, insgesamt «etwa» 1750 ungültige Stimmzettel, auf denen zwar deutlich der Name Carl Finn, nicht aber dessen Wohnanschrift zu lesen sei, darum eindeutige Identifizierung nicht stattfinden könne[67]. Ein endgültiges, leicht verändertes, aber in der Tendenz gleiches Ergebnis wurde erst nach sieben Tagen veröffentlicht[68].

Das «Arbeiterwahlcomité» schlug sofort Alarm und ging mit einem Protest gegen dieses Ergebnis bis vor die Prüfungskommission des Reichstags. Aber obwohl die Unterschlagung einer solchen immensen Stimmenzahl mittlerweile als äußerst peinlich empfunden wurde, und obwohl die Harburger Behörde, vom Reichstag mit genauer Untersuchung der Vorgänge beauftragt, außerdem zugab, «wenigstens 1000 Wähler», die schon seit sechs bis acht Jahren in Harburg wohnten, nicht in die Wählerlisten aufgenommen zu haben[69], fand keine Wahlwiederholung statt; lediglich jene Ungültigkeitserklärungen wurden zurückgenommen[70]. Mehr Erfolg hatte Theodor York, der diesmal im 18. hannoverschen Wahlkreis (Stade) kandidiert hatte und eine Nachwahl erzwingen konnte; zu genau ließ sich nachweisen, daß die Liberalen dort in klarem Rechtsbruch die Öffentlichkeit der Stimmauszählung verweigert hatten[71].

Das wirkliche Ergebnis der 1874er Wahl, wenn es überhaupt eines gab, liegt bis heute im Dunkeln. Fest steht allerdings, daß die Liberalen die Wiederholung einer solchen Erfahrung um jeden Preis vermeiden wollten und sich intensiv um neue Methoden der Herrschaftssicherung bemühten. So versuchten sie, die im Kriege 1870/71 bewährte nationalistische Massenstimmung auf Dauer wiederzubeleben, vor allem durch akribische Vorbereitung und Gestaltung der Sedan-Tage[72]. Jedoch die mit diesen pompösen Veranstaltungen angestrebte liberalkonservative Vereinnahmung der gesamten Bevölkerung gelang nicht mehr; die Arbeiter wandten sich ab, und die Sozialisten traten offener als 1871 dem waffenrasselnden Nationalismus mit ihren internationalistischen Auffassungen entgegen. Daher drängten die Liberalen in den kommunalen und staatlichen Organen und der Gesetzgebung immer stärker auf Gebrauch des obrigkeitlichen Gewaltmonopols als der ultima ratio des antisozialistischen Kampfes. Parteiverbote und Verhaftungen sollten die mühsame und zum überwiegenden Teil unwirksame Gegenpropaganda nun flankieren[73].

Leise Bedenken gegen einen solchen Kurs, die etwa im linksliberalen Kreis des Buchhändlers Reichenau geäußert wurden, Auffassungen, man solle doch in der Auseinandersetzung mit dem Sozialismus dessen berechtigte Seiten anerkennen[74], fanden unter den führenden Politikern Harburgs, die alle dem rechten Nationalliberalismus zuzurechnen waren, keinerlei Beachtung. Versuche der Linksliberalen, die alten liberalen Arbeitervereine mit neuem Leben zu erfüllen, wurden dagegen aus propagandistischen Gründen[75] vom Magistrat und der Unternehmerschaft gelegentlich wohlwollend unterstützt[76].

An der fortschreitenden Auflösung des liberalen Lagers konnte dies alles nichts ändern. In der Wahl von 1877 zeigte sich, daß Grumbrechts eiserne Bismarck-Treue[77] sich nur noch äußerst knapp gegen ein je um das Dreifache gewachsenes sozialistisches und welfisches Stimmenpotential behaupten konnte. Die sozialistische Gefahr wurde dann 1878 durch die Vertreibung der Parteiführer vorläufig gebannt[78], das Anwachsen der preußenfeindlichen Welfen aber, denen nun zusätzlich die sozialistischen Wählerstimmen zufielen, kostete Grumbrecht in der nächsten Wahl endgültig sein Reichstagsmandat[79].

Zwei Aspekte der Harburger Reichstagswahlkämpfe verdienen es, noch einmal hervorgehoben zu werden. Zum einen scheint die Rolle der frühen Sozialisten eine gewichtigere gewesen zu sein, als die bloßen Wahlergebnisse es vermuten lassen. Sie waren eine durchaus machtvolle Kraft der «kleinen Leute», zumindest eine erhebliche Portion Sand im Getriebe des Grumbrechtschen Stadtregiments. Die politische Vorherrschaft der Liberalen war alles andere als stabil; sie aufrechtzuerhalten, kostete spätestens seit 1871 Mühe, bedurfte seit 1874 massiver Manipulation, seit 1878 der Gewalt. In den kommunalen Organen vermochten die Liberalen sich im Schonraum eines Wahlrechtes, das faktisch die überwiegende Mehrheit der erwachsenen Männer ausschloß[80], länger an der Macht zu halten, bis die Revolution von 1918 ihnen auch diese Bastion raubte.

Ein vertiefter Blick in die Lokalgeschichte also, der, darüber hinaus, zu einer für die Archäologie der politischen Kultur Deutschlands bedeutsamen Bewertung herausfordert: Zwingt nicht das Verhalten der Liberalen in den ersten Wahlen, oder um es präziser zu sagen, den ersten allgemeinen, gleichen und direkten Männerwahlen, sie als Träger undemokratischer Machenschaften den preußischen Reaktionären gleichberechtigt an die Seite zu stellen?

Gerade die Harburger Ereignisse geben Hinweise, daß manche der vorgeblich bürgerlichen politischen Tugenden in Wahrheit aus dem hartnäckigen Ringen der Arbeiter hervorgingen, daß in großem Ausmaß die Kultur der Demokratie ein Resultat der Arbeiterbewegung ist.

Anmerkungen

1 Zur Entstehungsgeschichte der politischen Parteien Harburgs ausführlicher: Gotthardt. – Zur regionalen Entwicklung vgl.: Scheel. – Barmeyer. – Laufenberg.
2 Vgl. Schilling, Die Lüneburger Volkszeitung. – Homann, Die Wahlen der Deputierten.
3 StA Hbg, Harburg 4, II D2b 28.
4 StA Stade, Rep. 87, Nr. 10. – HStA Hann., Hann. 80, Lün. I, Nr. 75. – Wochenschrift des Nationalvereins v. 22.3.1861.
5 StA Hbg, Harburg 4, II D2b 28.
6 HAN v. 20.5.1863; 3.6.1863.
7 HStA Hann., Hann. 80, Lün. I, Nr. 756. – HAN v. 19.6.1861; 22.6.1861; 25.7.1863; 7.10.1863; 5.12.1863.
8 StA Hbg, Harburg 83, II 1, S. 2.
9 HAN v. 26.2.1862; 25.2.1865; 8.6.1867. – Hamburger Reform v. 19.3.1862.
10 HStA Hann., Hann. 80, Lün. I, Nr. 756, 774, 777. – HStA Hann., Hann. 116, Nr. 163. – HAN v. 5.9.1863.
11 HStA Hann., Hann. 116, Nr. 163. – Volksstaat v. 6.1.1875.
12 HStA Hann., Hann. 80, Lün. I, Nr. 756.
13 HAN v. 29.3.1865.
14 HAN v. 1.3.1865. – Sozialdemokrat v. 5.3.1865; 19.3.1865.
15 HAN v. 17.2.1866.
16 HAN v. 10.3.1866.
17 Sozialdemokrat v. 6.2.1867.
18 HAN v. 23.1.1867; 26.1.1867; 30.1.1867; 9.2.1867.
19 StA Hbg, Harburg 83, II 1, S. 221. – HAN v. 16.1.1867. – 19.1.1867; Sozialdemokrat v. 3.4.1869.
20 HAN v. 9.2.1867.
21 HAN v. 30.1.1867.
22 HAN v. 9.2.1867.
23 HAN v. 19.1.1867.
24 HStA Hann., Hann. 80, Lün. I, Nr. 777.
25 HAN v. 19.1.1867.
26 HAN v. 26.1.1867.
27 HStA Hann., Hann. 116, Nr. 163.
28 HAN v. 9.2.1867.
29 Sozialdemokrat v. 20.1.1867; 30.1.1867.
30 Sozialdemokrat v. 27.1.1867.
31 HAN v. 20.2.1867.
32 Sozialdemokrat v. 20.2.1867.
33 Sozialdemokrat v. 3.3.1867.
34 HAN v. 20.2.1867.
35 Sozialdemokrat v. 3.3.1867.
36 Sozialdemokrat v. 16.9.1867.
37 HAN v. 19.9.1868; 23.9.1868; 7.10.1868; 18.11.1868; 28.11.1868; 5.12.1868; 9.12.1868; 23.12.1868; 20.1.1869.
38 Sozialdemokrat v. 18.12.1870.
39 Volksstaat v. 12.10.1870.
40 Volksstaat v. 24.5.1871.
41 HAN v. 15.6.1870.

42 HAN v. 14.9.1870.
43 HAN v. 18.3.1871.
44 Volksstaat v. 24.5.1871.
45 HAN v. 28.1.1871.
46 HAN v. 15.2.1871.
47 HAN v. 25.2.1871.
48 HAN v. 8.3.1871.
49 Volksstaat v. 26.11.1870.
50 Volksstaat v. 7.12.1870.
51 Demokratisches Wochenblatt v. 5.7.1869. – HAN v. 18.8.1869.
52 HAN v. 13.11.1869; 19.1.1871.
53 Volksstaat v. 24.5.1871. – Neuer Sozialdemokrat v. 24.9.1871.
54 HStA Hann., Hann. 87, Nr. 94.
55 Volksstaat v. 16.3.1872; 9.4.1873. – Neuer Sozialdemokrat v. 21.4.1872; 14.9.1873. – HAN v. 5.4.1873; 17.4.1873; 13.5.1873.
56 HAN v. 8.11.1871.
57 HAN v. 25.5.1872.
58 StA Hbg, Harburg 4, III A2b3.
59 HAN v. 18.11.1873.
60 HAN v. 13.12.1873.
61 HAN v. 20.11.1873.
62 HAN v. 1.1.1874.
63 HAN v. 6.1.1874.
64 HStA Hann., Hann. 80, Lün. I, Nr. 75. – StA Stade, Rep. 87, Nr. 24.
65 HAN v. 18.11.1873.
66 HAN v. 20.11.1873.
67 HAN v. 13.1.1874.
68 HAN v. 20.1.1874.
69 StAHbg, Harburg. 4, III A2b3.
70 HAN v. 21.5.1874.
71 Volksstaat v. 25.1.1874. – HAN v. 28.2.1874.
72 HAN v. 5.9.1874.
73 Hamburg-Altonaer Volksblatt v. 7.3.1876.
74 HAN v. 12.2.1874.
75 HAN v. 22.9.1874.
76 HAN v. 5.3.1874; 13.10.1874; 12.1.1875.
77 Vgl. Hamburg-Altonaer Volksblatt v. 13.7.1876.
78 StA Stade, Rep. 74 Harsefeld, Nr. 1789.
79 Flathmann, S. 116f.
80 Vgl. hierzu: P.C. Witt, Kommunalpolitik in Harburg, in diesem Band.

Abb. 1 August Grumbrecht: das liberale Stadtoberhaupt.

Abb. 2 Theodor York: vom Arbeiterbildungsverein zum Sozialismus.

Abb. 3 Festzug durch Harburg nach der Rückkehr der Garnison aus dem Deutsch-Französischen Krieg 1871 (Gemälde nach einer Fotografie von der sogen. Schule am Teich/Gelben Schule).

Kommunalpolitik in Harburg zwischen Interessen lokaler Eliten und Entstehung einer modernen Leistungsverwaltung (1867–1914)

Peter-Christian Witt

Fragestellung

Zwischen der Mitte des 19. Jahrhunderts und dem Ausbruch des Ersten Weltkrieges vollzog sich überall in Deutschland ein tiefgreifender sozio-ökonomischer und politischer Wandel bedingt durch Industrialisierung, verstärkte Urbanisierung, Entstehung eines großen deutschen Binnenmarktes und ein zwar nicht störungsfreies, so doch langfristig gesehen dauerhaftes Wirtschaftswachstum. Die Herausbildung und Verfestigung bzw. Neustrukturierung scharf geschiedener sozialer Klassen – auch und gerade gefördert durch die zur Interessenwahrnehmung entstehenden vielfältigen Vereinigungen ökonomischer, sozialer und politischer Art – war in und für diesen Prozeß ebenso prägend wie die Aufrechterhaltung überkommener sozialer und politischer Privilegierungen, die eine Parallelität in der Entwicklung von Wirtschaft und Politik in Deutschland behinderten. Wandel und Kontinuität, Dynamik und Statik prägten das deutsche Kaiserreich gleichermaßen, führten zu tiefgreifenden Veränderungen von Wirtschaft, Gesellschaft und Politik und ließen doch weite Bereiche des gesellschaftlichen und politischen Lebens verhältnismäßig unberührt, gaben den traditionellen Eliten ein unverhältnismäßig hohes Maß an politisch-sozialer Macht, die diese auch zur Förderung ihrer eigenen ökonomischen Wohlfahrt zu nutzen verstanden. Beide Trägerschichten der Industrialisierung, organisierte Arbeiterschaft wie Unternehmer, besaßen relativ geringere Chancen, gestaltend in die Politik einzugreifen, die einen, weil der politischen Partizipation der besitzlosen Massen enge Grenzen gezogen blieben, die anderen, weil ihnen eine wirklich gleichberechtigte Stellung innerhalb der herrschenden Eliten verwehrt wurde.

Sichtbarsten Ausdruck fand der rapide sozio-ökonomische Wandel in der Verstädterung Deutschlands, dem Anwachsen von Dörfern zu industrialisierten Landgemeinden, von verschlafenen Landstädten zu durch Industrie und Handel geprägten Mittel- und Großstädten, in der Herausbildung städtischer Agglomerationen wie an Rhein und Ruhr oder Groß-Berlins[1]. In diesen Gemeinden und Städten wurde zugleich aber auch am sichtbarsten – und für die betroffenen Menschen am fühlbarsten –, daß die Chance zur politischen Mitgestaltung oder das Ausgeschlossensein hiervon unmittelbar die eigenen Lebensmöglichkeiten berührte. Denn über alle Fragen, die für das eigene Leben, für die Bildung und Ausbildung der Kinder, für die Erhaltung der Gesundheit oder für die Sicherung bei Notlagen von Wichtigkeit waren, wurde auf kommunaler Ebene entschieden[2]. Reich und Bundesstaaten konnten für die gesamtwirtschaftliche Entwicklung, für Sozial- oder Bildungspolitik Rahmenbedingungen setzen und verändern, die Konkretisierung aber erfolgte auf der untersten politischen Entscheidungsebene. Diese Konzentration der »Wohlfahrtsfunktionen« des modernen Staates in den Händen der Gemeinden und die ihnen dabei belassene weitgehende Gestaltungsfreiheit – sowohl was die tatsächliche Übernahme solcher Aufgaben wie ihre Finanzierung anging – machten Kommunalpolitik und die Chance zur Partizipation an ihr so außerordentlich bedeutsam gerade für die besitzlosen Massen. Hier entschied sich ihr Lebensschicksal weit stärker als auf Reichs- oder Bundesstaatenebene[3].

Jede Untersuchung über politische Entscheidungsprozesse auf kommunaler Ebene wird daher zunächst danach zu fragen haben, wer konnte eigentlich teilnehmen an kommunaler Politik, und, erst wenn diese Frage geklärt ist, untersuchen können, wie unter den gegebenen Bedingungen politischer Partizipation die vorhandenen Gestaltungsmöglichkeiten genutzt wurden[4]. Im Gegensatz zu den auch heute noch teilweise vertretenen Anschauungen, daß die kommunale Selbstverwaltung vor allem «Verwaltung» – dann häufig auch noch verbunden mit einer völlig unkritischen Adaption der von Beamten selber vertretenen These ihrer eigenen Unparteilichkeit-, nicht aber auch und gerade Tummelfeld politisch-sozialer und ökonomischer Interessen, also »Politik«, sei[5], wird hier stark auf die politischen Partizipationsmöglichkeiten abgehoben. Die Berechtigung dieser Sichtweise wird nicht nur durch die Blockierung jeder Ausweitung politischer Partizipationsmöglichkeiten durch die bevorrechteten Schichten oder durch die parteipolitische Stellung der die kommunale Politik gestaltenden Personenkreise, also in Harburg des Magistrats und des Bürgervorsteherkollegiums, erwiesen, sondern auch durch die Art und Weise, wie die bestehende Gestaltungsfreiheit – ungeachtet mancher durch den Staat erfolgender Rahmensetzungen – genutzt worden ist.

Die hier vorgelegten Ergebnisse spiegeln naturgemäß den «Sonderfall» Harburg, seine spezifischen politisch-sozialen und ökonomischen Bedingungen; zugleich aber lassen sich aus ihm auch generalisierende Rückschlüsse ziehen. Denn seit den 1860er Jahren standen zumindest die schnell wachsenden Industriegemeinden im Deutschen Reiche alle vor sehr ähnlichen Problemen des Städtebaus, der Wohnungs-, der Gesundheits-, der Verkehrs- oder der Schulpolitik und den damit verbundenen Finanzierungsfragen. Insofern ist Harburg Sonderfall und exemplarischer Fall zugleich, an dem sich die Probleme und Problemlösungsstrategien schnell wachsender Industriegemeinden ebenso aufzeigen lassen wie die sozialen und politischen Spannungen, die dadurch entstanden, daß in der städtischen Politik die Interessen der lokalen Eliten, nicht aber die der dort lebenden Menschen insgesamt bestimmend waren, Spannungen, die dadurch noch brisanter wurden, daß auf Reichs- und Bundesstaatenebene andere Voraussetzungen für die politische Partizipation galten als in den Städten.

Politische Partizipation

Grundlage der politischen Ordnung in den Städten des ehemaligen Königreichs Hannover blieb auch nach der Annektion durch Preußen im Jahre 1866 die hannoversche Städteordnung in ihrer revidierten Fassung vom 24. Juni 1858[6]. Sie schrieb für die Städte die Magistratsverfassung vor. Bürgermeister und eine je nach den Bestimmungen der Ortsstatute unterschiedlich große Zahl weiterer, teils besoldeter, teils ehrenamtlicher Magistratsmitglieder, Senatoren genannt, bildeten den Gemeindevorstand, der einerseits im Zusammenwirken mit dem Bürgervorsteherkollegium, der gewählten Repräsentativversammlung der Bürger, die städtischen Angelegenheiten verwaltete, andererseits Organ der Staatsverwaltung war – so z. B. in der Polizei und Staatssteuerverwaltung, aber auch für alle anderen Angelegenheiten, deren Ausführung durch Gesetz oder Verordnung den unteren Verwaltungsbehörden übertragen wurde. Diese Doppelstellung als Gemeindevorstand und als ausführendes Organ des Staates brachte es mit sich, daß alle Mitglieder des Magistrats der königlichen Bestätigung – für die ehrenamtlichen Senatoren ausgeübt durch die Regierungspräsidenten – bedurften und in ihrer Tätigkeit als ausführende Organe der Staatsverwaltung der Dienstaufsicht durch den Landdrosten (Regierungspräsidenten) unterlagen. Gewählt wurden die Magistratsmitglieder durch ein Wahlgremium, das zu gleichen Teilen aus den amtierenden Magistratsmitgliedern und hierfür besonders bestimmten Bürgervorstehern bestand.

Das Bürgervorsteherkollegium wiederum ging aus allgemeinen, gleichen und direkten Wahlen durch die Bürger hervor; dabei war sowohl öffentliche wie geheime (Stimmzettel-) Wahl möglich. Die Entscheidung über die Form seiner Stimmabgabe blieb jedem Bürger selber überlassen. Das Bürgervorsteherkollegium hatte nach der Städteordnung nur über ganz wenige, meist seine innere Organisation betreffende Fragen allein zu entscheiden. Veränderungen der städtischen Verfassung, d. h. die Ortsstatute mit Ausnahme der Polizeiverordnungen, die Verwaltung des städtischen Vermögens, die Aufnahme von Schulden, die Feststellung des Haushaltsplans, die Bemessung der städtischen Abgaben und der Hebesätze zu den staatlichen Steuern, die Entscheidung über die Verleihung des Bürgerrechts, die Bauplanung und Stadtentwicklung, die Einrichtung von städtischen Anstalten und Versorgungsbetrieben, schließlich auch die Führung von Prozessen im Namen der Stadt – alle diese Fragen bedurften zwar der Mitwirkung des Bürgervorsteherkollegium, da eine verbindliche Beschlußfassung nur bei übereinstimmenden Entscheidungen beider Kollegialorgane, von Magistrat und Bürgervorsteherkollegium, zustande kam, aber die Initiative lag dabei in der Regel sowohl rechtlich wie praktisch beim Magistrat, der mit den städtischen Verwaltungsbehörden allein über die Planungskapazität verfügte, um begründete Vorschläge machen zu können. Wenn auch das Übergewicht des Magistrats – und hier seiner hauptamtlichen Mitglieder – in der Gestaltung städtischer Politik unverkennbar war, so blieb doch dem Bürgervorsteherkollegium nicht zuletzt wegen seiner unverzichtbaren Zustimmung zu allen finanziellen Entscheidungen ein erheblicher Einfluß, der allerdings vor allem in der Chance des Verhinderns, weniger in der zur gestaltenden Initiative bestand[7].

Die Verschränkung der Kompetenzen und die gegenseitige Abhängigkeit von Magistrat und Bürgervorsteherkollegium in der hannoverschen Städteordnung hatten für ihre Funktionsfähigkeit als notwendige Voraussetzung eine gewisse soziale Homogenität der Beteiligten, durch die die Konvergenz der Interessen garantiert wurde. Ohne diese Voraussetzung wäre die kommunale Selbstverwaltung kaum aufrechtzuerhalten gewesen bzw. hätten – bei dauernden abweichenden Beschlüssen von Magistrat und Bürgervorsteherkollegium – die übergeordneten staatlichen Instanzen dauernd als Schiedsrichter angerufen werden müssen. Entsprechend ihrer Entstehungsgeschichte und der sich bei ihrer Formulierung durchsetzenden Doktrinen wurde in der hannoverschen Städteordnung die soziale Homogenität der beiden an der städtischen Selbstverwaltung beteiligten Körperschaften, des Magistrats und des Bürgervorsteherkollegiums, dadurch sichergestellt, daß einmal bestimmte Qualifikationen für die Wählbarkeit in diese Körperschaften – in der Regel Hausbesitz und/oder Zugehörigkeit zum Stand der Handel- und Gewerbetreibenden – verlangt wurden und zum anderen die Ausübung des aktiven Wahlrechts für das Bürgervorsteherkollegium an das Bürgerrecht gebunden wurde, d. h. bei den in den Städten wohnenden Menschen weiterhin scharf zwischen Berechtigten, nämlich den Bürgern, und den Nichtberechtigten, den bloßen Einwohnern, geschieden wurde.

Dies war an sich nicht besonders bemerkenswert, entsprach eine solche Unterscheidung zwischen berechtigten Bürgern und bloßen Einwohnern doch der Tradition der Städte und den vorherrschenden liberalen Doktrinen gleichermaßen – bemerkenswert war eher, daß anders als in den preußischen Städten die Bürger der hannoverschen Städte als unter sich gleichberechtigt erachtet wurden, also nicht wie in Preußen ein Dreiklassenwahlrecht für die städtischen Repräsentativkörperschaften geschaffen worden war und ein solches auch nicht nach der Annektion durch Preußen 1866 oktroyiert wurde. Problematisch wurde der Tatbestand erst, als sich die soziale Zusammensetzung der Einwohnerschaft der Städte im Industrialisierungsprozeß dramatisch veränderte, der Anteil der berechtigten Bürger an der Einwohnerschaft kontinuierlich sank, zugleich aber durch die Einführung des gleichen, geheimen und direkten Wahlrechts zum Reichstag seit 1867 die Diskrepanzen zwischen den Rechten als Staatsbürgern und denen als Stadtbewohnern immer deutlicher zutage traten und schließlich gegen Ende des Kaiserreichs selbst das Dreiklassenwahlrecht zum preußischen Abgeordnetenhaus noch höhere Chancen für politische Partizipation bot als die hannoversche Städteordnung mit ihren jeweiligen ortstatuarischen Ausprägungen[8].

Die Berechtigung zur Teilnahme an der städtischen Selbstverwaltung hatte als erste Voraussetzung den Erwerb des Bürgerrechts[9]. Dies zu erwerben war einerseits Recht eines jeden Einwohners, andererseits Pflicht für bestimmte Einwohner. Die Magistratsmitglieder und die dauernd angestellten städtischen Beamten waren regelmäßig zum Erwerb des Bürgerrechts verpflichtet, freilich in Harburg sowohl von der Zahlung des Bürgergewinngeldes wie der jährlichen Gebühr für den Erhalt des Bürgerrechts befreit[10]. Eine weitere Gruppe von Einwohnern, nämlich die Eigentümer von Wohn- oder Geschäftshäusern oder von unbebauten Grundstücken von mehr als 0,5 ha Größe, war ebenfalls zum Erwerb und Erhalt des Bürgerrechts verpflichtet. Dies galt auch für die Angehörigen der freien Berufe wie Ärzte, Rechtsanwälte und Notare sowie für juristische Personen, die zumindest für einen Bevollmächtigten das Bürgerrecht erwerben mußten. Bei diesen «Pflicht»bürgern – und da hier abgesehen von den genannten Ausnahmen allein Besitz maßgebend war, konnte es sich bei ihnen auch um Frauen oder Minderjährige handeln – ist noch erkennbar, daß es sich bei den mit dem Erwerb und Erhalt des Bürgerrechts verbundenen Abgaben ursprünglich auch um eine Heranziehung des städtischen Haus- und Grundbesitzes zu einer besonderen städtischen Steuer gehandelt hatte.

Im Laufe der Jahre verlor dieser Aspekt freilich gänzlich an Bedeutung[11], wurden die Abgaben nur noch aufrechterhalten, um sozial unerwünschte Personen vom Bürgerrecht auszuschließen. Denn neben den Personenkreisen, die dazu verpflichtet waren, stand es ja jedem männlichen, volljährigen Einwohner der Stadt frei, das Bürgerrecht zu erwerben. Hier gab es allerdings einige privilegierte Gruppen: Die königlichen Beamten Hannovers, dann Preußens, die Pastoren und die beamteten Schullehrer hatten Anspruch auf unentgeltliche Verleihung, und die Ehefrauen und Kinder von Bürgern konnten das Bürgerrecht zu einem ermäßigten Abgabensatz erwerben, so daß die vollen Kosten für Erwerb und Erhalt des Bürgerrechts von den Personen, die nicht durch Grund- oder Hausbesitz ohnehin dazu verpflichtet waren, nur jene zu tragen hatten, die weder durch Standesprivilegien noch durch Geburt bevorrechtet waren, nämlich die abhängig beschäftigten Arbeiter und Angestellten.

Es ist nicht exakt festzustellen, wie viele Einwohner jeweils Bürger der Stadt Harburg waren, da es sich bei den «Pflicht»bürgern teilweise um Frauen oder Minderjährige handelte[12]. Dagegen läßt sich die Zahl derjenigen Bürger, die sich an den Bürgervorsteherwahlen beteiligen konnten, verhältnismäßig genau beziffern. Da sich auch die zusätzlichen Qualifikationen – männliches Geschlecht und Vollendung des 25. Lebensjahres, Zahlung eines bestimmten Minimums an direkten Steuern[13], Unbescholtenheit, kein Empfang von Armenunterstützung und keine Eröffnung des Konkursverfahrens sowie keine Beschäftigung mit Kost und Logis – für die Ausübung des Wahlrechts bei den Bürgervorsteherwahlen nach den Bestimmungen der hannoverschen Städteordnung zwischen der ersten Wahl 1852 und der letzten 1915 nicht änderten, kann die Zahl der Wahlberechtigten als ein verhältnismäßig zuverlässiger Indikator für Veränderungen in den politischen Partizipationschancen angesehen werden.

Wie aus den Daten in Tabelle 1 hervorgeht, betrug der Anteil der wahlberechtigten Bürger Harburgs in der hannoverschen Zeit zwischen 1852 und 1865 etwa 7,5 v. H. der Einwohner. Danach begann dieser Anteil schnell zu sinken und pendelte sich zwischen 1901 und der letzten Wahl 1915 bei etwa 3 v. H. – mit einem absoluten Tief von 2,8 v. H. bei den Wahlen 1905/07 – ein. In der Provinz Hannover hatte nur noch die Stadt Linden mit rd. 2 v. H. (1905) einen geringeren Anteil, und auch auf Reichsebene gehörte Harburgs Anteil von wahlberechtigten Bürgern zu den niedrigsten[14].

Industrialisierung und schnelles Wachstum der Bevölkerung allein erklären sicherlich nicht das dramatische Absinken des Anteils der wahlberechtigten Bürger in der preußischen Zeit auf nur 40 v. H. des Standes von 1865, zumal zu berücksichtigen ist, daß das Bevölkerungswachstum in der Periode 1851 bis 1864 nicht etwa geringere, sondern höhere Zuwachsraten als zwischen 1864 und 1893 und 1893 und 1913 aufwies[15]. Allerdings stieg der Anteil der in der Industrie beschäftigten Arbeiter (nicht jedoch der Anteil der abhängig Beschäftigten insgesamt) seit den 1860er Jahren ebenso dramatisch an wie die Bevölkerungsfluktuation[16]. Und dies waren beides Tatbestände, die notwendigerweise den Anteil der Bürger unter den Einwohnern verringern mußten, da geringere Seßhaftigkeit als Reaktion auf sich wandelnde Chancen am Arbeitsmarkt gerade bei jüngeren, besser verdienenden Arbeitern (und wohl auch Angestellten) auftrat, die wiederum aufgrund ihrer Einkommensverhältnisse noch am ehesten imstande gewesen wären, die Abgaben für den Erwerb des Bürgerrechts aufzubringen, die Ausgabe aber scheuten, da sie nicht wußten, ob ihnen die jeweilige Arbeitsmarktlage Seßhaftigkeit überhaupt möglich machen würde, und da die Stadt ihrerseits nichts tat – etwa durch städtische Sozial- und Arbeitsmarktpolitik –, um das Seßhaftwerden dieser Arbeiter zu fördern. Insofern waren es auch nicht abstrakte, anonym wirkende Kräfte wie Verstädterung und Industrialisierung, die einen immer größeren Teil der erwachsenen männlichen Bevölkerung von jeder Partizipation an den sie selber betreffenden städtischen Angelegenheiten ausschlossen, sondern eine von den bevorrechteten Schichten bewußt betriebene Diskriminierung, die sich dafür hoher finanzieller Hürden für den Erwerb und Erhalt des Bürgerrechts bediente.

Erst im Vergleich mit der Wahlberechtigung zum Reichstag und zum preußischen Abgeordnetenhaus wird freilich das ganze Ausmaß dieser Diskriminierung deutlich; dies zeigt die in Tabelle 2 vorgenommene vergleichende Übersicht. Konnten 1871 immerhin noch mehr als ein Drittel der Wahlberechtigten für den Reichstag sich auch an den Kommunalwahlen beteiligen, so sank dieser Anteil schon in den späten siebziger Jahren auf ein Viertel, und seit den 1890er Jahren betrug er stets nur ein Siebtel. Obgleich für die Wahlen zum preußischen Abgeordnetenhaus das Wahlalter mit vollendetem 24. Lebensjahr um ein Jahr geringer war, gab es auch bei ihnen weniger Wahlberechtigte als bei den Reichstagswahlen, da die zusätzliche Qualifikation – Ansässigkeit von mindestens sechs Monaten in der Gemeinde – wegen der hohen Fluktuation der Arbeiterbevölkerung in Harburg von vielen an sich wahlberechtigten Männern nicht erfüllt wurde.

Die zum Bürgervorsteherkollegium wahlberechtigten Bürger wiesen über den betrachteten Zeitraum in ihrer sozialen Zusammensetzung einige kennzeichnende Wandlungen auf[17]. In den 1850er und 1860er Jahren überwogen eindeutig die selbständigen Handwerker, Gastwirte und Kaufleute; von der auch durch eine geringfügige Herabsetzung des Steuerzensus von rund 400 auf knapp 1000 steigenden Zahl der Wahlberechtigten gehörten ca. 80 v. H. zu diesen Gruppen. Die übrigen Wahlberechtigten waren überwiegend Angehörige des «öffentlichen Dienstes» (städtische und königliche Beamte, Pastoren und Schullehrer), einige wenige freiberufliche Akademiker, sodann einige Fabrikanten (einschließlich Direktoren und Prokuristen) und schließlich auch schon einige Rentiers.

Nach der Jahrhundertwende hatte sich dieses Bild gründlich gewandelt: Die selbständigen Handwerker, Gastwirte und Kaufleute stellten nur noch rund die Hälfte der Wahlberechtigten; etwa 20 v. H. waren Magistratsbeamte, Pastoren oder Schullehrer und weitere 12 v. H. königlich preußische Staatsbeamte, ca. 10 v. H. Fabrikanten, Fabrikdirektoren, leitende Angestellte in Handel und Gewerbe und freiberuflich tätige Akademiker. Die restlichen rund 9 v. H. waren Arbeiter und Handwerksgesellen, die allerdings eine Besonderheit aufwiesen: Sie arbeiteten fast ausschließlich bei den städtischen Betriebsverwaltungen oder bei den preussischen Staatsbahnen. Arbeiter und Handwerksgesellen, die in Industrie, Handwerk oder Handel bei privaten Arbeitgebern beschäftigt waren, gab es unter den wahlberechtigten Bürgern Harburgs nur ganz vereinzelt[18].

Die Rückdrängung der selbständigen Kaufleute und Handwerker und das starke Anwachsen des Anteils der Angehörigen des «öffentlichen Dienstes» unter den Wahlberechtigten spiegelte einerseits die strukturellen Wandlungen der Stadt Harburg, die eben nicht nur Industriestadt, sondern auch ein wichtiges Verwaltungszentrum geworden war; andererseits fanden hierin auch die Bestimmungen über den Erwerb des Bürgerrechts ihren Niederschlag, denn sie hatten ja gerade neben den Handel- und Gewerbetreibenden die Beamten von Stadt und Staat als Bürger heranziehen wollen. Was es allerdings für die politische und soziale Struktur bedeutete, wenn – wie etwa bei den Bürgervorsteherwahlen 1911/13 – von 2055 Wahlberechtigten mit 420 Magistratsbeamten, städtischen Polizeibeamten, Schullehrern und leitenden Angestellten der städtischen Werke sowie etwa 50 Arbeitern und Angestellten aus diesem Bereich und weiteren etwa 250 königlich preußischen Beamten (vor allem der Eisenbahnen, der Zoll- und Steuerverwaltung und des Amtsgerichts) ca. 35 v. H. der Wahlberechtigten, von den 1167 tatsächlich Wählenden sogar 46 v. H. dem öffentlichen Dienst angehörten[19], läßt sich unschwer ermessen: Hatte einst ideologisch für die scharfe Begrenzung des kommunalen Wahlrechts gerade das Verlangen nach wirtschaftlicher Unabhängigkeit der Wahlberechtigten eine große Rolle gespielt und wurde dieses Argument auch weiterhin zur Abwehr des Anspruchs der Arbeiterschaft auf politische Gleichberechtigung in der Gemeinde genutzt, so bedeutete das große Gewicht, das die öffentlichen Bediensteten bei den kommunalen Wahlen gewonnen hatten, nicht etwa eine Verbreiterung der sozialen Basis der Wählerschaft, sondern es bildete nur ein stabilisierendes Element. Wer so unmittelbar abhängig und solchen sozialen und politischen Auslesekriterien unterworfen war wie die Beamten vor 1914, war zu einer unabhängigen politischen Entscheidung bei Wahlen nur in Ausnahmefällen fähig und bereit.

Obgleich ohnehin nur ein ganz kleiner Teil der erwachsenen männlichen Einwohner als Bürger durch die Teilnahme an den Wahlen zum Bürgervorsteherkollegium zur politischen Partizipation berechtigt war, wurden auch die Wahlberechtigten unter sich ungleich behandelt. Dies hing mit der Einteilung der Stadt in Wahlbezirke zusammen: Von 1852 bis 1863 gab es drei Wahlbezirke, in denen jeweils vier Bürgervorsteher gewählt wurden, von 1865 bis 1887 vier Wahlbezirke mit je drei Bürgervorstehern und seit 1888 (Eingemeindung von Wilstorf und Heimfeld) zwei weitere Wahlbezirke, die zunächst nur je einen Bürgervorsteher entsandten. 1893 wurde das alte Stadtgebiet in fünf Wahlbezirke neu aufgeteilt und 1895 dem 1888 eingemeindeten VI. Stadtbezirk ein zweiter Bürgervorsteher und 1905 schließlich beiden 1888 eingemeindeten Wahlbezirken drei Bürgervorsteher wie jenen des alten Stadtgebiets

Tabelle 1: Einwohner und zum Bürgervorsteherkollegium wahlberechtigte Bürger der Stadt Harburg

Jahr Volks-zählung	Wahl[2]	Einwohner	wahlberechtigte Bürger absolut	in v. H. der Einwohner
1851	1852	5396	401	7,43
1864	1865	13179	985	7,47
1871	1871/73	16500	1063	6,44
1882[1]	1881/83	19052	1013	5,32
1893[1]	1891/93	35103	1217	3,47
1902[1]	1901/03	51267	1578	3,08
1906[1]	1905/07	58122	1614	2,78
1912[1]	1911/13	69605	2055	2,95
1915[1]	1913/15	69861	2211	3,16
1919[1/3]	1919	68534	39087	57,03

Quelle: StA Hbg, Harburg 4, II E 2–3, Bd. I–III; II E 2–4 bis 32.

1 Fortschreibung der jeweils letzten Volkszählung aufgrund der Melderegister.

2 Nur bei den Wahlen 1852 und 1865 wählten alle Bürger gleichzeitig, sonst fehlte stets mindestens einer der Wahlbezirke (dies hing mit den spezifischen Problemen des Wahlrechts zusammen, vgl. dazu S. 226). Daher wurde die Zahl der Wahlberechtigten in der Weise berechnet, daß z. B. zu den 1911 in sechs Wahlbezirken zur Wahl aufgerufenen Wahlberechtigten die Zahl aus den beiden fehlenden Wahlbezirken vom nächsten Wahltermin 1913 addiert wurde.

3 Zur vollen Vergleichbarkeit dürfen selbstverständlich nur die männlichen, über 25jährigen Wahlberechtigten berücksichtigt werden; ihre Zahl betrug am 2. 3. 1919, dem Wahltag, ca. 16600 oder rd. 24,2 v. H. der Einwohner.

Tabelle 2: Vergleichende Übersicht der Wahlberechtigten in Harburg für den Reichstag (RT), das preußische Abgeordnetenhaus (PAH) und das Bürgervorsteherkollegium (BVK)

Wahltermine			Wahlberechtigte absolut			Index RT = 100		
RT	PAH	BVK	RT	PAH	BVK	RT	PAH	BVK
1871	1870	1871/73	3118	[1]	1063	100	[1]	34,1
1878[2]	1879	1881/83	4039	[1]	1013	100	[1]	25,1
1893	1893	1891/93	8518	7740	1217	100	90,9	14,3
1903	1903	1901/03	10603	9744	1578	100	91,9	14,9
1912	1913	1911/13	15215	14365	2055	100	94,4	13,5

Quellen: StA Hbg, Harburg 4, II E 2–3, Bd. I–III, 4 bis 32; III A 2a–1; III A 2b–1 bis 48; III B 6a–1; III B 6b–1 bis 37.

1 Die Zahl der Wahlberechtigten zum PAH läßt sich erstmals 1882 feststellen.

2 Für die Reichstagswahlen 1881, 1884 und 1887 steht nur die Zahl der Wähler, nicht die der Wahlberechtigten fest, da für einzelne Stimmbezirke die Listen fehlen.

zugestanden. Und 1910 entstand mit der Eingemeindung von Eißendorf ein VIII. Wahlbezirk, der sofort drei Bürgervorsteher entsenden konnte.

Da zumindest zeitweise Wahlbezirke bestanden, die weniger als drei Bürgervorsteher stellten, wird in Tabelle 3 zur Kennzeichnung der unterschiedlichen Gewichtung der Stimme eines jeden Wahlberechtigten die Zahl der Wahlberechtigten je Bürgervorsteher in den Wahlbezirken (also nicht die tatsächliche Zahl der Wahlberechtigten) wiedergegeben. Deutlich ist, daß von 1852 bis 1877, als drei bzw. vier Wahlbezirke bestanden, die Stimme der Wahlberechtigten in den Wahlbezirken I und II ständig mehr wert war als in dem III. und IV. Wahlbezirk; seit den 1870er Jahren konnte dann weniger als ein Drittel und bald sogar nur ein Viertel der Wahlberechtigten die Hälfte der Bürgervorsteher wählen. Mit den Eingemeindungen 1888 und der Umbildung der alten städtischen Wahlbezirke III und IV unter Neubildung des V. Wahlbezirks im Dezember 1893 sowie der Erhöhung der Zahl der Bürgervorsteher von 12 zunächst auf 14 (1888), auf 17 (1893), auf 18 (1895) und endlich auf 21 (1905) ging das relative Gewicht der Wahlbezirke I und II zwar zurück – denn der Anteil der von ihnen entsandten Bürgervorsteher sank von der Hälfte auf weniger als 30 v. H. –, aber bevorzugt blieben die Wähler dieser beiden Bezirke weiterhin, wozu jetzt auch noch eine eklatante Bevorzugung des VI. und zwischen 1893 und 1907 auch des umgebildeten IV. sowie 1910 nach der Eingemeindung von Eißendorf des neuen VIII. Wahlbezirks trat. Bei den Wahlen 1913/15 konnten jedenfalls knapp 37 v. H. der Wahlberechtigten in den Wahlbezirken I, II, VI und VIII die Hälfte der Bürgervorsteher benennen und, nimmt man den durch eine erneute Änderung der Abgrenzung der Wahlbezirke nun auch bevorzugten III. Wahlbezirk hinzu, so konnten knapp 49 v. H. der Wahlberechtigten über 62 v. H. der Mandate bestimmen.

Anders als bei der Stimmbezirkseinteilung für die preußischen Landtagswahlen, wo auf gemeinsamen Vorschlag der Stadtsekretäre Blume und Busch bewußte Wahlkreisgeometrie betrieben wurde[20], läßt sich dies für die Wahlbezirkseinteilung bei den Kommunalwahlen nicht explizit belegen. Allerdings sprechen einige Indizien dafür, daß es sich auch nicht um einen reinen Zufall handelte: Die Straßen der bevorzugten Wahlbezirke wiesen z. B. die für Harburg nicht gerade typische überwiegende Bebauung mit Ein- und Zweifamilienhäusern auf[21], und die ehrenamtlichen Senatoren waren vor ihrer Wahl in den Magistrat alle Bürgervorsteher jener bevorzugten Wahlbezirke gewesen bzw. wohnten dort[22]. Und die Bewohner der bevorzugten Wahlbezirke (eine Ausnahme bildete das 1910 eingemeindete Eißendorf, das für die Aufgabe seiner Selbständigkeit eine gewisse Überrepräsentation im Bürgervorsteherkollegium eingehandelt hatte) hatten signifikant höhere durchschnittliche Einkommen und Vermögen als im übrigen Stadtgebiet[23], was darauf schließen läßt, daß zwischen den wahlfähigen Bürgern doch feine Unterschiede gemacht wurden und dem prinzipiell gleichen Wahlrecht einige plutokratische Stützpfeiler eingezogen worden waren.

Wahlen zum Bürgervorsteherkollegium fanden alle zwei Jahre statt, wenn jeweils ein Drittel der für sechs Jahre gewählten Bürgervorsteher ausschied. Verstarb ein Bürgervorsteher oder mußte er sein Amt aus anderen in der Städteordnung genannten Gründen – z. B. Aufgabe des Wohnsitzes in Harburg, Eröffnung des Konkursverfahrens über sein Vermögen oder strafrechtliche Verurteilung – niederlegen, fand in dem Wahlbezirk eine Nachwahl statt, wobei der dann Gewählte nur für die verbleibende Amtsdauer seines Vorgängers Mitglied des Bürgervorsteherkollegiums wurde. Der reguläre Wahltermin lag in Harburg in der Regel in der zweiten Februarhälfte der ungeraden Jahre; ihr Amt traten die Bürgervorsteher am 1. März an. Für die Wahl, die durch öffentliche oder geheime Stimmabgabe erfolgen konnte, galt ferner das Erfordernis, daß sich mindestens ein Drittel der Wahlberechtigten beteiligte. Gewählt war, wer die Mehrheit der abgegebenen Stimmen auf sich vereinigte[24]. Wachstum der Stadt und Bildung neuer Wahlbezirke durch Eingemeindungen oder Umbildung der alten führten dazu, daß seit den Wahlen im Jahre 1867 niemals mehr alle stimmberechtigten Bürger gleichzeitig zur Wahl aufgerufen waren, eine Tatsache, die auch gewisse interpretatorische Schwierigkeiten bei der Bewertung von Fragen wie Wahlbeteiligung und Wahlergebnissen mit sich bringt.

Tabelle 3: Wahlberechtigte Bürger je zu wählender Bürgervorsteher

Jahr der Wahl	im Wahlbezirk								im Durchschnitt	Zahl der BV
	I	II	III	IV	V	VI	VII	VIII		
1852	28	28	45						33	12
1861	37	36	72						48	12
1865	53	52	113	110					82	12
1871/73	47	51	144	138					95	12
1881/83	44	42	131	122					85	12
1893 Febr.	46	29	127	171	109	97			95	14
1893 Dez.	46	29	127	84	87	109	97		78	17
1895/97	47	59	92	84	87	48	110		73	18
1901/03	52	59	116	89	120	51	175		88	18
1905	72	80	116	74	106	51	69		81	21
1913/15	72	69	85	134	115	78	118	45	90	24
1919	–	–	–	–	–	–	–	–	814	48

Quelle: Wie Tabelle 1.

Tabelle 4: Wahlbeteiligung in v. H. der Wahlberechtigten

Wahljahr	Wahlbezirk								
	I	II	III	IV	V	VI	VII	VIII	insgesamt
1861	51,7	46,2	43,6						46,3
1871	48,2	–	–	42,3					44,0
1873	41,4	36,7	55,2	–					48,6
1877	46,3	–	–	46,7					46,6
1881	–	48,8	40,3	–					42,4
1883	38,2	–	–	33,7					34,9
1885	62,6	36,1	42,4	–					45,2
1893	53,2	43,0	47,5	–	48,6	78,4			51,9
1895	81,6	–	40,6	59,0	48,5	57,1	–		54,9
1897	78,9	57,6	76,1	–	68,7	–	74,6		70,9
1899	–	60,0	–	76,2	70,7	33,7	–		66,1
1901	50,0	–	47,6	56,9	68,9	44,1	–		55,8
1903	39,2	55,6	71,6	–	73,9	–	73,7		66,3
1905	–	67,1	–	51,6	73,2	52,6	71,0		67,1
1907	41,1	–	35,6	57,0	47,8	34,1	–		43,8
1909	33,6	47,3	39,3	51,8	43,9	–	81,9		51,0
1910	–	–	–	–	–	–	–	88,7	(88,7)[1]
1911	–	54,4	–	37,0	33,8	40,6	74,4	–	48,4
1913	76,0	–	70,7	81,1	50,1	55,4	–	90,4	69,0
1915	35,2	54,4	68,7	65,6	75,1	–	66,5	47,7	61,9
1919	–	–	–	–	–	–	–	–	73,0[2]

Quelle: Wie Tabelle 1.

1 1910 fand nur in dem eingemeindeten VIII. Wahlbezirk (Eißendorf) eine Wahl statt, daher ist diese Angabe insignifikant.

2 Für 1919 läßt sich die Wahlbeteiligung in den alten Wahlbezirken nicht ermitteln.

Bedenkt man die hohen Hürden, die für den Erhalt und Erwerb des Bürgerrechts errichtet worden waren, und wird gleichzeitig in Rechnung gestellt, daß in Harburg das Wahlrecht die einzig wichtige aus dem Bürgerrecht resultierende Prärogative war, so gewinnt die Frage, ob dieses Recht eigentlich genutzt wurde, einige Bedeutung. Natürlich haben einige noch zu erörternde Besonderheiten die Wahlbeteiligung beeinflußt, aber zunächst muß festgestellt werden – wie aus Tabelle 4 ersichtlich –, daß die Wahlbeteiligung nie besonders hoch war. Zwar stieg sie von den bis ins Ende der 1880er Jahre üblichen niedrigen Werten um 45 v. H. in den 1890er Jahren scharf an und erreichte 1897 mit knapp 71 v. H. den höchsten Wert überhaupt, ging dann aber nach der Jahrhundertwende auf zwischen 44 und maximal 69 v. H. zurück. Verglichen mit der Wahlbeteiligung bei den Reichstagswahlen[25] und selbst bei den preußischen Abgeordnetenhauswahlen[26] waren dies niedrige Werte. Ursache hierfür dürfte gerade das hohe Maß an sozialer Homogenität der Bürger – tatsächlich vorhandener oder durch Abhängigkeiten erzwungener – gewesen sein, zum anderen aber auch die Tatsache, daß häufig von einer Wahl bei dem Wahlakt selber keine Rede sein konnte, da schlicht nur ein Bewerber auftrat[27].

Dies hing wiederum damit zusammen, daß in Harburg bis zum Ende des Kaiserreichs offiziell die politischen Parteien in der kommunalen Politik – eine Ausnahme bildete seit 1910 die Sozialdemokratie – keine Rolle spielten, Parteikandidaten nicht aufgestellt wurden und folglich auch keine Wahlkämpfe im üblichen Sinne stattfanden. Die Kandidaten für die Bürgervorsteherwahl wurden in der Regel durch die «Bürgervereine», von denen es für jeden Wahlbezirk einen gab, ausgewählt, und zwar in der Weise, daß sich zunächst die Vorstände der Bürgervereine – sie bestanden in der Regel aus den amtierenden Bürgervorstehern, Senatoren, leitenden städtischen Beamten, besonders wohlhabenden Großkaufleuten, einigen ausgewählten Handwerksmeistern, bisweilen auch vereinzelten Fabrikanten und freiberuflich tätigen Akademikern – auf den Kandidaten einigten, diesen dann der Generalversammlung der Bürgervereine (hier scheinen alle wahlberechtigten Bürger geborene Mitglieder gewesen zu sein) präsentierten und damit die Wahl eigentlich schon gelaufen war, so daß es auch nicht weiter verwunderlich war, wenn beim eigentlichen Wahlakt häufig gerade das notwendige Drittel der Wahlberechtigten erschien. Daß dieses Verfahren die Regel gewesen ist, zeigt die einzige Abweichung von diesem Verfahren im Jahre 1910, die zu erbitterten, bis ans Königliche Oberverwaltungsgericht getragenen Auseinandersetzungen unter Mitgliedern des betroffenen Bürgervereins führte[28].

Daß es dennoch bisweilen richtige Wahlkämpfe gab, lag vor allen Dingen seit der Jahrhundertwende an dem verstärkten Auftreten des Haus- und Grundbesitzervereins mit eigenen Gegenkandidaten, die zwar nicht allzuviel Erfolg hatten[29] und sich soziologisch auch kaum von den Kandidaten der Bürgervereine unterschieden[30], die aber vom Magistrat und den leitenden städtischen Beamten äußerst mißtrauisch betrachtet wurden. Denn durch solche Gegenkandidaturen wurde – gewollt oder ungewollt – ein Element der «Politisierung» in die Wahlen zum Bürgervorsteherkollegium eingeführt, das langfristig unerwünschte Folgen haben konnte. Wurde nämlich das bisher unstrittige Monopol der Bürgervereine für die Kandidatenaufstellung dauernd durch die Präsentation weiterer Kandidaten einer konkurrierenden Organisation wie des «Haus- und Grundbesitzervereins» – Doppelkandidaturen aus den Reihen der Bürgervereine oder Einzelkämpfer waren da ganz gefahrlos – durchbrochen und wurden die Bürger vor die Wahl wenigstens partiell unterschiedlicher Interessen gestellt, so konnte das zur Einübung echter Wahlkämpfe führen, in denen dann auch die sorgfältig von den städtischen Eliten gepflegte Ideologie, daß die kommunale Selbstverwaltung und ihre Organe von «politischen» Gesichtspunkten und «Partei»streitigkeiten freigehalten werden müßten, zerbrechen konnte und wirklich Parteikandidaten aufgestellt wurden. Wie schon erwähnt geschah dies erstmals 1910 bei der Eingemeindung von Eißendorf durch die Sozialdemokratie[31].

Auf der anderen Seite muß jedoch festgehalten werden, daß Parteipolitik in die kommunale Selbstverwaltung und in die Wahlen zum Bürgervorsteherkollegium nicht erst durch die Sozialdemokratie eingeführt worden ist. Das Gegenteil ist richtig: Magistrat, Bürgervorsteherkollegium und städtische Verwaltung waren – und dies läßt sich mit den Wahlmännerkandidatenlisten für die Wahlen zum preußischen Abgeordnetenhaus, wie in Tabelle 5 ersichtlich, eindeutig belegen – seit 1867 fest in der Hand der Nationalliberalen und ihres kleineren Verbündeten, der freikonservativen Partei[32]. Selbst Linksliberale hatten da wenig Chancen, in dieses Machtkartell einzubrechen[33]. Harburg war nationalliberal und umgekehrt, wer nicht nationalliberal (oder allenfalls freikonservativ) war, hatte in Harburgs kommunaler Politik und Verwaltung weder bei Bürgervorsteherwahlen noch als Bewerber für städtische Beamtenpositionen, für Lehrerstellen und selbst für Positionen als städtischer Arbeiter oder Handwerker eine Chance. Diese Herrschaft – oder anders ausgedrückt: dieser nationalliberale Filz – funktionierte natürlich nur so lange, wie die wesentliche Voraussetzung, ein so limitiertes Wahlrecht wie bei den Bürgervorsteherwahlen, fortbestand; denn wie die politische Grundströmung unter allen erwachsenen, über 25jährigen Männern wirklich aussah, das zeigten die Ergebnisse bei den Wahlen zum Reichstag und seit 1903, als die Sozialdemokraten sich erstmals beteiligten, zum preußischen Abgeordnetenhaus.

Tabelle 5: Soziale Stellung der nationalliberalen Wahlmännerkandidaten für die Wahlen zum preußischen Abgeordnetenhaus

	1873 (n = 60)	1893 (n = 138)	1913 (n = 264)
1. Magistratsmitglieder[1]	3	5	4
davon:			
hauptamtlich	(1)	(2)	(1)
ehrenamtlich	(2)	(3)	(3)
2. Bürgervorsteher[2]	9	9	15
3. leitende städt. Beamte	–	5	6
4. sonstige städt. Beamte	–	4	15
5. Lehrer aller Schularten	–	6	35
6. Kgl. preuß. Beamte	1	4	32
7. Arbeiter u. Angestellte von Stadt, Staat u. Reich	–	2	18
8. Großkaufleute	15	26	24
9. Kleinhändler	3	4	7
10. Handwerksmeister	14	40	24
11. Handwerksgesellen	1	2	3
12. Gastwirte	4	4	4
13. Fabrikanten	6	6	6
14. Direktoren und Prokuristen (Industrie und Handel)	1	6	10
15. sonstige Angestellte der Privatwirtschaft	–	4	21

	1873 (n = 60)	1893 (n = 138)	1913 (n = 264)
16. Arbeiter der Privatwirtschaft	–	2	17
17. Landwirte	–	5	7
18. Freie (akademische) Berufe	1	–	7
19. Rentiers	2	4	7
20. Sonstige[3]	–	–	2
Summe	60	138	264

Quelle: StA Hbg, Harburg 4, III B 6b-1 bis 37.

1 Dem Magistrat gehörten zum Zeitpunkt der Wahl 1873 und 1893 jeweils fünf Mitglieder (zwei hauptamtliche, drei ehrenamtliche) und 1913 sieben Mitglieder (drei hauptamtliche, vier ehrenamtliche) an. Im übrigen hat keines der zwischen 1867 und 1918 amtierenden Magistratsmitglieder nicht irgendwann einmal für die nationalliberale Partei kandidiert.

2 Zum Zeitpunkt der Wahl bestand das Bürgervorsteherkollegium 1873 aus 12, 1893 aus 14 und 1913 aus 24 Mitgliedern. Von den 90 Bürgervorstehern, die zwischen 1867 und 1918 amtierten, waren nur sieben niemals Kandidaten für die nationalliberale Partei.

3 Es handelt sich um zwei Redakteure der nationalliberalen Zeitung «Harburger Anzeigen und Nachrichten».

Die Wahlergebnisse für die SPD bei den Reichstagswahlen seit 1881 (Anteil in v. H. der abgegebenen Stimmen) betrugen:

Wahljahr	*Anteil*		*Wahlbeteiligung*	
	Hauptwahl	Stichwahl	Hauptwahl	Stichwahl
1881	14,2	–	68,0	unbekannt
1884	35,3	–	unbekannt	unbekannt
1887	36,9	–	74,5	unbekannt
1890	57,9	67,9	89,1	88,9
1893	62,5	71,5	88,7	88,2
1898	65,3	68,3	86,5	90,1
1903	59,7	63,2	93,0	93,1
1907	61,7	67,2	94,7	93,4
1912	67,8	73,4	94,8	91,6

Bei den preußischen Abgeordnetenhauswahlen gewann die SPD schon 1903 sämtliche Wahlmänner der 3. Klasse (hier wählten 84,8 v. H. der Wahlberechtigten), wiederholte 1908 diesen Erfolg und gewann erstmals auch 14 Wahlmänner der 2. Klasse (zusammen 88 oder 40 v. H. der Wahlmänner). 1913 gewann die SPD von den 264 Wahlmännern der Stadt Harburg bei über 70 v. H. Wahlbeteiligung 140 (= 53,0 v. H.), davon alle 88 der 3. Klasse, 40 der 2. Klasse und erstmals auch 12 in der 1. Klasse.

Dies signalisierte den die Harburger Kommunalpolitik beherrschenden Schichten, daß sie längst jede Basis in der Bevölkerung verloren hatten und daß sie sich nur deswegen an der Macht halten konnten, weil die Bestimmungen über Erwerb und Erhalt des Bürgerrechts dafür Sorge trugen, daß eine kleine Minderheit von weniger als einem Siebtel der erwachsenen Männer allein über die Zusammensetzung der städtischen Repräsentativkörperschaften zu entscheiden hatte. Umgekehrt trugen jene Wahlergebnisse entscheidend dazu bei, daß über die Frage einer Reform der städtischen Verfassungsordnung noch nicht einmal nachgedacht wurde.

Die soziale Zusammensetzung der städtischen Kollegien

Als Bürger überhaupt an der Politik in Harburg partizipieren zu können, war sicherlich ein bedeutsames Vorrecht, doch gab dies allein noch keinen Anteil an der Gestaltung der städtischen Politik. Hierzu war die Mitgliedschaft in den städtischen Kollegialorganen, dem Bürgervorsteherkollegium und dem Magistrat, notwendig, wenngleich – und das sollte gleich betont werden – nicht die einzige Möglichkeit. Denn selbstverständlich gab es auch ganz andere Wege der Einflußnahme, die weder einer formellen Mitgliedschaft in den Kollegialorganen noch sonst irgendwie auffallender öffentlicher Betätigung, etwa in den machtvollen «Bürgervereinen» oder einem der anderen, das gesellschaftliche Leben Harburgs mitgestaltenden Vereine wie den Kriegervereinen, den Turnvereinen, dem Museumsverein, den Sängerbünden oder auch in Handels- und Handwerkskammer oder im nationalliberalen Ortsverein bedurften. Sicherlich bedeutete Mitgliedschaft in einem der Kollegialorgane und dichte soziale Vernetzung in Vereinen, Kammern und nationalliberaler Partei a priori hohe Einflußmöglichkeit, aber das insgesamt eher auffällige Fehlen von Vertretern der Industrie in größerer Zahl unter einer so beschriebenen lokalen politischen Elite läßt vermuten, daß noch andere Wege effektiver Einflußnahme auf die städtische Politik bestanden haben. Leider gibt das bisher durchgesehene Quellenmaterial[34] hierfür aber nichts her, so daß die folgenden Überlegungen sich im wesentlichen auf die Mitglieder der beiden städtischen Kollegialorgane konzentrieren.

Zwischen der preußischen Annektion 1866 und dem Ende des Ersten Weltkrieges 1918 amtierten in Harburg 90 Bürgervorsteher, 7 hauptamtliche und 13 ehrenamtliche Magistratsmitglieder, deren soziale Zusammensetzung, politische Orientierung und soziale Vernetzung im lokalen Vereinswesen im folgenden insgesamt und jeweils zu Stichdaten untersucht wird[35].

Im Bürgervorsteherkollegium stellten die Kaufleute, wie aus Tabelle 6 ersichtlich, mit knapp 47 v. H. die größte Einzelgruppe, dann folgten die Handwerker mit etwa 22 v. H. und die Industriellen mit rd. 16 v. H. Gastwirte, Landwirte, Beamte und Lehrer, die freien Berufe und die Rentiers[36] stellten jeweils nur Anteile zwischen 4 und 1 v. H. Dies heißt aber, daß die soziale Zusammensetzung des Bürgervorsteherkollegiums, definiert durch den ausgeübten Beruf, in signifikanter Weise von der der Bürger insgesamt abwich[37]. Diese globalen Zahlen bedürfen freilich einer weiteren Aufgliederung: Unter den Kaufleuten waren die Inhaber von nur einem Ladengeschäft, also die sogenannten Kleinhändler, praktisch nicht vertreten, denn zumindest einer der beiden in dieser Kategorie aufgeführten Kaufleute hatte auch noch eine kleine Fabrik und nicht unerheblichen Hausbesitz[38], und auch bei den angestellten Kaufleuten (Prokuristen und Direktoren) ist in einigen Fällen sichtbar, daß es sich um besondere Formen des Angestelltendaseins handelte[39]. Im übrigen handelte es sich bei den Kaufleuten generell um Großkaufleute, deren Geschäfte äußerst verzweigt waren, so daß die in Tabelle 6 angegebenen Untergruppen immer nur die jeweilige Haupttätigkeit wiedergeben können und dadurch auch gewisse Verzerrungen entstehen.

Im Zeitablauf – und dies wird aus Tabelle 7 deutlich – ging freilich die Bedeutung einiger kaufmännischer Betätigungen, so vor allem die als Reeder und Spediteur, signifikant zurück, während andere, so die als Baumaterialienhändler, ebenso signifikant zunahm. In letzterer Entwicklung spiegelte sich das Wachstum der Stadt und das korrespondiert auch mit der Tatsache, daß unter den Handwerkern im Bürgervorsteherkollegium die Maurer, Zimmerleute, Glaser und Klempner, also die Bauhandwerker, eindeutig dominierten, gefolgt von den Fleischern und Bäckern, während alle übrigen Handwerksberufe nur durch einen verein-

Tabelle 6: Soziale Schichtung und Mandatsdauer der zwischen 1866 und 1918 amtierenden Bürgervorsteher

Beruf	Zahl	i. v. H.	Mandatsdauer insgesamt Jahre	Mon.	i. v. H.	je BV Jahre	Mon.	Mandat wird von x BV ausgeübt Jahre bis 6	bis 12	bis 18	bis 24	über 24
1. Kaufleute	42	46,7	342	2	42,5	8	2	24	9	2	4	3
davon												
a) Geld-, Vers.Makler	7	7,8	44	–	5,5	6	3	5	1	1	–	–
b) Kol.Waren/Kaufhaus	10	11,1	140	2	17,4	14	–	3	3	1	1	2
c) Baumaterialien/Kohlen	6	6,7	72	4	9,0	12	1	3	1	–	1	1
d) Reeder/Spediteure	5	5,6	16	–	2,0	3	2	5	–	–	–	–
e) Wein/Getreide	5	5,6	19	2	2,4	3	10	4	1	–	–	–
f) Angest. Großkaufleute	7	7,8	51	6	6,4	7	4	4	2	–	1	–
g) Kleinhändler	2	2,2	34	–	4,2	17	–	–	1	–	1	–
2. Handwerker	20	22,2	207	7	25,8	10	5	5	8	5	2	–
davon												
a) Bauhandwerker	13	14,4	129	4	16,1	9	11	3	6	3	1	–
b) Nahrungshandwerker	6	6,7	68	3	8,5	11	5	2	1	2	1	–
c) sonst. Handwerker	1	1,1	10	–	1,2	10	–	–	1	–	–	–
3. Industrielle (einschl. 2 Direktoren)	14	15,6	104	10	13,0	7	6	7	5	2	–	–
4. Gastwirte	4	4,4	45	–	5,6	11	3	1	2	1	–	–
5. Landwirte	4	4,4	31	1	3,9	7	9	1	3	–	–	–
6. Beamte und Lehrer	3	3,3	30	–	3,7	10	–	1	1	1	–	–
7. Freie Berufe	2	2,2	31	9	3,9	15	11	–	1	–	1	–
8. Rentiers	1	1,1	12	9	1,6	12	9	–	–	1	–	–
Summe	90	100,0	805	2	100,0	8	11	39	29	12	7	3

Quellen: Siehe Anm. 35.

Tabelle 7: Soziale Schichtung der Bürgervorsteher zu Stichdaten

Beruf	1867	1871	1889	1895	1905	1911	1915
1. Kaufleute	10	6	6	7	10	10	7
davon							
a) Geld-, Vers. Makler	–	1	1	2	3	3	2
b) Kol.Waren/Kaufhaus	2	–	2	2	3	4	3
c) Baumaterialien	1	1	3	3	2	1	–
d) Reeder/Spediteure	4	2	–	–	–	–	–
e) Wein/Getreide	2	1	–	–	–	1	–
f) Angest. Großkaufl.	1	–	–	–	1	–	1
g) Kleinhändler	–	1	–	–	1	1	1
2. Handwerker	2	3	4	4	4	6	6
davon							
a) Bauhandwerker	1	2	2	2	2	3	4
b) Nahrungshandwerker	–	–	2	2	2	3	2
c) Sonst. Handwerker	1	1	–	–	–	–	–
3. Industrielle (einschl. Direktoren)	–	3	1	3	2	2	3
4. Gastwirte	–	–	1	–	1	2	2
5. Landwirte	–	–	2	1	–	2	2
6. Beamte und Lehrer	–	–	–	1	2	1	2
7. Freie Berufe	–	–	–	1	1	1	2
8. Rentiers	–	–	–	1	1	–	–
Bürgervorsteherkollegium	12	12	14	18	21	24	24

Quellen: Siehe Anm. 35.

zelten Uhrmacher (nur bis 1875) vertreten waren, die zahlenmäßig bedeutsamen Gruppen der Schneider, Schuster, Friseure und Barbiere dagegen niemals im Bürgervorsteherkollegium repräsentiert waren.

Unübersehbar ist freilich auch, daß die ursprünglich dominierende Stellung der Kaufleute im Laufe der Jahre zurückging, auch wenn sie stets die größte Zahl der Bürgervorsteher stellten, und daß in den 1890er Jahren auch erstmals abhängige Beschäftigte einen größeren Anteil stellten, obwohl auch hier festzuhalten ist, daß mit dem Einzug eines preußischen Provinzialwegemeisters oder eines Rektors einer der Harburger Volksschulen ins Bürgervorsteherkollegium sich dessen soziale Basis schwerlich grundlegend wandelte. Das gilt übrigens auch für die vereinzelt einziehenden Landwirte, die von den Wahlbezirken der eingemeindeten Gemeinden Heimfeld und Wilstorf (1888) und Eißendorf (1910) entsandt wurden, freilich, wie der Fall Heimfeld und Wilstorf zeigte, schon nach wenigen Jahren wieder von Handwerkern und Kaufleuten verdrängt wurden.

Über die Konfession der Bürgervorsteher lassen sich mangels eindeutiger Quellen nur Vermutungen anstellen: Sicher ist, daß zwei der Bürgervorsteher (Isaak Levy, BV 1867–1881, und Salomon Salomon, BV 1887 bis zu seinem Tod am 12. 2. 1915) jüdischen Glaubens waren. Bei der Konfessionsstruktur der Stadt (bis 1918 weit über 90 v. H. evangelische Christen) läßt sich freilich vermuten, daß höchstens einmal ein Konzessionskatholik unter den Bürgervorstehern gewesen sein dürfte.

Auch zum Bildungsniveau der Bürgervorsteher läßt sich nichts Eindeutiges sagen: Nachweisbar hatten selbstverständlich die beiden Angehörigen der freien Berufe (ein Rechtsanwalt und Notar sowie ein Arzt) ein Hochschulstudium abgeschlossen, der Rektor der Volksschule ein Lehrerseminar besucht, aber bei allen anderen Bürgervorstehern, auch wenn sie sich Ingenieur oder Architekt nannten, ist der Besuch einer höheren Bildungsanstalt nicht nachweisbar. Wahrscheinlich haben die meisten Bürgervorsteher nur die Bürgerschule, allenfalls noch das Realgymnasium besucht und dann eine Lehre durchgemacht. Vereinzelte eigenständige Schriftstücke von Bürgervorstehern selbst noch aus der Zeit nach der Jahrhundertwende weisen jedenfalls Unbeholfenheit im Ausdruck, von grammatikalischen, orthographischen und Zeichensetzungsfehlern einmal ganz abgesehen, auf, die den von einem zeitgenössischen Beobachter mitgeteilten Eindruck eines allgemein eher niedrigen Bildungsniveaus der Bürgervorsteher betätigen[40].

Von genau der Hälfte der 90 Bürgervorsteher ist das Lebensalter bei ihrer erstmaligen Wahl bekannt: Nur einer von ihnen hatte damals das 30. Lebensjahr noch nicht vollendet, zwischen dem 30. und 40. Lebensjahr standen sieben Bürgervorsteher, zwischen 40. und 50. sowie 50. und 60. jeweils 17 und über 60 Jahre waren drei; da es sich hierbei um das Lebensalter bei der erstmaligen Wahl handelt, dürfte das Bürgervorsteherkollegium in der Regel eine Versammlung von älteren Herren gewesen sein; das Durchschnittsalter betrug z. B. nach den Neuwahlen 1905 rd. 55,5 Jahre, dabei war der jüngste Bürgervorsteher noch nicht ganz 36, der älteste fast 76 Jahre alt.

Daß es sich bei dem Bürgervorsteherkollegium eher um eine Altherrenversammlung handelte, wird übrigens auch durch eine Überprüfung der Gründe, die zum Ausscheiden aus dem Bürgervorsteherkollegium geführt haben, eindeutig bestätigt: Von den 90 Bürgervorstehern waren am Ende des Kaiserreichs noch 23 im Amt; von den verbleibenden 67 Bürgervorstehern waren 24, also mehr als ein Drittel, im Amt verstorben, acht schieden wegen der Wahl zu ehrenamtlichen Senatoren, drei weitere wegen Wegzugs aus der Stadt, zwei schließlich wegen Konkurses oder Verurteilung in einem Strafverfahren aus. Von den verbleibenden 30 Bürgervorstehern schieden elf aus, da sie wegen Alter und/oder Krankheit von sich aus auf eine erneute Kandidatur verzichteten, nur fünf unterlagen einem Gegenkandidaten, während in 14 Fällen – hauptsächlich aus den Jahren bis 1887 – die Ursache für das Ausscheiden nicht bekannt ist. Selbst wenn unter letztgenannten Fällen eine erhebliche Zahl von Bürgervorstehern sein sollte, die in einer Kampfabstimmung aus dem Kollegium herausgewählt wurden, was freilich eher als unwahrscheinlich anzusehen ist, da sich wirkliche Wahlen, d.h. das Auftreten mehr als eines Bewerbers, erst nach der Jahrhundertwende zu häufen begannen, läßt sich formulieren, daß Tod, freiwilliger Verzicht oder Wahl in den Magistrat die wesentlichen Gründe für das Ausscheiden aus dem Bürgervorsteherkollegium waren oder daß – anders ausgedrückt – ein einmal gewählter Bürgervorsteher eine sehr hohe Chance besaß, so lange im Amt zu bleiben, wie es ihm selber beliebte.

Die politische Orientierung der Bürgervorsteher wurde schon angesprochen: Nationalliberal, allenfalls freikonservativ und in einem Einzelfall auch linksliberal. Freilich ist bei einer solchen Konformität der politischen Orientierung (formelle Parteimitgliedschaft der Bürgervorsteher läßt sich nämlich in vielen Fällen trotz der Kandidatur auf den nationalliberalen Wahlmännerlisten für die preußischen Abgeordnetenhauswahlen nicht nachweisen) auch zu bedenken, daß aus persönlichen Animositäten, verletzten Eitelkeiten und divergierenden sozio-ökonomischen Interessen erbitterte Feindschaft entstehen konnte, die dann doch wieder Fraktionierungen mit sich brachte. Das schon erwähnte Beispiel der 1910 und erneut 1913 am Widerstand von Arthur Helms gescheiterten Kandidatur des Rechtsanwalts Eduard Rose, immerhin stellvertretender Vorsitzender des nationalliberalen Wahlvereins in Harburg und Mitglied des Vorstandes im Regierungsbezirk Lüneburg, steht dafür ebenso wie die zumindest von einzelnen Bürgervorstehern vorgetragene Kritik an der städtischen Bauverwaltung, der schlicht vorgeworfen wurde, sich von konkurrierenden Bauunternehmern bestechen zu lassen[41]. Natürlich dürfen solche Fälle devianten Verhaltens in der nationalliberalen Klüngelwirtschaft auch nicht überbewertet werden, denn in der Regel war der Konformitätsdruck hoch genug, die sozialen und ökonomischen Interessen so gleichgerichtet und die soziale Vernetzung im lokalen Vereins- und Kammerwesen so ähnlich, daß im Bürgervorsteherkollegium Meinungsverschiedenheiten nur in ganz engen Grenzen, nicht aber in Grundsatzfragen auftauchten. Dazu mag auch beigetragen haben, daß nur vereinzelt Bürgervorsteher über den örtlichen Rahmen hinaus politische Aktivität entfalteten[42] und daß ferner zwischen einer ganzen Reihe von Bürgervorstehern auch verwandschaftliche Beziehungen bestanden[43].

Fast alle Bürgervorsteher waren Multifunktionäre: In der Regel waren sie Vorsitzende oder zumindest Vorstandsmitglieder im Bürgerverein ihres Wahlbezirks, Mitglieder des Centralverbands der Bürgervereine, als Kaufleute Vorsitzende oder Mitglieder der Handelskammer, als Kleinhändler Vorsitzende oder Vorstandsmitglieder der Detaillistenkammer Harburg und Umgebung, als Handwerker Obermeister oder stellvertretender Obermeister der jeweiligen Innung sowie Mitglieder der Handwerkskammer in Harburg, gehörten den Vorständen der örtlichen Krankenkassen und diversen örtlichen Beiräten staatlicher Organisationen an, waren Armenbezirksvorsteher, hatten Leitungsfunktionen in der Feuerwehr, bei den Schützen, den Turn- und Sängervereinen, gehörten dem Museumsverein an. Nicht nur in den eher seltenen Sitzungen des Bürgervorsteherkollegiums und den gemeinsamen Sitzungen beider Kollegialorgane[44], sondern auch in vielen anderen Vereinen (selbst in dem teilweise mit den Bürgervereinen konkurrierenden «Haus- und Grundbesitzerverein») und bei gesellschaftlichen Anlässen traf sich ständig der gleiche Kreis. Zwar gab es da gewisse feine Unterschiede: die Handwerker, Gastwirte, wohl auch die Lehrer und Beamten, und sicher die Landwirte bewegten sich in engeren Kreisen als etwa die Großkaufleute und Industriellen, aber es gab doch eine verhältnismäßig hohe Dichte von außeramtlichen Kontakten aller Bürgervorsteher untereinander[45].

In der politischen Praxis war das wichtigere der Kollegialorgane der Magistrat; ihm gehörten von 1851 bis 1894 fünf Mitglieder, der (Ober-)Bürgermeister, der Syndikus und drei ehrenamtliche Senatoren, und seit Januar 1895, als ein weiterer besoldeter rechtskundiger und ein ehrenamtlicher Senator gewählt wurden, sieben Mitglieder an. Alle Magistratsmitglieder wurden seit 1858 (revidierte Städteordnung) durch ein zu gleichen Teilen aus den vorhandenen Magistratsmitgliedern und dafür gewählten Bürgervorstehern gebildetes Gremium auf Lebenszeit gewählt. Die ehrenamtlichen Senatoren, auf die hier zunächst eingegangen wird, unterschieden sich – wie aus Tabelle 8 ersichtlich – in ihrer sozialen Zusammensetzung in signifikanter Weise von den Bürgervorstehern. Handwerker, Gastwirte, Landwirte, Beamte oder auch Angehörige der freien Berufe fanden in diesen Kreis keine Aufnahme, sondern hier blieben die Großkaufleute und Industriellen unter sich, wobei die geschäftlichen Interessen der hier vertretenen Personen so weit gespannt waren, daß eine eindeutige Zuordnung zum Bereich Handel oder Industrie nur selten möglich ist. Alle Senatoren, auch der als Fabrikdirektor geführte Carl Maret, waren wirtschaftlich selbständig, und gehörten mit Sicherheit zu den vermögenden Leuten der Stadt[46].

Tabelle 8: Die ehrenamtlichen Senatoren der Stadt Harburg 1859–1918

	Name	Stand	Amtszeit
1.	Ernst, Hermann	Großkaufmann in Fa. Enoch & Ernst, Getreidehandel und Spedition	29. 3. 1856–1859
2.	Assmann, Ludwig	Großkaufmann in Fa. Waßmann & Assmann, Spedition und Kommissionsgeschäft	18. 6. 1845–1873
3.	Strube, Heinrich	Großkaufmann, Getreidehandel	15. 1. 1853–4. 6. 1878
4.	Thörl, Friedrich	Großkaufmann und Industrieller, Mitinhaber von Thörl & Heidtmann, chem. Fabrik	29. 6. 1859–5. 10. 1886
5.	Hastedt, Wilhelm	Industrieller, Brauereibesitzer, Rittergutsbesitzer, 1. 3. 1871–18. 4. 1873 BV, 1882–1885 MdPAH, 1887–1893 MdR, 1888–1904 Mitgl. des Kreistages Landkreis Harburg	15. 4. 1873–12. 9. 1904
6.	Kayser, Rudolf	Industrieller, Brauereibesitzer (Ulrich & Anschütz), 1. 3. 1875–1878 BV	2. 8. 1878–14. 4. 1888
7.	Maret, Carl	Ingenieur, Fabrikdirektor, Vereinigte Gummiwarenfabriken 1. 3. 1877–22. 12. 1886 BV (Wortführer 1881–1886)	16. 12. 1886–23. 1. 1904
8.	Weinlig, Eduard	Industrieller, Kohlensäure- u. Mineralwasserfabrik Steinike & Weinlig, 1. 3. 1879–1888 BV (Wortführer Jan. 1887–1888)	18. 5. 1888–1919
9.	Osterhoff, Heinrich	Industrieller, Brauereibesitzer, Rentier, 1. 3. 1879–10. 1. 1895 BV (Wortführer 25. 6. 1888–10. 1. 1895)	15. 12. 1894–6. 3. 1920
10.	Lühmann, Georg	Buchdruckereibesitzer, Verleger der Harburger Anzeigen und Nachrichten, Geh.Kom.Rat, Vorsitzender der Handelskammer, 30. 11. 1893–8. 2. 1904 BV (Wortführer Jan. 1895–8. 2. 1904)	16. 2. 1904–18. 10. 1912
11.	Renck, Karl	Großkaufmann, Inhaber der Fa. Renck & Hessenmüller, Reederei, stellv. Vorsitzender der Handelskammer, Vizekonsul Großbritannien	5. 11. 1904–27. 1. 1909
12.	Helms, August	Großkaufmann, Schloßmühle, Getreidehandel, 1. 3. 1901–21. 3. 1909 BV	10. 3. 1909–21. 6. 1920
13.	Hastedt, Richard	Großkaufmann, Weinhändler in Fa. G. L. Hastedt, 24. 10. 1910 (5. 10. 1911)–Nov. 1912 BV	26. 11. 1912–10. 7. 1924

Vgl.: Kausche, Der Magistrat der Stadt Harburg, Nr. 137, 128, 133, 139, 143, 145, 149, 150, 154, 157, 158, 160, 162.

Alle ehrenamtlichen Senatoren waren nationalliberal, hatten aber mit Ausnahme von Wilhelm Hastedt, der auch Mitglied des preußischen Abgeordnetenhauses und des Reichstags gewesen war, ihre politischen Aktivitäten auf die Stadt und die Region beschränkt. Mitgliedschaft im Bürgervorsteherkollegium vor der Wahl in den Magistrat war jedenfalls bei den nach 1866 gewählten ehrenamtlichen Senatoren die Regel, und in fünf Fällen hatten sie das Amt des Wortführers (bzw. amtierenden Wortführers) im Bürgervorsteherkollegium ausgeübt. Nur einer der nach 1866 gewählten Senatoren, Karl Renck, besaß keine Erfahrung als Bürgervorsteher – und das brachte Schwierigkeiten bei der Wahl mit sich, da er zwar die sechs Wahlmännerstimmen des Magistrats erhielt, die sechs des Bürgervorsteherkollegiums aber auf dessen Wortführer Heinrich Albers entfielen, so daß Renck nur durch Entscheidung des Regierungspräsidenten in Lüneburg in den Magistrat einziehen konnte[47].

Dieser Vorgang aus dem Oktober 1904 ist in doppelter Hinsicht symptomatisch: Für den Magistrat insofern, als dieser darauf bestand, daß die soziale Zusammensetzung der ehrenamtlichen Senatoren unverändert blieb, war doch der Kandidat des Bürgervorsteherkollegiums, Albers, nur angestellter Direktor des Harburger Vorschußvereins, und als solcher wäre er ein Fremdkörper im Magistrat gewesen; für das Bürgervorsteherkollegium insofern, als dieses seinerseits Anspruch darauf erhob, daß seine jeweiligen Wortführer so etwas wie ein Erstgeburtsrecht auf die Zuwahl in den Magistrat erhielten. Und in der Praxis hatten die Wortführer mit einer Ausnahme – und hier handelte es sich mit dem Maurermeister Johannes Fricke (1878–1881) um den einzigen Handwerker, der dieses Amt innegehabt hatte – auch ihre Zuwahl in den Magistrat erreicht. Mit der Zuwahl von August Helms im März 1909 wurde dieser Anspruch erneut bestätigt, denn Helms war nach dem Tode von Albers amtierender Wortführer, während die Wahl von Richard Hastedt im November 1912 erneut den amtierenden Wortführer überging und auch insofern ungewöhnlich war, als Hastedt nur etwas mehr als ein Jahr als Bürgervorsteher amtiert hatte.

Alle ehrenamtlichen Senatoren waren Protestanten. Ihre formale Bildung dürfte – wie schon bei den Bürgervorstehern angemerkt – trotz herausgehobener beruflicher Stellung verhältnismäßig niedrig gewesen sein. Dies hing auch damit zusammen, daß der jüngste der im Kaiserreich gewählten ehrenamtlichen Senatoren im Jahre 1857 geboren war. Sechs von ihnen stammten von auswärts – überwiegend aus Orten in der Provinz Hannover – sechs waren gebürtige Harburger aus alteingesessenen Familien. Von einem (Rudolf Kayser) ist die Herkunft unbekannt. Ihr Lebensalter betrug bei der Wahl in den Magistrat zwischen knapp 38 Jahren, dies war freilich eine Ausnahme, und 63 Jahren, im Durchschnitt knapp 51 Jahre. Wie beim Bürgervorsteherkollegium handelte es sich bei den ehrenamtlichen Magistratsmitgliedern um eine Versammlung z. T. sehr alter Herren, was natürlich auch damit zusammenhing, daß sie in Harburg die Wahl auf Lebenszeit wörtlich verstanden und keinen Gebrauch von der nach der Städteordnung möglichen Entbindung von ihrem Amt wegen hohen Alters machten. Im Durchschnitt betrug die Amtsdauer rund 18 Jahre, lag also sehr viel höher als bei den Bürgervorstehern. Die lange Amtszeit brachte ein erhebliches Maß an Kontinuität, an Geschäftserfahrung, wohl aber auch an Unbeweglichkeit in den ehrenamtlichen Teil des Magistrats, der darin freilich von seinem hauptamtlichen Teil noch übertroffen wurde.

Von den vier im Berichtszeitraum amtierenden (Ober-)Bürgermeistern hatte nur der erste, August Grumbrecht (geb. 1811, gest. 1883, OB 1855–1883) eine längere Berufserfahrung außerhalb der Verwaltung. Nach über 14jähriger Tätigkeit als Anwalt wurde er 1847 Obergerichtsanwalt in Lüneburg und im Mai 1855 im zweiten Wahlgang gegen den bereits amtierernden Syndikus der Stadt, Carl Schorcht, der vom März 1883 bis November 1885 sein Nachfolger im Bürgermeisteramt wurde, gewählt[48]. Grumbrecht spielte sowohl im Königreich Hannover wie später in Preußen und im Deutschen Reich als Mitglied der Nationalversammlung 1848/49, der II. hannoverschen Kammer 1850–1852, des preußischen Abgeordnetenhauses 1867–1870 und des Reichstages 1867–1878 auch auf nationaler Ebene eine gewisse Rolle in der nationalliberalen Partei, während seine Nachfolger Schorcht wie Ludowieg und Denicke sich darauf beschränkten, den nationalliberalen Wahlverein vor Ort zu leiten und selber auch nicht mehr ein Mandat in den Parlamenten Preußens oder des Reichs anstrebten.

Schorcht, der zusammen mit Grumbrecht in seiner Eigenschaft als Syndikus bis in den Beginn der 1880er Jahre die städtische Politik und Verwaltung geprägt hatte, war schon ein alter Mann, als er endlich für zwei kurze Jahre Bürgermeister wurde. Sein Nachfolger wurde der bisherige Bürgermeister von Hameln, Ludowieg, der sich allerdings – und insofern liegt eine Parallele zur Wahl Grumbrechts 1855 vor – erst gegen den gerade zwei Jahre amtierenden neuen Syndikus Heinrich Denicke (geb. 1856, gest. 1943), für dessen Wahl sich 651 Bürger (bei rund 970 wahlfähigen Bürgern) in einer Petition ausgesprochen hatten, durchsetzen mußte. Als sich Ludowieg Ende 1899 pensionieren ließ – etwas, was die städtischen Kollegien 1880 Grumbrecht noch verweigert hatten – wurde Denicke einstimmig zu seinem Nachfolger gewählt und blieb bis Ende 1924 im Amt.

Sein Nachfolger als Syndikus wurde – und das war eigentlich ungewöhnlich – nicht der seit 1895 amtierende rechtskundige Senator Julius Tilemann, sondern Ernst Wegener, der nach kurzer Tätigkeit als Magistratsassessor in Stettin, besoldeter Stadtrat in Frankfurt a. O. und Bürgermeister von Swinemünde, von 1900 bis 1910, als er 51jährig aus Gesundheitsgründen ausschied, Syndikus der Stadt war. Ihm folgte wiederum Tilemann als Syndikus (1. 4. 1910–31. 3. 1926), während dessen Position als rechtskundiger Senator der 1882 geborene Philipp Behrens einnahm, der Ende September 1926 ebenfalls aus Gesundheitsgründen pensioniert wurde. Grumbrecht war fast 28 Jahre Oberbürgermeister, Schorcht zwar nur knapp zwei Jahre, dafür aber über 30 Jahre Syndikus, Ludowieg brachte es wieder auf fast 14 Dienstjahre und Denicke auf 16 Jahre als Syndikus und weitere 24 Jahre als Oberbürgermeister, Tilemann war mehr als 31 Jahre rechtskundiger Senator und Syndikus, die Dienstzeiten Wegeners als Syndikus von 10 Jahren und von Behrens von 16 Jahren als rechtskundiger Senator waren dagegen eher kurz.

Gehörten die ehrenamtlichen Magistratsmitglieder zu den wirklich vermögenden Einwohnern der Stadt, so gehörten die hauptamtlichen Magistratsmitglieder – von denen wohl nur Grumbrecht und Ludowieg ein erheblicheres Privatvermögen besaßen – zu den glänzendst bezahlten Beamten, deren Gehälter – wie aus Tabelle 9 ersichtlich ist – stets weit über denen vergleichbarer Staats- oder Reichsbeamter lagen. Nur vom Gehalt her gesehen hätte ein Harburger Oberbürgermeister höchstens noch mit den Oberpräsidenten oder den Unterstaatssekretären tauschen mögen, der Syndikus erreichte das Gehalt der Ministerialdirektoren, und selbst der rechtskundige Senator, der dieses Amt gewöhnlich unmittelbar nach der zweiten juristischen Staatsprüfung übernahm, kam noch auf das Gehalt eines Vortragenden Rates in den Reichs- und preußischen Ministerien. Und im Vergleich mit den städtischen Beamten oder gar den städtischen Volksschullehrern war die Bezahlung der hauptamtlichen Magistratsmitglieder geradezu fürstlich, zumal sie z. T. auch noch Dienstwohnung gegen eine weit unter der ortsüblichen Miete liegende Entschädigung erhielten[49].

Freilich, einen Preis hatten die hauptamtlichen Magistratsmitglieder für diese fürstliche Besoldung zu zahlen: Sie, die über den Beamtenapparat verfügten, der zwischen 1867 von nur 16 auf 1914 rd. 170 unmittelbare Magistratsbeamte und Angestellte, bei einer Vergrößerung der Gesamtzahl der von der Stadt besoldeten Beamten, Angestellten, Arbeiter und Lehrer von ca. 70 auf mehr als 680[50], angewachsen war, waren in ihrer die Stadt gestaltenden Tätigkeit von den von bestimmten sozio-ökonomischen Interessen beherrschten Kollegialorganen, dem Bürgervorsteherkollegium und der ehrenamtlichen Mehrheit des Magistrats, abhängig, konnten nur so viel tun, wie diese mitzutragen bereit waren.

Tabelle 9: Besoldung der hauptamtlichen Magistratsmitglieder

Jahr	(Ober-) Bürgermeister		Syndikus	rechtskundiger Senator
1867	2000 RT (= 6000 M)		1000 RT (= 3000 M)	–
1885	7500 M		5000 M	–
1890er	8000–10000 M		6000–8000 M	4500–6600 M
1900	9500–12000 M		7000–9500	4500–7000 M
1909	10000–14000 M	+ 2000 M Repräs. Zulage	7500–10000 M	5000–9000 M
1911	12000–16000 M	+ 2000 M Repräs. Zulage	8000–12000 M	6000–10000 M

Quelle: StA Hbg, Harburg 4, II D 2a–18, 47, 53, 59, 95 Bd. I.

Grundzüge kommunaler Politik

Es ist ein in allen Überblicksdarstellungen wiederholter Gemeinplatz, daß sich zwischen den 1860er Jahren und dem Ersten Weltkrieg die Tätigkeit der Kommunen erheblich ausdehnte, ihr Beamtenapparat ebenso wie ihre sächlichen Ausgaben viel schneller wuchsen als die der Bundesstaaten und des Reiches und daß dies vor allem auf die Übernahme zahlreicher neuer Aufgaben zurückzuführen gewesen ist[51]. Dieser Tatbestand ist auch für Harburg zu verzeichnen, wie die in Tabelle 10 vorgenommene Übersicht über das Wachstum der städtischen Bediensteten und die Daten über den städtischen Haushalt ausweisen.

Hatte dieser im Jahre 1867 mit Einnahmen von rd. 640000 Mark (darunter nur rd. 65000 Mark direkten Steuern) und Ausgaben von rd. 612000 Mark und einem Überschuß von rd. 28000 Mark abgeschlossen, betrug das Haushaltssoll im ordentlichen Kämmereihaushalt 1913/14 in Einnahmen und Ausgaben rd. 4,5 Mill. Mark (dabei Einnahmen aus direkten Steuern in Höhe von 2,8 Mill. Mark) und im außerordentlichen in Einnahmen und Ausgaben rd. 1,1 Mill. Mark[52]. Nicht eingerechnet sind hierbei die Haushalte der Stiftungen und die der städtischen Werke nur mit den der Kämmereikasse für Verzinsung und Amortisation der zum Bau aufgenommenen Anleihen überwiesenen Beträgen.

Die Verzehnfachung des Personals und die Verneunfachung des Haushaltsvolumens scheinen jene generellen Aussagen eindrucksvoll auch für Harburg zu bestätigen, es habe sich zwischen 1867 und 1914 ein durchgreifender Wandel in den Städten hin zum Ausbau der Leistungsverwaltung vollzogen, und damit auch zu belegen, daß ganz unabhängig von der Gewährung oder Verweigerung von Partizipationschancen für die breite Masse der Bevölkerung Sachzwänge dazu geführt haben, daß die kommunale Politik nicht nur die Interessen der wenigen Privilegierten, sondern auch der vielen Unterprivilegierten berücksichtigen mußten.

Da gerade die Daten über die städtischen Finanzen immer wieder als Beleg für solche

Tabelle 10: Städtische Bedienstete (Beamte, Beamtenanwärter, Angestellte, Arbeiter und Lehrer) 1867 und 1913

	1867 insgesamt	davon weibl.	1913 insgesamt	davon weibl.
1. Magistratsmitglieder (hauptamtlich)	2	–	3	–
2. Magistratsbüro	2	–	20	5
3. Revisionsamt	1	–	4	–
4. Steuerbüro	}	–	22	–
5. Militärbüro	}	–	5	–
6. Armenverwaltung	} 3	–	22	4
7. Hauptregistratur	}	–	3	–
8. Standesamt	}	–	6	–
9. Botenmeisterei	}	–	5	–
10. Polizeidirektion	–	–	118	–
11. Kämmerei	2	–	24	–
12. Sparkasse	2	–	5	–
13. Stadtbauamt	2	–	43	–
14. Gas- u. Wasserwerk	–	–	42	–
15. Schlachthof	–	–	20	–
16. Elektrizitätswerk	–	–	11	–
17. Krankenhaus	2	–	35	20
Zwischensumme	16	–	388	29
18. Lehrer an Volksschulen	21	2	188	55
19. Lehrer an Mittelschulen	–	–	52	12
20. Lehrer an höheren Schulen	22	2	48	10
21. Lehrer an Handelsschulen	11	–	7	1
Zwischensumme Lehrer	54	4	295	78
Summe Stadt	70	4	683	107

Quellen: StA Hbg, Harburg 4, II D 2a–18, 95 Bd. I; Hand- und Adreßbuch der Stadt Harburg 1867, 1868, 1913, 1914; Stat. Jb. Deutscher Städte 20 (1914), S. 268f., 290f., 495.

Thesen angeführt werden, sollen sie im folgenden kurz analysiert werden. Aus praktischen Gründen geschieht dies in einem Doppelschritt: Zunächst soll die Entwicklung der von der Stadt aufgenommenen Schulden und der von ihr verzinslich ausgeliehenen Kapitalien (Tabelle 11) sowie die Zweckbestimmung der Schuldaufnahme und die Zusammensetzung des Eigenvermögens Ende 1913 (Tabelle 12) und dann die Entwicklung der städtischen Zuschläge zu den staatlichen Personal- und Realsteuern untersucht werden (Tabelle 13).

Diese globale Übersicht über die Entwicklung der Schulden der Stadt Harburg läßt deutlich drei Perioden der städtischen Finanzwirtschaft hervortreten: Die Jahre bis 1885, als unter Oberbürgermeister Grumbrecht und Syndikus Schorcht sich die Bruttoverschuldung der Stadt zwar auch annähernd verdoppelte, zugleich aber aus Überschüssen des ordentlichen Stadthaushalts so viel verzinsliche Kapitalanlagen erfolgten, daß die Nettoverschuldung nur um bescheidene 78500 Mark zunahm; die Jahre unter Oberbürgermeister Ludowieg (1885–1899), in denen die Bruttoschulden sich kaum verdoppelten, zugleich aber das eigene

Tabelle 11: Schulden und Kapitalvermögen der Stadt Harburg

Stichdatum	Bruttoschulden	Kapitalvermögen[1]	Nettoschulden
31. 12. 1866	1984350	1329800	654550
31. 12. 1875	3147600	2468400	679200
31. 12. 1880	3534800	2797000	737800
31. 12. 1885	3625000	2892000	733000
31. 12. 1890	4741600	3459300	1282300
30. 9. 1892	4385000[2]	373000[2]	4012000
31. 3. 1898	6092600	497400	5595200
31. 3. 1904	10915300	1049900	9865400
31. 12. 1913	15320500	1351500	13969000

Quelle: StA Hbg, Harburg 4, IV E 1–1, 2, 9, 10, 92.
1 Nur verzinslich angelegtes Kapitalvermögen.
2 Tausch von verzinslich angelegten Kapitalvermögen und Schulden bei der städtischen Sparkasse.

Kapitalvermögen der Stadt auf weniger von einem Fünftel des Standes von 1885 abgeschmolzen wurde und die Nettoverschuldung sich mehr als versiebenfachte; und schließlich die Jahre unter Oberbürgermeister Denicke bis zum Ersten Weltkrieg, als Bruttoverschuldung, Kapitalvermögen und Nettoverschuldung der Stadt im Gleichschritt jeweils auf das Zweieinhalbfache wuchsen.

Unter Grumbrecht und Schorcht wurde eine absolut konservative Finanzpolitik verfolgt, beschränkte sich die Stadt auf ihre althergebrachten Aufgaben, investierte etwas ins Armen- und Krankenhauswesen, auch etwas, da es unumgänglich war, in Schulneubauten, hielt sich ansonsten aber völlig zurück. Unter Ludowieg begann dann die Expansion mit dem Bau von Gas- und Wasserwerk und Schlachthof und der verstärkten Pflasterung der Straßen, ohne daß freilich gerade im letzteren Bereich kostendeckende Anliegerbeiträge verlangt wurden und ohne eine genügende Erhöhung der Kommunalsteuern (vgl. Tabelle 13), so daß die Brutto- und Nettoverschuldung der Stadt sprunghaft anstieg. Unter Denicke setzte sich diese Expansion zunächst einmal mit dem Bau eines eigenen Elektrizitätswerkes, dem kostenintensiven Beginn einer städtischen Kanalisation und Abwasserreinigung, dem Bau zahlreicher Verwaltungsgebäude und mit der Errichtung von neuen Schulbauten (insbesondere im Bereich der höheren Schulen) sowie der Beteiligung an dem Hafenausbau fort, wobei zur Finanzierung sowohl eine kontinuierliche Anhebung der Gemeindeeinkommensteuer (vgl. Tabelle 13) erfolgte als auch die Brutto- und Nettoverschuldung erheblich, freilich sehr viel langsamer als zwischen 1885 und 1898, anwuchs. Wichtig bei der Denickeschen Finanzpolitik ist es auch, daß die beiden Steuern, auf deren Erhöhung die im Bürgervorsteherkollegium und Magistrat vertretenen Interessen besonders empfindlich reagierten, nämlich die Grund- und Gebäudesteuer sowie die Gewerbesteuer nur um 10 bzw. 30 Punkte angehoben wurden, so daß Harburgs Steuern insgesamt weit hinter dem Durchschnitt vergleichbarer preußischer Industriestädte zurückblieben (vgl. Tabelle 13)[53].

Die in Tabelle 12 vorgenommene Aufteilung der von der Stadt aufgenommenen Schulden und ihres Vermögens ermöglicht – obgleich hier natürlich nur ein Stichdatum erfaßt wird und, da die Stadt ihre sämtlichen auf Inhaber lautenden Anleihen, aber auch die bei der eigenen und fremden Sparkassen sowie bei den Landesversicherungsanstalten Hannover und der Hansestädte in Lübeck aufgenommenen Darlehen regelmäßig mit 1 bis 3 v. H. plus er-

Tabelle 12: Zweckbestimmung der Schulden und Formen des Vermögens der Stadt Harburg (Stand 31. 12. 1913)

Schulden	M
1. sogenannte alte Schuld	967032
2. Übernommene Schulden bei Eingemeindungen	271479
3. Gas-, Wasserwerk, Schlachthof	2151600
4. Elektrizitätswerk	957894
5. Elbbrücke	297660
6. Rathaus	315000
7. Hafenausbau	985273
8. Kranken- u. Armenhaus	904273
9. Kanalisation	3878500
10. Schulbauten	2066256
11. Verwaltungsbauten	1760806
12. Straßenbau	750000
13. Für verbilligte 2. Hypotheken des privaten Wohnungsbaus	1000000
Summe	15320500

Vermögen	M
1. Alter Kapitalienfonds	387404
2. Schuldentilgungsfonds	254088
3. Ausgleichsfonds	460000
4. Verschiedene Baufonds	186382
5. Gerechtsame der Stadt	63630
Zwischensumme frei verfügbarer Kapitalfonds 1.–5.	1351504
6. Pensionsfonds für städt. Angestellte, Arbeiter, Lehrer	252947
7. Reservefonds von Gas-, Wasser-, Elektrizitätswerk u. Schlachthof	645075
8. Buchwert von Gas-, Wasser-, Elektrizitätswerk u. Schlachthof	8333579
9. 18 %ige Beteiligung am Hafenbaukonsortium	1760858
10. unbebaute Grundstücke	2312178
11. unbebaute Grundstücke Hafen	204400
12. vermietete Wohngebäude	688706
Zwischensumme 7.–12.	13944796
13. Grundstücke (Parks etc.)	1021205
14. Verwaltungsgebäude	1126640
15. Gebäude der Abfuhr, Kanalisation, Straßenreinigung, Fuhrpark, Krankenhaus	5936295
16. Schulgebäude	4756131
Zwischensumme 13.–16.	12840271
Summe	28389518

Quelle: StA Hbg, Harburg 4, IV E 2–92 (verschiedene Zusammenstellungen 1913/14).

Tabelle 13: Hebesätze zu den staatlichen Steuern

Zeitraum Steuerjahr	Einkommensteuer	Grund- und Gebäudest.	Gewerbesteuer	Betriebssteuer
1878/79 – 1891/92	140	100	100	100
1892/93 – 1899/00	130	190	190	190
1900/01 – 1901/02	140	200	200	200
1902/03	150	200	200	200
1903/04 – 1906/07	160	200	220	200
1907/08	160	200	220	100
1908/09 – 1914/15	170	200	220	100
Zum Vergleich: 28 preuß. Industriestädte mit 40001–100000 Einwohnern 1913/14 u. 1914/15	216	236	221	200

Quellen: StA Hbg, Harburg 4, IV F 1a–43 bis 53; IV F 2–82 u. 86; Kommunales Jahrbuch, Kriegsband, Jena 1919, S. 494ff.

sparter Zinsen tilgte, damit keineswegs die Gesamtheit der für einen Zweck aufgenommenen Schulden erfaßbar ist[54] – einen gewissen Einblick in die Schwerpunkte städtischer Politik. Dabei zeichnet sich von der Vermögensseite ein vielleicht noch prägnanteres Bild als von der Schuldenseite: Die gewinnbringenden Betriebe wie Gas-, Wasser- und Elektrizitätswerk und die unbebauten (auch veräußerbaren) Grundstücke sowie der Wohnhausbesitz der Stadt machten etwa 49 v. H. des Gesamtvermögens aus (bei den Schulden waren es nur 26,7 v. H.), die unveräußerbaren Verwaltungs- und Schulgebäude sowie unveräußerbare Grundstücke rd. 45,2 v. H. (aber 65,1 v. H. der Schulden), das frei verfügbare Kapitalvermögen etwa 4,8 v. H. (etwa 6,5 v. H. der Schulden – Position 13.) und der (allerdings für die auf ihm ruhenden Belastungen völlig unzureichende) Pensionsfonds rd. 0,9 v. H.

Wenn man eine Bilanz aufmachen will, so läßt sich folgendes feststellen: Die Stadt hat bis 1913/14 ihre Schuldverpflichtungen von rd. 15,32 Mill. Mark und ihr Kapitalvermögen sowie das Vermögen der gewinnbringenden Werke und den Buchwert der veräußerbaren Grundstücke mit zusammen rd. 15,30 Mill. Mark im Gleichgewicht gehalten, also grundsolide gewirtschaftet. Freilich hatte dieses einen Preis, den die Mitglieder der städtischen Kollegien und die sozialen Schichten, aus denen sie selber stammten, nicht zu zahlen hatten. Denn diese grundsolide Finanzwirtschaft, begleitet von einer relativ geringen steuerlichen Belastung von Handel und Gewerbe, großen Einkommen sowie Haus- und Grundbesitz, ging zu Lasten dessen, was man die Wohlfahrtsfunktionen der Gemeinden nennen könnte.

Zunächst sollte aber noch zur Entwicklung bei den städtischen Werken angemerkt werden, daß auch diese ihre Leistungen keineswegs der gesamten Bevölkerung gleichmäßig zur Verfügung stellten: Die Versorgung der Stadt mit reinem Quellwasser war lange Zeit nur partiell, und zwar in den sogenannten «guten» Wohngegenden, gewährleistet. Der Anschluß an die Kanalisation erfolgte ebenfalls zuerst in diesen Wohnquartieren – und niemals zu kostendeckenden Anliegergebühren. Gas und Elektrizität – einschließlich des dafür notwendigen Leitungsnetzes – kamen auch zuerst in diese Wohngegenden und in die Fabriken, während die Masse der privaten Haushalte, schon wegen der hohen Kosten, hiervon ausgeschlossen blieb, hatten doch 1914 von den mehr als 16000 Haushaltungen erst weniger als 1500 einen Gas- und gerade etwa 500 einen Elektrizitätsanschluß. Im Grunde dienten die städtischen Werke erst einmal der Versorgung der industriellen Betriebe und einer kleinen Minderheit der Bevölkerung, während die große Mehrheit zunächst – und dies gilt vor allem für die Kanalisation und Abwässerbeseitigung, wohl auch für den Ausbau der Straßen mit einer festen Decke – nur insofern daran Anteil hatte, als sie mit ihren Steuern einen Teil der erheblichen Kosten tragen durfte[55]. Natürlich konnten die städtischen Werke in der Folgezeit ausgebaut werden, damit auch der Versorgung der gesamten Bevölkerung dienen, aber dies geschah erst unter anderen kommunalpolitischen Voraussetzungen nach Ende des Ersten Weltkrieges.

Noch eindeutiger wird das Bild, wenn man sich der Frage zuwendet, was eigentlich in jenen Bereichen geschehen ist, die in einer wachsenden Stadt zu den ureigensten Aufgaben gehörten, nämlich in der Stadtentwicklung, dem Wohnungsbau und der Versorgung mit Schulen und Krankenhäusern. Um Stadtentwicklung und Wohnungsbau, Grundstücksgeschäfte und Grundstücksspekulation ging es laufend in den Sitzungen der städtischen Kollegien[56], freilich nicht im Sinne eines ordnenden Eingreifens der Stadt, der Sicherstellung einer ausreichenden und einigermaßen hygienischen Wohnungsversorgung oder gar der städtischen Förderung des Kleinwohnungsbaus für minderbemittelte Familien, sondern nur im Sinne einer möglichst «freien» Gestaltung und der Sicherstellung eines höchstmöglichen Profits der vielfältig verwobenen Interessen von Bürgervorstehern, von denen ja nicht wenige Bauunternehmer und Baumaterialienhändler waren, und den Grund- und Hausbesitzern[57].

Unter diesen Umständen war es nicht weiter verwunderlich, daß in Harburg vor dem Weltkrieg eine dauernde Unterversorgung mit billigem Wohnraum vorlag[58]. Erst in den letzten Jahren vor dem Weltkrieg tat die Stadt zögernd – und dann doch wieder nur im Interesse der privaten Besitzer – etwas für den Wohnungsbau: Sie stellte insgesamt 1 Mill. Mark für verbilligte zweite Hypotheken zur Verfügung, eine Summe, die für höchstens 500 Drei- bis Vierzimmerwohnungen ausreichend war[59]. Etwas weniger düster ist das Bild in der schulischen Versorgung: So sank die Klassenfrequenz in den Volksschulen (bzw. Bürger- und Freischulen) von 1886 = 62,2 auf 1891 = 54,9 auf 1901 = 61,4 und endlich auf 1911 = 52,2; wenngleich auch 1911 noch für die über 9000 Volksschüler nur 53,3 v. H. der gesamten Schulausgaben, für die rd. 2400 Schüler von Mittel-, höherer Bürgerschule und Realgymnasium aber 46,7 v. H. getätigt wurden und das Investitionsvolumen für die Schulen ein beinahe gleich großes Mißverhältnis aufwies[60].

Am eindeutigsten aber wird das Bild, wenn man die nicht unmittelbar zwingend vorgeschriebenen Aufgaben der Gemeinden betrachtet: Regte der preußische Staat vorsichtig an, zur Linderung konjunktureller oder saisonaler Arbeitslosigkeit mit eigenen städtischen Mitteln einzugreifen, oder wurde ebenso vorsichtig die Errichtung eines eigenen städtischen Arbeitsnachweises vorgeschlagen, überall blockierten Magistrat und Bürgervorsteherkollegium, gaben zu verstehen, daß in Harburg alles auch ohne solche überflüssigen, nur Begehrlichkeiten der Arbeiterschaft anreizende Einrichtungen zum Besten stehe[61]. Verordnete der Staat, wie z. B. mit der Einrichtung von Gesundheitskommissionen, einen Ausbau der Wohlfahrtsaufgaben, konnte sich die Stadt zwar nicht völlig entziehen, aber durch praktische Untätigkeit die Absichten doch konterkarieren[62]. Die Bereitstellung von 10000 Mark zum Ankauf verbilligten Auslandsfleisches angesichts dauernd steigender Preise im Jahre 1912 stellte da schon eine geradezu unerhörte Großzügigkeit dar[63].

Auch wenn die Politik der Stadt nur sehr summarisch dargestellt werden konnte, manche wichtige Einzelheiten unerwähnt bleiben mußten, so drängt sich doch als Ergebnis auf, daß die scharf begrenzten Möglichkeiten für politische Partizipation in der Stadt zu einem politischen Handeln führten, das in erster Linie die Interessen der alten Eliten berücksichtigte und allenfalls perspektivisch auch die Möglichkeit bot, die Interessen der Masse der Bevölkerung in Rechnung zu stellen. Dazu aber bedurfte es einer Revolution, die die alten politischen Vorrechte hinwegfegte und aus allen Einwohnern Bürger machte.

Anmerkungen

1 Vgl. dazu Matzerath, Urbanisierung in Preußen.

2 Allgemein zur kommunalen Selbstverwaltung vgl.: Heffter, Die deutsche Selbstverwaltung, insbes. S. 531ff. – Verfassung und Verwaltungsorganisation der Städte. – Hofmann, Aufgaben und Struktur der kommunalen Selbstverwaltung.

3 Dieser Aspekt wird in den meisten neueren Gesamtdarstellungen zur Geschichte des Kaiserreichs, aber auch in Untersuchungen über die politischen Parteien nicht hinreichend beachtet.

4 Vgl. hierzu auch Croon, Die gesellschaftlichen Auswirkungen des Gemeindewahlrechts.

5 So z. B. von Unruh, Die historischen Grundlagen der kommunalen Selbstverwaltung. – Ders., Staat und kommunale Selbstverwaltung.

6 Gesetzessammlung für das Königreich Hanover 1858, S. 141ff. Für die Landgemeinden galt ebenfalls das alte hannoversche Gesetz vom 28. 4. 1859 fort.

7 Vgl. zu dem gesamten Abschnitt die Darlegungen des Bürgermeisters von Einbeck, Troje, in: Verfassung und Verwaltungsorganisation der Städte II, S. 149ff.

8 Die einzige Partei, die ein Interesse daran hatte, diese Diskrepanzen offenzulegen, war die Sozialdemokratie, die sich freilich zunächst auf das Naheliegende, die Ausnutzung der Chancen des Reichstagswahlrechts, konzentrierte und erst nach ihrer organisatorischen Konsolidierung sich den Bundesstaaten und Gemeinden zuwandte.

9 Akten betr. Ortsstatute: StA Hbg, Harburg 4, II A 10–13. – Sammlung des Ortsrechts der Stadt Harburg, Harburg o. J. – Akten über Verleihung des Bürgerrechts: StA Hbg, Harburg 4, II C 1–7, 76, 79, 87, 95, 108, 118, 126, 127, 136.

10 Bis zur Einführung des revidierten Verfassungsstatuts der Stadt Harburg v. 28. 9. 1893 betrug die Gebühr für den Erwerb des Bürgerrechts 60 Mark, dann 50 Mark; zugleich war eine Gebühr von drei Mark jährlich für den Erhalt des Bürgerrechts zu zahlen. Um einen Anhalt über die relative Bedeutung der Gebühren zu haben, soll nur darauf hingewiesen werden, daß in den 1890er Jahren 50 Mark zwischen 5 und 10 v. H. des Jahreseinkommens eines Arbeiters in der Harburger Industrie entsprachen.

11 In den 1850er Jahren bei einem wenige zehntausend Taler betragenden ordentlichen Haushalt der Stadt bildeten die Einnahmen aus dem Erwerb und Erhalt des Bürgerrechts noch eine nicht unbeachtliche Grösse, 1913 bei einem Volumen des ordentlichen Haushalts von über 4,5 Mill. M waren die rd. 6500 M, die hieraus in die Stadtkasse flossen, unbedeutend.

12 Deren Zahl läßt sich nur über eine überaus arbeitsaufwendige Auszählung von Frauen – die Minderjährigen fallen auch hier durch – als Eigentümer von Wohn- und Geschäftshäusern oder unbebauten Grundstücken (nach dem seit den 1860er Jahren jährlich publizierten Adreß- und Handbuch der Stadt Harburg) erschliessen. Für ein Stichjahr – 1901 – wurde diese Arbeit durchgeführt; hiernach besaßen 92 Frauen zusammen 140 Wohn- oder Geschäftshäuser (von insgesamt 2384) und waren damit zum Erwerb und Erhalt des Bürgerrechts verpflichtet. Im Vergleich mit den 1901 vorhandenen rd. 1550 männlichen wahlberechtigten Bürgern war dies eine geringe Zahl.

13 Bis 31. 12. 1865 wurden 2 Taler 24 Groschen, ab 1. 1. 1866 2 Taler 9 Groschen und ab 1. 1. 1894 6 Mark verlangt. – StA Hbg, Harburg 4, II E 2–4. – Revidiertes Verfassungsstatut der Stadt Harburg v. 28. 9. 1893.

14 Vgl. hierzu die Arbeiten von Croon, Hofmann und Troje.

15 Diese Perioden wurden gewählt, weil sie mit den langfristigen wirtschaftlichen Zyklen verhältnismäßig gut korrespondieren und jeweils Aufschwungs-, Abschwungs- und Stagnationsphasen enthalten. Die Wachstumsraten betrugen 1851–1864 = 1,53 v. H., 1864–1893 = 1,21 v. H. und 1893–1913 = 1,29 v. H.

16 Bödecker, S. 190 ff.; S. 224 ff.

17 Die folgenden Angaben beruhen auf den Berufsangaben in den Wählerlisten für das Bürgervorsteherkollegium (Quellen s. Tabelle 1); diese sind zwar nicht für alle Termine und nicht für alle Wahlbezirke vorhanden, aber seit den 1870er Jahren doch verhältnismäßig vollständig und seit den 1890er Jahren mit einer Ausnahme lückenlos.

18 Die Angaben bei Troje (wie Anm. 7), S. 161 sind unzutreffend.

19 Die Angehörigen des öffentlichen Dienstes gaben – so jedenfalls das Ergebnis einer Stichprobe bei den Wahlen 1911 und 1913 – ihre Stimme noch überwiegend öffentlich ab: StA Hbg, Harburg 4, II E 2–27 und 30.

20 In diesem Vorschlag wurde betont, daß die – seit 1898 in den Urwahlbezirken, nicht aber wie zuvor im ganzen Stadtgebiet – vorzunehmende Bildung der drei Wahlklassen dazu führe, daß nun bei den Urwahlbezirken scharf darauf geachtet werden müsse, daß in die 1. und 2. Klasse «wenigstens, soweit von hier aus zu übersehen, reichstreue Wähler kommen» und außerdem «auch Leute vorhanden sind, die sich für die Ämter des Wahlvorstandes eignen». Aus diesem Grunde wurden dann auch viele Straßen auf mehrere Urwahlbezirke aufgeteilt: StA Hbg, Harburg 4, III B 6b–15, Vorlage der Stadtsekretäre Blume und Busch, 17. 8. 1898, Genehmigung durch den Magistrat, 27. 8. 1898.

21 Diese Aussage beruht auf einer Überprüfung der Bebauung in den einzelnen Wahlbezirken (nach dem Stande von 1900, also ohne den 1910 eingemeindeten VIII. Wahlbezirk) aufgrund der Daten im Adreß- und Handbuch der Stadt Harburg, Harburg 1901 (tatsächliches Erscheinungsdatum: November 1900).

22 Von den 13 zwischen den 1850er Jahren und 1918 amtierenden ehrenamtlichen Senatoren waren sieben zuvor Bürgervorsteher des I. Wahlbezirks, drei des IV. Wahlbezirks (zwischen 1893 und 1909 zu Senatoren gewählt), in zwei Fällen ließ sich der Wahlbezirk nicht feststellen und ein Senator war vorher nicht Bürgervorsteher; doch wohnten die drei letztgenannten Senatoren im I. Stadtbezirk.

23 Diese Aussage erfolgt aufgrund eines Vergleichs der Urwahlbezirke zum preußischen Landtag (seit 1893) mit den Wahlbezirken für die Bürgervorsteherwahlen: StA Hbg, Harburg 4, III B 6b–11 bis 37.

24 Revidierte Städteverordnung (wie Anm. 6), §§ 87 ff.

25 Im Harburger Stadtgebiet, das Teil des 17. hannoverschen Reichstagswahlkreises war, betrug die Wahlbeteiligung bei den Wahlen von 1867 bis 1874 zunächst auch nur rd. 25 v. H., stieg dann aber schon bei der Wahl 1877 auf über 60 v. H. (damals trat erstmals ein sozialdemokratischer Bewerber auf), bei den Wahlen der 1880er Jahre auf etwa 75 v. H. und betrug seit 1890 in Haupt- und Stichwahl niemals weniger als 86,5 v. H., 1903, 1907 und 1912 zwischen 93,0 und 94,8 v. H.: StA Hbg, Harburg 4, III A 2b–1 bis 43.

26 Dies gilt jedenfalls seit 1903, als die Sozialdemokraten sich erstmals beteiligten; hatte 1898 die Wahlbeteiligung noch bei nur 11,3 v. H. (51,0 v. H. in der 1. Kl., 25,0 v. H. in der 2. Kl. und 8,4 v. H. in der 3. Kl.) gelegen, so stieg sie schon 1903 auf über 70 v. H. (Bericht des Magistrats, 14. 7. 1908, StA Hbg, Harburg 4, III B 6a–1) und erreichte auch 1908 und 1913 wieder diesen Wert.

27 Es wurden hierfür alle Wahlen (einschließlich der Ersatzwahlen) zwischen 1. 1. 1903 und 28. 2. 1915 ausgewertet:

Wahlbezirk	Zahl der Wahlgänge	Zahl der zu wähl. BV	davon ohne Gegenkandidaten Wahlgänge	BV
I	9	12	6	9
II	7	9	6	8
III	6	9	3	4
IV	8	9	5	5
V	10	10	4	4
VI	4	7	4	7
VII	5	7	1	2
VIII	3	5	1	1
Stadtgebiet	52	68	30	40

Quelle: StA Hbg, Harburg 4, II E 2–17 bis 32.

28 Am 24. 10. 1910 fand im I. Wahlbezirk eine durch den Tod des bisherigen Bürgervorstehers verursachte Nachwahl statt, bei der der Weinhändler Richard Hastedt mit 77 Stimmen gegen 76 des Rechtsanwalts Eduard Rose (und 1 Stimme für den sozialdemokratischen Geschäftsführer des Konsumvereins, Heinrich Martens) gewählt wurde. Gegen dieses Ergebnis legten Rose und einige andere Bürger am 4. 11. 1910 Widerspruch ein, und zwar nicht nur aus formalen Gründen (es wurde die Wahlberechtigung von zwei Wählern bestritten), sondern auch, weil Unregelmäßigkeiten bei der Vorauswahl der Kandidaten durch den Vorsitzenden des Bürgervereins im I. Wahlbezirk, Arthur Helms, vorgekommen seien, «durch die die Wähler direkt irregeführt (worden) sind». Denn entgegen einem Votum des Vorstands des Bürgervereins für Rose habe Helms auf der Generalversammlung erklärt, «der Vorstand bleibe in diesem Fall neutral», und damit ein Votum der Generalversammlung für Hastedt ermöglicht. Aufgrund des Einspruchs erklärte das Bürgervorsteherkollegium mit 12 gegen 9 Stimmen (bei zwei abwesenden Bürgervorstehern) am 14. 11. 1910 die Wahl Hastedts für ungültig, der seinerseits nun Klage vor dem Bezirksausschuß erhob. Dort wurde die Wahl Hastedts am 16. 2. 1911 für gültig erklärt, wogegen wiederum Rose (nicht aber mehr das Bürgervorsteherkollegium) Widerklage vor dem Kgl. Oberverwaltungsgericht in Berlin erhob, die am 26. 9. 1911 abgewiesen wurde. Am 5. 10. 1911, also fast ein Jahr nach der Wahl, wurde Hastedt dann als Bürgervorsteher vereidigt (StA Hbg, Harburg 4, II E 2–26a). Dieser Vorgang ist bezeichnend für die Macht der Bürgervereine, nicht für politische Gegensätze; denn beide, Rose wie Hastedt, waren rechtsstehende Nationalliberale.

29 Von den 28 Gegenkandidaten zwischen 1903 und 1915 (vgl. Anm. 27) wurden nachweisbar zehn von Vertretern des «Haus- und Grundbesitzervereins» getragen; diese waren allerdings nur in drei Fällen erfolgreich.

30 Der einzige erkennbare Unterschied ist folgender: Die Kandidaten des Haus- und Grundbesitzervereins gehörten noch stärker als die der Bürgervereine zur Lobby der Bauhandwerker, Grundstücksspekulanten und Rentiers.

31 Bei der Wahl am 10. 6. 1910 stellte die SPD den Geschäftsführer Heinrich Martens, den praktischen Arzt Emil Hirschfeld und den Drechsler August Feldkirch im VIII. Wahlbezirk (Eißendorf) auf, die immerhin 41 bis 42 v. H. der Stimmen erhielten: StA Hbg, Harburg 4, II E 2–26.

32 Dies Bündnis bestand ganz offensichtlich bei den Reichstagswahlen, seit im Juli 1878 Oberbürgermeister Grumbrecht, der den 17. hann. Wahlkreis seit 1867 im Reichstag vertreten hatte, in der Stichwahl gegen den welfischen Bewerber, der seinerseits von der Sozialdemokratie unterstützt worden war, durchfiel; von diesem Zeitpunkt an wurde immer nur alternierend ein nationalliberaler oder ein freikonservativer Bewerber aufgestellt, die mit Ausnahme von 1884 das Mandat auch gewannen, bis im Jahre 1912 durch Aufstellung von Kandidaten der Nationalliberalen, der Freikonservativen und der Fortschrittlichen Volkspartei das sogenannte «bürgerliche» Lager wieder so zersplittert war, daß der welfische Bewerber in die Stichwahl kam und dann zähneknirschend (aber erfolgreich) von den übrigen Parteien gegen den Sozialdemokraten unterstützt wurde.

33 Soweit sich übersehen läßt, hat überhaupt nur einer der Bürgervorsteher seit 1867, der Gastwirt Jonni Kieselbach (BV 1909–1919), formell zu den Linksliberalen gehört; er kandidierte 1908 bei den preußischen Abgeordnetenhauswahlen für den linksliberalen Bewerber als Wahlmann: StA Hbg, Harburg 4, III B 6b–27.

34 Es handelt sich vor allem um den Bestand Harburg 4, Magistrat Harburg im StA Hbg.

35 Neben dem im Beobachtungszeitraum jährlich erscheinenden Hand- und Adreßbuch der Stadt Harburg sowie einigen anderen, vor allem biographischen Nachschlagewerken beruht die folgende soziographische Untersuchung in erster Linie auf den seit den 1890er Jahren geführten unechten Personalakten der Bürgervorsteher (StA Hbg, Harburg 4, II E 3–1 bis 47),den Personalakten der hauptamtlichen Magistratsmitglieder und den unechten Personalakten der ehrenamtlichen Magistratsmitglieder (ebda., II D 2b–25 bis 51) sowie Einzelinformationen aus den Sachakten des Bestandes Harburg 4. Auf Einzelnachweise muß in der Regel verzichtet werden. – Vgl. auch Kausche, Der Magistrat der Stadt Harburg.

36 Als Rentiers bezeichneten sich neben dem einen in Tabelle 6 nachgewiesenen, dessen ursprüngliche berufliche Tätigkeit nicht erschlossen werden konnte, auch fünf Handwerker und ein Großkaufmann. Dies ist soziologisch gesehen ein durchaus interessanter Tatbestand, der seine Parallele darin findet, daß Maurermeister plötzlich zu Architekten wurden, wenn sie ins Bürgervorsteherkollegium einrückten, oder aus einem Drogisten ein Chemiker wurde. Denn es zeigt in ganz elementarer Weise Vorstellungen über Werte und Rangordnungen dieser städtischen Honoratiorenschicht.

37 Vgl. dazu S. 223f.

38 Der Bürgervorsteher Ernst Bartels (BV 23. 2. 1897–1. 3. 1919) war einerseits eindeutig Kleinhändler; er besaß eine Drogerie und war als solcher auch Vorsitzender des Detaillistenvereins Harburg und Mitglied

der Handelskammer Harburg, andererseits gehörten ihm eine kleine Ofenfabrik und zahlreiche Mietshäuser.

39 Der Betriebsleiter Arthur Helms (BV 24.2.1913–1.3.1919 und ab 2.3.1919) war Angestellter in der väterlichen Firma (Schloßmühle, Getreide- und Mühlenfabrikate Großhandel). Der Geschäftsführer der 1. Reederei Gesellschaft, August Muncke (BV vor 1867–28.2.1869), war Angestellter, aber zugleich auch Teilhaber einer anderen Firma (Stürge & Co., konzessionierte Auswanderungsagenten).

40 Troje (wie Anm. 7), S. 167.

41 Vgl. z. B. die Vorwürfe der BV Emil Schröder (eines Maurermeisters) oder August Wichmann (Verwalter der H. C. Meyerschen Besitzungen, eines der größten Grundeigentümer der Stadt) gegen den Stadtbaumeister und andere Beamte der Bauverwaltung: StA Hbg, Harburg 4, II E 3–18 und 19 (1899, 1908, 1910).

42 Neben Wilhelm Hastedt, der aber nur zwei Jahre (1871–1873) dem Bürgervorsteherkollegium angehört hatte und seine politische Tätigkeit auf nationaler Ebene erst begann, als er ehrenamtlicher Senator geworden war, ist hier nur F. L. Weusthoff (BV 1852–1871) zu nennen, der 1870–1879 als Nachfolger von Oberbürgermeister Grumbrecht den 17. hannoverschen Wahlkreis im preußischen Abgeordnetenhaus vertrat.

43 Mehrere Bürgervorsteher stellten im Berichtszeitraum die Familien Eddelbüttel, Hastedt, Helms, Böksen und Wiegels/Prien (letzterer als Schwiegersohn); daneben sollte noch eine andere Form der Verbindung zwischen Bürgervorstehern erwähnt werden: Mitgliedschaft von mehreren Teilhabern einer Firma im Kollegium, so z. B. von der Weinhandlung G. L. Hastedt, den Speditionsfirmen Muncke und Stürge & Co.

44 Sitzungen des Bürgervorsteherkollegiums für sich waren ohnehin wegen der Bestimmungen der Städteordnung ganz selten und rein formeller Art; aber auch die politisch wichtigen gemeinsamen Sitzungen beider Kollegialorgane fanden im Durchschnitt nur 14mal im Jahr statt (höchste Zahl der Sitzungen 1911: 17, niedrigste 1905: 12).

45 Die Überschneidungen der sozialen Kreise zwischen Großkaufleuten und Bauhandwerkern dürften im Berichtszeitraum allmählich größer geworden sein. Die BV Wiegels und Prien, in deren Baufirma im letzten Jahrzehnt vor dem Ersten Weltkrieg durchschnittlich 800–1 000 Personen beschäftigt waren, gehörten zu den größten Arbeitgebern und vermögendsten Leuten der Stadt, vgl. HAN Nr. 160, 11.4.1932 (Zum 50jährigen Geschäftsjubiläum der Fa. August Prien). Die Charakterisierung der vielfältigen Mitgliedschaften der Bürgervorsteher in Vereinen, Kammern etc. beruht auf einer Durchprüfung zu bestimmten Stichjahren (1875, 1885, 1895, 1905, 1915).

46 Alle Angaben zu den Magistratsmitgliedern nach den in Anm. 35 genannten Quellen und Kausche, Der Magistrat der Stadt Harburg.

47 StA Hbg, Harburg 4, II D 2b–46: In zwei Wahlgängen am 12.10.1904 ergab sich ein Patt; Albers wollte dann freiwillig verzichten (12.10.1904 an Magistrat), doch wurde das Verzichtschreiben am 15.10.1904 durch das Bürgervorsteherkollegium für ungültig erklärt, so daß der Regierungspräsident in Lüneburg die Entscheidung treffen mußte.

48 StA Hbg, Harburg 4, II D 2b–28, 32, 34, 40, 43, 48; II D 2a–16, 37; alle tatsächlichen Angaben zu den hauptamtlichen Magistratsmitgliedern nach diesen und den in Anm. 35 genannten Quellen.

49 Zu den Gehaltsverhältnissen der städtischen Beamten und Lehrer vgl.: StA Hbg, Harburg 4, II D 2a–18, 29a Bd. I, 47, 48, 52, 53, 59, 95 Bd. I, 140, 142. Es muß allerdings betont werden, daß noch die untersten Beamten der Stadt und selbst die nichtbeamteten Schreiber im Büro- und Kassendienst weitaus höhere Gehälter erhielten, als der Jahreslohn eines Facharbeiters (und zwar unter der Voraussetzung einer ununterbrochenen Beschäftigung) betrug. Nur die städtischen Arbeiter wurden erbärmlich bezahlt (vgl. eine 133 städtische Arbeiter umfassende Aufstellung vom 1.8.1901: StA Hbg, Harburg 4, VI C 1–51).

50 StA Hbg, Harburg 4, II D 2a–18, 95 Bd. I; Adreßbücher der Stadt Harburg 1868 und 1914.

51 Hofmann, Aufgaben, S. 583–606.

52 StA Hbg, Harburg 4, I A 2–2d, Bericht des Magistrats, 27.6.1868; II F 1–18, Beschluß der Kollegien, 14.2.1913; IV E 2–92, Bericht des Magistrats, 9.6.1913, Anlagen.

53 Zur Steuerpolitik vgl. neben den Kollegialorgansprotokollen (StA Hbg, Harburg 4, II F 1–4 bis 18) die Steuerakten Harburg 4, IV F 1a–43, 44, 45, 46, 49, 50, 51, 53; IV F 2–82, 86.

54 Das mehr als 100 Bände umfassende Material über die einzelnen Anleihen und Darlehen der Stadt konnte noch nicht vollständig durchgesehen werden.

55 Vgl. zum ganzen Abschnitt die Akten: StA Hbg, Harburg 4, V A 1a; V B 1–1 bis 6; V B 2–1 bis 19; V B 3–6 Bd. I–IV; V C 3–21; sowie II F 1–4 bis 18.

56 StA Hbg, Harburg 4, II F 1–4 bis 18.

57 Schlaglichtartig zu dem Gesamtkomplex der Wohnungspolitik: StA Hbg, Harburg 4, C VI 1–51.

58 Vgl. die Ergebnisse der Reichswohnungszählung vom Mai 1918, die recht gut den Zustand von 1914 widerspiegeln, in: Zeitschrift des Preußischen Statistischen Landesamts 59 (1919), S. 1 ff.

59 StA Hbg, Harburg 4, IV E 2–92, Bericht des Magistrats, 25. 10. 1913.

60 Vgl. die schulstatistischen Erhebungen von 1886, 1891, 1901 und 1911: StA Hbg, Harburg 4, XI G 1–11, Bd. II; XI G 1–28. – Stat. Jb. deutscher Städte 20 (1914), S. 495, 512.

61 So z. B. 1894 in einem Bericht an den Regierungspräsidenten, erneut 1903, dann 1906 (Ablehnung eines sozialdemokratischen Antrags) und 1914 (desgl.): StA Hbg, Harburg 4, XVI D 5b–1.

62 Die Kommission, die 1901 aufgrund gesetzlichen Zwanges gegründet werden mußte, tagte bis 1918 insgesamt zehnmal und beschäftigte sich in der Regel mit Nichtigkeiten. Als einzige substantielle «Arbeit» ist am 15. 11. 1902 auf der 4. Sitzung der Kommission die Mitteilung zu vermerken, daß von den 312 Kellerwohnungen, deren Räumung der Regierungspräsident in Lüneburg verlangt hatte, inzwischen 224 tatsächlich geräumt waren: StA Hbg, Harburg 4, XIII B 4–1; XIII B 4–2, Protokolle.

63 StA Hbg, Harburg 4, II F 1–18, Beschluß vom 25. 10. 1912.

Abb. 1 Das 1892 in Betrieb genommene städtische Gaswerk (v.l.n.r.: 1. Direktor Wiese, 9. Oberbürgermeister Ludowieg, 12. Senator Weinlig, 15. Senator Maret).

Abb. 2 Der städtische Schlachthof von 1893: Der Fotograf kommt, die Arbeit ruht.

Abb. 3 Bau der zweiten Turnhalle: bei der ‹Gelben Schule› am Platz des neuen Rathauses (1895).

Abb. 4 Mit der Straßenbahn wurde auch die alltägliche Bindung an Hamburg gestärkt.

Abb. 5 Bürgervorsteher-Kollegium 1912: Repräsentanten mit Mandat nur einer Minderheit.

Abb. 6 August Grumbrecht,
1855–83.

Abb. 7 Wilhelm E. C. A. Schorcht,
1883–85.

Abb. 8 Julius Ludowieg,
1885–99.

Abb. 9 Heinrich D. Denicke,
1899–1924.

Polen und Katholische Kirche in Wilhelmsburg 1890–1914[1]

Elke Hauschildt

Im Zuge der Ost-West-Binnenwanderung kamen seit Ende der 1880er Jahre polnischstämmige Arbeiterinnen und Arbeiter aus den preußischen Ostgebieten in die zum Kreis Harburg gehörende, zwischen Harburg und Hamburg gelegene Gemeinde Wilhelmsburg, die 1925 zur Stadt erhoben und 1927 mit Harburg vereinigt wurde. Trotz ihrer zumeist deutschen Staatsangehörigkeit hoben sich die Zuwanderer, die 1913 mit annähernd 6000 Einwohnern immerhin 18,18 % der Gesamtbevölkerung ausmachten[2], durch entscheidende Merkmale von den Einheimischen ab, die ihnen das charakteristische Gepräge einer fremden Minderheit gaben: ihre polnische Sprache, ihr katholischer Glaube und ihr Status als Industriearbeiter in einer überwiegend agrarischen Umgebung.

Die polnischen Arbeiter wurden von der sich ansiedelnden Industrie – allen voran der 1890 eröffneten Wollkämmerei zu Reiherstieg AG (RWK) – als billige Arbeitskräfte nach Wilhelmsburg geholt, von denen über die Anpassung an den industriellen Arbeitsprozeß hinaus möglichst weitgehende Assimilation im Sinne des Sich-Einfügens in die deutsche Umwelt verlangt wurde. An die Stelle der geforderten Totalanpassung trat jedoch die Integration als wechselseitiger Vorgang, bei dem sowohl Minderheit als auch Mehrheit etwas von ihren kulturellen Werten und Verhaltensweisen aufgaben und neue Verhaltensmuster und Bewußtseinsformen übernahmen. Die Zuwanderer kamen nämlich größtenteils mit der Absicht nach Wilhelmsburg, sich nicht vorübergehend als «Gastarbeiter» einer zeitlich begrenzten Erwerbsmigration, sondern dauerhaft auf der Elbinsel anzusiedeln. Eine fest etablierte Minderheit verfügt über Kräfte zur Selbstbehauptung.

Ein besonders augenfälliger Ausdruck für die Bereicherung der Mehrheitsgesellschaft mit kulturellen Werten der Minderheit ist die katholische Kirchengemeinde St. Bonifatius: Erst mit der polnischen Zuwanderung hielt katholisches Leben Einzug in Wilhelmsburg; mit der St.-Bonifatius-Gemeinde verlieh die polnische Minderheit der Elbinsel eine bleibende Prägung.

Die Initiative zur Einrichtung einer katholischen Gemeinde ging von der RWK-Direktion aus, die im Juli 1891 der für Wilhelmsburg zuständigen Pfarrei in Harburg anbot, einen Betsaal für den katholischen Gottesdienst bereitzustellen[3], da ihre etwa 800 polnischen Arbeiterinnen und Arbeiter dem deutschen Gottesdienst in Harburg nicht folgen konnten und zum polnischen Gottesdienst in die Kleine St.-Michaelis-Kirche nach Hamburg fuhren[4]. Die polnischen Arbeiter erklärten sich spontan bereit, je vierteljährlich eine Mark zum Gehalt des Pastors beizusteuern – insgesamt die Hälfte –, während die RWK die andere Hälfte übernahm[5]. Der Weihnachten 1891 eingeweihte Betsaal stand auf Betreiben des Harburger Pastors Meyer auch den nicht bei der RWK beschäftigten Polen offen[6].

Im April 1892 siedelte der mit der Seelsorge für die Wilhelmsburger Katholiken betraute Kaplan Gustav Töttcher von Harburg in ein von der RWK zur Verfügung gestelltes Haus an der «Alten Schleuse» über[7]. Seine materielle Abhängigkeit von der Firma, aber auch die gemeinsame konservative, gegen die Sozialdemokratie gerichtete Orientierung von Kirche und Unternehmertum machten Töttcher zum verlängerten Arm der RWK-Direktion bei der Disziplinierung ihrer Arbeiter. In Arbeitskämpfen betätigte er sich als «Schlichter» im Sinne der Firmenleitung[8]; vor anstehenden Wahlen suchte er durch massive Wahlpropaganda die Arbeiter für die Konservativen zu gewinnen[9]. Töttchers Parteinahme für die Unternehmerinteressen sowie seine unzulänglichen Polnischkenntnisse bildeten den Ausgangspunkt heftiger Angriffe seitens der Gemeindemitglieder auf seine Person, so daß er zum 1. Januar 1897 auf eigenen Wunsch von Pastor Franz Klaus abgelöst wurde[10].

Bewies Töttcher auch wenig Geschick im Umgang mit den polnischen Gläubigen, so setzte er sich 1893 mit Erfolg dafür ein, daß die Regierung in Lüneburg Geld und Räumlichkeiten für den katholischen Religionsunterricht bewilligte, bis im Oktober 1893 die katholische Volksschule in Reiherstieg ihren Betrieb aufnahm[11].

War schon in der Kirchenpolitik der RWK der Hintergedanke unverkennbar, die Religion als «Zähmungsinstrument» ihrer Arbeiter einzusetzen, so findet sich dieses Motiv unternehmerischer Großzügigkeit deutlich formuliert bei dem Bauunternehmer Hermann C. Vering wieder, der dem Bischöflichen Generalvikariat in Hildesheim (BGV) 1893 *«zur Hebung der Religiosität und der tiefgesunkenen Moral der Arbeiterbevölkerung»* ein Grundstück zum Bau einer Kirche schenkte[12].

Als mit der Fertigstellung der katholischen Kirche im Juni 1889 der Betsaal überflüssig wurde, trat die RWK ihren Rückzug aus der Kirchenpolitik an. Sie wußte, daß mit der Einrichtung einer eigenen Kirche eine Art Garantie für den Fortbestand der katholischen Seelsorge in Wilhelmsburg geschaffen worden war. Die Investition des Kirchenbaus lohnte sich nur, wenn Staat und Kirche langfristig die Finanzierung der Seelsorge sicherten. Darüber hinaus schrumpfte mit wachsender Zuwanderung von Polen der Anteil der in der RWK beschäftigten polnischen Katholiken. Demzufolge reduzierte die RWK ihre finanzielle Beihilfe auf einen Zuschuß von 50 Mark monatlich zum Gehalt des Pastors, der es sich zusammen mit den Arbeitern an der Firmenkasse abholen mußte, damit die Direktion den Zahltag dazu nutzen konnte, bei ihm Auskünfte über ihre Arbeiter einzuholen[13]. Dieser «Agentenstatus» des Pastors bestand bis 1909, als die St.-Bonifatius-Gemeinde zur selbständigen Pfarrei erhoben wurde und der Pastor ein volles kirchliches Gehalt bezog.

Die polnischen Arbeiter erkannten die Verdienste der RWK, ohne deren Hilfe die Etablierung der katholischen Seelsorge wohl noch lange hätte auf sich warten lassen müssen, an: *«Die Herren Derektoren der unser Fabrik waren aber so freundlich und haben mit eigenen Kosten die Kapelle aufgestellt...»*[14]. Dankbarkeit schloß allerdings Einsicht in die Strategie der Firma nicht aus: *«... die Arbeitsgeber wollen selbst, daß wir in der Kirche unsere Genugthuung finden sollen was wir der Direktion verdanken und keinen anderen, den Sie weiß das wir Sie davor in der Arbeit dankbar sind...»*[15].

Selbst unter den Vorzeichen eigennütziger Berechnungen – etwa bessere Einwirkungs- und Kontrollmöglichkeiten – schufen Arbeitgeber, Staat und Kirche, sicher unbeabsichtigt, einen wesentlichen Ansatzpunkt für die feste Einbindung der polnischen Minderheit in die einheimische Gesellschaft. Die eigene Kirchengemeinde förderte das Solidaritätsgefühl unter den Zuwanderern. Hier kamen sie in großer Zahl zusammen, hier konnten sie noch am ungestörtesten ihre Kultur bewahren und sogar für die Durchsetzung ihrer Belange eintreten.

Es ist daher kein Zufall, daß die schärfsten Konflikte zwischen Polen und Deutschen im kirchlichen Bereich ausgetragen wurden. Wie ein roter Faden zieht sich die Forderung nach einem polnischen Geistlichen bis zum Ersten Weltkrieg durch die Geschichte der St.-Bonifatius-Gemeinde. Verständlich wird das Engagement der Zuwanderer, wenn man die nationale Komponente des polnischen Katholizismus mit in Betracht zieht. Für viele Polen war die katholische Kirche beinahe identisch mit dem bedrohten nationalen Überleben; der katholische Glaube wurde als das verbindende Element des seit den polnischen Teilungen auf drei Staatsgebiete verstreuten polnischen Volkes, gewissermaßen als Ersatz der nationalen Idee, empfunden[16].

Verbunden mit dem durch das kirchliche Gemeinschaftsleben erstarkenden Solidaritätsgefühl, entfaltete dieser nationale Anstrich des Glaubens eine Kampfbereitschaft, die die einheimischen Stellen ihre Großzügigkeit bei der Errichtung der katholischen Gemeinde noch oft bereuen ließ. Vor dem Hintergrund nachhaltiger Wirkung des Bismarckschen Kulturkampfes der 1870er Jahre, dessen Stoßrichtung in erheblichem Maße gegen das polnische Priestertum als potentielle Führungsschicht des Nationalitätenkampfes im preußischen Osten gegangen war, erblickten Staat und Kirche in einem polnischen Geistlichen den Vorreiter einer nationalpolnischen Bewegung.

Aus der Perspektive der örtlichen Geistlichen kamen noch persönliche Ressentiments hinzu. Beschwerden ihrer Gemeindemitglieder faßten sie als Kränkung auf, einen polnischen Geistlichen als Konkurrenten. Selbst der mehrtägige Aufenthalt eines polnischen Seelsorgers im Rahmen der Polen-Pastoration, der Rundreise eines polnischen Geistlichen durch alle Orte der Diözese, an denen sich Polen in größerer Zahl aufhielten, schien schwer erträglich. Im März 1907 bat Pastor Klaus den Bischof um Verlegung der Osterpastoration, weil die Pastoration in der Karwoche zu einem regelrechten polnischen Fest ausartete: *«... das sind doch zu viele Festtage, da können wir deutschen Geistlichen einfach in den Keller ziehen»*[17]. Klaus zog es vor, während der Anwesenheit des polnischen Kollegen seinen Urlaub zu nehmen.

Darüber hinaus kam dem deutschen Pastor in der Auseinandersetzung mit den polnischen Gemeindemitgliedern eine höchst undankbare Rolle zu. Der Bischof in Hildesheim übertrug die Beantwortung der an ihn gerichteten Eingaben regelmäßig dem Pastor, den so der ganze Unmut der enttäuschten Gläubigen traf. In Anbetracht dieser starken Beanspruchung erwies sich die Situation des Geistlichen zwischen den Fronten seiner Gemeindemitglieder einerseits und seinen kirchlichen Vorgesetzten andererseits als äußerst prekär, da seine Position von einem Auskommen mit beiden abhing.

Die polnischen Beschwerden begannen im März 1892, noch ehe Töttcher seinen Wohnsitz auf der Elbinsel genommen hatte, mit einem Gesuch um einen *«Geistlichen in polnischer (so wie auch in d[eutscher]) sprache»* an den Bischof, weil Töttchers Polnisch angeblich kaum zu verstehen war[18]. Genau ein Jahr darauf folgte die Bitte an das BGV, Töttcher einen polnischen Geistlichen zur Seite zu stellen[19]. Im April 1895 sandte ein Komitee, das sich für einen polnischen Pastor einsetzte, eine Petition nach Hildesheim, daß *«hier in Wilhelmsburg, ein polnischer Pfarrer auf zukunft sich niederlassen kan, daß ist auf eine längere unbeschränkte zeit»*[20]. Mit dieser Forderung war eine radikalere Richtung eingeschlagen, von der die polnischen Katholiken nun nicht mehr abwichen. Die Interessen der deutschen Gemeindemitglieder – mit dem Bau des Wilhelmsburger Verschiebebahnhofs kamen katholische schlesische

Eisenbahnerfamilien auf die Elbinsel – blieben unberücksichtigt. Es ging nicht mehr nur um Gottesdienst in gutem Polnisch, sondern um einen Polen als Seelsorger.

Als Argument für diesen diente die Unzufriedenheit mit dem deutschen Pastor; seien es sprachliche Mängel wie bei Töttcher, sei es ein tiefes Mißtrauen, das im Fall des Kaplans in persönlichen Diffamierungen gipfelte: «*... nur um des Geldes wegen haben Sie sich schon manche Sohlen kaput gerissen um hier keinen polnischen Geistlichen reinzulassen*»[21].

Nicht zu Unrecht witterten die polnischen Zuwanderer bei den deutschen Pastoren, ja sogar bei denen der Polen-Pastoration, die ihre Anweisungen von den deutschen Kirchenbehörden erhielten, das Anliegen der Germanisation: «*Ja jetzt komt in erster Linie die Germanisation und der Geldsack ... Die Germanisation muß wenigstens in der Kirche bei Seite geschafft sein ...*»[21]. Daß solche Absichten der Kirche durchaus nicht fremd waren, zeigt unter anderem ihre Hinhaltetaktik bei den Wahlen zum Kirchenvorstand. Letztlich ist die Bedeutung des muttersprachlichen Gottesdienstes im Rahmen des polnischen Katholizismus mit seinem nationalen Einschlag nicht zu unterschätzen: «*Wir polnische Waisen, die wir nirgens als bloß in unserer Kirche Frieden gefunden haben; jetzt noch von unseren polnischen Hirten verlassen sind*»[22].

Die Antragsteller verstanden es, Schwachstellen der Kirche geschickt auszunutzen, zum Beispiel ihr Konkurrenzdenken gegenüber der Sozialdemokratie. Der Hinweis auf das sozialdemokratische Schreckgespenst, das mit polnischen Rednern die polnischen Arbeiter weiter in seinen Bann ziehe, wenn nicht auch die Kirche polnische Geistliche zulasse, kehrte in ihren Schreiben immer wieder[23]. Um das abgegriffene Argument des BGV, es stünden keine polnischen Geistlichen zur Verfügung, im Keim zu ersticken, bemühten sich die Petenten selbst um einen polnischen Pastor aus der Erzdiözese Posen, den der Bischof dann nur noch zu bestätigen bräuchte[23].

Es konnte nicht ausbleiben, daß sich die Unnachgiebigkeit der Kirche gegenüber den nicht abreißenden polnischen Forderungen mit der Zeit in einem härteren Tonfall beider Parteien niederschlug. Persönliche Beleidigungen wurden ausgetauscht, wobei auf kirchlicher Seite ein erstaunliches Maß an Geringschätzung und an Vorurteilen zutage trat. In der Bittschrift Töttchers um seine Versetzung vom Mai 1896 an seinen Vorgesetzten, Pastor Meyer in Harburg, fanden sich Sätze wie: «*was nützen manche materielle Vorteile, wenn man unter Menschen arbeitet, die einem anfangen widerwärtig zu werden*»[24]. Pastor Klaus beschimpfte in einem Schreiben an den Bischof den Verantwortlichen einer Eingabe polnischer Katholiken 1898 als «*einen verpfuschten Kaufmann*», der sich «*als Schmarotzer bei polnischen Familien*» durchschlage und den er «*moralisch totschlagen*» wolle[25]. Wie abschätzig die Geistlichen über ihre polnischen Gemeindeangehörigen dachten, illustriert folgender Satz von Klaus anläßlich der Frage der Mitbestimmung polnischer Katholiken in kirchlichen Gremien: «*Diesen Leuten ist es zu Kopf gestiegen, daß sie hier in Kirchen- und Schulsachen mitsprechen dürfen, während sie zu Hause froh sind, wenn sie von Lehrern und Geistlichen überhaupt beachtet werden*»[26]. Diese vorurteilsbeladene Einstellung ließ einem ausgewogeneren Verhältnis zwischen polnischen Katholiken und deutschem Pastor von vornherein wenig Raum.

Um der Forderung nach einem polnischen Geistlichen ihre Berechtigung zu entziehen, bedienten sich Staat und Kirche zum einen der Polen-Pastoration. Auf diese Weise erhielten die polnischen Gemeindemitglieder etwa alle drei Monate Gelegenheit zum polnischen Gottesdienst und zur polnischen Beichte[27]. Zum anderen lernten die Wilhelmsburger Pastoren selbst Polnisch. Sowohl Klaus als auch sein Nachfolger, Algermissen, brachten es darin so weit, daß sie nach gut einem Jahr im Amt polnische Beichten hören und das Evangelium auf Polnisch vorlesen konnten[28]. Wie überreizt das Thema ‹polnischer Gottesdienst› besonders für staatliche Stellen war, zeigt die unverhälnismäßige Reaktion des Landrats auf den Plan Algermissens im Jahre 1913, zur Vertiefung seiner Polnischkenntnisse ein halbes Jahr nach Galizien zu gehen. Landrat Rötger legte ihm nahe, keinen Ort außerhalb des preußischen Territoriums zu wählen, um den Eindruck zu vermeiden, *«als ob von dem Geistlichen etwa die nationalpolnische Sache doch gefördert werden soll»*[29]. Die Verdächtigungen der Behörden machten sogar vor dem deutschen Pastor nicht halt.

In die Reihe der Versuche, die polnischen Wünsche nach einem muttersprachlichen Geistlichen als unbegründet hinzustellen, gehörte auch die Behauptung der Wilhelmsburger Pastoren, die Polen könnten besser Deutsch, als sie zugäben[30]. Die Quellenlage erlaubt es nicht, diese Feststellungen auf ihren Wahrheitsgehalt hin zu prüfen. Es ist jedoch sinnvoll, anzunehmen, daß sich mit zunehmender Aufenthaltsdauer die Sprachkenntnisse der Zuwanderer verbesserten.

Überdies trennten die Pastoren die Wortführer des polnischen Protests als radikale Nationalpolen, die nicht religiöse, sondern politische Beweggründe antrieben, von der Masse der, wie sie es formulierten, «friedlichen» Gläubigen[30]. Soweit sich rekonstruieren läßt, übernahmen seit 1906 Mitglieder nationalpolnischer Vereine die Führung im Kampf um einen polnischen Geistlichen[31]. Anfänglich waren allem Anschein nach nur wenige polnische Katholiken bereit, sich für einen muttersprachlichen Geistlichen einzusetzen – so folgten im November 1898 nur rund 80 Personen einem Aufruf zu einer Protestversammlung[32]. Im Laufe der Jahre scheint aber die Verdrossenheit über die Kirche immer weitere Kreise gezogen zu haben. Im September 1910 konnte ein Komitee unter Ludwig Synowiec 2075 Unterschriften unter einer Eingabe an den Bischof vorzeigen – das waren circa die Hälfte aller Mitglieder der St. Bonifatius-Gemeinde[33].

Nachdem der Bischof auch diese Bittschrift unbeantwortet gelassen und zudem sein Versprechen, einmal im Monat einen polnischen Geistlichen auf die Elbinsel zu schicken, nicht erfüllt hatte, steigerte sich der Ärger der polnischen Katholiken im Frühjahr 1913 zu einem Ultimatum: *«... um eine antwort warten wir nich so lange wie bis jetzt, sondern bis zum Ende dieses monats»*[34]. Da der Bischof auch daraufhin nichts von sich hören ließ, machten die Antragsteller ihre Drohung wahr und verteilten Anfang März 1913 an zwei Sonntagen vor dem Gottesdienst ein Flugblatt, das zum Boykott der Kirche aufrief[35]. Der Erfolg dieses Aufrufs lag nicht auf lokaler Ebene – er wurde von den polnischen Katholiken nicht befolgt –, sondern auf überregionaler. Indem deutsche und polnische Zeitungen darüber berichteten und Stellungnahmen der Boykottinitiatoren und Pastor Algermissens veröffentlichten, führten sie einer breiten Öffentlichkeit die Wilhelmsburger Verhältnisse vor Augen[36].

Wohl um es sich nicht völlig mit den gemäßigten polnischen Gemeindemitgliedern zu verderben, war die Kirche, im Gegensatz zu den staatlichen Organen, um eine maßvolle Reaktion bemüht. Pastor Algermissen wollte die Angelegenheit als eine innerkirchliche verstanden wissen und verweigerte dem Landrat Auskünfte über die Urheber des Aufrufs; wollte er seine Stellung in der Gemeinde nicht ruinieren, durfte er nicht als «‹Denunziant› seiner Pfarrkinder» auftreten[37].

Daß es nach dem Ersten Weltkrieg in der Gemeinde ruhiger wurde, ist nicht etwa auf die Erfüllung der polnischen Forderungen zurückzuführen – Polen-Pastoration und Polnischkenntnisse der Wilhelmsburger Geistlichen markierten auch weiterhin die Grenzen kirchlicher und staatlicher Konzessionsbereitschft –, sondern auf die Rückwanderung vornehmlich nationalistisch eingestellter Polen in den neu entstandenen polnischen Staat.

Die Angst vor nationalpolnischen Umtrieben bestimmte auch die Verzögerungstaktik der

Kirche bei der Einrichtung eines eigenen Kirchenvorstands für die St.-Bonifatius-Gemeinde, den die polnischen Katholiken ihrer Einschätzung nach zur Stimmungsmache gegen den deutschen Pastor mißbrauchen würden[38]. Mittels derartiger Vorbehalte gelang es Pastor Klaus über Jahre, die Lösung der Gemeinde von der Harburger Muttergemeinde – deren Konsequenz ein eigener Wilhelmsburger Kirchenvorstand gewesen wäre – hinauszuschieben, bis, so seine Hoffnung, infolge der *«fortschreitenden Germanisation der ansässigen Polen»* die Gemeinde sich so weit gefestigt haben würde, *«daß vernünftige Elemente bei Wahlen in Betracht»* kämen[39]. Anpassung galt als Preis für Mitbestimmung.

Klaus' Nachfolger, Algermissen, legte mehr Weitsicht und Realitätssinn an den Tag, indem er den schwierigen, aber auf die Dauer einzig gangbaren Weg des Ausgleichs mit den Polen einschlug. Nachdem die St.-Bonifatius-Gemeinde zum 1. April 1909 von Harburg abgekoppelt worden war, beabsichtigte Algermissen, den vierköpfigen Wahlvorstand zur Vorbereitung der Wahlen zum Kirchenvorstand und zur Gemeindevertretung paritätisch mit Polen und Deutschen zu besetzen[39]. Obgleich er im voraus das Einverständnis der Leiter der polnischen Vereine eingeholt hatte, obgleich er dem Regierungspräsidium in Lüneburg seine Taktik erläuterte, nämlich daß sich die Polen in diesem Fall mit nur der Hälfte der Sitze im Kirchenvorstand bescheiden würden, stieß dieser den deutschen Gemeindemitgliedern entgegenkommende Plan in Lüneburg auf harten Widerstand.

Der sich entzündende Konflikt zwischen Algermissen und dem Regierungspräsidium wirft ein Schlaglicht auf die äußerst schwierige Position des Pastors im Spannungsfeld zwischen seiner eigenen Interessenlage entspringender Konzessionsbereitschaft und staatlich verordneter Diskriminierungspolitik. Mit Unterstützung des Bischofs konnte Algermissen schließlich seinen Plan verwirklichen, so daß im März 1910 zum ersten Mal der Kirchenvorstand und die Gemeindevertretung, in der die polnischen Katholiken zu 70 % vertreten waren, gewählt wurden[40]. Die Kompromißbereitschaft auf deutscher Seite scheint sich bewährt zu haben; Hinweise auf deutsch-polnische Auseinandersetzungen in den Kirchengremien finden sich in den Quellen nicht.

Die Funktion der eigenen Kirchengemeinde als entscheidender Anstoß zur Ausformung eines Zusammengehörigkeitsgefühls der Zuwandereer bis hin zur Etablierung einer selbständigen Minderheitenkultur läßt sich beispielhaft an der Geschichte des polnischen Vereinswesens festmachen. Die ersten Vereine entstanden unter Führung Töttchers Anfang der 1890er Jahre; wahrscheinlich handelte es sich um die nach polnischen Heiligen benannten Vereine St. Joseph und St. Stanislaus[41]. Abgesehen von der von vornherein konfliktträchtigen Vereinsstruktur – einem deutschen Präses stand eine homogene polnische Mitgliedschaft gegenüber –, büßte Töttcher durch sein bereits erwähntes Eintreten für die Arbeitgeberseite sein Ansehen und seine Autorität bei den polnischen Vereinen ein[42].

Ähnlich wie im Fall der St.-Bonifatius-Gemeinde im allgemeinen, verkehrte sich die Zweckbestimmung, mit der Kirche, Staat und Unternehmer diese Vereinsgründungen anfänglich gutgeheißen hatten, bald in ihr Gegenteil[43]: Hauptsächlich als Instrument zur Immunisierung der polnischen Arbeiter gegen die Werbungen der Sozialdemokratie konzipiert, entglitten diese Vereine ihrer Kontrolle und gerieten in nationalpolnisches Fahrwasser. Es wurde schon darauf hingewiesen, daß sich besonders seit 1906, als die nationalpolnische Bewegung auf der Elbinsel durch die Gründung eines Sokol-Vereins (Sokol = Falke) und einer Vereinigung «Straz» (= Wacht) weiter an Boden gewann, die Vereinsmitglieder zu Wortführern des Protests gegen die deutsche Kirche aufschwangen[44]. Diese Organisationen schöpften ihren Rückhalt vor allem aus ihrer überregionalen Verzweigung in allen Gebieten des Reiches, wo Polen ansässig waren.

Die führende Rolle dieser Vereine im Kampf um einen polnischen Geistlichen stand in schroffem Gegensatz zu ihrer dünnen Mitgliederbasis. Jedoch trafen sich ihre politischen Ziele mit dem unter den polnischen Gläubigen verbreiteten, in ihren Augen zumeist unpolitisch gemeinten Wunsch nach einem polnischen Geistlichen. Daß der Boykottaufruf 1913 ins Leere lief, die Mehrheit der polnischen Katholiken also nicht bereit war, mit der Kirche zu brechen, markiert den Verlauf der Trennungslinie zwischen politisch motiviertem und religiösem Engagement der Zuwanderer. Die meisten von ihnen wußten offensichtlich die hilfreiche Funktion der St.-Bonifatius-Gemeinde bei der Eingliederung in die deutsche Gesellschaft sowie die Anstrengungen Pastor Algermissens, ihnen in den durch kirchliche und staatliche Reglementierungen gesteckten Grenzen ein Stück Heimat in der Fremde zu erhalten, zu schätzen.

Weitaus mehr Zulauf als die nationalistisch gefärbten Vereinigungen hatten die rein kirchlichen Geselligkeitsvereine aufzuweisen. Diese unter dem Vorsitz katholischer Geistlicher oder Lehrer Polen und Deutsche gleichermaßen umfassenden Vereinigungen zählten nicht selten mehrere hundert Mitglieder, wohingegen es die nationalistischen mit großen Schwankungen auf höchstens wenig über hundert brachten[45]. Die Attraktivität des kirchlichen Vereinswesens beruhte zweifelsohne auf seiner Angebotsvielfalt für alle Altersgruppen, für Männer und Frauen: Männerverein «Winfridia», Jünglingsverein, Gesellenverein, Jungfrauenkongregation, Mütterverein, Rosenkranzbruderschaften, um nur einige zu nennen. Es steht außer Frage, daß sowohl diese kirchlichen Vereine als auch die nationalpolnisch ausgerichteten belebend auf den Integrationsprozeß wirkten. Erstere führten polnische und deutsche Katholiken zusammen, letztere wirkten dem Anpassungsdruck entgegen. Indem sie sich zum Anwalt der Minderheiteninteressen machten oder für das Fortbestehen nationaler Traditionen eintraten, erleichterten sie den Zuwanderern das Bekenntnis zur eigenen Kultur in einer fremden Umwelt.

Anmerkungen

1 Dieser Beitrag ist eine Zusammenfassung des Kapitels «Die Katholische Kirche zu Wilhelmsburg – eine ‹polnische› Gemeinde» meiner Dissertation: Polnische Arbeitsmigranten.
2 StA Hbg, Harburg 61C, K 20–7. – Gazeta Grudziondzka (Graudenzer Zeitung), Nr. 27, 4.3.1913. In: Übersetzungen aus westfälischen und anderen polnischen Zeitungen, Nr. 11, 14.3.1913. – Fröbe, Die wirtschaftliche Entwicklung, S. 68.
3 Bischöfliches Generalvikariat Hildesheim (= BGV), «Seelsorge für die Katholiken auf Insel Wilhelmsburg 1891–1916», Töttcher an BGV, 9.7.1891.
4 Katholische Kirchengemeinde St. Bonifatius (= KBG), «Chronik und Urkunden», Johs. Stratert, «Pfarrchronik», S. 16.
5 BGV, «Seelsorge...», Meyer an BGV, 30.8.1891, 24.3.1892.
6 Ebd., Meyer an BGV, 30.8.1891.
7 Ebd., Meyer an BGV, 24.3.1892.
8 Wilhelmsburger Gemeindezeitung, Nr. 47, 18.4.1895.
9 HStA Hann., Hann. 80, Lbg. II, Nr. 415, Landrat v. Goeschen an Regierungspräsident Lüneburg (= Reg. Pr. Lbg.), 30.6.1893.
10 KBG, «Geschichte der Pfarrei I», BGV an Klaus, 2.1.1897.
11 Ebd., Reg. Pr. Lbg. an Meyer, 13.3.1893, 7.6.1893.
12 BGV, «Seelsorge...», Meyer an BGV, 3.2.1894.
13 KBG, «Geschichte der Pfarrei I», Bürgermeister Menge an v. Goeschen, 6.10.1906.

14 BGV, «Seelsorge...», Franz Helminski an Bischof Wilhelm, 2.3.1892. In den wörtlichen Zitaten sind Orthographie und Interpunktion von mir nicht korrigiert worden.
15 KBG, «Polen-Pastoration», «Wir Polen in Wilhelmsburg» an Pastor Klaus, 4.5.1896.
16 Zubrzycki, Polish Immigrants, S. 122.
17 BGV, «Seelsorge...», Klaus an Bischof Adolf, 11.3.1907.
18 Ebd., Franz Helminski an Bischof Wilhelm, 2.3.1892.
19 Ebd., Meryan Zielezinski an BGV, 8.3.1893.
20 Ebd., R. Kirschke an Bischof Wilhelm, 27.4.1895.
21 Ebd., «Wir Polen in Wilhelmsburg» an Töttcher, 4.5.1896.
22 Ebd., Carl Stczoda an Bischof Wilhelm, 5.4.1896.
23 Ebd., R. Kirschke an Bischof Wilhelm, 27.4.1895.
24 KBG, «Polen-Pastoration», Töttcher an Bürgermeister Menge, 8.5.1896.
25 Ebd., Randbemerkung von Klaus an einem Protokoll des Fußgendarmen Splittstöhser vom 28.11.1898.
26 Ebd., Klaus an Pastor Stolte (Hbg.), 12.12.1898.
27 Ebd., Pastorationspläne.
28 BGV, «Polen-Seelsorge 1906–1930», Klaus an BGV, 29.5.1906. – KBG, «Polen-Pastoration», Algermissen an Bischof Adolf, 10.9.1910.
29 StA Hbg, Harburg 61C, K 20–7, Rötger an Reg. Pr. Lbg., 9.4.1913.
30 BGV, «Polen-Seelsorge 1906–1930», Klaus an BGV, 29.5.1906.
31 Ebd., Algermissen an Bischof Adolf, 25.4.1910. – Thomas Mackowiak an Bischof Adolf, 24.5.1906.
32 KBG, «Polen-Pastoration», Protokoll des Fußgendarmen Splittstöhser vom 28.11.1898.
33 Ebd., Ludwig Synowiec an Bischof Adolf, 10.9.1910.
34 BGV, «Polen-Seelsorge 1906–1930», Synowiec an Bischof Adolf, 12.2.1913.
35 KBG, «Polen-Pastoration», Synowiec an Bischof Adolf, 18.2.1913.
36 Ebd., Übersetzung des Boykottaufrufs des «Komitees in Sachen unsere Seelsorge» vom März 1913.
37 StA Hbg, Harburg 61C, K 20–7. – Wiarus Polski (Der polnische Gläubige), Nr. 27, 9.3.1913. In: Übersetzungen aus westfälischen und anderen polnischen Zeitungen, Nr. 11, 14.3.1913. – KBG, «Polen-Pastoration», Germania (Berlin), 2.3.1913.
38 BGV, «Polen-Seelsorge 1906–1930», Algermissen an Bischof Adolf, 20.3.1913.
39 KBG, «Geschichte der Pfarrei I», Klaus an BGV, 24.7.1900.
40 BGV, «Kirchen-, Pfarr- und Schulsachen. 1. Kirchensachen. Wahl des Kirchenvorstands und der Gemeindevertretung», II. 2., Bd. 1.
41 Ebd., Algermissen an BGV, 7.4.1910.
42 BGV, «Seelsorge...», Meyer an BGV, 5.1.1892. – HStA Hann., Hann. 80, Lbg. II, Nr. 418, v. Goeschen an Reg. Pr. Lbg., 24.6.1896.
43 StA Hbg, Politische Polizei, S 2872, Bd. 2, v. Goeschen, «Bericht über die Polen-Bewegung im Landkreis Harburg» vom 20.2.1897.
44 KBG, «Geschichte der Pfarrei I», Menge an v. Goeschen (?), 6.10.1910. – StA Hbg, Politische Polizei, S 2872, Bd. 3, v. Goeschen an Polizeibehörde Hbg., 1.10.1906.
45 Angaben über Mitgliederstärke von Vereinen sind nur vereinzelt in den angeführten Beständen der KBG und BGV sowie StA Hbg, Politische Polizei, S 2872, Bd. 1–4 und Sa 1639 zu finden.

Abb. 1 Pastor Franz Klaus
1897–1909.

Abb. 2 Pastor Franz Algermissen
1909–1925.

Abb. 3 Katholische Kirche Wilhelmsburg a. d. Elbe (Postkarte).

Abb. 4 Wilhelmsburg: Katholische Kirche und Schule (Postkarte).

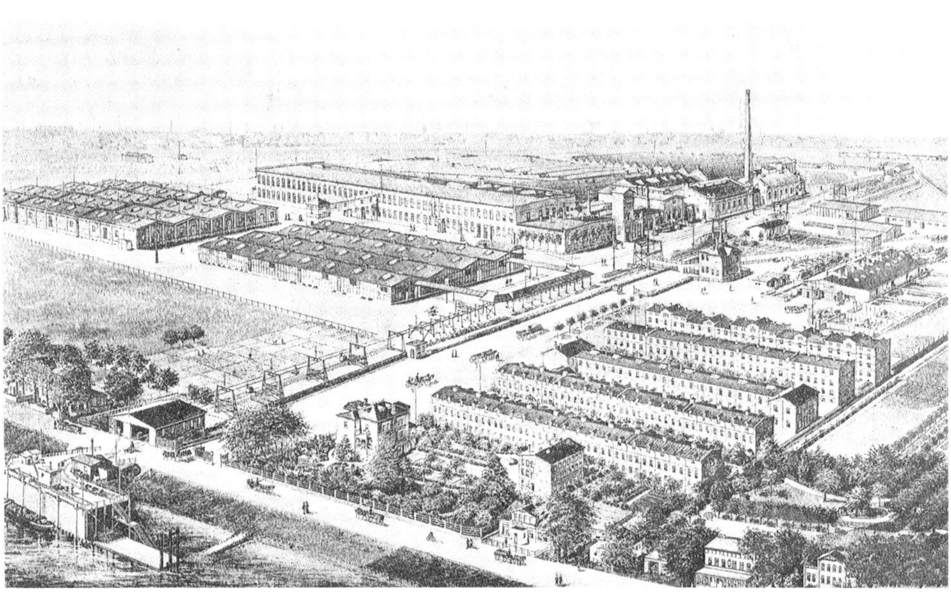

Abb. 5 «Norddeutsche Wollkämmerei und Kammgarnspinnerei in Reiherstieg-Hamburg» (Postkarte).

100 Jahre Städtebau in Harburg. Stadtplanung und Wohnungsbau zwischen 1845 und 1945

Dittmar Machule

In dem berühmten Nachschlagewerk über Städtebau und Architektur, «Wasmuths Lexikon der Baukunst» von 1931, wird Harburg mit der knappen Bemerkung vorgestellt: *«Harburg. Preußische Stadt an der Unterelbe, unmittelbar angrenzend an das Staatsgebiet von Hamburg. Aus dieser Lage ergibt sich eine Fülle städtebaulich verwickelter Verhältnisse an der Unterelbe. Vgl. Hamburg»*. In der mehrere Druckseiten langen Beschreibung Hamburgs, die der damalige Erste Baudirektor Hamburgs, Dr. Christoph Ranck, schrieb, findet man nichts über Harburg, geschweige denn über seine «städtebaulichen Verhältnisse». Die Kurzbeschreibung kennzeichnet eine damalige Umbruchsituation. «Harburg-Wilhelmsburg» war zum entscheidenden Teilproblem der «Groß-Hamburg-Frage» geworden. Der Abschluß eines Staatsvertrages zwischen Preußen und Hamburg über das Hafengemeinschaftsgebiet und das Hafenerweiterungsgebiet und der gemeinsame Landesplanungsausschuß, der im April 1929 seine Arbeit aufgenommen hatte, bekamen entscheidenden Einfluß auf die Stadtplanung[1]. Die Zeit der selbständigen Industrie- und Hafenstadt ging dem Ende zu. Einige Worte mehr hätte Harburg 1931, vor allem aus preußischer Sicht, rückblickend dennoch verdient gehabt. Schließlich war es eine bekannte Stadt.

Für die Hamburger verband sich der Name Harburg einerseits positiv mit der im norddeutschen Flachland außergewöhnlich reizvollen Berg- und Tallandschaft auf der Geest, jenseits der Süderelbe. Um die Jahrhundertwende wanderte man mit einer *«Touristenkarte von der Harburger Schweiz»* durch die Forste Haake, Emme und Rosengarten, Pfingst-Ausflüge in die «Schwarzen Berge« und der Besuch der Wirtshäuser rund um Harburg hatten eine lange Tradition auch für die Hamburger. Andererseits war das alte vorindustrielle Städtchen seit den Anfängen der Industrialisierung zuallererst Teil einer Gegend, die staatliches hannoveraner, dann preußisches Interesse an der Hafenentwicklung weckte und vorzügliche Standorte für private «Fabrik-Etablissements» abgab.

Wer südlich der Elbe auf «nassen oder trockenen Straßen» Handel mit Hamburg trieb oder den Seehandel über die Elbe abwickeln wollte, mußte seit alters her «durch» Harburg. An dem günstigen Standort, was die verkehrliche Anbindung, das Energie- und Rohstoffangebot und die Absatzmöglichkeiten, aber auch das Grundstücksangebot betraf, bekam die Industrie, auch die «schmutzige», eine Chance. Mit Öl-, Gummi-, Kunststoff- und Metallprodukten wurde der Name «Harburg an der Elbe» in alle Welt getragen. Nicht aber das Bild dieser emporgeschossenen Industrie- und Hafenstadt in der reizvollen landschaftlichen Umgebung, bot sie doch im Vergleich keine auffälligen städtebaulich-architektonischen Attraktionen alter Bürgerstädte.

Harburg ist in den hier betrachteten 100 Jahren von der Elbe immer weiter auf die Höhenzüge und in die Täler der Geest ausgedehnt worden[2]. Wie in anderen Städten wurde durch eine Vielzahl von planerischen Entscheidungen die Menge der Orte gebildet, die Harburg – selbst Teil einer Großstadt und Region – heute ausmachen. Harburgs funktionale und baulich-räumliche Grundstruktur wurde schon früh angelegt. Die ersten Pfade und Wege zwischen der Stadt und den umliegenden Dörfern Heimfeld, Eißendorf, Marmstorf, Sinstorf, Wilstorf und Rönneburg sowie die Verbindungswege dieser Dörfer untereinander bzw. zu anderen Dörfern folgten in der Regel den kürzesten Verbindungslinien, welche topographischen Gegebenheiten angepaßt wurden. Sie bilden bis heute das Haupterschließungsnetz und sind alle noch im Stadtgrundriß erkennbar, wie ein Vergleich der Straßennetzentwicklung von 1859 (Abb. 1) bis 1984 (Abb. 8) zeigt.

Die Transportlinien, nämlich Straßen, Wege und Bahnen, die über dem bewegten Gelände ein zunehmend dichteres Netz bilden, verdeutlichen zugleich die Hauptentwicklungsachsen der Stadt, weisen hin auf Planung und Realisierung in den Zeitabschnitten. Nach Harburg, zum Elbübergang bzw. durch Harburg führten die Wege, später Chausseen, von Stade und Buxtehude (heute Bundesstraße 73), von Hannover und Bremen (heute B 75) und von Lüneburg und Celle (heute B 4). Sie und die Bahnlinien lassen erkennen, in welch hohem Maß Harburg ein Durchgangsort war und ist. Durchgangsverkehr auf Schiene oder Straße hat negative Auswirkungen auf die lokale Stadtqualität. In Harburg vor allem, weil das Durchfahren der aufeinander bezogenen Wohn-, Arbeits- und Erholungsräume die Stadt in ihrem Kern traf (und trifft). Seit Mitte des vorigen Jahrhunderts war deshalb die Frage der «Umgehung» Harburgs – zunächst für den schienen-, dann für den straßengebundenen Verkehr – immer wieder diskutiert, geplant und teilweise realisiert worden. Darauf soll hier aber nicht näher eingegangen werden, was auch für Fragen der Hafen- und Industrieentwicklung gilt. Vielmehr interessiert der Prozeß der Ausbreitung und Strukturierung Harburgs zwischen 1845 und 1945 im Überblick.

Im Jahre 1845 wurde in Harburg mit seinen 537 Häusern und 4831 Einwohnern eine die Stadt und Umgebung in den nächsten 100 Jahren völlig verändernde Entwicklung erstmals sichtbar. Unter Aufsicht der Königlichen Hannoverschen Hafenbau-Commission begann der Ausbau des «neuen Seehafens». Direkt neben der alten Siedlungsachse Schloßstraße, hinter dem Rathaus und nicht in gebührendem Abstand, wurden Kanäle und Bahnhofsgelände angelegt. Auf engem Raum wurde eine Stadtpolitik verwirklicht, die vorhandene Bebauungen und Nutzungen entweder mit Absicht vernachlässigte oder sich der Weichenstellung für Schloß und Schloßstraße nicht bewußt war. Es wirkt, als hätte Wasserbau-Inspektor Blohm, nach dessen Plan gebaut wurde, ein Leitthema für Harburgs städtebauliche Entwicklung gegeben, als er Wassergräben der ehrwürdigen Harburger Zitadelle in Hafenbecken verwandelte. Erst gut 140 Jahe später soll sich infolge wirtschaftsstruktureller Veränderungen ein anderer Umgang mit der «Keimzelle» andeuten, sie steht – unter umgekehrten Vorzeichen – heute wieder zur Disposition.

Angesichts des Baues der Eisenbahn-Anlagen der Hannover-Celle-Harburg-Strecke, der Hafenanlagen und zunehmender Bautätigkeit wurde es um 1845 *«für angemessen erachtet..., für die Stadt Harburg und deren Umgebung im Verwaltungsbezirk des Magistrats eine Bau-Ordnung zu erlassen»*[3]. Mit der Bau-Ordnung vom 1.12.1846 führte man eine städtische Baukommission ein. Je ein Mitglied des Magistrats und der Bürgerrepräsentanten und ein auf Magistratsvorschlag von der Königlichen Landrostei zu Lüneburg zu ernennender Bausachverständiger sollten *«alle Neubauten und Hauptausbesserungen von Gebäuden und etwaige, auf die Verschönerung des Ganzen sich beziehenden Anlagen von dem Stadtgebiete»*[3] beaufsichtigen.

Damit standen die wichtigsten Vertreter des Planungssystems der selbständigen Stadt Harburg auch für die Zukunft fest: der Magistrat, das Bürgerkollegium, die amtlichen Harburger Bau- und Planungsfachleute und die Kommunalaufsicht der hannoverschen Landdrostei, später preußischen Regierung Lüneburg[4]. Magistrat und Bürgervorsteher bestimmten in gemeinsamen Plenarsitzungen die Geschicke der Stadt, besetzten die Baukommissionen und bildeten zu bestimmten Problemen Sonderkommissionen[5]. Die Aufgaben der verbeamteten städtischen Fachleute wuchsen in dem Maße, in dem die Stadt sich ausbreitete. Was 1845/46 ein Fachmann bewältigte, dafür wurden 1914 bereits 43 Fachkräfte angestellt[6].

Das wirtschaftliche Aufblühen der Stadt durch Seehandel und Industrialisierung ist nicht zuletzt den Harburger Bürgermeistern Bahr (1835–1855) und Grumbrecht (1855–1883) zu verdanken. Bald erkannte man offensichtlich, daß die großen Standort- und Verkehrsentscheidungen zur Hafenanlage, zu Eisenbahn- und Bahnhofsbau auch eine Planung der Stadt und ihrer Ausdehnung erforderten, daß die erwartete, gewinnbringende Verwertung von Grund und Boden organisiert werden mußte. Denn die ansässigen Bauunternehmen verdienten am Wohnungsbau, die Nachfrage an Arbeiterwohnungen stieg und der Magistrat mußte sich zwangsläufig zur Frage der *«stadtseitigen Unterstützung zur Herstellung umfangreicherer Wohnungen»*[7] äußern. Bürgerschaft und Magistrat setzten von Anfang an auf die Fähigkeit der privaten Unternehmer, die Wohnungsfrage lösen zu können. Das wird schon in diesem frühen Stadium, um 1855, sichtbar und prägt die reale Harburger Stadtentwicklung. Daß *«der Anlieger regelmäßig Terrainspekulant sei»*, wie es Senator Tilemann 1911 beiläufig aussprach[8], schien auch in Harburg eine tief verwurzelte Selbstverständlichkeit gewesen zu sein und macht die Harburger Städtebaupolitik durchsichtig. Über das Bürgervorsteher-Kollegium konnten die Interessen der Grundstückseigentümer einfließen[9].

In den ersten Amtsjahren von Grumbrecht wurde eine neue Bauordnung erlassen. Sie war für die Baukommission das Instrument, mit dem fortgesetzt wurde, was unter Bahr begann, nämlich die Instandsetzung und Sicherung der vorindustriellen Stadt für die neuen Aufgaben einerseits und die Organisation der Bodenaufschließung für private Wohnungsproduktion andererseits. Der § 15 dieser Bauordnung vom 7.12.1856 zeigt den Beginn einer «modernen» Harburger Stadtplanung: *«Bei der Genehmigung jedes Baues ist auch die Baulinie anzuweisen und festzustellen, wobei, so weit es nöthig, auf eine Erweiterung und Begradigung der Straßen hingewirkt werden soll. Es soll demnächst ein vollständiger Bauplan für das Stadtgebiet ausgearbeitet und öffentlich bekannt gemacht werden, auf welchem alle Straßen und öffentlichen Plätze, einschließlich der nothwendigen Änderungen alter Straßenzüge, zu verzeichnen sind. Die auf den Karten verzeichneten Gränzlinien der Straßen und öffentlichen Plätze bilden die Baulinie«*[10].

Mittels Baulinien bzw. Baufluchtlinien und «Verkoppelung» (Umlegung) des Grundbesitzes wurde Gelände für eine neue Bebauung aufgeteilt. Als 1864 schon 54 Fabriken mit 1793 Arbeitern gezählt wurden – viele davon mit Hamburger Kapital ausgestattet – der Köhlbrand-Vertrag von 1868 die Elbverbindung nach Harburg sicherte, 1872 der erste Zug über die neue Elbbrücke fuhr, 1874 die Bahnstrecke nach Bremen eröffnet wurde und 1870–1879 zwölf größere Fabriken gegründet wurden[11], war Harburgs Stadtschicksal als Hafen- und Industriestadt besiegelt.

Wir wissen nicht, ob die Harburger in den 70er Jahren des 19. Jh., als sich die junge Disziplin Städtebau in Deutschland etablierte, weitsichtige Diskussionen über ihre Stadtentwicklung führten, ob das Problem überhaupt zur Sprache kam. Der Blick auf die Pläne zeigt eher ein tagespolitisches Agieren, ganz im Gegensatz zu den weitsichtigen Verkehrsinfrastruktur-Maßnahmen – wofür nicht nur Harburg zeitgenössisches Beispiel ist. Die Entwicklung «von der Elbe weg», deren Uferzonen tendenziell zu vorstädtischen Fabrikgebieten wurden, prägte die von den Folgen der durchführenden Eisenbahnen und der unkoordinierten Standorte belastete Stadt. Die Harburger litten unter den Verhältnissen beim Marsch von Bahnhof zu Bahnhof. Der später als Städtebauer, Architekt und Lehrer berühmt und einflußreich gewordene Stadtbaumeister Carl Henrici konnte sich in der frühen Entwicklungsphase offenbar mit stadtstrukturellen Vorschlägen nicht durchsetzen[12].

Der bekannte Plan Harburgs von 1850/1859[13] zeigt die beginnende Ausdehnung der Stadt entlang den Hauptausfallstraßen nach Heimfeld, Eißendorf, Bremen und Lüneburg. Die planmäßige Erschließung eines Geestrückens zwischen dem Walkmühlen- bzw. Lohmühlenteich und dem späteren «Hastedt's Park» (die Eißendorfer Höhe) um 1860 und die Anlage der um 1850 bereits angebauten 2. Bergstraße (Schorchtstraße) am Schwarzenberg zeigen die pragmatische Ausnutzung der umgebenden Ländereien. Das Straßenraster wurde ohne Sensibilität für die Landschaft über die Höhe gelegt. Besitzrechtliche Hintergründe dieser frühen Stadtausdehnung sind nicht erforscht. Eine Gesamtkonzeption für die Ausdehnung der Stadt ist nicht ablesbar. Man plante, wo man sofort bauen konnte.

Die Planung wird aber transparent, wenn man sich die weiteren Vorgänge am Hanggelände zwischen der Eißendorfer Straße und der 1. Bergstraße (Schwarzenbergstraße) sowie der Stadtgrenze zu Heimfeld, das der Harburger Industrielle Ernst Eger um 1870 in großen Teilen erworben hatte, betrachtet. Dem Magistrat wurde von der Baukommission ein erster Bebauungsplan mit Datum vom 10.10.1877 für das Gelände «II. Bergstraße-Heimfeld Feldmark» vorgelegt[14]. Verfasser ist der Stadtbaumeister. Deutlich sind die Bemühungen um eine sinnvolle Aufteilung in Baublöcke und um Verbindung mit den bereits vorhandenen Straßen erkennbar. Ein «Bauplatz der Kaserne» (Kaserne eingeweiht 1880) wurde dicht an die Stadtgrenze, an den Schnittpunkt des alten Postweges und des schnurgeraden Weges zu den Übungsplätzen (Haakestraße) gerückt. Um 1879 begannen die Kaufverhandlungen mit Eger, 1890 war das Gelände «verkoppelt», die Einteilung in Baugrundstücke und der Miethausbau begannen[14]. Die Aufteilung des Irrgartens, wo schon 1875 Richtfest für das neue Krankenhaus gefeiert wurde[15], sollte noch bis in die 90er Jahre dauern. In Abb. 9, wo diese 77er Planung in den Plan von 1878/1886[16] eingetragen ist, spürt man die Enge der Stadt, in der am 1.12.1880 19319 Einwohner in 1377 Häusern lebten.

Verhandlungen Harburgs mit den Nachbargemeinden wurden ab Beginn der 70er Jahre geführt. Die übergeordneten Behörden lehnten es Mitte der 80er Jahre ab, Bebauungen in der Nähe der Stadtgrenzen, insbesondere im Bereich der Außenmühle und gegenüber Heimfeld, zu genehmigen, bevor nicht Klarheit über die weitere städtebauliche Entwicklung herrschte[17]. Man wollte die kurzsichtige Harburger Stadterweiterungspolitik bremsen.

Die Stadt hatte zwar die §§ 12 und 15 des entscheidenden preußischen Straßen- und Baufluchtgesetzes vom 2.7.1875[18] mittels Ortsstatut vom 13.7.1876, das den Wohnungsbau an unfertigen Straßen verbot und die Mitfinanzierung von Straßen und Plätzen durch private Anlieger regelte, erfüllt, mit weiteren Festsetzungen von Straßenfluchtlinien, die die geplanten Erweiterungen erkennbar gemacht hätten, aber ließ man sich Zeit. Der Bau der zweiten Schleuse (1875–1881) und die Eröffnung der Bahn nach Cuxhaven (1881), womit die erste große Stadtzerschneidung Harburgs infolge Trassierung für den Durchgangsverkehr eingeleitet wurde, sind Indizien für die rasante wirtschaftliche Weiterentwicklung.

Das Garten- und Wiesengelände östlich der Wilstorfer Straße-Lüneburger Chaussee, zwischen dieser und der Eisenbahnstrecke nach Hannover, am Engelsbach, zwischen Stadt und Reeseberg gelegen, wurde schon in der Frühphase als günstiger Industriestandort begehrt. Neben der Gasanstalt plazierten sich hier zwei Großbetriebe, die späteren Phoenix-Werke (1856) und die Jutespinnerei und -weberei (1883). Folgerichtig standen erste Arbeiterwohnhäuser in unmittelbarer Nachbarschaft am östlichen Fuße des stadtnahen Krummholzberges, dessen Gelände in gewinnbringendes Baugelände umzuwandeln sich nun lohnte.

Mit dem lapidaren Hinweis, daß die heftige Bebauung in Harburg es nun angemessen erscheinen ließe, wurde die Baukommission Ende 1884 beauftragt, die Krummholzbergbebauung, das spätere «Phoenix-Viertel», vorzubereiten – und zwar in aller Eile[19]. Die Verkaufs- und Umlegungsverhandlungen zogen sich länger als erwartet hin. Von den 27 betroffenen Eigentümern sperrte sich Senator Wilhelm Hastedt anfangs. Ihm, Senator Carl Maret und Carl Eddelbüttel gehörten ca. 92 % des Geländes zwischen Feldstraße (Kalischerstraße), Wilstorfer Straße, Hastedtstraße (Hohe Straße) und Maretstraße[20]. Im Mai-Juni 1888 lag der Bebauungsplan bzw. Straßenfluchtlinienplan, der das bekannte, über den Hügel gelegte Rasterschema zeigt, wie im preußischen Fluchtliniengesetz vorgeschrieben, öffentlich aus. Am 20.11.1888 war er, nach Bearbeitung der Einwendungen, fertiggestellt und einsehbar. Ab April 1889 wurden die Straßen gebaut, die Baublöcke parzelliert, gewinnbringend verkauft und zügig, nach Maßgabe der geltenden Bauordnungen, bebaut.

Diese Bauordnungen wurden am 1.9.1890 und am 1.5.1895 (Nachträge 22.11.1895) als ausführliches Regelwerk für die Bebauung neu erlassen. Einzelne Paragraphen sollten eine Verunstaltung Harburgs verhindern, die Höhe der Bauten richtete sich nach der Straßenbreite. Spätere Änderungen in der Bauordnung der Stadt Harburg vom 1.11.1907 (Änderungen vom 25.10.1910) zielten auf höhere Ausnutzung der Grundstücke. Für die «innere» und die «äußere Stadt» waren Abstufungen für Bebauungen nach der Geschoßzahl vorgesehen, in der «äußeren» auch nach der bebaubaren Fläche. In der Regel durfte, wo nicht landhausmäßige Bebauungen vorgesehen waren, 3geschossig und nicht höher als 4geschossig gebaut werden[21].

Im Jahr 1888 erreichte Harburg die ersten Eingemeindungen, kam in Besitz des Hafenbezirks und damit «an die Elbe», 1889 wurde der Hafen erweitert. Die bisher skizzierten Entwicklungsrichtungen der Stadtgemeinde nach Nordwesten und Südosten wurden verstärkt, denn durch die Eingemeindungen standen ab 1888 die Ländereien der Nachbargemeinden Wilstorf und Heimfeld für die Stadterweiterungen zur Verfügung (Abb. 10). Die Fluchtlinienpläne für das zu großen Teilen zum H.C. Meyer-Vermögen gehörende Gelände zwischen Alter Postweg, Haakestraße, Lohmannsweg – dem späteren «Meyer-Viertel« – lagen bereits ab 29. April 1889 öffentlich aus, nachdem Magistrat und Bürgervorsteher sich am 11.4.1889 *«mit dem vorgelegten Bebauungsplan für einen Teil der angeschlossenen Gemeinden Heimfeld»* einverstanden erklärt hatten[22]. Eine Gesamtplanung bzw. -konzeption für Heimfeld fehlte ebenso wie für Wilstorf. Die Bebauungsplanung sollte einzelnen Privateigentürmern überlassen bleiben. Deren unternehmerische Aktivitäten zur Anlegung von Straßen regelte ein Ortsstatut von 1893, Bodenspekulation steuerte die reale Stadtentwicklung[23].

Am 1.12.1900 wurden in Harburg 49155 Einwohner gezählt, fünf Jahre später sind es 55679. Der wirtschaftliche Boom, insbesondere getragen von den außenwirtschaftlichen Erfolgen des «Zweiten Reiches», zeigte dunkle Schattenseiten in allen Industriestädten und auf dem Lande. Die preußischen Minister für Handel und Gewerbe, der geistlichen Unterrichts- und Medizinalangelegenheiten, ergriffen 1901 eine Initiative, um die *«namentlich in den*

Industriebezirken» herrschenden *«Mißstände im Wohnungswesen der minderbemittelten Bevölkerungsklassen»*, wie es angesichts der wirklichen Not sehr harmlos hieß, aus *«gesundheitlichem, wie insbesondere in sozialem und sittlichem Interesse»*, zu beseitigen[24].

Auch Harburgs Magistrat wurde befragt und gebeten, *«die Förderung der dortigen gemeinnützigen Baugenossenschaften sowie derjenigen Unternehmer, welche kleine, gesunde und zweckmäßig eingerichtete Wohnungen zu billigem Mietzinse herzustellen beabsichtigen..., eingehend in Erwägung zu ziehen»*[24]. Die Antworten Harburgs sind als dünn zu bezeichnen. Auf eine Anfrage des Ministeriums in Verbindung mit dem «Entwurf zu einem Gesetz zur Verbesserung der Wohnungsverhältnisse» vom 3.6.1903 antwortete der Magistrat, daß Mißstände *«wenigstens teilweise»* beobachtet worden seien, daß aber *«in Harburg kein Mangel an kleinen, gesunden Wohnungen»* herrsche, die Bodenpreise *«keineswegs übermäßig hoch»* seien und *«höhere Häuser als solche mit 4 Stockwerken hier noch nicht erbaut worden seien»*[25]. Erklärt wurde: *«Wenn die Mietpreise für Wohnungen im Laufe der letzten beiden Jahrzehnte eine Steigerung erfahren haben, so findet dies seinen Grund nicht in der eingetretenen Steigerung des Grund- und Bodens, sondern vor allem in der Steigerung der Löhne der Bauhandwerker, die hier die gleichen sind wie in Hamburg und die höchsten, die überhaupt in Deutschland gezahlt werden»*[25].

Gemäß von der Stadt ausgefülltem Fragezettel gab es in Harburg 1903 keine polizeiliche oder gemeindliche Wohnungsaufsicht, keinen städtischen Wohnungsnachweis, erhielten die Arbeiter von seiten der Stadt keine Wohnungen, war der Bau von Arbeiterwohnungen nicht gefördert worden, weder durch Bau in eigener Regie noch durch Darlehen, noch durch Vergabe von Bauterrain zu billigen Preisen, weder durch Erlaß, Stundung oder Ermäßigung von Straßenbaukosten oder Grund- und Gebäudesteuer, noch wurden Gebäude im Erbbaurecht vergeben[25]. Harburg war Schlußlicht unter den Städten der Provinz Hannover, wie Lüneburg, Emden, Celle, Soltau oder Einbeck[26]. Das spiegelte die reale Situation aus der Sicht der betroffenen Bevölkerungsgruppen eher.

Um 1911 herrschte, so wurde 1925 rückblickend berichtet, in Harburg Wohnungsnot: *«... gab es doch damals bei 15773 Haushaltungen nur 164 leerstehende Wohnungen, gleich 1%. Die Stadt tat bekanntlich für den gemeinnützigen Wohnungsbau nichts, gar nichts. Erst unter dem Drucke der Nachkriegssorgen beugte man sich dem Muß»*[27]. Th. Meins, Vorsitzender des Aufsichtsrates des Gemeinnützigen Bauvereins Harburg-Wilhelmsburg, beschrieb es 1928 in seinem Bericht über die Tätigkeit des Gemeinnützigen Bauvereins Wilstorf so:

«Als aber etwa 1892 die Arbeiterwohnfrage im Harburger Stadtparlament zur Sprache kam, da wurde sie abgetan mit dem Hinweis eines Bürgervorstehers, daß er noch zwei Kellerwohnungen unbesetzt habe, und solange diese noch frei seien, könne nicht von Wohnungsbedarf gesprochen werden. Es ging auch ein Beschluß durch, der in praxi den Baugenossenschaften die städtische Sparkasse verschloß, weil durch etwaige Baugenossenschaften der Minderbemittelten den Hausbesitzern die besten Mieter genommen würden. Da die Stadt Harburg selbst sehr wenig Land besaß, so wurden die damaligen Stadtväter auch der Sorge, etwa für Baugenossenschaften Gelände hergeben zu müssen, enthoben«[28].

Meins berichtete anschaulich über die Schwierigkeiten des 1891 gegründeten «Spar-Konsum- und Bauvereins», der 1891–1893 zunächst 60 Häuser mit 120 Wohnungen für Genossen errichtete, was nur durch Unterstützung der Landesversicherungs-Anstalt Hannover möglich wurde. Die Straßen der frühen Genossenschaftssiedlungen waren zunächst nicht befestigt, die Versorgung der «draußen» wohnenden Familien war gefährdet:

«Nun gehörte die Genossenschaft doch der Stadt Harburg an, aber alle Vorstellungen bei der Stadt wurden lächelnd mit der Bemerkung abgewiesen: ‹Wenn die Arbeiter in Villen

wohnen wollen, müssen sie auch Straßen bauen können.› Diese schlechten Wegverhältnisse sowie die Überproduktion an Wohnungen in der Gegend zwischen Wilstorfer- und Maretstraße [die östliche Krummholzbergbebauung, das «Phoenix-Viertel»] *veranlaßte viele Mieter, die Genossenschaft zu verlassen. Um nun nicht Wohnungen leer stehen zu lassen, mußte die Miete so weit herabgesetzt werden, daß die Verzinsung kaum gedeckt, die Amortisation aber nicht berücksichtigt werden konnte. Wieder war es die Landesversicherungsanstalt, die erkannte, daß mit einer ordnungsgemäßen Herstellung der Straßen die Mieten wieder auf die erforderliche Höhe gebracht werden könnten. Deshalb bewilligte die Landesversicherungsanstalt schnell auch ein Darlehn für den Straßenbau. Nachdem dieser fertig war, waren die Wohnungen gesucht, weil doch viele lieber im Freien wohnen wollten als in drangvoller Enge der Innenstadt«*[28].

Im Widerspruch zu den oben zitierten Äußerungen des Magistrats von 1903 stehen die Angaben zu den Bodenpreisen im sogenannten Nordviertel, wo die Genossenschaft an den Straßen Reeseberg, Bachstraße (Petersdorfstraße), Vereinsstraße (Metzenberg) und Liebrechtstraße etwa zwischen 1898 und 1905 baute, dort seien die Bodenpreise in den sieben Jahren um das Dreifache gestiegen, was zu kleineren Grundstücksparzellen führte (Abb. 17, 18)[29].

Die Ausstattung mit städtischer Infrastruktur wie Wasserleitungsnetz (1892), Gasversorgung (1892), Kanalisation (1906), Elektrizität (1901) sowie Postamt (1890), Rathausneubau (1892), Badeanstalt an der Außenmühle (1890), Theater (1894) und zahlreichen Schulen einerseits, die Verkehrsmaßnahmen wie neue Elbbrücke (1899) und neuer Bahnhof (1897) sowie Straßenbahnen (ab 1902) zeigen die turbulenten Entwicklungen um 1900 an.

Entscheidend wurde neben der Neuansiedlung von Industrie bekanntermaßen die Vergrösserung des Seehafens, Ausdruck der wirtschaftlichen Entwicklung des Reiches, insbesondere seiner Export- und Überseeorientierung. Für den Bau der Seehafenbecken (Hafenerweiterungen ab 1889, 1904–1907 Becken I–III, 1927–1929 Becken IV) wurde 1902 ein 180 ha großes Gelände mit dem Dorf Lauenbruch mit 60 Wohnhäusern (800 Einwohner), hinter dem Elbdeich gelegen, aufgekauft und 1906 eingemeindet. Die Vertiefung des Köhlbrands auf 10 m (1908–1913) war Voraussetzung für die Hafenanlagen. Die Elbbrücken verhinderten eine Ausdehnung des Hafens nach Neuland. Harburgs Elbefront war in den nördlichen Stadtteilen hinter der Cuxhavener Bahn zum Industrie- und Gewerbegebiet geworden, auch wenn vereinzelt noch Wohngebäude errichtet wurden.

Welche Vorstellungen man sich um 1910 in zuständigen Kreisen vom Bild der Stadt Harburg, die abgrenzend als «Handels- und Industriestadt» charakterisiert wurde, machte, zeigte sich, als der Magistrat – wieder einmal von außen – angestoßen wurde, etwas zur besseren Gestaltung der Stadt zu unternehmen. 1907 war das preußische Verunstaltungsgesetz erlassen worden[30]. Der Magistrat erhielt am 4. 8. 1907 vom Regierungspräsidenten in Lüneburg Anweisung zur Ausführung des Gesetzes und bat am 27. 8. sein Stadtbauamt um Bericht, ob sich der Erlaß eines Ortsstatuts *«für die hiesige Stadt empfiehlt»*. Stadtbaumeister Homann hielt den Erlaß für nicht erforderlich: *«Straßen oder Plätze von geschichtlicher oder künstlerischer Bedeutung im Sinne des § 2 jenes Gesetzes sind hier nicht vorhanden …»*. Der Regierungspräsident forderte den Magistrat am 16. 10. 1907 auf, dieses preußische Gesetz, das die vorherrschende Meinung der (bürgerlichen) Fachkreise in Deutschland ausdrückte und durchsetzen sollte[31], zu beachten.

Wie die damalige Baukommission, zumindest in Teilen, die eigene Stadt sah, zeigte der Bericht vom 3. 3. 1908:

«In Harburg sind Straßen und Plätze von geschichtlicher oder künstlerischer Bedeutung nicht vorhanden. Allerdings gibt es in einigen Straßen altertümliche Gebäude, namentlich in der Lämmertwiete und im Küchengarten, die auch dem Straßenbilde einen eigenartigen Charakter verleihen; aber abgesehen davon, daß diese alten Gebäude wohl bald Neubauten Platz machen werden und ihre Erhaltung auch nicht im öffentlichen Interesse liegt, sind sie weder von geschichtlicher noch von künstlerischer Bedeutung, so daß eine Beeinträchtigung der Eigenart des Orts- oder Straßenbildes durch moderne Bauten nicht unter die Bestimmung dieses Paragraphen fallen kann... Auch einzelne Bauwerke von geschichtlicher oder künstlerischer Bedeutung, die eines besonderen Schutzes bedürfen, hat Harburg nicht aufzuweisen... Nur ein neueres Bauwerk von künstlerischer Bedeutung ist hier vorhanden – das Rathaus... Daß hier außerhalb der Stadt, aber innerhalb des Stadtbezirks belegenes landschaftlich hervorragend zu bezeichnendes Gelände, das vor gröblicher Verunstaltung zu schützen wäre, vorhanden ist, ist auch zu verneinen. Wenn auch das am Pferdeweg und am Saume der Haake belegene Gebiet immerhin als landschaftlich ansprechend bezeichnet werden mag, ebenso das um den Außenmühlenteich herum belegene Gelände – dies ist freilich durch die Zündschnurfabrik von Marx schon beeinträchtigt – so wird man diese Teile des Stadtbezirks doch nicht als landschaftlich hervorragend bezeichnen können, zumal unter Berücksichtigung der Ausführungsvorschriften [des Verunstaltungsgesetzes]. *Nach diesen kann für die Definition des Begriffs der landschaftlich hervorragenden Gegend nicht das Heimatgefühl der Bewohner maßgebend sein. Ein unzweifelhaft als landschaftlich hervorragend zu bezeichnender Teil der Stadt ist oder vielmehr war der Hastedtsche Park, der leider der Zerstörung anheimfällt und zum Teil schon der Zerstörung anheimgefallen ist. Er würde aber auch nicht unter § 8 fallen, weil er nicht außerhalb des Ortes, sondern mitten in der Stadt liegt bzw. lag»*[32].

Ein Angebot des Architekten- und Ingenieur-Vereins Hannover, fachlichen Rat zu geben, lehnte der Magistrat dankend ab, *«da zur Ausführung des Gesetzes Ortsstatute in der hiesigen Stadt nicht erlassen sind»*[33]. Es sollte anders kommen. Dr. Höhle, dem stadtbaukünstlerischen Belange am Herzen lagen, wurde neuer Stadtbaurat. Er hielt die Einführung eines Ortsstatuts für erforderlich und zielte auf Einflußnahme auf die Gestaltung der landhausmäßig zu bebauenden Außenflächen[34]. Ein von ihm am 19.9.1912 vorgelegter Entwurf fand aber nicht die Zustimmung des Bürgerkollegiums[35].

Erst nach langem Hin und Her, wobei mehrfach Kommissionen eingesetzt, Vorträge gehalten, Gutachten bestellt und Ortsstatute anderer Gemeinden verglichen wurden[36], konnte der Magistrat 1914 beim Bezirksausschuß in Lüneburg um Genehmigung bitten und begründete:

«Der Wirkungskreis des Statutes ist ziemlich groß gewählt, weil in den Kreisen der Grundbesitzer die Erkenntnis wach geworden ist, daß die beabsichtigte Baupflege einen wirtschaftlichen Schutz darstellt. Es wird durch sie verhindert, daß durch die rücksichtslose Bautätigkeit eines Einzelnen vorhandene oder entstehende Harmonien in den verschiedenen Stadtteilen, insbesondere den Außenbezirken, beeinträchtigt werden und eine Geländeentwertung durch Bauverunstaltung eintritt. Aus diesem Grund hat das Bürgervorsteherkollegium veranlaßt, eine Erweiterung des anfangs enger gedachten Wirkungkreises zur Bedingung zu machen, zugleich aber eine mildere Fassung der Einzelvorschriften des ersten Entwurfs zu fordern»[35].

Am 18.9.1914 wurde das «Ortsstatut zum Schutze gegen Verunstaltung» veröffentlicht. Es war nicht lange gültig. Am 15.4.1923 erschien einen neue Bauordnung, die im Anhang ein neues «Ortsstatut zum Schutze gegen Verunstaltung» enthielt.

Um 1910 rückte in Deutschland und Preußen die Frage der städtebaulichen Entwicklung der Industriestädte unter dem Schlagwort «Großstadt und Wohnungsnot» in den Mittelpunkt der fachlichen Diskussionen, wurde in die Öffentlichkeit getragen und zu einem Schwerpunkt der Hochschulausbildung. Seit den 70er Jahren hatte sich die Disziplin, beeinflußt von englischen, amerikanischen, niederländischen und französischen Entwicklungen im deutschsprachigen Raum etabliert. Im hochentwickelten Preußen wurden in dieser Zeit die Weichen für die Reformen der Weimarer Republik gestellt, wobei die Diskussion um die ästhetische Gestaltung kaum die wirklichen Entwicklungen beeinflußte. Seit 1907 wurden im Seminar für Städtebau an der Königlichen Technischen Hochschule zu Berlin von den Professoren Brix und Genzmer die «städtebaulichen Vorträge» gehalten. Praktiker des ganzen Reiches waren Zuhörer. Spätestens mit der großen Städtebauausstellung von 1910 in Berlin und mit dem Zweckverbandsgesetz vom 19. Juli 1911 beispielsweise wurde deutlich, daß kommunale Stadtplanung andere Wege als die der tradierten stückweisen Stadterweiterungen gehen würde und mußte, um einen Beitrag zur Lösung der Industriestadt-Probleme leisten zu können. Nur eine zielgerichtete Wohnungs-, Grünflächen-, Standort- und Verkehrspolitik konnte einerseits den nachteiligen Einfluß privater Bodenspekulation, die Ungleichheit separierter Klassenwohngebiete und die Belastungen durch Industrie und steigenden Kraftfahrzeug- und Eisenbahnverkehr mindern und andererseits Hemmnisse für wirtschaftliches Wachstum abbauen.

Was theoretisch deutlich war, hatte dennoch in den letzten Jahren des Kaiserreiches nur in wenigen Städten und Regionen praktische Folgen. Auch in Harburg sollten zukunftsweisende stadtreformerische Ansätze der Zeit um 1910 erst nach 1919 zum Tragen kommen; die alltägliche Planungspraxis lief ab wie zuvor. Erst bei der Eingemeindung Eißendorfs von 1910 hatte es, dank der Weitsicht des Bürgermeisters Denicke (1899–1924) einmal anders ablaufen sollen.

Am 15. Februar 1908 erließ der Magistrat eine Polizeiverordnung, die die «landhausmäßige Bebauung» im Westen der Stadt absicherte. Die einzelnen Bestimmungen waren so gefaßt, wie es ein vornehmes Villen- und Landhausgebiet erforderte. Schon im Oktober 1908 übersandten Meyers Erben einen Fluchtlinienplan für ihr Gelände zwischen Milchgrund und Eißendorfer Pferdeweg, den Stadtbau-Inspektor Aengeneyndt aus Hannover entworfen hatte. Das waldige Hanggelände sollte mit geschwungenen, ruhigen Villenstraßen aufgeteilt werden[37]. Am 20.10.1909 wurde der Bebauungsplan festgestellt. Bis in die Nachkriegszeit des Zweiten Weltkriegs wurden, wie in vielen Bereichen der Stadt, die vor 1918 geplanten Baublöcke mit Gebäuden «aufgefüllt». Einige Versuche der Stadt, die Fluchtlinienplanung aufgrund des Bau- und Verwertungswunsches der Bodeneigentümer voranzubringen, scheiterten an Widersprüchen von Nachbarn oder am Streit um die richtige Straßenführung. Ein Beispiel ist die geplante Verlängerung von Haakestraße und Meyerstraße über den Eißendorfer Pferdeweg hinaus, wo die heutige Situation nur aus der speziellen Planungsgeschichte erklärbar wird[38].

Wie fern Harburgs Stadtväter der aktuellen städtebaulich-stadtplanerischen Diskussion um 1910 waren, zeigt der Umgang mit einem 14 ha großen, privaten, zentrumsnah, in der Nachbarschaft dichterer Bebauung östlich der Fabrik Harburg-Staßfurth gelegenen Park, dem sog. Hastedtschen Park (Abb. 12–16). Er hatte alten Baumbestand, schloß den Graupenmühlenteich mit ein, und am Hanggelände thronte eine «Burg», wie die Villa des Besitzers genannt wurde[39].

Im Jahre 1906 beschlossen Senator Hastedts Erben, die Damen Schaeuffelen (Heilbronn), Heinichen (Hamburg) und Rose (Harburg), die Aufteilung des Parks zwecks gewinnträchtiger Bebauung. Schon am 17.10.1906 sandte Rechtsanwalt Rose, der seine Frau und die beiden Erbinnen vertrat, dem Magistrat einen Antrag, «*das Stadtbauamt anzuweisen, nach Maßgabe dieser Zeichnungen den Bebauungsplan des Parkterrains festzustellen*». Am 30.4.1907 reichte er einen fachgerechten Bebauungsplan ein, den sein Schwager, Baurat Schaumann aus Frankfurt a.M., zeichnete. Vorgesehen war die komplette Bebauung des Geländes, auch auf dem zugeschütteten Graupenmühlenteich. Nur am steilen, schlecht bebaubaren Hang südlich der Marienstraße waren schmale Grünanlagen eingetragen. Am 11.5.1907 erklärte sich der Magistrat generell einverstanden, verlangte aber, daß die Erben eine 5000 qm große Freifläche kostenlos der Stadt übereignen und die Straßenherstellungskosten auf dem Parkgelände selbst tragen sollten. Am 8.8.1907 genehmigte der Magistrat den Bebauungsplan. Man begann mit den Verhandlungen, worüber aber die Beschlußfassung auf Antrag des Bürgervorsteher-Kollegiums am 3.1.1908 vertagt wurde.

Die Bürgervorsteher bildeten eine Kommission, die nicht das Projekt grundsätzlich in Frage stellte, sondern städtebauliche Einzelheiten des Vertrages beanstandete. Das betraf, neben Finanzierungsfragen, die der Stadt aufzulassenden Vorgärten, «*... damit die Stadt das für eine etwa demnächst notwendig werdende Verbreiterung der Straße erforderliche Terrain in Händen hat...*»[40], die Regenwasserkanalisation und die Weiterführung einer Projektstraße (heute Hirschfeldstraße) nach Süden, wo eine Höhendifferenz von 13,5 m zu überwinden war, da sie «*die einzige oder wenigstens stets die Hauptverbindung zwischen Heimfeld, der Bremer Straße und Wilstorf bleiben wird*», denn sie am Hang «*totlaufen*» zu lassen, sei «*absolut unzweckmäßig*». Man bildete mit dem Magistrat eine gemeinsame Kommission für die Vertragsberatung und einigte sich am 15.4.1908. Im Hinblick auf eine Zuschüttung des Graupenmühlenteichs, als Ersatz für dessen Funktion als Rückstaubecken wurde ein 125 cm/179 cm großer, neuer Regenwasserkanal entworfen. Am 7.8.1908 stimmten die städtischen Gremien dem Vertrag mit den Hastedtschen Erben und der Planung zu.

Am 19.8.1908 sandte der Magistrat den Fluchtlinienplan vorschriftsmäßig dem Regierungspräsidenten in Lüneburg zur Genehmigung und erläuterte: «*Der Stadtverwaltung war es leider unmöglich, da das Terrain des Hastedt'schen Parks, das ringsum von bebauten Strassen jetzt schon eingeschlossen ist und deshalb einen sehr großen Wert als Bauland hat, den Park zu erwerben und ihn allgemein als öffentlichen Park liegen zu lassen*»[41]. Stolz wurde mitgeteilt, daß es gelungen sei, insgesamt 8160 qm unbebaute Parkflächen für die Stadt zu sichern. Der Regierungspräsident hatte schwere Bedenken, stellte Fragen zu Art und Weise der Bebauung und sandte Kommissare zur Geländebesichtigung. Die ausführliche Begründung des Magistrats vom 28.10.1908 zeigt im nachhinein, beispielhaft für eine Epoche, wie kurzsichtig und im Klassendenken befangen argumentiert wurde:

«*Wenn ein größeres Parkgelände, welches im Gebiet der Stadt belegen ist, von seinen Eigentümern zu Bauzwecken verwertet werden soll, so liegt es nahe, zunächst in eine Erörterung der Frage einzutreten, ob es sich nicht empfiehlt, für das Gelände eines Parks die landhausmäßige Bebauung vorzuschreiben. Wir haben aber davon Abstand genommen, das Terrain des Parks zu einem Villenviertel zu machen, da es in mehrfacher Beziehung ungünstig gelegen ist. Es ist zunächst jetzt schon im Osten und Westen von Straßen eingeschlossen, die wesentlich Arbeiterwohnhäuser enthalten, und es würden die Besitzer von Villen einen häßlichen Anblick von ihrem Wohnhaus auf die Hinterseite dieser Häuser haben. Sodann liegt unmittelbar am nördlichen Ende des Parks die Eisengießerei der Fa. Harburger Eisenwerk AG, westlich die Chemische Fabrik Harburg-Staßfurth und hinter ihr das Hartsteinwerk Harburg. Diese Fabriken senden ihre Ausdünstungen bei dem hier vorherrschenden Westwin-*

de in das Parkgelände hinein und würden deshalb der Rauch und die Nähe der Fabriken überhaupt den Bewohnern sehr lästig fallen»[41].

Unter Hinweis auf die in landschaftlich schöner Umgebung geplanten Villen- und Landhausviertel in Heimfeld bzw. in der Nähe des Außenmühlenteichs hieß es:

«Diese Gelände werden aber für absehbare Zeiten für das Bedürfnis an Villenbauten genügen, da die weit überwiegende Mehrzahl der Bevölkerung Harburgs dem Arbeiterstande angehört und nur verhältnismäßig wenige Einwohner in der Lage sind, Villen zu erwerben oder zu bewohnen. Würden wir für das Gebiet des Hastedt'schen Parks landhausmäßige Bebauung vorschreiben, so würde es, da die anderen Terrains sehr günstig gelegen sind, für den Eigentümer des Parkes nahezu unbebaubar werden, und es würden die Vorschriften der landhausmäßigen Bebauung für diesen eine große, nicht zu rechtfertigende Härte bedeuten. Wir haben deshalb darin einwilligen müssen, daß das Parkgebiet für den Bau von Arbeiterwohnhäusern oder Geschäftshäusern, jedenfalls für eine enge Bebauung, wie in dem anschließenden Teile der Stadt üblich ist, überwiesen wird«[41].

Auch die vorgesehene Platzfläche könne wegen des teuren Grund und Bodens nicht vergrößert werden, *«... und die jetzt noch vorhandenen alten Bäume müssen unter allen Umständen, wenn das Gelände bebaut wird, beseitigt werden, da sie die in der Nähe befindlichen Wohnungen, namentlich soweit sie nördlich von ihm gelegen sind, zu sehr schädigen und in einer Weise kühl halten, die gesundheitsschädlich werden kann. Wenigstens werden wir in einem ähnlichen Falle in der Eißendorfer Straße, wo eine Lindenallee vorhanden ist, diese Bäume beseitigen müssen, da sie gesundheitsschädlich sind»*[41].

Der Regierungspräsident argumentierte in dieser *«im Interesse der gesundheitlichen Entwicklung der Stadt sehr wichtigen Angelegenheit»* in Kenntnis neuerer Tendenzen gesamtstädtisch. Er verlangte *«Maßregeln, durch welche künftigen Generationen Licht und Luft in genügendem Maße geliefert wird»*, denn *«die Gelegenheit dazu, die in der Erschließung eines so großen Geländes inmitten der Stadt gegeben ist, wird kaum je wieder bestehen und darf keinesfalls verpaßt werden«*[42]. Auf Anregung der Regierung Lüneburg hin untersuchte man, ob die derzeit breit diskutierte «hintere Baufluchtlinie» eine zu dichte Bebauung verhindern könne. Unter größtem Bedauern stimmte die Regierung am 7.1.1909 aber doch zu. Der Bebauungsplan wurde ausgelegt, zahlreiche Einsprüche behandelt, und am 25.10.1910 lag der abgeänderte Plan erneut aus.

Schon aufgrund der ersten Verträge vom 10.8.1908/18.2.1909 begannen die Hastedtschen Erben mit Erdarbeiten und der Anlage von Straßen, die der Stadt später übereignet wurden. Das Gelände wurde «in eine Sandwüste» verwandelt, die Bauparzellen einzeln verkauft. Die 1911 gegründete «Beamten-Baugenossenschaft» beispielsweise erwarb 1 ha Bauland und rettete eine große Hainbuche als einzigen Baum vor dem Abholzen. Dieser Baum wurde zum Mittelpunkt einer Wohnanlage, deren Konzeption nur daher zu verstehen ist (Abb. 12)[43].

Aufgrund zahlreicher Änderungen wurde vom Stadtbaurat Dr. Höhle 1913 ein neuer Plan aufgestellt, der weitere Verträge zwischen Magistrat und Hastedts Erben begründete (15.7.1915, 4.3.1916). Dieser Plan (Abb. 12) macht ebenso wie der das Gelände an der Außenmühle betreffende von 1914 (Abb. 11) deutlich, daß Stadtbaurat Dr. Höhle nicht nach neueren stadtplanerischen Erkenntnissen seiner Zeit entwarf, sondern dem eingrenzenden architektonischen Quartiersdenken traditioneller baukünstlerischer Stadterweiterung, die größtmögliche Bebaubarkeit zum Ziele hatte, verhaftet war. Das allerdings beherrschte er höchst qualitätsvoll, wie seine Entwürfe zeigen. Angesichts seiner Fähigkeiten kam er für Harburg zu spät in das Amt des Stadtbaurats. Für die fortschrittlichen Vorhaben Bürgermeister Denickes war er nicht der richtige Partner, wie sich im Zusammenhang mit den Eißendorfer Planungen zeigen sollte.

Hastedts Park sollte 1925 den Magistrat unter Bürgermeister Dr. Dudek (1925–1933) nochmals beschäftigen. Wegen fehlender notarieller Beglaubigungen drohte die kostenlose Überlassung von Straßen und 7000 qm Platzgelände im Tal zu scheitern. Längst hatten sich Justizrat Rose und die Erben entzweit, weil der Verkauf der Grundstücke – zum Wohle der Stadt, wie man im nachhinein urteilen kann – infolge Weltkrieg und Inflation sich verzögerte[44]. Hier konnten 1926–1928 an der Hastedt- und Mergellstraße die eindrucksvollen Wohnbauten der Gemeinnützigen Heimstätten AG «Heimat», Baugesellschaft des Gewerkschaftsbundes der Angestellten GDA, Architekten Ernst und Eduard Theil, errichtet werden. Das Talgelände wurde in den 20er und 30er Jahren nicht bebaut, wie geplant. Eine völlig andere Stadtpolitik verhinderte dies. Denn Dr. Dudeck und seine Planer zielten auf die Strukturierung der Stadt durch Grünzüge und das Erlebbarmachen der besonderen naturräumlichen Voraussetzungen Harburgs. Das wird deutlich in Ferdinand Hölschers «Vorschlag für die Gestaltung der Eißendorfer Talwiesen» von 1925, mit dem er ein *«zusammenhängendes großzügiges Parkgebilde»* schaffen wollte, das sich von Eißendorf bis zu den Baublöcken an der Bremer Straße erstrecken sollte[45].

So ähnlich wurde es letztlich verwirklicht, nachdem auf den Freiflächen nach 1945 ein Nissenhüttenlager stand. Heute ist das ehemalige Hastedtsche Parkgelände in der Fortsetzung des Göhlbachtales mit seinen Bauten aus mehreren Epochen Harburgs, die bilderbuchartig Stadtentwicklung spiegeln, ein unverwechselbarer Teil von Harburgs «Stadtlandschaft», ein Ort, an dem die ehemalige preußische Industriestadt städtische Identität zeigt.

Seit den Fehlplanungen um Hastedts Park – auch Lohmanns Park verschwand spurlos – hatte Harburg allerdings Glück mit seinen öffentlichen Anlagen. Wie, um das in der Innenstadt Versäumte zu ersetzen, wirkt der Kauf von Außenmühlengelände durch die Stadt in den Jahren 1907 und 1913. Hier entstand in mehreren großen Abschnitten der Harburger Stadtpark unter Leitung von Georg Hölscher und Sohn Ferdinand Hölscher. Der Erste Weltkrieg verhinderte eine Wohnhausbebauung, wie sie Stadtbaurat Dr. Höhle 1914 am nördlichen Außenmühlenteich plante (Abb. 11), nachdem Marets Erben 1912 endlich bereit waren, Gelände des alten «Maret-Parks» als Straßenland zur Verfügung zu stellen[46]. Der Park mit Schulgarten von 1932/33 und mit den Parkbauten des Harburger Magistratsbaurats Carl Lembke kann heute als eine der schönsten öffentlichen Parkanlagen Norddeutschlands gelten[47].

Nachdem 1910 Eißendorf eingemeindet worden war, sollte es heftige Auseinandersetzungen um die neue Fluchtlinien- und Bebauungsplanung geben, zu der sich Harburg im Eingemeindungsvertrag vom 11.2.1909 verpflichtet hatte, und zwar innerhalb von zwei Jahren. Denn der Magistrat unter Bürgermeister Denicke wollte Anfang 1910 der Stadt Harburg zum Anschluß an die neueste Städtebauentwicklung verhelfen. Die Planungen für Teile Eißendorfs und Wilstorfs sollten nach den Ergebnissen eines geplanten Wettbewerbs unter den bekanntesten Städtebauern Deutschlands erarbeitet werden, wofür Stadtbaurat Homann und Senator Tileman Anfang 1911 die Unterlagen erstellten[48].

Homann wandte sich, wohl in Absprache mit Bürgermeister Denicke, an den vielbeschäftigten Prof. Joseph Brix, Königlich Technische Hochschule Berlin, um Stellungnahme. Brix äußerte sich äußerst positiv zum Vorhaben. Die Herstellung genauer Planunterlagen durch den berühmten Berliner Pharus-Verlag und eine Überlastung Brixs verzögerten die Angelegenheit. Erst am 29.9.1911 schlug er unter dem Motto *«Die Hauptsache ist die Gewinnung von Grundgedanken und Ideen»* sich selbst, *«Herrn Geheimen Oberbaurat Dr.-Ing. J.*

Stübben, Grunewald Berlin, Herrn Prof. Pützner, Darmstadt oder Herrn Magistratsbaurat Aengeneyndt, Hannover», als Teilnehmer des beschränkten Wettbewerbs vor. Ebenso bekannt und einflußreich waren die für das Preisgericht Vorgeschlagenen[49].

Doch es kam nicht zum Wettbewerb. Inzwischen hatte Dr. Höhle die Leitung des Bauamtes übernommen und es erreicht, daß ihm, dem *«modernen Stadtbaurat»* und *«Bau-Künstler»*, wie er sich einschätzte, die Ausarbeitung eigener Vorschläge übertragen wurde. Prof. Brix war jedoch weiterhin zu sachkundiger Unterstützung bereit. Stadtbaurat Höhle bekam vom Magistrat die zusätzliche Stelle einer *«städtebaukünstlerisch geschulten Hülfskraft»* genehmigt[50] und begann mit der Arbeit am Fluchtlinienplan.

Ende 1911 versuchte Stadtsyndikus Jul. Tilemann nochmals, Prof. Brix einzubeziehen. Dr. Höhle verteidigte sich mit seiner *«beruflichen Ehre besonders auch Brix gegenüber»*[51], zählte auf, daß in Marburg, Straßburg, Darmstadt, Charlottenburg, Essen, Hamburg, Köln und Rixdorf junge Stadtbauräte die Bebauungspläne entwarfen:

«Wenn ein ordentlicher Stadtbaurat einmal einen großen städtebaulichen Vorwurf hat, so ist es offenbar, daß er sich demselben mit ganz anderer Liebe und größerer Ortskenntnis zu widmen vermag wie auswärtige Herren. Die unzähligen Höhen und Täler im Eißendorfer Gebiet mit ihren mannigfachen Fernblicken machen es Auswärtigen vielmehr fast unmöglich, finanziell durchführbare Fluchtlinien auf papierenen Unterlagen zu ermitteln. Ich betone hierbei wiederholt, daß die baukünstlerischen Probleme, die Harburg seinem Baudezernenten zu bieten vermag, ohnehin sehr spärlich sind und niemand, der ein Verständnis für die berechtigten Bestrebungen eines Fachtechnikers besitzt, dazu die Hand bieten kann, ihn von seiner einzigen belangvollen Aufgabe abzudrängen»[51].

Ende Mai 1912 war der Plan fertig. In einer turbulenten Magistratssitzung, über die die Hildesheimer Allgemeine Zeitung berichtete[52], lehnten Bürgervorsteher und Dr. Höhle eine vom Magistrat gewünschte Begutachtung durch Prof. Brix ab. Später bezog man auf der Suche nach Gutachten des Höhle-Plans noch zahlreiche Fachleute in diese Auseinandersetzung mit ein, auch Prof. Brix, dessen Schwager in Harburg wohnte und der guten Kontakt mit Bürgermeister Denicke hatte. Im August 1912 wurden schließlich Baudirektor Schumacher und Oberingenieur Sperber, beide Hamburg, um ein Gutachten gebeten, was diese dankend ablehnten. Ein positives Gutachten des Magistratsbaurates Aengeneyndt, Hannover, vom Januar 1913, über den *«Bebauungsplan der Stadt Harburg a. d. Elbe, vom Krankenhaus bis Vahrenwinkel, gefertigt vom Stadtbaurat Dr. Höhle, Mai–November 1912»*[52], beendete den Versuch, bekannte Städtebauer an den Harburger Planungen zu beteiligen. Auch konnte Prof. Brix den Harburger Bebauungsplan nicht, wie erhofft, als *«gutes Beispiel für die Lösung der Bebauungsfrage nach neuzeitlichen Gesichtspunkten»* in dem von ihm geleiteten Seminar für Städtebau verwenden[53].

Infolge des Ersten Weltkrieges wurden nur wenige Teile der engagierten, aber historisch überholten Planungen des Stadtbaurates verwirklicht. Allerdings behielten die festgesetzten Bebauungspläne nach 1918 ihre Gültigkeit und beeinflußten somit die städtebauliche Entwicklung Harburgs in der Weimarer Republik, als die verplanten Gebiete bebaut, Straßenpläne verändert und ergänzt wurden.

Nach 1918 bestimmten völlig andere Verhältnisse das Planen und die Wohnungsproduktion auch in Harburg. Noch in den Kriegsjahren zielten preußische Ministerien auf Erleichterungen für den Kleinwohnungsbau in Verbindung mit Gartenland und auf Förderung des Baus preiswerter Wohnungen für Minderbemittelte, was nur durch billiges Bauland, niedrige Straßenbaukosten, Verbilligung der Baukosten oder Unterstützung der Selbsthilfe sowie durch andere Trägerschaften der Wohnungsproduktion möglich war[54]. Geltende Vorschriften wurden untauglich als Instrument für die Politik, staatliche Programme mußten sie in Gang setzen und stützen. Mit dem Wohnungsgesetz vom 28.3.1918 wurde das Fluchtliniengesetz von 1875 entsprechend geändert. Das Reichssiedlungsgesetz vom 11.8.1919 erleichterte die Landbeschaffung für ländliche Siedlungen und förderte gemeinnützige Siedlungsunternehmen. Siedlungskredite, Hauszinssteuerhypotheken und Neuregelungen öffentlichrechtlicher Anforderungen ermöglichten nun auch in Harburg die Wohnungsproduktion durch zahlreiche Siedlungsgenossenschaften, durch den Staat (Eisenbahn-, Post- und Steuerfiskus), die Stadt Harburg (für städtische Beamte und Angestellte), den Handel (Kreissparkasse) und Industrie (Oelwerke Teutonia, F. Thörls Vereinigte Harburger Oelfabriken AG., Vereinigte Jute-Spinnereien und Webereien Hamburg-Harburg, Harburger Oelwerke Brinckman und Mergell) sowie Einzelsiedler[55].

Vor 1918 waren große Gebiete, insbesondere in Heimfeld und Eißendorf, spekulativ für die Bebauung erschlossen worden. Infolge des Krieges blieben die Grundstücke an oft nur halbfertigen Straßen unverkauft und unbebaut liegen. In den 20er Jahren begann der bis heute andauernde Prozeß der Bebauung. Es bildeten sich die typischen Einfamilienhaus-Wohngebiete heraus, die den Eindruck städtebaulicher Geschlossenheit trotz völlig unterschiedlicher Bauträgerschaft und Architektur der Häuser vermitteln.

Zahlreiche Kleinsiedlungen veränderten in den ersten Nachkriegsjahren das Bild von Stadt und Außenbezirken. Sie entstanden nicht nach einem großen Stadtplan, sondern dort, wo mit Preis und Erschließung günstige Grundstücke angeboten wurden oder der Stadt Gelände zur Verfügung stand, wie z.B. die Bebauung des Exerzierplatzes und seiner Umgebung an der Eißendorfer Straße oder die des Reeseberggeländes und seiner Umgebung in Wilstorf zeigen (Abb. 17–19). Hier liegen – vorbereitet in der Kaiserzeit – Siedlungsschwerpunkte der 20er und 30er Jahre. Sie haben im Einzelfall eine recht verwickelte Entstehungs- und Planungsgeschichte. Die Regel war nicht mehr wie zuvor die private grundstücksweise Bebauung der Baublöcke mit 2- bis 4-geschossigen Wohngebäuden entlang der Baufluchtlinien, sondern die Bebauung nach einem Bebauungsplan, der Straßen, Gebäude und Außenflächen gemäß einer Gesamtkonzeption für das einzelne Siedlungsvorhaben festlegte. Nicht stuckverzierte Fassaden, sondern gegliederte Baukörper mit einfacher «sachlicher» Gestaltung prägten die baumbepflanzten Straßenabschnitte.

Das eigentliche stadtplanerische Instrument der Kommune war die neue Bauordnung vom 15.4.1923, die nach einheitlichem Muster entwickelt worden war. Mit ihr wurden planmäßig Baugebiete von Außengebieten und Wohngebiete von Industriegebieten unterschieden. Die Stadt wurde in 5 Bauklassen, die der Bauklassenplan zeigt, eingeteilt. Für jede Bauklasse galten spezielle Vorschriften über die Bebaubarkeit der Grundstücke und die Art und Weise der Bebauung (geschlossene oder offene Bauweise, Abstände, Gebäudehöhen, Freiflächen). Wohngebiete sollten besonders gegen Belastungen geschützt werden. Unterschieden wurde nach Einfamlienhäusern, Klein- und Mittelhäusern, nach Holz- und Blockhäusern sowie Wohnlauben, wofür jeweils spezielle, auch städtebaulich wirksame Vorschriften (Vollgeschosse, Dachausbau, Wohnungsanzahl, Freiflächen, Abstände usw.) erlassen wurden. Die Stadtplanung zielte insgesamt auf Entflechtung störender Nutzungen, Vermeidung zu dichter Bebauungen, Erhöhung von Grünflächen nach dem großen Leitbild von Licht, Luft und Sonne, kurz auf eine «gesunde Weiträumigkeit der Städte».

Auch in Harburg war der Prozeß der Durchsetzung dieser staatlichen Politik höchst mühsam. Beispielsweise betraf eine Aktivität des Preußischen Ministers für Volkswohlfahrt 1924 die Sicherung von Kleingärten in «Kinderwagenentfernung» in der Nachbarschaft dicht bebauter Stadtkerne, also im Bereich hochwertigen Baulandes[56]. Nach dem Reichsheimstättengesetz vom 10.5.1920 und folgenden Ausführungsgesetzen konnten Gemeinden (auch per Enteignung) sog. Wohn- oder Wirtschaftsheimstättengebiete bzw. Heimstättengartengebiete ausweisen, die in Eigentum übergingen. 1925 mußte der Reg.Präsident den Magistrat auffordern:

«Nach dem Bauzonenplan der Stadt Harburg sind Siedlungsgebiete für die minderbemittelte Bevölkerung nicht vorgesehen. Es dürfte sich daher empfehlen, einiges Gelände im Bezirke der Stadt Harburg zum Wohnheimstättengartengebiete zu erklären. Auch wird die Festlegung einiger Heimstättengartengebiete mit Rücksicht auf die Harburger Industriebevölkerung nicht zu umgehen sein. Ich weise dabei nochmals besonders auf die bodenpolitischen und finanziellen Vorteile der Reichsheimstätten nach dem Gesetz vom 10. Mai 1920 hin. Ich ersuche daher, die Angelegenheit mit den dortigen Baugenossenschaften und den sonstigen, am Heimstätten- und Wohnungswesen interessierten Kreisen, auch der Ortsgruppe des Bundes deutscher Bodenreformer, zu besprechen...»[57].

Die Ausführung wurde vor allem durch generelle Probleme der Enteignung und Entschädigung verzögert. Nach damaligen Reichsgerichtsurteilen drohten den Kommunen schon im städtebaulichen Planungsstadium hohe Ersatzansprüche[58]. Immerhin sind die drei am Aussenmühlenteich gelegenen Dauerkleingärten «Mühlenfeld», «Phoenix Kleingartenverein» und «Gartenbau-Verein am Stadtpark von 1928» eine Folge damaliger Versuche, das Wohnen in der Stadt zu verbessern.

Die Zahl der Einwohner stieg weiter an, 1922 waren es ca. 73000 und 1926 76000, die in Harburg wohnten. Die Themen «Wildes Siedeln», «Kleingärten» und «Wohnlauben» beschäftigten in den Notzeiten der Nachkriegszeit auch das Harburger Stadtbauamt permanent. Kleingärten und verstreut liegende Wohnsiedlungen der 20er und 30er Jahre wurden zum Stadtmerkmal Harburgs. Sie zeugen von den Bemühungen, in Harburg eine sozial engagierte Wohnungspolitik durchzusetzen. Die generellen, von der republikweiten wirtschaftlichen Entwicklung abhängenden Wohnungsbauphasen der Weimarer Republik sind in der Stadt ablesbar: vorwiegend Kleinsiedlungsbau in den ersten Jahren, städtische und vorstädtische Wohnanlagen und größere Siedlungsvorhaben in den folgenden Jahren.

Harburg spiegelt insgesamt die Situation vieler größerer und mittlerer Kommunen. Einerseits die Schwierigkeiten und Erfolge bei der praktischen Durchsetzung, andererseits die großen übergreifenden, nur bruchstückhaft verwirklichten, regional-stadtplanerischen und städtebaulich-stadtgestalterischen Vorhaben. Beispielsweise leisteten Industrie- und Handelskammer und Handwerkskammer Widerstand, als der Magistrat 1931, im Jahr der Wirtschaftskrise und Massenentlassungen, unter Bürgermeister Dudek stadteigenes Gelände bei Bostelbek erwerbslosen Handwerkern für das Siedeln in Selbsthilfe mit städtischer Unterstützung zur Verfügung stellte. Man sah dies als *«neuen Eingriff in das Tätigkeitsgebiet der privaten Bauwirtschaft»*[59]. In der Erwerbslosensiedlung «Am Radeland», um die es hier ging, waren dennoch 1933 bereits 159 von 200 geplanten Häusern fertiggestellt.

Harburg verwirklichte neben vorbildlichen städtischen Anlagen wie Stadtpark mit Schulgarten, Friedrich-Ebert-Gymnasium, Badeanstalt oder Feuerwehr, die unter schwierigsten Finanzierungsbedingungen und oft mühsam mit Notstandsarbeitern realisiert wurden, auch hervorragenden Wohnungsbau (Mergellstraße, Adolf-von-Elm-Hof, Zentrumshaus, Siedlungen Südermannstraße, Wilstorfer- und Eißendorfer Straße, ehem. Exerzierplatz). Die großen Durchgangsstraßen wurden dem tatsächlichen und dem prognostizierten stark steigenden «Automobilverkehr» angepaßt. Um 1930 wurde die Buxtehuder-/Stader Straße als «Autoumgehungsstraße» verbreitert und ausgebaut. Um die Innenstadt zu umgehen, lenkte man den Verkehr der Bremer Straße über eine stadträumlich vorbildlich entworfene Brücke

(Marmstorfer Weg) zur Hohen Straße und zeichnete damit, ungewollt, die zweite große Zerschneidung des inneren Harburg durch eine Verkehrsstraße vor, wie sie in den 80er Jahren, knapp 100 Jahre nach der ersten, verwirklicht wurde. Pläne für eine Neugestaltung des Bahnhofsvorplatzes wurden nicht verwirklicht.

Schon an diesen Maßnahmen war der Hamburgisch-Preußische Landesplanungsausschuß, insbesondere sein technischer Unterausschuß, beteiligt. Der Ausbau der Durchgangsstrassen, der Bau des vierten Seehafenbeckens und der Zusammenschluß zur Großstadt Harburg-Wilhelmsburg von 1927 oder der Standort der Siedlungen zwischen Außenmühlenteich und Winsener Straße (1926–1929) waren äußere Zeichen für generelle, die Stadtstruktur und Entwicklungsrichtung Harburgs in andere Bahnen lenkende Überlegungen.

1918 wurde «Generalplanung», wie sie schon 1910 anläßlich der Städtebauausstellungen und 1911 im Zweckverband für Groß-Berlin vorgeführt worden war, zum Instrumentarium der Stadtentwicklung. Nicht zuletzt auch, weil sich Wirtschaftskreise zunehmend davon überzeugten, daß städtebauliche und verwaltungsmäßige Hindernisse Wachstumsprozesse beeinflußten. Die These der «Abhängigkeit einer gedeihlichen Gemeinde-(Stadt)-Wirtschaft vom Städtebau»[60] führte zur Entwicklung und Blüte von Generalbebauungs-, Generalsiedlungs-, später Flächenaufteilungsplanung auf gemeindlichem Gebiet und dann – übergreifend – zur Landesplanung, worauf Fritz Schumacher, vor allem auch im Hamburgisch-Preußischen Landesplanungsausschuß, größten methodisch-inhaltlichen Einfluß nahm. Die jungen Planungsdisziplinen gehörten bald zum Instrumentarium staatlicher Strukturpolitik, wie es später, im «Dritten Reich», die Hamburger Generalbebauungsplanungen unter Gutschow, die Berliner unter Speer oder die Arbeit der Reichsstelle für Raumordnung zeigten. In den 20er Jahren sollte alles in einem Preußischen Städtebaugesetz zusammengefaßt und vereinheitlicht werden[61].

Harburg war in diesen Prozeß relativ eng verwickelt. Das Ministerium für Volkswohlfahrt ergriff 1921 mit der Forderung nach *«Siedlungsplänen»*[62] generelle und mit der *«Aufstellung eines Generalbebauungsplanes für das Gebiet Groß-Hamburg»*[63] spezielle Aktivitäten. Den *«Generalsiedlungsplan für das Groß-Hamburger Gebiet»* stellten Prof. Josef Brix und Gustav Oelsner 1923 auf[64]. An den im *«Hauptplan»*[65] für Harburg eingetragenen Siedlungs- und Verkehrsflächen (Abb. 20) orientierten sich die noch sehr unfertigen Entwürfe für einen *«Harburger Siedlungsplan»*, den der Reg.Präsident in Lüneburg seit März 1925 vom Magistrat verlangte und den dieser ihm erstmals Anfang 1928 zusandte[66]. Obwohl die weiteren Entwicklungen – Bildung Harburg-Wilhelmsburg, Hamburgisch-Preußische Hafengemeinschaft und Landesplanungsausschuß – letztlich zum Abbruch der Arbeit am *«Siedlungsplan»* führten[67], wurden mit Vorschlägen für konzentrierte Wohnstandorte, Güterumgehungsbahnen, Hafenerweiterungen und Grünflächen doch bestimmte stadtplanerische Ideen erstmals sichtbar, die in den folgenden Jahren intensiv diskutiert werden sollten[68].

Hier liegen auch Anfänge für konkrete Hamburg-Harburger Planungen nach 1945. Insbesondere die auf Hafenarbeitsplätze ausgerichteten Wohnsiedlungen in Neugraben und Fischbek, deren Realisierung ab 1929 begann, zwischen 1933 und 1945 verstärkt und nach 1945 nahezu abgeschlossen wurde, basieren in ihrer formalen Standort-Festlegung – nicht mit der jeweiligen politischen Absicht – auf diesen ersten regionalplanerischen Vorarbeiten.

Die konkrete städtebauliche Planung Harburg-Wilhelmsburgs geriet Ende der 20er Jahre zunehmend in Abhängigkeit von regionalen Planungsentscheidungen der Hafenentwicklung und Verkehrsführung. Es wurde offenbar zunehmend schwieriger, den politischen Konsens zur Weiterentwicklung der selbständigen preußischen Stadt zu einem mit Hamburg konkurrierenden und zugleich zusammenarbeitenden Handels- und Industriezentrum in Form städtebaulicher Maßnahmen zu realisieren. Einiges spricht dafür, daß selbst Köster, der nach Vertreibung Dr. Dudeks 1933 das Amt des Oberbürgermeisters von Harburg-Wilhelmsburg kommissarisch ausführte und dann sofort als Erster Baudirektor in Hamburg Karriere machte, diesen Konsens auf preußischer Seite zumindest bis Juli 1933 mittrug[69]. Schon im Rahmen der frühen preußischen Planungen für das *«Groß-Hamburger-Gebiet»* – der Titel setzt Maßstäbe – kam eine eher skeptische Einschätzung der wirtschaftlichen Zukunft Harburgs und seiner Rolle im Süderelberaum zum Ausdruck.

Das wird deutlich im teilweise heute noch aktuellen *«Gutachten über die städtebauliche Eigenart und Entwicklung Harburgs»*, das Brix und Oelsner 1926 im Auftrag Dudeks anfertigten[70]. Angesichts der Hafengeschichte und konsequenten erfolgreichen Hafenpolitik Hamburgs gaben sie den abschließenden Rat: *«Harburg kann nicht in Wettbewerb treten wollen. Trotzdem sind seine Aufgaben für Staat und Provinz von hoher Bedeutung. Es sind Aufgaben einer Hansestadt. Ohne Land und ohne Geld sind sie nicht zu lösen. Hier muß der Staat helfen»*[71].

Wenn auch die einseitige Fixierung auf den Hafen und seine Vergrößerung sich für Harburg und Hamburg (viel später) als falsch erwies, so sahen Brix und Oelsner dennoch in erstaunlicher Weise konkrete Harburger Entwicklungen in ihrer Abhängigkeit von Hamburg voraus: die Notwendigkeit von *«Automobil- und Verbindungsstraßen»*, den Bedarf an Siedlungsflächen in Marmstorf, Sinstorf, Rönneburg, Langenbek und Meckelfeld und damit die Notwendigkeit weiterer Eingemeindungen sowie – *«bei entsprechender Entwicklung der Verkehrsmittel»* – die Notwendigkeit eines großen *«Wohnringes»* in Meckelfeld, Hittfeld und Beckedorf, eine Schnellbahn, die als *«Hochbahn»* Hamburg, Harburg, Hausbruch und den Hafen verbindet oder die Notwendigkeit der Pflege und Erhaltung verbindender Naturräume, *«... der Außenmühlenteich könnte eine Art Alster für Harburg sein»*[72].

In ihrer Zusammenfassung entwarfen sie die konkrete Utopie einer harmonisch gestalteten, friedvollen, natur-städtischen Harburger Siedlungsregion als Leitbild der Stadtentwicklung:

«Das Stadtinnere selbst muß aber in breiter Fläche an den Strom herangebracht werden, und das ist nur noch in der Nähe der Elbbrücken möglich ... Harburg hat sich nicht in bewußter Planung entwickelt. Die alte Stadt mit vielen schönen Einzelzügen hat keinerlei organische Verbindung mit Hafen und Strom. Die Straßen, die zum Wasser führen, dienen dem Lastverkehr. Für den Fußgänger sind sie wie gleichgültige Fabrikstraßen. Hafenstadt zu sein ist ein Rang. Die Besonderheit der Lage muß im Stadtplan fühlbar sein. Eine Hafenstadt ist seit Jahrtausenden mehr, viel mehr als eine Landstadt. Diese kann manchmal durch Naturschönheiten einen Ausgleich finden. Aber Harburg hat beides und muß beides bewußt pflegen, den Hafen und seine Umgebung, Haake und Außenmühlenteich. Die Geschäftsstadt muß aus dem leicht zu erreichenden Hafengebiet größere Kraft bekommen. Aus solcher Kraftentwicklung, aus seiner Lage am Strom und aus der Pflege seiner Naturschönheiten muß die Stadt den städtebaulichen Wert bekommen, auf den sie Anspruch hat. Sie darf nicht zu einer Fabrikvorstadt herabsinken. Dazu sind die Besonderheiten ihrer Lage zu bedeutend. Die Innenstadt ist durch neue Verbindungen zu bessern und durch Lösung einiger nicht schwerer Aufgaben wesentlich ansehnlicher zu gestalten. Die Wohnstadt ist mit den schon geschaffenen Siedlungen vorstädtischer Art zu verbinden, die Siedlungen selbst durch neue zu vermehren, die Harburg im Kranz umgeben. Hier muß das Ziel sein: Das Land um Harburg mit seinem schönen Waldbestand, seinem prächtig gewellten Gelände, sei ausgebaut mit Siedlungen und Grünflächen und Wäldern wie ein einziger großer Garten»[73].

Damit konnte Harburg in den hier betrachteten 100 Jahren erstmals und letztmalig auf ein umfassendes Leitbild der Stadtentwicklung als selbständige preußische Stadt an der Elbe zurückgreifen.

Das Jahr 1933 war für Harburgs reale Stadtentwicklung rein äußerlich keine Bruchstelle. Die bisher skizzierten Entwicklungen setzten sich unter nationalsozialistischer Regie fort. Einerseits das «Auffüllen» der vorgeprägten Siedlungsgebiete mit Kleinsiedlungen, Einfamilienhäusern und Geschoßwohnungsbau, andererseits die landesplanerische Weiterentwicklung der Region und die Einbindung Harburgs in eine auf Kriegführung zielende Entwicklung. Der Ausbau der Kasernen ab 1934/35, eine neue Elbbrücke (1937), Siedlungen für Wehrmachtsangehörige, wie die für die Luftwaffe am Sinstorfer Kirchweg (ab 1939) und Werkssiedlungen für «Gefolgschaftsmitglieder», wie die der «Gefolgschaftshilfe des Metallwerks Niedersachsen Brinckman und Mergell e.V.» an der Denickestraße (1941/42), Kleinsiedlungen in Hausbruch, Neugraben, Bostelbek oder Neuland, Dachgeschoßausbau und gegen Kriegsende zunehmend Barackenlager, Behelfswohnungen, Bunker und Ruinen prägten die Quartiere Harburgs im «Dritten Reich»[74].

Mit der Bildung Groß-Hamburgs von 1937 wurde Harburgs Funktion als Wohn- und Industriestandort mit untergeordnetem Binnenhafen vorbereitet. Sehr deutlich wird dies im Generalbebauungsplan von 1940, mit dem der dem Reichsstatthalter in Hamburg direkt unterstellte «Architekt des Elbufers», Konstanty Gutschow, entgegen den bisherigen preussischen Bestrebungen die Süderelbe zur Binnenschiffahrtsstraße erklärte. Die verkehrliche Verbindung mit und durch Harburg mit S-Bahn, Güterbahn- und Autobahntrassen und die Wohngebietsausweisung für 1,1 Mio. Einwohner im Süderelbegebiet setzte fort, was im Generalplan von 1923 schon angelegt war, allerdings unter absoluter Priorität *«ureigenster Hamburger Zukunftsinteressen»*[75].

Harburg brauchte in den hier skizzierten Entwicklungsabschnitten von 1845 bis 1945 etwa 80 Jahre, um eine Leitidee für die eigene, unverwechselbare Stadtidentität zu entwickeln. In der entscheidenden Phase der Industrialisierung und des Siedlungswachstums gab es kein städtebauliches Konzept, weil eine bürgerliche Stadtbautradition fehlte. Insofern entwickelte sich Harburg zeitgemäß ehrlich und ohne Schminke. Versuche nach 1918, Harburg eine von der natur- und wirtschaftsräumlichen Lage geprägte Stadtgestalt zu geben, in Beziehung zu setzen, was sich zuvor von Grundbesitz zu Grundbesitz ausgebreitet hatte, gelangen in Ansätzen. Fehlende ökonomische und politische Kraft, aber vor allem die offene Frage nach der Rolle und der Funktion von Harburg-Wilhelmsburg an der Süderelbe verhinderten mehr in der Weimarer Republik. Mit dem Groß-Hamburg-Gesetz von 1937 wurden Harburgs Strukturfragen entschieden, wurde die seit 1928 praktizierte landes- und stadtplanerische Zusammenarbeit zwischen Hamburg und Harburg zugunsten zentraler Entscheidungen und Zuordnung abgebrochen. Harburgs Städtebauprobleme wurden hamburgische und angesichts der Führerstadtplanungen untergeordnete[76].

Harburg wurde im Krieg stark zerstört. Der Städtebau in Hamburg-Harburg nach 1945 wird sich auch an den Leistungen der einst selbständigen Stadt Harburg messen lassen müssen. Ein preußisches Arbeiter- und Industriestadtschicksal wurde allerdings weder 1937 noch 1945 beendet.

Anmerkungen

1 Der Harburger Stadtbaurat Köster stellte z.B. die Weiterbearbeitung des vom Reg.Präs. in Lüneburg immer wieder geforderten Harburger Siedlungsplanes 1929 mit der Bemerkung zurück, daß die Ergebnisse der Hafengemeinschaft und des Landesplanungsausschusses erst abgewartet werden müßten. StAHbg, Harburg 5, 3200–14, Köster an Reg.Präs. Lüneburg, 20.4.1929.

2 Michaelis, Harburg, S. 53ff.

3 Bau-Ordnung für die Stadt Harburg v. 1.12.1846, Vorbemerkung.

4 Im Adreßbuch der Stadt Harburg wird 1846 Hermann Bansen als Land-Bau-Conducteur und Stadtbaumeister im Stadt-Bau-Amt, dessen Vorsitz Bürgermeister Johann Friedrich August Bahr hatte, erwähnt. Harburgs weitere Stadtbaumeister bzw. Stadtbauräte (ab 1883) waren: Wilhelm Emil Hackländer, 1856–1869; Carl Henrici, 1870–1875; Heinrich Busse, 1876–1882; Friedrich Homann, 1883–1910; Dr.-Ing. Heinrich Höhle, 1911–1925 (nach 1918 offenbar vertreten durch Stadt-Baumeister Lembke); Oberbaurat Karl Köster, 1926–1933; Dr.-Ing. Otto Kleeberg, 1933–1935.

5 Die Namen der Vorsitzenden bei Beginn und Ende des Wirkens der Harburger Bau-Commission sind noch unklar, in den Adreßbüchern werden genannt: Senator Johann Heinrich Stubbe. ?–1873; Senator Friedrich Thörl, 1874–1886; Senator Wilhelm Hastedt, 1887–1900; Syndikus Wegener, 1901–1909; Dr.-phil. Behrens, 1910–?.

6 Das erstmals 1884 erwähnte Bauamt unter Stadtbaumeister Homann beschäftigte 1 Bauvoigt, 2 Bauführer, 1 Zimmermeister. 1902 hat das Stadtbauamt eine Abteilung Hochbau mit 4 Personen und die Abteilung Tiefbau mit 11 Personen, 1904 kommt eine Abteilung Vermessung mit 4 Personen hinzu, 1914, unter Stadtbaurat Höhle, gibt es die Abteilungen I–IV mit 20 Personen, 1 Verwaltungsbüro mit 11 Personen und 1 Person Materialverwaltung.

7 StAHbg, Harburg 4, VI C 1–16, Plenarsitzung Magistrat 19.4.1856.

8 StAHbg, Harburg 4, VI D 2b–107a, Pro memoria 17.1.1911.

9 StAHbg, Harburg 4, VI C 1–16. Plenarsitzung Magistrat und Bürgervorsteher, 9.3.1872: «Von Seiten des Magistrats wurde die Frage angeregt, ob und in welcher Weise der vielleicht zu erwartenden Wohnungsnoth entgegengewirkt und in Rücksicht auf die soziale Frage die Herstellung geeigneter Arbeiterwohnungen vorbereitet werden könne und vorgeschlagen, sich durch Ankauf oder Gewährung eines Darlehns die Disposition über einen jetzt Berghausen gehörigen etwa 20 Morgen großen Platz an der Bremer Straße zu sichern. Weder dieser spezielle Vorschlag noch die allgemeine Frage fand Anklang bei dem Bürgervorsteher-Collegium, welches der Meinung war, daß die Privatspekulation dem Bedürfnis nach Wohnungen genügen werde.»

10 BauO v. 7.12.1856, gültig ab 1.1.1857, Neudruck mit Änderungen und Zusätzen v. 10.3.1860, 5.4.1862, 17.7.1867 u. 4.12.1867.

11 Krieg, Aus den Anfängen, S. 117f.

12 Über Henricis Harburger Zeit ist wenig bekannt. Ein Enkel erinnert sich: «Vergeblich hat Karl Henrici gegen die Stadtväter gekämpft, doch ein anderes Gelände für die Phönix-Werke ausfindig zu machen, damit diese mehr Ausweitungsmöglichkeiten hätten und die Stadt eine bessere Zufahrt zum Bahnhof. Allein Grundstückspreise haben den Stadtrat bewogen, entgegen aller Vernunft diese unmögliche Bausituation hinzunehmen. Zweifellos hat mein Großvater manchen Strauß mit seinen Stadtvätern ausfechten müssen... Für einen guten Witz konnte er eine Stellung riskieren. Einmal galt es in Harburg, für die Renovierung neue Garderobenständer anzufertigen. Er ließ hölzerne Esels-, Schafs- und Kamelsköpfe schnitzen, auf denen die Stadträte ihre Hüte hängen sollten. Die Stadtväter haben diese Anspielung sofort bemerkt. Sie ließen die Köpfe absägen und übersandten sie meinem Großvater.» Curdes/Oehmichen, Künstlerischer Städtebau, S. 5.

13 StAHbg, Harburg 90, IVa 10gf, Stadt Harburg und Hafen, um 1850 (ergänzt 1859), M 1:3840. Plan um 1850 ohne Ergänzungen: Kausche, Harburg und der Südelbische Raum, S. 464. Vgl. Ellermeyer in diesem Band, S. 163 und Abb. 1.

14 StAHbg, Harburg 4, VI D 2b–44.

15 Denkschrift zur Erinnerung an das 50jährige Bestehen der Städtischen Krankenanstalten zu Harburg, 1.10.1861–1.10.1911, 9.4.1912.

16 Planung von 1877 in: StAHbg, Harburg 4, VI D 2b–44, Transparent; Stadt Harburg und deren Umgebung, 1878, ergänzt 1886, M 1:4000: StAHbg, Harburg 90, IVa 4g.

17 StAHbg, Harburg 4, IV C–22, Kreishauptmann an Magistrat, 21.2.1885.

18 «Gesetz betreffend die Anlegung und Veränderung von Straßen und Plätzen in Städten und ländlichen Ortschaften. (Straßen- und Baufluchtengesetz) vom 2. Juli 1875.»

19 StAHbg, Harburg 4, VI D 2b–51, Bericht der Baukommission, 7.1.1884.

20 Ebd., 21.12.1889, «Generalzeichnung enthaltend die durch die Verkoppelung des östlichen Krummholzberges entstandenen Veränderungen».

21 Ausnahmen konnte der Magistrat zulassen, doch durfte die Höhe niemals mehr als 20 m betragen, was in den Bauordnungen von 1907/1910 festgestellt wurde. Nach 1895 durfte sie nicht höher als die Straßenbreite angelegt werden. Diese Bestimmungen hatten eine positive Wirkung auf das Harburger Stadtbild.

22 StAHbg, Harburg 4, VI D 2b–64.

23 Das Ortsstatut betreffend die Ausführung des Gesetzes vom 2.7.1875 u. vom 1.4.1893 legte Genehmigungsverfahren durch die städtischen Kollegien und Kostenregelungen fest. Großgrundbesitzer konnten demnach mit eigenen Entwürfen die Stadtentwicklung beeinflussen, wie im Fall «Hastedts Park» und «Milchgrund».

24 StAHbg, Harburg 4, VI C 1–51, Min. Handel u. Gewerbe an Magistrat, 25.5.1901.

25 StAHbg, Harburg 4, VI C 1–53, Min. Handel u. Gewerbe 12.6.1903 an Magistrat, Antwort Magistrat 23.7.1903. Dieser Gesetzentwurf führte zum Wohnungsgesetz v. 28.3.1918.

26 Bericht Min. f. Handel u. Gewerbe aus Anlaß No. 852 Drucksachen Reichstag «Übersicht über die im Königreich Preußen zur Regelung des Wohnungswesens und zur Förderung der Herstellung von Wohnungen für die minderbemittelten Bevölkerungskreise getroffenen Maßnahmen»: StAHbg, wie Anm. 24, Min. an Reg.Präs. Lüneburg, 5.7.1904.

27 Beilage zu Volk und Zeit, «Zerstörtes und Erbautes», Okt. 1925.

28 Rundschau, Blätter für Heimatkunde, Beilage zum Volksblatt Nr. 20, 1928.

29 Ebd. Die Genossenschaft baute dort nach 1910 und in den frühen 20er Jahren: «Da die Stadt in der Verlängerung der Jägerstraße für sehr billiges Geld ein größeres Gelände gekauft hatte, so hoffte die Genossenschaft, dieses Land zum Bebauen bekommen zu können. Aber die Hoffnung war eitel, die Stadt wollte wesentlich mehr für das Land haben als die benachbarten Grundstücksbesitzer. Nach Verhandlungen, die ein Jahr in Anspruch nahmen, entschloß sich die Genossenschaft, das Gelände von Albers Erben zu erwerben. Sie legte darauf die Bonus-, Bessel-, Oster- und Höpenstraße an und baute daran die obere Hälfte des nach Rönneburg führenden Reeseberg aus.» (Osterstraße heute Osterbaum).

30 Gesetz gegen die Verunstaltung von Ortschaften und landschaftlich hervorragenden Gegenden vom 15. Juli 1907 (Verwaltungsgesetz). Quelle für das Folgende: StAHbg, Harburg 4, VI C 1–56.

31 Vgl. Fehl, Camillo-Sitte, S. 173ff.

32 StAHbg, Harburg 4, VI C 1–56, Bericht Wegener (Baukommission). Die im Bericht erwähnte Marxsche Fabrik wurde 1886 konzessioniert, lag damals «am Rande der Stadt». Als Marx 1909 die Fabrik erweitern wollte, gab es zahlreiche Einsprüche. In einem Schreiben des Magistrats an das Königliche Landratsamt heißt es, die Stadtgemeinde ist «Eigentümerin des unmittelbar an das Marxsche Grundstück angrenzenden Außenmühlenteichs, der möglicherweise später einmal abgelassen und dessen Terrain anderweitig verwertet wird...» (StAHbg, Harburg 4, VI C 1–60, 6.11.1909).

33 StAHbg, Harburg 4, VI C 1–56, AIV an Magistrat, 18.1.1909; Magistrat an AIV, 12.2.1909.

34 Ebd., Dr. Höhle an Magistrat, 5.12.1911.

35 StAHbg, Harburg 4, VI C 1–61a, 18.4.1914. Der Entwurf bezog sich zunächst auf einen Bereich Nähe Gazertstraße/Haakestraße. Architekt Distel, Hamburg, erstellte ein Gutachten (10.10.1913).

36 StAHbg, Harburg 4, IV C 1–56. Dr. Höhle erkundigte sich 1912 bei den Magistraten der Städte Berlin-Groß-Lichterfelde, Oppeln, Halberstadt und Görlitz, wo ausgedehnte Landhausgebiete entstanden. Aus einem Rundschreiben des Reg.Präs. in Lüneburg v. 27.8.1913 geht hervor, daß Hitzacker (26.6.10), Dannenberg (27.11.10), Uelzen (4.1.11), Lüneburg (7.11.11 u. 4.3.13) sowie Celle (19.6.1908) Ortsstatute gegen Verunstaltung erlassen hatten.

37 StAHbg, Harburg 4, VI D 2b–102a, Meyers Erben an Magistrat, 17.10.1908.

38 StAHbg, Harburg 4, VI D 2b–100a. Am 1.12.1910 Beschluß des Magistrats zur Verlängerung, Diskussion um die Geradlinigkeit der Haakestraße. 22.9.1911 Beschluß über eine Verlängerung um nur 100 m, damit Antragsteller bauen können und mit Rücksicht auf geplanten Gesamtplan für Eißendorf. Einsprüche der Königlichen Garnisonsverwaltung, weil der Landübungsplatz für das Pionierbataillon Nr. 9 berührt wurde. Ergebnis ist heute die Situation Straße Am Tie, nördlich des Krankenhauses.
39 Beilage zu Volk und Zeit, «Zerstörtes und Erbautes», Okt. 1925. Die folgende Darstellung beruht auf den Schriftsätzen und Plänen in: StAHbg, Harburg 4, VI D 2b–135 Bd. I; VI D 2b–99a Bd. I, II; VI D 2b–135.
40 StAHbg, Harburg 4, VI D 2b–99a Bd. I, 14.1.1908.
41 Ebd., Magistrat an Reg.Präs., 28.10.1908.
42 Ebd., Reg.Präs. an Magistrat, 19.11.1908.
43 Bebauung zwischen Kroosweg, Hastedtstraße, Goeschenstraße. Architekt Reg.Baumeister Gustav E. Blohm, 1913. Im Kriege teilzerstört, anstelle der Buche heute eine Tiefgarage.
44 Die Stadt hatte 1922 zu äußerst günstigen Preisen das Land für die Feuerwache erworben, was in den Auseinandersetzungen aufgerechnet wurde.
45 Rundschau, Blätter für Heimatkunde, Beilage zum Volksblatt 1925, Nr. 25. 1930 schließt die Fabrik am Lohmühlenteich. Harburg erwirbt das Gelände.
46 StAHbg, Harburg 4, VI D 2b–115a.
47 Vgl.: F. Hölscher, Harburgs Grünflächenschwerpunkte am Außenmühlenteich. Mitteilungsbl. des Harburger Techniker Vereins o.J. (ca. 1925). F. Hölscher u.a. in: Der deutsche Gartenarchitekt, Heft 3, 25.3.1927, S. 1–34. – Ders., Die Erweiterung des Harburger Stadtparks. Rundschau, Blätter für Heimatkunde, Beilage zum Volksblatt Nr. 26, 1927.
48 StAHbg, Harburg 4, VI D 2b–107a.
49 Ebd., gutachterliche Äußerung Prof. Brix, 29.9.1911. Für das Preisgericht schlug er vor: «Obering. Sperber, Hamburg; Prof. Nussbaum, Hannover; Geheimrat Prof. Henrici, Techn. Hochschule Aachen; ferner Geh. Oberregierungsrat a.D. Launer, den bisherigen Dezernenten im Ministerium der öffentlichen Arbeiten für das Bebauungswesen; oder auch Herrn Prof. Rudolf Eberstadt, Berlin – letzteren evtl. im Hinblick auf die wirtschaftlichen Fragen».
50 Ebd., Höhle an Magistrat, 20.10.1911; Magistratsbeschluß, 2.11.1911.
51 Ebd., Höhle an Magistrat, 18.12.1911.
52 StAHbg, Harburg 4, VI D 2b–77, Magistratssitzung 6.6.1912. Zeitungsbericht vom 8.6.1912.
53 Ebd., Brix an Denicke, 17.6.1912.
54 Der Minister der öffentlichen Arbeiten entwickelte «Leitsätze zur Förderung von Kleinhaussiedlungen und Kleinhausbauten» (26.3.1917), wozu auch Harburg Stellung bezog und erste Flächendispositionen vornahm. StAHbg, Harburg 4, VI C 1–53, Magistrat an Reg.Präs., 20.6.1917.
55 Baurat Lembke, Das Siedlungswesen in Harburg. Rundschau, Blätter für Heimatkunde, Beilage zum Volksblatt Nr. 33, 1926.
56 StAHbg, Harburg 5, 3200–13, Min. f. Volkswohlfahrt an Reg.Präs., 12.9.1924.
57 Ebd., Reg.Präs. an Magistrat, 20.7.1925.
58 StAHbg, Harburg 5, 3201–03. Da nach Reichsgerichtsurteil «im Zwange, ein Grundstück unbebaut zu lassen, eine zur Entschädigung verpflichtende Enteignung erblickt» wurde, stellte man die Ausweisung des «Heimstättengartengebietes Außenmühle» 1930 zurück. Reg.Präs. an Magistrat, 19.5.1931.
59 StAHbg, Harburg 5, 3201–01, Industrie- und Handelskammer Harburg-Wilhelmsburg an Magistrat, 20.4.1931
60 Wasmuth, Lexikon, Stichwort: Flächenaufteilungsplan.
61 Entwürfe wurden ab 1925 vom preußischen Landtag beraten, aber nicht verabschiedet. Mit dem Städtebaugesetz sollten u.a. das Fluchtliniengesetz v. 2.7.1875, das Zuständigkeitsgesetz v. 1.8.1883, das Kommunalabgabengesetz v. 14.7.1893, das Wohnungsgesetz v. 28.3.1918, Verunstaltungsgesetze aufgehoben werden. Harburg wurde, wie viele Kommunen, an den Vorarbeiten beteiligt.
62 Erlaß des Min. VWF v. 1.9.1921 betr. «Aufstellung von Siedlungsplänen», vgl. Timm. Der preußische Generalsiedlungsplan, S. 90. Anm. 46, 47.
63 Ebd., S. 75ff.
64 Ebd., S. 91ff.
65 StAHbg, Harburg 90, II 20g.
66 StAHbg, Harburg 5, 3200–14, Reg.Präs. an Magistrat, 22.3.1925; Magistrat an Reg.Präs., 24.1.1928.
67 Vgl. Anm. 1.
68 Die Frage einer Viadukt-Führung oder einer Harburg umgehenden Ersatztrasse der Bahn nach Cuxhaven wurde um 1930 mehrfach im Technischen Unterausschuß des LPA mit der Reichsbahn verhandelt. StAHbg, 3200–04, Bd. II, 1931.

69 StAHbg, Harburg 5, 3200–02. Köster an Reg.Präs., 6.7.1933, wo er über die Diskussion um eine neue Elbbrücke in der Sitzung v. 4.7.1933 berichtet und seine zurückhaltende Position erklärt («Es lag Gefahr vor, daß Hamburg die preußischen Belange überrumpelte.»).

70 Josef Brix/Gustav Oelsner, Die städtebauliche Entwicklung Harburgs. Altona, März 1926, masch. Exemplar.

71 Ebd., S. 23.

72 Ebd., S. 18.

73 Ebd., S. 6f.

74 Zur ausführlichen Darstellung sei auf den noch unveröffentlichten 2. Teilband M. Bose u.a., «... ein neues Hamburg entsteht...», verwiesen.

75 Generalbebauungsplan 1940, Erläuterung Kapitel III.2 Wohngebiete. Hbg. 1.11.1940.

76 Vgl.: Pahl-Weber, Das Groß-Hamburg-Gesetz, in diesem Band.

Für Hilfe bei Literaturdurchsicht, Kartenzeichnen und Schreiben danke ich Frau Christine Rimka, Frau Sabine Jahn und der Zentraleinrichtung des FSP 6 der TU Hbg.-Harburg.

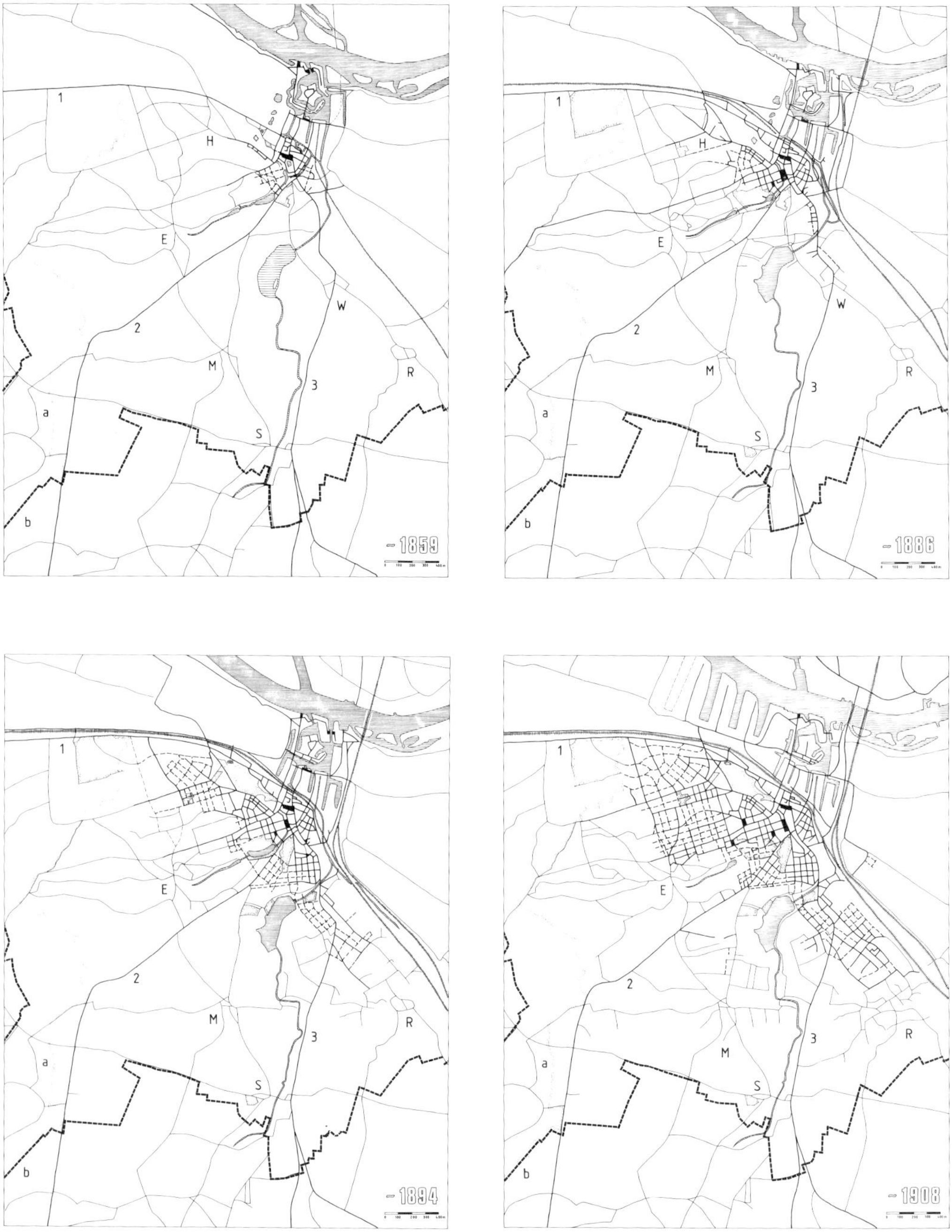

Abb. 1–8 Entwicklung des Straßen- und Wegenetzes von Harburg (ohne Wilhelmsburg) von etwa 1859 bis etwa 1984 in 8 Karten.
Starke Linien = Angebaute Straße
Dünne Linien = Nicht angebaute Wege und Straßen

Gestrichelte Linien = Geplante Straßen
1 = Buxtehuder-, Stader Straße
2 = Bremer Straße
3 = Wilstorfer Straße

H = Heimfeld
E = Eißendorf
M = Marmstorf
S = Sinstorf

R = Rönneburg
a = Dauerwaldgrenze
b = Heutige Hamburger Landesgrenze
Eingetragen sind Gewässer und größere Parkanlagen.

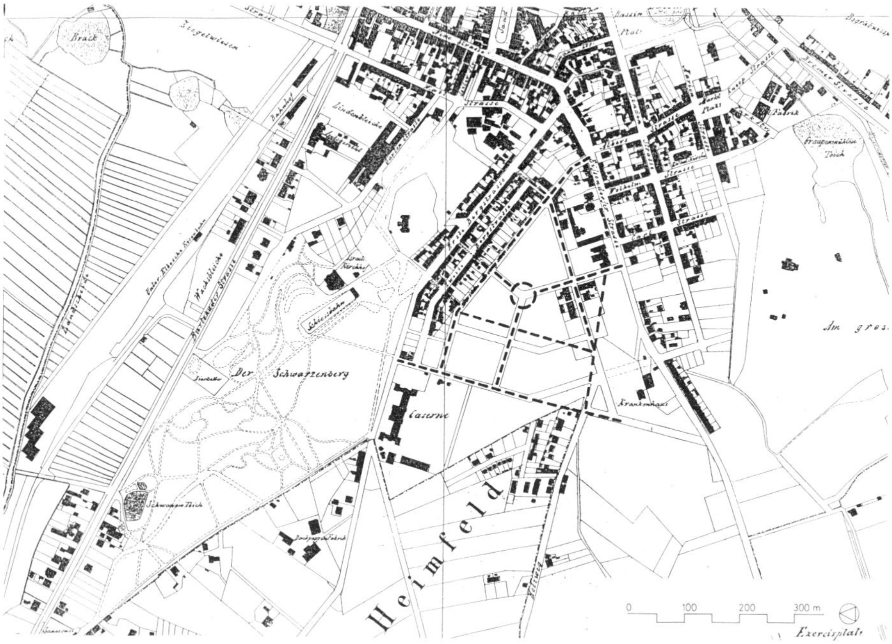

Abb. 9 Stadterweiterungen Harburgs. Plan von 1878/1886 mit eingetragener Planung von 1877.

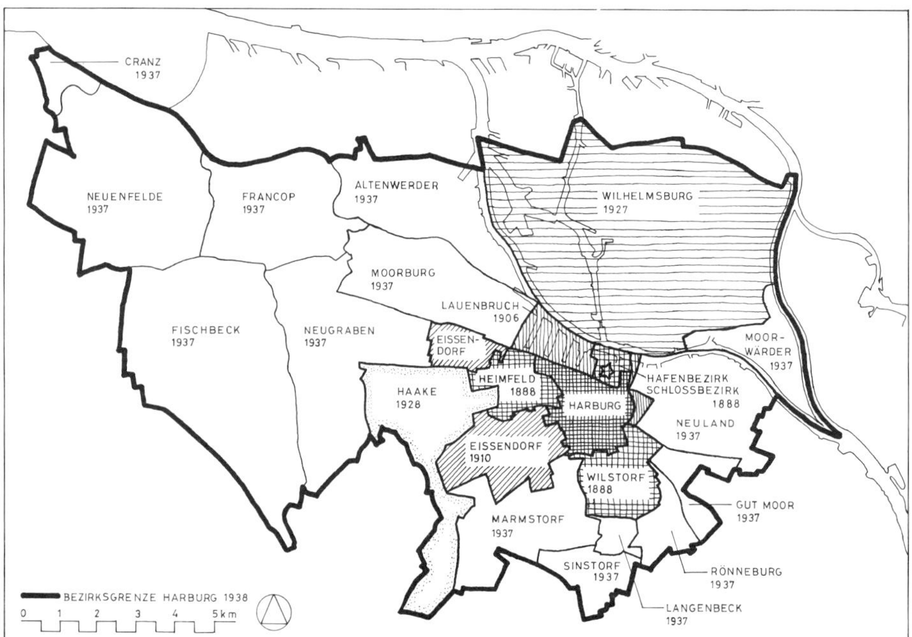

Abb. 10 Eingemeindungen Harburgs 1888–1937.

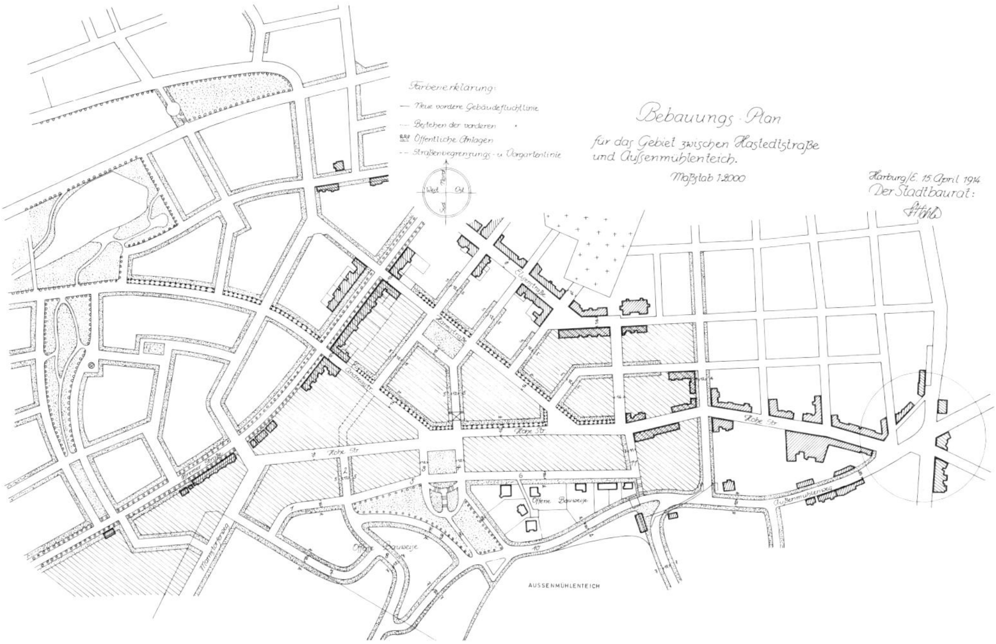

Abb. 11 Bebauungsplan für das Gebiet an der nördlichen Außenmühle. Umzeichnung einer farbigen Zeichnung von Stadtbaurat Dr. Höhle vom 15. 4. 1914.

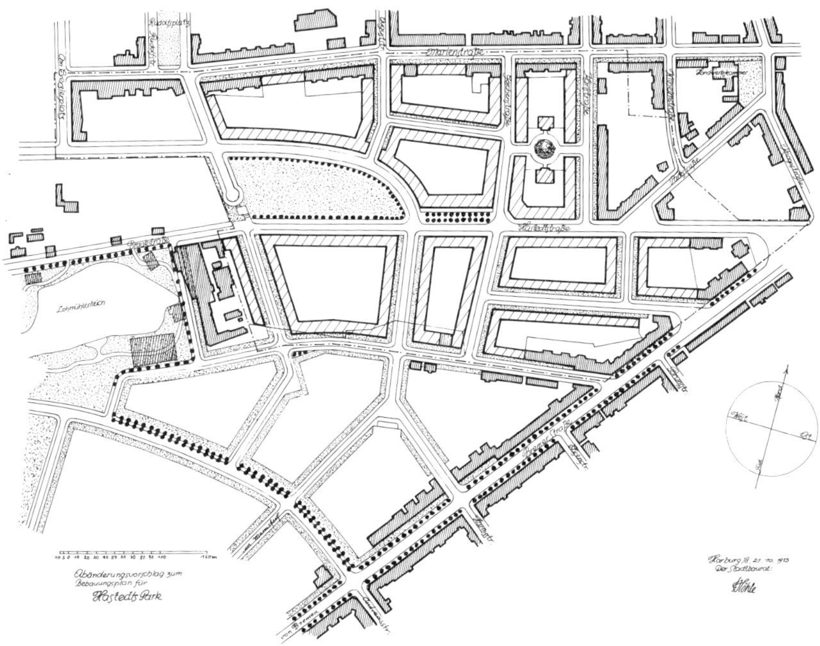

Abb. 12 Bebauungsvorschlag für das Gelände von Hastedts Park. Umzeichnung einer farbigen Zeichnung von Stadtbaurat Dr. Höhle vom 21. 10. 1913.

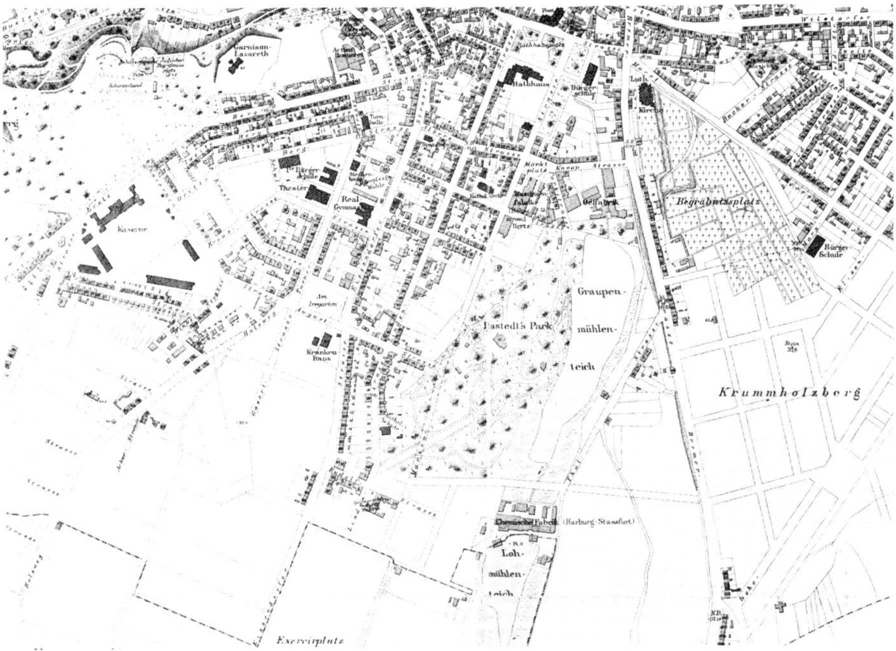

Abb. 13 Gelände von Hastedts Park um 1894.

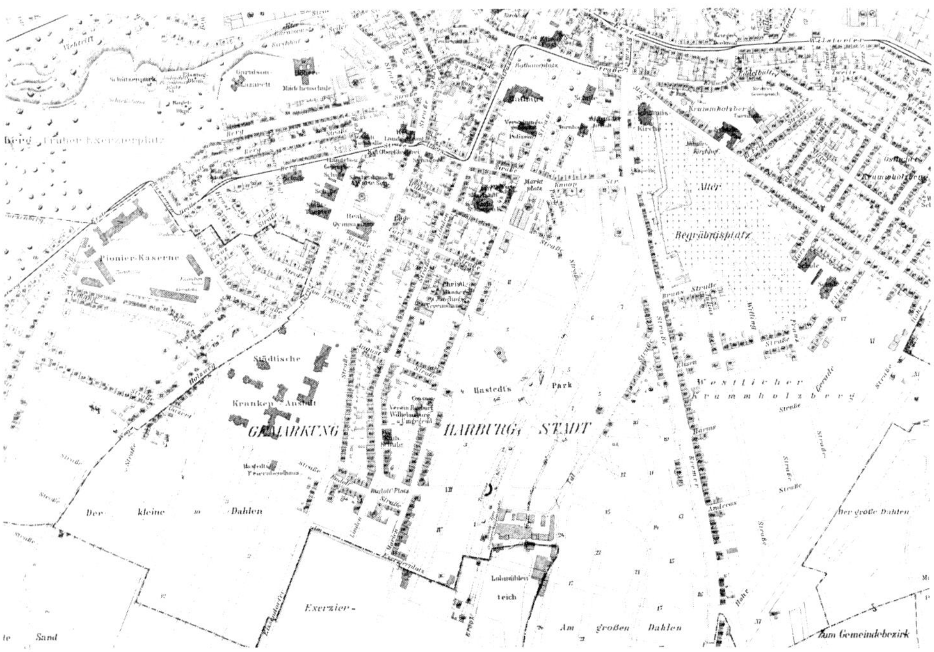

Abb. 14 Gelände von Hastedts Park um 1908.

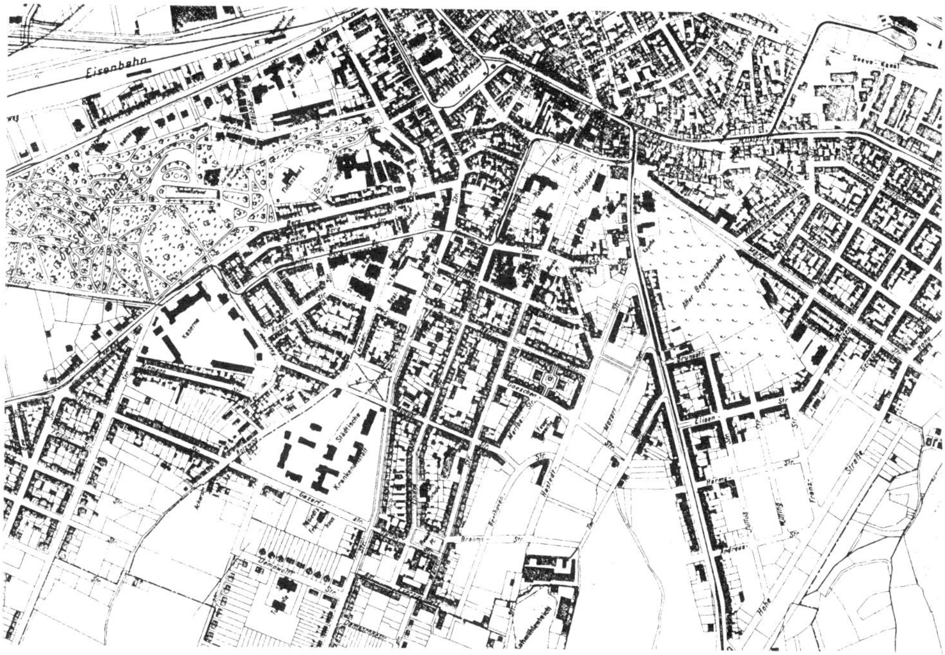

Abb. 15 Gelände von Hastedts Park um 1926.

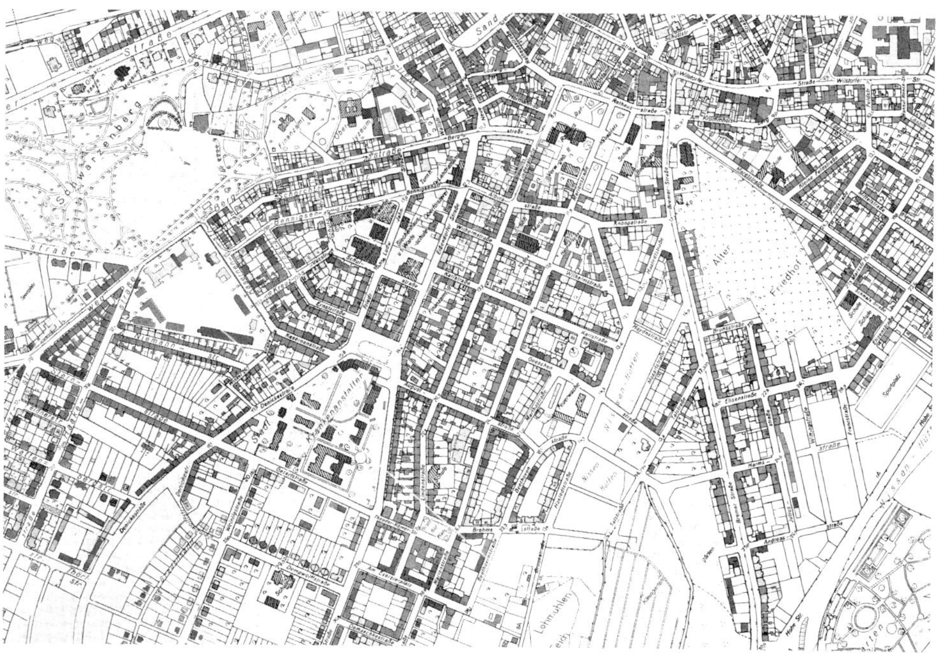

Abb. 16 Gelände von Hastedts Park um 1946. (Schadenskarte, Vermessungsamt Hamburg, Frühjahr 1946).

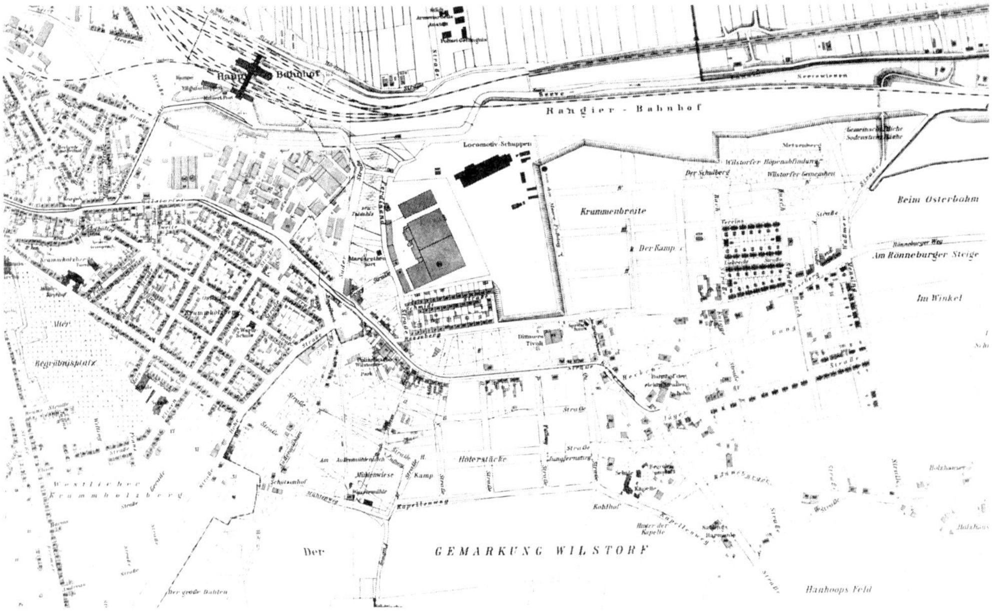
Rangier - Bahnhof
Locomotiv-Schuppen
Krummenbreite
Der Kamp
Beim Osterbohm
Am Rönneburger Steige
Im Winkel
Der Schulberg
Alter
Begräbnisplatz
Höterstücke
Mühlenwiese
Kamp
Kapellenweg
Kohlhof
Der
GEMARKUNG WILSTORF
Hanhoops Feld

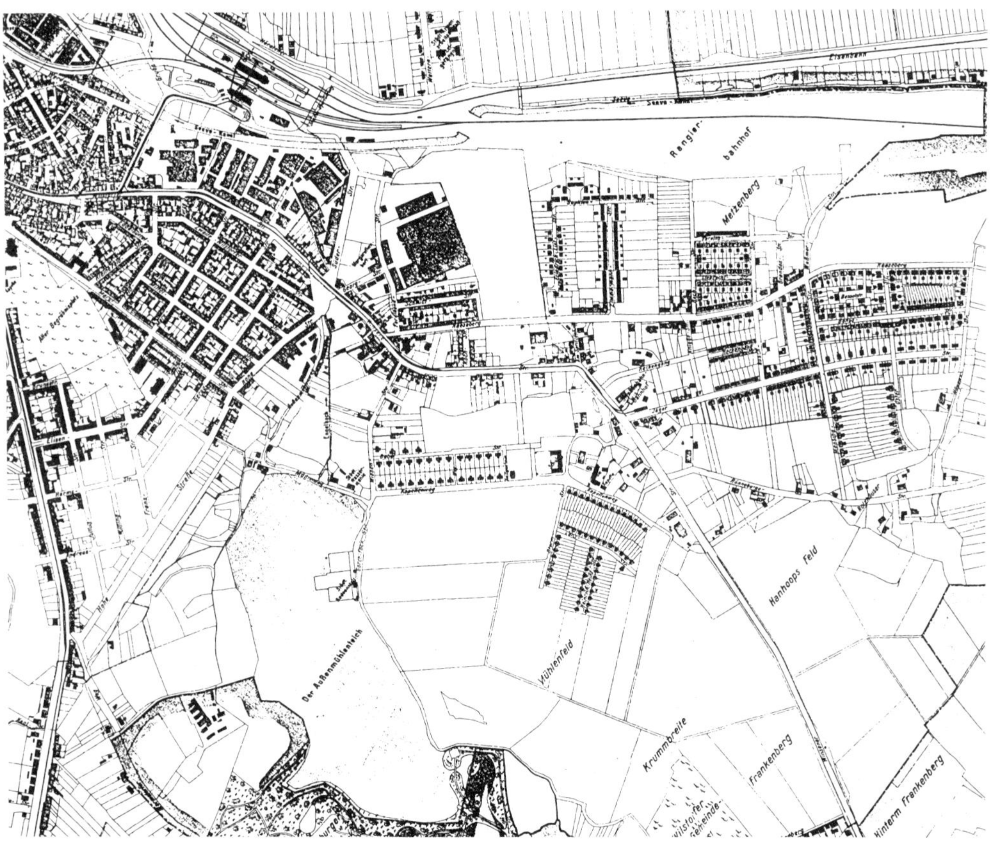
Rangier-
bahnhof
Metzenberg
Hanhoops Feld
Mühlenfeld
Der Außenmühlenteich
Krummbreite
Frankenberg
Hinterm Frankenberg

Abb. 17 Bebauung von Wilstorf 1908.

Abb. 18 Bebauung von Wilstorf 1926.

Abb. 19 Bebauung von Wilstorf um 1935.

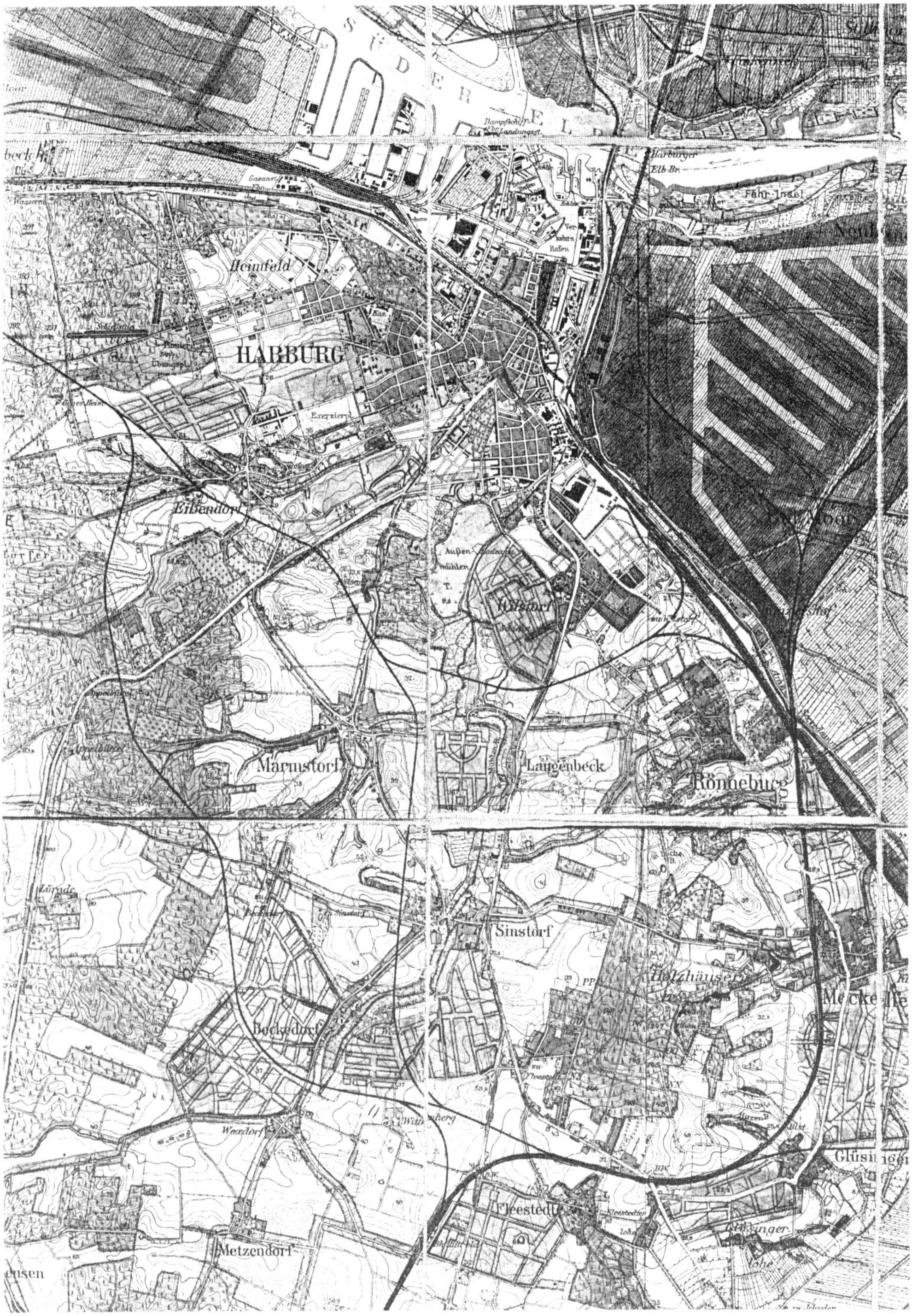

Abb. 20 Ausschnitt aus dem Generalsiedlungsplan von Brix und Oelsner, 1923.

Vom Kaiserreich zum «Dritten Reich»: Die industrielle Entwicklung Harburgs 1900 bis 1937

Dirk Stegmann

«Harburg wird immer mehr zu einer Fabrikstadt. Die steuerkräftigen Fabrikherren sind nur zum geringen Theil hier ansässig, während die Arbeiterbevölkerung – durchweg aus Preußen, Polen und dem Magdeburgischen stammend – in rapider Weise wächst... Die gegenwärtige Entwicklung Harburgs kann als eine gesunde nicht angesehen werden. Es ist unumgänglich notwendig, daß der bislang durchaus vernachlässigte Handel mit der industriellen Entwicklung gleichen Schritt hält. Dazu ist in erster Linie eine bessere Verbindung zu Wasser mit dem nahen Hamburg erforderlich»[1].

In dieser Bestandsaufnahme charakterisierte die welfische hannoversche ‹Deutsche Volkszeitung› im September 1894 den Strukturwandel Harburgs von einem überwiegenden Speditions- und Handelsplatz noch in den 1850er und 1860er Jahren zur expandierenden Industriestadt, ein Prozeß, der sich in der langen Phase einer industriell-gewerblichen Hochkonjunktur zwischen 1896 und 1913 fortsetzte. Gleichzeitig wurde hier ein Programm skizziert, das mit seiner Akzentsetzung auf die Vertiefung von Köhlbrand und Süderelbe gleichermassen nicht nur kontinuierliche Klagen von Magistrat und Wirtschaft aufnahm, sondern auch zukünftige Schwerpunkte der Harburger Industriepolitik markierte.

Industrialisierung und Bevölkerungsvermehrung Harburgs stehen in einem vielfach vermittelten komplexen Zusammenhang, auf den der Harburger Magistrat selbst immer wieder hinwies. So argumentierte der neue Harburger Oberbürgermeister Heinrich Denicke, seit 1899 im Amt, in seiner Denkschrift im Oktober 1901 an die preußischen Staatsbehörden, daß die *«starke Zunahme der Bevölkerungszahl und der Steuerkraft der Stadt... fast ausschließlich auf die Entwicklung der hiesigen Industrie zurückzuführen»*[2] seien. Verfügte Harburg nach der Berufs- und Gewerbezählung am 18. Juni 1895 über 41585 Einwohner und 9287 Haushaltungen[3], so war diese Zahl bis zur Berufs- und Gewerbezählung vom Juli 1907 auf 58664 Einwohner bei 13395 Haushaltungen[4] angestiegen. 1913 hatte Harburg 70550 Einwohner, d.h. zwischen dem Beginn der gewerblichen Hochkonjunkturphase 1896 und ihrem Ende 1913 hatte sich die Zahl der Einwohner um knapp 29000, d.h. um ca. 70% vermehrt, woran die Eingemeindungen von Lauenbruch (1906) und Eißendorf (1910) lediglich mit 4126 Personen beteiligt waren[5].

Hand in Hand mit der allgemeinen Bevölkerungsvermehrung ging die Zunahme der Zahl der Arbeiter und der gewerblichen Betriebe: Wurden 1901 in 188 Betrieben 8825 Arbeiter gezählt, so 1904 bereits 10713 in 258 Betrieben[6], und für 1913 kann man von ca. 14000 Industriearbeitern ausgehen[7], davon rd. 2600 Frauen. Von Chemnitz oder Brandenburg

Tabelle 1: Bevölkerungsentwicklung Harburgs und Wilhelmsburgs (ab 1927: Harburg-Wilhelmsburg) 1895–1937[1]

Jahr	Harburg	Harburg-Wilhelmsburg	Wilhelmsburg	
1895	42579		12772	
1900	49153		16618	
1905	55676		22359	
1910	67025		28242	
1913	70550		33013	
1914	69861		32545	ca. 34500[2]
1915	67618		32019	
1916	61031		31593	
1917	59045		–[3]	
1918	63661		30542	
1919	67316		29344	
1920	69007		30659	
1921	70979		31408	
1922	73192		32709	
1923	73009		32482	
1924	74016		32480	
1925[4]	73212		32504	
1925	75486		–[3]	
1926	76465		32545	
1927	78127	111216	33089	
1928	79230	113212	33982	
1929	80214	114705	34581	
1930	80508	114906	34398	
1931	–[3]	114481	–[3]	
1932	80109[5]	113913[5]	33804[5]	
1933	–[3]	112411	–[3]	
1934	79191	111720	32529	
1935	–[3]	110925	–[3]	
1936	–[3]	111734	–[3]	
1937	–[3]	112282	–[3]	

Quellen:

1 Die Zahlen markieren den Stand zum Monatsende. Zahlen für Harburg 1895–1924: Bödecker, S. 195 und S. 223, z. T. korrigiert nach Silbergleit, Preußens Städte, passim. – Für Wilhelmsburg: Hauschildt, S. 18, S. 31, S. 33 (mit leicht voneinander abweichenden Zahlen) sowie Adreßbücher der Landgemeinde bzw. Stadt Wilhelmsburg. – Zahlen 1925–1937: Amtliche Mitteilungen des Magistrats der Stadt Harburg bzw. der Stadt Harburg-Wilhelmsburg, Jg. 1, 1. 4. 1926 ff., bis Jg. 12, Nr. 9, 31. 12. 1937.

2 Sommer 1914, Zahl nach: Lüneburger Heimatbuch, Bd. I, 1914, S. 760.

3 Keine Nachweise.

4 Zahl: 12. Juni 1925 nach der Berufs- und Gewerbezählung, Statistik des Deutschen Reiches, Bd. 401.

5 Zahl: 1. 6. 1932, nach Adreßbuch für Harburg 1932.

a. H. abgesehen, war Harburg damit unter allen nord- und mitteldeutschen Städten seiner Arbeiterzahl nach die Stadt mit dem am stärksten industriellen Charakter[8].

Die Überproduktionskrise der Jahre 1900/02 und die Geldkrise von 1907/08 bildeten keine wesentlichen Unterbrechungen der stetigen konjunkturellen Aufwärtsentwicklung im Kaiserreich. Trotz saisonaler Schwankungen und Sonderkonjunkturen innerhalb der Hauptbranchen Pflanzenöl und Gummi blieb das wirtschaftliche Klima insbesondere in den starken Expansionsjahren 1908 bis 1912 gut. Die Arbeitslosigkeit war auch in den Rezessionsjahren gering[9]. Dadurch, daß relativ hohe Löhne[10] gezahlt werden konnten, blieben größere Streiks die Ausnahme. Zudem war das Verhältnis zwischen Arbeiterschaft und Firmenleitungen bis 1913 noch weitgehend patriarchalisch geprägt: Damals war erst die Hälfte der Öl- und Gummiarbeiter im lokalen Fabrikarbeiter-Verband gewerkschaftlich organisiert. Trotz der Nähe zur Großstadt Hamburg blieben die Harburger Arbeiter *«typische Mittelstädter»*[11] von eher kleinbürgerlichem Zuschnitt.

Der Erste Weltkrieg bildete eine scharfe Zäsur: Ende 1918 wurden in Harburg nurmehr 63 661 Einwohner gezählt, d. h. das Vorkriegsniveau wurde um knapp 7 000 Personen unterschritten. Erfolgte danach auch bereits bis Ende 1919 wieder ein Wachstum von knapp 4 000, so wurde doch erst wieder Ende 1921 das Vorkriegsniveau erreicht. Erst in der Inflationskonjunktur der Industrie 1922 wurde der Bevölkerungsrückgang während des Krieges durch Zuwanderung wieder wettgemacht. In der Stabilisierungsphase 1925–1929 setzte sich der Bevölkerungsanstieg durch Zuwanderung weiter fort: Besonders stark war er in der zweiten Hälfte des Jahres 1925 (+2 276); 1926 nahm die Bevölkerung dann um 979 Personen, 1927 um 1 662 Köpfe und 1928 noch einmal um 1 103 zu. Auch im letzten Jahr der Stabilisierung, 1929, wurde ein Zuwachs von knapp 1 000 Personen verzeichnet. 1930 stagnierte die Bevölkerung auf dem erreichten Niveau von rd. 80 000 Einwohnern.

In der Weltwirtschaftskrise sank die Einwohnerzahl bis Ende 1931 langsam, 1931–1935 verstärkt ab. Erst 1936 kam es wieder zu einer langsamen Aufwärtsbewegung. Weitgehend synchron dazu verlief der Entwicklungstrend in der Harburger Industriearbeiterschaft seit 1913. Im Ersten Weltkrieg waren die Beschäftigungszahlen stark rückläufig (vgl. Tabelle 5). 1917 hatten sich z. B. in der Gummiindustrie die Beschäftigtenzahlen gegenüber 1913 halbiert. In der Ölindustrie waren kaum mehr als ein Drittel beschäftigt. 1922 arbeiteten in Betrieben mit mehr als 20 Beschäftigten schon wieder 18 432 Arbeiter und Arbeiterinnen. Bis Frühjahr 1923 sank diese Zahl auf ca. 16 000 ab, um dann bis zum Ende des Jahres auf 17 038 anzusteigen[12]. Hiervon waren im Herbst 1924 knapp 4 200 Frauen, von denen ca. 75 % in der Textil- und Gummiindustrie arbeiteten[13]. Gegenüber 1913 war die Zahl der männlichen Arbeiterschaft demnach nur um ca. 1 800, dagegen die der Industriearbeiterinnen um 1 600 angestiegen. Bei der Berufszählung vom 16. Juni 1925 wurden in der Gewerbeabteilung Industrie und Handwerk 22 483 Erwerbstätige, davon 5 078 weibliche, gezählt[14].

Der Aufbau der Harburger Industriewirtschaft war 1913, bezogen auf die Zahl der Arbeiter im Vergleich zu 1924, bereits weitgehend abgeschlossen. Die Verschiebungen, die sich nach 1918 in den Branchen vollzogen, signalisieren ebenfalls stärker interne Umstrukturierungen, nicht sosehr Ausbau und Expansion, sieht man einmal von der Ansiedlung der Mineralölindustrie seit 1928/29 ab.

Im folgenden soll die industriewirtschaftliche Entwicklung[15] in vier Schritten, für die Phase der industriellen Hochkonjunktur von 1896 (1900) bis 1913, von Weltkrieg und Inflation (1914–1924), für die Stabilisierungsphase 1925–1929 und die Phase der Weltwirtschaftskrise 1929–1937 analysiert werden, die erst 1939 von der Kriegskonjunktur des Zweiten Weltkrieges abgelöst wurde.

Industrialisierung im Gefolge des Hafenausbaus 1904–1907

Motor der industriell-gewerblichen Entwicklung vor 1913 wurde der Hafenausbau. Der Harburger Hafen war ein sog. fiskalischer Hafen, d.h. gehörte dem preußischen Staat. 1896 hatte Preußen nach langwierigen Verhandlungen im sog. 2. Köhlbrandvertrag eine Vertiefung des Köhlbrandes um einen Meter durchsetzen können, die dann 1899 realisiert wurde. Stadtverwaltung und Handelskammer nahmen den Vertrag als relativen Erfolg zur Kenntnis, machten aber 1901 darauf aufmerksam, daß die Gesamttonnage der nach Harburg kommenden See- und Flußschiffe seit 1896 deutlich stagnierte und sich auch nach Abschluß der Köhlbrand-Vertiefung nicht gehoben hatte:

1895	924823 to
1896	889884 to
1897	834975 to
1898	804015 to
1899	802103 to
1900	791746 to

Für Denicke war das 1901 *«ein Stillstand in der Entwicklung..., der für eine Industrie- und Handelsstadt gleichbedeutend mit Rückschritt ist»*[16]. Besonders alarmierend war für ihn der Rückgang der Tonnage der Seeschiffe, insbesondere der Seedampfer, dessen Ursache er darin erblickte, daß der Harburger Binnenhafen den veränderten Anforderungen des modernen Schiffsverkehrs aufgrund seiner geringen Wassertiefe und der vorhandenen geringen Schleusenabmessungen nicht mehr entsprach. Gerade die größeren Seeschiffe, welche die billigsten Frachten ermöglichten, waren vom Zugang zu dem Harburger Hafen ausgeschlossen, wenn sie nicht vorher einen Teil ihrer Ladung ableichterten, was stets mit erheblichen Mehrkosten verknüpft war. Zudem hatten sich mehrfach Schiffsunfälle und Verzögerungen durch Festkommen größerer Schiffe in der Schleuse oder vor dem Hafen ereignet, mit der Folge einer Abneigung der Reedereien, größere Schiffe nach Harburg zu schicken. Hafenerweiterung und Erschließung neuen Terrains für Industrieansiedlungen am schiffbaren Wasser wurde deshalb das Gebot der Stunde, schon um auf Dauer gegenüber Hamburg, das von einer reinen Handelsstadt inzwischen zu einer *«großen Industriestadt»*, wie Denicke hervorhob, geworden war, konkurrenzfähig bleiben zu können.

Für Magistrat und Handelskammer war die Entwicklung der Harburger Industrie *«in erster Linie veranlaßt durch die günstige Lage der Stadt an der Elbe und durch den Ausbau des hiesigen Hafens»*[17]. Ein *«sehr großer Teil»* der in Harburg vorhandenen Industriebranchen hätte sich nur deshalb hier angesiedelt, *«weil hier die zur Verarbeitung kommenden überseeischen Rohprodukte direkt am Schiff an die Fabrikationsstätte gebracht werden und die fertiggestellten Fabrikate von hier auf dem Flußwege, mit der Bahn und auf dem Seewege nach Deutschland und nach dem Auslande versendet werden können»*. Der Magistrat befand sich bei dieser Bestandsaufnahme in Übereinstimmung nicht nur mit den Exponenten der Industrie, sondern auch mit den Repräsentanten des Handels, die wenig vorher die ungünstige Entwicklung Harburgs als Transitplatz insbesondere durch die Einrichtung des Freihafens 1888 in Hamburg beklagt hatten[18].

Die Expansion der Harburger Industrie auf dem durch Hafenkanäle und Eisenbahngleise erschlossenen Gelände des Binnenhafens war nach Auflassung der sog. Zitadelle sowie nach dem Ausbau des Lotsekanals und des westlichen Bahnhofskanals in den Jahren 1889 bis 1893 zum Abschluß gekommen. Neues Industriegelände stand in nennenswertem Umfang hier nicht mehr zur Verfügung. Die hier angesiedelten Industriebetriebe – zwei Werften, die Stockfabrik und Rohrwäscherei H. C. Meyer jr., die drei größten Ölfabriken Harburgs (2 Thörl'sche Betriebe und Brinckman & Mergell), eine Gummifabrik, zwei chemische Fabriken, eine Schmirgelfabrik, ein Asphaltwerk und ein Sägewerk als die wichtigsten Betriebe neben einer Anzahl von Speditionsfirmen – konnten ihre Flächen nicht mehr erweitern. Da die zuerst vom Magistrat geplanten Aufwendungen für den Umbau des Dockhafens in Relation zum erwarteten Nutzen zu hoch erschienen, wurde der Plan gefaßt, in der westlich angrenzenden Gemeinde von Lauenbruch mehrere von der Süderelbe abzweigende Hafenbecken, sog. offene Tidehäfen, zu schaffen. Auf einer Fläche von knapp 170 ha wurden ursprünglich fünf Seehafenbecken projektiert, die dann 1902 auf vier reduziert wurden[19]. Die Planungen selbst wurden von der Preußischen Wasserbauverwaltung betrieben, die Hand in Hand mit dem Magistrat und der Handelskammer vorging. Bei den Vorverhandlungen im Preußischen Abgeordnetenhaus in Berlin im Februar 1901 wurden die Harburger Hafenpläne vor allem auch von den parlamentarischen Vertretern der rheinisch-westfälischen Schwerindustrie unterstützt, zu denen Denicke Kontakt aufgenommen hatte[20]. Nach Verhandlungen in Berlin am 28. 11. und am 3. 12. 1901 mit den zuständigen Ministerien konnten durch Vertrag zwischen dem Staat Preußen und der Stadt vom 25. Juli bzw. 9. Oktober 1902 die Grundzüge für den Ausbau eines neuen großen Seehafens mit vier Hafenbecken im Gebiet der damals noch selbständigen, unmittelbar an Harburg angrenzenden Gemeinde Lauenbruch festgelegt werden. Zum Hafenausbau wurde der Stadt eine feste staatliche Beihilfe in Höhe von 2,5 Mill. Mark gewährt[21]. Zur Aufbringung der Gesamtkosten, die ursprünglich auf 8 Mill. Mark (Grunderwerbskosten in Höhe von 3,8 Mill. Mark, Hafenbaukosten in Höhe von 4,2 Mill. Mark), dann auf 8,8 Mill.[22] Mark veranschlagt waren, wurde ein sog. Hafenbaukonsortium[23] als Gesellschaft bürgerlichen Rechts gebildet, das aus der Stadt Harburg, der Hannoverschen Bank, der Deutschen Bank und der Berliner Baufirma Havestadt & Contag bestand. Laut Konsortialvertrag vom 5./21. 8. 1903 mußten von diesem Gremium 3,3 Mill. Mark aufgebracht werden. Die Stadt beteiligte sich mit 18 % daran. Als Geschäftsführer des Konsortiums wurde der Syndikus der Handelskammer (1899–1924), Palm, eingestellt, und zwar gegen den Willen des Oberbürgermeisters. Denicke selbst hatte eine andere Lösung favorisiert, um das Gewicht der Stadt gegenüber den Banken stärker zu betonen[24].

Das Übergewicht der Banken war damit von Anfang an gegeben. In den Verträgen wird die führende Rolle der Hannoverschen Bank bei dieser Transkation überdeutlich: Sie war federführend für den Grunderwerb und die Enteignungskosten. Die Grunderwerbspreise sollten zwar von Stadt und Hannoverscher Bank einverständlich festgesetzt werden, aber der nicht zum Hafenausbau gebrauchte Grundbesitz sollte der Bank *«zur freien Verwaltung und Verwertung»* überlassen werden. Nach außen wurde der vom Konsortium erworbene Grundbesitz auf den Namen der Stadt Harburg ins Grundbuch eingetragen, nachdem die Enteignungsverfahren in Lauenbruch abgeschlossen waren. Zur Finanzierung der fehlenden Summe gab die Stadt der Hannoverschen Bank ein «Darlehen» in Höhe von 2,5 Mill. Mark durch Ausgabe von städtischen Schuldverschreibungen, 1903 wurde diese Anleihe auf 3 Mill. Mark à 3½ % erhöht[25].

Bis April 1907[26] waren knapp 120000 qm Fläche verkauft, so an F. Westphal & Co (Kohlenaufbereitungs- und Brikettwerk), die Merckschen Guano-Werke, Schulte & Schemmann (Eisengroßhandlung), Steinike & Weinlig (Mineralwasserfabrik), an Konsul Renck und die Großhandlung von A. Helms. Im August 1907 kauften sich die Vereinigten Gummiwaren-Fabriken für die Galalith-Gesellschaft mit allein 114802 qm ein. Schon im Oktober 1907 wurde deutlich, daß der alte Kostenrahmen von 8,8 Mill. Mark um mehr als 900000 Mark überzogen worden war; 1910 waren die Gesamtkosten auf über 10 Mill. Mark gestiegen und Ende 1915 auf 10889314 Mark[27]. Im Frühjahr 1913 waren ca. 47 Prozent des verfügbaren Geländes verkauft zu einem Durchschnittspreis von 15,08 Mark, der als ausgesprochen günstig zu bezeichnen ist[28]. Dennoch konnte Anfang März 1916 die Hannoversche Bank dem Magistrat avisieren, daß am Ende *«kein Verlust, sondern noch ein recht anständiger Gewinn übrig bleiben wird»*[29]. Die Bilanz am 31. 12. 1918 errechnete einen tatsächlichen Gewinn von über 4,6 Mill. Mark[30]. 1917 ging die Beteiligung von Havestadt & Contag an die Deutsche Bank über, die nach ihrer Fusion mit der Hannoverschen Bank 1920 somit über 82 Prozent der Anteile des Hafenbaukonsortiums verfügte[31].

Auch wenn das vierte Hafenbecken vor 1914 nicht gebaut werden konnte, so war doch die Bilanz bis Kriegsausbruch eindrucksvoll: Konnte erst Mitte 1904 mit der Bauausführung begonnen werden, weil die Enteignungsverfahren länger als vorausgesehen gedauert hatten, so war bereits Anfang 1907 der erste größere Teil mit drei Hafenbecken fertig, und 1908 folgten die Restanlagen[32]. Bis 1907 hatten sich die bereits genannten Firmen angesiedelt, 1908 kamen dann noch die Kautschukwerke von Schön & Co. dazu, danach bis 1913 u. a. die H. Stinnes GmbH (Kohleumschlag), die Seehafen-Kaibetrieb GmbH, die Harburger Niederlassung der Hamburger Getreide-Lagerhaus AG, das Werk Seehafen der Thörl'schen Ölfabriken, die Ölmühle von Noblée & Thörl, die Abwrackwerft von W. Ritscher, die Getreidehandelsgesellschaft von A. Helms, die Maschinenfabrik von Christiansen & Meyer sowie die Harburger Grütze- und Nährmittelfabrik GmbH.

Die Nutzung der neuen Seehäfen wurde vor allem dadurch entscheidend verbessert, daß Preußen im Köhlbrandvertrag vom 14. November 1908, dem sog. «klassischen» Köhlbrand-Vertrag, nach langen Verhandlungen mit Hamburg gegen die Abtretung großer Teile von Neuhof das Recht zugestanden worden war, auf dem Zufahrtsweg zu den neuen Hafenbekken die für moderne Seedampfer erforderliche Wassertiefe in mehreren Schritten – als 1. Baujahr galt das Jahr 1910 – bis auf 10 m Tiefe bei mittlerem Hochwasser zu erhöhen. Eine neue Köhlbrandmündung konnte im Juli 1912 nach Ende der Ausbaggerungsarbeiten dem Verkehr übergeben werden, während die im Vertrag vorgesehene Maximaltiefe der Süderelbe erst 1913 erreicht wurde[33]. Hatte noch im September 1906 der staatliche Wasserbauinspektor in Harburg feststellen müssen: *«Der Verkehr von Seeschiffen im Harburger Hafen ist gering gegenüber dem, welcher durch Fahrzeuge der Binnenschiffahrt – Schuten, Leichter und Kähne – stattfindet. Es kommt dies daher, daß das nahe Hamburg als Lösch- und Liegeplatz von den Seeschiffen vorgezogen wird»*[34] – die Binnenschiffahrt umfaßte 6/7, die Seeschiffahrt nur 1/7 des Gesamtverkehrs –, so erhöhte sich die Zahl der Seeschiffe, insbesondere der See-Dampfschiffe sowie die Höhe der Tonnagezahl, die seit 1900 stetig zurückgegangen war, wieder signifikant seit 1907 nach Fertigstellung der Tidehäfen, und dann vor allem seit 1910/11. Ein Expansionssprung nach dem Ende der Köhlbrandausbaggerung erfolgte 1913: Gegenüber 1900 hatte sich 1913 das Ladevolumen mehr als verfünffacht. Der Flußschiffsverkehr, der 1896 12300 Schuten, Leichter und Kähne mit einer Ladungskapazität von 785174 Reg. Tons betragen hatte, stieg bis 1913 auf knapp die doppelte Zahl von Schiffen an, wogegen sich die Ladungskapazität verdreifachte. Hier stieg besonders seit 1901 der Umschlag an, erreichte 1907 erstmalig eine Mill. Reg.Tons, die dann zwischen 1908 und 1913 verdoppelt wurde (vgl. Tabelle 2).

Hatte sich im Jahre 1901 die Ladungskapazität zwischen Seeschiffen und Schuten sowie Kähnen auf das Verhältnis 1:6 gestellt, so hatte sich dieses Verhältnis 1913 auf 1:4 verringert.

*Tabelle 2: Gesamt-Übersicht der eingelaufenen See- und Flußschiffe in den Hafen zu Harburg 1896–1913**

Jahres-zahl	Angekommene Seeschiffe	Ladungsfähigkeit Reg.-Tons	Angekommene Flußschiffe	Ladungsfähigkeit Reg.-Tons	Total Reg.-Tons	hierunter See-Dampf-schiffe
1896	748	104 710	12 300	785 174	889 884	62
1897	694	112 550	12 714	722 424	834 974	86
1898	799	124 887	13 384	679 128	804 015	140
1899	812	111 543	13 479	690 560	802 103	127
1900	798	110 398	14 129	681 348	791 746	106
1901	735	106 090	13 723	709 597	815 687	76
1902	698	99 637	15 214	897 109	996 746	90
1903	764	98 306	14 960	902 307	1 000 613	72
1904	992	118 824	16 169	928 217	1 047 041	113
1905	928	130 228	15 912	936 966	1 067 194	132
1906	793	131 777	15 906	938 886	1 070 663	145
1907	1 014	176 791	16 805	1 004 581	1 181 372	211
1908	1 080	202 426	15 682	1 112 321	1 314 747	226
1909	1 059	213 911	17 727	1 226 348	1 440 259	235
1910	1 192	328 979	21 162	1 518 295	1 847 274	309
1911	1 451	420 922	21 988	1 786 182	2 207 104	360
1912	1 377	440 114	23 025	2 628 207	3 068 321	443
1913	1 794	568 570	23 061	2 324 721	2 893 291	580

* Quelle: Lüneburger Heimatbuch, Bd. I, 1914, S. 696.

Einschränkend muß jedoch darauf verwiesen werden, daß die Zunahme der Tonnagezahl in erster Linie auf die englischen Kohleimporte zurückzuführen war, während z. B. die Ölindustrie nur *«einen verschwindenden Teil ihres Rohmaterials direkt nach Harburg»*[35] beziehen konnte, z. B. Ölsaaten aller Art im Umfang von nur 20000 Tonnen im Jahre 1911. Immer noch blieb der Leichterverkehr zwischen Altona, Hamburg und Harburg unverhältnismäßig hoch und erhöhte die Transportkosten nicht unbeträchtlich. Erst 1912/13 besserte sich dieses Bild.

Die Verteilung der 1913 eingegangenen Waren nach ihrer Menge zeigt folgende Aufstellung (ohne den zollstatistisch nicht erfaßbaren Kautschuk, der durchweg in Hamburg lagerte. Es werden nur Gesamtmengen über 1 000 to aufgeführt)[36]:

1.	Steinkohlen	912439 to
2.	Leinsaat	189028 to
3.	Baumwollsaat	ca. 180000 to
4.	Gerste, insbes. Futtergerste	123364 to
5.	Palmkerne	98800 to
6.	Kopra	81867 to
7.	Weizen	56091 to
8.	Chile-Salpeter	55623 to
9.	Kleie und andere Futtermittel	43912 to
10.	Mais	19181 to
11.	Rohjute	15911 to
12.	Fichtenharz	8460 to
13.	Kasein (für Galalith)	1900 to
14.	Hafer	1837 to

Besonders eindrucksvoll in dieser Bilanz war die Steigerung der Steinkohlenimporte aus Großbritannien, die 1909 erst 139250 to betragen, sich also bis 1913 mehr als versechsfacht hatten.

Seiner Struktur nach blieb der Harburger Seehafen im Gegensatz zum Charakter des Hamburger Hafens als Stückguthafen ein Massengut-Umschlaghafen. Der Massengutumschlag selbst war auf das erste und zweite Seehafenbecken konzentriert.

Die Branchenstruktur und ihre Veränderungen 1900 bis 1913

Mit seiner Analyse zu Beginn des neuen Jahrhunderts hatte der Magistrat auch eine Bestandsaufnahme der lokalen Branchenstruktur verbunden. Damals stand nach der Zahl der Beschäftigten die Gummiindustrie auf Platz eins, gefolgt von der Jutespinnerei und -weberei, der Pflanzenölindustrie, den Maschinenfabriken und Eisengießereien, der Rohr- und Stockindustrie, der chemischen Industrie, den Werften, der Fischkonservenindustrie, den Lederfabriken, der Brauerei- und Mühlenindustrie. Großhandel und Reederei traten demgegenüber zurück, auch wenn sich noch mehrere Speditionsfirmen aus ihrer Blütezeit vor 1866 in das neue Jahrhundert hinübergerettet hatten. Diese vorrangig auf ausländischen Rohstoffbezug und dessen Verarbeitung mit den Hauptbranchen Öl und Gummi bezogene Industriestruktur blieb auch in der Folgezeit erhalten. Bis 1904 verschob sich die Rangordnung der Branchen, bezogen auf ihre Beschäftigungszahl, nur wenig. Erst danach änderte sich das

Gewicht zugunsten der Ölindustrie, die 1913 hinter der Gummiindustrie auf Platz zwei rangierte (vgl. Tabelle 3).

Tabelle 3: Entwicklung der industriellen Branchen zwischen 1900 und 1913 in Harburg (Betriebe mit mehr als 10 Beschäftigten)

	1901[1] Betriebe/ Beschäftigte	1905[2] Betriebe/ Beschäftigte	1913[3] Betriebe/ Beschäftigte
Gummifabriken	5 / 2223	5 / rd. 2500	4 / 2934
Textilindustrie (Spinnereien und Webereien)	1 / 1495	1 / rd. 1500	3 / 1729
Ölfabriken (Palmkernöl- u. Leinölfabrikation)	7 / 984	7 / rd. 1000	11 / 2451
Maschinenfabriken und Eisengießereien	7 / 659	7 / rd. 700	9 / 1567
Holz- und Rohrindustrie und Galalithindustrie	1[5] / 504	1[5] / rd. 600	6[4] / 1114
Chemische Fabriken	7 / 425	7 / rd. 450	8 / 744
Schiffswerften	2 / 425	3 / rd. 350	3 / 1224
Fischkonserven-fabriken	2 / 424	4 / rd. 460	3 / 246
Lederfabriken	4 / 236	3 / rd. 240	2 / 67
Brauereien	2 / 115	3 / rd. 120	3 / keine genauen Zahlen
Mühlen	3 / 77	3 / rd. 80	3 / keine genauen Zahlen
diverse Industrien	18 / 967	20 / rd. 1000	35 / 1345
Beschäftigte total	8534	ca. 9000	13421
Betriebe total	59	62	90

Quellen:
1 Angaben nach der Denkschrift von Denicke vom Oktober 1901, vgl. Anm. 2.
2 Schultz/Wulle, S. 41 f.
3 Molch, Tab. XX und XXVIII; Bödecker, S. 281.
4 Davon: Galalithindustrie rd. 650.
5 H. C. Meyer jr., Rohr- und Stockfabrik.

Maschinenfabriken und Eisengießereien verbesserten ihren Rang auf Platz vier und lagen nahezu gleichauf mit der seit 1900 stagnierenden Textilindustrie, schon gefolgt von den Schiffswerften. Die Rohr- und Stockindustrie war von der Chemieindustrie und der neuen Kunsthornindustrie, der Galalithindustrie (seit 1905), auf die Plätze verwiesen worden, während Fisch- und Lederindustrie deutlich rückläufig waren.

Abgesehen von der fabrikmäßig betriebenen Großindustrie vollzog sich in diesem Jahrzehnt vor 1913 auch der Aufstieg des Baugroßgewerbes. Insbesondere die Firmen August Prien und H. C. Hagemann profitierten vom Hafenbau sowie dem Aus- und Neubau großgewerblicher Unternehmungen; in Spitzenzeiten beschäftigten beide Firmen je rd. 1000 Arbeiter und Handwerker[37].

Tabelle 4: Beschäftigtenzahlen einzelner Betriebe 1900–1913

	1900	1905	1906	1908	1909	1913
Thörl'sche Werke	550[1]					1 185
Brinckman & Co. (ab 1906 Brinckman & Mergell)	133		252			507
Noblée & Thörl (altes Werk)				120[2]		53
Teutonia (ab 1902)						453
Koch & Co. (seit 1879)						49
Wesson-Gesellschaft (seit 1911)						20
H. Traun & Söhne	612	700			769	1 160
H. Rost & Co.		82			97	117
Ver. Gummiwaren-Fabriken Harburg–Wien	1 200				1 625	1 641
Schön & Co. (seit 1908)					59	72[4]
Internationale Galalithgesellschaft Hoff & Co. (seit 1905)		106			350	>600
Stockfabrik H. C. Meyer jr.	453	ca. 600				<500
Jute-Spinnerei und -Weberei Hamburg-Harburg	1 405	ca. 1 500				1 466
L. H. Messerschmidt	65					}
Christiansen & Meyer						}
Harburger Eisen- u. Bronzewerke AG (seit 1910)	100[3]					} 1 224
G. Niemeyer Metall- u. Eisenwerke						600
R. Holtz	} 425	400				–[5]
G. Renck jr.	}					} 1 224
H. Harms						}

Quellen: Bödecker. – Handelskammerberichte. – Lüneburger Heimatbuch, Bd. I. – Molch.
1 Stand: 1897
2 Werk Seehafen (seit 1908)
3 Nur: Koeber's Eisenwerk
4 Zahlen für 1911
5 Zahlen für 1911: ca. 1 000

Dieser Aufstieg, vorab der exportierenden Branchen Pflanzenöl und Kautschuk, war einmal Indiz für die zunehmende Verflechtung des Deutschen Reiches in die Weltwirtschaft, dann für einen gesteigerten nationalen Wettbewerb. Die Stetigkeit der Entwicklung wurde durch die langfristige Handelsvertragspolitik des Deutschen Reiches seit Caprivi (1891–1894) begünstigt – Bindung der Zolltarife auf 12 Jahre –, die auch in der Ära Bülow seit Abschluß der neuen Handelsverträge 1906ff unabhängig von einer seit 1902 verstärkten Schutzzollpolitik grundsätzlich beibehalten wurde. Zusätzlich gestärkt wurde der Standort Harburg durch die enge Abstimmung der Industriepolitik zwischen den Vertretern der lokalen Großindustrie und dem Magistrat. Der langjährige Oberbürgermeister, Heinrich Denicke (1899–1924), war von 1883 bis 1899 zugleich Syndikus der Stadt und Sekretär der Handelskammer gewesen und fühlte sich als Anwalt der Harburger Industrie. Unterstützt wurde der Magistrat von der preußischen Wasserbauinspektion und dem Harburger Hafenamt sowie vom Hauptzollamt und den Post- und Eisenbahnbehörden in Altona. Die *«Steuern und Abgaben Harburgs»* waren der Aussage des Handelskammersyndikus Olep von 1908 zufolge *«verhältnismäßig gering»*[38], und die vom Magistrat verlangten Grundstückspreise galten als ausgesprochen günstig. Bei der Frachtentarifgestaltung der preußischen Staatsbahn und des Seehafentarifes endlich hatte die direkte persönliche Einwirkung der Fabrikleitungen zu Ermäßigungen geführt, die Harburg günstig stellten[39].

Kennzeichnend für die Harburger Großindustrie war weiterhin die äußerst enge personelle Verschränkung der führenden Vertreter der Öl-, Gummi- und Maschinenbauindustrie, der Familien Thörl, Brinckman, Mergell, Koeber untereinander sowie ihre Kooperation mit dem Exponenten der lokalen Bank, Wilhelm Weber von der Hannoverschen Bank, die ab 1898 zum Konzern der Deutschen Bank gehörte, bis sie 1920 endgültig mit ihr fusioniert wurde. Weber war an allen wichtigen finanziellen Transaktionen der Harburger Großindustrie bis zu seinem Tode 1934 von Anfang an beteiligt; in den Aufsichtsräten sämtlicher Großfirmen war er entweder in der strategisch wichtigen Funktion als Aufsichtsratsvorsitzender – so lange Zeit bei den Thörl'schen Vereinigten Harburger Ölfabriken AG, bei der Phoenix AG oder den Harburger Eisen- und Bronzewerken AG –, zumindest aber als Mitglied des Aufsichtsrates plaziert, so z. B. bei den Harburger Mühlenbetrieben, der Internationalen Galalith-Gesellschaft Hoff & Co., der Norddeutschen Chemischen Fabrik, um nur einige wichtige Firmen zu nennen. Weber, vom preußischen König 1912 zum Kommerzienrat ernannt und Dr. h. c. (1922), kann man dem Typus des industriell-kapitalistischen Multifunktionärs zurechnen: Seit dem 1. April 1894 in Harburg ansässig, 1898 Mitglied der Handelskammer, von 1912 bis 1932 Vorsitzender dieses Gremiums, vereinigte er in seiner Person zeitlich den Aufstieg Harburgs zur industriellen Großstadt. Als Finanzier bzw. angestellter Unternehmer gehört er in eine Linie mit den Gründerfamilien Thörl, Brinckman, Mergell, Koeber oder den anderen angestellten Unternehmern Maret und Hoff.

Von den industriellen Neugründungen nach 1900 war die bedeutendste die Internationale Galalith-Gesellschaft Hoff & Co., die im Jahre 1904 von den Vereinigten Gummiwaren-Fabriken Harburg–Wien auf deren Gelände gegründet worden war. Als das Gelände nicht mehr ausreichte, wurde 1908 am neuen Seehafen eine neue Fabrik auf einem mehr als 20000 qm großen Grundstück errichtet. Erweiterungsbauten erfolgten in den Jahren 1910/11 und 1913. Sie entwickelte sich schnell zur größten Kunsthornfabrik Europas[39a].

Fast alle anderen Neugründungen lassen sich der bereits vorhandenen Branchenstruktur zuordnen: Hinzu kamen die Kautschukwerke Schön & Co. (Juni 1908), die seit Frühjahr 1914 als Harburger Chemische Werke Schön & Co. firmierten, eine Gründung der Vereinigten Gummiwaren-Fabriken Harburg–Wien und von Friedrich Thörl, in die 1910 auch German Koeber von der Harburger Eisen- und Bronzewerken AG eintrat[40]. Des weiteren die Norddeutsche Pflanzenbutterfabrik, die Harburger Kunstseidefabrik, die Thörl'sche Fabrik für Preß- und Filtertücher (seit 1902), die später auch die Fabrikation von Textil-Treibriemen aufnahm, die Mahlwerke von Anton Günther, das Hartsteinwerk Harburg (1905) – ebenfalls eine Thörl'sche Gründung –, das Kohleaufbereitungs- und Brikettwerk von Westphal & Co., das Dampfsäge- und Hobelwerk Elmenhorst & Co. sowie die Thörl'sche Baumwollsaatölfabrik (1908) am neuen Seehafen. Zwischen 1908 und 1913 kamen noch die Zweigniederlassung Harburg der Hugo Stinnes GmbH (1910), der Seehafen-Kaibetrieb Harburg (1910) und die Siemens Elektrischen Werke hinzu.

Innerhalb der Branchen fand eine Konzentration und interne Diversifikation der Produktpalette statt. Das mag an den Hauptbranchen erläutert werden.

Die Pflanzenölindustrie stieg während dieser Zeit zur bedeutendsten Branche auf. Sie verarbeitete 1913 40 Prozent aller im Deutschen Reich geschlagenen Ölsaaten und war mit einem Jahresumschlag von ca. 250 Millionen Mark der größte Ölindustriestandort des Kontinents. Pflanzliche Öle und Pflanzenfette auf der einen, sog. technische Öle auf der anderen Seite waren die Hauptprodukte. Die Verarbeitung von Palmkernen erfolgte vor allem in den 1902 gegründeten Oelwerken Teutonia GmbH, die im Besitz der dänischen Aarhus Oliefabrik A/S war, nachdem sie die alte Harburger Firma Heins & Asbeck aufgekauft hatte. Nach Anlage einer Speiseölraffinerie wurden hier vor Ausbruch des Weltkrieges in erster Linie feinste Speisefette für die Pflanzenbutterindustrie hergestellt.

Auch Noblée & Thörl[41] verarbeiteten in erster Linie Palmkerne und Kokosnüsse, stellten aber auch Leinöl her. 1909 wurde ein neues Werk am Seehafen erbaut, das endgültig 1913 in Betrieb genommen wurde.

Die Thörlwerke endlich beschritten am konsequentesten eine Politik der Diversifizierung: 1899 kauften sie die Palmkernölfabrik G. L. Gayser & Co. und betrieben sie als Friedrich Thörl'sche Ölwerke Elbe weiter. Im gleichen Jahr gründete Thörl das vierte Werk seines Unternehmens auf der Zitadelle am alten Hafen, in dem auch eine Benzinfabrik für den Eigenbedarf etabliert wurde. Die Leinölherstellung hingegen wurde in der Harburger Ölfabrik F. Thörl, dem Stammwerk, konzentriert. Leinöl diente vor allem zur Herstellung von Firnis und Lacken. Am 7. Juli 1906 wurden mit Unterstützung der Hannoverschen Bank sämtliche Thörl'schen Betriebe in eine Aktiengesellschaft umgewandelt; mit einem Aktienkapital von 10,5 Millionen Mark waren die F. Thörl's Vereinigte Harburger Ölfabriken AG das größte deutsche Unternehmen der Pflanzen- und Leinölindustrie[42]. 1908 wurde dann die Baumwollsaatölfabrik F. Thörl GmbH gegründet, deren Kapitalmehrheit ebenfalls bei der Aktiengesellschaft lag[43]. Auch in der 1911 mit 600 000 Mark Kapital gegründeten Wesson-Gesellschaft GmbH, der Harburger Niederlassung der amerikanischen Wesson-Gesellschaft (seit 1912), war Thörl'sches Kapital vertreten. 1920 übernahm Friedrich Thörl die Anteile der amerikanischen Southern Cotton-Oil-Company, während die restlichen Anteile in den Besitz der Baumwollsaatfabrik übergingen[44].

Die dritte große Firma neben Thörl und der Teutonia war die Fabrik von Brinckman & Mergell[45]. Sie war 1896 als ‹Harburger Leinöl- und Firnisfabrik Brinckman & Co. GmbH› gegründet worden und war zunächst für die Verarbeitung von Leinsaat bestimmt. Die günstige Lage am Ziegelwiesenkanal, einem Teil des Binnenhafens, veranlaßte die Firmengründer zur Erweiterung des Fabrikgeländes und zu ständigen Neukäufen von Grundstücken. 1906 änderte die Firma ihren Namen in ‹Harburger Ölwerke Brinckman & Mergell› um; jetzt wurde neben der Leinsaat-Verarbeitung auch die Speiseölherstellung aufgenommen. 1911 wurde eine eigene Speiseölfabrik errichtet.

Die Palmölfabrik von Koch & Co. (seit 1879) sowie das alte Werk von Noblée & Thörl blieben demgegenüber bis 1914 bei der Palmkern- und Kokosnußverarbeitung.

In der Gummi- und Kautschukindustrie, der zweitgrößten Branche, waren vergleichbare Konzentrations- und Diversifikationsprozesse schon vor der Jahrhundertwende erfolgt. Während die Kautschukwerke Heinrich Traun und Söhne (seit 1902 unter diesem Namen) aus Hartkautschuk vor allem Kämme herstellten, betrieben Rost & Co. die Verarbeitung von Guttaperchawaren und Balata (insbesondere Treibriemen und Transportbänder), vor allem für technische Zwecke. Die Vereinigten Gummiwaren-Fabriken Harburg–Wien AG konzentrierten sich dagegen von Anfang an auf die Herstellung von Weichgummi. Als neues kleineres Werk der Weichkautschukindustrie kamen 1908 Schön & Co. hinzu, mit einem Kapital von 1 Million Mark, das einmal die Vereinigten Harburger Gummiwaren-Fabriken (700000 Mark), dann Friedrich Thörl (300000) einbrachten. 1910 trat German Koeber als Kommanditist mit 130000 Mark zusätzlich ein[46]. Im Frühjahr 1914 wurde das Werk als Harburger Chemische Werke Schön & Co. neu geordnet, nachdem mit noch unausgereiften Patenten der Mehrheitsgesellschaft erhebliche Verluste entstanden waren[47]. Für die Vereinigten Gummiwaren-Fabriken Harburg–Wien selbst spielte die Herstellung von Gummi-Mänteln und -Schuhen und von Sportartikeln die größte Rolle, obwohl seit Ende der 90er Jahre mit dem Siegeszug des Fahrrades (Produktionsaufnahme für Fahrradartikel seit 1901) und nach der Jahrhundertwende mit dem des Automobils (Autoreifenfabrikation seit 1907) auch Gummischläuche und -reifen sowie Gummiwaren für den technischen Bedarf einen immer größeren Produktionsanteil stellten. Die Beschäftigungszahlen selbst stagnierten zwischen 1900 und 1913; durch die Verwendung unerprobter Rohstoffe – wie bei Schön & Co. – kam es zu finanziellen Rückschlägen. Lizenzen, Beteiligungen und Produktionsausfälle durch Brand wie 1906, der die Schuh- und Reifenfabrikation völlig zerstörte, schwächten die Firma; der Export stieß seit 1905 zunehmend auf die amerikanische und russische Konkurrenz, der Inlandabsatz auf die Konkurrenz der Conti (Hannover) bei vor allem seit 1910 stark gestiegenen Rohstoffpreisen, so daß die Dividenden auf 5 Prozent fielen. Vor der Jahrhundertwende hatten sie noch zwischen 12 und 25 Prozent geschwankt[48].

Die lokale Stockindustrie von H. C. Meyer, die die Rohr-, Stock- und Fischbeinverarbeitung seit ihrer Gründung betrieb, konnte ihre Anfang der 90er Jahre erreichte Arbeiterzahl von ca. 460 bis zum Kriegsausbruch in etwa halten. Nur die neu gegründete Kunsthornindustrie expandierte kräftig: Die Internationale Galalith-Gesellschaft beschäftigte 1905 106 Arbeiter, 1909 waren es bereits 350 und 1913 war die Zahl auf rd. 600 Arbeiter und Angestellte angestiegen. Vor 1914 konnten jährliche Dividenden von 10% gezahlt werden[49].

Die lokale Maschinenbauindustrie bildete sich nach der Jahrhundertwende in erster Linie als Hilfsindustrie der lokalen Großindustrie aus, vornehmlich der Öl- und Gummiindustrie[50]. Das Koeber'sche Eisenwerk (1890 gegr.) spezialisierte sich auf die Herstellung von Preß-, Extraktions- und Veredlungsanlagen in der Speiseölraffination sowie auf die Einrichtung von Margarinefabriken, dann auch auf den Bau von Maschinen für die Kautschukwarenindustrie. Daneben betrieb es von alters her die Herstellung von Schiffsschrauben in der Bronzegießerei des Werkes. Als größter Betrieb der Branche schloß es sich 1910 mit der Maschinenfabrik H. Eddelbüttel und dem Harburger Eisenwerk AG zu den Harburger Eisen- und Bronzewerken AG mit einem Aktienkapital von 3,5 Millionen Mark zusammen. Als Finanzier wirkte wieder die Hannoversche Bank. In ähnlicher Weise arbeitete die Maschinenbaufirma L. A. Messerschmidt für die lokale Großindustrie ebenso wie Christiansen & Meyer, die seit 1899 jedoch zusätzlich die Fabrikation von Schiffsmaschinen und -kesseln für die Werftindustrie Harburgs und Hamburgs aufnahmen[51].

Stärker als «*Hilfsindustrie des Schiffsbaus*»[52] arbeiteten die Betriebe von Georg Niemeyer (seit 1890). Sie spezialisierten sich auf die Herstellung von Kühlmaschinen und Laderaumkühl-Anlagen, Frischwasser- und Destillieranlagen sowie von Schiffspumpen.

In vergleichbarer Weise war die Harburger Werftindustrie von der lokalen Großindustrie beeinflußt. Während Renck und Harms in erster Linie Reparaturwerften wurden, baute die Werft von R. Holtz vor allem zerlegbare Dampfboote für die Kautschukproduktionsländer, wo sie den Transport des Rohgummis besorgten. 1911 befanden sich 13 Dampfboote, 8 Motorboote, 18 Leichter und 4 komplette Maschinenanlagen für auswärts im Bau befindliche Boote in der Herstellung. Damals wurden «*weit über 1000 Arbeiter*» beschäftigt[53].

In der Chemieindustrie und der Düngemittelindustrie überschritten nur die Norddeutsche Chemische Fabrik und die am Seehafen errichteten Merck'schen Guano- und Phosphatwerke die «*Grenze des Mittelbetriebes*»[54]. Alle anderen Werke beschäftigten zumeist weniger als 100 Arbeiter.

Die Textilindustrie endlich, sieht man von den Thörl'schen Webereien (seit 1902) ab, die auch über den Eigenbedarf hinaus exportierten und 1910 eine Zweigniederlassung in Rußland errichteten sowie von dem Zweigwerk von Felten & Guilleaume (Schiffstaufabrik und mechanische Hanfgarnspinnerei), war auf ein einziges Großunternehmen konzentriert, die Jute-Spinnerei und -Weberei: Als Sack- und Verpackungsindustrie war sie ebenfalls stark von der Öl- und Gummiindustrie abhängig. Ihre Belegschaft stagnierte zwischen 1900 und 1913 bei rd. 1450 Arbeitern, davon in der Mehrzahl Frauen.

Eine Bilanz der Harburger Industriestruktur 1913 fällt zwiespältig aus: Trotz eines nicht zu leugnenden Positivsaldos in der Industrie-Ansiedlungspolitik überhaupt dürfen deren negative Seiten nicht übersehen werden: Die Monokultur einer auf Öl und Gummi basierenden Großindustrie mit sehr hoher Importabhängigkeit blieb nicht nur bestehen, sondern steigerte sich noch. Alle anderen Industrien blieben ihrem Charakter nach weitgehend Hilfsindustrien der beiden Großbranchen. Mit Ausnahme der Galalithindustrie gelangen keine eigentlichen Innovationen. Diese Hypothek sollte sich schon während des 1. Weltkrieges mit seiner Sperrung der Rohstoff- und Exportmärkte und dann vor allem in der Weltwirtschaftskrise seit 1929 negativ auswirken.

Kriegswirtschaft und Inflation 1914–1924

Die Entwicklung der Branchen im Ersten Weltkrieg

Der Ausbruch des Krieges 1914 bildete für die Harburger Industrie eine tiefgreifende Zäsur: «*Fast sämtliche Industrien hatten unter dem Mangel der Zufuhr von Rohmaterialien zu leiden und waren namentlich in dem ersten Kriegsjahr meistens zu sehr erheblichen Einschränkungen oder zur zeitweiligen Stillegung ihrer Betriebe gezwungen*»[55], stellte die Handelskammer in einem Rückblick vom 9. Januar 1917 fest. Bei der Energieversorgung machte sich insbesondere das Ausbleiben der englischen Importkohle negativ bemerkbar, wovon in den ersten Kriegsmonaten vor allem die Gummi- und Kautschukwarenindustrie betroffen war. Aufgrund ihrer starken Exportabhängigkeit – 1913 wurde die Hälfte der Produktion im Ausland abgesetzt – verlor sie nicht nur ihre auswärtigen Märkte, sondern konnte als vorrangige Rohstoff-Importindustrie auch ihren Rohstoffbedarf nicht mehr decken. Nach Aufzehrung ihrer erheblichen Lagervorräte wurde z. B. bei den Vereinigten Gummiwaren-Fabriken seit 1916 in erster Linie synthetischer Kautschuk verarbeitet. Die Abteilungen für Gummischuhe und -bälle wurden stillgelegt, dagegen waren die Reifen- und Ballon-Abteilungen, die für

den Bedarf von Heer und Marine (u. a. Vollgummireifen für Heereslastwagen, Sperr- und Fesselballons) arbeiteten, *«schon seit kurzer Zeit nach Kriegsbeginn stark beschäftigt und haben zum Teil vergrößert werden müssen»*.
Insgesamt gilt, daß alle diejenigen Harburger Firmen, die – wie die Gummiindustrie – zu kriegswichtigen Betrieben erklärt und fast ausschließlich mit Heereslieferungen beschäftigt wurden, ohne größere Nachteile für die Rentabilität den Krieg überstanden. Die Vereinigten Gummiwaren-Fabriken hatten eigenen Aussagen zufolge *«das notwendige Material stets»*[56] zur Verarbeitung zur Verfügung, und die Energieversorgung mit Kohle wurde durch die staatlich gelenkten Kriegswirtschaftsstellen sichergestellt. Arbeiterentlassungen fanden hier bis Anfang 1917 *«überhaupt nicht»*[57], und bei den übrigen Fabriken der Branche *«auch nur im geringen Umfange»*, statt. Erst 1917/18 erfolgte eine spürbare Verkleinerung der Belegschaftszahlen, nachdem es in den ersten Kriegsjahren aufgrund der Einberufungen zum Heeresdienst sogar zu einem erheblichen Arbeitskräftemangel gekommen war, der nur zum Teil durch vermehrte Beschäftigung von Frauen hatte aufgefangen werden können[58].

Die Pflanzenölindustrie, die ihre Rohstoffe ebenfalls fast ausschließlich aus Übersee bezog, vermochte nicht in dem Maße wie die Gummiindustrie ihre Produkte frühzeitig auf die Bedürfnisse der Kriegswirtschaft umzustellen. 1914/15 wurden erst einmal die reichlichen Lagerbestände aufgearbeitet und durch starke Verkürzung der Wochenarbeitszeit die Arbeit in den Betrieben aufrechterhalten. *«Vorübergehend»* mußten jedoch 1914/15 *«sämtliche Ölfabriken infolge des Mangels an jeglichem Rohmaterial»*[59] ihre Tore schließen. In dieser Periode des Stillstandes konnten jedoch Arbeiterentlassungen «in großem Maßstabe» dadurch vermieden werden, daß z. B. die Thörl'schen Fabriken zu «durchgreifenden Renovationen» schritten. Nach der Etablierung des Kriegsausschusses für pflanzliche und tierische Öle und Fette, dem staatlichen Lenkungsinstrument für die Kriegswirtschaft in dieser Branche Ende 1915, wurden wieder Ölsaaten zur Verarbeitung überwiesen, die jedoch nur einen Bruchteil der vor 1914 verarbeiteten Mengen darstellten. Insbesondere Thörl stellte jetzt die Produktion um: Durch die Herstellung von Speiseöl, von Nahrungs- und Futtermitteln und vor allem durch die Fabrikation von Glycerin zu Munitionszwecken wurde «ausreichende Beschäftigung» gefunden. Die Hauptbetriebe waren nahezu ausschließlich auf Lohnarbeit für die verschiedenen kriegswirtschaftlichen Organisationen angewiesen. Thörl verfügte aufgrund der hohen Rohstoff- und Warenvorräte, *«deren Preissteigerung erheblichen Gewinn abwarf»*[60], über hohe Liquiditätsreserven: so im Juni 1915 bei einem Aktienkapital von 10,5 Millionen Mark allein über 6,3 Millionen Mark Bankguthaben und 1,26 Millionen Mark Wertpapiere[61]. Thörl zahlte im Beschäftigungsjahr 1917/18 eine Dividende von 12 %, 1916/17 waren es 15 % und im Jahre 1914/15 sogar 16 % gewesen gegenüber 12 % im Jahre 1913/14[62]. Die hohe Liquidität führte zu Firmenzukäufen: 1916 wurde die 1900 gegründete Harburger Stärkefabrik Friedrich Thörl – die von der Reisstärkefabrikation auf Nährhefe- und Suppenwürze, später auf Kaffee-Ersatz-Produktion umgestellt worden war – von der Thörl'schen Aktiengesellschaft aufgekauft und die Agumawerke (Gerstenkaffee) zusätzlich erworben. Im Geschäftsjahr 1917/18 wurde in Quickborn-Elsensee mit dem Bau einer Fetthärtungsanlage begonnen, die 1920 die Produktion aufnahm und der 1922 eine Fett- und Ölraffinerie-Anlage angegliedert wurde. Anfang 1917 machte sich bereits Arbeitskräftemangel bemerkbar, der ebenfalls durch vermehrte Frauenarbeit partiell aufgefangen werden konnte[63].

Auch Brinckman & Mergell waren mit der Glycerin-Herstellung zu Zwecken der Rüstungsindustrie beschäftigt, aber stärker als bei Thörl sanken hier die Beschäftigungszahlen bis 1917/18 ab; die meisten Betriebsabteilungen mußten vorübergehend oder ständig stillge-

Tabelle 5: Beschäftigungszahlen ausgewählter Betriebe 1914–1924

	1914	1915	1916	1917 (August)	1918	1919	1922 (Ende)	1923
F. Thörl's Ver. Ölfabriken AG	1300 (1.8.14)	650 (1.1.15)	400 (1.1.16)	542	550 (1.1.18)	1130 (1.1.19)	2300	2000
Baumwollsaatfabrik (Thörl)	337			107				
Brinckman & Mergell	507 (1913)			111			725	
Noblée & Thörl (Altes Werk)	53 (1913)			56		1764		
Teutonia GmbH	453 (1913)			51			>900	
Koch & Co.	49 (1913)							
Wesson-Gesellschaft	20 (1913)							
Ver. Gummiwaren-Fabriken Harburg–Wien	999	745	826	1151	1094	1416	ca. 4000	4514
Kautschukwerke H. Traun & Söhne	384	366	314	516	302	645	>1100	
H. Rost & Co., Gummi- und Guttaperchafabrik	105	62	40	32	29	52		
Harburger Chemische Werke Schön & Co.				82				
Internat. Galalithgesellschaft Hoff & Co.	>600 (1913)			158			>1000	
Stockfabrik H. C. Meyer jr.	<500 (1913)			413				
Jute-Spinnerei- und Weberei	1466 (1913)			713			ca. 1600	
L. H. Messerschmidt	1224 (1913)			40				
Christiansen & Meyer				174			ca. 300	267
Harburger Eisen- u. Bronzewerke AG				585				520
G. Niemeyer	600 (1913)			525				
R. Holtz				279				
G. Renck jr.				23				
Otto-Werft (seit 1920)							400[1]	512 (Jan. 181 (Dez
H. C. Hagemann				545				
A. Prien				539				

Quellen: Bödecker. – Molch, Tabellen XX und XXVIII. – StA Hbg, Harburg 4, I B3–10 (August 1917). – Benecke, Harburg. – Obst.

1 Zahl für: 1920

legt werden. Die Teutonia GmbH schließlich war am stärksten betroffen: Im Sommer 1917 hatte sie nur noch 51 Beschäftigte.

Die Galalith-Gesellschaft, abhängig von französischen Kasein-Importen, war fast völlig auf die Aufarbeitung der großen Lagerbestände angewiesen; der Betrieb mußte bis Anfang 1917 «sehr stark eingeschränkt» werden, und auch danach sank die Beschäftigungszahl weiter ab.

Im Gegensatz hierzu war die metallverarbeitende Industrie, insbesondere der Maschinenbau bis Anfang 1917 *«seit einigen Monaten nach Kriegsbeginn dauernd mit größeren Lieferungen für das Heer und die Marine sowie für die Ernährungsindustrie bedacht, so daß sie voll beschäftigt sind»*[64]. Der Facharbeitermangel konnte nur zu einem geringen Teil durch Beschäftigung von Kriegsgefangenen aufgefangen werden. 1917 und 1918 waren vor allem die Harburger Eisen- und Bronzewerke und G. Niemeyer gut beschäftigt: Die Eisen- und Bronzewerke konnten 1916 15%, 1917 sogar 18% und 1918 16% Dividende verteilen[65]. Die Harburger Firmen betrieben mit den Gewinnen *«keine große Expansionspolitik, sondern begnügten sich meist damit, die vorhandenen Werkstätten voll auszunutzen und die inneren Einrichtungen zu verbessern. Daneben schoß aber eine Anzahl neuer, kleinerer Betriebe für die Rüstungsindustrie aus der Erde«*[66].

Die chemische Industrie, insbesondere die Norddeutsche Chemische Fabrik AG, arbeitete seit Anfang 1916 fast ausschließlich für direkte oder indirekte Heeresaufträge als Hilfsbetrieb für die Munitionsherstellung. Die Chemischen Werke Schön & Co. mußten einen Teil ihrer Betriebe (Bleizucker-, Essigsäure- und Bleiglättefabrikation) stillegen, konnten dafür aber andere Abteilungen, insbesondere diejenigen, die Kautschukersatzstoffe herstellten (Isophon), erheblich ausbauen, weil diese in der Munitionserzeugung Verwendung fanden. Aufgrund dieser Umstellung auf kriegswirtschaftliche Produkte war die Firma noch Anfang 1917 «gut beschäftigt»[67]. Die Merck'schen Guano- und Phosphatwerke hingegen mußten den Betrieb stark einschränken. Durch die Erhöhung ihrer Schwefelsäurefabrikationen für Zwecke der Munitionserzeugung konnten sie indes 1916/17 Beschäftigtenzahl und Produktivität wieder steigern.

Die Harburger Textilindustrie schließlich stellte ebenfalls nach Aufarbeitung der Lagerbestände bis Ende 1915 und kurzfristiger Stillegung der Werke bis Ende April 1916 ihren Betrieb auf die Bedürfnisse der Kriegswirtschaft um. Durch die Herstellung von Textilit, einem Ersatzstoffgewebe aus Papier und Fasern, *«ausschließlich für die Bedürfnisse der Heeres- und Marineverwaltung»*[68], war die Harburger Jute-Spinnerei und -Weberei bis Anfang 1917 gut beschäftigt. 1915 und 1916 konnten 6% Dividende, 1917 8% und 1918 sogar 10% gezahlt werden. Bei Felten & Guilleaume waren die Lager so gut gefüllt, daß der Betrieb mit Einschränkungen dauernd aufrechterhalten werden konnte. 1916 arbeitete die Firma ausschließlich für den Bedarf von Heer und Marine.

Das lokale Baugroßgewerbe, die Firmen August Prien und H. C. Hagemann, konnten im Gegensatz zu den kleineren Baugeschäften, die seit Kriegsbeginn entweder *«in sehr geringem Umfange beschäftigt bzw.... ganz still(liegen)»*[69], schon 1914/15 Bauten für die Ernährungsindustrie ausführen und waren 1916/17 mit *«Bauten für die Kriegsindustrie, namentlich mit dem Bau einer neuen großen Pulverfabrik in Krümmel und einer Pulverfabrik und Pulverlagern in Schwerin beschäftigt»*. Die Beschäftigungszahlen im Sommer 1917 waren hoch.

Der Umschlagverkehr des Harburger Hafens ging bis 1915 signifikant zurück, erholte sich dann 1916 wieder durch die großen schwedischen Eisenerzeinfuhren und durch den Umschlag der im Austausch dagegen nach Schweden und Dänemark gehenden großen Kohletransporte, die den *«Speditionsgeschäften und ihren Anlagen ausreichende Beschäftigung ge-*

währen», wie die Handelskammer im Januar 1917 feststellen konnte[70]. 1917 sackte der Umschlag infolge der zunehmenden Blockade der deutschen Häfen wieder ab und erreichte nach 1918 seinen niedrigsten Stand im Jahre 1919. Erst 1922, in der Inflationskonjunktur, wurden die Ergebnisse des Vorkriegsjahres 1913 wieder erreicht, teilweise bereits überschritten:

Tabelle 6: Schiffsverkehr im Hafen Harburg 1914–1924

Jahreszahl	Angekommene Seeschiffe	Größe Netto Reg.-Tons	Angekommene Binnenschiffe	Tragfähigkeit Reg.-Tons	Total	Hierunter See-Dampfschiffe
1914	1325	521740	18200	1986762	2508502	475
1915	798	274540	7123	744311	1018851	209
1916	1556	492040	8171	1181361[1]	–	456
1917	1204	300600	4445	673350	–	232
1918	1042	226480	5181	904055	–	207
1919	856	148940	5076	930732	–	178
1920	1026	200550	6783	1308194	–	236
1921	1203	232410	8487	1558501	–	192
1922	1738	824867	9989	2041726	–	621
1923	2062	1162565	10973	2072062	–	915
1924	2078	791587	10787	2194202	–	700

Quelle: Lüneburger Heimatbuch, Bd. I, [2]1925, S. 576.
1 Von 1916 ab wurden Binnenschiffe nach Tragfähigkeit in Tonnen (1000 kg) registriert; daher fiel die Totalsumme von hier an weg.

Ein Fazit der Auswirkungen des Krieges auf die Harburger Industrie zu fällen, ist nicht ganz einfach. Insgesamt beschleunigte die Kriegswirtschaft, insbesondere in der Ölindustrie, die Konzentrationstendenzen der Vorkriegszeit. Die bis 1920 anhaltende Zwangsbewirtschaftung der Rohstoffe und Verluste des Reichsausschusses für Öle und Fette in Höhe von 750 Millionen Mark durch das Fallen der Rohstoffpreise für Ölfrüchte führten dazu, daß im September 1920 80% der Margarinefabriken und 30% der Ölmühlen in Abhängigkeit von den beiden holländischen Margarinekonzernen Anton Jurgens und van den Bergh gerieten, die *«einen erheblichen Teil der Rohstoffe für die Ölindustrie»*[71] kontrollierten.

Schon vor 1914 hatten die beiden Konzerne einen erheblichen Teil der deutschen Margarineindustrie, rd. 60% des gesamten Margarinebedarfs, kontrolliert. In den Jahren nach 1920 wurden die damals erreichten Anteile noch vergrößert. Harburg, 1913 unstrittig die Ölstadt Nr. 1 in Europa, mußte erhebliche Teile seiner Palmkern- und Kopraimporte während des Krieges und danach an Hull in England abgeben, partiell auch an Marseille. Insbesondere die deutsche Palmkernindustrie war einem Urteil aus dem Jahre 1921 zufolge *«zum großen Teil vernichtet»*[72].

Die zweite großindustrielle Hauptbranche, die Gummiindustrie, war ebenfalls als Importindustrie für Rohstoffe und Exportindustrie für ihre Fertigfabrikate nach 1918 stark gehandikapt; der Rückgang der Einfuhren führte zu einem Aufstieg der U.S.-amerikanischen Firmen, die durch die beginnende Automobilkonjunktur (Entwicklung des Ballonreifens 1923), zudem auf ihrem eigenen riesigen Binnenmarkt prosperieren konnten. Die französische Gummiindustrie (Michelin) schließlich wurde zum zweitstärksten Konkurrenten[73].

Die Nachkriegsjahre waren für die Harburger Industriebranchen durch eine uneinheitliche Entwicklung gekennzeichnet. Die Branchenstruktur selbst änderte sich kaum, auch wenn bis 1922/23 vor allem im Bereich der Bauindustrie (Kies- und Asphaltfabriken), der holzverarbeitenden Industrie (Möbel), der Verpackungsindustrie (Pappe-, Karton- und Sackfabriken), in der Nahrungsmittelindustrie (Schokoladenfabriken; Spirituosen) sowie in der elektrotechnischen Industrie neue mittelbetriebliche Werke entstanden, von denen ein Großteil die Inflationsära überdauerte[74].

Die Vereinigten Gummiwaren-Fabriken Harburg–Wien gingen geschwächt in die Nachkriegsphase, denn um die Liquidität der Firma war es schlecht bestellt. Während des Weltkrieges hatte sie Bankkredite aufgenommen, um Kriegsanleihen zu zeichnen[75]. Diese Anleihen waren nach 1918 weitgehend wertlos geworden. Die Kohleversorgung war mangelhaft aufgrund der deutschen Reparationslieferungen; Auslandskohle mußte mit Devisen bezahlt werden. 1919 mußte das im Krieg stillgelegte Werk Linden bei Hannover verkauft werden, und im Geschäftsjahre 1921/22 wurde die Beteiligung an den Chemischen Werken Schön & Co. unter hohen Verlusten abgegeben[76]. 1920 wurden die Vereinigten Radiergummiwerke GmbH in Harburg gegründet, und zwar durch Vereinigung der alten Lindener Radiergummi-Abteilung mit der Firma H. Fischer, die Beteiligung daran aber bereits 1925 wieder an die Firma H. Fischer abgestoßen. 1922 endlich, auf dem Höhepunkt der Inflation, wurde die Trennung von dem österreichischen Werk in Wimpassing vollzogen: Aus den Vereinigten Gummiwaren-Fabriken Harburg–Wien wurden zwei selbständige Gesellschaften. In Harburg residierte von nun ab die Harburger Gummiwaren-Fabrik Phoenix AG, kurz Phoenix genannt. In der Goldmark-Eröffnungs-Bilanz am 1. Januar 1924 eröffnete die Phoenix überkapitalisiert[77] mit einem Aktienkapital von 7,25 Millionen Mark (gegenüber 6 Millionen Goldmark für das vereinigte Werk 1913), in dem nur noch die Mehrheitsbeteiligung bei der Internationalen Galalith-Gesellschaft enthalten war. Die Produktion selbst war seit 1920 stark ausgeweitet worden; insbesondere im Jahr der Hyperinflation 1922/23 waren *«alle Abteilungen sogar überreich beschäftigt»*[78], die Gewinnspannen blieben jedoch gering.

In der Ölindustrie führten die hohen Liquiditätsreserven z. B. bei Thörl[79] Ende 1919 zur 50 %igen Beteiligung an der Seevia-Lackfabrik (mit 450000 Mark), ein Engagement, das sich zunächst gut entwickelte, 1922 aber wieder abgestoßen wurde. Die Werksanlagen wurden 1918/19 bei geringer Auslastung aufgrund fehlender Rohstoffe vor allem in technischer Hinsicht ausgebaut. Die Nahrungsmittel-Abteilung (Aguma) entwickelte sich zunächst positiv, ebenso wie die Weberei-Abteilung, so daß 1922 eine Zweigfabrik in der Brookstraße errichtet wurde. Die Fetthärtungsanlage in Elsensee, 1919–1921 fertiggestellt, wurde ebenfalls noch 1922 erweitert. Inwieweit alle diese finanziellen Transaktionen die Kapitalmöglichkeiten der Thörl'schen AG überschritten haben – Thörl hatte ebenso wie die Phoenix, wenn auch nicht auf Kredit, sondern aus der Substanz im großen Maße Kriegsanleihen gezeichnet, insgesamt mehr als 8 Millionen Mark –, oder ob Zeitungsberichte zutreffend sein mögen, in denen von verfehlten Börsenmanövern Friedrich Thörls die Rede war, Tatsache ist, daß Friedrich Thörl im April 1922 von der Leitung seiner Betriebe zurücktreten mußte[80]. Die Aktienmehrheit wurde über die Vermittlung Wilhelm Webers von der Deutschen Bank durch die holländische Van den Bergh-Gruppe übernommen. Auch bei der Thörl'schen Baumwollsaatölfabrik übernahmen die Holländer 50 % des Kapitals. Von den 14 Millionen Mark Aktienkapital nach der Goldmark-Eröffnungs-Bilanz vom 1. Januar 1924 wurden 1928 über 80 % von dem holländischen Margarinekonzern kontrolliert. 50–70 % der Thörl'schen Produktion war von nun an Lohnarbeit für holländische Rechnung, der Rest für eigene Erzeugnisse und weitere Lohnarbeit. Die stabile Dividende von 6 % seitdem war Indiz für dieses überwiegende Lohngeschäft: Thörl hatte den «*Charakter eines selbständigen Unternehmens*»[81] verloren. Die neuen Eigentümer vollzogen nach 1922 eine Verlagerung von der vorher vorrangig betriebenen Herstellung sog. technischer Öle hin zur Speiseölfabrikation für die Margarineindustrie[82].

Tabelle 7: Beteiligung der holländischen Konzerne in der deutschen Ölindustrie (1928)

a) Van den Bergh-Gruppe:
Holding-Gesellschaft: «N. V. Hollandsche Vereeniging tot Exploitatie van Margarine-Fabrieken», Rotterdam.

Firmen	Nominal-kapital RM	Höhe der Beteiligung %
1. F. Thörls Vereinigte Harburger Ölfabriken A.-G.	14000000	81,4
mit Thörls Baumwollsaat-Ölfabrik, G. m. b. H.	2000000	–
2. Clivia Ölwerke G. m. b. H., Cleve	5000000	100
3. Clever Ölmühle G. m. b. H., Cleve	500000	100
4. Bissinger Ölwerke G. m. b. H., Bissingen (Enz)	300000	100
5. Bremer Ölfabrik A.-G., Wilhelmsburg		
(nom. M 600000 Stammaktien)		
(nom. M 800000 Vorzugsaktien)	1400000	36

b) Jurgens-Gruppe:
Holding-Gesellschaft: «Deutsche Jurgens-Werke A.-G. Hamburg»

Firmen	Nominal-kapital RM	Höhe der Beteiligung %
1. H. Schlinck & Cie A.-G.	5300000	80
2. Bremen-Besigheimer Ölfabriken A.-G.	10880000	etwa 65
3. Vereinigte Deutsche Ölfabriken A.-G., Mannheim	6800000	83
4. Ölfabrik Groß-Gerau A.-G., Bremen	960000	93,85
5. Holstein-Ölwerke G. m. b. H., Altona-Spyk	1500000	100
6. Bremer Ölfabrik A.-G., Wilhelmsburg	1400000	etwa 36
7. Niederrheinische Ölwerke A.-G., Goch	750000	100
8. Ölwerke Germania G. m. b. H., Emmerich	3600000	100
9. Fettraffinerie A.-G., Bremen-Brake	3000000	100
10. Speiseölfabrik G. m. b. H., Aken	– keine Angaben –	

Quelle: Die deutsche Ölmühlenindustrie, S. 55.

Brinckman & Mergell operierten nach 1918 mit mehr Geschick: Im Inflationsjahr 1923 wurde eine Leinölfabrik neu erbaut, und 1922 und 1923 wurde eine Kraftzentrale neu fertiggestellt. Beide Fabriken, d. h. auch die Speiseölfabrik, konnten im Maschinenpark so gründlich modernisiert werden, daß die Firma Anfang 1925 als die *«technisch am vollkommensten eingerichtete Ölfabrik Deutschlands»*[83] galt.

Auch Noblée und Thörl konnten nach 1918 in der Inflationskonjunktur mit entwertetem Geld erhebliche Investitionen tätigen: 1921 wurde am Seehafen die erste Raffinerie für Pflanzenöle und -fette für die Margarineindustrie, 1923 eine zweite Raffinerie neu errichtet. Damit war die Umstrukturierung des Betriebes weg von den technischen Ölen hin zur Speisefettherstellung weitgehend abgeschlossen[84].

Die seit 1879 bestehenden Ölwerke Koch & Co. verloren hingegen ihre Selbständigkeit: Sie gingen 1923 an eine Aktiengesellschaft mit einem Grundkapital von 10 Millionen Mark über, zu deren Gründern als Hauptaktionär die Ölwerke Teutonia GmbH und Brinckman & Mergell zählten[85]. 1924 wurde das Kapital auf 100000 Goldmark umgestellt; schon in diesem Jahr erfolgte eine halbjährige Stillegung des Werkes, u. a. *«durch Absatzschwierigkeiten bei den freien Margarinefabriken, verursacht durch die scharfe Konkurrenz der Konzerne»*[86]. Auch 1925 war das Werk nur acht Monate lang beschäftigt.

In der Maschinenbau- und Werftindustrie blieben die ersten Nachkriegsjahre Zeiten guter Beschäftigung; es galt, Ersatz- und Nachholbedarf zu befriedigen. Der Wiederaufbau der deutschen Handelsflotte gab auch Schiffbau und Schiffsausrüstung neue Impulse. *«Etwa 1920/21»* erreichte *«die Harburger Metallindustrie ihren Höhepunkt»*[87]. Auch in den Jahren danach waren z. B. die Harburger Eisen- und Bronzewerke AG durch den Aufbau der früher belieferten Ölfabriken in Nordfrankreich auf Reparationskonto gut beschäftigt: Dank der Auslandslieferungen, insbesondere von Ölpreßanlagen für Margarinefabriken, überstand das Werk die Inflationszeit[88]. 1919 und 1920 wurden 16 % Dividende verteilt, 1921 war sogar ein Rekordjahr. Dann aber folgte ein starker Rückschlag, der zuerst die Werftindustrie, dann auch den Maschinen- und Apparatebau traf.

Für die Textilindustrie blieben die Nachkriegsjahre Krisenjahre: Die Harburger Jute-Spinnerei und -Weberei[89] mußte Ende Mai 1919 durch die äußerst ungünstige Versorgung mit Rohstoffen den Betrieb völlig stillegen; erst am 1. 11. 1919 konnte die Arbeit wiederaufgenommen werden. Ende Dezember 1919 erfolgte eine neuerliche Stillegung, die bis zum Februar 1920 währte. Erst im Jahre 1921 besserte sich die Beschäftigungslage wieder, es konnte durchgehend gearbeitet werden. Am 2. September 1922 wurde das Werk dann in die damals gegründete Norddeutsche Jute-Spinnerei und -Weberei Hamburg AG eingebracht, als deren Zweigniederlassung es von nun an firmierte.

Die Baugroßindustrie endlich verzeichnete, sieht man einmal von den Industriebauten bei Thörl, Brinckman & Mergell usw. ab, durch den Wohnungsbau Beschäftigung. Nachdem im Kriege überhaupt nicht gebaut worden war, entstanden 1920 zum ersten Male wieder in nennenswertem Umfang Wohnungsbauten, deren Zahl bis 1922 anstieg. Das Inflationsjahr 1923 ließ die Zahl der Wohnungen wieder zurückgehen, und auch das Jahr 1924 verzeichnete einen Rückgang:

Neuerstellte Wohnungen in Harburg-Wilhelmsburg 1918–1924[90]:

1918	–	1922	238
1919	4	1923	175
1920	99	1924	151
1921	116		

Waren 1913 in 8 Betrieben des Baugroßgewerbes 772 Personen beschäftigt gewesen, so waren 1924 in 12 Betrieben 1106 Personen tätig[91].

Resümiert man die Beschäftigungsentwicklung in der Harburger Industrie 1914–1924 insgesamt, so stieg die Arbeitslosigkeit in Harburg, die im Kriegsjahr 1917/18 zwischen 500 und 700 Personen betragen hatte, bis zum September 1919 auf 1369 an. Die Jahre 1921/22 standen im Zeichen relativer Vollbeschäftigung, so daß im Frühjahr 1922 sogar kurzfristig Mangel an Arbeitskräften herrschte. Bis zum Frühsommer 1923 stieg die Arbeitslosenzahl wieder auf knapp 2000 an und erhöhte sich 1923/24 nach der Stabilisierung der Mark weiter. Im Winter 1924 wurde die Höchstzahl mit knapp 5000 Arbeitslosen erreicht (vgl. Tabelle 12).

Die Branchen waren Ende 1924 gegenüber dem Vorkriegsjahr 1913 deutlich geschrumpft, wie folgende Tabelle zeigt:

Tabelle 8: Beschäftigung innerhalb der Hauptbranchen in Harburg am 1. Dezember 1924[1]

Branchen	Betriebe	Beschäftigte
Gummifabriken	4	4305
Ölfabriken	12	2865
Spinnereien und Webereien	4	1760
Galalith-, Holz- und Rohrindustrie	7	1333
Maschinenfabriken	15	1318
Baugroßgewerbe	12	1106
Metallverarbeitende Industrien	13	787
Chemische Fabriken	8	681
Brauereien, Mahlwerke	5	286
Getreidemühlen, Margarineindustrie	6	218
Lagerung	4	149
Brikettfabriken	2	110
Lederfabriken	2	69

[1]Quelle: Bödecker, S. 281.

Industrieansiedlung und Hafenausbau 1914–1924

In den ersten Kriegsjahren hatte der Verkauf weiteren Hafengeländes stagniert. Erst Ende 1917 kam es zu einer Weiterführung der Ansiedlungspolitik, wobei diesmal Kreise der rheinisch-westfälischen Schwerindustrie für den Standort Harburg gewonnen werden konnten. Wenn auch die weitreichenden Pläne aufgrund des verlorenen Krieges nur in minimalem Umfang realisiert werden konnten, so zeigen sie doch die Richtung an, in der Magistrat und Handelskammer dachten. Die Modalitäten der Ansiedlung 1917[92] selbst zeigen wiederum den Primat der Deutschen Bank, wohingegen der Magistrat weiterhin nur die Rolle des nach außen hin sichtbaren Abwicklers spielte: Die eigentliche Industriepolitik wurde von Wilhelm Weber «gemacht». Die Hannoversche Bank bzw. die Deutsche Bank als Führerin des Hafenbaukonsortiums – nach außen trat im Kaufvertrag vom 7. November 1917 wiederum nur die

Stadtgemeinde Harburg auf – verkaufte rd. 240000 qm Gelände auf dem Gebiet zwischen dem dritten Hafenbecken und dem geplanten vierten Hafenbecken an die Securitas Sprengstoffwerke GmbH in Büchen, hinter denen Kreise der rheinisch-westfälischen Schwerindustrie standen. Mit dem Kauf mußte gleichzeitig die Verpflichtung eingegangen werden, frühestens am 1.4.1920, spätestens am 1.10.1924, anteilig mit dem Hafenbaukonsortium das vierte Hafenbecken zu bauen, wobei der Gesellschaft ein Ankaufrecht für das im Westen an das verkaufte, unaufgehöhte Gelände anstoßende Gebiet, das für das vierte Seehafenbecken projektiert worden war, zusätzlich zugestanden wurde. Nach dem 1.10.1924 sollte das Recht, am Hafenausbau gemeinschaftlich mitzuwirken, erlöschen.

Die Sprengstoffwerke gründeten im Frühjahr 1918 als aufnehmende Gesellschaft eine neue Firma, die Sekuritaswerke AG für Schiffs- und Maschinenbau, Harburg, mit einem Grundkapital von 9 Millionen Mark, das vom sog. Funkekonzern, hinter dem u. a. Großindustrielle um den Bochumer Bergwerksdirektor Fritz Funke standen, aufgebracht wurde. Der Bau einer größeren Werft für Handelsschiffe – geplant war der Bau von drei Helgen, um Dampfer bis zu 18000 t Tragfähigkeit bauen zu können, sowie von großen Schwimmdocks[93] – wurde jedoch von der Kriegsamtstelle Hannover[94] für die Dauer des Krieges untersagt. Ebensowenig kam es zum Bau einer geplanten großen Maschinenfabrik: Beide Industrieanlagen zusammen hätten 4–5000 Arbeitern Beschäftigung geben sollen[95]. Wäre diese Ansiedlung erfolgreich gewesen, hätte Harburg seine Branchenstruktur nachhaltig verbessern können und vor allem Kontakte zur Ruhrindustrie geknüpft, mit der Hoffnung auf weitere Industrieansiedlungen.

Erst nach Kriegsende wurden die Planungen wiederaufgenommen: Im Juli 1919 wurden *«Herstellungsarbeiten für das neue vierte Hafenbecken»*[96] ins Auge gefaßt, mit dem Ziel, Schiffsliegeplätze für einen jetzt geplanten Bau von Seefischereianlagen mit Einrichtungen zur Bearbeitung des Frischfischfanges auf dem Industriegelände zwischen dem dritten und dem künftigen vierten Seehafenbecken zu gewinnen. Diese Arbeiten sollten als sog. Notstandsarbeiten anerkannt, d. h. staatlich bezuschußt werden, was jedoch – wohl mit Blick auf die Existenz des Altonaer Fischereihafens – von den preußischen Behörden abschlägig beschieden wurde[97]. Nach diesem Fehlschlag erfolgte eine mehr als einjährige Ausbaupause. Am 10. August 1920 wurde dann in Hamburg die Otto-Werft Aktiengesellschaft für Schiffs- und Maschinenbau mit einem Kapital von 6 Millionen Mark gegründet, hinter der wiederum rheinisch-westfälische Großindustrielle, diesmal um die Essener Steinkohlenbergwerke Aktiengesellschaft (Tengelmann), dann die Bergbau Aktiengesellschaft Lothringen mit Sitz in Hannover (sog. Lothringen-Konzern) und endlich die Firma Henschel (Kassel) standen[98]. Im Herbst 1920 kaufte die Otto-Werft für 5 Millionen Mark das Gelände der Sekuritas-Werke in Harburg inklusive der Ankaufrechte und verlegte auch seinen Firmensitz von Hamburg hierhin[99]. Auf dem Gelände wurde eine Werft kleineren Umfangs erbaut, die 1920 mit Rückbauten von Kriegsfischdampfern beschäftigt war. Ende 1920 beschäftigte der Harburger Betrieb bereits ca. 400 Arbeiter und Angestellte. Er war damals mit dem Bau von fünf kleineren Fischdampfern und dem Abwracken von Kriegsschiffen ausgelastet. Auch 1921 wurden Flußschiffe gebaut und Seeschiffe repariert. 1922 wurde das Aktienkapital auf 9 Millionen aufgestockt; die Werft wandelte sich immer mehr zum Reparaturbetrieb und war auch 1922 voll beschäftigt. Bis Anfang 1923 war die Belegschaft auf 512 Mann gestiegen, danach begann im Hyperinflationsjahr 1923 der Abstieg: Ende des Jahres war die Belegschaft auf 181 Mann geschrumpft, die Elbkähne und Schuten baute und im Reparatur- und Abwrackgeschäft tätig war. 1924 verblieb die Belegschaftszahl auf dem Niveau von 1923, d. h. lag mit einigen Schwankungen zwischen 150 und 180. In der zweiten Jahreshälfte 1924 konnten aufgrund der scharfen Konkurrenz nur noch mit Verlusten Reparaturaufträge hereingeholt werden. Seit *«Ende 1925»*[100] erfaßte die allgemeine Krise der Werftindustrie voll die Otto-Werft, und es fand *«keinerlei Geschäftsbetrieb»* mehr statt: *«Wir befinden uns vielmehr im Zustande der stillen Liquidation»* teilte die Werftleitung dem Amtsgericht mit. Arbeiter und Angestellte wurden *»bis auf wenige... entlassen»*[101], der Betrieb eingestellt. Offiziell wurde die Gesellschaft erst am 3. Januar 1928 aufgelöst, nachdem 1926 die Werft abgebaut und die Anlagenwerte verkauft worden waren.

Wiederaufbau und Rationalisierungskonjunktur: Die Stabilisierungsphase 1925–1929

Nach der wirtschaftlichen Scheinblüte der Inflation – die Masse der auf entwerteter Markbasis gegründeten Unternehmen, insbesondere der Pumpen-, Armaturen- und Schiffbauindustrie, ging spätestens 1924 wieder ein[102] – wurden die Jahre nach der Stabilisierung der Mark die Zeit des Ausbaus der Harburger Industrien, wobei spätestens 1927/28 in den Hauptbranchen die Produktionsziffern des letzten Vorkriegsjahres erreicht, im Einzelfall übertroffen wurden. In diese Erholungsphase fällt die Vereinigung Harburgs mit der erst am 1. September 1925 zur Stadt erhobenen ehemaligen Landgemeinde Wilhelmsburg im Februar 1927. Wilhelmsburg hatte sich in der Hochkonjunkturphase seit 1896 ebenfalls in einem raschen Tempo industrialisiert – die Masse der Industriegründungen datiert zwischen 1896 und 1908 – und dabei seine Bevölkerungszahl von 12772 im Jahr 1895 auf 33013 im Jahre 1913 gesteigert. Kurz vor Kriegsausbruch hatte Wilhelmsburg fast 34500 Einwohner (vgl. Tabelle 1). In noch viel höherem Maße als Harburg Industriearbeiterstadt, nahm es insofern eine Sonderstellung ein, als es bis in die Zeit der Weimarer Republik hinein Arbeiterwohnstadt Hamburgs blieb; noch 1925 verdiente ca. ein Drittel der Fabrikarbeiter Wilhelmsburgs in Hamburger Fabriken ihr Brot. Im Gegensatz zu Harburg fehlte hier *«ein breiter Mittelstand aus Geschäftsleuten und selbständigen Handwerkern»*[103]: 1925 wurden in Wilhelmsburg ohne Kattwyk nur 1100 Selbständige in Industrie, Handwerk und Handel gegenüber 3527 in Harburg gezählt und lediglich 3154 Angestellte und Beamte gegenüber 8607 in Harburg, dafür aber allein 11039 Arbeiter gegenüber 23310 Industriearbeitern in Harburg[104]: Dabei stellte sich damals die Einwohnerzahl auf 32353 gegenüber 73212 in Harburg. Wilhelmsburg konnte im Gegensatz zu Harburg seine Vorkriegsbevölkerungszahlen erst wieder Ende 1929 erreichen, was auch damit zusammenhängt, daß der hohe polnische Bevölkerungsanteil (1913 rd. 6000 Personen) nach der Gründung eines selbständigen Polen bzw. nach Ende des Krieges durch Rückwanderung abnahm.

Die industrielle Branchenstruktur[105] selbst hatte große Ähnlichkeit mit der Harburgs: In der Textilindustrie war ein einziger Großbetrieb vorhanden, die 1889 gegründete Norddeutsche Wollkämmerei und Kammgarnspinnerei AG, eine Filiale der Hamburger Wollkämmerei AG, mit 1927 rd. 2000 Arbeitern der größte Industriebetrieb Wilhelmsburgs überhaupt. In der Pflanzenöl- und Margarineindustrie (Bremer Ölfabrik AG, Abt. Wilhelmsburg [seit 1906]; Palminwerke H. Schlinck & Co. AG [seit 1908]) dominierte ebenso wie in der in Harburg nicht vorhandenen Mineralöl- und Bitumenindustrie (u. a. Deutsche Erdölwerke GmbH [seit 1912]; Köhlbrand Industrie GmbH [zur DEA gehörig, seit 1911/1912]; Olex-Petroleum-Gesellschaft [seit 1926]; Benzinwerke Wilhelmsburg GmbH [1911], seit 1925 Rhenania-Ossag Mineralölwerke AG, Werk Wilhelmsburg [1947: Deutsche Shell AG]; Ölwerke Julius Schindler GmbH [seit 1918]; Ernst Schliemann Ölwerke GmbH; Hanseatische

Teerproduktenfabrik Haltermann & Co. mbH [seit 1898]) der Großbetrieb. Auch in der bedeutenden Chemieindustrie waren im Gegensatz zu Harburg neben vielen kleinen und mittleren Betrieben mehrere großindustrielle Fabriken vorhanden, so die Chemischen Werke Reiherstieg (seit 1902), die Zinnwerke Wilhelmsburg (seit 1903), die J. D. Flügger Lack-, Farben- und Kittfabrik, die Aktiengesellschaft für chemische Produkte, vorm. H. Scheidemandel oder die Norddeutschen Acetylen- und Sauerstoffwerke. Die Schiffbauindustrie trug wie in Harburg wieder eher mittelbetrieblichen Charakter (J. Oelkers [seit 1886]; Oertz Werft AG; G. Wolkau [seit 1860]), ebenso wie die Asbest- und Gummiindustrie (Martin Merkel KG [seit 1913]), wohingegen die Mühlenindustrie (Georg Plange, Hamburg, Weizenmühle Wilhelmsburg [seit 1897]; Hansa-Mühle GmbH [seit 1916]), die die Harburger an Bedeutung weit übertraf, stärker großbetrieblichen Charakter aufwies. Zudem existierte wie in Harburg eine leistungsfähige Hoch- und Tiefbaubranche (F. Harriefeld KG [seit 1890]; W. Zeyn [seit 1889]). In der Maschinenbau- und holzverarbeitenden Industrie hingegen überwog der kleine und mittlere Betrieb (vgl. Tabelle 9).
Die neue Großstadt Harburg-Wilhelmsburg, die jüngste des Deutschen Reiches 1927 (Städte mit mehr als 100000 Einwohnern) mit ihren rd. 110000 Einwohnern beschäftigte damals in rd. 100 Großbetrieben, von denen die Hälfte mehr als 50 und 10 Betriebe mehr als 500 Mann Belegschaft aufwiesen, rd. 26000 Industriearbeiter[106] und war als Industriestandort größer als Breslau, Königsberg, Halle a. S. oder Kassel. Nach Hamburg, Emden, Stettin und Bremen stand der Hafen an 5. Stelle unter den deutschen Seehäfen.

Die Entwicklung der Branchen 1925–1929

In der Konjunkturphase seit 1925 entwickelten sich die Harburg-Wilhelmsburger Branchen wie schon in der Kriegswirtschaft und während der Inflation uneinheitlich.

Eine gewaltige Expansion erlebte die Harburger Galalith-Industrie; im Juni 1925 wurden 819 Arbeiter und Angestellte beschäftigt, Ende des Jahres rd. 1200, so daß die Belegschaftszahl von 1913 fast verdoppelt worden war. Sie wurde damit zur größten europäischen Kunsthornfabrik[107].

Die Pflanzenöl- und Margarineindustrie, die endgültig zum Hauptindustriezweig aufstieg, erhöhte ebenfalls ihre Beschäftigtenzahlen ganz beträchtlich: Thörl rühmte sich im Frühjahr 1925 wieder, größte Ölfabrik des Kontinents zu sein; damals beschäftigten die Fabriken rd. 2000 Arbeiter und 300 Angestellte[108], Belegschaftszahlen, die bis Ende 1928 gehalten werden konnten. Bis Juni 1929 ging diese Zahl dann auf ca. 1325 zurück. Auch Brinckman & Mergell beschäftigten im Frühjahr 1925 600 Arbeiter und 125 Angestellte, eine Zahl, die bis zum Frühjahr 1931 auf eine Höchstzahl von über 1000[109] anstieg. Damit waren insgesamt die Vorkriegszahlen kräftig überschritten, ja, hatten sich (bei Thörl) mehr als verdoppelt. Vergleichbares gilt für die Teutonia GmbH, die größte freie Ölfabrik und Hauptlieferantin der konzernfreien Margarine-Industrie, die im April 1928 700 Arbeiter und 119 Angestellte beschäftigte[110].

Produziert wurden Pflanzenöle und -fette, Ölkuchen und Ölkuchenschrot für die Landwirtschaft, Öl- und Fettsäuren, Hartfett, Margarine und Seife. Als Absatzgebiete kamen außer Deutschland vor allem England, die USA, die nordischen Staaten, Österreich, die Tschechoslowakei, Italien und die Schweiz in Frage. 1925–1926 erreichten die Ölsaateneinfuhrziffern wieder den Stand von 1913, und in den folgenden Jahren übertrafen sie diesen bei weitem, nämlich um mehr als ein Drittel. Die folgende Tabelle 10 zeigt die Standorte der

Tabelle 9: Die typischen Industrien der Städte Hamburg, Altona, Harburg-Wilhelmsburg und Wandsbek im Jahre 1925[1]

Gewerbearten	Hamburg		Altona		Harburg-Wilhelmsburg		Wandsbek	
	Betriebe	Personen	Betriebe	Personen	Betriebe	Personen	Betriebe	Personen
Metallhütten- und Metallhalbzeugwerke (einschließl. Metallgießereien)	30	1970	6	62	2	229	2	18
Herstellung von Eisen- und Stahlwaren	212	2643	45	1910	11	36	12	553
Kombinierte Werke des Maschinen-, Apparate- und Fahrzeugbaues (auch mit Gießereien)	21	18211	2	572	4	914	–	–
Maschinenbau (auch mit Gießereien)	264	6201	65	3270	24	947	19	242
Schiffbau einschließl. Schiffskesselbau) u. Abwrackbetriebe	58	3508	3	266	18	1027	–	–
Elektrotechnische Industrie	663	6156	88	1083	24	171	17	244
Chemische Industrie	263	6610	48	1165	41	3183	23	764
Wollindustrie	4	772	2	1648	1	1917	–	–
Bastfaserindustrie	71	783	12	73	8	1575	1	42
Papierverarbeitung	170	1767	37	1127	4	38	3	15
Vervielfältigungsgewerbe	428	6706	41	517	9	113	7	198
Kautschuk- u. Asbestindustrie	66	4050	13	52	119	6576	5	548

Herstellung von Holzbauten, Bauteilen und Möbeln	1 521	6 081	290	1 917	71	322	65	300
Mühlenindustrie	21	1 669	5	434	9	474	1	16
Kakao-, Schokoladen-, Zuckerwaren- und Konfitürenindustrie	119	1 732	30	1 249	7	49	7	3 064
Fischindustrie	44	532	60	1 406	12	58	3	24
Herstellung von pflanzlichen Ölen, Fetten und Margarine	12	1 451	4	2 360	12	5 191	–	–
Mälzerei und Brauerei	9	955	5	983	1	84	–	–
Tabakindustrie	563	3 259	434	2 781	12	18	24	534
See- und Küstenschiffahrt	103	21 778	11	65	6	38	–	–
Binnenschiffahrt und Flößerei	552	6 294	16	122	14	87	2	4
Küsten-, Kanal- u. Hafenwesen (einschl. Schiffsreinigung)	117	12 958	52	100	15	231	–	–
Post- und Telegraphenwesen	138	14 192	3	651	4	605	1	92
Eisenbahnwesen (Deutsche Reichsbahn)	4	6 325	8	4 032	7	3 147	–	–
Privatbahnen	68	9 033	6	691	2	208	4	574

1 Quelle: Allgemeine Statistik, Erster Teil, S. 83.

deutschen Ölrohstoffverarbeitung sowie die Zahl der beschäftigten Personen, bezogen auf das Jahr 1927:

Tabelle 10:

A. Standortliche Verteilung der Ölrohstoffverarbeitung 1927[1]

Harburg (mit Hamburg)	etwa	1 000 000 t = 50 %
Niederrhein (mit Köln und Mannheim)	etwa	528 000 t = 26,4 %
Stettin (mit Lübeck und Flensburg)	etwa	200 000 t = 10,0 %
Bremen	etwa	138 000 t = 6,9 %
Magdeburg, Wittenberge, Riesa	etwa	67 000 t = 3,3 %
Budenheim und Heilbronn	etwa	35 000 t = 1,8 %
zusammen	etwa	1 968 000 t = 98,4 %
sonstige	etwa	32 000 t = 1,6 %
zusammen	etwa	2 000 000 t = 100 %

1 Einschließlich der Inlandsproduktion an Raps und extrahierten Ölkuchen

B. Standortliche Verteilung der Verarbeitung 1927

Leinsaat			Erdnüsse		
Harburg		165 000 t = 41,3 %	Rhein		160 000 t = 38,1 %
Rhein		141 000 t = 35,3 %	Harburg		148 000 t = 35,2 %
Lübeck, Stettin		50 000 t = 12,5 %	Bremen		91 000 t = 21,7 %
Wittenberge, Riesa		16 000 t = 4,0 %	Magdeburg		11 000 t = 2,6 %
sonstige	etwa	27 000 t = 6,9 %	sonstige	etwa	10 000 t = 2,4 %
zusammen	etwa	399 000 t = 100 %	zusammen	etwa	420 000 t = 100 %

Kopra		Palmkerne	
Harburg	112 300 t = 57,3 %	Harburg	148 200 t = 54,3 %
Rhein	62 100 t = 31,6 %	Rhein	78 400 t = 28,7 %
Magdeburg	10 800 t = 5,5 %	Bremen	24 700 t = 9,0 %
Bremen	8 300 t = 4,4 %	Magdeburg	21 400 t = 8,0 %
Heilbronn	2 700 t = 1,2 %		

Sojabohnen	
Harburg	353 000 t = 60,6 %
Stettin	153 000 t = 23,2 %
Rhein	94 500 t = 16,2 %
zusammen	582 500 t = 100 %

C. Arbeiterzahlen der wichtigsten Bezirke 1927

Hamburger Bezirk	etwa 5 000
Niederrheinischer Bezirk	etwa 3 100[2]
Stettin	etwa 800
Bremen	etwa 800
Magdeburg	etwa 400
Zusammen	etwa 10 000

2 Davon etwa 600 in den Sonderhärtungsbetrieben in Kleve und Emmerich.

D. Zahl der beschäftigten Personen, nach Ländern und preußischen Provinzen 1925[3] (Klasse «Ölmühlen und Ölfabriken»)

Hannover (Harburg-Wilhelmsburg)	4465	Schleswig-Holstein	175
Rheinprovinz	2695	Freistaat Sachsen	174
Pommern (Stettin)	688	Bayern	153
Provinz Sachsen (Magdeburg)	683	Niederschlesien	137
Württemberg	709	Hessen-Nassau	147
Hamburg	607	Freistaat Hessen	130
Baden	490	Thüringen	116
Brandenburg	235	Westfalen	91
		Sonstige Gebiete	112

3 Einschließlich der Angestellten und Inhaber.
Quelle: Die deutsche Ölmühlenindustrie, S. 76–77.

Rationalisierung und Konzernbildung führten zu einem Abbau der Beschäftigtenzahlen. So stieß z. B. Thörl Ende 1926 die unrentabel arbeitende Weberei in der Brookstraße ab. Die supranationale Konzentrationsbewegung seit 1927 beschleunigte diesen Prozeß: Im Herbst dieses Jahres vereinigten sich die beiden holländischen Margarinekonzerne Van den Bergh und A. Jurgens zur sog. N. V. Margarine Unie. Im Sommer 1929 erfolgte der weitere Zusammenschluß mit dem größten Seifen-Konzern der Welt, der Lever Bros. Ltd., dem sog. Sunlicht-Konzern[111]. Damit war auf dem Sektor der Margarine- und Seifenindustrie einschließlich der Beherrschung der Hauptrohstoffe in Europa ein monopolistisches Gebilde mit einem Anteil von 90 Prozent an der europäischen Margarineproduktion entstanden[112].

Diese Entwicklung hatte vor allem auch auf diejenigen Harburger und Wilhelmsburger Margarinefabriken Rückwirkungen, die nicht konzernmäßig gebunden waren. Die konzernfreie Teutonia Ölwerke GmbH, deren Aktienkapital in Höhe von 7,5 Millionen RM 1927 zu rd. 72 % in dänischem Besitz, der Rest bei konzernfreien deutschen Margarinefabriken lag, brach nach Zahlungsschwierigkeiten Ende April 1928 zusammen und mußte stillgelegt werden. Der Gesamtverlust betrug 11,2 Millionen RM, allein 35 Harburger Handwerksmeister hatten Forderungen von 200000 RM. 700 Arbeiter und 119 Angestellte wurden auf einen Schlag arbeitslos und konnten bis 1929 bestenfalls zur Hälfte wieder in Brot gesetzt werden (bei gleichzeitiger Entlassung vor allem älterer Arbeitnehmer bei den aufnehmenden Firmen). Auch wenn die Teutonia-Pleite auf mehrere Faktoren zurückzuführen war, so war doch *eine* wesentliche Ursacher der scharfe Preiskampf unter dem Druck fortschreitender Konzernierung und Monopolisierung des Marktes gewesen[113].

Auch die Stillegung der Thörl'schen Spezialhärtungsanlage in Quickborn-Elsensee im Herbst 1928 und die Übernahme der Mehrheit der Baumwollsaatöl-Fabrik am Seehafen durch den Van den Bergh-Konzern im gleichen Jahr ist Teil einer solchen planmäßigen Rationalisierung[114]. Ebenfalls 1928 wurde in Wilhelmsburg die Margarinefabrik von Wahnschaffe, Müller & Co., die ebenfalls zur Margarine Unie gehörte, stillgelegt.

Von der Teutonia wurden erst im September 1929 Teilbetriebe (Lagerräume und Extraktion) wieder in Gang gesetzt, nachdem Thörl die Firma für rd. 1,5 Millionen RM aus der Konkursmasse erworben hatte. Im Juli 1929 wurde dann der Betrieb ‹Elbe› der Thörl'schen Werke stillgelegt, wobei 413 Arbeiter entlassen wurden. Noblée & Thörl endlich entließen Ende 1929 ebenfalls rd. 150 Arbeiter[115].

An zweiter Stelle stand weiterhin die Gummiindustrie. Hier verzeichnete vor allem die Phoenix ein kräftiges Wachstum: Im Frühjahr 1925 gab es nach dem Wiederaufbau des Exports im Gefolge der autonomen Handelsvertragspolitik des Deutschen Reiches seit Anfang 1925 rund 4000 Arbeiter und rd. 540 Angestellte[116], d.h. knapp die dreifache Beschäftigungszahl gegenüber 1913. Kurzfristig lag die Beschäftigungszahl Ende 1925 sogar bei 5000, um dann jedoch wegen Stockungen im Inlandsabsatz wieder abzusinken[117]. Insbesondere 1927 im Gefolge der expandierenden Automobilindustrie (Reifen für Pkw und Lastwagen) – 1931 gab es im Deutschen Reich fast 1,5 Millionen Pkws gegenüber weniger als 100000 vor 1914 – ergaben sich beträchtliche Umsatzsteigerungen; 1928 wurde der Produktionsapparat aus- und umgestaltet. Nachdem auch 1929 weitere Umsatzsteigerungen eingetreten waren und noch im Frühjahr 1930 ein Neubau fertiggestellt werden konnte, kam es im Geschäftsjahr 1930 dann zu einem scharfen Umsatzrückgang von 20%: Die allgemeine Depression hatte die Gummibranche voll erfaßt[118].

Die metallverarbeitende Industrie einschließlich der Werften zeigte ein uneinheitliches Bild: Die relative Krise des Schiffsbaus führte einerseits Ende 1925 zum Konkurs der Otto-Werft; andererseits konnten Holtz, Renck und die Wilhelmsburger Oelkers-Werft zusammen 1926/27 mehr als 1000 Mitarbeiter beschäftigen, eine Zahl, die jedoch bis 1930 auf 300 absank[119]. Die Maschinenbauindustrie war zunächst gut beschäftigt durch den Ausbau der Öl- und Gummiindustrie und die Aufträge der Werften; insbesondere die Betriebe von Niemeyer waren gut ausgelastet. Sie spezialisierten sich verstärkt auf den Bau von Eis- und Kälte-Erzeugungsanlagen, zudem auf die Herstellung von Frischwassererzeuger- und Destillieranlagen, weiterhin von Pumpen, insbesondere von Dockpumpen. In den Gießereien endlich wurden Bronzepropeller für die Kriegs- und Handelsmarine hergestellt. 1925 wurden 600 Arbeiter beschäftigt[120]. Aber 1927/28 gingen bereits einige kleinere Betriebe konkurs: In Harburg z. B. waren damals die Allgemeine Maschinen-Industrie, die Blanckewerke (Maschinen und Dampfkessel-Armaturenfabrik) und die Maschinenfabrik Adolf Roggemann vom Markt verschwunden[121].

Die Textilindustrie blieb auch in der Prosperitätsphase eine Krisenbranche: Die Vereinigte Jute-Spinnereien und -Webereien AG konnte ihre Arbeiterzahl zwar bis Anfang 1925 auf ca. 1600[122] Arbeiter erhöhen, d. h. den Stand von 1913 knapp übertreffen, aber schon in diesem Jahr überschnitt sich die Rohstoffkrise mit einer Absatzstockung, was zu einem *«Preiskampf von nie erlebtem Ausmaß»*[123a] führte. 1926 schließlich wurde zum *«verhängnisvollsten Jahr seit dem Bestehen der Juteindustrie»*. Hohe Rohstoffpreise verbanden sich mit niedrigsten Fabrikatspreisen. Ein scharfer Preiskampf führte zur Auflösung des Jutesyndikates im März 1926; die im Oktober 1926 erfolgte Gründung der Interessengemeinschaft Deutscher Juteindustrieller brachte Produktionseinschränkungen um 50% mit sich und führte zu «erheblichen Verlusten» des Harburger Werkes. 1928 war die Beschäftigung zwar insgesamt wieder gestiegen, die Preise aber blieben nach wie vor gedrückt.

Die Wilhelmsburger Wollkämmerei GmbH am Reiherstiegeck endlich, seit Februar durch Fusionsvertrag mit der Norddeutschen Wollkämmerei und Kammgarnspinnerei in Bremen (Lahusen-Konzern) verbunden, war 1926 und 1927 trotz der Depression auf dem Textilmarkt und niedriger Gewinne gut beschäftigt gewesen[123]. Das Wilhelmsburger Werk, das in den besten Zeiten zwischen 1925 und 1928 rund 2000 Arbeiter beschäftigte und das ursprünglich modernisiert und ausgebaut werden sollte, schon um als Druckmittel zur Fusion von Nordwolle und Bremer Wollkämmerei zu dienen, wurde dann doch nicht modernisiert und ging geschwächt in die große Krise, weil die Erträge fielen und die ehrgeizigen Pläne Lahusens scheiterten. Die hohen Kammzugimporte, vor allem aus England (Verdoppelung zwischen 1928 und 1932), führten schnell zu Ertragseinbußen.

Das Baugroßgewerbe, insbesondere der Hoch- und Tiefbau, partizipierte nicht nur am

Industrieneu- und -ausbau, sondern auch am steigenden Volumen des Wohnungsbaues, dessen Zahl sich absolut zwischen 1925 und 1929 nahezu verdreifachte[124]:

1925	354 Wohnungen
1926	544 Wohnungen
1927	911 Wohnungen
1928	785 Wohnungen
1929	992 Wohnungen

Hatte es 1922/23 16 Architekten und 24 Bauunternehmer in Harburg gegeben, so stieg diese Zahl 1928/29 auf 21 Architekten und 35 Baugeschäfte an[125].

Insgesamt also erfaßte die Konzentrationsbewegung und in deren Gefolge die Rationalisierungswelle bereits vor dem Einsetzen der Weltwirtschaftskrise im Schatten des Börsenkrachs vom Oktober 1929 Teile der Harburger Hauptindustriebranchen. Harburg, das schon 1925 als Erbschaft der Inflation mit rd. 5000 Arbeitslosen in den konjunkturellen Aufschwung eingetreten war, ging mit einem relativ hohen Sockel von struktureller Arbeitslosigkeit in die Weltwirtschaftskrise (vgl. Tabelle 12). Hatte die niedrigste monatliche Arbeitslosenzahl im besten Jahr 1927 nur 1369 (August) betragen, so war diese im Konjunkturjahr 1928 bereits auf 2919 (März) gestiegen, d. h. hatte sich mehr als verdoppelt. 1929 war die niedrigste Monatsziffer bereits auf 3269 (Juni) gestiegen.

Gedämpft werden konnte diese Entwicklung relativ noch einmal durch den kommunalen Wohnungsbau, der vor allem 1929 von der Stadt aus beschäftigungspolitischen Gründen forciert wurde[126], dann durch den Ausbau von Rethe und Reiherstieg sowie den Bau des Kali-Kais und des Ölhafens mit der Ansiedlung der neuen Asbest- und Mineralölfirmen. Allein 1928 bis Frühjahr 1929 waren hier zwischen 600 und 900 Arbeiter[127] ständig bei den Bauarbeiten beschäftigt.

Hafenausbau und Industrieansiedlung 1925–1929

Die preußische Industriepolitik nach 1918 suchte in erster Linie Wilhelmsburg im Zuge der neu aufgelebten Groß-Hamburg-Diskussion[128] gegen die wirtschaftlichen Expansionsinteressen Hamburgs zu stärken, gleichzeitig aber Kooperationsmöglichkeiten mit dem Stadtstaat nicht gänzlich zu verschütten. Harburg blieb zunächst außerhalb von Überlegungen, den Unterelbebereich ökonomisch zu stärken. Im September 1923 stellte der preußische Staat durch ein Anleihe-Gesetz Gelder vor allem für die Ausbaggerung von Rethe und Reiherstieg zur Verfügung, Arbeiten, die 1924 begannen und 1926 abgeschlossen waren[129]. Die Eingaben des Harburger Magistrats, der 1923 zusammen mit der Handelskammer mehrfach Gelder für die Herstellung des vierten Hafenbeckens eingeklagt und als Schreckgespenst 1922 den *«allmählichen Verfall»*[130] des Harburger Hafens an die Wand gemalt hatte, blieben zunächst ohne Resonanz.

1925, nach dem Ende der Inflation, geriet die Hafenausbau-Diskussion in eine neue Phase. Im Mai trat die Deutsche Bank durch Wilhelm Weber an den neuen sozialdemokratischen Oberbürgermeister Dudek heran und regte an, für die Erschließung des vierten Seehafenbekkens ein neues Konsortium zu bilden, das aus der preußischen Regierung, der Bergbau AG Lothringen als Besitzerin des Geländes der Otto-Werft und außerdem der Stadt Harburg und einer Bank bestehen sollte. Die Kosten wurden auf 3,1 Millionen Reichsmark veranschlagt[131], zu denen der preußische Staat 2 Millionen RM zuschießen müsse, während die Bergbau AG Lothringen den Grundbesitz und den Erlös aus der Liquidation der Otto-Werft einbringen müsse.

Das Schicksal dieses Vorschlages ist nun im Vergleich mit dem Hafenausbau im Kaiserreich insofern aufschlußreich, als sich eine neue Qualität der städtischen bzw. der staatlichen Industriepolitik im demokratischen Staat seit 1918 dokumentiert. Der Magistrat faßte nämlich am 16. Juli 1925 den einstimmigen Beschluß, zwar auf der Grundlage des Weber-Briefes zu verhandeln, aber unter der Bedingung, daß nur dann eine Beteiligung der Stadt in Frage käme, *«wenn das Privatkapital ausgeschaltet bleibt»*[132]. Das war ein radikaler Bruch mit der Industrieansiedlungs-Politik im Kaiserreich, wo die Stadt als Juniorpartner von Industrie und Großbanken aufgetreten war. Auf diese Beschlüsse von 1925 von Magistrat und städtischen Kollegien, die den geänderten politischen Machtverhältnissen Rechnung trugen, reagierte die Handelskammer mit deutlicher Mißbilligung, wobei Weber – im Gegensatz zu den Fakten – sogar so weit ging, zu erklären, die Deutsche Bank habe *«ein so wenig erfreuliches Resultat mit dem alten Hafenausbau erzielt*[133], daß sie sich *«wohl kaum... neuerlich engagiert hätte»*.

Erst 1926 traten die Überlegungen dann in ein konkretes Stadium, nachdem Wilhelmsburg den Zuschlag des Kali-Syndikates, dort eine große Umschlaganlage für Kali an der Rethe zu errichten, gegen die Konkurrenz Hamburgs und Bremens bei günstigen finanziellen Konditionen des preußischen Staates erhalten hatte[134]. Auch Harburg hatte damals gehofft, das Kali-Syndikat an das geplante vierte Seehafenbecken zu ziehen[135].

Die Entscheidung für Wilhelmsburg jedoch fiel in Berlin, nicht in der neuen selbständigen Stadt Wilhelmsburg. Der preußische Ministerpräsident Braun, unterstützt von einem Kreis jüngerer Ministerialbeamter (Verlohr, dann vor allem Staudinger) suchte in der konjunkturellen Aufschwungsphase seit 1927 eine einheitliche Industriepolitik Preußens zu inaugurieren[136]; die Planungen für Harburg und Wilhelmsburg waren Teil dieser Gesamtstrategie, die Versorgung des Deutschen Reiches mit billigem Kali für die Landwirtschaft und mit Mineralölprodukten für die Industrie und den Massenkonsum sicherzustellen, dabei gleichzeitig den Unterelberaum gegen die Konkurrenz Rotterdams und Londons zu stärken, wobei auch wehrpolitische Aspekte eine Rolle spielten: Die Reichswehr unterstützte den Ausbau Harburgs zum Ölhafen[137]. Am 29. Juni 1926 übersandte der Leiter des Wasserbauamts Harburg, Petzel[138], einen Entwurf der Regierung vom 5. April 1926 an den Harburger Magistrat, der den *«Ausbau des vierten Seehafenbeckens als Petroleumhafen»* vorsah. Petzel argumentierte, daß wie im Kaiserreich nur ein Sechstel des gesamten Bedarfs des Hafens unmittelbar von Übersee, fünf Sechstel dagegen *«nach wie vor in Schuten über Hamburg bezogen»* werde, woraus mit *«zwingender Deutlichkeit»* hervorgehe, daß die *«vorhandenen Industrien nicht oder nur zum Teil»* auf einen seetiefen Hafen angewiesen seien. Der Seeverkehr Harburgs sei vorwiegend Umschlagsverkehr (Kohlen, Schwefel, Erze, Phosphat und Schwellen); als neue Industrie käme *«fast nur noch die Mineralölindustrie in Frage»*. Der Ausbau des vierten Hafenbeckens als Petroleumhafen sei auch deshalb sinnvoll, weil der Hamburg gehörige Petroleumhafen in Waltershof bereits *«restlos in Anspruch»* genommen sei und einheitliche Bebauungspläne Preußens und Hamburgs im Unterelbegebiet zur Zeit nicht realistisch seien. Den Ausbau kalkulierte er auf 3,1 Millionen RM für den vollständigen Hafenausbau sowie 1,580 Millionen RM für den Geländeerwerb. Im Hafenausbaugesetz vom Juli 1927 wurden von Preußens 5,417 Millionen RM eingesetzt[139], während sich die tatsächlichen Kosten auf 5 801 000 RM beliefen. Dudek erklärte sich gegenüber dem Referenten des preußischen Handelsministeriums, Oberbaurat Lohmeyer, frühzeitig mit diesem Plan einverstanden[140].

Die konkrete Industrieansiedlung machte schnelle Fortschritte: Mitte Februar 1926 waren bereits die Rhenania-Ossag Mineralölwerke AG, ein Unternehmen der König-Niederländischen Petroleum-Gesellschaft in Rotterdam (Shell), die bereits in Grasbrook einen Betrieb hatten, an den Magistrat herangetreten und hatten Interesse für eine geplante Anlage zur Erzeugung von Asphalt angemeldet[141]. Ende Oktober besichtigte Petzel die Asphalt-Fabrik und Benzinwerke der Muttergesellschaft in Rotterdam, wobei er berichten konnte, daß die Geruchsbelästigung vertretbar sei[142].

Schon im März 1926 hatte das Staatsministerium entschieden, dem Ankauf des Geländes der Otto-Werft auf Rechnung Preußens näherzutreten, auch wenn *«vom wirtschaftlichen Gesichtspunkte aus»*[143] sich der Kauf nicht rechtfertigen lasse. Die Stadt Harburg war deshalb in einer Sitzung mit dem Preußischen Handelsminister am 10. März 1926 dazu gezwungen worden, ein Junktim zwischen dem Ankauf durch den Staat dergestalt herzustellen, daß sie selbst auf Steuerforderungen in Höhe von 860000 RM gegenüber Preußen verzichten mußte[144]. Zusätzlich mußte die Stadt ihren Wunsch, am Geländeerwerb beteiligt zu werden, aufgeben, da ohne diese Konzessionen der Kaufpreis in Höhe von 2,25 Millionen RM «zu hoch» sei. Der Magistrat mußte in beiden Fällen nachgeben, weil die preußische Regierung ihren Druck noch dadurch verstärkte, daß sie anmerkte, in der Ära Denicke sei seinerzeit Gelände verkauft worden, das gar nicht der Stadt, sondern dem preußischen Staat gehört habe, woraus sich anderenfalls erhebliche Schadenersatzansprüche ableiten ließen. Am 6. 4. 1926 wurde das Gelände der Otto-Werft an den preußischen Staat verkauft, der es dann an die Rhenania-Ossag weiterveräußerte. Wenig später, am 2. Juni 1926, wurde ein Pachtvertrag zwischen Preußen und dem Kali-Syndikat abgeschlossen, in dem sich der Staat Preußen verpflichtete, Anlagen für Lagerung und Umschlag von Kalisalzen am Reiherstieghafen betriebsfertig zu errichten[145].

Im Gesetz für den Ausbau der preußischen Häfen vom 2. Juli 1927, d. h. *nach* der Vereinigung Harburgs mit Wilhelmsburg, wurden im Sinne der Koordination der preußischen Hafenpolitik im Unterelberaum Gesamtmittel in Höhe von 35,4 Millionen RM für den Ausbau von Rethe und Reiherstieg, Kattwyk und Hohe Schaar sowie für Harburgs vierten Seehafen zur Verfügung gestellt[146]. Im Frühjahr 1927 begann der Bau des neuen Mineralölhafens, dessen Hauptarbeiten in staatlicher Regie verblieben. Anfang Juni 1929 wurde er für den Verkehr freigegeben, der erste Tankdampfer löschte am 7. Juni 1929 im neuen vierten Seehafen[147]; das Hafenbecken selbst war mit 1000 m Länge, 10,20 m Tiefe und 100 m Sohlenbreite das größte Harburger Hafenbecken.

Die Besiedlung erfolgte durch die Tankanlagen und das Asphaltwerk der Rhenania-Ossag AG (Shell), die am 26. April 1929 die Asphalt-Destillationsanlage in Betrieb nahm. Die Benzinherstellung und die Raffination erfolgten noch bis Ende des gleichen Jahres[148]. Hinzu kamen ein Asphaltwerk (80 %; Rest: Gasöl und Benzin) der deutsch-amerikanischen Ebano-Asphaltwerke AG mit Hauptsitz in Hamburg, eines Unternehmens der Standard Oil (seit 1947: Esso AG), dessen Betrieb im Herbst 1929 aufgenommen wurde, sowie Anlagen der Deutsch-Amerikanischen Petroleum AG 1930[149].

An Rethe und Reiherstieg waren Werkstätten und Verwaltungsgebäude für das Kali-Syndikat am 1. November 1927 übergeben worden, die Gesamtanlage war am 1. März 1928 betriebsfertig[150]. Die neuen Industrieanlagen in Harburg und in Wilhelmsburg sollten nach Schätzungen aus dem Jahre 1928 ca. 1000–1400 neue Arbeitsplätze bringen, davon rd. 400 in der Kali-Umschlagstelle und ca. 1000 in der Mineralöl- und Asphaltindustrie[151]. Tatsächlich waren z. B. Ende 1929 bei der Rhenania-Ossag ca. 250 Arbeiter beschäftigt[152].

1928/29 hatte sich die Hafenkapazität des vereinigten Harburg-Wilhelmsburg gewaltig erhöht:

Tabelle 11: Übersicht der eingelaufenen See- und Binnenschiffe in den Hafen zu Harburg-Wilhelmsburg 1925–1936

Jahreszahl	Angekommene Seeschiffe	Größe Netto-Reg.-Tons	Angekommene Binnenschiffe	Tragfähigkeit Tonnen je 1 000 kg
1925	2962	888855	14196	2895587
1926	3537	958959	14643	2805916
1927	3474	977853	17008	3202144
1928	4143	971101	18608	3637548
1929	3782	1249075	16528	3563992
1930	4628	1379647	19695	4358947
1931	4225	1157066	21951	4138909
1932	4744	956092	20704	3807532
1933	5014	1101959	18771	3660773
1934	5664	1267658	20299	3946173
1935	4369	1278062	15849	3340247
1936	4461	1504838	16017	3262489

Quelle: Verkehr des Harburg-Wilhelmsburger Hafens 1928 – 1931. – 1933 – 1936.

Die Höhe der im Seeschiffsverkehr eingegangenen Güter selbst hatte schon 1925 das Jahr 1913 übertroffen und dabei seine Struktur wie folgt verändert (Mengen in 1 000 to, Zahlen für 1913 in Klammern)[153]:

Steinkohlen	567,8	(930,0)
Schwefelkies	212,6	(22,9)
Schwefel	134,9	(kein Nachweis)
Ölsaaten	88,6	(61,5)
Phosphat	75,7	(7,8)
Holz	65,5	(58,6)
Tonerde	3,8	(24,5)
Schiefer	11,8	(9,1)
Steine	10,5	(10,5)
Getreide	5,5	(kein Nachweis)
Total	1 273,2	(1 163,7)

Das heißt, wie vor dem Kriege rangierten die Steinkohlenimporte an erster Stelle, jetzt aber gefolgt von Schwefelkies und Schwefel, die die Ölsaaten und die Holzeinfuhr deutlich auf die Plätze verwiesen hatten. 1927, auf dem Höhepunkt der konjunkturellen Erholung, betrug der Güterumschlag im Seeverkehr 1,55 Millionen Tonnen, in der Binnenschiffahrt 2,42 Millionen Tonnen, das heißt rund 4 Millionen Tonnen Gesamtumschlag. Bis 1929 erhöhte sich der Gesamtgüterumschlag weiter auf 5,4 Millionen Tonnen, vor allem aufgrund der Zunahme des Verkehrs großer Tankdampfer in Zusammenhang mit dem Ausbau des Ölhafens. 1930 stieg der Gesamtumschlag noch einmal, und zwar auf 6,47 Millionen Tonnen, an[134].

Aus dieser Position der Stärke heraus konnte Preußen dem Staat Hamburg 1928 den Plan einer Hamburgisch-Preußischen Hafengemeinschaft unterbreiten, für die seit 1926[155] eine detaillierte Denkschrift im Handelsministerium bereit lag. Mit diesem Vertrag begann die eigentliche Vorgeschichte des Groß-Hamburg-Gesetzes von 1937. Durch Staatsabkommen vom 5. Dezember 1928 bzw. durch besonderen Staatsvertrag vom 9./13. März 1929 wurde am 1. Juli 1929 die Hamburgisch-Preußische Hafengemeinschaft GmbH mit einem Aktienkapital von 70 Millionen RM, das Hamburg und Preußen paritätisch einbrachten, gegründet[155]. Ihr wurde u. a. neben Landesplanung und Verkehrswesen der Bau und Betrieb zukünftiger Häfen im Wirtschaftsgebiet der Unterelbe übertragen, wobei Preußen einen Teil seiner Hafenwerksbauten im sog. Hafengemeinschaftsgebiet (das Kattwyk, Hohe Schaar und Neuhof, Reiherstieg bis zur Hamburgischen Landesgrenze und das städtische Gelände auf seinem Ostufer umfaßte) einbringen mußte. Die Stadt Harburg selbst, und zwar Dudek wie die Harburger Wirtschaft, betrachteten diese Politik Otto Brauns und seines Adlatus Hans Staudinger[156] mit deutlicher Kritik[157]: einmal, weil Harburg an der Vorbereitung ganz im Gegensatz zu Altona nicht beteiligt worden war, vor allem aber, weil sie alle darin eine Benachteiligung Harburgs gegenüber Hamburgs erblickten[158]. Da Preußen zusätzlich die Stadt gezwungen hatte, gegenüber Hamburg auf gesetzlich fällige Grunderwerbsteuern in beträchtlicher Höhe zu verzichten, kam es zu einem heftigen Konflikt, der 1929 darin gipfelte, daß Otto Braun persönlich dem Magistrat in Antwort auf dessen Protesteingabe an den Preußischen Landtag seine Mißbilligung aussprach[159] und dabei die übergeordneten Gesichtspunkte der preußischen Industriepolitik beschwor, die einen Interessenausgleich mit Hamburg verlangten.

Harburg-Wilhelmsburg in der Weltwirtschaftskrise 1930–1937

Die Wirtschaftskrise, deren Ursache in einem komplexen Bündel nationaler und internationaler Bedingungszusammenhänge begründet war – wobei die allgemeine Überproduktion nach der forcierten Rationalisierung und Konzernbildung seit 1925/26 bei dann fehlender Marktnachfrage sicherlich eine der entscheidenden Ursachen darstellte, ganz abgesehen von der krisenhaften Zuspitzung der nationalen und internationalen Kapitalmärkte nach dem Schwarzen Freitag vom 24. Oktober 1929 in New York – traf die hochgradig importabhängige und auf Export angewiesene Harburger Wirtschaft ins Mark. Waren die Arbeitslosenzahlen zwar schon 1930 deutlich gegenüber 1929 angestiegen, so erfolgte doch erst 1931 der scharfe Einbruch, wobei die Krise der Bauindustrie, die schon Ende 1929 eingesetzt hatte, die allgemeine Situation noch verschärfte. Die Firma Holzmann hatte z. B. in Harburg noch 1929 456 Wohnungen und drei Läden mit einem Bauvolumen von rund 4,5 Millionen Mark in rund neun Monaten fertiggestellt[160]. Bis zum August 1931 wurden dann *«alle in Angriff genommenen neuen Bauten, Straßenbauten und viele andere öffentliche Arbeiten restlos eingestellt»*[161]. 1931 waren auf dem Höhepunkt über 12000 gemeldete Arbeitslose vorhanden, der Höchststand wurde dann im Juni 1932 mit knapp 19000 gemeldeten Arbeitslosen erreicht. Am 31. 1. 1933[162] hatte die Zahl der Wohlfahrtserwerbslosen, d. h. der aus der Versicherung Ausgesteuerten, bei 17469 Arbeitslosen mit 8549 den Höchststand während der gesamten Krise erreicht, d. h. nahezu 50% der Arbeitslosen waren auf kommunale Wohlfahrtsunterstützung angewiesen.

Tabelle 12: Arbeitslosigkeit in Harburg und Wilhelmsburg 1902–1937

			Gesamtzahl der gemeldeten Arbeitssuchenden	Hauptunterstützungsempfänger der Arbeitslosenfürsorge	Hauptunterstützungsempfänger der Krisenfürsorge	Wohlfahrtserwerbslose
Mai	1902	ca.	500–550			
Okt.	1914	ca.	400			
Dez.	1917		529			
März	1918		673			
August	1919		1369		–[1]	
April	1923	ca.	2000		–	
Mai	1923	ca.	1750		–	
Ende	1924	ca.	5000	–[1]	–	
Okt.	1925	ca.	1100	–	–	
Febr.	1926	ca.	5000	–	–	
Juni	1926		3480	2747	–	
Nov.	1926	ca.	2200		–	
Febr.	1927		5956	3986	192	
August	1927		1369	550	53	
Dez.	1927		3677	2453	139	
Febr.	1928		3172	2557	192	–[1]
Juni	1928		3097	1917	69	–
Nov.	1928		4443	3142	46	–
Febr.	1929		7836	4147	125	–
Juni	1929		3269	1877	254	–
Okt.	1929		4941	3176	179	–
Febr.	1930		7673	5567	360	–
Juni	1930		7316	4536	783	–
Okt.	1930		9611	5230	1278	–
März	1931		10783	5262	2276	1929
Juni	1931		11123	3551	2531	2251
Nov.	1931		14618	4611	3739	3846
Febr.	1932		17212	4316	5138	5289
Juni	1932		18993	3220	4501	6186
Nov.	1932		16923	2110	3922	8077
Febr.	1933		16942	1801	4503	8365
Juni	1933		18203	1262	4430	7412
Nov.	1933		15984	1466	4551	6168
Febr.	1934		15018	796	4052	5529
Juni	1934		9249	594	3286	4215
Nov.	1934		7867	816	2564	3478
Febr.	1935		8366	866	2378	3723
Juli	1935		6738	604	2176	5377
Okt.	1935		6380	854	2123	4988
Febr.	1936		7193	1277	2378	5244
Juli	1936		3704	277	1399	–

		Gesamtzahl der gemeldeten Arbeitssuchenden	Hauptunterstützungsempfänger der Arbeitslosenfürsorge	Hauptunterstützungsempfänger der Krisenfürsorge	Wohlfahrtserwerbslose
Okt.	1936	3892	1970[2]		–
Febr.	1937	4278	2280[2]		–
Juli	1937	2077	1141[2]		–
Okt.	1937	2444	1336[2]		–

Quellen: 1902 bis einschl. Juni 1926 nur Harburg. – Ab Februar 1927 Harburg und Wilhelmsburg, Zahlen jeweils für das Monatsende.

1902: StA Hbg, Harburg 4, XVI D 5a 3, Aufz. Denickes für den Preuß. Min. f. Handel und Gewerbe vom 29. 9. und 6. 11. 1902.

1914 u. 1925: Eigene Berechnungen nach: HAN Nr. 79, 4. 1. 1930.

1917: Zahlen des Arbeitsnachweises des Vereins der Arbeitgeber für Harburg und Umgebung, in: HAN Nr. 83, 9. 1. 1918.

1918: Zahlen wie vor, in: HAN Nr. 161, 12. 4. 1918.

1919: StA Hbg, Harburg 4, XVI F 2c 169, Magistrat an Reg. Präs. Lüneburg, 9. 9. 1919.

1923: Ebd., Magistrat an Preuß. Min. f. Handel und Gewerbe, 8. 5. 1923. – Ebd., Magistrat an Preuß. Landtag, 12. 6. 1923.

Ende 1924: Bödecker, S. 273.

Febr. 1926: StA Hbg, Harburg 4, XVI F 2c 169, Dudek an preuß. Ministerien, 15. 2. 1926.

Juni 1926–Juni 1932: Zahlen nach: Wohlfahrtswoche. Amtliches Organ des Wohlfahrtsamtes der Stadt Hannover, ... Jge. 1–7, Hannover 1926 ff.

Nov. 1932–1937: Bis Febr. 1935 in StA Hbg, Harburg 5, 4000–05 (Verwaltungsberichte des Wohlfahrtsamtes). Juli 1935–1937: StA Hbg, Harburg 5, 1166–14. Die Zahlen in Harburg 5, 4000-05, seit 1935 sind deutlich nach unten korrigiert, vgl. auch Statistisches Jb. Deutscher Gemeinden, Jg. 1935 ff.

1 Keine Angaben.

2 Ab Oktober 1936 wurden die Zahlen für Hauptunterstützungsempfänger von Arbeitslosen- und Krisenfürsorge in *einer* Kolumne aufgeführt.

Die Struktur der Arbeitslosigkeit selbst Mitte 1933 zeigt, daß vor allem Industriearbeiter mit 43,2%, gefolgt mit deutlichem Abstand von den Angestellten mit 22,6% (innerhalb derer wieder kaufmännische und Büroangestellte [23,6%] im Gegensatz zu Fach- und Technischen Angestellten [19,8%] sowie Hausangestellten dominierten) arbeitslos waren. Bezogen auf die damals gemeldete Erwerbslosenzahl von 16868 betrug die Arbeitslosenquote 38%[163]. Die Gesamtzahl der Beschäftigten in Harburg-Wilhelmsburg war von 32801 im Jahre 1925 um 38%, nämlich auf 20317 im Jahre 1933 gesunken, während sich die Zahl der Betriebe im gleichen Zeitraum von 1767 leicht um 7,2% auf 1895 erhöht hatte, was u. a. auf die Zunahme der sog. Notselbständigen in Handwerk und Kleinhandel zurückzuführen ist. In den Hauptindustriebranchen, insbesondere in der Textilindustrie (−83%), in der Maschinen-, Apparate- und Fahrzeugbauindustrie (−70%), in der Gummi- und Asbestindustrie (−55%) und im Baugewerbe (−51%), hatten sich Beschäftigungsverluste zwischen 50 und 80% ergeben. Nur die Ölindustrie und vor allem die chemische Industrie hatten deutlich geringere Beschäftigungseinbrüche zu verkraften.

Tabelle 13: Entwicklung ausgewählter Branchen in Harburg-Wilhelmsburg 1925–1933

		1925 Harburg		1925 Wilhelmsburg		1925 Harb.-Wilhelmsb.		1933 Harb.-Wilhelmsb.		Zunahme		Abnahme
Gesamtzahl der Beschäftigten, einschl. Betriebsleiter		24476		8325		32801		20317		–		–12484
Gesamtzahl d. Betriebe		1368		399		1767		1895		+128		–
davon: Kautschuk- und Asbestindustrie												
a) Beschäftigte	a	6499	a	77	a	6576	a	3640		–	a	–2936
b) Betriebe	b	116	b	3	b	119	b	21		–	b	– 98
Nahrungs- und Genußmittel-	a	5687	a	1392	a	7079	a	6361	a	–[1]	a	– 718
gewerbe, davon:	b	226	b	53	b	279	b	296	b	+17	b	–
Herstellung von pflanzl.		–[1]		–[1]	a	5191		–[1]		–[1]		–[1]
Ölen, Fetten u. Margarine		–		–	b	12		–		–		–
Maschinen-, Apparate-	a	1963	a	1089	a	3052	a	895		–	a	–2157
und Fahrzeugbau	b	36	b	35	b	71	b	68		–	b	– 3
Textilindustrie	a	1881	a	1923	a	3804	a	641		–	a	–3163
	b	21	b	4	b	25	b	25		–	b	–
Chemische Industrie	a	1542	a	1641	a	3183	a	2845		–	a	– 338
	b	14	b	27	b	41	b	36		–	b	– 5
Holz- und Schnitzstoff-	a	1759	a	404	a	2163	a	550		–	a	–1613
gewerbe	b	125	b	29	b	154	b	119		–	b	– 35
Bekleidungsgewerbe	a	911	a	209	a	1120	a	619		–	a	– 501
	b	452	b	145	b	597	b	455		–	b	– 142
Baugewerbe	a	2549	a	939	a	3488	a	1783	a	–	a	–1705
	b	183	b	48	b	231	b	294	b	+63	b	–

Quelle: Eigene Berechnungen nach: Statistik des Deutschen Reiches, Bd. 416, H. 7a, S. 69. – Bd. 464, H. 7, S. 60.

In der Kautschuk- und Asbestindustrie verschwanden die vielen Kleinfirmen vom Markt: Von 199 Firmen im Jahr 1925 blieben bis 1933 ganze 21 übrig. Die Großfirmen überlebten, nur Traun & Co. wurden 1930 von der New York Hamburger Gummi-Waaren Compagnie, Hamburg, übernommen. Die Phoenix mußte ihre Belegschaft von rd. 5000 Ende 1925 über 3200 im November 1930 auf ca. 2560 im Jahre 1931 reduzieren[164]. Nach dem Umsatzeinbruch von 20% im Jahre 1930 wurde 1931 nach einem weiteren Umsatzrückgang von 25% *«mit erheblichem Verlust»*[165] abgeschlossen. 1932 wurde nach weiteren erheblichen Verlusten das Aktienkapital auf 3,24 Millionen RM herabgesetzt. Erst die Sanierung 1933 brachte im ersten Vierteljahr eine Erhöhung der Belegschaftszahlen um 23% und einen langsamen Anstieg der Beschäftigtenzahl auf 2900 bis zum November des Jahres[166]. Umsatzsteigerungen 1933 und 1934 ermöglichten eine Wiederaufnahme der Dividendenzahlungen (1934: 5%; 1936: 5%; 1937: 8%). Im April 1935 wurden 2347 Arbeiter und Angestellte beschäftigt. Mit der Einbeziehung des Werkes in das rüstungswirtschaftliche Programm des Vierjahres-Planes stiegen vollends Umsatz und Rendite: 1938 wurde das Aktienkapital auf 4,86 Millionen RM erhöht, in diesem und im folgenden Jahr konnten Dividenden in Höhe von 10% gezahlt werden[167].

Besser als die Phoenix waren Rost & Co. und die Galalith-Gesellschaft durch die Krise gekommen; auch nach 1933 erlebten diese Industrien eine Prosperitätsphase durch Produktdiversifizierung und Partizipation am Programm des Vierjahres-Plans[168].

Vergleichbares gilt für die lokale chemische Industrie, die schon im Herbst 1933 10% mehr Arbeiter einstellen konnte. Anfang 1934 war sie zu 75% ausgelastet. Diese Entwicklung dauerte an und wurde nach Ingangsetzung des Vierjahres-Plans 1936/37 noch verbessert[169].

In der Pflanzenölindustrie[170] mußten dagegen erhebliche Arbeiterentlassungen vorgenommen werden. Bei Thörl sank z.B. die Zahl von über 2000 Ende 1928 bis 1325 im Juni 1929 und ging bis März 1933 noch einmal auf ca. 1100 zurück, um dann bis Jahresende 1933 wieder auf 1500 anzusteigen. Im Frühjahr 1930 wurde die Stillegung der Extraktionsanlage am Dampfschiffsweg beschlossen, wovon 120 Arbeiter betroffen waren. Thörl mußte 1930 die Dividende aussetzen (1931: 5%; 1932: 6%). Die nationalsozialistische Wirtschaftspolitik brachte keine Wende, im Gegenteil: Die staatlichen Kontingentierungen der Verarbeitungsmengen auf dem Gebiet der Öl-, Fett- und Futtermittelerzeugung mit dem Ziel einer drastischen Drosselung der Ölsaatenimporte, um Devisen zu sparen und gleichzeitig die Autarkiebestrebungen voranzutreiben, bedeuteten für die Pflanzenölindustrie 1933 Kurzarbeit und Stillegung einzelner Betriebsabteilungen. Der Beschäftigungsgrad betrug 1933 50%; 1934 ergaben sich weitere Betriebseinschränkungen, und auch 1935 blieb ein Jahr der Schrumpfung der Rohwarenverarbeitung. 1934 konnte bei Thörl keine Dividende gezahlt werden, 1935 und 1936 dann wieder 5%. Am 1.1.1936 wurde die Thörl'sche Baumwollsaatöl-Fabrik liquidiert und das Aktienkapital von 14 Millionen RM auf 7 Millionen RM zurückgezahlt, d.h. floß in den Unilever-Konzern zur Liquiditätsstärkung. Auch 1937 und 1938 war die Lage wenig verändert. Noch stärker als Thörl waren die kleineren Betriebe betroffen. Koch's Ölwerke AG mußten im Juni 1930 Konkurs anmelden und verschwanden ganz vom Markt[171]. Als einziges Unternehmen blieben Brinckman & Mergell[172] bis zum Frühsommer 1931 mit damals mehr als 1000 Arbeitern und Angestellten gut beschäftigt, mußten dann aber auch auf 700 Beschäftigte reduzieren. Bis 1935 stieg hier die Beschäftigtenzahl wieder auf 1130 an. Im Mai 1936 gründete die Firma das Metallwerk Niedersachsen AG, das ursprünglich Landmaschinen herstellen sollte, dann aber in der anlaufenden Rüstungsindustrie mit Zulieferungen für die Flugzeugindustrie gut beschäftigt wurde.

Katastrophal blieb die Lage der Werftindustrie seit 1930[173]: Holtz, Renck und Oelkers zusammen beschäftigten 1930 nur noch 300, 1931 nurmehr 150 und 1932/33 endlich noch Notbelegschaften von zusammen 75 Personen. Mitte 1933 betrug der Beschäftigungsgrad im Durchschnitt 8–10% des Vorkriegsstandes. Renck hatte 1933 *«sein ganzes Kapital verloren»*[174] und beschäftigte nach Entlassung der gesamten Belegschaft nur zwei Werkmeister und vier Lehrlinge. Holtz teilte Anfang 1934 der Handelskammer mit, der Betrieb ruhe *«seit nahezu drei Jahren»*[175] mangels inländischer und vor allem von Exportaufträgen, für die die Werft fast 100%ig arbeite. Oelkers hatte im Dezember 1932 nurmehr sieben Mann sowie ca. 20 Lehrlinge beschäftigt[176].

Etwas besser sah es in der Maschinenbauindustrie aus: Die Harburger Eisen- und Bronzewerke sowie Christiansen & Meyer waren dank einzelner sog. Russengeschäfte[177] (u. a. Lieferung der ersten kompletten Margarinefabrik an die Sowjetunion mittels staatlich kreditierter Bürgschaften) relativ gut beschäftigt. G. Niemeyer hingegen mußte nach Bildung einer Auffanggesellschaft im Dezember 1933 endgültig liquidiert werden[178]. In Wilhelmsburg ging der *«größte Teil der kleineren Eisenkonstruktions- und Blechverarbeitungswerkstätten ein»*[179]. Die Werften am Reiherstieg konnten bis Ende 1933 nur das Reparaturgeschäft halten. Nach dem absoluten Tief 1932 wurde der Bau von Margarinemaschinen für die Ölindustrie seit 1933 wieder einigermaßen lukrativ. 1935 übernahmen die Harburger Eisen- und Bronzewerke, die bereits seit 1930 mit der Fried. Krupp Grusonwerk AG in Magdeburg zusammenarbeiteten, Teile der Fabrikation der zusammengebrochenen Firma von G. Niemeyer, insbesondere den Bau von Kälteanlagen.

Die ohnehin kriselnde Wollkämmerei in Wilhelmsburg[180] schließlich wurde durch den Zusammenbruch des Nordwolle-Konzerns im Juni 1931 als abhängiger Konzernbetrieb mitgerissen und stillgelegt. Sie beschäftigte im Januar 1932 nur noch eine Notbelegschaft. Aus der Konkursmasse wurde das Werk an die Bremer Wollkämmerei Blumenthal AG, die Leipziger Wollkämmerei AG und die Wollwäscherei und Kämmerei in Döhren AG verkauft und als Wilhelmsburger Wollkämmerei AG im August 1932 mit einem Kapital von 2 Millionen RM neu gegründet. Durch die Ingangsetzung konnten bis Oktober 1932 360 Personen wieder beschäftigt werden, eine Zahl, die bis 1934 auf 400 stieg, 1935 aber wieder auf 300 absank.

In der Bauindustrie[181] sank die Zahl der Architekten und Baugeschäftsinhaber von ihrem Höchststand von 56 im Jahre 1928/29 über 46 im Jahre 1930 bis auf 41 im Jahre 1932 ab, um bis Anfang 1935 wieder auf 51 anzusteigen. Aber auch hier halbierten sich absolut die Beschäftigungszahlen zwischen 1925 und 1933 (vgl. Tabelle 13).

Die Stärke der Krise zeigt sich auch in der Entwicklung der Umschlagzahlen des Harburger Hafens, wo erst 1936 wieder die Importmengen von 1929 überschritten wurden. Dabei überstiegen die Mineralölimporte seit 1931, mit Ausnahme des Jahres 1933, ständig die bis dahin führenden Steinkohlenimporte; seit 1935 stellten Mineralöle und Asphalt sogar rd. 50% der Gesamtmenge. Schwefelkies, Schwefel, Tonerde und sonstige Chemikalien sowie Phosphate und Chilesalpeter reichten zusammen mengenmäßig knapp an die importierte Kohle heran, erst in weitem Abstand gefolgt von den Rohstoffen der Pflanzenölindustrie (vgl. Tabelle 14).

Insgesamt schritt der Konzentrationsprozeß in der Harburg-Wilhelmsburger Wirtschaft nach 1933 weiter voran: 1937[182] beschäftigten nurmehr 50 Betriebe allein 15000 Arbeiter und Angestellte, das waren mehr als die Hälfte aller in Industrie, Handel und Handwerk beschäftigten Personen.

Die nationalsozialistische Wirtschaftspolitik brachte bis 1934/35 keine wesentliche Veränderung der Arbeitslosenzahlen mit sich. Mitte 1933 stand Harburg-Wilhelmsburg unter den

Tabelle 14: Einfuhren im Harburg-Wilhelmsburger Hafen 1928–1936

Jahr	Gesamtmenge in to	Davon: Steinkohle	Davon: Mineralöle
1928	1351422	660983	27779
1929	1614573	650646	301944[1]
1930	1677772	552751	399518
1931	1342852	362498	470126
1932	–	keine Angaben	–
1933	1127874	174901	73010
1934	1403939	218951	544851
1935	1571027	245390	728451
1936	1862888	– keine Angaben –	

1 Eröffnung des Ölhafens am 4. Seehafen Juni 1929.
Quelle: Wie Tabelle 11.

deutschen Großstädten an zweiter Stelle[183] in der Erwerbslosenzahl, 1934 hatte die Stadt sogar *«prozentual die höchste Arbeitslosigkeit in ganz Deutschland»*[184]. Erst nachdem die Stadt durch Erlaß Görings vom 5. Juli 1934 zur Notstandsgemeinde erklärt worden war und ab 1. September 1934 durch den Präsidenten der Reichsarbeitsanstalt zur Sperrgemeinde[185], was u. a. den Zuzug auswärtiger Arbeitssuchender nach Harburg erschwerte, und nachdem Freiwilliger Arbeitsdienst und Landhilfe in Gang gesetzt worden waren – dadurch wurde jungen Männern zwischen 18 und 23 Jahren der Arbeitspaß so lange vorenthalten, bis sie ihr Jahr in den genannten Organisationen abgedient hatten[186] – sank die Arbeitslosenzahl von ca. 8500 im Januar und Februar 1935 bis Ende 1935 auf rund 6500 ab, um bis März 1936 jedoch wieder auf über 7000 anzusteigen. Erst die Einziehung der Wehrpflichtigen nach Proklamierung der Allgemeinen Wehrpflicht 1935 und vollends die Inaugurierung des Vierjahres-Planes 1936 mit der Indienststellung der Wirtschaft für die Zwecke der Kriegswirtschaft im Frieden korrigierten dann die Arbeitslosenzahl entscheidend nach unten: 1937/38 sank sie auf unter 2500 ab.

Die industriellen Neuansiedlungen nach 1933 blieben auf einige wenige Firmen beschränkt: Im Fahrzeugbau siedelte sich das Tempo-Werk von Vidal & Sohn Anfang Januar 1935 in Bostelbek auf dem ehemaligen Gelände der Galalith-Gesellschaft an. Vor allem die Mineralöl-Industrie expandierte weiter; als *«sehr eilbedürftige Vierjahres-Plan-Angelegenheit»*[187] wurde Anfang 1937 die Destillationsanlage der Rhenania-Ossag gewaltig vergrößert und noch im gleichen Jahr die Produktion von Spezialölen für die Flugzeugindustrie aufgenommen.

Im Mai 1937 resümierte der 1. Geschäftsführer der Industrie- und Handelskammer Harburg-Wilhelmsburg, Rudolf Rühle, diesen Prozeß der Indienststellung der Wirtschaft innerhalb des Vierjahres-Plans mit folgenden Worten: *«Kaufmännische, technische, chemische und finanzielle Tatkraft und Erfahrung werden in den Dienst des nationalwirtschaftlichen Staatsgedankens gestellt, um die Wirtschaftsmacht des Dritten Reiches zu stärken»*[188].

Anmerkungen

1 Deutsche Volkszeitung Nr. 6528, 28. 9. 1894, in: StA Hbg, Harburg 56, Wm 3.
2 Denkschrift Denickes vom Oktober 1901 für die preußischen Ministerien, in: StA Hbg, Harburg 4, XVI F 2c 15.
3 Aufz. Blumes v. 28. 6. 1895, in: StA Hbg, Harburg 4, I B 3–5.
4 Aufz. o. Verf. v. 6. 7. 1907, in: StA Hbg, Harburg 4, I B 3–5.
5 Bödecker, S. 220.
6 Luntowski, Die Industrie- und Handelskammern, S. 63.
7 Bödecker, S. 267.
8 Bödecker, S. 59.
9 StA Hbg, Harburg 4, XVI D 5a 3, Berichte Denickes 1901, 1902 und 1913 an den Lüneburger Regierungspräsidenten betr. Arbeitslosigkeit in Harburg.
10 Bödecker, S. 237, Anm. 423: Harburg stand 1912 mit Düsseldorf, Oberhausen, Leipzig, Stuttgart und Heidelberg annähernd an der Spitze der Lohnskala.
11 Molch, S. 164; zur gewerkschaftlichen Orientierung der Öl- und Gummiarbeiter in Harburg vgl. ebd., Tab. 16.
12 Bödecker, S. 267.
13 Ebd., S. 276.
14 Statistik des Deutschen Reiches, Bd. 404, H. 14, S. 92.
15 Aus Platzgründen muß die Darstellung von Groß- und Kleinhandel sowie des Handwerkes in Harburg unerörtert bleiben.
16 Denicke-Denkschrift, Okt. 1901, wie Anm. 2.
17 Ebd., auch für das folgende Zitat.
18 Exposé Kalischers vom 23. 11. 1898 für die Handelskammer Harburg, in: StA Hbg, Harburg 56, Wm 3.
19 Vgl. hierzu die Akten in: StA Hbg, Harburg 4, XVI F 2c 16, Bd. 1 ff. – Schultz/Wulle, S. 27 ff. – Olep, S. 20 ff.
20 Denicke kooperierte vor allem mit dem nationalliberalen Landtagsabgeordneten Ernst Schweckendieck, vgl. StA Hbg, Harburg 4, XVI F 2c 16, Bd. 1.
21 Ebd.
22 Ebd., Denicke an Hannoversche Bank (Weber), 14. 10. 1902.
23 Die 8,8 Millionen Goldmark verteilten sich wie folgt: 2,5 Millionen Mark Staatszuschuß; 3,3 Millionen Hannoversche Bank; 3,0 Millionen städtisches «Darlehen» an die Hannoversche Bank, vgl. Aufz. Denikkes vom 30. 10. 1902.
24 Ebd., Denicke an Konsortialmitglieder 24. 4. 1902. Denicke konnte sich mit seinem Votum gegen Palm vor allem gegenüber der Deutschen Bank nicht durchsetzen.
25 Ebd., Bd. 2, Vertrag vom 15. Juli 1903. Die städtischen Schuldverschreibungen sollten der Hannoverschen Bank zu pari überlassen werden; dieses in bar rückzahlbare Darlehen sollte durch den beim Verkauf der Grundstücke erzielten Erlös getilgt werden. Als Sicherheit hierfür wurde die Stadt im Grundbuch als Besitzerin der Grundstücke eingetragen.
26 Ebd., Bd. 3, Konsortialsitzung vom 8. 4. 1907.
27 StA Hbg, Harburg 4, XVI F 2c 82, Bd. V. Magistrat an Hafenbau-Abtlg. der Stadt Königsberg, 27. 11. 1915.
28 StA Hbg, Harburg 4, XVI F 2c 16, Bd. 4; die Grundstückspreise in Wilhelmsburg, wo vor 1914 ebenfalls 15 Mark pro qm verlangt wurden, wurden ausdrücklich als «mäßig» bezeichnet, vgl. Lüneburger Heimatbuch, Bd. I, 1914, S. 761.
29 Ebd., Hannoversche Bank (Weber) an Magistrat, 11. 3. 1916.
30 Ebd.
31 Ebd.
32 Olep, S. 23.
33 StA Hbg, Harburg 56, Wk 50, Kgl. Wasserbauamt an Reg.Präs. Lüneburg, 22. 9. 1912.
34 StA Hbg, Harburg 56, Wg 30, Wasserbauinspektor Harburg an Reg.Präs. Lüneburg, 13. 9. 1906.
35 Jahres-Bericht der Handelskammer zu Harburg für 1911, S. 3.
36 Zahlen nach: Lüneburger Heimatbuch, Bd. I, 1914, S. 697 f.
37 Ebd., S. 672.
38 Olep, S. 31. – Vgl. dazu die Tabelle Nr. 13 in dem Beitrag von P. C. Witt in diesem Band.

39 Das betonen gleichermaßen Molch, S. 70, sowie (Küster), S. 88.
39a Lüneburger Heimatbuch, Bd. I, 1914, S. 619. – Internationale Galalith-Gesellschaft, S. 6ff.
40 StA Hbg, Harburg 64, VII B 522.
41 1855–1955. Noblée & Thörl GmbH, unpaginiert.
42 1883–1933. 50 Jahre Thörl, S. 1ff. – Bödecker, S. 88ff.
43 1883–1933. 50 Jahre Thörl, S. 13.
44 StA Hbg, Harburg 64, VII C 88.
45 (Schmidt-Reitz), Harburger Oelwerke Brinckman & Mergell, bes. S. 11ff.
46 StA Hbg, Harburg 64, VII B 522.
47 Samhaber/Friedrich, S. 77, auch für das folgende.
48 Bödecker, S. 71.
49 Der Mitinhaber von Christiansen & Meyer, R. Christiansen, charakterisierte rückblickend 1933 die Harburger Maschinenbauindustrie als eine «ausgesprochene Aufbau-Industrie», für die der «Ausdruck ‹Baugeschäft in Eisen› bezeichnender» gewesen sei als der «Ausdruck ‹Fabrik›»; Arbeitsteilung der Firmen und Rationalisierung seien gering entwickelt gewesen: Von den fünf größeren Betrieben besaßen vier eine eigene Gießerei, drei betrieben den Kesselbau, drei den Apparatebau und ebenfalls drei besaßen eine eigene Bronzegießerei: Niederschrift über die Vollversammlung der IHK Harburg-Wilhelmsburg 6. 12. 1933, in: StA Stade, Rep. 80 G, Tit. 299, Nr. 5 Bd II.
50 Bödecker, S. 134ff.
51 Ebd., S. 137f.
52 Ebd.
53 Hamburger Fremdenblatt Nr. 249, 22. 10. 1911, Die Schloßwerft in Harburg.
54 Bödecker, S. 96.
55 Erstmals gedruckt bei (Küster), S. 101ff.
56 StA Hbg, Firma Phoenix AG, 14, Geschäftsbericht der Vereinigten Gummiwaren-Fabriken Harburg–Wien für 1916/17; vgl. auch Bödecker, S. 103.
57 (Küster), S. 102, auch für das folgende Zitat.
58 Nach der vom Kriegsamt am 15. 8. 1917 veranlaßten Gewerbezählung (StA Hbg, Harburg 4, I B 3–10) hatte die Phoenix damals 550 Frauen, 1918 dann 407 und 1919 nur noch 281 Frauen beschäftigt; vgl. dazu auch Molch, Tabelle 28. Traun & Co. beschäftigten im August 1917 313 Frauen, 1918 132 und 1919 219 Frauen; Rost & Co: 32 Frauen 1917 gegen 52 im Jahre 1919.
59 (Küster), S. 101, auch für die folgenden Zitate.
60 Bödecker, S. 109.
61 Ebd.
62 HAN Nr. 273, 28. 8. 1918; Geschäftsberichte 1914–18.
63 Geschäftsberichte 1917ff.
64 (Küster), S. 103.
65 HAN Nr. 177, 1. 5. 1918; Nr. 109, 10. 6. 1918. – Kleines Saling'sches Börsen-Jahrbuch für 1922–23, S. 354ff.
66 So der Mitinhaber von Christiansen und Meyer, R. Christiansen, in einem Rückblick am 6. 12. 1933 (wie Anm. 49).
67 (Küster), S. 104.
68 StA Hbg, Harburg 64, VII C 35, Bd. 3, Geschäftsbericht 1919.
69 (Küster), S. 105, auch für das folgende Zitat.
70 Ebd., S. 106.
71 Molch, S. 89.
72 Ebd., S. 99.
73 Samhaber/Friedrich, S. 43. – Bödecker, S. 107.
74 Vgl. das Fabriken-Verzeichnis im Adreßbuch für Harburg 1922/23, S. 532ff., mit dem des Jahres 1914, S. 623ff. Das Adreßbuch 1917 führt diese Rubrik leider nicht auf.
75 Samhaber/Friedrich, S. 78.
76 StA Hbg, Firma Phoenix AG, 14, Geschäftsberichte 1918–1925. – Samhaber/Friedrich, S. 78ff. – Bödekker, S. 107f.
77 Samhaber/Friedrich, S. 82.
78 Geschäftsbericht 1922/23. – Bödecker, S. 108.
79 Vgl. hierzu 1883–1933, 50 Jahre Thörl. – Geschäftsberichte der Firma 1918–1924, passim.
80 Diese Tatsache wird in den beiden Firmenfestschriften von 1933 und 1958 verschwiegen; zur Sache selbst

vgl. Der Deutsche Volkswirt Nr. 49, 2. 9. 1927. – Konzerne, Interessengemeinschaften, S. 168. – Die deutsche Ölmühlenindustrie, S. 38ff.
81 So die Wertung des Deutschen Volkswirtes Nr. 30, 26. 4. 1929.
82 Aussage von van den Bergh vor dem Berliner Enquête-Ausschuß 1928, in: Die deutsche Ölmühlenindustrie, S. 41.
83 Rundschau. Blätter für Heimatkunde. Beilage zum Volksblatt. (= Rundschau) Nr. 6, 1925, Die Ölindustrie Harburgs.
84 1855–1955. Noblée und Thörl, unpaginiert.
85 StA Hbg, Harburg 64, VII C 190.
86 Ebd., Geschäftsbericht 1924.
87 Wie Anm. 49.
88 1855–1955. Harburger Eisen- und Bronzewerke, S. 33.
89 StA Hbg, Harburg 64, VII C 35, Bd. 3: Geschäftsberichte 1919–24.
90 Darstellungen des soziologischen Zustandes, Tafel 30.
91 Vgl. Bödecker, S. 281.
92 Vgl. hierzu StA Hbg, Harburg 4, XVI F 2c 161, auch für das Folgende.
93 Lüneburger Heimatbuch, Bd. 1, ^{2}1925, S. 543.
94 Wie Anm. 92.
95 StA Hbg, Harburg 4, XVI F 2c 169, IHK Harburg-Wilhelmsburg an Preuß. Min. f. Handel und Gewerbe, 14. 5. 1923.
96 Ebd., Magistrat an Reg.Präs. Lüneburg, 19. 8. 1919.
97 Ebd.
98 Ebd., Magistrat und Bürgervorsteherkollegium an den Preuß. Min. f. Handel und Gewerbe, 8. 5. 1923.
99 StA Hbg, Harburg 64, VII C 141, auch für das Folgende (Geschäftsberichte 1922–1925).
100 Ebd., Otto-Werft an Amtsgericht Harburg, 10. 8. 1926.
101 Ebd., Geschäftsbericht 1925.
102 Vgl. dazu StA Hbg, Harburg 64, VII C 195; VII C 194; VII C 205; VII C 201.
103 Hauschildt, S. 19. – Fröbe, S. 36ff.
104 Allgemeine Statistik, Erster Teil, S. 39.
105 Vgl. dazu Fröbe, passim. – Hauschildt, passim.
106 Rühle, S. 6.
107 Statistik des Deutschen Reiches, Bd. 416, 7b, S. 86. – Lüneburger Heimatbuch, Bd. I, ^{2}1925, S. 511.
108 Rundschau (wie Anm. 83) Nr. 6, 1925. – StA Hbg, Harburg 5, 1166–02 (für 1929).
109 Frankfurter Zeitung Nr. 292, 21. 4. 1931, Ein Beispiel der Arbeitsstreckung. Das Experiment der Harburger Oelwerke.
110 Die deutsche Ölmühlenindustrie, S. 115. – (Schmitz), S. 181.
111 E. Schuren, Der holländisch-englische Margarinekonzern, in: Magazin der Wirtschaft Nr. 37, 12. 9. 1929, S. 1408ff. – Die deutsche Ölmühlenindustrie, S. 47ff.
112 Ebd.
113 Zur Teutonia-Pleite vgl. die laufende Berichterstattung in der Harburger Presse über den sog. Teutonia-Prozeß 1929. – Die deutsche Ölmühlenindustrie, bes. S. 64ff. (Vernehmung der Sachverständigen einschließlich der lokalen Gewerkschaftsführer).
114 Die deutsche Ölmühlenindustrie, S. 110.
115 StA Hbg, Harburg 5, 1166–02. – Hamburgischer Correspondent Nr. 285, 22. 6. 1929.
116 Rundschau (wie Anm. 83), Nr. 37, 1925.
117 Bödecker, S. 109.
118 Geschäftsberichte 1927–1928. – Samhaber/Friedrich, S. 85.
119 StA Hbg, Harburg 5, 1166–05, IHK Harburg-Wilhelmsburg an Reichsfinanzministerium, 19. 8. 1933.
120 Lüneburger Heimatbuch, Bd. I, ^{2}1925, S. 541.
121 Vgl. die Rubrik ‹Fabriken›, in: Harburger Adreßbuch 1926 und 1928/29.
122 Lüneburger Heimatbuch, Bd. I, ^{2}1925, S. 518.
122a StA Hbg, Harburg 64, VII C 179, Bd. 1: Geschäftsbericht 1925.
123 StA Hbg, Harburg 64, VII C 24, Bd. II.–VII C 248; Jerchow, S. 74f.
124 Darstellung des soziologischen Zustandes, Tafel 30.
125 Zahlen nach den Harburger Adreßbüchern für 1922/23 und 1928/29.
126 Vgl. dazu die Kontroverse zwischen dem Magistrat und dem Lüneburger Regierungspräsidenten 1930, in: StA Hbg, Harburg 5, 1166–02.

127 (Berkholter/Lambrich), Bilder aus der Vergangenheit der Shell-Raffinerie Harburg, S. 10.
128 Vgl. dazu den Beitrag von E. Pahl-Weber in diesem Band.
129 Petzel/Behrends, Der Kali-Kai, S. 5ff.
130 StA Hbg, Harburg 4, XVI F 2c 15, Handelskammer (Weber) an Preuß. Min. f. Handel und Gewerbe, 13. 4. 1922.
131 StA Hbg, Harburg 4, XVI F 2c 159, Weber an Dudek, 22. 5. 1925.
132 Ebd.
133 Ebd., Handelskammer (Weber) an Dudek, 21. 7. 1925.
134 Vgl. dazu StA Hbg, Harburg 4, XVI F 2c 175 und StA Hbg, Harburg 56, Wm 40 Bd. I.
135 StA Hbg, Harburg 56, Wm 40, Bd. I, IHK an Preuß. Min. f. Handel und Gewerbe, 12. 1. 1926.
136 Staudinger, S. 39ff.
137 Ebd., S. 65.
138 StA Hbg, Harburg 4, XVI F 2c 169, Petzel an Dudek, 29. 6. 1926, übersendet Entwurf vom 5. 4. 1926, der bereits an den Lüneburger Reg.Präs. und dem Preuß. Min. f. Handel u. Gewerbe gegangen war.
139 Petzel/Behrends, Die Anlagen, S. 2ff.
140 StA Hbg, Harburg 4, XVI F 2c 169, Aufz. Dudeks vom 5. 7. 1926.
141 StA Hbg, Harburg 4, XVI F 2c 175, Rhenania-Ossag an Dudek, 11. 2. 1926.
142 Ebd., Bericht vom 3. 11. 1926 für Dudek.
143 Ebd., Aufz. Dudeks vom 10. 3. 1926 betr. eine Sitzung im Preuß. Handelsministerium in Berlin.
144 Ebd., Preuß. Finanzmin. an Dudek, 6. 3. 1926.
145 StA Hbg, Harburg 56, Wm 40 Bd. 1, Vertrag vom 2. 6. 1926.
146 Wie Anm. 139.
147 Behrend/Petzel, Die Anlagen, S. 27.
148 Flieger, S. 133. – (Bergholter/Lambrich), Bilder aus der Vergangenheit der Shell-Raffinerie Harburg, S. 11.
149 StA Hbg, Harburg 56, Wm 41 Bd. II.
150 Petzel/Behrends, Der Kali-Kai, S. 25ff.
151 StA Hbg, Harburg 5, 1171–04, Betriebs- und Angestelltenrat an Preuß. Staatsministerium, 22. 4. 1928.
152 StA Stade, Rep. 80 P Nr. 1846, Lagebericht Wentkers vom 3. 12. 1929.
153 Zahlen für 1925: Rundschau (wie Anm. 83) Nr. 38, 1925, Der Harburger Hafen. – Zahlen für 1913: Bödecker, S. 131.
154 StA Hbg, Harburg 56, Ka 14, Verwaltungsbericht der Stadt Harburg-Wilhelmsburg für 1931.
155 Petzel/Behrends, Die Anlagen, S. 27ff. – StA Hbg, Harburg 5, 1173–03.
156 Staudinger, S. 61ff.
157 StA Hbg, Harburg 5, 1173–03, Besprechungsprotokoll vom 11. 1. 1929 des Magistrats und der IHK mit der Preuß. Regierung.
158 StA Hbg, Harburg 5, 1173–03, Aufz. des Organisationsamtes der Stadt vom 10. 12. 1928.
159 StA Hbg, Harburg 5, 1173–03, Braun an Magistrat, 14. 6. 1929.
160 StA Hbg, Harburg 5, 1166–02, Magistrat an Reg.Präs. Lüneburg, 5. 3. 1930.
161 StA Stade, Rep. 80 P Nr. 1846, Lagebericht des Harburger Polizeipräs. vom 5. 9. 1931.
162 StA Hbg, Harburg 5, 4000–05, Verwaltungsbericht des Wohlfahrtsamtes für das Rechnungsjahr 1932.
163 Errechnet nach Statistik des Deutschen Reiches, Bd. 457, 2, S. 30ff.
164 Harburger Tageblatt Nr. 265, 13. 11. 1930.
165 StA Hbg, Firma Phoenix AG, 14, Geschäftsbericht der Phoenix für 1931. – Samhaber/Friedrich, S. 85.
166 StA Stade, Rep. 80 G Tit. 1, Nr. 123, IHK an Oberpräsident Hannover, 7. 4. 1933. – Teischinger 1933 (wie Anm. 49). – Samhaber/Friedrich, S. 87ff.
167 Vgl. hierzu die Geschäftsberichte der Phoenix 1935–38; Zahlen für 1935, in: Die anderen, S. 102.
168 Vgl. 100 Jahre H. Rost & Co. – 1904–1954. 50 Jahre Internationale Galalith-Gesellschaft, S. 7.
169 StA Stade, Rep. 80 G Tit. 1, Nr. 123, IHK an Oberpräs. Hannover, 2. 10. 1933, 4. 1. 1934, 4. 4. 1934.
170 Vgl. für die Betriebseinschränkungen bis 1933: StA Hbg, Harburg 5, 1166–02. – Für die Zeit nach 1933: Geschäftsberichte der Thörl AG 1933–1937 sowie die Berichte der IHK an den Oberpräs. Hannover (wie Anm. 166). – Für den Zusammenhang mit der nat. soz. Autarkiepolitik, vgl. Petzina, S. 32ff.
171 StA Hbg, Harburg 64, VII C 190.
172 Hamburgischer Correspondent Nr. 296, 29. 6. 1931. – (Schmidt-Reitz), Harburger Oelwerke Brinckman & Mergell, S. 67. – Die anderen, S. 102. (Zahlen für 1935).
173 Wie Anm. 119.
174 StA Hbg, Harburg 5, 1166–07, Meyer (Inhaber) an Stahmer, 6. 12. 1933.

175 Ebd., R. Holtz an IHK, 6. 1. 1934.
176 StA Hbg, Harburg 5, 1166–05, Oelkers an Preuß. Min. für Handel und Gewerbe, 21. 12. 1932.
177 StA Hbg, Harburg 5, 2108–02, Aktenvermerk Dudeks vom 7. 7. 1930. – Ebd., Ausfallbürgschaften 1931/32 der Stadt.
178 StA Stade, Rep. 80 G Tit. 1, Nr. 123, IHK an Oberpräs. Hannover, 4. 1. 1934.
179 R. Christiansen (wie Anm. 49).
180 Vgl. dazu StA Hbg, Harburg 5, 1166–04; 2108–03. – Zahlen für 1935: Die anderen, S. 102.
181 Eigene Berechnungen nach den Adreßbüchern der Stadt Harburg-Wilhelmsburg 1930ff.
182 R. Rühle, Harburg-Wilhelmsburg, die Stadt der Arbeit, in: HAN Nr. 189, 19. 5. 1937. – Vgl. auch die undatierte Denkschrift (Anfang 1935, wohl von Bödecker), in: StA Hbg, Harburg 56, Ka 13.
183 HStA Hann., Hann. 80, Lüneburg III, XXV, Nr. 5, Bericht der Gestapo Harburg-Wilhelmsburg vom 1. 6. 1934. – StA Hbg, Harburg 5, 4000–05.
184 Ebd., Gestapobericht vom 5. 7. 1934.
185 StA Stade, Rep. MS K Nr. 425, Gestapobericht vom März 1935.
186 Wie Anm. 183, Gestapobericht vom 1. 6. 1934.
187 Bartels im Okt. 1936, zit. bei (Bergholter/Lambrich), Bilder aus der Vergangenheit der Shell-Raffinerie Harburg, S. 12. – Die Belegschaft der Rhenania-Ossag wuchs bis 1939 auf 768 Mitarbeiter, ebd., S. 13. – Zum Stellenwert der nat. soz. Öl-Vorratspolitik: Petzina, S. 83ff., S. 98ff.
188 R. Rühle, wie Anm. 182.

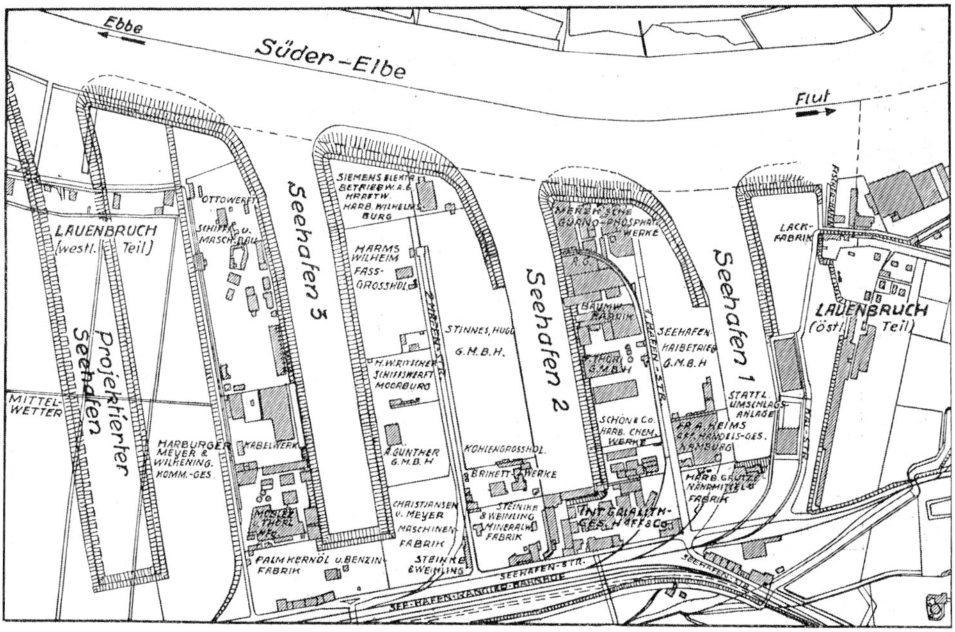

Die neuen Harburger Seehäfen.

Abb. 1 Der Seehafenausbau (1904–1907) nach erfolgter Industrie-Ansiedlung 1925.

Abb. 2 Blick auf die Baumwollsaatöl-Fabrik von F. Thörl am 2. Seehafenbecken 1925.

Abb. 3 Ausbau des Betriebes von H. Traun & Söhne (sog. Kleine Gummi) vor 1914.

Abb. 4 Frauenarbeit (Tennisballfabrikation) bei der Phoenix (damals: Vereinigte Gummiwaren-Fabriken Harburg-Wien) vor 1914.

Abb. 5 Reifenherstellung bei der Phoenix in den 1920er Jahren.

Abb. 6 Die Produktpalette der Phoenix im Jahre 1925.

Abb. 7 Kriegsgefangene als Arbeiter bei Christiansen & Meyer während des Ersten Weltkrieges.

Abb. 8 Formerei bei den Metall- und Eisenwerken von G. Niemeyer vor 1914.

Abb. 9 Kammsägerei bei der Internationalen Galalith-Gesellschaft vor 1914.

Abb. 10 Gelände der Galalith-Gesellschaft am 2. Seehafenbecken um 1925.

Abb. 11 Arbeiter in der Salzsäure-Abteilung der Norddeutschen Chemischen Fabrik vor dem Zweiten Weltkrieg.

Abb. 12 Ein Webstuhl-Saal der Jute-Spinnerei und Weberei Hamburg-Harburg vor 1914.

Abb. 13 Gebäude der Teutonia Ölwerke GmbH nach dem Brand 1908.

Abb. 14 Der Thörl'sche Betrieb in der Schloßstraße um 1905.

Abb. 15 Die Thörl'schen Werke auf dem Höhepunkt ihrer Expansion 1925.

Abb. 16 Abwrackarbeit auf der Schiffswerft von R. Holtz, August 1921.

Abb. 17 Frachtdampfer nach dem Stapellauf bei der Otto-Werft; daneben ein fahrbereiter Fischdampfer, Anfang der 1920er Jahre.

Abb. 18 Das Gelände der Rhenania Ossag bei Inbetriebnahme 1929.

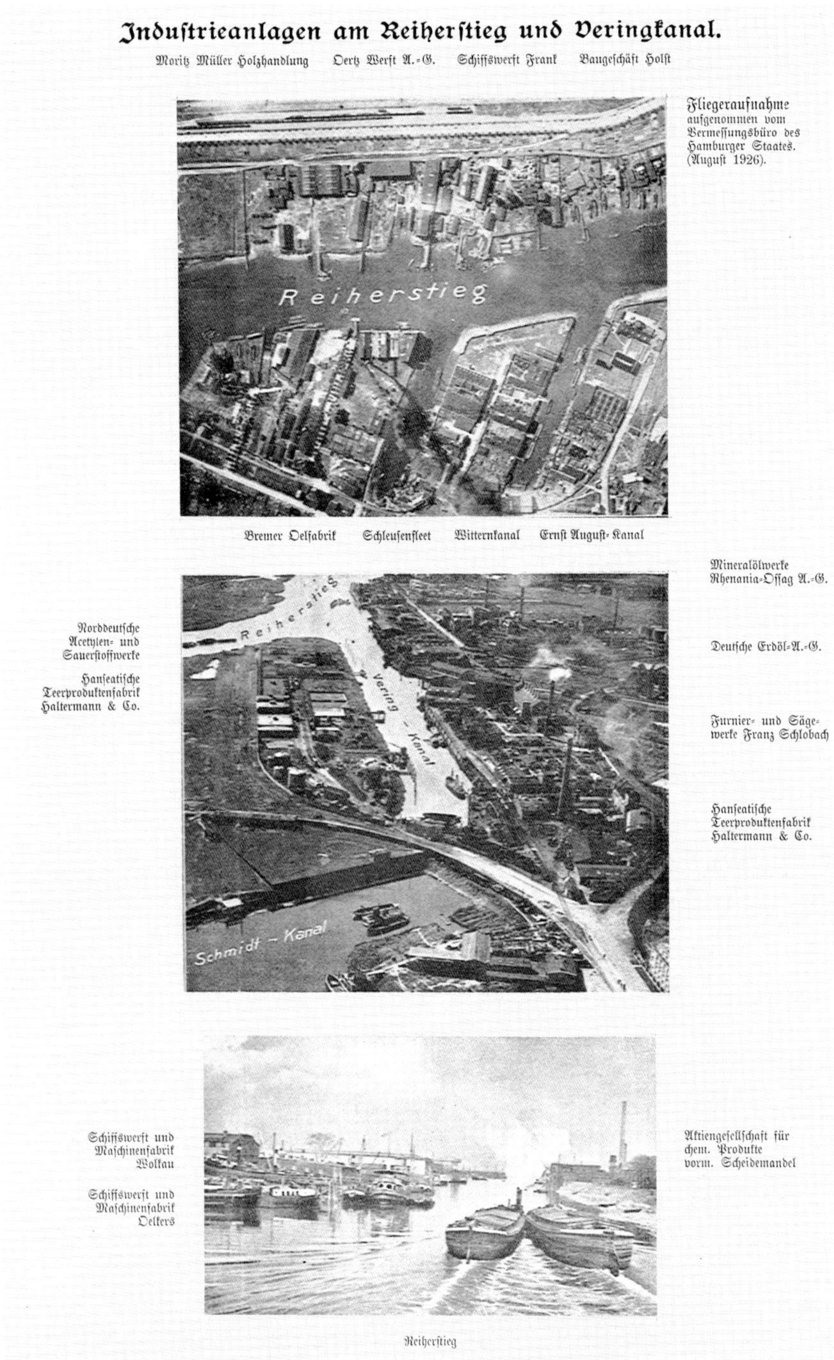

Industrieanlagen am Reiherstieg und Veringkanal.

Moritz Müller Holzhandlung   Oertz Werft A.-G.   Schiffswerft Frank   Baugeschäft Holst

Fliegeraufnahme aufgenommen vom Vermessungsbüro des Hamburger Staates. (August 1926).

Bremer Oelfabrik   Schleusenfleet   Witternkanal   Ernst August-Kanal

Norddeutsche Acetylen- und Sauerstoffwerke

Hanseatische Teerproduktenfabrik Haltermann & Co.

Mineralölwerke Rhenania-Ossag A.-G.

Deutsche Erdöl-A.-G.

Furnier- und Sägewerke Franz Schlobach

Hanseatische Teerproduktenfabrik Haltermann & Co.

Schiffswerft und Maschinenfabrik Wolkau

Schiffswerft und Maschinenfabrik Oelkers

Aktiengesellschaft für chem. Produkte vorm. Scheidemandel

Reiherstieg

Abb. 19 Die Wilhelmsburger Industrie am Reiherstieg und Veringkanal zum Zeitpunkt des Städtezusammenschlusses 1927.

Abb. 20 Der neue Kali-Kai an der Rethe 1928.

Abb. 21 Nach Unterzeichnung des Hbg.-Preuß. Hafenvertrages, 5. 12. 1928 vor dem Jenisch-Haus: In der Mitte (mit Zigarre): O. Braun, preuß. Ministerpräs.; direkt dahinter: sein persönlicher Referent H. Weichmann. Vor der 2. Säule v. rechts: M. Brauer, OB v. Altona. Neben Brauer: C. Petersen, 1. Bürgerm. Hbgs. Vor der rechten äußeren Säule: OB v. Harburg-Wilhelmsburg, W. Dudek. Links neben Weichmann, direkt vor der Säule: A. Schönfelder, Polizeipräsident Hamburgs.

Abb. 22 Friedrich Thörl (1857–1936).

Abb. 23 Wilhelm Weber (1857–1934).

Abb. 24 August Prien (1857–1944).

Abb. 25 Max Brinckman (1846–1927).

Abb. 26 Arnold Mergell (1855–1929).

Abb. 27 Reinhold Holtz (1878–1954).

Zwischen Krise und Reform: Kommunalpolitik in Harburg 1918–1933

Jens Flemming

Es gehört, wie mittlerweile oft betont worden ist, zu den Eigentümlichkeiten der deutschen Revolution vom November 1918, daß sie die sozialen und ökonomischen Nutznießer des Obrigkeitsstaates bemerkenswert ungeschoren ließ. Bei allem äußeren Bruch mit der Tradition lebten gewichtige Elemente von Kontinuität fort. Angesichts des Problemdrucks, der aus den Waffenstillstandsbedingungen erwuchs, angesichts der schlechterdings katastrophalen Ernährungsverhältnisse und der überhasteten Überleitung der Kriegs- in die Friedenswirtschaft, suchten die neuen sozialdemokratischen Machthaber tiefere Erschütterungen des gesellschaftlichen Gefüges zu vermeiden. Von vornherein gewährten sie dem Bürgertum, soweit es von den Parteien der linken Mitte repräsentiert wurde, daneben jedoch auch den Trägerschichten des monarchischen Systems, ein hohes Maß an Teilhabe und Mitsprache. Statt auf Konfrontation und Polarisierung setzten sie auf Zusammenarbeit, fachliche Beratung und gemeinsames Krisenmanagement, sahen sich in der undankbaren Rolle von «Konkursverwaltern des alten Regimes»[1] und empfanden die ihnen zugefallene Verantwortung eher als Belastung denn als Chance zu durchgreifender Neugestaltung. Dies galt für die Ebene der nationalen ebenso wie für die der regionalen und lokalen Politik.

Die Revolution und der sich anschließende Umbau der Verfassungsordnung beseitigten in den Gemeinden die Privilegien und die Privilegierung der besitzenden Klassen. Dies schuf die Voraussetzung dafür, daß die Gesamtheit der erwachsenen Einwohner zu politisch vollwertigen und mündigen Bürgern werden konnte. Mit der Demokratisierung des kommunalen Wahlrechts eröffneten sich insbesondere für die Arbeiterbevölkerung zuvor verweigerte, nun aber institutionell abgestützte Möglichkeiten, vor Ort auf Entscheidungsprozesse Einfluß zu gewinnen, die Alltag und Daseinsbedingungen der Menschen mindestens ebensosehr prägten wie diejenigen, die im fernen Berlin abliefen. Von dieser Entwicklung profitierten vor allem die Sozialdemokraten. In Harburg rückten sie nach Jahrzehnten erzwungener Abstinenz im März 1919 erstmals in das Stadtparlament ein. Von 48 Sitzen eroberten sie 29, gegen fünf der Unabhängigen Sozialisten und 14 der verschiedenen bürgerlichen Fraktionen. Die Wirkungen, die das für die Zusammensetzung der Exekutive hatte, waren indes begrenzt. Denn der nationalliberale, später dann mehr und mehr ins konservative Lager abdriftende, 1899 auf Lebenszeit ins Amt berufene Oberbürgermeister Denicke und die bisherigen drei hauptamtlichen, das heißt besoldeten Magistratsmitglieder behaupteten unangefochten ihre Position, was durch die Tatsache, daß man die Zahl der unbesoldeten Senatoren unter Einschluß von fünf Vertretern der Mehrheitssozialdemokratie von vier auf elf aufstockte, nur höchst unvollkommen aufgefangen wurde. Die Stimmenverteilung im Parlament fand jedenfalls im Magistrat keine angemessene Entsprechung.

Da alle Bestrebungen zur Schaffung einer landesweit einheitlichen Kommunalverfassung scheiterten, blieb die Hannoversche Städteordnung von 1858 auch unter den veränderten Konstellationen der Weimarer Republik in Kraft. Sie sicherte dem Magistrat ein beträchtliches Übergewicht. Das Bürgervorsteherkollegium kontrollierte zwar den Haushalt und das Finanzgebaren der Behörden. Aber, so lautete noch im Oktober 1929 die Kritik aus den Reihen der SPD: «*Während fast jeder Beschluß des Bürgervorsteherkollegiums zu seiner Durchführung der Zustimmung des Magistrats bedarf, beschließt der Magistrat selbst durchweg in allen außerhalb des Etats liegenden Dingen souverän*»[2]. Der ohnehin vorhandene Vorsprung an Herrschaftswissen und Verwaltungserfahrung auf seiten der Bürokratie wurde dadurch zusätzlich verstärkt. Dies und die Scheu der Sozialdemokratie vor energischen strukturpolitischen Eingriffen mögen erklären, warum Harburg die Stürme der revolutionären Übergangsperiode bis hin zur Stabilisierung der Währung in relativer Kontinuität beinahe unbeschadet überstand – sieht man ab von den Wirren des Kapp-Putsches und einigen Tumulten gegen die Konsequenzen der galoppierenden Inflation im Herbst 1923. Als Denikke nach Erreichen der Pensionsgrenze gemäß der Beamtenabbau-Verordnung Ende Dezember 1924 feierlich verabschiedet wurde, bescheinigte ihm denn auch der Lüneburger Regierungspräsident, der Sozialdemokrat Krüger, er hätte die Stadt «*durch die schwere Kriegszeit und die noch kritischere Nachkriegszeit gut*» hindurchgesteuert: «*trotz der schwierigen Verhältnisse*» sei es gelungen, «*Ruhe und Ordnung zu erhalten und die Krise im Einvernehmen der Arbeitgeber- und Arbeitnehmerschaft in gemeinsamer Arbeit*»[3] zu meistern.

Vielleicht das sichtbarste Zeichen für die Bereitschaft zu klassenübergreifender Kooperation war das im Herbst 1920 auf Initiative des ADGB ins Leben gerufene «Harburger System der produktiven Erwerbslosenfürsorge», die sich aus Beiträgen der Kommune, der Arbeiter und der Arbeitgeber in Industrie, Handwerk und Handel speiste[4]. So zutreffend daher das rückschauende Urteil Krügers im großen und ganzen war, so wenig sollte es den Blick für die konkrete Situation des Jahres 1924 versperren. Denn zu vermuten, daß die Inflationswirtschaft mitsamt den unvermeidlichen Anpassungsproblemen beim Wechsel von der Papier- zur Renten- und Goldmark keine Spuren im sozialen und politischen Gefüge hinterlassen hätte, wäre verfehlt. Die Opfer, die dabei den abhängig Beschäftigten, den Arbeitern, Angestellten und Beamten, aufgebürdet worden waren, wogen schwer. Im Mai 1923 waren ungefähr 2000 Erwerbsfähige ohne Arbeit, eine Zahl, die bis Februar 1926 auf 5000 anschwoll, sich danach nur langsam verringerte und auch zwischen 1926 und 1928 bei vergleichsweise günstigen konjunkturellen Daten auf einem Sockel von 2000 bis 3000 verharrte[5]. Hinzu kam, daß die Realeinkommen seit 1914 dramatisch abgesackt waren und erst 1928/29 in etwa wieder den Vorkriegsstand erreichten. Daß dies nicht ohne Konsequenzen für die Entwicklung, die Kampfkraft und den Aktionsradius der Gewerkschaften blieb, liegt auf der Hand. Die sprunghaften Zuwachsraten jedenfalls, die sie zwischen 1919 und 1922 verbucht hatten, konnten sie nicht halten: 1924 waren sie gegen 1922 auf die Hälfte geschrumpft und bewegten sich mit 11594 Mitgliedern knapp über dem Niveau von 1913[6].

Allenthalben gab es Engpässe zu beklagen, die den Alltag der Menschen belasteten, die Erfahrungen prägten und die Stimmung drückten. Insbesondere die Versorgung mit Wohnraum war völlig unzureichend. Das Ruhen der Bautätigkeit im Krieg und der Kapitalmangel nach dem Krieg bewirkten extreme Verschiebungen zwischen Angebot und Nachfrage. 1918 wurde in Harburg und in Wilhelmsburg keine einzige Wohnung gebaut, 1919 waren es vier, 1920 stieg die Produktion auf 99, 1921 auf 116, 1922 auf 238, 1923 fiel sie ab auf 175 und 1924 auf 151[7]. Die insgesamt 783 Neubauwohnungen deckten nur einen Bruchteil des Bedarfs. Noch im August 1924 zum Beispiel waren beim Wohnungsamt in Harburg ca. 3000 Wohnungssuchende registriert[8]. Um die Belange der Betroffenen besser zur Geltung zu bringen und die Behörden zu energischem Handeln zu drängen, trat im Mai 1924 bei den Kommunalwahlen eine gesonderte Mieterliste auf den Plan. Ihre Kandidaten rekrutierten sich aus den Schichten der Facharbeiter, der Angestellten und Subalternbeamten, mithin aus jener Klientel, auf die auch die Sozialdemokratie rechnete[9]. Neben der KPD, die das Potential der Unabhängigen aufgesogen hatte, erwuchs ihr damit eine zweite, nicht minder bedrohliche Konkurrenz.

Es war daher kein Wunder, daß die SPD herbe Verluste einstecken mußte. Ihre Mandate im Bürgervorsteherkollegium wurden fast halbiert: statt wie bisher über 29 verfügte sie in der kommenden Legislaturperiode nur über 14. Ihr gegenüber standen 15 Abgeordnete der bürgerlichen Einheitsliste, ein Sammelbecken von Konservativen, Rechtsliberalen, Handwerkern und Hausbesitzern, neun der Mieter, sechs der Kommunisten und einer des Völkisch-Sozialen Blocks, hinter dem sich von den Deutschnationalen abgespaltene Antisemiten und Nationalsozialisten verbargen[10]. Obwohl die SPD ihre absolute Mehrheit eingebüßt hatte, gelang es ihr, bei Stimmenthaltung der KPD und gestützt auf das Votum der Mieter, mit Walter Dudek einen Mann ihrer Couleur als Nachfolger Denickes durchzubringen. Für den 1890 in Thüringen als Sohn eines Postbeamten geborenen Dudek sprach, daß er mit sozial- und finanzpolitischen Problemen in Industriegemeinden vertraut war und mehrjährige Verwaltungspraxis erworben hatte: als Landrat in Merseburg, Bürgermeister im märkischen Fürstenwalde an der Spree, als Stadtrat und Dezernent für Wohlfahrtswesen in Dortmund. Fünf Jahre nach der Revolution bot sich damit für die Sozialdemokratie erstmals die Chance, die Verhältnisse von der Spitze her im Sinne ihrer Programmatik zu gestalten oder doch entscheidend zu beeinflussen. Insofern markierte die Wahl Dudeks durchaus den Beginn einer neuen Ära. Für Harburg wurde er, wie Erich Lüth zu Recht hervorgehoben hat, eine «säkulare Gestalt»[11].

Daß Dudek ein Politiker mit Augenmaß, Tatkraft und Durchsetzungsvermögen war, zeigte sich bereits unmittelbar nach Dienstantritt, als er im Verein mit dem preußischen Innenministerium und dem Lüneburger Regierungspräsidenten daran ging, im Unterelbegebiet Gegengewichte gegen Hamburg zu schaffen. Erreicht werden sollte dies durch einen Zusammenschluß von Harburg und Wilhelmsburg: ein Projekt, über das seit dem Sommer 1922 – nach dem Scheitern der Ausgleichsbemühungen zwischen Preußen und der Hansestadt – verhandelt wurde, das aber wegen divergierender Interessen nicht vom Fleck gekommen war[12]. Denn in Wilhelmsburg tendierte die überwiegende Mehrheit der Bevölkerung zu Hamburg mit Gründen, die unter anderem im Juni 1919 der Arbeiterrat in einem Schreiben an den Senat geltend gemacht hatte: *«Wir Wilhelmsburger sind in einer ganz verzwickten Lage, und zwar insofern, als wir wirtschaftlich voll und ganz nach Hamburg gehören. Alle unsere Organisationen, Arbeitnehmer- sowohl als auch Arbeitgeberorganisationen, sind Hamburg angeschlossen. Drei Zehntel der Industriearbeiter arbeiten auf Hamburger Gebiet und viele Fabriken, die hier am Ort ihren Betrieb haben, haben ihren Sitz in Hamburg. Politisch aber gehören wir zu Preußen und müssen uns den preußischen Gesetzen und Verordnungen fügen. Auf die Dauer führt dies zu Zuständen, die unerträglich sind»*[13].

Auf einer ähnlichen Linie operierten auch die Industrie und der Gemeinderat. Hier war es vor allem der Sozialdemokrat Rudolf Mohr, der in der Wilhelmsburger Arbeiterschaft einiges Ansehen genoß und nachdrücklich für die Groß-Hamburg-Lösung plädierte. Wilhelmsburg müsse, so argumentierte er, als Wohnort für Hamburger Arbeiter die Kosten für das Armen- und Schulwesen tragen, die «eigentlich» der Hamburger Staat zahlen müßte[14]. Sollte Preußen sich diesen Perspektiven verweigern, dann erwarte man zumindest eine spürbare

Verminderung der Lasten, steuerliche Erleichterungen, Hilfen bei der wirtschaftlichen Aufschließung durch Ausbau des Reiherstiegs und der Rethe, Verleihung der Stadtrechte und Einverleibung des Gutsbezirks Kattwyk-Hohe Schaar. In einer vom preußischen Staatskommissar Südekum einberufenen Konferenz im Juli 1922 erklärte Bürgermeister Zeidler zwar, keine prinzipiellen Bedenken gegen eine Vereinigung mit Harburg zu haben. Aber der Moment schien ihm dazu äußerst ungünstig zu sein: denn zunächst müsse der überaus populäre *«Gedanke ‹Groß-Hamburg› aus den Köpfen heraus»*[15]. Wie sehr man auf Zeitgewinn spekulierte, läßt sich nicht zuletzt an der Forderung des Wilhelmsburger Gemeinderates ablesen, im Zusammenhang mit den diskutierten Alternativen eine Volksbefragung zu veranstalten. Daß diese gegen den Anschluß an Harburg ausfallen würde, war unschwer vorherzusagen[16].

Im Gegensatz zu den in Wilhelmsburg dominierenden Auffassungen lehnten die Verantwortlichen in Harburg eine Vereinigung mit Hamburg ab. Bereits 1921 hatte der Präsident der Handelskammer, Weber, in einer gutachtlichen Äußerung auf die andersgearteten Traditionen in der Stadt verwiesen. Namentlich für die kleinen Leute seien die Lebensbedingungen *«wesentlich günstiger»*, da durch Seßhaftigkeit und Bodenständigkeit geprägt. Zudem sei die *«von der Arbeiterschaft angestrebte größere Beteiligung an Selbstverwaltung, Rechtspflege, sozialer und Wohlfahrtspflege»* hier *«leichter und wirksamer möglich»*, als wenn Harburg zu einem Stadtteil von Hamburg absinken würde[17]. Insofern wußte man sich mit den Zielen der Staatsregierung in Berlin durchaus einig, die auf rasche Ergebnisse, auf beschleunigte Konzentration und Rationalisierung drängte, um auf diese Weise die *«Stoßkraft gegen Hamburg»* zu verbessern[18]. Eine Zusammenfassung des *«preußischen Staatsgebietes auf beiden Seitten der Süderelbe»* und die Konstituierung eines erweiterten und leistungsfähigen Gemeinwesens hielten Magistrat und Bürgervorsteherkollegium aus *«allgemeinen staatlichen»*, weniger aus unmittelbaren Nützlichkeitserwägungen für *«erwünscht»*[19]. Die Schwierigkeiten, die dabei zu gewärtigen sein würden, verhehlte man allerdings nicht. Denn die Bevölkerung in Wilhelmsburg sei *«politisch heterogen, kulturell nicht einheitlich»* und *«tief stehend»*. Die Infrastruktur sei mangelhaft, es gebe kein Krankenhaus, keine Feuerwehr, einen nur *«unzureichenden»* Schlachthof, ein ebenso unzureichendes Rathaus und ein *«unzulänglich ausgebautes höheres Schulsystem»*[20]. Um der langfristigen Vorteile willen war man jedoch bereit, diese Defizite und die daraus erwachsenden Kosten in Kauf zu nehmen. Erst als der Wilhelmsburger Gemeinderat sich mit Hoffnung auf finanzielle Hilfen der Regierung im April 1923 definitiv gegen einen Zusammenschluß aussprach, appellierten die Harburger Kollegien an das Staatsministerium, Gelder für ein viertes Hafenbecken im Seehafen mitsamt den dazu gehörigen Gleisanlagen sowie zu Erschließungsarbeiten zwecks Industrieansiedlung im Umland und dessen baldiger Eingemeindung bereitzustellen[21]. Die Beratungen der von beiden Seiten beschickten Verhandlungskommission waren damit, zunächst jedenfalls, an einem toten Punkt angelangt.

Wie schwer es war, die erstarrten Fronten aufzulockern, mußte auch Dudek erfahren, denn es dauerte bis zum Sommer 1925, ehe der abgerissene Faden wieder aufgenommen wurde. In Anwesenheit des Regierungspräsidenten konstituierte sich erneut eine gemeinsame Kommission, die nach anfänglicher Zurückhaltung am Ende doch einige der Voraussetzungen erörterte, die Wilhelmsburg bei einer eventuellen Fusion beachtet wissen wollte, darunter die *«Bildung eines Verwaltungszentrums an den Elbbrücken»* und den *«Ausbau des Industriegebietes im Norden und Osten»*[22]. Zuvor bereits hatte die Wilhelmsburger Wirtschaft einen umfangreichen Wunschkatalog präsentiert: Steuererleichterungen, Senkung der Fracht-, Strom- und Wassertarife, Verbesserungen der Verkehrswege zwischen Wohnquartieren und Arbeitsstätten, Beseitigung der Mietpreisbindungen, Aufhebung des Fortbildungsschulzwanges und unter dem Stichwort «kein Gemeinde-Sozialismus» die Reduzierung behördlicher Interventionen auf das notwendige Minimum[23].

Was Dudek davon akzeptierte und was nicht, läßt sich im einzelnen nicht rekonstruieren. Immerhin suchte er Bedenken und eingefleischte Ressentiments zu zerstreuen, indem er mehrfach betonte, daß ein «Gesamtwirtschaftsgebiet Groß-Hamburg» das anzustrebende Ideal, das von ihm favorisierte «Groß-Harburg»-Modell hingegen nur ein temporärer pragmatischer «Kompromiß» sei, der zudem eine künftige Verständigung mit Hamburg nicht blockieren, sondern erleichtern würde[24]. Um den Entscheidungsprozeß zu beschleunigen, wohl auch um auf seine zögernden Kontrahenten Druck auszuüben, mobilisierte er das Innenministerium in Berlin, das zusagte, Wilhelmsburg zum 1. September in den Rang einer kreisfreien Stadt zu erheben, außerdem eine Erklärung in Aussicht stellte, wonach beide Kommunen auf nennenswerte Finanzhilfen nur bei einer Einigung würden rechnen können[25].

Gerade für Wilhelmsburg war dies mit Blick auf die chronisch defizitäre Kassenlage eine Überlebensfrage. Der Erfolg dieser Taktik rückte im August in greifbare Nähe, ein Vertragsentwurf war offenbar fast fertig. Die «Wilhelmsburger Zeitung», die an sich wenig Sympathien für das Projekt hatte, sprach plötzlich von «unabweisbarer Notwendigkeit» und lobte «Zugeständnisse»[26], die Dudek anscheinend gemacht hatte und die im Kreis der Harburger Industrie wiederum die Besorgnis weckten, die «Entwicklung des Gesamtgebietes» solle nach Wilhelmsburg hin verschoben werden[27]. Daß all diese Bemühungen trotzdem nicht fruchteten, war einer «mißverständlichen Äußerung» des Ministerpräsidenten Otto Braun im Hauptausschuß des Landtags geschuldet, die in Wilhelmsburg die Überzeugung festigte, vielleicht doch noch nach Hamburg zu kommen[28]. Auch die zweite Verhandlungsrunde war damit in einer Sackgasse gelandet.

Vorerst also blieb es bei einem vielfach als unbefriedigend empfundenen Status quo, über den ein anonymer Autor, ein «Berliner Parteigenosse», in einer Artikelserie im Harburger «Volksblatt» beredte Klage führte: *«Wer einmal sehenden Auges seinen Weg über das sogenannte ‹Groß-Hamburg›-Gebiet genommen hat, dem wird, zumal wenn er Sozialist ist, das Elend und die Verworrenheit kapitalistischer Wirtschaftspolitik mit seltener Klarheit offenbar. Auf engem Raum suchen sich nebeneinander drei Hafenstädte zu entwickeln – Altona und Hamburg an der Norderelbe, Harburg an der Süderelbe. Dazwischen dehnt sich das von verschiedenen Wasserstraßen durchzogene, teilweise noch der Aufschließung harrende Gebiet der Elbinsel Wilhelmsburg. All dieses bietet dem oberflächlichen Beschauer zunächst ein Bild blühenden Lebens, lebhaften Handels und wachsender, eifriger Industrie. Wer sich aber tiefer in die Verhältnisse einarbeitet, die wirtschaftlichen und politischen Bedingungen dieses für ganz Deutschland überaus wichtigen norddeutschen Gebietes studiert, den faßt gar bald der ganze Jammer früherer staatlicher Zerrissenheit, der ja auch heute noch längst nicht überwunden ist.»* An diese Diagnose schloß sich ein eindringlicher Appell, der die Vorzüge einer kommunalpolitischen Flurbegradigung namentlich für die Arbeiterschaft in den schönsten Farben malte: *«Je einheitlicher die Verwaltung, die Verkehrseinrichtungen gestaltet werden, je bessere Arbeitsmöglichkeiten und Arbeitsbedingungen geschaffen werden, desto größer ist für den Arbeiter die Unabhängigkeit von den einzelnen Schwankungen in den verschiedenen Industrien, von der Willkür des einzelnen Arbeitgebers»*[29].

Obwohl der Verfasser beteuerte, daß dies im Effekt auf eine «Entspannung» zwischen Preußen und Hamburg hinauslaufe, wertete man derartige Pläne in der Hansestadt als «unfreundlichen Akt»[30]. Ganz ähnlich dachte man auch in Wilhelmsburg, wo Dudek auf einer Mitgliederversammlung des Sozialdemokratischen Vereins vergeblich um Zustimmung für seine Konzeption warb, die sich mit der – bestellten, wenn nicht sogar von ihm selbst geschriebenen oder inspirierten – Analyse des «Volksblattes» deckte. Die Fraktion im Gemeinderat, so beschied man ihn kühl, lehne den Zusammenschluß zumindest zum gegenwärtigen Zeitpunkt ab, denn das *«stets gehegte Mißtrauen gegen Harburg»* sei nach wie vor *«berechtigt»*[31].

Während in Harburg Einwände eher aus dem Lager der besitzenden Schichten laut wurden, saßen in Wilhelmsburg die Gegner vor allem bei der Sozialdemokratie. Als schärfste Kritiker exponierten sich die Landtagsabgeordnete Bertha Kröger, der Beigeordnete Mohr, Bürgervorsteher-Worthalter Böttcher, Bürgervorsteher und Mitglied des Hannoverschen Provinziallandtages Henk sowie der Ortsvereinsvorsitzende August Bartels[32]. Konfrontiert mit deren negativem Votum, zumindest aber unschlüssigem Abwarten, mußte Dudek seine Hoffnungen auf ein rasches Procedere begraben. Da Preußen auf eine Hafengemeinschaft mit Hamburg hinarbeitete, befürchtete er, daß in Berlin das *«Interesse an Harburg-Wilhelmsburg»* allmählich schwinden würde[33]. Nachdem vier Jahre ohne Resultate verstrichen waren, schien nunmehr allerdings Eile geboten. Wenn es richtig war, daß die umstrittenen Fragen die Mehrheit der Wilhelmsburger Einwohner völlig *«gleichgültig»* ließen, dann fehlte dort offenkundig ein Mann, wie Dudek einer war: *«ein leitender Kopf, der verantwortungsbewußt und klar die städtischen Körperschaften zu beeinflussen»* wisse[34]. Eine derartige Statur besaßen weder Syndikus Bartmann noch Baurat Dietz, beides Repräsentanten der bürgerlichen Liste und Dudeks wichtigste Partner, die sich aus Harburger Sicht aber zu sehr an Opportunitätserwägen und den wechselhaften Pendelschlägen von Augenblicksstimmungen orientierten[35]. Überzeugt, daß sich ohne Druck von oben nichts bewegen würde, ließ Dudek daher seine Beziehungen zur Bürokratie spielen. Auf wohlwollende bis aktive Unterstützung konnte er beim Innen- und Staatsministerium sowie im Regierungs- und Oberpräsidium rechnen. Insbesondere Krüger profilierte sich als energischer Anwalt pro Harburg, stimmte seine Schritte mit Dudek ab, bestellte Argumentationshilfen[36] und wurde regelmäßig mit Informationen über einzelne Entscheidungsträger und mit Interna über die Konstellationen in den Kollegien auf dem laufenden gehalten. Dudeks Ausgangsbasis war insofern recht günstig, als 1926 die dritte und letzte Verhandlungsrunde begann.

Dabei machte Dudek von vornherein deutlich, daß Magistrat und Parlament in Harburg *«nicht ohne weiteres geneigt»* sein würden, einem Zusammenschluß beizupflichten. Denn einer im Kern gesunden Stadt könne man nicht zumuten, *«eine wirtschaftlich so schlecht fundierte Gemeinde wie Wilhelmsburg zu sanieren»*. Die dortige Verwaltung wurstele *«planlos»* vor sich hin, und die Finanzen seien in beklagenswerter Unordnung. Dudek forderte die Regierung in Lüneburg daher auf, den Wilhelmsburgern *«amtlich»* zu eröffnen, daß sie unter keinen Umständen auf einen Anschluß an Hamburg würden rechnen können. Außerdem müßten sie *«mit allen Mitteln»* veranlaßt werden, ihren Haushalt zu regulieren. Nur wenn man ihnen endlich die Pistole auf die Brust setze, sei auf Sinneswandel zu hoffen[37]. Genau diesem Zweck diente am 24. August 1926 eine Aussprache im preußischen Innenministerium, in der Minister Severing sich ohne wenn und aber auf die Seite Dudeks schlug: *«Ich halte die Vereinigung mit Harburg für das Richtigste. Dazukommen Kattwyk, Hohe Schaar, über das sich die vereinigten Städte im Weg der billigen Auseinandersetzung mit dem Landkreise zu einigen hätten. Ich bin überzeugt, daß die vereinigten Stadtgemeinden Harburg-Wilhelmsburg den Konkurrenzkampf mit Hamburg viel besser werden aushalten können, als die einzelnen Gemeinden unter sich. Eine Einigung ... auf freiwilliger Basis muß zunächst im Wege vernünftiger Verhandlungen angebahnt werden. Vorläufig ist die zwangsweise Zusammenlegung durch Gesetz nicht beabsichtigt. Daß wir darüber hinaus nach besten Kräften bemüht sein werden, den Wirtschaftskampf zwischen den preußischen Vorortgemeinden und dem Hamburger Staat auszugleichen, ist selbstverständlich.»* Und um auch noch die letzten Zweifel auszuräumen, antwortete Severing auf die Frage vom Worthalter Böttcher, ob dies *«gewissermaßen ein Befehl»* sei: *«Wenn ich Kriegsminister wäre, würde ich sagen, es ist ein Befehl«*[38]. Von der Entschiedenheit des Ministers «sichtlich getroffen», blieb den Delegierten aus Wilhelmsburg nichts anderes übrig, als sich «in das Unvermeidliche» zu fügen, wie Dudek kurz darauf mit spürbarer Genugtuung an Oberpräsident Noske berichtete. Ohne daß er in die Debatte einzugreifen brauchte, hatten sich die Dinge programmgemäß entwickelt. Das Rad wieder zurückzudrehen, schien jedenfalls an diesem Punkt nicht mehr möglich zu sein[39].

Es war gewiß eine «bittere Pille»[40], die in Wilhelmsburg die Verantwortlichen zu schlucken hatten. Gleichwohl trug man sich dort immer noch mit der Illusion, auf Zeit spielen zu können. Bartmann und Dietz versicherten Dudek zwar ihrer Loyalität, pochten aber darauf, in ihren Entscheidungen frei zu sein. Da Severing eine zwangsweise Vereinigung in naher Zukunft ausgeschlossen hatte, käme es zunächst darauf an, die in den städtischen Körperschaften «maßgebenden» Leute zu überzeugen, was freilich nicht von heute auf morgen zu bewerkstelligen sei. Dudek interpretierte dies zu Recht als Verzögerungstaktik, der man durch schärferes Anziehen der Daumenschrauben begegnen müsse[41]. Das war um so dringlicher, als die Wilhelmsburger SPD die Berliner Parteigremien auf ihre Linie zu bringen suchte und auch Hamburg sich einschaltete, um mit Hilfe des Reichsinnenministers Wilhelm Külz – ein Parteifreund von Bürgermeister Petersen – die Ablehnungsfront auf der Elbinsel zu stützen. Überhaupt werde, glaubte Dudek, *«der Widerstand in Wilhelmsburg ebenso wie in den Elbgemeinden von Hamburg aus organisiert»*[42].

Die preußische Staatsregierung reagierte auf diese Querschüsse unverzüglich mit der Ankündigung einer Gesetzesinitiative, die den Zusammenschluß nun von oben her anordnen sollte. Der Wilhelmsburger Manövrierraum reduzierte sich dadurch ganz beträchtlich. Ein von Regierungspräsident Krüger gefertigter Entwurf wurde bereits Ende Oktober dem Provinzialausschuß in Hannover zur Begutachtung zugeleitet[43]. Harburg stimmte der Vorlage Anfang November zu, verknüpfte dies freilich mit der Erwartung, daß die Staatsregierung die *«zusammengeschlossenen Städte nachdrücklich fördern»* würde[44]. Im Provinzialausschuß wandten sich zwar die Sozialdemokraten unter Führung des ehemaligen Oberbürgermeisters von Hannover, Robert Leinert – ein unbelehrbarer «Dickkopf», wie Dudek meinte – gegen jeden Zwang, scheiterten aber mit diesem Vorstoß ebenso wie eine Delegation Wilhelmsburger Genossen, die in letzter Minute die Landtagsfraktion und den Innenminister zu einem Kurswechsel bewegen wollten[45].

Nachdem nunmehr sämtliche Schlupflöcher verstopft waren, nahm im Dezember eine gemeinsame Kommission die Beratungen um die konkrete Ausgestaltung des Fusionsvertrages auf. Mit welch skurrilen Problemen man sich dabei herumplagte und welche Empfindlichkeiten berücksichtigt werden mußten, dokumentierte sich in der Unfähigkeit, sich auf einen Namen zu einigen. Wilhelmsburg plädierte für «Elbstadt», die KPD für «Liebknechtstadt», Harburg für «Harburg-Wilhelmsburg» – ein Vorschlag, der später die Billigung des Landtags fand und im Gesetz über die Neuregelung der Grenzen im Unterelbegebiet festgeschrieben wurde. Als sehr viel gravierender erwiesen sich allerdings die Ansprüche Wilhelmsburgs bei der Besetzung der künftigen Exekutive. Denn neben der Position des Vize-Bürgermeisters reklamierte man vier der zehn unbesoldeten und drei der sechs besoldeten Senatorenposten. In Harburg stießen diese Forderungen auf massives Unbehagen, und es bedurfte Dudeks ganzer Autorität, der sein politisches Schicksal daran band, bevor er im Magistrat für eine entgegenkommende Haltung eine Mehrheit gewann: erst im zweiten Anlauf und auch dann nur mit einer Stimme, seiner eigenen[46]. Die Industrie- und Handelskammer meldete «Bedenken» an, von denen sie allein mit Blick auf die von der preußischen Regierung geschaffene «Zwangslage» absehen mochte[47], und im Parlament brachte die bürgerliche Fraktion ein Mißtrauensvotum gegen Dudek ein. Er hätte, so lauteten die Vorwürfe, die Interessen Harburgs *«nicht in der richtigen Weise vertreten»* und sich von einer *«tendenziösen Einstellung zu Gunsten Wilhelmsburgs»* leiten lassen[48]. Entsprechend kontrovers waren die Schlußabstimmungen im Februar 1927. KPD und bürgerliche Liste machten letzte vergebliche Obstruktionsversuche und lehnten den Vertrag ab, dafür waren die Sozialdemokraten, die Mieter und zwei dissentierende Mitglieder der bürgerlichen Fraktion, die der demokratischen Partei angehörten: Das Ergebnis fiel mit 25 zu 20 alles andere als überwältigend aus. In Wilhelmsburg dagegen war es in seltsamer Verkehrung der Fronten gerade die bürgerliche Fraktion, die mit der SPD, die doch noch über ihren Schatten sprang, für die nötige Majorität sorgte[49]. Der Weg in eine neue Epoche der Kommunalpolitik war damit frei. Daß er leicht werden würde, konnten nach den Konflikten der Vergangenheit indes nur die unverbesserlichen Optimisten hoffen .

Dudek war sich bewußt, daß die Fusion den Harburgern einiges an Opfern abverlangen würde. Aber nur so konnte das Entwicklungspotential verbreitert und ausgeschöpft, konnte insbesondere mit der Inbesitznahme von Kattwyk die Erweiterung und die Konkurrenzfähigkeit des Seehafens gesichert werden. Insofern war der Zusammenschluß der beiden Mittelstädte zu einer Großstadt von über 100000 Einwohnern, dem die Angliederung benachbarter Landgemeinden wie Marmstorf und anderen folgen sollte, tatsächlich ein zwingendes Gebot «kommunaler Geopolitik». Hätte man die Dinge treiben lassen, wäre womöglich das eingetreten, was Dudek immer befürchtet hatte: Wilhelmsburg wäre über kurz oder lang zu Hamburg gekommen, die Harburger Industrie wäre nach dorthin wegen der geringeren Steuerlasten abgewandert, die «steuerschwachen Arbeitermassen» freilich wären geblieben, und Harburg wäre zu einem «Industriearbeitervorort schlimmster Art» herabgesunken[50]. Vor dieser Negativfolie mußten die positiven Aspekte der Vereinigung naturgemäß um so heller erstrahlen. Das neue Gemeinwesen würde durch Rationalisierungsanstrengungen in der Verwaltung und bei angemessener Förderung durch den preußischen Staat finanzkräftig genug sein, um «mustergültige Einrichtungen» im Bereich der Wohlfahrtspflege zu schaffen, die Infrastruktur und das Angebot an Dienstleistungen zu verbessern, die Raumnot in den Schulen und den Mangel an Wohnungen allmählich zu beseitigen, den Grund und Boden für Industrieansiedlungen und menschenwürdige Wohnkultur zu nutzen[51]. Die Utopie, die insbesondere der Sozialdemokratie vorschwebte, hatte bereits im Sommer 1925 das «Volksblatt» umrissen: *«Nicht die getürmten Steinhaufen einer regellos durcheinander gebauten Großstadt gilt es zu erbauen, sondern freundliche Wohnstätten für die Massen, die der Arbeitstag in die Hallen der Fabriken, in die Fron der Schwerarbeit spannt»*[52].

Bei Licht besehen, verbarg sich hinter derart optimistischen Formulierungen nur eine Variation von Sätzen aus der Weimarer Verfassung, die in Artikel 155 «jedem Deutschen eine gesunde Wohnung» versprochen hatte. Gesagt war das freilich leichter als getan, denn die Realisierung hing im wesentlichen ab von den Konstellationen in den Kommunen, die jedoch zur Bewältigung ihrer vielfältigen Aufgaben finanziell höchst unzureichend ausgestattet waren[53]. Das hatte seinen Grund unter anderem darin, daß deren Autonomie und Manövrierfähigkeit durch die Beseitigung der gemeindlichen Zuschläge zur Einkommens- und Körperschaftssteuer infolge der Reichsfinanzreform von 1920 erheblich beeinträchtigt worden war. Belassen hatte man ihnen die Zuschläge zu den Realsteuern, der Grund- und Gewerbesteuer, daneben eher marginale Zugriffsmöglichkeiten wie Hunde-, Vergnügungs- und Beherbergungssteuer, seit 1930 dann die unter den Parteien aber heftig umstrittene Bürgersteuer, ein pro Kopf erhobener Beitrag zu den Verwaltungskosten. Die daraus fließenden Gelder, die durch Landeszuschüsse und Gewinne aus den kommunalen Wirtschaftsunternehmungen aufgestockt wurden, deckten den Bedarf bestenfalls in konjunkturell günstigen Perioden, und es bewahrheitete sich das, wovor bereits 1919 der preußische Ministerpräsident Paul Hirsch gewarnt hatte: Den Gemeinden wird, so lautete die Diagnose, *«eine Einnahmequelle nach der anderen verschlossen, und dabei wächst der Kreis ihrer Aufgaben von Tag zu Tag. Lösen werden sie ihre Aufgaben nur dann können, wenn das Reich … ihren Bedürfnissen das nötige Verständnis entgegenbringt. Geschieht das nicht, so ist der Entwicklung der Gemeinden ein Halt geboten, so verkümmern sie, aber mit ihnen zugleich auch das Reich, der Körper, dessen kleinste Zellen sie bilden»*[54].

Die eigentliche Blüte und die eigentlichen Leistungen des öffentlichen Wohnungsbaus drängten sich wie überall im Reich auch in Harburg auf die kurze Zeitspanne zwischen 1925 und 1930 zusammen, ehe die Weltwirtschaftskrise den Aufwärtstrend stoppte und dramatisch abknickte. Größtenteils gefördert durch Mittel aus der seit 1924 erhobenen, als Abschöpfung von Inflationsgewinnen gedachten Hauszinssteuer, außerdem durch Anleihen, die an die Bauträger mit geringeren als den ortsüblichen Zinsen weitergereicht wurden, belief sich 1925 die Produktion auf 354 Wohnungen, 1926 auf 544, 1927 auf 911, 1928 auf 786 und 1929 auf 992[55]. Selbst diese relativ positiven Ergebnisse deckten die Nachfrage, die durch das seit 1919 sich vollziehende Wachstum der Bevölkerung noch zusätzlich angeheizt wurde, nicht einmal annähernd. Nicht von ungefähr hieß es daher in einem Rechenschaftsbericht der Sozialdemokratie vom Oktober 1929, daß auf dem Wohnungsmarkt die *«allgemeine Lage nicht zufriedenstellend«* sei. Trotz der erzielten Steigerungsraten waren bei den Behörden ca. 6500 Wohnungssuchende registriert. Um den Fehlbestand zu decken, wäre der Bau von jährlich ungefähr 1300 bis 1400 Einheiten erforderlich gewesen[56] – eine Zahl, die nie, auch unter Mobilisierung sämtlicher Kräfte nicht, erreicht worden ist. Da sich die Stadt nach 1924 in erheblichem Maße auf diesem Feld engagierte, sich an verschiedenen Genossenschaften beteiligte bzw., als diese in Turbulenzen gerieten, deren Bauten übernahm, blieben Belastungen für den Etat nicht aus[57]. Hinzu kam, daß man die Hauszinssteuerhypotheken sehr niedrig ansetzte, um mit den verfügbaren Geldern ein Maximum an Wohnungen errichten zu können. In der Krise wirkte sich das «ganz katastrophal» aus, die Genossenschaften verloren durch Mietausfälle ihre Rücklagen, eine nach der anderen brach zusammen. Wegen der geleisteten Bürgschaften und der Gewährung von Hypotheken hatte der Magistrat in den meisten Fällen nur die Wahl, *«entweder zu sanieren oder die Neubauten im Wege des Konkurses»* zu erwerben. Bis Ende 1932 summierten sich die aus den wohnungspolitischen Aktivitäten resultierenden Verpflichtungen für den Stadtsäckel auf rund 10 Mill. Mark. Da hiervon besonders die einkommensschwachen Schichten der Bevölkerung profitierten, wurde die Kritik aus dem bürgerlichen Lager mit Blick auf anschwellende Defizite immer lauter. Anfang März 1933 publizierte die Verwaltung daher eine detaillierte Verteidigungsschrift. Am Vorabend der Kommunalwahlen, den letzten im Reich, bei denen die Sozialdemokraten ihre Position als stärkste Fraktion an die NSDAP abtreten mußten, war dies eine Art Vermächtnis und zugleich der Abgesang auf eine Ära, die unlösbar mit dem Namen Dudek verknüpft war: *«Die Stadtgemeinde hat in den Jahren nach der Inflation den Bau von 5114 Wohnungen finanziert. Ganz roh geschätzt, haben diese rd. 40 000 000 Mk. gekostet. Diese Beträge sind zum größten Teil der hiesigen Wirtschaft zugute gekommen. Alle Kreise haben davon profitiert, Arbeiter, Handwerker, Handel und Industrie. Kein einziger hat protestiert, als es gut zu verdienen gab. Jahrelang haben alle Parteien die Ausgaben hierfür bewilligt, die bürgerlichen wie die linken. Wenn heute versucht werden sollte, der Stadt den Vorwurf zu machen, sie habe für den Wohnungsbau zuviel ausgegeben, so möge man sich hieran erinnern und sich vergegenwärtigen, wie schwer die Wirtschaft heute darunter leidet, daß seit Jahr und Tag das gesamte Bauwesen lahm liegt, und welche Vorteile alle Teile der Bevölkerung hatten, als jährlich 5–10000000 Mk. für Wohnungs- und Industriebauten ausgegeben wurden.»*

War die Wohnungsnot das eine Sorgenkind der Stadtväter, so war das zweite die seit 1930 steil ansteigende Arbeitslosigkeit, die das Finanzgefüge und die innere Stabilität nachhaltig erschütterte. Hatte man im Februar 1930 ca. 7000 Erwerbslose registriert, waren es im Juni 1932, auf dem Tiefpunkt der Krise, fast 19000, das heißt beinahe jeder zweite Erwerbsfähige war ohne Beschäftigung[58]. Harburg wurde dadurch mit einem wahren Bündel von Problemen konfrontiert und in seinem ohnehin begrenzten Handlungsspielraum noch weiter eingeschränkt. Denn bei Dauerarbeitslosigkeit waren es hauptsächlich die Kommunen, die zur Kasse gebeten wurden. Das Arbeitslosenversicherungsgesetz von 1927, an sich eine Tat von sozialpolitischem Rang, hatte zwar das Versicherungsprinzip eingeführt, aber die Reichsanstalt für Arbeitsvermittlung und Arbeitslosenversicherung wies im Regelfall Unterstützung nur für 26 Wochen an. Danach sprang mit erheblich geringeren Leistungen die Krisenfürsorge ein, die mit vier Fünfteln vom Reich, zu einem Fünftel von den Gemeinden aufgebracht wurde. Anspruch hatte man darauf für 39, wenn man älter als 40 Jahre war, für 52 Wochen, nach dem Oktober 1930 für 32 bzw. 45 Wochen. Wer im Anschluß daran ausgesteuert wurde, mußte den Gang zur Wohlfahrt antreten, die gemeinsam mit der Fürsorge für Sozial- und Kleinrentner, deren Renten unterhalb der kommunalen Richtsätze lagen, in die Hoheit der Kommunen fielen. Und hier nun galt nicht mehr das Versicherungs-, sondern das Bedürftigkeitsprinzip mit all seinen entwürdigenden Begleiterscheinungen. Die Dreigliedrigkeit dieses Systems privilegierte das Reich und benachteiligte die Gemeinden, die insofern die schwächsten Glieder in der Kette waren. Denn deren Zahlungsverpflichtungen waren zeitlich nicht limitiert mit der Konsequenz, daß sich die Budgets um so prekärer gestalteten, je länger sich die Arbeitslosigkeit als Massenphänomen behauptete. Ende März 1933 wurden in Harburg-Wilhelmsburg 1548 Erwerbslose von der Arbeitslosenversicherung unterstützt gegen 4569 von der Krisenfürsorge und 8091 von der Wohlfahrt[59]. Das war ein Teufelskreis, aus dem es selbst bei größter Sparsamkeit kaum ein Entrinnen gab: Die Mittel für produktive, arbeitsplatzschaffende Maßnahmen versiegten, das Steueraufkommen, das sich pro Kopf der Bevölkerung zwischen 1928 und 1932 von 30,77 auf 16,55 Mark fast halbierte[60], hielt mit der Flut der Ausgaben immer weniger Schritt, und die kommunalen Aktivitäten konzentrierten sich notgedrungen auf Wohlfahrtspflege und Daseinsfürsorge. Nicht zuletzt in dieser Entwicklung wurzelten die Jahr für Jahr anschwellenden Fehlbeträge in den Etats. Im Ansatz für das Rechnungsjahr 1932 summierten sie sich auf 3,5 Mill. Mark[61], reduzierten sich tatsächlich dann allerdings auf 2,5 Mill. Mark[62].

Von *«kräftiger Förderung der wirtschaftlichen Ausgestaltung der Stadt»*, von *«Hebung der sozialen Lage der arbeitenden Schichten»* und *«sorgsamer Pflege ihrer kulturellen Bedürfnisse»*, wie 1928 die Sozialdemokratie als Ziele proklamiert hatte[63], konnte unter den Bedingungen der Krise keine Rede mehr sein. Statt über Zukunftsentwürfe diskutierte man über geeignete Maßnahmen zum Stopfen von Löchern. Dabei waren die Diagnosen der Parteien so unterschiedlich wie die angebotenen Therapien. Je weniger Masse zur Verfügung stand und je weniger der Kapitalmarkt zur Finanzierung von Investitionsvorhaben hergab, desto intensiver wurde die Steuerpolitik zum Zankapfel. Die Etatberatungen uferten regelmäßig zu emotional aufgeladenen Redeschlachten aus. Bereits 1929 kritisierten die Aufsichtsbehörden in Lüneburg und Hannover die Verwaltung als zu kostspielig, warnten vor neuen aufwendigen

Projekten und machten die Aufnahme von Krediten von ihrer vorherigen Genehmigung abhängig[64]: eine Praxis, die am Ende – nicht zuletzt auch unter dem Eindruck der Selbstblokkierung in den städtischen Kollegien – darauf hinauslief, *«das Selbstverwaltungsrecht der Gemeinden zu beschneiden»*[65]. Vorschläge der SPD, die Realsteuern zu erhöhen, stießen bei den bürgerlichen Fraktionen auf erbitterte Ablehnung, die gegen den *«Roten Steuerdrachen»*[66] ihr ganzes rhetorisches Können mobilisierten. Im Sommer 1932 sprachen sie von *«selbstverschuldeter Finanzkrise»*, von *«übertriebenem Aufwand in der Stadtverwaltung»*, beantragten – wenn auch vergeblich – Staatsaufsicht und forderten, den Oberbürgermeister wegen Eigenmächtigkeit zur Verantwortung zu ziehen[67]. Eine mittlere Linie zu steuern, erwies sich in dieser Atmosphäre als unmöglich. Dudek akzeptierte zwar die Notwendigkeit, die allgemeinen Unkosten zu verringern, betonte aber, daß dies ohne Entlastung von drükkenden Verpflichtungen, etwa die Übernahme der Wohlfahrtserwerbslosen auf das Reich, nicht zu haben sei[68]. *«Nicht Abbau von Beamten und Angestellten, sondern Abbau von Aufgaben»* sei *«das Gebot der Sparsamkeit»*[69]. Geschrieben im März 1933, enthielt dieser Satz zugleich das Eingeständnis, daß die Perspektiven des sozialdemokratischen ‹Gemeinde-Sozialismus›, über kommunale Interventionen und eine stetige Ausweitung kommunaler Dienstleistungen die materiellen und kulturellen Lebensverhältnisse der Menschen zu verbessern, gescheitert waren.

Anmerkungen

1 Fr. Ebert vor der Nationalversammlung, 6.2.1919, in: Ritter/Miller, S. 208.
2 Volksblatt Nr. 251, 26.10.1929.
3 Harburger Anzeiger und Nachrichten (im folgenden HAN) Nr. 74, 20.12.1924.
4 Bödecker, S. 256.
5 Vgl. die Tabelle 12 bei Stegmann, Industrielle Entwicklung, in diesem Band, S. 330.
6 Bödecker, S. 255.
7 Vgl. den Beitrag von Stegmann, Industrielle Entwicklung, in diesem Band, S. 315.
8 Bödecker, S. 297.
9 Vgl. die Kandidatenliste in: HAN Nr. 177, 30.4.1924.
10 StAHbg, Harburg 4, E II 2–35.
11 Lüth, S. 125.
12 Allgemein dazu vgl. aus der Sicht der Hamburger Politik: Johe, und aus der Sicht der Wilhelmsburger Politik: Fröbe.
13 Zit. nach: Großhamburg. Denkschrift des Hamburger Senats, September 1921, S. 59.
14 Ebd., S. 99ff.
15 StAHbg, Harburg 4, II B 51, Niederschrift über die Besprechung betr. kommunale Vereinigung des Gebietes südlich der Norderelbe, 22.7.1922.
16 Fröbe, S. 186.
17 Bericht der Kommission der Zentralstelle für die Gliederung des Deutschen Reiches, 22.6.1921, S. 8f.
18 Niederschrift (wie Anm. 15) Ministerialdirektor Mulert, MdI.
19 StAHbg, Harburg 4, II B 51, Magistrat und Bürgervorsteher-Kollegium an Staatsministerium, 15.4.1923.
20 So in einem Vortragsexposé Dudeks, 5.8.1925, ebd., II B 49.
21 Magistrat und Bürgervorsteher-Kollegium, wie Anm. 19.
22 StAHbg, Harburg 4, II B 52 Bd. V, Notiz Dudek, 20.6.1925.
23 StAHbg, Harburg 4, II B 49, Aufzeichnung Dudek, 17.6.1925.
24 Ebd., Vortragsexposé Dudek, 5.8.1925.
25 StAHbg, Harburg II B 52 Bd. V, Notiz Dudek, 17.6.1925. Ganz so eindeutig wie gewünscht fiel allerdings die Erklärung des Innenministeriums vom 12.8. nicht aus: ebd., II B 54.

26 Wilhelmsburger Zeitung Nr. 165, 18.7.1925.
27 StAHbg, Harburg 4, II B 51, Aufzeichnung Dudek, 5.8.1925.
28 So Regierungspräsident Krüger, StAHbg, Harburg 4, II B 54, Aufzeichnung Dudek über Gespräch im Innenministerium, 24.8.1926.
29 Volksblatt Nr. 184, 10.8.1925 und Nr. 187, 13.8.1925.
30 So das Hamburger Fremdenblatt Nr. 234, 24.8.1925.
31 Volksblatt Nr. 202, 31.8.1925.
32 StAHbg, Harburg 4, II B 54, Magistrat Harburg an Oberpräsident Noske, 3.8.1926.
33 Harburg 4, II B 49, undatierte Aufzeichnung.
34 Harburg 4, II B 54, Dudek an Regierungspräsident Krüger, 12.8.1926.
35 Magistrat an Noske, wie Anm. 32.
36 StAHbg, Harburg 4, II B 56, Krüger an Dudek, 12.9.1926.
37 StAHbg, Harburg 4, II B 54, Dudek an Krüger, 12.8.1926.
38 Ebd., Rücksprache im Innenministerium, wie Anm. 28.
39 Ebd., Dudek an Noske, 27.8.1926.
40 Ebd., Noske an Dudek, 30.8.1926.
41 Ebd., Dudek an Krüger, 28.8.1926.
42 Ebd., Notiz Dudek, 7.10.; Dudek an Krüger, 12.10. und 10.11.1926.
43 Ebd., Minister des Innern an Dudek, 14.10.1926; Notiz Dudek, 18.10. und 31.10.1926.
44 Ebd., Dudek an Krüger, 2.11.1926.
45 Ebd., Notiz Dudek, 6. und 8.11.1926.
46 StAHbg, Harburg 4, II B 52 Bd. II, Sitzungen vom 7.12. und 10.12., 21.12.1926; Magistratssitzungen Harburg 27.1. und 6.2.1927. Wie sehr Dudek auch in diesen Fragen mit Krüger zusammenspielte, zeigt der Briefwechsel im Januar 1927: ebd.
47 StAHbg, Harburg 4, II B 53, IHK an Magistrat, 20.12.1926.
48 Ebd., Bürgervorsteher-Sitzung, 31.1.1927.
49 Ebd., Gemeinschaftliche Sitzung Magistrat-Bürgervorsteher, 10.2.1927 und Dudek an Krüger, 15.2.1927.
50 Volksblatt Nr. 20, 25.1.1927, Dudek vor dem Kreishandwerkerbund Harburg.
51 StAHbg, Harburg 4, II B 54, Denkschrift Magistrat an Regierungspräsident Lüneburg, 5.10.1926.
52 Volksblatt Nr. 154, 10.8.1925.
53 Allgemein zu den hier angeschnittenen Problemen vgl. Ruck, S. 91ff., von Saldern, Kommunale Verarmung, S. 69ff. sowie Flemming u.a., Familienleben.
54 Hirsch, S. 14f.
55 Darstellungen des soziologischen Zustandes, Tafel 30.
56 Volksblatt Nr. 251, 26.10.1929, Beilage, S. 23.
57 Hierfür wie für die folgenden Zitate: Verwaltungsbericht des Magistrats für die Jahre 1930 bis 1933. In: Amtliche Mitteilungen Nr. 3, 7.3.1933 und Nr. 4, 10.3.1933.
58 Vgl. Stegmann, Industrielle Entwicklung, in diesem Band, S. 329f.
59 StAHbg, Harburg 5, 4000–05, Wohlfahrtsamt der Stadt Harburg-Wilhelmsburg, Tätigkeit und Leistungen im Rechnungsjahr 1932.
60 Verwaltungsbericht, wie Anm. 57.
61 HAN Nr. 121, 23.12.1932.
62 Verwaltungsbericht, wie Anm. 57.
63 Volksblatt Nr. 77, 30.3.1928, Pohlmeyer (SPD) in der gemeinschaftlichen Sitzung von Bürgervorsteher-Kollegium und Magistrat, 29.3.1928.
64 HAN Nr. 256, 3.8.1929.
65 Verwaltungsbericht, wie Anm. 57. Die Unfähigkeit der Kollegien, Entscheidungen zu treffen, dokumentierte sich unter anderem bei der Bürgersteuer, die erst durch Anordnung des Regierungspräsidenten eingeführt werden konnte: HAN Nr. 12, 14.10.1932 und Nr. 77, 31.12.1932.
66 HAN Nr. 167, 17.4.1930. Daß sich inbesondere die Aufwendungen für die Wohlfahrtsempfänger in vertretbaren Grenzen hielten, zeigen vergleichbare Berechnungen des Wohlfahrtsdezernenten der Stadt Hannover, 4.7.1932: StAHbg, Harburg 4, 1126–08 Bd. II.
67 HAN Nr. 270, 19.8.1932.
68 Volksblatt Nr. 49, 27.2.1931.
69 Verwaltungsbericht, wie Anm. 57.

An die Einwohnerschaft Harburgs!

In einer am Donnerstag abend stattgefundenen Versammlung der Gewerkschafts- und Parteifunktionäre wurde die gegenwärtige Situation besprochen. Zu dem bereits bestehenden Arbeiterrat wurden folgende Genossen hinzugewählt: **Adler, Baetge, Bren, Bockelmann, Gebel, Fischer, Günther, Klemm, Lazer, Marquardt, Müller, Reben, Peter, Schulz, Torge, Weeke.** Dazu kommen die schon an anderer Stelle gewählten Genossen **Paul, Korthaus, Gaebel, Hahnemann, Carolin, Danker, Kofahl, Fricke.**

Im Anschluß daran fand eine Sitzung statt, die bis tief in die Nacht hinein dauerte. Heute morgen 10 Uhr wurde die Sitzung fortgesetzt. Der Soldatenrat wird im Laufe des Vormittags gewählt werden.

Der militärische Wacht- und Sicherheitsdienst wird in der bisherigen Weise fortgesetzt.

Die Tätigkeit in den Gewerkschaftsbüros sowie im Arbeiter-Sekretarat wird nach wie vor fortgesetzt.

Die öffentliche Gewalt ist von heute ab in die Hände des Arbeiter- und Soldatenrats übergegangen.

Es wird bestimmt:

Die städtischen Behörden haben ihre Tätigkeit wie bisher unter Kontrolle des Arbeiter- und Soldatenrats weiterzuführen.

Das persönliche Eigentum untersteht unserem Schutze. Wer sich daran vergreift, wird streng bestraft.

Räubereien und Plündereien werden mit dem Tode bestraft.

Die Lebensmittelversorgung des Volkes geht vorläufig in bisheriger Form weiter. Theater und Kinos bleiben geöffnet.

Polizeistunde regelt sich nach den bisherigen Bestimmungen.

Verfügungen und Anordnungen können nur vom Arbeiter- und Soldatenrat erlassen werden.

Jeder Beauftragte muß sich durch einen Schein, mit Namen und Unterschrift eines Mitgliedes des Rates versehen, ausweisen können.

Für den Soldatenrat: Müller.

Für den Arbeiterrat: Paul.

Wir fordern die Bevölkerung auf, im Interesse der Aufrechterhaltung der Ruhe und Ordnung den getroffenen Anordnungen Folge zu leisten.

Harburg, den 8. November 1918.

Der Magistrat.
Denicke

Abb. 1 November 1918: Der Arbeiter- und Soldatenrat wird vom Magistrat wohl oder übel gestützt (Plakat).

Kein Truppenanmarsch nach Harburg.

Heute morgen ist eine Kommission, bestehend aus dem Oberbürgermeister, Bürgervorsteher-Worthalter Klemm, Geschäftsführer Fuß und Wodrig beim Chef der Sicherheitswehr von Groß-Hamburg, Oberst Meyn, sowie beim Polizeiherrn von Hamburg, Herrn Hense, wegen des befürchteten Anmarsches weiterer Baltikumtruppen auf Harburg vorstellig geworden.

Von beiden Stellen ist der Kommission versichert worden, daß dort über einen solchen Truppenanmarsch nichts bekannt sei. Für den Fall, daß dennoch mit einem Anmarsch von Truppen zu rechnen sei, sind

ausreichende Truppen aus Hamburg in Aussicht gestellt.

Ferner sind Flieger aufgestiegen, um Truppenbewegungen festzustellen.

Endlich ist ein Offizier mit einem Auto vom Chef der Sicherheitswehr nach Stade geschickt worden, der den dort befindlichen Truppen den strikten Befehl überbringen soll, in Stade zu verbleiben.

Im übrigen soll wiederholt hervorgehoben werden, daß von allen Seiten, sowohl von den städtischen Kollegien, wie von den Vertretungen der Arbeitnehmer und Arbeitgeber

alles geschieht, um einen weiteren Anmarsch der Baltikumtruppen zu verhindern.

Das Gerücht, daß von hier aus von irgend einer Seite die Baltikumtruppen nach Harburg gerufen seien, ist durchaus unrichtig und entbehrt jeder Begründung. Die Bevölkerung wird ersucht, allen derartigen Gerüchten entgegenzutreten und die Ruhe zu bewahren.

Magistrat. Bürgervorsteher-Kollegium.
Gewerkschafts-Kartell. Parteileitung.
Polizeidirektion. Handelskammer. Arbeitgeber-Verein.

Abb. 2 Eine ‹Große Koalition› gegen Anhänger des Kapp-Putsches (Plakat März 1920).

Abb. 3 Nun sozialdemokratisch geführt: Magistrat 1925 (v.l.n.r. – 1. Reihe: Senator Maul, Stadtsyndikus Tilemann, Oberbürgermeister Dudek, Senatoren Thiele, Behrens, Dyes; 2. Reihe: Senatoren Martens, Mojen, Lüdders, Hirschfeld, Klemm, Hoffmann, Schubart).

Abb. 4 Das berufskundliche Buch «Vor dem Tore des werktätigen Lebens» als Geschenk zur Großstadtbildung (1927).

Abb. 5 Modell eines neuartigen Komplexes: Stadthalle und Höhere Schulen am Postweg.

Abb. 6 Notstandsarbeiter bei der Anlage des Planschbeckens im Stadtpark (1926).

Abb. 7 Nationalsozialisten treiben Dudek aus dem Amt.

Abb. 8 Machtdemonstration.

Die Harburger Tagespresse 1750–1943

Peter Stein

Das Harburger Pressewesen bis 1848/49

Die Anfänge des Harburger Pressewesens reichen zurück bis in die Mitte des 18. Jhs.[1]. Sie sind bescheiden, eher zufällig für das Städtchen im Fürstentum Lüneburg und dennoch pressehistorisch durchaus bemerkenswert. Mit Beginn des Jahres 1750 erschienen nämlich in kurzer Folge vier Nummern einer Zeitung, die sich kühn und – mit offensichtlichem Blick auf etabliertes hamburgisches Vorbild[2] – konkurrenzfreudig «Harburgische privilegirte Staats- und Gelehrte Neuigkeiten» nannte. Diese vier Ausgaben galten lange als verschollen. In der ersten faßt der Verleger Hoffnungen im Gedicht, die letzte enthielt u. a. einen Beitrag «Gedanken vom Küssen», den die fünfte Ausgabe fortsetzte. Diese fünfte Nummer und noch neun weitere folgten jedoch erst 11 Jahre später, in der Zeit vom 8. bis 23. September 1761.

Bemerkenswert ist dabei wohl weniger die Rechnung, die der Verleger, der zunächst in Harburg noch gar nicht ansässige Buchdrucker Samuel H. C. Struck, auf die Geduld seiner Abonnenten aufmachte, als er die zwei scheiternden Anläufe zur Gründung einer Tageszeitung unternahm. Bemerkenswert ist vielmehr, daß der kurfürstliche Geheime Rat in Hannover einem jungen, einschlägig nicht erfahrenen Drucker in einer Stadt, in der es auf Dauer noch keine Druckerei gegeben hatte, überhaupt ein Privileg zum Druck, Verlag und Vertrieb einer politischen Zeitung verlieh und dieses auch noch 1749 für zwölf Jahre aussprach. In der Regel lehnte die Regierung solche Gesuche ab oder verband sie mit Auflagen, nach denen insbesondere inländische (politische) Nachrichten zu unterlassen waren[3]. Durchgesetzt wurde dieses Gebot mit strengen Aufsichtsmaßnahmen, die im mehrfach erneuerten Zensuredikt von 1705 festgelegt worden waren und praktisch gültig blieben bis 1848. Die Konsequenz solcher Politik war, daß im Kurfürstentum und später im Königreich Hannover eine politische Tagespresse im eigentlichen Sinne kaum existierte.

Dem herrschaftlichen Arkan[Geheimhaltungs-]anspruch standen im Bereich des Pressewesens zunächst noch die ökonomischen Bedingungen zur Seite, wenigstens im 18. Jh. und in den Regionen abseits der größeren Städte. Die Investitionen für die Einrichtung einer Druckerei waren hoch und risikoreich, der Markt beengt durch Privilegien und die Zensur. Herstellung und Vertrieb einer überregionalen Zeitung konnten bis ins 19. Jh. hinein faktisch nur auf der Basis einer rentablen Buch- und Akzidenzdruckerei gelingen. So scheiterte Struck in Harburg denn auch in erster Linie mangels wirtschaftlichen Erfolges als Drucker in einer noch zu kleinen Stadt. Sein offenbares Kalkül auf das Zeitungsleserinteresse in der benachbarten großen Stadt Hamburg, das ihm erst den Erfolg als Zeitungsverleger (und danach den als Drucker) bringen sollte, konnte dagegen politisch wegen Zensur bzw. Nichtverlängerung des Zeitungsprivilegs nicht aufgehen. Das starke Interesse, das gerade Leser in Hamburg an den kurzzeitig unzensierten letzten Nummern der harburgischen Zeitung zeigten[4], weist jedoch schon auf das erstarkende Publizitätsprinzip hin, das im Gefolge des politischen Liberalismus als Forderung nach öffentlicher Erörterung der (überregionalen) politischen Presse im 19. Jh. Dynamik verlieh. Dem schließt sich ein für die Entstehung des regional-lokalen Pressewesens wichtiger Prozeß an, dessen Bedeutsamkeit an der endgültigen Herausbildung des Harburger Zeitungswesens exemplarisch dargestellt werden kann.

Die Publizitätsforderung der bürgerlichen Gesellschaft artikulierte sich ja nicht nur im Streben nach Diskussion über die große Politik, sondern wuchs zugleich auch von unten als immer unabweisbareres Interesse an lokaler bzw. regionaler Kommunikation dem Arkaninteresse des Staates entgegen. An den Gründungsjahren lokal/regional ausgerichteter sogen. «Intelligenzblätter» ist der Zeitpunkt ungefähr ablesbar, an dem bislang genügende mündliche Lokalkommunikation ergänzt bzw. abgelöst wird durch schriftliche Formen. An den Gründungsjahren der sogen. «Amtsblätter» (die nicht selten alsbald den «Intelligenzblatt»-Charakter integrierten) ist zugleich ablesbar, daß auch die Behörden einen gestiegenen Kommunikationsbedarf mit den Untertanen besaßen, der nach periodisch publizierter Verbreitung verlangte[5]. Beide Tendenzen vereinigten sich jedoch im Vormärz nicht, vielmehr mußte das lokal begründete Kommunikationsinteresse seinen Anpruch mühsam erkämpfen. Warum das und wie das gerade in Harburg noch vor 1848 gelang, ist nicht uninteressant.

Harburg war in den Jahren nach den napoleonischen Kriegswirren zu einer Stadt von ca. 4500 Einwohnern gewachsen, hatte eine Garnison, einen bedeutenden Hafen und eine aufstrebende Wirtschaft. Es war der Magistrat selber, der 1837 zunächst eine (schon in Stade etablierte) Druckerei in den Ort holte und dann die Bemühungen des Druckers Johann Christian Hergeröder um die Erlaubnis, ein Wochenblatt verlegen zu dürfen, nachhaltig und schließlich erfolgreich unterstützte. Hergeröders Argumentation für die Zulassung einer Lokalzeitung ist geradezu klassisch:

«Das Bedürfnis einer städtischen Wochenschrift wird von sämtlichen Bürgern Harburgs und den Eingesessenen seiner Umgebung, nicht minder von den hier eintreffenden zahllosen Reisenden von Tage zu Tage dringender verspürt. Harburgs Handel und Verkehr gewinnen von Jahr zu Jahr an Umfang. ... Der industrielle hamburgische Kaufmann versäumt es nicht, jede neu empfangene Warensendung in der nächsten Zeitung zur öffentlichen Kenntnis gelangen zu lassen, während der hiesige Kaufmann eines zur Veröffentlichung derartiger Lokal-Anzeigen geeigneten Organs entbehrt und mit tiefer Betrübnis die Erfahrung macht, daß seine Mitbürger an seinem wohlassortierten Lager vorbeigehen, um in einer fremden Stadt zu kaufen, was sie bei ihm ebenso gut erhalten können, aber nicht bei ihm vermuten»[6].

Zweierlei fällt auf: Das gesellschaftliche Interesse wird als politikfreies ökonomisches und kommunales Interesse definiert (Inserate) und: Das privatunternehmerische Projekt erscheint als «gemeinnütziges Unternehmen»[7]. Es ist die besondere politische Konstellation von Staat und Gesellschaft im Vormärz, die diese Interessenumschreibung zu beglaubigen vermochte. Gleichwohl resultierte hieraus ein gerade in der Lokalpresse langfristiges Selbstbild, demzufolge sich der Verleger weniger als ein politisch und mit der Ware Zeitung Handelnder, sondern als ein über dem Markt und den Parteien Stehender darstellte. Das galt insbesondere für die jeweils am Ort ersten Lokalzeitungen («Traditionszeitungen», die oftmals über Generationen in Familienbesitz blieben) und machte einen erheblichen Teil ihres Marktvorsprunges aus.

Für Harburg dauerte es noch vier Jahre, bis die Königliche Landdrostei in Lüneburg endlich die Konzession erteilte, verbunden mit der Einschränkung, keine politischen und keine amtlichen Nachrichten sowie keine unterhaltenden Artikel publizieren zu dürfen. Am 5. Oktober 1844 erschien die erste Nummer der «Harburger Anzeigen». Das Wochenblatt war damit die dritte Zeitung in der Landdrostei Lüneburg, neben den 1810 bzw. 1811 gegründeten und ab 1825 als Landdrostei-Amtsblatt auftretenden «Lüneburgschen Anzeigen» und den «Celleschen Anzeigen» (ab 1817). Drucker, Redakteur und Verleger war der Hergeröder-Sohn Carl; er blieb es bis 1872. Man kann nicht sagen, daß das vierseitige Blättchen sogleich florierte. Die Auflage stieg in den ersten Jahren nur langsam auf ca. 300, knapper Gewinn war erst ab 1846 zu verzeichnen[8]. Dennoch: Die Zeitung konsolidierte sich, weil es ihr spätestens ab 1848 gelang, sich mehr und mehr aus den redaktionellen Einschränkungen der Lüneburger Obrigkeit zu befreien, und weil die stürmische Aufwärtsentwicklung der Stadt Harburg ein Leser- und Inserentenpotential garantierte, von dem bald mehr als nur eine Ortszeitung profitieren sollte.

Von Hannover zu Preußen: Die Harburger Tagespresse 1848–1890

Am 17.3.1848 wurde für das Königreich Hannover die Zensur aufgehoben. Damit war hier, wie auch in den anderen deutschen Territorien, gleich zu Beginn der 48er-Bewegung eine der Hauptforderungen der Opposition verwirklicht. In der Folge kam es zu einer Welle von Zeitungsgründungen bzw. Umwandlungen zu politischen Zeitungen, die auch die bisher eher zeitungsarmen Provinzregionen erreichte[9]. In Harburg trat zwar nicht wie in Lüneburg mit dem «Vorwärts» eine neue, liberale Zeitung auf[10], als eine «neue», nämlich politische Zeitung kann man gleichwohl die «Harburger Anzeigen» in dieser Zeit bezeichnen, da die gesetzlichen Regelungen der Pressefreiheit aus den Jahren 1848/49, anders als in vielen anderen Bundesstaaten, faktisch bis 1855 Gültigkeit hatten[11]. Der redaktionelle Inhalt erweiterte sich bedeutend, der politische Standpunkt gewann für den Leser festere Konturen. Hergeröders Zeitung war kein Regierungsblatt, sondern steuerte einen vorsichtigen national-liberalen Kurs, der den politischen Kräfteverhältnissen in der nun rasch wachsenden Industriestadt Harburg entsprach.

Das war trotz des lokalen Rückhalts beileibe kein einfacher Kurs, denn die hannoversche Regierung verschärfte seit dem Ministerium v. Borries' ab 1855 ihre Politik der Überwachung und Einflußnahme gegenüber der Presse erheblich, um die Folgen der mißliebigen Pressefreiheit so stark wie möglich einzudämmen. Der Maßnahmenkatalog stützte sich auf den «Bundesbeschluß zur Verhinderung des Mißbrauchs der Presse» vom 6.7.1854 und umfaßte: Ermahnung und Verwarnung zur Einschüchterung, gestaffelte Kaution für politische Blätter zur Erschwerung von Neugründungen, schließlich: Konzessionsentzug. Diese Drohungen mußten, zumal bei kapitalschwachen Verlegern, zu Anpassung bzw. zu Vermeidungsstrategien führen. So scheiterte 1856 in Harburg die erste örtliche Konkurrenzgründung, die von Georg Brackenhoff verlegte und redigierte Tageszeitung «Der Elbbote», an der hohen Kaution[12]. Auch Hergeröder wird seinen Preis zu zahlen gehabt haben, nachdem es ihm gelungen war, die Kautionssumme von bedrohlichen 2500 auf 500 Taler herunterzuhandeln: nur so konnte er die ab 1854 eingeführte halbwöchentliche Erscheinungsweise beibehalten und die Ersparnis in eine Schnellpresse investieren, mit der er ab 1857 den Zeitungs- vom Akzidenzdruck abtrennte.

Der zweite Versuch einer Konkurrenzgründung, die von Carl Frick vom 1.4.1859 bis ca. 1862 verlegte und halbwöchentlich erschienene «Elbzeitung. Harburger Nachrichten»[13], stand bereits im Zeichen einer veränderten pressepolitischen Konstellation. Unter maßgeblicher Mitwirkung des Regierungsassessors Oscar Meding war nämlich die Regierung gegen Ende der 50er Jahre zunehmend von der tradierten Politik der Pressebehinderung zu einer modernen Politik der Pressebeeinflussung übergegangen: Das Bestreben dieser ebenfalls in Preußen praktizierten Pressepolitik war es, maßgebliche Zeitungen durch politische Pression und materielle Anreize zu einer regierungsfreundlichen Haltung zu veranlassen[14]. Dem Erfolg bei den durchweg kapitalschwachen kleinen Provinzzeitungen standen wachsende Mißerfolge in den größeren Städten gegenüber, in denen sich eine Zeitung auch gegen den Druck von oben gut zu halten vermochte. Harburg gehörte dazu.

So zahlte sich die Regierungstreue der «Elbzeitung» nicht aus. Obwohl Frick die Kaution auf 500 Taler ermäßigt wurde, er dann noch ein Darlehen von 800 Talern erhielt und die Landdrostei nur seinem Blatt in Harburg die Amtlichen Anzeigen gab[15], zog das liberale Bürgertum, politisch im «Nationalverein» organisiert, die «Harburger Anzeigen und Nachrichten», so der neue Titel ab 1860, entschieden vor. Nach dem Ende der «Elbzeitung» gab Hergeröder am 26.3.1862 die stolze Erklärung ab, daß sein Blatt *«von niemandem Unterstützung erhält und unter niemandes Einfluß steht, und also ganz unabhängig ist»*[16]. Das war natürlich nur bedingt wahr, denn die relative Unabhängigkeit von der hannoverschen Regierung war nur zu erreichen aufgrund des nationalliberalen Kurses der Zeitung, der nach dem Anschluß Hannovers und damit auch Harburgs an Preußen (1866) sowie nach der Übernahme des Blattes durch Hergeröders Schwiegersohn Georg Lühmann (ab 1872) seinen oppositionellen Charakter weitgehend verlor.

Man kann es auch so formulieren: ab 1866 wurden die «Harburger Anzeigen und Nachrichten» (HAN) mehr und mehr staatstragend, was gleichbedeutend mit «regierungsfreundlich» war. Dem Welfenreich trauerte «die Lühmannsche», wie die Zeitung bald in Harburg hieß, nicht nach. Diese Trauerarbeit überließ man dem mit der «Elbzeitung» an seiner Regierungsloyalität gescheiterten Frick, die sich ab 1868 mit seinem zugleich in Buxtehude verlegten «Courier an der Unterelbe» nun in welfischer Opposition versuchte. Das Blatt ging um 1874 an den Harburger Buchdrucker Heinrich Wendt über, behielt aber seine Richtung bei. Um 1890/91 wurde der Drucker Heinrich Weber (Mit-)Herausgeber. Die Zeitung erschien zuletzt sogar sechsmalig in der Woche und dürfte am 30.4.1894 eingegangen sein[17]. Abnehmer fand sie wohl kaum in der Stadt Harburg, sondern mehr im nördlichen Hinterland.

Die später vor allem im Regierungsbezirk Lüneburg stärker vertretene deutsch-hannoversche Presse und Parteiagitation bereitete der preußischen Regierung in Berlin bzw. dem Oberpräsidium in Hannover von Anfang Sorgen. Aus dem beschlagnahmten Vermögen der Fürstenhäuser in Hannover und Hessen, dem sogen. «Reptilienfonds», wurden ab 1869 «Subventionen» genannte jährliche Geldzahlungen an Journalisten und Verleger gezahlt, um im annektierten Welfenland Regierungsfreundlichkeit sicherzustellen. Folgt man Schilling, der die geheimen Zahlungen unverblümt als Bestechungen bezeichnet, so nahmen die meisten etablierten Zeitungen der Landdrostei Lüneburg und daher wohl auch die HAN dieses Geld an, das zwischen 500 und 1000 Taler jährlich betrug und bis in die 80er Jahre, in Einzelfällen (z.B. Uelzen) sogar bis zur Jahrhundertwende gezahlt wurde[18]. Als Beeinträchtigung ihrer Unabhängigkeit mochten wenigstens die Verleger der in den jeweiligen Landkreisen führenden Zeitungen diese Subventionen nicht betrachten, waren sie doch in der Regel als «amtliche Kreiszeitung» ohnehin zum Staat in ein besonderes Verhältnis getreten.

Diese neue Einrichtung wurde in der Provinz Hannover nach der vorläufigen Neueinteilung von (Steuer-)Kreisen von 1867 ins Leben gerufen und nach der endgültigen Neuordnung der Landkreise ab 1.4.1885 noch einmal modifiziert. Dementsprechend firmierten die HAN ab 1870 als «Amtliches Kreisblatt für die Städte Harburg und Winsen sowie für die

Ämter Harburg, Winsen und Tostedt», ab 1885 dann nur noch für Stadt- und Landkreis Harburg. Der Titel war, zumindestens in den folgenden Jahrzehnten verschärfter örtlicher Zeitungskonkurrenzen, bares Geld wert, verschaffte er doch nicht nur sichere Einkünfte für den Abdruck der Amtlichen Mitteilungen, sondern garantierte gerade wegen des Abdruckes auch Wettbewerbsvorteile und erhöhtes Interesse. So ist es nicht verwunderlich, daß die HAN rasch expandierten. Ab 1.10.1872 erschienen sie dreimal, ab 18.11.1875 sechsmal wöchentlich. Ab 1887 besaß die Druckerei eine Doppel-Schnellpresse, ab 1898 eine lithographische Anstalt sowie eine Rotationsmaschine, ab 1909 eine elektrisch angetriebene Zwillings-Rotationsmaschine. Auflage und Umfang stiegen kontinuierlich: gaben die einschlägigen Kataloge für 1872 noch eine Auflage von 1700 an, so wuchs diese Zahl auf 4500 im Jahr 1891. 1899 inserierte das Blatt ohne näheren Nachweis: «Größte Auflage und weiteste Verbreitung aller Lokalblätter der Provinz»[19]. Zu Beginn des 1. Weltkrieges war dann die Auflage bei 14000 angekommen.

Der Aufschwung der politischen Tagespresse in Harburg 1890–1918

Der eigentliche Aufschwung der politischen Tagespresse datiert in Harburg von den 90er Jahren des 19. Jhs. Neue, dauerhafte Zeitungsgründungen, die dem bis dahin örtlich noch nicht vorhandenen Typus des Generalanzeigers bzw. der Parteizeitung zuzuordnen sind, erweiterten das Erscheinungsbild der Harburger Zeitungslandschaft ebenso wie Konkurrenzgründungen zur Traditionszeitung HAN. Dennoch bleibt bestehen: Diese älteste Lokalzeitung behielt auch nach 1890 den Vorrang in Stadt- und Landkreis. Der ganz unbestreitbare Erfolg der Zeitung hing nicht unwesentlich mit zwei weiteren Sachverhalten zusammen: Harburgs wirtschaftlichem Boom im Kaiserreich und dem kommunalpolitischen Engagement des Zeitungsverlegers Georg Lühmann. An der politischen Gestaltung der ökonomischen Expansion Harburgs hatte Lühmann wachsenden Anteil: ab 1881 war er Mitglied der Harburger Handelskammer, ab 1890 deren stellvertretender und ab 1897 alleiniger Vorsitzender. Zugleich war er ab 1893 Bürgervorsteher des ersten Stadtbezirkes, ab 1904 Senator im Magistrat, daneben im Aufsichtsrat verschiedener Unternehmen und bald auch mit öffentlichen Ehrungen und Titeln überhäuft. Die Zeitung dieses Bismarck-Verehrers und streitbaren Nationalliberalen hatte teil am politischen Erfolg des Lokalpolitikers, umgekehrt hatte dieser zweifellos Vorteile, weil ihm ein Sprachrohr seiner Überzeugungen zur Verfügung stand[20].

Die HAN wurden eine politische Lokalzeitung, aktiv für die Interessen des Nationalliberalismus, wobei sie hier besonders nach 1878 den rechten Flügel unterstützte und mit diesem im Kampf gegen die Sozialdemokratie der Förderung des nationalen Machtstaates den Vorzug gegenüber der Einforderung liberaler Rechtsstaatsprinzipien gab. Dieser Kurs wurde von Georg Lühmann jun., der ab 1897 Schriftleiter, ab 1907 Teilhaber und nach dem Tode des Vaters ab 1912 Verleger war, ohne Abstriche fortgesetzt. Neben Georg Lühmann, der sich alsbald mehr dem Geschäftlichen widmete, waren in der Schriftleitung verantwortlich: Hermann Pietsch (ab 1901) und Hugo Lutze (ab 1905); Pietsch übernahm die Hauptschriftleitung bis 1920, Lutz danach sogar bis Anfang 1931.

Auch wenn Lühmanns Blatt versuchte, in einer Art lokalen «Dämpfung» der wachsenden Tatsache Rechnung zu tragen, daß es neben dem protestantischen Bildungs- und dem industriellen Großbürgertum auch Leserschichten gab, die dem politischen Kurs der Zeitung nicht folgten, ließ sich angesichts der veränderten Dimensionen Harburgs nicht verhindern, daß ab den 90er Jahren dauerhafte Konkurrenzblätter auftraten. So erschienen ab 1890 die «Harburger Zeitung», ab 1891 das sich später «Wilhelmsburger Zeitung» nennende Lokalorgan «Wilhelmsburger Gemeinde-Blatt» und ab 1894 das sozialdemokratische «Volksblatt für Harburg-Wilhelmsburg und Umgegend»; hinzu kam im Landkreis die ab 1893 in Tostedt erschienene «Tostedter Zeitung».

Die «Tostedter Zeitung» gehörte zum Typus der kleinen Lokalpresse, der bis in die 30er Jahre des 20. Jhs. in Deutschland stark verbreitet war und dessen Kennzeichen sind: Einheit von Drucker, Verleger, Redakteur; Beschränkung der Verbreitung auf den kleinen Erscheinungsort; publizistischer Schwerpunkt auf örtliche Berichterstattung; mehr oder weniger starke Abhängigkeit von überregionalen Matern- und Plattenkorrespondenzen, Beilagen u. ä. in den übrigen Sparten. Die «Tostedter Zeitung» wurde vom Drucker Gustav Baumm redigiert und nannte sich im Untertitel «Unabhängiges Organ zur Vertretung ländlicher Interessen»: es war zugleich das Vereinsblatt des Landwirtschaftlichen Vereins Tostedt. Das dreimal wöchentlich erscheinende Blatt hieß ab 1921 «Harburger Kreiszeitung». Unter der Regie des Gründersohnes Paul Baumm ging das Blatt in der zweiten Hälfte der 20er Jahre als erste Zeitung in der nordostniedersächsischen Region zu nationalsozialistischem Kurs über[21].

Über die «Harburger Zeitung» läßt sich nur wenig Verläßliches aussagen, da sie sich lediglich in ein paar Einzelnummern erhalten hat. Als «Zeitung für Jedermann»[22] gehörte sie offensichtlich zum damals neu auftretenden Zeitungstyp der Generalanzeiger, die als billige Massenblätter vor allem auf Anzeigen, Unterhaltung und wenig explizite Politik setzten und damit besonders in den Städten in neue (kleinbürgerliche bzw. proletarische) Leserschichten eindrangen. Verleger war zunächst der Buchdrucker Johannes Goltermann allein, ab ca. 1892 zusammen mit dem Papierhändler Karl Henne. Ab ca. 1902 datiert die Umwandlung in die Harburger Zeitung GmbH, Am Wall 20[23]. Das Blatt erschien sechsmal wöchentlich. Ende der 90er Jahre fusionierte es mit dem möglicherweise zuvor selbständigen «Generalanzeiger für Harburg und Umgegend». In den Jahren 1910 bis 1912 gehörte die Zeitung dem Drucker Emil Hegemeister. 1914 erfolgte ein erneuter Besitzerwechsel: Das Blatt hieß nun: «Lokal-Anzeiger für die Stadt Harburg», mit zeitweiligen Nebenausgaben in Tostedt, Buchholz, Buxtehude und Stade. Verleger war Gustav Adolf Nahrendorf. Nach dessen Tod ging das Blatt Anfang 1926 im «Harburger Tageblatt» auf[24]. Das sozialdemokratische «Volksblatt» bezeichnete die «Harburger Zeitung» im Rückblick als *«ein billiges Inseratenblatt..., die die sozialdemokratische Partei systematisch bekämpfte»*[25].

Die «Wilhelmsburger Gemeinde-Zeitung» wurde von dem zuvor als Faktor bei den HAN beschäftigten Franz Kämmerer am 9. 5. 1891 gegründet. Es gelang ihr sowohl, den seit 1880 als Nebenausgabe der «Norddeutschen Nachrichten» (Blankenese) erscheinenden «Wilhelmsburger Boten» zu verdrängen, als auch sich gegen Lühmanns Zeitung zu behaupten. Eine wichtige Ursache lag darin, daß das kleine Bauerndorf Wilhelmsburg mit seinen wenigen tausend Einwohnern sich durch den seit den 80er Jahren begonnenen Ausbau des Hamburger Hafens in kürzester Zeit zu einem Industrie- und Arbeiterwohnort mit rund 32000 Einwohnern (1914) verwandelte. Kämmerer versprach seinen anfänglichen 65 Abonnenten, *«die lokalen Interessen Wilhelmsburgs nach Kräften zu fördern»*[26], durfte die Zeitung auch alsbald im Untertitel «Amtsblatt der Gemeinde Wilhelmsburg» nennen und konnte sie bereits ab 28. 11. 1903 als Tageszeitung herausbringen. Ähnlich erklärten auch die späteren Verleger Hugo Böhme (ab 1905) und Albert Schüthe (ab 1909), in der «Wilhelmsburger Zeitung», wie sie ab 1911 hieß, *«die Freude an der heimatlichen Scholle wachzuhalten»* bzw. *«vor allem den lokalen und kommunalen Teil des Blattes noch mehr auszubauen»*[27]. Dieser

Charakter der bürgerlichen Orts- bzw. Heimatzeitung, vermischt mit Elementen des Zeitungstyps «Generalanzeiger», ist es denn auch, der dem kleinen Blatt (Auflage: 2–3000) sein Gepräge und sein Auskommen im Kräftefeld der harburgisch-hamburgischen Tagespresse gab, in dem ansonsten die ausgeprägteren Typen der Generalanzeiger-, der Partei- oder Parteirichtungspresse dominierten.

Die letzte, zweifellos bedeutendste Zeitungsgründung im Harburg des Kaiserreichs war das sozialdemokratische «Volksblatt für Harburg-Wilhelmsburg und Umgegend». Man kann die Gründung insgesamt als Zeichen für die Erstarkung der Harburger Arbeiterbewegung betrachten, signalisierte sie doch einerseits das Bedürfnis, sich vom verbreiteten Hamburger Parteiblatt «Hamburger Echo» zu emanzipieren, und andererseits das Zutrauen, auch in Harburg der Generalanzeigerpresse die Teile der Arbeiterschaft als Leser wegzunehmen, die diese im Reich zumeist während der Zeit der Sozialistengesetze, in Harburg zumindestens seit 1890 gewonnen hatte. Interessant ist, daß das Zeitungsprojekt sozusagen «von unten», d.h. von der Harburger Mitgliederversammlung gegen die Voten überregionaler Parteikonferenzen durchgesetzt wurde. Als Verleger und Geschäftsführer trat in den ersten drei Jahren Carl Weniger auf; Anfang 1897 veranlaßten dann die Harburger Parteimitglieder Baerer, Dubbe und Hinze die Eintragung ins Handelsregister: seitdem hieß der Verlag Baerer & Co[28]. Anders als spätere Parteiblatt-Gründungen mußte es ohne Zuschuß aus der Berliner Parteikasse auskommen; Darlehensgeber waren einzelne Harburger Mitglieder (z. B. Robert Unger, August Kruse u. a.) sowie einmalig der sozialdemokratische Verein für den 17. hannoverschen Wahlkreis[29]. Das Zutrauen zur eigenen Stärke gründete sich dabei auf die wachsenden Mitgliederzahlen in den Harburger Gliederungen der Partei und Gewerkschaft, es drückte sich aber auch aus in dem Mut, das neue Blatt sogleich ab der ersten Nummer vom 1.11.1894 als Tageszeitung erscheinen und ihm ein knappes halbes Jahr später eine Kopfausgabe für Lüneburg, dem (späteren) Sitz des Unterbezirkes, folgen zu lassen.

Die äußerst bescheidenen redaktionellen Mittel, nicht untypisch für die Situation der sozialdemokratischen Presse in der Zeit um die Jahrhundertwende, schilderte der langjährige Redakteur Heinrich Kaufmann 1919 im Rückblick so: *«Zu einem Abonnement auf die Reuterschen Depeschen reichten die Mittel nicht. Von einem befreundeten Genossen in Hamburg wurden die neuesten in den Hamburger Morgen- und Mittagsblättern erscheinenden Nachrichten telegraphisch mitgeteilt. Es fehlte an einem tüchtigen Berichterstatter. Korrespondenzen konnten aus Mangel an Mitteln nicht gehalten werden, auch waren die bürgerlichen Zeitungskorrespondenzen nur in sehr geringem Maße für das sozialdemokratische Blatt geeignet. Die Redaktion selbst war ungenügend besetzt. Es waren zwei volle Arbeitskräfte notwendig, und vielfach stand nur eine halbe zur Verfügung»*[29].

Zu diesen Schwierigkeiten traten Kapitalknappheit sowie die Abhängigkeit von dem privaten Drucker Heinrich Weber, der zuvor den «Courier an der Unterelbe» gedruckt hatte. Dennoch gelang es sogleich, auf eine Bezieherzahl von 3300 zu kommen und diese Zahl im Laufe der Jahre kontinuierlich zu erhöhen. Die «Harburger Zeitung» war nach Auflagenhöhe schon Ende der 90er Jahre überflügelt, die HAN 1914 mit 13000 Exemplaren fast erreicht. Vorbei war die Zeit, wo man in Rücksicht auf deren größeres Format auf das kleinere «Vorwärts»-Format verzichten mußte, um Leser zu gewinnen. Denn: Zeitungspapier diente auch zum Einwickeln «und zwar je größer das Format desto besser» (H. Kaufmann). Sichtbarer Ausdruck des Erfolges war im Jahre 1904 zunächst die Errichtung einer eigenen Druckerei (Am Wall 12) mit einer 8-seitigen Rotationsmaschine, einer Schnell- und einer Tiegelpresse, die u.a. 12 Setzer beschäftigte. Am 24.11.1912 schließlich wurde das neuerrichtete Volksblatthaus am Großen Schippsee 18 bezogen, in dem zugleich auch das Parteisekretariat, das

Gewerkschaftsbüro, die Zentral-Arbeiterbibliothek und andere Einrichtungen der Arbeiterbewegung untergebracht wurden. Die Druckerei verfügte über mehrere Setzmaschinen sowie über eine 16-seitige Rotationsmaschine. Diese Expansion konnte weder durch Boykottmaßnahmen des gemeinnützigen (!) Vereins zur Bekämpfung der Sozialdemokratie, des «Wirtschaftlichen Schutzverbandes zu Harburg», gegen die im Volksblatt inserierenden Geschäftsleute gebrochen werden, noch durch staatsanwaltliche Verfolgungen, die dem «Volksblatt» in 25 Jahren insgesamt mehr als drei Jahre Gefängnis und rund 25 000 Mark Geldstrafen und Gerichtskosten einbrachten[29].

Auch wenn eine Einzelanalyse der politischen Linie des Volksblatts bis zum Ausgang des Weltkrieges hier nicht geleistet werden kann, so läßt sich zusammenfassend doch sagen: Politische Organisation und Presse der Harburger Sozialdemokratie, die anfangs eher nebeneinander existierten, kooperierten und verbanden sich im Laufe der Jahre immer stärker. Das Harburger «Volksblatt» nahm dabei teil an einer Entwicklung, wie sie für die sozialdemokratische Parteipresse insgesamt charakteristisch ist: entstanden als Medium proletarischer Binnenkommunikation und zugleich als Manifestation einer proletarischen Gegenöffentlichkeit, trug das Blatt doch auch im wachsenden Maße dazu bei, die politische Erfahrungsbildung seiner Leser auf jene Ziele zu orientieren, die von der (regionalen bzw. zentralen) Parteiführung (vor)formuliert worden waren.

So hatte, um nur ein markantes Beispiel zu nennen, das «Volksblatt» bei Kriegsausbruch 1914 keine erkennbaren Schwierigkeiten, seine anfängliche Ablehnung *«Gegen den Krieg!»* (28.7.) zurückzunehmen (*«Es ist die Zeit gekommen, wo die Parteipolitik etwas in den Hintergrund treten muß»*, 1.8.), dann in vorsichtige Zustimmung zu modifizieren (*«Wir dürfen hoffen, daß der in 40 Jahren langsam aufgebaute militärische Apparat jetzt in der Stunde der Not auch tadellos funktioniert»*, 6.8.) und recht bald schon zu verlangen, daß der ungewollte Krieg *«mit Ehren für den deutschen Namen und deutsche Kultur zu Ende geführt werden»* muß (10.8.) und *«Krämerliberalismus und Knutenmoral»* (26.8.) ihre Strafe erhalten. Spätestens hier wird deutlich, wie sehr auch das «Volksblatt» weniger ein Organ der Arbeiterschaft, sondern vielmehr ein Instrument war, mit dem die Partei in diese regierte[30]. Daß sich das Blatt damit immer noch deutlich vom Chauvinismus der bürgerlichen Presse im wilhelminischen Harburg, insbesondere auch der HAN abhob, steht dazu in keinem Widerspruch.

Ausblick: Die Harburger Tagespresse in der Weimarer Republik und im Dritten Reich 1918–1943[31]

Die Harburger Tagespresse dieser Periode ist insgesamt durch eine bemerkenswerte Fluktuation gekennzeichnet, deren Ursache in einer Kombination von ökonomischen und politischen Faktoren zu suchen ist. Neben den in den Teilregionen Wilhelmsburg und Tostedt sich weiterhin behauptenden Lokalblättern «Wilhelmsburger Zeitung» und «Harburger Kreiszeitung»[32] spielten lediglich die HAN eine kontinuierliche Rolle. Das Blatt aus alter hannoverscher Zeit überlebte alle Konkurrenten, Krisen und Umstürze: es existiert noch heute. Den anderen Fixpunkt bildete, allerdings nur für die Zeit der Weimarer Republik, das «Volksblatt für Harburg, Wilhelmsburg und Umgegend».

Das «Volksblatt» hatte zwar seit 1919 durch die Mitbeteiligung der SPD an der «Regierungs»- und Selbstverwaltungsverantwortung in Harburg eine gewisse staatstragende Funktion erlangt, blieb aber dennoch weiterhin in erster Linie Partei- und Mitgliederorgan. Zu der Lüneburger Kopfausgabe kam ab 1919 noch eine weitere, das «Volksblatt für die Unterelbe», mit Geschäftsstelle in Stade. Die Auflage der Hauptausgabe lag bei knapp unter 15000, fiel sogar bis 1925 auf ca. 9000 und stieg dann bis 1932 wieder auf ca. 15000 an. Hieran dürfte die kämpferische Linie des Vorsitzenden der Bürgerschaftsfraktion, Heinz Pohlmeyer, der ab 1929 die Schriftleitung von Ernst Schubert übernahm, einen bedeutenden Anteil gehabt haben. Kämpferisch hieß: gegen die nationalistische Rechte und die Nationalsozialisten sowie gegen die Kommunisten, wobei letztere als «Kozis» den Nazis immer wieder gleichgesetzt wurden. Zum Machtantritt Hitlers titelte das Blatt: *«Sie haben es gewagt!»* (Nr. 25, 30.1.1933). Die letzte vollständige Nummer des «Volksblatts» datiert vom 27.2.1933. Die Schlagzeile lautete: *«Wir stehen bereit zur Ablösung!»* Einen Tag später erfolgte das Erscheinungsverbot, erst befristet, dann ab 26.4. endgültig («bis auf weiteres»); es war hier, wie im ganzen Reich, der Auftakt zur Zerschlagung der gesamten Arbeiterbewegung.

Die Weimarer Republik und der kommunale Machtwechsel in Harburg zwangen auch die HAN zu Umdenken und Mäßigungen, insbesondere ihrer eindeutig antisozialistischen Affekte, mit denen sie Novemberrevolution und Republikgründung begleitet hatten. In den 20er Jahren besetzten sie die politische Position der rechten Mitte, orientiert an der DVP. Das hinderte das Blatt jedoch nicht, bis Ende 1930 die restliche, überwiegend deutschnationale Zeitungskonkurrenz zu übernehmen, die sich im wesentlichen im «Harburger Tageblatt» aufgebaut hatte.

Das «Harburger Tageblatt», am 26.4.1924 als Ableger der «Hamburger Nachrichten» gegründet, entwickelte sich vor allem unter der Schriftleitung von Fritz Wirth (ab 1928) zu einem rechtsradikalen, schließlich pro-nationalsozialistischen Blatt. Es mußte am 29.11.1930, zusammen mit seiner Buchholzer Nebenausgabe «Deutsche Dorfzeitung», aus wirtschaftlichen Gründen sein Erscheinen einstellen. Das Verlagsrecht ging an die HAN über, die Abonnenten wohl auch, sofern diese nicht zur NS-Presse abwanderten; außerdem wurde der Redakteur Fritz Töpfert für das Ressort Landkreis übernommen.

Das «Volksblatt» verschärfte seit dieser Übernahme seine Polemik gegen das Lühmann-Blatt nicht zu Unrecht, auch wenn die Etikettierung «Nazi-Tante vom Sand» überzogen war[33]. Unter ihrem neuen Hauptschriftleiter Oscar Gumpold (ab 15.1.1931) polemisierte das Harburger Bürgerblatt immer unverhüllter gegen Kommunismus, Sozialdemokratie und das ganze parlamentarische «System» sowie für ein autoritäres Regime der «nationalen» Kräfte unter Einschluß des Nationalsozialimus. Die NSDAP wurde dabei nicht als Partei favorisiert, aber als Antriebskraft der «nationalen Bewegung» bejaht. So fiel es den HAN nach dem nationalsozialistischen Machtwechsel nicht schwer, sich auf die neuen, zunächst nicht ganz so gewünschten, aber im ganzen doch willkommenen Verhältnisse einzustellen und sich gegen die neue Konkurrenz der NS-Presse sogar erfolgreich zu behaupten[34].

Die nationalsozialistische Presse faßte in Harburg spät und nicht unbedingt erfolgreich Fuß. Der osthannoversche Gauleiter Otto Telschow hatte ab 5.10.1928 in Buchholz sein Gauorgan, die Wochenzeitung «Niedersachsen-Stürmer», als «revolutionäres Kampfblatt für das Landvolk» (Untertitel) erscheinen lassen. Harburg wurde jedoch erst ab August 1932 Verlagsort dieses vorrangig auf die Landbevölkerung gezielten Parteiblatts und blieb es bis 1937. Seit 1929 versuchte dagegen der Harburger Ortsgruppen- und spätere Kreisleiter Heinrich Stummeyer eine stärker auf die Industriestadt zugeschnittene, insgesamt mehr an der Hamburger NSDAP und an Gregor Strasser orientierte Linie gegen den widerstrebenden Gauleiter durchzusetzen, wobei seine auf eine Tageszeitung gerichteten Pressepläne eine wichtige Rolle spielten. Den ersten Versuch stellte der als Beilage zu Telschows Gauorgan erschienene «Harburger Stürmer» dar, der Ende 1929 begonnen haben und in der ersten Jahreshälfte 1930 eingegangen sein dürfte. Das zweite Projekt, das am 2.1.1931 erstmalig erschienene «Niedersächsische Tageblatt», eine genuin Harburger Gründung, endete am 31.1.1931 im finanziellen Desaster[35]. Herausgeber war der «Geschäftsmann» Werner von Somnitz, Schriftleiter der zuvor beim «Harburger Tageblatt» tätige Fritz Wirth.

Schon ab 2.2.1931 kam, nun aber als Nebenausgabe des nationalsozialistischen «Hamburger Tageblatts», das «Blatt der Niedersachsen« heraus. Schriftleiter war bis zum Sommer 1931 Hermann Riechers, dann für kurze Zeit H. Plöhn und danach W. Becher; Stummeyer zeichnete erneut als Geschäftsführer, später sogar als Herausgeber. Telschow stützte zunächst zwar auch dieses offensichtlich besser florierende Unternehmen, dessen Auflage zwischen 2000 und 4000 gelegen haben dürfte. Mit dem Umzug der Gauleitung nach Harburg im Sommer 1932 spitzte sich dann aber die innerparteiliche Machtfrage so zu, daß er Stummeyer im Oktober als Kreisleiter absetzen und durch Gaubefehl mit Wirkung vom 1.12.1932 das weitere Erscheinen des «Blatts der Niedersachsen» verbieten konnte.

Da sich Telschow nicht dazu entschließen mochte, den «Niedersachsen-Stürmer» in eine Tageszeitung umzuwandeln, wurde nach dem Machtantritt der Nationalsozialisten der Druck immer größer, auch in Harburg den «Anzeigen und Nachrichten» ein Parteiblatt entgegenzusetzen. Nachdem die Pläne, mit den Produktionsmitteln des beschlagnahmten Harburger SPD-Blattes ein nationalsozialistisches «Deutsches Volksblatt» herauszubringen, schon im Vorfeld gescheitert waren, kam dann ab 1.9.1933, wiederum als Nebenausgabe des «Hamburger Tageblatts», das «Niederelbische Tageblatt» als *«amtliche nationalsozialistische Tageszeitung für die Kreise Harburg, Stade, Bremervörde und Lüneburg»* heraus. Das Parteiblatt begann einen massiven Konkurrenzkampf gegen die bürgerliche Lokalpresse der Region, insbesondere in Harburg und Lüneburg, der als «Zeitungskrieg» in die Akten einging[36]. Es gelang ihm, ab 1.4.1934 einziges amtliches Verkündungsblatt in Harburg-Wilhelmsburg zu werden, konnte aber dennoch mit einer Auflage von ca. 5000 Exemplaren gegen die etwa dreimal höhere Auflage der HAN nicht obsiegen. Als Tageszeitung für den Gau Osthannover endete die Zeitung mit der Eingemeindung Harburgs nach Hamburg zum 1.4.1937, erschien aber im Stadtgebiet als Ausgabe B des «Hamburger Tageblatts» bis zum Kriegsausbruch 1939 weiter.

Die eigenständige Harburger Presse endete zunächst im Dritten Reich, als die HAN zum 1.3.1943 ihr Erscheinen einstellen mußten und in der erneuerten Bezirksausgabe B des «Hamburger Tageblatts» aufgingen, das seinerseits zum 1.9.1944 mit den übriggebliebenen «Hamburger Fremdenblatt» und «Hamburger Anzeiger» zur «Hamburger Zeitung» fusionierte. Erst 1949 konnten die HAN als Tageszeitung erneut erscheinen. Bis zum heutigen Tage versorgt diese Zeitung ein breites Leserpublikum im Harburger Raum.

Anmerkungen

1 Eine Darstellung der Geschichte des Harburger Pressewesens liegt bislang noch nicht vor. In den Arbeiten zur hamburgischen Pressegeschichte wird Harburg nicht oder nur punktuell berücksichtigt. An Vorarbeiten sind zu nennen: Kausche, Eine Harburger Zeitung; Holtz, Harburger Zeitungen (mit vielen Fehlern); Jubiläumsartikel (z.T. auch Sonderdrucke) zu einzelnen harburgischen Zeitungen, die weiter unten benannt werden.

2 Staats- und Gelehrten Zeitung des Hamburgischen unpartheyischen Correspondenten, ab 1.1.1731 in Hamburg erschienen und am Ende des Jahrhunderts die meistgelesene Zeitung in Europa. Vgl. dazu Ekkardt, Zur Geschichte des Zeitungswesens in Hamburg und Schleswig-Holstein, S. 7433.

3 Wricke, Die Aufsicht über das Bücher- und Pressewesen, S. 55.
4 Kausche, Eine Harburger Zeitung, S. 39.
5 Die frühesten Intelligenzblätter datieren aus dem 18. Jh., vor allem wenn man den mehr oder weniger umfangreichen Anzeigenteil politischer Zeitungen mitrechnet. Als spezielles, dann meist auch im Titel so bezeichnetes »Intelligenzblatt» häuft sich dieser Zeitungstyp ab dem Ende des 18. Jhs. und dringt im 19. Jh. in die mittleren und kleinen Städten vor. In Nordostniedersachsen gab es lediglich zwei explizite Intelligenzzeitungen, nämlich ab 1810 in Stade und ab 1815 in Lüneburg; nimmt man die Zeitungen hinzu, die im Titel den Begriff «Anzeigen» führen, sind für die Zeit bis 1848 zusätzlich zu nennen: Lüneburg 1810, Celle 1817, Harburg 1844. Die größere Welle der «Wochen- und Anzeigenblätter» setzt in dieser Region erst nach 1850 ein. Vgl. auch: Kuntzemüller, Das Hannoversche Zeitungswesen, S. 428ff.
6 Gesuch J.C. Hergeröders an das Königliche Ministerium des Innern in Hannover, 1.7.1840, zit. nach: Zwischen Gestern und Morgen, S. 15f.
7 So der Verleger/Drucker C. Hergeröder über seine Zeitung in: HAN Nr. 1, 5.10.1844, S. 1.
8 Zwischen Gestern und Morgen, S. 23.
9 Vgl. insgesamt Henkel/Taubert, Die deutsche Presse. Für das Kgr. Hannover werden dort 93 Zeitungen benannt, davon knapp die Hälfte als Neugründungen. Außerdem: Max, Die politische Presse.
10 Dumrese/Schilling, Lüneburg und die Offizin der Sterne, S. 183ff. Das Blatt, eine Gründung des Bürgervereins, in dem der radikale Flügel unter Führung des Paulskirchen-Abgeordneten und späteren Harburger Oberbürgermeisters Grumbrecht dominierte, existierte bis 1850.
11 Vgl. dazu näher: Hildebrandt, Die Pressepolitik. – Sommer, Die Zensurgeschichte.
12 Hannoversche Zeitung, Nr. 253, 2.6.1856. Der «Deutsche Zeitungs-Katalog für das Jahr 1856», 7. Aufl., Leipzig 1858, S. 104, nennt 6x wöchentliches Erscheinen, mit einem Umfang von einem halben Bogen und einer Auflage von 400. Holtz, Harburger Zeitungen, verzeichnet das Blatt nicht. Belegstücke sind bislang nicht nachweisbar.
13 Holtz, Harburger Zeitungen, S. 101, und «Deutscher Zeitungs-Katalog» 1861 und 1862, S. 98 bzw. S. 99, der die Auflage auf 800–500 beziffert. Erhalten ist nur die Nr. 4, 14.1.1860 im StAHbg.
14 Vgl. dazu Hildebrandt, Die Pressepolitik, S. 29ff. und S. 38ff. Für Preußen vgl. Overesch, Presse zwischen Lenkung und Freiheit.
15 Näheres dazu Hildebrandt, Die Pressepolitik, S. 32ff.
16 HAN Nr. 24, 26.3.1862, «Zur Abwehr!».
17 Holtz, Harburger Zeitungen, nennt unzutreffend 1869 als Gründungsjahr. Weitere Angaben in den Zeitungskatalogen: Die deutsche Presse, Bd. 1, Forbach 1885, S. 41; ebd., 2. Aufl. 1886, S. 88; Mosse Zeitungskatalog 1891–1894 sowie in den Harburger Adreßbüchern 1870–1895. Erhalten sind nur einige wenige Einzelstücke im StAHbg.
18 Dumrese/Schilling, Lüneburg und die Offizin der Sterne, S. 211; vgl. auch S. 229f. Eine genauere Untersuchung steht noch aus. Zu beachten ist, daß wichtige Presse-Aktenbestände der Landdrostei Lüneburg im HStA Hann. verlorengegangen sind, vgl. Hann. 80, Lün. I, Nr. 99a, Repertorium.
19 Adreßbuch der Deutschen Zeitschriften (Sperling), 39. Jg., 1899, S. 17.
20 Vgl. zur Geschichte der HAN die Jubiläums-Artikel vom 4.10.1919, 20.5.1937, 18.5.1962 und 5.10.1969 sowie Zwischen Gestern und Morgen.
21 Die Zeitung war ab ca. 1915 bis Februar 1919 stillgelegt. Die Auflage dürfte, den Zeitungskatalogen zufolge, vor 1914 unter, nach 1920 knapp über 1000 Exemplare gelegen haben. Das Blatt hielt sich bis 1944, möglicherweise sogar bis Anfang 1945.
22 So der Untertitel der Nr. 189, 14.8.1894, 4. Jg. (Privatbesitz). Bertheau, Kleine Chronologie zur Geschichte des Zeitungswesens in Hamburg, S. 84, nennt fälschlich als Gründungsjahr 1888.
23 Vgl. den Mosse-Zeitungskatalog von 1898, S. 19 und Oscar Michel, Nachtrag 1918 zum Handbuch Deutscher Zeitungen, Berlin 1918, S. 35. Holtz, Harburger Zeitungen, S. 101, datiert den «Generalanzeiger für Harburg und Umgegend» vom 1.4.1897–31.12.1897.
24 Diese Daten lassen sich nach den einschlägigen Zeitungskatalogen sowie nach den Harburger Adreßbüchern 1890–1926 rekonstruieren.
25 Heinrich Kaufmann, Die Gründung des Volksblatts! In: Volksblatt, Nr. 256, 1.11.1919, S. 3.
26 «An die Leser», Wilhelmsburger Gemeinde-Blatt Nr. 1, 9.5.1891, 1. Jg., S. 1.
27 Vgl. Reinstorf, 50 Jahre Wilhelmsburger Zeitung; außerdem: 25 Jahre «Wilhelmsburger Zeitung», WZ Nr. 108B, 29.5.1916, S. 1–2. Bis auf zwei Lücken ist die Zeitung erhalten (Heimatmuseum Wilhelmsburg), zum größten Teil sogar mikroverfilmt (StAHbg). Am 31.5.1941 stellte sie ihr Erscheinen ein.
28 StAHbg, Harburg 64, VII B 316.
29 Volksblatt Nr. 256, 1.11.1919, S. 1ff.

30 Vgl. zur Hamburger Situation 1914: Ullrich, Kriegsalltag, S. 12ff.

31 Diese Periode der Harburger Zeitungsgeschichte kann hier nur kursorisch dargestellt werden. Quellengrundlage: die besprochenen Zeitungen selbst (sofern erhalten, fast durchweg als Mikrofilme in der Bibliothek der Hochschule Lüneburg); Zeitungskataloge von Mosse, ALA, Sperling u. a.; verstreute Presseakten des StAHbg und des HStA Hann. Der Verf. plant eine gesonderte Untersuchung des Harburger Pressewesens 1918–1937. Darin wird auch der wichtige Themenkomplex «Staatliche Einwirkung auf die Amtlichen Kreisblätter/Pressepolitik und Presseüberwachung» dargestellt. Allgemein für die Region Osthannover behandelt diese Frage Wernecke, Die Provinzpresse.

32 Vgl. Anm. 21 und 27.

33 So hieß es z. B. in der Nr. 186, 12. 8. 1931, unter dem Titel «Geschwätz im Sand-Blatt»: «Die ‹Lühmannsche› beginnt langsam von der Höhe eines gutbürgerlichen Kaffeetafel-Organs auf das Niveau einer übelbeleumdeten Nazi-Zeitung herabzusteigen. Sie sieht bei anderen schon mehr, als da ist; aber das Hakenkreuz im eigenen Auge sieht sie nicht!»

34 Der Deutschnationale Gumpold blieb bis zum 28. 10. 1933 Hauptschriftleiter; ihm folgte ab 9. 12. 1933 im Amt der Nationalsozialist Hans Henningsen. Zur höchst fragwürdigen Position der einstmals «regierungsfreundlichen» Provinzzeitungen mit langjähriger DVP-Orientierung vgl. Stein, Heimatzeitung und Hakenkreuz.

35 Vgl. dazu u. a. die ausführliche Berichterstattung im «Volksblatt» in den Januar/Februar-Nummern 1931.

36 Vgl. Frei, Nationalsozialistische Eroberung der Provinzpresse, und Stein, NS-Gaupresse.

№ 1. 1844.

Harburger Anzeigen.

Sonnabend, den 5. October.

An das geehrte Publikum!

Indem ich die gegenwärtige erste Nummer der Harburger Anzeigen veröffentliche, erlaube ich mir zugleich die Bitte, diese Blätter stets wohlwollend aufzunehmen, auch durch viele Inserate und zahlreiches Abonnement das Gedeihen und die Fortdauer dieses gemeinnützigen Unternehmens zu befördern und zu sichern.

Harburg, den 5. October 1844. *C. Hergeröder.*

Harburger Zeitung

Expedition der „Harbu zer Zeitung" Schüttstr. 1.

Organ für Jedermann in Stadt und Land.

Druck und Verlag: Goltermann & Henne

Abonnements vierteljährlich incl. der beiden wöchentlichen Gratis-Beilagen „Zick-Zack" und „Illustrirtes Sonntagsblatt" Mk. 1,50 für Harburg und dessen nächste Umgebung incl. Wilhelmsburg, für außerhalb durch die Post bezogen Mk. 1,90 frei in's Haus.	Erscheint täglich, mit Ausnahme der Sonn- und Feiertage.	Inserate werden für Abonnenten pro Petitzeile mit 10 Pfg. für Nichtabonnenten und Auswärtige mit 20 Pfg. berechnet. Nachweisungen 20 Pfg., Reclame pro Zeile 30 Pfg., Beilagen nach Uebereinkunft. Sämmtliche Annoncen-Expeditionen nehmen Inserate für die „Harburger Zeitung" entgegen.

Nr. 189 Dienstag, den 14. August 1894. 4. Jahrgang

Insertionspreis: 15 ₰ die 3spaltige Corpuszeile Chiffre-Inserate 20 ₰ extra.

Wilhelmsburger Gemeinde-Blatt.

Expedition: Reiherstieg 185 A. (Schulstr.) Separat-Beilagen 5 ℳ

Wilhelmsburg-Reiherstieg, Sonnabend, den 9. Mai 1891.

Nr. 1 || Das „Wilhelmsburger Gemeinde-Blatt erscheint Mittwoch und Sonnabend nachmittags und kostet 1/4jährlich einschließlich der drei Beilagen: „Illustrirtes Unterhaltungsblatt", „Mode und Heim" und „Zick-Zack" 1 ℳ || 1. Jahrg.

Abonnements-Bedingungen:
Das „Volksblatt für Harburg, Wilhelmsburg u. Umgegend" erscheint täglich abends mit Ausnahme der Sonn- und Festtage. Bezugspreis mit der Beilage „Nach der Arbeit", der illustrierten Beilage „Volk und Zeit", „Rundschau" (Blätter für Heimatkunde), „Schule und Haus" „Die Gewerkschaft", „Für unsere Frauen" u. „Kinderfreund" halbmonatlich 9? Pfennig, ohne Austrägerlohn. Für die Postbezieher nehmen sämtliche Postämter und Briefträger Bestellungen entgegen. — Postzeitungsliste Nr. 7059.

— Fernsprecher Nr. 262 —

Redaktion und Expedition:
Harburg-Elbe, Gr. Schippsee.

Volksblatt

für Harburg, Wilhelmsburg und Umgegend.

Die Insertions-Gebühr
beträgt für die achtgespaltene Petitzeile oder deren Raum 25 Pfennige. Bei Wiederholungen entsprechender Rabatt. Private Familienanzeigen 20 Pfennige, kleine Anzeigen bis 8 Zeilen 20 Pfg. Reklamezeile 90 Pfennige. — Beilagengebühr nach Uebereinkunft. — Sämtliche Annoncen-Expeditionen nehmen Inserate für das „Volksblatt" ohne jeden Preisaufschlag entgegen. Annahme für die fällige Nummer bis 9 Uhr vormittags. Größere Inserate möglichst tags vorher.

Druck und Verlag:
H. Baerer & Co., Harburg (Elbe)
Geschäftsstelle in Wilhelmsburg:
Fährstraße 51. — Tel. C8. 6408.

Nr. 262	Dienstag, 9. November 1926	33. Jahrgang

Unser Tag!

Revolutionen.

Das Licht vom Himmel läßt sich nicht versprengen,
Noch läßt der Sonnenaufgang sich verhängen
Mit Purpurmänteln oder dunkeln Kutten;
Den Albigensern folgen die Hussiten,
Und zahlen blutig heim, was jene litten;
Nach Huß und Ziska kommen Luther, Hutten,
Die dreißig Jahre, die Sevennenstreiter,
Die Stürmer der Bastille und so weiter.

in Heimat und Etappe, dieweil die Muskoten im Schützengraben karglich mit erfrorenen Kohlrüben und verdorbenem Dörrgemüse gefüttert wurden, indes ihre Frauen, Kinder und Eltern daheim vor Hunger schier umkamen.

Wer nach Dolchstößen in den Rücken der Front sucht, hier kann er die ersten finden. Sie lagen im Propfenknallen und Weiberkichern, das aus der Etappe herüber in den Schützengraben klang und sich gar unheimlich mit dem Magenknurren der Proletarier im Waffenrock und dem Röcheln zu Tode Getroffener vermischte.

säubern, sie wohnlich auszugestalten für jeden Volksgenossen, ist die Aufgabe aller denkenden Republikaner. Und wehe jedem, der an ihren Grundfesten zu rütteln wagt!

Wir haben die roten Fahnen von den Regierungsgebäuden und den Parlamenten eingezogen und dafür schwarzrotgold gehißt. Der Staat wurde von der Arbeiterklasse dem deutschen Volk übergeben als demokratische Republik. Man hat uns verhöhnt, weil wirs getan haben. Wir taten es, weil wir dem schaffenden Volke vertrauen, wie es uns vertraut. Weil wir an unseren endlichen Sieg glauben. Und

---

Jahrgang 1924 Nr. 1

Einzelpreis 15 Goldpfennig

Harburger Tageblatt

Hauptgeschäftsstelle: Harburg, Wallstraße 5. — Fernsprecher: Harburg 348.

Das Harburger Tageblatt erscheint werktäglich abends. — Bezugspreis: Monatlich Goldmark 2.76 bei freier Zustellung. — Postvertrieb: Hamburg.	Harburg, Sonnabend, den 26. April 1924	Anzeigenpreise für Harburg u. Umg.: Zeile 15, Familienanzeigen 10, Stellengesuche 10 Goldpfennig; für auswärtige: Zeile 25 Goldpfennig. Reklamezeile 1 Goldmark. — Postscheckkonto 47 156

Vom deutschen Staatsbürger.

Was wir wollen.

... missars auf die Überwachung der Notenausgabe beschränkt wird.

Diese Stellungnahme erfolgte in der Über-

Das Stadttheater Harburg 1894–1937

Uta Reinhardt

Die Feststellung, in Harburg habe die Theatergeschichte wie anderswo auch mit dem Besuch von Wanderbühnen begonnen, birgt keine Sensation. Doch war die Etablierung einer gewissen Theaterkultur in Harburg durch die wesentlich anziehenderen Nachbarn Hamburg und Lüneburg erschwert und setzt deshalb später ein als an diesen begünstigteren Plätzen[1].

Ein erster Versuch zur Konsolidierung des Harburger Theaterwesens war die Einrichtung einer festen Spielstätte: 1861 wurde an den Ratskeller in der Schloßstraße ein Theatersaal angebaut, so daß reisende Truppen jetzt wenigstens angemessene Räume vorfanden. Obwohl der Ratskeller wegen verschärfter Brandschutzvorschriften seit 1881 nicht mehr als Theater genutzt werden konnte, war die Entwicklung hin zu einem ständigen Theater kaum aufzuhalten; der nächste Schritt war 1884 die Gründung des «Volkstheaters» in der Wilstorfer Straße, das trotz publikumswirksamer Spielplangestaltung 1893 für immer schließen mußte. Das nachfolgende Etablissement mit dem irreführenden Namen «Stadt-Theater» bot lediglich Vergnügungen im Jahrmarktsstil.

Interessierte Bürger verloren während dieser Zeit die angestrebte Gründung einer anspruchsvollen Bühne nicht aus den Augen. Nachdem der Theatermann Hermann Kampehl-Gürcke 1892 beim Harburger Magistrat mit seinem Plan gescheitert war, das provisorische Oldenburger Hoftheater in Harburg wiederaufzubauen, bildete sich 1893 ein Komitee aus angesehenen Bürgern mit dem Ziel einer Theatergründung. Wie immer bei einer solchen Unternehmung, war die Finanzierung das Hauptproblem. Zu seiner Lösung wurde am 1. Dezember 1893 eine Aktiengesellschaft «Stadttheater in Harburg» zur Eintragung ins Handelsregister angemeldet[2]. Die Gründer waren der Kaufmann Christoph Voß, der Gemüsehändler Christoph Frommann, Architekt Diedrich Brunckhorst, Kaufmann Carl Ehrhorn, Fabrikant Fritz Wilkens und Kaufmann Wilhelm Neumüller. Vorstandsmitglieder waren Kaufmann Louis Borchers, Rittmeister a.D. Ernst v. Düring und Rechtsanwalt und Notar Richard Palm. Der Gesellschaftsvertrag beinhaltete ein Grundkapital von 43 600 Mark, das in 218 Aktien à 200 Mark ausgegeben wurde[3]. Im Monat der Gründung gab es bereits 165 Mitglieder der Theater-AG, die zwischen ein und fünf Anteilen gezeichnet hatten[4].

Nachdem so die Finanzierung des Theaters gesichert war, beschloß man das Oldenburger Provisorium, das schon einmal zur Diskussion gestanden hatte, zu erwerben und auf einem städtischen Grundstück an der Turnerstraße (jetzt Friedrich-Ludwig-Jahn-Straße) wieder aufzubauen[5]. Direktor des Harburger Stadttheaters wurde Hugo Gerlach, der mit einem Ensemble von dreißig Personen einen risikolosen Spielplan bot. Am Ostersonntag 1894, dem 25. März, wurde das neue Theater mit C. M. v. Webers «Jubelouvertüre», einem Prolog und dem Lustspiel «Goldfische» von Schönthan und Kadelburg eingeweiht[6].

Obwohl durch die Aktiengesellschaft einigermaßen abgesichert, war die Finanzsituation nicht rosig. Seit 1895 wiederholte der jeweilige Direktor alljährlich seine Bitte um eine Subvention an den Magistrat[7]. 1898/99 bewilligten die städtischen Kollegien erstmals einen Zuschuß von 2000 Mark[8]. Zehn Jahre später war die Lage der Theater AG noch ungünstiger – der Verlust lag zwischen 10000 und 15000 Mark – obwohl die städtische Subvention auf 4000 Mark gestiegen war. Immerhin setzte sich allmählich die Erkenntnis durch, daß der Zuschuß keine Schenkung war, sondern die Unterhaltung eines Theaters in Städten wie Harburg zu den Aufgaben gehörte, die der Magistrat den Einwohnern gegenüber erfüllen mußte[9]. Trotz des Krieges wurde 1917/18 die Subvention auf 5000 Mark erhöht. Die Anzahl der Theaterbesucher stieg so, daß der Direktor 1918 wieder die volle Friedenspacht bezahlen konnte[10].

Die Besserung war nur vorübergehend. In der Spielzeit 1919/20 griff der Magistrat dem Theater mit 20000 Mark unter die Arme; dennoch ergab sich in der folgenden Spielzeit ein Fehlbetrag von über 100000 Mark. Dabei lag die durchschnittliche Gage für künstlerisches Solopersonal bei 524 Mark. In der Generalversammlung vom 25.9.1921 beschloß die Theater AG, den Vorstand und Aufsichtsrat zu ermächtigen, das Theater zu verkaufen und die AG zu liquidieren. Der Verkauf erfolgte 1922. An die Stelle der AG trat 1923 eine Gemeinnützige Theater-Betriebs-GmbH, an der auch die städtischen Kollegien beteiligt waren. Sie hielten 60% des Stammkapitals von 500000 Mark[11]. Dem Aufsichtsrat gehörten an: die Senatoren Dr. Behrens und Hastedt vom Magistrat und vom Bürgervorsteherkollegium O. Günther, W. Mohr, F. Römhild, L. Schneide[12]. Der Betrieb des Theaters wurde in der Spielzeit 1923/24 von den Hamburger Kammerspielen übernommen[13].

Trotz dieses vielversprechenden Anfangs mußte die Theater-Betriebs-GmbH schon 1925 aufgelöst werden. Die Freie Volksbühne Harburg stellte zwar den Antrag, ihr das Theater pachtweise zu überlassen, doch wird es zunächst eine Gesellschaft bürgerlichen Rechts, gebildet aus Stadt und Intendanten[14]. Diese wurde 1927 gelöscht, nachdem im Vorjahr noch einmal 80000 Reichsmark durch die städtischen Kollegien für den inneren Betrieb des Theaters zur Verfügung gestellt worden waren[15]. Der Mißerfolg der Theaterbetriebs-GmbH wurde gewiß durch finanzielle Probleme verursacht, verschärfend wirkten aber zudem ungelöste Personalfragen, bei denen selbst Handgreiflichkeiten und erhebliche Beleidigungen nicht vermieden wurden[16].

Obwohl die Bezahlung keinesfalls glänzend war, bewarben sich um die Stelle des künstlerischen Leiters des Stadttheaters 1925 nicht weniger als 133 Personen[17]. Der gewählte Intendant erhielt monatlich 1000 Mark[18], das übrige Personal wurde wie folgt bezahlt:

1. Verwaltungspersonal: 6 Personen, 150–325 M.
   (1927: 160–400 M.)
2. Schauspieler: 12 Personen, 125–350 M.
   (1927: 140–380 M.)
3. Opern-, Operettenpersonal: 24 Personen, 50–475 M.
   (1927: 60–500 M.)
4. Musiker: 19 Personen, 220 M
   (1927: 250–280 M.)[19].

Die Spielzeit 1927/28 wurde ein Erfolg. Ausgaben von 218952,41 M. standen Einnahmen von 249876,85 M. gegenüber. Zwar wurde auch 1928 vom Magistrat ein Zuschuß von 100700 M. an das Theater gezahlt, doch ergab sich erneut ein Plus, das in der nächsten Spielzeit als Darlehen zur Verfügung stand. Es wurde dann auch dringend benötigt, da ein erheblicher Rückgang der Einnahmen zu verzeichnen war, den der Intendant aber nicht auf die wirtschaftliche Depression, sondern auf den unattraktiven Spielplan zurückführte[20]. 1929/30 entschloß sich der Magistrat zur Gewährung eines unverzinslichen, unkündbaren Darlehens von 30000 RM an die Theatergesellschaft. Es war nur zurückzuzahlen, wenn ein

Gewinn erzielt wurde. Der Magistrat mußte die Summe durch eine Anleihe decken, die vom Bezirksausschuß Lüneburg zu genehmigen war[21]. Das Kapital der Theatergesellschaft betrug 1929–31 30000 RM, wovon 20000 die Stadt und 10000 der Intendant hielten. Die Aufteilung der Zinsen erfolgte 2:1 zwischen Stadt und Intendanten[22].

Das neue Regime, das sich auch des Harburger Stadttheaters bemächtigte, konnte die finanziellen Probleme ebensowenig lösen wie sein Vorgänger. Die Spielzeit 1934 schloß mit einem Defizit von 27000 M. Anfang 1936 erbat der Oberbürgermeister vom Reichsminister für Volksaufklärung und Propaganda einen Reichszuschuß mit folgender Begründung: *«Weiter bitte ich zu berücksichtigen, daß Harburg-Wilhelmsburg als reine Arbeiterstadt ganz allgemein und im besonderen als Theaterstadt darunter schwer zu leiden hat, daß sie im Schatten der Großstadt Hamburg liegt, welch letztere in der Lage ist, ihre Theater in einem Maßstab zu alimentieren, der für Harburg-Wilhelmsburg außerhalb jeder Vergleichsmöglichkeit liegt»*. Durch die Eingliederung nach Hamburg wurde die Lage in dieser Hinsicht keineswegs besser, zumal nach den Feststellungen der Kreisleitung der NSDAP von allen berufstätigen Einwohnern 90% unter 200 RM im Monat verdienten und kaum als Theaterkonsumenten in Frage kamen[23].

Von der finanziellen Situation war – dies wurde bereits angedeutet – die Gestaltung des Spielplans abhängig. Der Prospekt des Jahres 1894 kündigte Novitäten an. Gemeint waren damit Sudermann: Heimat, Voß: Eva, Schönfeldt: Mit fremden Federn, Kadelburg: Zwei glückliche Tage, Laufs: Der ungläubige Thomas, Charley's Tante, Mannstaedt: Schmetterlinge und Der Tanzteufel[24]. Abgesehen von einem zeitgenössischen Schauspiel beherrschten Schwank und Posse das Programm. Unter dem Aspekt der Werbung für ein Produkt, an das das Publikum erst gewöhnt werden muß, ist die populäre Ausrichtung allerdings verständlich. Die Versuche des Direktors Hugo Gerlach, klassischem und zeitgenössischem Drama einen breiteren Raum zu geben, scheiterten 1899. Seine Nachfolger leiteten das Harburger Theater immer nur kurzfristig, so daß sich keine Gelegenheit zu einer wohlüberlegten Spielplangestaltung ergab. Einzelne Glanzstücke änderten nichts am konventionell-dürftigen Programm.

Ein Wandel trat erst ein, als 1912 Friedrich Otto Fischer die Direktion des Harburger Stadttheaters übernahm. Indem er neben dem klassischen Schauspiel Oper und Operette pflegte, machte er aus der bescheidenen städtischen Bühne sozusagen ein Mehrspartentheater, das allerdings mit der Lüneburger oder gar den Hamburger Bühnen nicht in Konkurrenz treten konnte. Das besondere Verdienst Fischers lag in der Förderung moderner Theaterliteratur, der sich der Intendant insbesondere nach Ende des Krieges widmete[25]. Neben 109 Schauspiel- gab es in der Spielzeit 1919/20 102 Operettenabende. Das Schauspiel war durchweg schlecht besucht. Zur Werbung beim Publikumsnachwuchs gab man daher klassische Vorstellungen für Schüler[25]. Das mangelnde Zuschauerinteresse hinderte den Magistrat übrigens nicht, an der Forderung festzuhalten, 50% des Spielplans müßten Schauspiel sein. Immerhin erhielt das Theater 1921 ein eigenes Orchester, um die Wünsche nach Musikaufführungen besser befriedigen zu können. Der Verbesserung der Geschäftslage wie auch einem abwechslungsreicheren Programm diente der Zusammenschluß des Harburger Stadttheaters mit dem Schillertheater Altona im gleichen Jahr, wobei Fischer die Generalintendanz übernahm[26].

Ab 1924/25 beschränkte sich Fischer auf Altona, wodurch sich die Notwendigkeit ergab, Harburg mit einem neuen Theaterleiter zu versehen. Gewählt wurde Dr. Hanns Walther Sattler, bislang Intendant am Stadttheater Konstanz. Seine Bemühungen gingen in die gleiche Richtung wie die seines Vorgängers – Förderung des zeitgenössischen Dramas – und er mußte ebenso wie dieser die Erfahrung machen, daß nur Operette und ähnlich leichte Kost finanzielle Erfolge brachten.

Zwei Beispiele mögen genügen: In der Spielzeit 1927/28 standen die folgenden Aufführungen auf dem Programm: Erde; Hurra, ein Junge; Hänsel und Gretel; Weh dem der lügt; Klein Eyolf; Esther; Grabmal des unbekannten Soldaten; Maschinenstürmer; Musik; Preciosa; Goldreifchen; Der keusche Lebemann; Liebe; Bräute in Bamberg; Karlsschüler; Judas von Tirol; Schneewittchen; Hedda Gabler; Großstadtluft; Stein unter Steinen; Wilhelm Tell; Reise ins Schlaraffenland; Gespenster; Christopher[27]. Ein Wedekind, ein Klassiker, zweimal Ibsen, eine Uraufführung und eine selten gespielte Oper von Carl Maria von Weber ließen zwar das Qualitätsstreben des Intendanten erkennen, doch überwogen Stücke, die heute zurecht vergessen sind. Einige Sensation machte am 18. März 1928 ein Gastspiel Asta Nielsens und ihres Ensembles mit Dumas' «Kameliendame», doch sind Gastspiele ein nur bedingt tauglicher Maßstab für die Güte eines Theaters. Im Februar 1929 machte der Redakteur Schubert vom «Volksblatt» einen ausführlichen Vorschlag zur Regelung und Konsolidierung der Harburger Theaterverhältnisse. Der Intendant widersprach vor allem dem Angriff auf die Oper. Die geschmähte Operette verteidigte er als notwendige Einnahmequelle zur Subventionierung von Oper und Schauspiel[27].

Die von keinerlei Problemstücken beschwerte Sommerspielzeit 1930 wurde ein Erfolg, trotz oder gerade wegen «Ungehörigkeiten», über die sich ein katholischer Pfarrer empörte[28]. Auffallend ist die Präsenz der Polizei schon in dieser Zeit; sie war teilweise so ärgerlich, daß sich der Intendant beschwerte[29]. Die nicht auszuräumenden finanziellen Probleme veranlaßten Dr. Sattler schließlich, sich ab 1932/1933 einer neuen Aufgabe an der «Oper im Schillertheater» in Altona zuzuwenden[30].

Womit man in Zukunft glaubte Erfolg zu haben, belegt das Schreiben eines Bewerbers um den vakanten Intendantenposten: *«Mein Bestreben ist, alle wertlosen Theaterstücke dem Hause fernzuhalten, soweit sie von übermäßiger Erotik, Sensation und Tendenz durchtränkt sind. Auch gehört Politik nicht ins Theater. Von modernen Autoren, die unbedingt ihren Platz im Spielplan finden müssen, sollen in der Hauptsache die jüngeren deutschen Dichter und soweit es angezeigt erscheint und dem guten Geschmack entspricht, auch die angesehenen Schriftsteller des Auslandes zu Wort kommen»*. Wirklich gute Operette soll ihren Platz auf der Bühne neben klassischem Drama, Schauspiel der Neuzeit sowie Komödie und Unterhaltungsstück finden[31]. Eine solche Zusammenstellung ist schwammig genug, um jeden Spielplan zu decken; übrigens war diese Bewerbung erfolglos.

Die Nachfolge Sattlers trat nach zwei Übergangsjahren unter Carl Gerhard Schröder, der den Betrieb in rein nationalsozialistischem Sinne führen wollte und dabei auch nur Schulden machte, der frühere Erfurter Spielleiter Hermann Enderlein an, der einen volkstümlichen Spielplan vertrat – ganz im Sinne der Theaterförderung der neuen Machthaber. Ihnen verdankte das Harburger Theater die erneute Selbständigkeit seit der Spielzeit 1935/36 und die Übernahme in die alleinige Verwaltung des Magistrats[32].

Der Spielplan 1935/36 bot Oper, Operette und Schauspiel nach dem Motto «Für jeden etwas»:

Oper: F. v. Dittersdorf, Doktor und Apotheker.
W. A. Mozart, Gärtnerin aus Liebe.
F. Schubert, Der treue Soldat.
L. v. Beethoven, Fidelio.
A. Lortzing, Die kleine Stadt.
E. Humperdinck, Hänsel und Gretel.

Siegfried Wagner, An allem ist Hütchen schuld.
E. Wolff-Ferrari, Susannes Geheimnis.
D. Cimarosa, Die heimliche Ehe.
Vollerthum, Der Freikorporal.
Bayer, Die Puppenfee.
Operette: J. Strauß, Der Zigeunerbaron.
F. Raymund, Lauf ins Glück.
E. Künnecke, Der Vetter aus Dingsda.
R. Stolz, Wenn die kleinen Veilchen blühen.
Goetze, Akrobaten des Glücks.
W. Kollo, Fräulein Puck.
F. Lehar, Wo die Lerchen singt.
Vetterling, Venezia.
S. Jones, Die Geisha.
Schauspiel: W. Shakespeare, Ein Sommernachtstraum und
Viel Lärm um Nichts.
J. W. v. Goethe, Urfaust.
F. Hebbel, Maria Magdalena.
H. Burte, Katte.
H. Johst, Der Einsame.
E. G. Kolbenheyer, Gesetz in Dir.
v. Klass, Fahnen in Gottes Wind.
H.-Chr. Kaergel, Hockewanzel.
H. v. Kleist, Der zerbrochene Krug.
H. Steguweit, Der Herr Baron fährt ein.
Lenz und Roberts, Ehe in Dosen.
S. Graff, Hier sind Gemsen zu sehen.
Götze, Towarisch.
Griebitz, Das Glück wohnt nebenan.
Müller, Frischer Wind aus Kanada und
Huhn auf der Grenze.
Sellnick, Hilde und 4 PS.

Dazu kommen noch einige offenbar unvermeidliche Schwänke[32].

Am 1. April 1938 trat das Groß-Hamburg-Gesetz in Kraft. Harburg-Wilhelmsburg wurde ebenso wie Altona und Wandsbek mit Hamburg vereinigt, und aus dem Stadttheater wurde das «Harburger Theater in Hamburg« als Teil der staatlichen Bühnen. Nach 44 Jahren endete die Geschichte des eigenständigen Harburger Stadttheaters.

Diese wäre aber nicht vollständig ohne einen Blick auf die Besucherorganisationen, die ein wichtiger Teil der Theaterförderung waren. Schon der Intendant Fischer hatte den Wert solcher Organisationen erkannt und machte mit der «Schauspielgemeinde Harburg e.V.» ausgezeichnete Erfahrungen[33]. Nach Kriegsende bildeten sich sehr rührige Privattheatervereine in allen Schichten der Arbeiterschaft. Die 1924/25 gegründete «Freie Volksbühne» hatte beträchtlichen Einfluß auf das Theater. Immerhin nahm sie monatlich 15 und mehr Veranstaltungen für ihre Mitglieder ab, während die «Schauspielgemeinde» 14 Abonnementsvorstellungen beanspruchte. Die Besucherorganisationen bedeuteten für das Theater sichere Einnahmen. Deshalb meinten sie auch ein Recht zu haben, auf die Spielplangestaltung Einfluß zu nehmen.

Die «Freie Volksbühne» veröffentlichte 1925/26 eine Denkschrift über die Harburger Theaterverhältnisse. Der Autor E. Schubert hob die Belebung des Theaterwesens nach Kriegsende hervor und beklagte die inzwischen wieder eingetretene provinzielle Mittelmäßigkeit. Die öffentliche Bezuschussung der Operette wurde gar kulturwidrig genannt. Das Hauptinteresse galt qualitätsvollem Schauspiel, die Oper hielt man für gänzlich verzichtbar. Als Betriebsform der Zukunft sah man für die Harburger Bühne den genossenschaftlichen Betrieb durch die Theaterbesucher, wobei die «Freie Volksbühne» und der «Bühnenvolksbund» den Grundstock bilden sollten. Die erstere hatte damals schon mehr als 3000 Mitglieder[34].

Während der städtische Theaterdezernent Dr. Behrens den Besucherorganisationen recht kritisch gegenüberstand, kannte Intendant Dr. Sattler ihren Wert. Die Organisationsarbeit der «Freien Volksbühne» hielt er für unentbehrlich. Ihre Förderung sollte Pflicht des Theaters und der Stadt sein[35]. Um der Verbundenheit zwischen Theater und Zuschauer zu dienen, gab der Intendant seit 1926/27 die «Blätter des Harburger Stadttheaters» heraus.

Der Magistrat unterstützte seinerseits die Theaterarbeit durch überörtliche Kooperation. 1918 trat die Stadt Harburg dem Ortsverein Harburg des Verbandes zur Förderung deutscher Theaterkultur bei[36]. Oberbürgermeister Dudek und Intendant Sattler wurden Mitglieder des 1929 gegründeten Landesbühnenausschusses für die Provinz Hannover[37]. Im April 1930 wurde das Projekt einer Theater-AG Harburg-Lüneburg diskutiert. Die Lüneburger Theatergemeinde lehnte ab, und ein eigenes Lüneburger Stadttheater wurde als Utopie vom Landesbühnenausschuß für nicht realisierbar gehalten und daher auch nicht unterstützt[38]. Der totalitäre Anspruch der Nationalsozialisten wirkte sich natürlich auch auf das Bühnenwesen aus. Theaterförderung war staatliche Angelegenheit und für Besucherorganisationen kein Platz mehr. Wo die NS-Gemeinschaft «Kraft durch Freude» sich des Theaters annahm, wirkte sie lediglich als verlängerter Arm der Partei.

Der totale Krieg beendete im August 1944 die Tätigkeit der Harburger Bühne, die im folgenden Oktober durch Bomben zerstört wurde. Im November 1945 begann mit Max Halbes Drama «Der Strom» eine neue Epoche der «Städtischen Bühnen Hamburg-Harburg»[39].

Anmerkungen

1 Zum Folgenden vgl. Sechzig Jahre Harburger Theater.
2 StAHbg, Harburg 64, VII C 15 Bd. I, 1.12.1893.
3 StAHbg, Harburg 4, XII F 1, Gesellschaftsvertrag.
4 Wie Anm. 2, Dez. 1893.
5 (Schmitz), Harburg, S. 77.
6 Sechzig Jahre Harburger Theater, S. 20.
7 StAHbg, Harburg 4, XII F 2 Bd. 1.
8 StAHbg, Harburg 64, VII C 15 Bd. II.
9 Wie Anm. 7, 12.7.1911.
10 StAHbg, Harburg 64, VII C 15 Bd. III, 3.2.1918.
11 Wie Anm. 7, 2.11.1923 und Anm. 10, 25.9.1921.
12 StAHbg, Harburg 4, XII F 3.
13 StAHbg, Harburg 4, XII F 2 Bd. 2.
14 Ebd. – StAHbg, Harburg 4, XII F 4 Bd. 1, 2.

15 Wie Anm. 12, 13.
16 StAHbg, Harburg 4, XII F 5 Bd. 1, März 1925.
17 StAHbg, Harburg 4, XII F 6 Bd. 1.
18 StAHbg, Harburg 5, 1760–00.
19 StAHbg, Harburg 5, 1760–07, Personalliste 1927.
20 StAHbg, Harburg 5, 1760–07.
21 StAHbg, Harburg 5, 1760–16.
22 StAHbg, Harburg 5, 1760–17.
23 StAHbg, Harburg 56, Ka 1, 10.2.1936.
24 Sechzig Jahre Harburger Theater, S. 19.
25 StAHbg, Harburg 4, XII F 2 Bd. 1, 24.3.1920.
26 Sechzig Jahre Harburger Theater, S. 35–37. – Wie Anm. 25.
27 StAHbg, Harburg 5, 1760–14.
28 StAHbg, Harburg 5, 1760–00.
29 StAHbg, Harburg 5, 1760–12.
30 Sechzig Jahre Harburger Theater, S. 48.
31 StAHbg, Harburg 5, 1760–00, 1932.
32 StAHbg, Harburg 56, Ka 1. – Sechzig Jahre Harburger Theater, S. 48.
33 Sechzig Jahre Harburger Theater, S. 37. – StAHbg, Harburg 4, XII F 2 Bd. 1, 20.9.1922.
34 StAHbg, Harburg 4, XII F 2 Bd. 2.
35 StAHbg, Harburg 5, 1760–13, 18.2.1929.
36 StAHbg, Harburg 4, XII F 2a.
37 Wie Anm. 35, 7.2.1929.
38 StAHbg, Harburg 5, 1760–14.
39 Sechzig Jahre Harburger Theater, S. 49f.

Nr. 1.

Stadttheater in Harburg.

Direction: Hugo Gerlach.

Sonnabend, den 1. October 1898:

Dutzendkarten gültig.

FAUST.

(Erster Theil.)

Tragödie in 5 Akten von Joh. Wolfgang von Göthe.

Personen:

Faust	Herr Hädicke.	1. Schüler	Herr Kämmerer.
Wagner	Herr Schloneck.	2. Schüler	Herr Schulz.
Geist der Erde	H. Gerlach.	Lieschen	Frl. Unda.
Mephistopheles	Herr Litke.	1. Bürgermädchen	Frl. Straßmann.
Frosch	Herr Spieß.	2. Bürgermädchen	Frl. Engelmann.
Brander	H. Gerlach.	1. Bürger	Herr Spieß.
Altmayer	Herr Meyer.	2. Bürger	Herr Borkenhagen.
Siebel	Herr Huhn.	Ein alter Bauer	Herr Backof.
Frau Martha Schwertlein	Fr. Gerlach.	Ein altes Weib	Fr. Lindemann.
Margarethe	Frl. Hesse.	Ein böser Geist	Frl. Dreessen.
Valentin, ihr Bruder, Soldat	Herr Reuß.	Hexe	Herr Backof.
Schüler	Herr Böckmann.	Meerkater	* * *
1. Handwerksbursche	Herr Harwardt.	Meerkatze	* * *
2. Handwerksbursche	Herr Tannert.		

Ein Irrlicht. Hexen. Teufel. Erscheinungen.

Regie: Herr Schloneck.

Nach dem 2. und [illegible] je 10 Minuten Pause.

Preise der Plätze:

Im Vorverkauf an der Theaterkasse: von 11—1 Uhr Vormittags und von 4—5 Uhr Nachmittags: Fremdenloge 2 Mk. 25 Pf. — Logen, Vorbalcon und 1. Parquet 1 Mk. 75 Pf. — Balkon und 2. Parquet 1 ℳ. — Parterre 50 Pf.

An der Abendkasse: Fremdenloge 2 Mk. 25 Pf. — Logen, Vorbalcon und 1. Parquet 2 Mk. — Balcon und 2. Parquet 1 Mk. 20 Pf. — Parterre 50 Pf. — Für Militärs vom Feldwebel abwärts Balcon und 2. Parquet 80 Pf., Parterre 40 Pf.

Kassenöffnung 7½ Uhr. Anfang präcise 8 Uhr. Ende 12 Uhr.

Sonntag, den 2. October 1898 (Dutzendkarten gültig):

Im weissen Röss'l, Lustspiel von Blumenthal und Kadelburg.

Die Direction.

G. Lühmann's Buchdruckerei, Harburg.

Abb. 1 Eröffnungsprogramm der Spielzeit 1898/99.

Abb. 2 Innenansicht des 1944 zerstörten Stadttheaters.

Abb. 3 Szenenfoto aus dem Lustspiel «Die Primanerin» (Spielzeit 1937/38).

«... trotzdem müssen wir leben.»
Kino in Harburg 1919–1933

Klaus Wernecke

Der «Kintopp» war zu Beginn der Weimarer Republik schon ein bedeutender Faktor der Unterhaltungsindustrie geworden. Ende 1918 boten 2299 «Lichtspiel-Theater» mit 804000 Plätzen dem Publikum ihre noch «stummen» Filme an, deren Handlung in den etwas größeren Kinos von einem Orchester untermalt wurde. Im Jahr 1910 boten die Vorführräume im Durchschnitt 200 Zuschauern Platz, jetzt waren es rund 350[1].

In den «Harburger Anzeigen und Nachrichten», dem größten Blatt am Ort, warben Anfang 1919 die «Vereinigten Lichtspiele» für das gemeinsame Programm dreier Kinos: «Passage-Lichtspiele», «Central-Theater» und «Welt-Kino». Ein gemeinsames Programm inserierten auch das «Hansa-Theater» und das «Wallhof-Kino». Beliebt waren «Sittenfilme», wie sie damals hießen. Darunter fielen Sex-, Aufklärungs- und zum großen Teil auch Liebesfilme mit «Milieu». So gaben die «Vereinigten Lichtspiele» am 20. Februar 1919 «Die letzte Liebesnacht der Inge Tolmein. Ein spannendes Sittendrama in 4 Akten» zusammen mit «Das Mädchen vom Zigeunerstamm... Wunderbare Sittentragödie in 4 Akten». Am 24. Februar folgte «Kinder der Straße... Das gewaltige Sittendrama». Die Anzeige enthielt, wie noch häufiger üblich, eine kurze Inhaltsangabe: «Die beiden armseligen Schwestern des Variété – Sogenannte ‹Nummern› – auf abschüssiger Bahn...». Ab 27. Februar lief *«Die Sensation für Harburg! ‹Sündige Liebe› oder ‹Tausend und eine Frau.› Aus dem bewegten Leben eines Junggesellen. Das gewaltige Sittendrama der Saison in 6 Akten... Einiges aus dem Inhalt: Der reiche und elegante Junggeselle – Schöne Frauen – Der Dorfschullehrer und seine Tochter Ruth – Ihr unerfahrenes Herz – Der Junggeselle – ... Zügellose Leidenschaft... Das tolle Leben... Die Katastrophe – Die Erkenntnis».* Im «Hansa» und «Wallhof» gab es ab 24.2. «Das Tagebuch einer Verlorenen» mit dem Hinweis, daß dieser Film 7 Monate von der Zensurbehörde verboten war. Er wurde «infolge des starken Andranges» um drei Tage verlängert. Es folgte «Keimendes Leben! 1. Teil. Ein Monumental-Filmwerk», eine Mischung aus Aufklärungs- und Unterhaltungsstück mit sozialem Bezug («Liese, das Fabrikmädchen»).

Dieses Genre hatte in der Nachkriegszeit eine besondere Konjunktur, auch überregional; häufiger gespielt wurde es auch in den weiteren 20er Jahren. Das hing unter anderem mit dem Wunsch vieler Menschen nach Überwindung der prüden bürgerlichen Moralvorstellungen zusammen; ob hier das Erlebnis des Krieges, vor allem an der «Heimatfront», eine Rolle spielte, sei dahingestellt. Es wäre auch genauer zu untersuchen, inwieweit diese Filmgattung mit ihren fließenden Grenzen die Entwicklung einer freieren Sexualmoral förderte oder eher bremste durch den erhobenen Zeigefinger «tragischer» Verläufe.

Für die Zeitung waren die Kinos schon in diesen Jahren wichtige Anzeigenkunden; daß die

Mehrheit der Betriebe sich zweimal in der Woche, meist montags und donnerstags, größere Inserate leisteten, spricht für die Kino-Konjunktur. Es gingen keineswegs nur die «kleinen Ladenmädchen» ins Kino, wie es einmal bei Siegfried Kracauer heißt, sondern der Spielfilm wurde zu *dem* Massenmedium. Anders als die überwiegend auf bestimmte Leserkreise beschränkte Zeitung sahen Zuschauer aus allen sozialen Klassen die «Renner» der Kino-Saison. In Harburg waren das auch viele Arbeiter. Eine Statistik der Film-Theater und ihrer Besucher war in den Akten nicht zu finden. An Hand der Zeitungsinserate läßt sich ablesen, daß die Zahl der Kinos in Harburg weiter zunahm.

Nach einem Rückschlag während der Inflationszeit lief die Kino-Konjunktur wieder aufwärts. In den Jahren 1927 und 1928 erreichte der Kino-Besuch einen Gipfel während der Weimarer Zeit. *«Der größte Teil unsres Publikums geht in der Woche einmal und dann gewöhnlich an den Tagen der Lohnzahlungen oder kurz darauf ins Kino. Infolgedessen müssen wir im Durchschnitt mit drei guten und vier schlechten Tagen in der Woche rechnen»*, stellt das «Jahrbuch der Filmindustrie» für die Zeit um 1925 fest[2]. Die Harburger Filmtheater boten in diesen beiden Jahren ihrem Publikum unter anderem folgendes Programm: Am häufigsten gespielt wurden Western mit 49 Titeln. Das ist, wie auch bei den folgenden Gattungen, eine Mindestzahl, da sich nicht alle Titel und Angaben eindeutig zuordnen lassen. Zehnmal war allein «Tom Mix» als Western-Held zu sehen, zum Beispiel im Streifen «Der Kampf im Pulverturm». An zweiter Stelle folgte die Gattung «Sensation und Abenteuer» mit 36 Stücken. Lustspiele, darunter die Marke «Alt Heidelberg» oder «Warum ist es am Rhein so schön», erreichten 27 und Sittenfilme 26 Titel. Da sich dieses Angebot, zumindest über Jahre gesehen, nach den Besucherzahlen richtete, zeigt es auch den Geschmack des Publikums. Beliebt waren die Filme mit Harry Liedtke (meist Unterhaltungsgenre), der 1927/28 in 16 Streifen zu sehen war. Harry Piel, schon Ende des Ersten Weltkrieges ein Star, brachte es auf 13 Titel (Sensation und Abenteuer, Krimi), die dänischen Komiker Pat und Patachon auf 9 und der Hund Rin Tin Tin auf 8. («Rin Tin Tin unter den Wölfen, ... unter Verbrechern, ... von Spürhunden verfolgt»).

Auch patriotische Stücke fanden ihr Publikum, meist im «Union» oder im gemeinsamen Programm von «Passage»/«Central». Gespielt wurden «Der alte Fritz» (eine Woche) und direkt anschließend als Teil II «‹Ein König stirbt!›» (8 Tage), «Die Mühle von Sanssouci» (1926, 3 Tage), jeweils mit Otto Gebühr in der Hauptrolle, aber auch Streifen wie «Bismarck» und «Der Weltkrieg» in 2 Teilen usw.

Der Konkurrenzkampf zwischen den Kino-Gruppen blieb auch in der Phase der Prosperität scharf. Die Theater versuchten sich deshalb durch Exklusiv-Programme zu profilieren. Das «Hansa-Theater» («Moderne Lichtspiele», Wilstorferstr. 64) warb 1926/27 in großen Anzeigen für sein Programm, in dem Importe aus den USA einen festen Platz hatten. Douglas Fairbanks in «Der Dieb von Bagdad» wurde auf zwei Dritteln einer ganzen Zeitungsseite angekündigt. Der Film lief vom 30. März (Dienstag vor Ostern) bis zum 11. April 1926. Das Inserat stellte die großen «Konstruktionen und Trickaufnahmen» dieser Produktion heraus und betonte «Der teuerste Film, der jemals in Harburg vorgeführt worden ist.» Als «Die größte Sensation, die Harburg je erlebte», wurde im Februar 1927 «Der Seeräuber» mit Douglas Fairbanks angezeigt. Im April 1927 meldete eine Anzeige: *«Das ‹Hansa-Theater› ist tot. Es lebe das ‹Capitol›. Das Theater der Welt-Spitzenfilme. Von Harburger Lieferanten, Handwerkern und Arbeitern renoviert, ist unser Theater heute zu einer Sehenswürdigkeit Harburgs geworden.»* Hier (Wilstorferstr. 44) liefen die Filme von Buster Keaton, Harold Lloyd und Charlie Chaplin. *«Lassen Sie sich durch unlautere Reklame des ‹Union-Theater› nicht irreführen. Der berühmte Charlie Chaplin ‹Circus›, 7 gewaltige Akte, läuft ab 6. März nur im*

Capitol», hieß es 1928 in den «Harburger Anzeigen und Nachrichten». Auch der Hinweis auf eine verbesserte Technik konnte schon in der Stummfilm-Ära die Konkurrenz ausstechen. Nach seiner Eröffnung inserierte das «Capitol» (Mai 1927): *«Wir haben uns die Höchstleistungs-Maschine ‹Imperator II›... zugelegt... Selbstverständlich ermöglicht dieser Apparat auch das Fortfallen der lästigen Pausen.»* Wie schon das «Hansa» bildete auch das «Capitol» zusammen mit dem «Wallhof-Theater» (Wallstr., heute: Wallgraben 23: ab November 1927 war dort die «Schauburg») eine Programmgemeinschaft.

Die Fime liefen meist freitags bis montags und dienstags bis donnerstags. Die erfolgreichen wurden, wenn der Kontakt mit der Verleihfirma es zuließ, um eine solche «Periode» verlängert; sie standen dann eine Woche auf dem Spielplan. Eine noch längere Aufführung war die seltene Ausnahme. 1927/28 konnte es z. B. «Klettermaxe» mit Corry Bell und Paul Heidemann auf 10 Tage bringen. In einer Stadt von der Größe Harburgs mit einer Anzahl konkurrierender Betriebe und einer nicht so kaufkräftigen Bevölkerung (hoher Arbeiteranteil) konnte die Nachfrage nicht viele Wochen oder sogar mehrere Monate anhalten wie etwa bei Berliner oder Hamburger Erstaufführungs-Kinos. In einer Woche, das hieß ja schon eine Verlängerung, war die große Mehrheit der Filme «durch». Der Zusammenhang mit der Einwohnerzahl wird in einer Anzeige des «Union» aus dem Dezember 1931 deutlich: 4897 Besucher hätten sich in drei Tagen «Bobby geht los» mit Harry Piel angesehen. In einer Woche war also bei gutem Besuch schon ein größeres Potential erschöpft, zumal die Wilhelmsburger meist in ihre eigenen Kinos gingen.

Einige «Renner» wurden später, meist von anderen Filmtheatern, wiederholt.

Auf dem Höhepunkt der Kinokonjunktur im Jahr 1928 waren in der ganzen Republik rund 353 Millionen Karten verkauft worden. 1929 sank die Zahl auf 328, 1930 auf 290 und 1931 auf 273 Millionen. Schon das Jahr 1929 brachte einen Rückfall auf das Niveau von 1925. Zu Beginn des Jahres 1930 hatte die wirtschaftliche Rezession viele Kinos erreicht. Ende Januar veröffentlichten die HAN ein Schreiben «Mehrere[r] Heimfelder Kinobesucher». Sie loben die «Heimfelder Lichtspiele»:

«Die Musik ist gut, die Bilder sind ruhig und klar. Das Eintrittsgeld ist für jeden Geldbeutel zu erschwingen, und doch läßt der Besuch sehr viel zu wünschen übrig. Wollen wir Bewohner von Heimfeld nicht dieses um seine Existenz schwer ringende Unternehmen durch unseren Besuch mehr unterstützen, damit uns diese Bildungsstätte auch erhalten bleibt?»

Der Konkurrenzdruck für die Filmtheater verschärfte sich, zumal für die in Deutschland zahlreicher als im europäischen Durchschnitt vorhandenen Kleinbetriebe. In dieser Lage kam der Tonfilm.

Am 24. Januar 1930 beginnt das «Capitol» als erstes Harburger Kino Tonfilme vorzuführen. Auf einer Zeitungsseite mit «Union», «Passage», «Central» und «Heimfelder Lichtspiele» sticht es die Konkurrenten durch einen großen Anzeigenkasten aus:

Tonfilm! Das große Ereignis für Harburg! Tonfilm!

Keine Mittel scheuend, ist es uns trotz größter Schwierigkeiten gelungen, als erste für ganz Norddeutschland einen der gewaltigsten aller Tonfilme herauszubringen. ... Der gigantische Monumentalfilm:

Dolores Castello

in

DIE ARCHE NOAH

Drei Berliner Boulevard-Zeitungen und zwei Fachzeitschriften werden zitiert, die sich vom technischen Spektakel fasziniert zeigen. Der «Film-Kurier» hatte geschrieben: *«Das Einstürzen der Paläste, das Brausen der Wassermassen vom Himmel und aus der Erde. Das ist hundertprozentiger Tonfilm, das kann keine andere menschliche Ausdrucksweise auch nur annähernd mit gleicher Wucht wiedergeben.»* Und um den Kitzel der Sensation noch zu steigern, fügte das «Capitol» an die Pressestimmen eine Meldung, deren Formulierung die Übertreibung schon ahnen läßt: *«80 Menschen wurden bei den Großwasseraufnahmen mehr oder minder schwer verletzt!»* 14 Tage lang lief zweimal (sonntags dreimal) täglich «Die Arche Noah». Ein noch größerer Renner wurde anschließend «The singing Fool» (18 Tage), ein Rührstück, bei dem nach Aussagen von Zeitzeugen manchem Zuschauer die Tränen gekommen sein sollen. «Alles, aber auch alles ist tief ergriffen, wenn Al Johnson das Lied vom ‹Sonny Boy› singt», verkündete stolz das «Capitol».

«Der Singende Narr» brachte mit einem Millionengeschäft international den Durchbruch des Tonfilms. Am 10. Februar konterten «Union», «Passage» und «Central» in einer gemeinsamen Großanzeige: «Zur gefl. Aufklärung!» lautete die Schlagzeile. Auf die «zahlreichen Anfragen», weshalb man keine Tonfilme gebe, sei die Antwort:

> *«Wir haben bisher jeden in Deutschland gezeigten Tonfilm gehört... Der Musikwiedergabe haften noch alle Mängel an, welche jeder vom Grammophon und vom Radio kennt: die Musik klingt unnatürlich und ‹quäkig›. Störende Nebengeräusche sind die Regel. Der Berliner Volksmund nennt sie daher ‹Konservenmusik›. Ein musikalisch fein empfindendes Ohr wird sie nicht befriedigen, keinesfalls kann sie ein lebendes Orchester von geschulten Musikern ersetzen. Wenn wir auch die Überzeugung haben, daß der Tonfilm dank der Riesenpropaganda interessierter Kreise anfänglich großen Zulauf haben und volle Kassen bringen wird, so halten wir es doch mit unseren Grundsätzen nicht vereinbar, auf Kosten und sozusagen auf dem Rücken des Publikums nur des materiellen Vorteils wegen zur Entwicklung einer noch unvollkommenen Sache beizutragen, deren künstlerischer Wert gegenüber dem stummen Filme noch dazu recht umstritten ist. Sobald der Tonfilm einen höheren Grad der Vollkommenheit erreicht haben wird, wird er auch in unseren Theatern ein Stätte und Würdigung finden.*
>
> Die Direktion: *Passage Lichtspiele* [Lüneburgerstr. 16]
> *Union-Theater* [Wilstorferstr. 8] *Central-Theater* [Wilstorferstr. 8]»

Der höhere Grad war – einschließlich Installation – schon zwei Monate später erreicht. In der Woche vor Ostern kündigte das «Union» an: *«Wir erwarten Sie zu unseren ersten Tonfilm-Vorstellungen ... mit dem bislang besten deutschen Tonfilm Liebeswalzer mit Lilian Harvey und Willy Fritsch. Der Vorverkauf hat in gewaltigem Umfang eingesetzt.»* Die Tonfilmanlage sei «die zur Zeit beste und modernste deutsche Apparatur (Fabrikat Klangfilm – Lichtton)». Tatsächlich besaß das «Capitol» (386 Plätze) nur eine Anlage mit «Nadelton», der von einer parallel laufenden Schallplatte kam, während das mit 700 Plätzen fast doppelt so große «Union» eine Lichtton-Anlage besaß. Bei dieser Technik kommen die Tonimpulse direkt vom Rand des Zelluloidstreifens.

Das «Capitol» sah solche Feinheiten nicht, sondern nutzte die Gelegenheit, um dem «Union» eins auszuwischen: *«Zur gefl. Aufklärung! Betr.: Die Mitteilungen des Union-Theaters in dieser Zeitung vom 10. Februar. Das ‹Capitol›-Lichtspieltheater, das erste Tonfilm-Theater Harburgs, gratuliert dem Union-Theater recht herzlich zur sogenannten Berliner Konservenbüchsenmusik.»* «Liebeswalzer» lief nur eine Woche. War die Sensation schon so viel kleiner oder hatte die UFA (Produktion und Verleih) zu diesem Zeitpunkt keine längere Vorführung zugestanden? (u.a. war die Anzahl der Kopien begrenzt). Die Uraufführung im Berliner Gloria-Palast am Kurfürstendamm hatte 46 Tage gedauert, vom 7. Februar bis zum 31. März; ihr Ende lag bei Beginn der Harburger Aufführung 19 Tage zurück.

In den Jahren 1929–1931 fanden rund 95 % der 452 deutschen Uraufführungen von langen Spielfilmen in- und ausländischer Produktion in Berlin statt. Dann kamen die Filme in die «Provinz», durchliefen die Städte in ihrer Größe von oben nach unten bis hin zum Dorfkino. So war es etwas Besonderes, wenn «Hansa» und «Wallhof» beim letzten Film mit Rudolph Valentino ankündigten: «Uraufführung vor Hamburg!» (Februar 1927). Im Frühjahr 1930 betrachtete Alexander Jason die Umstellung der Kinos auf den Tonfilm noch als «sehr langsam». 1932 spricht er im Rückblick auf die Periode 1929–31 von einem «geradezu überraschenden[m] Tempo, insbesondere, wenn die... Wirtschaftslage berücksichtigt wird»[3]. Der Anstieg der Besucherzahlen beim Auftauchen des neuen Mediums hatte sich allerdings sehr bald als «Scheinkonjunktur» erwiesen, «und es machte sich neben dem allgemeinen Rückgang, wie er unmittelbar aus dem durch die Arbeitslosigkeit verminderten Kinobesuch folgt, die Belastung durch die Umstellung auf den Tonfilm geltend»[4].

Im Dezember 1930 eröffnete in Harburg ein neues Kino: Der «Gloria-Palast» in der Wilstorferstraße (Nr. 34) wurde mit 1189 Plätzen zum größten Filmtheater der Stadt. Die «Harburger Anzeigen und Nachrichten» hatten es im redaktionellen Teil zuvor schon als «Kino der Zukunft» angekündigt: *«Ein in seiner Anlage und Durchführung technisches Wunderwerk ist hier im Entstehen, auf das Harburg-Wilhelmsburg stolz sein kann!»* Durch die Anwendung der «Optischen Achse» könne man von jedem Sitzplatz aus das Bild ohne Verzerrung sehen (fächerförmiger Grundriß des Zuschauerraums mit Gefälle, Projektion zwischen Rang und Parkett durch die Mitte des Raumes). Alle Lieferungen für die Einrichtung und spätere Instandhaltung des Theaters würden an Harburg-Wilhelmsburger Gewerbetreibende und Handwerker vergeben, bis auf die Spezialmaschinen natürlich.

Das Kino gehörte zum Hamburger Henschel-Konzern, der es mit großem Werberummel einführte. Zur Schlußsteinlegung vor geladenen Gästen wurde die älteste Einwohnerin der Stadt, die 1832 geborene Margarethe Köhler bemüht. Am Abend des ersten Weihnachtstages begann das Programm mit «Brand in der Oper». Das Genre der Musikfilme (vor allem Operetten) war dem Tonfilm entsprechend neu. Beim «Brand in der Oper» spielte das Große Orchester der Berliner Staatsoper, zu der «Elite-Star-Besetzung» gehört Gustaf Gründgens. Als «Weihnachts-Geschenk» gewährte das Haus eine (vorübergehende) Preisermäßigung, «die angesichts der wirtschaftlichen Notlage von jedem angenehm empfunden werden dürfte». Werktags gab es ab 18 Uhr einen Einheitspreis von 80 Pfennig.

Das «Gloria» brachte (bis auf die Premiere) im Beiprogramm Variété-Nummern und engagierte später auch ein Orchester. Anfang 1931 gab es um 17 Uhr für den Saal einen Einheitspreis von 60 Pfg., für den Balkon (außer den teureren Logen) von 1 Mark. Um 20 Uhr 15 waren alle Plätze numeriert, die billigsten kosteten 80 Pfg. (sonntags von 1 Mark an). Anfang September 1932, fast noch auf dem Höhepunkt der Wirtschaftskrise, konnte man um 17 Uhr die billigste Karte für 50 Pfg. haben, um 20 Uhr 15 für 60 Pfg. (sonntags ab 70 und 80 Pfg.). Die Preise der kleineren Kinos waren meist niedriger, vor allem bei Stummfilmen.

Auf 1987 umgerechnet muß man die Preise mit ca. 4,5 (1930) bis 5 (1932) multiplizieren, wenn man die entsprechende Kaufkraft ausrechnen will. Der Warenkorb ist dabei allerdings schwer vergleichbar. Gemessen an ihrem Anteil vom Durchschnittslohn eines gelernten Harburger Industriearbeiters sind die Eintrittspreise Ende der Weimarer Republik wohl eher mit dem Fünfzehn- bis Zwanzigfachen umzurechnen. Für die Erwerbslosen gelten, je nach Unterstützungsstufe, noch weit höhere Zahlen. Die großen Tonfilme waren also ein Vergnügen, das sich längst nicht jeder leisten konnte.

Reichsweit schwankten die Preise zwischen 10 Pfennig für Kindervorstellungen und 6 Mark für den Logenplatz eines Berliner Erstaufführungskinos. 1931 kostete eine Kinokarte im statistischen Durchschnitt 72 Pfennig, 1930: 84, 1928: 78 und 1926: 69 Pfennig. Die Kaufkraft des Publikums lag 1931 unter der von 1926. Deshalb sah Jason die Eintrittspreise von 1931 als zu hoch an.

Im Januar 1931 besaß Harburg schon sechs Tonfilmkinos: die genannten «Capitol», «Union» und «Gloria» sowie die «Schauburg» (290 Plätze, Anlage für Licht- und Nadelton), das «Monopol» (388 Plätze) und das «Heimfelder» (368 Plätze). Im September 1931 stellten sich die «Passage-Lichtspiele» (400 Plätze)[5] als «Die neue Harburger Tonfilmbühne» vor. Im Oktober kam noch das «Central-Theater» (370 Plätze) hinzu, das im gemeinsamen Programm mit der «Schauburg» die Sitze im Werktag-Abendprogramm ab 50 Pfennig anbot. Im März 1932 eröffneten die «Kammerspiele» als «neue Tonfilmbühne Heimfelds!». Das Theater war – im selben Gebäude – Nachfolger der «Heimfelder Lichtspiele». «Passage» und «Kammerspiele» unterstanden einer Leitung und brachten häufiger ein gemeinsames Programm.

Die für den Höhepunkt der Stummfilmkonjunktur festgestellten Genres sind auch in den Programmen der Tonfilmperiode bis zum Frühjahr 1933 vertreten, doch veränderte sich ihr Gewicht. Neu hinzu kamen die Operetten und Musical-Komödien. «Der Kongreß tanzt» war zunächst angekündigt für vier Tage, freitags bis montags. Dann wurde er bis zum nächsten Donnerstag «verlängert». Das heißt, die Spielphasen sind die der Stummfilmzeit geblieben. Eine Woche hieß nicht viel für den «Kongreß», aber schon anderthalb Monate später wiederholte ihn ein anderes Harburger Kino eine weitere Woche lang. Auffallend in diesen ersten Tonfilmjahren ist der Erfolg einiger «Militärschwänke». «Reserve hat Ruh» z.B. wird vom «Gloria» als der «lustigste aller Militär-Schwänke!» angekündigt: *«Sie sehen und hören: Fritz Kampers, der größte Drückeberger der ganzen Kompanie. Paul Hörbiger, der dümmste Einjährige des ganzen Regiments... Fischer-Köppe als schneidiger Feldwebel und Schrecken des Kasernenhofs.»* Der Streifen lief im Januar 1932 zuerst eine Woche im «Gloria» und direkt anschließend 11 Tage im «Union». Nach einer Pause von Dienstag bis Donnerstag brachte ihn dann das «Capitol» eine ganze Woche. In der Ankündigung des Militärschwanks «3 Tage Mittelarrest» (Januar 1931) heißt es kinoliterarisch:

> *«Ein ganzer Kasernenhofblüten-Regen prasselt auf Sie hernieder! Ihnen wird das Zwerchfell platzen! Sie werden uns wegen Körperverletzung – aber nein – das werden Sie nicht! Im Gegenteil – Sie werden dankbar sein, daß wir Ihnen geholfen haben, den grauen Alltag einige Stunden zu vergessen.»*

Die entsprechenden Kasernenhof-«Dialoge» und «Männerwitze» konnte nur der Tonfilm vermitteln.

Die historisch-patriotischen Stummfilme, auch schon in der Stummfilmära vertreten, erhielten durch die Großproduktionen der UFA eine verstärkte ideologische Qualität. Verfilmt wurden vor allem Vorlagen, die entweder in der Zeit des «großen» Preußenkönigs Friedrich II. spielten oder die die Erhebung gegen Napoleon «in der Stunde tiefster» preussisch-deutscher «Erniedrigung» zum Thema hatten – hier wurden die Gegenwartsbezüge besonders massiv unterstrichen. *«Das glühende Erlebnis für Millionen Deutsche – Yorck – Der Große vaterländische Tonfilm»* lief im Januar 1932 eine Woche im «Gloria», im Februar nochmals im «Passage», aus dessen Anzeige hier zitiert ist. Diese oder eine fast gleiche Wortwahl liest man bei der Aufführung in anderen Städten, das heißt, sie war von der UFA vorgestanzt. In der Anzeige des «Gloria» zu «Luise, Königin von Preußen» (Februar 1932) mit Henny Porten und Gustaf Gründgens in den Hauptrollen wird die – angebliche – Mahnung der Königin an Napoleon zitiert: *«‹Sire, denken Sie an die Vorsehung, noch ist auch Frankreichs Schicksal nicht entschieden›. Worte, die heute gesprochen sein könnten!»*

Weitere Titel der nationalen Welle waren «Die elf Schillschen Offiziere» (mit Beschreibung der Filmsequenzen in der Anzeige), «Die Tänzerin von Sanssouci», «Kreuzer Emden», «Tannenberg», «Morgenrot» (1933), «Der Choral von Leuthen» (1933)[6] u.a.

Die «vaterländischen» Stücke liefen meist zuerst im «Gloria». Für das Kino spielte nur der Gewinn eine Rolle. So inserierten »Gloria» und «Union» für ihre Programme gemeinsam in der kommunistischen «Norddeutschen Zeitung», um einen bestimmten Teil der Arbeiter von Harburg-Wilhelmsburg zu erreichen. Zur gleichen Zeit klagte dieses Blatt über «nationalistische Hetzfilme» in von Arbeitern besuchten Kinos.

Spielfilm und Arbeiterbewegung

Eine kritische, gegen die bürgerliche Öffentlichkeit gerichtete Filmkultur gab es in Harburg, wie auch in vielen anderen Industriestädten, nur am Rande. Im Mai 1926, einen Monat nach der Aufhebung seines ersten Verbotes, «Das Tagesgespräch von Berlin, Hamburg, Harburg», läuft «Panzerkreuzer Potemkin» eine Woche in «Passage» und «Central». Eine Filmkritik in den «Harburger Anzeigen und Nachrichten» gibt es dazu nicht; das «Volksblatt» des Jahrganges 1926 ist nur ab Oktober erhalten. Es läuft im April 1927 «Iwan der Schreckliche» (Capitol), im März 1928 «der große Eisenstein-Film ‹Streik›» in einer Spätvorstellung (Union) und einen Monat später «Pudowkins Meisterwerk, das Ende von Petersburg» (Schauburg). Auch die anderen bekannten Werke sowjetischer Regisseure wurden gespielt. In der Stummfilmzeit stellten sie seit Mitte der 20er Jahre zwar einen quantitativ geringen Anteil am Gesamtprogramm, waren aber doch in unregelmäßigen Abständen präsent.

Mit dem Sieg des Tonfilms wuchs die Bedeutung der UFA, die mit ihren Produkten einen erheblichen Programmanteil errang. Beiträge, die die gesellschaftliche Realität in der Weimarer Republik reflektierten, waren selten. So lief ab Ostermontag 1930 vier Tage lang der «große neue Zille-Film ‹Mutter Krausens Fahrt ins Glück›. Ein Werk stärkster Schauspielkunst» – freilich noch ein Stummfilm. Im Juni 1932 zeigte das «Union» eine Woche lang (also einmal verlängert) «Kuhle Wampe oder wem gehört die Welt?» – *«Der vielumstrittene Film! Nach dreimaligem Verbot durch Zensurkampf – freigegeben»*.

Eine Ausnahme stellt die Behandlung von «Im Westen nichts Neues» in der Harburger Kino-Öffentlichkeit dar. Dieser Tonfilm gehörte zwar nicht zu den sozialkritischen Gegenwartsstücken, berührte mit seiner Kritik an Krieg und Militarismus aber bestimmte Traditionen und Einstellungen in der Arbeiterklasse. Sein Verbot durch die Berliner Oberprüfstelle war von den rechtsbürgerlich-antidemokratischen «Harburger Anzeigen und Nachrichten» als «erfreulich» bezeichnet und mit Hilfe einer vorgeschobenen «breitesten Öffentlichkeit» sogar «mit der größten Genugtuung» etikettiert worden (12. 12. 30). Das «Volksblatt» berichtete im März 1931, daß aus dem nördlichen Schleswig täglich viele nach Dänemark fuhren, um den Film dort zu sehen. In Harburg zeigte die «Deutsche Friedensgesellschaft» ersatzweise «70 der hauptsächlichsten Bilder» aus der Remarque-Verfilmung (2.3.31, Veranstaltung im Lyzeum). Um die Zensur zu umgehen, ließ eine Reihe den Sozialdemokraten nahestehender Organisationen den Film in geschlossenen Vorstellungen laufen. In einer Anzeige wurden als Veranstalter u.a. genannt: Allgemeiner Deutscher Gewerkschaftsbund, Ortsausschuß Harburg-Wilhelmsburg; Allgemeiner freier Angestelltenbund, Ortskartell; Allgemeiner Deutscher Beamtenbund, Bezirksausschuß; Reichsbanner Schwarz-Rot-Gold; Reichsbund der Kriegsbeschädigten, Kriegsteilnehmer und Kriegshinterbliebenen. Die Remarque-Verfilmung lief vom 10.–16. Juli 1931 im «Gloria» und dann noch vier Tage im «Union».

Nach dem Fall des Verbotes war «Im Westen nichts Neues» Anfang Dezember noch mal drei Tage in öffentlicher Vorstellung zu sehen (Union).

Aspekte der Filmrezeption

Die Rubrik Filmkritik gab es in der Harburger Presse nicht. Die «Harburger Anzeigen und Nachrichten» veröffentlichten schon zu Stummfilmzeiten in ihrem redaktionellen Teil eine «Filmschau», deren Text eine (kostenlose?) Verlängerung des Anzeigenteils war. In den Genuß einer solchen «Besprechung» kamen nur Kinos, die für den erwähnten Film auch inseriert hatten oder, sollte das ausnahmsweise nicht der Fall gewesen sein, sonst gute Anzeigenkunden waren. Die Formulierungen wurden meist den «Waschzetteln» der Verleihfirma entlehnt und spendeten nur plattes Lob. *«So hat also der Film alle Qualitäten der großen deutschen Klasse und ein Besuch ist durchaus zu empfehlen.»* (Mai 1926, «Die Brüder Schellenberg»). Ab 1931 hieß es offener: «Hinweise auf angezeigte Veranstaltungen», manchmal noch mit dem Zusatz «Siehe Inserat». Die Schriftleitung der «Deutschen Presse» sprach im Mai 1930 vom «beschämenden Tiefstand des Niveaus der Filmkritik, zumal in der Provinz»[7].

Über die Aufnahme und Wirkung der Spielfilme beim Publikum gibt es wenig oder nur Triviales zu berichten. Deutlich weisen die Erfolgsprogramme auf die Unterhaltungswünsche der Mehrheit hin. Eine wahrscheinlich vorhandene aber in ihrer Qualität unbekannte soziale Differenzierung dieser Wünsche und Einstellungen ist mit den vorliegenden Quellen nicht zu erkennen. Viel stärker als die Presse war der Spielfilm ein klassenübergreifendes Medium, das von kapitalistisch-bürgerlichen Interessen bestimmt, einer proletarischen, selbstgesetzten Öffentlichkeit nur Nischen ließ.

Schon im Oktober 1926, in einer kürzeren, aber heftigen Wirtschaftskrise, hatte das «Union» seine Einschätzung der Publikumswünsche an ebendieses Publikum deutlich adressiert:

> *«Die wirtschaftliche Lage ist gewiß nicht rosig, trotzdem müssen wir leben. ... Nach des Tages Last und Mühe will man keine geistige Anstrengung, sondern gute amüsante Unterhaltung. – Das ist das Geheimnis des Harburger Union-Theaters.»*

Anmerkungen

1 Jason, Bd. I, S. 62, dort in den folgenden Bänden II u. III auch die statistischen Angaben und Zahlen. Das Kinoprogramm und seine Anzeigen sind entnommen aus: Harburger Anzeigen und Nachrichten, Jge. 1919–1933 und Volksblatt für Harburg, Wilhelmsburg und Umgegend, Jge. 1927–September 1931.

2 Jahrbuch der Filmindustrie, 2. Jahrgang, 1923/25, hrsg. von Karl Wolffsohn. Berlin 1926, S. 187.

3 Jason, Bd. I, S. 67 u. Bd. III, S. 10.

4 Jason, Bd. III, S. 10.

5 Die Platzzahlen stammen aus Jason, Bde. II u. III. Sie müssen nicht genau sein. So ist in Bd. III die Platzzahl im «Gloria» mit 1300 angegeben, während in einem amtlichen Prüfbericht vom Januar 1931 1189 Sitzplätze angegeben werden. Jason Bd. III (Stand: Januar 1931) nennt in Wilhelmsburg folgende Tonfilm-Kinos: Bahnhofs-Lichtspiele (350 Plätze), Filmburg (718), Monopol (440). Die Wilhelmsburger Kinos inserierten nur selten in Harburg; einige, die in Arbeitervierteln lagen, eher im «Volksblatt», z. B. das «Reiher-Theater» (Vogelhüttendeich 72) und die «Filmburg» (Veringstr. 60). Im Adreßbuch für Harburg-Wilhelmsburg I sind erst ab 1931 die Kinos (unter «Lichtspiele») verzeichnet, und dann nur die Harburger. Das «Monopol» fehlt hier, vielleicht ist die Nennung eines «Monopol» sowohl unter Harburg wie unter Wilhelmsburg (mit unterschiedlichen Sitzzahlen) bei Jason falsch. Im Adreßbuch-Verzeichnis fehlen schon in der Stummfilmzeit die meisten Kinos.

6 Zur Rolle des «vaterländischen» Films vgl. Wernecke, Leichte Kost und patriotische Ware, S. 162ff.

7 Ebd., S. 176

Für die Mitarbeit bei der Durchsicht des Zeitungsmaterials danke ich Frank Schumacher, Lüneburg.

Abb. 1 Ein Kino-Renner aus dem Jahre 1931 (hier eine Wiederaufführung vom Juli 1932).

Abb. 2 Patriotische Ware 1932: ein Film aus dem nationalistischen Hugenberg-Konzern (Ufa).

Abb. 3 Kritik am Krieg: von manchen gewünscht (HAN 13. 7. 1931).

Passage-Lichtspiele

Beginn 11 Uhr abends

Ab heute Freitag u. Sonnabend

Zwei außergewöhnliche

Sonder-Nachtvorstellungen

mit einem wunderbaren, **nie** zu vergessenden **aufregenden Spielfilm**

Eros in Ketten

mit Gesangseinlagen

Sexualnot — Erotik

Die Flammen der Leidenschaft haben schon manches Menschenleben vernichtet, die leichtsinnig vom Freudenbecher der Liebe getrunken haben.

Ein sehr starker Sittenfilm,

wie man ihn in solchem Ausmaße noch nicht sah.

Vom Taumel der Leidenschaft ist auch Maria, ein schönes junges Mädchen, ergriffen, sie — geht — auch — den — Weg — zu — „Frau Immergrün" — Die Arbeit — soll — beginnen — gegen — das keimende Leben — Hilfe! Ueberfall! — Polizei — Maria entflieht — das Mädchenerziehungshaus.

Eine Warnung für junge Mädchen!

An jedes Elternpaar tritt einmal die Frage heran:
„Wie sag' ich es meinem Kinde?"

Abb. 4 HAN 31. 7. 1931.

Arbeiterschaft und sozialdemokratische Arbeiterbewegung in Harburg 1918–1933

Günter Könke

Die sozialdemokratische Arbeiterbewegung hat als politischer, sozialer und kultureller Faktor die Entwicklung Harburgs während der Weimarer Republik maßgeblich mitgeprägt. Eingebettet in ein Sozialmilieu, das in der Industriestadt Harburg dominierte, und flankiert vom dauerhaften politischen Einfluß ihrer Bürgerschaftsfraktion, traten die sozialdemokratischen Organisationen, obwohl in der Grundfarbe ihres politischen Selbstverständnisses eher gemäßigt und kompromißbereit, ihren politischen und wirtschaftlichen Kontrahenten selbstbewußt und offensiv gegenüber. Dem Niedergang des demokratischen Lagers gegen Ende der Republik hatten sie dennoch wenig entgegenzusetzen, wenn auch ein Eindringen der NS-Bewegung in die Harburger Arbeiterschaft im wesentlichen nicht gelang[1].

Als am 8. November 1918 der neu konstituierte Arbeiter- und Soldatenrat in Harburg die öffentliche Gewalt übernahm, konnte die Harburger Arbeiterbewegung bereits auf ein halbes Jahrhundert Organisationsgeschichte zurückblicken: Nachdem schon zu Beginn der 60er Jahre des 19. Jahrhunderts einzelne Handwerkergruppen erste Organisationsversuche unternommen hatten, wurde 1869 eine einheitliche Organisation der Fabrikarbeiter gegründet, die 600 Mitglieder umfaßte, infolge innerer Gegensätze aber rasch wieder zerbrach. Zu neuen Initiativen kam es dann erst im Auslauf des Sozialistengesetzes: Im November 1889 wurde, ausgehend von den Arbeitern der Vereinigten Gummiwerke, erneut ein Lokalverein der Fabrikarbeiter gegründet, der 1893 bereits annähernd 2000 Mitglieder aufwies und seinen Mitgliederstand bis zum Vorabend des Ersten Weltkrieges auf über 4000 erhöhen konnte. Auch die Organisation im politischen Bereich machte nunmehr rasche Fortschritte: Im Oktober 1890 wurde in Wilhelmsburg ein sozialdemokratischer Vereins ins Leben gerufen; einen Monat später folgte eine ähnliche Konstituierung in Harburg. Dennoch dauerte es noch weitere zwei Jahrzehnte, bis die SPD schließlich am 9. Januar 1910 ihr erstes Parteisekretariat in Harburg eröffnen konnte; die Gewerkschaften hatten bereits 1903 ihr Arbeitersekretariat errichtet. SPD und Gewerkschaften hatten somit bereits vor dem Ersten Weltkrieg ein beachtliches Organisationswachstum zu verzeichnen: Die Harburger SPD zählte 1913 etwa 3000, der Ortsausschuß der freien Gewerkschaften Harburgs mehr als 10000 Mitglieder[2].

Brachte auch der Weltkrieg zunächst einen weitgehenden Niedergang der Arbeiterorganisationen, so war der in den Gründerjahren der Republik erfolgende Wiederaufstieg um so beeindruckender. Die allgemeine Politisierung der Bevölkerung im Zuge der Novemberereignisse, die eine deutlich gewachsene Bereitschaft zu politischer und gewerkschaftlicher Organisation einschloß, das Bedürfnis, an den sozialen Errungenschaften der Revolution teilzuhaben, und nicht zuletzt das Bestreben, den Anschluß an die demokratische Ära nicht zu verpassen, führten zu einem starken Anwachsen der sozialdemokratischen Organisationen, das auch nach Abschluß der revolutionären Übergangsphase und dem erneuten Einsetzen restaurativer Tendenzen noch einige Zeit anhielt.

Der Kreisverein Harburg der SPD, der die Stadt und den Landkreis Harburg umfaßte, hatte um die Jahresmitte 1921 mit 10000 Mitgliedern einen Höchststand erreicht. Die Folgejahre, die von Inflation, Reallohnverlusten und konjukturellen Schwankungen gekennzeichnet waren, hatten eine Abwanderung von Mitgliedern zur Folge, die bis zu Beginn des Jahres 1926 andauerte. Die beginnende wirtschaftliche Stabilisierung und der kräftige konjunkturelle Aufschwung des Jahres 1927 schufen dann die Voraussetzungen für ein erneutes langsames Anwachsen der Partei, das bis Ende 1929 anhielt und erst durch den Ausbruch der Weltwirtschaftskrise gebremst wurde[3].

Der Harburger Ortsverein der SPD gehörte bis 1929 dem Unterbezirk Lüneburg an. 1930 wurde dann die Ortsgruppe, die allein etwa 80% des Mitgliederbestandes des Lüneburger Unterbezirks gestellt hatte, aus dem Lüneburger Verband und dem Kreisverein Harburg herausgelöst und in einen selbständigen Unterbezirk umgewandelt[4].

Eine weitere Veränderung im Organisationsgefüge wurde fällig, nachdem mit der Vereinigung der Städte Harburg und Wilhelmsburg 1927 auch ein Zusammenschluß der beiden sozialdemokratischen Ortsvereine auf die Tagesordnung gerückt worden war. Während die Zusammenlegung einiger sozialdemokratischer Nebenorganisationen – wie etwa der SAJ-Gruppen oder der Sektionen der Arbeitsgemeinschaft sozialdemokratischer Lehrer – rasch und reibungslos vonstatten ging, kam die Vereinigung der beiden Ortsvereine zunächst nicht zustande, weil – wie der Wilhelmsburger Sozialdemokrat August Bartelt auf einer Kreiskonferenz im März 1928 ausführte – *«unter den Funktionären im Stadtteil Wilhelmsburg keine Neigung für einen Zusammenschluß»* bestand. Als kleine Ortsgruppe fürchteten die Wilhelmsburger augenscheinlich, vom bedeutend größeren Harburger Nachbarn vereinnahmt zu werden, und hielten daher zunächst beharrlich an ihrer Selbständigkeit fest. Erst nachdem die Harburger in dieser Frage im Januar 1929 beim Bezirk Hannover der SPD interveniert hatten, konnte die Zusammenlegung der Ortsvereine auf Weisung des Bezirksvorstandes um die Jahresmitte 1929 erfolgen[5].

Eine mit der SPD vergleichbare Entwicklung durchliefen die Harburger Gewerkschaften. Die mit Abstand größte Einzelgewerkschaft in Harburg blieb auch während der Weimarer Republik der Fabrikarbeiter-Verband (FAV), in dem unter anderem die Arbeiter der Öl- und Gummiindustrie organisiert waren. Allein der FAV hatte Ende 1922 mehr als 9000 Mitglieder und verfügte noch Mitte 1930 über 7500 Mitglieder. Zweitstärkste Gewerkschaft war der Deutsche Metallarbeiter-Verband (DMV), der vor allem die Arbeiter der metallverarbeitenden Industrie und der Werften organisierte und zeitweilig bis zu 3400 Mitglieder umfaßte; in den späten zwanziger Jahren pegelte sich sein Mitgliederstand dann bei etwa 2300 ein[6]. Zur Stärke der Gewerkschaften trug besonders die hohe Organisationsbereitschaft der Harburger Arbeiterschaft bei; so waren etwa im Bereich der Harburger Ölindustrie Ende der zwanziger Jahre 95% der Arbeiter von den gewerkschaftlichen Organisationen erfaßt[7].

Erfolg und Ansehen der sozialdemokratischen Organisationen standen in der Weimarer Republik in engem Zusammenhang mit dem Verlauf der allgemeinen wirtschaftlichen und sozialen Entwicklung. Als einzige Massenorganisationen, die sich mit dem demokratischen Staat und seinen Institutionen rückhaltlos identifizierten, konnten SPD und Freie Gewerkschaften zwar soziale Reformerfolge politisch für sich verbuchen, wurden aber von großen Teilen der Bevölkerung gleichermaßen für Mißerfolge und Krisen im Wirtschafts- und Sozialbereich verantwortlich gemacht. Es ist insofern kein Zufall, daß die sozialdemokratische

Arbeiterbewegung den größten Zuspruch in der Anfangsphase der Republik, in der vor allem die Arbeitnehmergruppen von sozialen Reformen und Lohnsteigerungen profitierten, und in den Konjunkturjahren 1926 bis 1929 fand.

Auch in Harburg ist der Zusammenhang von industrieller Struktur, konjunkturellem Verlauf und sozialer Lage der Arbeiterschaft einerseits, der organisatorischen Entwicklung und den politischen Erfolgen der sozialdemokratischen Bewegung andererseits deutlich erkennbar. Die industrielle Struktur Harburgs wurde geprägt durch die Ölmühlenindustrie, Gummiindustrie und Betriebe der eisen- und metallverarbeitenden Industrie. Vor allem im Bereich der Ölmühlenindustrie bildete Harburg eines der Zentren des Reiches; allein die Firma Thörl etwa ereichte 1928 mit ihrer Saatverarbeitung 22 % der gesamten deutschen Ölmühlenproduktion. Die Phoenix Gummiwerke waren gleichfalls eines der größten Unternehmen ihrer Branche. Die metallverarbeitenden Betriebe produzierten vor allem für den technischen und Ausrüstungsbedarf der Öl-, Gummi- und chemischen Industrie[8].

Nachdem die Harburger Industrien während des Ersten Weltkrieges infolge stark verminderter Rohstoffeinfuhren deutliche Produktionsrückgänge hatten hinnehmen müssen[9], brachten die Nachkriegsjahre zunächst eine langsame wirtschaftliche Aufwärtsentwicklung, die von einem leicht ansteigenden Reallohnniveau und einer relativ geringen Arbeitslosigkeit begleitet war. Auf dem Harburger Arbeitsmarkt machte sich im Frühjahr 1922 sogar kurzzeitig ein Arbeitskräftemangel bemerkbar[10]. Der zufriedenstellende Geschäftsgang der Harburger Unternehmen und die geringe Arbeitslosenquote ermöglichten auf gewerkschaftlicher Seite eine offensive Lohn- und Tarifpolitik, die unter anderem in einer im Vergleich zu späteren Jahren hohen Streikaktivität zum Ausdruck kam. So traten etwa in Harburg im September 1921 1500 Textilarbeiter der Jutespinnerei und der Tauwerkfabrik Felten & Guilleaume in den Ausstand, der nach zwei Wochen erfolgreich beendet werden konnte[11]. Insgesamt konnten in den Jahren 1920/21 in den Lohn- und Tarifbewegungen von gewerkschaftlicher Seite befriedigende Resultate erzielt werden[12].

Nach einem erneuten Niedrigstand von Produktion und Löhnen im Hochinflationsjahr 1923[13] und nochmaligen konjunkturellen Kriseneinbrüchen, die auf die Währungsstabilisierung um die Jahreswende 1923/24 folgten, setzte dann 1926/27 ein nachhaltiger konjunktureller Aufschwung ein, der die kurze wirtschaftliche Blütezeit der Weimarer Republik einleitete und von dem auch die Harburger Industrie, in besonderem Maße die Gummi-, Mineralöl- und Pflanzenölindustrie, profitierte; in der Margarineindustrie gelang es sogar, eine Umsatzverdoppelung gegenüber dem Vorkriegsstand 1913 zu erreichen[14]. Die Arbeitnehmer nahmen durch deutlich ansteigende Reallöhne am Aufschwung teil, die bisweilen in erfolgreich geführten Tarifauseinandersetzungen erstritten wurden; so konnten im Frühjahr 1927 größere Streiks bei den Merckschen Guanowerken und der Firma Traun & Söhne mit einer weitgehenden Durchsetzung gewerkschaftlicher Forderungen abgeschlossen werden[15].

Zu einem erneuten schweren Einbruch kam es mit der 1929 einsetzenden Weltwirtschaftskrise. Zur Illustration der mit der Krise verbundenen Produktionseinschränkungen mögen zwei Beispiele dienen: Die Phoenix-Gummiwerke hatten bereits 1930 einen zwanzigprozentigen Umsatzrückgang zu verzeichnen; 1931/32 folgten nochmalige Einbußen von 25 bzw. 30 %[16]. Fast völlig zum Erliegen kam stellenweise die Werftindustrie, die während des Weltkrieges ihre Kapazitäten stark ausgeweitet hatte und während der Republik infolge erheblicher Rückgänge im Neubaugeschäft an Unterauslastung litt. 1929 trat dann zu den strukturellen Krisenerscheinungen der konjunkturelle Einbruch hinzu. Die Wilhelmsburger Oelkers-Werft sah sich unter diesen Verhältnissen gezwungen, ihren Personalbestand, der im

Durchschnitt der Jahre 1924/29 220 Mann betragen hatte, auf eine Notbelegschaft von 20 Mann zu reduzieren[17].

Die soziale Lage der Arbeiter war während der Weimarer Republik neben dem infolge des Konjunkturverlaufs sehr schwankenden Lohnniveau durch eine anhaltend hohe strukturelle Arbeitslosigkeit bestimmt, die im Anschluß an die eher günstige Beschäftigungssituation der frühen zwanziger Jahre die wirtschaftliche Entwicklung kennzeichnete und jeweils durch die konjunkturell bedingten Beschäftigungseinbrüche verstärkt wurde. Die strukturelle Arbeitslosigkeit, die als Symptom für die relative Schwäche der gesamtwirtschaftlichen Entwicklung in Deutschland während der Weimarer Republik gedeutet werden kann, führte dazu, daß auch auf dem Konjunkturhöhepunkt 1927/28 eine verhältnismäßig hohe Sockelarbeitslosigkeit bestehen blieb. Rationalisierungsbedingte Entlassungen, Standortveränderungen und Betriebsstillegungen hatten zusätzliche Freisetzungen von Arbeitskräften zur Folge. In Harburg-Wilhelmsburg und Umgebung kam es 1928/29 zu mehreren Betriebsschließungen: 1928 führte die durch Bankrott herbeigeführte Schließung der Ölwerke Teutonia zur Entlassung von rund 800 Beschäftigten; im selben Jahr schloß die Margarinefabrik Wahnschaffe, Müller & Co. in Wilhelmsburg ihre Tore[18]. Im Juli 1929 wurde dann – schon durch den konjunkturellen Rückgang bedingt – der Betrieb «Elbe» der Vereinigten Ölfabriken Thörl stillgelegt, wobei 413 Beschäftigte ihren Arbeitsplatz verloren[19]. Für die Entwicklung des Arbeitsmarktes in Harburg ist insgesamt kennzeichnend, daß Harburg mit einer durchschnittlichen Arbeitslosenquote in die Krise hineinging, dann aber durch die Auswirkungen der Krise überdurchschnittlich hart getroffen wurde. Zu Beginn des Jahres 1930 stand Harburg-Wilhelmsburg in der Arbeitslosenstatistik nicht nur mit an der Spitze der deutschen Großstädte, sondern nahm auch im Vergleich mit den durch die Krise stark betroffenen norddeutschen Groß- und Mittelstädten eine Spitzenstellung ein. Auf dem Höhepunkt der Krise im Juni 1932 gab es in Harburg-Wilhelmsburg zeitweilig fast 19000 Arbeitslose; der Durchschnitt des Jahres 1928 hatte noch bei knapp über 3000 gelegen. Aufschlußreich für die mit dem Krisenverlauf verbundene Verschlechterung der Lage der Arbeitnehmer ist dabei auch die Struktur der Arbeitslosigkeit: Hatten im Anfangsstadium der Krise im Herbst 1929 noch fast alle Erwerbslosen in Harburg zur Gruppe der Hauptunterstützungsempfänger der Arbeitslosenversicherung gehört, so war nur ein Jahr später bereits ein Drittel der Arbeitslosen aus der Versicherung ausgesteuert und damit auf Krisen- bzw. Wohlfahrtsunterstützung angewiesen[20]. Ende 1932 bezog dann nur noch ein Achtel der arbeitslos Gemeldeten die regulären Unterstützungssätze der Reichsversicherungsanstalt.

Die wechselhafte wirtschaftliche Entwicklung kontrastierte in Harburg mit der relativen Kontinuität der politischen Kräfteverhältnisse. Die SPD war die gesamte Republik über die mit Abstand stärkste Partei innerhalb der Harburger Bürgerschaft und ging auch aus allen Reichs- und Landtagswahlen als klarer Sieger hervor. Im Magistrat der Stadt war die Partei von 1919 bis 1933 vertreten und stellte seit Januar 1925 mit Walter Dudek den Oberbürgermeister[21].

Der Übergang von der Revolution zum parlamentarischen Alltag der Republik vollzog sich in Harburg weitgehend reibungslos. Der Arbeiter- und Soldatenrat begriff sich nicht als dauerhaftes Herrschaftsinstrument, sondern lediglich als Ordnungsorgan, das einen ungehinderten Übergang der politischen Macht an eine gewählte Volksvertretung zu gewährleisten hatte. Nachdem Anfang März 1919 das erste Harburger Bürgervorsteher-Kollegium gewählt worden war, trat er freiwillig seine Funktionen an das neu gewählte Stadtparlament ab und löste sich auf.

Eine erste ernsthafte Bewährungsprobe für die Republik und die sie tragenden politischen

Kräfte brachte der Kapp-Putsch im März 1920. Die Ereignisse in Harburg während des Putsches erlangten dabei eine über die Stadt hinausreichende Bedeutung und können in mancher Hinsicht als aufschlußreich für die politisch-soziale Kräftekonstellation in Harburg und die Mentalität der Harburger Arbeiterbewegung gelten: Die Arbeiterorganisationen beherrschten auch in der durch den Putsch entstandenen kritischen Lage die Situation und traten putschverdächtigen Truppenteilen militant entgegen. Ein Indiz für diese dominierende Rolle war auch, daß selbst die Einwohnerwehr, eine paramilitärische Institution von ansonsten eher konservativ-nationalem Zuschnitt, in Harburg sozialdemokratisch beeinflußt war und für den Schutz der Republik mobilisiert werden konnte[22].

In Harburg kam es während des Putsches zu bewaffneten Auseinandersetzungen zwischen ansässiger Arbeiterschaft und Einwohnerwehr einerseits und einer von Stade aus in Harburg eingerückten Freikorpseinheit, der sog. Eisernen Schar des Hauptmanns Berthold, andererseits. Berthold gehörte mit seiner Truppe der sog. Eisernen Division an, die nach Beendigung der nach dem Kriege noch andauernden Kämpfe im Baltikum in den Raum Stade verlegt worden war und dort ihre Auflösung erwartete[23]. Nach Bekanntwerden des Kapp-Putsches spaltete sich die Division; ein Teil bekannte sich zur rechtmäßigen republikanischen Regierung, ein anderer Teil, dem der Divisionskommandeur Bischoff und Berthold angehörten und der offenbar auch Verbindungen zu Kapp und dem Mitinitiator des Putsches, General Lüttwitz, besaß, versuchte, auf seiten der Putschisten in die Geschehnisse einzugreifen[24].

Am 14. März setzte sich Berthold mit seiner etwa 700 Mann starken Truppe mit dem Zug aus Stade ab[25]. Später gab er gegenüber dem Harburger Oberbürgermeister Denicke an, nach Hamburg gewollt und nur deshalb in Harburg Station gemacht zu haben, um von dem in Harburg ansässigen Reichswehrbataillon und der Einwohnerwehr eine Neutralitätsverpflichtung zu erhalten, da er bei seinem Weitermarsch keine feindlichen Truppen in seinem Rücken habe dulden können[26]. Die Berthold-Truppe besetzte Heimfeld und nahm in der Mittelschule an der Woellmerstraße Quartier, die daraufhin rasch von Harburger Einwohnerwehr und Arbeiterschaft umstellt wurde. Hier kam es dann, nachdem vorangegangene Verhandlungen über einen Abzug Bertholds zu keinem eindeutigen Ergebnis geführt hatten, zu einer gewaltsamen Eskalation, in deren Verlauf Bertholds Einheit rasch kapitulieren mußte und Berthold selbst getötet wurde[27].

Die Ereignisse während des Kapp-Putsches in Harburg zeugen nicht nur von der weitgehenden Isolation der den Putsch stützenden Kräfte, sie können auch als Anzeichen für die noch hohe Mobilisierungsbereitschaft der Arbeiterschaft in der Anfangsphase der Republik, insbesondere in den Industrieregionen des Reiches, gewertet werden. In Harburg waren die Führer von SPD und Freien Gewerkschaften dabei selbstbewußt genug, den Standortältesten des in Harburg ansässigen Pionier-Bataillons, Major Hueg, der eine eindeutige Stellungnahme verweigerte und kein klares Bekenntnis zur rechtmäßigen Regierung abzugeben bereit war[28], kurzerhand festzusetzen und seines Amtes zu entheben, eine für sozialdemokratische Funktionsträger während der Weimarer Republik geradezu kühne Handlungsweise[29].

Zeigten die sozialdemokratischen Organisationen während des Kapp-Putsches eine militante Haltung, die sich vom vorsichtigen und zurückhaltenden Taktieren der SPD-Führung deutlich unterschied, so steuerten sie während der Weimarer Republik doch insgesamt einen gemäßigten politischen Kurs, der durch Loyalität gegenüber der Mutterpartei und der sozialdemokratisch geführten preußischen Landesregierung gekennzeichnet war. So wurde das nachhaltige Bekenntnis der Parteiführung zum demokratisch-parlamentarischen Staat und seinen Institutionen, das dem Staatsdenken Lassalles stets stärker verbunden blieb als der Staatsnegation bei Marx, ebenso geteilt wie die bündnispolitische Konzeption der Partei, in

Zusammenarbeit mit den bürgerlichen Mittelparteien die Demokratie zu festigen und weiter auszubauen. In der Auseinandersetzung mit der Staatsfrage sind sogar deutliche Anklänge an neukantianische Positionen erkennbar, wie sie im Görlitzer Programm der SPD 1921 vertreten wurden. So äußerte etwa Oswald Kanzler, Parteisekretär der Harburger SPD und zugleich führender Funktionär des Metallarbeiter-Verbandes, im Anschluß an den Kieler Parteitag der SPD 1927, auf dem die Partei um eine programmatische Standordbestimmung bemüht war, die Auffassung, ein Großteil der Anhänger stehe bisher *«zu sehr im Gedankengang der krassesten Staatsauffassung von Marx und Engels, wonach der Staat schlechthin ‹eine Organisation zur gewaltsamen Unterdrückung der arbeitenden Klasse›»* sei; man habe hingegen inzwischen feststellen können, *«daß die Auffassung von Lassalle auch in manchem richtig war»*; die Klassen würden erst *«durch die echte Volksgemeinschaft aufgehoben»*; der Kampf jeder Klasse habe *«nur dann ein Recht, wenn er sittliche Ziele»* verfolge; die parlamentarische Demokratie sei *«die Staatsform, die den Aufstieg der Menschheit zur Freiheit, die Befreiung aus Not und Elend und das Werden der wirtschaftlichen Volksgemeinschaft»* gewährleistete[30].

Als ein Jahr später die Sozialdemokraten nach erfolgreich bestandener Reichstagswahl unter der Kanzlerschaft Herman Müllers erneut die Regierung bildeten, herrschte auch bei der Harburger SPD eine optimistische Erwartungshaltung vor und wurde der Wiedereintritt ins Kabinett begrüßt. Auch als nach einem Jahr enttäuschend verlaufener Regierungsarbeit ein weiteres Verbleiben im Kabinett innerhalb der Partei bereits heftig umstritten war, plädierten die Harburger Sozialdemokraten grundsätzlich für ein Festhalten am Koalitionskurs. Heinz Pohlmeyer, Vorsitzender der sozialdemokratischen Bürgerschaftsfraktion und Schriftleiter des Harburger Volksblattes, vertrat auf einer Unterbezirkskonferenz der SPD in Winsen im Mai 1929 die Auffassung: *«Es müssen die Hemmnisse und Schwierigkeiten, die durch die Koalitionspolitik entstehen, mit in Kauf genommen werden. Wenn es auch nicht viel ist, was bisher durch die Teilnahme der Sozialdemokratie an der Regierung erzielt ist, so ist das Erreichte doch zu begrüßen»*[31].

Auch bei parteiinternen Auseinandersetzungen über den politischen Kurs der SPD war der Harburger Ortsverein stets an der Seite der Parteiführung zu finden. Als sich der Dauerkonflikt zwischen Parteivorstand und innerparteilicher Linksopposition 1931 im Streit um die Krisenpolitik zuspitzte, bemerkte der Harburger Parteivorsitzende Willy Grabbert auf einer Delegiertenversammlung im Volksblattsaal Ende Mai 1931, *«daß es eine organisierte Opposition in der Partei nicht gebe»*; wo sich eine solche dennoch bemerkbar mache, müsse *«sie als parteischädlich betrachtet und behandelt werden»*[32]. Als kurze Zeit später der Parteiausschluß der Linken erfolgte, wurde diese Maßnahme begrüßt und der Opposition als eigenes Verschulden angelastet[33].

Wie im Reich und im benachbarten Hamburg blieb auch in Harburg das Verhältnis der Sozialdemokraten zur KPD distanziert, wenn nicht feindselig. Die KPD erreichte in der Spätphase der Weimarer Republik etwa ein Fünftel der Harburger Wähler und besaß ihren Rückhalt besonders in den größeren Harburger Industriebetrieben; so bestand etwa Ende der zwanziger Jahre in den Phoenix-Gummiwerken eine 100 Mann starke kommunistische Betriebsgruppe[34]. Bei der Verfolgung ihrer auf Befestigung der Demokratie und Ausbau des Sozialstaates ausgerichteten politischen Konzeption galt den Sozialdemokraten die KPD als «schweres Hemmnis für den planmäßigen, geordneten Aufstieg der Arbeiterklasse»[35]. Zu einer Annäherung beider Parteien kam es nur einmal: Nach den Bürgerschaftswahlen im September 1927 fanden zwischen SPD und KPD kurzzeitig Verhandlungen über eine parlamentarische Zusammenarbeit statt, die jedoch von beiden Seiten vor allem aus taktischen Motiven geführt wurden und daher ohne konkretes Ergebnis blieben[36].

Vorsichtige Kritik am Kurs der Mutterpartei wurde innerhalb der Harburger Sozialdemokratie nur dann geübt, wenn traditionelle Zielsetzungen der Arbeiterbewegung durch die sozialdemokratische Koalitionspolitik in Frage gestellt schienen. Dies war etwa bei der Diskussion um den Panzerkreuzer A, für dessen Bau die sozialdemokratisch geführte Regierung Müller 1928 die Mittel bewilligte, obwohl der vorangegangene Reichstagswahlkampf von sozialdemokratischer Seite mit heftigen Attacken gegen den Panzerkreuzerbau geführt worden war, und bei der Verabschiedung des sozialdemokratischen Wehrprogramms auf dem Magdeburger Parteitag 1929 der Fall. Trotz unterschiedlicher Auffassungen innerhalb der Parteiorganisation – Kanzler, Grabbert und der sozialdemokratische Bürgervorsteher Karl Westphal lehnten das Wehrprogramm rundweg ab, Pohlmeyer und der sozialdemokratische Reichstagsabgeordnete und Geschäftsführer des Harburger Fabrikarbeiter-Verbandes, Friedrich Nowack, zeigten zumindest Verständnis für die sozialdemokratischen Integrationsübungen gegenüber der Reichswehr und die Sachzwänge sozialdemokratischer Koalitionspolitik – folgte der ansonsten loyale Ortsverein Harburg der Parteiführung in dieser Frage insgesamt nicht. Kanzler bezeichnete auf einer Sitzung des Bezirksvorstandes Hannover im August 1928 die Haltung der sozialdemokratischen Minister in der Panzerkreuzerfrage gar als «Katastrophe»[37]. Kritische Aufnahme fand auch das von der Regierung im Dezember 1929 verabschiedete Finanzprogramm, mit dem der sozialdemokratische Finanzminister Hilferding die private Investitionsbereitschaft fördern wollte und das daher in erster Linie eine Herabsetzung der Einkommens- und Vermögenssteuer bei gleichzeitiger Erhöhung der Verbrauchssteuern vorsah. Die Sozialdemokratie, hieß es dazu im «Volksblatt», könne *«keiner Finanzreform zustimmen, die zu einer unerträglichen sozialen Verlagerung führen oder die politischen Rechte der Staatsbürger beeinträchtigen könnte»*[38].

Herrschte in den politischen Grundfragen auch weitgehende Einigkeit innerhalb der Harburger Sozialdemokratie, so gab es doch bisweilen Spannungen, die insbesondere das Verhältnis zwischen Oberbürgermeister Dudek und den sozialdemokratischen Senatoren einerseits und der Partei- und Gewerkschaftsführung andererseits betrafen. Dudek wurde aus den Reihen der Partei vorgeworfen, sich zu wenig für parteipolitische Belange zu engagieren und zugleich zu eng mit den bürgerlichen Kontrahenten der SPD zusammenzuarbeiten. Die Verstimmung über Dudek ging schließlich so weit, daß eine Distriktversammlung im Juli 1929 seinen Parteiausschluß forderte und die Ortsvereinsleitung ihm eine offizielle Rüge erteilte, die auf einer Reihe von Vorhaltungen basierte. So wurde Dudek in mehreren Fällen vorgeworfen, die Interessen der Partei bei kommunalpolitischen Entscheidungsprozessen und personalpolitischen Angelegenheiten nicht hinreichend berücksichtigt zu haben. Als besonders schwerwiegend angelastet wurde ihm ferner, daß er gemeinsam mit Repräsentanten des bürgerlichen Lagers einen Aufruf zu einer Kundgebung gegen die sog. «Kriegsschuldlüge» unterzeichnet hatte, obwohl sich die Parteileitung scharf gegen diese Maßnahme gewandt hatte und auch die Reichs- und Landesregierung von der Beteiligung an Kriegsschulddemonstrationen jedweder Art abgeraten hatten. Dudek legte daraufhin beim SPD-Bezirk Hannover Beschwerde gegen seine Maßregelung ein, die schließlich nach eingehender Untersuchung durch eine vom Bezirksvorstand eingesetzte Kommission, die die gegen Dudek erhobenen Anklagepunkte als nicht hinreichend begründet ansah, von der Harburger Parteiführung wieder zurückgenommen werden mußte[39].

Dem auf schrittweise soziale Reformen bedachten Kurs der Harburger SPD korrespondierte auf gewerkschaftlicher Seite das Bestreben, die soziale Stellung des Arbeiters im Betrieb zu verbessern und durch Mitbestimmungsregelungen der Arbeiterschaft insgesamt einen größeren Einfluß im Wirtschaftsleben zu sichern. In den Mittelpunkt rückte dabei in der zweiten Hälfte der zwanziger Jahre die Diskussion über Möglichkeiten und Auswirkungen der Rationalisierung und die verschiedenen Formen einer Demokratisierung der Wirtschaft durch staatliche Eingriffe und eine Ausweitung industrieller Selbstverwaltungskörper[40]. Vor dem Hintergrund einer trotz des unruhigen Konjunkturverlaufs optimistischen wirtschaftlichen Grundstimmung wurde dabei besonders an die Rationalisierung die Erwartung geknüpft, daß sie sich trotz der mit ihr verbundenen beschäftigungspolitischen Probleme *«im letzten Grunde doch zugunsten der Arbeiterschaft auswirken»* werde und eine wichtige *«Voraussetzung für den Aufstieg der Massen»* darstelle[41]; durch die Rationalisierung sei die Möglichkeit gegeben, *«mit geringerer Arbeitszeit die gleichen Produktmengen herzustellen»*, sie werde *«zu einer neuen Front des Klassenkampfes der Arbeiterschaft um Aufstieg und wachsenden Anteil am volkswirtschaftlichen Gesamtprodukt»*[42].

Die Themenbereiche Rationalisierung, industrieller Fortschritt und wirtschaftliches Wachstum standen dann auch im Mittelpunkt der innergewerkschaftlichen programmatischen Diskussion der späten zwanziger Jahre und bildeten den Schwerpunkt im Vortrags- und Fortbildungswesen des Harburger Ortsausschusses des ADGB. So referierte Fritz Tarnow, der Vorsitzende des Holzarbeiter-Verbandes und einer der maßgeblichen Wirtschaftsexperten der SPD, 1926 in Harburg über die Eindrücke, die eine Gewerkschaftsdelegation im Herbst des Vorjahres auf einer Amerikareise gewonnen hatte[43]. 1927 folgten Vorträge über «Henry Ford und seine Riesenbetriebe» und die «Rationalisierungsbestrebungen in der Wirtschaft und ihre Auswirkungen auf die Arbeiterschaft». Eduard Heimann sprach im selben Jahr über «Die geistige und sittliche Stellung des Arbeiters in der modernen Wirtschaft»[44]. Das in den Reihen der Gewerkschaften entwickelte Konzept der «Wirtschaftsdemokratie», das vor allem auf dem Hamburger Gewerkschaftskongreß 1928 diskutiert wurde und eine Besserung der Lage der Arbeiter durch einen Ausbau des Sozialstaates und fortschreitende industrielle Partizipation vorsah[45], wurde von den Harburger Arbeiterorganisationen mit Zuversicht aufgenommen, wenngleich die Realisierungschancen des Konzeptes angesichts der nachlassenden Kooperationsbereitschaft im Arbeitgeberlager in Frage gestellt schienen[46].

Nach Ausbruch der Weltwirtschaftskrise traten wirtschaflich der Lohnabbau und die rasch ansteigende Arbeitslosigkeit, politisch die Auswirkungen der Brüningschen Notverordnungspolitik und die Abwehr des Nationalsozialismus in den Vordergrund des Interesses. Zu den allgemeinen Reallohnverlusten während der Krise traten auf Arbeitnehmerseite häufig noch weitere Einbußen durch Kürzung von Akkordzuschlägen, die von den Unternehmen eigenhändig – in Harburg etwa von den Ölfirmen Thörl und Brinckman & Mergell sowie den Phoenix-Gummiwerken – vorgenommen wurden, hinzu[47]. Daß die Gewerkschaften zur Milderung der Krisenlasten auch zu eigenen Opfern bereit waren, zeigt unter anderem die Diskussion über Arbeitszeitverkürzung, die insbesondere im Bereich der Harburger Ölindustrie geführt wurde: Der Harburger Fabrikarbeiter-Verband bot den Arbeitgebern eine Reduktion der Arbeitszeit auf eine sechsstündige Arbeitsschicht ohne Lohnausgleich an, um auf diese Weise etwa 1000 zusätzliche Arbeitsplätze zu schaffen[48]. Bei Brinckman & Mergell gelangte dieser Vorschlag – im Einvernehmen von Geschäftsleitung und Gewerkschaften – auch zur Realisierung, wurde aber vor allem wegen starker Widerstände aus den Reihen des Arbeitgeberverbandes nach kurzer Zeit wieder aufgegeben. Weitere Gewerkschaftsforderungen bezogen sich auf die Erhaltung der Arbeitslosenversicherung, den Abbau der Preise und eine konsumentenfreundliche Steuerpolitik[49]. Ab Herbst 1932 traten dann die Harburger Gewerkschaften für das von SPD, ADGB und AfA-Bund gemeinsam propagierte Programm zum «Umbau der Wirtschaft» ein, in dem unter anderem eine Ausweitung staatlicher Kontrollmaßnahmen und die Verstaatlichung der Schlüsselindustrien gefordert wurden.

Die politische Tätigkeit der Arbeiterorganisationen stand ab 1930 vor allem im Zeichen der wachsenden nationalsozialistischen Bedrohung. Die zahlreichen Reden und Stellungnahmen auswärtiger und einheimischer Politiker signalisierten dabei zwar allenthalben Selbstbewußtsein und Kampfbereitschaft, wer aber zwischen den Zeilen zu lesen verstand, dem blieben erste Anzeichen von Ratlosigkeit und beginnender Resignation angesichts der sich verschärfenden Wirtschaftskrise und der sich rasch ausweitenden NS-Bewegung nicht verborgen. Dem vielfach bekundeten Kampfeswillen stand überdies keine klare Handlungsstrategie für den Fall gegenüber, daß die befürchtete nationalsozialistische Machtübernahme wirklich eintreten sollte.

Eine erste antifaschistische Großdemonstration von SPD, Gewerkschaften und Reichsbanner fand in Harburg-Wilhelmsburg am 18. Januar 1931 statt, als sich ein Zug von 10000 Menschen durch die Stadt bewegte; auf der anschließenden Kundgebung auf dem Schwarzenberg warnte der Altonaer Oberbürgermeister Max Brauer vor dem nationalsozialistischen «Ungeist» und sagte ein politisches und wirtschaftliches «Chaos» für den Fall einer nationalsozialistischen Machtergreifung voraus[50]. Im März des Jahres referierte der italienische Sozialist Pietro Nenni im SPD-Arbeiterlokal «Gambrinus« über den italienischen Faschismus[51].

Mitte Januar 1932, als die Wirtschaftskrise ihrem Höhepunkt zustrebte und ein nationalsozialistischer Griff zur Macht aus sozialdemokratischer Sicht nicht mehr ausgeschlossen werden konnte, verkündete Friedrich Nowack auf der Jahresvertreterversammlung des Fabrikarbeiter-Verbandes: *«In diesem Jahr wird es sich entscheiden, ob diese Herrschaften die Arbeiterbewegung werden zerschlagen können. Wir fürchten den Kampf nicht, an der Einigkeit und Geschlossenheit der Arbeiterschaft wird der Anprall unserer Feinde zunichte werden. Wir nehmen den Kampf auf an der Stelle, wo er uns aufgezwungen werden wird. Aber eines soll den Herrschaften gesagt werden: wenn wir einmal mit ihnen abrechnen, dann wird diese Abrechnung gründlich sein!»*[52] In den folgenden Wochen sprachen der sozialdemokratische Reichstagsabgeordnete Erik Nölting und der Jugendvertreter im Parteivorstand der SPD, Max Westphal, in Harburg und prophezeiten jeweils einen Bürgerkrieg im Falle einer nationalsozialistischen Machtübernahme, der ein ähnliches Schicksal wie dem Kapp-Putsch beschieden sein werde[53]. Im März folgte eine weitere Großdemonstration[54]; im Juli trat Nölting im Zuge des Reichstagswahlkampfes erneut als Redner auf[55].

Die Regierungsübernahme durch die NSDAP am 30. Januar 1933 vollzog sich dennoch für SPD und Gewerkschaften überraschend und traf sie unvorbereitet. Zu einer letzten eindrucksvollen Demonstration der Harburger Arbeiterschaft kam es am 10. Februar, als Zehntausende von Menschen – Sozialdemokraten und Kommunisten in ungewohnter Eintracht – an der Beisetzung des Schlossers Martin Leuschel teilnahmen, der drei Tage zuvor bei einem nationalsozialistischen Überfall auf das Lokal «Stadt Hannover» im Großen Schippsee getötet worden war[56]. Dann vollzog sich in rascher Abfolge die Ausschaltung der Organisationen der Arbeiterbewegung und ihrer politischen Vertreter: Am 28. Februar mußte das «Volksblatt» sein Erscheinen einstellen; kurz darauf wurde das Volksblatt-Gebäude einschließlich der Druckereieinrichtung von den Nationalsozialisten beschlagnahmt[57]. Am 11. März wurde Oberbürgermeister Dudek aus dem Amt entfernt. Am 22. Juni schließlich wurde die SPD reichsweit verboten.

Die Harburger Gewerkschaften nahmen noch – wie fast überall im Reich – an den Maifeierlichkeiten des Regimes teil, in der Hoffnung wohl, in irgendeiner Form als Organisation weiterexistieren zu können; einen Tag später wurde das Gewerkschaftshaus im Großen Schippsee von SA-Leuten besetzt. Daß auch die Gewerkschaften keinerlei Vorkehrungen für ein Verbot getroffen hatten, offenbart die Tatsache, daß dabei das gesamte gewerkschaftliche Vermögen – mehr als 100 000 Mark – in die Hände der Nationalsozialisten fiel: Es wurde von Emil Seidenschnur, dem langjährigen Kassierer der Zahlstelle Harburg-Wilhelmsburg des Fabrikarbeiter-Verbandes, gegen Quittung übergeben[58].

Tabelle 1: Arbeiterorganisationen in Harburg 1912–1931

Jahr	SPD[a)]	Fr. Gew.[b)]	FAV	DMV
1912		10687	4349	
1913	3000	10343	4157	
1914		5701	2363	
1918 (Sept.)		3783		
1918 (Dez.)		6050	4501	1592
1919		13663	6378	2540
1920	9580	16199	6867	2700
1921	9537	19654	8071	3100
1922	9092	22139	9099	3400
1923	8216			1780
1924	5953	11954	5600	2030
1925	4504	15000		2280
1926	4809	14306	5633	2240
1927	5313	16784	6648	2500
1928	5869			
1929	6615	19170		
1930	5971	18312	7500	
1931	5951			

a) Zahlen bis einschließlich 1929 für Kreisverein Harburg; ab 1930 für Unterbezirk Harburg-Wilhelmsburg.
b) Freie Gewerkschaften; ab 1919: ADGB.
Quellen: Vgl. die in den Anmerkungen 2, 3 und 6 angegebenen Quellen.

Tabelle 2: Verzeichnis der dem Ortsausschuß Harburg des ADGB angeschlossenen Einzelgewerkschaften und Zahl ihrer Mitglieder (Dezember 1927)

	männl.	weibl.	jugendl.	zus.
1. Baugewerksbund	1461		109	1570
2. Bekleidungsarbeiter	65	77		142
3. Böttcher	159			159
4. Buchbinder	7	3		10
5. Buchdrucker	92		16	108
6. Dachdecker	23			23
7. Eisenbahner	1211	7	2	1220
8. Fabrikarbeiter	5075	1033	540	6648
9. Fleischer	10			10
10. Friseure	20	4		24
11. Gärtner	15	3		18
12. Gemeinde- und Staatsarbeiter	500	32		532
13. Graphische Hilfsarbeiter	5	24		29
14. Holzarbeiter	480	27	70	577
15. Hotelangestellte	173	5	1	179
16. Kupferschmiede	88			88
17. Lebensmittel- und Getränkearbeiter	145	5		150
18. Lederarbeiter	46			46
19. Lithographen und Steindrucker	5			5
20. Maler	120		21	141
21. Maschinisten und Heizer	438			438
22. Metallarbeiter	2300	5	195	2500
23. Musiker	130			130
24. Nahrungs- und Genußmittelarbeiter	62	4	6	72
25. Sattler und Tapezierer	11	2	2	15
26. Steinarbeiter	60			60
27. Verkehrsbund	1342	83	15	1440
28. Binnenschiffer	154			154
29. Zimmerer	266		32	298
Zusammen	14463	1312	1009	16784

Quelle: Volksblatt für Harburg, Wilhelmsburg und Umgebung, Jg. 35, Nr. 52, 1. März 1928 (Beilage ‹Die freie Gewerkschaft›).

Tabelle 3: Gliederung der Harburger Industriearbeiterschaft (1924)

Industrie	Betriebe	Arbeiter	Arbeiterinnen	Jugendliche
Brikettfabriken	2	108	2	
Hartsteinwerke	2	66		
Metallverarbeitende Industrie	13	721	7	59
Maschinenfabriken	15	1261	15	142
Chemische Fabriken	8	664	17	
Bleifarben-Industrie usw.	2	28		1
Ölfabriken	12	2816	49	
Spinnereien und Webereien	4	473	1283	15
Verarbeitung von Lumpen	2	46	113	1
Schmirgelfabriken	1	39	24	
Lederfabriken	2	69		
Gummifabriken	4	2424	1522	359
Galalith-, Holz- und Rohrindustrie	7	973	405	55
Bürstenfabrik	1	22	11	4
Brauereien, Mahlwerke	5	210	70	6
Getreidemühlen, Margarineindustrie	6	172	46	
Großbäckerei	1	30	2	
Fischkonserven-Fabriken	3	11	72	
Konfektionsbetriebe	5	26	67	15
Baugroßgewerbe	12	1038		68
Buchdruck	4	78	25	7
Großmalerei	2	32		3
Lagerung	4	144	5	
Zusammen	117	11451	3735	735

Quelle: Bödecker, S. 281 (nach den Katastern des Gewerbeaufsichtsamtes; berücksichtigt sind Betriebe mit durchschnittlich mehr als 10 Arbeitern).

Tabelle 4: Reichstagswahlen in Harburg 1919–1932 (Ergebnisse in %)

	SPD	USP/ KPD	DNVP	Zentr.	DVP	DDP	DHP	NSDAP	andere
Januar 1919	63,4	8,7	1,5	–	7,0	13,4	6,0	–	
Juni 1920	45,5	18,2	3,1	3,1	16,8	7,7	5,6	–	
Mai 1924	35,3	22,2	9,4	2,7	15,9	7,0	6,2	–	1,3
Dezember 1924	44,5	12,1	12,8	3,1	16,4	5,6	3,7	1,0	0,8
Mai 1928	47,4	17,7	6,2	3,0	13,3	5,2	1,6	1,2	4,4
September 1930	39,0	19,5	4,2	3,2	9,8	3,7	1,4	12,7	6,5
Juli 1932	36,6	20,5	4,7	3,5	1,3	1,9	0,4	29,5	1,6
November 1932	34,9	23,1	8,2	3,4	2,2	1,5	0,9	24,8	1,0

Anmerkungen

1 Die Arbeiterparteien SPD und KPD konnten auch bei der letzten regulären Reichstagswahl im November 1932 einen Stimmenanteil von zusammen 58 % behaupten, während die NSDAP und DNVP 33 % erhielten.
2 100 Jahre Sozialdemokratische Partei. – 1869. Genossenschaft der Hand- und Fabrikarbeiter. – Volksblatt Jg. 37, Nr. 263, 10. Nov. 1930. – Der Proletarier, Nr. 26, 28. Juni 1930. – Bödecker, S. 254f.
3 Sozialdemokratische Partei Deutschlands, Unterbezirk Lüneburg, Geschäfts-Bericht des Unterbezirksvorstandes (für die Jahre 1919–1929). – Zur Parteiorganisation im Landkreis Harburg vgl.: Jahresbericht 1930 des Kreisvereins Harburg der Sozialdemokratischen Partei Deutschlands. – Zentren der Organisation im Landkreis waren Altenwerder, Hausbruch, Meckelfeld und vor allem als stärkster Ortsverein Marmstorf (alle Berichte im Archiv der sozialen Demokratie, Bonn).
4 Vgl. Geschäfts-Bericht 1929 (wie Anm. 3), S. 4.
5 Zur Vereinigungskontroverse auf der Kreiskonferenz 1928 vgl. Volksblatt, Jg. 35, Nr. 56, 6. März 1928. – Zum Antrag des Ortsvereins Harburg beim Bezirk Hannover: Volksblatt, Jg. 36, Nr. 15, 18. Jan. 1929. – Zur ablehnenden Haltung des Wilhelmsburger Ortsvereins vgl. auch Fröbe, S. 183ff.
6 Jahrbuch des Verbands der Fabrikarbeiter Deutschlands, 1920–1931 (im folgenden: Jb. FAV). – Der Deutsche Metallarbeiter-Verband. Jahr- und Handbuch für Verbandsmitglieder (im folgenden: Jb. DMV). – Volksblatt, Jg. 34, Nr. 51, 2. März 1927 (Beilage «Die freie Gewerkschaft»). – Volksblatt, Jg. 35, Nr. 52, 1. März 1928 (Beilage «Die freie Gewerkschaft»).
7 Die Deutsche Ölmühlenindustrie, S. 157.
8 Michaelis/Wittke. – 1855/1955. Harburger Eisen- und Bronzewerke, S. 30 u. 36.
9 Sowohl die Öl- als auch die Gummiindustrie waren während des Krieges weitgehend von ihren Rohstoffmärkten abgeschnitten. Vgl. Harburger Ölwerke Brinckman & Mergell, S. 55ff. – Samhaber/Friedrich, S. 78.
10 StA Bremen, 4,65–1603: Bericht des Polizeipräsidiums Hannover zur politischen und wirtschaftlichen Lage in der Provinz Hannover, 1922.
11 HStA Hann., Hann. 80, Lüneburg III, XXX 216: Wochenbericht vom 26. Sept. 1921 und Wochenbericht vom 2. Okt. 1921.
12 Jb. FAV 1920, S. 256.
13 Vgl. Jb. FAV 1923, S. 97.
14 Jb. FAV 1927, S. 205 (nach einem Bericht der Handelskammer Hamburg).
15 Ebd., S. 202.
16 Samhaber/Friedrich, S. 85f.
17 75 Jahre Oelkers-Werft, S. 14f.
18 Jb. FAV 1928, S. 182.
19 Jb. FAV 1929, S. 193. – HStA Hann., Hann. 80, Lüneburg III, XXX 179: Lagebericht der Landeskriminalpolizeistelle Harburg-Wilhelmsburg.
20 StA Bremen, 3–E 10, Nr. 223 (16): Die Arbeitslosen in den nordwestdeutschen Großstädten.
21 Zu Dudek vgl. Lüth, Walter Dudek.
22 Zu den Harburger Ereignissen während des Kapp-Putsches vgl. Berlin. – Ferner die zeitgenössische sozialdemokratische Darstellung: Der Blutmontag in Harburg.
23 StA Stade, Rep. 80 P – 710: Bericht des Stader Regierungspräsidenten an den Oberpräsidenten in Hannover, 15. April 1920.
24 StA Stade, Rep. 80 P – 710: Bericht der Pressestelle bei der Regierung, 19. März 1920. – Zu den Verbindungen der Bischoff-Berthold-Fraktion zu den Putschinitiatoren Kapp und Lüttwitz vgl. Stadtarchiv Stade, Abt. M, Fach 83, Nr. 30: Schreiben des Stader Bürgermeisters Frommhold an den Untersuchungsrichter beim Reichsgericht in Leipzig, 4. April 1921.
25 StA Stade, Rep. 80 P – 710 (wie Anm. 23). – Ferner Rep. 171a – 140/I: Bericht des Leutnants Schmitz, 15. Mai 1920.
26 StA Hbg, Harburg 4, III B 8–9: Schreiben Denickes an den Untersuchungsrichter beim Landgericht in Stade, 21. 12. 1920.
27 Vgl. Der Blutmontag in Harburg. – StA Stade, Rep. 171a – 140/I–III.
28 Hueg berief sich lediglich auf seine Gehorsamspflicht gegenüber seinem Dienstvorgesetzten, dem Altonaer Garnisonsältesten und Kommandeur der Reichswehrbrigade 9, Oberst von Wangenheim, der indes zu den eifrigsten Putschbefürwortern zählte; vgl. StA Hbg, Harburg 4, III B 8–9: Schreiben Denickes an den

Ausschuß zur Prüfung des Verhaltens der Offiziere während der Märzvorgänge, 4. Mai 1920. – Hueg, Die Ereignisse in Harburg. – Zur Rolle Wangenheims: Loose, Abwehr, S. 65ff.
29 StA Hbg., Harburg 4, III B 8–9: Schreiben Denickes an den Ausschuß zur Prüfung des Verhaltens der Offiziere während der Märzvorgänge, 4. Mai 1920. – Der Blutmontag in Harburg, S. 6f.
30 Volksblatt, Jg. 34, Nr. 164, 16. Juli 1927.
31 Volksblatt, Jg. 36, Nr. 107, 10. Mai 1929.
32 Volksblatt, Jg. 38, Nr. 121, 28. Mai 1931.
33 Volksblatt, Jg. 38, Nr. 228, 30. Sept. 1931.
34 HStA Hann., Hann. 80, Lüneburg III, XXX 179: Lagebericht der Landeskriminalpolizeistelle Harburg-Wilhelmsburg Nr. 1, 1929. Für den Hinweis auf diese Berichte, die Dirk Stegmann demnächst publizieren wird, danke ich D. Stegmann.
35 Volksblatt, Jg. 35, Nr. 117, 21. Mai 1928.
36 Fülberth, S. 28–39.
37 Volksblatt, Jg. 36, Nr. 17, 21. Jan. 1929 u. Nr. 49, 27. Febr. 1929. – Zu Kanzlers Äußerung vgl. HStA Hann., Hann. 310 II – A 12: Protokoll der Sitzung des Bezirksvorstandes, 23. Aug. 1928.
38 Volksblatt, Jg. 36, Nr. 289, 11. Dez. 1929.
39 HStA Hann., Hann. 310 II – A 6 II: Niederschrift über Verhandlungen in der Beschwerdesache Dudek, 16. Aug. 1929.
40 Könke, S. 86ff.
41 So das ADGB-Vorstandsmitglied Franz Spliedt auf einer Konferenz des 11. ADGB-Bezirks im Oktober 1926: Volksblatt, Jg. 33, Nr. 239, 13. Okt. 1926.
42 Volksblatt, Jg. 36, Nr. 37, 13. Febr. 1929 (Beilage «Die freie Gewerkschaft»).
43 Volksblatt, Jg. 34, Nr. 51, 2. März 1927 (Beilage «Die freie Gewerkschaft«).
44 Volksblatt, Jg. 35, Nr. 52, 1. März 1928 (Beilage «Die freie Gewerkschaft»).
45 Vgl. Könke, S. 95ff.
46 Vgl. Jahresbericht des Arbeitgeber-Verbandes Hamburg-Altona für 1931, S. 4 u. 6. Die Arbeitergeber wandten sich hier gegen die «zerstörenden Wirkungen der falschen Sozialpolitik» und forderten einen «Wandel vom Wohlfahrtsstaat zum Wirtschaftsstaat».
47 Volksblatt, Jg. 39, Nr. 166, 18. Juli 1932 u. Jg. 40, Nr. 24, 28. Jan. 1933.
48 Volksblatt, Jg. 37, Nr. 240, 14. Okt. 1930.
49 Volksblatt, Jg. 37, Nr. 139, 18. Juni 1930 (Beilage «Die freie Gewerkschaft»).
50 Volksblatt, Jg. 38, Nr. 15, 19. Jan. 1931.
51 Volksblatt, Jg. 38, Nr. 55, 6. März 1931.
52 Volksblatt, Jg. 39, Nr. 15, 15. Jan. 1932
53 Volksblatt, Jg. 39, Nr. 17, 21. Jan. 1932 u. Nr. 44, 22. Febr. 1932.
54 Volksblatt, Jg. 39, Nr. 61, 12. März 1932.
55 Volksblatt, Jg. 39, Nr. 162, 13. Juli 1932.
56 Volksblatt, Jg. 40, Nr. 36, 11. Febr. 1933.
57 100 Jahre SPD, S. 20f.
58 1869. Genossenschaft der Hand- und Fabrikarbeiter.

Abb. 1 Maikundgebung auf dem Volkswohlgelände, Bremer Straße, 1920.

Abb. 2 Maidemonstration 1920 in Harburg, Bremer Straße, zwischen Lüneburger und Rathausstraße.

Abb. 3 Arbeiterjugend Harburg auf der Maikundgebung 1920.
1. Reihe (v.l.n.r.): «der kleine» Kirchmann, Bischof, Karl Bog, Gehrke, Hermann Kaner, Alfred Würter, (unbekannt), Eichholz; 2. Reihe (v.l.n.r.): «der große» Eichholz, (2 unbekannt), Paula Dietrich, Körner, Herta Wilke, Alfred Kreyer, (unbekannt), Max Körner, Karl Kirchmann, (unbekannt), Lotte Günther, Frieda Kreyer, (unbekannt), Ernst Stolz, Lotte Dietrich, Paula Leidenfrost, Anne Gotthusen (= Leiterin der SAJ); 3. Reihe (v.l.n.r.): Hans Geldner, Walter Höhne, Hermann Triebler, Karl Krauel (= Leiter der SAJ).

Abb. 4 Der sozialdemokratische Polizeipräsident Erich Wentker, 1927–32.

Abb. 5 Jungbanner (Reichsbanner-Jugend) Harburg demonstriert in Buchholz (vor 1933).

Die KPD in Harburg-Wilhelmsburg in der Endphase der Weimarer Republik[1]

Klaus Wernecke

Der Unterbezirk Harburg war ein Teil des Bezirkes Wasserkante der KPD. *«Bezirksvorort ist die Ortsgruppe Groß-Hamburg mit elf Stadtteilen und 13 (Unter-)Ortsgruppen»* heißt es 1929 im Bericht der KPD-Bezirksleitung. Zum Unterbezirk Harburg gehörten nach einer Übersicht des Harburg-Wilhelmsburger Polizeipräsidenten über die Struktur der KPD von Anfang 1930 bis Juli 1932: der Stadtteil Harburg (mit der Ortsgruppe Harburg), die Landkreise Harburg, Jork mit Buxtehude, Stade und Kehdingen. Die Ortsgruppe des Stadtteils Wilhelmsburg gehörte danach zum Unterbezirk Rothenburgsort und damit zu Groß-Hamburg. In einem Arbeitsplan der KP für das Landgebiet des Unterbezirkes Harburg vom Mai 1932 (und in mehreren Polizeiberichten) ist allerdings vom «Unterbezirk Harburg-Wilhelmsburg» als einer handelnden Einheit die Rede. Eine Wahlbetrachtung des Bezirkes Wasserkante vom November 1932 spricht zwar – wie auch andere Berichte der Bezirksleitung – vom «U.B. Harburg», stellt aber auch die Ergebnisse von Wilhelmsburg mit Neuhof unter diesem Titel dar. Der genannte Arbeitsplan und die Wahlbetrachtung rechnen Stade und Kehdingen nicht zum Unterbezirk Harburg, dafür aber den Kreis Winsen, den der Polizeibericht zum UB Lüneburg zählt. 1929 war Lüneburg ein selbständiger Unterbezirk. Dann wurde er ein «Arbeitsgebiet». 1932 heißt es im Bericht der Bezirksleitung, der UB Harburg sei verkleinert und der UB Lüneburg neu geschaffen worden.

«Wie festgestellt werden konnte», schrieb der sozialdemokratische Harburger Polizeipräsident Wentker im Mai 1929 an den Lüneburger Regierungspräsidenten, *«zählt die K.P.D. im Stadtteil Harburg z. Z. etwa 400... Mitglieder.»* Die KPD-Bezirksleitung nennt 1929 für den ganzen Unterbezirk 524 Mitglieder. Da auf dem Lande die Zahl der eingeschriebenen Parteianhänger gering war, wird die Angabe Wentkers in etwa stimmen. Im Herbst 1932 hatte die Ortsgruppe Harburg nach einer etwas unsicheren Angabe 933 Mitglieder. Der Zuwachs entspricht ungefähr der durchschnittlichen Zunahme im ganzen Bezirk während des gleichen Zeitraums.

Im Februar 1930 nannte ein Polizeibericht für die Ortsgruppe Harburg (Vorsitzender: der Klempner Gustav Bergmann) nur 300 Mitglieder; für die Ortsgruppe Wilhelmsburg (Vorsitzender: der Arbeiter Georg Nietner) wurden 400 Mitglieder gezählt. Für eine größere Stärke der Wilhelmsburger Ortsgruppe sprechen die Wahlergebnisse und die Teilnehmerzahlen von Demonstrationen in diesem Stadtteil. So beteiligten sich am 1. Mai 1929 nach Schätzung der Polizei rund 500 Teilnehmer am Harburger Umzug, aber 1200 Menschen an der Demonstration in Wilhelmsburg. *«Die Hauptführung der K.P.D.»*, betonte Wentker im April 1929, *«liegt z.Z. bei der Stadtteilgruppe Wilhelmsburg.»* Bis zum Herbst 1932 könnte sie, den

Vorsprung zur Harburger Ortsgruppe weiter zugrunde gelegt, auf 1100–1200 Mitglieder angestiegen sein.

Zum Vergleich: Der sozialdemokratische Unterbezirk Harburg-Wilhelmsburg zählte 1929 bei Jahresbeginn 5869 und 1932 (Jahresbeginn) 5961 Mitglieder.

22 % der Parteimitglieder des KPD-Bezirkes Wasserkante waren Frauen; von den in Betrieben beschäftigten Mitgliedern waren demgegenüber nur 6 Prozent Frauen. In Groß-Hamburg lag ihr Anteil bei 23 % und dürfte für Harburg ähnlich hoch gewesen sein. Aus der Kirche ausgetreten waren im Unterbezirk Harburg 71 % der Mitglieder. Diese Zahl lag in ländlichen Gebieten deutlich niedriger, im Unterbezirk Itzehoe zum Beispiel nur bei 46 %.

Fluktuation und Arbeitslosigkeit der KPD-Mitglieder

Ein Hindernis für die kontinuierliche Arbeit der KPD in Unterbezirken und Ortsgruppen war die z. T. hohe Fluktuation der Mitglieder. So konnten zwar im Bezirk Wasserkante 1929 rund 3000 neue Mitglieder gewonnen werden, aber 2000 verließen die Partei im gleichen Jahre wieder. Im Juli 1931 berichtete Wentker:

«Die Bezirksleitung der Partei in Hamburg hat scharf bemängelt, daß es der Unterbezirksleitung nicht gelungen ist, die unbedingt notwendige innige Verbindung zwischen Erwerbslosen und Betriebsarbeitern herzustellen. Dem Parteisekretär Switalla sind schwere Vorwürfe gemacht worden, weil es der Partei nicht gelungen ist, die bei der Partei eingetretenen oder übergetretenen Mitglieder durch Kassierung zu erfassen und bei der Partei zu halten. Die Fluktuation im Unterbezirk Harburg, wie überhaupt im Bezirk Wasserkante, soll außerordentlich stark gewesen sein... soweit die schuldigen Funktionäre nicht ohne weiteres kaltgestellt werden, sollen sie zu Schulungskursen nach Moskau abgeordnet werden. Switalla selbst ist bereits vor etwa 14 Tagen nach Moskau abgereist. Die Kassierung der Mitglieder bereitet ernste Schwierigkeiten, da die Mehrzahl der Mitglieder erwerblos ist. Die finanzielle Lage der Partei ist äußerst schlecht...»

Die hohe Fluktuation blieb im Zeichen der Massenarbeitslosigkeit auch in der folgenden Zeit bestehen. Von 1930 bis 1931 war die Zahl der abgerechneten Mitglieder des Bezirkes im Jahresdurchschnitt von 12100 auf 19800, also um 7700 gestiegen, obwohl 1931 rund 20400 Neuaufnahmen gemeldet wurden. 1932 wurde die Fluktuation schwächer: Vom 1. 1. bis zum 1. 10. des Jahres kamen 12200 neue Mitglieder; die Zahl der abgerechneten Mitglieder wuchs gegenüber dem Durchschnitt des Jahres 1931 um 4900 auf 24700. Diese Zahlen zeigen mit ihrer Differenz zwischen Neuaufnahmen und verbleibendem Zuwachs den Trend. Die reale Fluktuation könnte durch mehrfache Neuaufnahme (in die Abrechnung) kleiner gewesen sein. Die Schwankungen der Mitgliederzahlen nach Quartalen und Monaten sind auch durch unregelmäßige Beitragszahlungen armer Mitglieder bedingt, die deshalb als politische Aktivposten noch nicht gestrichen werden müssen. In der Bezirksleitung sah man neben Fragen technisch-organisatorischer Art die Ursachen der Fluktuation *«in allererster Linie in der ungenügenden Erfassung, Anleitung und Schulung der neugewonnenen Mitglieder. Die Fluktuation war am stärksten bei den erst kurze Zeit organisierten Parteimitgliedern.«* Die Agitprop-Abteilung nannte in einem Rundschreiben an alle Unterbezirks-Leitungen, Ortsgruppen und Zellen im Juli zwei Ursachen der «starken Fluktuation»: Schwächen in der Organisationsarbeit und die mangelnde Schulung der vielen neuen Mitglieder.

«Diese Tatsache wird eine Senkung des allgemeinen politischen Niveaus der Partei zur Folge haben. Vergessen wir nicht, daß opportunistische Abweichungen sehr leicht dort entste-

hen, wo es an der nötigen marxistischen Schulung fehlt, wo die Theorie nicht mit der Praxis verbunden wird.»

Das Rundschreiben schloß mit der Forderung: *«Organisiert planmäßig den Politischen Schulungstag!»*.

Die Antworten der Parteileitung auf das Fluktuations-Problem sind typisch für ihren Organisations-Voluntarismus. Sie erweckt oft den Eindruck, der bloße Wille, eine bestimmte Organisation zu dekretieren, würde diese auch schon zum Leben erwecken. In der Praxis führte das zum Multifunktionär. Der harte Kern der Parteiaktivisten saß gleich in mehreren (manchmal angeblich in über einem Dutzend) der vielen Partei Haupt-, Neben- und Unterorganisationen. Das galt auch für die Ortsgruppen. Die Folgen für die innerparteiliche Demokratie waren eher negativ. Fluktuation und Arbeitslosigkeit hingen zusammen, auch wenn die Erwerbslosigkeit nicht allein für den Mitgliederwechsel verantwortlich gemacht werden kann. Im Frühjahr 1930 zählte der Unterbezirk Harburg (nach Vergrößerung durch einen Teil des UB Lüneburg?) 730 Mitglieder. Davon waren 450, also 61,4% arbeitslos. Im ganzen Bezirk Wasserkante arbeiteten im März 1930 42,3 % der Mitglieder in den Betrieben. Im März 1931 waren es nur noch 24,1 %, im 1. Quartal 1932 noch 15,2 % und im 3. Quartal 1932 nur 13,7 % (= 3080 Betriebsarbeiter und -arbeiterinnen) der Gesamtmitgliedschaft. Die Zahlen für den Unterbezirk Harburg: 28 % der Mitglieder arbeiteten im Dezember 1930 in den Betrieben, 20 % im Dezember 1931 und 10 % im September 1932. Im Oktober 1932 (soweit geht die verfügbare KP-interne Statistik) gab es wieder einen leichten Anstieg auf 10,5 %. Noch niedriger waren die Zahlen für den Hamburger Stadtteil Rothenburgsort mit Wilhelmsburg (?): 14 % im Dezember 1931 und – nach einem Tiefstand von 8 % im April 1932 – 9 % im September 1932.

Die Arbeitslosigkeit in der KPD-Harburg war wesentlich höher als die allgemeine Erwerbslosigkeit in der Stadt. Im Juni 1932 waren etwa 57 % der Harburger Arbeiterinnen und Arbeiter als Arbeitssuchende gemeldet; d.h., noch 43 % hatten eine Vollzeit- oder Teilzeit-Beschäftigung (Kurzarbeit) und galten damit als Betriebsarbeiter im Sinne der zitierten KPD-Statistik. Die Ursachen sind einmal darin zu sehen, daß viele arbeitslose Industriearbeiter eine Politisierung – von sehr unterschiedlicher Qualität – erlebten, die sie hin zur KPD bewegte. Hinzu kommen die zahlreichen Entlassungen in Großbetrieben mit starken kommunistischen Gruppen.

Betrieb und Gewerkschaften

Für die Stellung der Kommunisten in den Industriebetrieben war zunächst das Verhältnis zu den Gewerkschaften entscheidend. Die sozialdemokratische Spitze der Freien Gewerkschaften versuchte, die von kommunistischen Mehrheiten geleiteten Teilorganisationen ihrer Verbände zu isolieren, die Kommunisten durch Ausschlüsse zu dezimieren. Die Bezirksleitung Wasserkante der KPD stellte im Rückblick auf die Zeit von Ende 1927 bis März 1929 fest:

«Die Wahlen zum örtlichen Verwaltungskörper der Gewerkschaften brachten uns auch in diesem wie im vergangenen Jahre 1928 mit Ausnahme einzelner Verbände und Ortsgruppen keine wesentlichen Erfolge. Es muß jedoch festgestellt werden, daß auch hier eine Steigerung unserer Arbeit zu verzeichnen war, was vor allem durch die starke Beteiligung der Mitgliedschaft an den Versammlungen und bei Abstimmungen in der wachsenden Steigerung unserer Stimmenzahl zum Ausdruck kommt.»

Zu den Ausnahmen zählte im Deutschen Metallarbeiterverband (DMV) Wilhelmsburg-

Neuhof, *«wo wir die Distriktsleitung in der Hand haben»*. Es war für den DMV die einzige im Bezirk Wasserkante. Die Mehrheit in einer gewerkschaftlichen Distriktleitung errangen Kommunisten auch im Fabrikarbeiterverband für Wilhelmsburg und Altona. In Harburg saßen Vertreter der KPD in der Ortsverwaltung des Verbandes. Auch im Bauarbeiterverband in «Harburg-Wilhelmsburg» besetzten Kommunisten «wichtige Positionen», ohne jedoch die Mehrheit zu erobern. Dieser Überblick zeigt die Bedeutung des roten Wilhelmsburg als Stützpunkt der KPD vor Beginn der Weltwirtschaftskrise.

«Trotz der lebhaften Propagandatätigkeit konnte die K.P.D. bei den Betriebsrätewahlen im hiesigen Polizei-Bezirk keine Erfolge erringen», urteilte Wentker Anfang Mai 1929. Diese Aussage ist ungenau, denn in «einer Reihe von Betrieben» standen Kommunisten mit als Kandidaten auf den Listen der Freien Gewerkschaften. In einigen Betrieben – darunter waren die Zinnwerke Wilhelmsburg – gelang es ihnen sogar, die freigewerkschaftliche Liste ganz oder in ihrer Mehrheit zu besetzen. Die mit legitimen und illegitimen Mitteln betriebene Verdrängung der Kommunisten aus den Gewerkschaften führte zur Aufstellung eigener Listen einer «Revolutionären Gewerkschaftsopposition» (RGO) bei den Betriebsrätewahlen. In Ihrem Bericht an den Bezirksparteitag der KPD im Mai 1930 betonte die Bezirksleitung:

«Während im vergangenen Jahre die Aufstellung revolutionärer Einheitslisten zu den Betriebsrätewahlen je nach der Lage und unserem Einfluß in den Gewerkschaften und unter den Belegschaften entschieden wurde, mußten wir angesichts der Verschärfung der Klassengegensätze, der Zuspitzung des Klassenkampfes und damit der immer konterrevolutionärer werdenden, arbeiterfeindlichen Politik der sozialfaschistischen Gewerkschaftsführer und ihrer Agenten in den Betrieben den Kampf um die Betriebspositionen, um rote Betriebsräte auf der ganzen Linie durchführen... Während im vergangenen Jahre nur in 15 Betrieben unseres Bezirkes, davon 13 in Hamburg, revolutionäre Listen aufgestellt wurden, stieg die Zahl in diesem Jahre auf ca. 80 revolutionäre Listen.»

Davon wurden 6 im Unterbezirk Harburg aufgestellt. Das beste Ergebnis erzielte die RGO 1930 in den Betrieben der «Zinnwerke Wilhelmsburg G.m.b.H.». Bei den Wahlen zum Arbeiterrat erhielt ihre Liste 190 Stimmen und 5 Sitze, die Liste der Freigewerkschaftler 84 Stimmen und 2 Sitze. Das zweitbeste Ergebnis der Doppelstadt erreichte die RGO in der Firma «Harburger Oelwerke Brinckman & Mergell» mit 300 Stimmen und 4 Sitzen gegen 465 Stimmen mit 6 Sitzen der Liste des Fabrikarbeiterverbandes. Es folgten «F. Thörl's Vereinigte Harburger Oelfabriken Aktien-Gesellschaft» mit 545 Stimmen und 4 Sitzen der RGO gegen 1018 Stimmen und 8 Sitze der «Reformisten» (d. h. der Freien Gewerkschaften), sowie die «Harburger Gummiwaren-Fabrik Phoenix A.G.» mit 800 Stimmen und 5 Sitzen gegen 1800 Stimmen und 13 Sitze der sozialdemokratisch orientierten Gewerkschaft.

In diesen vier Betrieben wurden 1930 zum erstenmal «Rote Listen» aufgestellt. Hinzu kam (zum zweitenmal?) eine RGO-Liste in der Wilhelmsburger Wollkämmerei, für deren Ergebnis keine Zahlen vorliegen. Eine – hier sehr deutliche – absolute Mehrheit konnte die RGO nur in den Zinnwerken erreichen. Immerhin besaßen die Kommunisten in den Großbetrieben von Harburg und Wilhelmsburg eine Reihe von Anhängern, denn die nicht zur Partei gehörenden Mitglieder und Wähler der RGO werden meistens auch Wähler der KPD gewesen sein.

Informationen und Werbung für die linke Gewerkschafts-Opposition lieferten eine Reihe von Betriebszeitungen: Bei der Phoenix erschien «Der rote Gummiknüppel», in den Zinnwerken «Der Zinnprolet», in der Wollkämmerei «Der Rote Textiler». Rote Betriebszeitungen erschienen auch bei Thörl, Brinckman & Mergell und bei Traun & Söhne, vormals Hamburger Gummi-Kamm Co. Für die Eisenbahner gab es «Am Bahngleis» (Bahnhof Wilhelmsburg) und «Der Rote Eisenbahner» (s. Abbildungen). Zu den Betriebsrätewahlen im Februar und März 1929 waren in 59 Hamburger Betrieben Zeitungen der «Roten Opposition» erschienen, aber nur in 11 weiteren Werken des übrigens Bezirkes Wasserkante, davon 4 in Kiel und 5 in Harburg. Im Frühjahr 1930 gab es nach Angaben der Bezirksleitung im Bezirk Wasserkante 95 Betriebszeitungen und 46 Häuserblockzeitungen (für die Straßenzellen). Davon erschienen etwa 50–60 monatlich, die anderen meistens alle zwei Monate. Dies sind wahrscheinlich statistische Durchschnittswerte. In der Praxis dürfte es zu noch unterschiedlicheren Erscheinungsperioden gekommen sein. Die Betriebszelle von Blohm & Voss in Hamburg und die Zelle des «Kommunistischen Jugendverbandes Deutschlands» (K.J.V.D.) in der Harburger Phoenix waren die «einzigen, die eine Kampffondmarke herausgeben und so die regelmäßige Herstellung der Zeitung sicherstellen«. Die KPD-Betriebszelle bei Phoenix wurde von der Polizei im April 1929 als «die einflußreichste (maßgebende) Betriebsgruppe der Partei in Harburg-Wilhelmsburg» eingeschätzt. Sie umfaßte 100 Personen; eine leitende Rolle hatten die Arbeiter Ludwig Töllner (25 Jahre) und Henry Naujoks (33 Jahre alt).

Die Betriebszeitungen wurden auch im Straßen- und Häuserverkauf vertrieben, vor allem in den proletarischen Wohnvierteln und vor den Werkstoren. Aus den vorliegenden Quellen geht nicht hervor, welchen Anteil an der Redaktion der Blätter die Betriebszellen als harter Kern der kommunistischen Betriebsorganisationen im Verhältnis etwa zur RGO oder sogar zur Ortsgruppe hatten.

Ein besonderes Problem für die Arbeiterbewegung im allgemeinen wie auch für die KPD im besonderen war die Politisierung der Arbeiterinnen. Wollkämmerei, Jute-Spinnereien Harburg, Palminwerke und Phoenix beschäftigten in größerem Maße bzw. überwiegend Frauen. Sie sollten 1932 durch die außerhalb der Betriebe für alle arbeitenden Frauen hergestellte Schrift «Die Kämpferin» politisiert werden.

Bei den Betriebsrätewahlen im Frühjahr 1931 gewann die RGO in Harburg-Wilhelmsburg dazu. So wurde sie bei Brinckman & Mergell mit 520 Stimmen und 5 Sitzen die stärkste Fraktion im Betriebsrat. Der Fabrikarbeiterverband erreichte hier 490 Stimmen und 4 Sitze. Die zum erstenmal angetretenen Nationalsozialisten (NSBO) erhielten nur 50 Stimmen und keinen Sitz. Bei Thörl blieb die Stimmenzahl fast konstant: 524 Stimmen und 4 Sitze; das gilt auch für den Fabrikarbeiterverband mit 981 Stimmen und 8 Sitzen. Die NSBO gewann 68 Stimmen und keinen Sitz.

In seinem Lagebericht vom Dezember 1929 hatte Polizeipräsident Wentker nur drei kommunistische Betriebszellen in Harburg-Wilhelmsburg festgestellt und – aus seiner Sicht zu optimistisch – geurteilt: *«Die Tätigkeit der Kommunisten in den Gewerkschaften ist in Harburg-Wilhelmsburg wenig von Erfolg gekrönt.»* Nach den Betriebsrätewahlen 1931 spricht er dagegen von *«beachtliche[n] Fortschritte[n]»* der RGO *«in einigen Betrieben»*, in anderen dagegen, *«in denen sie noch im Vorjahre 1930 die Mehrheit hatte»*, habe die Revolutionäre Gewerkschaftsposition *«erheblich verloren»*. Damit spricht Wentker ein besonderes Problem der Kommunisten an: eroberte Positionen in den Fabriken auch festzuhalten. In der Zeit der Weltwirtschaftskrise war es leicht, linke Arbeiter zu entlassen. So berichtete der Polizeipräsident im Juli 1931: *«Die Partei ist weiter bemüht, ihre Position in den Betrieben zu verbessern. Ihre Bemühungen haben aber einen nennenswerten Erfolg in dieser Hinsicht nicht gehabt, da einerseits die in Arbeit stehenden Genossen sich in den Betrieben mit der Agitation nicht zu weit vorwagen, um nicht gemaßregelt zu werden, und weil andererseits die Betriebe sich der ihr [sic] unbequemen Elemente entledigten, sobald sich bei Betriebseinschränkungen pp. eine Möglichkeit dazu bot.»* Als das Harburger KPD-Mitglied Karl Suppe im Mai 1930 nach einer Erwerbslosen-Demonstration vorläufig festgenommen wurde, berichtete die Staatsschutz-Abteilung der Harburger Polizei: *«Suppe war Mitglied des verbotenen R.F.B. Roter Frontkämpferbund. Er ist nicht arbeitslos.»* Die Unterstreichung steht im Original. Bei den weiteren vier Festgenommenen fehlt eine solche Anmerkung.

Nach Angabe der KPD-Bezirksleitung wurden innerhalb eines Jahres fast 30% der auf Roten Listen gewählten Betriebsräte entlassen. Diese Zahl, die sich wohl auf die Zeit nach den Wahlen im Frühjahr 1931 bezieht, müßte man noch mit dem Prozentsatz der durch (Teil-)Stillegungen entlassenen Kolleginnen und Kollegen in den Firmen der betroffenen Betriebsräte vergleichen. Neben dem quantitativen ist aber der qualitative Aspekt wichtig: vor allem die politisch aktiven, meinungsbildenden und mitreißenden Arbeiterinnen und Arbeiter traf die politisch motivierte Entlassung.

Auch die sozialdemokratische Mehrheit in den Verbänden des ADGB wurde immer unbedenklicher in der Wahl der Mittel, um die Kommunisten aus diesen «Freien Gewerkschaften» auszuschließen. Schon im Frühjahr 1930 stellte die KPD-Bezirksleitung fest:

«Die gesteigerte Aktivität unserer Genossen gegen die reformistische Lohn- und Tarifpolitik und um die Organisierung der revolutionären Gewerkschaftsorganisationen führte zu immer rücksichtsloser werdenden Ausschlußmaßnahmen gegen den aktivsten Teil der revolutionären Gewerkschafter... Durch Verschärfung der Bestimmungen über die Dauer der Verbandszugehörigkeit bei den Wahlen für die verschiedensten Funktionen und die Verschärfung des Bestätigungsrechts der Funktionäre durch die Gewerkschaftsbürokratie wurde es der Opposition teilweise unmöglich gemacht, ihre Mehrheit völlig auszunutzen. Bei den Bauarbeitern in Hamburg, den Fabrikarbeitern in Wilhelmsburg, den Textilarbeitern in Itzehoe usw. wurden die von der großen Mehrheit der Kollegen gewählten oppositionellen Zahlstellen- und oder Fachgruppenfunktionäre und Leiter unter irgendwelchen Vorwänden ihrer Funktion enthoben oder die Wahl für ungültig erklärt.»

Im Wilhelmsburger Fabrikarbeiterverband hatte die Linke Opposition wieder die Distriktleitung gebildet. Die Wahl wurde von der Gewerkschaftsbürokratie für ungültig erklärt. Die KP-Bezirksleitung kritisierte: *«Obwohl unsere Genossen nach wie vor die Mehrheit in den Versammlungen besitzen, haben sie es doch nicht verstanden, den Kampf für die Anerkennung der gewählten und jetzt aus dem Verband ausgeschlossenen Distriktleitung über den Teil der die Versammlung besuchenden Mitglieder auszudehnen.»* Danach wären die politisch passiven, nur beitragszahlenden Gewerkschaftler die Basis der Verbandsleitungen gewesen.

Bei ihrem Kampf um Einfluß in den Gewerkschaften geriet die KPD mit Beginn der Weltwirtschaftskrise verstärkt in ein Dilemma. Auf der einen Seite wandte sich die Bezirksleitung Wasserkante *«gegen den noch teilweise auch in der Parteimitgliedschaft stark verwurzelten Gewerkschaftslegalismus»*. Gerade ein Teil der «alten Gewerkschafter» fürchtete den Ausschluß: Bei Arbeitslosigkeit, Krankheit oder Invalidität gab es dann keine gewerkschaftliche Unterstützung mehr, die Beiträge vieler Jahre schienen «umsonst» gezahlt. Auf der anderen Seite verloren viele Kommunisten die Lust, sich in einer mühsamen, immer weniger erfolgreichen Opposition gegen die sozialdemokratisch orientierte Gewerkschaftsbürokratie aufzureiben. Sie mieden die Gewerkschaftsversammlungen, waren zum Teil auch wegen rückständiger Beitragszahlungen nicht mehr stimmberechtigt und erklärten, man solle schon jetzt eigene Rote Gewerkschaften gründen. Hinzu kamen im Frühjahr 1930 im Bezirk Wasserkante noch rund 2000 «organisationsfähige Parteigenossen», die es ablehnten, in die Gewerkschaften einzutreten. Das war eine hohe Zahl, denn von den durchschnittlich 13000 abgerechneten Parteimitgliedern des ersten Quartals hatten nur noch rund 5600 in den Betrieben Arbeit – wenn man den Begriff «organisationsfähig» auf diese Gruppe beschränkt. Die Bezirksleitung forderte deshalb nachdrücklich zum Eintritt in die Gewerkschaften auf. Auf der anderen Seite förderte sie die RGO. Schließlich gründete die Partei reichsweit sogar eigene Rote Gewerkschaftsverbände, die allerdings in Harburg keine größere Rolle spielten.

Streiks

Die Massenarbeitslosigkeit und die Repression in den Betrieben behinderten die Entwicklung, Durchführung und Wirkung von Streiks. Im Frühjahr 1931 wurde in den Zinnwerken Wilhelmsburg ein Lohnabbau von 5 % diktiert. Die RGO besaß im Betriebsrat die Mehrheit und stellte auch den Betriebsratsvorsitzenden. Bei einer Belegschaft von 320 Arbeitern waren (nach Angaben der Bezirksleitung Wasserkante) 127 in der RGO organisiert und 107 im Fabrikarbeiterverband. Die KP-Betriebszelle zählte 21 Mitglieder. Nach Darstellung der KPD kam es so zum Streik: Betriebszeitungen der RGO wurden im Abstand von 8–14 Tagen verteilt. Die Mehrheit der Unorganisierten sympathisierte mit der RGO. Auf Betriebsversammlungen erschienen bis zu 70 % der Belegschaft und forderten: keinen Pfennig Lohnabbau, Einführung der 40-Stunden-Woche bei vollem Lohnausgleich und Verbesserungen beim Schutz der Gesundheit der Arbeiter. Als der Plan zum Lohnabbau bekanntgemacht wurde, gab es eine Urabstimmung: mit 95 % Ja-Stimmen trat die Belegschaft in den Streik. Im Bericht der KP-Bezirksleitung hieß es:

«Fünf Tage ruhte die Arbeit in den Zinnwerken vollständig. Während dieser Zeit hatte die Fabrikarbeiter-Verbandsbürokratie die freigewerkschaftlichorganisierten Arbeiter, unter Ausschluß der als oppositionell Bekannten, zum Gewerkschaftshaus geladen. Hier wurden sie für den Streikbruch breitgeschlagen. Drei Versammlungen waren notwendig, bevor sich die gewerkschaftlich Organisierten zum Streikbruch bereit erklärten. Am 7ten Tag ging dann der größte Teil der gewerkschaftlichorganisierten Arbeiter des Betriebes, unter Hinzuziehung von einigen Streikbrechern, die durch die Gewerkschaftsbürokratie vermittelt waren, geschlossen in den Betrieb. Insgesamt war diese Streikbrecherkolonne 107 Mann stark. Obgleich an demselben Morgen ein Streikschutz von 300 Mann vorhanden war, konnte man den Streikbruch nicht verhindern. Zwei Überfallauto sorgten für den Schutz der Streikbrecher. Dadurch brach der Streik zusammen.»

Der letzte Satz erscheint als Begründung für den Zusammenbruch des Streiks ganz unzureichend. Denn offenbar konnte der Gewerkschaftsapparat, der den «wilden» Streik nicht legalisierte, die Mehrheit seiner Mitglieder und einen Teil der Unorganisierten zur Aufgabe bewegen. Dabei wird die Wirtschaftslage eine (mit-)entscheidende Rolle gespielt haben. Zentraler Kritikpunkt im Bericht der Bezirksleitung war (und hier kommt man den Ursachen der Niederlage näher), daß die von den Gewerkschaften einberufenen Versammlungen *«von unseren Genossen weder besucht, noch irgendeine Abwehrmaßnahme gegen den von dort drohenden entscheidenden Todesstoß für die Streikbewegung organisiert»* wurde. In Verbindung mit der Spaltung der Streikenden, auf dem Hintergrund der sozialökonomischen Probleme, spielte allerdings der Polizeieinsatz eine Rolle beim Zusammenbruch des Streiks.

In einem Brief an Oberbürgermeister Dudek beschwerte sich der Direktor der Zinnwerke, Walther Baer, über *«organisierten kommunistischen Terror»*. Es würden

«die arbeitswilligen Mitglieder der freien Gewerkschaften terrorisiert ... Der Streik wurde organisiert durch den Betriebsrats-Vorsitzenden Hermann Meier, ein Mitglied der sogenannten ‹Roten Gewerkschaft›, der vor etwa einem Jahr aus den freien Gewerkschaften ausgestoßen worden ist. Obwohl mindestens die Hälfte der bei uns beschäftigten Leute nicht streiken

wollten [sic] und nicht streiken wollen, wurden die friedliebenden Elemente bei der Betriebsversammlung durch die organisierten Kommunisten niedergebrüllt und teilweise durch Drohungen dazu gezwungen, den Betrieb mit zu verlassen. Nachdem der Streik ausgebrochen war, postierten sich die Streikenden in Mengen von fünfzig bis hundert Mann vor den Toren unseres Werkes. Sie verstärkten sich besonders durch große Mengen von Erwerbslosen, also werksfremden Elementen.»

Die Arbeitswilligen seien von den *«verbündeten Streikenden und Erwerbslosen mit Prügel und Schlimmerem bedroht»* worden:

«Da es nicht zu Raufereien kam, – denn da die Arbeitswilligen, die einzeln zur Arbeit kamen, gegenüber den durch Erwerbslose verstärkten Streikenden in einer hoffnungslosen Minderzahl waren und sich daher nicht zur Wehr setzen konnten, – fand die Polizei keinen Rechtsgrund zum Eingreifen».

Beim Verlassen der Schicht habe es ein *«Spießrutenlaufen»* für die Streikbrecher gegeben. Sie seien *«beschimpft, bespien und gestoßen»* worden. Als später die «Arbeitswilligen» geschlossen antraten und sich dadurch den Eintritt erzwangen (mit Hilfe der Polizei, muß man hinzufügen), seien sie nach dem Verlassen der Schicht von Streikposten verfolgt und an geeigneter Stelle verprügelt worden:

«Besonders geschah das mit den frei-gewerkschaftlich organisierten und daher arbeitswilligen Betriebsräten ... Die Lage dieser Arbeitswilligen ist eine äußerst bedrohliche. Sie können ... keinen Lohn bekommen. Die Gewerkschaft kann ihnen keine Unterstützung zahlen, da der Streik nicht gewerkschaftlich anerkannt ist. Von der Erwerbslosen-Unterstützung können sie nichts bekommen, da sie nicht gekündigt sind. Es ist zu befürchten, daß der Hunger sie den kommunistischen Hetzern in die Arme treibt, und daß dadurch die Zahl der radikalen Elemente durch bisher besonnene und gutwillige Arbeiter vermehrt wird. Es kann nicht im Staatsinteresse liegen, daß in einer Zeit größter Arbeitslosigkeit die Arbeitsmöglichkeiten mutwillig und verbrecherisch von kommunistischen Hetzern unterbunden werden.»

Die harten finanziellen Konsequenzen des Arbeitskampfes mußten aber auch alle Streikwilligen tragen; Direktor Baer unterstellte, es flössen Gelder für *«die Streikenden» «von Rußland»* und der KPD, wie diese *«sich selbst gerühmt»* hätten. Doch die Partei war weitgehend zahlungsunfähig.

Das Beispiel Zinnwerke zeigt, wie schwer es für die Arbeiter war, sich gegen eine Sanierung der Wirtschaft auf ihre Kosten zu wehren. Gerade auch in Harburg-Wilhelmsburg wurden sie stärker als alle anderen Klassen von der Weltwirtschaftskrise getroffen. Der Zwang der kapitalistischen Ökonomie in Verbindung mit polizeilicher Repression und dem Anpassungsdruck der sozialdemokratischen Führungsgruppen machten den Streik als Waffe stumpf, vor allem, wenn er isoliert in einzelnen Betrieben oder selbst in ganzen Branchen regional geführt wurde. Kam es selbst in einer kommunistischen Hochburg wie den Zinnwerken nur zu einem kurzen Aufflackern des Streikfeuers, der wichtigsten materiellen Gegengewalt der Arbeiter, so mußten Streiks in anderen Betrieben der Doppelstadt für die Rote Opposition meist noch schwieriger sein. Der von Baer bemühte Hunger hatte dabei eine eher disziplinierende Wirkung.

Die beiden Quellen zum Streik sind auch deshalb ausführlicher zitiert worden, weil sie das Problem illustrieren, die politisch-sozialen Abläufe in den Betrieben zu rekonstruieren. Die Streikbereitschaft und ihre U r s a c h e n (auf die der Direktor nicht eingeht) werden im KPD-Bericht besser geschildert. Wie aber sind im Betrieb die Meinungen gebildet worden? Wer hat was in den Betriebsversammlungen gesagt? Protokolle existieren selten oder sind schwer zugänglich.

Die politisch-sozialen Abläufe in den Betrieben werden von den Polizeiberichten meist nur in Bruchstückchen erfaßt. Sie zielen oft auf die Erfassung der «Rädelsführer» und huldigen Verschwörungstheorien. Auch die Berichte der Arbeiterparteien und der Gewerkschaften sind meist sehr «führungs»-orientiert. Das wird für die KPD in einem Konflikt bei Brinckman & Mergell deutlich. Die Ölfirma kürzte im Herbst 1931 die Arbeitszeit ohne Lohnausgleich. Die Bezirksleitung berichtet:

«*Im Betrieb war eine gute Streikstimmung, die nur durch das Auftreten der roten Betriebsräte nicht zur Streikauslösung führte. Aus Furcht, mit den Gesetzen in Konflikt zu kommen, verweigerten die roten Betriebsräte einem Vertreter der RGO in der entscheidenden Betriebsversammlung, in der die Abstimmung erfolgen sollte, das Wort. Da durch die roten Betriebsräte keinerlei Vorbereitungen zu Streikmaßnahmen getroffen waren und wurden, kam es in diesem Betrieb auch zu keinerlei Bewegung. Die roten Betriebsräte wurden, soweit sie Mitglied der Partei und RGO waren, aus beiden Organisationen ausgeschlossen.*» (Unterstreichungen im Original)

Hatte die Mehrheit der «Roten Betriebsräte» vorausgesehen, daß der Streik vielleicht nur wenige Tage durchzustehen war? Wollte die KP-Leitung einen Streik nur als Vehikel für die Mitgliederwerbung nutzen und waren ihr deshalb die Erfolgsaussichten gleichgültig, wie es ihr oft von sozialdemokratischer Seite vorgehalten wurde? Nützen konnte ein solcher Streik den Kommunisten dann allerdings nur, wenn dabei sichtbar wurde, daß die sozialdemokratischen Gewerkschaftsfunktionäre den Arbeitskampf behinderten oder gar unterdrückten – weil sie wiederum bei einer Verstärkung des Widerstandes in den Betrieben gegen die Politik der Notverordnungen ein Wachsen des kommunistischen Einflusses fürchteten. Das galt besonders für die Zeit von Oktober 1930 bis zum Mai 1932, als die SPD die Regierung Brüning und ihre Notverordnungen (und damit auch den Sozialabbau) im Reichstag tolerierte.

Unabhängig von diesen auf Betriebsebene im Einzelfall schwer zu klärenden Motiven zeigt die Darstellung der KP-Leitung eine von der Praxis abgehobene Tendenz. Denn wenn es im Betrieb «keinerlei» Bewegung gab, nur weil die «Roten Betriebsräte» keinerlei Vorbereitung zum Kampf trafen, kann es mit der Streikbereitschaft der Basis nicht weit her gewesen sein oder man unterstellt, daß diese nur auf ein Kommando von «oben» reagierte.

Die Unterorganisation der Partei. Agitation und Repression

Im Mai 1929 verbot der sozialdemokratische Reichsinnenminister Severing den Roten Frontkämpferbund (RFB), die Kampforganisation der KPD. Kurz vor dem Verbot schätzte die Polizei den RFB der Harburger Ortsgruppe auf «ungefähr 100 Mitglieder». Nach dem Verbot wurde wie in anderen Orten des Bezirkes auch in Harburg und Wilhelmsburg der «Norddeutsche Arbeiter-Schutzbund» (NASB) gegründet. Es war nach einer – relativ detaillierten – Einschätzung der Politischen Polizei «die illegale Fortsetzung des R.F.B.» und «eine Vereinigung mit rein militärischem Charakter». Die Harburger Gründungsversammlung fand im August 1929 im [Versammlungs-Lokal] Wilstorfer Park statt. Die NASB-Mitglieder trugen zum größten Teil einheitliche Kleidung: grünes Hemd mit rotem Schlips und blauer Mütze. Der Bundesgruß war – wie vorher im RFB – «Rot Front», wobei der rechte Unterarm nach oben gebeugt und die Hand zur Faust geballt wurde. Harburger Leiter des NASB war der 39jährige Arbeiter Hermann Detchen. Im November 1929 kam es in einer zwischen den Landespolizeistellen Altona und Harburg-Wilhelmsburg sowie der Staatspolizei Hamburg abgestimmte Aktion zu Durchsuchungen bei Funktionären des NASB. Im Regierungsbezirk Lüneburg waren die Ortsgruppen in Uelzen, Lüneburg und Harburg betroffen. In Uelzen erfolgte die Durchsuchung ohne richterlicher Anordnung, lediglich auf Anweisung eines Hilfsbeamten der Staatsanwaltschaft mit der Begründung «Gefahr im Verzuge»! Das zeigt die Härte der Repression gegen alles, was dem RFB ähnlich sah. Das Ergebnis entsprach zwar *«nicht den Erwartungen»* der Polizei, weil die Aktion vorher bekanntgeworden sei, doch in Uelzen *«wurde noch einiges Material gefunden, das als Beweismaterial für die Illegalität des N.A.S.B. hinreichen dürfte»*. Im Januar 1930 löste die Polizei eine Versammlung des Bundes bei Schneider, dem Parteilokal der Harburger KPD in der damaligen Langestraße, auf. Die Repression zeigte Wirkung, der NASB blieb bis Ende März passiv. Dann versuchten Emil Kaminski, Leiter der «Antifaschistischen Jungen Garde» (nach Ansicht der Polizei Nachfolgeorganisation der «Roten Jungfront») und Bergmann, jetzt Leiter des NASB, die Angehörigen der beiden Organisationen zusammenzuhalten. In einem langen Bericht schilderte die Politische Polizei minutiös, wann sich die Aktivsten im Mai bis Anfang Juni 1930 trafen, um über Weiterbestehen und Tarnung des RFB zu sprechen, Geländeübungen abzuhalten usw.; Ort (darunter eine Versammlung im Walde), Uhrzeit, Name und Vorname sowie in ca. ⅔ der Fälle auch die Adresse der Teilnehmer wurden genannt. Der Harburger NASB zählte danach 30 aktive Mitglieder, die Antifaschistische Junge Garde 21. *«Die Versammlungen... werden... streng geheim gehalten. So wird z.B. ein Bodenraum in dem Hause des Gastwirts Schneider, Langestraße, wo sich gleichzeitig das Parteilokal der K.P.D. befindet, der im Hof nur über eine eiserne Leiter hinweg zu erreichen ist, keinerlei weitere Ausstattung hat, (mit Petroleumbeleuchtung) als Versammlungsraum benutzt.»* Eine ganze Reihe von lokalen Polizeiberichten, die allerdings selten so detailliert sind, zeigen eine ausgedehnte Spitzeltätigkeit in der Harburger (weniger in der Wilhelmsburger?) KPD. War die Partei völlig von Spitzeln durchsetzt? Diese Frage kann hier nicht umfassend beantwortet werden. Die Qualität der partei-internen «Aufklärung» der Polizei war aber offensichtlich zeitlichen Schwankungen unterworfen; auch gelang es nicht, jede aktive Gruppe auszuspähen.

Seit Ende 1931 versuchte die KP-Wasserkante viele kleine Gruppen außerhalb der Ortsgruppe zu bilden, die – laut Einschätzung der Polizei – «schwerer zu überwachen sind». Eine Grundlage für den Zugang von Spitzeln war das unlösbare strategische Dilemma der Partei: Einerseits eine legale und auch parlamentarische Organisation, mußten ihre Hauptmittel zur Gewinnung von Anhängern öffentlich sein: Wahlkämpfe, Versammlungen, Demonstrationen, Zeitungen, Broschüren, Flugblätter. Andererseits drängten sie die meisten Regierungen der Weimarer Republik auf Reichs- und Landesebene in Richtung Illegalität. Das geschah in Preußen vor allem durch die Radikalenerlasse von 1924 und 1930. Im Zuge der stufenweisen Demontage der Verfassung und der demokratischen Ansätze in der Republik durch die Präsidialkabinette wurde die Arbeit der KPD immer schärfer sanktioniert. 1932 stand die Partei schon halb in der Illegalität. Die Notverordnungen hatten zu einer scharfen Kontrolle aller öffentlichen Agitation, insbesondere der kommunistischen geführt. Politische Versammlungen, ob im Freien oder in Lokalen, mußten angemeldet werden. Ein Kriminalbeamter und uniformierte Polizei waren sichtbar anwesend und überwachten die Reden.

Anscheinend haben die Versammlungsteilnehmer in den meisten Fällen die demonstrative Überwachung und Zensur ruhig hingenommen.

Einer der Parteifunktionäre, der sich gegen die entwürdigenden Kontrollen der Politischen Polizei wehrte, war Anton Saefkow. Der gelernte Maschinenschlosser war 1932 Politischer Leiter im Bezirk Wasserkante geworden. Im Oktober des Jahres sprach er auf einer Wahlversammlung der Wilhelmsburger KPD im Lokal von Stüben (Vogelhüttendeich) vor etwa 300

Menschen. Die Versammlung leitete der Arbeiter Richard Trampenau aus Wilhelmsburg (Kurzestr. 4, heute Otterhaken 4). Saefkow nannte dem überwachenden Kriminalbeamten zwar seinen Namen, wollte aber seine Papiere nicht vorzeigen. Der Beamte drohte mit Redeverbot; der auch anwesende Polizeihauptmann verlieh dem Nachdruck. Saefkow zeigte nun seinen Paß und erklärte *«in äußerst ironischer Form, daß heute jeder Hund eine Hundemarke trage, um erkannt zu werden, es werde aber noch so weit kommen, daß sich jeder Mensch eine Erkennungsmarke um den Hals hängen müsse»*. Nach weiteren *«ironische[n] Bemerkungen»* über die anwesende Polizei erhielt der Redner eine Verwarnung. Als Saefkow wieder mit ironischen Bemerkungen über die Polizei antwortete und den Polizeihaupmann *«unter großem Lärm und unter Zurufen der Teilnehmer zu belehren versuchte, wurde die Versammlung um 21.40 Uhr aufgelöst, weil dieselbe unfriedlich wurde»*. Zu Schlägereien oder irgendeiner Form von Gewaltanwendung war es jedoch nicht gekommen. Auf den Ruf des Redners «Alles rausgehen» verließen die Teilnehmer sogar den Saal. Der Stellvertreter des (neuen) Polizeipräsidenten schrieb dem Lüneburger Regierungspräsidenten, er beabsichtige Versammlungen, *«in denen Saefkow als Redner und Trampenau als Versammlungsleiter auftreten, vorbeugend zu verbieten, da es beiden offenbar nur darauf ankommt, die Polizei oder die öffentlichen Einrichtungen in der Öffentlichkeit herabzuwürdigen und die Staatsautorität zu untergraben«*. Von der Einleitung eines Strafverfahrens wegen Beleidigung der Polizeibeamten *«beabsichtige ich aus Zweckmäßigkeitsgründen Abstand zu nehmen»*. Der Fall zeigt den autoritären Staat zu Ende der Weimarer Republik in Aktion. Der Übergang zum Staatsverständnis des «Dritten Reiches» war leicht zu vollziehen.

Anton Saefkow leitete während des Zweiten Weltkrieges in Berlin eine der wichtigsten Widerstandsgruppen, hatte Kontakte zu Gruppen des 20. Juli 1944 und wurde dann vom nationalsozialistischen Staat im Zuchthaus Brandenburg gehenkt (September 1944).

Die repressiven Maßnahmen der Exekutive gegen die KPD, die sich seit 1929 verstärkt hatten, führten immer wieder zu Durststrecken für die Parteiorganisationen. Im Januar 1932 konstatierte Wentker, daß unter anderen in den Ortsgruppen Harburg und Wilhelmsburg *«der Funktionärskörper durch Festnahmen, Strafverfahren und dergl. in seiner Arbeit außerordentlich gehemmt worden ist... In Wilhelmsburg ist die Ortsgruppe dadurch lahmgelegt, daß sich die maßgebenden Führer oder Funktionäre zum größten Teil in Haft befinden. Neben den polizeilichen Maßnahmen zwingt der außerordentliche Geldmangel die Ortsgruppen zu einer merklichen Zurückhaltung.»* Auf die Geldprobleme der Partei, vor allem auf der unteren Ebene, wird in einer Reihe von Polizeiberichten der Jahre 1931 und – verstärkt – 1932 hingewiesen.

Die KPD favorisierte 1932 die Gründung kleiner Gruppen, die ihre Aufträge nicht mehr über die Leitungen der Ortsgruppen, sondern direkt von der Bezirksleitung erhielten. Damit sollte die Gefahr der Bespitzelung verringert werden, die nach Einschätzung Wentkers im Januar 1932 auch durch ein *«Überwechseln radikaler Elemente, besonders des Rowdytums zur NSDAP»* gegeben war.

Die – nach Einschätzung der Polizei – «einzige Kampforganisation» der KPD war Anfang 1932 der «Kampfbund gegen den Faschismus» geworden. Im Juli 1931 zählte dessen Ortsgruppe Harburg 271 Mitglieder – so genau behauptet das ein Polizeibericht, der weiter mitteilt, seit Gründung des Bundes seien schon 700 Personen durch die Ortsgruppe gegangen. Der «Rote Frauen- und Mädchen-Bund», eine nicht verbotene Nebenorganisation des RFB, löste 1931 seine Ortsgruppe Harburg auf, trat korporativ zum Kampfbund über und bildete dort die Frauenstaffel. Ihr gehörten – laut Polizeiquelle von Mitte 1931 – 41 Frauen an mit der Ehefrau des Parteisekretärs Switalla als provisorischer Leiterin. Der im Oktober/November abgeschlossene Bericht der KP-Bezirksleitung zählt für die ganze Wasserkante 1200 Mitglieder, die nach der Ausstellung neuer Mitgliedsbücher des Kampfbundes erfaßt wurden, darunter nur 100 Frauen und 75 Jugendliche in selbständigen Staffeln. Der Harburger Anteil wäre demnach sehr hoch. Im Bericht heißt es allerdings, die Zahl der festgestellten Bezirks-Mitglieder werde sich durch die Reorganisation noch um einiges erhöhen. Die verbotene «Rote Jungfront» bestand Mitte 1931 als selbständige Organisation in Harburg nicht mehr; es existierte noch ein Vorstand, aber es gab keine Mitglieder.

Auch die Bedeutung des «Kampfbundes gegen den Faschisms» ging bald zurück. Im Februar 1932 zählte die Ortsgruppe Harburg nach Schätzung der Polizei 700 Mitglieder; im August des Jahres waren es noch 200. Anfang September kam es zu einem Konflikt mit der politischen Leitung, insbesondere der Ortsgruppe, die versuchte, einen maßgebenden Einfluß auszuüben. Vermutlich spielte dabei, wie in anderen Harburger Streitfällen auch, der Widerspruch zwischen dem Führungsanspruch der Partei und dem proklamierten überparteilichen Charakter des Bundes eine Rolle. Er sollte ja eine Organisation der antifaschistischen Einheitsfront der Linken sein, seine Mitglieder waren zu einem großen Teil nicht in der KPD. Auch finanzielle Probleme sorgten für Zwist. Der Polizeibericht meinte: *«Die vielen Unterschlagungen der Stadtteil- oder Bezirksstaffel-Kassierer hatten ohnehin schon die finanziellen Möglichkeiten für das Weiterbestehen des Bundes erschüttert.»* Das Resümee lautet, der Kampfbund *«besteht daher praktisch hier nicht mehr»*. Unterschlagungen von Kassierern sowie Organisatoren der Partei und der ihr nahestehenden Organisationen melden die Polizeiberichte ständig. Manchmal sehen sie hier sogar die Ursache der finanziellen Misere der Partei. Diese Perspektive übersieht die Hauptursache des Geldmangels: die Mittellosigkeit der Mitglieder im Verhältnis zu den Aktivitäten der Partei und ihren Kosten. Welchen Stellenwert die Unterschlagungen für die Kassen der KPD und ihrer Harburger Organisationen genau hatten, bleibt offen.

Die Aufgaben des Kampfbundes gingen im Sommer 1932 immer mehr auf die «Antifaschistische Aktion (AA)» über. Zunächst war sie – als Konkurrenz zur «Eisernen Front» der Sozialdemokraten – eine mehr lose antifaschistische Gruppierung, allerdings mit eindeutig kommunistischem Bezug. So hieß es in einem «Kampfgelöbnis der Antifaschistischen Aktion»: *«Wir geloben... die Verteidigung der kommunistischen Partei... die Verteidigung der Sowjetunion!»* Nach einem Rundschreiben der Partei sah die soziale Zusammensetzung der AA im Sommer 1932 so aus: 70% «Parteilose – Indifferente», 10% SPD, Reichsbanner und SAP, 20% «Kommunisten – Parteimitglieder». Die AA bestand vor allem aus jungen Männern, nach Polizeiansicht *«die radikalen Elemente aus der Partei oder aus den verschiedenen Kampf- oder Wehrorganisationen der Partei»*. Frühere Funktionäre des «Kampfbundes gegen den Faschismus» (die zum Teil wiederum aus dem «Roten Frontkämpferbund» stammten) hatten sich mit an die Spitze gesetzt. Auf der anderen Seite war ein «Zulauf» von antifaschistischen «Massen» auch für die Polizei nicht zu übersehen, *«auch aus solchen Kreisen, die nicht Kommunisten sein und auch nicht kommunistisch wählen wollen, die aber gefühlsmäßig auf das Schlagwort ‹Wählt antifaschistische Aktion – Liste 3 –› reagiert haben, und zwar aus ihrer Einstellung gegen die NSDAP heraus.»*

Diese heterogene Zusammensetzung schuf auch Konflikte. Versuche der Parteileitung, nicht genehme Leiter abzusetzen, stießen auf Widerstand. Eine von 300 Menschen besuchte Versammlung der AA in Harburg-Wilhelmsburg verließ geschlossen den Saal, als ein von der Partei entsandter Redner sich gegenüber einem aus der Partei ausgeschlossenen Staffelleiter der AA durchzusetzen versuchte: *«Die Partei hat erkannt, daß sie die A.A. nicht in vollem Umfange in der Hand hat und hat deshalb entsprechende Richtlinien und einen Arbeitsplan für die A.A. herausgegeben.»* Die «zuverlässigen» Elemente der AA (das war auch ein Spitzelproblem) wurden in Schutzstaffeln zusammengefaßt. Um den *«Wünschen dieser fast durchweg jugendlichen Elemente nachzukommen, ist schleunigst eine Uniformierung beschlossen und z.T. auch schon durchgeführt worden»*, stellte ein Polizeibericht fest. Zu nennen sind noch weitere Organisationen, die in der KPD von Harburg und Wilhelmsburg eine Rolle spielten. Der «Kommunistische Jugendverband Deutschlands» (KJVD) zählte Ende 1930 in Harburg 56 eingeschriebene Mitglieder, davon waren *«etwa 40 Mann aktiv, d.h. sie nehmen an allen Veranstaltungen teil und führen die ihnen zugewiesenen Aufgaben durch»*. Politischer Leiter war der 21jährige Arbeiter Walter Möller, Organisationsleiter der Arbeiter Walter Gyszus (19 Jahre). Einmal in der Woche traf man sich zu einem Klubabend mit politischer Schulung. Die KJVD-Mitglieder vertrieben zusammen mit der «Roten Jungfront» Häuserblock- und Betriebszeitungen. Bei Wahlen machten sie mit Sprechchören Haus- und Hofpropaganda. Manchmal hielten sie, nach dem einleitenden Vortrag eines Musikstückes durch die «Proletarische Musikvereinigung», kurze Ansprachen. Sie verteilten Aufrufe, klebten Plakate und beseitigten dabei auch schon mal die der feindlichen Parteien. «Proletarische Musikvereinigungen» bestanden in den Stadtteilen Harburg, Wilhelmsburg und Neuhof. Sie zählten durchschnittlich 18–20 Mitglieder und wurden von der KPD bei Bedarf herangezogen und bezahlt. Nach der Auflösung des RFB besaß die Partei keine eigenen Kapellen mehr. Die «Proletarischen Musikvereinigungen» waren selbständige Organisationen und verwalteten ihre Einkünfte unter Ausschluß der Partei.

Die KJVD-Ortsgruppe konnte bis zum Sommer 1931 ihre Stärke auf etwa 80–100 Mitglieder erhöhen.

Stark vertreten waren die Kommunisten auch in mehreren Arbeitersportvereinen. In Wilhelmsburg war der größte mit der KPD sympathisierende Sportverein «Jung-Siegfried», in Harburg gab es den Schießsportverein «Fidele Zwanzig». Der dritte der KP nahestehende Sportverein war «Fichte». Ein Polizeibericht im Mai 1932 behauptet, die Mitglieder der drei Klubs seien «mit wenigen Ausnahmen Mitglieder des [illegalen] R.F.B.» Nach einem Rundschreiben der KP-Unterbezirksleitung erscheint diese Angabe stark übertrieben.

Die Regierung Papen und Vorbereitung auf die Illegalität

«In einem viel schnelleren Tempo als die Brüningregierung führt die Papenregierung die Errichtung der faschistischen Diktatur durch.» So beurteilte am 7. Juni die Unterbezirksleitung Harburg in einem Rundschreiben «An alle Parteigenossinnen und Parteigenossen» die Lage nach der Ernennung Papens zum Reichskanzler – eine richtige Einschätzung der politischen Tendenz, wie sich herausstellen sollte. Ortsgruppen und Zellen des UB wurden *«wegen der drohenden Illegalität der Partei»* aufgefordert, die Kassierung *«bis zum 15. Juli»* auf Fünfergruppen umzustellen. Die Drohung erschien real, nachdem das Verbot der SA, nicht aber das des RFB, aufgehoben wurde (und z.B. auch der Radikalenerlaß für Beamte in Preußen bald nur noch für Kommunisten, aber nicht mehr für Nationalsozialisten galt). Außerdem hatte Papen am 4. Juni den Reichstag aufgelöst und zum 31. Juli Neuwahlen ausgeschrieben, die vor allem der NSDAP nützen mußten. Die KP reagierte aktivistisch: Im Rundschreiben der UB-Leitung wird ein Terminkalender eingefordert, der den Mitgliedern kaum noch einen freien Tag läßt.

Verstärkt proklamierte die Partei die Einheitsfront mit sozialdemokratischen Arbeitern. Es gab kleinere Erfolge an der Basis, aber keine Zusammenarbeit mit SPD und Gewerkschaften. Abgesehen vom scharfen Antikommunismus der gehobenen SPD- und ADGB-Funktionäre, konnte die KPD hier ihre Taktik nicht auf einen Nenner bringen. So schreibt die Agitprop-Abteilung der Bezirksleitung im November 1932 rückblickend: *«Gemäß der allgemeinen strategischen und taktischen Linie der Partei und der Komintern wurde... der Hauptschlag unserer Agitation und Propaganda gegen die Sozialdemokratie und gegen die Bürokratie des Allgemeinen Deutschen Gewerkschaftsbundes gerichtet.»* Die überlieferte schriftliche Propaganda, wie z.B. die der «Norddeutschen Zeitung», zeigt ebenso heftige und qualitativ manchmal weitergehende Attacken gegen die Nazis. Das wechselt allerdings phasenweise und müßte anhand des gesamten schriftlichen Materials (auch für Versammlungen) in einer eigenen Darstellung untersucht werden. Bei den Auseinandersetzungen auf der Straße und in Versammlungssälen waren die Nationalsozialisten der Hauptfeind. Ein Beispiel von vielen: Im Januar 1932 besuchen etwa 1200 Menschen eine Versammlung der KPD im überfüllten Saal des «Gambrinus». Als ein Redner sich meldete, die Nazis wollten Versammlungsteilnehmer auf dem Nachhauseweg überfallen, ging die Versammlung ins Stadtinnere. 200–300 Personen warfen dem Trefflokal der Nationalsozialisten («Drei Kronen») die Fenster ein. Das gleiche geschah mit der Wohnung eines SA-Mannes. Militant wehrten sich die Kommunisten und mit ihnen manchmal auch Sozialdemokraten vor allem gegen das demonstrative Eindringen der SA in ihr Terrain, in die proletarischen Viertel.

Die Einheitsfrontpolitik kam im Herbst und Winter 1932 kaum voran. Im Oktober gewann der UB Harburg 32 neue Mitglieder, davon 4 aus der SPD. Im ganzen Bezirk Wasserkante registrierte die Partei 881 Neuzugänge, davon 68 aus der SPD. Das war – in einer relativ günstigen Phase – keine wirksame Abwerbung aus dem «reformistischen» Lager. Das gelang eher bei Wahlen. In Harburg-Wilhelmsburg erzielte die KPD bei den Reichstagswahlen im Juli des Jahres 20,5 % und im November 23,1 % der Stimmen. Doch konnte dieser Erfolg kurzfristig kaum in politisch-organisatorische Macht umgesetzt werden. Quantitativ legte die Partei auch in der Wahlwerbung zu. Beim Reichstagswahlkampf 1930 druckte sie für den Bezirk Wasserkante Flugblätter mit einer Auflage von 922000. Bei den Hamburger Bürgerschaftswahlen im September 1931 waren es 1,2 Millionen, bei der Reichspräsidentenwahl (I. Wahlgang) 1932 rund 4 Millionen und bei der Reichstagswahl im November 1932 rund 7,1 Millionen. «In derselben Weise» erhöhte sich die Zahl der Handzettel, Plakate, Klebestreifen usw.

Ein wirksames außerparlamentarisches Machtmittel konnte der Streik sein. Die Zahl der RGO-Mitglieder hatte sich im Bezirk Wasserkante vom Januar 1931 bis Oktober 1932 von 2800 (davon 1660 abgerechnete) auf 9232 (6000 abgerechnete) gesteigert, doch war das immer noch gering gegenüber den Mitgliedszahlen der Gewerkschaften; zudem waren 45 % der neu Aufgenommenen erwerbslos. 1932 wurden nach Angaben der Bezirksleitung unter der Führung der RGO-Wasserkante 54 Streiks durchgeführt. Davon wurden 28 *«mit vollem Erfolg, 11 mit teilweisem Erfolg, die restlichen 15 erfolglos beendet. In allen diesen Streiks stand die reformistische Gewerkschaftsbürokratie in scharfem Kampfe gegen die streikende Arbeiterschaft; in vielen Fällen organisierte sie den Streikbruch, wie das besonders bei dem Streik der Zinnwerke-Arbeiter in Wilhelmsburg und bei dem Jute-Arbeiter-Streik in Billstedt hervortrat.»* Die Wirtschafts- und Sozialpolitik der Regierung Papen, die einen weiteren Lohnabbau durchsetzte, führte auch in Harburg und Wilhelmsburg zu Streiks. Sie liefen nach einem Polizeibericht vom 28. Oktober 1932 für die RGO ähnlich ab, wie der geschilderte Fall aus dem Frühjahr 1931.

Einen Erfolg erzielte die KPD in der Mieterbewegung. Ab 1. Oktober verweigerten in einigen Harburger Häuserblocks 750 Mieter städtischer Wohnungen die Zahlung der Miete.

Mit der Parole «Erst das Essen, dann die Miete» folgten sie einem Aufruf der KPD, um Mietsenkungen durchzusetzen.

Ein wirksamer Einfluß der KPD auf die politischen Machtverhältnisse zeichnete sich auch auf kommunaler Ebene im Bezirk nicht ab. Die Partei bereitete sich verstärkt auf die Illegalität vor. Das war zwar schon 1929 von der Bezirksleitung gefordert worden; sie mußte aber feststellen, daß die meisten Genossen nicht an eine solche Gefahr glaubten. Konkrete Vorbereitungen wurden in den Ortsgruppen nicht getroffen. Jetzt sah es zum Teil anders aus. Der genannte Polizeibericht von Ende Oktober berichtet, daß die Harburger Ortsgruppe ihr Büro aufgegeben und *«das Parteimaterial anderweit untergebracht»* habe. Dabei wolle man allerdings auch Büromieten sparen. Die von der Parteileitung angeordneten Maßnahmen wurden anscheinend «nicht einheitlich» und wirksam durchgeführt. Die Parteimitglieder wollten ja gerade vor Ort weiter öffentlich wirken. Etwas von diesem Dilemma zeigte sich auch am 30. Januar 1933. Bereits am Abend der Ernennung Hitlers zum Reichskanzler ging vom Zentral-Komitee der Partei die Weisung an die Bezirksleitungen, sämtliches Parteimaterial beiseite zu schaffen. Bei ihren Durchsuchungen Anfang Februar konnte die Politische Polizei deshalb in Harburg-Wilhelmsburg nicht viel finden. Ein *«individueller Terror»*, so die Sprache des Polizeiberichtes, sei dagegen in den vertraulichen Funktionärsbesprechungen *«mit der Begründung verurteilt worden, daß man damit das Verbot der Partei beschleunige»*. Es blieb, so resümierte die Politische Polizei Anfang Februar 1933, meist beim Verteilen von Flugblättern,

«die Stimmung gegen das Kabinett Hitler machten und zum Generalstreik oder politischen Massenstreik aufforderten. Zu nennenswerten Störungen der öffentlichen Sicherheit und Ordnung ist es am 30. und 31. Januar nicht gekommen; mehrere Personen wurden festgenommen und in beschleunigten Verfahren wegen Landesfriedensbruch usw. zu erheblichen Gefängnisstrafen verurteilt; es handelte sich ausschließlich um Kommunisten.»

Anmerkungen

1 Der Darstellung liegen Quellen aus folgenden Archiven zugrunde: *Hauptstaatsarchiv Hannover* (Schriftwechsel des Harburger Polizeipräsidenten mit dem Lüneburger Regierungspräsidenten; dazu eine Reihe von Rundschreiben, Flugblättern usw. der KPD, Berichte der Polizei und ihrer Spitzel u.a. als Belege, insbesondere folgende Aktenreihen: HStA Hann., Hann. 180, Lüneburg III, Acc. XXX, Nr. 87–88; 191–194). – *Staatsarchiv Stade* (Lageberichte des Polizeipräs. von Harburg-Wilhelmsburg); Archiv der *Ernst-Thälmann-Gedenkstätte Hamburg* (Berichte der Bezirksleitung Wasserkante der KPD über die Parteiorganisationen des Bezirkes und ihre Tätigkeiten; Broschüren der Harburg-Wilhelmsburger KP; Flugblätter). – *Staatsarchiv Hamburg* (Akten des Magistrates Harburg [bzw. Harburg-Wilhelmsburg] und der Gemeinde Wilhelmsburg, insbesondere folgende Bestände: StA Hbg, Harburg 4, II E 2, – 33 bis 35; Harburg 5, 1102 E–01; 1137–04; 1166–02; –03, Bd. 1; 1414–01 bis 03 4000–05). – *Zeitungen:* Harburger Anzeigen und Nachrichten (Kreisblatt), Jge. 1919–März 1933; Volksblatt für Harburg, Wilhelmsburg u. Umgegend, Jge. 1927–September 1931; Norddeutsche Zeitung. Organ der KPD für die Werktätigen Norddeutschlands, Jge. 1929–1932. Auf Einzelnachweise mußte aus Platzgründen verzichtet werden.

Abb. 1 Norddeutsche Zeitung: Organ der KPD.

Abb. 2 Der rote Gummiknüppel: Jugend-Betriebszeitung der KPD in Harburg.

Abb. 3 Der rote Gummiknüppel: Kampffonds-Marke der Zelle des Kommunistischen Jugendverbandes Deutschlands bei der ‹Phoenix› (1930).

Betriebszeitungen der KPD in Wilhelmsburg

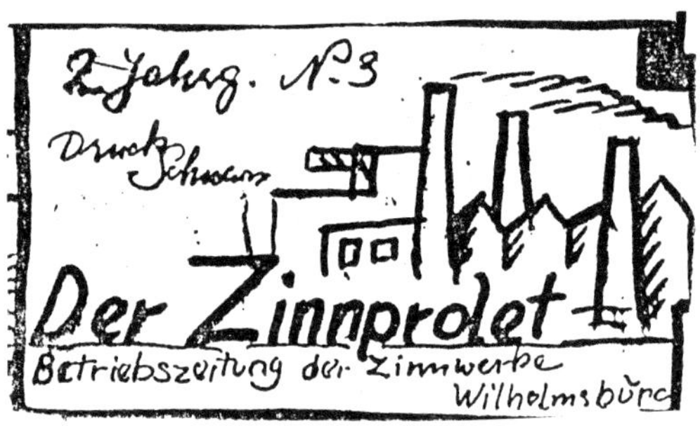

«Schach dem Kapital!»
Aspekte der Arbeiterkultur in Harburg und Wilhelmsburg vor 1933

Beate Hugk

«Lebende Schachfiguren motivieren in der nachstehenden Partie zum Klassenkampf: Parteipresse, Gewerkschaften, Freidenkertum, Arbeiterbank, Volksfürsorge, Konsumverein, Freiheitsgöttin und arbeitendes Volk bilden das Proletariat; während die Kirche, Justiz, Zuchthaus, Hugenberg-Pressekonzern und Hakenkreuzler die Figuren des Gegners, ‹das Kapital›, darstellen»[1]. Als das Harburger «Volksblatt» im Februar 1930 mit dieser Einführung den Text eines Sprechchors für seine Arbeiterschachgemeinde abdruckte, waren, bedingt durch die Weltwirtschaftskrise, durch die verfeindeten Arbeiterparteien und mit der NSDAP vor dem großen Sprung zur Macht, die Spielzüge auf dem Schachbrett der Geschichte schon auf «Schachmatt» programmiert: nicht für ‹das Kapital›, sondern für die Arbeiterbewegung. Mit der Machtübernahme durch die Nationalsozialisten am 30.1.1933 wurde Zug um Zug auch in der Industrie- und Arbeiterstadt Harburg-Wilhelmsburg das dichte Netz einer schichtenspezifischen Gegenkultur zerstört, die alle Bereiche des Arbeiterlebens umfaßte und zusammen mit Partei und Gewerkschaft eine sozialistische Gesellschaft zum Ziel hatte. Entstanden aus der sozialistischen Bildungsarbeit im Kaiserreich und auf dem Hintergrund eines erkämpften Freizeitbereichs hatten sich die Organisationen der Arbeiterbewegung seit Beginn der Weimarer Republik in den nun sozialdemokratisch regierten Städten Wilhelmsburg und Harburg, die 1927 zur Großstadt Harburg-Wilhelmsburg vereinigt wurden, offener entfalten können; sozialdemokratische Kulturprogramme wurden Bestandteil der städtischen Kulturpolitik. Geprägt wurde das kulturelle Binnenmilieu durch die ideologische Abgrenzung gegen das bürgerliche «Lager», durch die immer schärfere Auseinandersetzung zwischen der KPD (den «Kozis») und der SPD (den «Sozialfaschisten») und durch die kulturpolitischen Widersprüche der regierenden SPD als einer auf Integration bedachten Arbeiterpartei, die sich verstärkt auf bürgerliche Bildungsvorstellungen zurückzog.

Unter diesen Aspekten, die ihren Teil dazu beitrugen, daß das «Dritte Reich» nicht verhindert werden konnte, sollen hier aufgrund der zumeist dürftigen Quellenlage und der gebotenen Kürze nur einige wenige Bereiche aus dem weiten Spektrum der Arbeiterkultur in Harburg-Wilhelmsburg skizziert werden.

Sprachrohr der SPD und «Kommunikationszentrale» ihrer Organisationen war das 1894 gegründete «Volksblatt für Harburg-Wilhelmsburg und Umgegend». Dem Klassenkampf ebenso verpflichtet – *«Her mit den Kulturgütern für das werktätige Volk!»*[2] – wie der *«Integration der Arbeiterschaft in die [bürgerliche] Hochkultur»*[3], versah es seine Ende der 20er Jahre täglich ca. 15000 Leser in einem umfangreichen Feuilleton – breiter als das seiner örtlichen Konkurrenz, der bürgerlich-nationalen «Harburger Anzeigen und Nachrichten» und der kommunistischen «Norddeutschen Zeitung» – mit ausführlichen Theater- und Filmrezensionen, mit den Beilagen «Unterhaltung und Wissen» und «Blatt für die Frau». Die tägliche Seite «Sport und Spiel» und die Terminspalten für die örtlichen Arbeitervereine, für die sozialistischen Jugend- und Kinderorganisationen, die Genossenschaften und die Partei lieferten die Orientierung im organisierten Milieu. Fast täglich erschienen Artikel, die die Positionsbestimmung im Bemühen um die «kulturelle Hebung der werktätigen Massen» zum Inhalt hatten; kulturpolitische Leitlinien der Mutterpartei, wie sie u.a. der 1926 gegründete «Sozialistische Kulturbund» ausgab, wurden ausführlich referiert und dienten dem SPD-Bildungsausschuß als Vorlage für die Schulung der Genossen.

Die Buchhandlung des «Volksblattes» führte nicht nur «das gute Buch», für das die Zeitung in ihrem «Kampf gegen Schund und Schmutz» gern mit Goethe- und Lessing-Zitaten warb, sondern war auch Zahlstelle für die sozialdemokratische Buchgemeinschaft «Der Bücherkreis» und die gewerkschaftliche «Büchergilde Gutenberg», die unter Umgehung des Buchhandels den verbilligten Kauf von Büchern ermöglichten. Die der KPD nahestehende Buchgemeinschaft «Universum-Bücherei für Alle» fand, der anti-kommunistischen Haltung des «Volksblattes» entsprechend, unter der Rubrik «Eingegangene Bücher und Drucksachen» keine Erwähnung. Ließ die Zeitung dem bürgerlichen Klassenfeind gegenüber in ihren Kommentaren noch Sachlichkeit walten, so äußerte sie sich über KPD-Zusammenhänge mit bis ins Lächerliche verzerrter Polemik: *«Mit der Verwaltung der 100000 Bände der Puschkin-Bibliothek in der sibirischen Stadt Omsk»*, so wurde der Leser vor dem Kulturverfall am Ende der «Weltrevolution» gewarnt, *«ist der Schlächter des Viehhofs beauftragt worden, und dieser hat Tausende von Bänden als Einwickelpapier auf dem Markte verkauft»*[4].

Bücher blieben für Arbeiter zentrales Bildungs- und Unterhaltungsmedium, auch wenn die neuen Massenmedien Film und Rundfunk Einfluß auf die knappe Freizeit nahmen. Die am 26.10.1929 eingeweihte Stadt- bzw. Volksbücherei, entstanden aus den Stadtteilbüchereien und der 5000 Bände umfassenden Harburger «Zentral-Arbeiter-Bibliothek», wurde stark frequentiert: Unter der Leitung von Dr. Pütz hatte sie Mitte 1930 bereits 2000 Stammleser[5]. In seiner Einweihungsrede mahnte Oberbürgermeister Dudek (SPD) den Erziehungscharakter dieser Volksbildungsinstitution an: Die Bücherei sei *«keine literarische Wohltätigkeitsanstalt, sondern eine bewußte Fortsetzung der Schule»*[6]. Legte er hier Wert darauf, den primitiven Kenntnisstand der Volksschulen, die immer noch von 90% aller Kinder besucht wurden, durch Erwachsenenbildung zu erweitern, so hatte er andererseits mit dem von ihm maßgeblich gegen den Widerstand aus eigenen Reihen durchgesetzten Bau der Höheren Schulen das traditionelle Bildungsgefälle zementiert. Der fast 4 Millionen RM teure Bau[7] am Postweg, zu dem auch die Friedrich-Ebert-Halle und die bescheidenen Räumlichkeiten der Volksbücherei als neues Kulturzentrum gehörten, diente 1200 «höheren» Schülern, während 11200 Volksschüler weiterhin in überfüllten Klassen unterrichtet werden mußten[8]. Für Harburg-Wilhelmsburg galt, daß trotz reformerischer Ansätze, wie sie sich in der für 1933 geplanten Aufbauschule und in der 1923 gegründeten «Freien Weltlichen Schule» dokumentierten, von einem sozialdemokratisch geführten Stadtparlament letztlich nicht im Sinne des Abbaus von Bildungs-privilegien entschieden wurde.

Eltern- und Lehrerschaft der «Freien Weltlichen Schule» in der Maretstraße, auch Sammelschule genannt, wurden in ihrem Bemühen um die Schule nur minimal unterstützt[9]. Permanenter Geldmangel, räumliche Enge und Lehrermangel konnten nur mit Engagement und Krediten überbrückt werden. Um wenigstens die Lehrmittel anschaffen zu können, wurde am 4.4.1924 der Verein «Freie Weltliche Schule Maretstraße» gegründet[10]. Ziel der Schule war es, an der «Herbeiführung der klassenlosen Gesellschaft» mitzuarbeiten. Sie war konfessionslos, für Koedukation, gegen die an allgemeinen Volksschulen übliche Prügelstrafe, für weitgehende Selbstverwaltung durch Lehrer, Elternräte und eine kollegiale Schulleitung. In den häufigen Konferenzen wurde u.a. über die Abschaffung von Zeugnissen diskutiert und über freie Kunsterziehung. Die Schüler konnten in Neigungsgruppen Esperanto lernen, am Laienspiel teilnehmen und zusätzlich Sport treiben; im Verhältnis zum traditionellen Volksschulunterricht war dies eine andere Welt. Ende 1926 wurde das Schullandheim Kakenstorf eingeweiht, das mit Krediten von Eltern und Lehrern in der Freizeit gebaut worden war. Die Schule hatte regen Zulauf: Von anfänglich 743 stieg die Schülerzahl auf 1634 (Februar 1932)[11]. 1930 war mit 1036 Schülern die Enge so groß, daß in der Woellmer- und in der Eißendorferstraße zwei weitere Schulen eingerichtet werden mußten. Ein Klassendurchschnitt von 50–60 Schülern blieb dennoch als Resultat des Lehrerabbaus [12] und wegen *«der Liebe der SPD zu höheren Schülern»*[13], wie die KPD als schärfste Kritikerin sozialdemokratischer Schulpolitik es formulierte.

In der Abgrenzung und Auseinandersetzung der beiden Parteien um die Vormachtstellung in der Arbeiterklasse gelang es der örtlichen KPD den politischen Machtverhältnissen entsprechend nur im geringen Maße, ihre Organisationen zu etablieren. Erfolgreich war sie nach der Spaltung des Arbeitersports 1928 mit der Rotsportbewegung, die sich mit einigen Sparten des Vereins «Fichte» in Harburg-Wilhelmsburg behaupten konnte[14]. Ebenso wie der sozialdemokratische Arbeitersport lehnten die roten Sportler Wettbewerbsdenken, die Glorifizierung des Siegers, «Rekordsucht» und «vaterländischen Geist» als Zeichen von bürgerlichem Chauvinismus ab und damit auch den Spielbetrieb mit bürgerlichen Vereinen, in denen immerhin noch 90% der sporttreibenden Arbeiterschaft organisiert waren. Ordnete sich der Rotsport ganz dem politischen Kampf seiner Partei unter, so sollte der Arbeitersport sich als *«starke und unabhängige Bewegung innerhalb der kapitalistischen Gesellschaft darauf vorbereiten, nach der Revolution ein perfektes System für Körperkultur einzurichten»*[15]. In den Berichten der kommunistischen «Interessengemeinschaft für Arbeiterkultur» (IFA) für 1930 wird, was weitere kulturelle Aktivitäten angeht, die *«außerordentlich schlechte Bewegung... in Harburg»* beklagt. Die IFA verstand sich als «Dachorganisation aller proletarischer Kulturorganisationen», die entsprechend der Oppositionsstrategie der KPD die Massen in den proletarischen Kulturorganisationen zu gewinnen trachtete (was, bei Erfolg, zunehmend zum Ausschluß einzelner Mitglieder oder ganzer Vereine durch die SPD führte), um sie *«vom Einfluß der Sozialfaschisten loszulösen... auf dem Weg zur Eroberung der Mehrheit der Arbeiterklasse»*[16]. Objekte dieses Kampfes um kulturelle Bastionen waren die Arbeitervereine in den sozialdemokratischen Sport- und Kulturkartellen, wie dem 1921 schon mit 2000 Mitgliedern gegründeten Harburger «Kartell für Arbeiterbildung, Sport- und Körperpflege»[17]. Ausgehend von dem Grundsatz, daß *«die körperliche Bildung ebenso unerläßlich für den Aufstieg des internationalen Proletariats»* sei *«wie sein moralischer Aufstieg»*[18], sollte es als Bindeglied zwischen den Vereinen, die der *«Pflege von Körper und Geist»* dienten, mit der Verpflichtung auf das gemeinsame sozialistische Ziel der auch Proletariern nicht fremden Vereinsmeierei vorbeugen.

Das Kartell veranstaltete Bildungskurse und Unterhaltungsabende für seine Mitglieder und versuchte Einfluß auf die örtliche Kulturpolitik zu nehmen. Am 24.9.1931 wurde ein übergeordneter Dachverband für die inzwischen 50 Arbeitervereinigungen gegründet: die «Sozialistische Kulturgemeinschaft Harburg-Wilhelmsburg». «Gerade in Notzeiten», gekennzeichnet durch die hohe Arbeitslosigkeit und die Wahlerfolge der NSDAP, sei eine stärkere Betonung der kulturpolitischen Bestrebungen notwendig[19]. Ein Ausschnitt der in ihm zusammengefaßten Vereine, jeder ein Mikrokosmos sozialistisch geprägter Kultur, häufig mit eigener Zeitung, Sprechchor-, Jugend- und Sängerabteilungen, zeigt, wie breit der Organisationsbereich dieses Verbandes war und nebenbei auch, daß das ausgeprägte Harburger Schützenvereinswesen in sozialistischen Arbeiterkreisen seine Entsprechung hatte[20]:

Arbeiterturnerschaft von 1893 (mit den Sparten: Turnen, Fußball, Handball, Wassersport)
Turnverein Vorwärts 08
Athleten-Klub Jung-Siegfried
Ruderclub Vorwärts v. 1894
Freier Wassersport v. 1922
Freiluftbund Harburg-Wilhelmsburg
Schützenclub Falkenauge v. 1928
Republikanischer Schützenbund Friedrich Ebert
Schießklub Vorwärts
" *Adler v. 1925*
" *Wildschütz v. 1925*
" *Freiziel v. 1926*
Arbeiter-Rad- und Kraftfahrerbund Solidarität, Harburg
Arbeiter-Schachverein, Harburg
Arbeiter-Esperantogruppe
Arbeiter-Radiobund, Ortsgruppe Harburg
Touristenverein Naturfreunde
Arbeiter-Samariterkolonne, Harburg
Verein der Freidenker, Harburg
Bund Freie weltliche Schule
Trommler- und Pfeifenchor
Mandolinistenbund Serenata
Volkschor Harburg
Liedertafel Sängerbund v. 1878
Gemischter Chor Edelweiß
Arbeitergesangsverein «Leopoldus»
" *«Frohsinn»*
" *«Nie verzagt»*
Freie Volksbühne Harburg
Theaterverein «Einigkeit» v. 1910
Theaterklub «Hellas» v. 1919

Hinter den Parolen «Die Kunst dem Volke» und «Die Bühne betritt der Prolet» standen die divergierenden Auffassungen der beiden Parteien über den Stellenwert des Theaters für den Klassenkampf. Stellte die KPD die Forderung auf, daß *«ein proletarisches Theater vor allem ein Theater des Proletariats»* sein müsse[21], unabhängig vom Spielbetrieb des kommerziellen Berufstheaters, so verfolgte die SPD das Ziel, die Hebung des künstlerischen Verständnisses am Vorbild professionellen Theaters «guter Stücke» der Klassik und der literarischen Moderne zu erreichen.

«Vor dem Kunstwerk verstummen zu können, hingabebereit und doch nicht blind zu sein, das wäre der echte Theatergeist, den zu erziehen eine Aufgabe der Freien Volksbühne sein müßte», stellte ein Mitglied dieser Vereinigung im Harburger «Volksblatt» im November 1929 fest. In Harburg-Wilhelmsburg sei es der SPD-Fraktion erst zum Teil gelungen, mit städtischen Zuschüssen den *«Übergang vom Geschäftstheater, mit den seichtesten Darbie-*

tungen, zum Volkstheater» zu erreichen[22]. Die Volksbühnenbewegung, der sich seit Ende des 19. Jahrhunderts die Sozialdemokratie angenommen hatte, scheint sich auch in Harburg-Wilhelmsburg hauptsächlich zu einer Besucherorganisation entwickelt zu haben, die ihren Mitgliedern durch einen billigen Einheitspreis den für Arbeiterkreise durchaus nicht selbstverständlichen Zugang zum Theater ermöglichte und Feste und Bildungsveranstaltungen organisierte. Über die Mitgliederzahl (im Reich waren 1930 500000 Mitglieder in 305 Vereinen organisiert[23]) kann aus dem bisher vorliegenden Material nichts gesagt werden, ebensowenig darüber, wie weit der in der Satzung des Vereins verankerte Anspruch, Einfluß auf die künstlerische Gestaltung des Spielplans zu nehmen, verwirklicht wurde, angesichts des Angebots «für alle» vom klassischen Drama «Maria Stuart» bis zur Operette «Hoheit tanzt Walzer», literarischen Morgenfeiern mit Vorträgen des Theaterdirektors Dr. Sattler und anspruchsvollen Konzerten.

Das ursprüngliche Ziel der Volksbühnenbewegung, dem bürgerlichen Theater eine eigene Alternative entgegenzusetzen, war Reformbestrebungen gewichen, die letztlich, so auch in Harburg-Wilhelmsburg, zu Stützen des ständig um seine Existenz ringenden Theaters wurden. Die wohlwollenden Kritiken des Vorsitzenden des Vereins der Freien Volksbühne, des «Volksblatt»-Feuilleton-Redakteurs Ernst Schubert, trugen ebenso dazu bei wie die Theaterfreudigkeit ihrer Mitglieder als «verläßlicher Stammkundschaft» im Gegensatz zum «Flugsand» des Kassenpublikums auch in der Weltwirtschaftskrise: Die Mitgliederzahlen waren im September 1930 im Vergleich zu denen des Vorjahres in Harburg-Wilhelmsburg um 10–15 % gestiegen[24].

Das Bedürfnis des Proletariats, selber auf der Bühne zu agieren, fand in den «dilettantischen» Bemühungen von Arbeitertheater-Vereinen seinen Ausdruck wie dem Harburger Verein «Einigkeit von 1910», vor allem aber im kommunistischen Agitprop-Theater und in den Sprechchören, die schon vor 1914 sozialdemokratischen Feiern ihren Höhepunkt gegeben hatten. Schriftsteller wie Ernst Toller und Bruno Schönlank verhalfen dem Sprechchor zu ernstzunehmender literarischer Form: *«Er war zu einem seelischen Ausdrucksmittel der Idealvorstellungen der Massen geworden, war das Volk selbst, war Ausdruck der Gemeinschaft»*[25]. Auch in der Harburg-Wilhelmsburger Sprechchorkultur hatte sich daneben der diffuse Weihecharakter von Sprechchören als einer sich selbst zelebrierenden Masse bei Sonnenwendfeiern, Jugendweihen, Gedenktagen und Parteifesten, angeführt vom 1929 gegründeten Sprech- und Bewegungschor der Partei, erhalten. Er agierte in so unterschiedlichen Darstellungen wie «Der Aufstieg des Proletariats», mit dem der Chor in seinem ersten Auftritt einen Wilhelm-Busch-Abend bereicherte[26], in Ernst Tollers «Die Mütter» während der Frauenfeierstunde zum Internationalen Frauentag in der Friedrich-Ebert-Halle vor 1300 Gästen im April 1930[27] und im Standardwerk «Tor des Lebens» vom Lehrer Hans Döpke zur Jugendweihe. Im letzteren wirkten außerdem «die 120 Jugendweihlinge» mit, der Sprechchor der Sozialistischen Arbeiterjugend (SAJ), eine Kindergruppe, einige Musiker, zwei Einzelsprecher und die Chöre der Mütter und Väter: *«... die jungen Stimmen füllen den mächtigen Raum; freier, selbstbewußter als die dumpfen Chöre der Mütter und Väter: Rot loht der Freiheit Flammenzeichen, die heil'ge Fahne auf unserer Bahn...»*[28].

Aus der Kritik an den oratorischen Massendarbietungen, in denen sich Klassenkampf und Sozialismus wenig konkret in sphärischen Höhen abspielten, entwickelten Sprechchorgruppen der KPD nach 1920 eigene Stücke, deren Verwendung aber bald hinter die sich 1926/27 stark entfaltende Agitprop-Bewegung zurücktrat, in der vorwiegend Mitglieder der Kommunistischen Jugend mit satirischen, tagespolitisch bezogenen Stücken Agitation und Propaganda für ihre Partei betrieben. Das Arbeitertheater im KPD-Bezirk Wasserkante, zu dem

Harburg als Unterbezirk gehörte, bestand zwischen 1929 und Ende 1932 fast ausschließlich aus Agitprop-Gruppen. Neben Neumünster und Kiel soll sich auch in Harburg eine Gruppe gebildet haben. Darüber hinaus bereisten die «Nieter», «Proleten», der «Rote Ring», die «Rote Kolonne», Gruppen des Hamburger Arbeitertheaters, den Bezirk und traten nach Feierabend und sonntags in örtlichen Veranstaltungen auf[29]. *«Mit dem Gas, das macht Spaß, weil's noch keiner kennt«*, heißt es im «Song vom Giftgas», mit dem die «Nieter» in ihrem Stück «Der kommende Giftgaskrieg»[30] auf die tödliche Wirkung des Gases beim Giftgasunglück 1928, verursacht durch die Firma Stolzenberg in Harburg-Wilhelmsburg, hinwiesen. Ihre letzte Aufführung Ende 1932 in Harburg konnten die «Nieter» nur mit einem Trick durchsetzen, weil ihre Systemkritik durch die Notverordnungen unter Strafe gestellt war: Der wartenden Polizei, die den Auftritt verhindern wollte, *«wurden als Programm harmlosere Gedichte von Tucholsky und Weinert gezeigt»*[31].

War die Kommunistische Jugend Trägerin des Agitprop-Theaters, so wurden, ausgelöst durch Bruno Schönlanks «Jugendtag» anläßlich des Reichsjugendtages der SAJ in Hamburg 1925, Arbeitswochen für Sprechchor-, Jugendchor- und Spielgruppenleiter für die SAJ zur regelmäßigen Einrichtung. Von der Jugend als «Bauvolk der kommenden Zeit» wurde die Verbrüderung der Menschheit erwartet, wie sie nur noch in der abgehobenen Metaphorik der Sprechchöre vollzogen werden konnte angesichts der Uneinheitlichkeit der Arbeiterklasse.

In den beiden Jugendorganisationen der SPD und KPD setzten sich die Trennungslinien der Arbeiterbewegung fort: War der seit 1925 so benannte Kommunistische Jugendverband aus der Kritik an der ‹Burgfriedenspolitik› der SPD und dem daraus resultierenden Bekenntnis zur Kommunistischen Partei entstanden, so hatten sich die Jugendverbände der Mehrheitssozialdemokraten und des rechten USPD-Flügels 1921 zur Sozialistischen Arbeiterjugend zusammengeschlossen. «Kämpfen, werben, schulen, wandern» waren zentrale Schlagworte beider Organisationen ebenso wie Gleichberechtigung, Abschaffung des § 218 und Fragen der Sexualität als zentrale Themen, vom KJVD allerdings sehr viel radikaler nach außen vertreten. Hatte die Arbeit der Kommunistischen Jugend ihren Schwerpunkt im politischen Kampf besonders in den Betrieben, so widmete sich die SAJ hauptsächlich Erziehungs- und Bildungsfragen. Der KJVD begriff sich als «Massenschule des Kommunismus» und zog, im Unterschied zur SAJ, keine Altersgrenzen, was der kleinen Ortsgruppe Harburg ihre Existenz wohl erst ermöglichte, zugleich zur Übernahme mehrerer Funktionen der einzelnen Mitglieder führen konnte. Leiter der im Dezember 1930 56 Mitglieder zählenden Gruppe (im Sommer 1931 80–100) war der 21jährige Arbeiter Walter Möller[32], der sich mit seiner Gruppe wöchentlich im Lokal Schneider traf, in dem sich auch das Parteibüro der KPD befand. Der Zutritt zum Jugendheim war dem KJVD vom Magistrat verboten worden mit der Begründung, daß für Kommunisten und Nazis *«als staatsfeindliche Organisationen»* städtische Räume nicht zur Verfügung gestellt würden: *«Wer den Staat verneine, müsse auch auf seine Wohltaten verzichten»*[33]. Verbandsorgan war «Die Junge Garde», die bei den Zusammenkünften verteilt wurde. Neben Bildungskursen, marxistischer Schulung, Teilnahme an Bezirks- und Reichsjugendtagen ihrer Organisation lag der Schwerpunkt der Gruppentätigkeit in der Agitation und Propaganda für ihre Partei: auf dem Lande, in Betriebsgruppen, in Häusern und Höfen. Dort *«in Gruppen von 4–6 Mann»*, wie es im Bericht vom 3.12.1930 des Harburger Polizeipräsidenten Wentker heißt, *«in der Form betrieben, daß diese als Sprechchöre kommunistische Parolen pp. bekanntgaben»*, unterstützt durch die Mitglieder «der Proletarischen Musikvereinigung»[34]. Ihr Eintritt 1925 in den KJVD war für die damals 18jährige Anni Badtke, geb. Müller, *«eine Selbstverständlichkeit»*. Aufgewachsen war sie als Kind SPD-kritischer, linkssozialistischer Arbeitereltern auf *«der linken, der Arbeiterseite der Bremerstraße in Harburg»*. Gegenüber wohnten die *«Bürgerlichen, die Realschüler mit den roten Mützen»*. Die Bildungs- und Schulungskurse und das Gruppenleben im KJVD – *«wir waren immer zusammen»* – hätten ihr das klassenkämpferische Selbstbewußtsein gegeben, als Linoleumweberin bei der Vereinigten Jutespinnerei in einer Betriebsgruppe u.a. die Anhebung der Frauenarbeitslöhne auf das Niveau der Männerlöhne zu erkämpfen. *«Stolz und kühn»* habe sie auch im Betrieb den Sowjetstern an der Brust getragen. An Kontakt mit der SAJ, *«den Edellatschern»*, kann sie sich nicht erinnern[35]. Umgekehrt bestätigt die Abgrenzung voneinander durch einen an der KPD bzw. SPD orientierten politischen Alltag die ehemalige SAJ-Funktionärin Elisabeth Ostermeier, geb. Gottschalk: *«Wir haben eigentlich nie Kontakt gehabt mit den Kommunisten.»* Ebenso idealtypisch wuchs sie zur Funktionärin heran: Geprägt durch ein sozialdemokratisch-engagiertes Elternhaus kam sie mit 10 Jahren auf die Freie weltliche Schule gleich nach deren Gründung 1923, war daneben in der sozialistischen Kinderfreundebewegung organisiert, im Arbeiterturnerbund und in der Jugendgruppe der Schule, wechselte selbstverständlich nach Beendigung der Schule zur SAJ, leitete dort neben ihrer Lehre als Schlachtereiverkäuferin in der «Produktion» die Rote-Falken-Gruppe Giovanni Matteotti und trat am 1. Mai 1931 in die SPD ein[36].

Bis 1930 war die Harburg-Wilhelmsburger SAJ auf 225 Mitglieder angewachsen[37]. Neben ihren «Jüngeren-Gruppen«, den Roten Falken, mit Namen vorbildlicher Sozialisten wie Marx, Engels, Viktor Adler, Jean Jaurès, Giovanni Matteotti, gab es eine Handballgruppe, den Sprechchor und eine Musikantengilde. Neben dem Verbandsorgan «Arbeiterjugend» konnten aus dem «Führer» die 17- bis 20jährigen Gruppenleiter Anleitungen zur Organisation von Fahrten und Wanderungen, Vorträgen und Filmbesuchen entnehmen. Trat die Kommunistische Jugend kaum in der Öffentlichkeit auf, so war die SAJ als «Junge Garde» vom Magistrat und der Partei unterstützter Bestandteil des politischen und kulturellen Lebens in Harburg-Wilhelmsburg. Der Bericht des örtlichen Leiters der SAJ, Hans Ruppert, auf dem SPD-Delegiertentag im März 1930 wies «1036 Veranstaltungen» für das zurückliegende Jahr aus: Mitgestaltung der Werbefeier der SPD in den beiden Stadtteilen, eine Jungwählerversammlung, Gestaltung der Sonnenwendfeier mit dem Bildungsausschuß in Wilhelmsburg, Beteiligung am 1. Mai, Schulungsarbeit und Wochenendkurse, Bezirksjugendtag in Wesermünde, Internationales Jugendtreffen in Wien[38]. Kurz darauf mobilisierte die SAJ zum Reichsjugendtag in Lüneburg, auf dem der Vorsitzende des Reichsverbandes der SAJ, Erich Ollenhauer, zum «Kampf um die Jugend» aufrief. Auf der Morgenfeier des 1. Mai 1931 im Stadtpark hielt «Genossin Gottschalk» ihre erste große Rede, die mit den Worten endete: *«Das sei unser Gelöbnis an diesem Tage! Wir wollen als einfache Soldaten der roten Armee in Selbstlosigkeit und straffer Disziplin unsere Pflicht erfüllen»*[39].

Die andere «rote Armee», die Kommunistische Jugend, marschierte derweil mit ihrer Partei in einem getrennt organisierten Zug. Erst angesichts des immer massiveren Terrors der SA fanden sich Mitglieder der SAJ, des KJVD und des Sozialistischen Jugendverbandes, der sich 1931 analog zur Abspaltung der Sozialistischen Arbeiterpartei von der SPD gebildet hatte, zu einzelnen Aktionen und Gesprächen zusammen. Das letzte gemeinsame öffentliche Auftreten der Jugendorganisationen fand bei der Beerdigung des Kommunisten Martin Leuschel am 10. Februar 1933 statt, der von Nationalsozialisten ermordet worden war. In der riesigen Menge demonstrierten die linken Parteien und ihre Organisationen nun – zu spät – vereint gegen den amtierenden Faschismus, der bereits zum Schlag gegen die Arbeiterbewegung ausholte.

Die letzte Nummer des Harburger «Volksblattes» erschien am 28.2.1933[40]. Die «Freie Volksbühne Harburg-Wilhelmsburg» wurde von der NS-Kulturgemeinde übernommen[41].

Agitprop-Gruppen und Arbeitervereine, die sozialistischen und kommunistischen Jugendverbände wurden mit ihren Parteien verboten und verfolgt. In bürgerliche Sportvereine sollte nur noch aufgenommen werden, wer «arischer Abstammung» war. Die «Freie weltliche Schule» wurde am 25.9.1933 in «Volksschule Maretstraße» umbenannt; Marschlieder und Wehrsport wurden zur Pflicht, Koedukation entfiel. *«Kinder, die körperlich und geistig minderwertig»* seien[42], sollten umgeschult werden. Fahnen, Fackelzüge und straffe Disziplin, Führerprinzip, Körperideal und gemeinschaftsstiftende Rituale als formale Elemente proletarischer Jugendkultur wurden mit nationalsozialistischen Inhalten gefüllt. Der diffuse massenwirksame Weihecharakter der Sprechchöre, demokratischer Inhalte entkleidet, paßte sich ein in die Regie faschistischer Massenspektakel. «Volk» und «Gemeinschaft» als Vokabeln sozialdemokratischer Integrationspolitik fanden in der klassenübergreifenden, auf Nationalismus und Rassismus gestützten Volksgemeinschaftsideologie ihre antidemokratische Konsequenz. Kultur wurde zum Kult.

Mit dem Ende der Arbeiterbewegung 1933 blieb ihr Ziel, *«eine Assoziation»* zu erkämpfen, *«worin die freie Entwicklung eines jeden die Bedingung für die freie Entwicklung aller ist»*[43], Utopie.

Anmerkungen

1 Volksblatt v. 14.2.1930.
2 Volksblatt v. 8.10.1926.
3 Langewiesche, Freizeit und «Massenbildung», S. 227.
4 Volksblatt v. 3.2.1930.
5 Volksblatt v. 28.10.1929.
6 Volksblatt v. 26.7.1930.
7 (Schmitz), S. 184.
8 Volksblatt v. 27.3.1929.
9 Vgl.: Hartwig.
10 StA Hbg, Harburg 64, IX B 154.
11 StA Hbg, Harburg 18, II 4, I und II.
12 Vgl. Hartwig.
13 Wahlbroschüre: Enthüllungen, Sklarek in Harburg-Wilhelmsburg, 1927/29, in: Thälmann-Archiv, Hbg.
14 Brügmann u.a., die anderen, S. 58. Vgl. zum Arbeitersport Hartwig.
15 Steinberg, Die Arbeitersport-Internationalen, S. 99.
16 Bericht der Bezirksleitung an den Bezirksparteitag am 17. und 18. Mai 1930 in Hamburg, KPD Bezirk Wasserkante, S. 68, in: Thälmann-Archiv, Hbg.
17 HStA Hann., Hann. 310, II A, 2 I.
18 Festschrift der ersten Reichs-Arbeitersportwoche 1921, S. 96, in: Archiv der sozialen Demokratie, Bonn. Für die Überlassung danke ich Günter Könke.
19 Volksblatt v. 25.9.1930.
20 Es ist nicht auszuschließen, daß der eine oder andere Verein evtl. zwischen 1925 und 1930 sich aufgelöst oder verändert hat.
21 Hoffmann u.a., Deutsches Arbeitertheater, S. 31.
22 Volksblatt v. 12.11.1929.
23 Vorwärts und nicht vergessen, S. 246.
24 Volksblatt v. 26.9.1930.
25 van der Will u.a., Arbeiterkulturbewegung, S. 181.
26 Volksblatt v. 7.2.1930.
27 Volksblatt v. 28.4.1930.

28 Volksblatt v. 31.3.1930.
29 Bericht der Bezirksleitung KPD Wasserkante v. 2.–4.12.1932, S. 154/55, in: Thälmann-Archiv, Hbg.
30 In: Bestand der Galerie für Arbeiterkultur e.V., Hbg.-Harburg.
31 Vorwärts und nicht vergessen, S. 239.
32 HStA Hann., Hann. 180, Lbg. III, Acc. XXX, Nr. 194.
33 Volksblatt v. 22.3.1930.
34 HStA Hann., Hann. 180, Lbg. III, Acc. XXX, Nr. 194
35 Interview mit Frau Badtke im September 1987.
36 Interview mit Frau Ostermeier im September 1987.
37 Volksblatt v. 20.3.1930.
38 Ebd.
39 Volksblatt v. 2.1.1931.
40 Brügmann u.a., die anderen, S. 52.
41 StA Hbg, Harburg 64, IX B 159.
42 StA Hbg, Harburg 18, II 4 II.
43 Manifest der Kommunistischen Partei (1848) in: Marx-Engels-Werke (MEW), Band 4, S. 482.

Für freundliche Unterstützung danke ich vor allem Frau Anni und Herrn Albert Badtke, Harburg, Frau Gertrud und Herrn Otto Nehring, Fleestedt, und Frau Elisabeth Ostermeier, Harburg.

Freie weltliche Schule

(Harburg-Wilhelmsburg)

Maretstraße

Schulentlassungsfeier

(Jugendweihe)

Sonntag, d. 25. März 1928 im Festsaal des Lyzeums

1. Vorspiel (Orgel)
2. Gemeinsames Lied: „Die Gedanken sind frei."
3. Trio-Sonate B-Dur . . . . A. Steffani
4. Das Tor des Lebens.

   Sprechchorspiel von H. O. Döpke

   Personen: Die ins Leben drängende Jugend.
   Chor der Väter und Mütter.
   Chor der Erwachsenen.
   Chor der kleinen Kinder.
   Chor der Genien.
   Gesangchor der Fronenden.
   Stimme des Frühlings.
   Stimme des Schicksals.
   Der warnende Alte.
   Der Hüter des Tores.
5. Tänze für kl. Orchester . . . . Mich. Praetorius
6. Austeilung der Erinnerungsblätter.
7. Gemeinsames Lied: „Brüder, zur Sonne, zur Freiheit."
8. Nachspiel (Orgel)

Saalöffnung 11 Uhr. Beginn 11½ Uhr.

Dieses Programm berechtigt zum Eintritt.

Preis 50 Pfennig. Liedertexte umstehend.

Abb. 1

Abb. 2 Eine Harburger Rotsport-Fußballmannschaft (vordere Reihe: 1. v.r.: Wilhelm Schöps; hintere Reihe: 1. v.l.: Karl Kröger, Friseur, 2. v.l.: Albert Schöps, Arbeiter, 3. v.r.: Emil Schöps, Feilenhauer).

Abb. 3 Eine Gruppe der Harburger «Kinderfreunde». Die sozialistische Kinderorganisation hatte in Harburg-Wilhelmsburg 1930 239 Mitglieder.

Abb. 4 Harburger «Volksblatt»-Buchhandlung, Weihnachtsausstellung 1930.

Abb. 5 Sozialistische Arbeiterjugend Harburg-Wilhelmsburg feiert Weihnachten.

Aufstieg und Herrschaft der NSDAP in Harburg 1922–1937[1]

Dirk Stegmann

Die Anfänge 1922–1928: die völkische Sekte

Die Frühgeschichte der NSDAP in Harburg ist Teil der in sich zersplitterten völkisch-antisemitischen und nationalistischen Bewegung seit Ende des Ersten Weltkrieges. Zwar beanspruchten Nationalsozialisten wie der spätere Harburger SA-Führer, Oluf Christensen, schon im September 1922 eine «kleine ‹Nazi-Zelle›» in Harburg gebildet zu haben, die sich damals der Ortsgruppe Hamburg anschloß, und auch der spätere Ortsgruppenleiter Oeser machte geltend, schon 1921 in die Partei eingetreten zu sein, tatsächlich aber verliert sich die Frühgeschichte der NSDAP vor ihrem offiziellen Gründungsdatum Anfang Juli 1925 im Gegen- und Miteinander einer Vielzahl von völkisch-nationalistischen Organisationen. Da waren einmal die Nachfolger der alten Antisemitenparteien des Kaiserreiches, vornehmlich die Deutsch-Soziale Partei, deren Mitglieder sich wieder in der Deutschvölkischen Freiheitspartei (die sich 1922 von der DNVP abgespalten hatte) zusammengefunden hatten sowie die zahlreichen antisemitischen Agitationsvereine nach 1918. Hier spielte die Ortsgruppe Harburg des 1919 gegründeten Deutschvölkischen Schutz- und Trutzbundes, deren Geschäftsstelle in Hamburg residierte, eine hervorragende Rolle, sodann militante Wehrverbände wie die Ortsgruppe Harburg des Verbandes Hindenburg, in die vornehmlich ehemalige oberschlesische Freikorps-Kämpfer einsickerten, und schließlich gab es in Harburg nationalistische Vereine wie den Verein Ostmarktreue, wie sich die Ortsgruppe des Deutschen Ostbundes hier nannte.

Nach dem Verbot der Masse der völkischen Parteien und Gruppierungen nach dem Rathenau-Mord 1922 lebte die völkische Bewegung unter Tarnbezeichnungen weiter. Im Landkreis Harburg, und hier vor allem von Buchholz aus, wo der Kreisleiter der Deutschvölkischen Freiheitspartei, Otto Telschow, zu Hause war, in Hollenstedt oder in Tostedt, firmierte sie 1923 als Reichsverband deutschvölkischer Wahlvereine. Diese Gruppen standen bis Ende 1924 in Distanz zur NSDAP Hitlers; im Gegensatz zum antiparlamentarischen Kurs der NSDAP votierten sie z. B. Anfang 1924 für ein *«völkisches Parlament»*, um *«dann den Umsturz vollziehen zu können. Von den Nationalsozialisten unter Führung Hitlers unterscheiden sie sich wesentlich»*, stellte damals Paul Baumm, Drucker und Besitzer der «Harburger Kreiszeitung» (Tostedter Zeitung) fest. Wie er, so engagierte sich auch Telschow damals noch ganz *«für die deutschvölkische Gedankenwelt»*.

Telschow, Jahrgang 1876, vor 1918 als Schriftführer (1909) im Vorstand der Hamburger Ortsgruppe der antisemitischen Deutsch-Sozialen Partei tätig, nach 1919 Mitglied des antisemitischen Deutschvölkischen Schutz- und Trutzbundes, war 1924 als Verwaltungsbeamter in der Hamburger Polizeibehörde im Rang eines Obersekretärs «abgebaut» worden und hatte sich in Buchholz niedergelassen. Als Kreisleiter der antisemitischen Deutschvölkischen Freiheitspartei seit 1923 kandidierte er im Mai 1924 bei den Reichstagswahlen für den sog. Völkisch-Sozialen Block, ein Zweckbündnis der völkischen Gruppen, das von der Freiheitspartei dominiert wurde. In Konkurrenz hierzu standen Gruppen um den Lüneburger Rechtsanwalt Volck, einen ehemaligen Freiheitsparteiler, der seit Juni 1924 versuchte, die wenigen in Norddeutschland auf Hitler und seine NSDAP orientierten Gruppen im sog. Direktorium der norddeutschen nationalsozialistischen Verbände zu sammeln. In Harburg scheint zu dieser Zeit die völkische Bewegung organisatorisch ebenfalls in Händen der Deutschvölkischen Freiheitspartei gewesen zu sein. Für den Völkisch-Sozialen Block kandidierten im Mai 1924 bei den Gemeindewahlen acht Personen, davon auf den ersten drei Plätzen u.a. der Justizobersekretär Paul Prellwitz, ein Arbeiter und ein Straßenbahnkontrolleur. Mit 842 Stimmen wurde Prellwitz als Bürgervorsteher gewählt; er ging in der Folgezeit mit der Bürgerlichen Fraktion eine Fraktionsgemeinschaft ein. Bei der gleichzeitigen Reichstagswahl wurden für dieselbe Liste 1216 Stimmen abgegeben. Damit lag der Stadtkreis Harburg deutlich unter dem Reichsdurchschnitt, aber auch unter dem Ergebnis im ländlich strukturierten Wahlkreis 15 (Ost-Hannover).

Die stärkere Orientierung der völkischen Gruppen in Harburg wie im Landkreis auf die Deutschvölkische Freiheitspartei hin geht auch daraus hervor, daß an zwei Tagungen der Volck-Anhänger in Harburg am 13. Juli und am 7. September 1924 im ‹Goldenen Engel› weder Telschow noch Prellwitz teilnahmen. In der am 7. September in Harburg begründeten sog. Nationalsozialistischen Arbeitsgemeinschaft fehlten Harburger. Während diese Organisation für die Reichstagswahlen im Dezember 1924 auf einer Sitzung in Uelzen am 2. November Wahlenthaltung empfohlen hatte, optierten die Harburger Parteivölkischen im Stadt- und Landkreis weiterhin für ein völkisches Parlament. Unter dem neuen Wahlbündnisetikett «Nationalsozialistische Freiheitsbewegung» erreichte diese Liste im Stadtkreis Harburg nurmehr 392 Stimmen, und bei den gleichzeitig stattfindenden Landtagswahlen noch etwas weniger, nämlich 384 Stimmen.

Diese Wahlschlappe, die sich im Landkreis und im Wahlkreis 15 (Ost-Hannover) wiederholte – hier kam es zu mehr als einer Halbierung der Stimmenzahl –, leitete die Auflösung des alten Völkisch-Sozialen Blockes ein, der zu seiner letzten Sitzung am 16. Januar 1925 in Harburg zusammenkam. Hier erklärte sich Telschow gegen eine Neugründung seiner alten Partei als «Deutschvölkische Freiheitsbewegung»; er bezeichnete sie jetzt als *«überlebte Mittelstandspartei»*, die keinerlei Existenzberechtigung mehr habe. Gleichzeitig legte er ein erstes Bekenntnis zur NSDAP Hitlers ab. Telschow, den ein sicheres Gespür für reale Machtverhältnisse auszeichnete, setzte von nun an auf die stärkeren Bataillone, denn vor allem im (späteren) Gau Hannover unter dem Hannoveraner Studienrat Rust waren bereits nahezu alle alten deutschvölkischen Ortsgruppen zur NSDAP hin abgeschwenkt. Die Belohnung für diesen Positionswechsel folgte für Telschow im Frühjahr 1925, als Strasser als Bevollmächtigter Hitlers am 22. März nach Harburg kam und ihn mit dem Aufbau des Gaus Lüneburg-Stade der NSDAP betraute. Offiziell wurde Telschow von der Münchener Parteileitung erst am 13. Juli 1925 bestätigt. Hinter den Ortsgruppen in Buchholz und Uelzen wurde die Ortsgruppe Harburg der NSDAP als dritte Ortsgruppe im Gau Anfang Juli 1925 mit 14 Mitgliedern begründet, nachdem Telschow bereits im Mai mit Prellwitz, der damals in die Partei eingetreten war, über eine Gründung verhandelt hatte. Am 11. Juli 1925 übersandte Telschow 14 Aufnahmescheine der *«neubegründeten Ortsgruppe Harburg-Stadt»* an die

Münchener Parteileitung. Sie wurden am 18. Juli Prellwitz ausgehändigt, so daß später der 18. Juli 1925 als eigentlicher Gründungstermin firmierte.

Die Kontinuität zur Deutschvölkischen Freiheitspartei und ihren Nebenorganisationen war deutlich: Erster Ortsgruppenleiter wurde Paul Prellwitz (Jg. 1886). Folgt man einem Rückblick Telschows aus dem Jahre 1931, so rekrutierte sich die erste Ortsgruppe aus ehemaligen Mitgliedern des verbotenen antisemitischen Deutschvölkischen Schutz- und Trutzbundes, die sich in der Ära des Völkisch-Sozialen Blockes unter Führung von Prellwitz dem Volck'schen sog. Direktorium unterstellt hatten. Prellwitz selbst war 1922/23 gleichzeitig Geschäftsführer des Vereins Ostmarktreue gewesen, der Ortsgruppe Harburg des Deutschen Ostbundes, der auch in Wilhelmsburg Mitglieder hatte. Außer ihm zählten zu den ersten Mitgliedern der ungelernte Arbeiter und zeitweilig als Bote beschäftigte Oluf Christensen (Jg. 1904), Pg. seit 10. Juli 1925, 1921 Freikorpskämpfer in Oberschlesien und von 1922–1923 Mitglied der Ortsgruppe Harburg des Deutschvölkischen Schutz- und Trutzbundes sowie von 1921 bis 1923 auch Mitglied der Ortsgruppe Harburg des Verbandes Hindenburg. Nach einer Ausbildung in der Reichsbahndirektion Altona 1927 bis 1929 war Christensen seit 1930 als Reichsbahn-Hilfsbetriebsassistent tätig. Weiterhin stießen damals der Angestellte in der Harburger Adler-Apotheke, Hermann Oeser (Jg. 1899), der Volksschullehrer Willi Stopel, der selbständige Tischlermeister und später als Werkmeister beschäftigte Friedrich Feierabend (Jg. 1892) sowie der Justizobersekretär Paul Höppner und der Eisenbahnobersekretär Kuhlmann zur Ortsgruppe. 1926 kam der in Hamburg beschäftigte Buchhalter Willi Friederici (Jg. 1899) hinzu. Weitere frühe Mitglieder bis 1927 waren entweder Handwerksgesellen (u.a. Schlosser, Schneider), kaufmännische Angestellte, ungelernte Arbeiter oder gerade Schulentlassene.

Kennzeichnend für alle war ihre Jugend: Von sieben Mitgliedern, die bis 1927 zur Partei stießen, war der älteste Jahrgang 1902, der jüngste Jahrgang 1911; einer gehörte dem Jahrgang 1904, einer dem Jahrgang 1905, zwei dem Jahrgang 1908 und einer dem Jahrgang 1910 an. Darunter waren mehrere arbeitslose Jugendliche, denn Jugendarbeitslosigkeit blieb, nachdem die geburtenstarken Jahrgänge auf den Arbeitsmarkt drängten, auch in Harburg, vor allem seit 1928, ein Dauerphänomen.

Ein kleinbürgerliches Sozialprofil überwog zunächst; kleine Beamte wie Prellwitz, Höppner oder der als Kassenwart tätige Kuhlmann waren tonangebend. Die Partei kam daher in der Arbeiterstadt Harburg nur schwer voran: Prellwitz suchte deshalb Ende 1925, Kontakte zur im Dezember gegründeten Ortsgruppe Wilhelmsburg herzustellen, die unter der Führung des kriegsbeschädigten Eisenbahnschlossers Waschkowski stand. Am 1. Januar 1926 zählte die Harburger Ortsgruppe 28 Mitglieder, d.h. gerade doppelt so viele wie bei der Gründung: Damals verfügte der gesamte Gau Lüneburg-Stade über lediglich 130 Mitglieder.

Folgt man Telschows Angaben, so waren von den 28 Harburger Nationalsozialisten 13 Angestellte und Beamte, 5 Gewerbetreibende, d.h. wahrscheinlich Handwerker und kleine selbständige Kaufleute, sowie 10 «Handarbeiter». Damals, im März 1926, hatte die Ortsgruppe Wilhelmsburg bereits 40, *«meist jugendliche Mitglieder»* sowie eine SA mit 12 Mann.

Der relativ hohe Anteil von «Handarbeitern» zu diesem Zeitpunkt ist nicht unwahrscheinlich; damals noch verfolgte Telschow die Strategie, den *«Städtekomplex Harburg-Wilhelmsburg»* zu seiner *«Hochburg»* zu machen, wie er seinem Kollegen, dem hannoverschen Gauleiter Rust, Anfang 1926 mitteilte. Dabei schwebte ihm die *«kräftige agitatorische Erfassung»* der Städte Cuxhaven, Harburg und Wilhelmsburg *«mit ihren unendlich vielen Arbeitslosen... als Ziel vor»*. Sollte ihm dies nicht gelingen, würde er *«im Gau überhaupt nicht vorankommen»*. Auch deshalb setzte Telschow auf den Wilhelmsburger Ortsgruppenleiter

Waschkowski, wohingegen ihm Prellwitz, *«ein Volck-Mann, ein Justizobersekretär, der, in ‹bürgerlichen› Anschauungen befangen, als ‹Bürgervorsteher› im Stadtparlament mit den Bürgerlichen durch dick und dünn gehe»*, suspekt war. Die Stützen von Prellwitz in der Harburger Ortsgruppe seien zudem zwei weitere Obersekretäre, wohingegen sich im Vorstand kein *«Handarbeiter»* befände.

Die wirtschaftliche Depression im Winter 1925/1926 und die Krise der Werftindustrie (Zusammenbruch der Otto-Werft) hatte damals tatsächlich die Zahl der Arbeitslosen in Harburg und in Wilhelmsburg emporschnellen lassen; das Kalkül jedoch, die NSDAP als Erwerbslosen- und Arbeiterpartei konstituieren zu können, war weder in Harburg noch in Wilhelmsburg erfolgreich. Erwerbslose Arbeiter gingen entweder zur KPD oder standen in der Masse weiterhin zur SPD.

Die Mitgliederwerbung wurde dadurch erschwert, daß die Ortsgruppe *«nur schwer für öffentliche Werbeveranstaltungen zu haben»* war, während Telschow *«nach Hitler'schem Vorbild in München»* auf öffentliche Versammlungen drängte. So berief er selbst im Januar 1926 in Wilhelmsburg im Winscheidhaus am Bahnhof eine erste öffentliche Versammlung ein, die vor allem von gegnerischen Kommunisten besucht wurde.

Am 26. Januar 1926 schied Prellwitz auf Druck von Telschow hin als Ortsgruppenleiter aus. Telschow monierte gegenüber Hess am 29. Januar 1926 rückblickend, daß Prellwitz aufgrund seiner politischen Bindungen mit der bürgerlichen Stadtverordnetenfraktion als Ortsgruppenleiter ungeeignet sei. Nach außen erscheine die NSDAP deshalb als *«bürgerliche Partei»*, was auch erkläre, daß die Ortsgruppe *«auffallend»* klein sei.

Auch der Volksschullehrer Stopel, der für «kurze Zeit» (Telschow) als Nachfolger amtierte, brachte die Harburger Ortsgruppe nicht weiter. Auf Stopel folgte bis Anfang 1927 der Tischlermeister Feierabend, der die Öffentlichkeitsarbeit zu intensivieren suchte. So sprach im März 1927 Gottfried Feder in Harburg vor 120 Teilnehmern über die «Brechung der Zinsknechtschaft». Jetzt wurden regelmäßig sog. Sprechabende im Klubzimmer von Anders in der Neuen Straße abgehalten. Spannungen hingegen traten in Wilhelmsburg im Sommer 1926 auf. Waschkowski, unterstützt von seiner Ortsgruppe, war nicht bereit, Mitgliedsbeiträge abzuführen, was am 15. August zu seinem Parteiausschluß führte. Da sich die gesamte Ortsgruppe solidarisierte, wurde sie ebenfalls am 5. Oktober ausgeschlossen. Seitdem existierte eine selbständige Wilhelmsburger Ortsgruppe für einige Jahre nicht mehr. Die Wilhelmsburger Nationalsozialisten schlossen sich vielmehr der Harburger Ortsgruppe an.

Seit dem Herbst 1926 verfügte die Harburger NSDAP über eine eigene kleine SA; auf dem 1. Gautag am 2. Oktober 1926 in Seppensen in der Heide, an dem die Harburger mit ca. 30 Mann teilnahmen, wurde die Sturmfahne geweiht. Als erster SA-Führer fungierte Willy Friederici (vgl. Abbildung). Die SA bestand aus ca. 11 Personen, darunter mehrere Jugendliche unter 20 Jahren, und auch 1927 wuchs die SA kaum. Vergleichbares gilt für die Ortsgruppe.

«Anfang 1927», folgt man dem Zeugnis Telschows, *«erlaubten sich die SA-Führer eine kleine Palastrevolution»*. Anlaß und Hintergründe dieser Aktion liegen im Dunkeln. In ihr scheint sich vor allem, abgesehen von internen Flügelkämpfen, ein Stück Protest gegen den Strategiewechsel des Gauleiters zu spiegeln, der seit Eingliederung der sog. «Heidekreise» Fallingbostel, Celle und Isernhagen sowie der Kreise Lehe, Geestemünde, Blumenthal, Osterholz, Rotenburg, Achim und Verden am 1. Januar 1927 sein Gaugebiet hatte abrunden können. Im Gefolge dieser Gebietserweiterung vollzog er einen Strategiewechsel insofern, als er von nun an stärker auf die Bearbeitung der Bauern zielte, was gleichbedeutend war mit einer relativen Vernachlässigung der Industriestädte. Eine vergleichbare Entwicklung von

den städtischen Zentren weg aufs Land vollzog sich im Gau Schleswig-Holstein unter seinem Gauleiter Lohse. Die im Herbst 1927 voll einsetzende Agrarkrise führte noch zu einer Intensivierung dieser Propaganda. Für Telschow lag der *«Schwerpunkt»* im Gau von nun ab bei den *«Bauern»*: die *«Landstädte»* Uelzen für den Regierungsbezirk Lüneburg und Bremervörde für den Regierungsbezirk Stade wurden *«Brennpunkte des politischen Kampfes»*. Organisatorisch trug Telschow dem dadurch Rechnung, daß als Nachfolger des Harburgers Oeser, der eine Zeitlang 1928 als stellvertretender Gauleiter amtiert hatte, ein Rittergutsbesitzer aus dem Uelzener Raum bestellt wurde. Das seit September/Oktober 1928 in Buchholz erscheinende Wochenblatt der Gauleitung, der «Niedersachsen-Stürmer», firmierte so auch im Untertitel als ‹Revolutionäres Kampfblatt für das Landvolk›. Es wurde bei dem frühen Kampfgefährten Telschows, Paul Baumm in Tostedt, gedruckt. Dadurch, daß seit dem 1. Oktober 1928 die Gaugrenzen auf Wunsch Hitlers den Reichstagswahlkreisen angeglichen wurden und damit aus dem erweiterten Gau Lüneburg-Stade endgültig der Gau Ost-Hannover wurde, erhöhte sich noch die Bedeutung der Landstädte und Landkreise.

Vor allem die Harburger SA, die im Winter 1926/1927 noch betont für die Gewinnung von Arbeitern geworben hatte, opponierte anscheinend gegen den neuen Kurs Telschows. Zum Nachfolger von Feierabend wurde deshalb ein Schlosser bestellt, der Wilhelmsburger Klaus Niehaus (Jg. 1887), der stärker für das Profil einer «Arbeiterpartei», zumindest nach außen hin, stand. Telschow, der rückblickend kritisch anmerkte, daß *«für diese ungemein schwierige Stadt»* der *«richtige Führer»* gefehlt habe, konnte seinen politischen Strategiewechsel aber erst mit der Berufung seines Vertrauensmannes Hermann Oeser durchsetzen, der auf Niehaus folgte. Oeser blieb bis zum 30. April 1929 im Amt. Die Harburger NSDAP war, nicht zuletzt durch den dauernden Ortsgruppenleiter-Wechsel, so schwach, daß sie im September 1927 darauf verzichten mußte, bei den Kommunalwahlen eine eigene Liste zu präsentieren. Öffentliche Versammlungen konnten nicht stattfinden; erst am 13. Januar 1928 kam Telschow persönlich zu einer öffentlichen Kundgebung in den ‹Goldenen Engel›. Die SA ging mit dem Gauleiter «über Land», in Harburg selbst trat sie nicht in Erscheinung.

Bei der Reichstagswahl im Mai 1928, bei der im Wahlkreis Ost-Hannover neben Telschow auch Prellwitz kandidierte, erzielte die NSDAP in Harburg nur 599 und in Wilhelmsburg nur 189 Stimmen, d.h. zusammen 788 Stimmen, was einem Prozentsatz von 1,2 entsprach, d.h. weit unter dem Reichsdurchschnitt von 2,6 Prozent lag, der im Reichstagswahlkreis Ost-Hannover erreicht wurde. Bei den gleichzeitig stattfindenden Landtagswahlen war das Ergebnis sogar noch etwas schlechter. Damals hatte die Partei rd. 40 Mitglieder und führte ein belächeltes Schattendasein. Mitte November 1928 schrieb das sozialdemokratische «Volksblatt» einen polemischen Artikel mit der Überschrift *‹Aus Adolf Hitlers Kinder-Bewahranstalt›* – ein Seitenhieb auf die vielen Jugendlichen in der Ortsgruppe –, die Partei sei nicht ernst zu nehmen. In Buchholz rekrutierten sich die Mitglieder *«aus ein paar harmlose(n) Bauernsöhne(n)»*, die Stahlhelmer seien, und *«nicht besser»* sähe es in Harburg aus, *«wo ein Bäckerdutzend ähnlicher Burschen und einige halbgar gewordene Gymnasiasten nebst drei oder vier Frauen und Mädchen (natürlich ohne Bubikopf!) den ganzen ‹Bestand› an ‹Verehrern› Adolf Hitlers ausmachen»*.Rückhalt fände die NSDAP nur beim *«Stahlhelm und ähnlichen Organisationen»*.

Nachfolger Oesers, der vermutlich auf Druck seines Arbeitgebers die Ortsgruppenleitung niederlegte, wurde am 1. Mai 1929 der ehemalige Angestellte der Hapag aus Hamburg, Richard Thoma (Jg. 1896). Thoma wurde gleichzeitig eine Zeitlang zum Pressewart der Gauleitung in Buchholz bestellt, die Mitte April 1929 in Buchholz eine Gaugeschäftsstelle mit einem Gaugeschäftsführer einrichten konnte, ein Indiz für den langsamen Aufschwung der

Partei. In die Ära Thoma fällt die Intensivierung der Öffentlichkeitsarbeit, insbesondere durch das neuerliche Auftreten Gregor Strassers als Redner, der am 3. Juni 1929 im «Schützenpark» vor 600 Personen sprach, dann die Straffung der Organisationsarbeit durch die Gründung eines NS-Schülerbundes unter Leitung eines Harburger Gymnasiasten (Jg. 1911) am 12. August 1929 mit 45 Mitgliedern, und schließlich die Radikalisierung der öffentlichen Auseinandersetzung. Am 27. August 1929 kam es zu einer ersten großen Saalschlacht mit den politischen Gegnern im «Schützenpark» mit 12 Verletzten, für die Partei die *«Feuertaufe der SA»*.

Schon am 5. September folgte auf Thoma als Ortsgruppenleiter der Kolonial- und Fettwarenhändler Heinrich Stummeyer (Jg. 1894). Stummeyer, 1923 noch als Handlungsgehilfe tätig, hatte sich vor 1926 selbständig gemacht und in der Mühlenstraße ein Geschäft eröffnet. Seit 1928 Pg., war er bereits unter Thoma Propaganda-Obmann gewesen. Hatte die Ortsgruppe im März 1929 lediglich 70 Mitglieder gehabt, so stieg diese Zahl über 180 Ende Dezember 1929 bis zum Februar 1930 auf etwa 250 an. Das war in erster Linie Stummeyers Verdienst, der u.a. als Vorstandsmitglied im Verein selbständiger Kaufleute (1930) über ein wesentlich höheres soziales Prestige verfügte als seine Vorgänger.

Diesen Aufwärtstrend dokumentierte auch die Kommunalwahl am 17. November 1929, bei der die NSDAP in Harburg 2236 und in Wilhelmsburg 466 Stimmen erhielt und mit 4,3 Prozent der abgegebenen gültigen Stimmen 2 Mandate erlangte (Stummeyer und Prellwitz). Das war gegenüber den Wahlen 1928 eine Verbesserung um knapp das Dreifache (s. Tabelle 1).

Die Partei war mit einer Kandidatenliste von 11 Personen angetreten, bei der größere und kleinere Ladengeschäftsinhaber wie Stummeyer (Platz 1) oder der Leder- und Gummiwarengroßhändler Ludwig Peters (Platz 3), kaufmännische Angestellte wie Friederici (Platz 6) oder Thoma (Platz 11), Geschäftsführer wie Gremmler (Platz 9), Schreiber wie Flügge (Platz 8), Handwerksmeister wie Feierabend (Platz 5), mittlere Beamte wie die Justizinspektoren Prellwitz (Platz 2) und Höppner (Platz 10) tonangebend waren, während nur der Schlosser Niehaus (Platz 4) und der Weichensteller Weine (Platz 7) für Arbeiterstimmen werben sollten.

Dieses gegenüber der Frühphase 1925–1927 stärker mittelständisch orientierte Sozialprofil bemerkten auch die lokalen HAN, die kritisch kommentierten, daß «Bürger und Bauern, Beamte und Handwerker, Leute, die etwas zu verlieren haben», auf das *«Nationale»* im Programm der NSDAP starrten und dabei das *«Sozialistische»* übersähen. Der Stimmenzugewinn resultierte tatsächlich neben vielen Jungwählern, denen als Mitgliedern des Jungstahlhelms und verwandter nationalistischer Organisationen der Kurs von DNVP und DVP zu wenig radikal-oppositionell war, aus ersten Einbrüchen in das Lager von Teilen des Handwerks und der kleinen Ladengeschäftsinhaber.

Für deren Gewinnung hatte die Harburger NSDAP seit Ende 1928 große Mittelstands-Kampagnen im «Niedersachsen-Stürmer» gestartet und zu deren Unterstützung Reichstags- und Landtagsabgeordnete der Partei als Redner aufgeboten. Zur Verunsicherung der kleinen Geschäftsinhaber mag beigetragen haben, daß der Warenhaus-Konzern Karstadt durch Übernahme von Lindemann & Co. im November 1929 in Harburg eine eigene Filiale eröffnet hatte, welcher ein Einheitspreiswarenhaus (EPA) folgte. Zudem siedelte sich etwas später der Woolworth-Konzern in Harburg an.

Abgesehen von der großangelegten Agitation mit nahezu wöchentlichen Veranstaltungen trug der – ideologisch gemeinsame – Kampf der Harburger DNVP und des Stahlhelms gegen den Young-Plan sicher zu einer Aufwertung der NSDAP im bürgerlichen Lager bei. Seit 1929 kooperierte die Harburger SA mit der Ortsgruppe des Stahlhelm; einzelne Jugendstahlhelmer, denen ihre Organisation zu wenig dynamisch-aktivistisch war und eher als Altherren-Riege erschien, deren Tätigkeit sich im Singen patriotischer Lieder erschöpfte, gingen damals zur SA über.

Zu diesem Zeitpunkt warf die beginnende Weltwirtschaftskrise noch keinen langen Schatten, auch wenn z.B. die Entlassungen bei Thörl im Juli 1929 von der NSDAP propagandistisch ausgenutzt wurden. Inwieweit damals kleinere Teile der kommunistischen Arbeiterschaft gewonnen werden konnten, muß offen bleiben; immerhin konnte das Gaublatt im August 1929 schreiben, daß *«Kommunisten heute als stramme und begeisterte Nationalsozialisten in den Reihen unserer SA»* stünden.

Der Durchbruch zur Massenbewegung 1930–1932

Seit dem Frühjahr 1929 waren auch erste Einbrüche ins Bildungs- und Besitzbürgertum gelungen; so unterstützte der praktische Arzt Carl Dammann (Jg. 1871) u.a. die SA, und der Besitzer einer alten Gummi- und Ledergroßhandlung, Ludwig Peters (Jg. 1884), ging zur NSDAP. Ein Durchbruch war das indes noch lange nicht: Das zeigt das Schicksal zweier Initiativen 1929/30. Damals suchte die Ortsgruppe als ständige Beilage zum Gauorgan einen «Harburger Stürmer» zu etablieren, wobei sie gleichzeitig an die Harburger Bevölkerung appellierte, nur in *«leistungsfähigen deutschen Einzelhandelsgeschäften»* zu kaufen und *«Warenhäuser und Konsumvereine wie die Pest»* zu meiden. Verbunden war diese Aufforderung mit dem Appell an den selbständigen Mittelstand, die NSDAP durch Inserate zu unterstützen. Beide Initiativen scheiterten damals noch: Die Beilage erschien nicht, und im Unterschied zu kleinen Geschäftsleuten und Handwerkern in Buchholz, Lüneburg, Uelzen, Bremervörde und Wesermünde waren Harburger Geschäftsleute nicht bereit, Annoncen zu plazieren.

Unter Stummeyer kam es langfristig dennoch zu einer weiteren Aufwärtsentwicklung; Ende 1929 wurden in Heimfeld und Wilstorf sowie in Harburg-Mitte eigenständige Organisationsbezirke eingerichtet. Bis zum September 1930 stieg die Mitgliederzahl auf ca. 350 an, um auf diesem Niveau bis zum April 1931 zu stagnieren. Anfang Januar 1931 scheiterte noch die Gründung einer eigenständigen nationalsozialistischen Tageszeitung in Harburg, denn die Gründung des Hamburger Verlegers von Somnitz, das «Niedersächsische Tageblatt», erwies sich als Schwindelunternehmen, das nach einem Monat wieder einging.

Mit der Gründung des «Blattes der Niedersachsen» als nationalsozialistischer Tageszeitung für das Elbegebiet schon am 1. Februar 1931, einer Nebenausgabe des «Hamburger Tageblattes», wetzte Stummeyer diese Scharte aber schnell aus. Er fungierte als Geschäftsführer, ab 1932 sogar als Herausgeber dieses Blattes, das rd. 2000 Auflage erreichte. Damit war nicht nur die publizistische Präsenz der Partei in der Stadt erreicht, sondern auch ein Kurs relativer Selbständigkeit von der Buchholzer Gauleitung und deren Presse eingeleitet. Folgt man dem Zeugnis des ehemaligen Hamburger Gauleiters Krebs, so lehnte sich die *«Harburger Partei... geistig, organisatorisch und schließlich auch in ihrer Pressearbeit immer enger an Hamburg»* an.

Wegen seiner organisatorischen Verdienste stieg Stummeyer am 11. Juli 1931 zum Kreisleiter des sog. Gaukreises Harburg-Wilhelmsburg auf, der den Stadtkreis und das Elbegebiet bis nach Altkloster bei Buxtehude umfaßte.

Der Agitationsstil Stummeyers unterschied sich graduell von dem Telschows und seiner Adepten im Lande; zu dessen Strategie hatte es gehört, die Honoratiorenpolitiker in den Landstädten wegen ihrer Zugehörigkeit zu Freimaurerlogen anzugreifen, wobei die Freimaurerei als «jüdische Weltpest» hingestellt wurde. In Harburg hatte Telschow solche Versuche 1928 auch unternommen, war damit aber wenig durchgedrungen, obwohl viele bedeutende Harburger Industrielle (Christiansen, Lüdders, A. Mergell, M. Thörl, W. Weber, R. Neef) und Handwerksmeister (W. Lampe, H. Mau, Eddelbüttel, R. Sommer) den drei Harburger Logen angehörten. Stummeyers Angriffe zielten dagegen in erster Linie gegen die SPD, dann die KPD, die beide als «jüdisch unterwandert» dargestellt wurden. In einem Werbeflugblatt für die SA sprach er 1929 von der *«jüdischen Weltherrschaft und ihrer Knechte im Reichsbanner und im Bolschewismus»*. Obwohl in Harburg der jüdische Bevölkerungsanteil mit ca. 350 Personen 1933 gering war und Juden in Politik und Wirtschaft Harburgs eine ganz untergeordnete Rolle spielten, wurde die Harburger NSDAP nicht müde, die SPD als «jüdisch-marxistisch» darzustellen, insbesondere das «Volksblatt» unter ihrem kämpferischen Hauptschriftleiter Pohlmeyer.

Bei den Reichstagswahlen im September 1930 konnte die NSDAP ihren Stimmenanteil auf 8814 Stimmen, davon 6746 in Harburg (gegenüber der Kommunalwahl von 1929: +202%) und 2068 in Wilhelmsburg (+344%), erhöhen. Das waren 12,5% der abgegebenen gültigen Stimmen (13,8% in Harburg und 10,1% in Wilhelmsburg). Woher kamen diese neuerlichen Stimmengewinne, mit denen allerdings die Partei noch weit unter dem Reichsdurchschnitt von 18,3% blieb, wohingegen dieser im Wahlkreis Ost-Hannover schon überschritten wurde (19,6%)? Einmal profitierte die NSDAP von der deutlich höheren Wahlbeteiligung gegenüber 1929 (Anstieg von 83,7 auf 89,4%, bezogen auf die Zahl der abgegebenen gültigen Stimmen). Dabei ging die Mobilisierung der bisherigen Nichtwähler und dann insbesondere wieder der Jungwähler auf ihr Gewinnkonto. Aus dem Lager der SPD und der KPD wurden kaum Stimmen gewonnen, wie auch die HAN anmerkten. Gegenüber der Reichstagswahl 1928 hatten am stärksten die DVP, die DNVP und die DDP verloren, während die berufständische Partei von Handwerk und Kleingewerbe, die Deutsche Wirtschaftspartei, Stimmengewinne verbuchen konnte. Die Masse der Handwerksmeister, insbesondere die tonangebenden Obermeister, standen noch zu ihren angestammten Parteien ebenso wie die Harburger Einzelhandelsvereinigung, in der seit 1926 die große Mehrheit der Kolonialwaren- und Einzelhandelsgeschäfte organisiert war.

Die Exponenten der Harburger Großindustrie zumal, wie auch der Banken und des Großhandels, blieben ebenfalls bei der DVP oder der DNVP. 1932, im Frühjahr, votierten sie für Hindenburg und gegen Hitler: so R. Christiansen, A. Mergell, G. Steinike oder W. Weber.

Die Zunahme der Wählerstimmen 1930 setzte sich jedoch nicht in einer Zunahme der Mitgliedszahlen der Ortsgruppe weiter fort, Indiz dafür, daß auch viele Protestwähler NSDAP gewählt hatten.

Anfang 1931 ordnete das «Volksblatt» polemisch der lokalen NSDAP die *«proletarisierten Mittelständler, die dümmeren ‹höheren Schüler› und leider auch viele durch die Not haltlos gewordene junge Kaufleute»* zu. Richtig in dieser Analyse war, daß mit dem vollen Einsetzen der Weltwirtschaftskrise bei vielen Kleingewerbetreibenden, Angestellten und Handwerkern die Bereitschaft wuchs, ihre angestammten Parteien zu verlassen und zur NSDAP zu gehen. Im Unterschied zu Ende 1929 waren die Ausgaben des im Januar 1931 erschienenen «Niedersächsischen Tageblattes» und danach des «Blattes der Niedersachsen» mit Firmenanzeigen des Handwerks, des Lebensmitteleinzelhandels, der Konfektionsgeschäfte sowie einzelner mittelständischer Gewerbebetriebe gut gefüllt.

Auch die Bereitschaft, Parteimitglied zu werden, wuchs. So wurde der Harburger Tabakwarengroßhändler Wilhelm Koppe (Jg. 1896) im August 1930 Pg.; der Wilhelmsburger Inhaber eines Herrenkonfektionsgeschäftes, Siegfried Kopittke (Jg. 1876), stieß am 1.6.1930 zur

Partei, nachdem er Konkurs bzw. Zwangsvergleich anmelden mußte. 1932 wurde er Ortsgruppenleiter in Wilhelmsburg. Diese Beispiele lassen sich auch auf einzelne Handwerksmeister übertragen. So ging der Maurermeister Gottfried Lang (Jg. 1899) 1931 zur Partei, in der er zum Ortsgruppenleiter von Eißendorf aufstieg, und der Friseurobermeister Heinrich Heisig (Jg. 1883) trat am 1.11.1931 in die NSDAP ein, nachdem er 1929 noch auf der Bürgerlichen Einheitsliste und im September 1930 noch für die Wirtschaftspartei kandidiert hatte. Das organisierte Handwerk, der lokale Kreishandwerkerbund, dem Anfang 1932 1086 Handwerker angehörten, ging erst im Sommer 1932 geschlossen zu NSDAP über. Nachdem der langjährige Vorsitzende seit Gründung 1919, Tischlerobermeister Robert Sommer, im Frühsommer 1932 abgelöst worden war, erklärte sein Nachfolger, der Elektromeister Oskar Eisenschmidt, vor den Juliwahlen, das Handwerk müsse geschlossen NSDAP wählen. Eine solche Wahlentscheidung wurde den Handwerkern dadurch leichter gemacht, daß der Handwerksreferent der Gauleitung, der Verdener Kürschnermeister Heincke, ihnen signalisierte, *«Hitlers Programm»* sei *«ein Handwerksprogramm. Sein Sozialismus ist die Anerkennung des Leistungsprinzips.»*

Auch im Bildungsbürgertum gab es verstärkt Umorientierungen. Schon 1930 war z.B. der Rechtsanwalt und Notar Merle (Jg. 1890) Pg. geworden, und auch sein Kollege Stahlbock stieß später, noch vor 1933, zur Partei, d.h. mindestens 2 von 18 Rechtsanwälten und Notaren insgesamt. Anfang 1930 referierte der Harburger Pastor Hinrich Meyer im ‹Goldenen Engel› zum Thema ‹Volk ohne Religion›. Von den (1930) 49 Harburger Ärzten waren damals wenigstens drei, zum Teil als SA-Ärzte bzw. als Funktionsträger innerhalb der Partei, engagiert. Aus der höheren Beamtenschaft ging u.a. der Regierungsrat im Harburger Finanzamt, Wilhelm Wetzel (Jg. 1902), am 1.8.1931 zur NSDAP, in der er schnell Karriere machte: Im Frühjahr 1933 wurde er Fraktionsvorsitzender der NSDAP-Rathausfraktion, dann besoldeter Senator, 1936 schließlich Oberbürgermeister in Lüneburg. In der Lehrerschaft schließlich wurden vor allem Volksschullehrer gewonnen, so R. Bublitz (Jg. 1882), K. Kühnhold und der Rektor a.D. Murtfeld. Sie übernahmen 1932 Funktionen innerhalb der Gauleitung.

Auch Frauen, vor allem schulentlassene junge Mädchen, darunter zahlreiche Abiturientinnen, organisierten sich. Die Ehefrau des Arztes Dr. Dinse, Elsa Dinse, wurde im November 1931 zur Gau-Frauenschaftsleiterin ernannt; Gauführerin im Bund deutscher Mädels in der Hitlerjugend wurde 1931 die Harburgerin Henny Wolf (Jg. 1903), Pg. seit 1.3.1929, Tochter eines Harburger Vorarbeiters. Anfang 1932 hatte der BdM bereits 100 Mitglieder.

Diese soziale Verankerung in Schichten des alten sowie neuen Mittelstandes einschließlich Teilen des Besitz- und Bildungsbürgertums führte zu einem Anstieg der Mitgliederzahl von 462 im September 1931 in drei Monaten auf 762 (+65%), eine Entwicklung, die sich auf Gauebene wiederholte: Mit der Gründung der sog. Harzburger Front im Oktober 1931, dem Zusammengehen von NSDAP, DNVP, rechtem Flügel der DVP und dem Stahlhelm als wichtigsten Gruppierungen, war die NSDAP im rechtsbürgerlichen Lager endgültig hoffähig geworden. Trotz weiterbestehender ideologischer Differenzen fanden jetzt viele Gruppen, die bisher zum Stahlhelm gestanden hatten, den Weg zur NSDAP, die als jünger, unbedingter und dynamischer erschien als die rechtsbürgerlichen Honoratiorenparteien, in denen vor allem die Jugend kaum Aufstiegschancen hatte. Eine «Verbürgerlichung» der Partei in dem Sinne, daß die kleinbürgerlichen Schichten der Jahre 1925 bis 1928 zurückgedrängt wurden, läßt sich in Harburg seither auf mehreren Ebenen konstatieren: einmal auf der Ebene der Wähler der NSDAP seit 1930, deren Zahl in den Wahlen des Jahres 1932 bis in den Sommer zunahm (s. Tabelle 1), wobei der NSDAP nur minimale Gewinne aus dem Lager der beiden Arbeiterparteien zuwuchsen: SPD und KPD zusammen büßten bis zum Sommer

1932 kaum Stimmen ein. Die Stimmenzugewinne der NSDAP von 8814 (1930) auf 20727 (Juli 1932), ihrem besten Wahlergebnis bei freien Wahlen in Harburg in Höhe von 29,4 %, bei einem Reichsdurchschnitt von 37,4 % und 49,5 % im Wahlkreis Ost-Hannover, resultierten aus dem Zusammenbruch der bürgerlichen Mittelparteien. Das Lager der rechtsbürgerlichen DNVP blieb demgegenüber seit 1930 in Harburg geschlossen, es konnte sogar leichte Stimmengewinne verbuchen (+ 343). Bei den Novemberwahlen 1932 (Reichsdurchschnitt 33,1 %; Wahlkreis Ost-Hannover 43,0 %) verlor die NSDAP in Harburg-Wilhelmsburg knapp 4000 Stimmen und erhielt nurmehr 24,8 %.

Die Gewinnung bürgerlicher Wählerschichten bis zum Sommer 1932 beeinflußte auch das Sozialprofil der Partei und ihrer Hilfsorganisationen. In der Parteiführung konnten Vertreter des selbständigen Mittelstandes und der Angestellten ihre Position verstärken; zum stellv. Kreisleiter avancierte Ludwig Peters Anfang 1932, und von den sechs innerstädtischen Ortsgruppenleitern im Oktober 1932 waren allein drei kaufmännische Angestellte bzw. Vertreter, einer Kleinhändler, und nur die restlichen zwei Facharbeiter (Dreher bzw. Straßenbahnkontrolleur). Führer der Harburger 17. SS-Standarte wurde im März 1932 der Großhandelskaufmann Koppe (1934 SS-Brigadeführer, 1936 SS-Gruppenführer; seit 1939 Höherer Polizei- und SS-Führer; errichtet 1941/42 das Vernichtungslager Chelmno; 1942 SS-Obergruppenführer und General der Polizei; 1944 General der Waffen-SS); SS-Sturmbannführer der ehemalige Kolonialwaren- und Kleinhändler Elimar Schulze.

Innerhalb der Harburger SA-Führerschaft dominierte der angestellte Mittelstand. Standartenführer im Rang eines Sturmbannführers blieb Friederici, sein Adjutant Deters war ebenfalls kaufmännischer Angestellter. Als einer der vier Sturmbannführer fungierte der Eisenbahnbetriebsassistent Christensen, der allein eine gewisse Ausnahme in diesem Kreis markierte, denn die drei weiteren Sturmbannführer waren wiederum ein Techniker, ein kaufmännischer Angestellter und ein Tischlermeister. Erst bei den SA-Truppführern waren gelernte Arbeiter sowie Handwerksgesellen stärker repräsentiert. Auch in der einfachen SA-Mitgliedschaft dominierten die Handwerksgesellen, und nicht so sehr Arbeiter: so war hier die Mehrheit der Harburger Schmiede- und Schlachtergesellen vertreten. Seit Anfang 1932 wechselten vereinzelt ehemalige Kommunisten zur SA über, insbesondere aktivistische Jungkommunisten. Der Harburger Polizeipräsident sprach am 26.1.32 von einem *«Überwechseln radikaler Elemente, besonders des Rowdytums zur NSDAP»*. Hierbei hat es sich vermutlich vor allem um Arbeitslose gehandelt. Gesellschaftspolitisch war die SA gemäßigt: Weder die Strasser-Bewegung 1930 noch die Stennes-Revolte 1931 zeitigten in Harburg irgendeine nachhaltige Wirkung.

Die SA blieb eine Organisation der jungen Leute; nach einer Auszählung von mehr als einem Drittel der rd. 380 SA-Männer im Frühjahr 1932 ist deutlich, daß über 61 % zwischen 20 und 30 Jahre alt waren; knapp 20 % zählten 30 bis 35 Jahre. Ein generelles jugendliches Protestpotential, nicht zuletzt aufgrund der weiterhin sehr hohen Jugendarbeitslosigkeit, wurde auch von der staatlichen Bürokratie als Ergebnis einer Landratskonferenz im März 1931 diagnostiziert: In allen bürgerlichen Parteien – bei den Welfen, dem Landbund und beim Stahlhelm – sei es die *«Jugend, die in schärfster Weise radikalisiert ist und den älteren Gruppen innerhalb derselben Bewegung vielfach über den Kopf gewachsen ist»*.

Für das mittelständische Sozialprofil der NSDAP in Harburg spricht weiterhin, daß die Nationalsozialistische Betriebszellen-Organisation (NSBO), die die Industriearbeiterschaft quasi-gewerkschaftlich organisieren sollte, in Harburg in der Mehrheit aus Angestellten und nur einigen wenigen Arbeitern bestand. Ende 1931 lediglich 87 Mann stark, hatte die NSBO bei den Betriebsratswahlen im März bei Brinckman & Mergell ganze 50 Stimmen (gegen 520 für die RGO und 490 für den Fabrikarbeiterverband) und bei Thörl ebenfalls nur 68 Stimmen (gegen 981 für den Fabrikarbeiterverband und 524 für die RGO) gewinnen können. Auch in seinem Lagebericht vom 12. Mai 1932 sprach der Harburger Polizeipräsident davon, daß *«zwar in einigen Betrieben Nationalsozialisten unter den Handarbeitern vertreten»* seien, diese *«aber von dem Ziel, Einfluß in den Belegschaften zu gewinnen, noch weit entfernt sind. Anders mögen die Dinge bei den Angestellten usw. in einigen Betrieben liegen. Unter diesen haben die Nationalsozialisten zweifellos Anhänger.»*

Führer der Harburger NSBO waren 1931 eine Zeitlang der Schlosser und ehemalige Ortsgruppenleiter Niehaus aus Wilhelmsburg, dann der ehemalige Kommunist und Straßenbahnschaffner Otto Warncke und darauf der erwerbslose Elektriker Ernst Biere, der 1932 als Ölarbeiter bei Thörl untergekommen war. Betriebszellenobmann für Wilhelmsburg war eine Zeitlang ein arbeitsloser Schiffszimmerer. Mit einigen dieser Amtsträger einschließlich der Leiter der NSBO im Gau hatte die Partei zudem wenig Glück. Biere selbst wie sein Nachfolger in der NSBO-Gauleitung seit Sommer 1932, Andreessen, wurden 1934 wegen Unterschlagung von Geldern aus der Partei ausgeschlossen. Erst unter Leitung des Heimfelder Ortsgruppenleiters Wilhelm Drescher, eines gelernten Drehers, seit Frühsommer 1934 blieb die NSBO von Affären verschont.

Von hierher mutet es nicht überraschend an, daß Stummeyer im Frühjahr 1932 gegenüber der Harburger Politischen Polizei geltend machte, daß die Partei sich nicht überwiegend aus den Groschen der Mitgliedsbeiträge, sondern als «Haupteinnahmequelle» durch Spenden opferwilliger Bürger finanziere, die im sog. Opferring der Ortsgruppe bzw. des Gaus erfaßt würden. Hier handelte es sich um Förderer der Bewegung, die nicht als Mitglieder in den offiziellen Listen der Partei geführt zu werden wünschten. Als Vertrauensmann des Opferringes war Prellwitz seit Gründung tätig.

Interne Machtkämpfe und Konflikte 1931/32

Trotz der Aufwärtsentwicklung in der Harburger NSDAP war es zwischen der Ortsgruppe und der Gauleitung wiederholt zu Spannungen gekommen. Schon Anfang Februar 1930 hatte Telschow Stummeyer wegen «Disziplinlosigkeit» für kurze Zeit als Ortsgruppenführer abgesetzt. Folgt man Stummeyer, so intrigierte vor allem der frühere Ortsgruppenleiter Oeser gegen ihn. Aber weil Stummeyer den Kassenwart der Ortsgruppe, Prellwitz, sowie seinen Vorgänger, Thoma, auf seiner Seite hatte und auch die Harburger SA unter Friederici und Christensen Stummeyer stützten, mußte Telschow einen Rückzieher machen und nach der kurzen Interimszeit seines Gaugeschäftsführers Hölzke Stummeyer als Ortsgruppenführer wieder einsetzen.

Stummeyer suchte sich als Rückendeckung gegen Telschow nicht ohne Erfolg der Autorität Gregor Strassers, des «alten Gönners» der Ortsgruppe, zu versichern. Sicherlich mit Wissen Stummeyers ließen nacheinander zwei Propagandaleiter der Ortsgruppe im Sommer 1931 Strasser wissen, daß NSDAP und SA Telschow nicht für den «geeigneten Mann» als Gauleiter hielten und baten um Intervention. Da Telschow seit 1930/31 auch in Bremerhaven-Wesermünde mit der dortigen Ortsgruppe sowie mit der SA in Tostedt und Uelzen erhebliche Schwierigkeiten hatte, eskalierte der Konflikt soweit, daß im Auftrage der Münchener Parteileitung Ley im November 1931 den Gau inspizierte und dabei u. a. auch Harburg besuchte. In seinem abschließenden Inspektionsbericht stellte sich Ley vor Stummeyer, der *«in seiner etwas robusten, aber sympathisch wirkenden Art»* der *«richtige Mann am rechten*

Platz» sei. Die Harburger Parteiversammlung lobte er als *«eine der schönsten, die ich je erlebt habe»*. Auch Strasser hatte sich schon vorher gegenüber Telschow ebenfalls vor Stummeyer gestellt, den er als den einzigen Mann bezeichnete, *«der die Partei in Harburg zu leiten in der Lage ist»*. Telschow bezichtigte er demgegenüber, in den Industriestädten des Gaus nicht das richtige Fingerspitzengefühl gezeigt zu haben.

Die Konflikte waren nach der Ley-Inspektion bestenfalls vertagt. Zum Angelpunkt des weiteren Streites wurde das «Blatt der Niedersachsen», als dessen vom «Hamburger Tageblatt» eingesetzter Geschäftsführer und späterer Herausgeber Stummeyer fungierte. Im Februar 1932 gab er seinen Kolonialwarenladen auf, um sich ganz der Pressearbeit und einer Partei-Buchhandlung widmen zu können. Telschow fürchtete nun, diese einzige nationalsozialistische Tageszeitung im Gau könne seinem wöchentlich erscheinenden «Niedersachsen-Stürmer» den Rang ablaufen. Zudem hatte das Harburger Blatt mehrfach Kritik am Gauleiter geübt, beispielsweise daran, daß der Gautag 1931 nicht in Harburg, sondern im ländlichen Buchholz stattgefunden hatte. Telschow hatte deshalb intern schon mit der Schließung der Ortsgruppe gedroht bzw. die Frage aufgebracht, ob die Ortsgruppe sich nicht dem Gau Hamburg anschließen wolle, was Stummeyer jedoch abgelehnt hatte.

Die Spannungen verschärften sich noch, als die Gauleitung am 1. August 1932 von Buchholz nach Harburg umzog und seitdem in der Moorstraße unmittelbar am Bahnhof residierte. Der Machtkampf zwischen Telschow und Stummeyer schien sich dabei noch im Herbst 1932 zugunsten Stummeyers auszubalancieren, denn am 1.9.1932 wurde er zum Gauinspekteur für den Regierungsbezirk Lüneburg ernannt und zudem am 20. September zum Leiter des Arbeitsdienstes in der Gauleitung. Anfang August war er zusätzlich als preußischer Landtagsabgeordneter für den stellvertretenden Gauleiter Weidenhöfer nachgerückt. Dennoch waren seine Tage als Kreisleiter gezählt. Einem Bericht des Harburger Polizeipräsidenten Danehl vom 16. Dezember zufolge wurde er wahrscheinlich Mitte Oktober als Kreisleiter abberufen und nur noch als Arbeitsdienstleiter weiterbeschäftigt. Das «Blatt der Niedersachsen» wurde durch Gaubefehl mit Wirkung zum 1. Dezember verboten. *«Offenbar fürchtete der Gauleiter Telschow, daß durch die erhöhte Verbreitung des «Blatt der Niedersachsen» sein eigenes Organ «Niedersachsenstürmer» an Bedeutung verlieren und somit die Auflage eine Einschränkung erfahren würde»*, diagnostizierte Danehl. Da die *«inneren Gründe»* für die Entmachtung Stummeyers *«selbstverständlich weiten Kreisen in der Partei bekannt»* seien, hätte sie dazu beigetragen, *«den Kreis der Unzufriedenen zu vergrößern»*. Sie griffe von der Partei auf die *«SA und die anderen Organisationen der Partei über. Das Mißtrauen der SA-Führer aller Grade gegen die politische Leitung ist daher verständlich»*, worunter die *«Disziplin»… «ganz erheblich»* leide, weil z.B. *«einzelne Führer selbständig Anordnungen erteilen oder Aktionen durchführen»*. Zudem sei *«ein kleiner Teil der von den Kommunisten zur SA bzw. zur Partei hinübergewechselten Elemente… in den letzten Wochen nach der Wahl am 6. November wieder abtrünnig geworden»*.

Die Entmachtung Stummeyers wurde nach außen nicht mitgeteilt; das sozialdemokratische «Volksblatt» fragt z.B. noch am 8. Dezember zweifelnd, ob etwa der *«große Otto den kleinen Heinrich kaltgestellt»* habe. Ende 1932 wußte es zu berichten, daß Stummeyer Zeitungs-Provisionen für sich selbst verwandt haben sollte. Wie immer sich der genaue Sachverhalt darstellen mag: Stummeyer verschwand von der politischen Szene Harburgs.

Die Entmachtung von Stummeyers Mentor Gregor Strasser Anfang Dezember 1932 tat ein übriges, um Kritik an der Entscheidung Telschows zu unterbinden. Nach außen mußte die Partei trotz der inneren Krise Einigkeit demonstrieren, vor allem nach den großen Stimmenverlusten vom November 1932. Nachfolger als Kreisleiter wurde Ende Oktober Ludwig Peters.

Stummeyer scheint nach der sog. Machtergreifung den Versuch unternommen zu haben, die Scharte von 1932 gegenüber Telschow auszuwetzen und den Spieß diesmal umzudrehen. Auf einer Geheimsitzung in Harburg mit einigen Getreuen wurde beschlossen, Telschow zu entmachten und Stummeyer an dessen Stelle zu setzen. Dieser Plan mißlang. Stummeyer und seine Freunde verschwanden eine Zeitlang in Schutzhaft. Im Sommer 1933 wurde Stummeyer jedoch von der Parteileitung nachträglich rehabilitiert, was die Telschowschen Vorwürfe 1932 anging, die damals zu seiner Ablösung als Kreisleiter geführt hatten, zum Ehren-Kreisleiter ernannt und zum Leiter der Bekleidungsstelle der Partei in Harburg bestellt. 1934 dann verließ Stummeyer Harburg und wurde als Leiter des Arbeitsamtes in Goslar Oberregierungsrat.

Eine Konsequenz dieser Turbulenzen bestand für Telschow darin, in der Stadt Harburg möglichst auswärtige Parteigenossen, derer er absolut sicher sein konnte, in Führungspositionen der Partei, des Staates, der Polizei oder im Magistrat zu bringen, eine Linie, die 1933 weitgehend praktiziert wurde.

Etappen der sog. Machtergreifung 1933/34

Mit der Ernennung Hitlers zum Reichskanzler am 30. Januar 1933 nahmen Selbstbewußtsein der Partei sowie Militanz der SA wieder deutlich zu. Am 13. Februar wurde der Nachfolger Wentkers als Polizeipräsident, Danehl, abgelöst und am 16. Februar von dem deutschnationalen Kapitän Christiansen ersetzt, der am 1. April 1933 in die NSDAP eintrat. Unter Christiansen wurden Stahlhelm, SA und SS als sog. Hilfspolizei eingesetzt. Am 24. Februar marschierte Harburger SA in die Polizeikaserne am Schwarzenberg ein. Am 28. Februar 1933 wurde das «Volksblatt» für 14 Tage verboten und erschien seitdem nicht mehr.

Die Reichstagswahlen am 5. März 1933 waren keine freie Wahlen mehr: Die Harburger NSDAP erreichte mit 25607 Stimmen 34,1% der Stimmen, 8668 mehr als im November 1932 und 4880 Stimmen mehr im Vergleich zu ihrem besten Ergebnis bei freien Wahlen im Juli 1932. SPD und KPD hatten trotz Verbots der Parteipresse am 27. Februar und mannigfacher Behinderungen lediglich rund 1300 Stimmen gegenüber dem November 1932 eingebüßt, ein Indiz, daß der Stimmenzuwachs in erster Linie aus der gestiegenen Wahlbeteiligung (Anstieg um knapp 5%) sowie aus weiteren Verlusten der bürgerlichen Mittelparteien resultierte.

Die eigentliche Phase der sog. Machtergreifung der NSDAP in Harburg begann am 11. März, einem Sonnabend, um die Mittagszeit, als SA und SS das Rathaus besetzten und Oberbürgermeister Dudek mit bewaffneter Gewalt aus dem Rathaus wiesen. Gleichzeitig wurden das «Volksblatt»-Gebäude und die Räume der Gewerkschaften besetzt und durchsucht. Schon in der Nacht vom 5. auf den 6. März hatten bewaffnete Nazis auf dem Rathaus die Hakenkreuzfahne gehißt, wogegen Dudek vergeblich bei Regierungspräsident und Polizeipräsident protestiert hatte.

Seitdem regierte ein Rumpfmagistrat von Telschows Gnaden. Für Dudek und die beurlaubten sozialdemokratischen Senatoren Klemm und Mohr traten bis zur Neuwahl die bürgerlichen Senatoren Lüdders, Pietsch und Sommer ein.

In diesem Klima eines zunehmend rechtsfreien Raumes und der Einschüchterung der Bevölkerung durch die von SA, SS und Stahlhelm gebildete Hilfspolizei fanden einen Tag nach der Rathausbesetzung die Kommunalwahlen statt. Die Harburger NSDAP erhielt mit 23 529 Stimmen 35,5 % der abgegebenen gültigen Stimmen, das waren gegenüber der Reichstagswahl am 5. März 2078 Stimmen weniger, die in erster Linie auf das Konto einer wieder um fast 7 % niedrigeren Wahlbeteiligung gingen. Sie erhielt 18 Mandate, die Bürgerliche Einheitsliste 5 und das katholische Zentrum 2. SPD (32,6 %) und KPD (15,8 %) erhielten 16 bzw. 8 Mandate, das heißt mit über 48 % der Stimmen 24 Mandate insgesamt.

Damit gab es in der Bürgervorsteherversammlung eine knappe Mehrheit von NSDAP, Bürgerlicher Einheitsliste und Zentrum. Bei der Wahl der zehn Senatoren wäre rechnerisch eine Pattsituation (5 zu 5) gegeben gewesen.

Die 18 gewählten Bürgervorsteher der NSDAP lassen sich dabei folgenden Berufen zuordnen:

Selbständige Kaufleute und Handwerksmeister	4
Freie Berufe (Arzt, Rechtsanwalt, Wirtschaftsberater, Mandatar)	4
Höhere Verwaltungsbeamte	2
Volksschullehrer	1
Mittlere Beamte	1
subalterne Beamte	1
gelernte Arbeiter	2
ungelernte Arbeiter	2
kaufmännische Angestellte	1

Bei den 40 Kandidaten auf der Liste ergab sich folgendes Bild:

Selbständige Kaufleute und Gastwirte	7
Handwerksmeister	5
Mittlere und kleine Beamte	6
Höhere Verwaltungsbeamte und Studienräte	3
kaufmännische Angestellte und Reisende	5
Volksschullehrer	2
Handwerker	3
gelernte Arbeiter	2
ungelernte Arbeiter	2
Freie Berufe	5

Demnach stellten der sog. Alte Mittelstand, die Selbständigen in Handel und Gewerbe, allein 30 %, die Beamten inklusive der Lehrer 27,5 %, die kaufmännischen Angestellten und freien Berufe jeweils 12,5 % und schließlich die unselbständigen Handwerker 7,5 %. Dagegen waren nur 10 % gelernte und ungelernte Arbeiter Kandidaten. Von den damals fünf Harburger Ortsgruppenführern wurde nur Drescher (Platz 8) gewählt, wohingegen auf den vorderen Listenplätzen, sieht man einmal von Prellwitz, Christensen, Peters und Drescher ab, solche bürgerlichen Parteimitglieder postiert waren, die wesentlich später – z. T. erst 1931 (Lang, Heisig, Wetzel) – in die Partei eingetreten waren.

Die Stadtverordnetenversammlung trat am 24. März zusammen: Zur Wahl der 10 unbesoldeten Magistratsmitglieder waren die Kommunisten nicht eingeladen worden, und die hier noch gewählten sozialdemokratischen Senatoren wurden aufgrund eines formellen Einspruchs von Telschow beim Lüneburger Regierungspräsidenten nicht bestätigt. Für die bürgerliche Liste wurde kommissarisch Lüdders bestätigt, die NSDAP entsandte kommissarisch

Prellwitz, Peters, Merle, Dammann und den Arbeiter Kraft. Auf Vorschlag von Telschow wurden Prellwitz und Wetzel im Juli zu besoldeten Senatoren ernannt. Für Prellwitz rückte im November 1933 der Wilhelmsburger SA-Führer Degener, für den am 1.12.1933 zum Landgerichtspräsidenten in Schweidnitz avancierten Merle der Maurermeister Lang nach.

Auch die wichtigsten städtischen Kommissionen waren seit Anfang Juli fest in nationalsozialistischer Hand: so der Steuerausschuß, der Gewerbesteuerausschuß, der Personalausschuß und der Bau- und Grundstücksausschuß, in denen vor allem Handwerksmeister, Kaufleute und angestellter Mittelstand dominierten.

Die Personalpolitik selbst blieb dabei seit März völlig vom Votum des Gauleiters Telschow in der Moorstraße abhängig. Der Lüneburger Regierungspräsident wurde lediglich zum Erfüllungsgehilfen Telschows, der bei wichtigen Personalentscheidungen vorher seine Direktiven aus dem Preußischen Innenministerium Görings eingeholt hatte. Vergleichbares gilt für die anderen Institutionen des staatlichen und öffentlichen Lebens in Harburg.

Die Berufsorganisationen der Wirtschaft wie des Handwerks wurden im Zuge der sog. Gleichschaltung entweder mit Nationalsozialisten oder Sympathisanten besetzt. Heisig avancierte im März zum Präsidenten der Handwerkskammer, Lang übernahm den Kreishandwerkerbund, später die NS-Hago. In der Handelskammer blieb A. Mergell im Amt, weil er einmal schnell seine Loyalität zum neuen System darlegte, und dann, weil sein 1. Syndikus, Rühle, in die Partei eintrat, in der er noch 1933 zum Gaufachberater für den Ständischen Aufbau, 1934 zum Gauwirtschaftsberater aufrückte. Ebenso schnell wurden die Standesorganisationen der Lehrerschaft sowie der Ärzteschaft gleichgeschaltet. Im Bereich der Harburger Justiz traten einzelne Direktoren des Amts- und Arbeitsgerichts in die NSDAP ein und übernahmen innerhalb der Gliederungen der Partei Funktionen, so Amtsgerichtsrat Kaesewieter (Jg. 1877), der auf Parteischulungsabenden auftrat, oder Amtsgerichtsrat Israel, der innerhalb der Gauleitung für Rechtssachen des Gauparteigerichtes zuständig war.

Auf der staatlichen Ebene fungierte neben dem nationalsozialistischen Polizeipräsidenten Christiansen als dessen Vertreter ab Ende Mai 1933 und gleichzeitig als neu ernannter Leiter der Staatspolizeistelle für den Regierungsbezirk Lüneburg Regierungsrat Frhr. von Diepenbroick-Grüter von der Regierung Münster, Pg. und SA-Führer, ein Karrierebeamter, der auf die NSDAP gesetzt hatte.

Am 6. Juni 1933 endlich wurde auf Vorschlag von Telschow der Regierungsrat in der Regierung Lüneburg, Ludwig Bartels (Jg. 1884), als kommissarischer Oberbürgermeister bestellt und am 23. Oktober offiziell in sein Amt eingewiesen. Bartels, 1919 bis 1924 Mitglied der DNVP, danach parteilos, war erst am 1. April 1933 in die NSDAP eingetreten. Ebenso wie der Polizeipräsident Christiansen stand er für einen betont rechtsbürgerlichen Kurs des Gauleiters bei der Besetzung von Führungsposten in Harburg. Es lag in der Konsequenz dieser eher konservativen und betont bürgerlichen Personalpolitik Telschows, daß er Wert darauf legte, auch das industrielle Großbürgertum Harburgs für die nationalsozialistische Politik zu gewinnen. Das geschah einmal durch die Berufung des 1. Syndikus der Handelskammer, Rühle, zum Berater für den Ständischen Aufbau 1933 und danach zum Gauwirtschaftsberater der Partei; zum Kreiswirtschaftsberater avancierte 1937 zusätzlich Rühles Stellvertreter, Otto Bödecker. Weiter trug er dieser gezielten Einbindung auch innerparteilich dadurch Rechnung, daß zum Nachfolger Kopittkes (der mit einem Posten in der Stadtverwaltung abgefunden wurde) als Ortsgruppenführer in Wilhelmsburg 1933/34 der Direktor der Wilhelmsburger Industriebahn, Thielcke, avancierte. Thielcke stieg außerdem wegen seiner Kontakte zur Industrie zu einem von sechs Stadträten auf. Der Direktor der Wilhelmsburger Wollkämmerei, Kröger, schließlich wurde zudem 1934 zum Ratsherrn berufen, wobei Telschow als Vorschlagender nicht vergaß, gegenüber dem deutschnationalen Regierungspräsidenten Reschke zu betonen, sein Kandidat habe auch den Segen der Harburger Industrie- und Handelskammer.

Die Harburger NSDAP – sieht man einmal von Prellwitz und Peters ab – wie die SA gingen bei der Besetzung wichtiger Posten demgegenüber leer aus. Inwieweit die Partei auf diese konservative Personalpolitik Telschows reagiert hat, ist schwer zu ermessen. Der lokale SA-Führer Friederici, der mit dem Posten des Geschäftsführers der Allgemeinen Ortskrankenkasse abgefunden worden war, beschwerte sich z.B. Anfang Oktober 1933 bei Bartels darüber, daß *«alte SA-Männer die schmutzigsten Arbeiten, wie z.B. Straßenkehrer, verrichten müssen... zumal in besser bezahlten Posten Männer sitzen, die heute noch nicht hinter uns stehen»*. Auch der damalige SA-Sturmführer II/9, Harry Waltereit (Jg. 1911), ein glühender Nationalist, der vom Jung-Stahlhelm 1929 in die SA übergetreten war, kritisierte nicht ohne persönlichen Mut im November 1934, daß die *»alten Kämpfer sich immer mehr an die Wand gedrückt fühlen»* und resümierte: *«Die alten Kämpfer sind überall verbittert. Weiß man auf den Kreis- und Gauleitungen, daß das eine der größten Gefahren ist... Der einzige Nachwuchs darf nur die Jugend sein»*.

Beide, Friederici wie Waltereit, drangen mit dieser Kritik nicht durch, im Gegenteil: Indiz dafür ist, daß statt Friederici, der – rangniedrigere – Wilhelmsburger SA-Sturmbannführer Degener im Februar 1934 als einer von insgesamt sechs ehrenamtlichen Stadträten von Gau- und Kreisleitung vorgeschlagen wurde, hingegen Friederici nur auf der Vorschlagsliste der 25 Gemeinderäte auftauchte. Der zweite «starke Mann» der Harburger SA, Christensen, verließ Harburg bereits im November 1933, um zum Standartenführer in Verden, dann – 1937 – zum Brigadeführer in Brandenburg aufzusteigen.

Der Harburger Kreisleiter Peters, politisch ohnehin farblos, wurde schon im Frühjahr 1933 durch den Nicht-Harburger George Ebrecht (Jg. 1895) ersetzt, der ebenfalls erst 1931 zur NSDAP gestoßen war. In seiner Kreisleiter-Funktion wurde er im März 1934 zum 6. hauptamtlichen Stadtrat bestellt, denn Telschow wie auch Bartels hielten eine *«enge Verquikkung der Kreisleitung mit der Stadtverwaltung für unbedingt erwünscht»*. Nachdem Ebrecht Anfang 1935 in den Stab Darrés nach Berlin gegangen war und in der SS eine steile Karriere (seit 1943 SS-Gruppenführer und Generalleutnant der Polizei) begann, wurde erst wieder mit dem Heimfelder Ortsgruppenleiter und ‹alten Kämpfer‹ Wilhelm Drescher (Jg. 1897) ein Harburger als Kreisleiter Nachfolger. Drescher, der auch das Verhältnis zur Arbeiterschaft verbessern helfen sollte – die Betriebsratswahlen 1935 hatten die Distanz zur Partei wieder deutlich gezeigt –, arbeitete aufs engste und vertrauteste mit Bartels zusammen, der ihn seinerseits als *«besonders fähigen Kopf»* und intimen Kenner der Harburger Verhältnisse schätzte.

In der Ära Bartels wurde bis zum Frühjahr 1934 die Nazifizierung der Kommunalverwaltung und der städtischen Betriebe systematisch vorangetrieben. Von den 1762 Stelleninhabern am 1.2.1933 wurden 452 entlassen, vor allem Mitglieder der SPD, der KPD, der RGO sowie viele weibliche Kräfte. Bis April 1934 waren 76 sog. alte Kämpfer, vornehmlich arbeitslose SA-Männer, eingestellt worden, im April 1934 folgten noch einmal 10. Hiermit wurde sicherlich ein Teil der Proteststimmung innerhalb der SA gebunden. Die Mehrzahl von ihnen fand im städtischen Reinigungsamt (16), im Wohlfahrtsamt (10) sowie bei den Städtischen Werken (21) Platz.

Der sog. Röhmputsch und seine Niederschlagung bildeten in dieser Perspektive in Harburg keine politische Zäsur: Die Entwaffnung der Harburger SA durch SS und Polizei am

1. Juli 1934 – sie verfügte immerhin über 5 leichte und 5 schwere MG, 32 Gewehre (K 98), 13 Karabiner (K 98), 27 Pistolen – verlief nach außen ohne Zwischenfälle. Immerhin aber merkte die Staatspolizeistelle in ihrem Lagebericht vom 5. Juli 1934 an, daß sie bereits *«seit Monaten»* auf das *«Anwachsen des Rufes nach der zweiten Revolution in der SA hingewiesen»* habe. *«Mißstimmung»* in der SA habe vor allem gegenüber Behörden, SS und Partei geherrscht, wobei berücksichtigt werden müsse, daß *«sich ein großer Teil der SA – in Harburg-Wilhelmsburg der größte Teil – aus ehemaligen Kommunisten zusammensetzt, die mangels ausreichender Schulung über Nationalsozialismus ihre innere kommunistische Einstellung zum großen Teil doch nicht verdrängt haben, wenn sie sich auch nach außen hin als Nationalsozialisten bezeichnen»*. Die *«Rederei»* von der *«zweiten Revolution»*, so fuhr der Harburger Gestapochef fort, habe der Auffassung dieser *«ehemals kommunistischen Elemente»* entsprochen, und ihr Ziel wäre *«ein dem Wesen nach kommunistischer SA-Terror»* gewesen. Wortführer hierbei wären *«in erster Linie die älteren SA-Männer (Führer aller Grade) aus 1930 bis 1932»* gewesen.

Trotz des hier durchscheinenden Versuches, die Forderung nach sozialer Revolution einem ‹kommunistischen› SA-Flügel einseitig zuzuordnen mit dem Ziel, die Anhänger einer solchen Politik zu diskreditieren, ist auch der Tenor dieses Berichtes Indiz für weitverbreitete Unzufriedenheit innerhalb der SA, die sich aber aufgrund der Einbindung der SA-Führerschaft nicht offen artikulieren, geschweige denn militant durchsetzen konnte. Nach der Entmachtung der SA nahm die SS deren alte Stellung ein; ihre *«zunehmende Bevorzugung»* wurde mit einer *«gewissen Verbitterung»* zu Kenntnis genommen, wie der Gestapochef anmerkte.

Bis 1937 vollzogen sich innerhalb der Partei, SA und SS keine signifikanten Wandlungsprozesse, sieht man einmal davon ab, daß der Polizeipräsident Christiansen, der seine Zugehörigkeit zu einer Freimaurer-Loge bei seinem Parteieintritt verschwiegen hatte, 1934 gehen mußte. Sein Nachfolger Stange, Pg. seit 1922, kam wieder von auswärts; er fiel 1936 über eine Trunkenheitsaffäre.

Als Fazit der nationalsozialistischen Herrschaft kann gelten: Die Einbindung der Arbeiterschaft bis 1936 in die Reihen der NSDAP gelang ebensowenig wie deren dauernde ideologische Beeinflussung. Das zeigen die Ergebnisse der Harburger Betriebsrats-Wahlen 1935 überdeutlich. Inwieweit der Abbau der Arbeitslosigkeit seit 1936/37 systemintegrierend gewirkt hat, muß offenbleiben.

Weitgehend integriert in das Herrschaftssystem der NSDAP wurde demgegenüber die Mehrheit des Bildungs- und Besitzbürgertums einschließlich der Industriellen, wenn auch mehrheitlich eher als Mitläufer oder als Nutznießer der Rüstungskonjunktur seit 1936/37.

Die eigentlichen Bastionen der Partei blieben wie vor 1933 der selbständige und angestellte Mittelstand sowie die Beamten, Gruppen übrigens, die im Kaiserreich bis 1918 an der politischen Herrschaft in Harburg nur ganz marginal partizipiert hatten und nach 1918 von der Arbeiterschaft auf die Plätze verwiesen worden waren.

Tabelle 1:
Die NSDAP bei den Wahlen in Harburg und Wilhelmsburg
(ab 1927: Harburg-Wilhelmsburg)

	Absolute Stimmen			Anteil in Prozent der abgegebenen Stimmen		
Wahlen	Harburg	Wilhelmsburg	Total	Harburg	Wilhelmsburg	Zusammen
Reichstagswahl 4.5.1924	1216[1]	681[1]	1897	3,0	5,1	–
Kommunalwahl 4.5.1924	842[1]	1292[1]	2134	2,1	–	–
Reichstagswahl 7.12.1924	392[2]	167[2]	559	1,0	–	–
Landtagswahl 7.12.1924	384[2]	171[2]	555	1,0	1,1	–
Kommunalwahl 25.9.1927	keine Kandidaten	–	–	–	–	–
Reichstagswahl 20.5.1928	599[3]	189[3]	788	1,3	–	1,2
Landtagswahl 20.5.1928	581	150	731	1,2	–	1,2
Kommunalwahl 17.11.1929	2236	466	2702	5,0	2,5	4,3
Reichstagswahl 14.9.1930	6746	2068	8814	13,8	10,1	12,5
Reichspräsidentenwahl						
(1. Wahlgang) 13.3.1932	13189	3706	16895			23,0
(2. Wahlgang) 10.4.1932	14944	4860	19804	30,1	24,3	28,4
Landtagswahl 24.4.1932	15152	5175	20327			29,4
Reichstagswahl 31.7.1932	15276	5451	20727			29,4
Reichstagswahl 6.11.1932	12863	4076	16939			24,8
Reichstagswahl 5.3.1933	18493	7114	25607			34,1
Landtagswahl 5.3.1933	–	–	24622			33,7
Kommunalwahl 12.3.1933	16436	7093	23529			35,5

Quellen: HAN.-Volksblatt. – Statistik des Deutschen Reiches. Auf Einzelbelege wird verzichtet.
[1] Völkisch-Sozialer Block
[2] Nationalsozialistische Freiheitsbewegung
[3] ab diesem Datum: NSDAP

Tabelle 2:
Zahlenmäßige Entwicklung der NSDAP, SA und SS sowie anderer Parteien und Wehrverbände in Harburg und Wilhelmsburg 1925–1933

	NSDAP	SA	SS	Stahlhelm	Roter Frontkämpfer- bund	KPD
Juli 1925	14	–		ca. 100		
1.1.1926	28	–				
März 1926	40[1]	–				
Okt. 1926	> 30	ca. 11 (Gründung)				
1928	ca. 40	–				
März 1929	70	43[2]			ca. 100	ca. 400
Ende Dezember 1929	180	25 (Mai)		305[5]		
Mitte Februar 1930	250	74		205[6]	15	700[7]
1. Juli 1930	400	93 (ca. Mai)				
Ende Sept. 1930	350	112[3]				
1. April 1931	363	95 (Februar)				
1. September 1931	462	–				
1. Dezember 1931	762	220[4]				
30. März 1932	–	380	24 (Gründung)			

[1] Nur: Ortsgruppe Wilhelmsburg
[2] Inkl. Harburg-Land und Jork
[3] Zahl für Mitte November 1930
[4] Zahl für den 31.12.1931; Sturm 11: 120 Mann. – Sturm 13:70 Mann. – Reserve-Sturm: 30 Mann
[5] Davon 40 Jungstahlhelmer in Harburg und 5 in Wilhelmsburg
[6] Davon 63 in Wilhelmsburg
[7] Davon 400 in Wilhelmsburg

Quellen: Lageberichte des Harburger Polizeipräsidenten; Parteistatistiken der NSDAP; Zeitungsberichte der Zeit; Materialien in der Sammlung Waltereit; Schriftwechsel Stummeyer/Strasser.

Anmerkungen

1 Der vorgelegte Aufsatz ist Teil einer größeren Untersuchung über Aufstieg und Herrschaft der NSDAP im Gau Ost-Hannover 1925–1945. Aus Platzgründen mußte auf Einzelnachweise verzichtet werden. Die Untersuchung basiert auf folgenden Quellenbeständen und folgender Literatur:

1. Gedruckte Literatur (zeitgenössische Darstellungen sowie Sekundärliteratur): Henningsen, Niedersachsenland, du wurdest unser! – Otto Telschow, Hitlerfahnen über Ost-Hannover (Politisch-geschichtliche Zeitbilder), darin: Die Ortsgruppe Harburg, in: Niedersachsen-Stürmer, 51. F., 2. Beilage, 19. 12. 1931. – Jochmann. – Noakes.

2. Ungedruckte Quellen: Schriftwechsel Rust/Telschow im HStA Hann., Hann. 310, I A, Nr. 11 II. – Schriftwechsel Stummeyer/Telschow mit Gregor Strasser, in: BA, NS 22, Nr. 1063. – Zu einzelnen Personen: Mitgliederkartei der NSDAP im Document Center in Berlin. – Über die Entwicklung der Harburger NSDAP, der SA und der SS informieren die Lageberichte des Harburger Polizeipräsidenten Wentker vom April 1931 bis zum Oktober 1932 bzw. seines Nachfolgers Danehl vom Dezember 1932 bis zum Februar 1933; sie lagern im StA Stade und werden von mir z. Z. für die Historische Kommission für Niedersachsen und Bremen ediert. Die Berichte der Gestapo Harburg seit 1933 sind nur unvollständig überliefert; ein Teil befindet sich im HStA Hann., ein größerer Teil im Institut für Marxismus-Leninismus (IML) der DDR in Berlin, wovon Abschriften im StA Stade verfügbar sind.

Wichtiges Material zur Geschichte der NSDAP und ihrer völkischen Vorläufer befindet sich zudem in den Akten der Regierung Lüneburg im HStA Hann. Für die Zeit nach 1933: Akten im StAHbg, Harburg 5. Zusätzlich konnte der Verf. auf persönliche Gespräche und die Sammlung des – späteren – Adjutanten des Harburger Standartenführers Friederici, Harry Waltereit, zurückgreifen, dem der Verf. wesentliche Aspekte zur Entwicklung der Harburger SA verdankt. Ihm sei an dieser Stelle für Informationen und Materialien nachdrücklich gedankt.

Eine bisher noch weithin unausgeschöpfte Quelle stellt zudem die nationalsozialistische Presse dar, vorab der «Niedersachsen-Stürmer» (seit Oktober 1928), das «Blatt der Niedersachsen» (1931–1932, nur in Einzelexemplaren erhalten) und das «Niederelbische Tageblatt» (seit 1933).

Abb. 1 Völkisch-antisemitische Ursprünge der NSDAP: Wahlveranstaltung O. Telschows 1924.

Abb. 2 Erste Gaugeschäftsstelle der NSDAP in Buchholz 1929.

Abb. 3 Erstes Parteilokal der Harburger NSDAP.

Abb. 4 P. Prellwitz, erster Ortsgruppenführer der Harburger NSDAP.

Abb. 5 P. Baumm, Druckereibesitzer und Propagandist der NSDAP, Tostedt (1929).

Ortsgruppe Harburg-Elbe.
Gregor Strasser
spricht
in Harburg-Elbe
am 8. Juni im großen Saal des „Schützenparks"

Ortsgruppen, Teilnehmer, die sich schon jetzt Eintrittskarten sichern wollen, haben sich sofort an den Propagandaobmann Pg. Stummeyer, Harburg-E., Mühlenstr. 46 zu wenden. Eintrittspreis 50 Pfg.

Der Ortsgruppenführer.

Abb. 6 Gregor Strasser, Mentor der Harburger NSDAP, als Redner in Harburg 1929.

Abb. 7 H. Stummeyer, Ortsgruppenführer bzw. Kreisleiter der Harburger NSDAP 1929–1932.

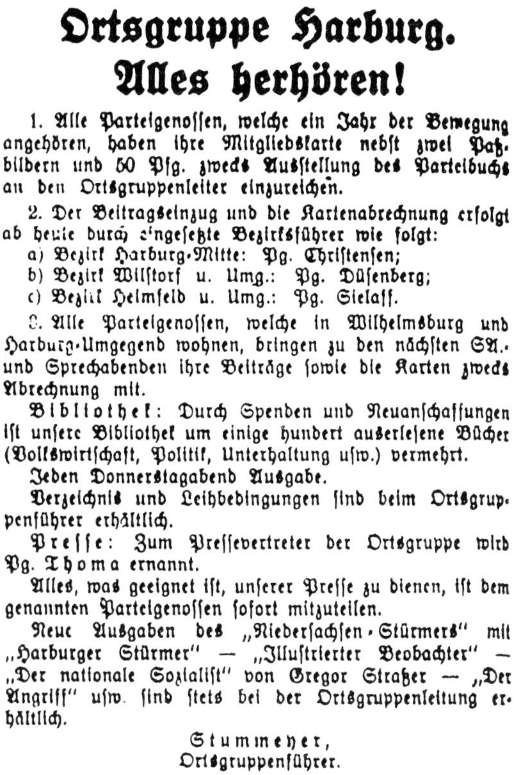
Ortsgruppe Harburg.
Alles herhören!

1. Alle Parteigenossen, welche ein Jahr der Bewegung angehören, haben ihre Mitgliedskarte nebst zwei Paßbildern und 50 Pfg. zwecks Ausstellung des Parteibuchs an den Ortsgruppenleiter einzureichen.

2. Der Beitragseinzug und die Kartenabrechnung erfolgt ab heute durch eingesetzte Bezirksführer wie folgt:
a) Bezirk Harburg-Mitte: Pg. Christensen;
b) Bezirk Wilstorf u. Umg.: Pg. Düsenberg;
c) Bezirk Helmfeld u. Umg.: Pg. Sielaff.

3. Alle Parteigenossen, welche in Wilhelmsburg und Harburg-Umgegend wohnen, bringen zu den nächsten SA.- und Sprechabenden ihre Beiträge sowie die Karten zwecks Abrechnung mit.

Bibliothek: Durch Spenden und Neuanschaffungen ist unsere Bibliothek um einige hundert auserlesene Bücher (Volkswirtschaft, Politik, Unterhaltung usw.) vermehrt.

Jeden Donnerstagabend Ausgabe.

Verzeichnis und Leihbedingungen sind beim Ortsgruppenführer erhältlich.

Presse: Zum Pressevertreter der Ortsgruppe wird Pg. Thoma ernannt.

Alles, was geeignet ist, unserer Presse zu dienen, ist dem genannten Parteigenossen sofort mitzuteilen.

Neue Ausgaben des „Niedersachsen-Stürmers" mit „Harburger Stürmer" — „Illustrierter Beobachter" — „Der nationale Sozialist" von Gregor Straßer — „Der Angriff" usw. sind stets bei der Ortsgruppenleitung erhältlich.

Stummeyer,
Ortsgruppenführer.

Abb. 8 Parteibefehl des Harburger Ortsgruppenführers (Dezember 1929).

Achtung!

Um regelmäßiges Erscheinen, und zwar wöchentlich, unseres
„Harburger Stürmer"
als Beilage des amtlichen Gauorgans, des
„Niedersachsen-Stürmer"
zu ermöglichen, ist es Ehrensache, ja Pflicht eines
jeden Parteigenossen,
den „Niedersachsen-Stürmer" bei der Post zu abonnieren. Bestellungen nimmt ebenfalls Pg. Thoma entgegen.

Der Ortsgruppenführer. Der Pressewart.

Abb. 9 Werbeaufruf für einen – nicht erschienenen – «Harburger Stürmer» (Dezember 1929).

Die Boykott-Befehle der Juden-Knechte erfolglos durch Treue der Nationalsozialisten.

Nach wie vor liefere ich:
Akener Wurst
Bettkauer Brot
Magdeburger Kuhkäse
sowie sämtliche
Kolonial- u. Fettwaren
Weine u. Spirituosen
Sturmzigaretten
Heinr. Stummeyer
Harburg-Elbe. Mühlenstraße 46.
Telephon 1817.

Abb. 10 Werbeannonce des Pg. Kolonialwarenhändlers Stummeyer (1929).

Abb. 11 Anfänge der Harburger SA 1926. Ganz links: der spätere Standartenführer W. Friederici; 1. Reihe, 3. v.r.: der spätere Sturmbannführer O. Christensen.

Abb. 12 Harburger SA 1929.

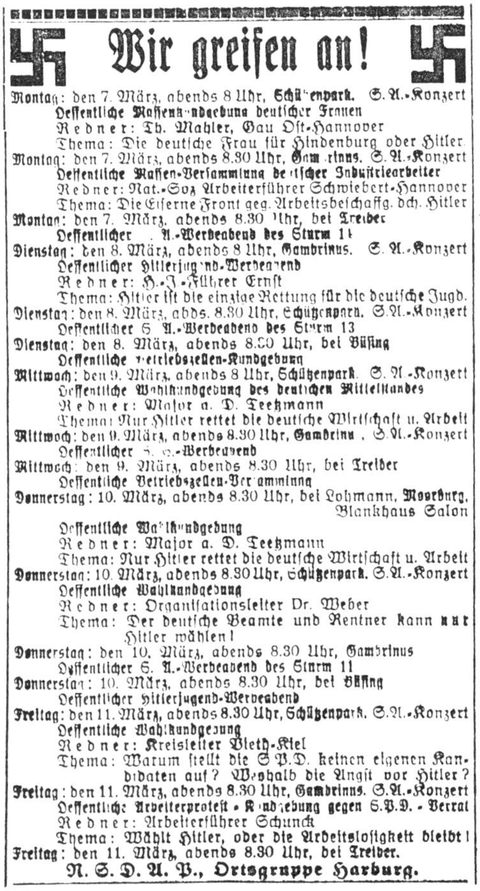

Wir greifen an!

Montag: den 7. März, abends 8 Uhr, **Schü[illegible]enpark.** S.A.-Konzert
Oeffentliche Massen-[illegible]ndgebung deutscher Frauen
Redner: Th. Mahler, Gau Ost-Hannover
Thema: Die deutsche Frau für Hindenburg oder Hitler.
Montag: den 7. März, abends 8.30 Uhr, **Gam[illegible]rinus.** S.A.-Konzert
Oeffentliche Massen-Versammlung deutscher Industriearbeiter
Redner: Nat.-Soz. Arbeiterführer Schwiebert-Hannover
Thema: Die Eiserne Front geg. Arbeitsbeschaffg. dch. Hitler
Montag: den 7. März, abends 8.30 Uhr, bei **Treiber**
Oeffentlicher [illegible]A.-Werbeabend des Sturm 1[illegible]
Dienstag: den 8. März, abends 8 Uhr, **Gambrinus.** S.A.-Konzert
Oeffentlicher Hitlerjugend-Werbeabend
Redner: H.-J.-Führer Ernst
Thema: Hitler ist die einzige Rettung für die deutsche Jugd.
Dienstag: den 8. März, abds. 8.30 Uhr, **Schützenpark.** S.A.-Konzert
Oeffentlicher S.A.-Werbeabend des Sturm 13
Dienstag: den 8. März, abends 8.[illegible]0 Uhr, bei **Büsing**
Oeffentliche [illegible]etriebszellen-Kundgebung
Mittwoch: den 9. März, abends 8 Uhr, **Schützenpark.** S.A.-Konzert
Oeffentliche Wahlkundgebung des deutschen Mittelstandes
Redner: Major a. D. Teetzmann
Thema: Nur Hitler rettet die deutsche Wirtschaft u. Arbeit
Mittwoch: den 9. März, abends 8.30 Uhr, **Gambrinu[illegible].** S.A.-Konzert
Oeffentlicher [illegible]-Werbeabend
Mittwoch: den 9. März, abends 8.30 Uhr, bei **Treiber**
Oeffentliche Betriebszellen-Ver[illegible]ammlung
Donnerstag: 10. März, abends 8.30 Uhr, bei Lohmann, **Moorburg**, Blankhaus Salon
Oeffentliche Wa[illegible]lk[illegible]ndgebung
Redner: Major a. D. Teetzmann
Thema: Nur Hitler rettet die deutsche Wirtschaft u. Arbeit
Donnerstag: 10. März, abends 8.30 Uhr, **Schützenpark.** S.A.-Konzert
Oeffentliche Wahlkundgebung
Redner: Organisationsleiter Dr. Weber
Thema: Der deutsche Beamte und Rentner kann **nur** Hitler wählen!
Donnerstag: den 10. März, abends 8.30 Uhr, **Gambrinus**
Oeffentlicher S.A.-Werbeabend des Sturm 11
Donnerstag: 10. März, abends 8.30 Uhr, bei **Büsing**
Oeffentlicher Hitlerjugend-Werbeabend
Freitag: den 11. März, abends 8.30 Uhr, **Schützenpark.** S.A.-Konzert
Oeffentliche Wahlkundgebung
Redner: **Kreisleiter Bleth-Kiel**
Thema: Warum stellt die S.P.D. keinen eigenen Kandidaten auf? Weshalb die Angst vor Hitler?
Freitag: den 11. März, abends 8.30 Uhr, **Gambrinus.** S.A.-Konzert
Oeffentliche Arbeiterprotest-K[illegible]ndgebung gegen S.P.D.-Verrat
Redner: Arbeiterführer Schunck
Thema: **Wählt Hitler, oder die Arbeitslosigkeit bleibt!**
Freitag: den 11. März, abends 8.30 Uhr, bei **Treiber.**

N. S. D. A. P., Ortsgruppe Harburg.

Abb. 13 Pausenlose Propaganda 1932: Reichspräsidentenwahl im März.

Abb. 15 L. Peters, Kreisleiter der Harburger NSDAP 1932/33.

Abb. 14 «Deutsche Gemütlichkeit»: SA-Abend im Dezember 1931.

Abb. 16 Die Gauleitung in Harburg: 1. August 1932, Bahnhofs-Hotel in der Moorstraße.

Terror unter dem Hakenkreuz[1]

Hans-Joachim Meyer

Die Nazis erobern das «rote Harburg»

Auf Druck einflußreicher Kreise innerhalb Bürokratie, Reichswehr, Großgrundbesitz und Großindustrie wurde Adolf Hitler am 30. Januar 1933 vom Reichspräsidenten Hindenburg zum Reichskanzler ernannt. Die Stadt Harburg-Wilhelmsburg war damals immer noch eine Hochburg der Arbeiterbewegung. Daß in wenigen Wochen Hakenkreuzfahnen und SA-Stiefel das Stadtbild dieses «roten Harburg» bestimmen würden, hätte sich an jenem 30. Januar niemand träumen lassen. Noch bei den letzten Reichstagswahlen am 6. November 1932 hatten 58% der Wähler Harburg-Wilhelmsburgs für die Arbeiterparteien SPD und KPD gestimmt.

Welche Kraft und welchen Kampfeswillen die Arbeiterschaft in Harburg-Wilhelmsburg noch besaß, zeigten die Ereignisse im Februar 1933: Am 7. Februar wurde vor dem Arbeiterlokal «Stadt Hannover» am Großen Schippsee der Metallarbeiter Martin Leuschel von SA-Leuten erschossen. Seine Beerdigung drei Tage danach entwickelte sich zu einer Massendemonstration von einer Größe, die Harburg später nie wieder gesehen hat: Etwa 20000 Menschen begleiteten den Sarg von der «Eichenhöhe» bis zu den Elbbrücken, in vielen Betrieben ruhte die Arbeit.

Drei Monate später wehte vor dem Rathaus längst die Hakenkreuzfahne. Der sozialdemokratische Oberbürgermeister Walter Dudek war abgesetzt. SA marschierte als «Hilfspolizei» durch die Straßen. Viele fragten sich damals: Wie konnte das «rote Harburg» von den Nazis erobert werden?

Auch in Harburg hatten Teile des Bürgertums den Nazis schon lange vor dem 30. Januar 1933 den Boden bereitet: durch wohlwollende Berichterstattung in ihrer Presse, durch schonende Behandlung seitens der Justiz.

Die beiden Arbeiterparteien verfochten völlig unterschiedliche Strategien in fast allen politischen Fragen, auch in der Bekämpfung des Faschismus. Zwar gab es in Harburg in den letzten Jahren der Republik hin und wieder gemeinsamen Schutz von Veranstaltungen, Vorschläge zur Zusammenarbeit von SPD, KPD und ihren Jugendverbänden, es gab auch Gespräche zwischen beiden Parteiführungen in Harburg. All dies konnte jedoch an den tiefen Gegensätzen nichts ändern. Es ist eine Tragödie der Geschichte, daß das Nachdenken über neue Strategien erst begann, nachdem die Arbeiterbewegung in die Illegalität gedrängt war.

All das, was Hitler für seine Gegner in «Mein Kampf» angekündigt hatte, setzten die Nazis nach ihrem Machtantritt Zug um Zug in die Tat um.

Die Grundrechte der Weimarer Verfassung wurden nach dem Reichstagsbrand am 27. Februar 1933 außer Kraft gesetzt. Am gleichen Abend begannen die Massenverhaftungen von Kommunisten und Sozialdemokraten. Das KPD-Büro in der Langen Straße (heute Goldschmidtstraße) wurde durchsucht und geschlossen. Das «Volksblatt», die Harburger Tageszeitung der SPD, wurde verboten. Bald danach wurden die Gewerkschaften, der Arbeitersport, sogar Arbeitersparvereine aufgelöst. Das «Volksblatt»-Gebäude am Großen Schippsee, wo auch die SPD und die Gewerkschaften untergebracht waren, wurde beschlagnahmt.

Auch die Mitglieder der Arbeiterparteien, die nicht verhaftet worden waren, mußten täglich mit Schikanen rechnen. Sie wurden am hellichten Tag aus ihren Wohnungen geholt und mußten unter SA-Bewachung mit Bürsten, manchmal sogar mit Zahnbürsten, Losungen und Plakate der Arbeiterbewegung von den Wänden entfernen. Dabei wurden sie oft geschlagen, getreten und auf andere Weise mißhandelt.

In den ersten Jahren der Nazidiktatur gab es in Harburg drei Gefängnisse: das Polizeigefängnis im Moor an der Wetternstraße (heute werden dort Asylbewerber untergebracht), das Gerichtsgefängnis in unmittelbarer Nähe des Amtsgerichts in der Buxtehuder Straße und kurze Zeit auch die Polizeikaserne am Schwarzenberg, wo SA-Trupps als «Hilfspolizei» eingerückt waren. Diese Gefängnisse waren jedoch meist nur Zwischenstation, die Gefangenen wurden in die Emslandlager, in andere KZs oder in das berüchtigte «Kolafu», das Konzentrationslager Fuhlsbüttel, abtransportiert. Dort waren sie der Brutalität der Nazi-Bewacher schutzlos ausgeliefert. Später wurden alle Antifaschisten sofort nach ihrer Verhaftung nach Hamburg gebracht – ins «Kolafu» oder ins Untersuchungsgefängnis am Holstenglacis.

Die Nazis bauten zunächst in Preußen, dann im ganzen Deutschen Reich eine «Geheime Staatspolizei» auf. Nicht nur politische Gegner, Juden oder andere verfolgte Minderheiten wurden ihre Opfer, sondern später – besonders im Krieg – Bürger, die «Feindsender» hörten, am «Endsieg» zweifelten oder sonstwie durch mißliebige Äußerungen auffielen. Die Gestapo in Harburg war anfangs im Polizeigebäude in der Georgstraße (heute Nöldekestraße) untergebracht. 1937 bekam sie ein eigenes Gebäude: die ehemalige Villa des Oberbürgermeisters Dudek am Außenmühlenweg. Kurz vor Kriegsende zertörten Bomben dieses Haus. Viele Akten wurden vernichtet, so daß über das verbrecherische Treiben der Harburger Gestapo kaum etwas bekannt ist.

Der antijüdische Terror begann schon am 31. März 1933 mit dem Boykott jüdischer Geschäfte und endete schließlich mit der Deportation der Juden in die Konzentrations- und Vernichtungslager[2].

Dasselbe Schicksal hatten die Nazis den Sinti und Roma zugedacht. Wiederholt drängten sie auf schnelle Erledigung der «Zigeunerfrage». Am 12. Dezember 1939 wurde in einer Besprechung zwischen Polizeiführung und Hamburger Sozialverwaltung erwogen, die etwa 1600 in Hamburg lebenden Sinti nach Polen abzuschieben. Es sei *«wichtig, daß Hamburg als erste Stadt an den Abtransport herangeht, weil nicht zu übersehen ist, ob später noch Unterbringungsmöglichkeiten für Zigeuner in Polen bestehen werden»*[3]. Am 16. Mai 1940 wurden etwa 1000 Sinti verhaftet und von sechs Sammelstellen aus Hamburg nach Osten abtransportiert, viele von ihnen in das Vernichtungslager Belzec in Ostpolen. In Harburg wurden sie vor dem Polizeigebäude in der Nöldekestraße zusammengetrieben. Weitere Sinti wurden in späteren Jahren, so im März 1943, nach Auschwitz verschleppt.

Es gab Institutionen, bei deren Bekämpfung die Nazis vorsichtiger sein mußten. Das waren vor allem die beiden großen Kirchen Deutschlands. Evangelische Christen, die in Opposition zur Nazidiktatur standen, gründeten die «Bekennende Kirche». Obmann für die «Bekennende Kirche» im Kirchenkreis Harburg war Robert Hesse, der von 1932 bis 1945 als Pastor an der Pauluskirche in Heimfeld amtierte. Der Bekenntnisgemeinde, die er gegründet hatte, konnten Kirchenmitglieder in ganz Harburg beitreten. Pastor Hesse wurde von der Gestapo laufend beobachtet, bei seinen Predigten waren Spitzel anwesend. Seine Gottesdienste wurden von der Hitlerjugend gestört, meist durch Aufmärsche vor der Kirche unter Trommelwirbel und lauter Musik. Besuche in Krankenhäusern wurden ihm untersagt. Zusammenkünfte der «Bekennenden Kirche» mußten oft in entlegenen Dorfgemeinden stattfinden. Einige ihrer Mitglieder halfen auch Harburger Juden, verbargen sie und verhalfen ihnen zur Flucht ins Ausland. Pastor Hesse wurde im Jahre 1941 eingezogen und kam im Krieg im April 1945 ums Leben[4].

Der Widerstand lebt – trotz Mord und Terror

In fast allen Jahren des «Tausendjährigen Reiches» hat es in Harburg aktiven Widerstand gegen den Faschismus gegeben. Zum ganz überwiegenden Teil kam er aus der Arbeiterbewegung. Die Antifaschisten druckten illegale Zeitungen, um das Informationsmonopol der Nazis zu durchbrechen. Sie schmuggelten Druckerzeugnisse aus dem Ausland nach Harburg. Sie brachten Widerstandskämpfer, denen die Gestapo auf der Spur war, über die Grenze.

Die Formen des Widerstandes waren sehr vielfältig. Gleich nach der Machtübernahme durch die Nazis und nach den ersten Massenverhaftungen Ende Februar 1933 gab es Protestaktionen, die zum Teil spontan entstanden. An Schornsteinen wurden rote Fahnen gehißt, man traf sich – oft ohne große Vorsichtsmaßnahmen – in Kneipen, in den Straßen bildeten kleine Gruppen Sprechchöre, riefen antifaschistische Parolen und verschwanden, ehe die Polizei kam.

Aber auch der organisierte Widerstand begann schon unmittelbar nach dem Verbot der Arbeiterparteien. Die KPD hatte sich schon vor 1933 auf die Illegalität vorbereitet. Die Umstellung der Organisation auf Fünfer- und Dreiergruppen wurde in Angriff genommen. In einer Leihbücherei in der Winsener Straße Nr. 52 (der Raum wurde von den Nazis nie entdeckt) hatte die Partei einen Arbeitsraum eingerichtet, wo auch Flugblätter und Zeitungen abgezogen wurden. Schon ab Frühjahr 1933 erschienen in Harburg illegale Ausgaben der kommunistischen «Norddeutschen Zeitung». Die Beitragskassierung der KPD-Mitglieder wurde, so gut es ging, weitergeführt; in Wilhelmsburg hat sie sogar bis 1935 einwandfrei funktioniert.

Die Verhaftung von führenden Funktionären der beiden Arbeiterparteien machte es notwendig, daß die illegalen Organisationen ganz neu aufgebaut werden mußten. Bei der SPD unterstützte der nach Prag emigrierte Parteivorstand die illegale Arbeit. Kuriere schleusten Druckschriften nach Deutschland, so das neue SPD-Programm «Kampf und Ziel des modernen Sozialimus», das als «Prager Manifest» in die Geschichte einging, dann die auf Dünndruckpapier hergestellte Parteizeitung «Neuer Vorwärts» und andere Schriften. Die Sozialdemokraten stellten auch in Deutschland selbst Materialien her, meist auf einfachen

Abzugsgeräten. In Hamburg erschienen die «Roten Blätter»; sie wurden auch in Harburg und Wilhelmsburg verteilt. Hier hatte Hans Sander ab Herbst 1933 eine illegale Gruppe der SPD aufgebaut. Sie umfaßte bis zu 40 Mitglieder, meist aus Wilhelmsburg, und zwar in Fünfergruppen organisiert. Die Gruppe verteilte illegale Zeitungen und andere Schriften. Auch Geld wurde gesammelt, als Quittungen dienten Bilder von der Grabstätte des von den Nazis ermordeten SPD-Abgeordneten Biedermann oder Landschaftsbilder.

Im Frühjahr 1935 wurden mehrere Sozialdemokraten, darunter auch Hans Sander, verhaftet. In der Anklageschrift gegen Sander und sieben weitere Sozialdemokraten wird besonders vermerkt, daß die SPD sich inzwischen dem *«gewaltsamen Kampf gegen den nationalsozialistischen Staat»* verschrieben habe. Aus einem Exemplar der «Sozialistischen Aktion», das angeblich bei den verhafteten Sozialdemokraten gefunden wurde, wird der Satz zitiert: *«Es geht aber nicht nur um die verdiente Vernichtung einer Partei und einer herrschsüchtigen Führungsclique. Es geht um das Schicksal des ganzen deutschen Volkes, das wieder einmal in Gefahr schwebt, durch Gewissenlosigkeit seiner Führer in den Abgrund gezogen zu werden. Es geht um unsere eigene Zukunft, darum gilt es jetzt, der Entwicklung zum Chaos kraftvoll entgegenzuwirken durch eine Sammlung aller aktiven antifaschistischen Kräfte»*[5].

Mit äußerster Brutalität wurde versucht, aus den Verhafteten Geständnisse herauszupressen. *«Der Beschuldigte Sander benahm sich bei den polizeilichen Vernehmungen äußerst verstockt»*, heißt es in der Anklageschrift[5]. Am 17. November 1935 wurde Sander zu zwei Jahren Gefängnis verurteilt.

Nach 1936 läßt sich bisher kein organisierter Widerstand von illegalen SPD- oder SAJ-Gruppen in Harburg-Wilhelmsburg nachweisen. Dennoch wurden viele Verbindungen aufrechterhalten – auf privater Ebene oder in legalen Vereinen.

Die KPD versuchte Ende 1933, eine neue Unterbezirksleitung Harburg-Wilhelmsburg mit Personen aufzubauen, die bei den Nazis und der Polizei kaum bekannt waren – ein schwieriges Unterfangen. Leiter wurde Erich Meyer, mit in der Leitung waren vertreten: Gustav Martens, Otto Nehring und Heinrich Herrmann. Sie vertrieben weiterhin die «Norddeutsche Zeitung» (später «Arbeiterzeitung») und richteten eine neue Druckerei mit Setzbuchstaben in der Wohnung von Hansine und Heinrich Klafack ein (zuerst Maretstraße 68, dann in Neugraben, heute Störtebekerweg 81). Die Druckqualität war so gut, daß zeitweise auch die illegale «Hamburger Volkszeitung» der KPD in Harburg gedruckt wurde.

Ostern 1934 schickte die Partei an Harburger Schulabgänger und Konfirmanden per Post Glückwunschkarten mit der Aufforderung, nicht auf das «Volksgemeinschafts»-Gerede der Nazis hereinzufallen, sondern als Jungkommunist «Mitkämpfer für eine bessere Zukunft» zu werden. Als die Gestapo davon Wind bekam, telegrafierte sie sofort nach Berlin und empfahl, alle Postämter in ganz Deutschland zu informieren. Offenbar glaubte sie an eine zentral gesteuerte landesweite Aktion.

Als die illegale Unterbezirksorganisation der KPD im Sommer 1934 «aufflog», berichtete die Harburger Gestapo von 138 Festnahmen. Der Gestapomann Freiherr von Diepenbroick-Grüter schrieb im August 1934 nach Berlin: *«Mit welcher Tatkraft und Umsicht die Partei gearbeitet hat, ist insbesondere daraus zu ersehen, daß sie aus den Beitragsgeldern, dem Verdienst aus den verkauften Zeitungen sowie freiwilligen Spenden durch eine Mittelsperson in Neugraben (Landkreis Harburg) ein Haus hat kaufen lassen.»* Die KPD habe *«seit Beginn unseres Jahres mehr zugenommen als vermutet wurde»*. Der Freiherr forderte deshalb härtere Strafen und von der Justiz eine Arbeit *«mit gleicher Schnelligkeit und gleichem Einsatz»* wie bei der Gestapo[6].

Nach der Verhaftungswelle gelang es schon bald, eine neue Leitung der KPD in Harburg zu bilden. An der Spitze stand Felix Plewa, der damals als Klempner in einem kleinen Heimfelder Betrieb arbeitete. In wichtigen Harburger Betrieben (u. a. HOBUM, Phoenix) und in mehreren Stadtteilen gab es bald wieder illegale Gruppen und Stützpunkte. Felix Plewa selbst bastelte Knallkörper mit Zeitzünder, die er mit Flugzetteln füllte und an belebten Stellen Harburgs hochgehen ließ. Am 20. Juli 1935 berichtete die Harburger Gestapo per Einschreiben nach Berlin: *«Am 19. Juli 1935 gegen 14.30 Uhr explodierte in Harburg-Wilhelmsburg in unmittelbarer Nähe eines großen Ölwerkes ein kommunistische Streuzettel enthaltender Feuerwerkskörper. Die Zettel (7 mal 2 cm) enthalten die Parolen: ‹Kämpft mit der KPD gegen diese Mörder-, Hunger- und Bettelregierung›, ‹Streik in Vegesack, Husum und Essen! Wehrt euch!› auf der Rückseite»*[6]. Den Hersteller fand die Gestapo nicht, und um nicht ganz erfolglos dazustehen, nahm sie drei ehemalige Kommunisten «in Schutzhaft».

Das Drucken von Zeitungen wurde in Deutschland immer gefährlicher. Die illegalen Schriften wurden jetzt meist im Ausland hergestellt und mit Kurieren nach Hamburg und Harburg gebracht. Die KPD hatte inzwischen in verschiedenen Ländern «Abschnittsleitungen» zur Koordinierung des Widerstandes aufgebaut. Die «Abschnittsleitung Nord» in Kopenhagen war für den gesamten Küstenbereich von der «Wasserkante» bis nach Ostpreußen zuständig. Kurier von Kopenhagen nach Harburg war u. a. Karl Nieter, seine Anlaufstelle in Harburg das Haus von Emma und August Quest am Kapellenweg.

Verfolgung und Widerstand während des Krieges

Als die Nazis am 1. September 1939 mit dem Angriff auf Polen den Zweiten Weltkrieg vom Zaun brachen, wurde der Bespitzelungs- und Überwachungsapparat erheblich ausgebaut.

Widerstandsgruppen konnten nur noch mit äußerster Vorsicht arbeiten. Die Verbindungen zwischen den illegalen Gruppen der Harburger Kommunisten und der «Abschnittsleitung Nord» in Kopenhagen rissen vorübergehend ab, wurden aber bald neu geknüpft.

Aber nicht nur die politische Opposition wurde von der Gestapo beobachtet. Bald kamen die ersten Kriegsgefangenen nach Harburg und Wilhelmsburg. Es folgten nach Deutschland verschleppte Fremd- und Zwangsarbeiter, unter ihnen auch viele Frauen. Bald gab es kaum einen größeren Betrieb, der nicht auch Arbeiterinnen und Arbeiter aus den von den Nazis besetzten Gebieten beschäftigte. Sie alle mußten überwacht und von der deutschen Bevölkerung isoliert werden. Sogenannte «Ostarbeiterlager» gab es u. a. in Wilstorf (in der Nähe des Schützenparks an der Ecke Kapellenweg/Lönsstraße) und in Rönneburg (Radickestraße), bei der Wilhelmsburger Wollkämmerei (Kanalstraße), der Hansa-Mühle und bei Merkel (Rotenhäuser Straße).

Viele Betriebe zogen gegen Kriegsende Nutzen aus der Zwangsarbeit von Häftlingen des Konzentrationslagers Neuengamme. Ein ganzer Lagerkomplex stand am «Langen Morgen» in der Nähe der Rethebrücke: 200–300 Häftlinge des KZ Neuengamme mußten hier für das Marine-Oberbauamt arbeiten. Nicht weit davon betrieb die Gestapo ein «Arbeitserziehungslager», das sich in den Haftbedingungen kaum von einem KZ unterschied. In Neugraben wurden am Falkenbergsweg Lager für Kriegsgefangene und Zwangsarbeiter gebaut. Sie kamen meist aus Osteuropa, später auch aus Italien. Außerdem hatte das KZ Neuengamme auch hier – etwas abseits der Straße – ein Außenlager mit etwa 500 Jüdinnen[7].

Am schlimmsten erging es den KZ-Häftlingen. Sie waren – nach dem Sprachgebrauch der Nazis – zur «Vernichtung durch Arbeit» bestimmt, mußten bei Regen und Kälte schwerste körperliche Arbeit verrichten und durften bei Bombenangriffen nicht in den Bunker. Bei den

«Ostarbeitern» in den Großbetrieben mußte sich die Schinderei in gewissen Grenzen halten, da sie ja eine wichtige Rolle für die Kriegswirtschaft spielten.

Kontakte zwischen Deutschen und Zwangsarbeitern waren in den Betrieben und auch in der Öffentlichkeit streng verboten. So wurde z. B. noch im Februar 1945 eine Gastwirtin aus Langenbek angezeigt und zur Gestapo beordert, weil sie in ihrer Wirtschaft an der damaligen Winsener Reichsstraße zwei sowjetischen Kriegsgefangenen und zwei Ukrainerinnen Bier ausgeschenkt hatte[8].

Die Stimmung der Harburger, ihre Haltung zum «Endsieg» und zum Naziregime überhaupt wurden von der Gestapo ständig beobachtet. Wer Äußerungen machte, die als «wehrkraftzersetzend» ausgelegt werden konnten, geriet schnell in die Mühle der Gestapo und der Nazijustiz. So wurde am 1. Februar 1943 ein Volksschullehrer aus Eißendorf verhaftet. In den Akten der Harburger Gestapo heißt es lapidar: *«Wurde heute vorläufig festgenommen, weil er anläßlich der Werbung zur Kinderlandverschickung den Endsieg Deutschlands in der Schule unter erhebliche Zweifel gestellt hat»*[8].

Mit Hilfe eines Spitzels gelang es der Gestapo im Jahre 1941, die führenden Mitglieder der ehemaligen «Abschnittsleitung Nord» der KPD in Kopenhagen aufzuspüren. Auch mehrere Widerstandskämpfer aus Harburg wurden dadurch der Gestapo bekannt und verhaftet. Felix Plewa und Karl Nieter wurden zum Tode verurteilt und in Berlin-Plötzensee hingerichtet. Ein Koffer mit illegalen Materialien aus Plewas Wohnung am Deichhausweg konnte gerade noch rechtzeitig vor dem Eintreffen der Gestapo beiseitegeschafft werden. Robert Homeyer kam 1942 im KZ Dachau ums Leben. Emma Quest wurde zu drei Jahren Zuchthaus verurteilt und kam kurz vor Kriegsende ins «Arbeitserziehungslager« am Langen Morgen.

In Hamburg war inzwischen eine noch größere Widerstandsorganisation entstanden. Mehrere kommunistische Funktionäre, die 1939 und 1940 aus dem KZ Sachsenhausen nach Hamburg entlassen worden waren, vertraten den Standpunkt, daß der Widerstand weitergehen müsse, um das sinnlose Blutvergießen zu beenden und den Frieden herbeizuführen. So entstand die Widerstandsorganisation Bästlein-Jacob-Abshagen[9].

In der Wohnung des Harburger Kommunisten Adolf Wendt, Talstraße 12 (heute Steinikestraße), fand im September 1940 eine erste Zusammenkunft statt. Die Organisation konnte sich auf nach wie vor illegal arbeitende Kommunisten stützen, die der Gestapo bisher verborgen geblieben waren. So hatte sie bald Stützpunkte auf der Phoenix, der HOBUM, den Harburger Eisen- und Bronzewerken (heute Krupp) und Thörl, außerdem in Harburger Wohngebieten, besonders in Wilstorf. Zur Arbeit der Gruppe in Harburg gehörten: Information über die politische Lage und Bildungsarbeit der Mitglieder untereinander; Abhören des ausländischen Rundfunks; Mitteilungen an Angehörige, wenn über den Moskauer Rundfunk Namen von Kriegsgefangenen durchgegeben wurden, die noch am Leben waren; Unterstützung für Zwangsarbeiter, besonders auf der Phoenix.

Im Oktober 1942 kam die Gestapo der Organisation auf die Spur. Etwa 100 Antifaschisten wurden in ganz Hamburg verhaftet, darunter aus Harburg Willi Milke, Herbert Bittcher, Wilhelm Stein und andere. Karl Kock, der ebenfalls in den Listen der Gestapo stand, konnte rechtzeitig flüchten und wurde steckbrieflich gesucht. Mit großer Mühe gelang es den Harburger Antifaschisten, ihm Quartiere zu besorgen. Fieberhaft wurde nach Möglichkeiten gesucht, ihn ins Ausland zu schaffen. Am 6. März 1943 stürmte die Gestapo das Haus von August Quest am Kapellenweg 15, wo sich Karl Kock zuletzt verborgen hielt. Karl Kock, August Quest, Paul Dreibrodt und andere, die Karl Kock geholfen hatten, wurden festgenommen.

Einige der Widerstandskämpfer kamen vor den «Volksgerichtshof» nach Berlin. Hier sollen Willi Milke und Herbert Bittcher im Januar 1944 angeblich Selbstmord verübt haben. Gegen andere – es gab über 100 Angeklagte der Bästlein-Organisation – wurden in Hamburg Prozesse vorbereitet. Karl Kock und Wilhelm Stein wurden am 26. Juni 1944 im Untersuchungsgefängnis am Holstenglacis hingerichtet, andere zu hohen Zuchthausstrafen verurteilt. Paul Dreibrodt und August Quest starben bald nach ihrer Befreiung aus dem Zuchthaus Bützow-Dreibergen an Entkräftung.

Hinter diesen nüchternen Fakten verbargen sich Hunderte von Einzelschicksalen, Sorgen von Angehörigen, Quälereien und Mißhandlungen, aber auch viel Solidarität. Es ist heute kaum vorstellbar, was es bedeutete, unter den Bedingungen des Krieges, wo es fast alles nur auf Lebensmittelkarten gab, Antifaschisten zu verstecken, sie zu versorgen, bereits verhaftete Freunde zu unterstützen und dabei ständig befürchten zu müssen, selbst in die Hände der Gestapo zu geraten. Grete Dreibrodt, die drei Gefangene zu betreuen hatte, berichtete, daß damals die Solidarität ihrer Nachbarn, schon ein freundliches «Guten Tag» oder ein kleines Geschenk für ihren Sohn eine wichtige Stütze bedeuteten.

In Wilhelmsburg hatte es die Gestapo 1943 erstmals mit einer Widerstandsgruppe zu tun, die nicht aus der Arbeiterbewegung kam. Sie wurde, weil sie in Verbindung mit der Gruppe um Hans und Sophie Scholl in München stand, die «Weiße Rose Hamburg» genannt. Es waren Künstler, Studenten und Schriftsteller. Der Kern bestand aus dem Freundeskreis der Familie Leipelt. Der Vater Konrad Leipelt war Hüttendirektor der Wilhelmsburger Zinnwerke, seine Frau Katharina Chemikerin. Als die Familie nach Harburg zog, wohnte sie zunächst in Rönneburg, dann in Wilhelmsburg in der Mannesallee. Hans Leipelt, der Sohn, machte Abitur am Wilhelmsburger Gymnasium und studierte später Chemie in Hamburg, dann in München. Durch Hans Leipelt wurden Schriften und Flugblätter der Münchener «Weißen Rose» auch in Hamburg bekannt. Sie wurden hier vervielfältigt und an der Universität in Umlauf gebracht. Leipelt verfaßte auch selbst Flugblätter und plante mit Gleichgesinnten Aktionen. Sogar Sprengstoffanschläge auf militärische Einrichtungen wurden erwogen, aber wieder verworfen. Im Oktober 1943 wurde Hans Leipelt zusammen mit anderen Freunden in München verhaftet. Er wurde zum Tode verurteilt und am 29. Januar 1945 in München-Stadelheim hingerichtet. Von den etwa 50 Angehörigen der «Weißen Rose Hamburg» kamen viele ins Polizeigefängnis Fuhlsbüttel, einige sogar ins KZ Neuengamme. Katharina Leipelt und Elisabeth Lange, ein Mitglied des Freundeskreises aus Harburg, wurden im Januar 1944 in ihrer Zelle in den Tod getrieben.

Das Ende der Nazi-Herrschaft

Trotz aller Durchhalteparolen wußten die einflußreichen Nazis längst, daß die Tage ihrer Herrschaft gezählt waren. Die Fronten näherten sich im Jahre 1944 den Grenzen des Deutschen Reiches. Die Städte, auch Harburg, hatten schwer unter den Bombenangriffen der Alliierten zu leiden.

Die Opposition gegen Hitler hatte an Stärke und Breite zugenommen. Davon zeugten die weitverzweigten Gruppen des kommunistischen Widerstandes oder die Frauen und Männer des 20. Juli 1944. Um jede weitere Opposition im Keim zu ersticken, inszenierten die Nazis – nach der Zerschlagung der wichtigsten Widerstandsgruppen – im August 1944 die «Aktion Gewitter». Im ganzen Deutschen Reich wurden bekannte antifaschistische Politiker, darunter viele ehemalige Abgeordnete, schlagartig verhaftet und in Gefängnisse und Konzentrationslager abtransportiert. Aus Harburg waren es die Sozialdemokraten Henriette Westphal,

Oswald Kanzler, Robert von der Heyde und andere, aus Wilhelmsburg der Kommunist Wilhelm Kors. Oswald Kanzler, vor 1933 SPD-Parteisekretär in Harburg, kam am 16. September 1944 im Gestapogefängnis Fuhlsbüttel ums Leben, weil ihm die Nazis notwendige Medikamente gegen sein Herzleiden verweigerten.

Doch damit war die Verfolgung noch nicht zu Ende. Prozesse gegen Antifaschisten fanden noch statt, als von Süden her bereits der Kanonendonner der britischen Truppen zu hören war.

Fast 80 uns namentlich bekannte Frauen und Männer aus Harburg und Wilhelmsburg mußten die Nazidiktatur als Widerstandskämpfer und Verfolgte mit ihrem Leben bezahlen. Dazu kamen etwa 250 Mitbürger, meist Juden, deren Namen bisher noch nicht ermittelt werden konnten, und Antifaschisten, die 1945 krank aus den Konzentrationslagern und Zuchthäusern nach Hause kamen und später an den Folgen ihrer Haft starben.

Am 3. Mai 1945 wurde Harburg frei. Die Engländer rückten kampflos erst in Harburg, dann in Hamburg ein. Fünf Tage später war das «Tausendjährige Reich» zerschlagen. Die Wehrmacht hatte bedingungslos kapituliert.

Anmerkungen

1 Dieser Beitrag ist im wesentlichen eine komprimierte Fassung des von mir mitverfaßten Buches: Brügmann u. a., die anderen.
2 Vgl.: Heyl, Fragmente zum Schicksal der Juden, in diesem Band.
3 StAHbg., Sozialbehörde I, AF 83, 74.
4 Kriegsende in Harburg, S. 3.
5 Anklageschrift in Sache Mehnke und Gen., hier: Sonderband Sander und Gen., Kopie im Besitz der VVN/BdA.
6 Institut für Marxismus-Leninismus (IML) Berlin DDR, St3/838, Kopie bei der Gedenkstätte Ernst Thälmann, Hamburg.
7 Vgl.: Schultz, KZ-Außenlager Neugraben, in diesem Band.
8 Gestapoakten der Außendienststelle Harburg, Kopien im Besitz der VVN/BdA.
9 Eine ausführliche Abhandlung über diese Organisation in: Hochmuth/Meyer, Streiflichter.

Aufgenommen

von:

am: 25/3. 34

RRR GSP FS 1305##

durch:

Geheimes Staatspolizeiamt

Der Polizeipräsident in Berlin

Nachrichtentechn. Amt

FS-Nr. -- HV FS 1305###

Befördert

an:

am:

um:

durch:

- POLFUNK HARBURG -9 WILHELMSBURG NR 9 VOM 25/3/34-----

ALLE BES. GESTAPA UND STAPOSTELLEN ---- (GSP. , STAPO.)-

- HEUTE FRUEH AUF HIES POSTAMT 319 DRUCKSACHEN GERICHTET AN KONFIRMANDEN UNTERZEICHNET '' ROT FRONT'', ''' KOMMUNISTISCHER JUGENDVERBAND '' BESCHLAGNAHMT . DOPPELSEITIGER WEISSER KARTON INNEN LINKS , BILD KOMMUNISTISCHE FAHNENTRAEGER DARSTELLEND UNTERSCHRIEBEN UNSERN GRUSS ZUM KAMPF FUER EIN BESSERES DASEIN '' INNEN RECHTS , WERBESCHRIFT DER JUNGKOMMUNISTEN WEISS BRIEFUMSCHLAEGE GESCHAEFTSFORMAT; SOFORT POSTANSTALTEN VERSTAENDIGEN ZUSATZ FUER LUENEBURG : LANDRAETE PP. MAV. LUENEBURG SIND VON HIER VERSTAENDIG.)

------ STAPO HARBURG- WILHELMSBURG--------

Abb. 1 Gestapo-Dokument: Im Frühjahr 1934 verschickte die illegale Leitung der KPD Glückwunschkarten an Harburger Konfirmanden.

2: Paul Dreibrodt

3: Oswald Kanzler

4: Karl Kock

5: Elisabeth Lange

6: Hans Leipelt

7: Martin Leuschel

8: Rudolf Mokry

9: August Quest

10: Wilhelm Stein

Fragmente zum Schicksal der Juden von Harburg-Wilhelmsburg 1933–1945

Matthias Heyl

«Vielleicht ist es trügerisch, die Zeit in die Jahre ‹davor› und ‹danach› einzuteilen, wie es die Geschichtsprofessoren tun, wenn sie die Historie, die sie zu beschreiben gedenken, erfinden. Das Geschehen ist ein anderes»[1].

Gäbe es den kleinen jüdischen Friedhof auf dem Schwarzenberg nicht und die kleine, verwitterte, fast unleserliche Gedenktafel an der Eißendorfer Straße/Ecke Knoopstraße, dort, wo die Synagoge stand, und gäbe es all die Aktenvermerke nicht, möchte man meinen, sie hätten nicht existiert, die Juden von Harburg-Wilhelmsburg, und die Verfolgung hätte *hier* nicht stattgefunden. Doch: Auch in Harburg gab es jüdische Mitbürger, die sich in einer – nicht eben großen oder bedeutenden – Gemeinde zusammengeschlossen hatten. Mit ihren 350 Mitgliedern[2] war die Gemeinde weder von ihrer Größe noch von ihrer religiösen oder kulturellen Ausstrahlung her bedeutend, aber für die Harburger Juden war es *ihre* Gemeinde, die Synagogengemeinde zu Harburg-Wilhelmsburg. Und auch in Harburg gab es für die Juden Ächtung, Verfolgung, Wegnahme von Hab und Gut, allmähliche Verdrängung aus dem öffentlichen und wirtschaftlichen Leben, Vertreibung, Entwürdigungen und eifrige Beamte, die sie zählten, erfaßten und zur Deportation bestimmten.

Das geriet in den Jahren nach Kriegsende immer mehr in Vergessenheit, und im gleichen Maße, wie Harburg im Hinblick auf die Judenverfolgung während der NS-Zeit keine Ausnahme bildete, ist das Vergessen, die Verdrängung, die Amnesie des Verfolgungsgeschehens keine Harburger Besonderheit. Im folgenden soll erinnert werden an die Juden Harburgs, an ihre kleine, einst sehr lebendige, durch die Verfolgung zerstörte Gemeinde, so, wie an die Verfolger, die Täter und Nutznießer der Verfolgung erinnert werden soll.

Diese Darstellung erhebt keinesfalls Anspruch auf Vollständigkeit. Hier werden allein Fragmente der Erinnerung zusammengeführt, Spuren, die die Gemeinde, die einzelne jüdische Mitbürger und ihre Verfolger hinterließen. Das beharrliche Schweigen, das fast vierzig Jahre seinen Mantel des Vergessens über das Verfolgungsgeschehen legte, soll so ein Ende finden. Die Grundlage für diese Arbeit bilden im wesentlichen Dokumente und Schilderungen von Zeitzeugen, die so erstmals in zwei Arbeiten für den Schülerwettbewerb Deutsche Geschichte zusammengeführt wurden[3]. Eine umfassende Darstellung des Geschehens ist auf der Grundlage dieser Quellen nicht möglich. Das erhellende Gespräch mit denen, über deren Schicksal hier Zeugnis abgelegt werden soll, ist heute kaum mehr zu führen.

«Die Juden sind unser Unglück», hieß eine allgegenwärtige Propagandaformel der Nazis. Bezogen auf diese Parole hatte Harburg 1933, im Jahr der Machtübergabe an die NSDAP, gleich dreihundertfünfzigfaches Unglück, denn 350 Mitglieder zählte die jüdische Gemeinde

am 1. April jenes Jahres, am Tag des sogenannten «Abwehrboykotts». Damit gehörte sie zu den mittleren Gemeinden Preußens.

Bereits 1862 hatte sie ihre Synagoge in der Eißendorfer Straße erbaut, einen großen, schlichten, etwa kirchhohen Bau, in dem bis 1936 die Gottesdienste abgehalten wurden und der das religiöse wie kulturelle Zentrum der Gemeinde darstellte. Hier unterrichtete der Rabbiner Dr. Alfred Gordon die Jungen, die auf ihre Bar Mitzwah vorbereitet wurden, hier trafen sich die Mitglieder der Gemeinde zum Gebet und zur religiösen Unterweisung, und es wurden hier die Gemeindeversammlungen abgehalten, in denen die Angelegenheiten der Gemeinde geregelt wurden. Im Konferenzsaal der Synagoge trafen sich die Kommissionen und Repräsentanten, stritten und debattierten, und es trafen sich hier die Mitglieder der Beerdigungsbrüderschaft und des Jugendkreises[4]. Zum Schicksal des Gotteshauses später mehr. Der Friedhof der Gemeinde befand sich auf dem Schwarzenberg. Er hat die Zeiten der Verfolgung nahezu unbeschadet überstanden. Die Begräbnishalle, in der die Toten aufgebahrt wurden, fiel jedoch in der Nacht des 10. November 1938 den Flammen zum Opfer.

Die Gemeinde war keinesfalls isoliert; ihre Mitglieder, zum großen Teil kleine bis mittlere Selbständige, nahmen am öffentlichen Leben regen Anteil. Das Möbelhaus Geschwister Stapelfeldt, das Bettenhaus Hirschfeld, Strumpfhaus Apteker, J. Weinthal Herren-Knaben-Arbeitergarderoben, Damen- und Kinderbekleidungshaus Fließ, Modehaus SALA, Wäschehaus Schmerler, Etagenschuh-Haus Blättner, Hahns Manufakturwarenhandlung – das waren für die Harburger vertraute Namen, dort kauften die Arbeiter und Angestellten die Dinge des täglichen Bedarfs. Bei dem Arzt Dr. med. Hirschfeld etwa, einem couragierten Sozialdemokraten, fühlten sich viele Harburger Arbeiter gut aufgehoben. Es war auch einer der ersten von denen, die zu spüren bekamen, wie die Nazis mit den Juden umzugehen gedachten. Als Jude und Sozialdemokrat den Nationalsozialisten doppelt suspekt, mußte er Harburg, Deutschland, bereits zu Beginn des Jahres 1933 verlassen, da er schon vor dem 30. Januar wiederholt Opfer schwerer Übergriffe der Nazis geworden war[5].

Am 1. April 1933 wurde in Harburg, wie überall im Reich, der sogenannte «Abwehrboykott» gegen Geschäfte jüdischer Besitzer und gegen die Praxen jüdischer Ärzte und Rechtsanwälte durchgeführt. Die «Harburger Anzeigen und Nachrichten» (HAN) stimmten ihre Leser durch propagandistische Ausfälle gegen die Juden auf den Boykott ein. Am 31. März berief die NSDAP Harburg eine Versammlung im Lokal Gambrinus in der Buxtehuder Straße ein, über die die HAN am 1. April ausführlich berichteten. In dem Bericht heißt es u. a.: *«Friseurmeister Heisig, Harburg, streifte bei Erörterung der Dinge auch die Harburger Verhältnisse, wie sie seit den Novembertagen 1918 sich entwickelt haben, wobei insbesondere der Mittelstand arg geschädigt worden sei. Der Kaufmann Lölsack, Harburg, gab ein umfassendes Bild der vom Ausland durch Juden verbreiteten Greuelmärchen; er betonte, die Juden seien Deutschlands Unglück, weil sie international gebunden seien. Die Ostjuden müßten wieder dahin geleitet werden, woher sie gekommen sind. Die deutschen Sozialdemokraten könnten die Lügenmeldungen abdrehen, doch täten sie es nicht. Es gehe um ein freies, völkisches Deutschland. Auch in Harburg werde am Sonnabend der Boykott in disziplinierter Weise als Abwehrmaßnahme gegen die Greuelhetze im Ausland durchgeführt werden...»*

Die Stoßrichtung scheint klar; bei dem durch die Wirtschaftskrise verunsicherten Mittelstand hatte Polemik gegen Sozialdemokraten und jüdische Konkurrenten gute Chancen, zu verfangen. Noch am 30. März 1933 beschloß der Magistrat der Stadt: *«Jüdische Geschäfte, Warenhäuser, Einheitspreisgeschäfte und Konsumvereine, sowie auch jüdische Ärzte und Rechtsanwälte sind künftig von städtischen Lieferungen und Aufträgen auszuschließen»*[6]. Die Konkurrenten der jüdischen Gewerbetreibenden mögen sich die Hände gerieben haben.

Die Folgen der Wirtschaftskrise waren noch zu spüren; in einer Industriestadt wie Harburg waren die Kaufleute in besonderem Maße betroffen. Fielen die jüdischen Konkurrenten zumindest im Geschäft mit der Stadt fort, ließ sich deren Anteil bequem an die nichtjüdischen Kaufleute gewinnbringend umverteilen. Auch die jüdischen Gewerbetreibenden hatten natürlich unter der allgemein schlechten wirtschaftlichen Lage zu leiden. Einige konnten ihre Gemeindesteuern nicht mehr entrichten, weshalb die Gemeinde zeitweise schon den Bankrott vor Augen hatte und ihre Ausgaben in beträchtlichem Umfang einschränken mußte[7].

57 Geschäfte, Ärzte und Rechtsanwälte wurden boykottiert, nicht immer mit durchschlagendem Erfolg. Die Ehefrau des bereits erwähnten Arztes Dr. med. Hirschfeld erinnert sich: *«Unsere Patienten, das waren meist Sozialisten, und wir hatten die meisten Patienten. Die kamen, und da haben die SA-Leute gesagt: ‹Halt, Sie dürfen nicht rein. Der Doktor ist sowieso nicht da.› Oja, dann gab es immer Krach, die sind trotzdem durchgegangen. Keine Juden – Sozialisten und so. Das war wirklich rührend, wie die immer raufkamen, nur um zu sehen, wo ich sitze und was ich mache»*[5]. Für Frau Hirschfeld war es am Boykott-Tag bereits eine alltägliche Erfahrung, SA-Männer vor der Tür stehen zu haben. Ihre Wohnung wurde stets bewacht, um ihren längst geflüchteten Mann im Falle seiner Rückkehr festnehmen zu können[5].

Die HAN berichteten in ihrer Ausgabe vom 1. April 1933 auch über den Boykottverlauf. Dort heiß es: *«In den Hauptstraßen von Harburg sah man heute vormittag überall große Menschenmengen. Die Maßnahmen der Nationalsozialisten begannen mit dem Glockenschlag 10 Uhr. Eine Fahrkolonne mit Schildern, die auf den Boykott hinwiesen, durchfuhr mit Hakenkreuzfahnen die Stadt. Gleichzeitig setzten sich von der Bergstraße aus große Abteilungen der SS und SA in Bewegung. Bald standen vor allen jüdischen Geschäften die Posten, die darauf aufmerksam machten, daß der Inhaber des Geschäfts ein Jude sei. Mehrere jüdische Geschäfte hatten überhaupt geschlossen.»* Weiter wird berichtet, daß der Menschenandrang schließlich polizeiliches Eingreifen erforderlich gemacht habe, die Zugangsstraßen zur Lüneburger und Wilstorfer Straße seien abgeriegelt worden. Einen Tag lang waren die heute so geschäftig vergessenen Juden Harburgs Mittelpunkt des Interesses.

Die wirtschaftliche Ausschaltung der Juden aufgrund des Magistratsbeschlusses vom 30. März wurde in der Folgezeit vorangetrieben. Einige derer, die sich unversehens von städtischen Aufträgen ausgeschlossen sahen, legten Widerspruch ein. So bemühten sich etwa die Kaufleute La. und Mi. beim Magistrat um Streichung aus dem Verzeichnis der jüdischen Unternehmer, was aber abgelehnt wurde[8]. Der Arzt Dr. med. Bartsch, der, weil er mit einer Jüdin verheiratet war, auf diese Liste gelangt war, hatte Erfolg. Der Magistrat stellte fest, *«daß der Arzt Dr. med. Bartsch … nicht jüdischer Rasse ist und beschließt deshalb, ihn von der jüdischen Liste zu streichen»*[9].

Der Ausschluß von städtischen Aufträgen und Lieferungen traf die Unternehmen jüdischer Eigentümer in der allgemein angespannten ökonomischen Lage hart. Nutznießer der Regelung waren ihre nicht-jüdischen Konkurrenten, denen sich zusätzliche Einnahmequellen erschlossen. Offenbar konnte die Stadt jedoch noch nicht ganz auf geschäftliche Verbindungen mit den jüdischen Geschäftsinhabern verzichten. So erließ der Magistrat im April 1933 eine besondere Genehmigung für einen Auftrag an die Firma Daltrop[9] und stellte im September des gleichen Jahres fest: *«Deutschstämmigen Firmen ist grundsätzlich bei gleichwertigen Angeboten der Vorzug zu geben»*[10].

Die finanzielle Lage der Gemeinde verschlechterte sich zusehends. Von achtzig Haushalten konnten nur 41 überhaupt ihre Steuern an die Gemeinde entrichten. Lediglich fünf Haushaltsvorstände entrichteten mehr als fünf Reichsmark im Monat. Bei einem jährlichen Steueraufkommen von etwas über fünftausend Reichsmark mußten diese fünf Familien zusammen mehr als dreihundert Reichsmark monatlich aufbringen[11]. Einsparungen waren erforderlich, so daß etwa notwendige Renovierungsarbeiten an der Synagoge nur in beschränktem Maße vorgenommen werden konnten.

Die Ausgrenzung der jüdischen Mitbürger verlief auch in Harburg schrittweise. Dem Polizeipräsidenten Harburgs, Christiansen, einem Bruder des «Endlösers» der niederländischen Juden, ging die Entwicklung nicht schnell genug voran. Nach den Erlassen des preußischen Innenministers vom 14. Mai und 3. Juli 1934 war es möglich, sogenannte Ostjuden, die noch in der Weimarer Republik die deutsche Staatsbürgerschaft erhalten hatten, diese abzuerkennen. Christiansen war das zu wenig, weshalb er am 5. Dezember 1934 an den Regierungspräsidenten in Lüneburg schrieb, daß grundsätzlich beantragt werden müsse, *«daß der Sohn eines Ostjuden, auch wenn seine Mutter arischer Abstammung ist, auszubürgern ist. In einem mir vorliegenden Falle hat die arische Ehefrau eines Ostjuden durch die Heirat ihre deutsche Reichsangehörigkeit verloren und die ungarische Staatsangehörigkeit ihres Ehemannes erworben. Nach dem Tode ihres Mannes hat sie sich alsdann wieder einbürgern lassen und den aus dieser Ehe stammenden Sohn miteinbürgern lassen. Es würde meines Erachtens nichts schaden, wenn die Frau ebenfalls ausgebürgert werden könnte»*[12].

Zehn Tage vor der Verkündung der Nürnberger Gesetze, die die Juden weiter stigmatisierten und der Willkür preisgaben, beschäftigte sich der Magistrat am 5. September 1935 mit der Kündigung eines Mietvertrages durch die in Händen der Stadt befindliche Deutsche Wohnungsbau-Gesellschaft. Im Protokoll heißt es: *«Die Stadträte billigen die gegen Frau M. seitens der Deutschen Wohnungsbau-Gesellschaft ausgesprochene Kündigung des Ladens Bergstraße 5 zum 30. September 1935. Es wird beschlossen, die Kündigung aufrecht zu erhalten, weil in der Eheschließung der Mieterin, welche Ende 1934 erfolgte, eine bewußte Rassenschändung und damit ein grober Verstoß gegen die nationalsozialistische Auffassung erblickt wird und der Stadtgemeinde nicht zugemutet werden kann, diese Art von Verbrechen durch Duldung zu fördern. Im Falle der Verlängerung des Mietvertrages müßte der Jude-Ehemann M. in den Vertrag als mitverpflichtet eintreten, eine Geschäftsverbindung mit Juden lehnt aber die Stadt als alleinige Gesellschafterin der Deutschen Wohnungsbau-Gesellschaft ab»*[13]. So leichthin ließ sich eine Existenz, gewissermaßen mit einem Federstrich, zerstören.

Im Oktober 1935 suchte der Vorsteher der jüdischen Gemeinde, Fließ, den Regierungspräsidenten in Lüneburg auf, um dort über das Vorgehen der Deutschen Wohnungsbau-Gesellschaft im Zusammenhang mit gegen jüdische Mieter ausgesprochenen Kündigungen zu berichten. In einem Schreiben über das Treffen heißt es: *«Er hat erklärt, sich nicht beschweren zu wollen, aber hat doch gebeten, im Rahmen des Möglichen zu helfen»*[14]. Die Wohnungsbau-Gesellschaft hatte nach Fließ' Angaben elf jüdischen Familien die Mietverträge gekündigt, woraufhin unter den Gemeindemitgliedern *«große Verzweiflung entstanden»* sei. Der Regierungspräsident bat nun um eine Stellungnahme des Harburger Oberbürgermeisters, in der dieser auch auf die Frage eingehen sollte, *«ob es sich hier nicht überhaupt um eine sogenannte Einzelaktion gegen das Judentum handeln würde, die bekanntlich vom Führer ausdrücklich untersagt ist»*[14].

Der Oberbürgermeister Bartels antwortete: *«... die jüdischen Familien in einem Wohnungsblock unterzubringen, ist unmöglich. Ein solcher Block ist nicht frei, und wenn er frei wäre, würde er erst mal für andere Familien auszunutzen sein. Die zahlreichen Familien deutschen Blutes, die hier auf Wohnungen warten, würden es einfach nicht verstehen, wenn ein ganzer Häuserblock für Juden freigegeben würde. ... Wenn es einem privaten Vermieter freisteht, einer ihm nicht genehmen Mieterfamilie zu kündigen, dann muß dieses Recht auch der Deutschen Wohnungsbau-Gesellschaft zustehen. Wenn die Deutsche Wohnungsbau-Ge-*

sellschaft von ihrem Recht gegenüber 11 jüdischen Familien Gebrauch macht, kann darin keine ‹Einzelaktion› gesehen werden»[15]. Später heißt es im gleichen Schreiben: *«... die Lage der jüdischen Familien (ist) keineswegs so trostlos, wie deren Sprecher, der Kaufmann Fließ, anscheinend dort darzustellen versucht hat. ... Die Deutsche Wohnungsbau-Gesellschaft hat allen jüdischen Familien (14 an der Zahl) Wohnungen wie Läden vertragsgemäß gekündigt. ... Die Kündigung ... erfolgte in erster Linie, um zahlreichen deutschen, rassisch wertvollen Volksgenossen mit mehreren Kindern angemessene Wohnungen zu verschaffen, da bei rund 5000 fehlenden Wohnungen keine anderen Räume zu erhalten sind. Der Jude als lediglich geduldeter Gast im deutschen Vaterlande hat hinter diesen Interessen seines Wirtsvolkes zurückzutreten»*[15] – womit die Sache für den Oberbürgermeister erledigt war, und die Kanzlei des Regierungspräsidenten stimmte den Ausführungen zu. Es blieb bei den Kündigungen. Vierzehn Familien mußten sich nach einer neuen Bleibe umsehen, vielleicht einmal mehr still hoffend, daß dies nun der Gipfel des Ungeheuerlichen sei.

Ebenfalls 1935 brachte sich der bereits erwähnte, mit einer Jüdin verheiratete Arzt Dr. med. Bartsch, nachdem er seine Familie schon zu Beginn der Nazidiktatur außer Landes geschleust hatte, unter dem zunehmenden Druck um[16]. Er hatte in Harburg Freunde, Bekannte, Patienten und Nachbarn, denen dieser Aufschrei nicht entgangen sein dürfte. Heute ist er in Harburg fast vergessen.

1937 wurde die Harburger Synagogen-Gemeinde im Zusammenhang mit dem Erlaß des Groß-Hamburg-Gesetzes mit den jüdischen Gemeinden von Hamburg und Altona fusioniert. Da die Harburger Gemeinde zur Zeit der Zusammenschlußverhandlungen über keine ordentliche Gemeindevertretung verfügte, mußte der Vorsitzende der Hamburger Gemeinde, Dr. Lippmann, erst einmal bei der Kultusbehörde darauf drängen, daß das gegen die Gemeinde ausgesprochene Versammlungsverbot aufgehoben wurde[17]. Der Rechtsanwalt A., der die Harburger Gemeinde bei den Verhandlungen vertrat, äußerte die Hoffnung, *«daß der Vorstand der Hamburger Gemeinde ebenso für die in Harburg lebenden Juden sorgen werde»*[18], wie vorher der Preußische Landesverband der jüdischen Gemeinden. Am 30. Dezember 1937 wurde der Zusammenschluß durch eine grundsätzliche staatsaufsichtliche Genehmigung vollzogen[19].

Damit gab es fortan keine jüdische Gemeinde in Harburg als eigenständige Körperschaft mehr. Die Juden in Harburg, die zuvor der Harburger Gemeinde angehört hatten, wurden automatisch Mitglieder der Hamburger Gemeinde. Ihre kultische Eigenständigkeit war durch das Vertragswerk, das den Zusammenschluß regelte, erheblich eingeschränkt[20].

Die Zahl der Juden in Harburg hatte seit der Zählung vom April 1933 stark abgenommen. Die Gemeinde zählte am 1. März 1937 nur noch 150 Mitglieder[21]. Wie viele Harburger nach den Rassegesetzen der Nazis als Juden gezählt wurden, ohne daß sie Mitglieder der Gemeinde waren, ist heute unbekannt. Ebenso ist heute nicht mehr herauszufinden, wievielen der zweihundert in der Zeit zwischen 1933 und 1937 Abgewanderten es gelang, der Vernichtung zu entkommen; und auch die Frage, wievielen der damals noch Zurückgebliebenen das Entkommen gelang, wird sich nicht mehr mit Sicherheit klären lassen.

1938 war das Jahr des Novemberpogroms. Die Vorgänge der Nacht des 10. Novembers lassen sich hier nicht in angemessener Gründlichkeit darstellen. Das Quellenmaterial hierzu ist sehr umfangreich, da gleich nach dem Einmarsch der Briten erste Ermittlungen durchgeführt wurden, die 1949 schließlich in eine juristische Aufarbeitung des Geschehens mündeten[22].

Hier das Geschehen in aller Kürze. Die HAN berichteten am 11. November 1938: *«Immer klarer wird der deutsche Standpunkt durch die Erfahrungen unterstrichen, daß für die*

Angehörigen dieses Parasitenvolkes im Deutschen Reich kein Platz mehr ist. Diese verständliche Empörung machte sich auch gestern noch in spontanen Kundgebungen bemerkbar. ... Auch in Hamburg und im Stadtteil Harburg kam die Entrüstung... deutlich zum Ausdruck. Eine Volksmenge hatte sich zusammengefunden, um in aller Öffentlichkeit die Solidarität aller Deutschen... zu bekunden. Vor den noch [!] unter jüdischer Führung stehenden Geschäften und der Synagoge sowie der Grabkapelle auf dem Schwarzenberg hatte sich eine größere Menschenmenge eingefunden, die ihrem Abscheu drastischen Ausdruck verlieh. Es ist der dem deutschen Volk im nationalsozialistischen Staate anerzogenen Disziplin zu danken, daß größere Ausschreitungen vermieden wurden. Immerhin dürften auch die Juden in Hamburg und im Stadtteil Harburg nunmehr erfahren haben, daß es mit der Geduld des deutschen Volkes zu Ende ist. Im übrigen vertraut das deutsche Volk in starker Geschlossenheit seiner Regierung, daß sie, wie Dr. Goebbels gestern nachmittag bereits verkünden ließ, die notwendigen Maßnahmen ergreifen wird, um das deutsche Volk ein für allemal von der jüdischen Weltpest zu befreien» – diese Botschaft erhielten viele Harburger frei Haus, in ihren guten, alten HAN.

Tatsächlich taten sich die Nazis in Harburg mit den «spontanen Kundgebungen» etwas schwer. Hier wurde die Pogromnacht mit eintägiger Verspätung durchgeführt. In der Nacht vom 9. zum 10. November wurden lediglich einige Fensterscheiben von Geschäften jüdischer Besitzer zertrümmert[22]. In der darauffolgenden Nacht zogen SA-Einheiten zur Leichenhalle auf dem Schwarzenberg und zur Synagoge in der Eißendorfer Straße. Die Leichenhalle wurde in jener Nacht unter Gejohle in Brand gesteckt. Aus der Synagoge wurden Gebetbücher, Gebetschals und andere kultische Gegenstände herausgeholt, und einer der an der Aktion beteiligten SA-Männer verkleidete sich als Rabbiner. Der Zug führte schließlich zum Sand, wo ein Teil des Raubgutes auf einen großen Haufen geworfen und verbrannt wurde. Die Ausschreitungen gegen die Synagoge mußten zwei jüdische Frauen aus der Kellerwohnung unter dem Gebäude mitverfolgen. Bevor sie ihr Versteck verließen, hörten sie einen vielstimmigen Chor: «Jude, komm heraus, gleich fliegt die Synagoge hoch!»[22].

Die Synagoge selbst blieb im wesentlichen zunächst erhalten. Bei einer baupolizeilichen Untersuchung am 1. April 1939 wurde festgestellt, *«daß die Synagoge auf dem Grundstück Eißendorferstraße sich in einem ordnungsgemäßen baulichen Zustand befindet. Es sind lediglich die Fensterscheiben zertrümmert. Die Fensteröffnungen sind jedoch mit Brettern ordnungsgemäß verschalt. Jedenfalls kann der jetzige Zustand nicht als ruinenhaft bezeichnet werden»*[23].

Zu den Ausschreitungen hatte sich alles eingefunden, was in der NSDAP Rang und Namen hatte. Mit großem Übermut schlugen sie zu, sie, die später zur Verantwortung gezogen, so erbärmlich sich herauszureden versuchten. In dem Prozeß, der 1949 vor dem Landgericht Hamburg abgehalten wurde, gaben die Täter nur noch ein jämmerliches Bild ab. *«Mit berechtigtem Spott faßte ein Zuhörer seine Gerichtseindrücke mit dem Vorschlag zusammen, doch einmal eine Tatortbesichtigung in Harburg durchzuführen. ‹Vielleicht steht die Synagoge noch, die Nazis waren doch alle gegen ihre Zerstörung. Wer sollte sie sonst zerstört haben?›»*[24]

Die Synagoge steht nicht mehr, sie wurde 1941 abgerissen. Das Grundstück wurde an eine angrenzende Autoreparaturwerkstatt verkauft. Der Friedhof ging an die Freie und Hansestadt Hamburg über. Nach dem Kriege fielen sie im Zuge der «Wiedergutmachung» an die Jewish Trust Corporation, die das Synagogengrundstück an die uns bekannte Deutsche Wohnungsbau-Gesellschaft verkaufte[25].

Das Schicksal der Harburger Juden fand, soweit ihnen die Flucht nicht glückte, ab 1941 sein Ende in den Todeslagern der Nazis. Die Namen der Getöteten lassen sich nicht alle ermitteln, nicht ihre Zahl. Der Namenseintrag auf den Deportationslisten 1941–45 ist von manchen das letzte erhalten gebliebene Lebenszeichen[26].

Die Namen derer, die durch ihr Wirken dazu beigetragen haben, sind bekannt. Auch die Namen derer sind bekannt, die durch ihr Verhalten in der Harburger Pogromnacht dazu beitrugen, daß die Harburger Juden erfuhren, *«daß es mit der Geduld der Deutschen am Ende»* war, und die sich durch ihr Tun zu dem Vertrauen bekannten, daß die nationalsozialistische Regierung *«die notwendigen Maßnahmen ergreifen wird, um das deutsche Volk von der jüdischen Weltpest zu befreien»*[27]. Doch es geht nicht darum, die Namen der Täter zu nennen, denen die Verleugnung ihrer Geschichte in weiten Teilen schon unmittelbar nach dem «Zusammenbruch» ihres Regimes glückte. Es soll hier an das Geschehene erinnert werden, an jene, die den Nazis zum Opfer fielen.

Es gab einmal in unserer Stadt eine jüdische Gemeinde von dreihundertfünfzig Seelen. Sie sind nicht mehr unter uns. Es scheint, als wären sie so sang- und klanglos einfach abhanden gekommen, verschwunden. Bliebe es bei der Harburger Amnesie, beim Verschweigen, so brächte man die Gemordeten auf diese Weise ein zweites Mal um; und wenn es nur bedeutete, wir brächten sie um ihren Platz in unserem Gedächtnis. Die Judenverfolgungen der Nazizeit spielten sich nicht «auf jenem fernen Planeten namens Auschwitz»[28] ab, sondern auch hier. In Harburg gibt es einen Ausgangspunkt für die Entwicklung hin nach Auschwitz. Es gibt eine direkte Verbindung zwischen Harburg und Auschwitz: Unter den sechs Millionen Opfern der «Endlösung der Judenfrage» finden sich welche, die einmal hier, in Harburg, zu Hause waren. Das wurde in der Vergangenheit verdrängt, und es scheint, als habe eine Generation von Harburgern, gleichgültig, ob Täter oder Zuschauer, die Zeit der Judenverfolgung für sich amnesiert, hat auf diese Weise aber auch nie ein Gefühl für die Lücke bekommen, die ihre einstigen jüdischen Mitbürger hinterließen.

Es ist offenkundig, daß ein Zusammenhang zwischen Erinnerungs- und Trauerarbeit besteht. Bewältigen läßt sich die Geschichte des Nationalsozialismus sicher nicht. Die «Unfähigkeit zu trauern» mag auch daher rühren, daß wir erst langsam begreifen, was uns verloren ging. Wir nähern uns dem Geschehenen an.

Anmerkungen

1 Keilson, Der Tod des Widersachers, S. 121.
2 Gemeindezählung vom 1. April 1933: StAHbg, Jüdische Gemeinden, 979.
3 Matthias Heyl, Das Schicksal der Juden aus Harburg-Wilhelmsburg 1933–1942. Hbg. 1981 und: ders., «... ist mir nicht mehr erinnerlich», der Harburger Synagogenprozeß 1949. Hbg. 1985 – beide Arbeiten sind unveröffentlicht, können aber bei Schülerwettbewerb Deutsche Geschichte, Kampchaussee 10, 2050 Hamburg 80, zur Einsichtnahme angefordert werden. Zum Zustandekommen der Arbeiten vgl.: Heyl, Es war für mich eine neue Erfahrung, S. 242.
4 Sitzungsprotokolle der Gemeinde 1925–1937: StAHbg, Jüdische Gemeinden, 967, Bd. 4, S. 111, 114.
5 Privatbesitz Heyl, Gespräch mit Frau H. am 18.01.1981.
6 Protokolle der Magistratssitzungen 1933: StAHbg, Harburg 2 Stadtbücher, III 1 Bd. IX, S. 54, 14.
7 Sitzungsprotokolle, wie Anm. 4, S. 192, 195, 210ff.
8 Protokolle, wie Anm. 6, S. 68, 135, 176.
9 Ebd., S. 66.

10 Ebd., S. 212.
11 Heyl, Das Schicksal (wie Anm. 3), S. 8.
12 Brügmann u. a., die anderen, S. 140.
13 Protokolle der Stadtratssitzungen 1935: StAHbg, Harburg 2 Stadtbücher, III 2 Bd. II, Bl. 97.
14 Vermerk des Regierungspräsidenten, 12. 10. 1935: StAHbg, Harburg 56, Ka 5 Bd. VII.
15 Oberbürgermeister an Regierungspräsidenten, 21. 10. 1935: ebd.
16 Gespräch mit Frau H., wie Anm. 5. Vgl. Anm. 9.
17 Eingliederung der außerhamburgischen Gemeinden nach Erlaß des Groß-Hamburg-Gesetzes 1937 – 41: StAHbg, Jüdische Gemeinden, 384, S. 38.
18 Ebd., S. 36.
19 Ebd., S. 74.
20 Ebd., S. 52ff.
21 Gemeindezählung, wie Anm. 2.
22 Heyl, «... ist mir nicht mehr erinnerlich», wie Anm. 3 (Strafsache gegen den ehemaligen Kreisleiter Drescher und andere beim Landgericht Hamburg, 1949).
23 Bauprüfakte Eißendorfer Straße 15, Synagoge: StAHbg, Baupolizei, K 4339, S. 7.
24 Hamburger Echo, 05. 04. 1949. Vgl. auch Heyl, «... ist mir nicht mehr erinnerlich», S. 84f.
25 Bauprüfakte, wie Anm. 23, S. 30f. – StA Hbg, Harburg 62, II c 3 Bd. III, S. 9.
26 Brügmann u. a., die anderen, S. 143.
27 HAN, 11. 11. 1938.
28 Neustadt, Israels zweite Generation, S. 27 und S. 164 Anm. 13.

Abb. 1 Im 19. Jh. als «Sehenswürdigkeit» akzeptiert: die Synagoge (Ecke Eißendorfer und Albersstraße, heute Knoopstraße). Zeichnung F. G. Müller für seine Panorama-Lithographie 1866.

Abb. 2 «Für ihr Vaterland starben 1914–1918»: Gedenkstätte auf dem jüdischen Friedhof.

Abb. 3 Hetze gegen die Juden – kurz nach 1933 vor der Pionier-Kaserne.

Das KZ-Außenlager Neugraben

Karl-Heinz Schultz

Errichtung von Außenlagern

Das Terrorsystem der Nationalsozialisten in den vielen Konzentrationslagern erhielt in den Jahren 1941/42 mit der «Endlösung der Judenfrage» eine neue Aufgabenstellung. Hatten die deutschen Truppen bis dahin alle angegriffenen Länder in «Blitzkriegen» unter Einsatz aller verfügbaren Mittel innerhalb eines kurzen Zeitraumes besetzt – mit Ausnahme Großbritanniens –, so mußten sie sich nach dem Überfall auf die UdSSR seit 1942 auf einen längeren Abnutzungskrieg einstellen. Für die deutsche Wirtschaft bedeutete dies, daß eine beträchtliche Produktionssteigerung nötig war, die jedoch durch Rohstoffmangel, Zerstörungen durch Bombenangriffe, besonders aber durch das Fehlen von Arbeitskräften behindert wurde.

Neben den Kriegsgefangenen und den vielen Menschen, die aus den besetzten Ländern nach Deutschland verschleppt und zur Zwangsarbeit getrieben wurden, setzte man zunehmend KZ-Häftlinge in der Rüstungswirtschaft oder bei anderen Arbeiten ein, z.B. in der Bauwirtschaft. Dazu wurden Rüstungsbetriebe in unmittelbarer Nähe der Konzentrationslager aufgebaut, oder die SS errichtete eigene Betriebe, wie das Beispiel KZ Neuengamme[1] zeigt.

Dies reichte jedoch in den Jahren 1943/44 nicht mehr aus, denn die Arbeitskräfte wurden auch in weiter entfernt liegenden Rüstungsbetrieben und bei Bau- und Aufräumarbeiten benötigt. Um lange Anfahrts- und Anmarschwege zu vermeiden, errichtete die SS mit Hilfe der Firmen KZ-Außenlager in der Nähe von Arbeitsstätten oder direkt auf den Firmengeländen.

Mit dem Aufbau der KZ-Außenlager betrieben die Nationalsozialisten – für jeden sichtbar – ihr Terrorsystem vor den Haustüren der Bevölkerung. Die KZ-Häftlinge (Frauen und Männer) sowie ihre Bewacher wurden für viele Arbeitnehmer in den Betrieben wahrnehmbar. Sie tauchten aber auch als kleine Kolonnen in den Straßen der Stadt auf, wenn sie von den Bewachern zu ihren Arbeitsplätzen gebracht wurden. In ihrer «Zebrakluft» oder alter, zerschlissener Kleidung erregten sie Aufsehen. Deutsche Vorarbeiter, Meister und Poliere leiteten die Häftlinge an und hatten Kontakt mit ihnen. Die Häftlinge waren somit Bestandteil des Kriegsalltages.

So wurden ab 1942, und besonders in den Jahren 1944/45, über 70 Außenlager – verteilt über ganz Norddeutschland – eingerichtet, die alle dem Konzentrationslager Neuengamme unterstanden[2]. Eines davon war das Lager am Falkenbergsweg in Neugraben.

Während die Ermordung von Juden in den Gaskammern der osteuropäischen Tötungszentren (z.B. Auschwitz) fortgesetzt wurde, waren gleichzeitig jüdische KZ-Häftlinge in der deutschen Kriegswirtschaft als billige Arbeitskräfte eingesetzt. Auf der Rampe von Auschwitz, wo die Transporte mit jüdischen Bürgern aus ganz Europa ankamen, «selektierte» der SS-Arzt Mengele mit seinen Helfern die zur Arbeit tauglichen Menschen aus[3], die dann nach weiteren Selektionen als Arbeitssklaven der deutschen Wirtschaft auf Anforderung zugeteilt wurden. Das Ziel der SS war nicht, diese zunächst verschonten Menschen am Leben zu erhalten, sondern sie sollten so lange arbeiten, bis sie «durch Arbeit vernichtet» würden. Die übrigen, zumeist Alte, Schwache, Mütter mit kleinen Kindern, schickte die SS in die Gaskammern. Zu diesen für die Arbeit «ausgesuchten» Menschen gehörten auch die 500 Frauen im KZ-Außenlager Neugraben.

Der Platz und die Gebäude des Außenlagers

Wann die Baracken des Außenlagers Neugraben unterhalb des Falkenberges errichtet wurden, konnte bisher nicht festgestellt werden, da keine Bauunterlagen vorhanden sind. Bevor die Baracken für das Außenlager benutzt wurden, dienten sie italienischen Kriegsgefangenen als Unterkunft. Nach den uns bisher vorliegenden Dokumenten bestand das KZ-Außenlager Neugraben vom 13. September 1944 bis 18. Februar 1945.

Der ehemalige Bauarbeiter F. Vorbeck erinnert sich:
«*Ich war seit Oktober 1943 von meiner Firma für den Bau der Plattensiedlung (Behelfsheime) eingesetzt. Ich gehörte einer Gruppe von drei Arbeitern an, die die Dachbinder aufrichteten. Im Sommer 1944 wurden wir zum Lager Falkenbergsweg abgeordnet. Unsere Gruppe hatte die Aufgabe, die Baracken* [er bezeichnete auf dem vorgelegten Luftbild die zum Außenlager gehörenden Baracken] *mit Zaunpfählen und Stacheldraht zu umzäumen. Ich meine, es muß im August 1944 gewesen sein. Die Frauen waren schon im August in Neugraben*»[4].

Albert Runkel, einer der Bewacher im Außenlager, sagte im März 1946 vor dem britischen Vernehmungsoffizier Captain R. W. Rose aus:
«*Am 13. September 1944 wurde ich als Wachposten in das Arbeitslager Neugraben versetzt. Mit uns kamen damals die weiblichen Gefangenen, und zwar kamen diese vom Lager Dessauer Ufer im Hamburger Freihafen*»[5].

Die Verlegung der Frauen in das Lager Andreas-Meyer-Straße 11, Tiefstack, erfolgte wahrscheinlich am 18. Februar 1945. Frau Dirks aus Neugraben berichtet:
«*Das von unserer Familie betriebene Geschäft belieferte das untere Lager*[6] *mit Milcherzeugnissen. In das Lager mit den jüdischen Frauen durften wir nicht hinein. Einige der Frauen holten die Lebensmittel unter Bewachung bei uns ab. Die Frauen waren im Winter 1944/45 dort im Lager. Am 17. 2. 1945 wurde mein Mann noch eingezogen. Danach kamen die Frauen nicht mehr*»[7].

Bestätigt wird dieser Termin auch in einem Brief vom 21. Februar 1945, der von einem Bewacher aus dem KZ-Außenlager Tiefstack zu einer Familie in Neugraben gebracht wurde. Eine der Frauen schrieb:
«*Wohlwollend bitte ich vielmals um Entschuldigung, daß wir weggefahren sind, ohne Ihnen Dank für Ihre Güte auszusprechen und Lebewohl... zu sagen. Die Übersiedlung kam so überraschend, daß wir keine Möglichkeit hatten. Hier haben wir uns schon eingelebt*»[8].

Captain R. W. Rose erläuterte die abgebildete Skizze, die er am 17. Februar 1946 bei einer Besichtigung des Lagers angefertigt hatte. An diesem Tag hatten ihn die ehemaligen Häftlinge Eva Donat und Lotte Lang begleitet und ihm Informationen über das Lager und den Platz gegeben:

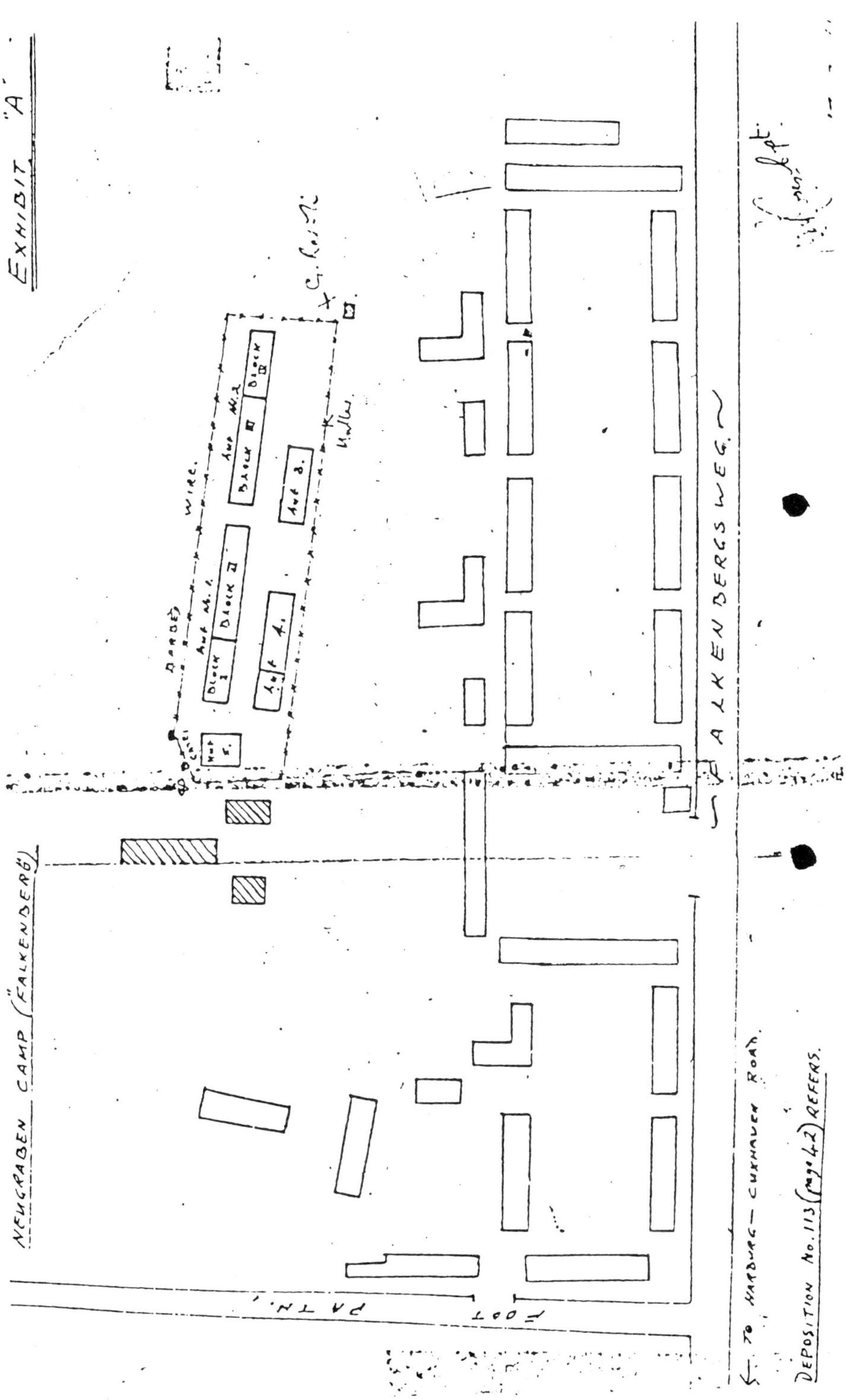
EXHIBIT "A"
NEUGRABEN CAMP ("FALKENBERG")
WIRE.
BARBED
ALKENBERGSWEG
FOOT PATH.
TO HARBURG — CUXHAVEN ROAD.
DEPOSITION No. 113 (page 42) REFERS.

«Dieser Plan zeigt grob die Anlage des Konzentrationslagers. Die vom Stacheldraht umgebene Fläche ist der Wohnbereich der Häftlinge. Die Baracken 1 und 2 beherbergten 500 weibliche Häftlinge und waren in 4 Blöcke unterteilt, wie zu sehen ist. Baracke 3 war und ist nur halbfertig und wurde nie benutzt. Baracke 4 war die Waschbaracke, die nach Informationen ehemaliger Häftlinge einige Zeit nach der Eröffnung des Lagers unterteilt wurde. Der kleinere Teil wurde Lagerküche, und 3 Bottiche wurden zum Kochen installiert. Baracke 5 war Latrine. Diese Gebäude waren von Stacheldraht umgeben, der nun entfernt ist, und es befanden sich Wachtürme an gegenüberliegenden Ecken. Die schraffierten Gebäude waren Unterkunft der Wachen. Alle genannten Gebäude waren normale Holzkonstruktionen, wie die im Hauptlager Neuengamme. Das Lager befindet sich auf einem kleinen Hügel unmittelbar oberhalb des größeren Lagers, das zur Unterbringung ausländischer Arbeiter diente»[9].

Ein weiterer Hinweis auf das Außenlager befindet sich auf dem Luftbild (Abb. 1). Die Lage stimmt überein mit den Angaben von Bürgern aus Neugraben, der Beschreibung von Überlebenden, die in den letzten zwei Jahren den Platz besuchten, und mit der Schilderung von Captain Rose.

Lagerleben und Arbeitseinsatz

In vielen persönlichen Gesprächen und im schriftlichen Kontakt mit Überlebenden des Außenlagers, die heute in Israel, Schweden, in der CSSR, in der Schweiz, in England, Australien und Deutschland leben, haben wir Berichte über das Leben im Lager und über den Arbeitseinsatz erhalten.

Die Zustände im Lager schildert sehr anschaulich und präzise Lotte Lang in dem Bericht für den Prozeß gegen die ehemaligen Bewacher des Außenlagers Dessauer Ufer/Neugraben/Tiefstack:

«Ich bin 24 Jahre alt, tschechoslowakischer Nationalität, geboren in Prag. ... Im September 1944 war ich eine von 500 Frauen, die vom Konzentrationslager Dessauer Ufer nach Neugraben Falkenberg verlegt wurden. Alle waren verhaftet worden, weil sie Jüdinnen waren. ...

Ich lebte in Block III, der aus 6 großen und 2 kleinen Räumen bestand. Die großen Räume waren ungefähr 6 x 4 m groß. In jedem dieser Räume schliefen ca. 25 Frauen. Die kleinen Räume waren ca. 1½ m x 4 m. In einem der kleinen Räume wohnten 6 Personen vom Küchenpersonal, in dem anderen wohnten die 4 Blockführerinnen. In den Räumen wohnten zu viele Leute. Wir schliefen in hölzernen Betten mit nur einer Decke.

Die Mahlzeiten waren sehr schlecht gekocht und absolut nicht ausreichend. Frühstück: ein sehr schlechter Kaffee. Mittag: nichts. Zum Abendessen gab es eine sehr dünne Suppe, ca. 200 gr. Brot, 2 gr. Margarine und eine dünne Scheibe Wurst. ...

Unsere einzige Kleidung, die wir trugen, bestand aus: 1 Kleid, 1 Mantel, 1 Paar Holzpantinen, 1 Schlüpfer und ein Hemd. Oft hatten einige Gefangene überhaupt keine Schuhe. Da die Kleidung absolut nicht ausreichend war, wurden viele Schwierigkeiten verursacht.

Es war meist kein Wasser zum Waschen vorhanden, und Wasser für Kochzwecke mußte von weit her geholt werden. Es mußte in 50 l-Gefäßen getragen werden. Zwei Frauen brauchten ca. 30 Minuten, um 1 Gefäß voll Wasser zu holen. Es war uns nicht möglich, unsere Kleidung zu waschen. Die Toilette war in sehr schmutzigem Zustand, es war unmöglich, sie zu reinigen. Infolge der unhygienischen Zustände waren Wanzen im Lager sehr verbreitet. ...

Die Lebensbedingungen der Häftlinge waren nur von Hauptscharführer Kliem abhängig. Dieser hatte die Möglichkeit, das Leben der Häftlinge zu erleichtern, hat aber nie den Versuch

gemacht. Z. B. kam es öfter vor, daß der Kanal von der ‹Toilette› verstopft war und das kotige Wasser bis ungefähr 30 cm auf dem Hofe um die Toilette herumstand, und obzwar Hauptscharfüher Kliem die Möglichkeit hatte, einen Installateur zu rufen, der dementsprechend dazu ausgerüstet war, verlangte er von den Häftlingen, die kaum noch Schuhe auf den Füßen hatten, daß sie diese Arbeit machen mußten, also den Kanal von dem Wasser zu befreien. Das wiederholte sich etliche Male. Als dann die Arbeit erfolglos war, rief er einen Installateur.
Die ärztliche Hilfe ließ viel zu wünschen übrig, da es an Instrumenten und Medikamenten jeder Art mangelte. Die einzige Zeit, in der man sich krank melden konnte, war zwischen 7 und 8 Uhr abends. Zu einer anderen Zeit konnte ein Häftling sterbenskrank sein und mußte doch weiter arbeiten. Verursacht durch die unhygienischen Lebensbedingungen und besonders durch die Unreinheit der Toiletten und durch das schlechte Essen hat die Diarrhöe im Lager überhand genommen. Das Revier war immer voll belegt. Die Lagerärztin durfte nur eine bestimmte Anzahl von Kranken aufnehmen. Falls kein freies Bett mehr war, mußten die weiteren Kranken in Arbeit gehen. Wer also Glück hatte, kam ins Revier; die anderen konnten mit Fieber und krank arbeiten. Die Arbeit der Ärztin wurde dadurch gehindert, daß sie keine Arzneimittel und Instrumente hatte und z. B. Operationen auf einem Holztisch durchführen mußte ...»[10]

Der Proviantmeister des Lagers schildert die Verpflegung während des Prozesses mit folgenden Worten:
«Das Essen war an sich gut. Zum Frühstück gab es Brot, 375 gr., daß zwar am Abend vorher ausgegeben wurde. Dazu Margarine, Wurst, Marmelade, Fischpaste oder Quark. Manchmal gab es kein Brot zum Frühstück; doch war dies nur der Fall, wenn die Häftlinge das Brot schon am gleichen Abend gegessen hatten, weil die Ration für den ganzen Tag immer am Abend vorher ausgegeben wurde. Da die Frauen früh zum Arbeiten gingen, bekamen sie ihr Mittagessen immer erst abends. An Fleisch gab es Rindfleisch, Pferdefleisch und einmal Hammelfleisch. ...»[11].

Wenn man die beiden Aussagen über die Verpflegung vergleicht, sind besonders die Angaben über das Mittagessen sehr unterschiedlich. Die Berichte der Frauen zeigen unabhängig voneinander auf: Abends gab es nur eine dünne Wassersuppe, die vielleicht auf der Grundlage von Knochen oder Fleisch gekocht sein konnte; aber Fleisch gab es nicht!

Der Alltag der Frauen im Neugrabener Lager war von Hunger, Müdigkeit und Krankheit geprägt, in den Baracken war es eng und kalt. Nicht jede Frau hatte ein Bett, einige mußten auch auf einem Strohsack unter dem Tisch schlafen. Die Frauen hatten nur die Kleidung, die sie am Körper trugen. Sie waren bei der Arbeit und auf dem Arbeitsweg der Witterung ausgesetzt. Im Winter 1944/45 herrschten besonders Kälte und Feuchtigkeit, außergewöhnlich viel Schnee fiel im Dezember und Januar. Im November 1944 betrug die Niederschlagsmenge 261 % und im Februar 1945 230 % gegenüber der Durchschnittsmenge der letzten 30 Jahre[12].

Im Lager gab es keine Möglichkeit, die Kleidung zu trocknen. Eva Donat berichtet im Prozeß gegen die Bewacher:
«... Es gab keine Möglichkeit, die Wäsche zu waschen, und obwohl wir unsere Kleidung waschen durften, war es verboten, sie zum Trocknen aufzuhängen. Deswegen und weil wir nur einen Satz Kleidung hatten, mußten wir oft nasse Kleidung tragen. Der Lagerkommandant erlaubte nicht, irgend etwas an die Wand zu hängen oder während des Tages liegen zu lassen...«[13].

Frühmorgens mußten sich die Frauen auf dem Lagerplatz zum Zählappell aufstellen, bevor sie in Kolonnen mit ihren Bewachern zu den verschiedenen Arbeitsplätzen ausrückten. Der

Marsch zur Arbeit führte über den Falkenbergsweg und andere Straßen in Neugraben und dauerte etwa eine bis eineinhalb Stunden und für den Rückweg mindestens die gleiche Zeit. Die Arbeitszeit betrug 8 bis 9 Stunden täglich, auch der Sonnabend war Arbeitstag. Bei der Rückkehr am Abend wurden die Frauen nach Lebensmitteln durchsucht, bevor der Zählappell und die Bestrafungen erfolgten.

Der Arbeitseinsatz bestand aus schwerster körperlicher Arbeit, die vorher von männlichen Kriegsgefangenen geleistet worden war. Von Neugraben aus wurden die Frauen bei folgenden Arbeiten eingesetzt:

- Herstellung von Betonplatten und Hohlblocksteinen (Malo-Stein) bei den Firmen Gizzi und Malo.
- Bau der Behelfsheimsiedlung (Falkenbergsiedlung): Kiesabbau, Ausschachtungsarbeiten für Bunker, Fundamente und Wasserleitungen, Abladen von Baumaterial am Bahnhof Neugraben, Transport von Baumaterial, Einsetzen von Betonplatten und Bau von Siedlungsstraßen. Der Einsatz erfolgte bei den Firmen Prien, Holst und Weseloh.
- Aufräumungsarbeiten nach Bombenangriffen in Harburg, Neugraben und Buxtehude.
- Panzergrabenbau in Hausbruch.
- Einsatz in der Harburger Mineralölindustrie im Rahmen des Geilenbergprogramms zur Aufrechterhaltung der Produktion während der schweren Luftangriffe.

Helena Brunn, die in Neugraben arbeitete, erinnert sich:

«... Im Jahre 1944 unter den unmenschlichsten Bedingungen waren wir in Neugraben beim Siedlungsbau eingesetzt, wohin wir ca. 1½ Stunden zu Fuß gehen mußten, am Sammelplatz in Gruppen eingeteilt wurden und auf verschiedenen Plätzen arbeiteten. Ich war eine von 25 Frauen, die vorerst in einer Zementfabrik arbeiteten. Wir mußten vorerst die Zement-Mischung vorbereiten glätten. Mit zwei Frauen mußten wir die in Holzformen gedrückten Platten eine auf die andere hochheben, bis ca. 10 Platten hoch waren. ... Dann wurden wir auf einen Bauplatz eingesetzt, wo wir Maurerarbeit verrichteten: Zementblöcke aufschichten und Wände bauen. Dies dauerte von November/Dezember bis Anfang Januar. Es war kalt, viel Regen, und wir waren nur in sackartigen Sommeroveralls gekleidet; den ganzen Tag ohne Essen, ohne Wasser. Wieviel Stunden wir arbeiteten, wußten wir nicht. ...»[14].

Den Arbeitseinsatz schildert Lotte Turbowicz so:

«... Im Winter, wenn der Boden gefroren war, brachte man uns nach Harburg zum Ziegelklopfen. Aus Trümmern die ganzen Ziegel ausgraben, abklopfen und aufstapeln. Eine schwere Arbeit, da wir ja jämmerlich froren und die Hände blutig waren. ...»[15].

Bei der geschilderten Ernährungssituation waren die Häftlinge auf zusätzliche Lebensmittel angewiesen. Diese konnten sie nur am Arbeitsplatz oder auf dem Arbeitsweg erhalten. Hinter Ascheimern oder Bäumen hinterlegten die Bürger Eßwaren und Küchenabfälle, die von den Häftlingen heimlich abgeholt wurden. Es wurden auch mal Frauen sehr schnell in die Küche gebeten, um schnell eine Suppe hinunterzuschlingen. Das Verhalten der Bewacher war entscheidend dafür, welche Möglichkeiten die Frauen bei der Nahrungssuche hatten.

Ida Ehrmann erinnert sich in einem Brief:

«... Die Menschen in Neugraben haben sich meiner Erfahrung nach sehr verständnisvoll uns gegenüber benommen, besonders ein Gemüsehändler, der in seinem Hof ständig einen großen Haufen mit Kraut hatte, von welchem wir uns mit seinem Wissen bedienten. Auch einige Hausfrauen, die in der Nähe unseres Arbeitsplatzes wohnten, unterstützten uns mit kleinen Eßgaben. ...»[16].

Wie groß der Hunger war, zeigt die Schilderung von Ruth Bachrich:

«... Dabei warf uns hie und da eine deutsche Familie Brot zu. Wir fanden auch einmal beim

Austreten gebratene Kartoffeln und Hundekuchen, nur kam nachher ein Kind (Hitlerjunge) mit Mutter per Rad zu uns und brüllte: «Die Saujüdinnen haben meinem Hund alles aufgefressen.» Wir wußten nicht, warum wir das Glück hatten, solange kauen zu dürfen. Es waren ja gemahlene Knochen. ...»[17].

Die Anforderung von Häftlingen zum Arbeitseinsatz erfolgte durch die Firmen bei der SS. Die benötigte Anzahl von Häftlingen wurde den Firmen durch den Lagerkommandanten zugeteilt. Unterlagen über die Anforderungen von Häftlingen und Zahlungen an die SS sind nach Auskunft der beteiligten Firmen nicht mehr vorhanden. Im Staatsarchiv Hamburg befinden sich noch Arbeitskräfteanforderungen, die nach den verschiedenen Arten von Zwangsarbeitern untergliedert sind. Die Firmen teilten auf diesen Bögen auch immer die Unterbringungsmöglichkeiten mit[18].

Während ein Arbeitgeber 1944/45 1,– Reichsmark (RM) Stundenlohn (einschl. Arbeitgeberanteil für die Sozialversicherung) für einen Bauhilfsarbeiter[19] bezahlen mußte, kassierte die SS nur 4,– RM für jeden weiblichen Häfling pro Tag. Bei den geringen Aufwendungen, die die SS für die Frauen hatte, erzielte sie aus diesen Arbeitssklaven noch einen erheblichen Gewinn, und für die Arbeitgeber war es auch eine bedeutende Einsparung an Personalkosten.

Wachmannschaften und Strafen

Über die Zahl und die Personalien der Wachmannschaften ist nur aus den Prozeßakten etwas bekannt. Ein großer Teil der Beteiligten wird nicht mehr leben, da er damals schon sehr alt war. Von den Wachmannschaften konnte bisher niemand befragt werden.

Der Lagerkommandant, Hauptscharführer der SS Friedrich Wilhelm Kliem, war 47 Jahre alt. Sein Stellvertreter kam wie die anderen dreizehn männlichen Bewacher vom Freihafenzoll. Sie gehörten zu den 150 Bediensteten, die durch den «Führererlaß» vom 23.7.1944 aus der Reichsfinanzverwaltung herausgelöst und unmittelbar dem Reichsführer SS unterstellt worden waren[20]. Sie wurden am 13.9.1944 vom Freihafengrenzschutz zum Wachdienst in das KZ-Außenlager Neugraben abgeordnet. Sie waren alle älter als 50 Jahre. Die weibliche Bewachung, sechs SS-Aufseherinnen, war durch das Arbeitsamt zur SS «dienstverpflichtet» worden. Sie waren jünger als die männlichen Bewacher.

Besonders die Bewacherinnen verhielten sich sehr streng und ohrfeigten und schlugen die Frauen bei den kleinsten «Vergehen» am Arbeitsplatz. Der Lagerkommandant strafte während des Zählappells oder in seinem Zimmer mit mindestens 25 Schlägen, er benutzte dafür Lederriemen oder Gummischlauch. Nelly Prezmah erinnert sich:

«... bei einem anderen Versuch, Essen ins Lager zu schmuggeln, hatten wir kein Glück. Bei einem Mädchen fand der Wächter etwas Eßbares, und der Lagerälteste [Kommandant] *gab Befehl, das Mädel nackt auszuziehen, und sie bekam mit einem Gummischlauch 25 Schläge. Das Mädchen starb danach. ...»*[21].

Ein Mord konnte dem Hauptscharführer und seiner Mannschaft im Prozeß 1946 nicht nachgewiesen werden, aber es gab viele Todesfälle. Krankheiten, Unterernährung, Entkräftung, Arbeitsunfälle, Tötung bei Bombenangriffen am Arbeitsplatz und auch der Tod nach brutalen Schlägen haben einer nicht feststellbaren Zahl von Frauen das Leben gekostet. Über die genaue Zahl der Toten gibt es keine Unterlagen. Für die Außenlager mit jüdischen Frauen existieren keine Totenbücher. Im Totenbuch des Hauptlagers Neuengamme sind Frauen nur als Anzahl verbrannter Leichen eingetragen. Aus den Prozeßunterlagen und aus den Berichten ehemaliger Häftlinge kennen wir Namen verstorbener Frauen, die in keinem Friedhofsbuch zu finden sind. Niemand weiß, wo sie ihre letzte Ruhestätte gefunden haben.

Ein Gedenkstein auf dem Friedhof in Fischbek erinnert an zwei «unbekannte Frauen». Es könnten die zwei Frauen sein, die im Winter 1944/45 von einer einstürzenden Mauer beim Trümmerräumen in Harburg schwer verletzt wurden. Sie starben an den Folgen mangelnder Versorgung im Lager, da sie nicht im Krankenhaus behandelt werden durften.

Die Wachmannschaft, soweit sie nicht bei Bombenangriffen umkam, wurde im Juni/Juli 1946 vor einem englischen Militärgericht angeklagt. Das Hamburger Echo meldete am 6.7.1946:

«Im KZ-Prozeß Neugraben... wurde am 3. Juli das Urteil gegen neun Angeklagte verkündet. Fünf Angeklagte wurden freigesporochen. Der Kommandant des Lagers, Friedrich Wilhelm Kliem, erhielt 15 Jahre Gefängnis. ...».

Über die anderen Mitglieder der Wachmannschaft wurden Gefängnisstrafen von 6 Monaten bis 3 Jahre verhängt. Die Anklage lautete auf Mißhandlung von Angehörigen der alliierten Nationen. Der Kommandant Kliem wurde im Jahre 1955 wegen guter Führung aus der Strafanstalt Werl entlassen. Kein Mitglied der Wachmannschaft wurde je von einem deutschen Gericht zur Verantwortung gezogen.

Stationen durch die Konzentrationslager

Am 15. April 1945 wurden im Konzentrationslager Bergen-Belsen die überlebenden Frauen aus Neugraben von englischen Truppen befreit. Viele starben noch nach der Befreiung an Unterernährung, Typhus und an den Körperschäden, die sie durch brutale Behandlung in den verschiedenen Lagern erlitten hatten. Für viele ging damit eine dreieinhalb- bis vierjährige Haftzeit in Konzentrationslagern zu Ende. Die erste Station war Theresienstadt gewesen, dann Auschwitz-Birkenau, wo sie sich von jüngeren Geschwistern, Eltern und Verwandten hatten trennen müssen, da diese nicht arbeitsfähig waren. Für die in Birkenau verbliebenen Angehörigen hatte die nationalsozialistische Ideologie als letzte Station nur noch die Gaskammern vorgesehen. Nach vielen Selektionen kamen die «Selektierten» mit 1000 weiteren Frauen in Viehwagen nach Hamburg zum Lager Dessauer Ufer, von dort nach Neugraben und über das Lager Tiefstack Anfang April 1945 in das Todeslager Bergen-Belsen.

Unter den Frauen waren die meisten Tschechinnen, zwei Holländerinnen und wenige Deutsche. Es soll auch eine Gruppe Hamburger Frauen dabei gewesen sein, die von ihren «arischen» Ehepartnern zwangsgeschieden worden waren. Dafür gibt es bisher keine schlüssigen Beweise. Die jüngste der Frauen war damals 13, die älteste 51 Jahre alt.

Seit dem 16. April 1985 erinnert eine schlichte Gedenktafel an das Außenlager Neugraben, von dem nur noch wenige vom Gras überwucherte Fundamente auf das «Konzentrationslager vor der Haustür» hinweisen.

Anmerkungen

1 Bauche u. a., Arbeit und Vernichtung, S. 169, 181.
2 Johe, Neuengamme, S. 24ff.
3 Czech, Auschwitz, S. 120. – Hilberg, S. 658.
4 Privatbesitz Schultz, Gespräch mit Karl-Heinz Schultz am 28. 1. 1984.
5 Public Record Office, London, WO 235/122.
6 Brückenbaulager, errichtet 1938/39 für Arbeiter, die beim Elbhochbrückenbau eingesetzt werden sollten.
7 Privatbesitz Schultz, Gespräch mit Karin Schultz am 15. 4. 1984.
8 Privatbesitz Storm, Brief vom 21. 2. 1945 aus dem KZ-Außenlager Tiefstack.
9 Public Record Office, London, WO 235/143 A und 149.
10 Ebd., WO 235/109.
11 Ebd., WO 235/149.
12 Deutscher Wetterdienst Hamburg, Unterlagen Flughafen Hamburg 1944/45.
13 Public Record Office, London, WO 235/108.
14 Privatbesitz Schultz, Brief vom 10. 7. 1984.
15 Privatbesitz Schultz, Brief vom 6. 12. 1984.
16 Privatbesitz Schultz, Brief vom 12. 3. 1985.
17 Privatbesitz Schultz, Brief vom 7. 10. 1984.
18 StAHbg, Architekt Gutschow, B 90 (Unterbringung ausl. Arbeitskräfte).
19 Industriegewerkschaft Bau Steine Erden, Hamburg, Zusammenstellung der Lohnentwicklung im Bauhauptgewerbe 1925–1956.
20 Eulitz, Der Zollgrenzdienst, S. 228.
21 Privatbesitz Schultz, Brief vom 17. 2. 1985.

Abb. 1 KZ-Außenlager Neugraben (am rechten Bildrand).

Abb. 2 Prügelstrafe beim Abendappell. Zeichnung von Margit Heid, nach dem Besuch der Ausstellung «KZ-Außenlager Neugraben», 1984.

Abb. 3 u. 4 Die schwere Arbeit der Männer mußte von den Frauen des Außenlagers übernommen werden: Schütten der Fundamente und Einsetzen der Außenplatten.

Das Groß-Hamburg-Gesetz von 1937 und seine landesplanerischen Folgen für Harburg

Elke Pahl-Weber

Stadt- und Landesplaner hatten sich seit der Jahrhundertwende mit der Planung eines Groß-Hamburg beschäftigt. Im Vordergrund dieser Planungen stand die Notwendigkeit einheitlicher Hafen- und Verkehrsplanung mit dem Ziel der Ausweisung von »Verkehrsflächen und Verkehrsbändern als Grundlage der Weltstadtbildung«[1]. Eine Förderung der «Industrieansiedlungspolitik» wurde zwar benannt, doch bezogen sich die Planungsansätze vor allem auf daraus resultierende Flächenansprüche für den notwendigen Bau von Siedlungen für die zusätzlichen Arbeitskräfte und die Sicherung der infrastrukturellen Voraussetzungen.

Fritz Schumacher, der 1909 als Baudirektor nach Hamburg gekommen war, hatte schon früh die Notwendigkeit einer Neuordnung des Unterelberaumes erkannt. 1917 wies er auf die Bedeutung der Bereitstellung von Siedlungsland für die Stadtentwicklung Hamburgs hin, als die Senats- und Bürgerschaftskommission Maßnahmen zum Aufbau von Hamburgs Handel, Schiffahrt und Industrie für die Zeit nach dem Ersten Weltkrieg diskutierte. *«Wenn man die Möglichkeit einer ins Große gehenden Weiterentwicklung ins Auge faßt, so bedingt das unmittelbar eine weitere Überlegung: Arbeitsstätten von dem Umfange, wie sie hier vorbereitet werden, würden immer ein kaum benutzbares Instrument bleiben, wenn nicht zugleich für die Wohnstätten der in ihnen beschäftigten Menschen gesorgt wird. Diese Wohnstätten aber bedingen Landbesitz, und es gilt, sich darüber klarzuwerden, ob Hamburg innerhalb seiner gegenwärtigen politischen Grenzen über den zur Befriedigung dieses Bedürfnisses erforderlichen Besitz an Land verfügt.»*[2] Er betonte, daß in Hamburg wohl genug Flächen für den Bau von Wohnungen mit gehobenem Standard vorhanden seien, nicht aber *«geeignetes Land»* für den Bau von Kleinwohnungen, nicht einmal unter der Voraussetzung, daß keine zusätzlichen Arbeitsplätze geschaffen würden. Schumacher schlug damals eine kleine Groß-Hamburg-Lösung vor: Sowohl das im Osten Hamburgs an der Stadtgrenze verlaufende Gebiet des Geesthanges (Schiffbek, Steinbek, Boberg, Havighorst, Glinde, Sande) als auch die Wandsbeker Gemeinden Bramfeld, Tonndorf, Oldenfelde, Meiendorf sollten als neue Hamburger Wohngebiete erworben werden. Drüber hinaus sollten Hamburg und Altona gemeinsam verwaltet werden, denn *«es ist von Grund auf unnatürlich, wie zur Zeit an einer technisch in keiner Weise erkennbaren Grenze zwischen den beiden Großstädten Hamburg und Altona plötzlich ein kultureller und verwaltungstechnischer Wall mit unerbittlicher Stärke gezogen wird... Verfolgt man die vorstehenden Darlegungen, so sieht man, daß die Erweiterung des Hamburger Wohnbezirkes als nicht weniger wichtige Forderung auftritt, als die Erweiterung des Hamburger Hafen- und Industriebezirkes»*[3].

Schumacher hat in diesem Schlußsatz die Entwicklungspotentiale Hafen und Industrie mit den für die Stadtentwicklung gleichermaßen wichtigen Wohngebieten großen Ausmaßes auf eine Stufe gehoben. Schumachers Stellungnahme erfolgte in einer Zeit, als die Förderung der Ansiedlung von Industrie in Hamburg noch umstritten war und die Bodenpolitik nicht zuletzt dazu führte, daß sich eine Reihe von Industriebetrieben nicht in Hamburg, sondern in Harburg ansiedelten[4]. Oftmals handelte es sich dabei um Betriebe, die von Hamburgern gegründet wurden. Die Industrieansiedlungs- und -erweiterungspolitik gewann aber auch in Hamburg eine zunehmend starke Lobby. Sie dürfte schließlich ein Motor für die – 20 Jahre nach den hier zitierten Ausführungen Fritz Schumachers – durchgeführte Groß-Hamburg-Lösung gewesen sein.

Eine vorwiegend auf Handel orientierte Stadt ist in besonderem Maße abhängig von der Entwicklung des Weltmarktes. Nach der Weltwirtschaftskrise, mit der die dreißiger Jahre begannen, wurde in Hamburg die Lobby für die Ansiedlung von Industriebetrieben besonders stark. Gerade nach den starken Eingriffen in das Außenhandelsgeschäft durch die neue Regierung nach 1933 (Exportbegrenzungen) erholte sich Hamburg nur langsam von der wirtschaftlichen Baisse. Die Arbeitslosenzahlen waren in Hamburg viel länger hoch als in den umliegenden preußischen Städten, in denen teilweise während des Ersten Weltkrieges eine Expansion von Industriebetrieben erfolgt war, so z. B. bei Phoenix in Harburg[5].

Das Bemühen um eine Verbreiterung der ökonomischen Basis der Stadt Hamburg machte auch der Präses der Hamburger Industrie- und Handelskammer, H. v. Hübbe, in seiner Ansprache an «Die Versammlung Eines Ehrbaren Kaufmanns» am 31. Dezember 1936 deutlich: *«Die Kammer hat sich intensiv mit den Interessen der großhamburgischen Industrie befaßt und wird auch in Zukunft in Zusammenarbeit mit dem Amt für Arbeitsbeschaffung mit aller Energie bemüht bleiben, weitere Fortschritte zu erteilen.»* Die besondere Aufmerksamkeit sollte der See-Hafen-Industrie zugewandt werden. *«Die Kammer wird in den ersten Tagen des kommenden Jahres die notwendigen Schritte in die Wege leiten und sichert den betreffenden Kreisen engste Zusammenarbeit zu»*[6]. Diese Ausführungen am Vorabend der Verkündung des Groß-Hamburg-Gesetzes (GHG) am 16. Januar 1937 sind Ausdruck einer Linie, die schon vorher begonnen hatte und nach 1937 verstärkt verfolgt wurde. Sie wird nicht zuletzt auch in der Entwicklung der Hamburger Industrie- und Handelskammer deutlich.

Dies ist ein Hinweis darauf, daß schon sehr früh neben den «konservativen Kreisen», die Hamburg als Handelsstadt ausbauen wollten, wohl auch der Versuch einer effektiven Industrieansiedlungspolitik gemacht wurde. 1900 hatte die Handelskammer eine Industrie-Kommission gebildet, die in den folgenden Jahren nicht zuletzt die Stadtplanung «auf die Füße stellen» wollte, um der Tendenz, *«daß neu entstehende industrielle Unternehmungen es offenbar scheuen, sich auf hamburgischem Gebiet anzusiedeln und sogar hier ansässige Unternehmen sich zur Abwanderung nach anderen Plätzen oder auf nahegelegenes preußisches Gebiet veranlaßt sahen»*[7], entgegenzuwirken. Im Mai 1933 bildeten die Gewerbekammer, die sich *«mindestens bis 1920 unentwegt um die alleinige Zuständigkeit auch für die Industrie»*[8] bemühte, und die Handelskammer einen gemeinsamen Industrie-Ausschuß. Im Herbst 1933 richtete die Handelskammer eine Abteilung «Angelegenheiten der Industrie» ein. Die Industrieabteilung der Gewerbekammer wurde durch Senatsbeschluß aufgelöst und die Handelskammer wurde im Februar in Industrie- und Handelskammer umbenannt[8].

Dieser kleine Exkurs in die Geschichte der Handelskammer läßt erahnen, wie gerade nach 1933 die Bemühungen zur Änderung der wirtschaftlichen Basis Hamburgs durch einen Ausbau des Handels verbunden mit einer Ansiedlung von Industriebetrieben die Stadtentwicklung Hamburgs beeinflußten. Das Groß-Hamburg-Gesetz kann in diesem Zusammenhang vielleicht interpretiert werden als der schnellste Weg, dieses Ziel zu erreichen. Die preußischen Städte wurden Teil Hamburgs und machten die Handelsstadt Hamburg auch zu einer Industriestadt.

Obwohl gerade der Welthandel und Überseebeziehungen für dieses neue Hamburg entscheidende Bedeutung hatten, so waren doch durch den Anschluß der im Vergleich zum alten Hamburg sehr viel weiter industrialisierten Städte Harburg, Altona und Wandsbek andere Branchen in die zentrale Lenkung der Hansestadt gegeben worden. Alle früher einmal erwogenen Lösungen zur Neuordnung des Unterelberaumes waren damit verworfen worden. Vielleicht hätte Hermann Göring als preußischer Ministerpräsident genügend Macht besessen, diese Neuordnung auch zu einer Stärkung Preußens herbeizuführen. Dies geschah nicht. Ein wesentlicher Grund dafür scheint in der beabsichtigten generellen Neugliederung des Reichs zu liegen, zu der die Deutsche Gemeinde-Ordnung von 1935 (DGO) ein erster Schritt war.

Die mit dem Groß-Hamburg-Gesetz (GHG) in Hamburg eingeführte DGO[9] erlaubte mittelbar Eingriffe des Reichs in die staatlichen Angelegenheiten der Gemeinden. Der Reichsminister und Beauftragte für den Vierjahresplan (VJP), Hermann Göring, hatte damit die Möglichkeit, die Erfordernisse des VJP im Groß-Hamburger-Raum organisatorisch durchzusetzen[10]. Als preußischer Ministerpräsident hätte er direkten Einfluß auf Harburg, Wandsbek und Altona gehabt, als Reichsbeauftragter für den VJP auf Hamburg. Nach dem GHG hatte er nun nur noch mit einem «Verhandlungspartner» im Unterelberaum zu tun, und dieser besaß gerade im industriellen Sektor auch reichsweit Gewicht. Die damit verbundenen Vorteile lagen klar auf der Hand.

Harburg trug als Industriestadt entscheidend dazu bei, daß Groß-Hamburg reichsweit als Industriestandort anerkannt wurde. *«Mit der Zahl von 1500 Betrieben ist Hamburg nicht nur der größte Industrieplatz Nordwestdeutschlands, sondern überhaupt eine der bedeutendsten Industriestädte des Deutschen Reiches. Einzelne deutsche Industriezweige sind in unserem Gebiet besonders massiert ansässig. Nach der Zahl der Betriebe und der Gefolgschaft gerechnet befindet sich in Hamburg etwa ein Viertel des gesamten deutschen Schiffsbaues, ein Drittel der deutschen Fischindustrie (Altona), ein Fünftel der deutschen Mineralölindustrie und gut ein Drittel der deutschen pflanzenölverarbeitenden Industrie (Harburg), ferner ein Sechstel der deutschen Zigarettenherstellung (Wandsbek), der deutschen Metallhüttenindustrie und etwa 10% der deutschen Kautschukindustrie (Harburg).»* (Hinzugefügte Angaben in den Klammern geben die Standorte innerhalb des neuen Groß-Hamburg an.) *«Es wird die Aufgabe der Kammer sein, sich dieser bodenständigen Industrie Hamburgs besonders anzunehmen und im Rahmen der gesamten hamburgischen Industrieförderung Hamburg durch Stärkung seiner industriellen Position krisenfester als bisher zu machen gegen die Wechselfälle des Weltmarktes, von denen der Außenhandel immer abhängig sein wird«*[11].

Die hier grob zusammengefaßte Entwicklung ist ein Abschnitt der Herausbildung des «Standort Hamburg», der in der Nachkriegszeit besonders hohe Ansiedlungsergebnisse zu verzeichnen hatte[12]. Dabei hat die hafenbezogene Industrie eine große Rolle gespielt, denn ein wesentlicher Standortvorteil in Hamburg lag in der enormen Transportkapazität durch Binnen- und Außenhandel, der vor dem Zweiten Weltkrieg noch stärker war durch die Verbindung mit dem Hinterland. Tatsächlich sind viele der aufgeführten ‹alt-hamburgischen› und ‹neu-hamburgischen› Industriebetriebe auf die Verarbeitung importierter Rohstoffe ausgerichtet (Tabak, Mineralöl, Kautschuk) und genossen damit die Standortvorteile des Welthandelshafens Hamburg. Außerdem kam sicherlich der Nutzung von Kooperationsvorteilen große Bedeutung zu[13]. Das Zustandekommen des Groß-Hamburg-Gesetzes hat neben den genannten strukturellen sowohl landesplanerische als auch verwaltungstechnische Gründe.

Über den Zusammenhang von Reichsreform und Groß-Hamburg-Lösung war sich auch Fritz Schumacher zum Ende seiner Amtszeit klargeworden. Als er nach seiner Zwangs-Pensionierung 1933[14] in der Zeitschrift «Städtebau» einen Artikel über «Die Zukunft der Hamburgisch-Preußischen Landesplanungsarbeit» veröffentlichte, wies er darauf hin, *«daß man stillschweigend darauf hoffte, daß bei einer zu erwartenden Neugliederung des Reiches das jetzige Landesplanungsgebiet, dessen wirtschaftliche, technische und geopolitische Zusammengehörigkeit wohl niemand mehr bezweifeln wird, auch als verwaltungsmäßige Einheit im territorialen Sinne anerkannt werden würde»*[15]. Nicht nur Schumacher, auch die Vertreter Harburgs hatten früh erkannt, daß *«die Groß-Hamburg-Frage... im Grunde weder eine Angelegenheit des preußischen noch des hamburgischen Staates... ist, sondern eine solche des Deutschen Reiches»*[16].

Hans-Berhard Reichow, Stadtbaurat von Dresden und später Mitarbeiter im Büro des «Architekten für die Neugestaltung der Hansestadt Hamburg», Konstanty Gutschow, bekannt vor allem wegen seiner Nachkriegswerke über Organische Stadtbaukunst, konstatierte 1933, daß die Voraussetzungen für eine effektive Landesplanung im Deutschen Reich vor allem durch ein Gesetzeswerk geschaffen werden müßten. *«Die politischen Voraussetzungen für eine grundlegende Gesetzgebung in oben angedeuteter Richtung dürften bei richtiger Auslegung der Ergebnisse unserer letzten Volkswahl geschaffen sein»*[17]. Diese von Reichow als Planungsfachmann gegebene Einschätzung wurde von einem für diese Fragen üblicherweise zuständigen Verfassungs-Rechtler bestätigt. *«Die verfassungsrechtliche Möglichkeit zu einer durchgreifenden Neuordnung des Reiches, auch auf territorialem Gebiet, gab dann aber erst (das) Gesetz über den Neuaufbau des Reiches 1934. Der Führer hatte schon vor dem Nürnberger Parteitag... ausgeführt: ... Die nationalsozialistische Bewegung ist... nicht der Konservator der Länder der Vergangenheit, sondern ihr Liquidator zu Gunsten des Reiches der Zukunft»*[18].

Dennoch wurde bei der Einteilung des Reiches in Gaue, entsprechend dem Aufbau der NSDAP, die bis dahin geltende verwaltungspolitische Einteilung des Reiches beachtet, und das ist typisch für das Verwaltungshandeln der nationalsozialistischen Bürokratie. Die gesamte Reichsreform fand nie statt. Es gab zwar eine Fülle von Eingemeindungs- und Gemeindereformbestrebungen, doch trafen sie nicht den gewünschten Charakter der Reichsreform. Als 1935 eine Diskussion über die 1933 in Oldenburg durchgeführte Verwaltungsreform im Hinblick auf eine Vorbildlichkeit für die Reichsreform bei Ministerien und Behörden in Gang kam, ließ RMdI Frick alle Reichsstatthalter und Landesregierungen wissen, daß *«nach einem ausdrücklichen Wunsche des Führers Erörterungen jeder Art über die Reichsreform... unterbleiben sollten»*[19]. Er wies außerdem darauf hin, daß Eingemeindungs- und Verwaltungsreformbestrebungen nur dann berechtigt seien, wenn es sich bei dem betreffenden Gebiet um eine *«Wirtschaftseinheit»* handle. Andernfalls sei die Gefahr *«unnötiger Verstädterung«* gegeben, was sich *«in volkstums-, bevölkerungs- und agrarpolitischer Hinsicht... entgegen den Zielen der Staatsführung»* auswirken würde[20]. 1941 wies der Chef der Reichskanzlei, Dr. Lammers, alle Behörden an, sämtliche Bestrebungen zur Veränderung von Gebietsgrenzen *«während des Krieges unterbleiben»* zu lassen[21].

Der Zeitpunkt für das GHG 1937/38 war also offensichtlich ebenso «günstig» gewesen wie die «Umstände»[22]. Hamburg hatte die Arbeiten zur Gemeindereform aufgenommen nach dem Erlaß der DGO, um einen Vorschlag bezüglich seiner zukünftigen Verwaltung zu erarbeiten. Diese Arbeit besorgte die schon erwähnte Kommission beim Stab der Staatskanzlei[23].

Im Reichs-Innenministerium war ihr Gesprächspartner Ministerialrat Medicus. Staatssekretär Dr. Wilhelm Stuckart war als Vertreter Hamburgs in Berlin beteiligt.

Ein internes Papier dieser Kommission faßte die Gründe für die Schaffung von Groß-Hamburg in 10 Punkten zusammen: Hafenbautechnische und Hafenbetriebsgründe, Industrie, Wirtschaftliche Einheit des Groß-Hamburg-Gebietes, Arbeitsbeschaffungsgründe, ingenieurbautechnische, verkehrstechnische, finanzpolitische, verwaltungstechnische und kulturpolitische Gründe. Dieses Papier gibt in seinen Erläuterungen zu den Gründen klar Auskunft über die Motive für das Zustandekommen des GHG: *«Wenn die Wirtschaftlage der Welt wieder eine Erweiterung der Hafenanlagen erheischt, muß sehr kurzfristig gehandelt werden. Das kann nur von einer einzigen örtlichen Zentrale geschehen. Es muß vor allem verhindert werden, daß – wie es jetzt der Fall ist – aus Konkurrenzgründen im Hamburger, Harburger und Altonaer Hafen vielfach technische Umschlagsentwicklungen gleicher Art geschaffen werden... Nur Zusammenfassung aller Kräfte ermöglicht Wettbewerbsfähigkeit mit ausländischen Häfen. Bei Harburg außerdem vorgesehen Einmündung des Hansa-Kanals... Harburg hätte nur Vorteile... Hafenerweiterung ist nicht nur eine Frage des Raumes für Hafenanlagen, sondern auch des Siedlungsraumes für die im Hafen beschäftigten Arbeiter... Siedlungsgelände für diese nur möglich auf Harburger Gebiet und Francop, Cranz, Neuenfelde... Neugründung von Industrien und Standortverlegung entscheidend wichtig für die Durchführung des Vierjahresplanes. Der dafür notwendige Raum kann nur auf Wilhelmsburger und Harburger Gebiet bereitgestellt werden, aber auch nur ein einheitlicher Raum eines einzigen Hamburger Hafengebietes... Vorausschauende Siedlungspolitik und Städteplanung ist nur möglich in einem Großstadtgebiet unter einheitlicher Führung und unter einheitlicher Finanzhoheit...»*[24]

Der von Göring zunächst erarbeitete Vorschlag, den Hamburger Reichsstatthalter mit Vollmachten zur Durchführung des Vierjahresplanes auch in den umliegenden preußischen Städten und Gemeinden auszustatten, konnte sich nicht durchsetzen[25], scheiterte wahrscheinlich am Widerstand der preußischen Städte. Göring selbst trieb dann eine auch verwaltungsmäßig hergestellte Groß-Hamburg-Lösung voran, die er angeblich gegen den Widerstand seiner preußischen Behörden durchsetzte[26].

Die Verkündung des GHG am 26. Januar 1937 wurde in Hamburg mit großem publizistischen und propagandistischen Aufwand gefeiert, ein großer Festakt wurde am Vorabend des Inkrafttretens, am 31. März 1937, im Hamburger Rathaus abgehalten. Bis dahin waren die Planungen für Groß-Hamburg von der Öffentlichkeit unbeachtet verlaufen. *«Der Öffentlichkeit wurde die Lösung als Führerentscheidung erst dann unterbreitet, als sie in den Einzelheiten festgelegt und als Ganzes fertiggestellt war. Denn es entspricht nicht nationalsozialistischer Auffassung, mit Halbheiten aufzuwarten und darüber in unfruchtbare Diskussionen einzutreten»*[27]. Diese zeitgenössische Einschätzung spielt auf Erfahrungen aus der Weimarer Zeit an, in der angeblich über gemeinsame Landesplanung viel diskutiert wurde, aber «keine Erfolge» verzeichnet werden konnten. Sie drückt zugleich das extrem undemokratische Verständnis dieser Apologeten der Macht aus. Senator Ahrens, unter dessen Leitung die kleine Kommission bei der Hamburger Senatskanzlei getagt hatte, schrieb einen Artikel über das neue Gesetz, das am 27. Januar 1937 alle Zeitungen abdruckten. Darüber hinaus war aber die Presseberichterstattung sehr unterschiedlich.

Die Presse berichtet über Groß-Hamburg

Der Hamburger Anzeiger veröffentlichte am 27. Januar 1937 einen Leitartikel unter der Überschrift *«Der Dank Groß-Hamburgs an den Führer»* und gab am selben Tag eine Sonderausgabe zum Groß-Hamburg-Gesetz heraus. Hier erfuhren die Hamburger Leserinnen und Leser, daß nun *«alle Fesseln gelöst»* seien: *«Wir haben Raum für die Industrie. Wir haben Raum für die Siedlung. Eine Fülle von neuen Möglichkeiten erschließt sich dem Städtebauer.»* Die Leserin und der Leser erfuhren hier auch die realen Zahlen, nämlich, daß Hamburg infolge des GHG seine Fläche um 80 % auf 746 qkm Fläche vergrößern würde (Alt-Hamburg 415 qkm); abzugeben waren 99 qkm. Seine Einwohnerzahl würde um 40 % zunehmen von 1 189 697 EW, von denen 34 519 in an Preußen übergehenden Gebietsteilen lebten, auf 1 647 000 EW[28]. Das Hamburger Tageblatt pries in einem Artikel von Stuckart die *«sinnvolle Lösung»*, die den *«Hemmschuh»* der Entwicklung beseitigte[29]. Der Hamburger Anzeiger feierte den *«Abschied von den Grenzpfählen»*, die *«im Volksbewußtsein schon längst nicht mehr vorhanden»* gewesen seien[30].

Ganz anders war der Tenor der Zeitungsberichte in den Blättern der eingemeindeten Städte. Der Wandsbeker Bote wies darauf hin, daß Wandsbek *«nicht ganz mit leeren Händen»* komme und *«in die neue ‹Ehe› manche Morgengabe»* mitbringe: *«Wandsbek als Gartenstadt, Wandsbek als Industrieort und neuerdings auch wieder als Garnison.»* Wehmut schwingt mit beim *«Abschied»* von der *«alten Heimat»*, sonst wäre man *«schlechter Wahrer der schleswig-holsteinischen Treue»*[31]. Gauleiter Heinrich Lohse verabschiedete titelseitenlang Altona von Preußen in *«schmerzlicher Erinnerung»* und zugleich den Blick nach vorn gerichtet auf *«die tausendjährige Sehnsucht unserer Vorfahren nach dem Großdeutschen Reich»*[32].

Die Harburger Anzeigen und Nachrichten dagegen sparten sich zunächst derart pathetische Worte, druckten den Ahrens-Artikel erst einen Tag, nachdem sie die Hansestadt Hamburg in Anführungsstrichen begrüßt und *«Harburgs Wunschzettel an Groß-Hamburg»* veröffentlicht hatten[33]. Auf die dort geäußerten Wünsche nach *«Verständnis für die Eigenart»* von Harburgs *«Stellung als Industrie- und Seehafenzentrum»* und *«daß nicht nur das Zentrum Groß-Hamburgs zum alleinigen Mittelpunkt wird, sondern auch die neu eingegliederten Städtekomplexe in ihrer kulturellen Eigenart berücksichtigt werden»*, reagierte der Hamburger Reichsstatthalter Karl Kaufmann prompt. Anläßlich einer Kundgebung im Hamburger Rathaus am 1. Februar wies er derartige Äußerungen zurück: *«Ich gebe niemandem das Recht, einen überflüssigen und durchaus unangebrachten Lokalpatriotismus zur Schau zu tragen«*[34].

Festlich nahm Harburg einige Wochen später in Anwesenheit von Kaufmann Abschied vom Gauleiter Ost-Hannovers, Otto Telschow. Oberbürgermeister Bartels nutzte die Stunde, um erneut die besonderen Anliegen Harburgs vorzutragen. Diesmal konnte er sich allerdings schon beziehen auf eine *«umgehende Fühlungsnahme»* mit den Hamburger Behörden. Er hielt es für *«sichergestellt, ... daß der Ausbauplan unseres Krankenhauses hier am Irrgarten sofort ausgeführt wird, daß das Theater uns erhalten bleibt, daß die höheren Schulen und auch unser Museum bleiben sollen und daß vor allem der gerade hier so dringliche Straßenausbau weiter gefördert wird»*[35].

Dementsprechend fiel auch Harburgs Antwort aus, als Hamburg im Juni 1937 die eingemeindeten Städte aufforderte, Mängel an kommunalen Einrichtungen, verbunden mit einem Bauprogramm, aufzuführen[36]. Vorgelegt wurde ein Programm, das speziell für die Bereiche Hochbau, Verkehrs- und Straßenplanung sowie Grünplanung Aussagen machte und einen großen Umfang besaß (mehrere Mio RM). Die Projekte beruhten zum Teil auf älteren Überlegungen, die aber wegen Finanzmangels nicht hatten ausgeführt werden können. Die Stadt- und Landesplanung für Harburg änderte sich mit dem Groß-Hamburg-Gesetz.

Der Wirtschaftsplan von 1934 als Grundlage für die städtebauliche Entwicklung Harburgs bis 1937

Der Hamburgisch-Preußische Landesplanungsausschuß (HPLA) war als erste gemeinsame Planungsinstitution am 5. Dezember 1928 gegründet worden. Sein Ziel bestand darin, die Planung derart zu gestalten, als ob innerhalb eines Planungsgebietes von 30 km im Umkreis um das Hamburger Rathaus Landesgrenzen nicht vorhanden wären. Für den Bereich der Hafenplanung wurde entsprechend dem Abkommen 1929 die Hamburgisch-Preußische Hafengemeinschaft gegründet; daß Groß-Hamburg-Gesetz bewirkte ihre Auflösung. Der Hamburgisch-Preußische Landesplanungsausschuß wurde 1936 aufgelöst. Seine Aufgaben übernahm die Landesplanungsgemeinschaft (LPG) Hamburg als eine von 23 Landesplanungsgemeinschaften der Reichsstelle für Raumordnung. Letztere bestimmte 1936, daß der Bürgermeister in Harburg statt in der an sich zuständigen LPG Hannover Mitglied der LPG Hamburg werden sollte, damit die Erschließung von Hafenerweiterungsflächen sowie die übrige Hafenpolitik gemeinsam betrieben werden könne[37].

Der Regierungspräsident in Schleswig-Holstein hatte für die preußischen Gebiete des Unterelberaumes den HPLA mit der Aufstellung eines Wirtschaftsplanes, vergleichbar mit heutigen Flächennutzungsplänen, als Grundlage für die Entwicklung der weiteren Planung beauftragt. Dieser nahm im Oktober 1934 seine Arbeit dazu auf; die verschiedenen Fach-Dienststellen wurden informiert und teilten mit, welche Belange in der Planung Berücksichtigung finden sollten. Eine der ersten Stellungnahmen kam vom Präsidenten des Luftamtes Münster; er teilte Auflagen für den Luftschutz mit: Abgesehen von der sachgemäßen Anlage von Luftschutzräumen empfahl er, *«die Planung so durchzuführen, daß durch erhebliche Auflockerung der Bebauung größere Brände vermieden und die Wahrscheinlichkeit von Bombentreffern auf Gebäude herabgemindert werden... Zur Tarnung empfiehlt es sich, das Siedlungsgebiet mit Baumanpflanzungen zu durchsetzen»*[38]. Obwohl der Vierjahresplan erst zwei Jahre später erlassen wurde, gibt diese Stellungnahme einen Anhaltspunkt dafür, daß bereits 1934 ein künftiger Krieg «greifbar» schien.

Derart konkrete Aussagen machen die schließlich entstandenen Pläne nicht[39], und sie sind auch nicht grundsätzlich neu. In der Flächenausweisung hielt sich der Plan im wesentlichen an den von Brix und Oelsner 1923 aufgestellten General-Siedlungsplan[40]. Beide Pläne beziehen das zu Hamburg gehörende Moorburg mit ein und projektieren große Gewerbeflächen entlang der Süderelbe zu beiden Seiten des Stadtkerns. Brix/Oelsner wiesen diese Fläche, insbesondere Francop und Finkenwärder, als neues Hafengebiet aus, Moorburg und Neuland als Industrieviertel. In Neuland war ein umfangreiches Hafenbecken-System vorgesehen, das die Ansiedlung hafenbezogener Industrien fördern sollte. Die Anlage des Hansakanals, der schon damals diskutiert wurde, sollte die projektierte Entwicklung begünstigen. Für das zum Zeitpunkt der Entstehung des Brix/Oelsner-Plans noch nicht mit Harburg zusammengeschlossene Wilhelmsburg waren ebenfalls großzügige Hafenanlagen im Osten der Insel vorgesehen[41].

Der Wirtschaftsplan von 1934 wies an denselben Orten wie der Brix/Oelsner-Plan «Industriebauflächen» aus, qualifizierte diese aber nicht als Seehafen-Flächen oder Flächen für hafenbezogene Industrie. Die Industriefläche Neuland reichte in diesem Plan bis einschließlich Bullenhausen und Over im Osten und bis zur Bahnlinie nach Hannover im Westen. Sie erreichte damit ungefähr das dreifache Ausmaß der im 1923er Plan vorgesehenen Fläche. In dem inzwischen mit Harburg zur Stadt zusammengeschlossenen Wilhelmsburg wurden abweichend von der 1923er Planung keine großen neu zu erschließenden Industrie- und Hafengebiete vorgesehen.

Wichtiger Bestandteil des 1923er Plans war der seit Jahren diskutierte ‹Hansakanal›, der die umfangreichen Hafenplanungen im Süderelberaum erst sinnvoll machte. Denn er hätte ermöglicht, daß Schiffe das vielbefahrene Hafengebiet der Norderelbe meiden und die Harburger und Wilhelmsburger Häfen direkt anliefen. Der Wirtschaftsplan von 1934 wies den Hansakanal nicht aus, er zeigte lediglich Köhlfleet und Köhlbrand als Zugänge zu den Harburger Häfen und die Süderelbe in ihrem natürlichen Lauf, für Hochseefrachter mit großem Tiefgang in diesem Zustand nicht passierbar.

Das Fehlen des Hansakanals und die fehlende Ausweisung neuer Hafenbecken können als Hinweis auf eine andere, nicht primär seehafenbezogen-industrielle ökonomische Basis für Harburg verstanden werden. Diese Hypothese läßt sich nicht erhärten, weil bislang kein Erläuterungsbericht zu dieser Planung gefunden werden konnte.

Mit der Bearbeitung des Wirtschaftsplanes hatte der HPLA die Harburger Bauräte betraut[42]. Baurat Kleeberg ging bei der Bearbeitung davon aus, daß sich die wirtschaftlichen Voraussetzungen seit dem 1923er Plan so sehr geändert hätten, daß der alte Plan nicht mehr aktuell wäre: *«Die Aufschließungspläne von Brix/Oelsner für das Stadtgebiet Wilhelmsburg und das Gebiet Neuland..., ... boten noch vor drei Jahren die Grundlage für die gemeindliche Grundstückspolitik. Bei dieser Planung wurde noch mit einer restlosen Aufschließung der gesamten Gebiete durch Binnenhäfen, Industriekanäle usw., mit einer Bereitstellung von Industrie-Reserveland über das ganze Gebiet Neuland und Moorburg-Bostelbek gerechnet. Desgleichen wurde in der Verkehrsplanung durch Umgehungsbahnen... von Voraussetzungen ausgegangen, die sich innerhalb weniger Jahre als völlig verfehlt erwiesen. In der gleichen Richtung liefen die Planungen der Stadtgemeinde in bezug auf die Eingemeindungspolitik. In der Erkenntnis der wirtschaftlichen Ausstrahlungen nach und der wirtschaftlichen Abhängigkeit von dem Landkreise wurde ein Gürtelgebiet umrissen, das nun im gegenteiligen Sinne für die Auflockerung der Stadt in Zukunft besondere Bedeutung gewinnt... Die wesentlichsten Grundlagen für den Wirtschaftsplan sind allerdings durch Ernährungs- und Wehrpolitik klar gekennzeichnet... Der Auflockerung der Industriegebiete bzw. der Aussiedlung von Industrie stehen besondere Schwierigkeiten entgegen. Sie beruhen vor allem auf der Standortbedingtheit... Die wehrpolitische Notwendigkeit einer Dezentralisierung lebenswichtiger Betriebe zwingt aber dazu, von einer weiteren Massierung industrieller Anlagen abzusehen, d.h. die noch in Industriegebieten vorhandenen Freiflächen anders zu verwerten, sie also nach Möglichkeit einer Besiedlung oder kleingärtnerischen Nutzung zuzuführen. Andererseits stellt die Aussiedlung der Industrie eine Fülle weiterer Probleme heraus... (:) einen untragbaren Verlust an Steueraufkommen, ... der Ruin der Städte bedeuten würde»*[43]. Kleeburg erkannte deshalb die Notwendigkeit, *«den Wirtschaftsplan organisch zu gestalten»*[44].

Tatsächlich ist die Flächenausweisung der schließlich entstandenen Pläne so wenig spezifiziert, daß ein hohes Maß an Flexibilität bei der Aus- und Durchführung einzelner Bebauungsplanabschnitte gegeben war. Kleeberg wußte Ende 1934 noch nicht, daß der Hamburger Reichsstatthalter, Karl Kaufmann, im Oktober 1936 im Preußischen Staatsministerium erreiche würde, daß den Wünschen Hamburgs «für Einschaltung in den Vierjahresplan» bald stattgegeben würde, was auch für die später eingemeindeten Gebiete, also auch für Harburg, galt. Kaufmann, der sich damals gemeinsam mit dem Wirtschafsbeauftragten Hamburgs, Regierungsdirektor Essen, in Berlin befand, trug dort vor, daß Hamburger Unternehmer und Finanziers beim Vierjahresplan eingeschaltet werden sollten. Diese hätten sich ausdrücklich zur Mitarbeit zur Verfügung gestellt. Hamburg sei *«sicher geeignetster Standort für Industrien, weil noch die notwendigen Arbeitskräfte zur Verfügung stünden und der Staat Hamburg zur Schulung der Arbeitslosen bereit wäre»*[45]. Das Ministerium hatte für die Hamburger Wünsche ein offenes Ohr, machte eine Reihe pragmatischer Vorschläge und empfahl, Kontakt zur Reichsstelle für Raumordnung aufzunehmen. Dorthin hatte der HPLA bereits im September 1935 berichtet, daß mit dem *«vorläufigen Abschluß der Wirtschaftspläne bald gerechnet werden könne»*[46].

Änderungen in der Landesplanung durch das Groß-Hamburg-Gesetz

Der Inhalt der beschriebenen Pläne blieb auch noch nach 1937/38 aktuell. Während aber vor dem Erlaß des Groß-Hamburg-Gesetzes der HPLA sich vorwiegend mit allgemeinen Fragen des Städtebaus befaßt hatte – Verkehrserschließung, Sanierung – trat danach die Industrieplanung in den Vordergrund. In einem Rückblick auf die Arbeit in den ersten zwei Jahren ihres Bestehens wies die Hamburger Landesplanungsgemeinschaft 1938 darauf hin, daß *«infolge der starken Belastung der Landesplanungsgemeinschaft mit Planungen der Industrie... die Raumplanung auf dem Gebiet der Siedlungs- und Landschaftsgestaltung vorübergehend etwas zurücktreten mußte»*[47]. Es ging vor allem um Betriebserweiterungen, die durch *«Aufrüstung bzw. durch den Vierjahresplan bedingt sind»*[48].

Betriebsverlagerungen, wie sie aus raumordnungspolitischen Gründen zur Vermeidung und Auflockerung von Ballungsgebieten angestrebt wurden, schienen sich nicht leicht umsetzen zu lassen. Sie stießen auf den erheblichen Widerstand der Unternehmer, die befürchteten, eine Verlagerung in weniger entwickelte Gebiete würde ihnen nicht das notwendige Arbeitskräfteangebot bieten. Außerdem wäre eine Verlagerung steuerpolitisch mit Nachteilen verbunden.

Die Reichsstelle für Raumordnung (RfR) arbeitete an einem Reichs-Industrie-Lenkungs-Plan. Der Referent des Leiters der Stelle, Dörr, kam während des Krieges zu dem Schluß, daß zumindest beim geplanten Wiederaufbau nach dem Kriege der *«Grundsatz für die Industrieverteilung: daß die verlagerten Betriebe nicht wieder in die Großstädte gelagert werden»* überspitzt sei: *«Denn es ist zu bedenken, daß die künftigen Großstädte aus einem lockeren Organismus von frei in der Landschaft lagernden Trabantengruppen bestehen, die längs ihrer in den Raum vorstoßenden Siedlungsstrahlen Raum, Schutzgebiete und Siedlungsflächen für den Ansatz von Industrie enthalten werden»*[49].

Damit entwarf die RfR ein Achsenmodell für Großstädte, wie es in Hamburg spätestens seit den von Fritz Schumacher vorgelegten Skizzen zur Stadtentwicklung («Schumachersche Farne») bekannt, durch das GHG in Ansätzen verwirklicht und bis heute aktuell ist. An dieser Stellungnahme Dörrs, die innerhalb der RfR strittig war, waren die Hamburger Landesplaner nicht ganz unbeteiligt. Dörr verwies ausdrücklich darauf, *«daß sich bei der Tagung des Forschungsausschusses Gutschow in Hamburg alle Anwesenden, mit Ausnahme der Vertreter der Reichsstelle, gegen eine radikale Berücksichtigung des Luftkrieges bei den zukünftigen Planungen... aussprachen»*[50]. Diese hätten auch eine weitgehende Dezentralisierung von Industrie erfordert.

Der Hamburger Reichsstatthalter Karl Kaufmann hatte schon 10 Jahre zuvor bei den zuständigen Reichsstellen erreicht, daß Hamburg nicht in die Planungen zur Industrieverlagerung einbezogen wurde. Anläßlich einer ‹Chefbesprechung› in der Reichskanzlei im November 1934 hatte Kaufmann seine bereits durch Briefe vorgetragene Sorge über die wirtschaftliche Entwicklung Hamburgs auch Hitler persönlich unterbreitet. Letzterer *«wies darauf hin, daß Hamburg der Welt den ersten Eindruck des neuen Deutschlands vermittle. Man müsse Hamburg da helfen, wo sowieso industrielle Verlagerungen stattfänden. Ein Druck auf die Industrie sei hier erforderlich... Nach Hamburg müßten Staatsaufträge gelegt werden»*[51].

Mit dieser Position revidierte Hitler nicht nur die vom Leiter des Amtes des Siedlungsbeauftragten, Ludowici, 1934 herausgegebenen Leitlinien zur Industrieverlagerung, sondern verwies auf eine neue Linie. Denn *«mit den Aufträgen der Wehrmacht und mit dem Zweiten Vierjahresplan ist der deutschen Wirtschaft eine Aufgabe gestellt worden, die für die nächsten Jahre die Leistungsfähigkeit wenigstens der Investitionsgüterindustrien voll beanspruchen wird». Es sei «nicht damit zu rechnen, daß die Invesitionswirtschaft den zusätzlichen Aufwand für die Auflockerung der Großstädte tragen kann»*[52].

Dies geschah in den folgenden Jahren nicht nur durch Projekte des Straßenbaus, die vom Reichsinspekteur für das Straßenwesen, Todt, betreut wurden. Von besonderer Bedeutung für Harburg war dabei die Autobahnbrücke über die Norderelbe, die zur Entlastung der alten Elbbrücken und zur besseren Verkehrsanbindung Hamburgs an den Süden 1937 gebaut und 1938 eingeweiht wurde. Vor allem der Vierjahresplan förderte die Industrieerweiterung und -ansiedlung in Hamburg und im gesamten norddeutschen Raum. Auskunft darüber gibt nicht zuletzt das geheimgehaltene Ergebnis einer von Senatsdirektor Essen, inzwischen Hamburger Sonderbeauftragter für Wirtschaftsförderung und VJP Anfang 1939 durchgeführten Fragebogen-Aktion, in der nach *«Bauprojekten der hamburgischen Industrie»* gefragt wurde. Eine Anzahl von Betrieben wies darauf hin, daß ihre Erweiterung *«durch regierungsseitige Vorratswirtschaft und weitere, technische Rationalisierung»* bzw. durch *«Wehrmachtsaufträge bedingt»* sei[53]. Ein geheimer Bericht über die *«Kräftebilanz der Industrie des Wehrkreises X»* von Februar 1943 gibt Aufschluß darüber, daß *«gerade im Wehrkreis X... die Umstellung auf kriegswirtschaftliche Notwendigkeiten bereits lange vor dem Krieg eingesetzt... hat...»*[54].

Die LPG-Hamburg war nach dem GHG mit einer Reihe von Einzelprojekten zur Erweiterung und Neuanlage von Betrieben befaßt[55], die sie nicht zu ihren eigentlichen Aufgaben kommen ließ. Beispielsweise beschloß sie zur Jahreswende die Erweiterung vorhandener Speichergebäude für Getreide und Walöl mit Standorten im alten Kerngebiet der Hamburgisch-Preußischen Hafengemeinschaft GmbH und in Harburg[55]. Diese Projekte galten als Staatsgeheimnis. Sie betrafen Einrichtungen, die der Bevorratung dienten, nicht zuletzt für Kriegszeiten. Im Januar 1941 wies das Luftverteidigungskommando *«im Anschluß an eine Besichtigung der Erdölgewinnungsbetriebe und Bevorratungslager»* in Harburg darauf hin, daß umfangreiche Tarnungsmaßnahmen zu ergreifen seien. Die Speicher der Firma Mackprang waren von vornherein in einer an Geschoßwohnungen erinnernden Architektur gebaut worden. Tankanlagen sollten jetzt mit Netzen überspannt werden.

Weitere Einzelprojekte deuten darauf hin, daß sich die Landesplanung vor allem mit Fragen der Industrieplanung beschäftigte. Im September 1938 einigten sich die Teilnehmer der LPG darüber, daß der Petroleumhafen nach Harburg zu verlegen sei, weil die projektierte Hochbrücke über die Elbe voraussichtlich über den vorhandenen Petroleumhafen hinwegführen würde. Vorgesehen war ein Standort westlich des Hafenbeckens 4 (des westlichsten Hafenbeckens) in Harburg. Die Brücke wurde nicht gebaut, die Verlagerung fand nicht statt.

Im September 1938 bat die LPG die Bauverwaltung und die Wehrwirtschaftsinspektion um Stellungnahmen zur beabsichtigten umfangreichen Erweiterung der Phönix-Gummiwerke in Harburg. Im November 1938 beschäftigte sich die LPG mit Kapazitätsausweitungen in der Maschinen-, Elektro- und feinmechanischen Industrie. Die RfR hatte in einem Schnellbrief gebeten, Standortmöglichkeiten zu prüfen[57]. Hamburg *«wird als geeigneter Standort von allen beteiligten Dienststellen angesehen. Ein erheblicher Ausbau der feinmechanischen Industrie ist in den letzten vier Jahren erfolgt...»*[58]. Flächen für Neuansiedlung wurden ebenso nachgewiesen wie Industriebrachen, so z.B. die leerstehenden Fabrikgelände der Schloßwerft von Holtz auf der Harburger Schloßinsel[59].

Neben diesen nur beispielhaft aufgeführten Einzelprojekten gab es eine neue übergeordnete Planung erst mit dem Generalbebauungsplan für Groß-Hamburg 1940/41 vom Architekten für die Neugestaltung Hamburgs, Konstanty Gutschow. Dieser sah, vergleichbar dem beschriebenen Wirtschaftsplan, zwar Industrieflächen in Harburg vor, aber bis auf ein fünftes Hafenbecken auf Moorburger Gebiet keine Hafenerweiterung. Im Erläuterungsbericht wird ausdrücklich die Hafenplanung für Moorburg kritisiert, der Hansakanal wieder in die Planung aufgenommen. *«Es ist falsch, im Moorburger Gebiet neue Häfen anzulegen. Die Süderelbe wird, besonders nach Fertigstellung des Hansakanals, eine ausgesprochene Binnenschiffahrtsstraße werden, die von der Großschiffahrt völlig getrennt gehalten werden muß. Bei der Planung des Hansakanals ist großer Wert darauf gelegt, daß der nicht für Hamburg bestimmte, in Richtung Lübeck gehende Kanalverkehr nicht durch das Hamburger Hafengebiet hindurchgeführt wird, sondern dieses nur berührt. Die Harburger Hafengruppe darf daher auf keinen Fall erweitert werden»*[60].

Gutschow stellte die Handelsstadt Hamburg in den Vordergrund seiner Planung. Entsprechend der Losung ‹Tor zur Welt› wollte Gutschow *«auch für die industrielle Entwicklung Hamburgs»* den Grundsatz angewandt wissen, *«daß die Grundlage der Hamburger Wirtschaft der Hafen ist»*[60]. Er bezog sich auf den neuen Wirtschaftsplan für Groß-Hamburg von 1940, der in Abstimmung mit der Industrie- und Handelskammer aufgestellt worden war und propagierte das Ziel, *«eine weitere Zusammenballung in den Großstädten nach Möglichkeit zu vermeiden oder mindestens noch in erträglichen Grenzen zu halten»*[61].

Hatte Gutschow die reale Entwicklung nicht zur Kenntnis genommen, oder hatte er mit Harburg für die Zukunft andere Pläne? Harburg sollte nach diesem Plan verkehrsmäßig besser an den nordelbischen Teil der Stadt angeschlossen werden, weil in *«den Süderelbegebieten rund eine halbe Million Einwohner neu anzusiedeln sein werden. Damit wächst die Bedeutung Harburgs über den bisherigen Charakter weit hinaus. Doch um diese neugewonnenen Stadtgebiete zu vollwertigen Gliedern der neuen Hamburgischen Großstadtgemeinschaft zu machen und einen Ausgleich für das aus der historischen Entwicklung entstandene kommunale Übergewicht der Nordelbegebiete zu schaffen, wird es großer kommunalpolitischer und städtebaulicher Anstrengungen bedürfen»*[62].

So schlug er eine Wettkampfbahn oder Freilichtbühne in den Harburger Bergen vor, *«wo die Gäste über das Spiel hinaus eindringlich die Schönheit des Stromes und des Welthafens mit der neuen Stadtkrone* [am gegenüberliegenden Elbufer] *in sich aufnehmen.»* Dieser Plan wurde 1944 überarbeitet, als große Teile Hamburgs nach den schweren Luftangriffen 1943 in Schutt und Asche lagen. So ist der 1944er Plan als Wiederaufbauplan zu verstehen, der im wesentlichen die Züge des 41er Plans aufnahm. Der neue Plan wies für Harburg im Neuländer Industriegebiet ein neues Hafenbecken aus. Die wesentlichen Aussagen dieser beiden Pläne für Harburg sind auch im ersten Nachkriegsplan, dem Generalbebauungsplan von 1947, wiederzufinden.

Der hier beschriebene landesplanerische Kontext des GHG weist auf mehr hin als auf *«eine auf Arrondierung bezogene Stadtplanung»*[63]. Er zeigt das Bemühen um eine strukturelle Neuordnung des Groß-Hamburg-Raumes. Diese erforderte ein Planungskonzept, das auf die Entwicklung des Ganzen abzielt und dabei Teilbereiche vernachlässigt hat. Als unmittelbar nach Kriegsende Harburg wieder seine alten Stadtrechte zurückforderte, konnte es sich gerade auch gegen die Erfordernisse des Aufbaus des Unterelberaumes nach dem Kriege nicht durchsetzen.

Obgleich das GHG einen entscheidenden Schritt zur Neuordnung des Unterelberaumes darstellt, blieb die Landesplanung der 30er und 40er Jahre weit hinter den Ansätzen des Hamburgisch-Preußischen-Landesplanungsausschusses zurück. Nicht zuletzt wegen der starken Abgrenzung der Landesplanungsräume der Landesplanungsgemeinschaften gegeneinander war eine umfassende und grenzüberschreitende Neuplanung nicht möglich. Der Keim der Konkurrenz war gesät.

Eine alle Seiten zufriedenstellende gemeinsame Landesplanung zwischen Schleswig-Holstein, Niedersachsen und Hamburg ist in der Nachkriegszeit nicht mehr möglich gewesen. Gerade für Harburg, das mit Wilhelmsburg allein den südelbischen Teil von Hamburg bildet und in seinen Wirtschafts- und Existenzbedingungen auf den südlichen Elberaum konzentriert war, könnte eine engere Zusammenarbeit der beteiligten Länder vorteilhaft sein, denn Harburgs altes Stadtgebiet gehört heute als Stadtteil zu Hamburg, sein Landgebiet gehört zu Niedersachsen.

Anmerkungen

1 Ewoldt, Zur Lösung, S. 10. Ewoldt, der als Kieler die preußischen Interessen vertrat, plädierte zu diesem Zeitpunkt noch für einen «Siedlungsverband der preußischen Teile des Unterelbegebietes, damit er geschlossen und als ein gleichberechtigter Verwaltungskörper mit Hamburg unmittelbar zusammenarbeiten kann». (S. 16) Zum Forschungsstand zur Groß-Hamburg-Frage vgl. vor allem Krämer. – Loose, Groß-Hamburg. – Bose/u. a.

2 Fritz Schumacher, Die Erneuerung des Hamburger Wohngebietes, 1917 (Manuskript für eine Rede anläßlich der 6. Tagung der Senats- und Bürgerschaftskommission zur Vorbereitung der Maßnahmen zum Wiederaufbau von Hamburgs Handel, Schiffahrt und Industrie nach dem Kriege, am 27.4.1917): Staats- und Universitätsbibliothek Carl von Ossietzky, Hamburg, Nachlaß Fritz Schumacher, IVA4a.

3 Ebd. – Fritz Schumacher wurde später Leiter des Technischen Unterausschusses des 1928 gegründeten Hamburgisch-Preußischen Landesplanungsausschusses und trieb die Planung für den Unterelberaum zusammen mit dem Altonaer Oberbaurat Oelsner und dem Landrat von Stormarn, Knutzen, sowie dessen Wandsbeker Kreisbauamtsleiter Gensel entscheidend voran. An den Planungen beteiligt war außerdem Karl Köster, der 1925 Kreisbaurat in Wandsbek und nach einem Jahr Oberbaudirektor in Harburg wurde. Die Kommission diskutierte keinerlei Verwaltungsreform, sondern beschränkte sich auf planerische Arbeiten. Vgl. Ockert, Landesplanungsausschuß. – Kallmorgen, Schumachers Kampf. – Speckter, 40 Jahre Landesplanung. – von Rozycki/Speckter, Die Neugestaltung.

4 Vgl. Enoch, Die Bodenpolitik, zitiert nach: Bödecker, Die Industrialisierung, S. 53.

5 Bödecker, S. 104.

6 Mitteilungen der Industrie- und Handelskammer Hamburg, Nr. 1 vom 2. Januar 1937, S. 2f/5.

7 Abschnitt «Förderung der Industrie» im Bericht der Handelskammer für das Jahr 1911 (zitiert nach: Bielfeldt, Hamburg und seine Nachbarn, S. 241).

8 Bielfeldt, Vom Werden, S. 62.

9 Für die Hansestädte Hamburg, Bremen und Lübeck wurde das Inkrafttreten der DGO bis 1936 ausgesetzt. Bis dahin sollten sich diese Städte darüber klarwerden, «ob sie einer anderen höchsten Gebietskör-

perschaft als Gemeinden eingegliedert und der DGO unterstellt» werden wollten, ob sie «Reichsgaue … werden und die DGO findet keine Anwendung» – oder ob sie «reichsmittelbare Einheitsgemeinden ohne Eingliederung in einem anderen Gau, aber unter grundsätzlicher Anwendung der DGO» werden wollten. «Für Hamburg ist die dritte… Alternative gewählt worden.» (Ahrens, Die Lösung, S. 311f.). Senator Georg Ahrens war Stellvertreter von Reichsstatthalter Karl Kaufmann und leitete in dieser Eigenschaft eine vom Senat eingesetzte Kommission, die beim Hamburger Staatsamt Vorschläge zur Anwendung der DGO auf Hamburg erarbeitete. Zur personellen Zusammensetzung und Arbeit der Kommission vgl.: Kausche, Die Entstehung, S. 73f.

Nach dem GHG wurde die DGO auf die neue Einheitsgemeinde Hansestadt Hamburg angewandt. (Gesetz über die Verfassung und Verwaltung der Hansestadt Hamburg vom 9.12.1937, in Durchführung der § 2 und 4 GHG). Danach gliederte sich ihre Verwaltung «in die staatliche Verwaltung und Gemeindeverwaltung» und «die vom Reichsstatthalter geführte Staatsverwaltung wird vom Reich durch unmittelbare Reichsbeamte wahrgenommen». «Die Aufsicht des Reiches über Staatsverwaltung… ist nicht Selbstverwaltungsaufsicht sondern Fach- und Dienstaufsicht… Der Reichsstatthalter kann durch Verordnung mit Zustimmung des RMdI und der beteiligten Fachminister Recht setzen» (Ipsen, Neuaufbau, S. 82f.).

10 Der im September 1936 erlassene Zweite Vierjahresplan verfolgte das Ziel, die Selbstversorgung auf möglichst vielen Gebieten zu erlangen und die deutsche Armee innerhalb von vier Jahren kriegsfähig zu mache. Neben den im Vierjahresplan benannten rüstungswichtigen Industrien der Metall- und Chemiebranchen sollten auch öffentliche Bauvorhaben gefördert werden, besonders große Bedeutung wurde auf den Ausbau der Verkehrs- und Transportinfrastruktur gelegt.

11 Ansprache des neuen Prässes de la Camp anläßlich der ersten «Plenarversammlung der Industrie- und Handelskammer Hamburg nach Überleitung der Industrie- und Handelskammern Altona und Harburg-Wilhelmsburg sowie der Detaillistenkammer» am 11. Mai 1937. In: Mitteilungen der HK Hamburg Nr. 20 vom 15. Mai 1937, S. 622/24.

12 Schliebe/Hillesheim, Industrieansiedlungen, S. XV.

13 Brake, Zum Verhältnis, S. 117.

14 StAHbg, Bauverwaltung-Personalakten 211.

15 Städtebau, Jg. 1933, S. 329f. Vgl. auch: Schumacher, Das Gebiet Unterelbe.

16 Obst, Untersuchung.

17 Reichow, Zur Frage der Landesplanung, S. 336.

18 Koellreuter, Deutsches Verfassungsrecht, S. 95f.

19 BA, R 43 (Reichskanzlei), II 496, Schreiben RMdI, 14.3.35.

20 BA, R 41 (Reichsarbeitsministerium), 76, Schreiben RMdI, 2.12.35.

21 BA, R 43 (Reichskanzlei), II 494a, Schreiben von Lammers, 19.12.41.

22 S. Anm. 26.

23 Vgl. Anm. 9.

24 StAHbg, Senatskanzlei, Personalabteilung II 746, Schreiben von Ahrens an Frick v. 15.1.1937

25 StAHbg, Senatskanzlei, Personalabteilung II 746, Niederschrift über Besprechung bei Frick am 7.1.1937.

26 Darüber berichtet der damalige Bürgermeister Karl-Vincent Krogmann (Geliebtes Hamburg, S. 148/149). In den Archiven der ehemaligen preußischen Gemeinden ist dazu keinerlei Aktenmaterial mehr vorhanden. Krogmann schreibt: «Sein eigener Finanzminister habe ihm Vorhaltungen gemacht, Göring habe Preußen an Hamburg verraten. Ich erwähne dies ausdrücklich, weil heute oft die Meinung vertreten wird, die Groß-Hamburg-Frage wäre sowieso eines Tages gelöst worden. Ich glaube es nicht. Es waren 1937 besonders günstige Umstände.»

27 Rozycki/Speckter, Die Neugestaltung, S. 53.

28 Sonderausgabe des Hamburger Anzeigers, Mittwoch, 27. Januar 1937, 1. Beilage zu Nr. 22, S. 2.

29 Hamburger Tageblatt, 29.1.1937.

30 Hamburger Anzeiger, 30.1.1937.

31 Wandsbeker Bote, Nr. 22, 27.1.37. Titelseite (StAHbg, Staatliche Pressestelle I–IV, 7729).

32 Altonaer Tageblatt Norddeutsche Nachrichten, Nr. 72, 27.1.37 (StAHbg, Staatliche Pressestelle I–IV, 7729).

33 Harburgs Wunschzettel an Groß-Hamburg: Der erste Syndikus der Industrie- und Handelskammer Harburg-Wilhelmsburg berichtet. (StAHbg, Staatliche Pressestelle I–IV, 7729).

34 Hamburger Tageblatt Nr. 39, 2.2.37, Titelseite (StAHbg, Staatliche Pressestelle I–IV, 7729).

35 Harburger Anzeigen und Nachrichten, Nr. 143, 20.3.37 (StAHbg, Staatliche Pressestelle I–IV, 7729).

36 StAHbg, Harburg 5, 3001–01.

37 StAHbg, Harburg 5, 3200–04.

38 StAHbg, Harburg 5, 3200–18.

39 Die Pläne, die hier als Wirtschaftsplan vorgestellt werden, wurden ohne Daten und Bezeichnung zusammen mit den Unterlagen über die Wirtschaftsplan-Diskussion im StAHbg gefunden: Harburg 5, 3250–18. Der Erläuterungsbericht fehlt. Wirtschaftspläne waren im übrigen bereits als Plangrundlage vorgesehen im Referenten-Entwurf eines Reichsstädtebaugesetzes 1932 (Änderungsvorschläge, Juni 1932, durch den HPLA: StAHbg, Harburg 5, 3200-04).

40 Vgl. dazu: Timm, Der Preußische Generalsiedlungsplan, S. 75ff.

41 Erläuterungen zum Entwurf der General-Siedlungsplan-Skizze für das Groß-Hamburg-Gebiet, ebd. S. 106ff.

42 StAHbg, Harburg 5, 3200–18. Protokoll betr. Sitzung über Aufstellung der Wirtschaftspläne für den zum Wohnsiedlungsgebiet erklärten Stadtkreis Harburg-Wilhelmsburg und Landkreis Harburg, 27.11.1934.

43 Ebd., S. 5 u. 7.

44 Ebd., S. 7.

45 StAHbg, Deputation für Handel, Schiffahrt und Gewerbe II, Spezialakten, XXXIII B 19, S. 64.

46 Ebd., S. 124.

47 BA, R 113, 749, Halbjahresbericht der LPG Hbg, 31.10.38, S. 11.

48 Ebd., S. 9.

49 BA, R 113, 107, Stellungnahme zu den Richtlinien für die Reichsindustrielenkung, 31.5.1944, S. 6.

50 Ebd., S. 5.

51 BA, R 43 (Reichskanzlei), II 1344. Vermerk über Chefbesprechung betr. Hamburg, 3.11.34, S. 5.

52 von Keller, Die Verlagerung, S. 125, 126.

53 StAHbg, Deputation für Handel, Schiffahrt und Gewerbe II, Spezialakten, XXXIII A 16.

54 BA, R 11 (Reichswirtschaftskammer), 74, Kräftebilanz der Industrie des Wehrkreises X, Gauwirtschaftskammer Hamburg, Abteilung Industrie. – Zum Wehrkreis X gehörten neben Hamburg noch Flensburg, Kiel, Lübeck, Lüneburg, Wesermünde, Oldenburg und Emden.

55 Die Unterlagen der LPG sind bei einem Bombenangriff vollständig zerstört worden. (BA, R 113 (RfR), 474). Lediglich in den Akten des Magistrats von Harburg-Wilhelmsburg befinden sich die Harburg betreffenden Korrespondenzen der LPG sowie einige Niederschriften von LPG-Sitzungen. Die folgenden Angaben beziehen sich – so sie nicht anders ausgewiesen sind – sämtlich auf diese Quelle: StAHbg, Harburg 5, 3201–02.

56 Firma Mackprang, Geteidesilo, Erweiterung von 9500 t auf ca. 41000 t Speicherkapazität, Rethe, März 1938. Firma Eurotank, Tankneubau im Petroleumhafen, März 1938. Firma Brinckman und Mergell, Harburg, 3 Tanks, genehmigt Januar 1938. Firma Noblée und Thörl, Harburg, 1 Tank, Januar 1938, und 2 Tanks, März 1938. Firma Hansa-Mühle, Neuhof, 4 Tanks, Januar 1938. Firma Michael, Reiherstieg, 2 Speicher, Juli 1938. Firma Plange, Wilhelmsburg, 1 Speicher, August 1938.

57 Schreiben der RfR, Jarmer, 24.10.38.

58 Niederschrift. Besprechung LPG Hbg., 5.11.38.

59 Aktennotiz zur Bespr. am 5.11.38.

60 Generalbebauungsplan 1940; Bericht Nov. 1940, Plan 1941: StAHbg, Architekt Gutschow, A 125.

61 Ebd., S. 18.

62 Ebd., S. 23.

63 Bielfeldt, Hamburg und seine Nachbarn, S. 243/244.

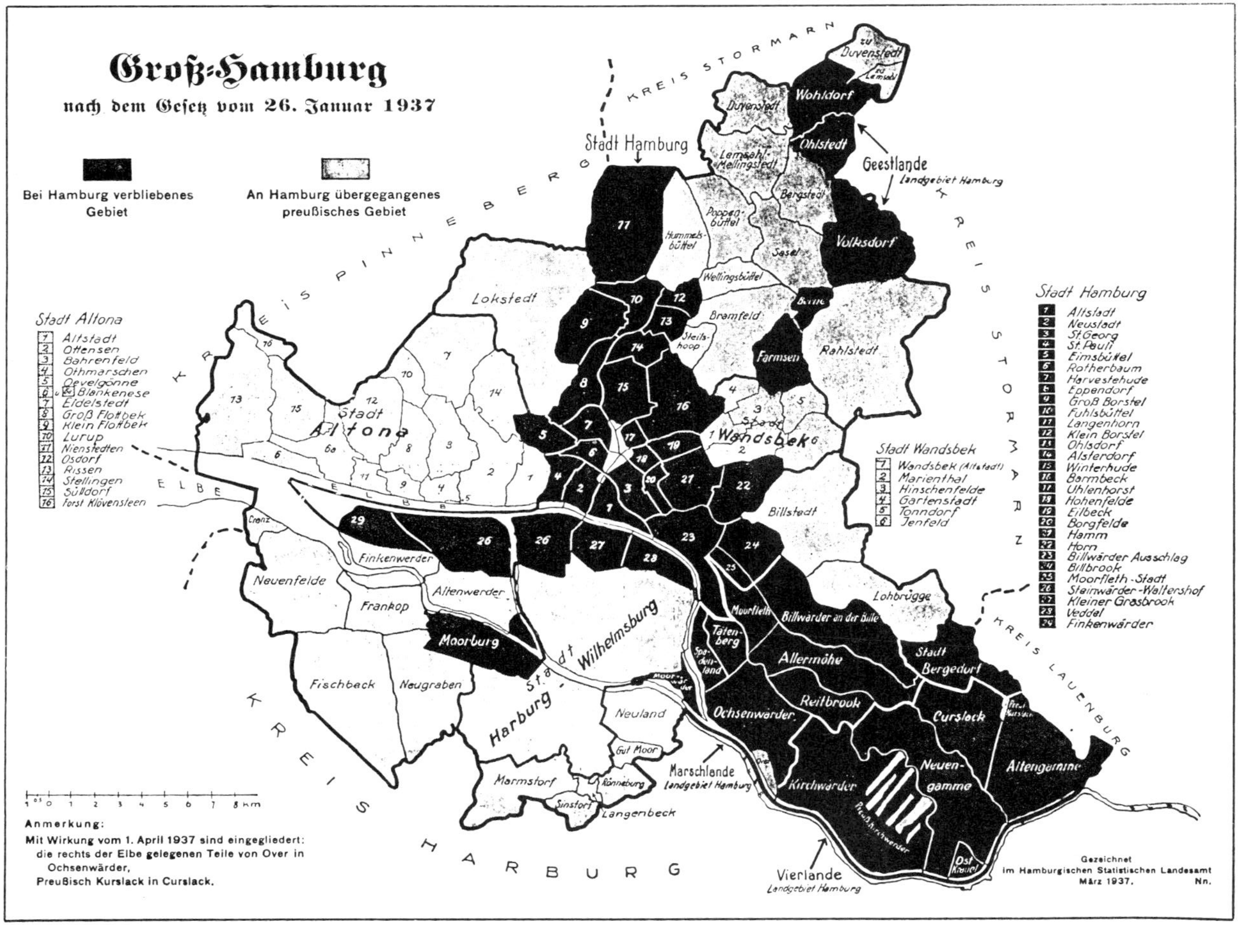

Abb. 1 Die Hansestadt Hamburg entstand in ihren bis heute gültigen Grenzen durch das Groß-Hamburg-Gesetz von 1937

Bedeutsamer Tag in Harburgs Geschichte

Der Gau Ost-Hannover nimmt Abschied — Uebernahme seiner Aufgaben durch Groß-Hamburg

Von links nach rechts: Oberbürgermeister Bartels, SA.-Gruppenführer Fust, Gauleiter Kaufmann, Gauleiter Telschow

Der Willkommensgruß des Gauleiters Reichsstatthalter Kaufmann

Die Ansprache des Gauleiters Staatsrat Telschow

Oberbürgermeister Bartels spricht

Die Ehrengaben der Politischen Leiter

Photos: Frege (5), Koch (1), Bliessert (1)

Kreisleiter Dreischer überreicht Gauleiter Telschow das Abschiedsgeschenk

Die beiden Gauleiter nehmen den Fackelzug ab

Abb. 2 Festakt zum Abschied aus dem Gau Ost-Hannover am 19. März 1937 im Harburger Rathaus.

Abb. 3 Staatsakt im Hamburger Rathaus am 31. März 1937. (v.l.n.r.): Senator Richter, Reichsorganisationsleiter Ley, Gauleiter Ost-Hannover Telschow, verdeckt: Führer-Stellvertreter Heß, Bürgermeister Krogmann, Reichsstatthalter Kaufmann, Reichsinnenminister Frick.

Abb. 4 Besiedlungsplan des Wirtschaftsplan-Entwurfes für Harburg,.o. J., ca. 1935.

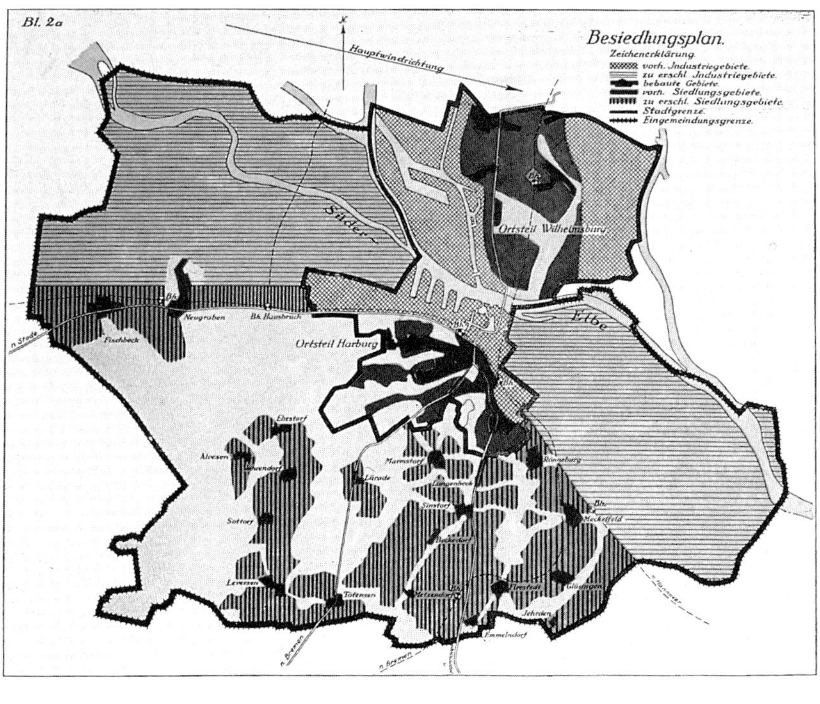

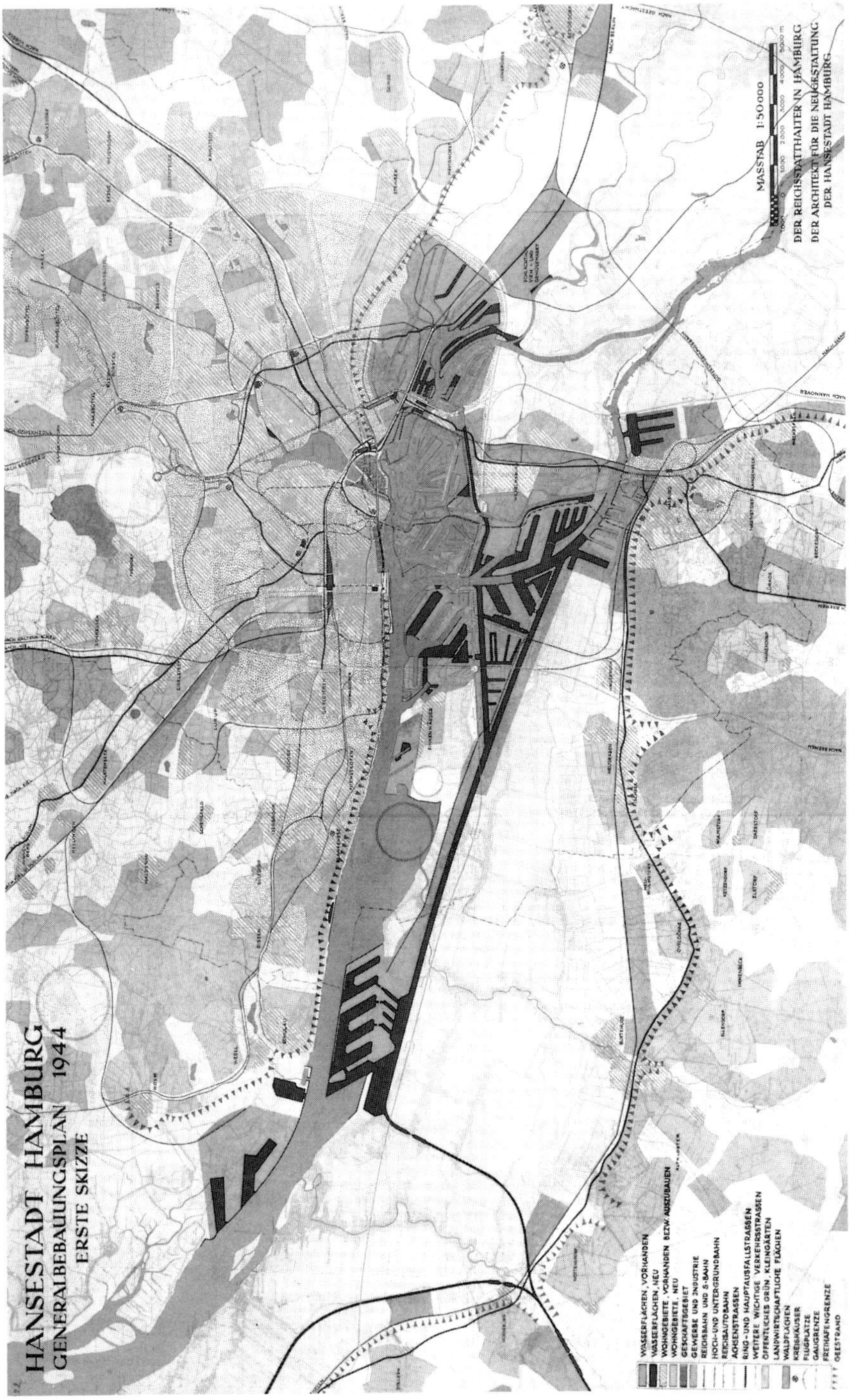

Abb. 5 Generalbebauungsplan von 1944.

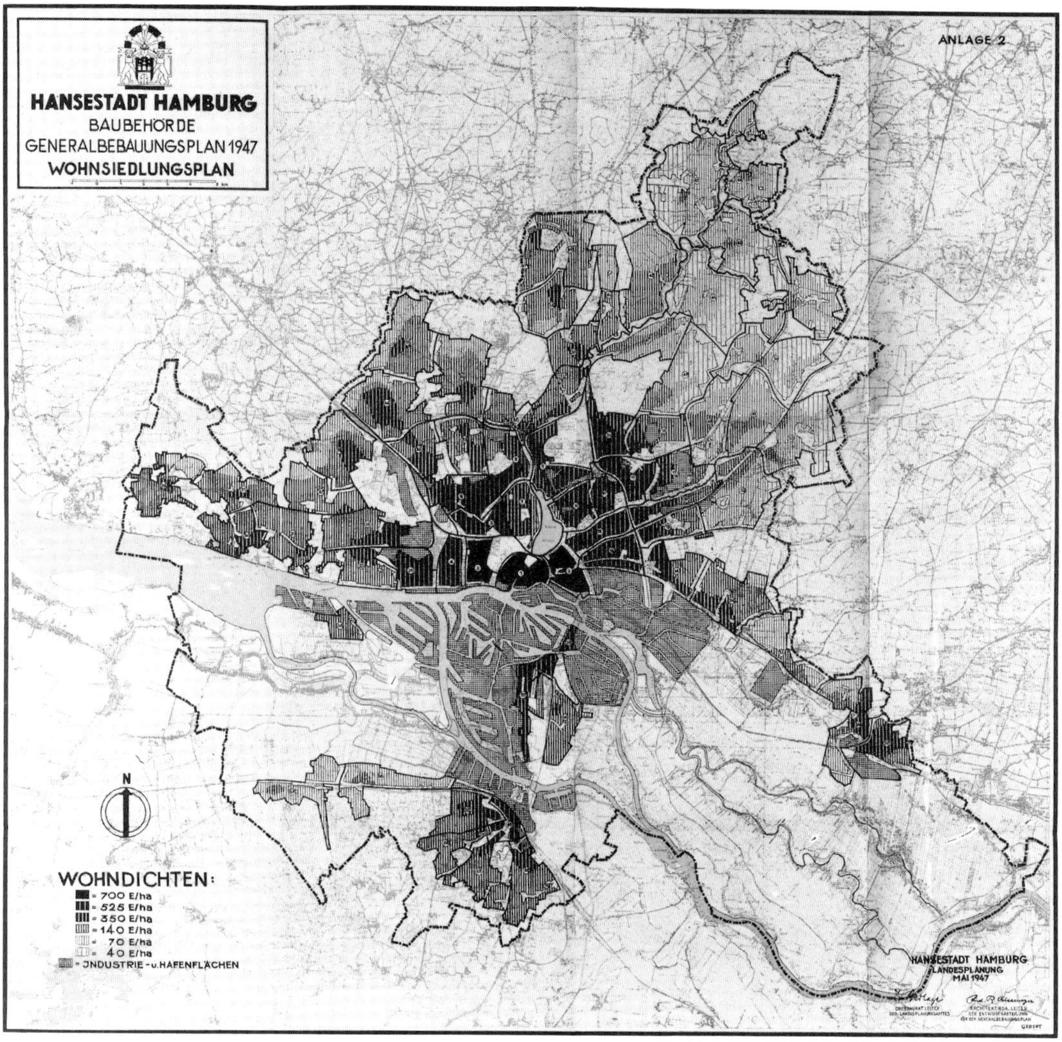

Abb. 6 Generalbebauungsplan 1947.

Abbildungsnachweis

Richter, Harburger Schloß

1 Orig. HStA Hann., Kopie StA Hbg, Harburg 90, Repro Ausschnitt StA Hbg, Harburg 91; Gesamtdruck «Harburg und der Süderelberaum 1577» in Hbg. im Kartenbild. 2 Orig. Schloß Bückeburg, Kopie Altonaer Museum, Repro Ausschnitt StA Hbg, Harburg 91; Gesamtdruck «Landtafel der Grafschaft Holstein (Pinneberg) 1588» in Hbg. im Kartenbild. 3 Orig. HStA Hann., Kopie StA Hbg, Harburg 90, Repro Ausschnitt StA Hbg, Harburg 91; Gesamtdruck «Karte der Elbniederung bei Harburg um 1620» in Hbg. im Kartenbild. 4 StA Hbg, Harburg 90 aus Merian, Topographia, Repro Ausschnitt StA Hbg, Harburg 91. 5–9 Orig. verschollen (früher Bezirksregierung Lüneburg, Kartenbuch Oberlandbaumeister v. Bonn), Fotos HM, Repros StA Hbg, Harburg 90. 10 StA Hbg, Harburg 91. 11–13 Richter, Repros StA Hbg, Harburg 91 und HM.

Schneider, Geld in Harburg

1, 4–7, 10, 12–16 Museum für Hamburgische Geschichte. 2, 3, 9, 11 HM. 8 Koninklijk Penningkabinet, Leiden. Für die Anfertigung der Fotos mit Ausnahme von 8 ist Herrn Prof. Dr. Gert Hatz vom Museum für Hamburgische Geschichte herzlich zu danken, für die Überlassung des Fotos 8 Herrn Drs. Arent Pol vom Koninklijk Penningkabinet, Leiden.

Thieme, Archäologische Untersuchungen

Fotos HM (Morawietz, Thieme, Torlop, Wegewitz). Zeichnungen HM (Kremser, Sanchez).

Laux, Zu Problemen frühneuzeitlicher Keramik

1,1 Foto HM. 1,2 Foto Kunsthalle Hbg./Kleinhempel. 6 Foto HM (Torlop). 2–5, 7–10 Zeichnungen HM (Balla, Sanchez, Schulz).

Articus, Keramikimport

Fotos HM nach Vorlagen wie Anm. 1 und 2. Zeichnungen HM (Balla, Schulz).

Kausche, Pläne zur Erweiterung Harburgs

1 Orig. HStA Hann., Karten 32 g Harburg 18 m, Kopie StA Hbg, Harburg 90. 2 Orig. HStA Hann., Karten 32 g Harburg 20 gg, Kopien StA Hbg, Harburg 90, und HM, Repro HM/Torlop. 3 Orig. HStA Hann., Karten 32 g Harburg 17 m, Kopie StA Hbg, Harburg 90.

Werth-Mühl, Harburger Zuckersiederei

1 StA Hbg, Harburg 4, XVI D 1 a 13. 2 HStA Hann., Karten 32 g Harburg 9 pm. 3 Orig. HM, Ausschnittrepro StA Hbg, Harburg 91. 4 Orig. u. Repro HM/Torlop.

Ellermeyer, Industrialisierung Harburgs

1 Orig. u. Repro HM/Torlop. 2 Repro HM/Ellermeyer, Torlop. 3 Orig. u. Repro HM/Fey, Torlop. 4 Orig. u. Repro HM/Torlop. 5 Kopie u. Repro HM/Torlop. 6–20 Orig. (11, 12, 17 Louis Müller) u. Repro HM/Torlop. 21 Lüneburger Heimatbuch I, 1914, S. 650; Repro HM/Fey, Torlop. 22 Orig. u. Repro HM/Torlop. 23 Orig. StA Hbg, Repro HM/Torlop. 24 Orig. (Carl Timm) u. Repro HM/Torlop. 25 Orig. u. Repro HM/Fey, Torlop. 26 Repro HM/Drescher. 27 Orig. u. Repro HM/Torlop. 28 Orig. u. Repro HM/Ellermeyer, Torlop. 29 Orig. u. Repro HM/Torlop.

Gotthardt, Kämpfe zwischen Liberalen und Sozialisten

1 Orig. u. Repro HM/Torlop. 2 Internationales Institut für Sozialgeschichte, Amsterdam. 3 Orig. u. Repro HM/Drescher, Torlop.

Witt, Kommunalpolitik in Harburg 1867–1914

1 Orig. (Carl Timm) u. Repro HM/Torlop. 2–4 Orig. u. Repro HM/Torlop. 5 Orig. (Carl Timm) u. Repro HM/Torlop. 6 Orig. u. Repro HM/Torlop. 7 Orig. (Wilhelm Timm) u. Repro HM/Torlop. 8 Orig. (Carl Timm) u. Repro HM/Torlop. 9 Repro HM/Torlop.

Hauschildt, Polen in Wilhelmsburg

1–2 Orig. St. Bonifatius-Gemeinde Wilhelmsburg, Repro HM/Fey. 3–5 Orig. Museum der Elbinsel Wilhelmsburg (Dank den Herren Cordes und Warnck), 3–4 Repro HM/Torlop.

Machule, 100 Jahre Städtebau in Harburg

1–8, 10 TU Hbg.-Harburg. 9 StA Hbg, Harburg 90, IVa 4g. 11 StA Hbg, Harburg 4, VI D 2b 115a. 12 StA Hbg, Harburg 4, VI D 2b 99a Bd. 2. 13 StA Hbg, Harburg 90, IVa 6g. 14 StA Hbg, Harburg 90, IVa 58ag. 15 StA Hbg, Harburg 90, IVa 23g. 16 Vermessungsamt Hbg., Schadenskarte 1946. 17 StA Hbg, Harburg 90, IVa 58ag. 18 StA Hbg, Harburg 90, IVa 23g. 19 Kartensammlung Amt für Vermessungswesen. 20 StA Hbg, Harburg 90, II 20g.

Stegmann, Industrielle Entwicklung Harburgs

1 Rundschau. Beilage zum Harburger Volksblatt Nr. 38, 1925; Repro HM/Torlop. 2 Orig. (Kurt Foige) u. Repro HM. 3 Orig. u. Repro HM/Torlop. 4–5 Orig. StA Hbg, Firma Phoenix AG, 21 u. 33; Repro HM/Ellermeyer. 6 Rundschau. Beilage zum Harburger Volksblatt Nr. 37, 1925; Repro HM/Torlop. 7 Orig. Sammlung Brunkhorst, Repro HM/Torlop. 8–9 Lüneburger Heimatbuch I, 1914, S. 643, Abb. 36 u. S. 618, Abb. 21; Repro HM/Fey, Torlop. 10 Orig. (Kurt Foige) u. Repro HM/Torlop. 11 Orig. Sammlung Drygala, Repro HM/Ellermeyer, Torlop. 12 Lüneburger Heimatbuch I, 1914, S. 631, Abb. 28; Repro HM/Fey, Torlop. 13 Orig. (Carl Timm) u. Repro HM/Torlop. 14 50 Jahre Thörl, S. 8; Repro HM/Torlop. 15 Rundschau. Beilage zum Harburger Volksblatt Nr. 6, 1925; Repro HM/Torlop. 16 Orig. u. Repro HM/Torlop. 17 Hermann Bues (Bearb.), Vor dem Tore des werktätigen Lebens. Jugendbll. zur Berufswahl und Berufsberatung, 1. Jg., Nr. 3, Juni 1925, S. 43; Repro HM/Torlop. 18 Bergholter/Lambrich, Bilder aus der Vergangenheit der Shell, S. 11. 19 Wilhelmsburger Zeitung Nr. 259, 4. 11. 1927; Repro HM/Torlop. 20 Orig. u. Repro HM/Torlop. 21 Sammlung Erik Verg, Hbg., Repro HM/Torlop. 22 50 Jahre Thörl, S. 6; Repro HM/Torlop. 23 Repro HM/Torlop. 24 Orig. u. Repro HM/Torlop. 25–27 Repro HM/Fey.

Flemming, Kommunalpolitik in Harburg 1918–1933

1–2 Orig. u. Repro HM. 3 Orig. u. Repro HM/Torlop. 4 Hermann Bues (Bearb.), Vor dem Tore des werktätigen Lebens. Jugendbll. zur Berufswahl und Berufsberatung, 1. Jg. 1925/26, Harburg 1926; Repro HM/Ellermeyer. 5 Orig. (Kurt Foige) HM. 6 Orig. u. Repro HM/Torlop. 7 Henningsen, Niedersachsenland, vor S. 129; Repro HM/Torlop. 8 Vorlage VVN/Bund der Antifaschisten, Harburg; Repro HM/Ellermeyer.

Stein, Harburger Tagespresse

Zeitungsfilme Hochschule Lüneburg, Dr. Peter Stein.

Reinhardt, Stadttheater Harburg

1 + 3 StA Hbg, Bibliothek, A 531/635 K. 1. 2 Orig. u. Repro HM/Torlop.

Wernecke, Kino in Harburg

1 StA Hbg, Harburg 91 (Kurt Foige), Repro HM. 2 Sammlung Klaus Wernecke. 3–4 Kopie HM.

Könke, Arbeiterschaft in Harburg

1–3 Orig. Sammlung Ute Berger, Repro StA Hbg, Harburg 91. 4 Orig. Sammlung Familie Godschalk, Repro HM/Torlop. 5 Orig. Sammlung Ute Berger, Repro StA Hbg, Harburg 91, und HM.

Wernecke, KPD in Harburg-Wilhelmsburg

Aus dem Bericht der Bezirksleitung ‹Wasserkante› der KPD an den Bezirksparteitag am 17. u. 18. Mai 1930 in Hamburg. Repros: Archiv der Ernst-Thälmann-Gedenkstätte, Hbg.

Hugk, Arbeiterkultur in Harburg und Wilhelmsburg

1 StA Hbg, Harburg 18, II 6. 2 Sammlung Albert Badtke. 3 Sammlung Elisabeth Ostermeier. 4 Orig. Sammlung Ute Berger, Repro StA Hbg, Harburg 91. 5 Orig. Sammlung Ute Berger, Repro StA Hbg, Harburg 91, und HM.

Stegmann, Aufstieg und Herrschaft der NSDAP

1 Harburger Kreiszeitung Nr. 16, 8. 3. 1924. 2 Henningsen, Niedersachsenland, nach S. 96; Repro HM/Torlop. 3 Niedersachsen-Stürmer 32. F., 10. 5. 1929. 4 Hitlerfahnen über Osthannover. Der Kampf der Nationalsozialisten in Wort und Bild. (1932), S. 5. 5 Niedersachsen-Stürmer 52. F., 27. 9. 1929. 6 Niedersachsen-Stürmer 35. F., 31. 5. 1929. 7 Hitlerfahnen über Osthannover, S. 4. 8–10 Niedersachsen-Stürmer 63. F., 13. 12. 1929. 11 Henningsen, Niedersachsenland, nach S. 32; Repro HM/Ellermeyer. 12 Sammlung H. Waltereit, Harburg; Repro HM/Torlop. 13 HAN Nr. 131, 5. 3. 1932, S. 11. 14 Niedersachsen-Stürmer 50. F., 12. 12. 1931. 15 Hitlerfahnen über Osthannover, S. 8. 16 Hitlerfahnen über Osthannover, S. 22.

Meyer, Terror unter dem Hakenkreuz

1 Archiv der Ernst-Thälmann-Gedenkstätte, Hbg. 2–10 Privatbesitz, Repro VVN/Bund der Antifaschisten, Harburg.

Heyl, Fragmente zum Schicksal der Juden

1 Orig. u. Repro HM/Ellermeyer, Torlop. 2 HM/Ellermeyer. 3 Orig. u. Repro HM/Ellermeyer, Torlop.

Schultz, KZ-Außenlager Neugraben

1 Luftbild Nr. 3349, 3. April 1946, mit Genehmigung des Vermessungsamtes Hbg. vom 26. 7. 1984. 2 Repro HM/Fey. 3–4 Orig. StA Hbg, Plankammer, 265-11/1-16, Mappe «Kriegswohnungsbau in Hbg.», Repro HM/Ellermeyer.

Pahl-Weber, Groß-Hamburg-Gesetz

1 Rozycki/Speckter, Die Neugestaltung Hbgs., Plan-Anhang. 2 HAN Nr. 143, 20. 3. 1937. 3 StA Hbg, Plankammer, 322-2/5. 4 StA Hbg, Harburg 5, 3200-18. 5 StA Hbg, Architektennachlaß Konstanty Gutschow (z. Zt. beim Hamburgischen Architekturarchiv der Architektenkammer Hbg.) 6 Generalbebauungsplan 1947, Bibliothek der Baubehörde Hbg.

Abkürzungen

Abb.	Abbildung
Anm.	Anmerkung
BA	Bundesarchiv Koblenz
Bd.	Band
Bearb.	Bearbeiter
bearb.	bearbeitet
BGV	Bischöfliches Generalvikariat Hildesheim – Archiv
Bl.	Blatt
Bll.	Blätter
ders.	derselbe
Diss.	Dissertation
ebd.	ebenda
erw.	erweitert
ff.	folgende
H.	Heft
HAN	Harburger Anzeigen und Nachrichten
Hbg.	Hamburg
HGH	Hamburgische Geschichts- und Heimatblätter
HM	Helms-Museum Hamburg-Harburg
Hrsg.	Herausgeber
hrsg.	herausgegeben
HStA Hann.	Niedersächsisches Hauptstaatsarchiv Hannover
HUB	Hamburgisches Urkundenbuch
i. A.	im Auftrag
Jb.	Jahrbuch
Jbb.	Jahrbücher
Jg.	Jahrgang
Jgg.	Jahrgänge
Jh.	Jahrhundert
KBG	Katholische Kirchengemeinde St. Bonifatius Wilhelmsburg – Archiv
Ms.	Manuskript
Mschr.	Maschinenschrift
mschr.	maschinenschriftlich
N. F.	Neue Folge
o. J.	ohne Jahresangabe
o. O.	ohne Ortsangabe
Orig.	Original
Red.	Redaktion
S.	Seite(n)
StA Hbg	Staatsarchiv Hamburg
u. a.	und andere
UB	Urkundenbuch
überarb.	überarbeitet
unver.	unverändert
Veröff.	Veröffentlichung(en)
vervielf.	vervielfältigt
vgl.	vergleiche
VSWG	Vierteljahrschrift für Sozial- und Wirtschaftsgeschichte
ZHG	Zeitschrift des Vereins für Hamburgische Geschichte
Zs.	Zeitschrift

Benutzte Literatur

Claus Ahrens, Frühgeschichtliche Körpergräber in Ketzendorf, Kreis Harburg. Nachrichten aus Niedersachsens Urgeschichte 35, 1966, S. 113–115.

Georg Ahrens, Die Lösung der Groß-Hamburg-Frage. Reichsverwaltungsbl., 27. 1. 1937, S. 311–312.

Gerhard Ahrens, Von der Franzosenzeit bis zur Verabschiedung der neuen Verfassung 1806–1860. In: Hamburg. Geschichte der Stadt und ihrer Bewohner. Hrsg. von Hans-Dieter Loose. Bd. 1. Hbg. 1982, S. 415–490.

Stefan Aldag, Die Korrespondenz um die Ansiedlung der Werft Reinhold Holtz auf der Harburger Citadelle 1882–1884. Hausarbeit Historisches Seminar Universität Hbg. 1984 (StA Hbg, Handschriftensammlung 1305).

Heinz Angermeier, Königtum und Landfriede im deutschen Spätmittelalter. München 1966.

Rüdiger Articus, Jydepötte – Suurpötte – Taterntöpfe. Hbg.-Harburg 1980 (= Informationsbl. Nr. 44 des Helms-Museums).

Rüdiger Articus, Vom Tobaktrinken. Hbg.-Harburg 1980 (= Informationsbl. Nr. 43 des Helms-Museums).

Rüdiger Articus, Jydepötte in Norddeutschland. Die Heimat 91, 1984, S. 142–149.

Rüdiger Articus, Plöner Apothekengeschichte. Plön 1986.

Richard Aßmus, Zur Geschichte des Harburger Apothekenwesens. Hbg.-Harburg 1952. Mschr. Ms. in der Anker-Apotheke Harburg und im Helms-Museum.

Ernst Baasch, Der Kampf des Hauses Braunschweig-Lüneburg mit Hamburg um die Elbe vom 16.–18. Jahrhundert. Hannover, Leipzig 1905 (= Quellen und Darstellungen zur Geschichte Niedersachsens, Bd. 21).

Ernst Baasch, Die Pläne der Begründung ostindischer Kompagnien in Harburg und Stade. Zs. des Historischen Vereins für Niedersachsen 1908, S. 227–264.

Bäuerliches Wohnen und Wirtschaften um 1800 (Lehrerausgabe). Hrsg. Landschaftsverband Westfalen-Lippe. Münster 1981.

Max Bahrfeldt, Beiträge zur Münzgeschichte der lüneburgischen Lande im ersten Drittel des XVII. Jahrhunderts. Wien 1893.

Max v. Bahrfeldt, Niedersächsisches Münzarchiv. Bd. 4. Halle 1930 (= Veröff. der Historischen Kommission für Hannover X).

Heide Barmeyer, Die Hannoverschen Nationalliberalen 1859–1885. Niedersächsisches Jb. 53, 1981, S. 65–87.

Christoph Battenberg, Die Münzstätte Moisburg. Harburger Kreiskalender 1987, S. 56–70.

Christoph Battenberg, Die Münzstätte Winsen a. d. Luhe. Harburger Kreiskalender 1988, S. 117–127.

Ulrich Bauche/Heinz Brüdigam/Ludwig Eiber/Wolfgang Wiedey (Hrsg.), Arbeit und Vernichtung. Das Konzentrationslager Neuengamme 1938–1945. Hbg. 1986.

100 Jahre. 1853–1953 Bavaria-St. Pauli-Brauerei. Braustätte Hamburg-Harburg. Einzige Braustätte in Harburg. Hbg. o. J.

Manfred Beckert, Johann Beckmann. Leipzig 1983.

Johann Beckmann, Anleitung zur Technologie, oder zur Kenntniß der Handwerke, Fabriken und Manufacturen, vornehmlich derer, die mit der Landwirthschaft, Polizey und Cameralwissenschaft in nächster Verbindung stehn. Göttingen 1780.

Theodor Benecke (Bearb.), Harburg-Elbe. Hrsg. i. A. des Magistrats der Stadt Harburg, der Handelskammer Harburg und des Vereins der Arbeitgeber von Harburg u. Umgegend e. V. Berlin-Halensee 1923 (= Deutschlands Städtebau).

Theodor Benecke, Kurze Entwicklungsgeschichte der deutschen Ölmüllerei, mit besonderer Berücksichtigung der Harburger Ölfabriken. Harburg 1924.

Theodor Benecke, Projekte zur Hebung des Handels und Gewerbes in der Stadt Harburg vor 200 Jahren. Der Heidjer 4, 1928, S. 35–40, 43/44.

Gertrud Benker, In alten Küchen. Einrichtung – Gerät – Kochkunst. (München 1987).

(Günther Bergholter/K. H. Lambrich), Bilder aus der Vergangenheit der Shell-Raffinerie Harburg. Hbg. o. J.

Bericht der Kommission der Zentralstelle für die Gliederung des Deutschen Reiches. 22. 6. 1921. (Berlin 1921)

Jörg Berlin, »Lynchjustiz an Hauptmann Berthold« oder Abwehr des Kapp-Putsches? Die Ereignisse in Harburg im März 1920. In: Jörg Berlin (Hrsg.), Das andere Hamburg. Freiheitliche Bestrebungen in der Hansestadt seit dem Spätmittelalter. Köln 1981, S. 209–234.
Ernst Bertau, 125 Jahre Balatroswerke H. Rost & Co. Hamburg-Harburg. (Hbg. 1973)
Franz R. Bertheau, Kleine Chronologie zur Geschichte des Zeitungswesens in Hamburg von 1616 bis 1913. Hbg. 1914.
Hans Bielfeldt, Vom Werden Groß-Hamburgs. Hbg. 1980 (= Staat und Wirtschaft. Beiträge zur Geschichte der Handelskammer Hamburg).
Hans Bielfeldt, Hamburg und seine Nachbarn. Von der Stadt- und Landesplanung zur regionalen Wirtschaftspolitik. In: Gerhard Schröder u. a., Rückkehr zum Markt, Wiederaufbau nach 1945. Hbg. 1982, S. 223–370.
Karlheinz Blaschke, Altstadt – Neustadt – Vorstadt. VSWG 57, 1970, S. 350–362.
H(einrich) Blohm, Versuch einer näheren Erörterung der Mittel, durch welche der Handelsverkehr in den Elbgegenden des Fürstenthums Lüneburg erhalten und gehoben werden kann. Göttingen 1841.
Der Blutmontag in Harburg. Eine Folge des Kapp-Lüttwitz-Putsches. Aufzeichnungen über die Vorgänge in Harburg vom 13.–16. März 1920. Im Auftrage der Partei- und Gewerkschaftsleitung zusammengestellt von Otto Adler. (Harburg 1920)
Otto Bödecker, Die Industrialisierung der Stadt Harburg. Rostock 1927 (= Hamburger Schriften zur Wirtschafts- und Sozialpolitik, H. 1).
Jürgen Bohmbach/Torsten Lüdecke/Gerd Mettjes (Red.), Auf den Spuren des alten Stade. Ein Arbeitsbericht zur Stadtkernforschung der letzten Jahre. Stade 1986.
Jürgen Bolland (Bearb.), Hamburgische Burspraken 1340 bis 1594 mit Nachträgen bis 1699. Hbg. 1960 (= Veröff. aus dem StA der Freien und Hansestadt Hbg., Bd. 6).
Michael Bose/Michael Holtmann/Dittmar Machule/Elke Pahl-Weber/Dirk Schubert, »...ein neues Hamburg entsteht...« Planen und Bauen von 1933–1945. Hbg. 1986 (= Beiträge zur städtebaulichen Forschung Bd. 2, hrsg. von der Technischen Universität Hbg.-Harburg).
Klaus Brake, Zum Verhältnis von Stadt und Land. Köln 1980.
Klaus-Dieter Brügmann/Margarete Dreibrodt/Hans-Joachim Meyer/Otto Nehring, die anderen. Widerstand und Verfolgung in Harburg und Wilhelmsburg. Zegnisse und Berichte 1933–1945. Hbg. 1981[2] (VVN – Bund der Antifaschisten).
Ralf Busch, Duingen. Ein niedersächsischer Töpferort. Göttingen 1975.
Ralf Busch, Mittelalterlich-neuzeitliches Glas aus Grünenplan/Hils. In: Hans-Günter Peters (Hrsg.), Katalog der Wanderausstellung »Archäologie des Mittelalters und der Neuzeit in Niedersachsen«. (Hannover) o. J., S. 114.
Ralf Busch, Die Wasserversorgung des Mittelalters und der frühen Neuzeit in norddeutschen Städten. In: Cord Meckseper (Hrsg.), Stadt im Wandel. Kunst und Kultur des Bürgertums in Norddeutschland 1150–1650. Landesausstellung Niedersachsen 1985. Stuttgart-Bad Cannstadt 1985. Bd. 4, S. 301–315.
H(ermann) Carl, Statistische Übersicht über Harburg's Handels- und Schiffahrts-Verkehr im Jahre 1869. Harburg 1870.
Helmuth Croon, Die gesellschaftlichen Auswirkungen des Gemeindewahlrechtes in den Gemeinden und Kreisen des Rheinlands und Westfalens im 19. Jahrhundert. Köln und Opladen 1960.
G. Curdes/R. Oehmichen (Hrsg.), Künstlerischer Städtebau um die Jahrhundertwende. Der Beitrag von Karl Henrici. Köln 1981.
Danuta Czech, Auschwitz – faschistisches Vernichtungslager. Warszawa 1981.
Darstellungen des soziologischen Zustandes im Hamburgisch-Preußischen Landesplanungsgebiet. 105 Tafeln. Hbg. 1931 (= Veröff. des Hamburgisch-Preußischen Landesplanungsausschusses, H. 3).
Karl E. Demandt (Bearb.), Regesten der Grafen von Katzenelnbogen 1060–1486. Bd. 1. Wiesbaden 1953.
Dietrich Denecke, Glashütten im Leinebergland und Fulda-Werra-Bergland. In: Hans-Günter Peters (Hrsg.), Katalog der Wanderausstellung »Archäologie des Mittelalters und der Neuzeit in Niedersachsen«. (Hannover) o. J., S. 113.
(Heinrich) Denicke/(Heinrich) Osterhoff, Denkschrift über die Erweiterung des Hafens zu Harburg. Harburg 1889.
H. Dettmer, Geschichte des Schulwesens zu Harburg a. E. Harburg 1910.

Renate Dolz, Gläser. Schöne Glasgefäße und Figuren vom Alten Orient bis heute. Berühmte Techniken, Werkstätten und Muster. Heyne-Antiquitätenbücher. München 1974[3].
Hans Drescher, Die Fürstengruft in der Dreifaltigkeitskirche zu Harburg. Harburger Jb. 10, 1961/62, S. 5–61.
Hans Drescher, Mittelalterliche Funde aus der Harburger Altstadt, der Elbe und vom Schloßgelände. Harburger Jb. 11, 1963/64, S. 96–139.
Hans Drescher, Die mittelalterlichen Funde von den Kirchenplätzen in Hittfeld, Kreis Harburg, Hamburg-Sinstorf und Hamburg-Wilstorf. Ein Beitrag zur Datierung der ersten Kirchen im alten Amt Harburg. Harburger Jb. 13, 1968–72, S. 105–136.
Hans Drescher, Münzen. In: Harburger Stadtgeschichte. Hbg.-Harburg 1973 (= Informationsbl. Nr. 4 des Helms-Museums).
Hans Drescher, Münzfunde aus dem Kreise Harburg In: Führer zu vor- und frühgeschichtlichen Denkmälern, hrsg. vom Römisch-Germanischen Zentralmuseum Mainz, Bd. 7: Hbg.-Harburg/Sachsenwald/Nördliche Lüneburger Heide. Mainz 1967, S. 65–68.
Friedrich H. Drews/M. Guenter, Die Herrschaftliche Apotheke. 400 Jahre Pharmazie in Celle. Celle 1980.
Hans Dumrese/Friedrich C. Schilling. Lüneburg und die Offizin der Sterne. Lüneburg 1956.
Wilhelm Ebel, Das Soester Recht. Soester Zs. 72, 1959, S. 5–23 (wieder in: Ders., Rechtsgeschichtliches aus Niederdeutschland, Göttingen 1978).
J. H. Eckhardt, Zur Geschichte des Zeitungswesens in Hamburg und Schleswig-Holstein bis zum Anfang des neunzehnten Jahrhunderts. Börsenbl. für den dtsch. Buchhandel, Nr. 227–228, 230–231, 1900, S. 7297–7299, 7353–7355, 7433–7435, 7469–7471.
Ernst Eger, Geschichte der Festung Harburg. Hbg.-Harburg (um 1945) (StA Hbg, Handschriftensammlung 1444; Helms-Museum Hbg.-Harburg).
Ernst Eger, Harburg während des Krieges 1939/45. Harburger Jb. 3, 1948, S. 120–176.
Gerhard Eimer, Die Stadtplanung im schwedischen Ostseereich 1600–1715. Mit Beiträgen zur Geschichte der Idealstadt. Stockholm 1961.
Zur Eisenbahn von Hannover und Braunschweig nach Hamburg; oder die Frage: Soll die Eisenbahn durch eine Brücke über die Elbe mit Hamburg in Verbindung gesetzt werden oder nicht? Von einem Hannoveraner. Hbg. 1835.
G. Elzinga, 16 de – en 17 de – eenvose putvondsten onder het Fries Museum. In: Fries Museum Facetten 9, 1978 [unpaginiert].
Edith Ennen, Die europäische Stadt im Mittelalter. Göttingen 1972 (spätere, überarb. u. erw. Auflagen).
Kurt Enoch, Die Bodenpolitik im Hafengebiet Hamburgs. Diss. Hbg. 1921.
Walter Eulitz, Der Zollgrenzdienst. Seine Geschichte vom Beginn des 19. Jahrhunderts bis zur Gegenwart. Düsseldorf 1968 (= Schriftenreihe des Bundesministeriums der Finanzen, H. 6).
Walter Ewoldt, Zur Lösung der Groß-Hamburg-Frage. Sonderdruck aus: Städtebau, 24. Jg., H. 5, 1929.
Alfred Falk, Archäologische Funde und Befunde des späten Mittelalters und der frühen Neuzeit aus Lübeck. Lübecker Schriften zur Archäologie und Kulturgeschichte 10, 1987, S. 9–84.
G. Fehl, Camillo-Sitte als »Volkserzieher«. Anmerkungen zum deterministischen Denken in der Straßenbaukunst des 19. Jahrhunderts. In: G. Fehl/J. Rodriguez-Lores (Hrsg.), Städtebau um die Jahrhundertwende. Köln 1980 (= Reihe Politik und Planung, 10), S. 173–221.
Johannes Flathmann, Die Reichstagswahlen in der Provinz Hannover 1867–1896. Hannover 1897.
Jens Flemming/Claus Saul/Peter-Christian Witt, Familienleben im Schatten der Krise. Materialien zur Sozialgeschichte der Weimarer Republik. Düsseldorf 1988.
Heinz Flieger, Unter der gelben Muschel. Die Geschichte der Deutschen Shell. Düsseldorf 1961.
Norbert Frei, Nationalsozialistische Eroberung der Provinzpresse. Gleichschaltung, Selbstanpassung und Resistenz in Bayern. Stuttgart 1980.
Walter Fröbe, Die wirtschaftliche Entwicklung der preußischen Elbinsel Wilhelmsburg seit 1888 unter bes. Berücksichtigung der Groß-Hamburg-Frage. Wilhelmsburg 1925.
Ferdinand Frohböse, Die Burg auf dem Falkenberge bei Neugraben. Hbg. 1912 (= Ausflugshefte des Vereins für Hamburgische Geschichte, 12).
Georg Fülberth, Die Vorschläge der KPD für eine Zusammenarbeit mit der SPD in Hamburg und Umgebung 1927. In: Frank Deppe/Willi Gerns/Heinz Jung (Hrsg.), Marxismus und Arbeiterbewegung. Frankfurt 1980, S. 28–39.

Peter Gabrielsson, Klopstocks Schwager Hartmann Rahn als Entrepreneur der Harburger Kattundrukkerei 1763–1770. ZGH 70, 1984, S. 37–71.
Heinrich Gottfried Philipp Gengler, Deutsche Stadtrechts-Altertümer. Erlangen 1882 (Neudruck Aalen 1964).
1869. Genossenschaft der Hand- und Fabrikarbeiter 1969. Industriegewerkschaft Chemie – Papier – Keramik. 100 Jahre Gewerkschaftsbewegung in Harburg. Harburg 1969.
Albertus Gerkens/Adolf Menge (Bearb.), Die preußische Elbinsel Wilhelmsburg und ihre industrielle Entwickelung. Hrsg. vom Gemeinderat Wilhelmsburg. (Wilhelmsburg 1906).
Zwischen Gestern und Morgen. Eine Chronik zum 125jährigen Bestehen der Druckerei G. Lühmann C. Hergeröder's Nachfl. Hbg.-Harburg 1962.
Karl Adolf Giffei, Die Entwicklung der deutschen Kalisalpeterindustrie, unter besonderer Berücksichtigung ihres Standortes. Diss. Hbg. 1926.
Christian Gotthardt, Der Arbeiterbildungsverein in Harburg (1857–1869). Examensarbeit Histor. Seminar Universität Hbg. 1982.
Die Geschichte der Firma Anton Günther GmbH. Hamburg-Harburg 1. Harburg-Wilhelmsburg (1934).
A(nton) Günther, Der Rückgang des Harburger Seeschiffahrts-Verkehrs, dessen Ursachen und die Mittel zur Beseitigung hierfür: Köhlbrandfrage. Harburg 1878.
Carl Haase, Die Entstehung der westfälischen Städte. Münster 1984[4] (= Veröff. des Provinzialinstituts für westfälische Landes- und Volksforschung des Landschaftsverbandes Westfalen-Lippe, Reihe I, 11).
Der Hafen von Harburg. Berlin 1895.
Hamburg im Kartenbild der Vergangenheit. Beiträge zu einem historischen Atlas, hrsg. vom Verein für Hamburgische Geschichte. Hbg. 1970ff.
Groß-Hamburg. Denkschrift des Hamburger Senats. September 1921. Als Ms. gedruckt. (Hbg. 1921).
Handbuch der Hansestadt Hamburg. 1939. Hrsg. vom Hauptverwaltungsamt. (Hbg. 1939).
Jahres-Bericht der Handelskammer zu Harburg für 1867ff. Harburg 1868ff.
Harburg als Seehafen-, Industrie- und Handelsstadt. (Harburg 1925).
1855–1955. Harburger Eisen- und Bronzewerke Aktiengesellschaft. (Hbg.-Harburg 1955).
Harburger Gewerbe-, Industrie- und Handels-Ausstellung vom Jahre 1892. Katalog. Hrsg. vom Vorstande des Gewerbevereins und der Ausstellungs-Commission. Harburg 1892.
Michael Hartwig, Großvaters Harburg. Ein Lesebuch für kleine Leute über Harburg in der ersten Hälfte des 20. Jahrhunderts. Hbg. 1984.
Gert Hatz, Fund eines Sceattas in Maschen, Kr. Harburg. Hamburger Beiträge zur Numismatik 4, 1958/59, S. 249–253.
Gert Hatz, Die Fundmünzen der Kirchengrabung in Kirchdorf. Harburger Jb. 15, 1975–79, S. 15–20.
Gert Hatz, Der Goldmünzenfund von Meldorf (1955) – ein Beitrag zur Geschichte des spätmittelalterlichen Goldmünzenumlaufes in Schleswig-Holstein. Zs. der Gesellschaft für Schleswig-Holsteinische Geschichte 81, 1957, S. 79–112.
Elke Hauschildt, Polnische Arbeitsmigranten in Wilhelmsburg bei Hamburg während des Kaiserreichs und der Weimarer Republik. Dortmund 1986 (= Veröff. der Forschungsstelle Ostmitteleuropa an der Universität Dortmund, Reihe A, Nr. 47).
Heinrich Heffter, Die deutsche Selbstverwaltung im 19. Jahrhundert. Geschichte der Ideen und Institutionen. Stuttgart 1950.
Martin Henkel/Rolf Taubert, Die deutsche Presse 1848–1850. Eine Bibliographie. München 1986.
Friedrich-Wilhelm Henning, Die Industrialisierung in Deutschland 1800 bis 1914. Paderborn 1984[6].
Hans Henningsen, Niedersachsenland, du wurdest unser! Zehn Jahre Nationalsozialismus im Gau Ost-Hannover. Streiflichter aus der Kampfzeit. (Harburg-Wilhelmsburg 1935).
Hessisches Urkundenbuch II, 1, bearb. von H. Reimer. Leipzig 1891.
Matthias Heyl, Es war für mich eine neue Erfahrung. In: Volker Ullrich/Hannes Heer (Hrsg.), Geschichte entdecken. Reinbek 1985, S. 396–399.
Ernst Hieke, G. L. Gaiser Hamburg–Westafrika. 100 Jahre Handel mit Nigeria. Hbg. (1949) (= Veröff. d. Forschungsstelle für Hamburgische Wirtschaftsgeschichte e. V., Bd. 2).
Raul Hilberg, Die Vernichtung der europäischen Juden. Die Gesamtgeschichte des Holocaust. Berlin 1982.

Alfred Hildebrandt, Die Pressepolitik der hannoverschen Regierung vom Beginn der Reaktionszeit bis zum Ende des Königreichs Hannover. Diss. Leipzig 1932.
W. v. Hinüber, Die Anfänge des Postwesens in Niedersachsen. Deutsche Postgeschichte, Jg. 2, 1938, S. 256–266.
Paul Hirsch, Kommunalpolitische Probleme. Vorträge an der Universität Berlin. Leipzig 1920.
Ursel Hochmuth/Gertrud Meyer, Streiflichter aus dem Hamburger Widerstand 1933–1945. Berichte und Dokumente. Frankfurt 1969.
Hubert Höing, Die Civitas »Wnstorpensis«. Überlegungen über Ortsbezeichnungen zwischen Weser und unterer Leine in Urkunden des 12./13. Jahrhunderts. Festschrift Heinz Stoob zum 65. Geburtstag I. Köln, Wien 1984 (= Städteforschung Reihe A, Bd. 21, I), S. 96–114.
Ferdinand Hölscher, Harburgs Grünflächenschwerpunkte am Außenmühlenteich. Mitteilungsbl. des Harburger Techniker-Vereins o. J. (ca. 1925).
Ludwig Hoffmann/Daniel Hoffmann-Ostwald, Deutsches Arbeitertheater 1918–1933. Bd. 1. Berlin 1977.
Wolfgang Hofmann, Aufgaben und Struktur der kommunalen Selbstverwaltung in der Zeit der Hochindustrialisierung. In: Deutsche Verwaltungsgeschichte, hrsg. von Kurt G. A. Jesserich, Hans Pohl und Georg-Christoph von Unruh. Bd. III. Stuttgart 1984, S. 578–644.
Adolf E. Hofmeister, Besiedlung und Verfassung der Stader Elbmarschen im Mittelalter. Teil I., Hildesheim 1979. Teil II, Hildesheim 1981 (= Veröff. des Instituts für Historische Landesforschung der Universität Göttingen, Bd. 12, Bd. 14).
Günther Hoinka/Erich Plümer (Hrsg.), Sechzig Jahre Harburger Theater. Hbg.-Harburg 1954.
Adalbert Holtz, Harburger Zeitungen. Harburger Vogelschießen 1975, hrsg. Deputation der Harburger Schützengilde, S. 99–104.
Adalbert Holtz, Wilhelm Hastedts Grundsteinurkunde. Gedanken eines Fabrikanten. Ein Dokument Harburger Stadtgeschichte. Harburger Vogelschießen 1976, S. 90–97.
Adalbert Holtz/Horst Homann (Bearb.), Die Straßennamen von Harburg nebst stadtgeschichtlichen Tabellen und einem Straßenplan. Hbg.-Harburg 1970 (= Veröff. des Helms-Museums, Nr. 23).
(Holtz/Lachmund), Liebes schönes Harburg. Ein Alt-Harburger Bilderbuch. Mit Texten von Adalbert Holtz und mit Bildern aus der Sammlung Lachmund. (Hbg. 1983[3]).
Horst Homann, Die Wahlen der Deputierten der Stadt Harburg zur 2. Kammer der Ständeversammlung des Königreichs Hannover. Harburger Jb. 6, 1956, S. 73–89.
Major a. D. Hueg, Die Ereignisse in Harburg vor 5 Jahren vom 13.–15. März 1920. Harburg (1925).
Internationale Galalith-Gesellschaft 1904–1954. 50 Jahre. In eigener Sache. (Hbg. 1954).
Hans Peter Ipsen. Neuaufbau des Reichs in Hamburg. Zs. der Akademie für Deutsches Recht 5, 1938, S. 82–84.
Vom Jäger zum Städter. Bodendenkmalpflege und archäologische Forschung in der Deutschen Demokratischen Republik. Begleitschrift zur Ausstellung im Niederrheinischen Museum der Stadt Duisburg 2. Juli bis 30. August 1987.
Jahrbuch des Verbandes der Fabrikarbeiter Deutschlands. Jgg. 1920–1931. Hannover, 1921–1932.
Statistisches Jahrbuch deutscher Städte (ab 1934: deutscher Gemeinden). Berlin, Jgg. 1900ff.
Jahresbericht des Arbeitgeber-Verbandes Hamburg-Altona (42. Geschäftsjahr) und des Arbeitgeber-Verbandes Unterelbe (26. Geschäftsjahr) für 1931. Hbg. 1932.
Alexander Jason, Handbuch der Filmwirtschaft. Statistiken und Verzeichnisse. Jahrgang 1930. Berlin 1930 (= Bd. I). Handbuch der Filmwirtschaft Bd. II. Film-Europa. Berlin 1930. Handbuch der Filmwirtschaft Bd. III. Die erste Tonfilmperiode. Berlin 1932.
Horst Jecht, Studien zur gesellschaftlichen Struktur der mittelalterlichenStädte. VSWG 19, 1926, S. 48–85 (wieder in: Die Stadt des Mittelalters, Hrsg. Carl Haase, Bd. 3: Wirtschaft und Gesellschaft, Darmstadt 1984[3] (= Wege der Forschung, Bd. 245)).
Friedrich Jerchow, 1883–1983. Die Geschichte der Bremer Wollkämmerei zu Blumenthal. Ein Jahrhundert im Dienste der Textilwirtschaft. Bremen 1983.
Wilhelm Jesse, Der Wendische Münzverein. Lübeck 1928 (= Quellen und Darstellungen zur hansischen Geschichte, N. F. Bd. 6).
Werner Jochmann, Nationalsozialismus und Revolution. Ursprung und Geschichte der NSDAP in Hamburg 1922–1933. Dokumente. Frankfurt 1963 (= Veröff. der Forschungsstelle für die Geschichte des Nationalsozialismus in Hbg., Bd. III).
Werner Johe, Neuengamme – Zur Geschichte der Konzentrationslager in Hamburg. Hbg. 1981 (Landeszentrale für politische Bildung).

Werner Johe, Territorialer Expansionsdrang oder wirtschaftliche Notwendigkeit? Die Groß-Hamburg-Frage. ZHG 64, 1978, S. 149–180.
Hermann Jungk, Die bremischen Münzen. Bremen 1875.
Werner Kallmorgen, Schumachers Kampf um Groß-Hamburg von seiner ersten Denkschrift 1919 bis zur letzten 1932 und sein Resümee 1935. In: Schumacher und Hamburg. Hbg. 1969, S. 157–196.
Gerhard Kaufmann/Christian L. Küster/Gerd Westermann, Tee. Zur Kulturgeschichte eines Getränkes. Hbg. 1977.
Dietrich Kausche, Die Entstehung der Einheitsgemeinde Hamburg. ZHG 65, 1979, S. 73–82.
Dietrich Kausche, Aus der Frühzeit der Harburger Gummiindustrie. Hbg. 1981 (= Beiträge zur Geschichte Hbgs., hrsg. vom Verein für Hamburgische Geschichte, Bd. 18).
Dietrich Kausche, Die Hansestädte und der Bau der Festung Harburg (1644–1646). Niedersächsisches Jb. 54, 1982, S. 189–216.
Dietrich Kausche, Harburg und die Niederlande 1660–1730. ZHG 67, 1981, S. 75–103.
Dietrich Kausche, Harburg und der süderelbische Raum. In: Heimatchronik der Freien und Hansestadt Hbg. Köln 1967[2]. (= Heimatchroniken der Städte und Kreise des Bundesgebietes, Bd. 36), S. 354–476. Auch als Sonderdruck (= Veröff. des Helms-Museums Nr. 19).
Dietrich Kausche, Harburg unter der Pfandherrschaft der Stadt Lüneburg. Lüneburger Bll. 10, 1959, S. 45–89.
Dietrich Kausche (Bearb.), Harburger Erbregister von 1667. Hbg. 1987 (= Veröff. des Vereins für Hamburgische Geschichte, Bd. 31).
Dietrich Kausche, Eine Harburger Zeitung aus dem 18. Jahrhundert. Harburger Jb. 7, 1957, S. 31–42.
Dietrich Kausche, Hauland. HGH 17, 1959, S. 167–171.
Dietrich Kausche, Johann Heinrich Sprögel und Harburg. HGH 15, 1955, S. 307–312.
Dietrich Kausche, Lewenwerder. Ein Beitrag zur Geschichte der Elbmarschen. ZHG 41, 1951, S. 99–124.
Dietrich Kausche, Der Magistrat der Stadt Harburg. ZHG 42, 1953, S. 81–153.
Dietrich Kausche, Von der Marienkirche zur Dreifaltigkeitskirche. Harburger Jb. 11, 1963/64, S. 31–67.
Dietrich Kausche (Bearb.), Regesten zur Geschichte des Harburger Raums 1059 bis 1527. Hbg. 1976 (= Veröff. aus dem StA der Freien und Hansestadt Hbg., Bd. 12).
Dietrich Kausche, Das Renaissanceschloß in Harburg und sein Erbauer. HGH Bd. 8, H. 1, 1966, S. 1–12.
Dietrich Kausche, Ritter Scerebart und die Burgmannen zu Harburg. Stader Jb. 1982, S. 24–35.
Dietrich Kausche, Untersuchungen zur älteren Rechtsgeschichte und Topographie Harburgs. ZHG 43, 1956, S. 105–165.
Dietrich Kausche, Die Vahlenkampffs in Harburg, Altona und Hamburg im 17. und 18. Jahrhundert. Zs. für Niedersächsische Familienkunde, 30. Jg., 1955, H. 6, S. 185–194.
Kautschukwerke Dr. Heinr. Traun & Söhne, vormals Harburger Gummi-Kamm-Co. Hamburg 1856–1906. (Berlin 1906).
H. Keilson, Der Tod des Widersachers. Braunschweig 1959.
Robert von Keller, Die Verlagerung der großstädtischen Industrie. Eine wirtschaftspolitische Studie. Leipzig 1938.
Gerhard Kessler, Die deutschen Arbeitgeberverbände. Leipzig 1907 (= Schriften des Vereins für Socialpolitik, Bd. 124).
Erich Keyser, Die Entstehung der Stadt Harburg. Harburger Jb. 3, 1948, S. 53–63.
Jürgen Klein, Renck & Hessenmüller Harburg 1873–1973. (Hbg. 1973) (= Veröff. der Wirtschaftsgeschichtlichen Forschungsstelle e. V. Hbg., Bd. 36).
Otto Koellreuter, Deutsches Verfassungsrecht. Ein Grundriß. Berlin 1938[3].
Günter Könke, Organisierter Kapitalismus, Sozialdemokratie und Staat. Eine Studie zur Ideologie der sozialdemokratischen Arbeiter-Bewegung in der Weimarer Republik (1924–1932). Wiesbaden 1987.
Konzerne, Interessengemeinschaften und ähnliche Zusammenschlüsse im Deutschen Reich Ende 1926. Berlin 1927 (= Einzelschriften zur Statistik des Deutschen Reichs, Nr. 1).
Jens Krämer, Die Stadt-Umland-Beziehungen Hamburgs zu seinen Nachbarländern. Ansätze zu Kooperation und gemeinsamer Planung im norddeutschen Raum. Diss. Berlin 1971.

Albert Krebs, Tendenzen und Gestalten der NSDAP. Erinnerungen an die Frühzeit der Partei. Stuttgart 1959 (= Quellen und Darstellungen zur Zeitgeschichte, Bd. 6).
Hans Krieg, Aus den Anfängen der Harburger Industriegeschichte. Harburger Jb. 6, 1956, S. 117–129.
Kriegsende in Harburg. Hbg.-Harburg 1985 (Zeitung, hrsg. zum 3. Mai 1985 vom Bezirksamt Harburg).
Karl Vincent Krogmann, Geliebtes Hamburg. Hbg. 1955.
Helmut Kroll, Mittelalterlich/frühneuzeitliches Steinobst aus Lübeck. Lübecker Schriften zur Archäologie und Kulturgeschichte 3, 1980, S. 167–173.
Hans-Joachim Kruse. Töpferware aus Preetz. Funde einer Töpferei des 17. bis 19. Jahrhunderts. Plön 1987.
(Karl Küster), Die Industrie- und Handelskammer Harburg-Wilhelmsburg 1866 bis 1936. Hrsg. von der Industrie- und Handelskammer Harburg-Wilhelmsburg. Harburg-Wilhelmsburg 1937.
Otto Kuntzemüller, Das Hannoversche Zeitungswesen vor dem Jahre 1848. Preußische Jbb. 94, 1898, S. 425–453.
Dieter Langewiesche, Freizeit und ›Massenbildung‹. In: Gerhard Huck (Hrsg.), Sozialgeschichte der Freizeit. Untersuchungen zum Wandel der Alltagskultur in Deutschland. Wuppertal 1980, S. 223–247.
Ulrich Lappe, Eine hochmittelalterliche Abfallgrube in der Ruine Neideck in Arnstadt. Vorbericht. Ausgrabungen und Funde 17, 1972, S. 267–273.
Ulrich Lappe, Ruine Neideck in Arnstadt. Ein Beitrag zur materiellen Kultur des 17. Jhs. Alt-Thüringen 15, 1978, S. 144–158.
Ulrich Lappe, Arnstädter Fayencen und anderes Töpfergeschirr. Ein Beitrag zum Arnstädter Töpferhandwerk vom 15. bis 19. Jh. Arnstadt 1984 (= Veröff. der Museen der Stadt Arnstadt, H. 10).
Heinrich Laufenberg, Geschichte der Arbeiterbewegung in Hamburg, Altona und Umgebung. Bd. 1. Hbg. 1911 (Nachdruck Berlin, Bonn-Bad Godesberg 1977).
Friedrich Laux, Holzgeschirr und Holzgerät aus Lüneburger Schwindgruben. Zs. für Archäologie des Mittelalters 10, 1982, S. 85–100.
Friedrich Laux, Der Lüneburger Schweinetopf. Ein Gefäß der bürgerlichen Küche des 17. Jahrhunderts. In: Aus dem Alltag der mittelalterlichen Stadt. Bremen 1982, S. 123–132.
Friedrich Laux, Schwindgrube im Glockenhaus. In: Stadt Lüneburg (Hrsg.), 500 Jahre Glockenhaus zu Lüneburg. Lüneburg 1982 [unpaginiert].
Friedrich Laux, Alte Töpfe aus der Altstadt von Harburg. Hamburgs Museen, Dezember 1979, S. 1–3.
Erich v. Lehe (Bearbeiter), Das Hamburgische Schuldbuch von 1288. Hbg. 1956 (= Veröff. aus dem StA der Freien und Hansestadt Hbg., Bd. 4).
Hans Linde, Das Königreich Hannover an der Schwelle zum Industriezeitalter. Neues Archiv für Niedersachsen Bd. 5, H. 24, 1951, S. 413–443.
Horst Löbert, Duinger Steinzeug. In: Heinz-Peter Mielke (Hrsg.), Keramik an Weser, Werra und Fulda. Lübbecke 1981, S. 115–124.
Horst Löbert, Das verzierte Steinzeug aus Duingen. Studien zu seiner Entwicklung seit dem 16. Jahrhundert und zu seinen Beziehungen zu den deutschen Steinzeugzentren, insbesondere zu den rheinischen Herstellungsorten. Zs. für Archäologie des Mittelalters 5, 1977, S. 7–95.
Hans-Dieter Loose, Abwehr und Resonanz des Kapp-Putsches in Hamburg. ZHG 56, 1970, S. 65–96.
Hans-Dieter Loose, Groß-Hamburg, Hansestaat oder Republik Niedersachsen. Territoriale Neuordnungspläne für Nordwestdeutschland in der Revolution 1918/1919. ZHG 66, 1980, S. 95–116.
Robert Lucht, Stadt und Festung Harburg im Erbregister von 1667. Harburger Jb. 7, 1957, S. 5–30.
W. C. Ludewig, Geschichte der Stadt und des Schlosses Harburg. Bd. I, Harburg 1845. Bd. II, Harburg 1892.
W. C. Ludewig, Geschichte der vormaligen Schloß-Kirche zu Harburg. Vaterländisches Archiv für Hannoverisch-Braunschweigische Geschichte 1833, S. 52–70.
Friedrich Lübbers, Harburg. Vom Werden und Wachsen der Stadt und dem Leben ihrer Bürger. Harburger Jb. 2, 1940/41, S. 3–89.
Friedrich Lübbers, Die Ratsapotheke. Ein Beitrag zur Geschichte Harburgs im Jahrhundert des Dreißigjährigen Krieges. Harburger Jb. 4, 1950/51, S. 18–30.

Torsten Lüdecke, Vom Brunnenwasser zum »Kunstwasser« – die Wasserversorgung im mittelalterlichen und frühneuzeitlichen Lübeck. In: Archäologie in Lübeck. Lübeck 1980, S. 97–100.
Detlev Lüder, Forschungen zum Eisenbahnwesen des Königreichs Hannover nach den Beständen des niedersächsischen Staatsarchivs Hannover. Diss. Hbg. 1971.
Lüneburger Heimatbuch. Im Auftrage der Bezirkslehrervereine Lüneburg und Celle hrsg. von Otto und Theodor Benecke, Harburg. Bd. I: Land und wirtschaftliches Leben. Bremen 1914.
Lüneburger Heimatbuch. Hrsg. von Otto und Theodor Benecke, Harburg. Bd. I: Land und wirtschaftliches Leben. Bremen 1925^2.
Erich Lüth, Walter Dudek. Erinnerungen an Harburgs letzten Oberbürgermeister. Harburger Jb. 15, 1975–1979, S. 125–138.
Gustav Luntowski, Die Industrie- und Handelskammern und die Entwicklung von Industrie, Handel und Verkehr im Regierungsbezirk Lüneburg. Festschrift zum hundertjährigen Bestehen der Industrie- und Handelskammer für den Regierungsbezirk Lüneburg am 26. Mai 1966. Lüneburg (1967).
Ann Lynch/Norbert Paap, Untersuchungen an botanischen Funden aus der Lübecker Innenstadt (ein Vorbericht). Lübecker Schriften zur Archäologie und Kulturgeschichte 6, 1982, S. 339–360.
Thomas Michael Martin, Die Städtepolitik Rudolfs von Habsburg. Göttingen 1976 (= Veröff. des Max-Planck-Instituts für Geschichte, Bd. 44).
Dieter Matthes, Die welfische Nebenlinie in Harburg. Hbg.-Harburg 1962 (= Veröff. des Helms-Museums, Nr. 14).
Horst Matzerath, Urbanisierung in Preußen 1815–1914. Stuttgart 1985.
Hugo Max, Die politische Presse des Königreichs Hannover zur Zeit des Ministeriums Stüve 1848–1850. Diss. Göttingen 1923.
Ortwin Meier, Der Hohlpfennigfund von Wistedt, Kreis Harburg. Berliner Münzbll. 42, 1921, S. 263–265, 287–290, 364–365, 385–389.
Matthäus Merian, Topographia Germaniae: Braunschweig–Lüneburg. Frankfurt 1654 (Faksimile-Ausgabe Kassel 1961, Reprint Lüneburg 1979).
Otto Merker, Die Ritterschaft des Erzstifts Bremen im Spätmittelalter. Herrschaft und politische Stellung als Landstand. Stade 1962 (= Einzelschriften des Stader Geschichts- und Heimatvereins, Bd. 16).
Der Deutsche Metallarbeiter-Verband. Jahr- und Handbuch für Verbandsmitglieder. Jgg. 1919–1931. Stuttgart 1920–1932.
Diethard Meyer, Bemalte Irdenware in Stade. In: Stadtsparkasse Stade (Hrsg.), Auf den Spuren des alten Stade. Ein Arbeitsbericht zur Stadtkernforschung der letzten Jahre. Stade 1986, S. 143–163.
Gerhard Meyer, Zur Lage der Ertheneburg. Lüneburger Bll. 7/8, 1957, S. 64–80.
H. C. Meyer jr. K.G. auf Aktien Hamburg-Harburg/Elbe 1818–1918. Harburg-Wilhelmsburg (1918).
Rudolf Michaelis, Harburg im Spiegel der Zeiten. In: Harburger Schützengilde von 1528 (Hrsg.), Festbuch der 425-Jahr-Feier. Harburg 1953, S. 53–105.
Rudolf Michaelis, H. C. Hagemann GmbH 1869–1969. Rückblick auf ein Jahrhundert Firmengeschichte. Wirkungen und Leistungen. Hbg. 1969.
Rudolf Michaelis/Robert Lucht, Die städtischen Bauten Alt-Harburgs. Hbg.-Harburg 1953 (= Harburg in Wort und Bild, H. 2).
Rudolf Michaelis/Günter Wittke, Ein Jahrhundert Industrie- und Hafenbezirk Harburg-Wilhelmsburg. Uetersen 1956.
Mitglieder-Verzeichnis der Harburg-Wilhelmsburger Freimaurer-Logen. Verantwortlich: Erwin Kauffmann, Harburg-Wilhelmsburg 1. (Harburg-Wilhelmsburg 1932).
Statistische Mitteilungen der Stadt Harburg-Elbe. Im Auftrage des Magistrats hrsg. vom Statistischen Amt, H. 1 ff., Harburg 1926 ff.
Wolf-Dieter Mohrmann, Der Landfriede im Ostseeraum während des späten Mittelalters. Kallmünz 1972 (= Regensburger Historische Forschungen, Bd. 2).
Willy K. Molch, Der Standort der Harburger Großindustrie. Diss. Hbg. 1921.
Siegmund Müller, Die neue Elbbrücke Harburg–Wilhelmsburg. Festschrift zur Eröffnungsfeier am 30. Sept. 1899. Harburg 1899.
Nassauisches Urkundenbuch I, bearb. von W. Sauer. Wiesbaden 1886.
Ammon Neustadt, Israels zweite Generation. Berlin 1987.

Niedersächsischer Minister für Wissenschaft und Kunst (Hrsg.), Denkmalschutz in Niedersachsen. Lamspringe o. J.
Heinrich Niemeyer, Denktage aus der Harburger Lokalgeschichte. Tagesnachrichten, hier nach Jahren geordnet, erweitert um die in den HAN gedruckte »Harburger Chronik auf die Jahre 1901–1913«. Vervielf. Mschr. (Hbg. 1969).
Wilhelm Niemeyer, Das alte Fürstenschloß Harburg. Hannoversche Geschichtsbll. 3, 1900, S. 222.
Jeremy Noakes, The Nazi Party in Lower Saxony 1921–1933. Oxford 1971.
28. 11. 1855–28. 11. 1955 Noblée & Thörl G.m.b.H. Ölfabriken – Speisefettraffinerien Hamburg-Harburg (Hbg.-Harburg 1955).
Richard Nürnberger, Städtische Selbstverwaltung und sozialer Wandel im Königreich und in der Provinz Hannover während des 19. Jhs. Niedersächsisches Jb. 48, 1976, S. 1–15.
Reinhard Oberschelp, Niedersachsen 1760–1820. Wirtschaft, Gesellschaft, Kultur im Land Hannover und Nachbargebieten. Hildesheim 1982 (= Veröff. der Historischen Kommission für Niedersachsen und Bremen XXXV: Quellen und Untersuchungen zur allgemeinen Geschichte Niedersachsens in der Neuzeit, Bd. 4,1 und 4,2).
Erich Obst, Untersuchung der Lage Harburgs im Rahmen des Großhamburg-Problems. Mschr. Ms. (ca. 1923).
Erwin H. Ockert, Der Hamburgisch-Preußische Landesplanungsausschuß. In: Hamburg und seine Bauten 1929–1953. Hbg. 1953, S. 15–23.
75 Jahre Oelkers-Werft. Hamburg-Wilhelmsburg 1876–1951. Hbg. 1951.
Die deutsche Ölmühlenindustrie. Ausschuß zur Untersuchung der Erzeugungs- und Absatzbedingungen der deutschen Wirtschaft. Berlin 1930 (= Verhandlungen und Berichte des Unterausschusses für allgemeine Wirtschaftsstruktur [I. Unterausschuß, 5. Arbeitsgruppe, Außenhandel] Bd. 7).
Heinrich Olep, Die Seehafenstadt Harburg. Einige Beiträge zum wirtschaftlichen Werdegang Harburgs. Harburg 1908.
Manfred Overesch, Presse zwischen Lenkung und Freiheit. Preußen und seine offiziöse Zeitung von der Revolution bis zur Reichsgründung (1848 bis 1871/72). Pullach 1974 (= Dortmunder Beiträge zur Zeitungsforschung, Bd. 19).
Christian Ludwig Albrecht Patje, Kurzer Abriß des Fabriken-, Gewerbe- und Handlungszustandes in den Chur-Braunschweig-Lüneburgischen Landen. Göttingen 1796.
Petzel/Behrends, Die Anlagen der Hamburgisch-Preußischen Hafengemeinschaft im Rahmen der Erweiterungsbauten des Harburg-Wilhelmsburger Hafens 1924 bis 1929. Jb. der Hafenbautechnischen Gesellschaft, 11. Bd., 1928/1929, S. 2–28.
Petzel/Behrends, Der Kali-Kai am Reiherstieghafen in Harburg-Wilhelmsburg. Harburg-Wilhelmsburg 1928.
Dieter Petzina, Autarkiepolitik im Dritten Reich. Der nationalsozialistische Vierjahresplan. Stuttgart 1968 (= Schriftenreihe der Vierteljahrshefte für Zeitgeschichte, Nr. 16).
Otto Philipps, Friedrich Thörl und die deutsche Ölmüllerei. Ein Ausschnitt aus der niedersächsischen Wirtschafts- und Sippengeschichte. Oldenburg i. O. 1939 (= Wirtschaftswissenschaftliche Gesellschaft zum Studium Niedersachsens e. V., Reihe A, Beiträge, H. 51).
Eleonore Pichelkastner/Eckart Hölzl, Bruckmann's Fayence-Lexikon. München 1981.
Hans Planitz, Die deutsche Stadt im Mittelalter. Graz, Köln 1954 (unver. Nachdrucke).
Helmut Plath, Die frühe Entwicklung der Stadt Hannover im Lichte der Altstadtgrabungen. Jb. der Geographischen Gesellschaft zu Hannover 1953, S. 37–56.
Helmut Plath, Mittelalterliche Brunnen in Hannover. Neues Archiv für Niedersachsen, H. 15, 1950, S. 135–142.
Erich Plümer, Bürger und Brauer im spätmittelalterlichen Einbeck. Zur Sozial- und Wirtschaftsgeschichte der Stadt. Niedersächsisches Jb. 58, 1986, S. 177–197.
Ein Querschnitt zum 100jährigen Bestehen der August Prien KG in Hamburg-Harburg 1873–1973. (Text: Rolf Bernhart). (Darmstadt 1973).
Klaus Püster, Möglichkeiten und Verfehlungen merkantiler Politik im Kurfürstentum Hannover unter Berücksichtigung des Einflusses der Personalunion mit dem Königreich Großbritannien. Diss. Hbg. 1966.
Ernst Rabe, Geschichte der Harburger Rats-Apotheke. Hbg.-Harburg 1958. (StA Hbg, Handschriftensammlung 809).
Dieter Rednak, Betriebliche Sozialpolitik im 19. und 20. Jh. am Beispiel der Hamburger Firma H. C. Meyer jr. In: Arbeiter in Hamburg. Unterschichten, Arbeiter und Arbeiterbewegung seit dem ausge-

henden 18. Jahrhundert. Hrsg. v. Arno Herzig, Dieter Langewiesche u. Arnold Sywottek. Hbg. 1983, S. 299–308.
Dieter Rednak, Die Geschichte der Firma H. C. Meyer jr. Wirtschaftliche und soziale Entwicklung einer Firma im Zeitraum von 1818 bis 1980. Diplomarbeit FB 05 Universität Hbg. 1980.
Regesta Imperii, VI, 1, bearb. von O. Redlich. Innsbruck 1898 (Neudruck Hildesheim 1969).
Hans van Regteren Altena (Hrsg.), Opgravingen in Amsterdam. 20 jaar stadskernonderzoek. Amsterdam 1977.
Hans-Bernhard Reichow. Zur Frage der Landesplanung in Deutschland. Städtebau Jg. 28, 1933, S. 336.
Heinrich Reincke, Hamburgs Bevölkerung. In: Forschungen und Skizzen zur Hamburgischen Geschichte. Hbg. 1951 (= Veröff. aus dem StA der Freien und Hansestadt Hbg., Bd. 3). S. 167–200.
Gisela Reineking-von Bock, Steinzeug. Katalog des Kunstgewerbemuseums der Stadt Köln. Köln 1971.
Ernst Reinstorf, 50 Jahre Wilhelmsburger Zeitung. Hbg.-Wilhelmsburg 1941 (= Sonderdruck der Wilhelmsburger Zeitung 9. 5. 1941).
Klaus Richter, Harburg in der Volkszählung von 1725. ZHG 70, 1984, S. 11–36.
Klaus Richter, Harburgs Bevölkerung im Jahre 1677. Harburger Jb. 14, 1973/74, S. 113–125.
Klaus Richter, Die Lämmertwiete – Studien zur Geschichte eines Harburger Milieugebiets. Harburger Jb. 15, 1975–79, S. 65–111.
Klaus Richter/Friedrich Laux, Von der Burg zur Industriestadt. Die Entwicklung Harburgs bis zur Industrialisierung um die Mitte des 19. Jahrhunderts. Hbg.-Harburg 1980 (= Informationsbl. Nr. 47 des Helms-Museums).
Gerhard Ritter/Susanne Miller (Hrsg.), Die deutsche Revolution 1918–1919. Dokumente. Hbg. 1975².
Waldemar Röhrbein, Wirtschaft und Wirtschaftspolitik in den hannoverschen Kurlanden zur Zeit des deutschen Frühmerkantilismus. Neues Archiv für Niedersachsen 11, 1962, S. 40–63.
Herbert Röhring, Johann Duve. Aufstieg und Untergang des ersten hannoverschen Unternehmers. Hannoversche Geschichtsbll. N.F. 15, 1961, S. 225–280.
Hartmung Rötting, Stadtarchäologie in Braunschweig. Ein fachübergreifender Arbeitsbericht zu den Grabungen 1976–1984. Hameln 1985.
H. Rost & Co., gegr. 1848. 100 Jahre in Hamburg-Harburg (Hbg. 1965).
Harry von Rozycki/Hans Speckter, Die Neugestaltung Hamburgs. Die Verfassung und Verwaltung der Hansestadt Hamburg und ihre Vorgeschichte. Hbg. 1938.
Michael Ruck, Der Wohnungsbau – Schnittpunkt von Sozial- und Wirtschaftspolitik. Probleme der öffentlichen Wohnungspolitik in der Hauszinssteuerära. In: Werner Abelshauser (Hrsg.), Die Weimarer Republik als Wohlfahrtsstaat. Zum Verhältnis von Wirtschafts- und Sozialpolitik in der Industriegesellschaft. Wiesbaden 1987 (= VSWG, Beiheft 81), S. 91–123.
Rudolf Rühle (Mitarbeiter), Deutschlands Jubiläumsfirmen. Industrie- und Handelskammerbezirk Harburg. Leipzig 1927.
Adelheid von Saldern, Kommunale Verarmung und Armut in den Kommunen während der Großen Krise (1929 bis 1933). Am Beispiel der Finanz- und Wohnungs(bau)politik. Soziale Bewegungen. Geschichte und Theorie, Jb. 3, 1987, S. 69–109.
Kleines Saling's Börsen-Jahrbuch für 1922–23. Ein Handbuch für Kapitalisten und Effektenbesitzer. Berlin, Leipzig 1922¹¹.
Ernst Samhaber/Otto A. Friedrich, 100 Jahre Weltwirtschaft im Spiegel eines Unternehmens. Zum 100jährigen Gründungstag der Phönix-Gummiwerke AG 1856–1956. Freiburg 1956.
Klaus Saul, »Verteidigung der bürgerlichen Ordnung« oder Ausgleich der Interessen. Arbeitgeberpolitik in Hamburg-Altona 1896 bis 1914. In: Arbeiter in Hamburg. Unterschichten, Arbeiter und Arbeiterbewegung seit dem ausgehenden 18. Jahrhundert. Hrsg. von Arno Herzig, Dieter Langewiesche und Arnold Sywottek. Hbg. 1983, S. 261–282.
Günter Scheel, Die Anfänge der Arbeiterbewegung im Königreich Hannover. Zwischen Integration und Emanzipation. Niedersächsisches Jb. 48, 1976, S. 17–70.
Christian Ludwig Scheidt, Historische und diplomatische Nachrichten von dem hohen und niedern Adel in Teutschland. Hannover 1754.
Christian Ludwig Scheidt, Origines Guelficae. Bd. III. Hannover 1752.
Carl Schilling, Die Lüneburger Volkszeitung »Vorwärts«. Lüneburger Bll. 5, 1954, S. 20–32.
Reinhard Schindler, Ausgrabungen in Alt Hamburg. (Hbg. 1957).

Klaus Schliebe/Dieter Hillesheim, Industrieansiedlungen. Das Standortwahlverhalten der Industriebetriebe in den Jahren 1955–1979. Bonn 1982 (= Forschungen zur Rahmenentwicklung, Bd. 11).
(Carl Schmidt-Reitz), Harburger Oelwerke Brinckman & Mergell. (Hbg. 1956) (= Veröff. d. Wirtschaftsgeschichtlichen Forschungsstelle e. V. Hbg., Bd. 15).
(Fred Schmitz), Harburg. Die Geschichte einer deutschen Stadt zwischen Königtum und Diktatur 1851–1937. (Hbg.-Harburg 1969).
Georg Schnath, Geschichte Hannovers im Zeitalter der neunten Kur und der englischen Sukzession 1674–1714. Bd. II (1692–1698), Hildesheim 1976. Bd. III (1698–1714), Hildesheim 1978 (= Veröff. der Historischen Kommission für Niedersachsen und Bremen XVIII, 2 und 3).
Konrad Schneider, Hamburgs Münz- und Geldgeschichte im 19. Jahrhundert bis zur Einführung der Reichswährung, Koblenz 1983 (= Beiträge zur Geschichte Hbgs., hrsg. vom Verein für Hamburgische Geschichte, Bd. 22).
Konrad Schneider, Harburger Notgeld. Harburger Jb. 16, 1980–85, S. 229–246.
Konrad Schneider, Städtische und staatliche Münzpolizei in Harburg während des Siebenjährigen Krieges. Niedersächsisches Jb. 53, 1981, S. 207–221.
Konrad Schneider, Untersuchungen zum Geldumlauf in Harburg und Umgebung im 18. Jahrhundert. Niedersächsisches Jb. 58, 1986, S. 199–233.
Hans W. Schultz/Karl Wulle, Der Hafen zu Harburg, insbesondere seine in der Ausführung begriffene Erweiterung. Harburg 1905.
Fritz Schumacher, Das Gebiet Unterelbe – Hamburg im Rahmen einer Neugliederung des Reiches. Hbg. 1932.
Fritz Schumacher, Die Zukunft der Hamburgisch-Preußischen Landesplanungsarbeit. Städtebau, 28. Jg., 1933, S. 329–331.
Walter Schwarzkopf, 325 Jahre Ratsapotheke zu Harburg. Harburger Vogelschießen 1967, S. 55–63.
Walter Schwarzkopf, Die erste große Gewerbe-, Industrie- und Handelsausstellung in Harburg (1892). Harburger Vogelschießen 1972, S. 199–205.
Reinhold Segebrecht, 100 Jahre Steinike & Weinlig. 15. Aug. 1953. (Hbg. 1953) (= Veröff. d. Wirtschaftsgeschichtlichen Forschungsstelle e. V., Bd. 7).
Heinrich Silbergleit, Preußens Städte. Denkschrift zum 100jährigen Jubiläum der Städteordnung vom 19. November 1808. Berlin 1908.
Georg Sommer, Die Zensurgeschichte des Königreichs Hannover. Diss. Münster 1928.
100 Jahre Sozialdemokratische Partei Deutschlands. SPD Distrikt Harburg. Hbg. 1963.
Hans Speckter, 40 Jahre Landesplanung im Niederelbegebiet. In: Raumordnung an der Niederelbe, Methoden und Ziele. Kiel, Hbg., Hannover 1968. S. 7–27.
Werner Spieß, Das Marktprivileg. Die Entwicklung von Marktprivileg und Marktrecht insbesondere auf Grund der Kaiserurkunden. Heidelberg 1916 (= Deutschrechtliche Beiträge, Bd. 11, 3).
(Burchard Christian) v. Spilcker, Einige Beiträge zur Geschichte des Handels in Beziehung auf Harburg. Vaterländisches Archiv für das Königreich Hannover 4, 1821, I, S. 113–131.
Erich Staisch, Brücke zum Süden. Augsburg (1972).
Statistik des Deutschen Reichs. Bd. 416, H. 7a. Volks-, Berufs- und Betriebszählung vom 16. Juni 1925. Niedersachsen. Die gewerblichen Niederlassungen (Örtliche Betriebseinheiten). Berlin 1929.
Statistik des Deutschen Reichs. Bd. 416, H. 7b. Volks-, Berufs- und Betriebszählung vom 16. Juni 1925. Niedersachsen. Die technischen Betriebseinheiten. Berlin 1929.
Statistik des Deutschen Reichs. Bd. 455, H. 14. Volks-, Berufs- und Betriebszählung vom 16. Juni 1933. Berufszählung. Provinz Hannover. Berlin 1936.
Statistik des Deutschen Reichs. Bd. 457, H. 2. Volks-, Berufs- und Betriebszählung vom 16. Juni 1933. Berlin 1936.
Statistik des Deutschen Reichs. Bd. 464, H. 7. Volks-, Berufs- und Betriebszählung vom 16. Juni 1933. Gewerbliche Betriebszählung. Provinz Hannover. Berlin 1935.
Allgemeine Statistik des Hamburgisch-Preussischen Landesplanungsgebiets. Erster Teil: Die Städte und größeren Gemeinden sowie das Hamburgische Landgebiet und die preußischen Kreise. Hbg. 1930.
Hans Staudinger, Wirtschaftspolitik im Weimarer Staat. Lebenserinnerungen eines politischen Beamten im Reich und in Preußen 1889 bis 1934. Hrsg. und eingeleitet von Hagen Schulze. Bonn 1982 (= Archiv für Sozialgeschichte, Beiheft 10).
Peter Stein, Heimatzeitung und Hakenkreuz. Die Tagespresse vor und nach 1933. In: Heimat, Heide,

Hakenkreuz. Lüneburgs Weg ins Dritte Reich. Hrsg. vom Lüneburger Arbeitskreis »Machtergreifung«. Hbg. 1984, S. 116–144.

Peter Stein, NS-Gaupresse 1925–1933. Forschungsbericht – Quellenkritik – Neue Bestandsaufnahme. Dortmund 1987 (= Dortmunder Beiträge zur Zeitungsforschung, Bd. 42).

David Steinberg, Die Arbeitersport-Internationalen 1920–1928. In: Gerhard A. Ritter (Hrsg.), Arbeiterkultur. Königstein 1979, S. 93–108.

Hans Georg Stephan, Ausgrabungen im Töpferviertel von Hannoversch-Münden, Ldkr. Göttingen. Nachrichten aus Niedersachsens Urgeschichte 50, 1981, S. 329–334.

Hans-Georg Stephan, Werrakeramik und Weserware. Zentren der Renaissance-Keramik im Werraland und an der Oberweser. In: Heinz-Peter Mielke (Hrsg.), Keramik an Weser, Werra und Fulda. Lübbecke 1981, S. 69–90.

Heinz Stoob, Minderstädte. VSWG 46, 1959, S. 1–28 (wieder in: Ders., Forschungen zum Städtewesen in Europa, Bd. 1, Köln/Wien 1970).

Hans Sudendorf (Bearb.), Urkundenbuch zur Geschichte der Herzöge von Braunschweig und Lüneburg und ihrer Lande. Bd. 1. Hannover 1859.

Hans Szymanski, Die Anfänge der Dampfschiffahrt in Niedersachsen und in den angrenzenden Gebieten von 1817 bis 1867. Hannover 1958 (= Schriften der Wirtschaftswissenschaftlichen Gesellschaft zum Studium Niedersachsens e. V., N. F., Bd. 67).

Hugh Tait, Venezianisches Glas. Dortmund 1982.

Rosalba Tardito-Amerio, Italienische Architekten, Stukkatoren und Bauhandwerker der Barockzeit in den Welfischen Ländern und im Bistum Hildesheim. Nachrichten der Akademie der Wissenschaften in Göttingen, I. Philologisch-Historische Klasse, Jg. 1968, Nr. 6.

Wulf Thieme, Ausgrabungen auf einem Bauernhof in Stelle, Kreis Harburg. Harburger Kreiskalender 40, 1986, S. 76–83.

1883–1933. 50 Jahre Thörl. (Harburg-Wilhelmsburg 1934).

75 Jahre Thörl. Hrsg. von F. Thörl's Vereinigte Harburger Oelfabriken AG. Hbg.-Harburg 1958.

Ellen Thormann, Der Alte Friedhof und seine Grabmäler. Harburger Jb. 16, 1980–1985, S. 153–179.

J. P. Tichelaar, Fayencen aus Makkum. In: G. Boschma/J. P. Tichelaar, Friesische Volkskunst – Makkumer Fayencen. Zons 1980. S. 7.

Brigitte Tietzel, Fayence I (Niederlande, Frankreich, England). Kataloge des Kunstgewerbemuseums der Stadt Köln. Köln 1980.

Christoph Timm, Der Preußische Generalsiedlungsplan für Groß-Hamburg von 1923. ZHG 71, 1985, S. 75–125.

Ulrich Troitzsch, Technik und Gesellschaft in Deutschland im 18. Jahrhundert. Forschungsstand und Forschungsdefizite. In: Technologischer Wandel im 18. Jahrhundert, hrsg. v. Ulrich Troitzsch. Wolfenbüttel 1981 (= Wolfenbütteler Forschungen Bd. 14), S. 9–38.

Max Truels, Geschriebene Harburgensien. Berichte aus dem alten Harburg: Von Bürgermeistern, Land und Leuten. Hbg.-Harburg 1986 (= Motive zur Heimatkunde und Stadtgeschichte, 9. Folge, zugleich Veröff. des Helms-Museums Nr. 47).

Max Truels, Um den »Schütt« und die »Schüttstraße« entstand ein neues Wohngebiet. In: Harburg. Vor dem Lüneburger Tor. Ein Stadtteil verändert sich. Hbg.-Harburg 1982 (= Motive zur Heimatkunde und Stadtgeschichte, 6. Folge), S. 14–18.

Max Truels, Aus der Volkszählung in der Stadt Harburg 1858: Zwei Harburger Straßen näher betrachtet. Harburger Jb. 16, 1980–85, S. 187–215.

Volker Ullrich, Kriegsalltag – Hamburg im Ersten Weltkrieg. Hbg. 1982.

Georg-Christoph von Unruh, Die historischen Grundlagen der kommunalen Selbstverwaltung. Geschichte in Wissenschaft und Unterricht 26, 1975, S. 290–313.

Georg-Christoph von Unruh, Staat und kommunale Selbstverwaltung 1867–1918. In: Deutsche Verwaltungsgeschichte, hrsg. von Kurt J. A. Jeserich, Hans Pohl und Georg-Christoph von Unruh. Bd. III. Stuttgart 1984, S. 560–578.

Vierzig Jahre Verband der Fabrikarbeiter Deutschlands, Zahlstelle Harburg. Fest-Zeitung. (1929).

Verfassung und Verwaltungsorganisation der Städte, Bde. I–IV. Leipzig 1905–1909 (= Schriften des Vereins für Socialpolitik Bde. 117–120).

Verkehr des Harburg-Wilhelmsburger Hafens 1928–1936. Harburg-Wilhelmsburg 1929–1937.

H. H. Völckers, Fund eines Karolingischen Denars in Ramelsloh, Kreis Harburg. Harburger Jb. 8, 1959, S. 84–89.

Volker Vogel, Die archäologischen Ausgrabungen im Stadtkern von Schleswig. In: Ausgrabungen in

Deutschland, gefördert von der Deutschen Forschungsgemeinschaft 1950–1975. Mainz 1975. Teil 3, S. 72–86.
Vorwärts und nicht vergessen. Arbeiterkultur in Hamburg um 1930. Berlin 1982.
Rüdiger Wagner, Als Harburg noch ein Landstädtchen war. Harburgs Bild in Literatur und Presse des Biedermeier. ZHG 70, 1984, S. 73–93.
G. Wasmuth (Hrsg.), Wasmuths Lexikon der Baukunst. Berlin 1930–1931.
Willi Wegewitz, Harburger Heimat. Die Landschaft um Hamburg-Harburg. Hbg. 1950.
Klaus Wernecke, Leichte Kost und patriotische Ware. Der Siegeszug des Tonfilms in der Provinz. In: Staatliche Kunsthalle Berlin (Hrsg.), Bericht 1983, S. 162–178.
Klaus Wernecke, Die Provinzpresse am Ende der Weimarer Republik. Zur politischen Rolle der bürgerlichen Tageszeitungen am Beispiel der Region Osthannover. In: Presse und Geschichte II. Neue Beiträge zur historischen Kommunikationsforschung. München 1987, S. 365–404 (= Deutsche Presseforschung, Bd. 26).
Rolf Wiemer, Industrie und Gewerbe in Hamburg. In: Erich von Lehe u. a. (Hrsg.), Heimatchronik der Freien und Hansestadt Hamburg. Köln 1967^2 (= Heimatchroniken der Städte und Kreise des Bundesgebietes, Bd. 36). S. 549–596.
Wilfried van der Will/Rob Burns, Arbeiterkulturbewegung in der Weimarer Republik. Frankfurt 1982 (= Ullstein Buch Nr. 35141 und 35142).
Ulrich Willerding, Ernährung, Gartenbau und Landwirtschaft im Bereich der Stadt. In: Cord Meckseper (Hrsg.), Stadt im Wandel. Kunst und Kultur des Bürgertums in Norddeutschland 1150–1650. Landesausstellung Niedersachsen 1985. Stuttgart-Bad Cannstadt 1985. Bd. 3, S. 569–605.
Ulrich Willerding, Paläo-ethnobotanische Befunde über Ernährung und Umwelt im Mittelalter Braunschweigs. In: Hartmut Rötting, Stadtarchäologe in Braunschweig. Hameln 1985. S. 201–214.
Götz Wricke, Die Aufsicht über das Bücher- und Pressewesen im Kurfürstentum und Königreich Hannover von den Anfängen bis 1848. Ein Beitrag zur Geschichte der Bücher- und Pressezensur. Diss. Bonn 1973.
Jerzy Zubrzycki, Polish Immigrants in Britain. A Study of Adjustment. The Hague 1956.

Liste der Autoren

Rüdiger Articus, Archäologe, Museumspädagoge im Helms-Museum
Jürgen Ellermeyer, Dr. phil., Leiter der Abteilung Stadtgeschichte im Helms-Museum
Jens Flemming, Dr. phil., z. Zt. Vertreter einer Professur für Zeitgeschichte an der Universität Bielefeld
Christian Gotthardt, M. A., Doktorand am Historischen Seminar der Universität Hamburg
Elke Hauschildt, Dr. phil., Leiterin des ABM-Projekts «Harburg: Stadtentwicklung mit der Industrialisierung» am Bezirk Harburg
Matthias Heyl, stud. phil., Universität Hamburg
Beate Hugk, früher Mitglied (ABM) der Arbeitsgruppe «Geschichte und Kultur Nordostniedersachsens» an der Hochschule Lüneburg
Dietrich Kausche, Dr. phil., ehem. Leiter der Dienststelle Harburg und stellv. Direktor im Staatsarchiv Hamburg (†)
Günter Könke, Dr. phil., früher Mitglied (ABM) der Arbeitsgruppe «Geschichte und Kultur Nordostniedersachsens» an der Hochschule Lüneburg
Friedrich Laux, Dr. phil., Archäologe, Leiter der Schau- und Studiensammlungen im Helms-Museum
Dittmar Machule, Prof. Dr. Ing., Arbeitsbereich Städtebau/Stadtplanung – Stadtbaugeschichte der Technischen Universität Hamburg-Harburg
Hans-Joachim Meyer, Mitautor des Buches «die anderen»
Elke Pahl-Weber, Dipl.-Ing., Arbeitsbereich Städtebau/Stadtplanung – Stadtbaugeschichte der Technischen Universität Hamburg-Harburg
Uta Reinhardt, Dr. phil., Leiterin des Stadtarchivs Lüneburg
Klaus Richter, Dr. phil., Abteilungsleiter im Staatsarchiv Hamburg, u. a. zuständig für Schriftgut des Harburger Raumes
Konrad Schneider, Dr. phil., früher stellv. Abteilungsleiter im Staatsarchiv Hamburg, jetzt Abteilungsleiter im Stadtarchiv Frankfurt/Main
Karl-Heinz Schultz, als Autor für die Arbeitsgruppe mit Karin Schultz und Gunter Buck, Jugendreferent im Jugendamt des Bezirks Harburg
Dirk Stegmann, Prof. Dr. phil., Mitglied der Arbeitsgruppe «Geschichte und Kultur Nordostniedersachsens» an der Hochschule Lüneburg
Peter Stein, Dr. phil., Mitglied der Arbeitsgruppe «Geschichte und Kultur Nordostniedersachsens» an der Hochschule Lüneburg
Wulf Thieme, M. A., Archäologe, Abteilung Bodendenkmalpflege im Helms-Museum
Klaus Wernecke, Dr. phil., Mitglied der Arbeitsgruppe «Geschichte und Kultur Nordostniedersachsens» an der Hochschule Lüneburg
Martina Werth-Mühl, Historikerin, Volontärin im Helms-Museum
Peter-Christian Witt, Dr. phil., Professor für Sozial- und Wirtschaftsgeschichte an der Gesamthochschule/Universität Kassel

CIP-Titelaufnahme der Deutschen Bibliothek

Harburg : von d. Burg zur Industriestadt ; Beitr. zur Geschichte Harburgs 1288–1938 / hrsg. von Jürgen Ellermeyer ... – Hamburg : Christians, 1988
(Veröffentlichung des Helms-Museums ; 52) (Veröffentlichungen des Vereins für Hamburgische Geschichte ; 33)
ISBN 3-7672-1033-9
NE : Ellermeyer, Jürgen [Hrsg.] ; Helms-Museum ⟨Hamburg⟩ : Veröffentlichung des Helms-Museums; Verein für Hamburgische Geschichte : Veröffentlichungen des Vereins ...

Herstellung Christians Druckerei, Hamburg
ISBN 3-7672-1033-9
Printed in Germany